OK-128TFT 키트 V2.0

OK-128TFT 키트 및 PCB 별매

고성능 AVR 정복 시리즈 6

AVR ATmega128A 바이블2

- 저자 : 윤덕용
- ISBN : 978-89-7101-834-7
- 판형 : B5
- 쪽수 : 880
- 가격 : 45,000원

OK-128TFT 키트 V2.0의 설계 사양

항 목	사 양	비 고
MCU	ATmega128A-AU(16 MHz)	16 MHz 수정발진자 사용
ROM	MCU에 내장된 128KB의 플래시 메모리	프로그램 저장용
RAM	MCU에 내장된 4KB	스택 및 사용자 데이터 저장용
프로그램 입력/실행	1. AVRISP mkII 다운로드 케이블을 사용하는 방법 2. Atmel-ICE 에뮬레이터를 사용하는 방법	현재는 단종되어 호환기종을 사용함 Microchip Technology사의 정품
I/O	1. 플래시 메모리 프로그램용 컨넥터 ① Atmel-ICE용 10핀 DIP 컨넥터(CN2) ② AVR ISP용 6핀 DIP 컨넥터(CN3) 2. MCU가 직접 제어하는 I/O ① 3.2인치 320×240 픽셀 TFT-LCD 모듈 ② 16×2 문자 텍스트 LCD 모듈 ③ 4개의 키입력 스위치(KEY1~KEY4) 외부 인터럽트 발생 키(KEY5) ④ 2개의 상태표시 LED(LED1~LED2) 1개의 전원용 LED(LED3) ⑤ +5V용 버저 및 스피커 사운드 출력(CN4) ⑥ TV 리모컨 수신 모듈 KSM-603LM ⑦ LM35DZ에 의한 온도센서(ADC1) +5V 전원 전압 측정(ADC2) 가변저항에 의한 전압 측정(ADC3) ⑧ MCP4922 12비트 2채널 D/A 컨버터 출력 (DAC1, DAC2) ⑨ RS-232C 직렬통신 포트(CN5) ⑩ SPI 접속형 DS3234 배터리 백업 RTC ⑪ I2C 접속형 AT24C16 직렬 EEPROM ⑫ SPI 접속형 SD 카드 컨넥터(CN6)	 1.27mm 간격의 박스 헤더 컨넥터 2.54mm 간격의 박스 헤더 컨넥터 터치 스크린 포함 화면밝기 조절 및 백라이트 기능 포함 외부 인터럽트 INT7을 발생 외부 인터럽트 INT6을 사용 -5V ~ +5V 범위의 아날로그 출력 3.6V의 충전식 NiMH 전지 사용
전원	단상 교류 220V(CN1)	키트의 내부에서 +5V, -5V, +3.3V를 만들어 사용함
PCB외형	160×130mm 양면 에폭시 기판	

http://www.ohm.co.kr / http://www.rnckit.com

Ohm사 · R&C사 홈페이지 안내

OHM사/R&C사 홈페이지를 방문하시면 보다 많은 정보를 얻을 수 있습니다. 앞으로 OHM사/R&C사는 엔지니어들을 위한 학습교재와 최신 기술들을 보급하여 나가는데 최선을 다할 것이며, 엔지니어들이 우대받는 세상이 되도록 선도하여 나가겠습니다.

◀ http://www.ohm.co.kr

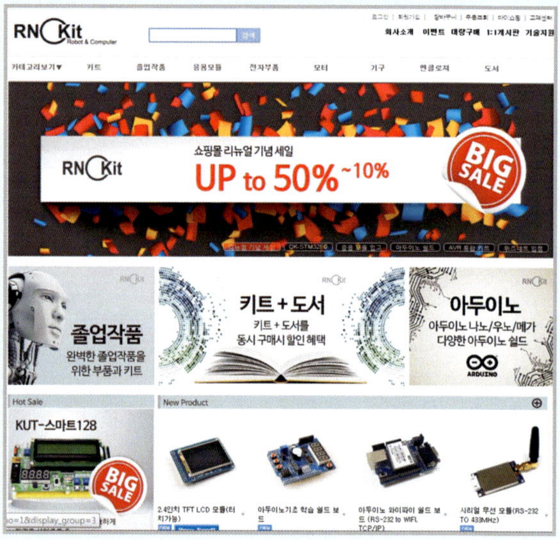

http://www.rnckit.com ▶

▶ 도서상품

OHM사에서 발행되는 교재를 직접 구매할 수 있으며, 상품에 따라 정해진 마일리지를 적립하여 드리고, 일정 금액이 적립되면 현금과 동일하게 사용할 수 있습니다.

▶ 키트상품

교재와 관련하여, 부설기관인 R&C사에서 교육용 키트를 제작, 그와 관련된 장비 등의 기자재를 함께 판매하고 있습니다.

▶ 특판상품

교재와 함께 그에 관련된 학습용 키트를 한데 모아 특판 상품으로 구성하여 개별 구입시보다 저렴하게 구입할 수 있도록하여 판매하고 있습니다.

▶ 할인상품

교재 및 R&C사에서 제작되는 학습용 키트상품 중 일부 품목의 할인율을 높여 매우 저렴한 가격에 판매하고 있습니다.

▶ 커뮤니티

교재 및 학습용 키트에 대한 의문점을 분야별로 세분화된 커뮤니티를 통해 저자들과 관련 분야의 전문가들에게 직접 질문하고 상담할 수 있습니다.

▶ 상품관련 자료실

교재 및 R&C사에서 제작되는 학습용 키트상품 관련 예제소스 등의 본사 상품에 관련된 자료을 열람하고 다운로드 하실 수 있습니다.

E-mail : ohm@ohm.co.kr

고성능 AVR 정복 시리즈 ⑥

AVR

ATmega128A 바이블2

(*OK-128TFT* 키트 V2.0)

工學博士 尹 德 鏞 著

AVR ATmega128A MCU의 철저한 이해
많은 내장 I/O의 구조와 기능에 대한 이해
ATmega128A 주변의 I/O 인터페이스 회로 설계

ATmega128A의 기본적인 C언어 프로그래밍 기술
각종 I/O 디바이스에 대한 제어 프로그래밍 기술
텍스트형 LCD 모듈의 출력 디스플레이 기술
TFT-LCD 모듈의 한글/영문/그래픽 디스플레이 기술
TFT-LCD 모듈의 터치스크린 입력 프로그래밍 기술
SD 카드에 파일을 저장하거나 읽는 기술

C언어를 사용한 다양한 응용 프로그래밍 기술
(Atmel Studio V7에서 WinAVR 컴파일러 사용)
OK-128TFT 키트 V2.0을 사용한 프로그래밍 실습
종래의 AVRISP mkII 다운로드 케이블을 주로 사용
Atmel-ICE를 사용한 다운로드 및 디버깅도 가능

OK-128TFT 키트 V2.0 및 PCB 별매

Ohm사

이 책에서 사용하는 예제 프로그램은 본사의 인터넷 웹사이트나 저자의 네이버 카페 자료실에 제공합니다. 따라서, 독자 여러분께서는 이를 다운로드하여 퍼스널 컴퓨터에 설치, 사용하시기 바랍니다. 이 책과 키트를 가지고 공부하는데 필요한 소프트웨어는 다음과 같습니다.

◉ IDE 및 C컴파일러 Atmel Studio V7.0 (무료)
◉ C언어 예제 프로그램 OK-128TFT2.zip (저자 제공)

이 책의 내용 또는 *OK-128TFT* 키트 V2.0에 관하여 기술적인 문의사항이 있는 분은 본사의 인터넷 웹사이트 또는 저자의 네이버 카페에 공개적으로 질문하여 주시면 저자가 직접 신속하고 정확하게 답변해 드리겠습니다. 그러나, 어떤 경우에도 이 책 또는 키트에 관한 기술적인 문제를 저자에게 개인적으로 전화나 메일을 이용하여 질문하시는 것은 정중히 사절합니다.

◉ 본사 웹사이트 : http://www.ohm.co.kr/ 및 http://www.rnckit.com/
◉ 본사 E-mail : ohm@ohm.co.kr
◉ 저자 웹사이트 : https://cafe.naver.com/mcu32bit/
◉ 저자 E-mail : yoon3m@kongju.ac.kr

머 리 말

1997년에 Atmel사에서 처음 발표한 AVR 마이크로컨트롤러는 그 탁월한 성능 및 기능과 우수한 사용자 편의성 때문에 순식간에 8비트 마이크로컨트롤러 시장을 평정하였다. 특히 여러 AVR 모델 중에서 2001년에 발표된 ATmega128과 2008년에 발표된 ATmega128A는 한 시대의 마이크로컨트롤러를 대표할 정도로 큰 인기를 얻었다.

AVR은 하버드 구조로 된 고성능의 8비트 RISC형 마이크로컨트롤러인데, 프로그램용 메모리로서 대용량의 플래시 메모리를 내장하고 있으며, 이것을 사용자가 쉽게 여러번 반복적으로 프로그래밍할 수 있는 다운로드 기능을 가지고 있어서 매우 편리하다. 더구나 이러한 플래시 메모리에 프로그램을 다운로드하는 직렬통신 사양이 공개되어 있고, 이에 필요한 다운로드 케이블을 사용자가 쉽고 저렴하게 만들어 사용할 수 있었다. 또한 Atmel사에서 모든 소프트웨어 개발 툴을 무료로 제공하였다. 따라서 AVR을 사용하기 위한 하드웨어 개발장비 및 소프트웨어 개발 툴은 모두 무료로 사용할 수 있다는 것이 큰 매력이며, 이는 AVR은 곧 무료라는 등식을 만들어냈다.

그러나, 2016년 1월에 Atmel사가 치열한 경쟁 관계에 있던 Microchip Technology 사에 인수 합병되면서 상황이 많이 달라지고 있다. AVR 모델의 종류에도 상당한 변화가 있고 AVR Studio가 Atmel Studio로 바뀐 것처럼 소비자에 대한 지원도 조금씩 달라지고 있으며, 여기에 이 분야의 시장에서 ARM Cortex-M 계열의 32비트 마이크로컨트롤러에게 크게 위협을 받는 상황이 겹치면서 AVR의 지위는 예전에 비하여 상당히 흔들리고 있는 상황이다. 그럼에도 불구하고 그동안 ATmega128A가 지배하였던 마이크로컨트롤러 시장의 폭과 깊이가 워낙 대단하였기 때문에 앞으로도 상당한 시간 동안은 이 모델이 계속하여 활발하게 사용될 것이다. 특히 마이크로컨트롤러에 처음 입문하려는 학생이나 엔지니어들에게 이것의 인기는 아직도 매우 높다.

저자는 그동안 ATmega128A를 비롯한 몇 권의 AVR 마이크로컨트롤러 관련 서적을 집필하였다. 그러나, 이처럼 AVR의 사용 환경이 크게 달라졌으므로 *OK-128TFT* 키트를 V2.0으로 좀더 유용하게 수정하고, 이에 맞추어 ATmega128A 책을 대폭 보완하여 다시 쓰게 되었다. 이 책에서는 Windows 10 운영체제와 Atmel Studio V7.0에 맞추어 C언어로 사용자 프로그램을 작성하는 것을 기본으로 설명하며, 하드웨어 개발 툴은 주머니가 가벼운 독자를 위하여 종래의 AVRISP mkII 호환 다운로드 케이블을 기본으로 사용하지만, 필요하면 Atmel-ICE 에뮬레이터도 사용할 수 있도록 하였다.

어려운 여건 속에서도 이 책을 출판해주신 Ohm사의 곽종학 사장님과 직원 여러분에게 감사드리는 바이다.

2020년 1월 天安에서 저자 尹 德 鏞 씀

★ 이 책에 대한 안내 말씀 ★

이 책은 새로운 단행본이지만 내용적으로 보면 2011년 6월 15일자로 초판 발행된 “AVR Atmega128A 바이블” 책의 개정판으로 볼 수도 있다. 2016년 1월에 Atmel사가 Microchip Technology사에 인수 합병되어 이 마이크로컨트롤러의 제조사가 달라지고, 시대의 변화에 따라 소프트웨어의 개발 환경이 많이 달라졌기 때문에 새 시대에 맞추어 책과 키트를 전면적으로 개정하여 다시 쓰게 되었다.

앞서 2011년에 출판된 “AVR Atmega128A 바이블” 책과 이번에 새로 쓴 “AVR Atmega128A 바이블2” 책의 주요 차이점을 요약하여 비교하면 다음과 같다.

	2011년에 출판된 책	2020년에 출판된 책
책 제목	AVR ATmega128A 바이블	AVR ATmega128A 바이블2
책의 목차	제1장 ATmega128A의 구조와 기능 제2장 ATmega128A의 내장 I/O 기능 제3장 *OK-128TFT* 키트 및 개발 툴 제4장 어셈블리와 C언어 프로그래밍	제1장 ATmega128A의 구조와 기능 제2장 ATmega128A의 내장 I/O 기능 제3장 *OK-128TFT* 키트 및 개발 툴 제4장 C언어 프로그래밍 기술
책의 분량	1100페이지	878페이지
책의 특징	어셈블리 언어 프로그래밍과 C언어 프로그래밍 기술을 동일한 비중으로 설명함	C언어 프로그래밍 기술에 중점을 두어 설명함
실습용 키트	*OK-128TFT* 키트 V1.0 160×130mm 에폭시 양면 PCB	*OK-128TFT* 키트 V2.0 160×130mm 에폭시 양면 PCB
키트의 특징	① PCB 외장형의 SMPS를 사용함 (+5V/2A, +15V, -15V 출력) ② TFT-32HX V2.0 보드를 장착함 ③ 6핀 ISP, 10핀 ISP, 10핀 에뮬레이터 접속 컨넥터가 있음 ④ 텍스트형 LCD를 기본으로 사용하고 TFT-LCD를 보조적으로 사용함 ⑤ DS1307 RTC 소자를 사용함 ⑥ DAC0800 병렬형 D/A 컨버터를 사용함 ⑦ SD카드 컨넥터가 확장 보드에 있음 ⑧ 총 8개의 키입력이 있음 ⑨ 4개의 상태 표시 LED가 있음	① PCB 내장형의 SMPS를 사용함 (+5V/1A 출력) ② TFT-32A V1.0 보드를 장착함 ③ 6핀 ISP, 10핀 에뮬레이터 접속 컨넥터가 있음 ④ TFT-LCD를 기본으로 사용하고 텍스트형 LCD를 보조적으로 사용함 ⑤ DS3234 RTC 소자를 사용함 ⑥ MCP4922 SPI통신형 D/A 컨버터를 사용함 ⑦ SD카드 컨넥터가 메인 보드에 있음 ⑧ 총 4개의 키입력이 있음 ⑨ 2개의 상태 표시 LED가 있음
하드웨어 개발 툴	① AVR-ISP Parallel(병렬포트형) ② AVRISP mkII 및 그 호환기종 ③ JTAG ICE mkII	① AVRISP mkII 및 그 호환기종 ② Atmel-ICE
소프트웨어 개발 툴	Atmel사의 AVR Studio V4.19 WinAVR을 별도로 설치해야 함 (AVR-GCC 4.3.3 및 avr-libc 1.6.7을 포함)	Microchip Technology사의 Atmel Studio V7.0 WinAVR이 자동 설치됨 (AVR-GCC 5.4.0 및 avr-libc 2.0.0을 포함)
운영체제	Windows XP	Windows 10
예제 프로그램	① 어셈블리 언어 예제 프로그램 56개 ② C언어 예제 프로그램 100개	C언어 예제 프로그램 101개 (대부분의 예제 프로그램이 새로 작성됨)

차 례

제1장 ATmega128A의 구조와 기능

제2장 ATmega128A의 내장 I/O 기능

제3장 *OK-128TFT* 키트 및 개발 툴

제4장 C언어 프로그래밍 기술

제1장

ATmega128A의 구조와 기능

1.1 마이크로컨트롤러란 무엇인가

1.2 AVR 마이크로컨트롤러의 개요

1.3 ATmega128A의 기본 구조와 기능

1.4 ATmega128A의 시스템 제어 기능

1.5 ATmega128A의 인터럽트 처리 기능

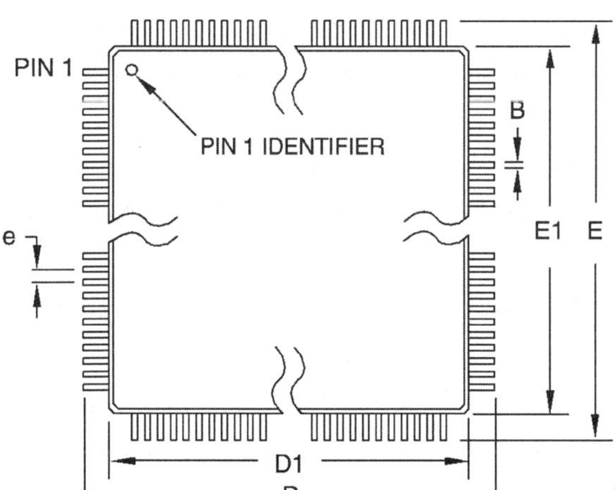

(Unit of Measure = mm)

SYMBOL	MIN	NOM	MAX
A	–	–	1.20
A1	0.05	–	0.15
A2	0.95	1.00	1.05
D	15.75	16.00	16.25
D1	13.90	14.00	14.10
E	15.75	16.00	16.25
E1	13.90	14.00	14.10
B	0.30	–	0.45
C	0.09	–	0.20
L	0.45	–	0.75
e	0.80 TYP		

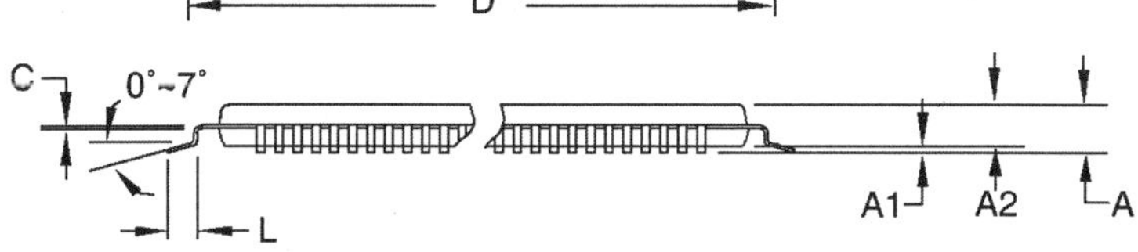

☞

이 장에서는 먼저 마이크로프로세서와 마이크로컨트롤러가 무엇인지부터 기초적으로 이해할 수 있도록 설명하고, 이것들을 공부하는데 필요한 여러 가지 잡다한 용어와 지식들을 요약한다.

그런 다음에 이제 본격적인 마이크로컨트롤러 공부는 Microchip Technology(구 Atmel)사 제품인 AVR 시리즈 마이크로컨트롤러의 종류 및 특성을 개괄적으로 살펴보는 것으로 시작하고, 그중에서 성능이 높고 기능이 매우 다양한 모델에 해당하는 ATmega128A에 대하여 심층적으로 공부를 하게 될 것이다.

이 책에서 우리가 목표로 하는 8비트 RISC 마이크로컨트롤러인 ATmega128A에 대하여는 외부 및 내부 구조에서부터 주요 기능, 메모리 및 I/O 레지스터의 구조, 퓨즈 비트의 사용, 인터럽트 처리기능 등에 대하여 자세히 공부한다. 단, 시대적으로 지금은 어셈블리 언어를 잘 사용하지 않으므로 이 소자의 어셈블리 명령어나 그에 관련된 사항들은 간단하게 설명한다. ATmega128A를 이용한 하드웨어 시스템을 설계하거나 이를 이용한 제어 프로그램을 작성하려면 이번 장에서 설명하는 내용을 철저히 이해하는 것이 중요하다.

ATmega128A는 8비트급에서는 보기 드물게 매우 다양하고 우수한 I/O 기능을 내장하고 있는 마이크로컨트롤러인데, 이러한 I/O 기능에 대하여는 여기서 다루지 않고 제2장에서 별도로 설명한다.

대부분의 초보자들이 마이크로프로세서 또는 마이크로컨트롤러를 사용하는 기술이 어렵다고 말하는 것은 이러한 가장 기본적인 사항을 공부하는 것을 소홀히 하는데서 기인한다. 이처럼 정교한 첨단 제품을 기술적으로 충분히 이해하지 않고 무턱대고 사용하겠다는 것은 말이 안된다. 마이크로컨트롤러 응용기술은 CPU 소자를 포함하는 하드웨어에 관한 기본적인 지식을 바탕으로 소프트웨어를 자유자재로 구사하는 능력에 따라 좌우된다는 사실을 명심하라.

1.1 마이크로컨트롤러란 무엇인가

이 절에서는 마이크로컨트롤러란 무엇이며 이것은 범용 마이크로프로세서와 어떻게 다른지를 알아보고, 이제부터 마이크로컨트롤러를 공부하기 위하여 기초적으로 알아야 하는 사항들을 요약하여 설명한다.

1. 마이크로프로세서란 무엇인가?

마이크로프로세서(microprocessor, 간단히 "μP"라고도 표기함)는 컴퓨터의 중앙처리장치(Central Processing Unit ; CPU)를 단 1개의 IC 칩에 집적시켜 만든 반도체 소자로서 흔히 MPU(MicroProcessor Unit)라고 부르기도 한다. 이것은 일반 컴퓨터의 중앙처리장치에서 주기억장치만을 제외한 연산장치, 제어장치 및 각종 레지스터들을 1개의 IC 소자 내부에 집적시킨 것이므로 연산, 제어, 판단, 기억, 마이크로프로그램(microprogram)에 의한 처리 등의 모든 기본적인 기능은 중·대형 컴퓨터의 CPU에 비하여 별로 다를 바가 없다.

한편, 이와 같은 마이크로프로세서를 CPU로 사용하여 만든 소형 컴퓨터를 **마이크로컴퓨터**(microcomputer)라고 한다. 단지 규모가 작은 소형의 컴퓨터라서 마이크로컴퓨터라고 부르는 것이 아니고, 컴퓨터의 핵심 부분인 중앙처리장치에 마이크로프로세서라는 1개의 반도체 소자를 사용하였기 때문에 마이크로컴퓨터라고 부르는 것이다. 이에 비하여 미니컴퓨터 이상의 중·대형 컴퓨터에서는 CPU를 많은 개별 반도체 소자를 사용하여 전용 회로로 설계하게 된다. 마이크로컴퓨터에서처럼 마이크로프로세서를 사용하여 컴퓨터를 설계하면 CPU가 하나의 소자로 간단히 구성되므로 전체 시스템이 **소형경량화**되고, **가격**이 낮아지며, **소비전력**이 적어질 뿐만 아니라 부품수가 매우 적어져서 시스템의 **신뢰성**이 높아지는 등의 장점을 갖는다.

이러한 마이크로프로세서 소자는 1971년에 미국의 조그만 반도체 회사였던 인텔(Intel)에 의해 세계 최초로 만들어졌다. 이것은 물론 1959년 Fairchild사에서 처음으로 IC(Integrated Circuit) 소자를 개발한 이후 1970년대에 이르기까지 LSI(Large-Scale Integrated Circuit)를 만들 수 있는 정도로 반도체 기술이 발전된 기술적 배경에 의하여 가능했던 것이지만, 하나의 반도체 소자로 컴퓨터의 CPU를 구현하였다는 것은 그 당시로서는 획기적인 일이었다. 그 이후 현재까지 불과 약 50년 정도의 세월이 흐르면서 마이크로프로세서는 엄청난 속도로 발전하여 컴퓨터 분야는 물론이고 산업기술 분야나 우리 인류의 모든 일상생활에 혁명적인 변화를 일으켜 왔다. 그 결과 지금은 마이크로프로세서를 사용한 마이크로컴퓨터가 없는 세상은 상상할 수도 없게 되었다.

(1) 마이크로프로세서의 내부 구조

마이크로프로세서의 내부 및 외부 구조는 마이크로프로세서의 종류에 따라 매우 다르지만 크게 보면 일반적인 구조가 거의 유사하다. 특히 내부 구조는 마이크로프로세서가 일반 컴퓨터의 중앙처리장치 기능을 단일 반도체 소자로 만든 것이므로 <그림 1.1.1>에서 보는 바와 같이 연산부, 제어부, 레지스터부로 구성된다.

대부분의 경우 마이크로프로세서의 사용자는 해당 마이크로프로세서의 자세한 내부 구조를 알 필요가 없고, 다만 전체적인 구조와 사용자가 사용할 수 있는 내부 레지스터의 종류 및 기능 정도를 이해하면 되며, 그 결과 이를 컴퓨터 언어로 프로그래밍하는데 적절히 활용할 수 있으면 충분하다.

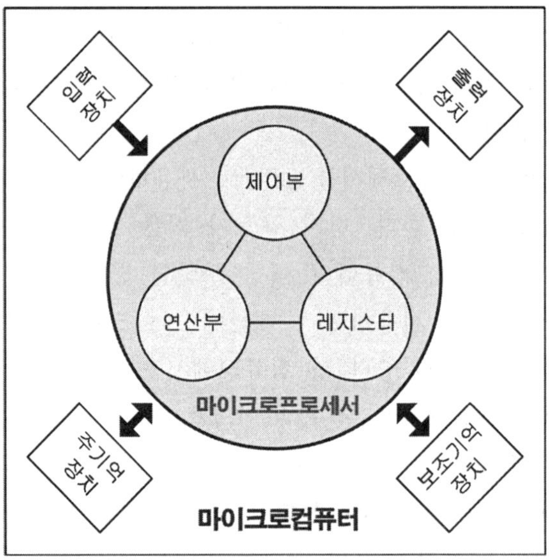

〈그림 1.1.1〉 마이크로프로세서와 마이크로컴퓨터의 개념도

▣ 연산부(ALU ; Arithmetic and Logic Unit)

이것은 산술연산 및 논리연산 등의 연산기능을 수행하는 회로로서 가산기(adder)나 곱셈기(multiplier)가 그 주요 구성요소이며, 때로는 누산기(accumulator)와 상태 레지스터(status register)를 이 부분에 포함시키기도 한다.

■ **제어부(control unit)**

이것은 프로그램 명령을 주기억장치에서 **인출**하여 **해독**하고 이를 **실행**하기 위한 제어신호를 발생하는 등 마이크로프로세서 내부와 외부의 모든 제어기능을 수행하는 회로로서 명령 레지스터(IR ; Instruction Register), 명령 해독기(instruction decoder), 타이밍 및 제어신호 발생회로 등으로 구성된다.

■ **레지스터부(registers)**

레지스터는 마이크로프로세서 내부에서 메모리 기능을 수행하며, 프로그래머가 사용할 수 있는 범용 레지스터 및 시스템 레지스터와 프로그래머가 사용할 수 없는 시스템 레지스터가 있다. 범용 레지스터는 프로그래머에 의하여 주로 데이터 보관용으로 쓰이므로 일반적으로는 이것이 많을수록 마이크로프로세서의 성능이 좋아지며, 시스템 레지스터는 프로그래머가 사용할 수 있는 경우도 있으나 주로 마이크로프로세서가 내부의 특정한 용도로 사용하는 레지스터이다.

시스템 레지스터에는 산술 및 논리연산의 결과를 기억하는 연산 중심의 누산기와 이 연산결과의 상태를 표시하는 상태 레지스터도 있는데, 경우에 따라 이것들은 연산부에 포함시키기도 한다.

(2) 마이크로프로세서의 외부 구조

마이크로프로세서의 외부 구조는 단순히 IC 소자의 패키지 뿐만 아니라 각 핀의 이름 및 기능, 신호의 동작 타이밍까지를 의미한다. 어느 마이크로프로세서에서나 외부 핀은 기본적으로 다음과 같은 3가지의 버스와 전원 및 클록으로 구성된다.

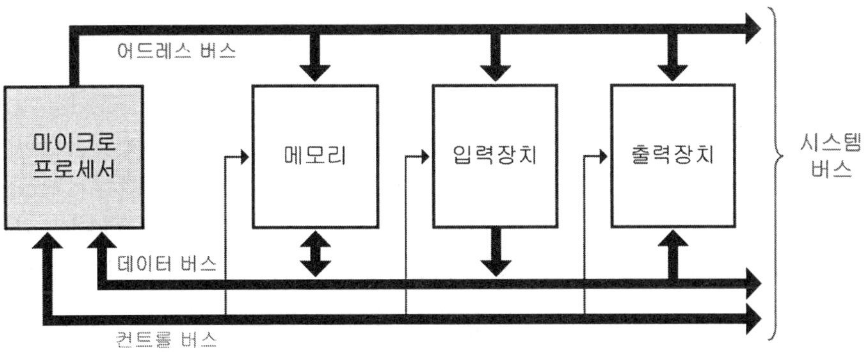

〈그림 1.1.2〉 마이크로컴퓨터에서의 버스

▣ 어드레스 버스(address bus)

마이크로프로세서가 외부의 메모리나 입·출력 장치의 번지를 지정할 때 사용하는 단방향 버스(unidirectional bus)이다. 마이크로프로세서에서 어드레스 버스 신호선의 수는 최대로 사용 가능한 **메모리 용량**이나 입·출력장치의 수를 결정한다.

초창기부터 Intel 계열의 범용 마이크로프로세서에서는 메모리 번지(memory address) 영역과 입·출력 번지(I/O port) 영역을 따로 구분하여 사용하는 isolated I/O 방식을 채택하고 있으며, Motorola 계열의 마이크로프로세서에서는 이를 서로 구분하지 않고 사용하는 memory-mapped I/O 방식을 주로 채택하고 있다. 그러나, 우리가 앞으로 공부할 ATmega128A를 비롯한 대부분의 마이크로컨트롤러에서는 메모리 영역과 입·출력 영역을 구분하지 않는 memory-mapped I/O 방식을 널리 사용한다.

▣ 데이터 버스(data bus)

마이크로프로세서에서 메모리 또는 출력장치로 데이터를 출력하거나, 반대로 메모리나 입력장치로부터 데이터를 입력할 때 이들 데이터의 전송로로 사용되는 양방향 버스(bidirectional bus)이다.

일반적으로 데이터 버스 신호선의 수는 그 마이크로프로세서의 워드(word) 길이와 같으며, 이것은 마이크로프로세서의 **성능**을 결정하는 중요한 요소가 된다.

▣ 컨트롤 버스(control bus)

마이크로프로세서가 현재 수행중인 작업의 종류나 상태를 외부의 메모리나 입·출력 기기에게 알려 주는 출력신호와, 외부에서 마이크로프로세서에게 어떤 동작을 취하도록 요구하기 위한 입력신호 등으로 구성되는 단방향 버스이다. 마이크로프로세서의 주요 **기능**은 이들 컨트롤 버스의 신호의 종류 및 동작에 의하여 크게 좌우된다.

▣ 전원 및 클록

이들 단자에는 각각 마이크로프로세서의 동작을 위한 직류전원과 마이크로프로세서가 동작하는 기본적인 시간 단위를 결정짓는 시스템 클록(system clock) 신호가 입력된다. 전통적으로 대부분의 마이크로프로세서들은 동작 전원으로 +5V를 사용하였으나, 요즈음의 마이크로프로세서는 소비전력을 줄이기 위하여 대부분 +3.3V나 +1.8V의 낮은 전압을 사용한다.

일반적으로 시스템 클록의 주파수가 높아지면 마이크로프로세서의 명령처리 속도가 이에 비례하여 빨라지며, 초기의 마이크로프로세서들은 수 MHz 이하의 낮은 클록 주파수를 사용하였으나 현재는 보통 수십 MHz에서 수백 MHz를 사용하며, 수 GHz의 주파수로 동작하는 초고속형 마이크로프로세서 모델도 등장하고 있다.

2. 마이크로컨트롤러란 무엇인가?

(1) 마이크로컨트롤러의 정의 및 특징

1971년에 Intel사에 의하여 처음으로 마이크로프로세서가 발표된 이후로 많은 반도체 제조회사에서 마이크로프로세서를 개발하여 판매하게 되었고, 이를 퍼스널컴퓨터나 각종 자동제어 시스템에 응용하는 등 시장도 급격하게 확대되었다. 그러나, 특히 마이크로프로세서를 제어분야에서 컨트롤러로 사용하려는 엔지니어들은 각각의 응용 시스템에 적합하도록 외부에 메모리나 I/O 회로를 추가하여 설계하는 것이 매우 번거롭고, 또한 이러한 시스템은 퍼스널컴퓨터의 경우처럼 대량으로 생산되는 것도 아니어서 상당히 비경제적이라는 것을 깨닫게 되었다. 이러한 시장의 필요성에 따라 1970년대 중반에는 마이크로프로세서에 기본적인 메모리와 입출력 제어 기능까지를 내장시킨 모델들이 등장하였는데, Intel사의 MCS-48이나 MCS-51 시리즈가 이에 해당한다. 이후 오늘날에 이르기까지 이러한 제어용의 모델들은 범용 마이크로프로세서와 함께 이 분야 시장의 양대 주류를 형성하면서 비약적인 발전을 해오고 있다.

이와 같이 하나의 LSI 반도체 소자에 범용 마이크로프로세서의 **CPU 기능**과 함께 지정된 용량의 **주기억장치**(ROM, RAM)와 여러가지의 **입·출력 제어회로**를 내장시켜 1개의 반도체 소자가 기본적인 컴퓨터 시스템의 기능을 모두 내장하여 가지도록 만든 것을 **마이크로컨트롤러**(microcontroller)라고 한다. 이것은 최소의 부품으로 간단한 마이크로컴퓨터를 구성할 수 있으므로 시스템의 단순화 및 저가격화가 가능하고, 따라서 범용 컴퓨터보다는 기기제어용의 컨트롤러에 주로 사용되기 때문에 이렇게 부르며, 이는 단순히 IC 소자 1개로 완전한 형태의 컴퓨터를 구성하므로 단일칩 마이크로컴퓨터(single-chip microcomputer)라고도 한다. 또한 이러한 반도체 소자를 기존의 범용 마이크로프로세서와 구별하여 CPU나 MPU 대신 MCU(Microcontroller Unit 또는 Microcomputer Unit)라고 부르는 경우도 있으며, 이것은 특정 기기에 내장하여 제어기로 사용하므로 내장형 제어기(embedded controller)라고 부르기도 한다.

제어 시스템에서 마이크로컨트롤러를 사용하여 설계하면 범용 마이크로프로세서나 하드웨어 논리를 사용하는 경우에 비하여 다음과 같은 장점을 얻을 수 있다.

① **제품이 소형경량화된다.** 시스템의 컨트롤러 부분이 1개의 마이크로컨트롤러 LSI 소자와 극히 소수의 외부 소자들도 간단하게 구성되므로 크기와 무게가 현저히 줄어들어 경박단소화된 제품을 만들 수 있다. 당연히 소비전력도 적어지며, 이에 따라 부수적으로 전원장치까지도 소형경량화된다.
② **제품의 가격이 싸진다.** 컨트롤러의 하드웨어 구성 부분이 크게 단순화됨에 따라 개발비, 부품비, 제작비가 감소되고, 당연히 개발기간도 단축된다.
③ **시스템의 신뢰성이 향상된다.** 컨트롤러가 단순화되어 부품수가 적어지고 신뢰도가 높은 소자를 사용하므로 고장률이 감소하며 유지보수가 용이해진다.
④ **시스템의 융통성이 커진다.** 하드웨어에 의존하는 부분을 소프트웨어로 처리할 수 있게 되므로 시스템 기능의 변경이나 확장에 보다 유연하게 대응할 수 있다.

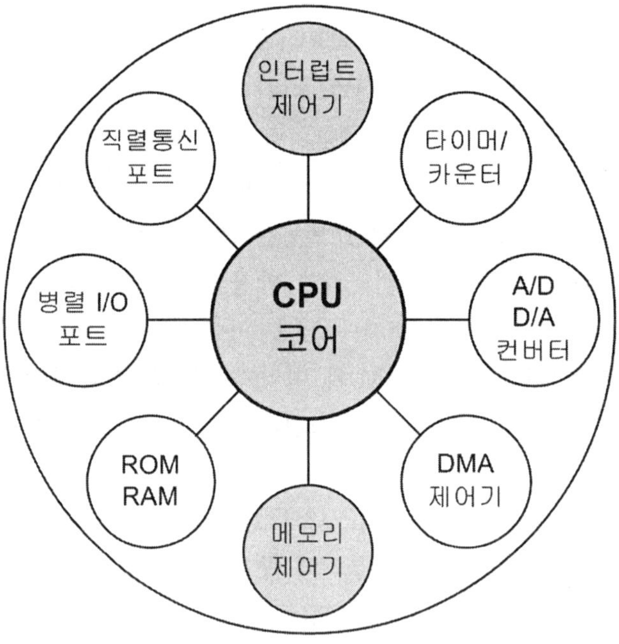

〈그림 1.1.3〉 마이크로컨트롤러의 기본 구성

종래의 마이크로컨트롤러는 <그림 1.1.3>과 같이 CPU 기능에 프로그램 메모리 및 데이터 메모리와 직렬 및 병렬 인터페이스, 카운터/타이머 등을 내장하는 정도에 불과하였으나, 최근에는 DMA 제어기와 같은 고성능의 I/O 기능, 다양한 고속의 직렬통신 기능, A/D 및 D/A 컨버터, PWM 제어신호 발생 회로 등을 내장하여 각종 제어 시스템에서 사용하기에 보다 편리해지고 있다. 현재의 마이크로컨트롤러 모델들은 프로그램 메모리로서 대용량의 플래시 메모리를 내장하여 종래의 소용량 UV EPROM 또는 OTP ROM을 사용하던 제품에 비하여 매우 편리해졌으며, 데이터 메모리로서 대용량의 SRAM을 소자에 내장하고 있는 경우가 많다.

◀휴게실▶ **"마이컴"이라는 기술용어는 없다**

마이크로컨트롤러(microcontroller)를 MCU, 단일칩 마이크로컴퓨터, 임베디드 컨트롤러 등으로 부르는 것은 모두 그 나름의 의미와 타당성이 있다. 그런데, 요즈음 일부 웹사이트나 아마추어들 중에는 아무 근거도 없이 이를 "마이컴"이라고 부르는 경향이 있는데 이는 전혀 올바른 기술용어가 아니므로 이제부터는 사용하지 말았으면 한다. 이렇게 부르는 사람들은 아마도 마음속에 "마이크로컴퓨터"라는 용어를 연상하는 듯하지만 원래 마이크로컴퓨터는 마이크로컨트롤러와는 서로 전혀 다른 뜻을 가지는 용어이며, 또한 "마이컴"이 "단일칩 마이크로컴퓨터(single-chip microcomputer)"의 준말이라고 한다면 이는 지나친 비약이다.

이것을 좀더 따져보면 일본식 조어에서 왔을 가능성이 크다. 일본에서는 퍼스널컴퓨터(パーソナルコンピュータ)를 퍼스컴(パソコン)으로 줄여 사용했듯이 단일칩 마이크로컴퓨터(ワンチップ マイクロコンピュータ ; 완찌뿌 마이꾸로꼼쀼따) 또는 마이크로컨트롤러(マイクロコントローラ ; 마이꾸로꼰또로라)를 짧게 줄여서 マイコン이라고 사용하는 경우가 많은데, 일본어에서는 ㄴ받침과 ㅁ받침이 분명하게 구분되지 않으므로 이것이 "마이꼰" 또는 "마이꼼"에 가깝게 발음되며 이를 우리나라 사람들이 머리속에 마이크로컴퓨터라는 용어를 잘못 연상하면서 "마이컴"으로 받아들이게 된 것이 아닌가 추측된다. 참으로 안타까운 무지의 소치가 아닐 수 없다.

애써 선의로 해석하면 "마이크로컴퓨터"의 단축형으로 "마이컴"이라는 말을 사용할 수는 있을 것이다. 그러나, "단일칩 마이크로컴퓨터"의 단축형을 "마이컴"이라고 한다면 이것은 문제가 될 수 있다. 이렇게 하면 자칫 단일칩 마이크로컴퓨터라는 IC 소자가 이와는 전혀 다른 마이크로컴퓨터로 둔갑하는 혼동을 유발할 수 있기 때문이다. 한편으로 마이크로컨트롤러를 "마이컴"이라고 줄여서 부른다면 이는 억지이다. 우리말에서는 ㄴ받침과 ㅁ받침이 엄격히 다르므로 "마이크로컨트롤러"의 단축형이 "마이컨"은 될 수 있겠으나 "마이컴"이 될 수는 없다. 일본에서는 "마이꼰"과 "마이꼼"이 같은 것일 수 있지만, 한국에서 "마이컨"과 "마이컴"은 분명히 다르다. 이것은 "에어컨"이 "에어컴"으로 될 수 없으며, 또한 "리모컨"이 "리모컴"으로 될 수 없는 것과 같은 이치이다.

물론, 일본식 조어라고 하여 무조건 배척할 필요는 없을 것이다. 그것이 논리적 타당성을 갖추고 우리에게 편리함을 가져다 준다면 선별적으로 받아들일 수 있다고 본다. 예를 들어 텔레비전(television)을 "테레비"라고 부르는 일본식 표현은 우리에게 배척되었지만, 에어 컨디셔너(air conditioner)를 "에어컨"이라고 단축한 것이나 리모트 컨트롤러(remote controller)를 "리모컨"이라고 단축한 표현은 우리에게도 받아들여져서 자연스럽고 훌륭하게 정착되었다. 그러나, "마이컴"은 아무래도 아니다. 그 말의 근거나 의미도 확실하지 않은데다가 우리가 일본식의 조잡한 발음을 따라갈 필요는 전혀 없다고 본다. 차라리 긴 용어를 줄여서 부르려면 이처럼 일본을 거쳐서 "마이컴"으로 변형하지 말고 원어로부터 직접 합리적으로 줄여서 "마이컨"으로 부르는 것이 옳다고 할 것이다.

공학이나 기술 분야에서는 용어가 매우 중요하다. 그렇기 때문에 학술단체에서는 용어를 정리하고 바로 잡아 표준적인 학술용어나 기술용어를 정립하는데 많은 노력을 기울이고 있다. 물론 용어도 시대에 따라 변할 수는 있는 것이지만 합리적 근거를 갖지 않은 용어를 잘못 사용하면 서로 학술적으로나 기술적으로 의사소통에 문제가 발생할 수 있는 것은 물론이고, 자신의 무지를 외부에 드러내는 결과가 된다. 더구나 오늘날 우리나라와 일본의 관계를 생각하면 우리가 일본식의 천박한 조어를 받아들이고 왜곡하여 이를 스스럼없이 사용한다는 것이 어디 말이 되는 소리인가? 그것이 아니라도 얼마든지 좋은 용어들이 잘 만들어져 있어서 이를 사용할 수 있는데도...

(2) 마이크로컨트롤러의 발전

1970년대초 마이크로프로세서가 처음 탄생하여 기본적인 구조를 갖춘 이후로 현재까지 CISC(Complex Instruction Set Computer)형의 범용 마이크로프로세서들은 점점 더 많은 기능을 가지며, 또한 상위 모델은 하위 모델의 기능들을 대부분 그대로 유지하는 **상향 호환성**(upward compatibility)을 갖도록 발전해 왔다. 이 때문에 범용 마이크로프로세서들은 매우 많은 기능을 가지는 반면에 복잡한 내부 구조로 인하여 당연히 가격이 비싸지게 되었고, 그럼에도 불구하고 특정한 응용분야에 있어서는 기능이 부족하거나 만족할만한 성능을 갖지 못하는 경우가 많았다.

이러한 문제를 해결하려는 노력은 여러가지의 형태로 이루어졌다. 첫째로, 마이크로프로세서를 특정한 응용분야에 적용할 때 시스템의 가격이 너무 높거나 시스템 설계가 어렵다는 점 때문에 **마이크로컨트롤러**가 개발되었다. 저가격이 요구되는 단순제어 분야에 적합한 마이크로컨트롤러가 있는 반면에 특정한 응용 분야에 적합한 입출력 제어 기능을 내장하고 있는 마이크로컨트롤러도 있다.

둘째로, 전체적인 처리성능을 높이기 위하여 하드웨어적으로 명령을 해독하고 실행하는 **RISC형 마이크로프로세서**가 개발되었다. 그러나, RISC(Reduced Instruction Set Computer)형 마이크로프로세서는 종래의 마이크로프로그램 방식을 기반으로 하는 CISC형 마이크로프로세서와 소프트웨어의 호환성을 유지하기 어렵다는 치명적인 단점을 가지며, 훨씬 빨라진 처리속도에도 불구하고 어느 특정한 분야에서는 여전히 성능이 부족한 경우가 있었다. 대표적인 예가 **실시간**(real time)으로 디지털 신호를 처리하는 분야인데 여기서는 매우 많은 정수 및 부동소수점 수치 데이터의 연산이 필요하지만 종래의 마이크로프로세서들로는 이를 실시간으로 처리하기가 어려웠다.

셋째로, 다양한 고성능화 기술들이 개발 적용되었다. MOSFET 반도체 기술의 발전으로 수 GHz까지 시스템 클록의 **주파수**를 높일 수 있게 되었고, **파이프라인 처리** 기술로 명령의 인출, 해독, 실행을 더 빠르게 처리할 수 있게 하였으며, **캐시 메모리** 기술로 주기억장치에서 명령을 인출하는 속도를 더욱 향상시켰다. 오늘날은 하나의 마이크로프로세서 소자 내부에 여러 개의 CPU 코어를 넣어서 **병렬처리** 방식으로 프로그램의 실행 속도를 높이는 기술까지 널리 사용하고 있다.

DSP(Digital Signal Processor)는 디지털 신호처리 분야에서 실시간으로 매우 빠른 연산을 수행할 수 있도록 개발된 특별한 마이크로프로세서이다. DSP에서는 명령을 고속으로 처리하기 위하여 RISC 설계 및 파이프라인 처리, 캐시 메모리, **하버드 구조**(Harvard architecture) 등을 사용하고 있으며, 그 결과 정수 및 부동소수점 수치 데이터의 연산을 포함한 대부분의 명령을 1클록 사이클 정도에 실행할 수 있게 되었다. 대부분의 DSP도 RISC 마이크로프로세서에서처럼 데이터를 저장하기 위하여 메모리를 자주 액세스하면 명령처리 효율이 저하되므로 내부에 누산기가 없는 대신에 많은 범용 레지스터를 가지고 있고 대부분의 연산을 이들 범용 레지스터를 중심으로 수행하는 **레지스터 중심 구조**를 채택하고 있으며, 프로그램 메모리에서 명령을 인출하는 동작과 데이터 메모리를 액세스하는 동작이 서로 중복될 때 시스템 버스의 병목현상이 발생하는 것을 해결하기 위하여 하버드 구조를 채택하고 있다. 이와 같은 특성 때문에 DSP는 거의 RISC 마이크로프로세서와 그 역사를 같이 한다.

이상과 같이 오늘날의 마이크로프로세서를 그 응용분야에 따라 크게 분류하면 **범용 마이크로프로세서**와 **마이크로컨트롤러**로 나눌 수 있으며, RISC 마이크로프로세서와 DSP도 점점 고성능의 마이크로컨트롤러로 접근해가는 경향이 있다. 이들의 관계를 알기 쉽게 도시하면 <그림 1.1.4>와 같다.

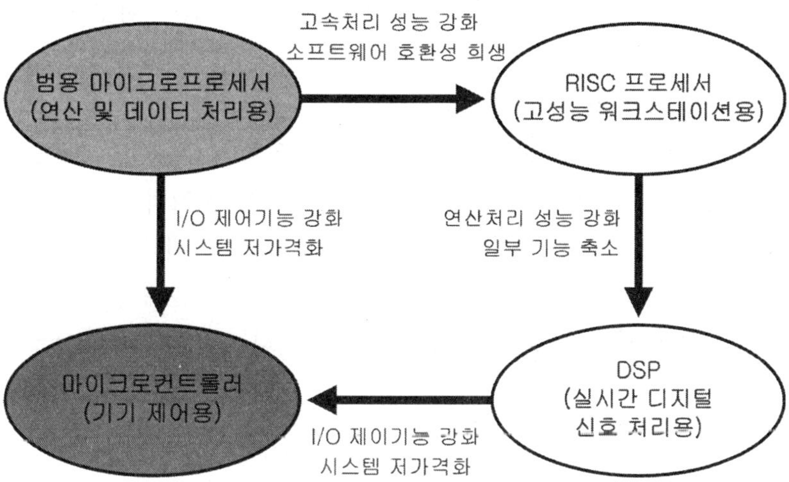

〈그림 1.1.4〉 마이크로프로세서의 용도별 발전 및 분화 과정

3. 마이크로컨트롤러를 공부하기 위한 기초 지식

여기서는 이제부터 우리가 마이크로컨트롤러를 공부하고 이를 실무에 적용하는데 필요한 용어와 기초 지식들을 모아서 정리한다.

(1) 10진수, 2진수, 16진수

숫자를 사용하여 여러 가지의 크기를 가지는 수를 표현하는 방법을 기수법(記數法)

또는 진법(進法)이라고 한다. 대표적인 진법에는 10진법, 2진법, 16진법이 있다.

▣ 10진수(decimal number)

우리는 일상 생활에서 아라비아 숫자 0~9를 사용하여 10진법으로 수를 표현한다. 이는 왼쪽으로 자리수가 올라갈 때마다 수의 크기가 10배씩 커지는 방식으로서, 사람의 손가락이 10개라는 것에서 시작되었다고 한다. 예를 들어서 1023은 다음과 같은 의미를 갖는 수이다.

$$1023 = \underset{(1000자리)}{1\times10^3} + \underset{(100자리)}{0\times10^2} + \underset{(10자리)}{2\times10^1} + \underset{(1자리)}{3\times10^0}$$

이처럼 10진수에서는 각 자리에 차례로 10의 누승(10^0, 10^1, 10^2, 10^3, ...)에 해당하는 가중치를 가지고 있다. 숫자의 위치에 따라 가중치를 갖는 표현 방식은 고대 인도에서 처음 시작되었으며, 아라비아의 상인들에 의하여 전세계에 널리 퍼졌다고 한다.

▣ 2진수(binary number)

반도체 회로로 만들어진 컴퓨터에서는 반도체 스위치의 ON/OFF 또는 출력전압 신호의 H(high)/L(low)에 의하여 수를 표현하므로 사람이 생각하는 것처럼 10진법으로 수를 나타내는 것은 곤란하며, 따라서 여기서는 기계적으로 편리한 2진법으로 수를 표현한다. 이는 왼쪽으로 자리수가 올라갈 때마다 수의 크기가 2배씩 커지는 방식으로서, 예를 들어서 0b1101은 다음과 같은 의미를 갖는 수이다.

$$0b1101 = \underset{(넷째\ 자리)}{1\times2^3} + \underset{(셋째\ 자리)}{1\times10^2} + \underset{(둘째\ 자리)}{0\times10^1} + \underset{(첫째\ 자리)}{1\times10^0} = 13$$

이처럼 2진수에서는 각 자리에 차례로 2의 누승(2^0, 2^1, 2^2, 2^3, ...)에 해당하는 가중치를 가지고 있다. 10진수 이외의 수에서는 진법을 정확히 표시해주어야만 이를 정확히 알 수 있는데, 2진수는 앞에 0b를 붙여서 0b1101처럼 나타내거나 뒤에 B를 붙여서 1101B처럼 나타내는 경우가 많으며, C언어에서는 2진수를 나타내는 방법이 표준적으로 규정되어 있지 않다.

▣ 16진수(hexadecimal number)

컴퓨터에서는 반도체 스위치의 동작에 적합한 2진수를 사용하지만 이것은 수가 커져서 자릿수가 많아지면 사람이 알아보기도 어렵고 취급하기가 불편하게 된다. 이를 개선하기 위하여 컴퓨터 소프트웨어에서는 2진수를 16진수로 바꾸어 나타내는 경우가 많다. 이는 왼쪽으로 자리수가 올라갈 때마다 수의 크기가 16배씩 커지는 방식으로서, 예를 들어서 0x3A0C는 다음과 같은 의미를 갖는 수이다.

$$0x3A0C = 0b0011\ 1010\ 0000\ 1100 = 3\times16^3 + 10\times16^2 + 0\times16^1 + 12\times16^0 = 14860$$

이처럼 16진수에서는 각 자리에 차례로 16의 누승(16^0, 16^1, 16^2, 16^3, ...)에 해당하는 가중치를 가지고 있다. 16진수는 앞에 0x를 붙여서 0x3A0C처럼 나타내거나 뒤에 H를 붙여서 3A0CH처럼 나타내는 경우가 많으며, C언어에서는 앞에 0x를 붙이는 방법을 표준으로 사용한다.

〈표 1.1.1〉 10진수, 2진수, 16진수의 관계

10진수	2진수	16진수
0	0b0000	0x0
1	0b0001	0x1
2	0b0010	0x2
3	0b0011	0x3
4	0b0100	0x4
5	0b0101	0x5
6	0b0110	0x6
7	0b0111	0x7
8	0b1000	0x8
9	0b1001	0x9
10	0b1010	0xA
11	0b1011	0xB
12	0b1100	0xC
13	0b1101	0xD
14	0b1110	0xE
15	0b1111	0xF

여러 가지의 진법은 단지 어떤 수를 표현하는 방법일 뿐이며 어떤 진법으로 표시하더라도 그 수의 크기가 달라지는 것은 아니다. 10진수는 사람이 오랫동안 사용하여 왔으므로 우리에게 익숙한 표시법이고, 2진수는 컴퓨터의 기계적인 구조에 적합한 표시법이며, 16진수는 2진수의 몇가지 불편한 점을 보완하기 위하여 널리 사용하는 표시법이다. 10진수, 2진수, 16진수 사이의 관계를 정리하면 <표 1.1.1>과 같다.

수를 표시하는 진법에는 이밖에도 여러 가지가 있다. 예를 들면 연필 1다스는 12자루인 것처럼 12진법도 있으며, 1분은 60초인 것처럼 시간에서는 60진법을 사용한다.

(2) 데이터의 길이를 나타내는 단위

우리가 일상생활에서 사용하는 10진수는 필요에 따라서 1, 12, 123, 1234, 12345처럼 매우 다양한 크기를 사용할 수 있으나 컴퓨터에서 사용하는 숫자는 편의상 몇가지로 길이의 종류를 제한하여 사용한다.

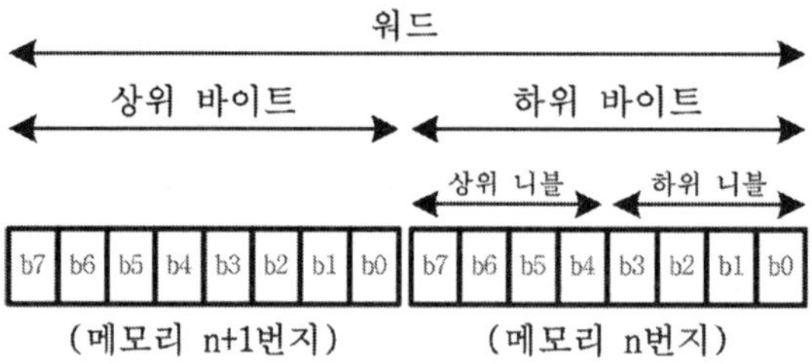

〈그림 1.1.5〉 컴퓨터에서 디지털 데이터의 길이

〈표 1.1.2〉 ATmega128A의 소프트웨어에서 사용하는 데이터의 표현 형식

데이터의 형식		표현 범위	어셈블리 언어	C 언어
8비트	양의 정수 표현	0 ~ 255	BYTE	unsigned char
	2의 보수 표현	-128 ~ +127	BYTE	signed char
16비트	양의 정수 표현	0 ~ 65,535	WORD	unsigned int
	2의 보수 표현	-32,768 ~ +32,767	WORD	signed int
32비트	양의 정수 표현	0 ~ 4,294,967,295	DOUBLE WORD	unsigned long int
	2의 보수 표현	-2,147,483,648 ~ +2,147,483,647	DOUBLE WORD	signed long int
64비트	양의 정수 표현	0 ~ 1.844×10^19	QUAD WORD	unsigned long long int
	2의 보수 표현	-9.22×10^18 ~ +9.22×10^18	QUAD WORD	signed long long int

▣ 비트(bit)

비트는 디지털 컴퓨터에서 정보를 표현하는 최소 단위로서 0(false, OFF, low) 또는 1(true, ON, high)의 값을 가진다. 이러한 비트는 바이트나 워드 등과 같이 크기를 갖는 수치 데이터를 표시하는 최소 단위의 요소가 되기도 하며, ASCII(American Standard Code for Information Interchange) 코드나 상태 레지스터의 내용처럼 크기를 갖지 않는 기호의 역할을 수행하기도 한다.

비트(bit)라는 용어는 **bi**nary digi**t**에서 만들어졌다. 이것은 뒤에서 설명하는 바이트와 똑같이 영문 알파벳 b로 시작하기 때문에 종종 혼란을 야기할 수 있다. 이를 방지하기 위하여 관행적으로 비트는 b로 표시하고, 바이트는 B로 표시하는 경우가 많다. 예를 들어 반도체 메모리 소자의 용량을 나타낼 때 4Mb라고 하면 이는 대부분 4 mega bit라는 뜻이다. 그러나, 4MB라고 하면 이는 4 mega byte인 경우가 많다.

▣ 니블(nibble)

니블은 연속된 4비트 길이를 가지는 데이터의 형식으로서 0b0000~0b1111에 해당한다. 이것은 2진수를 16진수로 바꾸어 표현하기 위하여 만들어진 개념으로서 4비트로 구성된 1니블이 16진수로 1자리가 된다. 또한, 10진수를 2진수의 형식으로 표시하기 위한 BCD(Binary-Coded Decimal) 표현법에서도 1니블이 10진수 1자리를 나타낸다. 1바이트는 상위 니블과 하위 니블로 나눌 수 있다.

▣ 바이트(byte)

바이트는 연속된 8비트 길이를 가지는 데이터의 형식으로서 부호가 없는 수의 경우에는 0~255 범위의 수를 표현할 수 있으며, 부호가 있어서 2의 보수 표현법으로 양수 및 음수를 나타내는 경우에는 -128~+127 범위의 수를 표현할 수 있다.

바이트가 크기를 갖는 수치 데이터가 아니라 문자를 나타내는 기호로 사용되는 경우도 있기 때문에 C언어에서는 이를 문자(character)라는 단위로 부른다. 예를 들어 영문 알파벳을 비롯한 각종 문자를 표시하는 ASCII 코드는 원래 7비트로 정의되어 있지만 최상위 비트에 0을 추가하여 8비트로 사용하는 경우가 많다.

컴퓨터에서 8비트로 구성되는 바이트는 수치 데이터의 기본이므로 모든 컴퓨터나 마이크로프로세서에서는 바이트를 기본적인 처리 단위로 사용한다. 8비트짜리 마이크로프로세서에서는 당연히 한번에 8비트씩 데이터를 처리하지만, 16비트나 32비트 또는 64비트 마이크로프로세서에서도 8비트 단위로 데이터를 처리하는 기능을 기본적으로 가지고 있다는 것이다.

▣ 워드(word)

워드는 연속된 16비트 길이를 가지는 데이터의 형식으로서 부호가 없는 수의 경우에는 0~65535 범위의 수를 표현할 수 있으며, 부호가 있어서 2의 보수 표현법으로 양수 및 음수를 나타내는 경우에는 -32768~+32767 범위의 수를 표현할 수 있다.

8비트 구조인 ATmega128A 마이크로컨트롤러에서 16비트의 워드 데이터는 메모리에서 8비트씩 2개의 연속된 번지를 차지하며, 낮은 번지에 하위 바이트가 저장되고 높은 번지에 상위 바이트가 저장되는데 이를 역워드순(little endian)이라고 한다. 그러나, 어떤 마이크로프로세서에서는 이를 반대의 순서인 big endian 방식으로 저장하기도 한다. C언어에서는 16비트의 워드 데이터를 int(integer)라는 단위로 부른다.

◀**참고**▶ 여기서 말하는 워드는 마이크로프로세서가 한번에 기본적으로 처리하는 데이터의 길이라는 의미로 사용하는 워드와는 다른 뜻을 가지고 있다는데 주의해야 한다.

◀휴게실▶ 마이크로프로세서 및 컴퓨터에서의 워드

우리가 8비트, 16비트, 32비트 또는 64비트 마이크로프로세서라고 할 때의 비트수를 "워드(word)"라고 부른다. 그러면 컴퓨터에서 이 워드란 무엇인가? 이를 한마디로 정의하면 "컴퓨터에 사용된 CPU가 한번에 기본적으로 처리할 수 있는 데이터의 길이"라고 말할 수 있다. 그런데 여기서 데이터를 처리한다는 것은 2가지의 측면에서 살펴볼 수 있다.

첫째로, CPU의 내부적인 처리는 산술 및 논리연산으로 대표된다. 즉, CPU가 한번에 기본적으로 연산처리하는 데이터의 길이가 워드이다.

둘째로, CPU의 외부적인 처리는 메모리 및 I/O 디바이스에 대한 데이터 액세스이다. 즉, CPU가 한번의 버스 사이클을 통하여 메모리나 입출력장치에서 액세스하는 데이터의 길이가 워드이다.

그러나 여기에는 적지 않은 예외가 있다. 예를 들어 ATmega128A는 내부의 가감산 연산을 8비트 단위로 처리하고 외부 데이터 액세스도 8비트로 처리하므로 당연히 8비트 마이크로프로세서이다. 그러나, 마이크로프로세서에 따라서는 8비트 마이크로프로세서라도 명령의 일부에서 16비트 단위로 데이터를 처리하는 경우도 있다. 이러한 일부 예외적인 명령을 가지더라도 기본적으로는 8비트 단위로 연산을 수행한다면 이것은 당연히 8비트 마이크로프로세서로 분류된다.(단, ATmega128A도 프로그램 메모리 구조는 16비트로 되어 있어서 한번에 16비트씩 명령을 읽어서 처리한다. 이는 명령처리 속도를 높이기 위하여 Atmel사에서 이와 같이 설계하였기 때문이다.)

오래 전에 8088과 같이 내부의 데이터 처리는 16비트로 수행하는데 비하여 외부 액세스는 항상 8비트 단위로 처리하는 모델도 있었으며, 80C196KC처럼 내부의 데이터 처리는 16비트로 수행하지만 외부 액세스는 사용자가 8비트 또는 16비트 중에서 임의로 선택 지정할 수 있는 모델들도 있었다. 그렇다면 이 8088이나 80C196KC는 8비트 마이크로프로세서인가? 아니면 16비트 마이크로프로세서인가? 이러한 경우에는 일반적으로 내부 데이터 처리를 기준으로 16비트 마이크로프로세서라고 본다. 이중에서 8088의 경우는 원래 16비트 모델(8086)이 먼저 개발되고 이를 외부 하드웨어 설계가 간단해지는 8비트 저가형(8088)으로 수정한 경우이며, 80C196KC의 경우는 기본적으로 16비트 구조로 설계하여 놓고 사용자가 필요할 경우에만 외부 액세스를 8비트로 간단히 처리할 수 있는 기능을 추가한 것이기 때문이다.

그러나, 이와는 반대의 경우도 있다. Intel의 Pentium 마이크로프로세서는 32비트 워드로 되어 있으나 외부 액세스는 64비트 단위로 수행한다. 이는 마이크로프로세서의 내부 처리속도가 빠른데 비하여 외부 액세스에는 많은 시간을 필요로 하므로 한번에 2개의 워드를 액세스함으로써 전체적인 처리 성능을 향상시키기 위한 방법의 일종이다.

일반적으로 CPU의 워드 길이가 길어지면 컴퓨터의 성능이 높아진다. 성능이 낮은 기종에서는 여러번 나누어 처리해야 할 것을 여기서는 한번에 처리할 수 있기 때문이다. 또한 명령의 종류나 처리방식이 다양해진다. 예를 들어 1개의 워드로 명령이 구성된다고 가정할 때 8비트에서는 256개의 명령을 정의할 수 있으나 16비트에서는 65536개의 명령을 정의할 수 있게 된다. 또한, 수치 데이터에서 표준적인 부동소수점 표현방식을 사용하려면 워드 길이가 최소한 32비트를 필요로 한다.

워드에 관하여 한가지 유의할 점은 어떤 워드 길이를 가지는 CPU라도 반드시 워드 단위로만 데이터를 처리하지는 않으며, 대부분의 마이크로프로세서에서는 바이트 단위로 데이터를 처리할 수 있는 기능을 부수적으로 가진다는 것인데, 이를 "바이트 머신(byte machine)"이라고 한다. 특히 입출력장치로 데이터를 전송하는 I/O 액세스에서는 반드시 8비트 단위의 처리기능을 함께 갖는다. 만약, 그렇게 하지 않으면 디스크 드라이브나 프린터와 같이 병렬로 접속하는 주변장치를 8비트 컴퓨터용, 16비트 컴퓨터용, 32비트 컴퓨터용, 64비트 컴퓨터용으로 따로 만들어야 하는 끔찍한 결과를 초래할 것이다.

▣ 더블 워드(double word) 및 쿼드 워드(quad word)

더블 워드는 연속된 32비트(4바이트) 길이를 가지는 데이터의 형식이며, 쿼드 워드는 64비트(8바이트) 길이를 가지는 데이터의 형식이다. 8비트 구조인 ATmega128A 마이크로컨트롤러에서는 당연히 이런 데이터를 직접 처리하지 않으므로 이런 큰 데이터의 연산이 필요하면 사용자가 프로그램으로 작성해야 한다.

표준의 C언어에서는 더블 워드 데이터의 형을 long int로 정의하며, 쿼드 워드의 데이터 형을 long long int로 정의한다.

(3) 데이터의 표현법

마이크로프로세서의 어셈블리 연산 명령에서 사용하는 수치 데이터의 표현 방법에는 부호없는 정수 표현법과 2의 보수 표현법, 그리고 BCD 표현법 등이 있다. 8비트의 ATmega128A에서는 부호없는 정수 표현법과 2의 보수 표현법을 지원하지만 BCD 표현법은 지원하지 않으므로 사용자가 어셈블리 언어로 프로그램할 때 다소 불편하다.

〈표 1.1.3〉 부호없는 8비트 정수의 표현

10진수	부호없는 8비트 정수	10진수	부호없는 8비트 정수
0	0b00000000	128	0b10000000
1	0b00000001	129	0b10000001
2	0b00000010	130	0b10000010
3	0b00000011	131	0b10000011
.	.	.	.
.	.	.	.
.	.	.	.
124	0b01111100	252	0b11111100
125	0b01111101	253	0b11111101
126	0b01111110	254	0b11111110
127	0b01111111	255	0b11111111

〈표 1.1.4〉 부호없는 16비트 정수의 표현

10진수	부호없는 16비트 정수	10진수	부호없는 16비트 정수
0	0b00000000 00000000	32768	0b10000000 00000000
1	0b00000000 00000001	32769	0b10000000 00000001
2	0b00000000 00000010	32770	0b10000000 00000010
3	0b00000000 00000011	32771	0b10000000 00000011
.	.	.	.
.	.	.	.
.	.	.	.
32764	0b01111111 11111100	65532	0b11111111 11111100
32765	0b01111111 11111101	65533	0b11111111 11111101
32766	0b01111111 11111110	65534	0b11111111 11111110
32767	0b01111111 11111111	65535	0b11111111 11111111

▣ 부호 없는 정수 표현법

이것은 데이터 전체가 부호없는 수의 크기를 2진수로 표현하는 방법으로서 0과 양의 정수만 표현할 수 있으므로 **양의 정수 표현법**이라고도 한다.

8비트 길이의 데이터로 표현할 수 있는 수의 범위는 0~255(0x00~0xFF)이며, 16비트 데이터로는 0~65535(0x0000~0xFFFF) 범위의 수를 표현할 수 있다.

▣ 2의 보수 표현법

이것은 데이터에서 최상위 비트(8비트 길이에서는 b7, 16비트 길이에서는 b15)로는 부호를 표시(0은 양수의 +, 1은 음수의 -)하고, 나머지 비트들(8비트 길이에서는 b6~b0, 16비트 길이에서는 b14~b0)은 수의 크기를 표현하는 방법으로서, 이를 이용하면 0과 양의 정수는 물론이고 음의 정수까지도 표현할 수 있다. b6~b0 또는 b14~b0에 표시되는 수의 크기는 양수의 경우에는 절대값을 그대로 2진수로 표현하며, 음수의 경우에는 이를 2의 보수(2's complement)로 바꾸어 표현한다.

이 방법에 의해서 8비트 길이의 데이터로 표현할 수 있는 수의 범위는 -128~+127이며, 16비트 길이의 데이터로 표현할 수 있는 수의 범위는 -32768~+32767이다.

〈표 1.1.5〉 8비트 2의 보수 표현

양의 정수	8비트 2의 보수	음의 정수	8비트 2의 보수
+127	0b01111111	-1	0b11111111
+126	0b01111110	-2	0b11111110
+125	0b01111101	-3	0b11111101
.	.	.	.
.	.	.	.
.	.	.	.
+3	0b00000011	-125	0b10000011
+2	0b00000010	-126	0b10000010
+1	0b00000001	-127	0b10000001
0	0b00000000	-128	0b10000000

〈표 1.1.6〉 16비트 2의 보수 표현

양의 정수	16비트 2의 보수	음의 정수	16비트 2의 보수
+32767	0b01111111 11111111	-1	0b11111111 11111111
+32766	0b01111111 11111110	-2	0b11111111 11111110
+32765	0b01111111 11111101	-3	0b11111111 11111101
.	.	.	.
.	.	.	.
.	.	.	.
+3	0b00000000 00000011	-32765	0b10000000 00000011
+2	0b00000000 00000010	-32766	0b10000000 00000010
+1	0b00000000 00000001	-32767	0b10000000 00000001
0	0b00000000 00000000	-32768	0b10000000 00000000

◀휴게실▶ **8비트 데이터에서 2의 보수 표현법**

10진수로 된 수치 데이터를 2의 보수 표현법으로 변환하거나 반대로 2의 보수 표현법으로 된 수치 데이터를 10진수로 환산하는 방법은 마이크로프로세서의 연산처리 동작을 깊이 있게 이해하는데 중요하므로 잘 알아두면 좋다.

(1) 양수의 경우

10진수로 55를 8비트 2의 보수 표현법으로 표시하라.

i) 양수이므로 최상위의 부호 비트는 0이다.
ii) 수의 절대값을 7비트의 2진수로 변환한다.

```
2 ) 55
2 ) 27 ··· 1
2 ) 13 ··· 1
2 )  6 ··· 1
2 )  3 ··· 0
     1 ··· 1        ∴ 0110111 (상위의 남는 비트는 0으로 채운다.)
```

iii) 양수이므로 부호 비트 0과 7비트의 수를 그대로 합하여 2의 보수 표현법을 완성한다.

00110111 = 0x37

(2) 음수의 경우

10진수로 -55를 8비트 2의 보수 표현법으로 표시하라.

i) 음수이므로 최상위의 부호 비트는 1이다.
ii) 수의 절대값을 7비트의 2진수로 변환한다.

```
2 ) 55
2 ) 27 ··· 1
2 ) 13 ··· 1
2 )  6 ··· 1
2 )  3 ··· 0
     1 ··· 1        ∴ 0110111 (상위의 남는 비트는 0으로 채운다.)
```

iii) 음수이므로 부호 비트 1과 7비트의 수를 2의 보수로 나타낸 것을 합하여 2의 보수를 완성한다.

```
   10110111
      ↓
   11001000        (1의 보수)
+ )       1
   11001001 = 0xC9 (2의 보수)
```

(3) 10진수로의 역변환

2의 보수 표현법의 수를 10진수로 역변환하는 방법은 위의 변환과 반대로 수행하면 된다. 즉, 최상위 비트가 0인 경우(양수)에는 아래 7비트의 수를 그대로 10진수로 환산하여 양의 부호(+)를 붙이면 되고, 최상위 비트가 1인 경우(음수)에는 아래 7비트의 수를 2의 보수로 변환한후 10진수로 환산하여 음의 부호(-)를 붙이면 된다.

▣ BCD 표현법

이것은 1개의 니블(4비트)을 BCD(Binary-Coded Decimal)로 사용하여 10진수 1자

리씩을 표현하는 방법으로서, 만약 8비트의 길이라면 상위 니블과 하위 니블이 각각 10진수 1자리씩을 표현하므로 **밀집형 BCD**(packed BCD) **표현법**이라고도 한다. 그러나, 8비트 데이터에서 상위 니블의 4비트는 모두 0으로 채워두고 하위 니블로만 BCD로 0~9의 10진수를 표시하는 방법도 있는데 이것을 **비밀집형 BCD**(unpacked BCD) **표현법**이라고 한다.

밀집형 BCD 표현법에 의해서 8비트 길이의 데이터로 표현할 수 있는 수의 범위는 00~99이며, 16비트 길이의 데이터로는 0000~9999 범위의 수를 표현할 수 있다. 이처럼 BCD 표현법으로는 0 또는 양의 10진수만 표현할 수 있으며, 만약 부호가 필요하다면 별도의 위치에 표시하여 특별한 방법으로 처리하여야 한다. 각 니블은 0x0~0xF 범위의 16가지 수를 표현할 수 있으나, BCD 표현법에서는 10진수에 해당되는 0~9의 수만 사용하므로 비트 사용이 매우 비효율적이다.

ATmega128A에서는 어셈블리 연산 명령이 BCD 표현법을 지원하지 않으므로 만약 이를 사용한 연산이 필요하다면 사용자가 프로그램으로 작성해야 한다.

〈표 1.1.7〉 8비트 밀집형 10진수의 표현

10진수	8비트 밀집형 10진수	10진수	8비트 밀집형 10진수
0	0b0000 0000	50	0b0101 0000
1	0b0000 0001	51	0b0101 0001
2	0b0000 0010	52	0b0101 0010
3	0b0000 0011	53	0b0101 0011
.	.	.	.
.	.	.	.
.	.	.	.
46	0b0100 0110	96	0b1001 0110
47	0b0100 0111	97	0b1001 0111
48	0b0100 1000	98	0b1001 1000
49	0b0100 1001	99	0b1001 1001

(4) 수의 크기를 나타내는 접두어

마이크로프로세서와 컴퓨터를 공부하다보면 많은 수를 접하게 되는데 이러한 수를 표현하는 외래어를 잘 정리하여 두지 않으면 상당히 혼란스러울 수 있다. 여기서는 이런 혼란을 겪지 않고 수치 데이터를 쉽게 이해하고 기억할 수 있도록 수치 데이터와 관련된 외래어 접두어를 정리한다.

1~10 범위의 정수를 표현하는 접두어를 정리하면 <표 1.1.8>과 같고, 10의 멱급수로 표현되는 정수의 크기를 나타내는 SI단위계의 접두어 및 기호를 정리하면 <표 1.1.9>와 같다. 이러한 것들은 컴퓨터뿐만 아니라 요즈음 우리의 일상 생활에서도 종종 사용된다.

〈표 1.1.8〉 1~10 범위의 정수를 나타내는 접두어

수	라틴어 어원	그리스어 어원	관련된 영어 표현
1	uni-	mono-	single
2	bi-	di-	dual
3	ter-	tri-	triple
4	quater-	tetra-	quad, quadruple
5	quinque-	penta-	
6	sexi-, sexa-	hexa-	hex
7	septi-, septa-	hepta-	
8	octi-, octa-	octa-	octal
9	novi-, novem-	nona-	
10	deci-, decem-	deca-, deka-	decade, decimal

〈표 1.1.9〉 10의 멱수를 나타내는 SI단위계의 접두어

수	접두어	기호
10^{24}	yotta-	Y
10^{21}	zetta-	Z
10^{18}	exa-	E
10^{15}	peta-	P
10^{12}	tera-	T
10^{9}	giga-	G
10^{6}	mega-	M
10^{3}	kilo-	k
10^{2}	hecto-	h
10^{1}	deca-	da
10^{-1}	deci-	d
10^{-2}	centi-	c
10^{-3}	milli-	m
10^{-6}	micro-	μ
10^{-9}	nano-	n
10^{-12}	pico-	p
10^{-15}	femto-	f
10^{-18}	atto-	a
10^{-21}	zepto-	z
10^{-24}	yocto-	y

(5) CISC 방식과 RISC 방식

▣ CISC 방식

1940년대에 처음으로 진공관을 사용한 디지털 컴퓨터가 만들어진 이후로 약 30년 동안은 컴퓨터의 하드웨어를 간단하게 설계하는 것이 중요한 사항이었다. 새로운 컴퓨터는 이전의 모델과 호환성을 유지하면서 새로운 기능과 명령어가 추가되어 점점 고성능화되어 가는데 하드웨어적인 복잡성이 폭발적으로 증가하는 것은 당시 기술로 상당하기 어렵기 때문에 어셈블리 명령어를 내부의 마이크로 코드 또는 마이크로프로그램(microprogram)으로 분해하여 단계적인 소프트웨어 방식으로 처리함으로써 하드웨

어의 복잡성을 줄일 수 있었다. 이 때문에 시간이 지나면서 CPU는 점점 더 많은 명령을 가지게 되었고, 많은 명령들은 서로 다른 길이와 복잡한 포맷을 가지게 되었는데 이러한 방식의 CPU 또는 컴퓨터를 CISC(Complex Instruction Set Computer) 방식이라고 한다.

그러나, CISC 방식은 하드웨어의 복잡성을 최소한으로 줄이고 명령의 상향 호환성을 유지하면서 발전하는데는 유리하였지만, 어셈블리 명령어의 종류가 지나치게 많고 이것들의 길이와 포맷이 서로 다르므로 이를 고속으로 해독하고 실행하는데 불리하여 고성능 경쟁 시대에는 부적합하였다. 인텔의 범용 마이크로프로세서에서 초창기부터 80486까지는 CISC 방식으로 만들어졌다.

▣ RISC 방식

CISC 방식이 점점 고성능의 요구를 충족시키지 못하게 됨에 따라 1970년대 말에서 1980년대 초에는 어셈블리 명령어를 고속으로 하드웨어적으로 해독하고 실행하는 새로운 방식의 마이크로프로세서가 개발되었다. 그러나, 이렇게 하면 각 명령어를 해독하고 실행하는 하드웨어가 따로 만들어져야 하므로 CPU의 내부 하드웨어가 폭발적으로 증가하게 될 수밖에 없으며, 이때는 하드웨어 설계 기술과 반도체의 집적도가 매우 높아진 시대였으나 이를 모두 감당하기는 어렵기 때문에 명령어의 수를 대폭 줄이고 길이를 일정하게 하며 명령어 포맷을 몇가지로 단순화하여 이를 해독하고 실행하는 속도를 획기적으로 높였다. 대부분의 경우는 여기에 파이프라인 처리 기술과 캐시 메모리를 적용하여 1명령을 1클록 사이클에 실행한다. 이러한 이유로 이 방식의 CPU 또는 컴퓨터를 RISC(Reduced Instruction Set Computer) 방식이라고 한다.

RISC 방식은 명령 처리를 획기적으로 빠르게 하여 컴퓨터의 고성능화에 크게 기여하였으나 이전 모델과의 호환성을 유지하는데는 치명적인 약점이 있다. 인텔의 범용 마이크로프로세서에서 Pentium부터는 거의 RISC 방식으로 만들어졌으며, 현재는 ATmega128A와 같은 8비트급의 마이크로컨트롤러도 RISC 방식으로 되어 있다.

(6) 폰노이만 구조와 하버드 구조

▣ 폰노이만 구조

초창기부터 1970년대 말까지 사용되던 CISC 방식의 컴퓨터는 모두 폰노이만(John von Neumann) 구조로 되어 있었다. 이 때문에 CISC 방식은 폰노이만 구조와 거의 유사한 의미로 간주할 수 있다.

폰노이만 구조에서는 사용자 프로그램을 내장된 마이크로프로그램에 의하여 소프트웨어적으로 해독하고 실행하므로 하드웨어를 간단하게 할 수 있다는 장점을 가지며, 새로운 기능이나 명령을 추가할 때 대부분 하드웨어의 변경이 없이 마이크로 프로그램으로 처리할 수 있으므로 상향 호환성을 유지하기 쉽다는 장점도 있다. 그러나, 폰노이만 구조에서는 프로그램을 항상 인출→해독→실행→저장이라는 단계로 순차적으로 처리하기 때문에 파이프라인 처리 기술을 적용하기 어렵고 실행 속도가 낮으며, 프로그램과 데이터를 동일한 메모리에 저장하기 때문에 명령을 읽어오는 동작과 데이터는 읽고 쓰는 동작이 겹쳐서 메모리 액세스의 병목현상(bottleneck effect)을 일으키므로 또 다시 프로그램의 실행속도가 낮아지는 단점이 있다.

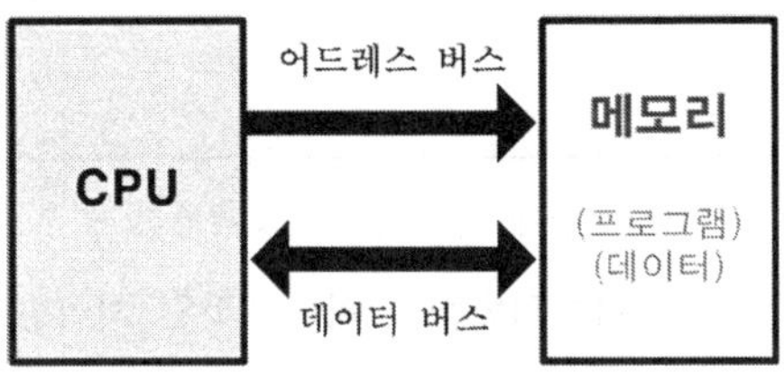

〈그림 1.1.6〉 폰노이만 구조

▣ 하버드 구조

하버드 구조(Harvard architecture)는 폰노이만 구조의 단점을 개선하기 위한 방식으로서 프로그램 메모리와 데이터 메모리를 서로 분리하고 이것들을 각각 다른 전용의 버스로 액세스하는 것이 가장 중요한 핵심이다. 이렇게 하면 명령을 읽어오는 동작과 데이터를 읽고 쓰는 동작이 겹치는 메모리 액세스의 병목현상이 없어서 프로그램의 실행속도를 훨씬 빠르게 할 수 있다. 여기에 명령을 하드웨어적으로 해독하여 처리하는 RISC 기술과 파이프라인 처리 기술 및 캐시 메모리를 도입하여 종래의 폰노이만 방식의 컴퓨터보다 엄청나게 빠른 성능을 발휘한다. 이 때문에 RISC 방식과 하버드 구조는 매우 밀접한 관계에 있다.

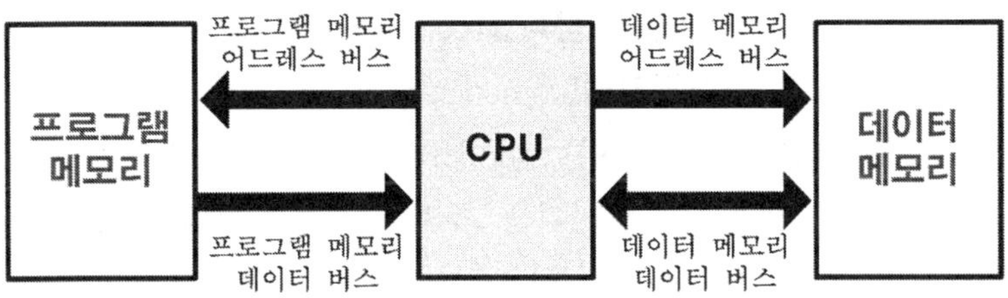

〈그림 1.1.7〉 하버드 구조

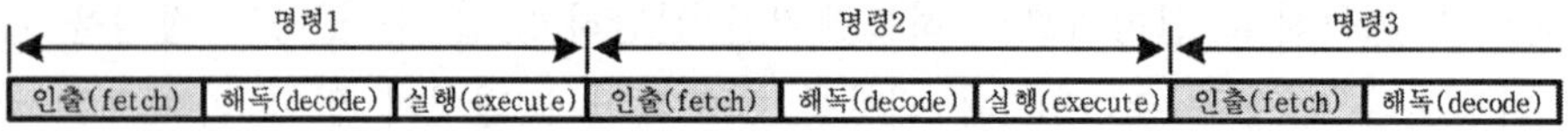

(a) 순차처리방식

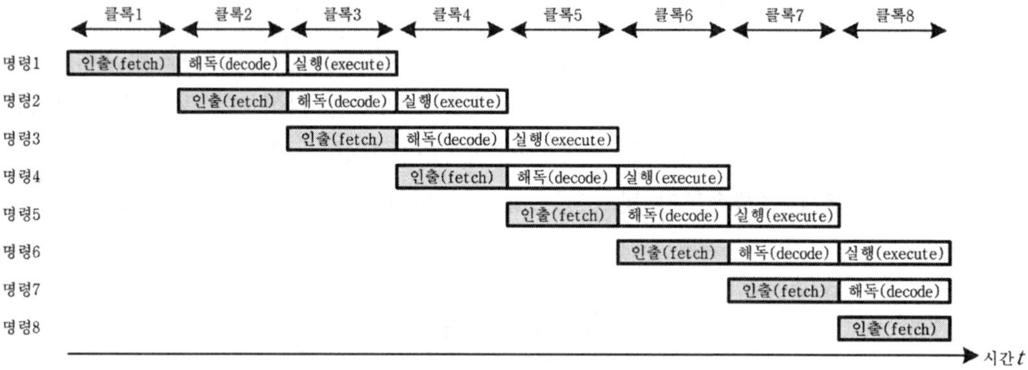

(b) 3단계 파이프라인 처리방식

〈그림 1.1.8〉 순차처리방식과 파이프라인 처리방식의 비교

(7) 어셈블러와 컴파일러

▣ 어셈블, 어셈블러

어셈블리 언어(assembly language)로 작성된 소스 프로그램을 CPU가 실행할 수 있는 기계어 목적 파일(object file)로 번역하는 과정을 **어셈블**(assemble)이라고 하며, 이러한 기능을 수행하는 유틸리티 소프트웨어를 **어셈블러**(assembler)라고 한다. 현재 어셈블러 소프트웨어가 동작하고 있는 컴퓨터의 CPU가 아니라 제3의 다른 CPU 모델에서 실행하기 위한 어셈블리 언어 프로그램을 번역하는 어셈블러를 특별히 **크로스 어셈블러**(cross assembler)라고 부른다.

▣ 컴파일, 컴파일러

고급 언어(high-level language)로 작성된 소스 프로그램을 CPU가 실행할 수 있는 기계어 목적 파일로 번역하는 과정을 **컴파일**(compile)이라고 하며, 이러한 기능을 수행하는 유틸리티 소프트웨어를 **컴파일러**(compiler)라고 한다. 현재 컴파일러 소프트웨어가 동작하고 있는 컴퓨터의 CPU가 아니라 제3의 다른 CPU 모델에서 실행하기 위한 고급 언어 프로그램을 번역하는 컴파일러를 특별히 **크로스 컴파일러**라고 부른다. 예를 들어 현재 CPU가 Pentium인 퍼스널컴퓨터에서 ATmega128A용의 C언어 소스 파일을 번역하는 컴파일러는 크로스 컴파일러이다.

1.2 AVR 마이크로컨트롤러의 개요

이 절에서는 8비트 RISC 마이크로컨트롤러인 Microchip Technology사 AVR 시리즈의 탄생에서부터 발전과정, 종류 및 특징을 알아보기로 한다.

1. AVR 마이크로컨트롤러의 탄생 및 특징

AVR 시리즈 마이크로컨트롤러는 1984년에 창립된 미국의 Atmel사에서 1997년에 AT90S8515를 첫 모델로 발표하면서 시작된 8비트의 제어용 마이크로프로세서로서, 이는 노르웨이의 Alf-Egil Bogen과 Vegard Wollan이 진보된 RISC 기술을 사용하여 설계하였다고 하여 이것들의 첫 글자를 따서 AVR이라고 명명된 것으로 알려져 있으며, 혹자는 Advanced Virtual RISC의 약어라고 말하기도 한다.

AVR은 프로그램 메모리와 데이터 메모리를 액세스하기 위한 버스를 독립적으로 사용하는 하버드 구조(Harvard Architecture)와 2단계의 파이프라인 처리를 기반으로 하는 RISC(Reduced Instruction Set Computer) 기술을 적용하여 8비트 제품에서는 비교할 수 없을 정도로 빠른 명령처리 속도를 자랑하였다. 뿐만 아니라 AVR은 이를 Atmel사의 장점인 플래시 메모리(flash memory) 기술과 접목시켜 칩의 내부에 프로그램용으로 플래시 메모리를 내장하고 여기에 사용자 프로그램을 쉽게 다운로드할 수 있는 ISP(In-System Programming) 방식을 적용하여 탁월한 사용자 편의성을 제공하였다. 이러한 장점 때문에 AVR은 가장 늦게 출시되었음에도 불구하고 그 당시 이미 시장을 거의 지배하고 있던 Intel사의 8051 시리즈나 Microchip Technology사의 PIC 시리즈 마이크로컨트롤러를 압도하는 인기를 짧은 기간에 얻고 시장을 장악하였다. 특히 2001년에 발표한 +5V용의 ATmega128과 이를 +3.3V 및 +5V 겸용으로 개선하여 2008년에 다시 발표한 ATmega128A는 AVR을 대표하는 모델로 자리 잡았다.

그러나, 이러한 AVR도 ARM Cortex-M 계열의 32비트 마이크로컨트롤러가 일으키는 엄청난 태풍에 의하여 시장에서 심각한 도전을 받고 있다. 이제 AVR은 성능과 가격에서 더 이상 압도적으로 우월하지 못하며, 수많은 반도체 회사들이 연합하고 경쟁하면서 발전하는 ARM Cortex-M 제품을 감당하기에는 역부족이다. 이러한 상황에서 Atmel은 2016년 1월에 경쟁사인 Microchip Technology사에 인수 합병되었다.

Atmel이 서로 치열한 경쟁 관계였던 Microchip Technology사에 인수 합병된 이후에 AVR 제품의 운명이 어떻게 될지는 이 제품을 사용하는 많은 사람들의 관심사였다. 지금까지 몇 년이 지나면서 보면 전문가들의 예상대로 Microchip Technology사는 AVR 제품에 상당한 변화를 주고 있다. 현재까지 우선은 ATtiny 패밀리와 ATmega 패밀리에 몇 가지의 모델을 추가하는데 그쳤으나, 앞으로 더욱 시간이 지나면 상당수의 기존 AVR 모델은 단종시킬 것으로 전망된다. 지금까지 새로 추가된 모델에는 과거의 AVR 구조를 고집하지 않고 여러 부분에서 기존의 자사 모델인 PIC 제품의 색채를 가미하고 있으며, 이러한 현상은 앞으로 더욱 심화될 것으로 보인다.

소프트웨어 개발툴은 기존의 AVR Studio를 Atmel Studio로 개편하고 계속하여 무료로 제공하고 있으며, 하드웨어 개발툴은 기존의 AVRISP mkII 다운로드 케이블과 JTAGICE mkII나 AVR ONE! 에뮬레이터를 정리하고 새로 Atmel-ICE 에뮬레이터를 출시하였다. Atmel-ICE는 8비트의 AVR 뿐만 아니라 32비트의 ARM Cortex-M 제품까지 지원하는 에뮬레이터이며, 가격은 에뮬레이터라는 점을 고려하면 상당히 저렴하지만 AVRISP mkII 다운로드 케이블에 비하면 꽤 높은 수준이어서 AVR 제품을 사용하는 아마추어들에게는 적지 않게 부담이 될 것이다. 이처럼 소프트웨어 개발툴과 하드웨어 개발툴의 이름에 이제는 소멸된 회사명인 Atmel을 사용한 것은 Atmel을 중시하거나 존중하는 의미보다는 오히려 이 제품들은 기존 Atmel사의 마이크로프로세서에만 한정적으로 사용되는 용도라는 것을 명확히 구분하기 위함이라고 이해된다.

2. AVR 마이크로컨트롤러의 종류

8비트 AVR 시리즈의 마이크로컨트롤러는 적합한 응용분야에 사용될 수 있도록 기능 및 성능에 따라 다음과 같이 크게 3가지의 기본 패밀리(family)로 나누어지며, 여기에 2008년부터 ATxmega 패밀리가 추가되었다.

▣ ATtiny 패밀리

이것들은 tiny 패밀리라고도 하며, 모든 모델명이 항상 ATtiny로 시작한다. 초소형 응용분야에 사용하는 것을 목표로 하므로 가격이 낮고 기능 및 성능도 가장 낮다. 초기에는 내부에 1KB~2KB의 플래시 메모리를 가지고 있으며 핀 수도 8핀~20핀 정도의 모델이 대부분이었으나, 지금은 32KB의 메모리 용량과 32핀의 외형을 가진 모델도 있다. 이렇게 핀 수가 적고 패키지도 작으면 외부에 시스템 버스를 가지고 있지 않는 경우가 대부분이며, 외부에 수정발진자를 접속하는 것도 하드웨어적으로 부담이 되므로 외부에는 클록 입력 단자가 없고 시스템 클록을 내부 발진회로에서 발생하여 사용하는 경우도 있다.

<표 1.2.1>에는 AVR 계열의 ATtiny 패밀리 모델을 요약하여 정리하였다. 여기에서 굵은 선으로 구분한 아래쪽 부분의 모델들은 Microchip Technology사에서 Atmel을 인수 합병한 이후에 새로 추가한 제품들이다.

〈그림 1.2.1〉 ATtiny 패밀리의 몇가지 모델

▣ AT90 패밀리

이것들은 classic 패밀리라고도 하며, 모든 모델명이 항상 AT90으로 시작한다. 내부에 1KB~8KB의 플래시 메모리를 가지고 있으므로 고급언어로도 프로그램이 가능한 수준이며, 비교적 큰 512바이트 이하 정도의 SRAM과 EEPROM을 내장하고 있다. 당연히 ATtiny 패밀리에 비하여 좀 더 규모가 큰 시스템에 적용하는 것을 겨냥하는 모델이며, 여기에 해당하는 모델들은 외형이 대체로 20핀에서 40핀 정도가 된다.

이 패밀리는 나머지 2가지 패밀리에 비하여 특징이나 장점이 뚜렷하지 않고 중간적이며, 따라서 시장성에서 확고한 지위를 차지하지 못하였으므로 현재는 대부분의 모델이 단종되었다. 지금은 <표 1.2.2>에 정리한 것처럼 AT90CANxx, AT90PWMxx, AT90USBxx처럼 몇가지의 특수 용도 모델이 남아서 명맥을 유지하고 있다.

〈그림 1.2.2〉 AT90 패밀리의 몇가지 모델

〈표 1.2.1〉 AVR 마이크로컨트롤러 ATtiny 패밀리의 종류 및 특징

모델명	플래시 (KB)	SRAM (Bytes)	EEPROM (Bytes)	Vcc (V)	Fmax (MHz)	하드웨어 곱셈기	BOD	Max I/O (Pin)	인터럽트 /외부INT	8비트 타이머 /PWM	12비트 타이머 /PWM	16비트 타이머 /PWM	RTC	워치독
ATtiny4 ATtiny5 ATtiny9 ATtiny10	512B 512B 1 1	32	-	1.8-5.5	12	-	-	4	10/2 11/2 10/2 11/2	-/-	-/-	1/2	-	○
ATtiny102 ATtiny104	1	32	-	1.8-5.5	12	-	-	6 12	16/3	-/-	-/-	1/2	-	○
ATtiny13A	1	64	64	1.8-5.5	20	-	○	6	10/2	1/2	-/-	-/-	-	○
ATtiny2313A ATtiny4313	2 4	128 256	128 256	1.8-5.5	20	-	○	18	21/5	1/2	-/-	1/2	-	○
ATtiny20 ATtiny40	2 4	128 256	-	1.8-5.5	12	-	○	10/12 18	17/3 18/4	1/2 1/2	-/-	1/2 1/1	-	○
ATtiny26 ATtiny26L	2	128	128	4.5-5.5 2.7-5.5	16 8	-	○	16	12/2	2/2	-/-	-/-	-	○
ATtiny28L ATtiny28V	2	-	-	2.7-5.5 1.8-5.5	4 1.2	-	-	11	6/3	1/-	-/-	-/-	-	○
ATtiny43U	4	256	64	0.7-5.5	8	-	○	16	16/3	1/2	-/-	-/-	-	○
ATtiny24A ATtiny44A ATtiny84A	2 4 8	128 256 512	128 256 512	1.8-5.5	20	-	○	12	17/3	1/2	-/-	1/2	-	○
ATtiny25/25V ATtiny45/45V ATtiny85/85V	2 4 8	128 256 512	128 256 512	1.8-5.5	20	-	○	6	15/2	2/2	-/-	-/-	-	○
ATtiny261A ATtiny461A ATtiny861A	2 4 8	128 256 512	128 256 512	1.8-5.5	20	-	○	16	19/3	1/2	10bit 1/3	1/1	-	○
ATtiny48 ATtiny88	4 8	256 512	64 64	1.8-5.5	12	-	○	24/28	20/6	1/2	-/-	1/2	-	○
ATtiny441 ATtiny841	8	512	512	1.8-5.5	20	-	○	12	17/3	3	1	1	○	○
ATtiny87 ATtiny167	8 16	512 512	512 512	1.8-5.5	16	-	○	16	20/4	1/1	-/-	1/2	-	○
ATtiny1634	16	1024	256	1.8-5.5	12	-	○	18	28/4	1/2	-/-	1/2	-	○
ATtiny202 ATtiny402	2 4	128 256	64 128	1.8-5.5	20	○	○	6	25/6	-/-	-/-	2/2	○	○
ATtiny204 ATtiny404 ATtiny804 ATtiny1604	2 4 8 16	128 256 512 1024	64 128 128 256	1.8-5.5	20	○	○	12	25/12	-/-	-/-	2/2	○	○
ATtiny406 ATtiny806 ATtiny1606	4 8 16	256 512 1024	128 128 256	1.8-5.5	20	○	○	18	25/18	-/-	-/-	2/2	○	○
ATtiny807 ATtiny1607	8 16	512 1024	128 256	1.8-5.5	20	○	○	22	25/22	-/-	-/-	2/2	○	○
ATtiny212 ATtiny412	2 4	128 256	64 128	1.8-5.5	20	○	○	6	25/6	-/-	1/-	2/2	○	○
ATtiny214 ATtiny414 ATtiny814 ATtiny1614	2 4 8 16	128 256 512 2048	64 128 128 256	1.8-5.5	20	○	○	12	25/12	-/-	1/-	2/2	○	○
ATtiny416 ATtiny816 ATtiny1616 ATtiny3216	4 8 16 32	256 512 2048 2048	128 128 256 256	1.8-5.5	20	○	○	18	25/18	-/-	1/-	2/2 2/2 3/3 3/3	○	○
ATtiny417 ATtiny817 ATtiny1617 ATtiny3217	4 8 16 32	256 512 2048 2048	128 128 256 256	1.8-5.5	20	○	○	22	25/22	-/-	1/-	2/2 2/2 3/3 3/3	○	○

☞ 기본형 = 4.5~5.5V, L형 = 2.7~5.5V, V형 = 1.8~5.5V, A형 = 1.8~5.5V 또는 2.7~5.5V

〈표 1.2.1〉 AVR 마이크로컨트롤러 ATtiny 패밀리의 종류 및 특징(계속)

모델명	UART/ USART	SPI	I2C	USB CAN	10비트 A/D (채널)	아날로그 비교기	8비트 D/A (채널)	온도 센서	슬립 모드	LCD 컨트롤러	QTouch	핀수 및 패키지
ATtiny4 ATtiny5 ATtiny9 ATtiny10	-/-	-	-	-	- 8bit 4 - 8bit 4	○	-	-	4	-	○	6핀 SOT-23, 8핀 UDFN
ATtiny102 ATtiny104	-/1	-	-	-	5 8	○	-	-	4	-	-	8핀 UDFN, 8핀 SOIC150 14핀 SOIC150
ATtiny13A	-/-	-	-	-	4	○	-	-	3	-	-	8핀 DIP/SOIC, 10/20핀 MLF
ATtiny2313A ATtiny4313	-/1	USI	USI	-	-	○	-	-	3	-	-	20핀 DIP/SOIC, 20핀 VQFN/MLF
ATtiny20 ATtiny40	-/-	1	1	-	8 12	○	-	○	4	-	○	14핀 SOIC/TSSOP, 20핀 VQFN 20핀 SOIC/TSSOP, 20핀 VQFN
ATtiny26 ATtiny26L	-/-	USI	USI	-	11	○	-	-	4	-	-	20핀 DIP/SOIC, 32핀 QFN/MLF
ATtiny28L ATtiny28V	-/-	-	-	-	-	○	-	-	2	-	-	28핀 DIP, 32핀 TQFP/MLF
ATtiny43U	-/-	USI	USI	-	4	○	-	○	3	-	○	20핀 SOIC, 20핀 QFN/MLF
ATtiny24A ATtiny44A ATtiny84A	-/-	USI	USI	-	8	○	-	○	4	-	○	14핀 DIP/SOIC, 20핀 VQFN/MLF
ATtiny25/25V ATtiny45/45V ATtiny85/85V	-/-	USI	USI	-	4	○	-	○	3	-	○	8핀 DIP/SOIC, 20핀 QFN/MLF
ATtiny261A ATtiny461A ATtiny861A	-/-	USI	USI	-	11	○	-	○	4	-	○	20핀 DIP/SOIC/TSSOP, 32핀 MLF
ATtiny48 ATtiny88	-/-	1	1	-	6/8	○	-	○	3	-	○	28핀 DIP/QFN, 32핀 TQFP/MLF
ATtiny441 ATtiny841	-/-	USI	USI	-	8	○	-	○	4	-	○	14핀 DIP, 14핀 SOIC, 20핀 MLF
ATtiny87 ATtiny167	1/-	1	USI	-	11	○	-	○	4	-	○	20핀 SOIC/TSSOP, 32핀 VQFN
ATtiny1634	-/2	USI	1	-	12	○	-	○	4	-	○	20핀 SOIC, 20핀 QFN/MLF
ATtiny202 ATtiny402	-/1	1	1	-	6	○	-	○	3	-	-	8핀 SOIC
ATtiny204 ATtiny404 ATtiny804 ATtiny1604	-/1	1	1	-	10	○	-	○	3	-	-	14핀 SOIC
ATtiny406 ATtiny806 ATtiny1606	-/1	1	1	-	12	○	-	○	3	-	-	20핀 SOIC, 20핀 VQFN
ATtiny807 ATtiny1607	-/1	1	1	-	12	○	-	○	3	-	-	24핀 VQFN
ATtiny212 ATtiny412	-/1	1	1	-	6	○	1	○	3	-	- -	8핀 SOIC
ATtiny214 ATtiny414 ATtiny814 ATtiny1614	-/1	1	1	-	1/10 1/10 1/10 2/14	○	1 1 1 3	○	3	-	- - ○ ○	14핀 SOIC
ATtiny416 ATtiny816 ATtiny1616 ATtiny3216	-/1	1	1	-	1/12 1/12 2/20 2/20	○	1 1 3 3	○	3	-	- ○ ○ ○	20핀 SOIC, 20핀 VQFN
ATtiny417 ATtiny817 ATtiny1617 ATtiny3217	-/1	1	1	-	1/12 1/12 2/24 2/24	○	1 1 3 3	○	3	-	○ ○ ○ ○	24핀 VQFN

★는 외부 시스템 버스를 통하여 데이터 메모리 및 I/O를 위한 어드레스 확장이 가능한 모델을 나타냄.

〈표 1.2.2〉 AVR 마이크로컨트롤러 AT90 및 ATmega 패밀리의 종류 및 특징

모델명	플래시 (KB)	SRAM (Bytes)	EEPROM (Bytes)	Vcc (V)	Fmax (MHz)	하드웨어 곱셈기	BOD	Max I/O (Pin)	인터럽트 /외부INT	8비트 타이머 /PWM	12비트 타이머 /PWM	16비트 타이머 /PWM	RTC	워치독
AT90CAN32 AT90CAN64 AT90CAN128	32 64 128	2048 4096 4096	1024 2048 4096	2.7-5.5	16	○	○	53	37/8	2/2	-/-	2/6	○	○
AT90PWM1 AT90PWM2B AT90PWM3B	8	512	512	2.7-5.5	16	○	○	19 19 27	26/4 29/4 29/4	1/2	-/-	1/2+4 1/2+6 1/2+6	-	○
AT90PWM81 AT90PWM161	8 16	256 1024	512 512	2.7-5.5	16	○	○	16/20	20/3	-/-	-/-	1/0+4	-	○
AT90PWM216 AT90PWM316	16	1024	512	2.7-5.5	16	○	○	19/27	29/4	1/2	-/-	1/2+4 1/2+6	-	○
AT90USB82 AT90USB162	8 16	512	512	2.7-5.5	16	-	○	22	29/10	1/2	-/-	1/3	-	○
AT90USB646 AT90USB647 AT90USB1286 AT90USB1287	64 64 128 128	4096 4096 8192 8192	2048 2048 4096 4096	2.7-5.5	16	○	○	48	38/9	2/4	-/-	2/6	○	○
ATmega8A ATmega16A ATmega32A	8 16 32	1024 1024 2048	512 512 1024	2.7-5.5	16	○	○	23 32 32	19/2 21/3 21/3	2/1 2/2 2/2	-/- -/- -/-	1/2 1/2 1/2	○	○
ATmega8515	8	512	512	4.5-5.5	16	○	○	35	17/3	1/1	-/-	1/2	-	○
ATmega8535	8	512	512	4.5-5.5	16	○	○	32	21/3	2/2	-/-	1/2	○	○
ATmega162	16	1024	512	2.7-5.5	16	○	○	35	28/5	2/2	-/-	2/4	○	○
ATmega8U2 ATmega16U2 ATmega32U2	8 16 32	512 512 1024	512 512 1024	2.7-5.5	16	○	○	22	29/10	1/2	-/-	1/3	○	○
ATmega16U4 ATmega32U4	16 32	1280 2560	512 1024	2.7-5.5	16	○	○	26	43/6	1/2	-/-	2/6	○	○
ATmega32C1 ATmega64C1	32 64	2048 4096	1024 2048	2.7-5.5	16	○	○	27	29/8	1/2	-/-	1/2	-	○
ATmega16M1 ATmega32M1 ATmega64M1	16 32 64	1024 2048 4096	512 1024 2048	2.7-5.5	16	○	○	27	31/8	1/2	-/-	1/2+6	-	○
ATmega48PB ATmega88PB ATmega168PB ATmega328PB	4 8 16 32	512 1024 1024 2048	256 512 512 1024	1.8-5.5	20	○	○	27	27/5 27/5 27/5 45/5	2/4	-/-	1/2 1/2 1/2 3/6	○	○
ATmega164PA ATmega324PA ATmega644PA ATmega1284P	16 32 64 128	1024 2048 4096 16384	512 1024 2048 4096	1.8-5.5	20	○	○	32	31/7 31/7 31/7 35/7	2/4	-/-	1/2 1/2 1/2 2/4	○	○
ATmega165PA ATmega325PA ATmega645P	16 32 64	1024 2048 4096	512 1024 2048	1.8-5.5	16 20 16	○	○	54	25/5	2/2	-/-	1/2	○	○
ATmega3250PA ATmega6450P	32 64	2048 4096	1024 2048	1.8-5.5	20	○	○	69	25/5	2/2	-/-	1/2	○	○
ATmega169PA ATmega329PA ATmega649P	16 32 64	1024 2048 4096	512 1024 2048	1.8-5.5	16 20 16	○	○	54	23/3	2/2	-/-	1/2	○	○
ATmega3290PA ATmega6490P	32 64	2048 4096	1024 2048	1.8-5.5	20	○	○	69	25/5	2/2	-/-	1/2	○	○
ATmega64A ATmega128A	64 128	4096 4096	2048 4096	2.7-5.5	16	○	○	53	35/8	2/2	-/-	2/6	○	○
ATmega1281 ATmega2561	128 256	8192	4096	2.7-5.5	16	○	○	54	48/10	2/4	-/-	4/6	○	○
ATmega640 ATmega1280 ATmega2560	64 128 256	8192	4096	2.7-5.5 4.5-5.5 4.5-5.5	16	○	○	86	57/11	2/4	-/-	4/12	○	○
ATmega808 ATmega1608 ATmega3208 ATmega4808	8 16 32 48	1024 2048 4096 6144	256	1.8-5.5	20	○	○	23/27	33/6 33/7	-/-	-/-	4/4	○	○
ATmega809 ATmega1609 ATmega3209 ATmega4809	8 16 32 48	1024 2048 4096 6144	256	1.8-5.5	20	○	○	34/41	38/8 39/10	-/-	-/-	5/5	○	○

☞ 기본형 = 4.5~5.5V, L형 = 2.7~5.5V, V형 = 1.8~5.5V, A형 = 1.8~5.5V 또는 2.7~5.5V

〈표 1.2.2〉 AVR 마이크로컨트롤러 AT90 및 ATmega 패밀리의 종류 및 특징(계속)

모델명	UART/ USART	SPI	I2C	USB CAN	10비트 A/D (채널)	아날로그 비교기	8비트 D/A (채널)	온도 센서	슬립 모드	LCD 컨트롤러	QTouch	핀수 및 패키지
AT90CAN32 AT90CAN64 AT90CAN128	-/2	1	1	CAN	8	○	-	-	5	-	-	64핀 TQFP, 64핀 QFN
AT90PWM1 AT90PWM2B AT90PWM3B	-/- -/1 -/1	1	-	-	8 11 11	○	- 1 1	-	4	-	-	24핀 SOIC, 32핀 QFN 24핀 SOIC 32핀 SOIC, 32핀 QFN
AT90PWM81 AT90PWM161	-/-	1	-	-	8/11	○	10비트	○	4	-	-	20핀 SOIC, 32핀 QFN
AT90PWM216 AT90PWM316	-/1	1	-	-	8 11	○	10비트	-	4	-	-	24핀 SOIC 32핀 SOIC, 32핀 QFN
AT90USB82 AT90USB162	-/1	1	-	USB	-	○	-	-	5	-	-	32핀 TQFP, 32핀 QFN
AT90USB646 AT90USB647 AT90USB1286 AT90USB1287	-/1	1	1	USB	8	○	-	-	6	-	-	64핀 TQFP, 64핀 QFN
ATmega8A ATmega16A ATmega32A	-/1	1	1	-	8	○	-	-	5 6 6	-	○ - ○	28핀 DIP, 32핀 TQFP/QFN/MLF 40핀 DIP, 44핀 TQFP/QFN/MLF 40핀 DIP, 44핀 TQFP/QFN/MLF
ATmega8515	-/1	1	-	-	-	○	-	-	3	-	-	40핀 DIP, 44핀 TQFP/QFN/MLF ★
ATmega8535	-/1	1	1	-	8	○	-	-	6	-	-	40핀 DIP, 44핀 TQFP/QFN/MLF
ATmega162	-/2	1	-	-	-	○	-	-	5	-	-	40핀 DIP, 44핀 TQFP/MLF ★
ATmega8U2 ATmega16U2 ATmega32U2	-/1	1	-	USB	-	○	-	-	5	-	-	32핀 TQFP, 32핀 QFN
ATmega16U4 ATmega32U4	-/1	1	1	USB	12	○	-	○	6	-	-	44핀 TQFP, 44핀 QFN
ATmega32C1 ATmega64C1	1/-	1	-	CAN	11	○	10비트	○	4	-	-	32핀 TQFP, 32핀 QFN
ATmega16M1 ATmega32M1 ATmega64M1	1/-	1	-	CAN	11	○	10비트	○	4	-	-	32핀 TQFP, 32핀 QFN
ATmega48PB ATmega88PB ATmega168PB ATmega328PB	1 1 1 2	1 1 1 2	1 1 1 2	-	8	○	-	○	6	-	○	32핀 TQFP, 32핀 VFQFN 32핀 TQFP, 32핀 VFQFN 32핀 TQFP, 32핀 VFQFN 32핀 TQFP, 32핀 QFN/MLF
ATmega164PA ATmega324PA ATmega644PA ATmega1284P	-/2	1	1	-	8	○	-	-	6	-	○	40핀 DIP, 44핀 TQFP/QFN/MLF
ATmega165PA ATmega325PA ATmega645P	-/1	1	USI	-	8	○	-	-	5	-	○	64핀 TQFP, 64핀 QFN/MLF
ATmega3250PA ATmega6450P	-/1	1	USI	-	8	○	-	-	5	-	○	100핀 TQFP, 100핀 QFN/MLF
ATmega169PA ATmega329PA ATmega649P	-/1	1	USI	-	8	○	-	-	5	○	○	64핀 TQFP, 64핀 QFN/MLF
ATmega3290PA ATmega6490P	-/1	1	USI	-	8	○	-	-	5	○	○	100핀 TQFP, 100핀 QFN/MLF
ATmega64A ATmega128A	-/2	1	1	-	8	○	-	-	6	-	○	64핀 TQFP, 64핀 QFN/MLF ★
ATmega1281 ATmega2561	-/2	1	1	-	8	○	-	○	6	-	○	64핀 TQFP, 64핀 QFN/MLF ★
ATmega640 ATmega1280 ATmega2560	-/4	1	1	-	16	○	-	○	6	-	○	100핀 TQFP, 100핀 CBGA ★
ATmega808 ATmega1608 ATmega3208 ATmega4808	-/3	1	1	-	8/12	○	-	○	3	-	-	28핀 SSOP, 32핀 TQFP/VQFN
ATmega809 ATmega1609 ATmega3209 ATmega4809	-/4	1	1	-	16	○	-	○	3	-	-	40핀 DIP, 48핀 TQFP/UQFN

★는 외부 시스템 버스를 통하여 데이터 메모리 및 I/O를 위한 어드레스 확장이 가능한 모델을 나타냄.

▣ ATmega 패밀리

이것들은 MEGA 패밀리라고도 하며, 모든 모델명이 항상 ATmega로 시작한다. 내부에 8KB~256KB의 플래시 메모리를 가지고 있으며, 가장 규모가 크고 성능이 높은 응용분야에 사용하는 것을 겨냥하고 있으므로 28~100핀 정도로 핀 수도 많고 기능 및 성능도 높다. 여기에 내장하고 있는 프로그램용 플래시 메모리의 용량에 따라 기본 모델이 ATmega8, ATmega16, ATmega32, ATmega64, ATmega128, ATmega256 등으로 발전하여 왔다.

<표 1.2.2>에 AVR ATmega 패밀리의 모델들을 요약하여 정리하였다. 여기에서 가장 아래쪽의 굵은 선으로 구분하여 표시한 모델들은 Microchip Technology사에서 Atmel을 인수 합병한 이후에 새로 추가한 제품들이다.

〈그림 1.2.3〉 ATmega 패밀리의 몇가지 모델

▣ ATxmega 패밀리

이것은 XMEGA 패밀리라고도 하며 모든 모델명이 항상 ATxmega로 시작하는데, 이는 Atmel에서 2008년에 기존의 AVR 마이크로컨트롤러를 다시 한 단계 업그레이드하여 발표한 패밀리이다.

발표 당시 Atmel에서는 이를 8비트의 구조 및 가격에 16비트의 성능을 갖는 모델이라고 설명하였고 많은 사용자들의 기대를 모으면서 출시되었으나, 이것들은 초기의 높았던 기대와 다르게 시장에서 별로 성공하지 못하였다. 이처럼 ATxmega 패밀리와 그 상위 모델인 AVR32 시리즈가 시장에서 그다지 성공하지 못한 것은 아무래도 32비트 ARM Cortex-M 제품의 영향이 가장 컸던 것으로 보인다. 8비트 AVR의 성능에 만족하지 못하는 사용자는 이를 ATxmega 패밀리나 AVR32 시리즈로 대체하기 보다는 이보다 가격대 성능이 훨씬 우수하고 호환성 측면에서 유리하다고 판단되는 32비트 ARM Cortex-M 제품으로 옮겨가는 방법을 선택한 것으로 보인다.

1.3 ATmega128A의 기본 구조와 기능

이 절에서는 AVR 시리즈 마이크로컨트롤러 중에서도 이제부터 우리가 공부하려는 ATmega128A의 특징, 외부 구조, 내부의 레지스터 및 메모리 구조, 기타 전반적인 CPU 기능 등에 대하여 설명한다.

1. ATmega128A의 특징

8비트 AVR 계열에 속하는 마이크로컨트롤러 중에서 ATmega128A의 특징을 요약하면 다음과 같다.

① 고성능이면서 저소비전력형의 8비트 마이크로컨트롤러이다.
② 진보된 RISC 구조와 2단계의 파이프라인 처리 기술을 사용하여 16MHz에서 평균적으로 16MIPS의 빠른 명령처리 속도를 나타낸다.
③ 총 133종의 명령 세트를 가지며, 이것들 중의 대부분은 1클록 사이클에 실행된다. 빠른 곱셈 연산을 위하여 2사이클에 실행되는 하드웨어 곱셈기를 가지고 있다. 8비트 마이크로프로세서지만 프로그램 메모리는 한번에 16비트씩 액세스한다.
④ 32개의 8비트 범용 레지스터를 가지며, 이밖에도 많은 주변장치를 제어하기 위한 I/O 제어용 레지스터를 가지고 있다. I/O 제어 레지스터는 0x0020~0x005F 번지에 있는 64개의 기본 I/O 레지스터와 0x0060~0x00FF 번지에 있는 160개의 확장 I/O 레지스터로 구분된다.
⑤ 128KB의 ISP 방식 프로그램용 플래시 메모리를 가지고 있으며, 이것은 10,000번까지 지우고 다시 쓸 수 있다. ISP를 수행하기 위한 전용의 SPI 통신 인터페이스 핀 PDI, PDO, SCK를 가지고 있다.
⑥ 4KB의 데이터 저장용 SRAM을 가지고 있으며, 이것은 항상 8비트 단위로 액세스한다.
⑦ 4KB의 백업 데이터 저장용 불휘발성 메모리인 EEPROM을 가지고 있으며, 이것은 100,000번까지 지우고 다시 쓸 수 있다.
⑧ 외부에 시스템 버스를 확장하여 60KB의 데이터 메모리를 추가로 인터페이스할 수 있다. 이것은 memory-mapped I/O 방식을 사용하므로 외부 I/O도 이 데이터 메모

리 영역에 접속하여 사용한다.

⑨ 내장 플래시 메모리의 프로그래밍과 사용자 프로그램을 실행할 때 온칩 디버그 기능을 수행하기 위하여 JTAG(IEEE Standard 1149.1) 인터페이스 기능을 가진다.

⑩ 시스템 클록을 발생하는 내부 RC 오실레이터 회로를 가지고 있으며, 또한 외부에 크리스털이나 세라믹 레조네이터를 접속할 수 있는 발진회로도 내장하고 있다.

⑪ 리셋 벡터와 8개의 외부 인터럽트를 포함하여 총 35개의 인터럽트 벡터를 가지고 있다.

⑫ 소비전력을 절약하기 위한 6가지의 슬립 모드(sleep mode)를 가지고 있다.

⑬ 예전에 많이 사용되다가 단종된 ATmega103 모델과의 호환 모드를 가진다.

⑭ 6개의 8비트 병렬 I/O 포트 및 1개의 5비트 병렬 I/O 포트를 가지고 있어서 총 53비트의 병렬 입출력이 가능하다.

⑮ 2개의 8비트 타이머/카운터(0, 2)와 2개의 16비트 타이머/카운터(1, 3)를 가지고 있다. 이들 타이머/카운터는 2개의 8비트 PWM 출력, 6개의 16비트 PWM 출력 단자와 밀접하게 관련되어 동작한다.

⑯ 8채널 10비트 분해능의 A/D 컨버터를 가지고 있다.

⑰ 1개의 아날로그 비교기를 가지고 있다.

⑱ 2개의 전이중 통신이 가능한 USART 직렬통신 포트를 가지고 있다.

⑲ SPI 및 TWI(= I^2C) 동기식 직렬통신 포트를 각각 1개씩 가지고 있다.

⑳ 64핀 TQFP(Thin Quad Flat Package), 64핀 QFN(Quad Flat No-Lead), 또는 64핀 MLF(Micro Lead Frame) 등 3가지의 패키지가 있다.

㉑ 2.7~5.5V의 전원 전압에서 0~16MHz의 시스템 클록으로 동작한다.

㉒ 모두 산업용(industrial) 버전으로서 기본적으로 -40℃~+85℃의 온도 범위에서 사용할 수 있으나, 최대 동작 온도 범위는 -55℃~+125℃까지 가능하다.

◀참고▶ 2008년에 발표된 ATmega128A 모델은 이보다 먼저 2001년에 나온 ATmega128의 개선된 버전(advanced version)으로서 기능적으로 ATmega128과 완전히 동일하다. ATmega128은 동작 전압 범위가 4.5~5.5V로서 5V 전용의 16MHz 모델이었으며, 이때는 동작 전압이 2.7~5.5V 범위에서 8MHz 이하로 동작하는 저전압형 ATmega128L 모델이 따로 있었다. ATmega128A는 이 2가지 모델을 통합한 것으로 볼 수 있는데, 동작 전압이 2.7~5.5V로서 3.3V 전압에서 8MHz 이하로 사용하거나 5V 전압에서 16MHz 이하로 사용할 수 있도록 개선되었다.

ATmega128이나 ATmega128A는 그 이전에 사용되던 ATmega103의 기능을 거의 대부분 가지고 있는 상향 호환 모델로서, ATmega103과 패키지 및 외부 핀 배열이 매우 유사하지만 여러 가지의 기능이 추가되었고 처리 성능도 크게 높아졌다. ATmega128과 ATmega128A에는 ATmega103 호환 모드가 있는데 이는 퓨즈 비트에서 M103C 비트를 0으로 설정함으로써 동작하며, 이 비트는 디폴트로 0으로 되어 있으므로

ATmega128과 ATmega128A는 초기 상태에서 ATmega103 호환 모드로 동작한다는 것에 유의해야 한다.

ATmega128A가 128KB의 플래시 메모리와 4KB의 EEPROM을 가지고 있는데 비하여 이와 핀 번호가 동일한 ATmega64A는 64KB의 플래시 메모리와 2KB의 EEPROM을 가지고 있다.

〈표 1.3.1〉 고성능 AVR 마이크로컨트롤러의 주요 사양 비교

	ATmega128A	ATmega1281	ATmega2561	ATmega640	ATmega1280	ATmega2560
패키지	64핀 TQFP 64핀 MLF	64핀 TQFP 64핀 MLF	64핀 TQFP 64핀 MLF	100핀 TQFP 100핀 MLF 100핀 CBGA	100핀 TQFP 100핀 MLF 100핀 CBGA	100핀 TQFP 100핀 MLF 100핀 CBGA
플래시 메모리	128KB	128KB	256KB	64KB	128KB	256KB
EEPROM	4KB	4KB	4KB	4KB	4KB	4KB
SRAM	4KB (0x0100~0x10FF)	8KB (0x0200~0x21FF)	8KB (0x0200~0x21FF)	8KB (0x0200~0x21FF)	8KB (0x0200~0x21FF)	8KB (0x0200~0x21FF)
범용 레지스터	32개 R0~R31 (0x0000~0x001F)	32개 R0~R31 (0x0000~0x001F)	32개 R0~R31 (0x0000~0x001F)	32개 R0~R31 (0x0000~0x001F)	32개 R0~R31 (0x0000~0x001F)	32개 R0~R31 (0x0000~0x001F)
I/O 레지스터	64개 (0x0020~0x005F)	64개 (0x0020~0x005F)	64개 (0x0020~0x005F)	64개 (0x0020~0x005F)	64개 (0x0020~0x005F)	64개 (0x0020~0x005F)
확장 I/O 레지스터	160개 (0x0060~0x00FF)	416개 (0x0060~0x01FF)	416개 (0x0060~0x01FF)	416개 (0x0060~0x01FF)	416개 (0x0060~0x01FF)	416개 (0x0060~0x01FF)
범용 I/O 핀	53	54	54	86	86	86
병렬 I/O 포트	A,B,C,D,E,F, G(5핀)	A,B,C,D,E,F, G(6핀)	A,B,C,D,E,F, G(6핀)	A,B,C,D,E,F, G(6핀), H,J,K,L	A,B,C,D,E,F, G(6핀), H,J,K,L	A,B,C,D,E,F, G(6핀), H,J,K,L
USART	2	2	2	4	4	4
8비트 A/D 채널	8	8	8	16	16	16
8비트 타이머	2(0=RTC, 2)	2(0, 2=RTC)	2(0, 2=RTC)	2(0, 2=RTC)	2(0, 2=RTC)	2(0, 2=RTC)
16비트 타이머	2(1, 3)	2(1, 3)	2(1, 3)	4(1, 3, 4, 5)	4(1, 3, 4, 5)	4(1, 3, 4, 5)
8비트 PWM	2	3	3	4	4	4
16비트 PWM	6	6	6	12	12	12
BOD 전압[V]	2.6/4.0	1.8/2.7/4.3	1.8/2.7/4.3	1.8/2.7/4.3	1.8/2.7/4.3	1.8/2.7/4.3
A/D 내부 전압[V]	2.56	1.1/2.56	1.1/2.56	1.1/2.56	1.1/2.56	1.1/2.56
아날로그 비교기 기준전압[V]	1.23	1.1	1.1	1.1	1.1	1.1
어셈블리 명령수	133	135	135	135	135	135
기타	ATmega103 호환기능.	PEN 핀이 PG5 핀으로 바뀜.		다운로드 전용 신호인 PDI 및 PDO가 없어지고 MOSI 및 MISO를 사용함.		

ATmega128이 출시된 이후로 이보다 성능이 높은 AVR 모델로는 ATmega1281, ATmega2561, ATmega1280, ATmega2560 등이 발표되었는데, 이것들의 주요 사양을 ATmega128A와 비교하여 정리하면 <표 1.3.1>과 같다.

ATmega640/1280/1281/2560/2561은 그 이전에 출시되어 널리 사용된 ATmega128에서 사용하기에 불편하였던 일부 내부 구조를 수정하고, 모델마다 달라져 왔던 기본 사양을 통일하여 이들 5개의 모델 사이에는 소프트웨어적인 호환성을 가질 수 있도록 설계하였다. 이중에서 ATmega1281/2561은 외부 구조가 64핀짜리 패키지로 되어 있으며, ATmega640/1280/2560은 100핀짜리 패키지로 되어 있다.

2. ATmega128A의 외부 구조

ATmega128A 소자에는 64핀의 TQFP 패키지와 64핀의 QFN 또는 MLF 패키지가 있다. 이중에서 TQFP형 패키지가 가장 널리 사용되는데 이것의 외부 핀 배열은 <그림 1.3.1>과 같고, 각 핀의 기능을 요약하면 <표 1.3.2>와 같다. 그러나, MLF형의 경우에도 패키지 모양만 다를 뿐이고 핀 번호와 기능은 이와 동일하다.

TQFP형 ATmega128A 모델의 정확한 외부 패키지 구조와 각 부분의 기계적 치수는 9페이지의 그림에 보였다.

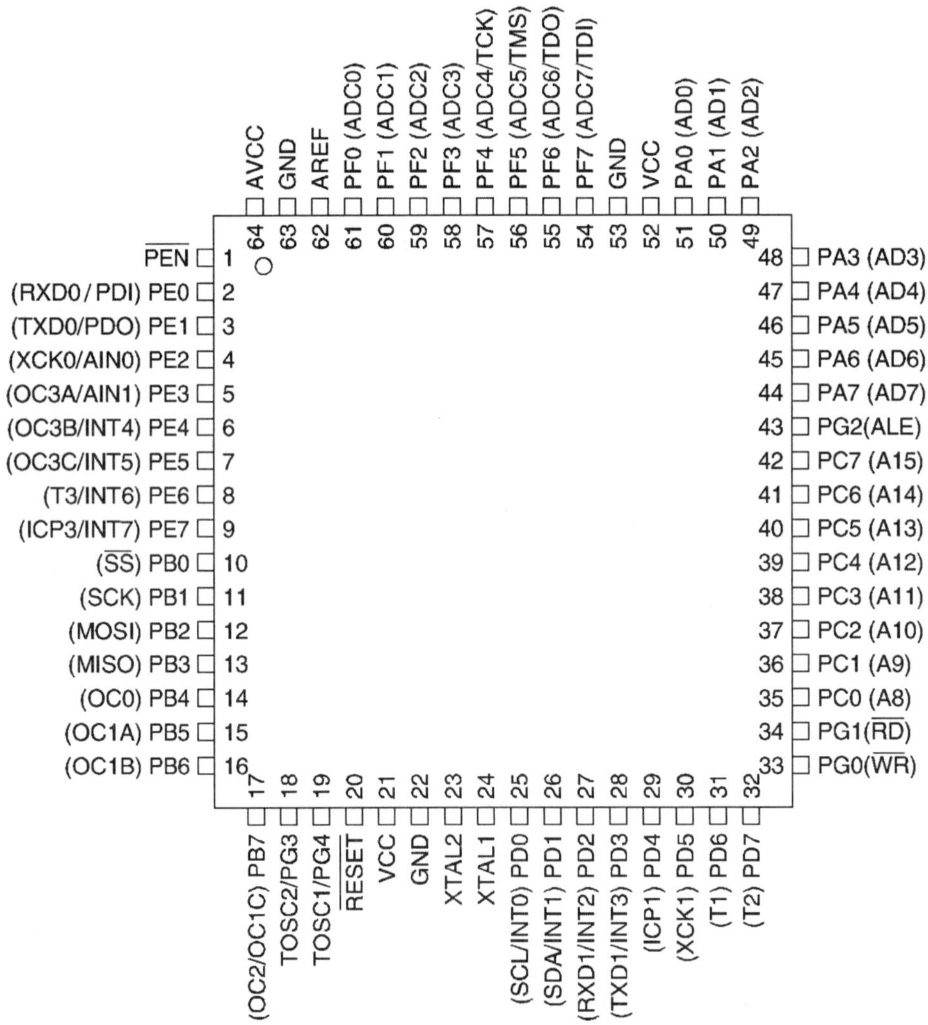

〈그림 1.3.1〉 ATmega128A의 외부 핀 배열(TQFP형 및 MLF형의 경우)

〈표 1.3.2〉 ATmega128A 외부 핀의 기능 요약

신호 이름	핀번호	기 능
PA0/AD0~ PA7/AD7	51~44	Port A : 내부적으로 풀업(20kΩ~50kΩ)된 8비트 양방향 병렬 포트이다. DDRA 레지스터를 이용하여 포트를 출력 또는 입력으로 설정하며, 출력 데이터는 PORTA 레지스터를 통하여 출력하고 입력 데이터는 PINA 레지스터를 통하여 읽는다. 이것은 외부 데이터 메모리를 액세스하기 위한 데이터 버스 및 하위 어드레스 버스가 시분할다중화되어 사용되기도 하는데, 이 경우 어드레스 버스는 ALE 신호에 의하여 분리된다.
PB0~PB7	10~17	Port B : 내부적으로 풀업(20kΩ~50kΩ)된 8비트 양방향 병렬 포트이다. DDRB 레지스터를 이용하여 포트를 출력 또는 입력으로 설정하며, 출력 데이터는 PORTB 레지스터를 통하여 출력하고 입력 데이터는 PINB 레지스터를 통하여 읽는다.
PC0/A8~ PC7/A15	35~42	Port C : 내부적으로 풀업(20kΩ~50kΩ)된 8비트 양방향 병렬 포트이다. DDRC 레지스터를 이용하여 포트를 출력 또는 입력으로 설정하며, 출력 데이터는 PORTC 레지스터를 통하여 출력하고 입력 데이터는 PINC 레지스터를 통하여 읽는다. 이것은 외부 데이터 메모리를 액세스하기 위한 16비트 어드레스중에서 상위 8비트 어드레스 버스로도 사용된다. 따라서, 전체적으로 외부 메모리 영역은 2^{16} = 65536개의 번지 지정이 가능하며, 이중에 내부에서 사용하는 일부 영역은 제외된다.
PD0~PD7	25~32	Port D : 내부적으로 풀업(20kΩ~50kΩ)된 8비트 양방향 병렬 포트이다. DDRD 레지스터를 이용하여 포트를 출력 또는 입력으로 설정하며, 출력 데이터는 PORTD 레지스터를 통하여 출력하고 입력 데이터는 PIND 레지스터를 통하여 읽는다.
PE0~PE7	2~9	Port E : 내부적으로 풀업(20kΩ~50kΩ)된 8비트 양방향 병렬 포트이다. DDRE 레지스터를 이용하여 포트를 출력 또는 입력으로 설정하며, 출력 데이터는 PORTE 레지스터를 통하여 출력하고 입력 데이터는 PINE 레지스터를 통하여 읽는다.
PF0~PF7	61~54	Port F : 내부적으로 풀업(20kΩ~50kΩ)된 8비트 양방향 병렬 포트이다. DDRF 레지스터를 이용하여 포트를 출력 또는 입력으로 설정하며, 출력 데이터는 PORTF 레지스터를 통하여 출력하고 입력 데이터는 PINF 레지스터를 통하여 읽는다.
PG0~PG4	33,34,43, 18,19	Port G : 내부적으로 풀업(20kΩ~50kΩ)된 5비트 양방향 병렬 포트이다. DDRG 레지스터를 이용하여 포트를 출력 또는 입력으로 설정하며, 출력 데이터는 PORTG 레지스터를 통하여 출력하고 입력 데이터는 PING 레지스터를 통하여 읽는다.
ALE	43	Address Latch Enable : 현재 AD0~AD7에 외부 메모리를 액세스하기 위한 하위 어드레스가 출력되고 있음을 나타내는 신호로서 이를 외부에서 래치시키는데 사용된다. 정상적인 동작에서 외부 데이터 메모리는 4클록 주기로 액세스되는데, 이 신호는 0.5클록 위치에서 1.5클록 위치까지 1클록 주기동안 H상태로 출력된다.
$\overline{RD}$ $\overline{WR}$	34 33	Read Strobe : 현재 CPU가 외부 데이터 메모리 영역에서 데이터를 읽는 동작을 수행한다는 것을 나타내는 신호. Write Strobe : 현재 CPU가 외부 데이터 메모리 영역에 데이터를 쓰는 동작을 수행한다는 것을 나타내는 신호.
$\overline{RESET}$	20	Reset : CPU를 리셋한다. 올바른 리셋 동작을 위해서는 최소 1.5μs 이상의 신호폭이 요구된다.
$\overline{PEN}$	1	Programming Enable : 이 신호는 전원투입에 의한 리셋시에 low 상태를 유지하면 CPU가 SPI 직렬통신에 의한 프로그래밍 모드로 들어가도록 허용하는 기능을 수행한다. 이 신호는 전원 투입시에만 해당하며 평상시에는 리셋 신호가 입력되어도 아무런 기능을 수행하지 않으므로 보통 이를 Vcc에 접속하여 둔다.
SCK PDI PDO	11 2 3	Serial Clock : ISP 프로그래머(master)가 ATmega128A(slave)에게 보내는 프로그래밍 클록 신호. Programming Data Input(Master Output / Slave Input) : ISP 프로그래머가 ATmega128A에게 보내는 입력 데이터 신호. ISP 케이블의 MOSI 단자와 연결한다. Programming Data Output(Master Input / Slave Output) : ATmega128A가 ISP 프로그래머에게 보내는 출력 데이터 신호. ISP 케이블의 MISO 단자와 연결한다. **【☞ AVR ISP 다운로드 케이블에서는 ATmega128A 소자의 MOSI 및 MISO 신호가 아니라 반드시 PDI 및 PDO 신호를 사용해야 한다.】**
TCK TMS TDO TDI	57 56 55 54	JTAG Test Clock : JTAG 에뮬레이터가 ATmega128A에게 보내는 클록 신호. JTAG Test Mode Select : 에뮬레이터가 ATmega128A에게 보내는 모드 선택 신호. JTAG Test Data Output : ATmega128A가 에뮬레이터에게 보내는 데이터 신호. JTAG Test Data Input : 에뮬레이터가 ATmega128A에게 보내는 데이터 신호.
XTAL1 XTAL2	24 23	Oscillator Input : 내부 클록발생 증폭회로의 입력 신호. Oscillator Output : 내부 클록발생 증폭회로의 출력 신호.
VCC GND	21, 52 22, 53	Digital Supply Voltage : 회로의 전원(+2.7V~+5.5V). Ground : 회로의 전원 접지.
AVCC GND AREF	64 63 62	Analog Supply Voltage : A/D 컨버터 및 포트 F의 전원. 안정된 전압을 사용할 것. Ground : 회로의 전원 접지. Analog Reference Voltage : A/D 컨버터의 기준 전압. 정밀한 전압을 사용할 것.

〈표 1.3.2〉 ATmega128A 외부 핀의 기능 요약(계속)

신호 이름	핀번호	기능
INT0~INT3 INT4~INT7	25~28 6~9	External Interrupt : 외부 인터럽트 요청 신호. 이것들은 외부 인터럽트 제어 레지스터 EICRA 및 EICRB를 사용하여 인터럽트 신호가 상승 에지, 하강 에지 또는 low 레벨일 때 인터럽트가 발생하도록 설정할 수 있다.
TXD0 RXD0 TXD1 RXD1	3 2 28 27	USART0 Transmit/Receive Data : 직렬통신 포트 USART0의 송수신 데이터 신호. USART1 Transmit/Receive Data : 직렬통신 포트 USART1의 송수신 데이터 신호.
XCK0 XCK1	4 30	USART0 External Clock Input/Output : 직렬통신 포트 USART0가 동기 모드로 동작할 때의 송수신 클록 신호. USART1 External Clock Input/Output : 직렬통신 포트 USART1이 동기 모드로 동작할 때의 송수신 클록 신호.
$\overline{SS}$ SCK MOSI MISO	10 11 12 13	SPI Slave Select Input : SPI 채널의 슬레이브 선택 입력 신호. SPI Serial Clock : SPI 채널의 마스터 클록 출력 또는 슬레이브 클록 입력 신호. SPI Master Output/Slave Input : SPI 채널의 마스터 데이터 출력 또는 슬레이브 데이터 입력 신호. SPI Master Input/Slave Output : SPI 채널의 마스터 데이터 입력 또는 슬레이브 데이터 출력 신호.
SCL SDA	25 26	TWI Serial Clock : TWI 채널의 클록 입출력 신호. TWI Serial Data : TWI 채널의 데이터 입출력 신호.
TOSC1 TOSC2	19 18	Timer/Counter0 RTC Oscillator : 타이머/카운터0의 RTC 기능을 사용할 경우 클록 발생을 위한 수정발진자 접속 단자.
T1 T2 T3	31 32 8	Timer/counter1 Clock Input : 타이머/카운터1의 클록 입력 신호. Timer/counter2 Clock Input : 타이머/카운터2의 클록 입력 신호. Timer/counter3 Clock Input : 타이머/카운터3의 클록 입력 신호.
OC0 OC1A OC1B OC1C OC2 OC3A OC3B OC3C	14 15 16 17 17 5 6 7	Timer/Counter0,1,2,3 Output Compare Match and PWM Output : 각각 타이머/카운터 0, 1, 2, 3의 비교 출력 신호. 각 타이머/카운터 채널을 PWM 모드로 설정하면 이 단자들을 통하여 PWM 신호를 출력할 수도 있다.
ICP1 ICP3	29 9	Timer/Counter1,3 Input Capture Pin : 각각 타이머/카운터1, 3의 캡쳐 모드에서 트리거 신호로 사용된다.
ADC0~ ADC7	61~54	ADC Input Channel 0~7 : 각각 8채널의 10비트 A/D 컨버터에 대한 아날로그 입력 신호.
AIN0 AIN1	4 5	Analog Comparator Positive Input : 아날로그 비교기의 플러스 극성 입력 신호. Analog Comparator Negative Input : 아날로그 비교기의 마이너스 극성 입력 신호.

3. ATmega128A의 내부 구조

ATmega128A의 내부 구조를 자세한 구성 블록도로 보이면 <그림 1.3.2>와 같다. 이 마이크로컨트롤러는 수정된 하버드 구조(Modified Harvard Architecture)라는 특징을 가지므로 내부 버스가 2가지로 구성되어 있다. ATmega128A의 프로그램 메모리는 소자의 내부에만 존재하고 이를 위한 프로그램 메모리 액세스용 버스도 내부에만 있으며, 이 때문에 외부에는 데이터 메모리 액세스용 버스 1개만 존재하게 되므로 하버드 구조가 아닌 것으로 오해를 할 수도 있다. 이 그림에서 프로그램 카운터(Program Counter), 프로그램 플래시(program flash), 명령 레지스터(instruction register), 명령 해독기(instruction decoder) 등을 연결하는 버스가 바로 프로그램 메모리를 액세스하기 위한 명령 페치용 버스에 해당한다. 또한 이 그림에서 굵은 버스선으로 표시된 것이 데이터 액세스용 버스인데, 이것은 내부에서 범용 레지스터, SRAM이나 EEPROM과 같은 데이터 메모리는 물론이고 각종 내장 I/O들을 모두 연결하고 있으며, 외부에서 데이터 메모리를 확장할 수 있도록 외부의 시스템 버스에도 접속되어 있다.

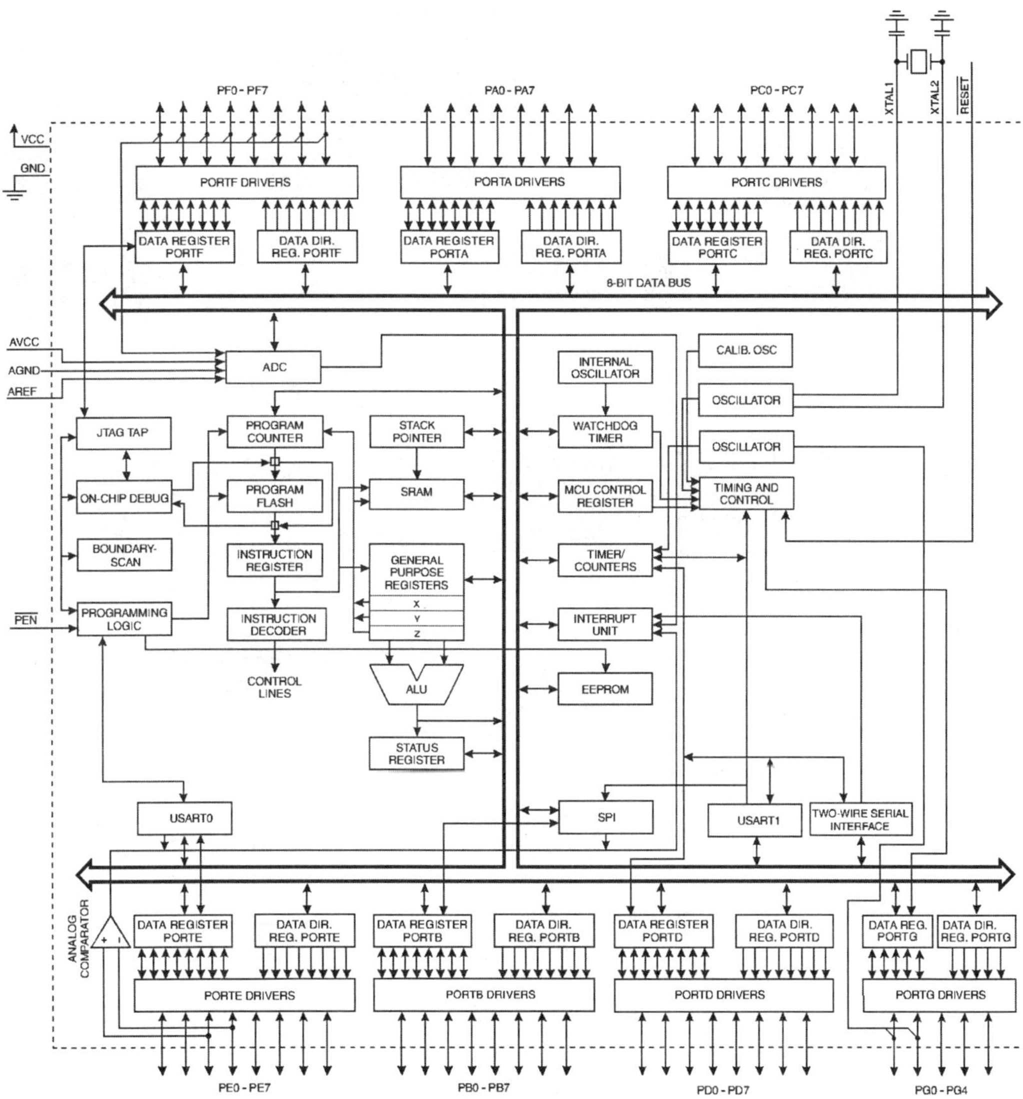

〈그림 1.3.2〉 ATmega128A의 내부 구조

내부 구성 블록도를 좀 더 알기 쉽게 단순화하여 다시 그려보면 <그림 1.3.3>과 같고, 이중에서 CPU 코어에 해당하는 부분을 강조하여 다시 그리면 <그림 1.3.4>와 같다. 이 CPU 코어는 ATmega128A의 핵심 부분으로서 프로그램 카운터가 지시하는 플래시 메모리 번지에서 명령을 인출하고 해독하는 부분과 ALU(Arithmetic and Logical Unit), 32개의 범용 레지스터, 상태 레지스터, 스택 포인터 등의 명령처리 관련 부분, 그리고 데이터 메모리 및 인터럽트 처리기 등으로 구성된다.

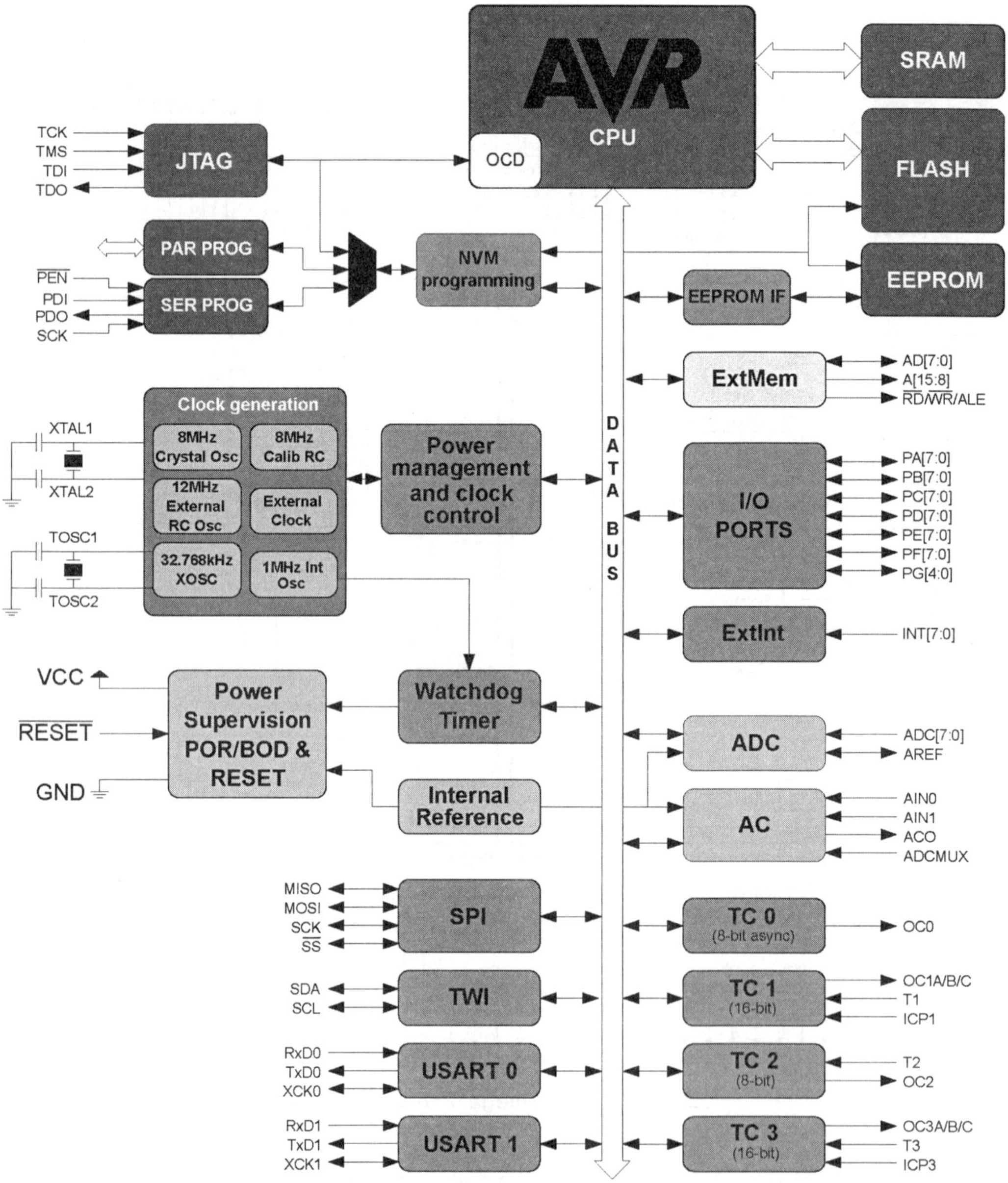

〈그림 1.3.3〉 기능별로 더욱 단순화하여 그린 ATmega128A의 내부 구성 블록도

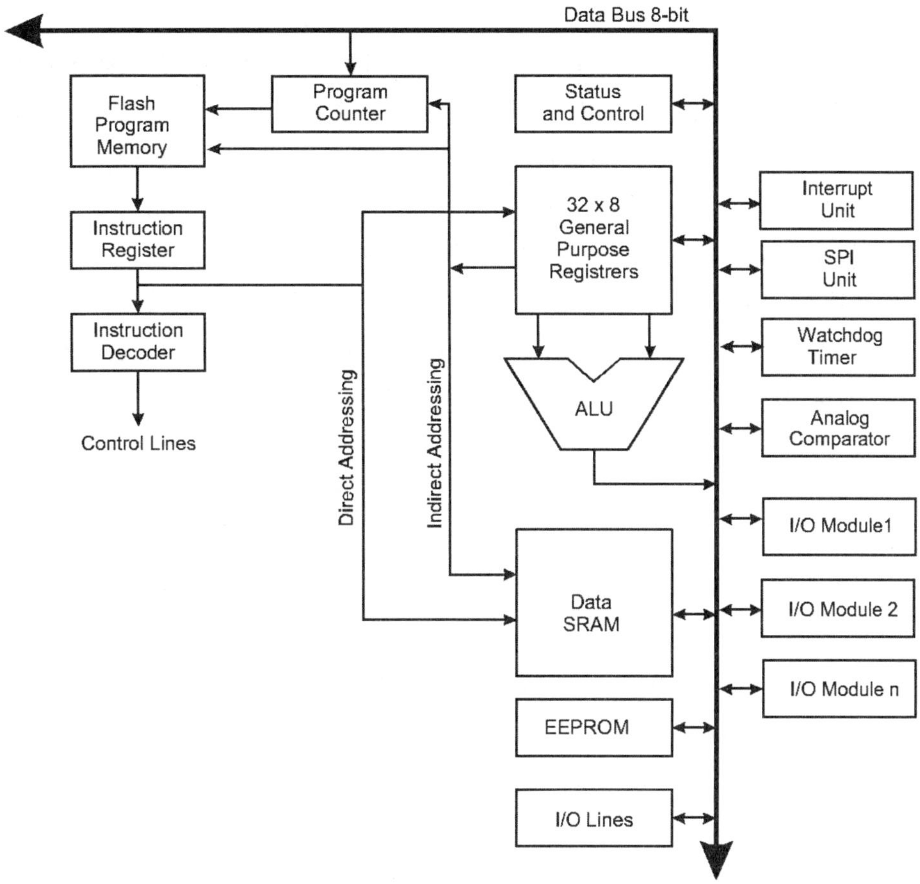

〈그림 1.3.4〉 ATmega128A에서 CPU 코어 부분의 개략적인 블록도

프로그램 메모리는 8비트씩 2개가 합해져서 기본적으로 1개의 번지가 16비트로 구성되어 액세스되므로 마치 16비트 마이크로프로세서인 것처럼 동작하며, 따라서 모든 명령어는 16비트 또는 32비트 길이로 구성되어 있다. 불휘발성의 플래시 메모리로 되어 있는 내부 프로그램 메모리는 부트로더 섹션(boot loader section)과 응용 프로그램 섹션(application program section)의 2가지 영역으로 나누어 사용할 수 있으며, 이들 각각은 메모리 록 비트(memory lock bit)를 사용하여 리드(read) 또는 라이트(write) 동작을 금지시킬 수 있다.

32개의 사용자 레지스터 R0~R31은 모두 범용으로 사용되며, 이들 범용 레지스터가 모두 누산기처럼 사용되므로 누산기는 따로 없다. ALU는 산술연산, 논리연산, 비트처리 등의 기능을 수행하는데, 대부분의 연산을 1클록 사이클에 처리하며, 강력한 하드웨어 곱셈기를 가지고 있어서 부호있는 정수나 부호없는 정수의 곱셈연산을 2클록 사이클에 빠르게 수행한다.

ATmega128A가 하버드 구조와 2단계 파이프라인 처리방식으로 프로그램 명령을 인출하여 실행하는 동작을 <그림 1.3.5>에 보였다. AVR 마이크로컨트롤러의 이러한 진보된 설계 기술은 결국 CPU가 시스템 클록의 1주기에 평균적으로 1개의 명령을 실행하도록 함으로써 클록 주파수 1MHz당 1 MIPS(Million Instructions per Second)의 처리속도에 해당하는 매우 높은 성능을 발휘하는 것이 가능하다.

또한, 1클록 사이클 동안에 1개의 명령에서 2개의 레지스터 오퍼랜드가 사용되는 연산을 수행하고 그 연산 결과를 다시 데스티네이션 레지스터(destination register)에 저장하는 처리 과정을 그림으로 보이면 <그림 1.3.6>과 같다.

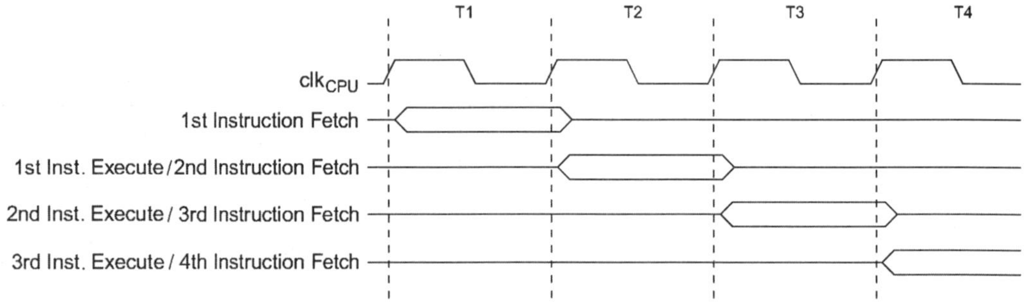

〈그림 1.3.5〉 ATmega128A의 2단계 파이프라인 처리 동작

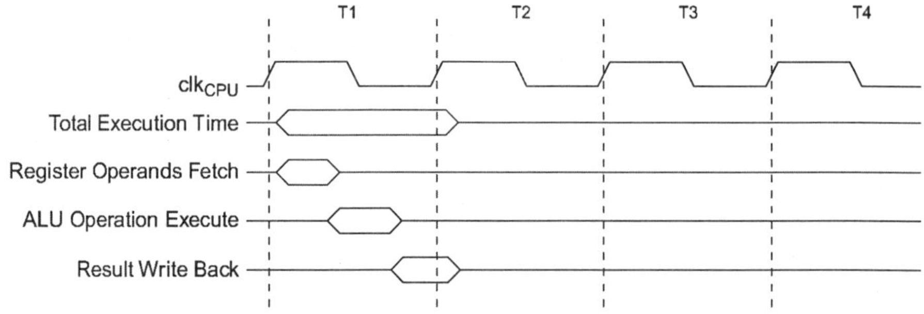

〈그림 1.3.6〉 1사이클에 처리되는 ALU의 연산처리 동작

이제 ATmega128A의 내부 구조 중에서 시스템 레지스터의 종류 및 기능에 대하여 설명한다. C언어로 사용자 프로그램을 작성하는 경우에는 C컴파일러가 내부적으로 이를 사용할 뿐이고 사용자가 직접 이것들을 지정하여 사용하는 경우는 매우 드물지만, 이 마이크로컨트롤러의 기본적인 동작과 기능을 이해하려면 이것들이 중요하기 때문에 이 정도의 사항들은 알아 두는 것이 좋다.

▣ 범용 레지스터 R0~R31

ATmega128A는 레지스터 중심형의 진보된 RISC 마이크로프로세서이므로 별도로 누산기(accumulator)를 가지고 있지 않으며 <그림 1.3.7>에 보인 바와 같이 총 32개의 8비트 범용 레지스터(General Purpose Register File) R0~R31을 가지고 있다. 이들 32개의 레지스터는 모두 대등한 자격으로 기본적인 사칙연산을 수행할 수 있으며, 즉치 데이터를 사용하는 일부의 연산명령은 R16~R31에서만 수행된다.

32개의 범용 레지스터중에서 마지막의 6개인 R26~R31은 각각 2개씩 합해져서 3개의 16비트 레지스터인 X 레지스터, Y 레지스터, Z 레지스터로 사용될 수도 있다. 이러한 16비트 레지스터들은 프로그램 메모리나 데이터 메모리의 16비트 어드레스를 간접 지정하는 어드레스 포인터(address pointer)로 사용된다.

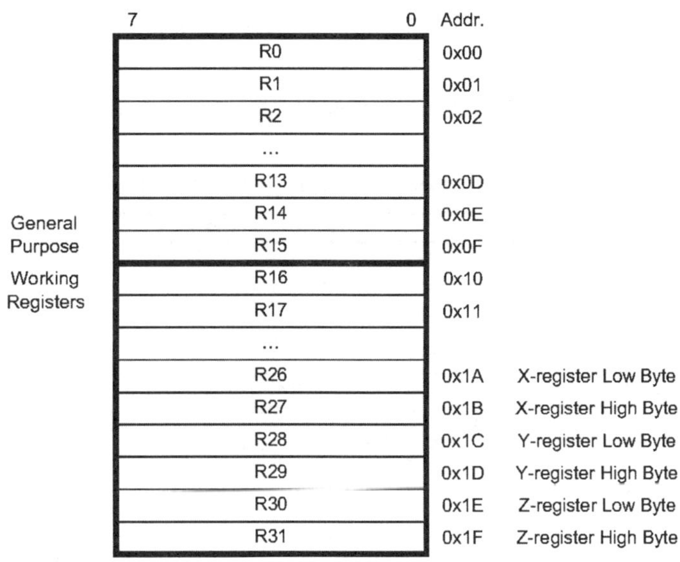

〈그림 1.3.7〉 ATmega128A의 범용 레지스터 R0~R31

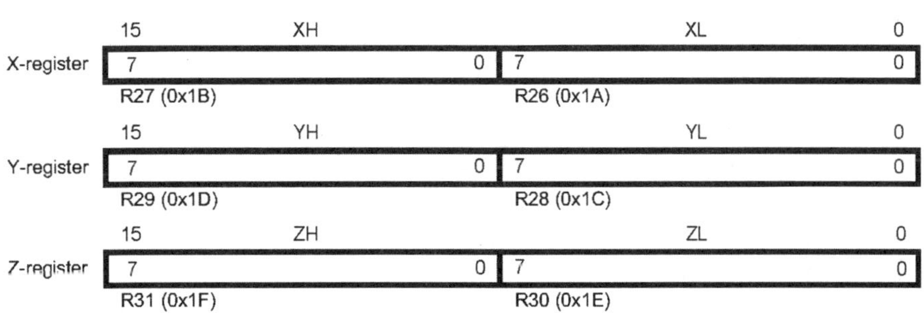

〈그림 1.3.8〉 어드레스 포인터로 사용되는 X, Y, Z 레지스터

▣ 상태 레지스터 SREG

ATmega128A의 상태 레지스터(Status Register) SREG는 프로그램에서 가장 최근에 실행된 산술연산 명령이나 비교명령의 결과에 따른 상태를 표시하는 비트와 인터럽트 제어 비트를 가지고 있다. 여기에 저장된 CPU의 상태 정보는 이후에 조건부 분기명령에 의하여 프로그램의 흐름을 변경하는데 사용될 수 있다.

상태 레지스터는 인터럽트를 처리할 때 자동으로 스택에 저장되거나 복구되지 않으므로 필요할 경우 사용자가 직접 이를 소프트웨어로 저장 및 복구를 수행하도록 처리해주어야 한다. 상태 레지스터의 각 비트들은 개별적인 기능을 가지고 있는데 이를 요약하면 <그림 1.3.9> 및 <표 1.3.3>과 같다.

Bit	7	6	5	4	3	2	1	0	
$3F($5F)	I	T	H	S	V	N	Z	C	SREG
Read/Write	R/W	R/W	R/W	R/W	R/W	R/W	R/W	R/W	
Initial Value	0	0	0	0	0	0	0	0	

〈그림 1.3.9〉 ATmega128A의 상태 레지스터 SREG

〈표 1.3.3〉 ATmega128A의 상태 레지스터 비트

비트 이름	기 능
Bit 7 - I	Global Interrupt Enable : 전체적으로 인터럽트를 허용하도록 설정하는 비트. SEI 및 CLI 명령으로 이 비트를 각각 세트 또는 리셋시킬 수 있다. 인터럽트 처리가 시작되면 이 비트는 자동으로 클리어되며, 나중에 RETI 명령을 만나서 인터럽트 처리가 종료되면 다시 원상태로 복구된다. 각 주변장치의 인터럽트를 개별적으로 허용하는 것은 해당 주변장치에서 인터럽트 마스크 레지스터에 의하여 설정된다.
Bit 6 - T	Bit Copy Storage : 1비트의 데이터를 저장하는 메모리 공간. BLD 및 BST 명령을 사용하여 이 비트와 어느 레지스터의 한 비트 사이에 비트 복사가 가능하다.
Bit 5 - H	Half Carry Flag : 산술연산의 가산에서 half carry가 발생하거나 감산에서 half borrow가 발생하였음을 나타낸다. 이는 BCD 연산에서 유용하다.
Bit 4 - S	Sign Bit : 플래그 N과 플래그 V의 exclusive OR 로 결정되는 값을 저장한다. 이는 부호없는 정수 및 부호있는 정수들의 대소 관계를 판단할 때 유용하다.
Bit 3 - V	Two's Complement Overflow Flag : 2의 보수 연산에서 자릿수 넘침(overflow)이 발생하였음을 나타낸다.
Bit 2 - N	Negative Flag : 산술연산 및 논리연산 결과 최상위 비트가 1로 되었으므로 2의 보수 표현법을 사용하는 경우 연산 결과가 음수라는 것을 나타낸다.
Bit 1 - Z	Zero Flag : 산술연산 및 논리연산 결과 0이 되었음을 나타낸다.
Bit 0 - C	Carry Flag : 산술연산의 가산 및 논리연산 결과 자리올림(carry)이 발생하였음을 나타낸다. 감산에서는 이 비트가 자리내림(borrow)을 나타낸다.

예 어셈블리 언어에서 상태 레지스터 SREG의 사용

```
SEI                     ; 인터럽트를 허용함(1)
IN    R16,SREG          ; 인터럽트를 허용함(2)
ORI   R16,0b10000000
OUT   SREG,R16
```

```
CLI                          ; 인터럽트를 금지함(1)
IN    R16,SREG               ; 인터럽트를 금지함(2)
ANDI  R16,0b01111111
OUT   SREG,R16
```

예 C언어에서 상태 레지스터 SREG의 사용

```
sei();                       // 인터럽트를 허용함(1)
SREG = SREG | 0x80;          // 인터럽트를 허용함(2)

cli();                       // 인터럽트를 금지함(1)
SREG = SREG & 0x7F;          // 인터럽트를 금지함(2)
```

◀참고▶ 어셈블리 언어에서는 16진수의 상수를 표시할 때 보통 20H처럼 숫자 뒤에 H자를 붙여서 나타내는 경우가 많지만, Microchip Technology사에서 무료로 제공하는 ATmega128A의 매크로 어셈블러에서는 이러한 방식을 사용하지 않고 0x20 또는 $20과 같은 표시 방법을 사용하고 있다.

▣ 스택 포인터 SP

스택(stack)은 서브루틴을 호출하거나 인터럽트가 발생하였을 때 별도의 처리 루틴을 실행하고 다시 되돌아올 **복귀주소**(return address)를 저장하며, C언어 프로그램에서 지역변수(local variable)를 저장하거나 어셈블리 언어 프로그램에서 임시 데이터를 저장하는 용도로도 사용되는 특별한 SRAM 데이터 메모리이다. 이 메모리가 특별하다는 것은 다른 SRAM 데이터 메모리처럼 임의접근(random access) 방식으로 원하는 번지를 즉시 읽거나 쓰지 못하고 반드시 **후입선출**(LIFO ; Last-In First-Out) 방식으로만 액세스할 수 있기 때문이다.

스택 포인터(Stack Pointer) SP는 항상 스택 메모리의 상단(top of stack)을 가리키는 16비트 레지스터로서, 이는 데이터 저장이 가능한 스택의 번지를 의미한다. 어셈블리 언어로 PUSH 명령을 사용하면 1바이트의 데이터를 SP가 가리키는 스택 메모리 번지에 저장하고 나서 SP값을 1만큼 감소(post-decrement)시키며, 반대로 POP 명령을 사용하면 먼저 SP값을 1만큼 증가(pre-increment)시킨 후에 SP가 가리키는 스택 메모리 번지에서 1바이트의 데이터를 꺼낸다. 그러나, 서브루틴을 호출하거나 인터럽트가 발생하면 16비트의 복귀주소를 스택에 저장하고 SP 레지스터의 값이 2만큼 감소하며, 처리 루틴을 종료하기 위하여 RET 또는 RETI 명령을 수행하면 스택에서 복귀주소를 읽은 후에 SP 레지스터의 값이 2만큼 증가한다.

ATmega128A의 16비트로 된 스택 포인터는 보통 SP라고 부르지만 이것이 8비트 마이크로프로세서이므로 실제로는 2개의 8비트 레지스터 SPH와 SPL로 이루어져 있다. ATmega128A의 SRAM 영역은 0x0100~0x10FF 번지이므로 사용자 프로그램의 서두에서 SP 레지스터의 초기값은 적어도 0x0100 이상의 값으로 설정해야 하며, 대부분의 경우에는 내부 SRAM의 가장 끝 번지인 0x10FF로 설정한다. 그러나, C언어에서는 이 값이 컴파일러에 의하여 자동 설정되므로 사용자가 이를 지정할 필요가 없다.

Bit	15	14	13	12	11	10	9	8	
$3E($5E)	SP15	SP14	SP13	SP12	SP11	SP10	SP9	SP8	SPH
$3D($5D)	SP7	SP6	SP5	SP4	SP3	SP2	SP1	SP0	SPL
	7	6	5	4	3	2	1	0	
Read/Write	R/W	R/W	R/W	R/W	R/W	R/W	R/W	R/W	
	R/W	R/W	R/W	R/W	R/W	R/W	R/W	R/W	
Initial Value	0	0	0	0	0	0	0	0	
	0	0	0	0	0	0	0	0	

〈그림 1.3.10〉 ATmega128A의 스택 포인터 SP

예 어셈블리 언어 프로그램에서 스택 포인터의 초기값을 설정하는 방법

```
LDI     R17,0x10          ; SP ← 0x10FF
LDI     R16,0xFF
OUT     SPH,R17
OUT     SPL,R16
```

4. ATmega128A의 메모리 구조

ATmega128A의 메모리 구조는 크게 프로그램 저장용의 플래시 메모리와 데이터 저장용의 SRAM 메모리로 나눌 수 있으며, 이와 별도로 불휘발성의 데이터 저장용 메모리로서 EEPROM을 가지고 있다. 이 마이크로컨트롤러는 하버드 구조를 채택하고 있기 때문에 외부에 어드레스 버스 및 데이터 버스가 각각 프로그램 메모리용과 데이터 메모리용으로 2가지씩을 가지고 있어야 하지만, 프로그램 메모리에는 내부의 플래시 메모리만을 사용하고 외부 확장이 불가능한 구조이므로 실제로 외부에는 데이터 메모리용의 어드레스 버스와 데이터 버스 1가지만을 가지고 있다.

(1) 프로그램 메모리

ATmega128A는 내부에 프로그램 저장용으로 128KB 용량의 플래시 메모리를 가지고 있다. ATmega128A는 8비트 마이크로컨트롤러지만 이 프로그램 메모리는 각 번지가 16비트 구조로 되어 있어서 64K×16비트 = 128KB의 용량을 갖는다. 모든 어셈블리

명령은 16비트 또는 32비트 길이로 되어 있으므로 각 명령은 프로그램 메모리에서 1~2개의 번지를 차지하게 되며, ATmega128A가 이 프로그램 메모리에서 명령을 인출할 때는 한 번에 16비트씩 읽어오게 된다. 따라서, 이러한 프로그램 메모리 구조와 동작만을 놓고 보면 ATmega128A가 16비트 마이크로프로세서인 것처럼 느껴질 수도 있다.

이 플래시 메모리는 SPI 직렬통신을 이용한 ISP(In-System Programming) 기능을 가지고 있어서 사용자가 작성한 프로그램을 쉽고 빠르게 다운로드하여 저장할 수 있으며, 이는 불휘발성이므로 전원을 껐다가 다시 켜더라도 프로그램이 그대로 저장되어 있게 된다. 사용자 프로그램은 플래시 메모리에 10,000번까지 반복적으로 다운로드하여 재기입하는 것이 가능(reprogrammable)하다. 플래시 메모리에 프로그램을 기입하는 것은 이러한 ISP 방법 이외에도 JTAG 에뮬레이터를 사용하는 방법과 병렬 프로그래밍(Parallel Programming) 방법이 있다.

프로그램 메모리는 <그림 1.3.11>에 보인 것처럼 응용 프로그램 섹션과 부트 프로그램 섹션(또는 부트로더 섹션)으로 분할하여 사용한다. **응용 프로그램 섹션**은 사용자 프로그램을 다운로드하여 저장하는 프로그램 메모리 공간이며, **부트 프로그램 섹션**은 직렬통신으로 수신한 프로그램을 응용 프로그램 섹션에 기록하여 사용자 프로그램을 업그레이드하는데 사용하는 부트로더(bootloader) 프로그램을 저장하기 위한 공간이다. 부트 프로그램 섹션의 크기는 512워드에서 4096워드까지 4가지 중의 하나를 가변적으으로 선택할 수 있는데, 이는 사용자가 퓨즈 비트로 설정한다.

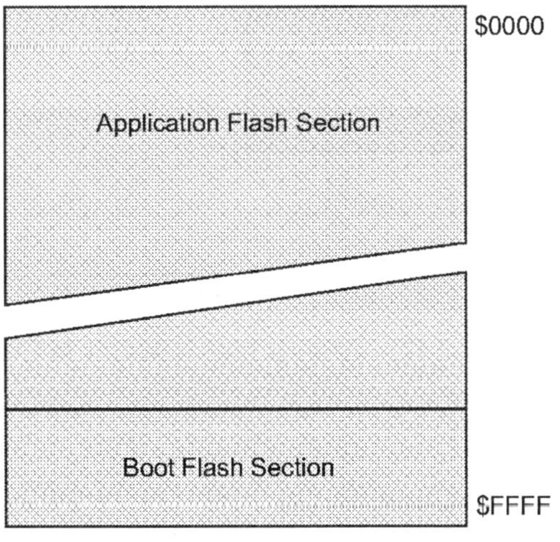

〈그림 1.3.11〉 ATmega128A의 프로그램 메모리

(2) 데이터 메모리

ATmega128A의 데이터 저장용 메모리는 크게 3가지 종류로 나누어 생각할 수 있다. 내부의 기본 데이터 메모리로서의 4KB SRAM, 외부확장 데이터 메모리 60KB, 그리고 내부 4KB EEPROM이다.

이중에서 EEPROM은 데이터 메모리 영역이 아니라 다른 별도의 어드레스 영역에 할당되어 있고 전용의 I/O 제어 레지스터를 통하여 특별한 방식으로 액세스하며, 나머지는 모두 64KB의 데이터 메모리 영역에 맵핑되어 있다. 즉, EEPROM을 제외한 모든 데이터 메모리는 데이터 메모리 액세스용 어드레스 0x0000～0xFFFF 번지에 맵핑되어 있으며, <그림 1.3.12>에 보인 바와 같이 최하위의 256바이트 영역은 레지스터로 사용되고, 그 다음의 4KB 영역이 내부 SRAM이며, 그 위의 약 60KB 부분이 외부 확장 데이터 메모리 영역이다.

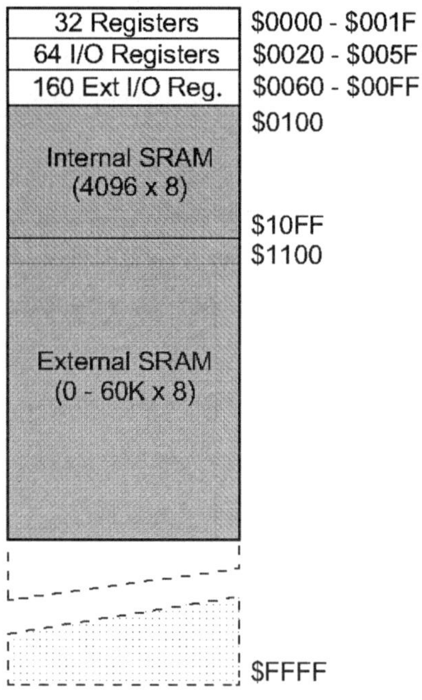

〈그림 1.3.12〉 ATmega128A의 데이터 메모리

▣ I/O 레지스터

I/O 레지스터는 ATmega128A에 내장된 각종 I/O 디바이스들을 제어하기 위한 기본 64개 영역의 제어 레지스터로서 이것들을 액세스하는데는 IN/OUT 명령을 사용하여 1클록 사이클에 빠르게 수행된다.

그런데, 이들 64개의 I/O 레지스터는 실제로 0x0020~0x005F의 번지 영역에 존재하지만 IN/OUT 명령에서는 이것들을 0x00~0x3F의 번호로 지정한다는데 유의해야 한다. 예를 들어 실제로 0x0020 번지에 있는 PINF 레지스터를 R0 레지스터로 읽어들이려면 어셈블리 명령을 IN R0, 0x20 이라고 하지 않고 IN R0, 0x00 이라고 해야 한다는 것이다. 따라서 이 명령이 실제로 수행될 때는 명령어 뒤의 0x00에 0x20을 더한 물리 번지에서 데이터를 입력하여 R0 레지스터에 저장한다.

이들 64개의 I/O 레지스터를 정리하여 보이면 <표 1.3.4>와 같다.

▣ 확장 I/O 레지스터

확장 I/O 레지스터는 기존의 AVR 모델들에 비하여 ATmega128A에 새로 추가된 각종 I/O 디바이스들을 제어하기 위한 레지스터로서 0x0060~0x00FF의 160개 번지에 위치하며, 이것들을 액세스하려면 64개의 기본 I/O 레지스터와 달리 어셈블리 언어에서 IN/OUT 명령을 사용할 수 없고 외부 데이터 메모리를 액세스할 때와 마찬가지로 LD/LDS/LDD 및 ST/STS/STD 명령만을 사용하여야 한다.

이것은 확장 I/O 레지스터의 번지는 반드시 16비트로 지정하여야 하며, 이 명령들의 실행시간은 2클록 사이클로서 IN/OUT 명령에 비하여 좀 더 길다는 것을 의미한다. 이중에서 LDS/STS 명령에서는 확장 I/O 레지스터의 번지를 16비트의 즉치 데이터로 지정하지만, 나머지 어셈블리 명령들에서는 X, Y, Z 레지스터를 사용하여 간접지정으로 처리한다.

이들 160개의 확장 I/O 레지스터를 정리하여 보이면 <표 1.3.5>와 같다.

▣ 내부 SRAM

ATmega128A의 내부 데이터 메모리인 SRAM은 0x0100~0x10FF 번지의 4KB 영역에 위치한다. 내부 데이터 메모리는 16비트 즉치 데이터에 의한 번지값을 지정하여 액세스하거나 또는 X, Y, Z 레지스터를 사용하여 간접지정으로 액세스한다. 여기에 사용되는 명령들은 LD/LDS/LDD 또는 ST/STS/STD 명령 등이다. 이러한 명령들이 내부 데이터 메모리를 액세스하는데는 2클록 사이클(T1~T2)이 소요되며, 이때는 당연히 외부로 ALE나 $\overline{\text{RD}}$, $\overline{\text{WR}}$ 신호가 발생되지 않는다.

내부 SRAM은 프로그램에서 각종 사용자 변수로 사용되며, 일부를 스택 영역으로 설정하여 사용하기도 한다. 스택 영역의 데이터를 LIFO 방식으로 액세스할 때는 특별히 PUSH 및 POP 명령이 사용된다.

〈표 1.3.4〉 ATmega128A의 I/O 레지스터

Address	Name	Bit 7	Bit 6	Bit 5	Bit 4	Bit 3	Bit 2	Bit 1	Bit 0
$3F ($5F)	SREG	I	T	H	S	V	N	Z	C
$3E ($5E)	SPH	SP15	SP14	SP13	SP12	SP11	SP10	SP9	SP8
$3D ($5D)	SPL	SP7	SP6	SP5	SP4	SP3	SP2	SP1	SP0
$3C ($5C)	XDIV	XDIVEN	XDIV6	XDIV5	XDIV4	XDIV3	XDIV2	XDIV1	XDIV0
$3B ($5B)	RAMPZ	–	–	–	–	–	–	–	RAMPZ0
$3A ($5A)	EICRB	ISC71	ISC70	ISC61	ISC60	ISC51	ISC50	ISC41	ISC40
$39 ($59)	EIMSK	INT7	INT6	INT5	INT4	INT3	INT2	INT1	INT0
$38 ($58)	EIFR	INTF7	INTF6	INTF5	INTF4	INTF3	INTF	INTF1	INTF0
$37 ($57)	TIMSK	OCIE2	TOIE2	TICIE1	OCIE1A	OCIE1B	TOIE1	OCIE0	TOIE0
$36 ($56)	TIFR	OCF2	TOV2	ICF1	OCF1A	OCF1B	TOV1	OCF0	TOV0
$35 ($55)	MCUCR	SRE	SRW10	SE	SM1	SM0	SM2	IVSEL	IVCE
$34 ($54)	MCUCSR	JTD	–	–	JTRF	WDRF	BORF	EXTRF	PORF
$33 ($53)	TCCR0	FOC0	WGM00	COM01	COM00	WGM01	CS02	CS01	CS00
$32 ($52)	TCNT0	Timer/Counter0 (8 Bit)							
$31 ($51)	OCR0	Timer/Counter0 Output Compare Register							
$30 ($50)	ASSR	–	–	–	–	AS0	TCN0UB	OCR0UB	TCR0UB
$2F ($4F)	TCCR1A	COM1A1	COM1A0	COM1B1	COM1B0	COM1C1	COM1C0	WGM11	WGM10
$2E ($4E)	TCCR1B	ICNC1	ICES1	–	WGM13	WGM12	CS12	CS11	CS10
$2D ($4D)	TCNT1H	Timer/Counter1 – Counter Register High Byte							
$2C ($4C)	TCNT1L	Timer/Counter1 – Counter Register Low Byte							
$2B ($4B)	OCR1AH	Timer/Counter1 – Output Compare Register A High Byte							
$2A ($4A)	OCR1AL	Timer/Counter1 – Output Compare Register A Low Byte							
$29 ($49)	OCR1BH	Timer/Counter1 – Output Compare Register B High Byte							
$28 ($48)	OCR1BL	Timer/Counter1 – Output Compare Register B Low Byte							
$27 ($47)	ICR1H	Timer/Counter1 – Input Capture Register High Byte							
$26 ($46)	ICR1L	Timer/Counter1 – Input Capture Register Low Byte							
$25 ($45)	TCCR2	FOC2	WGM20	COM21	COM20	WGM21	CS22	CS21	CS20
$24 ($44)	TCNT2	Timer/Counter2 (8 Bit)							
$23 ($43)	OCR2	Timer/Counter2 Output Compare Register							
$22 ($42)	OCDR	IDRD/OCDR7	OCDR6	OCDR5	OCDR4	OCDR3	OCDR2	OCDR1	OCDR0
$21 ($41)	WDTCR	–	–	–	WDCE	WDE	WDP2	WDP1	WDP0
$20 ($40)	SFIOR	TSM	–	–	–	ACME	PUD	PSR0	PSR321
$1F ($3F)	EEARH	–	–	–	–	EEPROM Address Register High			
$1E ($3E)	EEARL	EEPROM Address Register Low Byte							
$1D ($3D)	EEDR	EEPROM Data Register							
$1C ($3C)	EECR	–	–	–	–	EERIE	EEMWE	EEWE	EERE
$1B ($3B)	PORTA	PORTA7	PORTA6	PORTA5	PORTA4	PORTA3	PORTA2	PORTA1	PORTA0
$1A ($3A)	DDRA	DDA7	DDA6	DDA5	DDA4	DDA3	DDA2	DDA1	DDA0
$19 ($39)	PINA	PINA7	PINA6	PINA5	PINA4	PINA3	PINA2	PINA1	PINA0
$18 ($38)	PORTB	PORTB7	PORTB6	PORTB5	PORTB4	PORTB3	PORTB2	PORTB1	PORTB0
$17 ($37)	DDRB	DDB7	DDB6	DDB5	DDB4	DDB3	DDB2	DDB1	DDB0
$16 ($36)	PINB	PINB7	PINB6	PINB5	PINB4	PINB3	PINB2	PINB1	PINB0
$15 ($35)	PORTC	PORTC7	PORTC6	PORTC5	PORTC4	PORTC3	PORTC2	PORTC1	PORTC0
$14 ($34)	DDRC	DDC7	DDC6	DDC5	DDC4	DDC3	DDC2	DDC1	DDC0
$13 ($33)	PINC	PINC7	PINC6	PINC5	PINC4	PINC3	PINC2	PINC1	PINC0
$12 ($32)	PORTD	PORTD7	PORTD6	PORTD5	PORTD4	PORTD3	PORTD2	PORTD1	PORTD0
$11 ($31)	DDRD	DDD7	DDD6	DDD5	DDD4	DDD3	DDD2	DDD1	DDD0
$10 ($30)	PIND	PIND7	PIND6	PIND5	PIND4	PIND3	PIND2	PIND1	PIND0
$0F ($2F)	SPDR	SPI Data Register							
$0E ($2E)	SPSR	SPIF	WCOL	–	–	–	–	–	SPI2X
$0D ($2D)	SPCR	SPIE	SPE	DORD	MSTR	CPOL	CPHA	SPR1	SPR0
$0C ($2C)	UDR0	USART0 I/O Data Register							
$0B ($2B)	UCSR0A	RXC0	TXC0	UDRE0	FE0	DOR0	UPE0	U2X0	MPCM0
$0A ($2A)	UCSR0B	RXCIE0	TXCIE0	UDRIE0	RXEN0	TXEN0	UCSZ02	RXB80	TXB80
$09 ($29)	UBRR0L	USART0 Baud Rate Register Low							
$08 ($28)	ACSR	ACD	ACBG	ACO	ACI	ACIE	ACIC	ACIS1	ACIS0
$07 ($27)	ADMUX	REFS1	REFS0	ADLAR	MUX4	MUX3	MUX2	MUX1	MUX0
$06 ($26)	ADCSRA	ADEN	ADSC	ADFR	ADIF	ADIE	ADPS2	ADPS1	ADPS0
$05 ($25)	ADCH	ADC Data Register High Byte							
$04 ($24)	ADCL	ADC Data Register Low byte							
$03 ($23)	PORTE	PORTE7	PORTE6	PORTE5	PORTE4	PORTE3	PORTE2	PORTE1	PORTE0
$02 ($22)	DDRE	DDE7	DDE6	DDE5	DDE4	DDE3	DDE2	DDE1	DDE0
$01 ($21)	PINE	PINE7	PINE6	PINE5	PINE4	PINE3	PINE2	PINE1	PINE0
$00 ($20)	PINF	PINF7	PINF6	PINF5	PINF4	PINF3	PINF2	PINF1	PINF0

〈표 1.3.5〉 ATmega128A의 확장 I/O 레지스터

Address	Name	Bit 7	Bit 6	Bit 5	Bit 4	Bit 3	Bit 2	Bit 1	Bit 0
($FF)~($9E)	Reserved	–	–	–	–	–	–	–	–
($9D)	UCSR1C	–	UMSEL1	UPM11	UPM10	USBS1	UCSZ11	UCSZ10	UCPOL1
($9C)	UDR1	USART1 I/O Data Register							
($9B)	UCSR1A	RXC1	TXC1	UDRE1	FE1	DOR1	UPE1	U2X1	MPCM1
($9A)	UCSR1B	RXCIE1	TXCIE1	UDRIE1	RXEN1	TXEN1	UCSZ12	RXB81	TXB81
($99)	UBRR1L	USART1 Baud Rate Register Low							
($98)	UBRR1H	–	–	–	–	USART1 Baud Rate Register High			
($97)	Reserved	–	–	–	–	–	–	–	–
($96)	Reserved	–	–	–	–	–	–	–	–
($95)	UCSR0C	–	UMSEL0	UPM01	UPM00	USBS0	UCSZ01	UCSZ00	UCPOL0
($94)	Reserved	–	–	–	–	–	–	–	–
($93)	Reserved	–	–	–	–	–	–	–	–
($92)	Reserved	–	–	–	–	–	–	–	–
($91)	Reserved	–	–	–	–	–	–	–	–
($90)	UBRR0H	–	–	–	–	USART0 Baud Rate Register High			
($8F)	Reserved	–	–	–	–	–	–	–	–
($8E)	Reserved	–	–	–	–	–	–	–	–
($8D)	Reserved	–	–	–	–	–	–	–	–
($8C)	TCCR3C	FOC3A	FOC3B	FOC3C	–	–	–	–	–
($8B)	TCCR3A	COM3A1	COM3A0	COM3B1	COM3B0	COM3C1	COM3C0	WGM31	WGM30
($8A)	TCCR3B	ICNC3	ICES3	–	WGM33	WGM32	CS32	CS31	CS30
($89)	TCNT3H	Timer/Counter3 – Counter Register High Byte							
($88)	TCNT3L	Timer/Counter3 – Counter Register Low Byte							
($87)	OCR3AH	Timer/Counter3 – Output Compare Register A High Byte							
($86)	OCR3AL	Timer/Counter3 – Output Compare Register A Low Byte							
($85)	OCR3BH	Timer/Counter3 – Output Compare Register B High Byte							
($84)	OCR3BL	Timer/Counter3 – Output Compare Register B Low Byte							
($83)	OCR3CH	Timer/Counter3 – Output Compare Register C High Byte							
($82)	OCR3CL	Timer/Counter3 – Output Compare Register C Low Byte							
($81)	ICR3H	Timer/Counter3 – Input Capture Register High Byte							
($80)	ICR3L	Timer/Counter3 – Input Capture Register Low Byte							
($7F)	Reserved	–	–	–	–	–	–	–	–
($7E)	Reserved	–	–	–	–	–	–	–	–
($7D)	ETIMSK	–	–	TICIE3	OCIE3A	OCIE3B	TOIE3	OCIE3C	OCIE1C
($7C)	ETIFR	–	–	ICF3	OCF3A	OCF3B	TOV3	OCF3C	OCF1C
($7B)	Reserved	–	–	–	–	–	–	–	–
($7A)	TCCR1C	FOC1A	FOC1B	FOC1C	–	–	–	–	–
($79)	OCR1CH	Timer/Counter1 – Output Compare Register C High Byte							
($78)	OCR1CL	Timer/Counter1 – Output Compare Register C Low Byte							
($77)	Reserved	–	–	–	–	–	–	–	–
($76)	Reserved	–	–	–	–	–	–	–	–
($75)	Reserved	–	–	–	–	–	–	–	–
($74)	TWCR	TWINT	TWEA	TWSTA	TWSTO	TWWC	TWEN	–	TWIE
($73)	TWDR	Two-wire Serial Interface Data Register							
($72)	TWAR	TWA6	TWA5	TWA4	TWA3	TWA2	TWA1	TWA0	TWGCE
($71)	TWSR	TWS7	TWS6	TWS5	TWS4	TWS3	–	TWPS1	TWPS0
($70)	TWBR	Two-wire Serial Interface Bit Rate Register							
($6F)	OSCCAL	Oscillator Calibration Register							
($6E)	Reserved	–	–	–	–	–	–	–	–
($6D)	XMCRA	–	SRL2	SRL1	SRL0	SRW01	SRW00	SRW11	
($6C)	XMCRB	XMBK	–	–	–	–	XMM2	XMM1	XMM0
($6B)	Reserved	–	–	–	–	–	–	–	–
($6A)	EICRA	ISC31	ISC30	ISC21	ISC20	ISC11	ISC10	ISC01	ISC00
($69)	Reserved	–	–	–	–	–	–	–	–
($68)	SPMCSR	SPMIE	RWWSB	–	RWWSRE	BLBSET	PGWRT	PGERS	SPMEN
($67)	Reserved	–	–	–	–	–	–	–	–
($66)	Reserved	–	–	–	–	–	–	–	–
($65)	PORTG	–	–	–	PORTG4	PORTG3	PORTG2	PORTG1	PORTG0
($64)	DDRG	–	–	–	DDG4	DDG3	DDG2	DDG1	DDG0
($63)	PING	–	–	–	PING4	PING3	PING2	PING1	PING0
($62)	PORTF	PORTF7	PORTF6	PORTF5	PORTF4	PORTF3	PORTF2	PORTF1	PORTF0
($61)	DDRF	DDF7	DDF6	DDF6	DDF1	DDF3	DDF2	DDF1	DDF0
($60)	Reserved	–	–	–	–	–	–	–	–

▣ 외부 데이터 메모리

ATmega128A에서 0x1100~0xFFFF 번지의 약 60KB는 외부 데이터 메모리 확장 영역이다. 여기에는 사용자가 필요에 의하여 외부 데이터 메모리로서 SRAM을 접속하여 사용하거나 또는 I/O 확장 영역으로 사용할 수도 있다. I/O 디바이스는 리드 및 라이트 동작이 가능해야 하므로 항상 데이터 메모리와 유사한 것으로 간주된다.

외부 데이터 메모리는 16비트 즉치 데이터에 의한 번지값을 지정하여 액세스하거나 또는 X, Y, Z 레지스터를 사용하여 간접지정으로 액세스한다. 여기에 사용되는 명령들은 LD/LDS/LDD 또는 ST/STS/STD 명령 등이다. 외부확장 데이터 메모리로 접속된 SRAM도 프로그램에서 각종 사용자 변수 영역으로 사용되며, PUSH 및 POP 명령에 의하여 스택 영역으로 사용될 수도 있다. 이러한 명령들이 외부 데이터 메모리 번지를 액세스할 때는 당연히 외부로 ALE 신호와 함께 동작에 따라 $\overline{RD}$ 또는 $\overline{WR}$ 신호가 발생된다. 그러나, 이들 명령으로 외부 데이터 메모리를 액세스하는 동작을 수행하는 경우에는 내부의 데이터 메모리를 액세스하는 경우에 비하여 1바이트당 1클록 사이클만큼의 처리시간이 더 필요하게 된다. 이보다 더 긴 시간이 요구되는 외부 액세스 동작에는 사용자가 1~3개의 웨이트 사이클을 부여할 수 있는데, 이러한 웨이트 사이클은 <그림 1.3.23>과 같은 MCU 제어 레지스터 MCUCR 및 <그림 1.3.24>와 같은 외부 메모리 제어 레지스터 XMCRA를 사용하여 소프트웨어적으로 편리하게 설정할 수 있다.

외부 SRAM을 스택으로 사용할 때 인터럽트나 서브루틴의 호출 또는 리턴 동작은 2바이트의 프로그램 카운터 값을 PUSH 또는 POP해야 하기 때문에 내부 SRAM을 사용하는 경우에 비하여 3클록 사이클만큼의 처리시간이 더 필요하게 된다.

▣ EEPROM

ATmega128A에는 불휘발성의 데이터 저장 메모리인 EEPROM을 4KB 내장하고 있는데, 여기에는 플래시 메모리보다 더 많은 100,000번까지 반복적으로 데이터를 기입할 수 있다. 이것은 다른 메모리와 별개의 독립적인 번지 0x0000~0x0FFF에 할당되어 있으며, 아래의 <그림 1.3.13>~<그림 1.3.15>에 각각 보인 바와 같이 EEPROM 어드레스 레지스터 EEAR(EEPROM Address Register), EEPROM 데이터 레지스터 EEDR(EEPROM Data Register) 및 EEPROM 제어 레지스터 EECR(EEPROM Control Register) 등을 사용하여 한번에 1바이트씩 액세스할 수 있다.

Bit	15	14	13	12	11	10	9	8	
$1F($3F)	–	–	–	–	EEAR11	EEAR10	EEAR9	EEAR8	EEARH
$1E($3E)	EEAR7	EEAR6	EEAR5	EEAR4	EEAR3	EEAR2	EEAR1	EEAR0	EEARL
	7	6	5	4	3	2	1	0	
Read/Write	R	R	R	R	R/W	R/W	R/W	R/W	
	R/W	R/W	R/W	R/W	R/W	R/W	R/W	R/W	
Initial Value	0	0	0	0	X	X	X	X	
	X	X	X	X	X	X	X	X	

〈그림 1.3.13〉 EEPROM 어드레스 레지스터 EEAR

Bit	7	6	5	4	3	2	1	0	
$1D($3D)	MSB							LSB	EEDR
Read/Write	R/W	R/W	R/W	R/W	R/W	R/W	R/W	R/W	
Initial Value	0	0	0	0	0	0	0	0	

〈그림 1.3.14〉 EEPROM 데이터 레지스터 EEDR

Bit	7	6	5	4	3	2	1	0	
$1C($3C)	–	–	–	–	EERIE	EEMWE	EEWE	EERE	EECR
Read/Write	R	R	R	R	R/W	R/W	R/W	R/W	
Initial Value	0	0	0	0	0	0	X	0	

〈그림 1.3.15〉 EEPROM 제어 레지스터 EECR

EEPROM을 액세스할 때는 아래에서 설명하는 바와 같이 지정된 규칙을 잘 지켜야 한다. EEPROM을 리드할 때 ATmega128A CPU는 안전한 동작을 위하여 4클록 사이클동안 멈추었다가 다음 명령을 계속하며, EEPROM을 라이트할 때는 2클록 사이클동안 멈추었다가 다음 명령을 계속한다.

❶ EEPROM을 라이트하는 동작

EEPROM 제어 레지스터에서 EERIE(EEPROM Ready Interrupt Enable) 비트를 1로 설정하면 라이트 동작이 완료되어 EEWE=0으로 될 때 EEPROM Ready 인터럽트를 발생한다.

EEMWE(EEPROM Master Write Enable) 비트는 EEWE=1로 설정할 때 EEPROM에 라이트가 가능하도록 허용할지 여부를 결정하는 기능을 수행한다.

EEWE(EEPROM Write Enable) 비트는 EEPROM에 데이터를 라이트하는 동작을 개시한다. 먼저 EEPROM의 어드레스와 데이터 값을 지정한 후에 EEMWE= 1로 허용한 상태에서 EEWE=1로 설정하면 실제로 라이트 동작이 수행된다. EEPROM의 라이트 동작이 완료되면 내부에서 자동적으로 EEWE=0이 된다.

EEWE=1로 설정하여 EEPROM의 라이트 동작이 수행되고 나면 ATmega128A CPU는 다음 명령을 실행하기 전에 2클록 사이클 동안 동작을 멈춘다. EEPROM 라이트 동작의 처리 과정을 요약하면 다음과 같다.

① 앞의 EEPROM 라이트 동작이 완료되어 EEWE=0으로 되어 있는지 확인한다.
② SPMCSR 레지스터에서 SPMEN=0으로 되어 있는지 확인한다.
③ 새로 라이트할 EEPROM 어드레스를 EEAR 레지스터에 저장한다.
④ 새로 라이트할 EEPROM 데이터를 EEDR 레지스터에 저장한다.
⑤ EECR 레지스터에서 EEMWE=1, EEWE=0으로 설정한다.
⑥ 이후 4클록 사이클 이내에 EEWE=1로 설정하여 라이트 동작을 개시한다.
⑦ EEPROM 라이트 동작이 완료되면 자동적으로 EEWE=0이 된다.

CPU가 이미 EEPROM 또는 플래시 메모리에 라이트 동작을 수행하고 있어서 이것이 완료되지 않은 상태에서는 새로운 EEPROM 라이트 동작을 수행하는 것이 불가능하므로 사전에 이를 확인해야 한다. 특히, 부트 로더를 사용하여 응용 프로그램 섹션을 라이트하는 경우에는 이런 잘못된 시도를 할 수 있기 때문에 주의가 필요하다.

또한, 위에서 ③과 ④의 순서는 서로 바꾸어도 정상적으로 동작이 수행된다. 만약, 위의 ⑤~⑥의 과정을 수행하는 도중에 인터럽트가 발생되면 EEMWE의 동작 제한시간이 초과되어 EEPROM 라이트 동작이 실패하게 된다. 이를 방지하려면 ③~⑥의 과정을 수행하는 동안에는 상태 레지스터 SREG에서 I=0으로 설정하여 인터럽트 요청을 허용하지 않도록 금지시키는 것이 좋다.

❷ EEPROM을 리드하는 동작

EEPROM 제어 레지스터에서 EERE(EEPROM Read Enable) 비트는 EEPROM에서 데이터를 리드하는 동작을 개시한다. EERE=1로 설정하여 EEPROM 리드 동작이 수행되고 나면 ATmega128A CPU는 다음 명령을 실행하기 전에 4클록 사이클 동안 멈춘다. EEPROM 리드 동작을 요약하면 다음과 같다.

① 앞의 EEPROM 라이트 동작이 완료되어 EEWE=0으로 되어 있는지 확인한다.
② 리드할 EEPROM 어드레스를 EEAR 레지스터에 저장한다.
③ EECR 레지스터에서 EERE=1로 설정한다.
④ EEPROM 데이터를 EEDR 레지스터로부터 읽는다.

◀휴게실▶ **EEPROM과 플래시 메모리**

ATmega128A에는 프로그램 저장용으로서 128KB의 플래시 메모리와 데이터 저장용으로서 4KB의 SRAM, 그리고 불휘발성 데이터 메모리로서 4KB의 EEPROM을 내장하고 있다. EEPROM과 플래시 메모리는 하나의 뿌리에서 발전해온 매우 유사한 반도체 메모리이지만 특성과 사용 방법이 서로 다르다. 이것들은 오늘날 독립된 메모리 소자로서도 널리 사용되고 있으므로 충분히 알아둘 필요가 있다.

EEPROM(E^2PROM, Electrically Erasable PROM)은 온보드(on-board) 상태에서 사용자가 내용을 바이트 단위로 리드하거나 라이트할 수 있으므로 사실상 SRAM과 유사하게 사용할 수 있는 불휘발성 메모리이며, 따라서 제조회사에 따라서는 이를 EEPROM이라고 부르지 않고 EAPROM(Electrically Alterable PROM) 또는 NVRAM(Non-Volatile RAM)이라고 부르기도 한다. 그러나, 이것의 리드 동작은 액세스 시간이 다소 느리기는 하더라도 SRAM과 유사하므로 별 문제가 없는데 비하여, 라이트 동작을 수행하는 경우에는 1바이트를 라이트할 때마다 수[ms] 이상의 시간지연이 필요하므로 SRAM처럼 사용할 수는 없다. 따라서, EEPROM은 실시간으로 사용되는 변수를 저장하는 메모리나 스택 메모리로는 사용될 수 없으며, 한번 내용을 저장하면 비교적 오랫동안 이를 기억하고 있으면서 주로 이를 읽어 사용하기만 하거나 전원을 꺼도 지워져서는 안되는 중요한 데이터를 백업하여 두어야 하는 설정값 저장용 메모리로 적합하다. 이 메모리 소자는 28Cxxx의 형태로 이름을 짓는 경우가 많다.

한편, 플래시 메모리(flash memory)는 온보드 상태에서 사용자가 내용을 바이트 단위로 자유로이 리드할 수는 있지만, 라이트 동작은 페이지(page) 또는 섹터(sector)라고 불리는 블록(block) 단위로만 수행할 수 있는 변형된 EEPROM이다. 블록의 크기는 메모리 소자나 메이커에 따라 다르지만 대체로 64바이트, 128바이트, 256바이트 등에서부터 많게는 128KB까지도 사용한다. 이렇게 플래시 메모리는 EEPROM과 매우 유사하지만 바이트 단위로 라이트하는 것이 불가능하므로 페이지 모드 라이트 기능만을 가지는 EEPROM이라고 생각하면 되며, 따라서 역시 SRAM처럼 실시간 데이터 메모리로 사용하는 것은 불가능하다. 그러나, 플래시 메모리는 EEPROM에 비해 메모리 셀의 구조가 간단하여 훨씬 더 대용량의 메모리 소자를 만드는데 적합하며, 1개의 블록 전체를 라이트하는데 수 [ms] 정도가 걸리므로 대용량 데이터를 라이트할 때는 EEPROM보다 훨씬 속도가 빠르다는 장점을 가진다.

그런데, 플래시 메모리는 내부 구조에 따라서 NOR형 플래시와 NAND형 플래시 메모리로 나눌 수 있다. NOR형 플래시는 다른 메모리 소자와 같이 외부 구조가 어드레스 버스, 데이터 버스, 그리고 몇 가지의 제어신호 및 전원으로 되어 있어서 프로그램 저장용으로 널리 사용된다. NOR형 플래시 메모리는 대부분 29Cxxx 형태의 이름을 가지고 있다. 그러나, NAND형 플래시 메모리는 어드레스 버스와 데이터 버스가 따로 있는 것이 아니고 8개(또는 16개)의 데이터 신호와 몇 개의 제어신호 및 전원핀을 가지고 있다. 8개의 데이터 신호선은 어드레스 및 제어명령을 라이트하거나 데이터 값을 읽고 쓰는 용도로 사용된다. 이렇게 하면 메모리를 읽고 쓰는 소프트웨어의 작업은 좀 번거로워지지만 메모리 용량이 증가하더라도 핀 수가 늘어나지 않으므로 하드웨어 규격을 통일할 수 있어서 플래시 메모리를 마치 하드디스크처럼 사용하는 것이 가능하다.

특히, 요즈음에는 1.8[V]나 3.3[V]의 저전압에서 동작하는 수십 MB~수십 GB짜리 대용량의 NAND형 플래시 메모리 카드가 많이 개발되어 휴대전화, 디지털 카메라, MP3 플레이어, 이동형 USB 메모리 등과 같은 용도에 널리 사용되고 있으며, 종래의 자기 디스크형 하드디스크를 NAND형 플래시 메모리로 대체한 SSD(Solid State Drive)도 널리 사용되고 있다. 이러한 전자기기에 NAND형 플래시 메모리 카드를 사용할 때는 사용의 편의성과 하드웨어 및 소프트웨어적인 호환성이 중요하므로 SD(Secure Digital), MMC(MultiMedia Card), CF(Compact Flash) 등과 같은 표준 규격이 만들어져 사용되고 있다.

【참고】 요즈음에는 DRAM이나 SRAM처럼 빠른 속도로 리드/라이트 동작이 모두 가능하여 종래의 EEPROM의 단점을 개선한 불휘발성 메모리가 개발되어 사용되고 있는데 예를 들면 Ramtron사의 FRAM(Ferroelectric RAM)이 그러하다. 이것은 EEPROM이나 플래시 메모리에 비하여 소비전력이 적고 액세스 속도가 빠르며 반영구적으로 사용할 수 있다는 장점을 가지므로 차세대의 대표적인 불휘발성 메모리가 될 것으로 기대되고 있지만, 플래시 메모리에 비하여 집적도가 낮고 아직은 가격이 좀 비싸다는 것이 단점이다. 이밖에도 MRAM(Magnetic RAM), PRAM(Phase-change RAM) 등 새로운 불휘발성 메모리가 계속 개발되어 실용화를 추진하고 있다.

지정된 사양보다 낮은 전원 전압이 오랫동안 지속되면 EEPROM의 라이트 동작을 수행하다가 여기에 저장되어 있던 데이터가 지워질 우려가 있다. 이런 상태에서는 소프트웨어적으로 정상적인 라이트 처리 과정이 수행되더라도 저전압에 의하여 하드웨어가 올바르게 동작하지 않을 수 있으며, 더욱 낮은 전압에서는 하드웨어 자체가 잘못된 동작이나 명령을 실행할 수도 있기 때문이다. 이러한 EEPROM 데이터의 손실을 방지하려면 전원 전압이 지정된 값보다 낮아지는 경우에는 시스템 리셋이 수행되도록 하드웨어를 구성하는 것이 좋은데, 이를 위해서 ATmega128A는 BOD(Brown-Out Detector) 기능을 갖추고 있으니 퓨즈 비트에서 이를 설정하여 사용하면 편리하다.

또한, ATmega128A에서 파워다운 모드를 사용하려면 먼저 EEPROM 라이트 동작이 완료된 것을 확인해야 한다. 그렇지 않으면 EEPROM 라이트 동작이 완료된 후에 무조건 클록발생 회로가 동작하게 되므로 파워다운 모드에 들어가지 못하게 된다.

5. ATmega128A에서 16비트 I/O 레지스터의 액세스

ATmega128A 마이크로컨트롤러의 기본 64개의 I/O 레지스터 영역과 160개의 확장 I/O 레지스터 영역에는 여러 개의 16비트 I/O 레지스터를 가지고 있다. 스택 포인터 SP나 타이머/카운터1의 TCNT1, OCR1A, OCR1B, OCR1C, ICR1 등이 그러한 16비트 레지스터의 예이다.

그러나, ATmega128A는 근본적으로 8비트 데이터 버스를 가지는 8비트 마이크로프로세서이기 때문에 이러한 16비트 레지스터들을 액세스하려면 1번에 수행하지 못하고 2차례로 나누어 리드(read) 또는 라이트(write) 동작을 수행해야 한다. 이 때문에 이들 각각의 레지스터들은 상위 바이트와 하위 바이트가 따로 I/O 레지스터 영역 또는 확장 I/O 레지스터 영역을 차지하고 있으며, 상위 바이트에 해당하는 레지스터의 이름에는 마지막에 H자가 붙어 있고, 하위 바이트에 해당하는 레지스터의 이름에는 마지막에 L자가 붙어 있다. 예를 들어 스택 포인터 SP는 실제로는 SPH와 SPL처럼 2개의 8비트 레지스터로 구성되어 있으며, 타이머/카운터1 레지스터 TCNT1은 실제로는 TCNT1H와 TCNT1L처럼 2개의 8비트 레지스터로 구성되어 있다.

그러나, 16비트 레지스터는 시간차를 두고 상위 바이트와 하위 바이트를 액세스할 경우 그 사이에 이들 레지스터의 데이터 값이 변동하여 전혀 잘못된 데이터로 처리되는 글리치(glitch) 현상이 발생할 수 있기 때문에 ATmega128A에서는 이를 방지하기 위하여 특별한 방법을 사용하고 있다. 즉, 상위 바이트에는 임시 레지스터(Temporary Register)를 두어 이 임시 레지스터의 값과 하위 바이트가 동시에 액세스되도록 함으로써 사용자는 8비트씩 2차례에서 걸쳐서 순차적으로 이것들을 리드 또는 라이트하지만 ATmega128A CPU는 16비트 레지스터의 값을 순간적으로 한 번에 동시에 액세스하는 결과가 되어 데이터 처리의 오류를 방지하는 것이다.

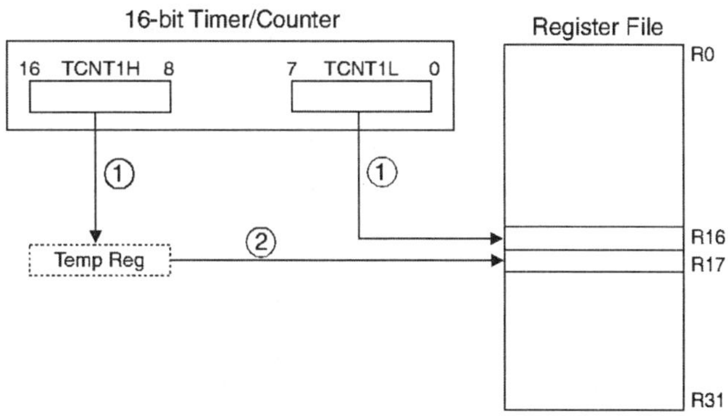

(a) 리드의 동작 순서

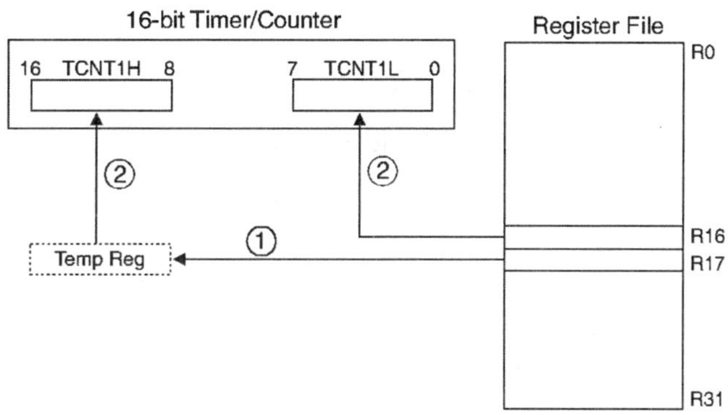

(b) 라이트의 동작 순서

〈그림 1.3.16〉 ATmega128A에서 16비트 레지스터 TCNT1의 리드 및 라이트 동작

예를 들면 <그림 1.3.16>의 (a)에 보인 것처럼 16비트 레지스터를 리드(read)할 때는 반드시 하위 바이트를 먼저 리드하여 이를 CPU가 읽어들이는 동시에 상위 바이트를 임시 레지스터에 옮겨서 저장하고, 이어서 상위 바이트를 리드하면 임시 레지스터에 저장되어 있던 값이 읽혀진다. 이렇게 하면 ATmega128A CPU는 16비트 레지스터의 값을 8비트씩 2차례로 나누어 읽었지만 실제로는 16비트 레지스터의 값을 한 번에 동시에 읽은 것처럼 된다.

또한, <그림 1.3.16>의 (b)에 보인 것처럼 반대로 16비트 레지스터에 데이터를 라이트(write)할 때는 반드시 상위 바이트를 먼저 라이트하여 그것을 임시 레지스터에 저장하고, 이어서 하위 바이트를 라이트하면 이 하위 바이트와 임시 레지스터에 저장되어 있던 상위 바이트가 동시에 16비트 레지스터에 써진다. 이렇게 하면 CPU는 16비트 레지스터의 값을 8비트씩 2차례로 나누어 썼지만 실제로는 16비트 레지스터의 값을 한 번에 동시에 쓴 것처럼 된다.

따라서, 사용자 프로그램에서 16비트 레지스터를 리드하려면 반드시 하위 바이트를 먼저 입력하고 이어서 상위 바이트를 입력해야 하며, 사용자가 16비트 레지스터를 라이트하려면 반드시 상위 바이트를 먼저 출력하고 이어서 하위 바이트를 출력해야 한다. 이와 같은 동작 순서를 지키지 않으면 16비트 레지스터의 값은 올바르게 액세스되지 않을 수 있다.

예를 들어서 16비트 레지스터인 타이머/카운터 레지스터1 TCNT1을 읽거나 쓰는 동작을 어셈블리 언어로 수행하려면 다음과 같이 수행한다.

예 16비트 레지스터 TCNT1을 리드하는 경우

```
LDS     R16,TCNT1L          ; R16 ← TCNT1L(read low byte first)
LDS     R17,TCNT1H          ; R17 ← TCNT1H
```

예 16비트 레지스터 TCNT1을 라이트하는 경우

```
LDI     R17,high(10000)     ; R17:R16 ← 10000
LDI     R16,low(10000)
STS     TCNT1H,R17          ; TCNT1H ← R17(write high byte first)
STS     TCNT1L,R16          ; TCNT1L ← R16
```

C언어의 경우에도 이러한 16비트 레지스터의 액세스 순서는 지켜져야 한다. 그러나, C언어에서는 사용자 편의를 위하여 실제로는 존재하지 않는 16비트 레지스터를 정의하고 그것을 1번에 액세스하는 것처럼 프로그램할 수 있도록 하였으며, 이렇게 하면 내부적으로 C컴파일러가 이를 올바르게 번역하여 처리해준다.

예 16비트 레지스터 TCNT1을 리드하는 경우

```
unsigned int x;
x = TCNT1L + (TCNT1H << 8); // 8-bit access

x = TCNT1;                  // 16-bit access
```

예 16비트 레지스터 TCNT1을 라이트하는 경우

```
TCNT1H = (10000 >> 8);      // 8-bit access
TCNT1L = 10000 & 0x00FF;

TCNT1 = 10000;              // 16-bit access
```

그런데, ATmega128A에는 이러한 임시 레지스터를 오직 1개만 가지고 있어서 모든 16비트 레지스터에 대하여 이를 공통적으로 사용하고 있으므로, 만약 이를 액세스하는 도중에 인터럽트가 발생하여 인터럽트 서비스 루틴에서 다른 목적으로 임시 레지스터가 사용된다면 나중에 인터럽트를 종료하고 복귀하였을 때 이 임시 레지스터의 값이 달라져 있게 되므로 프로그램이 정상적으로 처리되지 않는 문제가 발생한다. 이러한 오류를 방지하려면 16비트 레지스터를 액세스하는 동안에 아래와 같이 인터럽트 발생을 잠시 금지시켜야 한다.

㉮ 16비트 레지스터 TCNT1을 리드하는 경우

```
IN      R18,SREG           ; store global interrupt flag in SREG
CLI                        ; disable interrupts
IN      R16,TCNT1L         ; R16 ← TCNT1L(read low byte first)
IN      R17,TCNT1H         ; R17 ← TCNT1H
OUT     SREG,R18           ; restore global interrupt flag in SREG
```

㉮ 16비트 레지스터 TCNT1을 라이트하는 경우

```
LDI     R17,high(10000)    ; R17:R16 ← 10000
LDI     R16,low(10000)
IN      R18,SREG           ; store global interrupt flag in SREG
CLI                        ; disable interrupts
OUT     TCNT1H,R17         ; TCNT1H ← R17(write high byte first)
OUT     TCNT1L,R16         ; TCNT1L ← R16
OUT     SREG,R18           ; restore global interrupt flag in SREG
```

6. ATmega128A의 외부 버스 인터페이스

앞에서도 설명한 바와 같이 ATmega128A 마이크로컨트롤러의 외부 데이터 메모리 영역은 0x1100~0xFFFF 번지의 약 60KB 영역을 사용할 수 있으며, 이것들은 데이터 메모리로서 SRAM이나 각종 외부 I/O 디바이스의 확장에 사용할 수 있다. 이러한 외부 데이터 메모리 영역은 다음과 같이 여러가지의 우수한 기능을 가지고 있어서 사용자가 하드웨어를 인터페이스하고 이를 프로그램으로 구동하는데 매우 편리하게 되어 있다.

① 인터페이스할 소자의 액세스 시간에 맞추어 소프트웨어적으로 0~3개의 웨이트 사이클을 설정할 수 있다.
② 외부 데이터 메모리 영역을 2개의 섹터로 분할할 수 있고, 이들 각 섹터에 대하여 독립적으로 웨이트 사이클을 설정할 수 있다.
③ 16비트 어드레스의 상위 바이트에 있는 8비트 중에서 일부를 제외하고 필요한 비

트수만을 어드레스 버스로 동작하게 할 수 있다.

④ 데이터 버스의 신호들이 동작할 때 전류 소비량이 감소되도록 버스 키퍼 기능을 설정하여 사용할 수 있다.

(1) 외부 버스 인터페이스의 기본 동작

ATmega128A에서 외부 인터페이스에 사용되는 신호는 A15~A8, AD7~AD0, ALE, $\overline{RD}$, $\overline{WR}$ 등인데, 이것들은 MCU 제어 레지스터 MCUCR로 설정한다. ATmega128A CPU가 외부 데이터 메모리 영역인 0x1100~0xFFFF 번지를 액세스하려고 하면 병렬 포트와 공용으로 되어 있는 이러한 외부 신호들이 시스템 버스로 동작하도록 설정해야 한다. 이중에서 AD7~AD0은 핀수를 절약하기 위하여 어드레스 버스의 하위 8비트와 데이터 버스의 2가지 기능을 시분할 다중화한 것이기 때문에 외부에서 74573 소자에 ALE 신호를 인가하여 <그림 1.3.17>처럼 분리시켜야 한다.

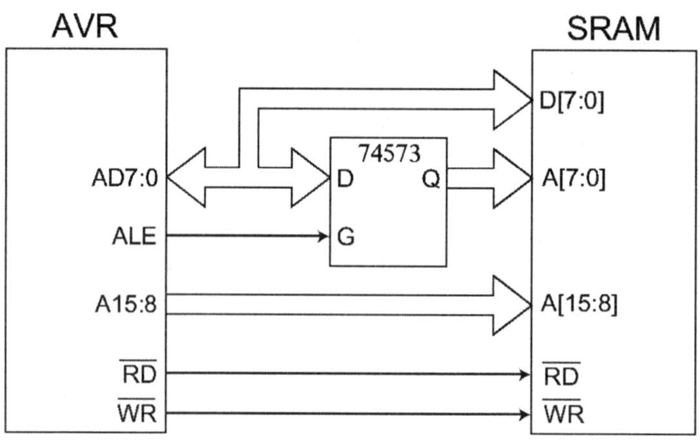

〈그림 1.3.17〉 ATmega128A의 외부 버스를 확장하여 인터페이스하는 기본 설계

AD7~AD0 신호의 내부에 들어있는 풀업저항은 해당 포트에 1을 쓰면 동작할 가능성이 있으므로 슬립 모드에서 마이크로프로세서 소자의 전력소비를 줄이고자 하면 슬립 모드로 들어가기 전에 해당 포트에 0을 출력하여 풀업저항이 동작하지 않도록 하는 것이 좋다.

또한, AD7~AD0 신호의 출력단 회로에는 버스 키퍼(bus keeper) 기능을 지원한다. 이 기능은 나중에 설명하는 XMCRB 레지스터에서 XMBK=1로 하여 설정하는데, 이렇게 버스 키퍼 기능을 사용하도록 설정하면 외부 버스의 데이터 리드 동작에서 이 버스가 어드레스값을 출력하였다가 3-스테이트 상태로 들어가야 하는 순간에 이전의 어드레스값을 그대로 출력하게 되어 출력단 회로의 스위칭 동작을 1번 생략하므로 이 회로에서의 소비전력이 절약된다. 이에 관해서는 <그림 1.3.18>에서 기본적인 리드 동작 타이밍 부분을 참고하라.

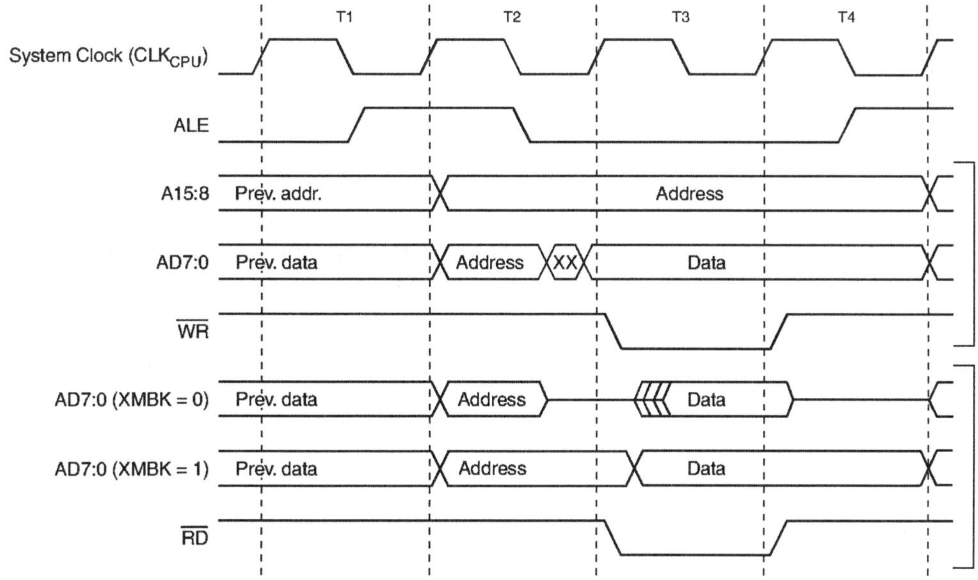

〈그림 1.3.18〉 기본적인 외부 액세스 동작 사이클(SRWn1~0 = 00)

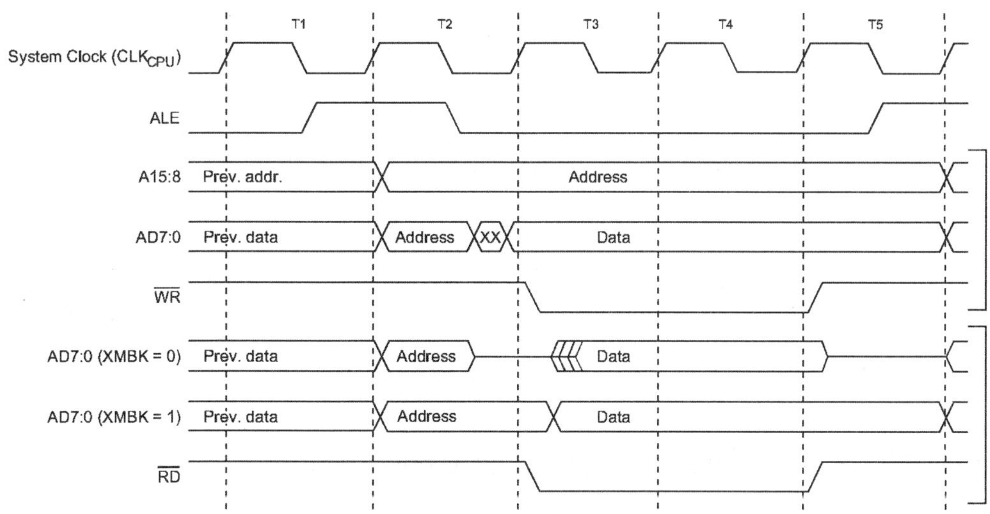

〈그림 1.3.19〉 1개의 웨이트가 주어진 외부 액세스 동작 사이클(SRWn1~0 = 01)

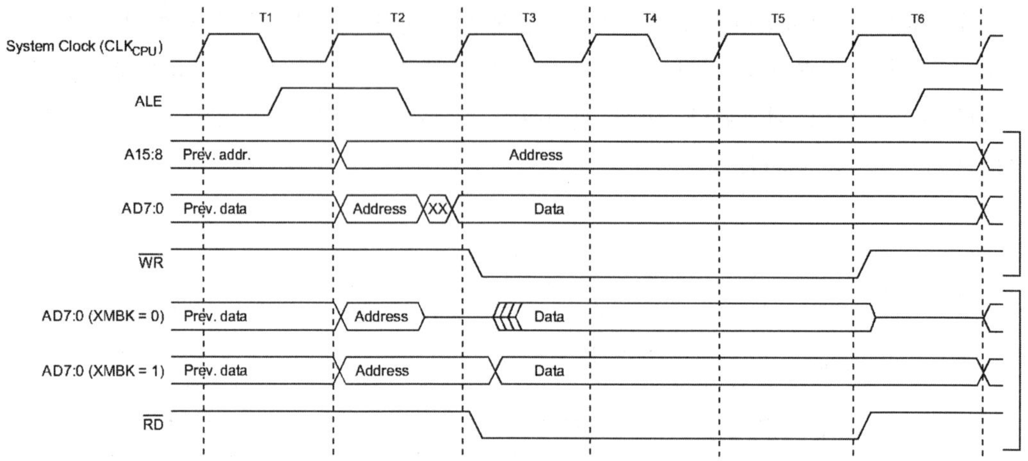

〈그림 1.3.20〉 2개의 웨이트가 주어진 외부 액세스 동작 사이클(SRWn1~0 = 10)

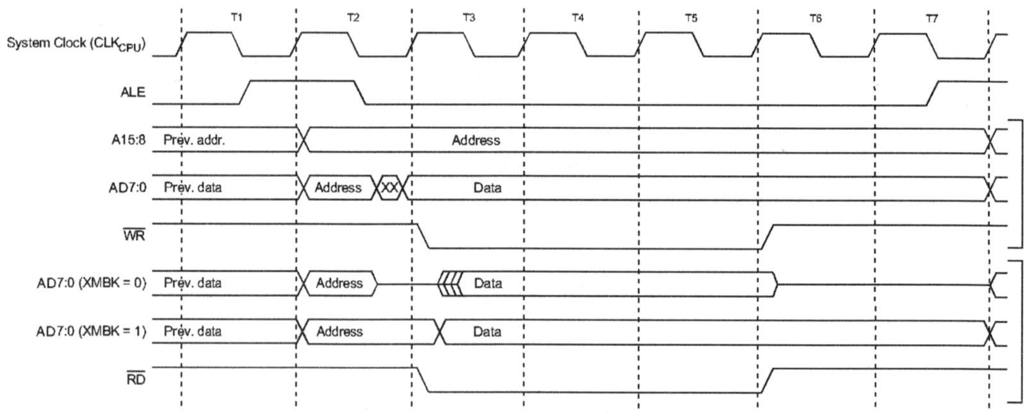

〈그림 1.3.21〉 3개의 웨이트가 주어진 외부 액세스 동작 사이클(SRWn1~0 = 11)

ATmega128A 외부 데이터 메모리 영역의 액세스 동작은 <그림 1.3.18>과 같이 기본적으로 3개의 클록 사이클(T2~T4)에 수행된다. 그러나, MCUCR 및 XMCRA 레지스터를 이용하여 소프트웨어적으로 1~3개의 웨이트 사이클(wait cycle)을 설정함으로써 외부 액세스 동작이 총 4~6개의 클록 사이클에 수행되도록 할 수 있는데 이러한 경우의 동작 타이밍을 <그림 1.3.19> ~ <그림 1.3.21>에 보였다.

(2) 외부 버스 인터페이스와 관련된 레지스터 설정

ATmega128A에서 외부 데이터 메모리 영역은 사용자가 임의로 경계선을 지정하여 사이즈를 설정하는 방법으로 2개의 섹터로 나눌 수 있으며, 이렇게 나누어진 각 섹터에는 각각 독립적으로 1~3개의 웨이트 사이클을 설정할 수 있다. 이를 도시하면 <그림 1.3.22>와 같다.

이 기능을 이용하면 상당히 액세스 속도가 빠른 SRAM은 0웨이트로 설정하고, 이에 비하여 상대적으로 동작속도가 느린 I/O 디바이스들은 적절한 웨이트 사이클을 부여할 수 있으므로 ATmega128A의 주변 인터페이스 회로 설계에 매우 유용하다.

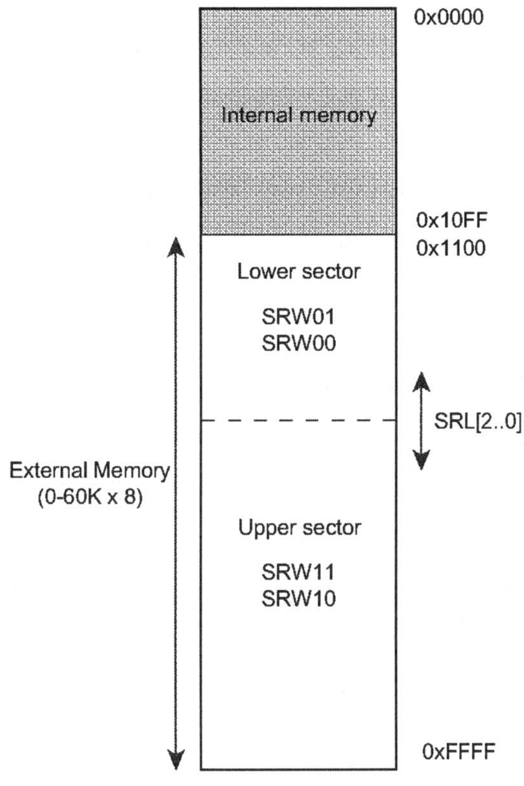

〈그림 1.3.22〉 외부 데이터 메모리 영역의 섹터 분할 및 웨이트 사이클 설정

외부 버스 확장과 관련된 I/O 제어 레지스터에는 MCUCR, XMCRA, XMCRB 등의 3개가 있는데 이것들의 기능을 요약하면 다음과 같다.

▣ MCU 제어 레지스터 MCUCR

MCU 제어 레지스터(MCU Control Register) MCUCR은 <그림 1.3.23>과 같은 비트 구성을 가지는데, 대체로 이 MCU의 전체적인 시스템 기능을 설정하는데 사용되며 이중에서 외부 데이터 메모리 영역의 설정과 관련되는 비트는 b7~b6의 2비트뿐이다.

Bit	7	6	5	4	3	2	1	0	
$35($55)	SRE	SRW10	SE	SM1	SM0	SM2	IVSEL	IVCE	MCUCR
Read/Write	R/W	R/W	R/W	R/W	R/W	R/W	R/W	R/W	
Initial Value	0	0	0	0	0	0	0	0	

〈그림 1.3.23〉 MCU 제어 레지스터 MCUCR

SRE(External SRAM/XMEM Enable) 비트는 A15~A8, AD0~AD7, ALE, $\overline{\text{RD}}$, $\overline{\text{WR}}$ 등과 같은 외부 데이터 메모리 확장 영역의 액세스 신호들을 유효하도록 한다. 이렇게 MCUCR 레지스터를 사용하여 이것들을 외부 버스 확장 신호로 설정하지 않으면 이 단자들은 기본 기능인 병렬 I/O 포트로 동작하게 된다.

SRW10(Wait-state Select Bit) 비트는 외부 데이터 메모리 영역의 상위 섹터를 액세스할 때 부여하는 웨이트 사이클의 수를 지정한다. ATmega128A에서는 이 비트와 다음에 설명하는 XMCRA 레지스터의 SRW11 비트가 조합되어 4가지 중의 하나로 웨이트 사이클을 설정한다.

▣ 외부 메모리 제어 레지스터 XMCRA

외부 메모리 제어 레지스터A(External Memory Control Register A) XMCRA는 외부 메모리 영역을 2개의 섹터로 분할하거나 웨이트 사이클을 설정하는데 사용된다.

Bit	7	6	5	4	3	2	1	0	
$6D	–	SRL2	SRL1	SRL0	SRW01	SRW00	SRW11	–	XMCRA
Read/Write	R	R/W	R/W	R/W	R/W	R/W	R/W	R	
Initial Value	0	0	0	0	0	0	0	0	

〈그림 1.3.24〉 외부 메모리 제어 레지스터 XMCRA

SRL2~0(Wait-state Sector Limit) 비트는 <표 1.3.6>과 같이 외부 데이터 메모리 영역을 2개의 섹터로 분할하여 이들 각 섹터에 별도로 웨이트 사이클을 설정할 수 있도록 한다.

SRW11~10(Wait-state Select Bits for Upper Sector) 비트들은 외부 데이터 메모리의 상위 섹터에 해당하는 웨이트 사이클을 설정한다. 이중에서 SRW10 비트는 앞에서 설명한 MCUCR 레지스터에 들어있다.

이에 비하여 SRW01~00(Wait-state Select Bits for Lower Sector) 비트들은 외부 데이터 메모리의 하위 섹터에 해당하는 웨이트 사이클을 설정한다.

〈표 1.3.6〉 SRL2~0 비트에 의한 외부 데이터 메모리의 섹터 분할

SRL2	SRL1	SRL0	섹터 영역
0	0	0	lower sector = 없음 upper sector = 0x1100~0xFFFF
0	0	1	lower sector = 0x1100~0x1FFF upper sector = 0x2000~0xFFFF
0	1	0	lower sector = 0x1100~0x3FFF upper sector = 0x4000~0xFFFF
0	1	1	lower sector = 0x1100~0x5FFF upper sector = 0x6000~0xFFFF
1	0	0	lower sector = 0x1100~0x7FFF upper sector = 0x8000~0xFFFF
1	0	1	lower sector = 0x1100~0x9FFF upper sector = 0xA000~0xFFFF
1	1	0	lower sector = 0x1100~0xBFFF upper sector = 0xC000~0xFFFF
1	1	1	lower sector = 0x1100~0xDFFF upper sector = 0xE000~0xFFFF

이 비트들을 사용하여 웨이트 사이클을 설정하는 방법은 <표 1.3.7>과 같다. 또한 이렇게 하여 상위 섹터 또는 하위 섹터에 웨이트 사이클의 수가 설정된 경우의 동작 파형은 앞의 <그림 1.3.19> ~ <그림 1.3.21>에서 보인 바가 있다.

〈표 1.3.7〉 SRW11~10 및 SRW01~00비트에 의한 웨이트 사이클의 설정

SRWn1	SRWn0	웨이트 사이클의 수
0	0	섹터n을 액세스할 때 0 웨이트로 동작함.
0	1	섹터n을 액세스할 때 리드/라이트 신호에 1개의 웨이트 사이클을 추가함.
1	0	섹터n을 액세스할 때 리드/라이트 신호에 2개의 웨이트 사이클을 추가함.
1	1	섹터n을 액세스할 때 리드/라이트 신호에 2개의 웨이트 사이클을 추가하고, 다음의 어드레스를 출력하기 전에 1개의 웨이트 사이클을 추가함.

※ n은 섹터 번호에 해당하는 0(lower sector) 또는 1(upper sector)을 나타냄.

▣ 외부 메모리 제어 레지스터 XMCRB

외부 메모리 제어 레지스터B(External Memory Control Register B) XMCRB는 버스 키퍼 기능을 설정하고 외부 데이터 메모리 어드레스의 상위 바이트 중에서 어디까지 어드레스 기능으로 사용할 것인지를 설정하는데 사용된다.

Bit	7	6	5	4	3	2	1	0	
$6C	XMBK	–	–	–	–	XMM2	XMM1	XMM0	XMCRB
Read/Write	R/W	R	R	R	R	R/W	R/W	R/W	
Initial Value	0	0	0	0	0	0	0	0	

〈그림 1.3.25〉 외부 메모리 제어 레지스터 XMCRB

XMBK(External Memory Bus-keeper Enable) 비트는 AD7~AD0 신호가 어드레스값을 출력하다가 3-스테이트로 변경되어야 하는 동안에 이를 이전의 어드레스값으로 계속 출력되도록 하는 버스 키퍼 기능을 설정한다. 이런 상황은 <그림 1.3.18> ~ <그림 1.3.21>의 리드 액세스 동작에서 파형으로 보인 바가 있다.

XMM2~0(External Memory High Mask) 비트들은 포트C와 기능을 겸하고 있는 어드레스 버스의 상위 바이트가 어느 부분까지 어드레스 버스 신호로 사용될지를 설정하는 기능을 수행한다. 이를 이용하여 <표 1.3.8>에 보인 것처럼 A15~A8 핀의 일부분만을 외부 어드레스 버스로 사용할 수 있으며, 그 나머지 핀들은 병렬 I/O 포트C의 기능으로 사용된다. 이는 필요할 경우 외부 데이터 메모리의 용량을 축소시켜 사용하는 대신에 남는 비트들을 병렬 I/O 포트로 활용할 수 있는 장점을 가진다.

〈표 1.3.8〉 XMM2~0 비트에 의한 포트C와 어드레스 버스 상위 바이트의 기능 설정

XMM2	XMM1	XMM0	어드레스 버스	포트C
0	0	0	A15~A8로 사용	-
0	0	1	A14~A8로 사용	PC7로 사용
0	1	0	A13~A8로 사용	PC7~PC6으로 사용
0	1	1	A12~A8로 사용	PC7~PC5로 사용
1	0	0	A11~A8로 사용	PC7~PC4로 사용
1	0	1	A10~A8로 사용	PC7~PC3으로 사용
1	1	0	A9~A8로 사용	PC7~PC2로 사용
1	1	1	-	PC7~PC0으로 사용

7. ATmega128A의 어셈블리 명령 세트

이 책에서는 ATmega128A의 사용자 프로그램을 모두 C언어로 작성하기 때문에 사용자가 직접 어셈블리 명령을 사용하는 경우는 매우 드물지만, ATmega128A의 세부적인 기능과 동작을 이해하는데는 상당히 도움이 되므로 이것이 가지고 있는 어셈블리 명령 세트를 정리하여 보기로 한다. 이러한 명령들을 제대로 이해하려면 마이크로프로세서의 기본적인 구조와 동작에 대한 이해는 물론이고, 앞에서 이미 설명한 바와 같이 ATmega128A의 레지스터 구조와 메모리 구조를 잘 알아두어야 한다.

ATmega128A 마이크로컨트롤러는 모두 133종의 명령을 가지고 있으며, 데이터 시트에서 제공하는 명령표를 보이면 <표 1.3.10>과 같다. 대부분의 어셈블리 명령은 16비트의 길이를 가지고 있지만 4개의 명령은 32비트(LDS, STS, JMP, CALL)로 되어 있으며, 실행시간은 명령에 따라 1~4클록 사이클로 다르다. 만약 *OK-128TFT* 키트에서처럼 16MHz의 시스템 클록을 사용한다면 1클록 사이클의 주기는 62.5[ns]가 된다.

여기서는 이 어셈블리 명령 세트를 기능별로 좀더 세분화하여 데이터 이동 명령, 산술연산 명령, 논리연산 명령, 분기명령, 비트 처리 명령, MCU 제어 명령 등으로 묶어서 자세히 살펴보기로 한다. 이제부터 ATmega128A의 각 어셈블리 명령을 설명하는데 사용하는 약어나 기호들을 요약하면 <표 1.3.9>와 같다.

〈표 1.3.9〉 ATmega128A의 어셈블리 명령에서 사용하는 약어 또는 기호

기 호	기 능
Rr	소스측 오퍼랜드로 사용되는 범용 레지스터 R0~R31.
Rd	데스티네이션측 오퍼랜드로 사용되는 범용 레지스터 R0~R31.
Rre	소스측 오퍼랜드로 사용되는 짝수번째 범용 레지스터 R0, R2, ... , R28, R30.
Rde	데스티네이션측 오퍼랜드로 사용되는 짝수번째 범용 레지스터 R0, R2, ... , R28, R30.
Rdl	데스티네이션측 오퍼랜드로 사용되는 레지스터쌍 R24:R25, R26:R27, R28:R29, R30:R31.
Rrx	소스측 오퍼랜드로 사용되는 16개의 범용 레지스터 R16~R31.
Rdx	데스티네이션측 오퍼랜드로 사용되는 16개의 범용 레지스터 R16~R31.
Rr8	소스측 오퍼랜드로 사용되는 8개의 범용 레지스터 R16~R23.
Rd8	데스티네이션측 오퍼랜드로 사용되는 8개의 범용 레지스터 R16~R23.
addr16	데이터 메모리 또는 프로그램 메모리 영역의 16비트 절대번지 0x0000~0xFFFF.
port	I/O 레지스터 영역 0~63
port32	I/O 레지스터중에서 아랫쪽의 0~31 영역
b	바이트 데이터의 비트 번호 0~7.
q	6비트의 변위 0~63.
imm6	6비트의 즉치 데이터 0~63.
imm8	8비트의 즉치 데이터 0~255.
offset7	7비트 2의 보수로 표시되는 오프셋 번지 -64~+63.
offset12	12비트 2의 보수로 표시되는 오프셋 번지 -2048~+2047.
↕	처리하는 데이터에 따라 플랙이 변화할 수 있다는 것을 나타냄.

〈표 1.3.10〉 ATmega128A의 어셈블리 명령 세트

Mnemonics	Operands	Description	Operation	Flags	#Clocks
ARITHMETIC AND LOGIC INSTRUCTIONS					
ADD	Rd, Rr	Add two Registers	Rd ← Rd + Rr	Z,C,N,V,H	1
ADC	Rd, Rr	Add with Carry two Registers	Rd ← Rd + Rr + C	Z,C,N,V,H	1
ADIW	Rdl,K	Add Immediate to Word	Rdh:Rdl ← Rdh:Rdl + K	Z,C,N,V,S	2
SUB	Rd, Rr	Subtract two Registers	Rd ← Rd - Rr	Z,C,N,V,H	1
SUBI	Rd, K	Subtract Constant from Register	Rd ← Rd - K	Z,C,N,V,H	1
SBC	Rd, Rr	Subtract with Carry two Registers	Rd ← Rd - Rr - C	Z,C,N,V,H	1
SBCI	Rd, K	Subtract with Carry Constant from Reg.	Rd ← Rd - K - C	Z,C,N,V,H	1
SBIW	Rdl,K	Subtract Immediate from Word	Rdh:Rdl ← Rdh:Rdl - K	Z,C,N,V,S	2
AND	Rd, Rr	Logical AND Registers	Rd ← Rd • Rr	Z,N,V	1
ANDI	Rd, K	Logical AND Register and Constant	Rd ← Rd • K	Z,N,V	1
OR	Rd, Rr	Logical OR Registers	Rd ← Rd v Rr	Z,N,V	1
ORI	Rd, K	Logical OR Register and Constant	Rd ← Rd v K	Z,N,V	1
EOR	Rd, Rr	Exclusive OR Registers	Rd ← Rd ⊕ Rr	Z,N,V	1
COM	Rd	One's Complement	Rd ← $FF – Rd	Z,C,N,V	1
NEG	Rd	Two's Complement	Rd ← $00 – Rd	Z,C,N,V,H	1
SBR	Rd,K	Set Bit(s) in Register	Rd ← Rd v K	Z,N,V	1
CBR	Rd,K	Clear Bit(s) in Register	Rd ← Rd • ($FF - K)	Z,N,V	1
INC	Rd	Increment	Rd ← Rd + 1	Z,N,V	1
DEC	Rd	Decrement	Rd ← Rd – 1	Z,N,V	1
TST	Rd	Test for Zero or Minus	Rd ← Rd • Rd	Z,N,V	1
CLR	Rd	Clear Register	Rd ← Rd ⊕ Rd	Z,N,V	1
SER	Rd	Set Register	Rd ← $FF	None	1
MUL	Rd, Rr	Multiply Unsigned	R1:R0 ← Rd x Rr	Z,C	2
MULS	Rd, Rr	Multiply Signed	R1:R0 ← Rd x Rr	Z,C	2
MULSU	Rd, Rr	Multiply Signed with Unsigned	R1:R0 ← Rd x Rr	Z,C	2
FMUL	Rd, Rr	Fractional Multiply Unsigned	R1:R0 ← (Rd x Rr) << 1	Z,C	2
FMULS	Rd, Rr	Fractional Multiply Signed	R1:R0 ← (Rd x Rr) << 1	Z,C	2
FMULSU	Rd, Rr	Fractional Multiply Signed with Unsigned	R1:R0 ← (Rd x Rr) << 1	Z,C	2
BRANCH INSTRUCTIONS					
RJMP	k	Relative Jump	PC ← PC + k + 1	None	2
IJMP		Indirect Jump to (Z)	PC ← Z	None	2
JMP	k	Direct Jump	PC ← k	None	3
RCALL	k	Relative Subroutine Call	PC ← PC + k + 1	None	3
ICALL		Indirect Call to (Z)	PC ← Z	None	3
CALL	k	Direct Subroutine Call	PC ← k	None	4
RET		Subroutine Return	PC ← STACK	None	4
RETI		Interrupt Return	PC ← STACK	I	4
CPSE	Rd,Rr	Compare, Skip if Equal	if (Rd = Rr) PC ← PC + 2 or 3	None	1 / 2 / 3
CP	Rd,Rr	Compare	Rd – Rr	Z, N,V,C,H	1
CPC	Rd,Rr	Compare with Carry	Rd – Rr – C	Z, N,V,C,H	1
CPI	Rd,K	Compare Register with Immediate	Rd – K	Z, N,V,C,H	1
SBRC	Rr, b	Skip if Bit in Register Cleared	if (Rr(b)=0) PC ← PC + 2 or 3	None	1 / 2 / 3
SBRS	Rr, b	Skip if Bit in Register is Set	if (Rr(b)=1) PC ← PC + 2 or 3	None	1 / 2 / 3
SBIC	P, b	Skip if Bit in I/O Register Cleared	if (P(b)=0) PC ← PC + 2 or 3	None	1 / 2 / 3
SBIS	P, b	Skip if Bit in I/O Register is Set	if (P(b)=1) PC ← PC + 2 or 3	None	1 / 2 / 3
BRBS	s, k	Branch if Status Flag Set	if (SREG(s) = 1) then PC←PC+k + 1	None	1 / 2
BRBC	s, k	Branch if Status Flag Cleared	if (SREG(s) = 0) then PC←PC+k + 1	None	1 / 2
BREQ	k	Branch if Equal	if (Z = 1) then PC ← PC + k + 1	None	1 / 2
BRNE	k	Branch if Not Equal	if (Z = 0) then PC ← PC + k + 1	None	1 / 2
BRCS	k	Branch if Carry Set	if (C = 1) then PC ← PC + k + 1	None	1 / 2
BRCC	k	Branch if Carry Cleared	if (C = 0) then PC ← PC + k + 1	None	1 / 2
BRSH	k	Branch if Same or Higher	if (C = 0) then PC ← PC + k + 1	None	1 / 2
BRLO	k	Branch if Lower	if (C = 1) then PC ← PC + k + 1	None	1 / 2
BRMI	k	Branch if Minus	if (N = 1) then PC ← PC + k + 1	None	1 / 2
BRPL	k	Branch if Plus	if (N = 0) then PC ← PC + k + 1	None	1 / 2
BRGE	k	Branch if Greater or Equal, Signed	if (N ⊕ V= 0) then PC ← PC + k + 1	None	1 / 2
BRLT	k	Branch if Less Than Zero, Signed	if (N ⊕ V= 1) then PC ← PC + k + 1	None	1 / 2
BRHS	k	Branch if Half Carry Flag Set	if (H = 1) then PC ← PC + k + 1	None	1 / 2
BRHC	k	Branch if Half Carry Flag Cleared	if (H = 0) then PC ← PC + k + 1	None	1 / 2
BRTS	k	Branch if T Flag Set	if (T = 1) then PC ← PC + k + 1	None	1 / 2
BRTC	k	Branch if T Flag Cleared	if (T = 0) then PC ← PC + k + 1	None	1 / 2
BRVS	k	Branch if Overflow Flag is Set	if (V = 1) then PC ← PC + k + 1	None	1 / 2
BRVC	k	Branch if Overflow Flag is Cleared	if (V = 0) then PC ← PC + k + 1	None	1 / 2
BRIE	k	Branch if Interrupt Enabled	if (I = 1) then PC ← PC + k + 1	None	1 / 2
BRID	k	Branch if Interrupt Disabled	if (I = 0) then PC ← PC + k + 1	None	1 / 2

Mnemonics	Operands	Description	Operation	Flags	#Clocks
DATA TRANSFER INSTRUCTIONS					
MOV	Rd, Rr	Move Between Registers	Rd ← Rr	None	1
MOVW	Rd, Rr	Copy Register Word	Rd+1:Rd ← Rr+1:Rr	None	1
LDI	Rd, K	Load Immediate	Rd ← K	None	1
LD	Rd, X	Load Indirect	Rd ← (X)	None	2
LD	Rd, X+	Load Indirect and Post-Inc.	Rd ← (X), X ← X + 1	None	2
LD	Rd, - X	Load Indirect and Pre-Dec.	X ← X - 1, Rd ← (X)	None	2
LD	Rd, Y	Load Indirect	Rd ← (Y)	None	2
LD	Rd, Y+	Load Indirect and Post-Inc.	Rd ← (Y), Y ← Y + 1	None	2
LD	Rd, - Y	Load Indirect and Pre-Dec.	Y ← Y - 1, Rd ← (Y)	None	2
LDD	Rd,Y+q	Load Indirect with Displacement	Rd ← (Y + q)	None	2
LD	Rd, Z	Load Indirect	Rd ← (Z)	None	2
LD	Rd, Z+	Load Indirect and Post-Inc.	Rd ← (Z), Z ← Z+1	None	2
LD	Rd, -Z	Load Indirect and Pre-Dec.	Z ← Z - 1, Rd ← (Z)	None	2
LDD	Rd, Z+q	Load Indirect with Displacement	Rd ← (Z + q)	None	2
LDS	Rd, k	Load Direct from SRAM	Rd ← (k)	None	2
ST	X, Rr	Store Indirect	(X) ← Rr	None	2
ST	X+, Rr	Store Indirect and Post-Inc.	(X) ← Rr, X ← X + 1	None	2
ST	- X, Rr	Store Indirect and Pre-Dec.	X ← X - 1, (X) ← Rr	None	2
ST	Y, Rr	Store Indirect	(Y) ← Rr	None	2
ST	Y+, Rr	Store Indirect and Post-Inc.	(Y) ← Rr, Y ← Y + 1	None	2
ST	- Y, Rr	Store Indirect and Pre-Dec.	Y ← Y - 1, (Y) ← Rr	None	2
STD	Y+q,Rr	Store Indirect with Displacement	(Y + q) ← Rr	None	2
ST	Z, Rr	Store Indirect	(Z) ← Rr	None	2
ST	Z+, Rr	Store Indirect and Post-Inc.	(Z) ← Rr, Z ← Z + 1	None	2
ST	-Z, Rr	Store Indirect and Pre-Dec.	Z ← Z - 1, (Z) ← Rr	None	2
STD	Z+q,Rr	Store Indirect with Displacement	(Z + q) ← Rr	None	2
STS	k, Rr	Store Direct to SRAM	(k) ← Rr	None	2
LPM		Load Program Memory	R0 ← (Z)	None	3
LPM	Rd, Z	Load Program Memory	Rd ← (Z)	None	3
LPM	Rd, Z+	Load Program Memory and Post-Inc	Rd ← (Z), Z ← Z+1	None	3
ELPM		Extended Load Program Memory	R0 ← (RAMPZ:Z)	None	3
ELPM	Rd, Z	Extended Load Program Memory	Rd ← (RAMPZ:Z)	None	3
ELPM	Rd, Z+	Extended Load Program Memory and Post-Inc	Rd ← (RAMPZ:Z), RAMPZ:Z ← RAMPZ:Z+1	None	3
SPM		Store Program Memory	(Z) ← R1:R0	None	-
IN	Rd, P	In Port	Rd ← P	None	1
OUT	P, Rr	Out Port	P ← Rr	None	1
PUSH	Rr	Push Register on Stack	STACK ← Rr	None	2
POP	Rd	Pop Register from Stack	Rd ← STACK	None	2
BIT AND BIT-TEST INSTRUCTIONS					
SBI	P,b	Set Bit in I/O Register	I/O(P,b) ← 1	None	2
CBI	P,b	Clear Bit in I/O Register	I/O(P,b) ← 0	None	2
LSL	Rd	Logical Shift Left	Rd(n+1) ← Rd(n), Rd(0) ← 0	Z,C,N,V	1
LSR	Rd	Logical Shift Right	Rd(n) ← Rd(n+1), Rd(7) ← 0	Z,C,N,V	1
ROL	Rd	Rotate Left Through Carry	Rd(0)←C,Rd(n+1)← Rd(n),C←Rd(7)	Z,C,N,V	1
ROR	Rd	Rotate Right Through Carry	Rd(7)←C,Rd(n)← Rd(n+1),C←Rd(0)	Z,C,N,V	1
ASR	Rd	Arithmetic Shift Right	Rd(n) ← Rd(n+1), n=0..6	Z,C,N,V	1
SWAP	Rd	Swap Nibbles	Rd(3..0)←Rd(7..4),Rd(7..4)←Rd(3..0)	None	1
BSET	s	Flag Set	SREG(s) ← 1	SREG(s)	1
BCLR	s	Flag Clear	SREG(s) ← 0	SREG(s)	1
BST	Rr, b	Bit Store from Register to T	T ← Rr(b)	T	1
BLD	Rd, b	Bit load from T to Register	Rd(b) ← T	None	1
SEC		Set Carry	C ← 1	C	1
CLC		Clear Carry	C ← 0	C	1
SEN		Set Negative Flag	N ← 1	N	1
CLN		Clear Negative Flag	N ← 0	N	1
SEZ		Set Zero Flag	Z ← 1	Z	1
CLZ		Clear Zero Flag	Z ← 0	Z	1
SEI		Global Interrupt Enable	I ← 1	I	1
CLI		Global Interrupt Disable	I ← 0	I	1
SES		Set Signed Test Flag	S ← 1	S	1
CLS		Clear Signed Test Flag	S ← 0	S	1
SEV		Set Twos Complement Overflow.	V ← 1	V	1
CLV		Clear Twos Complement Overflow	V ← 0	V	1
SET		Set T in SREG	T ← 1	T	1
CLT		Clear T in SREG	T ← 0	T	1
SEH		Set Half Carry Flag in SREG	H ← 1	H	1
CLH		Clear Half Carry Flag in SREG	H ← 0	H	1
MCU CONTROL INSTRUCTIONS					
NOP		No Operation		None	1
SLEEP		Sleep	(see specific descr. for Sleep function)	None	1
WDR		Watchdog Reset	(see specific descr. for WDR/timer)	None	1
BREAK		Break	For On-chip Debug Only	None	N/A

◀참고▶ 이 명령표에서 데이터 메모리 액세스에 관련되는 명령의 동작 시간은 모두 내부의 SRAM 데이터 메모리를 사용하는 경우를 기준으로 하였다. 그러나, 만약 외부 데이터 메모리를 사용한다면 LD, ST, LDS, STS, PUSH, POP 명령은 여기에 1클록 사이클을 더 추가해야 하며, CALL, ICALL, RCALL, RET, RETI 명령은 여기에 3클록 사이클을 더 추가해야 한다. 또한, CALL, ICALL, RCALL, RET, RETI 명령은 2회의 데이터 메모리 액세스를 수행하므로 스택을 외부 SRAM으로 사용할 경우 만약 1개의 웨이트 사이클을 추가한다면 실행시간은 2클록 사이클이 증가하는데 유의해야 한다.

(1) 데이터 이동 명령

데이터 이동 명령은 범용 레지스터 R0~R31에 어떤 값을 로드하거나, 범용 레지스터와 외부 데이터 메모리 사이에 데이터를 액세스하거나, 프로그램 메모리의 상수 데이터를 액세스하는 명령이다. 이 명령들은 <표 1.3.11>에 정리하였다.

일반적으로 그러하듯이 ATmega128A에서도 데이터 이동 명령은 <그림 1.3.26>에 보인 것처럼 크게 레지스터들 사이에 데이터를 이동하는 move, 레지스터에 값을 저장하는 load, 레지스터의 값을 읽어서 데이터 메모리에 저장하는 store 등의 3가지로 나누어진다. 단, 데이터 메모리 중에서 I/O 제어 레지스터에 대한 데이터 액세스 명령은 특별히 별도의 input/output 명령을 사용하며, 스택에 데이터를 저장하거나 꺼내오는 명령은 push/pop 명령으로 별도 구분한다.

데이터 메모리를 간접 지정하는데는 16비트 어드레스 포인터로서 X, Y, Z 레지스터가 사용되며, 변위까지를 포함하는 데이터 메모리 간접지정에는 Y, Z 레지스터만이 사용되는데 주목하라.

또한, 32개의 8비트 범용 레지스터 중에서 1개의 명령으로 직접 즉치 데이터를 로드할 수 있는 것은 R16~R31의 16개뿐이며, 프로그램 메모리에서 상수 데이터를 액세스하는데는 LPM/ELPM/SPM 명령이 사용된다는 것에도 유의하라.

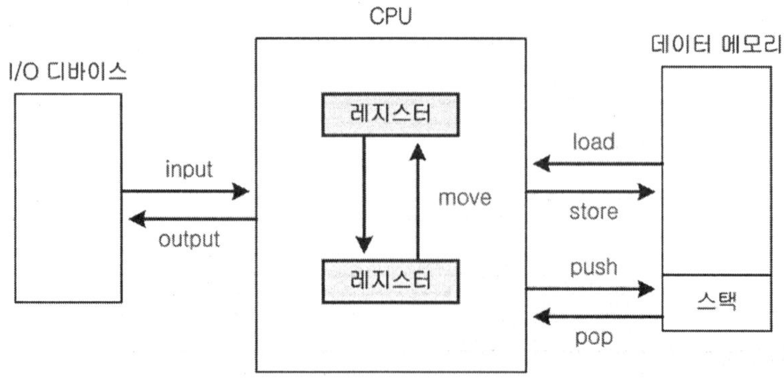

〈그림 1.3.26〉 마이크로프로세서에서 데이터 이동에 관한 용어 정리

〈표 1.3.11〉 데이터 이동 명령

명령 니모닉	기계어	기능 및 동작	클럭	H	S	V	N	Z	C
MOV Rd, Rr	0010 11rd dddd rrrr	Move between registers(Copy register) Rd ← Rr	1	-	-	-	-	-	-
MOVW Rde, Rre	0000 0001 dddd rrrr	Move word between register pairs Rde+1:Rde ← Rre+1:Rre	1	-	-	-	-	-	-
LDI Rdx, imm8	1110 kkkk xxxx kkkk	Load immediate Rdx ← imm8	1	-	-	-	-	-	-
LDS Rd, addr16	1001 000d dddd 0000 kkkk kkkk kkkk kkkk	Load direct from data memory space Rd ← (addr16)	2	-	-	-	-	-	-
LD Rd, X	1001 000d dddd 1100	Load indirect with index X register Rd ← (X)	2	-	-	-	-	-	-
LD Rd, X+	1001 000d dddd 1101	Load indirect with index X register Rd ← (X), X ← X+1	2	-	-	-	-	-	-
LD Rd, -X	1001 000d dddd 1110	Load indirect with index X register X ← X-1, Rd ← (X)	2	-	-	-	-	-	-
LD Rd, Y *	1000 000d dddd 1000	Load indirect with index Y register Rd ← (Y)	2	-	-	-	-	-	-
LD Rd, Y+	1001 000d dddd 1001	Load indirect with index Y register Rd ← (Y), Y ← Y+1	2	-	-	-	-	-	-
LD Rd, -Y	1001 000d dddd 1010	Load indirect with index Y register Y ← Y-1, Rd ← (Y)	2	-	-	-	-	-	-
LD Rd, Z *	1000 000d dddd 0000	Load indirect with index Z register Rd ← (Z)	2	-	-	-	-	-	-
LD Rd, Z+	1001 000d dddd 0001	Load indirect with index Z register Rd ← (Z), Z ← Z+1	2	-	-	-	-	-	-
LD Rd, -Z	1001 000d dddd 0010	Load indirect with index Z register Z ← Z-1, Rd ← (Z)	2	-	-	-	-	-	-
LDD Rd, Y+q *	10q0 qq0d dddd 1qqq	Load indirect with index Y and displacement Rd ← (Y+q)	2	-	-	-	-	-	-
LDD Rd, Z+q *	10q0 qq0d dddd 0qqq	Load indirect with index Z and displacement Rd ← (Z+q)	2	-	-	-	-	-	-
STS addr16, Rr	1001 001r rrrr 0000 kkkk kkkk kkkk kkkk	Store direct to data memory space (addr16) ← Rr	2	-	-	-	-	-	-
ST X, Rr	1001 001r rrrr 1100	Store indirect with index X register (X) ← Rr	2	-	-	-	-	-	-
ST X+, Rr	1001 001r rrrr 1101	Store indirect with index X register (X) ← Rr, X ← X+1	2	-	-	-	-	-	-
ST -X, Rr	1001 001r rrrr 1110	Store indirect with index X register X ← X-1, (X) ← Rr	2	-	-	-	-	-	-
ST Y, Rr *	1000 001r rrrr 1000	Store indirect with index Y register (Y) ← Rr	2	-	-	-	-	-	-
ST Y+, Rr	1001 001r rrrr 1001	Store indirect with index Y register (Y) ← Rr, Y ← Y+1	2	-	-	-	-	-	-
ST -Y, Rr	1001 001r rrrr 1010	Store indirect with index Y register Y ← Y-1, (Y) ← Rr	2	-	-	-	-	-	-
ST Z, Rr *	1000 001r rrrr 0000	Store indirect with index Z register (Z) ← Rr	2	-	-	-	-	-	-
ST Z+, Rr	1001 001r rrrr 0001	Store indirect with index Z register (Z) ← Rr, Z ← Z+1	2	-	-	-	-	-	-
ST -Z, Rr	1001 001r rrrr 0010	Store indirect with index Z register Z ← Z-1, (Z) ← Rr	2	-	-	-	-	-	-
STD Y+q, Rr *	10q0 qq1r rrrr 1qqq	Store indirect with index Y and displacement (Y+q) ← Rr	2	-	-	-	-	-	-
STD Z+q, Rr *	10q0 qq1r rrrr 0qqq	Store indirect with index Z and displacement (Z+q) ← Rr	2	-	-	-	-	-	-

☞ LD Rd,Y 및 LD Rd,Z 명령은 LDD Rd,Y+q 및 LDD Rd,Z+q 명령에서 q=0의 경우와 동일한 명령이다.

☞ ST Y,Rr 및 ST Z,Rr 명령은 STD Y+q,Rr 및 STD Z+q,Rr 명령에서 q=0의 경우와 동일한 명령이다.

〈표 1.3.11〉 데이터 이동 명령(계속)

명령 니모닉	기계어	기능 및 동작	클럭	상태 레지스터 플랙 H	S	V	N	Z	C
LPM	1001 0101 1100 1000	Load program memory(first 64KB) R0 ← (Z)	3	-	-	-	-	-	-
LPM Rd,Z	1001 000d dddd 0100	Load program memory(〃) Rd ← (Z)	3	-	-	-	-	-	-
LPM Rd,Z+	1001 000d dddd 0101	Load program memory(〃) and post-increment Rd ← (Z), Z ← Z+1	3	-	-	-	-	-	-
ELPM	1001 0101 1101 1000	Extended load program memory R0 ← (RAMPZ:Z)	3	-	-	-	-	-	-
ELPM Rd,Z	1001 000d dddd 0110	Extended load program memory Rd ← (RAMPZ:Z)	3	-	-	-	-	-	-
ELPM Rd,Z+	1001 000d dddd 0111	Extended load program memory and post-inc. Rd ← (RAMPZ:Z), Z ← Z+1	3	-	-	-	-	-	-
SPM *	1001 0101 1110 1000	Store word in program memory (RAMPZ:Z) ← R1:R0	?	-	-	-	-	-	-
IN Rd,port	1011 0kkd dddd kkkk	Input from port(I/O register) Rd ← (port)	1	-	-	-	-	-	-
OUT port,Rr	1011 1kkr rrrr kkkk	Output to port(I/O register) (port) ← Rr	1	-	-	-	-	-	-
PUSH Rr	1001 001r rrrr 1111	Push register on stack (SP) ← Rr, SP ← SP-1	2	-	-	-	-	-	-
POP Rd	1001 000d dddd 1111	Pop register from stack SP ← SP+1, Rd ← (SP)	2	-	-	-	-	-	-

☞ SPM 명령의 실행 시간은 상황에 따라 달라진다.

(2) 산술연산 명령

ATmega128A는 정수 데이터의 덧셈, 뺄셈, 곱셈 명령을 가지고 있지만 정수 데이터의 나눗셈 명령은 지원하지 않는다. 이러한 산술연산 명령들은 <표 1.3.12>에 정리하였다. 산술연산 명령은 상태 레지스터 SREG와 매우 밀접한 관련이 있으므로 이미 앞의 <그림 1.3.9>와 <표 1.3.3>에서 설명한 이 레지스터의 기능을 잘 익혀 두어야 이 명령을 이해할 수 있다. ATmega128A는 레지스터 중심형의 RISC 마이크로프로세서이므로 대부분의 연산명령이 특별한 제한 없이 모든 범용 레지스터 R0~R31에서 수행 가능하다.

덧셈 명령은 8비트 범용 레지스터에서만 사용이 가능하며, 루프를 이용하여 큰 수를 덧셈할 때 사용할 수 있도록 캐리 플랙을 함께 더하는 ADC 명령이 있지만, 레지스터와 즉치 데이터의 덧셈 명령이 없다는 점이 다소 특이하다. 그러나, R24:R25, R26:R27, R28:R29, R30:R31 등 4개의 레지스터쌍에 대하여는 6비트의 즉치 데이터와 덧셈이 가능한데, 이는 아마 어드레스 포인터용으로 사용하도록 만든 것으로 보인다.

뺄셈도 덧셈의 경우와 유사하지만 여기서는 범용 레지스터에서 8비트 즉치 데이터를 빼는 명령을 가지고 있다. 그러나, 8비트 즉치 데이터를 가지는 명령이 모두 그러하듯이 이때의 8비트 범용 레지스터로는 R16~R31만 사용할 수 있다.

곱셈 명령은 부호없는 8비트 정수의 곱셈과 2의 보수로 표현되는 부호있는 8비트 정수의 곱셈 명령을 가지며, 여기에 추가로 부호있는 정수와 부호없는 정수의 곱셈 명령을 가진다는 점과 소수를 곱셈하는데 사용할 수 있도록 곱셈 및 비트 시프트 기능을 포함하는 FMUL/FMULS/FMULSU 명령을 가지고 있다는 점이 특이하다. 8비트 정수의 곱셈 결과는 최대 16비트 길이로 나타나므로 곱셈 결과는 항상 R1:R0 레지스터쌍에 저장되는 것에도 주의해야 한다. 모든 곱셈명령은 제로 플랙과 캐리 플랙에만 영향을 주는데, 캐리 플랙의 값은 곱셈 결과의 최상위 비트와 같다.

ATmega128A에는 나눗셈 명령을 가지고 있지 않으므로 어셈블리 언어 프로그램에서 정수 데이터의 나눗셈 연산을 수행하려면 사용자가 직접 이를 위한 프로그램을 작성해야 한다. 그러나, 제조사에서 제공하는 응용 노트에 다양한 곱셈 및 나눗셈 서브루틴을 제공하고 있으므로 이를 활용하면 편리하다.

또한 ATmega128A에는 BCD(Binary-Coded Decimal number) 연산을 처리하는 명령이 없으므로 이를 필요로 하는 경우에는 상당히 불편하다.

〈표 1.3.12〉 산술연산 명령

명령 니모닉	기계어	기능 및 동작	클럭	상태 레지스터 플랙					
				H	S	V	N	Z	C
ADD Rd,Rr	0000 11rd dddd rrrr	Add two registers without carry Rd ← Rd + Rr	1	↕	↕	↕	↕	↕	↕
ADC Rd,Rr	0001 11rd dddd rrrr	Add two registers with carry Rd ← Rd + Rr + C	1	↕	↕	↕	↕	↕	↕
ADIW Rdl,imm6	1001 0110 kkdd kkkk	Add immediate(0~63) to register pair(word) Rdl+1:Rdl ← Rdl+1:Rdl + imm6	2	-	↕	↕	↕	↕	↕
SUB Rd,Rr	0001 10rd dddd rrrr	Subtract two registers without carry Rd ← Rd - Rr	1	↕	↕	↕	↕	↕	↕
SBC Rd,Rr	0000 10rd dddd rrrr	Subtract two registers with carry Rd ← Rd - Rr - C	1	↕	↕	↕	↕	↕	↕
SUBI Rdx,imm8	0101 kkkk dddd kkkk	Subtract immediate from register Rdx ← Rdx - imm8	1	↕	↕	↕	↕	↕	↕
SBCI Rdx,imm8	0100 kkkk dddd kkkk	Subtract immediate with carry from register Rdx ← Rdx - imm8 - C	1	↕	↕	↕	↕	↕	↕
SBIW Rdl,imm6	1001 0111 kkdd kkkk	Subtract immediate(0~63) from register pair Rdl+1:Rdl ← Rdl+1:Rdl - imm6	2	-	↕	↕	↕	↕	↕
INC Rd	1001 010d dddd 0011	Increment register Rd ← Rd + 1	1	-	↕	↕	↕	↕	-
DEC Rd	1001 010d dddd 1010	Decrement register Rd ← Rd - 1	1	-	↕	↕	↕	↕	-
MUL Rd,Rr	1001 11rd dddd rrrr	Multiply unsigned registers R1:R0 ← Rd × Rr	2	-	-	-	-	↕	↕
MULS Rdx,Rrx	0000 0010 dddd rrrr	Multiply signed registers R1:R0 ← Rdx × Rrx	2	-	-	-	-	↕	↕
MULSU Rd8,Rr8	0000 0011 0ddd 0rrr	Multiply signed Rd8 and unsigned Rr8 R1:R0 ← Rd8 × Rr8	2	-	-	-	-	↕	↕
FMUL Rd8,Rr8	0000 0011 0ddd 1rrr	Fractional multiply unsigned registers R1:R0 ← Rd8 × Rr8	2	-	-	-	-	↕	↕
FMULS Rd8,Rr8	0000 0011 1ddd 0rrr	Fractional multiply signed registers R1:R0 ← Rd8 × Rr8	2	-	-	-	-	↕	↕
FMULSU Rd8,Rr8	0000 0011 1ddd 1rrr	Fractional multiply signed & unsigned reg. R1:R0 ← Rd8 × Rr8	2	-	-	-	-	↕	↕

(3) 논리연산 명령

대부분의 마이크로프로세서에서 그렇듯이 ATmega128A에도 AND, OR, EOR의 3가지 논리연산 명령을 가진다. 그러나, ATmega128A에서는 <표 1.3.13>에서 보인 것처럼 여기에 몇가지의 명령을 추가하여 논리연산 명령으로 분류한다.

다른 마이크로프로세서에서는 보통 배타적 논리합 명령을 XOR로 부르는데 여기서는 EOR이라고 하며, AND 및 OR 명령은 레지스터와 8비트 즉치 데이터의 연산이 가능한데 비하여 EOR 명령에서는 이것이 불가능하다는 점에 주의하라.

〈표 1.3.13〉 논리연산 명령

명령 니모닉	기계어	기능 및 동작	클럭	상태 레지스터 플랙 H	S	V	N	Z	C
AND Rd, Rr	0010 00rd dddd rrrr	Logical AND registers Rd ← Rd · Rr	1	-	↕	0	↕	↕	-
ANDI Rdx, imm8	0111 kkkk dddd kkkk	Logical AND register and immediate Rdx ← Rdx · imm8	1	-	↕	0	↕	↕	-
OR Rd, Rr	0010 10rd dddd rrrr	Logical OR registers Rd ← Rd ∨ Rr	1	-	↕	0	↕	↕	-
ORI Rdx, imm8	0110 kkkk dddd kkkk	Logical OR register and immediate Rdx ← Rdx ∨ imm8	1	-	↕	0	↕	↕	-
EOR Rd, Rr	0010 01rd dddd rrrr	Logical exclusive OR registers Rd ← Rd ⊕ Rr	1	-	↕	0	↕	↕	-
COM Rd	1001 010d dddd 0000	One's complement Rd ← 0xFF - Rd	1	-	↕	0	↕	↕	1
NEG Rd	1001 010d dddd 0001	Two's complement Rd ← 0x00 - Rd	1	↕	↕	↕	↕	↕	↕
CBR Rdx, imm8 *	0111 kkkk dddd kkkk	Clear bits in register Rdx ← Rdx · (0xFF - imm8)	1	-	↕	0	↕	↕	-
SBR Rdx, imm8 *	0110 kkkk dddd kkkk	Set bits in register Rdx ← Rdx ∨ imm8	1	-	↕	0	↕	↕	-
TST Rd *	0010 00dd dddd dddd	Test for zero or minus Rd ← Rd · Rd	1	-	↕	0	↕	↕	-
CLR Rd *	0010 01dd dddd dddd	Clear register Rd ← Rd ⊕ Rd	1	-	0	0	0	1	-
SER Rdx *	1110 1111 dddd 1111	Set all bits in register Rdx ← 0xFF	1	-	-	-	-	-	-

☞ CBR Rdx,imm8 명령은 ANDI Rdx,imm8 명령과 즉치 데이터를 반전시키면 서로 동일한 명령이다.
☞ SBR Rdx,imm8 명령은 ORI Rdx,imm8 명령과 동일한 명령이다.
☞ TST Rd 명령은 AND Rd,Rd 명령과 동일한 명령이다.
☞ CLR Rd 명령은 EOR Rd,Rd 명령과 동일한 명령이다.
☞ SER Rdx 명령은 LDI Rdx,0xFF 명령과 동일한 명령이다.

ATmega128A에서는 매우 특이하게도 기계어 코드는 동일하지만 니모닉 코드는 다르게 표시하는 명령이 여러개 있다. 이런 경우에 이것들은 1개의 명령으로 간주하는 것이 옳다고 생각되나 제조사에서는 이를 2개의 명령으로 보는 듯하다. 예를 들어 <표 1.3.13>에 보인 바와 같이 CBR Rdx,imm8 명령은 ANDI Rdx,imm8 명령과 즉치 데이터를 반전시키면 서로 동일한 명령이며, SBR Rdx,imm8 명령은 ORI Rdx,imm8 명령과 동일한 명령이다. 또한, TST Rd 명령은 AND Rd,Rd 명령과 동일한 명령이고, CLR Rd 명령은 EOR Rd,Rd 명령과 동일한 명령이며, SER Rdx 명령은 LDI Rdx,0xFF 명령과 동일한 명령이다.

(4) 분기 명령

분기 명령에는 일반적으로 무조건 분기, 조건부 분기, 서브루틴 호출 및 복귀 명령 등이 포함되며, 루프처리 명령을 포함하기도 한다. ATmega128A의 분기 명령을 요약하면 <표 1.3.14>와 같다.

무조건 점프는 점프할 16비트 번지를 직접 지정하는 JMP 명령, Z 레지스터를 이용하여 간접 지정하는 IJMP 명령, 12비트 2의 보수로 상대번지인 오프셋(offset)을 표시하는 RJMP 명령 등이 있다. AVR 모델에 따라 EIJMP 명령을 사용하는 경우도 있으나 ATmega128A에서는 이를 사용하지 않는다. 절대번지로 점프하는 JMP 명령은 기계어 코드상으로는 번지를 22비트까지 지정할 수 있지만 ATmega128A에서는 사용하지 않는 상위 어드레스 8비트가 0으로 채워진다. 이는 나중에 프로그램 메모리 용량이 더 큰 모델을 개발하는데 대비하여 미리 만들어둔 기능이다. 12비트 2의 보수로 상대번지인 오프셋을 표시하는 RJMP 명령에서는 점프할 번지를 -2048~+2047의 범위에서 지정할 수 있다.

산술적 비교 명령인 CP/CPC/CPI는 일반적으로 산술연산 명령 그룹에 포함시키지만 제조사에서는 이를 분기명령으로 분류한다. 뺄셈 명령은 연산결과를 목적 레지스터에 저장하지만 비교명령은 연산만을 수행하고 그 결과를 저장하지 않는다는 특징을 가진다. 이는 나중에 조건부 점프 명령에서 분기의 조건으로 사용될 수 있다.

모든 조건부 점프 명령에서는 점프할 목적번지를 7비트 2의 보수로 나타낸다. 이렇게 하면 점프할 수 있는 폭은 이 점프 명령의 다음 명령을 기준으로 -64~+63 번지 이내로 제한되지만 기계어 명령 코드가 1워드로 짧아지는 장점이 있다. 이에 비하여 JMP 명령은 명령이 2워드로 길어지지만 점프 범위에 제한이 없다는 것이 장점이다.

ATmega128A의 분기 명령중에서 또 한가지 특이한 것은 특정 조건이 만족될 경우에 그 다음에 오는 1개의 명령을 실행하지 않고 그냥 다음 명령으로 건너뛰도록 하는 스킵 명령이다. SBRC/SBRS 명령은 범용 레지스터의 특정 비트값을 조사하여 스킵 조건을 판단하며, SBIC/SBIS 명령은 I/O 레지스터의 특정 비트값을 조사하여 스킵 조건을 판단한다. 이들 명령의 실행 시간은 조건이 충족되지 않아서 바로 다음 명령을 실행하면 1사이클, 조건이 충족되고 그 다음에 1워드로 된 명령을 스킵하면 2사이클, 2워드로 된 명령을 스킵하면 3사이클이 소요된다.

〈표 1.3.14〉 분기 명령

명령 니모닉	기계어	기능 및 동작	클럭	H	S	V	N	Z	C
JMP addr16 *	1001 010k kkkk 110k kkkk kkkk kkkk kkkk	Jump within program memory space PC ← addr16	3	-	-	-	-	-	-
IJMP	1001 0100 0000 1001	Indirect jump by Z pointer register PC ← Z	2	-	-	-	-	-	-
RJMP offset12	1100 kkkk kkkk kkkk	Relative jump within PC - 2K + 1 and PC + 2K PC ← PC + offset12 + 1	2	-	-	-	-	-	-
CP Rd,Rr	0001 01rd dddd rrrr	Compare Rd - Rr	1	↕	↕	↕	↕	↕	↕
CPC Rd,Rr	0000 01rd dddd rrrr	Compare with carry Rd - Rr - C	1	↕	↕	↕	↕	↕	↕
CPI Rdx, imm8	0011 kkkk dddd kkkk	Compare with immediate Rdx - imm8	1	↕	↕	↕	↕	↕	↕
CPSE Rd,Rr *	0001 00rd dddd rrrr	Compare, skip if equal If Rd = Rr PC ← PC+2(or 3), else PC ← PC+1	1/2 /3	-	-	-	-	-	-
BRID offset7	1111 01kk kkkk k111	Branch if global interrupt is disabled If I=0 PC ← PC+offset7+1, else PC ← PC+1	1/2	-	-	-	-	-	-
BRIE offset7	1111 00kk kkkk k111	Branch if global interrupt is enabled If I=1 PC ← PC+offset7+1, else PC ← PC+1	1/2	-	-	-	-	-	-
BRTC offset7	1111 01kk kkkk k110	Branch if T flag is cleared If T=0 PC ← PC+offset7+1, else PC ← PC+1	1/2	-	-	-	-	-	-
BRTS offset7	1111 00kk kkkk k110	Branch if T flag is set If T=1 PC ← PC+offset7+1, else PC ← PC+1	1/2	-	-	-	-	-	-
BRHC offset7	1111 01kk kkkk k101	Branch if half carry flag is cleared If H=0 PC ← PC+offset7+1, else PC ← PC+1	1/2	-	-	-	-	-	-
BRHS offset7	1111 00kk kkkk k101	Branch if half carry flag is set If H=1 PC ← PC+offset7+1, else PC ← PC+1	1/2	-	-	-	-	-	-
BRVC offset7	1111 01kk kkkk k011	Branch if overflow flag is cleared If V=0 PC ← PC+offset7+1, else PC ← PC+1	1/2	-	-	-	-	-	-
BRVS offset7	1111 00kk kkkk k011	Branch if overflow flag is set If V=1 PC ← PC+offset7+1, else PC ← PC+1	1/2	-	-	-	-	-	-
BRPL offset7	1111 01kk kkkk k010	Branch if plus If N=0 PC ← PC+offset7+1, else PC ← PC+1	1/2	-	-	-	-	-	-
BRMI offset7	1111 00kk kkkk k010	Branch if minus If N=1 PC ← PC+offset7+1, else PC ← PC+1	1/2	-	-	-	-	-	-
BRNE offset7	1111 01kk kkkk k001	Branch if not equal If Z=0 PC ← PC+offset7+1, else PC ← PC+1	1/2	-	-	-	-	-	-
BREQ offset7	1111 00kk kkkk k001	Branch if equal If Z=1 PC ← PC+offset7+1, else PC ← PC+1	1/2	-	-	-	-	-	-
BRCC offset7	1111 01kk kkkk k000	Branch if carry flag is cleared If C=0 PC ← PC+offset7+1, else PC ← PC+1	1/2	-	-	-	-	-	-
BRCS offset7	1111 00kk kkkk k000	Branch if carry flag is set If C=1 PC ← PC+offset7+1, else PC ← PC+1	1/2	-	-	-	-	-	-
BRLO offset7 *	1111 00kk kkkk k000	Branch if lower(unsigned Rd < Rr) If C=1 PC ← PC+offset7+1, else PC ← PC+1	1/2	-	-	-	-	-	-
BRSH offset7 *	1111 01kk kkkk k000	Branch if same or higher(unsigned Rd ≥ Rr) If C=0 PC ← PC+offset7+1, else PC ← PC+1	1/2	-	-	-	-	-	-
BRLT offset7	1111 00kk kkkk k100	Branch if less than(signed Rd < Rr) If N⊕V=1 PC ← PC+offset7+1,else PC ← PC+1	1/2	-	-	-	-	-	-
BRGE offset7	1111 01kk kkkk k100	Branch if greater or equal(signed Rd ≥ Rr) If N⊕V=0 PC ← PC+offset7+1,else PC ← PC+1	1/2	-	-	-	-	-	-

(상태 레지스터 플랙: H, S, V, N, Z, C)

☞ JMP addr16 명령에서 목적지 어드레스는 22비트(4M 워드)까지 사용이 가능하다.

☞ CPSE Rd,Rr 명령에서 조건이 충족되지 않으면 1사이클, 조건이 충족되어 1워드 명령을 건너뛸 때는 실행시간이 2사이클, 2워드 명령을 건너뛸 때는 실행시간이 3사이클 소요된다.

☞ 모든 조건분기 명령에서 조건이 충족되지 않으면 1사이클, 충족되어 분기하면 2사이클이 소요된다.

☞ BRLO 명령 및 BRSH 명령은 각각 BRCS 명령 및 BRCC 명령과 동일한 명령이다.

〈표 1.3.14〉 분기 명령(계속)

명령 니모닉	기계어	기능 및 동작	클럭	상태 레지스터 플랙					
				H	S	V	N	Z	C
BRBC b,offset7	1111 01kk kkkk kbbb	Branch if bit in SREG is cleared If $(SREG)_b$ = 0 PC ← PC+offset7+1, else PC ← PC+1	1/2	-	-	-	-	-	-
BRBS b,offset7	1111 00kk kkkk kbbb	Branch if bit in SREG is set If $(SREG)_b$ = 1 PC ← PC+offset7+1, else PC ← PC+1	1/2	-	-	-	-	-	-
SBRC Rr,b *	1111 110r rrrr 0bbb	Skip if bit in register is cleared If $(Rr)_b$=0 PC ← PC+2(or 3), else PC ← PC+1	1/2 /3	-	-	-	-	-	-
SBRS Rr,b *	1111 111r rrrr 0bbb	Skip if bit in register is set If $(Rr)_b$=1 PC ← PC+2(or 3), else PC ← PC+1	1/2 /3	-	-	-	-	-	-
SBIC port32,b *	1001 1001 kkkk kbbb	Skip if bit in I/O register is cleared If $(port)_b$=0 PC ← PC+2(or 3), else PC ← PC+1	1/2 /3	-	-	-	-	-	-
SBIS port32,b *	1001 1011 kkkk kbbb	Skip if bit in I/O register is set If $(port)_b$=1 PC ← PC+2(or 3), else PC ← PC+1	1/2 /3	-	-	-	-	-	-
CALL addr16 *	1001 010k kkkk 111k kkkk kkkk kkkk kkkk	Call to subroutine (SP) ← PC_L, SP ← SP - 1 (SP) ← PC_H, SP ← SP - 1 PC ← addr16	4	-	-	-	-	-	-
ICALL	1001 0101 0000 1001	Indirect call to subroutine (SP) ← PC_L, SP ← SP - 1 (SP) ← PC_H, SP ← SP - 1 PC ← Z	3	-	-	-	-	-	-
RCALL offset12	1101 kkkk kkkk kkkk	Relative call to subroutine (SP) ← PC_L, SP ← SP - 1 (SP) ← PC_H, SP ← SP - 1 PC ← PC + offset12 + 1	3	-	-	-	-	-	-
RET	1001 0101 0000 1000	Return from subroutine SP ← SP + 1, PC_H ← (SP) SP ← SP + 1, PC_L ← (SP)	4	-	-	-	-	-	-
RETI	1001 0101 0001 1000	Return form interrupt SP ← SP + 1, PC_H ← (SP) SP ← SP + 1, PC_L ← (SP), I ← 1	4	-	-	-	-	-	-

☞ SBRC/SBRS/SBIC/SBIS 명령에서 조건이 충족되지 않으면 1사이클, 조건이 충족되어 1워드 명령을 건너뛸 때는 실행시간이 2사이클, 2워드 명령을 건너뛸 때는 실행시간이 3사이클 소요된다.

☞ CALL addr16 명령에서 목적지 어드레스는 22비트(4M 워드)까지 사용이 가능하다.

서브루틴 호출 명령도 무조건 점프 명령과 유사하여 CALL/ICALL/RCALL이 있으며, 서브루틴에서 복귀하는 RET 명령과 인터럽트 서비스 루틴에서 복귀하는 RETI 명령은 서로 다르다.

(5) 비트 처리 명령

비트 처리 명령은 <표 1.3.15>에 보인 바와 같이 시프트 및 로테이트 명령, 비트 액세스 명령, 상태 레지스터 액세스 명령 등으로 나누어진다.

이 명령들은 매우 동작이 단순하므로 특별한 설명을 필요로 하지 않는다. 다만, CBI/SBI 명령으로 비트 액세스할 수 있는 I/O 레지스터는 0x00~0x1F의 32개로 제한된다는 점에 유의하라.

<표 1.3.15> 비트 처리 명령

명령 니모닉	기계어	기능 및 동작	클럭	상태 레지스터 플랙					
				H	S	V	N	Z	C
LSL Rd *	0000 11dd dddd dddd	Logical shift left $C \leftarrow (Rd)_7,\ (Rd)_{n+1} \leftarrow (Rd)_n,\ (Rd)_0 \leftarrow 0$	1	↕	↕	↕	↕	↕	↕
LSR Rd	1001 010d dddd 0110	Logical shift right $0 \rightarrow (Rd)_7,\ (Rd)_{n+1} \rightarrow (Rd)_n,\ (Rd)_0 \rightarrow C$	1	-	↕	↕	0	↕	↕
ROL Rd *	0001 11dd dddd dddd	Rotate left through carry $C \leftarrow (Rd)_7,\ (Rd)_{n+1} \leftarrow (Rd)_n,\ (Rd)_0 \leftarrow C$	1	↕	↕	↕	↕	↕	↕
ROR Rd	1001 010d dddd 0111	Rotate right through carry $C \rightarrow (Rd)_7,\ (Rd)_{n+1} \rightarrow (Rd)_n,\ (Rd)_0 \rightarrow C$	1	-	↕	↕	↕	↕	↕
ASR Rd	1001 010d dddd 0101	Arithmetic shift right $(Rd)_7 \rightarrow (Rd)_7,\ (Rd)_{n+1} \rightarrow (Rd)_n,\ (Rd)_0 \rightarrow C$	1	-	↕	↕	↕	↕	↕
SWAP Rd	1001 010d dddd 0010	Swap nibbles $(Rd)_{7\sim4} \leftrightarrow (Rd)_{3\sim0}$	1	-	-	-	-	-	-
BLD Rd,b	1111 100d dddd 0bbb	Bit load from T flag to a bit in register $(Rd)_b \leftarrow T$	1	-	-	-	-	-	-
BST Rr,b	1111 101d dddd 0bbb	Bit store from a bit in register to T flag $T \leftarrow (Rd)_b$	1	-	-	-	-	-	-
CBI port32,b	1001 1000 kkkk kbbb	Clear bit in I/O register $(port)_b \leftarrow 0$	2	-	-	-	-	-	-
SBI port32,b	1001 1010 kkkk kbbb	Set bit in I/O register $(port)_b \leftarrow 1$	2	-	-	-	-	-	-
BCLR b	1001 0100 1bbb 1000	Bit clear in SREG $(SREG)_b \leftarrow 0$	1	↕	↕	↕	↕	↕	↕
BSET b	1001 0100 0bbb 1000	Bit set in SREG $(SREG)_b \leftarrow 1$	1	↕	↕	↕	↕	↕	↕
CLI	1001 0100 1111 1000	Clear global interrupt flag $I \leftarrow 0$	1	-	-	-	-	-	-
SEI	1001 0100 0111 1000	Set global interrupt flag $I \leftarrow 1$	1	-	-	-	-	-	-
CLT	1001 0100 1110 1000	Clear T flag $T \leftarrow 0$	1	-	-	-	-	-	-
SET	1001 0100 0110 1000	Set T flag $T \leftarrow 1$	1	-	-	-	-	-	-
CLH	1001 0100 1101 1000	Clear half carry flag $H \leftarrow 0$	1	0	-	-	-	-	-
SEH	1001 0100 0101 1000	Set half carry flag $H \leftarrow 1$	1	1	-	-	-	-	-
CLS	1001 0100 1100 1000	Clear sign flag $S \leftarrow 0$	1	-	0	-	-	-	-
SES	1001 0100 0100 1000	Set sign flag $S \leftarrow 1$	1	-	1	-	-	-	-
CLV	1001 0100 1011 1000	Clear 2's complement overflow flag $V \leftarrow 0$	1	-	-	0	-	-	-
SEV	1001 0100 0011 1000	Set 2's complement overflow flag $V \leftarrow 1$	1	-	-	1	-	-	-
CLN	1001 0100 1010 1000	Clear negative flag $N \leftarrow 0$	1	-	-	-	0	-	-
SEN	1001 0100 0010 1000	Set negative flag $N \leftarrow 1$	1	-	-	-	1	-	-
CLZ	1001 0100 1001 1000	Clear zero flag $Z \leftarrow 0$	1	-	-	-	-	0	-
SEZ	1001 0100 0001 1000	Set zero flag $Z \leftarrow 1$	1	-	-	-	-	1	-
CLC	1001 0100 1000 1000	Clear carry flag $C \leftarrow 0$	1	-	-	-	-	-	0
SEC	1001 0100 0000 1000	Set carry flag $C \leftarrow 1$	1	-	-	-	-	-	1

☞ LSL Rd 명령은 ADD Rd,Rd 명령과 동일한 명령이다.

☞ ROL Rd 명령은 ADC Rd,Rd 명령과 동일한 명령이다.

(6) MCU 제어 명령

MCU 제어 명령은 <표 1.3.16>에 보인 바와 같이 4개가 있다. NOP 명령은 아무 기능을 수행하지 않는 명령으로 1사이클의 실행시간을 가진다.

SLEEP 명령은 ATmega128A MCU를 슬립모드로 들어가도록 한다. 슬립모드의 허용 여부나 종류는 MCUCR 레지스터에 의하여 설정된다.

WDR 명령은 워치독 타이머를 리셋시키는 명령이다. 워치독 기능을 사용하도록 설정되었을 경우 이 명령을 제한 시간내에 반복적으로 실행시키지 않으면 MCU가 리셋되어 다시 부팅한다.

BREAK 명령은 사용자 프로그램에서는 사용할 필요가 없으며 온칩 디버그 시스템(on-chip debug system)에서 사용하기 위하여 만들어 놓은 명령이다. 이 명령을 실행하면 ATmega128A MCU가 정지 모드(stopped mode)로 들어가 온칩 디버거의 기능을 수행하기 시작한다.

〈표 1.3.16〉 MCU 제어 명령

명령 니모닉	기계어	기능 및 동작	클럭	상태 레지스터 플랙					
				H	S	V	N	Z	C
NOP	0000 0000 0000 0000	No operation	1	-	-	-	-	-	-
SLEEP	1001 0101 1000 1000	Sleep	1	-	-	-	-	-	-
WDR	1001 0101 1010 1000	Watchdog reset	1	-	-	-	-	-	-
BREAK	1001 0101 1001 1000	Break(Stopped mode for on-chip debug only)	1	-	-	-	-	-	-

(7) ATmega128A에서 수치 데이터의 표현

ATmega128A는 8비트 마이크로프로세서이므로 기본적으로 데이터를 8비트 단위로 처리한다. 그러나, 일부의 명령에서는 예외적으로 16비트 데이터를 사용한다.

▣ 비트

비트(bit)는 디지털 정보 표현의 최소단위로서 0(false) 또는 1(true)의 값을 가진다. 이러한 비트는 바이트나 워드 등의 데이터를 구성하는 최소 단위의 요소가 되며, ATmega128A에는 비트 단위로 처리하는 명령도 있다. 즉, SBI 명령은 I/O 레지스터의 아래쪽 32개 레지스터에서 임의의 1비트를 지정하여 세트시킬 수 있고, CBI 명령은 반대로 1비트를 리셋시키는데 사용된다.

또한, SBIC/SBIS 명령은 각각 이 I/O 레지스터들의 지정된 특정 비트를 조사하여 클리어/세트되어 있을 경우 다음 명령을 건너뛰도록 하는 명령이며, SBRC/SBRS 명령은 범용 레지스터들의 특정 비트를 조사하여 클리어/세트되어 있을 경우 다음 명령을 건너뛰도록 하는 명령이다.

예 어셈블리 언어에서 비트 단위의 처리 예

```
SBI  PORTA,0                 : (PORTA)0 ← 1
CBI  PORTA,7                 ; (PORTA)7 ← 0
```

예 C언어에서 비트 단위의 처리 예(1)

```
PORTA = PORTA | 0x01;     // (PORTA)0 ← 1
PORTA = PORTA & 0x7F;     // (PORTA)7 ← 0
```

예 C언어에서 비트 단위의 처리 예(2)

```
#define BV(bit)             (1<<(bit))

PORTA = PORTA | BV(0);    // (PORTA)0 ← 1
PORTA = PORTA & ~BV(7);   // (PORTA)7 ← 0
```

예 C언어에서 비트 단위의 처리 예(3)

```
#define BV(bit)             (1<<(bit))
#define sbi(reg,bit)        reg |= (BV(bit))
#define cbi(reg,bit)        reg &= ~(BV(bit))

sbi(PORTA,0);               // (PORTA)0 ← 1
cbi(PORTA,7);               // (PORTA)7 ← 0
```

▣ 바이트

바이트(byte)는 8비트 길이를 가지는 데이터의 형식으로서 부호가 없는 수의 경우에는 0~255 범위의 수를 표현할 수 있으며, 부호가 있어서 2의 보수 표현법으로 양수 및 음수를 나타내는 경우에는 -128~+127 범위의 수를 표현할 수 있다. 8비트 2의 보수 표현법에서는 부호를 최상위 비트(b7)로 표시하며, 양수인 경우에는 부호를 0으로 나타내고 음수인 경우에는 1로 나타낸다. 그 나머지의 7비트(b6~b0)로는 수의 크기를 표현하는데, 양수인 경우는 그대로 표시하지만 음수인 경우에는 2의 보수로 변환하여 표시한다.

8비트의 바이트 데이터는 모든 데이터 메모리에서 1개의 번지를 차지하므로 내부 SRAM, EEPROM, 외부 데이터 메모리 등 어느 곳에라도 쉽게 저장할 수 있다. 그러나, 프로그램 메모리는 16비트 구조를 가지므로 2개의 바이트가 1개의 번지에 저장된다. 이때 첫번째 바이트가 16비트의 하위 바이트에 저장되고, 두번째 바이트가 상위 바이트에 저장되며, 전체적으로 홀수개의 바이트 데이터를 정의하는 경우에는 마지막에 8비트가 남게 되는데 여기에는 디폴트값인 0x00으로 채워진다.

어셈블리 언어 프로그램에서 프로그램 메모리에 8비트의 바이트 상수 데이터를 정의할 때는 지시어 DB를 사용한다.

```
예 Const1:  .DB  10,20,-10,-20
   Const2:  .DB  0b01010101,0x3F,$5A
```

WinAVR의 C언어 프로그램에서 프로그램 메모리에 8비트의 부호있는 바이트 상수 데이터를 정의할 때는 다음과 같은 형식으로 정의하면 된다. 여기서 const는 읽기 전용의 상수 데이터를 의미하고, PROGMEM은 이것이 프로그램 메모리인 플래시 메모리에 저장되어야 한다는 것을 의미한다.

이 상수를 읽을 때는 각각 pgm_read_byte(&Const1[i]) 및 pgm_read_byte(&Const2[i]) 형식을 사용하면 된다. 여기서 i는 각 상수 배열의 인덱스를 나타낸다.

```
예 const signed char Const1[4] PROGMEM = { 10,20,-10,-20 };
   const unsigned char Const2[3] PROGMEM = { 0x55,0x3F,0x5A };
```

▣ 워드

워드(word)는 16비트 길이를 가지는 데이터의 형식으로서 부호가 없는 수의 경우에는 0~65535 범위의 수를 표현할 수 있으며, 부호가 있어서 2의 보수 표현법으로 양수 및 음수를 나타내는 경우에는 -32768~+32767 범위의 수를 표현할 수 있다. 16비트 2의 보수 표현법에서는 부호를 최상위 비트(b15)로 표시하며, 양수인 경우에는 부호를 0으로 나타내고 음수인 경우에는 1로 나타낸다. 그 나머지의 15비트(b14~b0)로는 수의 크기를 표현하는데, 양수인 경우는 그대로 표시하지만 음수인 경우에는 2의 보수로 변환하여 표시한다.

ATmega128A에서 16비트의 워드 데이터는 모든 데이터 메모리에서 8비트씩 2개의 번지를 차지하며, 낮은 번지에 하위 바이트가 저장되고 높은 번지에 상위 바이트가 저장되는데 이를 역워드순(little endian)이라고 한다.(☞ 어떤 마이크로프로세서에서는 이를 반대의 순서인 big endian 방식으로 저장하기도 한다.) 그러나, 프로그램 메모리는 16비트의 구조를 가지므로 1워드가 1개의 번지에 저장된다.

어셈블리 언어 프로그램에서 프로그램 메모리에 16비트의 워드 상수 데이터를 정의할 때는 지시어 DW를 사용한다.

```
예 Const1:  .DW  1000,2000,-1000,-2000
   Const2:  .DW  0b0000111100001111,0xFFFF,$5A6B
```

WinAVR의 C언어 프로그램에서 프로그램 메모리에 16비트의 부호있는 워드 상수 데이터를 정의할 때는 다음과 같은 형식으로 정의하면 된다. 이 상수를 읽을 때는 각각 pgm_read_word(&Const1[i]) 및 pgm_read_word(&Const2[i]) 형식을 사용하면 된다. 여기서 i는 각 상수 배열의 인덱스를 나타낸다.

예
```
const signed int Const1[4] PROGMEM = { 1000,2000,-1000,-2000 };
const unsigned int Const2[3] PROGMEM = { 0x0F0F,0xFFFF,0x5A6B };
```

(8) 논리연산 명령을 이용한 프로그래밍 기법

대부분의 8비트 마이크로프로세서가 그렇듯이 ATmega128A에서도 8비트 데이터에 대하여 AND, OR, EOR 등의 논리연산 명령을 지원한다. 사용자 프로그램에서 이들 논리연산 명령은 각각 다음과 같은 프로그래밍 기법으로 많이 응용된다.

이것은 어느 마이크로프로세서에서나 보편적으로 사용할 수 있는 프로그래밍 기법이다. 그러나, ATmega128A의 경우에는 특별히 상태 레지스터 SREG와 0x00~0x31 번지의 I/O 레지스터에 대하여는 비트 단위의 처리 기능이 있어서 이 프로그래밍 기법보다도 더 편리하게 사용할 수도 있다.

▣ AND Masking 기법

처리하고자 하는 데이터와 마스크 워드(mask word)를 AND시켜서 어떤 데이터로부터 특정한 비트들을 리셋하여 제거하는 기법으로 선택적 리셋(selected reset)이라고도 한다. ATmega128A의 경우는 2개의 범용 레지스터끼리 또는 범용 레지스터와 8비트 즉치 데이터 사이에 AND 연산을 수행하는 명령을 가지고 있다.

예 영문 알파벳의 소문자를 대문자로 변환하는 경우

```
      0b01100001 = "a"
AND ) 0b11011111 (mask word)
      ----------
      0b01000001 = "A"
```

▣ OR Masking 기법

처리하고자 하는 데이터와 마스크 워드를 OR시켜서 어떤 데이터로부터 특정한 비트들을 세트시키는 기법으로 선택적 세트(selected set)라고도 한다. ATmega128A의 경우는 2개의 범용 레지스터끼리 또는 범용 레지스터와 8비트 즉치 데이터 사이에 OR 연산을 수행하는 명령을 가지고 있다.

예 영문 알파벳의 대문자를 소문자로 변환하는 경우

```
       0b01000001  = "A"
OR  )  0b00100000  (mask word)
       ----------
       0b01100001  = "a"
```

▣ EOR Masking 기법

처리하고자 하는 데이터와 마스크 워드를 EOR시켜서 어떤 데이터로부터 특정한 비트들의 값을 반전시키는 기법으로 선택적 반전(selected complement)이라고도 한다. ATmega128A의 경우는 2개의 범용 레지스터끼리 EOR 연산을 수행하는 명령을 가지고 있다.

예 프로그램으로 LED를 점멸시키는 경우(b_3과 b_0에 LED가 접속된 것으로 가정.)

```
        0b00001100  = LED 입력 데이터
XOR  )  0b00001001  (mask word)
        ----------
        0b00000101  = LED 출력 데이터
```

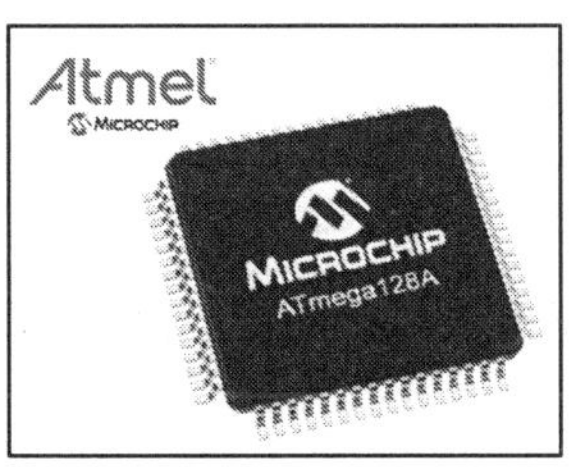

1.4 ATmega128A의 시스템 제어 기능

이 절에서는 ATmega128A의 기본적인 CPU 코어의 하드웨어 구조 및 동작에 대하여 앞에서 취급되지 않은 나머지 시스템 제어 기능들을 발췌하여 설명한다. 이러한 ATmega128A의 시스템 제어 기능들은 이 마이크로컨트롤러의 기본 동작을 이해하거나 이것의 주변회로를 설계하는데도 꼭 필요하므로 잘 알아두어야 한다.

1. 메모리 록 비트와 퓨즈 비트

ATmega128A는 메모리 보호 기능을 설정하는 용도로 1바이트 구조로 된 메모리 록 비트(memory lock bit)를 가지며, 기본적인 시스템 설정용으로 3바이트 구조인 퓨즈 비트(fuse bit)를 가지고 있다.

(1) 메모리 록 비트

메모리 록 비트는 메모리 프로그래밍에 관련된 보호기능을 설정하는데 사용되며, <표 1.4.1>처럼 1바이트 중에서 6개의 비트만 사용된다. 여기서 메모리 록 기능은 프로그램 메모리의 내용을 외부에서 읽어볼 수 없도록 보안을 유지하는 것뿐만 아니라 사용자의 실수로 프로그래밍이 수행되어 플래시 메모리에 저장되어 있던 기존의 내용이 삭제되는 것을 방지하기 위한 프로그램 메모리 보호 기능이다.

이 비트들은 모두 제품이 생산된 초기 상태에 디폴트로 1(unprogrammed)로 되어 있으며, 프로그램하면 0(programmed)으로 설정된다. 그러나, 칩삭제(chip erase) 명령을 수행하면 이 비트들은 다시 1로 환원된다.

〈표 1.4.1〉 Memory Lock Bit 바이트의 비트 구성

비트 번호	비트 이름	기 능	디폴트 값
7	-	-	1
6	-	-	1
5	BLB12	Boot lock bit	1(unprogrammed)
4	BLB11	Boot lock bit	1(unprogrammed)
3	BLB02	Boot lock bit	1(unprogrammed)
2	BLB01	Boot lock bit	1(unprogrammed)
1	LB2	Lock bit	1(unprogrammed)
0	LB1	Lock bit	1(unprogrammed)

〈표 1.4.2〉 Memory Lock Bit에 의한 메모리 보호 기능

메모리 록 비트			메모리 보호 기능
LB 모드	**LB2**	**LB1**	**외부에서 플래시 메모리를 프로그래밍하는 기능에 대한 보호 설정**
1	1	1	아무 메모리 록 기능도 설정하지 않는다.
2	1	0	플래시나 EEPROM을 병렬모드나 SPI/JTAG 직렬모드로 더 이상 프로그래밍하는 것을 금지한다. 퓨즈 비트도 역시 프로그래밍하는 것을 금지한다.
3	0	0	플래시나 EEPROM을 병렬모드나 SPI/JTAG 직렬모드로 더 이상 프로그래밍하거나 verify하는 것을 모두 금지한다. 퓨즈 비트도 역시 프로그래밍하는 것을 금지한다.
BLB0 모드	**BLB02**	**BLB01**	**실행 프로그램으로 응용 프로그램 섹션을 액세스하는데 대한 보호 설정**
1	1	1	LPM/ELPM/SPM 명령을 사용하여 프로그램 메모리의 응용 프로그램 섹션을 액세스하는데 아무 제한을 설정하지 않는다.
2	1	0	SPM 명령으로 프로그램 메모리의 응용 프로그램 섹션을 라이트하는 것을 금지한다.
3	0	0	SPM 명령으로 프로그램 메모리의 응용 프로그램 섹션을 라이트하는 것을 금지하고, 부트로더 섹션에서 실행되는 LPM/ELPM 명령으로 프로그램 메모리의 응용 프로그램 섹션을 리드하는 것도 금지한다. 만약 부트로더 섹션에 인터럽트 벡터가 위치한다면 응용 프로그램 섹션이 실행되는 동안에 모든 인터럽트를 금지한다.
4	0	1	부트로더 섹션에서 실행되는 LPM/ELPM 명령으로 프로그램 메모리의 응용 프로그램 섹션을 리드하는 것을 금지한다. 만약 부트로더 섹션에 인터럽트 벡터가 위치한다면 응용 프로그램 섹션이 실행되는 동안에 모든 인터럽트를 금지한다.
BLB1 모드	**BLB12**	**BLB11**	**실행 프로그램으로 부트로더 섹션을 액세스하는데 대한 보호 설정**
1	1	1	LPM/ELPM/SPM 명령을 사용하여 프로그램 메모리의 부트로더 섹션을 액세스하는데 아무 제한을 설정하지 않는다.
2	1	0	SPM 명령으로 프로그램 메모리의 부트로더 섹션을 라이트하는 것을 금지한다.
3	0	0	SPM 명령으로 프로그램 메모리의 부트로더 섹션을 라이트하는 것을 금지하고, 응용 프로그램 섹션에서 실행되는 LPM/ELPM 명령으로 프로그램 메모리의 부트로더 섹션을 리드하는 것도 금지한다. 만약 응용 프로그램 섹션에 인터럽트 벡터가 위치한다면 부트로더 섹션이 실행되는 동안에 모든 인터럽트를 금지한다.
4	0	1	응용 프로그램 섹션에서 실행되는 LPM/ELPM 명령으로 프로그램 메모리의 부트로더 섹션을 리드하는 것을 금지한다. 만약 응용 프로그램 섹션에 인터럽트 벡터가 위치한다면 부트로더 섹션이 실행되는 동안에 모든 인터럽트를 금지한다.

(2) 퓨즈 비트

퓨즈 비트는 ATmega128A의 기본적인 시스템 기능 설정용으로 사용되며 모두 3바이트로 구성되어 있다. 이 비트들은 프로그램하지 않으면 1(unprogrammed)로 설정되며, 프로그램하면 0(programmed)으로 설정된다. 그러나, 칩삭제(chip erase) 명령을 수행하더라도 퓨즈 비트는 영향을 받지 않으며, 메모리 록 비트의 LB1을 사용하여 퓨즈 비트를 변경할 수 없도록 보호(lock) 기능을 설정할 수 있다. 따라서, 이런 경우에는 퓨즈 비트를 먼저 설정하고 메모리 록 비트를 나중에 설정하는 것이 좋다.

▣ 제1바이트 - Extended Fuse Byte

퓨즈 비트의 첫번째 바이트는 Extended Fuse Byte로서 <표 1.4.3>처럼 1바이트 중에서 2개의 비트만 사용된다. 여기서 보듯이 ATmega128A는 제품이 생산된 초기 상태에서 ATmega103 호환 모드로 설정되어 있으므로 이를 올바르게 사용하려면 M103C=1로 변경하여 ATmega128A 모드로 동작하도록 해야 한다. 그리고, 워치독 타이머의 설정에 대하여는 Watchdog Timer Control Register인 WDTCR을 참고하라.

〈표 1.4.3〉 Extended Fuse Byte의 비트 구성

비트 번호	비트 이름	기 능	디폴트 값
7	-	-	1
6	-	-	1
5	-	-	1
4	-	-	1
3	-	-	1
2	-	-	1
1	M103C	ATmega103 호환 모드로 동작	0(programmed)
0	WDTON	Watchdog Timer 동작을 허용	1(unprogrammed)

☞ ATmega128A는 초기에 공장에서 출하될 때 디폴트로 M103C=0으로 설정되어 있어서 ATmega103 호환 모드로 동작하므로 주의해야 한다. 이를 정상적인 ATmega128A 기능으로 사용하려면 반드시 퓨즈 비트에서 M103C=1로 변경하여 이 모드를 해제하여야 한다.

▣ 제2바이트 - Fuse High Byte

퓨즈 비트의 두번째 바이트는 Fuse High Byte로서 <표 1.4.4>와 같다. 여기서 보듯이 ATmega128A는 디폴트 상태에서 JTAGEN=SPIEN=0으로 되어 있으므로 JTAG과 SPI에 의한 프로그래밍이 모두 가능한 상태에 있으며, 칩 삭제 명령을 사용할 때 EEPROM의 내용은 보존되지 않고 모두 지워진다. 또한, 디폴트로 부트 사이즈는 <표 1.4.5>에서와 같이 0xF000~0xFFFF 영역의 4096워드가 된다.

〈표 1.4.4〉 Fuse High Byte의 비트 구성

비트 번호	비트 이름	기 능	디폴트 값
7	OCDEN	OCD(On-Chip Debug) 사용 가능	1(unprogrammed)
6	JTAGEN	JTAG 인터페이스 사용 가능	0(programmed)
5	SPIEN	SPI를 통한 직렬 프로그래밍 가능	0(programmed)
4	CKOPT	오실레이터 옵션(☞ "2. 시스템 클록" 참고)	1(unprogrammed)
3	EESAVE	Chip Erase시에 EEPROM은 삭제하지 않고 보존	1(unprogrammed)
2	BOOTSZ1	Boot Size 선택(☞ <표 1.4.5> 참고)	0(programmed)
1	BOOTSZ0		0(programmed)
0	BOOTRST	Reset Vector 선택	1(unprogrammed)

〈표 1.4.5〉 Boot Size 설정

BOOTSZ1	BOOTSZ0	Boot Size	응용 프로그램 섹션	부트로더 섹션
1	1	512워드(4페이지)	0x0000~0xFDFF	0xFE00~0xFFFF
1	0	1024워드(8페이지)	0x0000~0xFBFF	0xFC00~0xFFFF
0	1	2048워드(16페이지)	0x0000~0xF7FF	0xF800~0xFFFF
0	0	4096워드(32페이지)	0x0000~0xEFFF	0xF000~0xFFFF

▣ 제3바이트 - Fuse Low Byte

퓨즈 비트의 세번째 바이트는 Fuse Low Byte로서 <표 1.4.6>과 같다. 여기서 보듯이 ATmega128A는 디폴트 상태에서 BOD(Brown Out Detector) 기능을 사용하지 않는 상태에 있으며, 스타트업 시간은 최대값으로 되고, 시스템 클록은 내부 RC 오실레이터에 의하여 1MHz로 사용된다.

〈표 1.4.6〉 Fuse Low Byte의 비트 구성

비트 번호	비트 이름	기 능	디폴트 값
7	BODLEVEL	BOD(Brown Out Detector) 트리거 레벨을 선택 (☞ <표 1.4.16> 참고)	1(unprogrammed)
6	BODEN	BOD 기능을 사용하도록 허용	1(unprogrammed)
5	SUT1	기동시간을 선택(☞ "2. 시스템 클록" 참고)	1(unprogrammed)
4	SUT0		0(programmed)
3	CKSEL3	클록 소스를 선택(☞ "2. 시스템 클록" 참고)	0(programmed)
2	CKSEL2		0(programmed)
1	CKSEL1		0(programmed)
0	CKSEL0		1(unprogrammed)

◀참고▶ 퓨즈 비트는 절대로 각 비트의 의미를 정확히 모르면 함부로 건드려 프로그램하지 말아야 한다. 만약, 퓨즈 비트를 잘못 설정하면 클록 소스를 엉뚱하게 선택하여 ATmega128A에 시스템 클록이 공급되지 않게 되며 이 마이크로컨트롤러가 전혀 동작하지 않고 먹통 상태에 빠지는 수가 있다. *OK-128TFT* 키트에서는 퓨즈 비트를 **0xFF, 0xCF, 0x3F** 값으로 설정하도록 권장한다.(☞ 그러나, Atmel-ICE 에뮬레이터를 사용하는 경우에는 JTAG을 사용할 수 있도록 **0xFF, 0x0F, 0x3F**로 설정해야 한다.)

(3) 제품표시 바이트

모든 AVR 마이크로컨트롤러에는 모델의 종류를 표시하는 3바이트의 코드가 내장되어 있다. 이 제품표시 바이트(signature byte)는 직렬 및 병렬 프로그래밍 모드에서 모두 읽을 수 있으며, 보호기능(lock)이 설정되어 있는 상태에서도 읽혀진다.

이 바이트들은 각각 별도의 특별한 메모리 영역의 0x00~0x02 번지에 위치하는데, 몇가지 모델의 예를 보이면 <표 1.4.7>과 같다.

〈표 1.4.7〉 AVR 제품표시 바이트의 예

0x00 번지	0x01 번지	0x02 번지	마이크로컨트롤러 모델
0x1E (AVR 시리즈의 제품)	0x98 (256KB 플래시 모델)	0x01	ATmega2560
		0x02	ATmega2561
	0x97 (128KB 플래시 모델)	0x01	ATmega103
		0x02	**ATmega128A**
		0x03	ATmega1280
		0x04	ATmega1281
		0x06	ATmega1284
	0x96 (64KB 플래시 모델)	0x02	ATmega64A
		0x08	ATmega640
	0x95 (32KB 플래시 모델)	0x01	ATmega323
		0x02	ATmega32A
	0x94 (16KB 플래시 모델)	0x01	ATmega161
		0x02	ATmega163
		0x03	ATmega16A
		0x04	ATmega162
		0x05	ATmega169
		0x07	ATmega165
	0x93 (8KB 플래시 모델)	0x06	ATmega8515
		0x07	ATmega8A
		0x08	ATmega8535

2. 시스템 클록

ATmega128A에서는 <그림 1.4.1>에 보인 바와 같이 시스템 클록을 발생할 수 있는 방법이 여러 가지가 있고, 이것들을 내부에 배분하여 공급하는 계통도 복잡하다. 마이크로컨트롤러 내부의 각 구성 부분들은 항상 클록 신호를 필요로 하지는 않으므로 소비전력을 감소시키기 위하여 각 부분에 별도로 클록을 공급하고 있으며, 슬립 모드를 사용하여 이들 클록의 공급을 개별적으로 차단할 수 있다.

ATmega128A에서 사용할 수 있는 시스템 클록의 소스는 총 5가지가 있는데, 이것들은 퓨즈 비트의 3번째 바이트(Fuse Low Byte)에 있는 4개의 비트 CKSEL3~0을 사용하여 <표 1.4.8>과 같이 지정한다. ATmega128A가 공장에서 생산될 때 이 비트들은 디폴트로 0001로 설정되어 있어서 초기화를 수행하지 않고 처음 사용하는 경우에는 이 소자가 **내부 RC 오실레이터에 의한 약 1MHz의 시스템 클록**으로 동작하게 된다. 또한 디폴트로 초기 상태에서 SUT1~0 비트들은 10으로 되어 있으므로 기동 시간은 가장 긴 값을 갖는다. 그러나, 이러한 퓨즈 비트의 초기 상태는 언제든지 사용자가 원하는 다른 내용으로 변경할 수 있으며, *OK-128TFT* 키트에서는 1111로 설정하여 16MHz의 외부 크리스털을 사용한다.

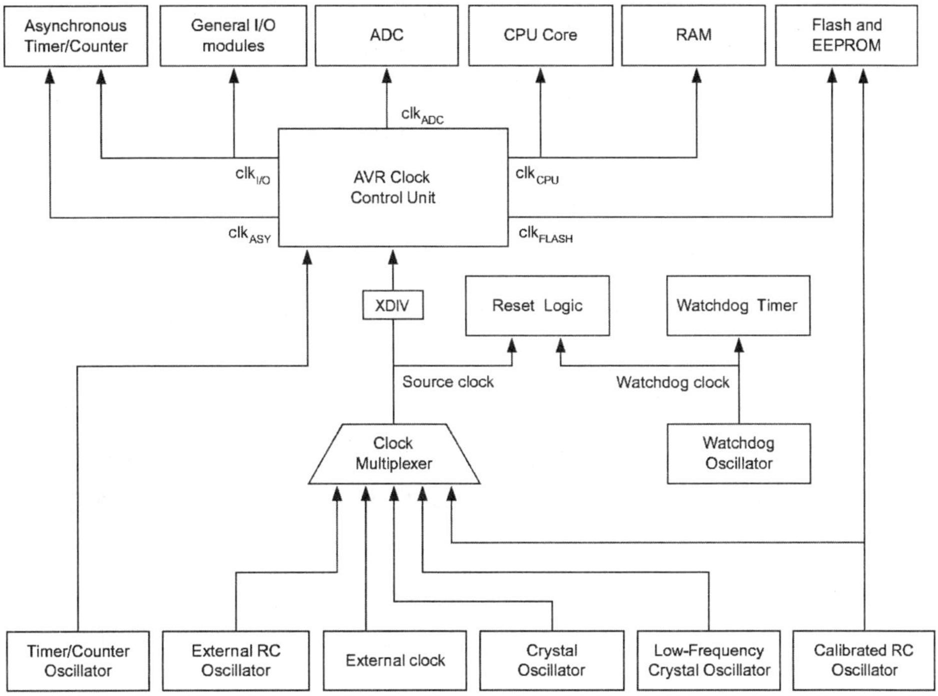

〈그림 1.4.1〉 ATmega128A의 클록 발생 및 배분 블록도

〈표 1.4.8〉 클록 소스의 선택

클록 소스		CKSEL3~0
External Crystal/Ceramic Resonator		**1111**~1010
External Low-frequency Crystal		1001
External RC Oscillator	8.0~12.0 MHz	1000
	3.0~8.0 MHz	0111
	0.9~3.0 MHz	0110
	0.1~0.9 MHz	0101
Calibrated Internal RC Oscillator	8.0 MHz	0100
	4.0 MHz	0011
	2.0 MHz	0010
	1.0 MHz	**0001**
External Clock		0000

(1) 외부 크리스털 또는 레조네이터를 사용하는 경우

외부에 크리스털 또는 세라믹 레조네이터(resonator)를 사용하는 경우에는 <그림 1.4.2>에 보인 바와 같이 이를 XTAL1 입력단자 및 XTAL2 출력단자에 접속한다. 단, 크리스털을 사용하는 경우 C1과 C2는 <표 1.4.9>와 같이 선택하며, 레조네이터의 경우에는 C1과 C2의 커패시턴스를 레조네이터 제조회사의 권장값에 따르는 것이 좋다.

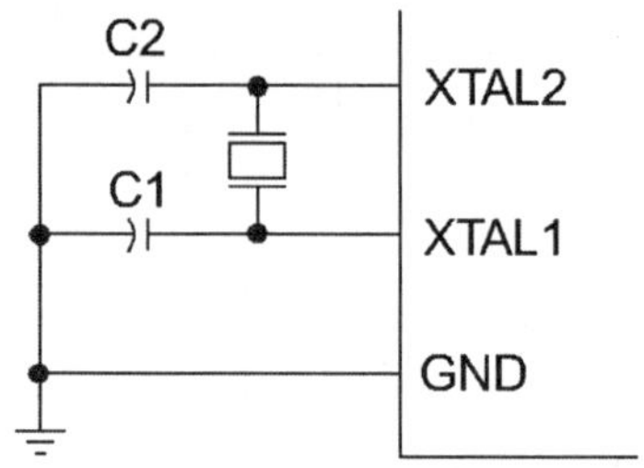

〈그림 1.4.2〉 외부 크리스털 또는 레조네이터 발진회로의 접속

이와 같이 외부에 크리스털 또는 세라믹 레조네이터를 접속하고 CKSEL3~0을 올바르게 설정하면 ATmega128A에 내장된 발진 회로에 의하여 클록 주파수가 발생되는데, 이때 CKOPT 비트는 발진회로 증폭기의 동작 모드를 선택한다. 즉, CKOPT=0으로 설정하면 발진회로의 출력전압이 커지며, 이는 노이즈가 심한 환경이나 XTAL2 단자가 또 다른 회로를 구동하는 경우에 적합하다. 그러나, CKOPT=1로 설정하면 발진회로의 출력전압이 작아지고 발진주파수에 제한을 받게 되지만 소비전력이 감소한다.

〈표 1.4.9〉 외부 크리스털을 사용할 때의 동작 모드

CKOPT	CKSEL3~1	주파수 범위	크리스털을 사용할 때의 권장 C1, C2값
1	101	0.4~0.9 MHz	세라믹 레조네이터에서만 사용하는 모드
1	110	0.9~3.0 MHz	12pF~22pF
1	111	3.0~8.0 MHz	12pF~22pF
0	101, 110, 111	1.0~16.0 MHz	12pF~22pF

외부 크리스털을 사용하는 경우 내부 발진회로의 동작에는 3가지의 모드가 있는데, 이것들은 CKSEL3~1 비트에 의하여 <표 1.4.9>와 같이 선택할 수 있다. 이 경우 CKSEL0 비트는 SUT1~0 비트와 함께 <표 1.4.10>에 보인 바와 같이 기동시간을 선택하는데 사용된다.

기동시간(start-up time)이란 이 마이크로컨트롤러가 파워다운 모드에서 깨어나 정지해 있던 시스템 클록이 다시 동작을 시작하여 안정된 클록을 발생하는 것을 보장하기 위해 CPU가 명령을 실행하기 시작하기 직전까지 부여하는 지연시간을 말한다. 만약 파워온 리셋에서 출발하는 경우라면 여기에 전원전압이 규정치에 도달한 이후에 정상적인 동작이 개시될 때까지 추가적인 시간지연이 발생하게 된다.

◀**참고**▶ *OK-128TFT* 키트에서는 16MHz 주파수의 외부 크리스털을 사용하므로 이들 시스템 클록 관련 퓨즈 비트를 CKOPT=0, CKSEL3~1=111, CKSEL0=1, SUT1~0=11로 설정하여 사용하도록 권장된다.

〈표 1.4.10〉 외부 크리스털 또는 레조네이터를 사용할 때 기동시간의 선택

CKSEL0	SUT1~0	기동시간	리셋의 경우 추가 지연시간	사용이 권장되는 응용분야
0	00	258 클록	4.1 ms	세라믹 레조네이터(fast rising power) *
0	01	258 클록	65 ms	세라믹 레조네이터(slowly rising power) *
0	10	1024 클록	-	세라믹 레조네이터(BOD 사용)
0	11	1024 클록	4.1 ms	세라믹 레조네이터(fast rising power)
1	00	1024 클록	65 ms	세라믹 레조네이터(slowly rising power)
1	01	16384 클록	-	크리스털(BOD 사용)
1	10	16384 클록	4.1 ms	크리스털(fast rising power)
1	11	16384 클록	65 ms	크리스털(slowly rising power)

☞ *는 주파수가 낮고 기동시 주파수 안정도가 중요하지 않은 응용에서만 사용할 수 있음.

(2) 외부 저주파 크리스털을 사용하는 경우

외부에 32.768kHz의 낮은 주파수 크리스털을 사용하는 경우에는 이 소자를 <그림 1.4.2>와 같이 연결하고 <표 1.4.8>에서 보였듯이 CKSEL3~0=1001로 설정해야 한다. 그러나, 이때 만약 CKOPT=0으로 설정하면 마이크로컨트롤러의 내부에서 커패시터 36pF가 사용되며 외부의 커패시터 C1과 C2는 사용하지 말아야 한다.

이와 같이 저주파 크리스털을 사용하는 경우의 기동시간은 SUT1~0 비트에 따라 <표 1.4.11>에 보인 바와 같이 선택한다.

〈표 1.4.11〉 외부 저주파 크리스털을 사용할 때 기동시간의 선택

SUT1~0	기동시간	리셋의 경우 추가 지연시간	사용이 권장되는 응용분야
00	1024 클록	4.1 ms	fast rising power 또는 BOD 사용 *
01	1024 클록	65 ms	slowly rising power *
10	32768 클록	65 ms	stable frequency at start-up
11	사용하지 않음(reserved)		

☞ *는 기동시 주파수 안정도가 중요하지 않은 응용에서만 사용할 수 있음.

(3) 외부 RC를 사용하는 경우

정밀한 클록 타이밍이 요구되지 않는 용도에서는 <그림 1.4.3>과 같이 외부에 RC 소자를 접속한 발진회로를 사용할 수 있다. 이때는 발진 주파수가 f = 1/(3RC)로 결정되며, 외부의 C는 적어도 22pF 이상을 사용해야 한다. 그러나, 만약 CKOPT=0으로 설정하면 마이크로컨트롤러 내부에서 외부의 XTAL1과 GND 단자 사이에 36pF 커패시터가 사용되므로 외부에 별도의 커패시터는 사용하지 말아야 한다.

발진 주파수의 범위에 따라 CKSEL3~0 비트를 설정해야 하는 값은 <표 1.4.8>에서 보였다. 또한, 이와 같이 외부 RC를 사용하는 경우의 기동시간은 SUT1~0 비트에 따라 <표 1.4.12>에 보인 바와 같이 선택한다.

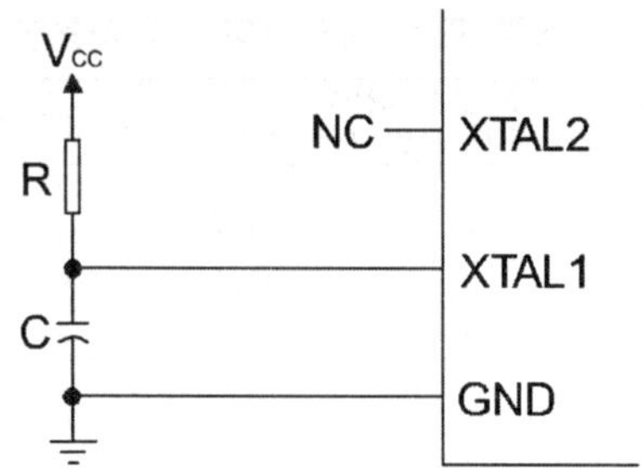

〈그림 1.4.3〉 외부 RC 발진회로의 접속

〈표 1.4.12〉 외부 RC를 사용할 때 기동시간의 선택

SUT1~0	기동시간	리셋의 경우 추가 지연시간	사용이 권장되는 응용분야
00	18 클록	-	BOD 사용
01	18 클록	4.1 ms	fast rising power
10	18 클록	65 ms	slowly rising power
11	6 클록	4.1 ms	fast rising power 또는 BOD 사용 *

☞ *는 최대 주파수에 가깝지 않은 동작에만 적용되어야 함.

(4) 내부 RC를 사용하는 경우

내부 RC 오실레이터(calibrated internal RC oscillator)는 발진 주파수가 1.0, 2.0, 4.0, 8.0 MHz 중의 하나로 고정되어 있어서 <표 1.4.8>에서와 같이 CKSEL3~0 비트를 사용하여 선택한다. 이때는 반드시 CKOPT=1로 설정해야 하며, XTAL1과 XTAL2 단자에는 아무 것도 연결하지 않고 비워두어야 한다.

ATmega128A는 공장에서 생산될 때 디폴트로 CKSEL3~0 비트가 0001로 설정되어 있어서 내부 RC 오실레이터에 의하여 1 MHz ±3%의 주파수로 동작한다. 따라서, 이렇게 하면 외부에 크리스털이나 레조네이터를 접속하지 않고 가장 저렴한 하드웨어 비용으로 ATmega128A를 1MHz의 시스템 클록으로 동작시킬 수 있다.

내부 RC 오실레이터를 사용하는 경우의 기동시간은 SUT1~0 비트에 따라 <표 1.4.13>에 보인 바와 같이 선택한다. 디폴트로 SUT1~0 비트는 10으로 설정되어 있다.

〈표 1.4.13〉 내부 RC 오실레이터를 사용할 때 기동시간의 선택

SUT1~0	기동시간	리셋의 경우 추가 지연시간	사용이 권장되는 응용분야
00	6 클록	-	BOD 사용
01	6 클록	4.1 ms	fast rising power
10	6 클록	65 ms	slowly rising power
11	사용하지 않음(reserved)		

내부 RC 오실레이터에 의하여 발생되는 클록 주파수는 비교적 정확도가 낮아서 ±3% 이내의 오차를 갖는다. 이를 좀 더 정확하게 조정하려면 <그림 1.4.4>와 같이 오실레이터 조정 레지스터 OSCCAL(Oscillator Calibration Register)이 사용된다. 이 레지스터에는 리셋 직후에 제품표시 바이트의 첫번째 번지(0x00)에 있는 상위 바이트(calibration byte) 값이 자동으로 로드되어 1MHz의 주파수를 조정한다. 만약 내부 RC 오실레이터를 1 MHz와 다소 다른 주파수로 변경하여 사용하고자 하는 경우에도 사용자가 OSCCAL 레지스터에 값을 지정하면 된다.

이 레지스터 값으로 조정할 수 있는 주파수의 범위는 <표 1.4.14>와 같다. 그러나, 이와 같이 RC 오실레이터의 주파수를 조정하기 위한 OSCCAL 레지스터에 값은 제품마다 다를 수 있으므로 양산의 경우 이 방법을 사용하는 것은 현실적으로 어렵다.

Bit	7	6	5	4	3	2	1	0	
$6F	CAL7	CAL6	CAL5	CAL4	CAL3	CAL2	CAL1	CAL0	OSCCAL
Read/Write	R/W	R/W	R/W	R/W	R/W	R/W	R/W	R/W	
Initial Value	Device Specific Calibration Value								

〈그림 1.4.4〉 오실레이터 조정 레지스터 OSCCAL

〈표 1.4.14〉 내부 RC 오실레이터를 사용할 때의 주파수 조정 범위

OSCCAL	최저 주파수 (공칭 주파수에 대한 %값)	최고 주파수 (공칭 주파수에 대한 %값)
0x00	50	100
0x7F	75	150
0xFF	100	200

(5) 외부 클록 신호를 사용하는 경우

외부에서 ATmega128A에 시스템 클록으로 구형파 클록 신호를 공급할 때는 반드시 이를 XTAL1 단자에 연결하며, 이때 XTAL2 단자는 사용하지 않고 비워두어야 한다. 여기서 CKSEL3~0 비트는 0000으로 설정하며, CKOPT 비트를 0으로 설정하면 외부의 XTAL1과 GND 단자 사이에 내부의 36pF 커패시터가 연결된다.

〈표 1.4.15〉 외부 클록을 사용할 때 기동시간의 선택

SUT1~0	기동시간	리셋의 경우 추가 지연시간	사용이 권장되는 응용분야
00	6 클록	-	BOD 사용
01	6 클록	4.1 ms	fast rising power
10	6 클록	65 ms	slowly rising power
11	사용하지 않음(reserved)		

이와 같이 외부 클록을 사용하는 경우의 기동시간은 SUT1~0 비트에 따라 <표 1.4.15>에 보인 바와 같이 선택한다.

시스템 클록으로 외부 클록을 사용할 때는 클록 주파수의 갑작스러운 변동이 없도록 주의해야 한다. 만약, 클록 주파수가 순간적으로 2% 이상 변동하면 마이크로컨트롤러의 동작이 불안정해져서 예측할 수 없는 동작을 유발할 수 있다.

외부 클록 소자로 많이 사용하는 크리스털 오실레이터는 <그림 1.4.5>와 같다. 여기서는 full size 제품을 예로 보였으나, 이밖에 half size나 SMD형의 제품도 있다. 이것은 크리스털 발진 소자에 발진회로를 추가하여 전원을 인가하면 디지털 클록 신호를 출력하도록 만든 제품이다.

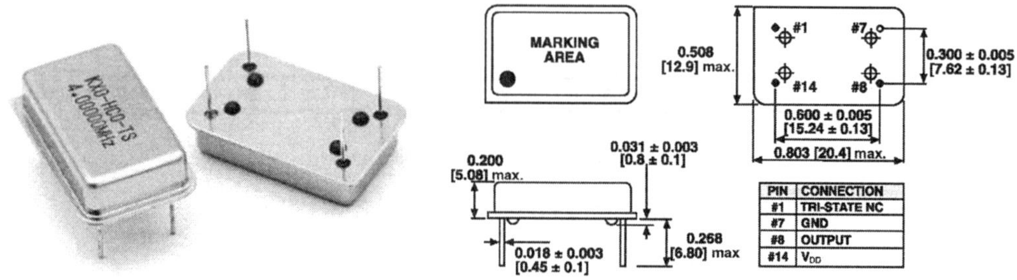

〈그림 1.4.5〉 크리스털 오실레이터 소자

(6) 크리스털 분주 제어 레지스터

크리스털 분주 제어 레지스터 XDIV(XTAL Divide Control Register)를 사용하면 소스 클록을 2~129로 나누어 CPU와 모든 주변장치에 공급되는 클록의 주파수를 낮출 수 있으며, 이것은 소비전력을 절감하는데도 유용하다. 이 레지스터의 비트 구성은 <그림 1.4.6>과 같다.

Bit	7	6	5	4	3	2	1	0	
$3C($5C)	XDIVEN	XDIV6	XDIV5	XDIV4	XDIV3	XDIV2	XDIV1	XDIV0	XDIV
Read/Write	R/W	R/W	R/W	R/W	R/W	R/W	R/W	R/W	
Initial Value	0	0	0	0	0	0	0	0	

〈그림 1.4.6〉 크리스털 분주 제어 레지스터 XDIV

비트7의 XDIVEN(XTAL Divide Enable)은 소스 클록의 분주를 허용한다. 이 비트는 디폴트로 0으로 되어 있으나, 이를 1로 설정하면 b6~b0의 설정값에 따라 소스 클록을 2~129로 분주한다.

비트6~0의 XDIV6~XDIV0(XTAL Divide Select Bits)은 소스 클록을 나눌 분주비를 설정하는데 사용된다. 이 설정값을 *d*라고 하면 CPU 및 주변장치에 공급되는 시스템 클록의 주파수는 다음과 같이 결정된다. 여기서 7비트의 XDIV6~XDIV0으로 설정할 수 있는 값은 *d* = 0~127이므로 사용 가능한 분주비는 2~129가 된다.

$$f_{\mathrm{CLK}} = \frac{\text{소스클록}}{129 - d}$$

3. 시스템 리셋

ATmega128A가 리셋되면 모든 시스템 레지스터와 I/O 레지스터들이 디폴트값으로 초기화되며, 사용자 프로그램은 리셋 벡터로부터 시작된다. 시스템 리셋의 동작을 블록도로 표시하면 <그림 1.4.7>과 같고, 리셋에 관련된 동작의 전기적 특성을 요약하면 <표 1.4.16>과 같다.

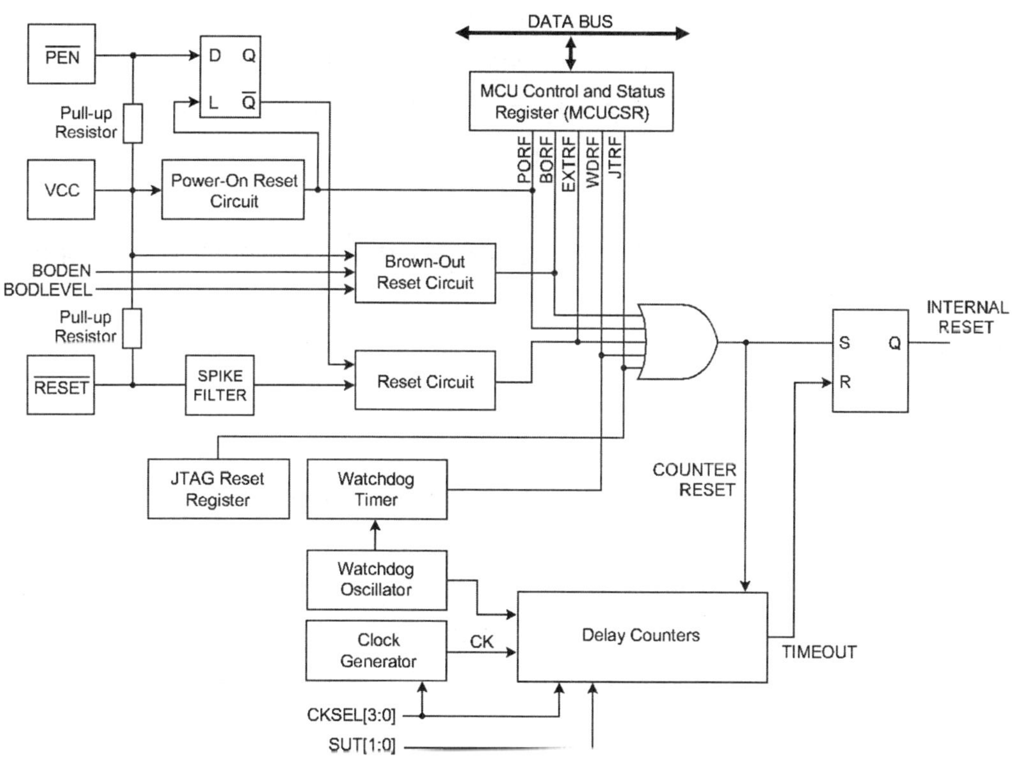

〈그림 1.4.7〉 시스템 리셋에 관련된 내부 회로

〈표 1.4.16〉 리셋에 관련된 전기적 특성

파라미터		조건	특성값			단위
			최소값	대표값	최대값	
V_{POT}	Power-on Reset Threshold Voltage(rising)			1.4	2.3	V
	Power-on Reset Threshold Voltage(falling)			1.3	2.3	V
V_{RST}	$\overline{\text{RESET}}$ Pin Threshold Voltage		0.20Vcc		0.85Vcc	V
t_{RST}	Minimum Pulse Width on $\overline{\text{RESET}}$ Pin		1.5			μs
V_{BOT}	Brown-Out Reset Threshold Voltage	BODLEVEL=1	2.4	2.7	2.9	V
		BODLEVEL=0	3.7	4.0	4.5	
t_{BOD}	Minimum Low Voltage Period for BOD	BODLEVEL=1		2		μs
		BODLEVEL=0		2		
V_{HYST}	Brown-out Detector Hysteresis			100		mV

리셋 입력이 액티브되면 리셋 동작이 시작되며 모든 병렬 I/O 포트가 즉시 입력 모드로 동작한다. 리셋 입력이 해제되고 나더라도 마이크로컨트롤러의 동작이 개시되기까지 전원전압 Vcc가 규정치에 도달하는 시간을 확보하기 위하여 워치독 오실레이터에 의한 시간지연이 주어지며, 여기에 시스템 클록의 안정된 발진을 얻기 위하여 기동시간(start-up time)만큼 시간지연이 추가로 연장된다. 이러한 내부 리셋신호의 지연시간 t_{TOUT}은 모두 내부의 시간지연 카운터에 의하여 만들어지며, 각 발진 모드에 따른 시간지연 값은 퓨즈 비트의 SUT1~0 및 CKSEL0에 의하여 선택된다.

ATmega128A의 시스템 리셋 소스는 다음과 같이 5가지가 있다. 리셋이 수행되면 프로그램 카운터가 리셋 벡터로 지정되며, 모든 레지스터는 디폴트 값을 갖는다.

① Power-on Reset : 전원 전압 Vcc가 Power-on Reset Threshold(V_{POT}) 이하일 때 MCU가 리셋되는 것이다.

② External Reset : $\overline{\text{RESET}}$ 핀에 지정된 최소폭(1.5 μs) 이상의 L레벨 펄스가 입력되어 MCU가 리셋되는 것이다.

③ Brown-out Reset : 전원 전압 Vcc가 지정된 시간(2 μs) 이상동안 Brown-out Reset Threshold(V_{BOT}) 이하로 떨어져 Brown-out Detector가 동작함으로써 MCU가 리셋되는 것이다.

④ Watchdog Reset : 워치독 타이머에서 지정된 주기 이상의 시간이 경과되어 워치독 타임아웃 기능이 동작함으로써 MCU가 리셋되는 것이다.

⑤ JTAG AVR Reset : JTAG 시스템에서 리셋 레지스터에 논리값 1을 저장시키고 이에 관련된 하드웨어가 동작함으로써 MCU가 리셋되는 것이다.

ATmega128A 마이크로컨트롤러가 위의 어느 원인에 의해 리셋되었는지는 <그림

1.4.8>과 같은 MCU 제어 및 상태 레지스터(MCU Control and Status Register) MCUCSR을 읽어보면 알 수 있다. 여기서 PORF는 Power-on Reset을 나타내는 비트, EXTRF는 External Reset을 나타내는 비트, BORF는 Brown-out Reset을 나타내는 비트, WDRF는 Watchdog Reset을 나타내는 비트, JTRF는 JTAG Reset을 나타내는 비트이다. 각 리셋이 발생하면 이 레지스터의 해당 비트가 세트되며, Power-on Reset이 발생하면 나머지 4개의 리셋 비트는 모두 클리어된다.

Bit	7	6	5	4	3	2	1	0	
\$34(\$54)	JTD	–	–	JTRF	WDRF	BORF	EXTRF	PORF	MCUCSR
Read/Write	R/W	R	R	R/W	R/W	R/W	R/W	R/W	
Initial Value	0	0	0						

〈그림 1.4.8〉 MCU 제어 및 상태 레지스터 MCUCSR

(1) 전원 투입 리셋

전원투입 리셋(Power-on Reset)은 MCU 내부의 전압 검출회로에 의하여 동작하는데, 이 동작은 전원 전압 Vcc가 검출 레벨인 Power-on Reset Threshold(V_{POT})의 이하일 때 액티브된다.

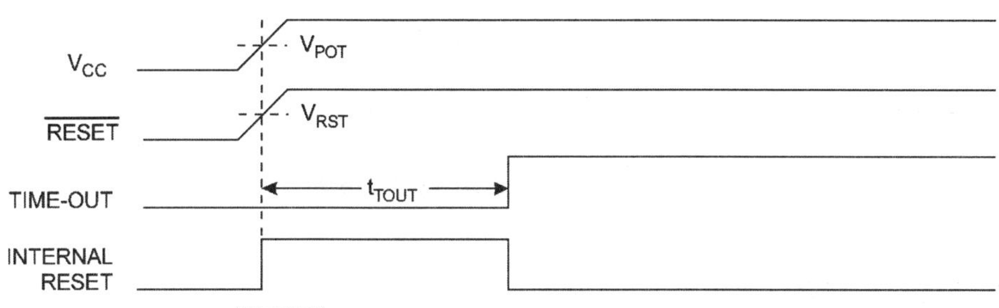

(a) RESET 핀을 Vcc에 접속하고 스타트한 경우

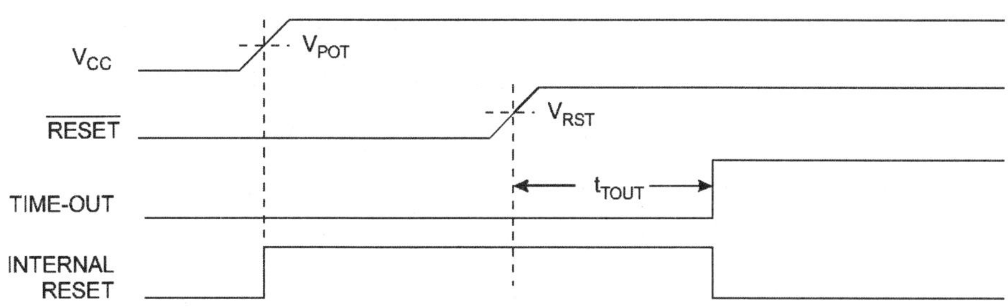

(b) RESET 핀에 외부 리셋 신호를 접속하고 스타트한 경우

〈그림 1.4.9〉 전원 투입시의 리셋 지연시간

이것은 전원이 투입되고 나면 곧바로 MCU를 리셋시키며, 전원 전압이 V_{POT}에 도달하면 시간지연 카운터의 동작이 개시되어 전원 전압이 V_{POT}의 이상으로 된 이후에도 일정한 시간동안 리셋이 유지되도록 한다. 이러한 동작을 <그림 1.4.9>에 보였다. 이 시간지연에 상관없이 전원 전압이 V_{POT}의 이하로 떨어지면 다시 리셋 동작이 액티브된다.

(2) 외부 리셋

외부 리셋(External Reset)은 MCU의 외부에서 $\overline{\text{RESET}}$ 핀을 통하여 입력된 리셋 신호에 의하여 동작하는데, 리셋 신호는 Reset Threshold Voltage(V_{RST}) 이하의 레벨이 지정된 최소 시간(1.5 μs) 이상동안 입력되어야 리셋 동작이 액티브된다.

리셋 신호가 V_{RST}의 이상으로 올라가면 시간지연 카운터의 동작이 개시되어 이후에도 일정한 시간 t_{TOUT}동안 리셋이 유지되도록 한다. 이러한 동작을 <그림 1.4.10>에 보였다.

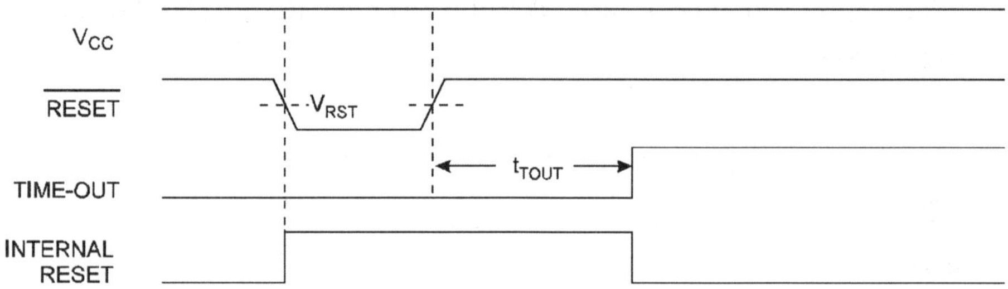

〈그림 1.4.10〉 외부 리셋의 동작

(3) 저전압 검출 리셋

저전압 검출 리셋(Brown-out Reset)은 MCU의 내부에 있는 저전압 검출회로가 전원 전압 Vcc를 검출하여 이것이 Brown-out Reset Threshold Voltage(V_{BOT}) 이하의 레벨로 지정된 최소 시간(2 μs) 이상동안 지속되면 발생하는 리셋이다.

앞의 <표 1.4.16>에서 보였듯이 BOD(Brown-out Detection) 기능의 검출전압 레벨 V_{BOT}는 퓨즈 비트에서 BODLEVEL 비트를 설정하는데 따라 2.7V 또는 4.0V로 지정되며, 안정적인 동작을 위하여 전압검출에 100mV의 히스테리시스 특성을 갖도록 하였다. 예를 들어 퓨즈 비트에서 BODLEVEL=0으로 설정하여 V_{BOT} = 4.0V인 경우에는 전압이 감소할 때는 전원 전압이 $V_{BOT-} = V_{BOT} - V_{HYST}/2 = 4.0 - 0.1/2 = 3.95V$ 이하로 낮아지면 이 리셋이 트리거되며, 전압이 다시 증가할 때는 $V_{BOT+} = V_{BOT} +$

$V_{HYST}/2$ = 4.0 + 0.1/2 = 4.05V 이상으로 높아지면 리셋이 해제된다.

이러한 BOD 기능의 사용 여부는 퓨즈 비트에서 BODEN 비트를 사용하여 설정하며, BOD 기능을 사용할 경우 전압 레벨은 BODLEVEL 비트로 선택한다.

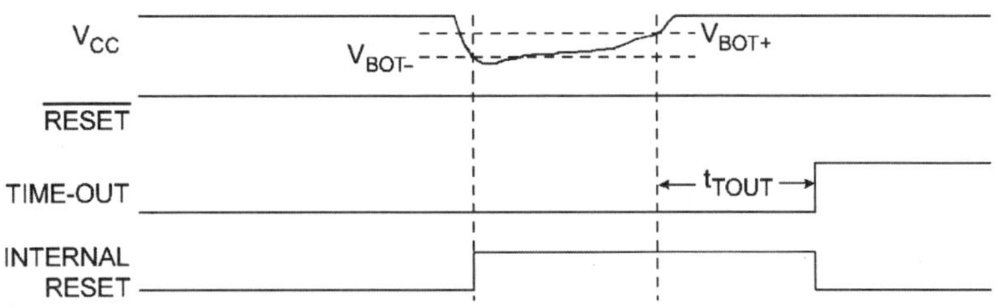

<그림 1.4.11> 저전압 검출 리셋의 동작

(4) 워치독 리셋

워치독 타이머에서 타임아웃이 발생하면 이는 1클록 사이클 길이의 리셋 펄스를 발생하여 ATmega128A 마이크로컨트롤러를 리셋시킨다. 이 펄스가 끝나면 시간지연 카운터의 동작이 개시되어 이후에도 일정한 시간 t_{TOUT}동안 내부의 리셋 신호가 계속 유지되도록 한다.

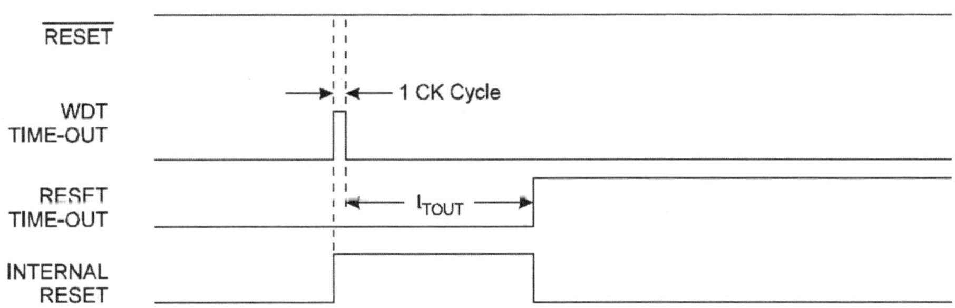

<그림 1.4.12> 워치독 리셋의 동작

(5) 마이크로컨트롤러의 내부 기준전압

ATmega128A에서는 BOD 회로나 또는 아날로그 비교기, A/D 컨버터 등에서 사용하기 위한 2가지의 내부 기준전압을 발생하는데, 소자의 동작 전압이 5.0V이고 동작 온도 25℃의 조건에서 이것들의 전압 값은 V_{BG} = 1.23V와 V_{INT} = 2.56V이다. 아날로그 비교기에서는 비교기의 +측 입력 신호로 기준전압 V_{BG} = 1.23V를 사용할 수 있다. 또한, A/D 컨버터에서는 기준전압 V_{BG} = 1.23V를 아날로그 신호로 입력하여 이를

A/D 변환할 수도 있고, 기준전압 V_{INT} = 2.56V를 A/D 컨버터의 내부 기준전압으로 선택하여 사용할 수도 있다.

이러한 기준전압은 소비전력 절약을 위하여 평소에는 동작하지 않다가 다음과 같은 상황에서만 동작이 개시된다.

① 퓨즈 비트에서 BODEN=0으로 설정하여 BOD 기능을 사용하는 경우

② 아날로그 비교기 제어 및 상태 레지스터 ACSR에서 ACBG=1로 설정하여 아날로그 비교기가 기준전압을 사용하는 경우

③ A/D 컨버터 제어 및 상태 레지스터 ADCSRA에서 ADEN=1로 설정하여 A/D 컨버터를 사용하는 경우

4. 워치독 타이머

워치독 타이머(Watchdog Timer)는 타임아웃(time-out)에 도달하기 전에 사용자의 소프트웨어 명령으로 그 값을 0으로 클리어시켜 주지 않으면 마이크로프로세서를 리셋시킴으로써 현재 시스템이 정상적으로 동작하고 있는지를 감시하고 마이크로프로세서가 지속적으로 오동작 상태에 머물러 있게 되는 것을 방지하는 마이크로프로세서 신뢰성 향상 기술이다.

ATmega128A도 워치독 타이머를 가지고 있는데, 이것은 내부에서 독립적으로 만들어지는 1MHz의 오실레이터에서 클록을 받아 동작하며, 사용자가 이를 분주하여 8가지로 클록 주기를 변경함으로써 타임아웃 주기를 원하는 값으로 설정할 수 있다. 워치독 타임아웃이 발생하면 <그림 1.4.7>과 <그림 1.4.12>에서 보였듯이 1클록 주기의 타임아웃 신호를 출력하여 MCU를 리셋시킨다. 이처럼 시스템이 정상적으로 동작하고 있는 동안에는 워치독 타이머가 타임아웃에 도달하지 않도록 리셋되어야 하는데, 워치독 타이머는 워치독 리셋 명령인 WDR을 실행하거나 워치독 타이머의 동작을 금지시키거나 MCU 리셋이 발생하는 경우 등 3가지의 방법으로 리셋할 수 있다.

워치독 타이머의 구성은 <그림 1.4.13>과 같고, 이를 사용하는데 관련된 워치독 타이머 제어 레지스터 WDTCR(Watchdog Timer Control Register)은 <그림 1.4.14>에 보였다. 여기서 WDCE(Watchdog Change Enable) 비트는 지정된 절차에 따라서 워치독 타이머를 해제하거나 타임아웃을 변경하는 것이 가능하도록 허용하는 비트로서, 여기에 1을 쓰면 4클록 사이클 후에 자동적으로 0이 된다. 안전 레벨1에서 워치독 타이머를 해제하기 위하여 WDE에 0을 쓰려면 이것은 WDCE=1일 때만 가능하다.

WDE(Watchdog Enable) 비트는 워치독 타이머를 설정 또는 해제하는데 사용된다. 안전 레벨1에서 이 비트에 1을 쓰면 워치독 타이머가 동작을 시작하며, 워치독 타이머의 동작을 해제하려면 다음과 같이 지정된 순서에 따라 WDE=0으로 해야 한다.

① WDTCR 레지스터에 동시에 WDCE=1, WDE=1로 써준다.

② 4클록 사이클 이내에 WDTCR 레지스터에 WDE=0으로 써준다. 나머지의 비트들에는 뭐라고 쓰든지 문제가 없으나 보통 0을 쓴다.

WDP2~0(Watchdog Timer Prescaler) 비트는 워치독 타이머에 공급되는 클록의 주파수를 분주함으로써 타임아웃 주기를 설정하는데 사용되는데, 이것은 <표 1.4.17>에 보인 것처럼 전원전압에 따라 동작 시간이 달라진다. 타임아웃 주기를 변경하려면 다음과 같이 지정된 절차에 따라 WDP2~0 비트의 값을 변경해야 한다.

① WDTCR 레지스터에서 WDCE와 WDE 비트에 동시에 1을 써준다.

② 다음의 4클록 사이클 이내에 WDP2~0 비트에 원하는 값을 써준다. 이때 WDE 비트에는 1을 함께 써준다.

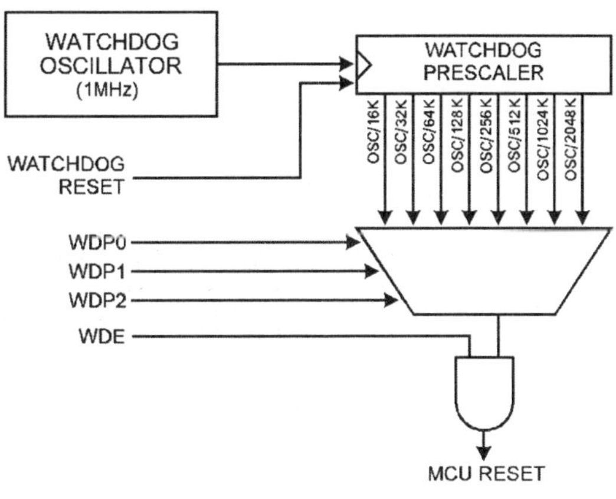

〈그림 1.4.13〉 워치독 타이머의 구조

Bit	7	6	5	4	3	2	1	0	
$21($41)	–	–	–	WDCE	WDE	WDP2	WDP1	WDP0	WDTCR
Read/Write	R	R	R	R/W	R/W	R/W	R/W	R/W	
Initial Value	0	0	0	0	0	0	0	0	

〈그림 1.4.14〉 워치독 타이머 제어 레지스터 WDTCR

〈표 1.4.17〉 워치독 타이머의 프리스케일러 설정

WDP2	WDP1	WDP0	워치독 분주비	타임아웃 주기	
				Vcc=3.0V의 경우	Vcc=5.0V의 경우
0	0	0	16,384	14.8 ms	14.0 ms
0	0	1	32,768	29.6 ms	28.1 ms
0	1	0	65,536	59.1 ms	56.2 ms
0	1	1	131,072	0.12 s	0.11 s
1	0	0	262,144	0.24 s	0.22 s
1	0	1	524,288	0.47 s	0.45 s
1	1	0	1,048,576	0.95 s	0.9 s
1	1	1	2,097,152	1.9 s	1.8 s

ATmega128A의 워치독 타이머는 <표 1.4.18>에 보인 것처럼 2가지의 안전 레벨(safety level)로 동작할 수 있다. 퓨즈 비트에서 WDTON=1로 하면 워치독 타이머가 안전 레벨1로 동작하는데, 여기서는 ATmega128A이 디폴트로 워치독 타이머를 사용하지 않는 상태로 출발하며, 만약 워치독 타이머를 사용하려면 언제든지 WDE=1로 설정하면 된다. 그러나, 타임아웃 주기를 변경하거나 또는 워치독 타이머의 동작을 해제하려면 지정된 처리단계로 수행해야 한다.

그러나, 퓨즈 비트에서 WDTON=0으로 설정하면 워치독 타이머가 안전 레벨2로 동작하는데, 여기서는 ATmega128A이 디폴트로 워치독 타이머를 사용하는 상태로 출발하며, WDE 비트를 읽어보면 항상 1로 읽혀진다. 안전 레벨2에서는 워치독 타이머의 동작을 해제시킬 수는 없으나 타임아웃 주기를 변경하는 것은 가능한데, 타임아웃 주기를 변경하려면 앞에서 설명한대로 지정된 처리단계에 따라 WDP2~0 비트의 값을 수정해주어야 한다.

〈표 1.4.18〉 워치독의 안전 레벨에 따른 사용 방법

WDTON	안전 레벨	워치독 초기상태	워치독 해제방법	타임아웃 변경방법
1	1	금지	지정된 처리순서	지정된 처리순서
0	2	허용	해제 불가능	지정된 처리순서

5. 슬립 모드

슬립 모드(Sleep Mode)는 마이크로컨트롤러의 내부에서 사용하지 않는 구성 모듈의 회로 동작을 정지(shut down)시켜서 이 소자의 소비전력을 절감하기 위한 기능이다. ATmega128A에서는 6가지의 다양한 슬립 모드를 사용할 수 있다.

슬립 모드를 사용하려면 MCUCR(MCU Control Register) 레지스터에서 SE=1로 설

정하고 SM2~0비트를 이용하여 슬립 모드를 6가지 중의 하나로 지정한 상태에서 이 마이크로컨트롤러의 어셈블리 명령 SLEEP을 실행하면 된다.

ATmega128A가 슬립 모드에 있을 때 허용 상태의 인터럽트가 발생되면 슬립 모드는 해제된다. 그러면 퓨즈비트로 설정한 기동시간에 추가하여 4클록 사이클이 지난 후에 슬립 모드가 해제되면서 MCU의 동작이 개시되는데, 먼저 해당 인터럽트의 서비스 루틴이 실행되고 나서 SLEEP 명령의 바로 뒤에 이어지는 명령으로 복귀된다. MCU의 모든 레지스터와 SRAM의 내용은 슬립 모드에 들어갔다가 다시 복귀된 후에도 변경되지 않고 원래의 값으로 유지된다. 만약, MCU가 슬립 모드에 있을 때 리셋이 발생하면 슬립 모드가 해제되고 정상적인 리셋 동작이 수행된다.

Bit	7	6	5	4	3	2	1	0	
$35($55)	SRE	SRW10	SE	SM1	SM0	SM2	IVSEL	IVCE	MCUCR
Read/Write	R/W	R/W	R/W	R/W	R/W	R/W	R/W	R/W	
Initial Value	0	0	0	0	0	0	0	0	

〈그림 1.4.15〉 MCU 제어 레지스터 MCUCR

〈표 1.4.19〉 SM2~0 비트를 사용한 슬립 모드의 선택

SM2	SM1	SM0	슬립 모드
0	0	0	Idle
0	0	1	ADC Noise Reduction
0	1	0	Power-down
0	1	1	Power-save
1	0	0	사용하지 않음(reserved)
1	0	1	사용하지 않음(reserved)
1	1	0	Standby
1	1	1	Extended Standby

〈표 1.4.20〉 6가지 슬립 모드의 동작 요약

슬립 모드	차단되지 않는 클록					오실레이터		슬립 모드의 해제 방법					
	clk_{CPU}	clk_{FLASH}	$clk_{I/O}$	clk_{ADC}	clk_{ASY}	메인 클록	타이머0 클록	INT7~0	TWI	Timer0	SPM/EEPROM	ADC	다른 I/O
Idle			✓	✓	✓	✓	✓[2]	✓	✓	✓	✓	✓	✓
ADC Noise Reduction				✓	✓	✓	✓[2]	✓[3]	✓	✓	✓	✓	
Power-down								✓[3]	✓				
Power-save					✓[2]		✓[2]	✓[3]	✓	✓[2]			
Standby [1]						✓		✓[3]	✓				
Extended Standby [1]					✓[2]	✓	✓[2]	✓[3]	✓	✓[2]			

☞ 1)은 시스템 클록으로 외부 크리스털 또는 레조네이터를 사용하는 경우에만 유효함.
2)는 ASSR 레지스터의 AS0 비트를 1로 설정한 경우에만 유효함.
3)은 INT7~4가 레벨 트리거 모드일 경우에만 유효함.

슬립 모드의 제어에 사용되는 MCU 제어 레지스터 MCUCR을 <그림 1.4.15>에 보였다. 여기서 SE(Sleep Enable) 비트는 SLEEP 명령이 실행되었을 때 MCU가 슬립 모드로 들어가도록 허용하며, SM2~0(Sleep Mode Select Bit) 비트는 <표 1.4.19>와 같이 슬립 모드를 6가지 중의 하나로 선택하여 지정한다. 이중에서 Standby 모드와 Extended Standby 모드는 외부에 크리스털 또는 세라믹 레조네이터를 사용하였을 경우에만 유효하다.

6개의 슬립 모드 동작을 요약하면 <표 1.4.20>과 같고 이것들의 특징을 좀더 자세하면 알아보면 다음과 같다.

① Idle 모드에서는 CPU가 프로그램 실행 동작을 멈추지만, SPI, USART, 아날로그 비교기, ADC, TWI, 타이머/카운터, 워치독, 인터럽트 시스템 등의 동작은 계속된다. 이 모드에서 clk_{CPU}와 clk_{FLASH}는 차단되지만 나머지 클록은 모두 공급된다.

② ADC Noise Reduction 모드에서는 CPU의 동작을 멈추지만, ADC, TWI, 타이머/카운터0, 워치독, 외부 인터럽트 등의 동작은 계속된다. 이 모드에서 clk_{CPU}와 clk_{FLASH}, $clk_{I/O}$는 차단되지만 나머지 클록은 모두 공급된다. 이 모드는 ADC가 정밀한 동작을 위하여 잡음을 덜 받도록 하기 위한 모드인데, 만약 ADC가 인에이블되어 있다면 이 모드로 들어갈 때 A/D 변환이 자동으로 시작된다.

③ Power-down 모드에서는 외부 크리스털 또는 세라믹 레조네이터 발진이 정지되며, TWI, 워치독, 외부 인터럽트 등의 동작은 계속된다. 이 모드에서는 모든 클록이 차단되어 비동기 모듈의 동작만이 가능하다. 이 모드가 해제될 때는 클록 발진회로가 안정 상태에 들어가는 충분한 시간이 요구되므로 기동시간이 필요한데 이는 사용자가 지정할 수 있다.

④ Power-save 모드는 Power-down 모드와 유사하지만 1가지가 다르다. ASSR 레지스터에서 AS0=1로 설정하여 타이머/카운터0이 TOSC1과 TOSC2 단자로 입력되는 외부 클록에 의하여 비동기로 동작할 때 이 모드를 사용한다. 이 모드에서 clk_{ASY}를 제외한 모든 클록이 차단된다. 그러나, 만약 ASSR 레지스터에서 AS0=0으로 설정하였다면 Power-save 모드 보다는 Power-down 모드를 사용하는 것이 좋다.

⑤ Standby 모드는 슬립 모드에서도 클록 발생회로인 오실레이터가 동작하고 있다는 것을 제외하면 Power-down 모드와 유사하다. 이 모드는 외부 크리스털 또는 레조네이터를 사용하는 경우에만 유효하다. 오실레이터가 동작하고 있으므로 Standby 모드가 해제되어 정상 동작이 개시되는데 6개의 클록 사이클만이 소요된다.

⑥ Extended Standby 모드는 슬립 모드에서도 클록 발생회로인 오실레이터가 동작하고 있다는 것을 제외하면 Power-save 모드와 유사하다. 이 모드는 외부 크리스털

또는 레조네이터를 사용하는 경우에만 유효하다. 오실레이터가 동작하고 있으므로 Standby 모드가 해제되어 정상 동작이 개시되는데 6개의 클록 사이클만이 소요된다.

6. JTAG 인터페이스 및 AVR 프로그래밍

(1) JTAG

JTAG(Joint Test Action Group)은 boundary-scan이라는 직렬 데이터 전송 포맷으로 컴퓨터와 반도체 소자를 연결하여 온칩 디버그(OCD ; On-Chip Debug), 불휘발성 메모리에 대한 다운로드 프로그래밍(ISP ; In-System Programming), 사용자 타겟 보드(target board) 하드웨어의 동작 테스트 등을 수행하는 인터페이스 기술로서 오늘날은 이 방식이 IEEE Standard 1149.1로 표준화되어 있다.

ATmega128A 마이크로컨트롤러는 이를 위하여 소자의 내부에 JTAG 인터페이스를 지원하는 기능을 포함하고 있으며, 외부에는 TMS, TCK, TDI, TDO 등 4개의 JTAG 인터페이스 핀을 가지고 있다. ATmega128A에서는 MCU 제어 및 상태 레지스터 MCUCSR의 JTD 비트를 사용하여 JTAG 인터페이스 기능을 허용 또는 금지시킬 수 있으며, 퓨즈 비트의 JTAGEN 및 OCDEN 비트도 이와 관계가 있다.

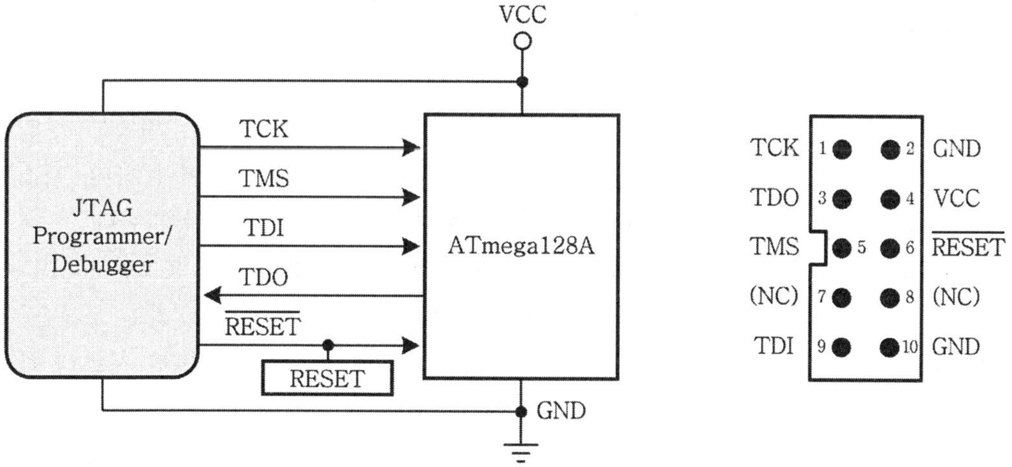

〈그림 1.4.16〉 ATmega128A의 JTAG 인터페이스용 컨넥터

오늘날 JTAG은 CPU나 MCU의 에뮬레이터를 접속하는 표준 인터페이스 방식으로 자리 잡고 있다. ATmega128A도 이러한 표준 JTAG 인터페이스를 따르고 있으며, 과

거에 Atmel사에서는 JTAG ICE라는 에뮬레이터를 제공하였고, 현재는 Microchip Technology사에서 Atmel-ICE라는 JTAG 에뮬레이터를 제공하고 있다. *OK-128TFT* 키트 V2.0에서도 Atmel-ICE 에뮬레이터를 연결할 수 있도록 <그림 1.4.16>과 같은 JTAG 표준의 컨넥터 CN2를 마련해 놓고 있다.

JTAG은 상당히 정도가 높은 기술 분야로서 이에 관한 자세한 기술적인 사항은 특별한 경우의 개발자가 아니라면 알 필요가 없는 것이어서 이 책의 취급 범위를 넘으므로 여기서는 더 이상 자세하게 설명하지 않는다. 이에 대하여 더 자세한 사항을 알고자 하면 ATmega128A의 데이터 시트와 응용노트를 참고하기 바란다.

(2) SPI 직렬 프로그래밍

ATmega128A를 프로그래밍하는 가장 실용적이면서 AVR의 특징을 잘 나타내는 방법은 SPI 동기식 직렬통신을 이용하는 직렬 프로그래밍(serial programming) 방법이다. 이는 AVR ISP(In-System Programming) 다운로드 케이블에서 사용하는 방법으로서 <그림 1.4.17>에 보인 바와 같이 SPI 직렬통신을 사용하여 간편하게 내부의 플래시 메모리, EEPROM, 퓨즈 비트, 메모리 록 비트 등을 프로그래밍하는 것이다. 그러나, ATmega128A의 경우에는 특별히 직렬 프로그래밍을 수행할 때 SPI 직렬통신 포트의 MOSI나 MISO 핀을 사용하지 않고 <표 1.4.21>에 보인 바와 같이 AVR ISP 전용의 PDI와 PDO 핀을 사용한다는 점에 주의해야 한다.

ATmega128A의 SPI 직렬 프로그래밍은 $\overline{\text{RESET}}$=0인 상태에서 수행되므로 직렬 프로그래밍 모드로 들어가기 위하여 필요한 것은 단지 $\overline{\text{RESET}}$ 단자를 0으로 유지하면서 SPI 통신으로 Programming Enable 커맨드를 라이트하는 것뿐이다. 이때는 당연히 ATmega128A의 Vcc와 GND 단자 사이에 전원 전압이 인가되고 있어야 하며, 시스템 클록은 퓨즈 비트의 클록 소스 지정에 따라 정상적으로 공급되고 있어야 한다.

ATmega128A에서 SPI 직렬 통신으로 라이트 기능을 수행할 때는 <그림 1.4.18>에서 보는 것처럼 클록 신호 SCK의 상승 에지에서 동작이 이루어지고, 리드 동작을 수행할 때는 클록 신호의 하강 에지에서 이루어진다. 또한, ATmega128A의 시스템 클록이 12MHz 미만일 경우에는 클록 신호 SCK의 H레벨과 L레벨의 구간이 각각 2클록 주기를 넘어야 하고, 시스템 클록이 12MHz 이상일 경우에는 클록 신호 SCK의 H와 L의 구간이 각각 3클록 주기를 넘어야 한다. 따라서, 시스템 클록이 12MHz 미만일 경우에는 SCK의 주파수를 1/4 미만으로 낮게 사용하고, 시스템 클록이 12MHz 이상일 경우에는 SCK의 주파수를 1/6 미만으로 낮게 사용해야 한다. ATmega128A이 초기의 디폴트 상태에서 내부의 1MHz로 동작하는 것을 고려하면 이때는 다운로드 케이블의

SCK 클록 주파수를 1MHz/4 = 250kHz 미만으로 설정하여 사용하는 것이 좋으며, 사용자가 퓨즈 비트를 변경하여 외부 크리스털의 16MHz로 동작하는 경우에는 16MHz/6 = 2.67MHz 미만으로 설정하여 사용하는 것이 좋다.

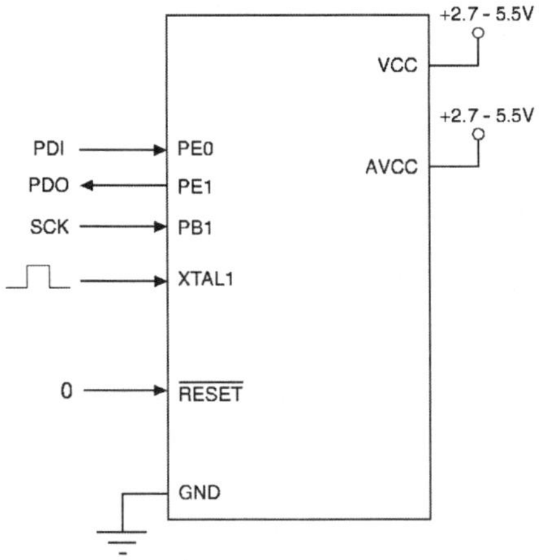

〈그림 1.4.17〉 ATmega128A에서 SPI 직렬 프로그래밍을 위한 하드웨어 접속도

〈표 1.4.21〉 ATmega128A에서 직렬 프로그래밍을 위한 핀 기능

직렬 프로그래밍 신호 이름	ATmega128A의 핀 이름	I/O	기 능
MOSI	PE0/PDI	I	ISP를 위한 직렬 데이터 입력 신호
MISO	PE1/PDO	O	ISP를 위한 직렬 데이터 출력 신호
SCK	PB1/SCK	I	ISP를 위한 클록 신호
$\overline{\text{RESET}}$	$\overline{\text{RESET}}$	I	시스템 리셋 신호

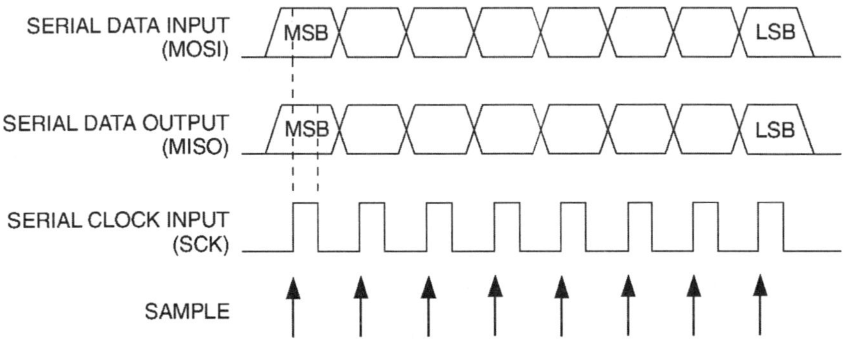

〈그림 1.4.18〉 ATmega128A에서 SPI 직렬 프로그래밍의 동작 타이밍

ATmega128A가 SPI 직렬 프로그래밍 모드의 동작을 수행하려면 다음의 절차가 필

요하다.

① $\overline{\text{RESET}}$(또는 $\overline{\text{PEN}}$)과 SCK 단자에 0을 인가한 상태에서 Vcc와 GND 단자 사이에 +5V의 전원을 투입한다. 그러나, $\overline{\text{PEN}}$ 신호를 사용하지 않을 경우에는 이 단자를 +5V에 연결해 두어야 한다. 이렇게 해도 직렬 프로그래밍 모드로 들어가지 않을 경우에 또 다른 방법으로는 전원이 투입된 상태에서 SCK 신호를 0으로 입력하고 $\overline{\text{RESET}}$ 단자에 2클록 주기 이상의 H 펄스를 인가한다.
② 20 ms 이상을 기다린다.
③ PDI(MOSI) 단자를 통하여 Programming Enable 명령을 보낸다.
④ 만약 Programming Enable 명령에 대하여 ATmega128A가 동기가 맞으면 이 명령의 3번째 바이트(0x00)를 송신할 때 2번째 바이트(0x53)가 에코백(echo back)되어 수신된다.
⑤ 그러나, 이렇게 에코백이 수행되지 않으면 동기가 맞지 않는 것이므로 $\overline{\text{RESET}}$ 단자에 H 펄스를 인가한 후에 ②번부터 다시 수행한다.
⑥ 이후의 직렬 프로그래밍 동작은 지정된 알고리즘과 직렬 프로그래밍 명령어를 사용하여 수행하면 된다.
⑦ 모든 프로그래밍 동작이 완료되고 $\overline{\text{RESET}}$=1 상태로 하면 ATmega128A의 직렬 프로그래밍 모드가 해제되면서 정상적인 동작이 시작된다.

SPI 직렬 프로그래밍 방식으로 플래시 메모리에 1개의 페이지를 프로그래밍할 때 데이터 라이팅 직후에 이 페이지 내부의 임의의 플래시 메모리 번지를 읽어보면 0xFF로 읽혀진다. 이 값을 반복적으로 읽으면서 라이팅한 값이 읽혀질 때까지 대기하면 이는 폴링 방식이다. 그러나, 데이터 시트에 명시된 t_{WD_FLASH} = 5 ms 동안 시간지연을 주는 방법도 가능하다.

이와 유사하게 EEPROM에 1바이트를 프로그래밍할 때도 데이터 라이팅 직후에 이 번지를 읽어보면 0xFF로 읽혀진다. 이 값을 반복적으로 읽는 폴링 방식을 사용할 수도 있고, 데이터 시트에 명시된 t_{WD_EEPROM} = 10 ms 동안 시간지연을 주어도 된다.

ATmega128A의 SPI 직렬 프로그래밍 명령을 요약하면 <표 1.4.22>와 같다. 이 직렬 프로그래밍의 명령표와 사용자 프로그램을 번역하여 만들어진 인텔 HEX 파일의 구조를 잘 이해하면 누구라도 어렵지 않게 다운로드 프로그램을 작성할 수 있다.

〈표 1.4.22〉 ATmega128A의 직렬 프로그래밍에서 사용하는 명령

분류	명령의 기능	명령 포맷			
		바이트1	바이트2	바이트3	바이트4
일반 명령	Programming Enable	0xAC	0x53	0x00	0x00
	Chip Erase	0xAC	0x80	0x00	0x00
로드 명령	Load Program Memory Page(low byte)	0x40	0x00	0aaa aaaa	low data byte in
	Load Program Memory Page(high byte)	0x48	0x00	0aaa aaaa	high data byte in
리드 명령	Read Program Memory(low byte)	0x20	address MSB	address LSB	low data byte out
	Read Program Memory(high byte)	0x28	address MSB	address LSB	high data byte out
	Read EEPROM Memory	0xA0	0000 aaaa	aaaa aaaa	data byte out
	Read Memory Lock Bits	0x58	0x00	0x00	data byte out
	Read Signature Byte	0x30	0x00	0000 00aa	data byte out
	Read Fuse Byte	0x50	0x00	0x00	data byte out
	Read Fuse High Byte	0x58	0x08	0x00	data byte out
	Read Extended Fuse Byte	0x50	0x08	0x00	data byte out
	Read Calibration Byte	0x38	0x00	0x00	data byte out
라이트 명령	Write Program Memory Page	0x4C	aaaa aaaa	a000 0000	0x00
	Write EEPROM Memory	0xC0	0000 aaaa	aaaa aaaa	data byte in
	Write Memory Lock Bits	0xAC	0xE0	0x00	data byte in
	Write Fuse Byte	0xAC	0xA0	0x00	data byte in
	Write Fuse High Byte	0xAC	0xA8	0x00	data byte in
	Write Extended Fuse Byte	0xAC	0xA4	0x00	data byte in

☞ 바이트2와 바이트3에서 a는 어드레스 비트를 나타냄.
data byte in 데이터는 바이트4에 전송할 8비트 값을 나타냄.
data byte out 데이터는 바이트4에 0x00을 전송할 때 읽혀지는 8비트 값을 나타냄.

이 명령표에서 플래시 메모리를 프로그래밍할 때는 먼저 Load Program Memory Page(low byte) 명령 및 Load Program Memory Page(high byte) 명령으로 1페이지 분량(128워드 또는 256바이트)의 데이터를 로드한 후에 Write Program Memory Page 명령으로 실제 라이트를 수행한다. 그러나, EEPROM은 Write EEPROM Memory 명령으로 주소를 지정하면서 1바이트씩 리이트힌다. 한편, 플래시 메모리나 EEPROM 메모리를 읽을 때는 항상 어드레스를 지정하면서 1바이트씩 읽어야 한다.

(3) 병렬 프로그래밍

ATmega128A를 프로그래밍하는 3번째 방법은 종래의 마이크로컨트롤러에 내장된 EEPROM 프로그래밍에서 흔히 볼 수 있던 것과 유사한 병렬 프로그래밍(parallel programming) 방법으로서, 이는 <그림 1.4.19>와 같이 ATmega128A의 외부 병렬 I/O 핀들을 사용하여 병렬 액세스 방식으로 내부의 플래시 메모리, EEPROM, 퓨즈 비트, 메모리 록 비트 등을 프로그래밍하는 것이다.

이때 ATmega128A의 외부 핀들은 정상적인 기능과 전혀 다른 동작을 하게 되는데, 병렬 프로그래밍에 사용되는 외부 핀들을 요약하면 <표 1.4.23>과 같다.

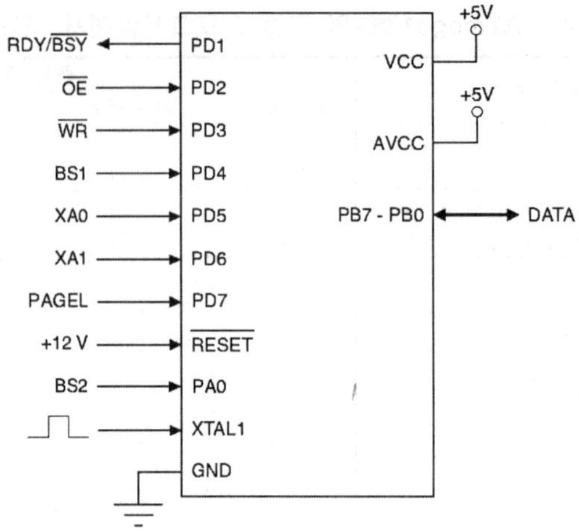

〈그림 1.4.19〉 ATmega128A의 병렬 프로그래밍 접속도

〈표 1.4.23〉 병렬 프로그래밍을 사용할 때 ATmega128A의 핀 기능

병렬 프로그래밍에서 신호 이름	원래의 핀 이름	I/O	기 능
RDY/$\overline{\text{BSY}}$	PD1	O	현재 프로그래밍 동작이 수행중인지 여부를 표시하는 신호 (0 = busy, 1 = ready)
$\overline{\text{OE}}$	PD2	I	리드 동작을 위한 출력 인에이블 신호
$\overline{\text{WR}}$	PD3	I	라이트 동작을 위한 스트로브 신호
BS1 / PROG_ENABLE0	PD4	I	바이트 셀렉트1(0 = 하위 바이트, 1 = 상위 바이트) 또는 프로그래밍 모드 인에이블 신호
XA0 / PROG_ENABLE1	PD5	I	XTAL1 펄스 인가시의 동작을 지정하는 비트0 또는 프로그래밍 모드 인에이블 신호
XA1 / PROG_ENABLE2	PD6	I	XTAL1 펄스 인가시의 동작을 지정하는 비트1 또는 프로그래밍 모드 인에이블 신호
PAGEL / PROG_ENABLE3	PD7	I	프로그램 메모리 및 EEPROM의 페이지 로드 신호
BS2	PA0	I	바이트 셀렉트2(0 = 하위 바이트, 1 = 2번째 상위 바이트)
DATA	PB7~0	I/O	양방향 데이터 버스

ATmega128A가 병렬 프로그래밍 동작을 수행하려면 다음의 절차가 필요하다.

① Vcc와 GND 단자 사이에 +5V의 전원을 인가하고 100μs 이상을 기다린다.

② $\overline{\text{RESET}}$ 단자에 0을 인가하고 XTAL1 단자에 1과 0을 토글하는 클록신호를 6회 이상 인가한다.

③ 4개의 PROG_ENABLE 신호에 0000을 인가하고 100ns 이상 기다린다.

④ $\overline{\text{RESET}}$ 단자에 +12V를 인가하고 PROG_ENABLE 입력이 0000으로 유지된 상태에서 100ns 이상 기다린다.

ATmega128A의 병렬 프로그래밍을 수행하는 알고리즘과 명령, 동작 타이밍 등에 대하여는 데이터 시트에 자세히 설명되어 있으니 이를 참고하라.

1.5 ATmega128A의 인터럽트 처리 기능

이 절에서는 ATmega128A의 인터럽트 처리 기능에 대하여 설명한다. 인터럽트 처리는 MCU의 매우 중요한 기능이므로 잘 알아두어야 하며, 이를 제대로 응용할 수 있는 능력을 기르는 것이 필요하다. 그러나, 마이크로프로세서의 초보자에게는 인터럽트란 무엇인지 이해하는 것부터 쉽지 않기 때문에 여기서는 ATmega128A의 인터럽트 처리 기능을 설명하기 전에 먼저 인터럽트의 기초 사항부터 알아보기로 한다.

1. 인터럽트의 개요

(1) 인터럽트의 개념

외부 디바이스의 하드웨어적인 요구에 의해서 CPU가 정상적인 프로그램의 실행 순서를 변경하여 보다 시급한 작업을 먼저 수행한 후에 다시 원래의 프로그램 위치로 복귀하는 처리 과정을 인터럽트(interrupt, 가로채기)라고 한다. 이것은 흔히 우리가 책을 읽고 있는 도중에 전화가 와서 책의 읽던 페이지에 책갈피를 끼워 표시해두고 전화를 받은 다음에 다시 표시해 두었던 페이지를 찾아서 책을 계속 읽어가는 경우와 유사한 것으로 비유될 수 있다.

인터럽트는 주변장치의 실시간 서비스 요청에 CPU가 가장 빠르게 대응할 수 있는 방법이며, 이것을 이용하면 주변장치로부터 요청받은 발생 시기를 예측하기 어려운 비동기적인 일(event, 사건)을 CPU가 빠르게 처리할 수 있으므로, 인터럽트는 서로 비동기적으로 동작하는 CPU(매우 고속으로 동작)와 주변장치(비교적 저속으로 동작) 사이에서 효율적으로 일을 수행하는 중요한 수단이 된다.

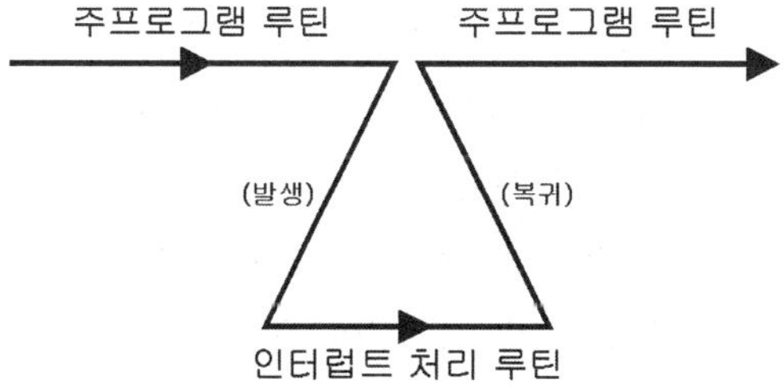

〈그림 1.5.1〉 인터럽트 처리의 개념도

인터럽트가 발생하면 CPU는 서브루틴이나 함수를 호출하는 경우에서처럼 나중에 되돌아 올 복귀주소(return address)를 스택에 저장하여 두었다가 인터럽트 서비스 루틴(interrupt service routine)의 마지막에서 복귀명령(return instruction) RETI를 만나면 스택으로부터 복귀주소를 되찾아 인터럽트 발생 전의 위치로 되돌아간다.

(2) 인터럽트의 종류

인터럽트의 종류와 기능은 마이크로프로세서에 따라 천차만별로 매우 다르지만 이를 포괄적으로 분류하여 보면 일반적으로 다음과 같은 것들이 있다.

◉ 인터럽트 발생 원인에 따른 분류

- 하드웨어 인터럽트
  - 내부 인터럽트
  - **외부 인터럽트**
- 소프트웨어 인터럽트

◉ 인터럽트 발생시 마이크로프로세서의 반응 방식에 따른 분류

- **차단 가능 인터럽트**(INT ; maskable interrupt)
- 차단 불가능 인터럽트(NMI ; non-maskable interrupt)

◉ 인터럽트를 요구한 입/출력 기기를 확인하는 방법에 따른 분류

- 조사형 인터럽트(polled interrupt)
- **벡터형 인터럽트**(vectored interrupt)

▣ 내부 인터럽트

내부 인터럽트는 정의되지 않은 명령의 실행, 영(zero)으로 나눗셈을 시도하는 것과 같은 나눗셈 에러, 보호된 메모리 영역을 액세스하려고 접근하는 메모리 에러 등의 원인에 의해 마이크로프로세서에서 내부적으로 발생되는 인터럽트이다.

그러나, 마이크로컨트롤러에 내장된 타이머나 직렬통신 포트, DMA 컨트롤러 등과 같은 주변장치에 의하여 발생된 인터럽트는 물리적으로는 소자의 내부에서 발생하는 인터럽트지만 CPU 코어의 외부에 위치하는 주변장치가 요청하였으므로 이것들의 성격으로 보아 외부 인터럽트로 분류한다.

이러한 내부 인터럽트는 신뢰성이 매우 중시되는 고성능 마이크로컨트롤러나 멀티프로세싱 또는 멀티 프로그래밍이 가능한 CPU에서 많이 사용되며, ATmega128A에서는 이러한 내부 인터럽트를 사용하지 않는다.

▣ 외부 인터럽트

외부 인터럽트는 타이머에서 지정된 시간이 경과하여 타임아웃 발생, 입력 장치에서 입력 동작 서비스 요청, 출력 장치에서 출력 작업 종료, DMA 제어기에서 동작의 종료 등 마이크로프로세서와 독립되어 있는 외부장치에 의해 발생되는 순수한 의미에서의 인터럽트이다. 일반적으로 인터럽트라고 하면 대부분 이것을 지칭한다.

대부분의 마이크로프로세서에서 사용하고 있는 $\overline{\text{INT}}$ 및 $\overline{\text{NMI}}$ 인터럽트가 이에 해당하는데 요즈음의 마이크로컨트롤러는 $\overline{\text{NMI}}$ 인터럽트를 사용하지 않는 경우도 많다. ATmega128A에서도 차단 불가능의 $\overline{\text{NMI}}$ 인터럽트를 사용하지 않으며 8개의 차단 가능한 외부 인터럽트 INT0~INT7을 가지고 있다. 이 MCU에서 사용하는 그밖의 많은 주변장치 인터럽트들도 넓은 의미에서 보면 모두 외부 인터럽트로 분류한다.

▣ 차단 가능 인터럽트

차단 가능 인터럽트는 프로그래머에 의하여 인터럽트 요청을 받아들이지 않고 무시(mask)할 수 있는 것으로서 시간 제약이 있는 중요한 프로그램 수행 중에는 인터럽트 요청을 허용하지 않을 수 있으며, 우선순위 제어를 위하여 특정 인터럽트를 일시적으로 허용하지 않는 경우도 있다. 보통 인터럽트를 허용하는 방법은 인터럽트 마스크 레지스터 또는 인터럽트 허용 레지스터를 사용하여 각각의 인터럽트를 개별적으로 허용하고 이것들을 다시 전체적으로 허용할 수 있다. 인터럽트를 전체적으로 허용하거나 차단하기 위하여 글로벌 인터럽트 허용 명령을 가지고 있는 경우가 많다.

ATmega128A에서는 외부 인터럽트 INT0~INT7을 비롯한 모든 인터럽트가 차단 가능하며, 개별적인 인터럽트의 차단에는 외부 인터럽트 마스크 레지스터 EIMSK와 같은 인터럽트 제어 레지스터를 사용하고, 전체적으로 인터럽트를 허용 또는 금지하는데는 각각 SEI(Set Global Interrupt Flag, Global Interrupt Enable)와 CLI(Clear Global Interrupt Flag, Global Interrupt Disable) 명령을 사용한다.

▣ 차단 불가능 인터럽트

차단 불가능 인터럽트는 프로그래머에 의하여 어떤 방법으로도 인터럽트 요청이 차단될 수 없는 것으로서 시스템 에러, 전원 전압 이상, 비상정지 스위치 등과 같이 중요도가 높은 심각한 돌발 사태에 대비하기 위하여 주로 사용된다.

요즈음에는 차단 불가능의 $\overline{\text{NMI}}$ 인터럽트를 사용하지 않는 마이크로컨트롤러도 종종 있는데 ATmega128A에서도 이를 사용하지 않는다.

▣ 조사형 인터럽트

조사형 인터럽트는 인터럽트가 발생하면 이 인터럽트를 요청한 주변장치를 찾아내기 위하여 CPU가 각 주변장치를 소프트웨어적으로 차례로 조사(polling)하는 인터럽트 방식이다. 이때 각 주변장치는 상태 레지스터(status register)의 특정 비트에 인터럽트 요청 사실을 표시해 놓음으로써 자신이 인터럽트를 요청하였음을 CPU가 알 수 있도록 한다. 따라서, 여기서는 폴링 순서에 의해 소프트웨어적으로 인터럽트의 우선순위가 결정된다.

이 방법은 하드웨어가 간단한 것이 장점이므로 주변 단말장치가 많은 범용 컴퓨터에서 많이 사용하지만, 인터럽트가 발생될 때마다 각 장치를 조사해야 하므로 주변장치의 수가 많을수록 소프트웨어적인 처리 시간이 길어지고 따라서 인터럽트 응답이 늦어지는 단점이 있다. ATmega128A에서는 이를 사용하지 않는다.

▣ 벡터형 인터럽트

벡터형 인터럽트의 처리방식에는 다시 2가지 형태가 있다. 첫째는, 인터럽트가 발생할 때마다 이 인터럽트를 요청한 주변장치(interrupting device)가 인터럽트 벡터(interrupt vector)를 CPU에게 전송하는 방식이다. CPU는 주변장치에서 전송된 인터럽트 벡터를 이용하여 그 장치에 해당하는 인터럽트 서비스 루틴의 시작번지를 결정한다. 이것은 모든 주변장치가 1개의 인터럽트 신호선을 공유하는 범용 마이크로프로세서에서 주로 사용하며, 고유한 인터럽트 벡터를 사용하여 각 장치의 인터럽트 요구를 구분한다. 대표적으로 Intel사의 80x86 마이크로프로세서는 이 방식을 사용한다.

둘째는, 각 주변장치가 별개의 인터럽트 신호선을 가지고 있고 이것들이 인터럽트를 요청하면 CPU는 각각의 인터럽트에 따라 미리 지정된 인터럽트 벡터들을 가지고 있어서 즉시 해당 인터럽트 서비스 루틴으로 점프하여 찾아가는 방식이다. 이 방법은 인터럽트 서비스 루틴을 찾아가는 시간이 빠르므로 인터럽트 응답시간이 중시되는 마이크로컨트롤러에서 유용하지만, 대부분의 주변장치들이 각각의 인터럽트 신호선을 가지고 있으므로 인터럽트를 요구할 수 있는 주변장치의 수는 적어진다.

이 방법은 인터럽트 벡터에 의하여 즉시 인터럽트 서비스 루틴을 찾아가므로 인터럽트 응답이 빠르며, 이 인터럽트 응답시간이 주변장치의 수가 많고 적음에 영향을 받지 않는다. 이와 같은 장점 때문에 빠른 인터럽트 처리가 요구되는 마이크로컨트롤러에서는 대부분 이 방식을 사용하며, ATmega128A에서도 이처럼 위의 벡터형 인터럽트 중에서 두번째 방식을 사용하고 있다.

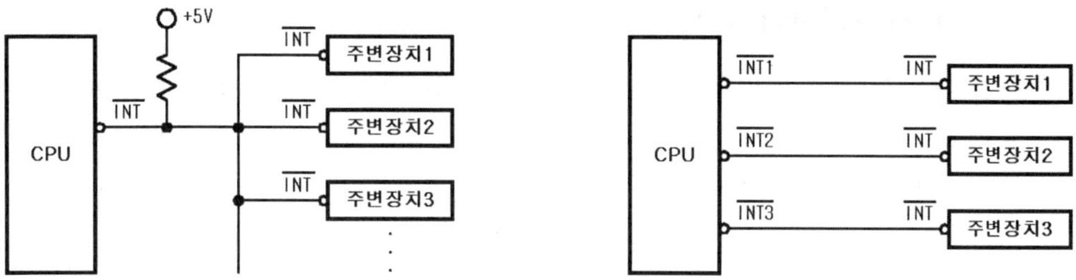

(a) 범용 마이크로프로세서 방식 (b) 마이크로컨트롤러 방식

〈그림 1.5.2〉 주변장치가 인터럽트를 요청하는 방식

(3) 인터럽트의 우선순위 제어

인터럽트는 CPU의 의지가 아니라 주변장치의 필요에 의하여 CPU와 비동기적으로 또는 부정기적으로 발생되는 것이 일반적이므로 우연히 2개 이상의 주변장치가 동시에 신호를 보내 인터럽트를 요청하는 경우가 존재할 수 있다. 이러한 경우에 CPU는 이들 인터럽트를 한꺼번에 모두 처리할 수가 없으므로 반드시 한번에 1개만의 인터럽트를 선택하여 처리하게 되는데 이를 인터럽트 우선순위(priority)라고 한다. 우선순위가 높은 인터럽트가 처리되는 동안에 낮은 순위의 인터럽트는 대기하게 되며, 이것은 높은 순위의 인터럽트 처리가 끝난 후에 다시 순위에 따라 차례로 처리된다.

인터럽트의 우선순위를 결정하는 방법에는 여러 가지 형태가 있다. 조사형 인터럽트의 경우에는 인터럽트가 발생하면 이 인터럽트를 요청한 장치를 찾아내기 위하여 CPU가 각 주변장치를 소프트웨어적으로 차례로 조사하므로 폴링 순서에 의하여 소프트웨어적으로 인터럽트의 우선순위를 지정할 수 있으며, 따라서 필요할 때마다 소프트웨어를 수정하여 손쉽게 우선순위를 변경할 수 있으므로 이를 동적 우선순위 제어(dynamic priority control)라고 한다. 그러나, 어떤 마이크로프로세서에서는 사용자가 하드웨어적으로 우선순위를 지정하며, 이것은 하드웨어를 수정하지 않으면 우선순위를 변경하기 곤란하므로 정적 우선순위 제어(static priority control)라고 한다.

한편, 마이크로컨트롤러에서 주로 사용하는 벡터형 인터럽트의 경우에는 각 인터럽트에 대하여 미리 우선순위가 정해져 있는 경우가 많으며, 이를 사용자가 인터럽트 우선순위 제어 레지스터를 이용하여 변경할 수 있는 마이크로프로세서도 있는 반면에 ATmega128A처럼 지정된 인터럽트 우선순위를 변경할 수 없는 경우도 있다.

이밖에 하나의 인터럽트가 서비스되고 있는 동안에 또다른 인터럽트가 요청되면 이를 어떻게 처리할 것인지도 인터럽트 우선순위 제어에 해당한다. 이런 경우의 인터럽트 처리 방식은 대부분 사용자 프로그램을 작성하는 방법에 따라 결정된다.

(4) 인터럽트의 처리 과정

인터럽트의 처리 과정은 마이크로프로세서의 종류에 따라 상당히 다르고 또한 하나의 마이크로프로세서에서도 인터럽트의 종류에 따라 처리과정이 달라지는 경우가 있지만 전체적인 처리 순서는 매우 유사하다. 마이크로프로세서에서 일반적인 인터럽트의 처리 과정을 개략적으로 요약하면 <그림 1.5.3>과 같으며, 물론 ATmega128A에서도 전체적인 처리 과정은 이와 유사하다.

단계	내용
1. 인터럽트 요청 신호의 검출	CPU는 모든 명령 사이클에서 한번씩 또는 모든 머신 사이클에서 한번씩 지정된 순간에 인터럽트를 샘플링하여 주변장치의 인터럽트 요청을 검출한다. (ATmega128A에는 모든 인터럽트마다 그에 대응되는 인터럽트 플래그 레지스터를 가지고 있어서 인터럽트가 검출되면 이 플래그이 1로 세트된다. 이 플래그 비트는 해당 인터럽트의 벡터가 인출되어 인터럽트 서비스 루틴의 실행이 개시되면 자동으로 0으로 클리어된다.)
⬇	
2. 인터럽트 우선순위 제어 및 허용 여부 판단	CPU가 인터럽트를 허용하도록 설정되어 있는지를 판단하고 가장 높은 우선순위를 선택하여 인터럽트를 허용한다. 외부에서 인터럽트 벡터를 읽는 방식에서는 이를 위한 인터럽트 인정 사이클을 수행한다. (ATmega128A에서는 각 인터럽트에 해당되는 인터럽트 마스크 레지스터와 SREG 레지스터의 글로벌 인터럽트 허용 비트를 보고 인터럽트 허용 여부를 판단한다.)
⬇	
3. 인터럽트 처리루틴의 시작 번지 확인	CPU가 인터럽트를 요청한 주변장치에 대응하는 인터럽트 서비스 루틴의 시작번지를 확인한다. 인터럽트의 종류에 따라 인터럽트 벡터 번지가 미리 정해져 있는 경우도 있고, 다른 방식에서는 주변장치로부터 읽어들인 인터럽트 벡터가 이 서비스 루틴의 시작번지를 결정하는 자료로 사용되는 경우도 있다. (ATmega128A에서는 각 인터럽트별로 인터럽트 벡터의 번지가 미리 정해져 있어서 여기에 사용자가 인터럽트 서비스 루틴의 시작번지나 또는 그곳으로의 점프 명령을 저장하여 두어야 한다.)
⬇	
4. 복귀주소 및 레지스터를 저장	CPU가 인터럽트 서비스 루틴을 종료하고 되돌아 올 복귀주소(현재의 프로그램 카운터 값)를 스택에 저장하고, 마이크로프로세서에 따라서는 현재의 레지스터 값을 자동으로 스택에 저장하는 것도 있다. 또한, 대부분의 경우 하나의 인터럽트가 서비스되고 있는 동안에는 다른 인터럽트가 허용되지 않도록 일시적으로 인터럽트 금지 상태로 설정된다. (ATmega128A에서는 복귀주소만을 스택에 저장하며 다른 레지스터는 저장하지 않는다.)
⬇	
5. 인터럽트 서비스 루틴을 실행	CPU가 해당 인터럽트 서비스 루틴으로 점프하여 프로그램을 실행한다. 만약, 현재의 인터럽트 서비스 루틴이 실행되는 동안에 다른 인터럽트가 발생될 수 있도록 하려면 여기서 글로벌 인터럽트 설정을 허용으로 변경해주어야 한다.
⬇	
6. 인터럽트 서비스 루틴을 종료하고 원래의 주프로그램으로 복귀	CPU가 인터럽트 서비스 루틴의 실행 중에 리턴 명령을 만나면 스택에서 복귀주소를 되찾아 프로그램 카운터에 로드함으로써 원래의 위치로 되돌아온다. 이때 복귀주소와 함께 레지스터를 저장하는 방식이면 이 레지스터들의 값도 되찾으며, 일시적으로 인터럽트 금지 상태로 설정되었던 것도 원상태로 되돌려진다. (ATmega128A의 경우에는 RETI 명령을 만나면 해당 인터럽트를 종료하고 복귀주소를 되찾아 주프로그램으로 복귀한다.)

〈그림 1.5.3〉 인터럽트의 일반적인 처리 과정

2. ATmega128A의 인터럽트 처리 동작

ATmega128A에는 리셋을 포함하여 모두 35종의 리셋 및 인터럽트 벡터를 가지고 있다. 이것들은 여러 가지의 인터럽트 마스크 레지스터를 통하여 각각 개별적으로 허용여부를 설정할 수 있으며, 상태 레지스터 SREG의 글로벌 인터럽트 허용 비트 I를 이용하여 전체적인 허용여부를 설정할 수 있다.

〈표 1.5.1〉 ATmega128A의 리셋 및 인터럽트 벡터

벡터 번호 (우선순위)	벡터 번지	C언어에서 사용하는 인터럽트 벡터 이름	인터럽트 발생 조건
0	0x0000	-	리셋(External Pin, Power-on Reset, Brown-out Reset, Watchdog Reset, and JTAG AVR Reset)
1	0x0002	INT0_vect	External Interrupt Request 0
2	0x0004	INT1_vect	External Interrupt Request 1
3	0x0006	INT2_vect	External Interrupt Request 2
4	0x0008	INT3_vect	External Interrupt Request 3
5	0x000A	INT4_vect	External Interrupt Request 4
6	0x000C	INT5_vect	External Interrupt Request 5
7	0x000E	INT6_vect	External Interrupt Request 6
8	0x0010	INT7_vect	External Interrupt Request 7
9	0x0012	TIMER2_COMP_vect	Timer/Counter2 Compare Match
10	0x0014	TIMER2_OVF_vect	Timer/Counter2 Overflow
11	0x0016	TIMER1_CAPT_vect	Timer/Counter1 Capture Event
12	0x0018	TIMER1_COMPA_vect	Timer/Counter1 Compare Match A
13	0x001A	TIMER1_COMPB_vect	Timer/Counter1 Compare Match B
14	0x001C	TIMER1_OVF_vect	Timer/Counter1 Overflow
15	0x001E	TIMER0_COMP_vect	Timer/Counter0 Compare Match
16	0x0020	TIMER0_OVF_vect	Timer/Counter0 Overflow
17	0x0022	SPI_STC_vect	SPI Serial Transfer Complete
18	0x0024	USART0_RX_vect	USART0 Rx Complete
19	0x0026	USART0_UDRE_vect	USART0 Data Register Empty
20	0x0028	USART0_TX_vect	USART0 Tx Complete
21	0x002A	ADC_vect	ADC Conversion Complete
22	0x002C	EE_READY_vect	EEPROM Ready *
23	0x002E	ANALOG_COMP_vect	Analog Comparator
24	0x0030	TIMER1_COMPC_vect	Timer/Counter1 Compare Match C
25	0x0032	TIMER3_CAPT_vect	Timer/Counter3 Capture Event
26	0x0034	TIMER3_COMPA_vect	Timer/Counter3 Compare Match A
27	0x0036	TIMER3_COMPB_vect	Timer/Counter3 Compare Match B
28	0x0038	TIMER3_COMPC_vect	Timer/Counter3 Compare Match C
29	0x003A	TIMER3_OVF_vect	Timer/Counter3 Overflow
30	0x003C	USART1_RX_vect	USART1 Rx Complete
31	0x003E	USART1_UDRE_vect	USART1 Data Register Empty
32	0x0040	USART1_TX_vect	USART1 Tx Complete
33	0x0042	TWI_vect	Two-wire Serial Interface
34	0x0044	SPM_READY_vect	Store Program Memory Ready *

☞ *로 표시된 것은 인터럽트 플래그 비트를 가지고 있지 않는 종류의 인터럽트임.

(1) 인터럽트의 종류

ATmega128A의 인터럽트는 <표 1.5.1>과 같이 리셋을 포함하여 총 35종이 있는데, 이중에서 리셋을 제외한 34종은 모두 외부 인터럽트에 해당하며 차단 가능하다. 이들 인터럽트를 다시 구분해보면 외부 핀을 통하여 요구되는 인터럽트 8개, 타이머0 관련 2개, 타이머1 관련 5개, 타이머2 관련 2개, 타이머3 관련 5개, USART0 관련 3개, USART1 관련 3개, 기타 6개 등이다.

이들 인터럽트에는 크게 2가지의 동작 유형이 있다. 첫째는, 인터럽트가 요청되면 관련 플랙 레지스터의 해당 플랙 비트를 1로 세트하여 표시하고 인터럽트를 트리거하는 종류이다. 이러한 인터럽트에서는 프로그램 카운터가 인터럽트 서비스 루틴의 시작 번지로 점프하여 인터럽트 처리 루틴의 실행이 시작되면 자동으로 해당 플랙이 다시 0으로 클리어된다. 사용자가 소프트웨어로 이 플랙 비트에 1을 라이트하여 0으로 클리어할 수도 있다. 이들 인터럽트에서는 인터럽트 마스크 레지스터 또는 SREG 레지스터에서 이를 금지 상태로 설정하여 놓았더라도 인터럽트가 발생하면 해당 인터럽트 플랙이 1로 셋트되어 인터럽트 대기상태로 되며, 나중에 인터럽트가 허용상태로 설정되면 이 인터럽트가 처리된다.

둘째는, 인터럽트가 요청되더라도 이를 기억하기 위한 인터럽트 플랙을 가지고 있지 않으며 인터럽트 발생 조건이 만족되면 즉시 인터럽트를 트리거하는 종류이다. ATmega128A의 인터럽트 중에서 벡터 번호 22번과 34번이 이에 해당한다. 이러한 인터럽트는 인터럽트 발생 조건이 사라지면 인터럽트 요청도 없어지므로 인터럽트 금지 상태에서 트리거된 인터럽트는 무효가 되어 나중에 다시 인터럽트 허용 상태로 되더라도 이 인터럽트가 걸리지 않는다.

WinAVR의 C언어에서 인터럽트를 사용하려면 반드시 다음과 같이 지정된 형식으로 인터럽트 서비스 루틴(interrupt service routine 또는 interrupt handler) 함수를 작성해야만 C컴파일러가 이를 인식할 수 있다. 즉, 이것은 헤더파일 <avr/interrupt.h>의 정의에 따라

```
#include <avr/interrupt.h>

ISR(vector)
{
    // interrupt service routine
}
```

여기서 vector는 ATmega128A 마이크로컨트롤러의 인터럽트 종류를 나타내는 심볼로서 <표 1.5.1>에서 정리하여 보였다.

ATmega128A에서는 인터럽트 처리가 시작되면 SREG 레지스터의 글로벌 인터럽트 플랙 I가 자동적으로 0이 되기 때문에 이 인터럽트 함수가 실행되는 동안에는 모든 다른 인터럽트가 금지 상태로 된다. 그러나, 이때 만약 다른 인터럽트가 요청되면 그것을 먼저 처리하도록 허용 상태로 설정하려면 인터럽트 함수의 서두에서 sei() 함수를 실행하여 주면 된다. ATmega128A의 인터럽트 우선순위는 <표 1.5.1>에 표시된 것처럼 하드웨어적으로 고정되어 있으나, 이러한 방법으로 사용자가 인터럽트의 우선순위를 어느 정도 조정할 수 있다.

(2) 인터럽트의 처리 동작

ATmega128A에서는 어느 인터럽트가 요청되어 이것이 허용되면 인터럽트 서비스 루틴(interrupt service routine, interrupt handler)이 실행되면서 SREG 레지스터의 글로벌 인터럽트 허용 비트가 I = 0으로 클리어되어 모든 인터럽트가 금지 상태로 된다. 따라서, 여기서 사용자가 인터럽트 서비스 루틴이 실행되는 동안에 다른 인터럽트가 발생되도록 다중 인터럽트를 허용하려면 SREG 레지스터에서 I = 1로 설정하여야 한다. 그러나, 인터럽트 처리가 끝나고 인터럽트 서비스 루틴을 종료하기 위하여 복귀명령 RETI를 실행하면 SREG 레지스터의 글로벌 인터럽트 허용 비트 I가 다시 1로 되살아나 인터럽트 허용상태로 복구된다.

이처럼 하나의 인터럽트가 처리되는 동안에 SREG 레지스터의 글로벌 인터럽트 허용 비트 I가 잠정적으로 0으로 되었다가 나중에 인터럽트가 종료되면 다시 1로 복구되지만, 이 과정에서 SREG 레지스터의 내용이 자동으로 저장되지 않으므로 SREG 레지스터의 내용이 변경되지 않고 안전하게 유지되도록 하려면 사용자가 인터럽트 서비스 루틴에서 이를 저장하거나 되찾도록 프로그램해야 한다.

ATmega128A가 인터럽트 서비스 루틴을 종료하고 원래의 프로그램으로 복귀하면 이미 대기 상태에 있던 다른 인터럽트를 수행하기 전에 최소한 1개 이상의 명령을 실행한다. 만약, CLI 명령을 실행하면 어떤 인터럽트도 수행되지 않으므로 이 명령이 실행될 때 동시에 요청된 인터럽트도 처리되지 않고 대기 상태로 된다. 그러나, SEI 명령을 실행하면 그 다음에 있는 최소 1개의 명령을 실행하고 나서 대기 상태에 있던 인터럽트가 수행된다.

ATmega128A가 인터럽트 요청에 응답하는데는 최소한 4클록 사이클이 소요된다. CPU는 이 4클록 사이클 동안에 프로그램 카운터를 스택에 저장하고, 인터럽트 벡터를 인출하여 해당 서비스 루틴으로 점프한다. 그러나, 만약 여러 사이클에 수행되는 명령을 실행하고 있는 동안에 인터럽트가 요청된다면 이 명령이 완료된 이후에 인터럽트가 처리되므로 전체적인 인터럽트 응답시간은 4클록 사이클보다 좀 더 길어진다. 또한, 슬립 모드에 있을 때 인터럽트가 발생하면 인터럽트 응답시간은 4클록 사이클만큼 추가로 더 길어지며, 슬립모드에 따라 여기에 기동시간이 추가된다.

ATmega128A가 RETI 명령에 의하여 인터럽트 서비스 루틴의 실행을 마치고 복귀하는데도 4클록 사이클이 소요된다. 이 시간동안에 2바이트의 프로그램 카운터 값이 스택에서 꺼내지고, 스택 포인터가 2만큼 증가하며, SREG 레지스터의 글로벌 인터럽트 허용 비트가 다시 I = 1로 세트된다.

(3) 리셋 및 인터럽트 벡터의 배치

ATmega128A에서 리셋 및 인터럽트 벡터는 항상 <표 1.5.1>에서처럼 메모리 위치가 일정하게 고정되어 있는 것이 아니라 가변적으로 배치할 수 있다. 즉, 퓨즈 비트의 BOOTRST 비트 및 MCUCR 레지스터의 IVSEL 비트 조합에 따라 <표 1.5.2>와 같이 4가지의 경우로 메모리의 위치 선택이 가능하다. 여기서 Boot Reset Address는 부트로더 섹션의 크기에 따라 달라지는데, 이는 앞의 <표 1.4.5>에서 보인 바와 같이 퓨즈 비트의 BOOTSZ1~0 비트에 의하여 설정된다. 예를 들어 BOOTSZ1~0 비트들이 모두 0으로 설정되면 부트 사이즈는 8KB(4096워드)가 되어 Boot Reset Address는 0xF000 번지가 된다.

〈표 1.5.2〉 리셋 및 인터럽트 벡터의 배치

퓨즈 비트 BOOTRST	MCUCR 레지스터 IVSEL	리셋 벡터 어드레스	인터럽트 벡터의 시작 어드레스
1	0	0x0000	0x0002
1	1	0x0000	Boot Reset Address + 0x0002
0	0	Boot Reset Address	0x0002
0	1	Boot Reset Address	Boot Reset Address + 0x0002

이상으로부터 ATmega128A에서 가장 전형적으로 사용(BOOTRST=1, IVSEL=0)하는 경우 리셋 및 인터럽트 벡터 어드레스를 고려한 어셈블리 프로그램의 예를 보이면 다음과 같다.

```
Address   Labels      Code                      Comments
------------------------------------------------------------------
                      .org  0x0000
0x0000                JMP   RESET               ; Reset Handler
0x0002                JMP   EXT_INT0            ; IRQ0 Handler
0x0004                JMP   EXT_INT1            ; IRQ1 Handler
0x0006                JMP   EXT_INT2            ; IRQ2 Handler
```

```
0x0008                JMP   EXT_INT3            ; IRQ3 Handler
0x000A                JMP   EXT_INT4            ; IRQ4 Handler
0x000C                JMP   EXT_INT5            ; IRQ5 Handler
0x000E                JMP   EXT_INT6            ; IRQ6 Handler
0x0010                JMP   EXT_INT7            ; IRQ7 Handler
0x0012                JMP   TIM2_COMP           ; Timer2 Compare Handler
0x0014                JMP   TIM2_OVF            ; Timer2 Overflow Handler
0x0016                JMP   TIM1_CAPT           ; Timer1 Capture Handler
0x0018                JMP   TIM1_COMPA          ; Timer1 Compare A Handler
0x001A                JMP   TIM1_COMPB          ; Timer1 Compare B Handler
0x001C                JMP   TIM1_OVF            ; Timer1 Overflow Handler
0x001E                JMP   TIM0_COMP           ; Timer0 Compare Handler
0x0020                JMP   TIM0_OVF            ; Timer0 Overflow Handler
0x0022                JMP   SPI                 ; SPI Transfer Complete Handler
0x0024                JMP   USART0_RXC          ; USART0 RX Complete Handler
0x0026                JMP   USART0_DRE          ; USART0, UDR Empty Handler
0x0028                JMP   USART0_TXC          ; USART0 TX Complete Handler
0x002A                JMP   ADC                 ; ADC Conversion Complete Handler
0x002C                JMP   EE_RDY              ; EEPROM Ready Handler
0x002E                JMP   ANA_COMP            ; Analog Comparator Handler
0x0030                JMP   TIM1_COMPC          ; Timer1 Compare C Handler
0x0032                JMP   TIM3_CAPT           ; Timer3 Capture Handler
0x0034                JMP   TIM3_COMPA          ; Timer3 Compare A Handler
0x0036                JMP   TIM3_COMPB          ; Timer3 Compare B Handler
0x0038                JMP   TIM3_COMPC          ; Timer3 Compare C Handler
0x003A                JMP   TIM3_OVF            ; Timer3 Overflow Handler
0x003C                JMP   USART1_RXC          ; USART1 RX Complete Handler
0x003E                JMP   USART1_DRE          ; USART1, UDR Empty Handler
0x0040                JMP   USART1_TXC          ; USART1 TX Complete Handler
0x0042                JMP   TWI                 ; TWI Interrupt Handler
0x0044                JMP   SPM_RDY             ; SPM Ready Handler
;
0x0046      RESET:    LDI   R16, high(RAMEND)   ; Main program start
0x0047                OUT   SPH, R16            ; Set stack pointer to top of RAM
0x0048                LDI   R16, low(RAMEND)
0x0049                OUT   SPL, R16
0x004A                SEI                       ; Enable interrupts
0x004B                 . . .
```

그러나, BOOTRST=1, IVSEL=1로 설정하고 부트 사이즈가 8KB인 경우 리셋 및 인터럽트 벡터 어드레스를 고려한 어셈블리 프로그램의 예를 보이면 다음과 같다.

```
Address     Labels    Code                      Comments

                      .org  0x0000
0x0000      RESET:    LDI   R16, high(RAMEND)   ; Main program start
0x0001                OUT   SPH, R16            ; Set stack pointer to top of RAM
0x0002                LDI   R16, low(RAMEND)
0x0003                OUT   SPL, R16
0x0004                SEI                       ; Enable interrupts
0x0005                 . . .
;
                      .org  0xF002
0xF002                JMP   EXT_INT0            ; IRQ0 Handler
0xF004                JMP   EXT_INT1            ; IRQ1 Handler
```

```
0xF006          JMP   EXT_INT2          ; IRQ2 Handler
                 ・ ・ ・
0xF042          JMP   TWI               ; TWI Interrupt Handler
0xF044          JMP   SPM_RDY           ; SPM Ready Handler
```

또한, BOOTRST=0, IVSEL=0으로 설정하고 부트 사이즈가 8KB인 경우 리셋 및 인터럽트 벡터 어드레스를 고려한 어셈블리 프로그램의 예를 보이면 다음과 같다.

```
Address   Labels    Code                        Comments
-------------------------------------------------------------------------------
                    .org  0x0002
0x0002              JMP   EXT_INT0              ; IRQ0 Handler
0x0004              JMP   EXT_INT1              ; IRQ1 Handler
0x0006              JMP   EXT_INT2              ; IRQ2 Handler
                     ・ ・ ・
0x0042              JMP   TWI                   ; TWI Interrupt Handler
0x0044              JMP   SPM_RDY               ; SPM Ready Handler
;
                    .org  0xF000
0xF000    RESET:    LDI   R16, high(RAMEND)     ; Main program start
0xF001              OUT   SPH, R16              ; Set stack pointer to top of RAM
0xF002              LDI   R16, low(RAMEND)
0xF003              OUT   SPL, R16
0xF004              SEI                         ; Enable interrupts
0xF005               ・ ・ ・
```

마지막으로, BOOTRST=0, IVSEL=1로 설정하고 부트 사이즈가 8KB인 경우 리셋 및 인터럽트 벡터 어드레스를 고려한 어셈블리 프로그램의 예를 보이면 다음과 같다.

```
Address   Labels    Code                        Comments
-------------------------------------------------------------------------------
                    .org  0xF000
0xF000              JMP   RESET                 ; Reset Handler
0xF002              JMP   EXT_INT0              ; IRQ0 Handler
0xF004              JMP   EXT_INT1              ; IRQ1 Handler
0xF006              JMP   EXT_INT2              ; IRQ2 Handler
                     ・ ・ ・
0xF042              JMP   TWI                   ; TWI Interrupt Handler
0xF044              JMP   SPM_RDY               ; SPM Ready Handler
;
0xF046    RESET:    LDI   R16, high(RAMEND)     ; Main program start
0xF047              OUT   SPH, R16              ; Set stack pointer to top of RAM
0xF048              LDI   R16, low(RAMEND)
0xF049              OUT   SPL, R16
0xF04A              SEI                         ; Enable interrupts
0xF04B               ・ ・ ・
```

인터럽트 벡터를 응용 프로그램 섹션과 부트 로더 섹션 사이에서 이동시키는데는

MCUCR(MCU Control Register) 레지스터의 IVSEL(Interrupt Vector Select) 비트가 사용된다. 이 비트를 0으로 클리어하면 인터럽트 벡터는 응용 프로그램 섹션인 플래시 메모리의 시작 부분에 위치하게 되고, 이 비트를 1로 세트하면 인터럽트 벡터는 플래시 메모리에서 부트 로더 섹션의 선두 부분에 위치하게 된다. 부트 로더 섹션의 정확한 어드레스 범위는 퓨즈 비트의 BOOTSZ1~0 비트에 의하여 설정된다.

Bit	7	6	5	4	3	2	1	0	
$35($55)	SRE	SRW10	SE	SM1	SM0	SM2	IVSEL	IVCE	MCUCR
Read/Write	R/W	R/W	R/W	R/W	R/W	R/W	R/W	R/W	
Initial Value	0	0	0	0	0	0	0	0	

〈그림 1.5.4〉 MCU 제어 레지스터 MCUCR

자칫 프로그램 오류에 의하여 인터럽트 벡터 테이블이 원하지 않게 이동되는 것을 방지하기 위하여 IVSEL 비트의 설정값을 변경하는데는 특별한 절차가 필요하다. 즉, ①단계에서는 MCUCR 레지스터의 IVCE(Interrupt Vector Change Enable) 비트에 1을 쓰고, ②단계에서는 4사이클 이내에 MCUCR 레지스터의 IVCE 비트에 0과 함께 IVSEL 비트에 원하는 값을 쓰면 된다. 이러한 수행절차 동안에는 모든 인터럽트가 자동적으로 금지된다. 그러나, ①단계가 수행되고 나서 ②단계가 수행되지 않으면 4클록 사이클 후에 인터럽트는 다시 원상태로 복구된다.

만약 인터럽트 벡터가 부트 로더 섹션에 위치하고 메모리 록 비트 BLB02 비트가 0으로 설정되어 있다면 응용 프로그램 섹션이 실행되는 동안에 모든 인터럽트는 금지된다. 반대로, 만약 인터럽트 벡터가 응용 프로그램 섹션에 위치하고 메모리 록 비트 BLB12 비트가 0으로 설정되어 있다면 부트 로더 섹션이 실행되는 동안에 모든 인터럽트는 금지된다. 이에 대한 좀 더 자세한 사항은 메모리 록 비트를 참고하라.

(4) ATmega128A의 외부 인터럽트

ATmega128A에서 외부 인터럽트는 8개의 외부핀 INT7~0을 통해 입력되는 신호에 의하여 발생하는 인터럽트를 가리킨다. 외부 인터럽트는 이 핀들을 출력으로 설정하더라도 발생되는데, 따라서 이러한 기능을 이용하면 병렬 I/O 포트에 소프트웨어적으로 데이터를 출력하여 인터럽트를 요청할 수 있다.

모든 외부 인터럽트는 해당 핀으로 입력되는 신호의 L의 논리레벨(low level), 하강에지(falling edge), 상승 에지(rising edge)에 의하여 트리거(trigger)될 수 있는데, 이러한 인터럽트 트리거 방법은 외부 인터럽트 제어 레지스터 EICRA(INT3~0) 및

EICRB(INT7～4)로 설정한다. 여기서 에지 트리거로 사용되는 인터럽트 신호의 펄스폭은 최소 t_{INT} = 50 ns 이상이어야 한다.

만약 인터럽트가 허용되고 레벨 트리거 방식으로 설정되어 있다면 해당 핀에 L상태가 입력되는 동안 인터럽트가 발생된다. 모든 레벨 트리거 인터럽트와 INT3～0이 하강 또는 상승 에지 트리거 방식으로 설정된 경우에는 인터럽트가 클록 신호에 관계없이 비동기적으로 검출되므로 이것들은 슬립모드를 해제하는 수단으로 사용할 수 있다. 그러나, INT7～4가 에지 트리거 방식으로 설정되면 이는 I/O 클록을 필요로 하므로 이것들은 I/O 클록이 차단되는 아이들 모드 이외의 슬립모드에서는 슬립모드를 해제하는 수단으로 사용할 수 없다.

레벨 트리거 인터럽트 신호는 워치독 오실레이터에 의하여 2번 샘플링되는데 이것이 L레벨로 검출되면 이는 슬립모드를 해제한다. 그러나, 만약 이와 같이 슬립 모드가 해제되고 나서 기동시간이 경과하기 전에 이 인터럽트 신호가 사라지면 슬립모드의 해제는 이루어지지만 인터럽트는 발생되지 않는다. 슬립모드를 해제하고 인터럽트도 발생되려면 충분히 긴 시간동안 인터럽트 신호가 L상태로 입력되어야 하는데, 이러한 동작 특성은 MCU가 잡음에 대하여 덜 민감하게 해주는 효과가 있다.

외부 인터럽트 제어 레지스터 EICRA(External Interrupt Control Register A)는 INT3～0 핀으로 입력되는 신호에 의하여 인터럽트가 트리거되는 방법을 설정한다. 이는 <그림 1.5.5>와 <표 1.5.3>에 나타낸 것과 같이 레벨 트리거 방식 또는 에지 트리거 방식으로 설정할 수 있다. 이처럼 외부의 INT3～0 핀으로 인터럽트를 발생하는 경우는 상승 에지나 하강 에지 중에서 1가지만을 선택하여 사용할 수 있음에 유의하라.

Bit	7	6	5	4	3	2	1	0	
$6A	ISC31	ISC30	ISC21	ISC20	ISC11	ISC10	ISC01	ISC00	EICRA
Read/Write	R/W	R/W	R/W	R/W	R/W	R/W	R/W	R/W	
Initial Value	0	0	0	0	0	0	0	0	

〈그림 1.5.5〉 외부 인터럽트 제어 레지스터 EICRA

〈표 1.5.3〉 외부 인터럽트 INT3～0의 트리거 방식 설정

ISCn1	ISCn0	인터럽트 트리거 방식
0	0	INTn 핀의 L레벨 신호(low level) 입력이 인터럽트를 트리거한다.
0	1	사용하지 않음(reserved)
1	0	INTn 핀의 하강 에지(falling edge)가 인터럽트를 비동기적으로 트리거한다.
1	1	INTn 핀의 상승 에지(rising edge)가 인터럽트를 비동기적으로 트리거한다.

외부 인터럽트 제어 레지스터 EICRB(External Interrupt Control Register B)는 INT7~4 핀으로 입력되는 신호에 의하여 인터럽트가 트리거되는 방법을 설정한다. 이는 <그림 1.5.6>과 <표 1.5.4>에 나타낸 것과 같이 레벨 트리거 방식 또는 에지 트리거 방식으로 설정할 수 있다. 이처럼 외부의 INT7~4 핀으로 인터럽트를 발생하는 경우는 상승 에지나 하강 에지 중에서 1가지만을 선택하여 사용할 수도 있고 이를 모두 사용할 수도 있음에 유의하라.

Bit	7	6	5	4	3	2	1	0	
$3A($5A)	ISC71	ISC70	ISC61	ISC60	ISC51	ISC50	ISC41	ISC40	EICRB
Read/Write	R/W	R/W	R/W	R/W	R/W	R/W	R/W	R/W	
Initial Value	0	0	0	0	0	0	0	0	

〈그림 1.5.6〉 외부 인터럽트 제어 레지스터 EICRB

〈표 1.5.4〉 외부 인터럽트 INT7~4의 트리거 방식 설정

ISCn1	ISCn0	인터럽트 트리거 방식
0	0	INTn 핀의 L레벨 신호(low level) 입력이 인터럽트를 트리거한다.
0	1	INTn 핀의 하강 에지 또는 상승 에지가 인터럽트를 트리거한다.
1	0	INTn 핀의 하강 에지(falling edge)가 인터럽트를 트리거한다.
1	1	INTn 핀의 상승 에지(rising edge)가 인터럽트를 트리거한다.

외부 인터럽트 마스크 레지스터 EIMSK(External Interrupt Mask Register)는 인터럽트 INT7~0의 발생을 개별적으로 허용하는데 사용된다. 해당 비트를 1로 설정하면 인터럽트 허용, 0으로 설정하면 인터럽트 금지가 된다. 이렇게 개별적으로 허용된 인터럽트는 다시 SREG 레지스터에서 글로벌 인터럽트 허용 비트 I가 1로 설정되어야만 실제로 허용 상태가 된다.

Bit	7	6	5	4	3	2	1	0	
$39($59)	INT7	INT6	INT5	INT4	INT3	INT2	INT1	INT0	EIMSK
Read/Write	R/W	R/W	R/W	R/W	R/W	R/W	R/W	R/W	
Initial Value	0	0	0	0	0	0	0	0	

〈그림 1.5.7〉 외부 인터럽트 마스크 레지스터 EIMSK

Bit	7	6	5	4	3	2	1	0	
$38($58)	INTF7	INTF6	INTF5	INTF4	INTF3	INTF2	INTF1	INTF0	EIFR
Read/Write	R/W	R/W	R/W	R/W	R/W	R/W	R/W	R/W	
Initial Value	0	0	0	0	0	0	0	0	

〈그림 1.5.8〉 외부 인터럽트 플랙 레지스터 EIFR

외부 인터럽트 플랙 레지스터 EIFR(External Interrupt Flag Register)는 INT7~0 핀에 인터럽트 신호가 입력되어 해당 인터럽트가 트리거 되었음을 표시하는데 사용된다. 이 비트들은 인터럽트 처리가 시작되고 마이크로컨트롤러가 인터럽트 서비스 루틴으로 점프하여 이를 실행하기 시작하면 다시 0으로 클리어되며, 사용자 프로그램에서 이를 강제로 0으로 클리어하려면 해당 비트에 1을 라이트해야 한다.

◀휴게실▶ **인터럽트 플랙 비트의 클리어**

ATmega128A에서 인터럽트 플랙을 가지는 종류의 인터럽트는 해당 인터럽트가 요청되면 이 비트가 1로 세트되어 인터럽트를 요청하였다는 사실을 표시하게 된다. 이러한 대부분의 인터럽트에서는 인터럽트가 허용되고 이 인터럽트 서비스 루틴이 처리되기 시작하면 해당 인터럽트 플랙이 자동적으로 다시 0으로 바뀐다.

그러나, 사용자가 소프트웨어에 의하여 이 인터럽트 플랙을 강제로 클리어하려면 이 플랙 비트에 1을 써주어야 하는 점에 주의해야 한다. 대부분의 레지스터에서 어느 비트를 0으로 하고 싶으면 해당 비트에 0을 써주면 되지만, 이러한 인터럽트 플랙 비트의 경우는 이를 0으로 클리어하려면 1을 써주어야만 한다는 것이다. 이 플랙 비트들은 인터럽트가 요청되었을 때만 하드웨어적으로 1로 세트될 수 있으며 사용자가 소프트웨어적으로 이를 세트할 수 있는 수단은 없다. 요청된 인터럽트를 해제하기 위하여 해당 플랙 비트에 1을 써줌으로써 0으로 클리어하는 방법만을 가지고 있다는 것이다.

이와 같이 0으로 클리어하기 위하여 해당 비트에 1을 써주어야하는 인터럽트 플랙을 요약하면 다음과 같다.

- 외부 인터럽트 플랙 레지스터 EIFR의 INTF7~INTF0 비트
- 타이머/카운터 인터럽트 플랙 레지스터 TIFR의 TOV0, OCF0, TOV2, OCF2 비트
- 타이머/카운터 인터럽트 플랙 레지스터 TIFR의 TOV1, OCF1A, OCF1B, ICF1 비트
- 타이머/카운터 인터럽트 플랙 확장 레지스터 ETIFR의 TOV3, OCF3A, OCF3B, OCF3C, ICF3 비트
- 타이머/카운터 인터럽트 플랙 확장 레지스터 ETIFR의 OCF1C 비트
- USART0 제어 및 상태 레지스터 UCSR0A의 TXC0 비트
- USART1 제어 및 상태 레지스터 UCSR1A의 TXC1 비트
- TWI 제어 레지스터 TWCR의 TWINT 비트
- A/D 컨버터 제어 및 상태 레지스터 ADCSRA의 ADIF 비트
- 아날로그 비교기 제어 및 상태 레지스터 ACSR의 ACI 비트

제2장

ATmega128A의 내장 I/O 기능

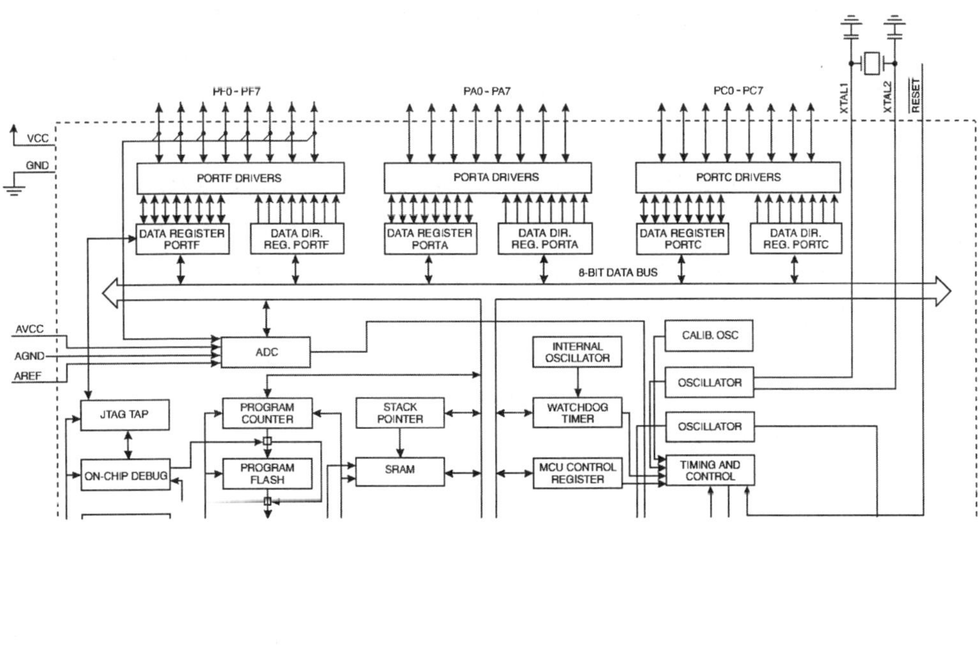

☞

이 장에서는 ATmega128A 마이크로컨트롤러에 내장되어 있는 여러 가지 주변장치의 I/O 기능을 이해하고 이를 사용자 프로그램으로 충분히 활용하는 기술에 대하여 공부한다.

따지고 보면 우리가 ATmega128A와 같은 MCU를 배우고자 하는 것은 빠른 명령 처리속도와 함께 이러한 다양한 I/O 기능을 내장하고 있기 때문이다. 이처럼 마이크로컨트롤러에는 많은 I/O 기능을 가지고 있으며 사용자는 이에 관하여 기본적인 사항부터 정확하게 이해하고 활용하는 것이 중요하므로 이것들을 제2장에서 별도로 취급하는 것이다.

대부분의 초보자들이 마이크로프로세서 또는 마이크로컨트롤러를 사용하는 기술이 어렵다고 말하는 것은 이러한 소자의 구조와 기능을 제대로 공부하지 않고 그냥 무턱대고 프로그램하려고 달려들기 때문이다. 대상을 알지 못하는데 이를 잘 사용할 수는 없다. 마이크로컨트롤러 응용기술은 MCU 소자를 포함하는 하드웨어에 관하여 충분히 공부하고 이것들을 제어하는 소프트웨어를 자유자재로 구사하는 능력에 따라 좌우된다는 사실을 다시한번 명심하라.

그러나, 마이크로컨트롤러가 가지고 있는 하드웨어 기능을 제대로 공부하지 않고 자신의 근거 없는 선입견과 얕은 경험으로 이렇게 정교한 첨단제품을 사용하려는 사람이 의외로 많다는 것이 슬픈 현실이다. 예를 들어 타이머를 사용하여 정확하게 주기적인 인터럽트를 발생하고자 하면 ATmega128A에는 CTC 모드라는 탁월한 기능을 가지고 있는데, 놀랍게도 옛날 8051에서 했던 것처럼 타이머 오버플로우 기능을 사용하여 허접하게 이를 구현하고 있는 사람이 너무나도 많다. 첨단제품을 사용하려면 생각도 첨단이어야 한다.

2.1 병렬 I/O 포트

모든 마이크로컨트롤러에는 병렬 데이터(parallel data) 입출력 장치로서 많은 범용 병렬 I/O 포트(GPIO ; General-Purpose Input/Output controller)를 가지고 있다. 이 절에서는 ATmega128A에 내장되어 있는 병렬 I/O 포트의 구조와 기능에 대하여 알아보기로 한다. ATmega128A는 8비트 마이크로컨트롤러이므로 병렬 I/O 포트도 8비트의 구조를 가지고 있다.

1. 병렬 I/O 포트의 기본적인 동작

(1) 특징

ATmega128A의 병렬 I/O 포트는 병렬로 8비트씩 데이터를 입출력할 수 있는 가장 기본적인 주변장치이다. 이것의 특징을 요약하면 다음과 같다.

① 8비트 입출력이 가능한 병렬 I/O 포트 A, B, C, D, E, F, G를 가지고 있어서 총 53비트의 병렬 입출력이 가능하다. 이중에서 포트 A~F는 8비트의 구조를 가지고 있으나, 포트 G는 5비트의 구조로 되어 있다.

② 병렬 I/O 포트의 각 비트들은 개별적으로 입력 모드나 출력 모드로 설정하여 동작할 수 있다.

③ 포트를 입력 모드로 설정할 경우에는 입력 단자를 플로팅 상태로 동작하도록 지정할 수도 있고, 약 20kΩ~50kΩ의 저항으로 풀업(pull-up)하여 동작하도록 지정할 수도 있다. 모든 입력 단자에는 과전압 보호용의 다이오드를 가지고 있다.

④ 포트를 출력 모드로 설정할 경우에는 출력 단자가 푸시풀(push-pull)형으로 동작한다. 각 포트에서 H상태의 출력전류 드라이브(source drive) 능력이나 L상태의 출력전류 드라이브(sink drive) 능력이 대칭적이며, 최대 구동전류가 40mA이므로 LED를 직접 구동하여 점등할 수 있다. 그러나, 전체 병렬 I/O 포트에서 출력전류의 합은 200mA를 넘지 말아야 한다.

⑤ 병렬 I/O 포트의 각 비트들은 1~2가지의 부수적인 기능을 가지고 있다. 각 단자를 부수적인 기능으로 설정하면 해당 단자는 병렬 I/O 포트로 동작할 수 없다.

⑥ 부수적인 기능 중에서 아날로그 입력으로 설정된 단자는 하이 임피던스의 플로팅(floating) 상태로 동작한다.

⑦ 시스템 리셋 직후에 모든 병렬 I/O 포트는 플로팅 상태의 입력 모드로 동작한다. 단, ATmega128A의 퓨즈 비트에서 JTAG 인터페이스를 허용하도록 설정하는 경우에는 PF4(ADC4/TCK), PF5(ADC5/TMS), PF6(ADC6/TDO), PF7(ADC7/TDI) 단자가 모두 JTAG 신호로 동작한다.

Bit	7	6	5	4	3	2	1	0	
$1A($3A)	DDA7	DDA6	DDA5	DDA4	DDA3	DDA2	DDA1	DDA0	DDRA
Read/Write	R/W	R/W	R/W	R/W	R/W	R/W	R/W	R/W	
Initial Value	0	0	0	0	0	0	0	0	

Bit	7	6	5	4	3	2	1	0	
$1B($3B)	PORTA7	PORTA6	PORTA5	PORTA4	PORTA3	PORTA2	PORTA1	PORTA0	PORTA
Read/Write	R/W	R/W	R/W	R/W	R/W	R/W	R/W	R/W	
Initial Value	0	0	0	0	0	0	0	0	

Bit	7	6	5	4	3	2	1	0	
$19($39)	PINA7	PINA6	PINA5	PINA4	PINA3	PINA2	PINA1	PINA0	PINA
Read/Write	R	R	R	R	R	R	R	R	
Initial Value	N/A	N/A	N/A	N/A	N/A	N/A	N/A	N/A	

(a) 포트A(포트B~F도 이와 동일한 구조)

Bit	7	6	5	4	3	2	1	0	
$64	–	–	–	DDG4	DDG3	DDG2	DDG1	DDG0	DDRG
Read/Write	R	R	R	R/W	R/W	R/W	R/W	R/W	
Initial Value	0	0	0	0	0	0	0	0	

Bit	7	6	5	4	3	2	1	0	
$65	–	–	–	PORTG4	PORTG3	PORTG2	PORTG1	PORTG0	PORTG
Read/Write	R	R	R	R/W	R/W	R/W	R/W	R/W	
Initial Value	0	0	0	0	0	0	0	0	

Bit	7	6	5	4	3	2	1	0	
$63	–	–	–	PING4	PING3	PING2	PING1	PING0	PING
Read/Write	R	R	R	R	R	R	R	R	
Initial Value	0	0	0	N/A	N/A	N/A	N/A	N/A	

(b) 포트G

〈그림 2.1.1〉 각 병렬 I/O 포트에 관련된 I/O 제어 레지스터

(2) I/O 제어 레지스터

각각의 병렬 I/O 포트에는 3개씩의 I/O 레지스터를 가지고 있는데, 입출력의 방향을 설정하는 방향 설정 레지스터(Data Direction Register) DDRx, 데이터 출력 레지스터(Data Register) PORTx, 데이터 입력 레지스터(Port Input Pins Address) PINx 등이 그것이다. 모든 병렬 I/O 포트 관련 레지스터에서 x는 포트A~G를 나타내며, n은 각 포트의 비트 번호 0~7을 나타낸다. 즉, PORTx는 PORTA~PORTG를 나타내며, PORTB3이라고 하면 PORTB의 3번 비트를 가리킨다.

병렬 I/O 포트의 I/O 제어 레지스터 중에서 DDRx와 PORTx는 읽고 쓰는 것이 모두 가능하지만, PINx는 당연히 읽는 것만 가능하다. 각 포트에 관련된 레지스터를 보이면 <그림 2.1.1>과 같다.

병렬 I/O 포트의 내부 풀업 저항은 입력 모드에서만 사용할 수 있는데, 이를 사용하도록 설정하려면 먼저 <그림 2.1.2>와 같은 특수 기능 I/O 레지스터 SFIOR(Special Function I/O Register)에서 PUD(Pull-up Disable) 비트를 0으로 클리어하여 풀업 저항 금지를 해제하여야 한다. 내부 풀업저항을 사용하려면 <표 2.1.1>과 같이 PUD=0으로 설정하고, DDRx 레지스터의 해당 비트를 0으로 하여 입력방향으로 설정하며, PORTx 레지스터의 해당 비트를 1로 출력해야 한다.

Bit	7	6	5	4	3	2	1	0	
$20($40)	TSM	–	–	–	ACME	PUD	PSR0	PSR321	SFIOR
Read/Write	R/W	R	R	R	R/W	R/W	R/W	R/W	
Initial Value	0	0	0	0	0	0	0	0	

〈그림 2.1.2〉 특수 기능 I/O 레지스터 SFIOR

〈표 2.1.1〉 병렬 I/O 포트 핀의 동작 설정

DDxn	PORTxn	PUD	I/O	풀업저항	비 고
0	0	×	입력 모드	No	3스테이트(하이 임피던스) 상태
0	1	0		Yes	내부 풀업 저항을 사용함
0	1	1		No	3스테이트(하이 임피던스) 상태
1	0	×	출력 모드	No	L출력(sink)
1	1	×		No	H출력(source)

(3) 하드웨어 구조

각 병렬 I/O 포트의 핀에서 입력단 구조는 <그림 2.1.3>과 같다. 다이오드는 입력 신호의 전압 레벨이 전원 전압보다 높거나 GND보다 낮을 때 이들 과전압을 억제하여 내부의 회로를 보호하는 기능을 수행한다. 내부 풀업저항(pull-up resistor)의 사용 여부를 선택적으로 설정할 수 있으며, 이 풀업저항 R_{PU}의 저항값은 20[kΩ]~50[kΩ] 정도이다.

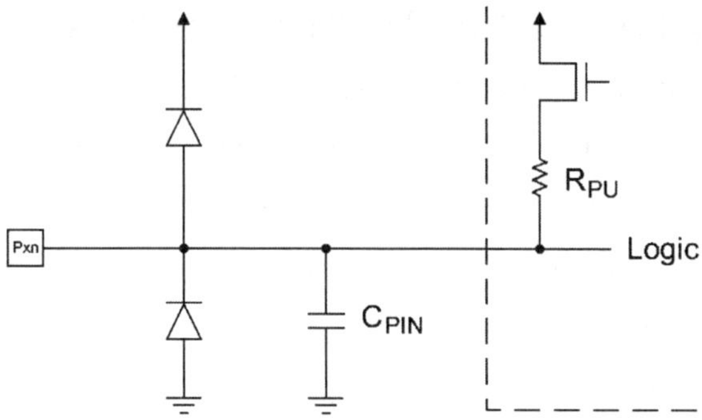

〈그림 2.1.3〉 병렬 I/O 핀의 입력단 구조

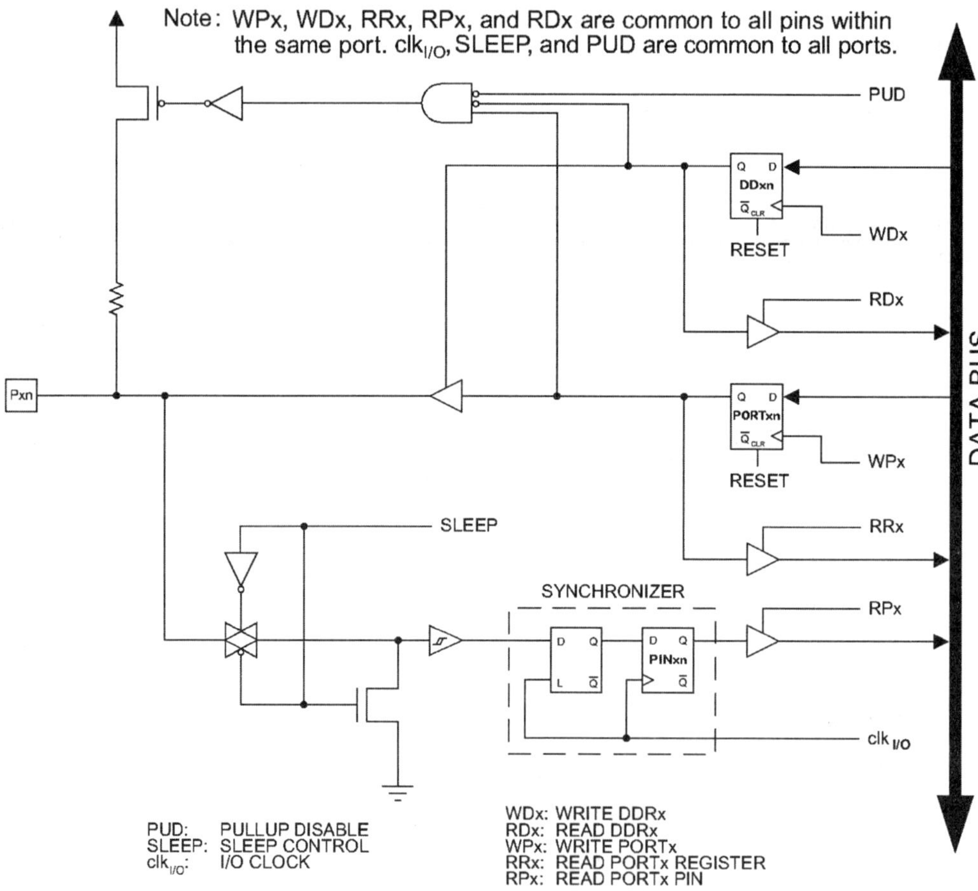

〈그림 2.1.4〉 병렬 I/O 포트의 기본적인 내부 하드웨어 구조

병렬 I/O 포트에서 각 단자들이 범용 I/O 핀으로 동작할 때의 기본적인 내부 하드웨어 구조는 <그림 2.1.4>와 같다. 여기서 DDxn은 방향설정 레지스터 DDRx의 각 비

트로서 이것을 1로 설정하면 이 핀은 출력핀으로 동작하고, 0으로 설정하면 입력핀으로 동작한다.

또한, PORTxn은 출력으로 설정된 포트에 데이터를 출력하는 레지스터 비트이며, 만약 이 핀이 입력으로 설정되어 있는 경우 여기에 1을 출력하면 이 입력핀에 내부적으로 풀업저항이 연결되어 동작한다. 그러나, PORTxn에 0을 출력하거나 PUD=1로 설정하면 내부 풀업저항은 연결되지 않고 핀이 3스테이트 상태가 된다. 이처럼 SFIOR 레지스터의 PUD 비트는 내부 풀업저항의 사용을 허용 또는 금지하는데 사용된다. MCU가 리셋되어 있는 동안에도 이 핀들은 3스테이트 상태로 되며, PORTxn이 출력핀으로 설정된 경우에는 풀업저항이 연결되지 않는다.

ATmega128A가 슬립모드로 동작하면 SLEEP 신호에 의하여 각 포트의 핀 입력은 접지 상태로 클램프(clamp)되어 입력 신호가 차단된다. 사용하지 않는 입력 핀을 플로팅(floating)시켜 두거나 또는 Vcc/2에 가까운 아날로그 신호가 입력되면 MCU 소자의 소비전력이 커지므로 슬립모드에서는 문제가 될 수 있기 때문이다. 이런 경우에는 외부에서 입력 단자에 풀업 또는 풀다운 저항을 접속하여 입력 핀이 플로팅되지 않고 확실하게 H 또는 L의 논리 상태를 가지도록 하는 것이 좋다. 그러나, 이런 경우에 대비하여 핀을 직접 Vcc나 GND에 연결하는 것은 이 핀이 출력방향으로 잘못 설정되는 경우에 큰 단락전류가 흐를 수 있으므로 매우 바람직하지 않으며, 내부 풀업저항을 사용하는 것도 간단한 해결방법이기는 하지만 리셋 동안에는 풀업저항이 끊어지므로 핀이 플로팅되는 문제가 발생할 수 있다.

2. 병렬 I/O 포트의 부수적인 동작

앞에서도 설명한 바와 같이 병렬 I/O 포트의 각 핀들은 대부분 기본적인 범용 I/O 포트로서의 기능 이외에 부수적인 기능을 1~2가지씩 가지고 있다. 이것은 대부분의 마이크로컨트롤러에서 흔히 볼 수 있는 일반적인 특징이며, 소자의 외부 패키지 핀 수가 부족한 것을 해결하기 위한 현실적인 방법이다.

<그림 2.1.5>는 범용 I/O 포트의 기능으로 동작하는 앞의 <그림 2.1.4>에 대하여 각종 overriding signal들이 어떻게 동작하여 이와 같은 부수적인 기능들이 수행되는지를 보여준다. 이에 대한 자세한 사항은 데이터 시트에 설명되어 있으므로 사용자들이 이를 필요로 하는 경우에는 데이터 시트를 참고하기 바란다.

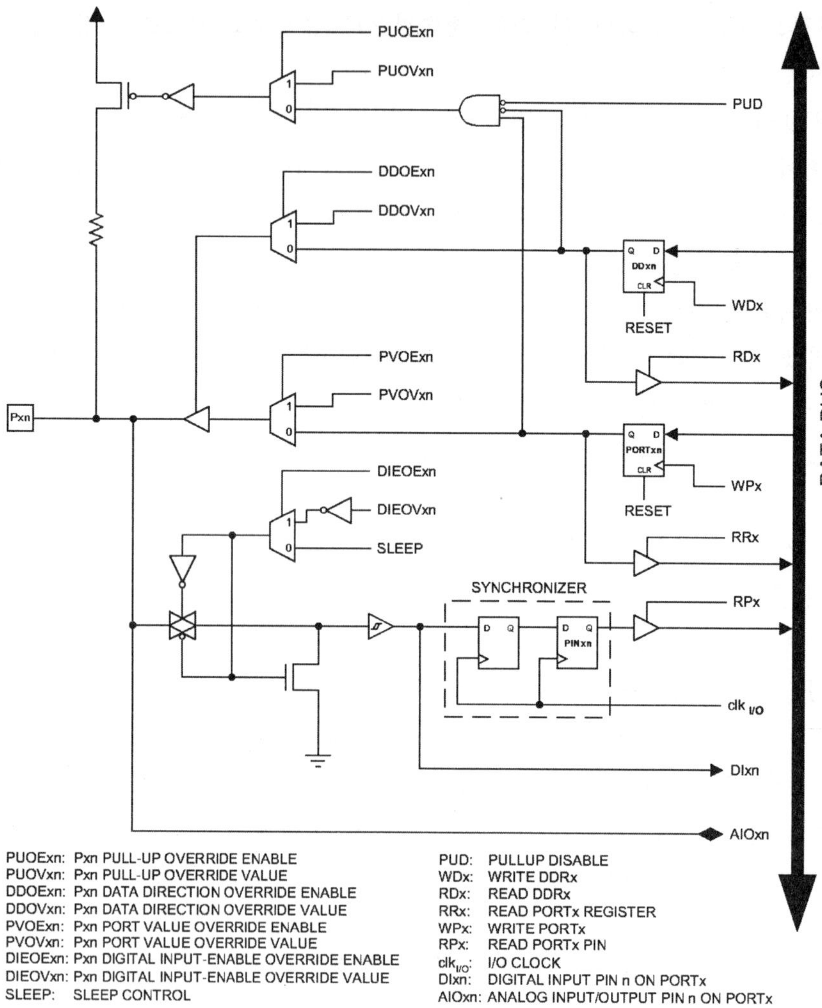

Note: WPx, WDx, RLx, RPx, and RDx are common to all pins within the same port. $clk_{I/O}$, SLEEP, and PUD are common to all ports. All other signals are unique for each pin.

〈그림 2.1.5〉 병렬 I/O 포트가 부수적인 기능을 수행하는 구조

(1) 포트A

포트A는 범용 I/O 포트 이외에 외부 메모리를 인터페이스하기 위하여 시분할다중화된 데이터 버스 및 어드레스 버스의 하위 바이트로 동작한다. 외부에서 이러한 시분할다중화된 버스로부터 어드레스 버스를 분리하는데는 ALE(Address Latch Enable) 신호가 사용된다.

포트A의 부수적인 기능을 요약하면 <표 2.1.2>와 같다.

〈표 2.1.2〉 포트A의 부수적인 기능

병렬 포트 핀	부수적인 기능
PA7	AD7(External memory interface address and data bit 7)
PA6	AD6(External memory interface address and data bit 6)
PA5	AD5(External memory interface address and data bit 5)
PA4	AD4(External memory interface address and data bit 4)
PA3	AD3(External memory interface address and data bit 3)
PA2	AD2(External memory interface address and data bit 2)
PA1	AD1(External memory interface address and data bit 1)
PA0	AD0(External memory interface address and data bit 0)

(2) 포트B

포트B는 범용 I/O 포트 이외에 타이머/카운터나 SPI 기능을 위한 신호들로 동작한다. 포트B의 부수적인 기능을 요약하면 <표 2.1.3>과 같다.

〈표 2.1.3〉 포트B의 부수적인 기능

병렬 포트 핀	부수적인 기능
PB7	OC2(Output Compare and PWM Output for Timer/Counter2) OC1C(Output Compare and PWM Output C for Timer/Counter1)
PB6	OC1B(Output Compare and PWM Output B for Timer/Counter1)
PB5	OC1A(Output Compare and PWM Output A for Timer/Counter1)
PB4	OC0(Output Compare and PWM Output for Timer/Counter0)
PB3	MISO(SPI Bus Master Input/Slave Output)
PB2	MOSI(SPI Bus Master Output/Slave Input)
PB1	SCK(SPI Bus Serial Clock)
PB0	$\overline{SS}$(SPI Slave Select Input)

(3) 포트C

포트C는 범용 I/O 포트 이외에 외부 메모리를 인터페이스하기 위한 어드레스 버스의 상위 바이트로 동작한다. 이를 요약하면 <표 2.1.4>와 같다.

〈표 2.1.4〉 포트C의 부수적인 기능

병렬 포트 핀	부수적인 기능
PC7	A15(External memory interface address bit 15)
PC6	A14(External memory interface address bit 14)
PC5	A13(External memory interface address bit 13)
PC4	A12(External memory interface address bit 12)
PC3	A11(External memory interface address bit 11)
PC2	A10(External memory interface address bit 10)
PC1	A9 (External memory interface address bit 9)
PC0	A8 (External memory interface address bit 8)

(4) 포트D

포트D는 범용 I/O 포트 이외에 타이머/카운터나 외부 인터럽트 또는 USART1, TWI 직렬통신 포트 기능을 위한 신호들로 동작한다. 포트D의 부수적인 기능을 요약하면 <표 2.1.5>와 같다.

〈표 2.1.5〉 포트D의 부수적인 기능

병렬 포트 핀	부수적인 기능
PD7	T2(Timer/Counter2 Clock Input)
PD6	T1(Timer/Counter1 Clock Input)
PD5	XCK1(USART1 External Clock Input/Output)
PD4	ICP1(Timer/Counter1 Input Capture Pin)
PD3	INT3(External Interrupt 3 Input) TXD1(USART1 Transmit Data)
PD2	INT2(External Interrupt 2 Input) RXD1(USART1 Receive Data)
PD1	INT1(External Interrupt 1 Input) SDA(TWI Serial Data)
PD0	INT0(External Interrupt 0 Input) SCL(TWI Serial Clock)

(5) 포트E

포트E는 범용 I/O 포트 이외에 타이머/카운터나 외부 인터럽트 또는 USART0 직렬통신 포트, 아날로그 비교기, ISP 기능을 위한 신호들로 동작한다. 포트E의 부수적인 기능을 요약하면 <표 2.1.6>과 같다.

〈표 2.1.6〉 포트E의 부수적인 기능

병렬 포트 핀	부수적인 기능
PE7	INT7(External Interrupt 7 Input) ICP3(Timer/Counter3 Input Capture Pin)
PE6	INT6(External Interrupt 6 Input) T3(Timer/Counter3 Clock Input)
PE5	INT5(External Interrupt 5 Input) OC3C(Output Compare and PWM Output C for Timer/Counter3)
PE4	INT4(External Interrupt 4 Input) OC3B(Output Compare and PWM Output B for Timer/Counter3)
PE3	AIN1(Analog Comparator Negative Input) OC3A(Output Compare and PWM Output A for Timer/Counter3)
PE2	AIN0(Analog Comparator Positive Input) XCK0(USART0 External Clock Input/Output)
PE1	PDO(Programming Data Output) TXD0(USART0 Transmit Data)
PE0	PDI(Programming Data Input) RXD0(USART0 Receive Data)

(6) 포트F

포트F는 범용 I/O 포트 이외에 A/D 컨버터나 JTAG 인터페이스 기능을 위한 신호들로 동작한다. 포트F의 부수적인 기능을 요약하면 <표 2.1.7>과 같다.

〈표 2.1.7〉 포트F의 부수적인 기능

병렬 포트 핀	부수적인 기능
PF7	ADC7(ADC Input Channel 7) TDI(JTAG Test Data Input)
PF6	ADC6(ADC Input Channel 6) TDO(JTAG Test Data Output)
PF5	ADC5(ADC Input Channel 5) TMS(JTAG Test Mode Select)
PF4	ADC4(ADC Input Channel 4) TCK(JTAG Test Clock)
PF3	ADC3(ADC Input Channel 3)
PF2	ADC2(ADC Input Channel 2)
PF1	ADC1(ADC Input Channel 1)
PF0	ADC0(ADC Input Channel 0)

(7) 포트G

포트G는 8비트 중에서 PG4~PG0의 5비트만 유효하다. 포트G는 범용 I/O 포트 이외에 외부 메모리 인터페이스나 타이머/카운터 기능을 위한 신호들로 동작한다. 포트G의 부수적인 기능을 요약하면 <표 2.1.8>과 같다.

〈표 2.1.8〉 포트G의 부수적인 기능

병렬 포트 핀	부수적인 기능
PG4	TOSC1(RTC Oscillator Input for Timer/Counter0)
PG3	TOSC2(RTC Oscillator Output for Timer/Counter0)
PG2	ALE(Address Latch Enable to External Memory)
PG1	$\overline{RD}$(Read Strobe to External Memory)
PG0	$\overline{WR}$(Write Strobe to External Memory)

◀**참고**▶ *OK-128TFT* 키트에서는 병렬 I/O 포트가 어떻게 사용되었는지는 <그림 3.1.2>의 회로도를 보면 알 수 있으며 <표 3.1.3>에 요약 정리하였다. 어떤 단자들은 LED1~LED2 출력이나 KEY1~KEY4 입력처럼 단순한 병렬 I/O 포트의 기능으로 사용하였지만, 또 어떤 단자들은 OC3A~OC3C나 ADC0~ADC3처럼 부수적인 기능으로 사용하였다. ATmega128A와 같은 마이크로컨트롤러를 사용하는 시스템의 하드웨어 설계에서는 이처럼 병렬 I/O 포트의 핀 사용 내역을 미리 결정하는 것이 매우 중요하다.

2.2 타이머/카운터 및 PWM 출력

이 절에서는 ATmega128A에 내장되어 있는 8비트 및 16비트 타이머/카운터의 구조와 기능에 대하여 공부하기로 한다.

1. 타이머/카운터의 개요

ATmega128A에는 모두 4개의 타이머/카운터가 있는데, 그중에서 타이머/카운터0과 2는 8비트의 구조를 가지고 있으며, 타이머/카운터1과 3은 16비트 구조로 되어 있다. 이들 타이머/카운터의 기능과 특징을 요약하여 비교하면 <표 2.2.1>과 같다.

〈표 2.2.1〉 ATmega128A에서 4개 타이머/카운터의 비교

	타이머/카운터0	타이머/카운터2	타이머/카운터1, 3
기본 구조	8비트	8비트	16비트
타이머 입력	$clk_{I/O}$ (= clk_{CPU})	$clk_{I/O}$ (= clk_{CPU})	$clk_{I/O}$ (= clk_{CPU})
카운터 입력	Timer/Counter Oscillator 또는 TOSC1	T2	Tn
타이머 프리스케일러	/1, 8, 32, 64, 128, 256, 1024	/1, 8, 64, 256, 1024	/1, 8, 64, 256, 1024
카운터 프리스케일러		-	-
관련 레지스터	TCCR0, TCNT0, OCR0, ASSR, SFIOR, TIMSK, TIFR	TCCR2, TCNT2, OCR2, SFIOR, TIMSK, TIFR	TCCRnA, TCCRnB, TCCRnC, TCNTnH, TCNTnL, OCRnAH, OCRnAL, OCRnBH, OCRnBL, OCRnCH, OCRnCL, ICRnH, ICRnL, SFIOR, TIMSK, ETIMSK, TIFR, ETIFR
동작 모드	Normal, CTC, Fast PWM, Phase Correct PWM	Normal, CTC, Fast PWM, Phase Correct PWM	Normal, CTC, Fast PWM, Phase Correct PWM, Phase and Frequency Correct PWM
입력신호 단자	TOSC1, TOSC2	T2	Tn, ICPn
출력신호 단자 (PWM 가능)	OC0	OC2	OCnA, OCnB, OCnC
인터럽트	Overflow, Output Compare Match	Overflow, Output Compare Match	Overflow, Output Compare Match A/B/C, Input Capture
기타 특징	RTC 기능, 타이머/카운터에서 모두 프리스케일러를 사용함.	OC2 단자는 OC1C 단자와 서로 같은 핀을 공유하여 사용함.	캡처 기능이 있음. 타이머/카운터1은 아날로그 비교기에 의한 캡처 트리거가 가능함.

이들 4개 타이머/카운터의 특징을 보면 타이머/카운터0과 2는 8비트 구조로서 기능이 서로 매우 유사하게 되어 있으며, 타이머/카운터1과 3은 16비트 구조로서 서로 거의 같은 기능을 가지고 있다. 다만, 타이머/카운터0은 다른 타이머/카운터와 다르게 32.768kHz의 크리스털을 접속하는 TOSC1 및 TOSC2 단자를 가지고 있어서 자체적인 발진에 의하여 RTC(Real Time Counter)의 기능을 수행하도록 할 수가 있으며, 외부의 클록 입력단자 T0이 없는 대신에 TOSC1 단자에 외부 클록을 인가할 수도 있다. 또한, 타이머/카운터1~3은 내부 클록으로 동작하는 타이머 모드에 대해서만 프리스케일러를 사용하는데 비하여, 타이머/카운터0은 내부 클록을 사용하는 타이머 모드나 외부의 클록을 사용하는 카운터 모드에서 모두 프리스케일러를 사용하며 프리스케일러의 분주비 종류도 다르다.

모든 4개의 타이머/카운터는 내부의 시스템 클록에 의하여 동기적으로 동작하지만, 타이머/카운터0은 외부 크리스털을 사용한 자체 발진으로 동작하는 경우 이는 시스템 클록과는 무관하게 되므로 비동기 동작이 된다. 타이머/카운터가 동기 동작을 수행하는지 비동기 동작을 수행하는지 하는 것은 시스템 클록이 사용되는지 여부로 결정되기 때문에 슬립 모드와 밀접하게 관련이 된다.

이들 4개의 타이머/카운터는 모두 인터럽트 발생 및 PWM 출력 기능을 가지고 있다. 인터럽트는 8비트 또는 16비트의 카운터 값이 오버플로우되는 경우에 발생하는 오버플로우 인터럽트(overflow interrupt), 카운터 값이 출력비교 레지스터의 값과 같아지면 발생하는 출력비교 인터럽트(output compare match interrupt), 그리고 현재의 카운터 값을 캡쳐하는 입력캡쳐 인터럽트(input capture interrupt) 등이 있다.

타이머/카운터의 PWM 출력 기능은 이러한 출력비교 기능을 이용하여 출력비교 단자에 주기와 듀티비(duty ratio)를 원하는 값으로 가변할 수 있는 디지털 출력신호를 발생하는 것이다. 이러한 PWM 출력신호는 타이머/카운터0, 2의 경우에는 1개씩을 가지고 있어서 각각 OC0, OC2 단자로 출력되고, 타이머/카운터1, 3의 경우에는 3개씩을 가지고 있어서 각각 OC1A/OC1B/OC1C, OC3A/OC3B/OC3C의 단자로 출력되는데, 이 단자들을 PWM 출력 신호로 사용하려면 미리 병렬 I/O 포트의 DDRx 레지스터를 사용하여 해당 비트를 출력 방향으로 설정해 놓아야 한다.

이밖에 타이머/카운터1과 3에는 외부 트리거 신호 ICP1 및 ICP3에 의하여 현재의 카운터 값을 캡쳐하여 각각 캡쳐 레지스터 ICR1 및 ICR3에 저장할 수 있는 기능을 가지고 있다. 단, 타이머/카운터1에서는 예외적으로 외부 트리거 신호 ICP1 이외에도 아날로그 비교기의 비교결과 신호에 의해서도 현재의 카운터 레지스터 값을 캡쳐하는 기능을 수행할 수 있다.

◀참고▶ ATmega128A보다 나중에 출시된 ATmega640/1280/1281/2560/2561 모델에서는 이와 같은 타이머/카운터0과 타이머/카운터2의 기능이 서로 바뀌었으며, 16비트 구조인 타이머/카운터4~5가 새로 추가됨으로써 2개의 8비트 타이머/카운터와 4개의 16비트 타이머/카운터를 합하여 총 6개의 타이머/카운터를 가지고 있다.

2. 타이머/카운터0과 2

타이머/카운터0과 2는 각각 1개의 PWM 출력 단자를 가지는 8비트 업/다운 기능의 타이머/카운터로서, 프리스케일러를 통하여 내부 클록을 소스(source)로 받아서 동작하는 타이머 모드(timer mode) 기능과 외부 클록을 소스로 받아 동작하는 카운터 모드(counter mode) 기능이 있다.

(1) 기본 동작

타이머/카운터0과 2는 모두 기본적으로 8비트 카운터 구조로 되어 있지만 자세한 동작을 살펴보면 몇가지의 다른 점이 있다. 타이머/카운터0의 전체적인 구조를 도시하면 <그림 2.2.1>와 같고, 타이머/카운터2의 구조는 <그림 2.2.2>와 같다.

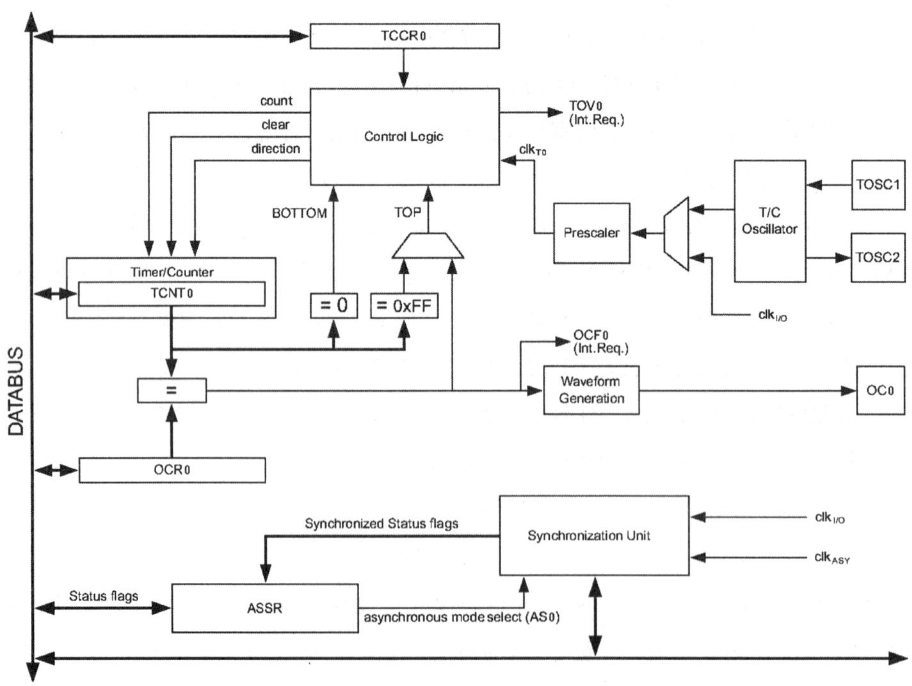

〈그림 2.2.1〉 타이머/카운터0의 하드웨어 구성 블록도

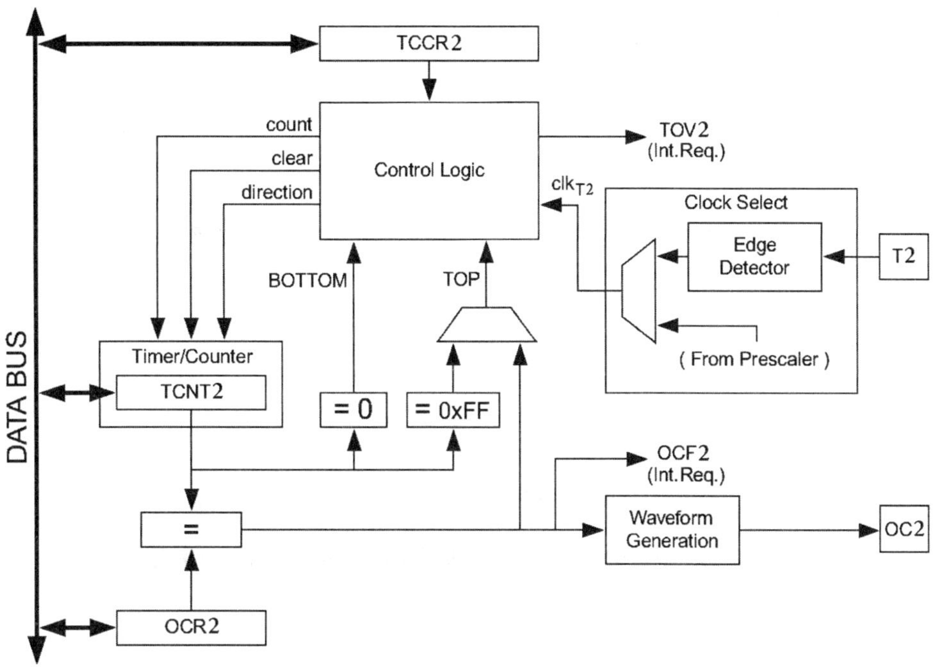

〈그림 2.2.2〉 타이머/카운터2의 하드웨어 구성 블록도

■ 동작의 개요

타이머/카운터0과 2는 클록 신호 clk_{Tn}에 의하여 8비트의 업/다운 카운터 TCNTn이 동작되고, 이것이 상향 카운터로 동작할 때 0xFF→0x00으로 오버플로우되면 TOVn 신호에 의하여 오버플로우 인터럽트가 발생한다.

8비트 카운터 TCNTn은 사용하는 동작 모드에 따라 클록 clk_{Tn}의 입력에 의해 값이 증가 또는 감소하며 경우에 따라서는 0x00으로 리셋되기도 한다. 이 카운터 값은 동작 중에 항상 출력비교 레지스터 OCRn과 비교되며, 그 값이 서로 같아지면 내부적으로는 OCFn 신호에 의하여 출력비교 인터럽트를 발생하고, 외부적으로는 OCn 단자에 신호를 출력할 수 있다. 이처럼 동작 모드를 적절히 설정하고 OCRn 레지스터를 활용하면 OCn 단자에 8비트 분해능의 PWM 출력신호를 발생할 수 있게 된다.

◀참고▶ 이제부터 8비트 구조인 타이머/카운터0, 2에 관한 설명에서 BOTTOM은 8비트 카운터가 가질 수 있는 최소값 0x00을 나타내고, 반대로 MAX는 카운터가 가질 수 있는 최대값 0xFF를 나타낸다. 또한, TOP은 각 동작 모드에 따라 카운터가 실제로 도달할 수 있는 최대의 값을 나타내는데, 이 값은 동작 모드에 따라 MAX가 되기도 하고 OCRn 레지스터에 설정된 값이 되기도 한다.

또한, 레지스터나 신호 이름을 표시할 때 n은 타이머/카운터의 채널 번호인 0 또는 2를 나타내는 것에 유의하라.

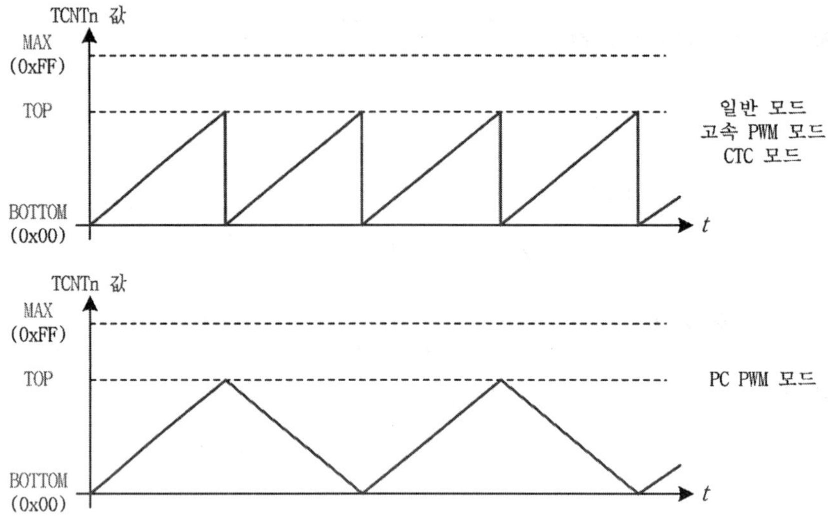

〈그림 2.2.3〉 타이머/카운터0과 2에서 BOTTOM, MAX, TOP의 설명

▣ 카운터 부분

타이머/카운터0의 클록 입력과 카운터 부분의 구성은 <그림 2.2.4>에 다시 보였고, 타이머/카운터2의 클록 입력과 카운터 부분의 구성은 <그림 2.2.5>에 다시 보였다. 이 <그림 2.2.5>에서 보듯이 타이머/카운터2는 외부 클록을 T2 단자로 받아 카운터 모드의 동작을 수행하지만, <그림 2.2.4>와 같이 타이머/카운터0은 외부의 클록 입력단자 T0이 없는 대신에 TOSC1 및 TOSC2 단자를 가지고 있어서 여기에 크리스털을 접속하고 자체적인 발진회로를 사용하여 외부 클록 신호를 얻는다.

타이머/카운터2의 카운터 모드에서 외부클록 입력신호 T2는 <그림 2.2.6>과 같이 내부의 동기회로에 의하여 매 시스템 클록 사이클에 1번씩 샘플링되어 에지 검출기(edge detector)로 전달되며, 이들 회로들은 $clk_{I/O}$ 클록 신호에 의하여 동작한다. 이렇게 입력된 클록 신호는 샘플링 회로 및 에지 검출기 회로에서 동기화 과정을 거치기 때문에 시스템 클록으로 2.5~3.5 주기만큼 시간적으로 지연되어 동작한다. 이렇게 입력된 T2 클록 신호가 카운터에서 상승 에지로 동작할지 하강 에지로 동작할지는 타이머/카운터2 제어 레지스터 TCCR2의 CS22~20 비트로 설정한다. 이때 입력된 T2 클록 신호의 H 또는 L상태는 각각 1주기의 $clk_{I/O}$보다 길게 유지되어야만 올바르게 샘플링되므로 결과적으로 외부 클록의 주파수는 $clk_{I/O}\div 2$ 미만이어야 한다. 그러나, 외부 클록 신호의 듀티비가 50%로 유지되지 않는 경우에는 이러한 조건으로도 충분하지 않을 수 있으므로, 타이머/카운터2가 듀티비에 관계없이 항상 안정된 카운터 동작을 하려면 T2 단자로 입력되는 외부 클록 신호의 주파수는 $clk_{I/O}\div 2.5$ 미만으로 사용하는 것이 바람직하다.

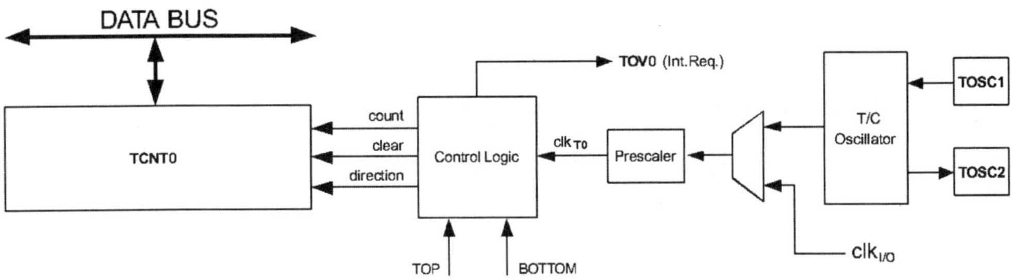

〈그림 2.2.4〉 타이머/카운터0의 카운터 부분 구성도

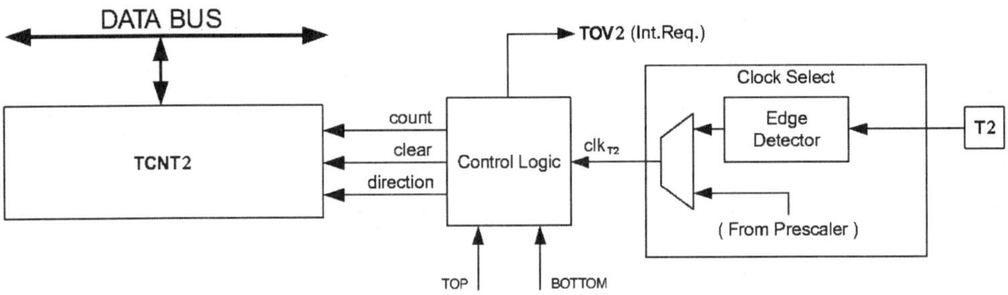

〈그림 2.2.5〉 타이머/카운터2의 카운터 부분 구성도

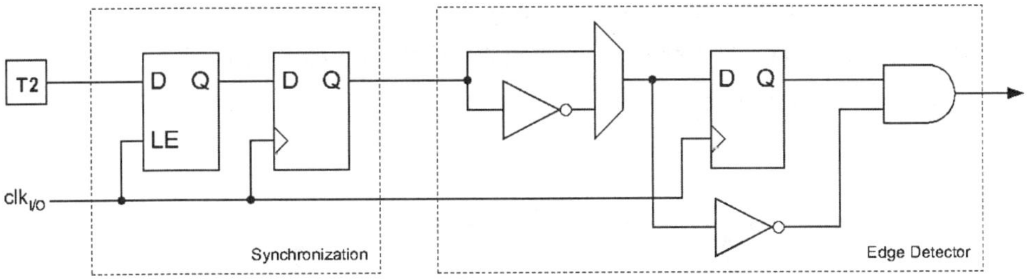

〈그림 2.2.6〉 타이머/카운터2의 외부 클록 입력 샘플링 회로

타이머/카운터2에서 타이머 모드로 동작할 때는 시스템 클록 주파수(*OK-128TFT* 키트에서는 16MHz)와 같은 내부 클록 $clk_{I/O}$를 클록 소스로 사용하며, 이것은 프리스케일러(prescaler)에 의하여 분주비 1, 8, 64, 256, 1024 중의 하나로 분주될 수 있고, 클록 입력을 차단하여 타이머/카운터2의 기능을 정지시킬 수도 있다. 타이머/카운터2가 카운터 모드로 동작할 때는 외부의 T2 단자에서 입력된 신호를 클록 소스로 사용하며, 이것은 프리스케일러를 거치지 않고 직접 카운터에 입력된다.

그러나, 타이머/카운터0은 타이머 모드 동작이나 카운터 모드 동작에서 항상 프리스케일러를 사용하며 카운터 모드로 동작할 때는 비동기 동작의 특징을 가진다. 즉, 타이머/카운터0은 내부 시스템 클록에서 비롯된 $clk_{I/O}$를 클록 소스로 사용하는 타이머 모드의 동기 동작은 물론이고 외부 TOSC1와 TOSC2 단자에 32.768kHz의 크리스털을 접속하여 사용하는 카운터 모드의 비동기 동작에서도 프리스케일러가 사용되며, 프리스케일러의 분주비도 1, 8, 32, 64, 128, 256, 1024 중의 하나를 사용할 수 있어서 타이머/카운터2의 경우와는 약간 다르다.

▣ 출력 비교기 부분

<그림 2.2.7>에 보였듯이 타이머/카운터0과 2에 입력되는 클록 신호 clk_{Tn}은 8비트의 업/다운 카운터 TCNTn을 동작시키고, 이 카운터 값은 동작중에 항상 출력비교 레지스터 OCRn과 비교되며, 그 2개의 레지스터 값이 서로 같아지면 그 다음 주기에 내부적으로는 OCFn 신호에 의하여 출력비교 인터럽트를 요청하고, 외부적으로는 OCn 단자에 신호가 출력되도록 설정할 수 있다. 이와 같이 동작 모드를 적절히 설정하고 OCRn 레지스터를 활용하면 OCn 단자에 원하는 PWM 출력신호를 발생할 수 있게 된다.

출력비교 레지스터 OCRn은 모든 PWM 모드에서 이중 버퍼링(double buffering)으로 동작하여 타이머/카운터 레지스터 TCNTn이 TOP 또는 BOTTOM에 도달하였을 때 그 값이 갱신되므로 PWM 출력 신호에 글리치(glitch)가 발생하는 것을 방지한다. 그러나, 일반 모드나 CTC 모드에서는 출력비교 레지스터 OCRn이 이중 버퍼링으로 동작하지 않으므로 주의해야 한다.

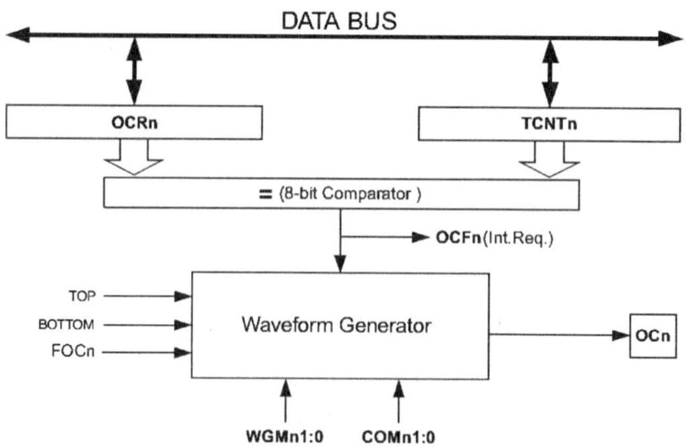

〈그림 2.2.7〉 타이머/카운터0과 2의 출력비교기 부분 구성도

▣ 비교결과 출력회로 부분

타이머/카운터0과 2에서 8비트의 업/다운 카운터 TCNTn의 값과 출력비교 레지스터 OCRn의 값을 비교하여 이것이 일치(match)하면 출력되는 신호 OCn은 병렬 I/O 포트의 부수적인 기능으로 사용되며, 이 출력회로 부분의 구조는 <그림 2.2.8>과 같다. 따라서, 이 단자를 병렬 I/O 포트가 아니라 부수적인 기능인 타이머/카운터의 비교출력 신호 OCn으로 사용하려면 DDRx 레지스터를 사용하여 미리 해당 병렬 I/O 포트의 비트를 출력 방향으로 설정해 놓아야 한다.

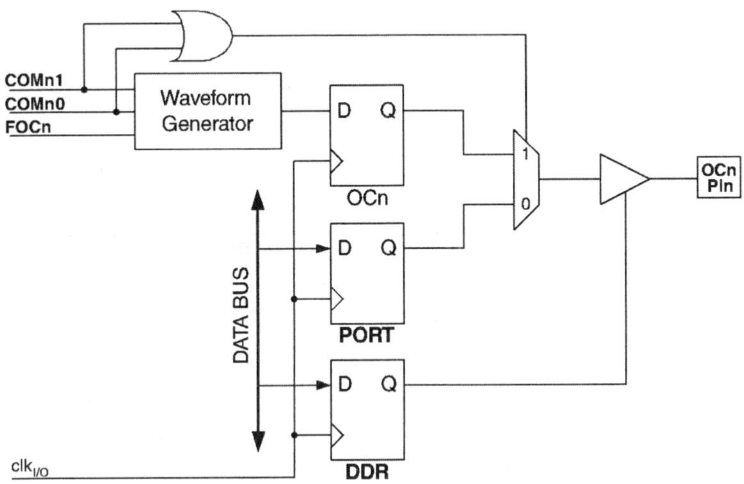

〈그림 2.2.8〉 타이머/카운터0과 2의 비교 매치 출력 부분 구성도

(2) I/O 제어 레지스터 사용

타이머/카운터0과 2에는 다양한 기능과 동작을 제어하기 위하여 여러 가지의 I/O 제어 레지스터를 가지고 있다.

▣ 타이머/카운터n 제어 레지스터(TCCRn)

TCCRn(Timer/Counter 0 or 2 Control Register) 레지스터는 타이머/카운터0과 2의 동작 모드를 설정하고 프리스케일러의 분주비를 설정하는 등의 기능을 수행한다.

Bit	7	6	5	4	3	2	1	0	
$33($53)	FOC0	WGM00	COM01	COM00	WGM01	CS02	CS01	CS00	TCCR0
Read/Write	W	R/W	R/W	R/W	R/W	R/W	R/W	R/W	
Initial Value	0	0	0	0	0	0	0	0	

〈그림 2.2.9〉 타이머/카운터0 제어 레지스터 TCCR0

Bit	7	6	5	4	3	2	1	0	
$25($45)	FOC2	WGM20	COM21	COM20	WGM21	CS22	CS21	CS20	TCCR2
Read/Write	W	R/W	R/W	R/W	R/W	R/W	R/W	R/W	
Initial Value	0	0	0	0	0	0	0	0	

〈그림 2.2.10〉 타이머/카운터2 제어 레지스터 TCCR2

- FOCn(b7) : Force Output Compare

  이 비트는 PWM 모드가 아닌 경우에만 유효한 것으로서 이를 1로 설정하면 강제로 즉시 OCn 단자에 출력비교가 매치(match)된 것과 같은 출력을 내보내며, 이 출력신호의 동작은 COMn1~0 비트에 의하여 결정된다. 그러나, 이렇게 강제로 만들어진 출력비교 매치는 OCn 단자에 신호만을 출력할 뿐이며, 해당 인터럽트를 발생하지도 않고 CTC 모드에서 TCNTn 레지스터를 클리어시키지도 않는다. 따라서, 이런 특별한 하드웨어 동작 테스트를 수행하는 경우가 아니면 이 비트는 0으로 설정한다.
- WGMn1~0(b3, b6) : Waveform Generation Mode

  이 비트들은 타이머/카운터의 동작 모드로 설정한다. 이러한 동작 모드를 요약하면 <표 2.2.2>와 같이 4가지가 있다.

〈표 2.2.2〉 WGMn1~0 비트에 의한 동작 모드의 설정

모드	WGMn1	WGMn0	동작 모드	TOP	OCRn 레지스터의 업데이트 시점	TOVn 플랙의 세트 시점
0	0	0	Normal	0xFF	설정 즉시	MAX → BOTTOM
1	0	1	Phase Correct PWM	0xFF	TOP → TOP-1	BOTTOM → 0x01
2	1	0	CTC	OCRn	설정 즉시	MAX → BOTTOM
3	1	1	Fast PWM	0xFF	TOP → BOTTOM	MAX → BOTTOM

- COMn1~0(b5~4) : Compare Match Output Mode

  이 비트들은 OCn 핀의 동작을 설정한다. 이 OCn 핀의 동작은 타이머/카운터0, 2의 동작 모드에 따라 달라지는데 이를 요약하면 <표 2.2.3>과 같다.

〈표 2.2.3〉 COMn1~0 비트에 의한 OCn 핀의 기능 설정

	COMn1	COMn0	OCn 핀의 기능
PWM 모드가 아닌 경우	0	0	정상적인 범용 I/O 포트로 동작(OCn 출력을 차단)
	0	1	compare match에서 OCn 출력을 토글
	1	0	compare match에서 OCn=0으로 클리어
	1	1	compare match에서 OCn=1로 세트
Fast PWM 모드인 경우	0	0	정상적인 범용 I/O 포트로 동작(OCn 출력을 차단)
	0	1	사용하지 않음(reserved)
	1	0	compare match에서 OCn=0으로 클리어하고 TOP→BOTTOM에서 OCn=1로 세트
	1	1	compare match에서 OCn=1로 세트하고 TOP→BOTTOM에서 OCn=0으로 클리어
Phase Correct PWM 모드인 경우	0	0	정상적인 범용 I/O 포트로 동작(OCn 출력을 차단)
	0	1	사용하지 않음(reserved)
	1	0	상향 카운터에서는 compare match에서 OCn=0으로 클리어하고 하향 카운터에서는 compare match에서 OCn=1로 세트
	1	1	상향 카운터에서는 compare match에서 OCn=1로 세트하고 하향 카운터에서는 compare match에서 OCn=0으로 클리어

- CSn2~0(b2~0) : Clock Select

이 비트들의 기능은 타이머/카운터0과 타이머/카운터2에서 약간 다르다. 먼저, 타이머/카운터0의 TCCR0 레지스터에서 CS02~0(Clock Select) 비트는 <표 2.2.4>와 같이 프리스케일러(prescaler)를 사용한 클록의 분주비를 선택한다. 이를 도시하면 <그림 2.2.11>과 같다. 즉, 카운터/타이머0에서는 외부 클록의 상승 또는 하강 에지를 선택하는 기능이 없는 대신에 프리스케일러에서 사용할 수 있는 분주비의 종류가 2가지 더 추가되었다.

그러나, 타이머/카운터2의 TCCR2 레지스터에서 CS22~0 비트는 <표 2.2.5>와 <그림 2.2.12>에 나타낸 바와 같이 클록 소스 또는 프리스케일러의 분주비를 선택한다.

〈표 2.2.4〉 타이머/카운터0에서 CS02~0 비트에 의한 클록의 분주비 선택

CS02	CS01	CS00	클록 소스의 기능
0	0	0	클록 입력을 차단(타이머/카운터0의 기능이 정지됨)
0	0	1	clk_{TOS} / 1
0	1	0	clk_{TOS} / 8
0	1	1	clk_{TOS} / 32
1	0	0	clk_{TOS} / 64
1	0	1	clk_{TOS} / 128
1	1	0	clk_{TOS} / 256
1	1	1	clk_{TOS} / 1024

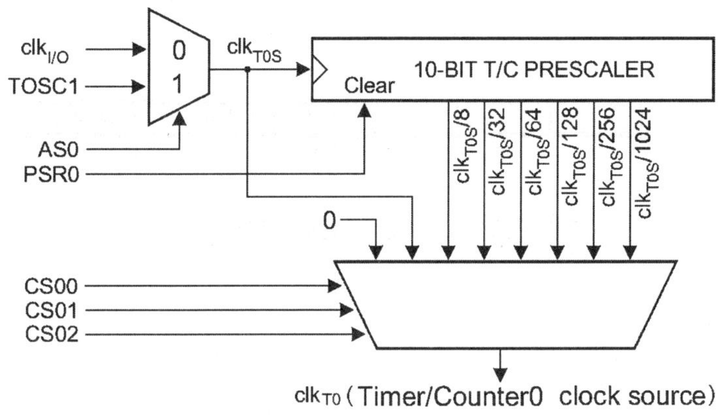

〈그림 2.2.11〉 타이머/카운터0의 프리스케일러

〈표 2.2.5〉 타이머/카운터2에서 CS22~0 비트에 의한 클록의 소스 또는 분주비 선택

CS22	CS21	CS20	클록 소스의 기능
0	0	0	클록 입력을 차단(타이머/카운터2의 기능이 정지됨)
0	0	1	$clk_{I/O}$ / 1
0	1	0	$clk_{I/O}$ / 8
0	1	1	$clk_{I/O}$ / 64
1	0	0	$clk_{I/O}$ / 256
1	0	1	$clk_{I/O}$ / 1024
1	1	0	T2 핀에서 입력되는 외부 클록(하강 에지에서 동작)
1	1	1	T2 핀에서 입력되는 외부 클록(상승 에지에서 동작)

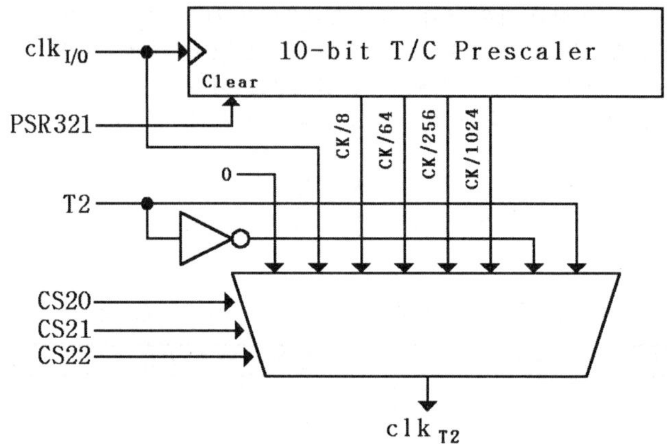

〈그림 2.2.12〉 타이머/카운터2의 프리스케일러

▣ 비동기 상태 레지스터(ASSR)

ASSR(Asynchronous Status Register) 레지스터는 타이머/카운터0이 외부 클록에 의하여 비동기 모드로 동작하는 경우에 관련된 기능을 수행한다.

Bit	7	6	5	4	3	2	1	0	
\$30(\$50)	–	–	–	–	AS0	TCN0UB	OCR0UB	TCR0UB	ASSR
Read/Write	R	R	R	R	R/W	R	R	R	
Initial Value	0	0	0	0	0	0	0	0	

〈그림 2.2.13〉 비동기 상태 레지스터 ASSR

- AS0(b3) : Asynchronous Timer/Counter 0

  이 비트는 타이머/카운터0의 클록 소스를 선택하는 비트로서, AS0=0으로 설정하면 내부 클록 $clk_{I/O}$가 선택되어 동기 모드로 동작하고, AS0=1로 설정하면 외부의 크리스털 오실레이터(32.768kHz)로부터 TOSC1 단자에 입력되는 클록이 선택되어 비동기 모드인 RTC(Real Time Counter)로 동작한다. AS0의 값을 수정하면 TCNT0, OCR0, TCCR0의 내용이 깨질 수 있으며, 또한 아래의 비지 플랙들이 1인 동안에 TCNT0, OCR0, TCCR0 레지스터들의 값을 라이트하면 이들 레지스터값이 깨질 수 있고 이로 인하여 예상하지 않은 인터럽트가 발생할 수 있으니 주의해야 한다. 이들 레지스터의 값을 읽으면 TCNT0 레지스터는 실시간 값이지만, OCR0과 TCCR0의 경우에는 임시 레지스터의 값이 읽혀진다.
- TCN0UB(b2) : Timer/Counter 0 Update Busy

  이 비트는 타이머/카운터0이 외부에서 TOSC1 단자로 입력되는 클록에 의하여 비동기로 동작하고 있을 때 TCNT0 레지스터에 새로운 값을 라이트하면 이 비트가 1로 세트된다. 그러다가 이 값이 임시 레지스터로부터 TCNT0 레지스터에 옮겨져서 TCNT0의 라이트가 완료되면 이 비트는 다시 0이 된다.
- OCR0UB(b1) : Output Compare Register 0 Update Busy

  이 비트는 타이머/카운터0이 외부에서 TOSC1 단자로 입력되는 클록에 의하여 비동기로 동작하고 있을 때 OCR0 레지스터에 새로운 값을 라이트하면 이 비트가 1로 세트된다. 그러다가 이 값이 임시 레지스터로부터 OCR0 레지스터에 옮겨져서 OCR0의 라이트가 완료되면 이 비트는 다시 0이 된다.
- TCR0UB(b0) : Timer/Counter Control Register 0 Update Busy

  이 비트는 타이머/카운터0이 외부에서 TOSC1 단자로 입력되는 클록에 의하여 비동기로 동작하고 있을 때 TCCR0 레지스터에 새로운 값을 라이트하면 이 비트가 1로 세트된다. 그러다가 이 값이 임시 레지스터로부터 TCCR0 레지스터에 옮겨져서 TCCR0의 라이트가 완료되면 이 비트는 다시 0이 된다.

이처럼 타이머/카운터를 동기 모드와 비동기 모드로 스위칭하여 변경하는 경우에는 뜻하지 않은 부작용이 나타날 수 있는데, 이를 방지하려면 다음과 같은 절차로 수행하는 것이 바람직하다.

① TIMSK 레지스터의 OCIE0 및 TOIE0 비트를 0으로 하여 인터럽트를 금지한다.
② ASSR 레지스터의 AS0 비트 값을 원하는대로 설정한다.
③ TCNT0, OCR0, TCCR0 레지스터의 값을 원하는대로 설정한다.
④ ASSR 레지스터의 TCN0UB, OCR0UB, TCR0UB 비트가 0이 될 때까지 기다린다.
⑤ TIFR 레지스터의 OCF0 및 TOV0 비트에 1을 써서 0으로 클리어한다.
⑥ 필요하다면 다시 TIMSK 레지스터의 OCIE0 및 TOIE0 비트를 1로 하여 인터럽트를 허용상태로 한다.

타이머/카운터0이 비동기 모드로 동작하고 있을 때 이것이 인터럽트를 발생하기 위하여 인터럽트 플래그을 동기화하는데는 1개의 타이머 클록 사이클과 여기에 3개의 CPU 클록 사이클이 추가로 필요하다. 따라서, CPU가 이 인터럽트 플래그을 세트시킨 후에 타이머/카운터 레지스터 TCNT0을 읽어보면 최소한 1 이상의 값이 이미 변해있게 된다.

▣ 특수 기능 I/O 레지스터(SFIOR)

SFIOR(Special Function I/O Register) 레지스터는 타이머/카운터들을 동기화시키는데 관련된 기능을 수행한다.

Bit	7	6	5	4	3	2	1	0	
$20($40)	TSM	–	–	–	ACME	PUD	PSR0	PSR321	SFIOR
Read/Write	R/W	R	R	R	R/W	R/W	R/W	R/W	
Initial Value	0	0	0	0	0	0	0	0	

〈그림 2.2.14〉 특수 기능 I/O 레지스터 SFIOR

• TSM(b7) : Timer/Counter Synchronization Mode

이 비트는 모든 타이머/카운터들을 동기화시키는 기능을 수행한다. 즉, TSM=1로 하면 PSR0 및 PSR321 비트에 라이트한 값을 유지하여 이에 대응하는 프리스케일러 리셋 신호를 발생하고, 이는 해당 타이머/카운터의 동작을 정지시켜 이것들을 똑같은 값으로 설정할 수 있도록 해준다. TSM=0으로 하면

PSR0 및 PSR321 비트는 하드웨어적으로 클리어되며 모든 타이머/카운터들이 동시에 카운팅 동작을 시작한다.

- PSR0(b1) : Prescaler Reset Timer/Counter 0

  이 비트는 타이머/카운터0의 프리스케일러를 리셋시키며 동작후에 자동적으로 클리어된다. 그러나, 타이머/카운터0이 비동기 모드로 동작하고 있을 때 이를 1로 하면 이것은 프리스케일러가 리셋될 때까지 유지되며, TSM=1이면 하드웨어에 의하여 자동적으로 클리어되지 않는다.

- PSR321(b0) : Prescaler Reset Timer/Counter 3, 2, and 1

  이 비트는 타이머/카운터1~3이 공통적으로 사용하고 있는 프리스케일러를 리셋시키며, TSM=1로 되어 있지 않다면 동작후에 자동적으로 클리어된다.

▣ 타이머/카운터n 레지스터(TCNTn)

TCNTn(Timer/Counter Register 0 or 2) 레지스터는 타이머/카운터0과 2의 8비트 카운터 값을 저장하고 있는 레지스터로서, 이 레지스터는 언제나 필요할 때 리드 및 라이트 동작이 가능하지만 카운터가 동작하고 있을 때 이 값을 라이트하여 수정하면 TCNTn 값과 OCRn 값을 비교하여 출력신호를 발생하는 비교 매치 기능에 문제를 일으킬 수도 있다.

Bit	7	6	5	4	3	2	1	0	
$32($52)	TCNT0[7:0]								TCNT0
Read/Write	R/W	R/W	R/W	R/W	R/W	R/W	R/W	R/W	
Initial Value	0	0	0	0	0	0	0	0	

〈그림 2.2.15〉 타이머/카운터0 레지스터 TCNT0

Bit	7	6	5	4	3	2	1	0	
$24($44)	TCNT2[7:0]								TCNT2
Read/Write	R/W	R/W	R/W	R/W	R/W	R/W	R/W	R/W	
Initial Value	0	0	0	0	0	0	0	0	

〈그림 2.2.16〉 타이머/카운터2 레지스터 TCNT2

▣ 타이머/카운터n 출력비교 레지스터(OCRn)

OCRn(Timer/Counter Output Compare Register 0 or 2) 레지스터는 타이머/카운터 레지스터 TCNTn 값과 비교하여 OCn 단자에 출력신호를 발생하기 위한 8비트 값을 저장하는 레지스터이다.

OCRn 레지스터는 모든 PWM 모드에서 이중 버퍼링으로 동작하여 타이머/카운터 레지스터 TCNTn이 TOP 또는 BOTTOM에 도달하였을 때 그 값이 갱신되므로 PWM 출력 신호에 글리치가 발생하는 것을 방지한다. 그러나, 일반 모드나 CTC 모드에서는 OCRn 레지스터가 이중 버퍼링으로 동작하지 않는다.

Bit	7	6	5	4	3	2	1	0	
$31($51)	OCR0[7:0]								OCR0
Read/Write	R/W	R/W	R/W	R/W	R/W	R/W	R/W	R/W	
Initial Value	0	0	0	0	0	0	0	0	

<그림 2.2.17> 타이머/카운터0 출력비교 레지스터 OCR0

Bit	7	6	5	4	3	2	1	0	
$23($43)	OCR2[7:0]								OCR2
Read/Write	R/W	R/W	R/W	R/W	R/W	R/W	R/W	R/W	
Initial Value	0	0	0	0	0	0	0	0	

〈그림 2.2.18〉 타이머/카운터2 출력비교 레지스터 OCR2

▣ 타이머/카운터 인터럽트 마스크 레지스터(TIMSK)

TIMSK(Timer/Counter Interrupt Mask Register) 레지스터는 타이머/카운터0~2가 발생하는 인터럽트를 CPU에게 요청하도록 개별적으로 허용하는 기능을 수행하는 레지스터이다.

Bit	7	6	5	4	3	2	1	0	
$37($57)	OCIE2	TOIE2	TICIE1	OCIE1A	OCIE1B	TOIE1	OCIE0	TOIE0	TIMSK
Read/Write	R/W	R/W	R/W	R/W	R/W	R/W	R/W	R/W	
Initial Value	0	0	0	0	0	0	0	0	

〈그림 2.2.19〉 타이머/카운터 인터럽트 마스크 레지스터 TIMSK

- OCIE2(b7) : Timer/Counter 2 Output Compare Match Interrupt Enable
  이 비트는 이것이 1로 설정되고 상태 레지스터 SREG에서 I=1로 설정되면 타이머/카운터2의 출력비교 인터럽트가 허용상태로 된다. 이때 타이머/카운터2의 출력비교 인터럽트가 발생되어 TIFR 레지스터에서 OCF2=1로 되면 이 인터럽트가 처리된다.
- TOIE2(b6) : Timer/Counter 2 Overflow Interrupt Enable
  이 비트는 이것이 1로 설정되고 상태 레지스터 SREG에서 I=1로 설정되면 타이머/카운터2의 오버플로우 인터럽트가 허용상태로 된다. 이때 타이머/카운터2의 오버플로우 인터럽트가 발생되어 TIFR 레지스터에서 TOV2=1로 되면 이 인터럽트가 처리된다.
- OCIE0(b1) : Timer/Counter 0 Output Compare Match Interrupt Enable
  이 비트는 이것이 1로 설정되고 상태 레지스터 SREG에서 I=1로 설정되면 타이머/카운터0의 출력비교 인터럽트가 허용상태로 된다. 이때 타이머/카운터0의 출력비교 인터럽트가 발생되어 TIFR 레지스터에서 OCF0=1로 되면 이 인터럽트가 처리된다.
- TOIE0(b0) : Timer/Counter 0 Overflow Interrupt Enable
  이 비트는 이것이 1로 설정되고 상태 레지스터 SREG에서 I=1로 설정되면 타이머/카운터0의 오버플로우 인터럽트가 허용상태로 된다. 이때 타이머/카운터0의 오버플로우 인터럽트가 발생되어 TIFR 레지스터에서 TOV0=1로 되면 이 인터럽트가 처리된다.

▣ 타이머/카운터 인터럽트 플랙 레지스터(TIFR)

TIFR(Timer/Counter Interrupt Flag Register) 레지스터는 타이머/카운터0~2가 발생하는 인터럽트 플랙을 저장하는 레지스터이다.

Bit	7	6	5	4	3	2	1	0	
$36($56)	OCF2	TOV2	ICF1	OCF1A	OCF1B	TOV1	OCF0	TOV0	TIFR
Read/Write	R/W	R/W	R/W	R/W	R/W	R/W	R/W	R/W	
Initial Value	0	0	0	0	0	0	0	0	

〈그림 2.2.20〉 타이머/카운터 인터럽트 플랙 레지스터 TIFR

- OCF2(b7) : Timer/Counter 2 Output Compare Match Flag
  이 비트는 타이머/카운터2의 TCNT2 레지스터와 출력비교 레지스터 OCR2의 값을 비교하여 이것이 같아지면 그 다음 주기에 이 비트가 1로 세트되면서 출력비교 인터럽트가 요청되고, 이 인터럽트가 처리되기 시작하면 다시 0으로 클리어된다.
- TOV2(b6) : Timer/Counter 2 Overflow Flag
  이 비트는 타이머/카운터2에서 오버플로우가 발생하면 이 비트가 1로 세트되면서 오버플로우 인터럽트가 요청된다. 그러나, PC PWM 모드에서는 타이머/카운터2가 0x00에서 계수방향을 바꿀 때 이 비트가 세트된다. 이 인터럽트가 처리되기 시작하면 이 비트는 다시 0으로 클리어된다.
- OCF0(b1) : Timer/Counter 0 Output Compare Match Flag
  이 비트는 타이머/카운터0의 TCNT0 레지스터와 출력비교 레지스터 OCR0의 값을 비교하여 이것이 같아지면 그 다음 주기에 이 비트가 1로 세트되면서 출력비교 인터럽트가 요청되고, 이 인터럽트가 처리되기 시작하면 다시 0으로 클리어된다.
- TOV0(b0) : Timer/Counter 0 Overflow Flag
  이 비트는 타이머/카운터0에서 오버플로우가 발생하면 이 비트가 1로 세트되면서 오버플로우 인터럽트가 요청된다. 그러나, PC PWM 모드에서는 타이머/카운터0이 0x00에서 계수방향을 바꿀 때 이 비트가 세트된다. 이 인터럽트가 처리되기 시작하면 이는 다시 0으로 클리어된다.

타이머/카운터의 모든 인터럽트 플랙 비트는 사용자가 이를 소프트웨어에 의하여 강제로 0으로 클리어하려면 해당 비트에 1을 써주어야 한다.

(3) 동작 모드

타이머/카운터0과 2에서는 TCCRn 레지스터의 WGMn1~0 비트를 사용하여 동작 모드를 설정하고 COMn1~0 비트를 사용하여 출력 신호의 동작을 지정함으로써 OCn 단자에 어떤 파형을 출력할지를 결정할 수 있게 된다.

앞의 <그림 2.2.6>에서 보인 바와 같이 타이머/카운터0과 2에 포함된 8비트 비교기는 항상 TCNTn의 값과 OCRn의 값을 비교하다가 이 값이 서로 같아지면(match) 그 다음의 타이머 클록 사이클에서 OCFn=1로 되면서 출력비교 인터럽트를 요청한다. OCRn 레지스터는 PWM 모드에서는 이중 버퍼로 액세스되어 이 값이 업데이트되는 시점을 TOP 또는 BOTTOM으로 동기시킬 수 있는데 비하여, 일반 모드나 CTC 모드에서는 이중 버퍼 기능이 해제되어 CPU가 이를 직접 액세스하므로 자칫하면 의도하지 않았던 동작이 일어날 가능성이 있으니 주의해야 한다.

타이머/카운터0과 2의 동작 모드는 <표 2.2.2>에서 보였듯이 일반 모드, CTC 모드, 고속 PWM 모드, PC PWM 모드 등 4가지의 동작 모드가 있다. 이들 동작 모드에 대하여 자세하게 알아보면 다음과 같다.

▣ 일반 모드

타이머/카운터0과 2의 일반 모드(Normal Mode)는 타이머/카운터 제어 레지스터 TCCRn에서 WGMn1~0 = 00으로 설정하는데, 이 동작 모드에서는 타이머/카운터 레지스터 TCNTn이 항상 상향 카운터로만 동작하고, 카운터가 클록 입력에 의하여 동작하던 도중에 클리어되는 일이 없이 항상 0x00~0xFF의 범위에서 계수 동작이 반복하여 수행된다. 따라서, 타이머/카운터를 외부 클록 입력에 의한 펄스 카운트 목적으로 사용하는 경우에는 이 동작 모드가 적합하다.

이 타이머/카운트 레지스터 TCNTn의 값이 0xFF에서 0x00으로 바뀌는 순간에 TIFR 레지스터에서 TOVn=1로 되면서 오버플로우 인터럽트가 요청된다. 일반 모드에서도 출력비교 인터럽트나 OCn 단자를 이용하여 어떤 파형을 발생하는 것이 가능하기는 하지만, 여기서는 이런 기능들을 사용하는 것이 기본 목적이 아니므로 바람직하지 않으며 만약 이런 기능이 필요하다면 고속 PWM 모드를 사용하는 것이 좋다.

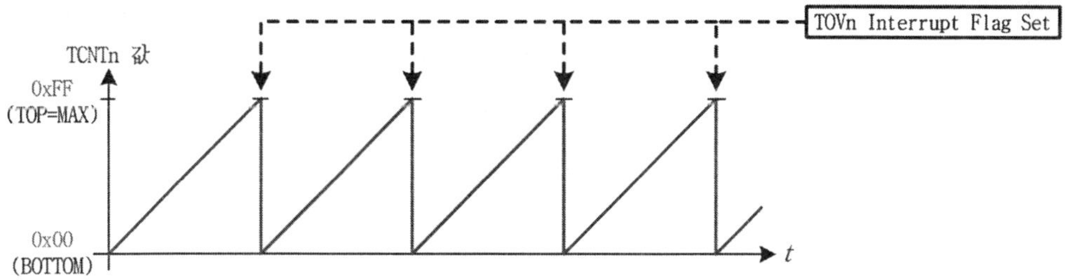

〈그림 2.2.21〉 타이머/카운터0과 2의 일반 모드 동작

▣ CTC 모드

CTC 모드(Clear Timer on Compare Match Mode)는 타이머/카운터 제어 레지스터 TCCRn에서 WGMn1~0 = 10으로 설정하는데, 이 모드에서는 타이머/카운터 레지스터 TCNTn의 값을 출력비교 레지스터 OCRn의 값과 비교하여 서로 일치하면 그 다음 클록 사이클에서 0으로 클리어된다.

따라서, 이 모드에서는 클록 입력에 의하여 타이머/카운터 레지스터 TCNTn의 값이 항상 0x00~OCRn의 범위에서 계수 동작이 반복되며, 이 동작 모드는 정확한 동작 주기를 발생하기 위하여 자동 재저장(auto reload)이 가능한 주파수 분주 기능 또는 주기적인 인터럽트를 발생하는 기능으로 사용하는데 매우 유용하다. 이 타이머/카운터 레지스터 TCNTn의 값이 증가하다가 TOP인 OCRn 레지스터 값과 같게 되면 그 다음 클록 주기에 TIFR 레지스터에서 OCFn=1로 되면서 출력비교 인터럽트가 요청된다.

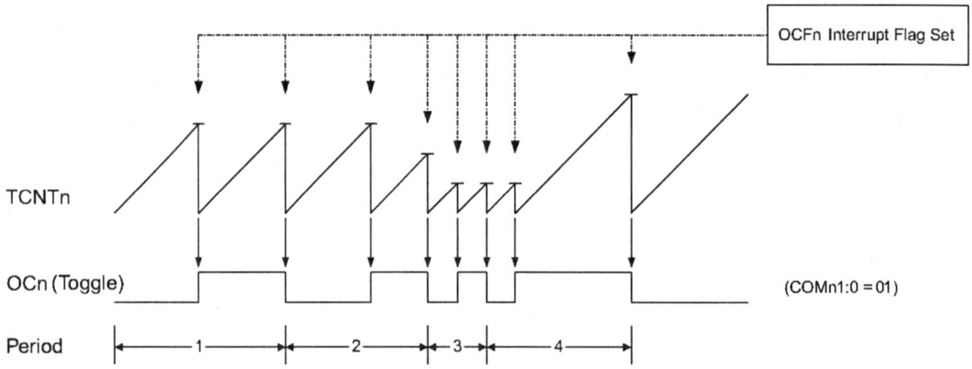

〈그림 2.2.22〉 타이머/카운터0과 2의 CTC 모드 동작

CTC 모드에서는 OCn 단자를 통하여 출력 파형을 발생할 수 있다. 만약 TCCRn 레지스터에서 COMn1~0 = 01로 설정하여 출력비교 매치가 발생하였을 때 OCn 단자의 출력을 토글(toggle)하는 경우에 이 신호의 출력 주파수는 다음과 같이 계산된다. 단, 여기서 N은 프리스케일러의 분주비로서 타이머/카운터0에서는 <그림 2.2.11>처럼 1, 8, 32, 64, 128, 256, 1024 중의 하나를 사용할 수 있고, 타이머/카운터2에서는 <그림 2.2.12>처럼 1, 8, 64, 256, 1024 중의 하나를 사용할 수 있다.

$$f_{OCn} = \frac{f_{clk\_I/O}}{2 \times N \times (1 + OCRn)} = \frac{f_{clk\_Tn}}{2 \times (1 + OCRn)}$$

그러나, CTC 모드에서 출력비교 인터럽트가 2번 발생하여 1주기의 출력 파형을 만들게 되므로 인터럽트 발생 주파수는 이보다 2배 높아서 다음과 같이 된다는데 주의할 필요가 있다.

$$f_{OCn\_INT} = \frac{f_{clk\_I/O}}{N \times (1 + OCRn)} = \frac{f_{clk\_Tn}}{1 + OCRn}$$

CTC 모드에서는 OCRn 레지스터의 값을 변경할 때 이중 버퍼링(double buffering) 기능이 없으므로 이 모드에서 카운터가 동작하는 도중에 TOP인 OCRn 레지스터의 값을 변경하여 인터럽트 발생 주기를 바꾸고자 하면 <그림 2.2.23>에서 설명한 것처럼 글리치(glitch) 오류가 발생할 수 있으니 주의가 필요하다.

만약 그림의 (a)에서처럼 현재의 OCRn 레지스터 값에 비하여 새로 변경하려는 OCRn 레지스터의 값이 크다면 아무런 문제가 발생하지 않는다. 그러나, 그림의 (b)에서처럼 현재의 OCRn 레지스터 값에 비하여 새로 변경하려는 OCRn 레지스터의 값이 작다면 문제가 발생할 수 있는데, 이 경우도 현재의 카운터 값이 새로운 OCRn 레지스터 값보다 작은 시점에서 변경하면 문제가 없다. 반면에 현재의 카운터 값이 새로운 OCRn 레지스터 값보다 큰 시점에서 변경하면 카운터 값이 계속 증가하여 MAX에 도달하더라도 새로운 OCRn 레지스터 값과 매치되지 않으므로 상당한 시간이 지나가게 되며, 카운터가 BOTTOM인 0으로 떨어졌다가 다시 증가하여 OCRn 레지스터 값과 매치되어야만 출력비교 인터럽트가 발생된다. 결국 OCRn 레지스터 값을 변경하는 과도기에 한번은 매우 길게 잘못된 인터럽트 주기가 만들어지게 되며, 경우에 따라서는 이것이 시스템의 동작에 심각한 영향을 줄 수도 있다.

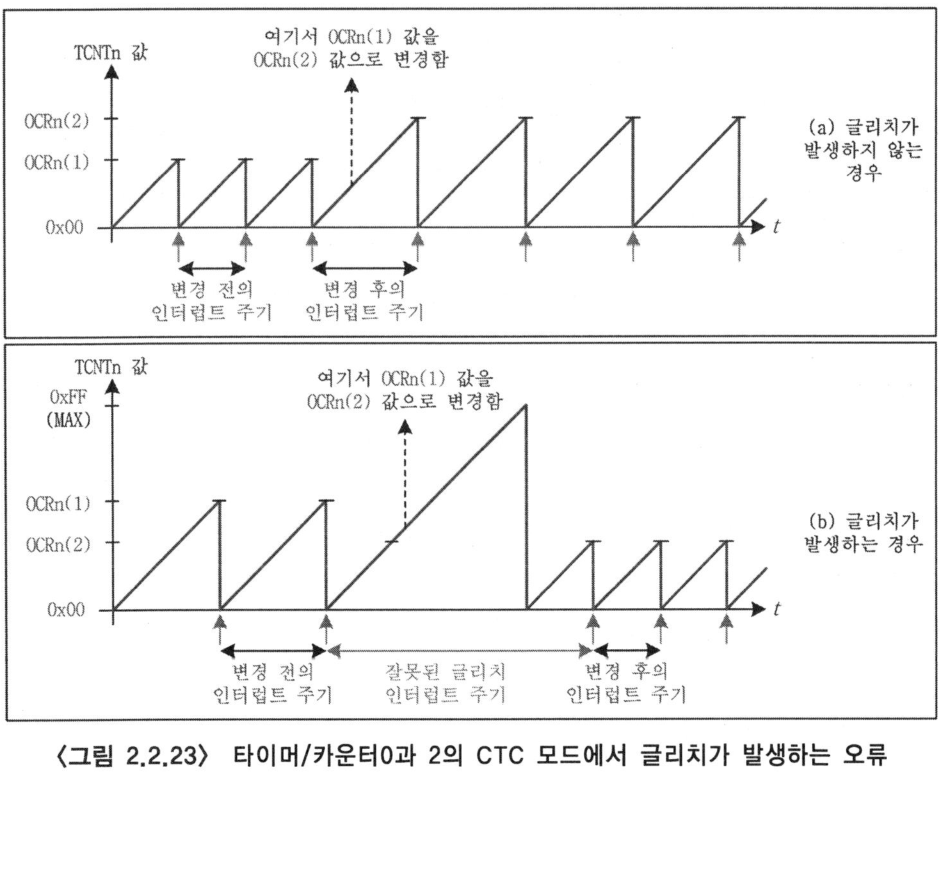

〈그림 2.2.23〉 타이머/카운터0과 2의 CTC 모드에서 글리치가 발생하는 오류

▣ 고속 PWM 모드

고속 PWM 모드(Fast PWM Mode)는 타이머/카운터 제어 레지스터 TCCRn에서 WGMn1~0 = 11로 설정하며, 높은 주파수의 PWM 출력 파형을 발생하는데 유용하다. 이 동작 모드에서는 타이머/카운터 레지스터 TCNTn의 계수 동작이 항상 0x00~0xFF의 범위에서 증가하는 방향으로만 반복적으로 수행(single-slope operation)되며, 이때 타이머/카운터 레지스터 TCNTn의 값은 항상 출력비교 레지스터 OCRn의 값과 비교되어 그것이 일치하면 OCn 출력신호가 0으로 클리어되고, TCNTn의 값이 0xFF→0x00으로 오버플로우되면 OCn 출력신호가 1로 세트된다.

이를 도시하면 <그림 2.2.24>와 같다. COMn1~0 = 10으로 설정하면 OCn 단자는 이와 같이 정상 PWM 출력으로 동작하지만, COMn1~0 = 11로 설정하면 OCn 단자는 반전 PWM 출력($\overline{OCn}$)으로 동작한다.

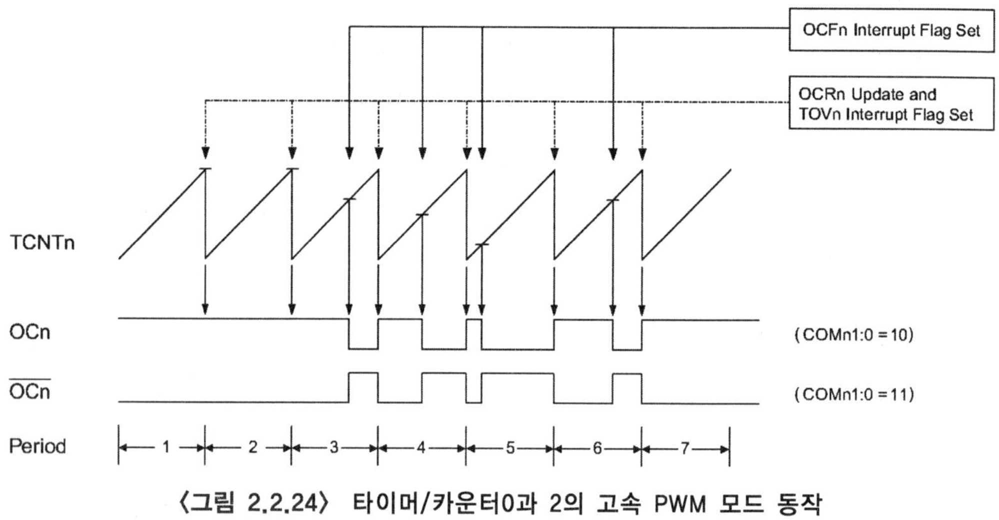

〈그림 2.2.24〉 타이머/카운터0과 2의 고속 PWM 모드 동작

이것은 타이머/카운터 레지스터 TCNTn의 값이 항상 0x00~0xFF의 범위에서 증가하는 single-slope 동작을 수행하므로 PWM 출력 신호의 주파수는 다음과 같이 표시되며, 이는 PC PWM 모드의 경우에 비하여 약 2배 높은 주파수가 된다. 단, 여기서 N은 프리스케일러의 분주비로서 타이머/카운터0에서는 <그림 2.2.11>처럼 1, 8, 32, 64, 128, 256, 1024 중의 하나를 사용할 수 있고, 타이머/카운터2에서는 <그림 2.2.12>처럼 1, 8, 64, 256, 1024 중의 하나를 사용할 수 있다.

$$f_{OCn\_FPWM} = \frac{f_{clk\_I/O}}{N \times (1+255)} = \frac{f_{clk\_Tn}}{256}$$

이 동작 모드에서 타이머/카운터 레지스터 TCNTn의 값이 OCRn 레지스터 값과 일치하면 그 다음의 클록 주기에 OCFn=1로 되면서 출력비교 인터럽트가 요청되며, TCNTn의 값이 TOP인 0xFF에 도달하면 TOVn=1로 되면서 오버플로우 인터럽트가 요청된다.

극단적으로 OCRn 레지스터의 값을 0x00으로 설정하면 출력파형은 TCNTn의 값이 0x00으로 되는 1 타이머 클록 사이클 동안에만 좁은 스파이크로 나타나며(듀티비 1/256), 반대로 OCRn 레지스터의 값을 0xFF로 설정하면 출력파형은 OCn의 경우는 계속 H상태로 출력되고(듀티비 100%) $\overline{\text{OCn}}$의 경우는 계속 L상태로 출력된다.

고속 PWM 모드에서는 OCRn 레지스터에 이중 버퍼링 기능이 있으므로, 만약 카운트 도중에 PWM 출력의 듀티비를 변경하기 위하여 OCRn 레지스터에 새로운 값을 라이트하더라도 OCRn 레지스터가 즉시 변경되지 않고, 이 값은 타이머/카운터 레지스터 TCNTn이 TOP(0xFF)→0x00으로 되어 현재의 주기가 끝나는 순간에 갱신되기 때문에 글리치 문제를 발생하지 않는다.

▣ PC PWM 모드

PC PWM 모드(Phase Correct PWM Mode)는 타이머/카운터 제어 레지스터 TCCRn에서 WGMn1~0 = 01로 설정하며, 고속 PWM보다 높은 분해능의 PWM 출력 파형을 발생하는데 유용하다. 이 동작 모드에서는 타이머/카운터 레지스터 TCNTn의 계수 동작이 상향 카운터로서 0x00~0xFF의 범위에서 증가하였다가 다시 하향 카운터로서 0xFF~0x00으로 감소하는 동작을 반복적으로 수행(dual-slope operation)한다. 이때 타이머/카운터 레지스터 TCNTn의 값은 항상 출력비교 레지스터 OCRn의 값과 비교되어, 상향 카운터로 동작할 때 그것이 일치하면 OCn 출력신호가 0으로 클리어되고, 하향 카운터로 동작할 때 그것이 일치하면 OCn 출력신호가 1로 세트된다.

이를 도시하면 <그림 2.2.25>와 같다. COMn1~0 = 10으로 설정하면 OCn 단자는 이와 같이 정상 PWM 출력으로 동작하지만, COMn1~0 = 11로 설정하면 OCn 단자는 반전 PWM 출력($\overline{\text{OCn}}$)으로 동작한다.

이것은 TCNTn의 값이 0x00~0xFF의 범위에서 증가하였다가 다시 0xFF~0x00으로 감소하는 dual-slope 동작을 수행하므로 PWM 출력 신호의 주파수는 다음과 같이 표시되며, 이는 고속 PWM 모드의 경우에 비하여 약 1/2로 낮은 주파수가 된다. 단, N은 프리스케일러의 분주비로서 타이머/카운터0에서는 <그림 2.2.11>처럼 1, 8, 32, 64, 128, 256, 1024 중의 하나를 사용할 수 있고, 타이머/카운터2에서는 <그림 2.2.12> 처럼 1, 8, 64, 256, 1024 중의 하나를 사용할 수 있다.

$$f_{OCn\_PCPWM} = \frac{f_{clk\_I/O}}{2 \times N \times 255} = \frac{f_{clk\_Tn}}{510}$$

이처럼 PC PWM 모드는 고속 PWM 모드에 비하여 주파수는 약 1/2로 낮아졌지만, 고속 PWM 모드에서는 듀티비의 분해능이 8비트인데 비하여 이것은 거의 2배의 분해능을 가지는 것으로 높아졌으며 또한 대칭적인 PWM 동작을 수행한다.

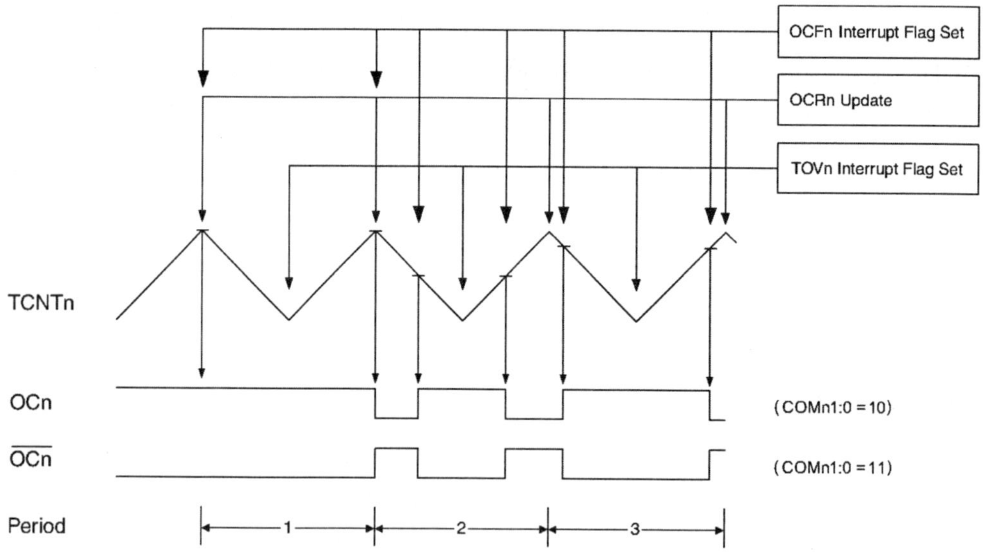

〈그림 2.2.25〉 타이머/카운터0과 2의 PC PWM 모드 동작

이 동작 모드에서 TCNTn의 값이 OCRn 레지스터와 일치하면 그 다음 주기에 OCFn=1로 되면서 출력비교 인터럽트가 요청되며, TCNTn의 값이 BOTTOM인 0x00으로 되면 TOVn=1로 되면서 오버플로우 인터럽트가 요청된다.

극단적으로 OCRn 레지스터의 값을 0x00으로 설정하면 출력파형은 OCn의 경우는 계속 L상태로 출력되고(듀티비 0%) $\overline{\text{OCn}}$의 경우는 계속 H상태로 출력되며, 반대로 OCRn 레지스터의 값을 0xFF로 설정하면 출력파형은 OCn의 경우는 계속 H상태로 출력되고(듀티비 100%) $\overline{\text{OCn}}$의 경우는 계속 L상태로 출력된다.

PC PWM 모드에서는 OCRn 레지스터에 이중 버퍼링 기능이 있으므로, 만약 카운트 도중에 PWM 출력의 듀티비를 변경하기 위하여 OCRn 레지스터에 새로운 값을 라이트하더라도 OCRn 레지스터가 즉시 변경되지 않고, 이 값은 TCNTn이 TOP인 0xFF로 되었다가 다시 감소하기 시작하는 순간에 갱신되기 때문에 글리치 문제를 발생하지 않는다.

3. 타이머/카운터1과 3

타이머/카운터1과 3은 각각 3개의 PWM 출력 및 1개의 캡쳐 기능을 가지는 16비트의 업/다운 기능의 타이머/카운터로서, 프리스케일러를 통하여 내부 클록을 소스로 받아서 동작하는 타이머 모드 기능과 외부 클록을 소스로 받아 동작하는 카운터 모드 기능이 있다.

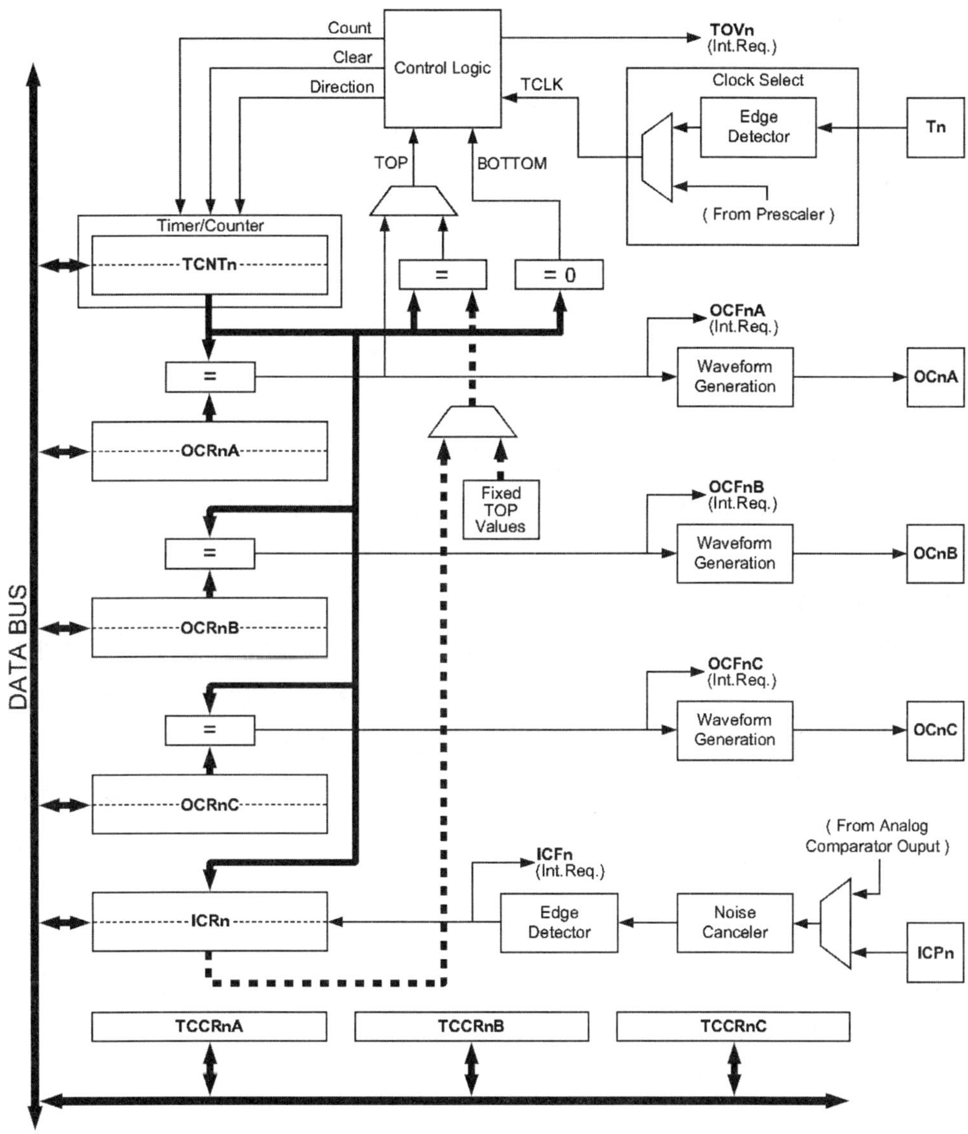

〈그림 2.2.26〉 타이머/카운터1과 3의 하드웨어 구성 블록도

(1) 기본 동작

타이머/카운터1과 3은 서로 거의 유사한 구조와 기능을 가지는데 그 내부 구조는 <그림 2.2.26>과 같다. 여기서 n은 타이머/카운터1과 3에 해당하는 채널 번호 1 또는 3을 나타내며, 레지스터가 아래위로 2개씩 붙어있는 것은 8비트 레지스터가 2개씩 붙어서 이루어진 16비트 레지스터 구조라는 것을 나타낸다.

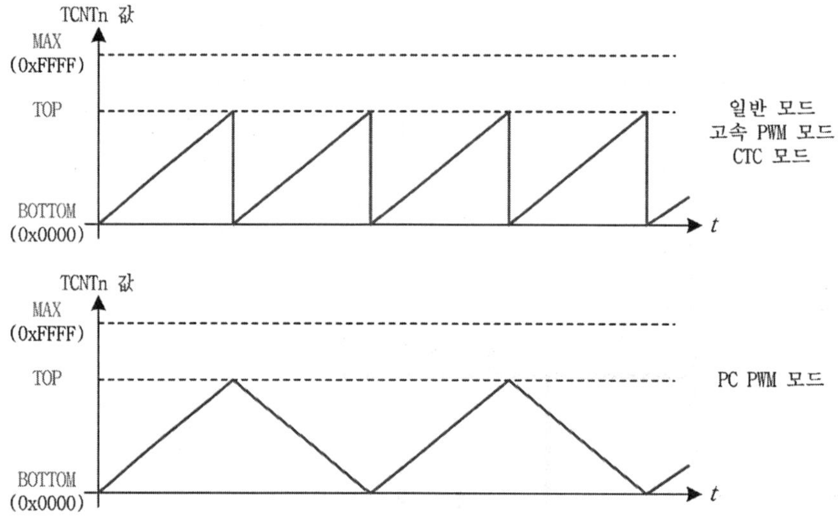

〈그림 2.2.27〉 타이머/카운터1과 3에서 BOTTOM, MAX, TOP의 설명

▣ 동작의 개요

타이머/카운터1, 3은 클록 신호 clk_{Tn}에 의하여 16비트의 업/다운 카운터 TCNTn이 동작되고, 이것이 상향 카운터로 동작할 때 카운터 값이 0xFFFF→0x0000으로 오버플로우되면 TOVn 신호에 의하여 오버플로우 인터럽트가 발생한다.

16비트 타이머/카운터 레지스터 TCNTn은 사용하는 동작 모드에 따라 클록 clk_{Tn}의 입력에 의해 값이 증가 또는 감소하며 경우에 따라서는 0x0000으로 리셋되기도 한다. 이 카운터 값은 동작 중에 항상 출력비교 레지스터 OCRnx와 비교되며, 그 값이 같아지면 내부적으로는 OCFnx 신호에 의하여 출력비교 인터럽트가 발생되고, 외부적으로는 OCnx 단자에 신호가 출력되도록 설정할 수 있다. 이와 같이 동작 모드를 적절히 설정하고 OCRnx 레지스터를 활용하면 OCnx 단자에 16비트 분해능의 PWM 출력 신호를 발생할 수 있게 된다.

◀참고▶ 이제부터 16비트 구조인 타이머/카운터1, 3에 관한 설명에서 BOTTOM은 16비트 카운터가

가질 수 있는 최소값 0x0000을 나타내고, 반대로 MAX는 카운터가 가질 수 있는 최대값 0xFFFF를 나타낸다. 또한, TOP은 각 동작 모드에 따라 카운터가 실제로 도달할 수 있는 최대의 값을 나타내는데, 이 값은 동작 모드에 따라 MAX가 되기도 하고 OCRnA 또는 ICRn 레지스터인 경우도 있으며 동작 모드에 따라 지정된 값이 되기도 한다.

또한, 레지스터나 신호 이름을 표시할 때 n은 타이머/카운터의 채널 번호인 1, 3을 나타내며, x는 각 타이머/카운터에서 출력비교 회로의 구성 부분인 A, B, C를 나타낸다.

▣ 카운터 부분

타이머/카운터1, 3의 클록 입력과 카운터 부분의 구성은 <그림 2.2.28>에 다시 보였다. 여기서 보듯이 타이머/카운터1, 3은 내부 시스템 클록을 분주하여 클록 소스로 사용하는 타이머 모드 동작과 외부 클록을 Tn 단자로 받아 사용하는 카운터 모드 동작을 수행할 수 있다.

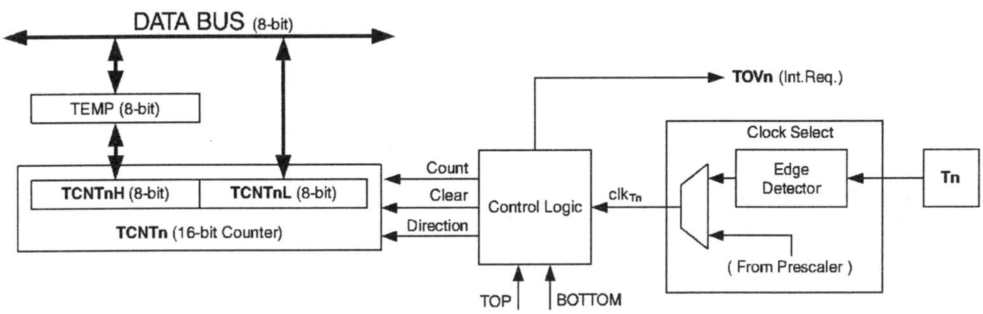

〈그림 2.2.28〉 타이머/카운터1과 3의 카운터 부분 구성도

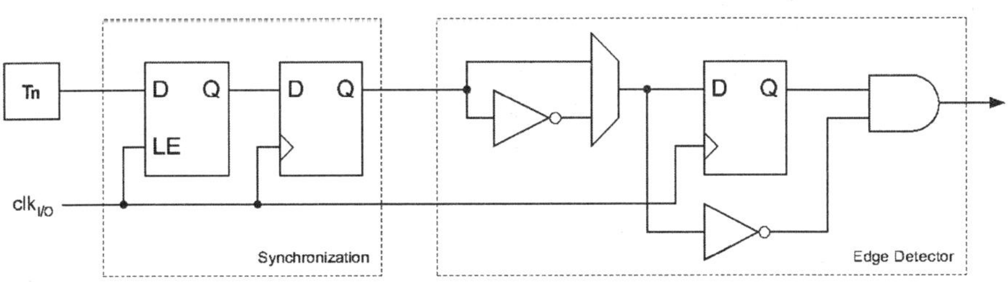

〈그림 2.2.29〉 타이머/카운터1과 3의 외부 클록 입력 샘플링 회로

외부 클록 입력신호 Tn은 <그림 2.2.29>와 같이 내부의 동기회로에 의하여 매 시스템 클록 사이클에 1번씩 샘플링되어 에지 검출기(edge detector)로 전달되며, 이들 회로들은 $clk_{I/O}$ 클록 신호에 의하여 동작한다. 이렇게 입력된 클록 신호는 샘플링 회로 및 에지 검출기 회로에서 동기화 과정을 거치기 때문에 시스템 클록으로 2.5~3.5

주기만큼 시간적으로 지연되어 동작한다. Tn 클록 신호가 카운터에서 상승 에지로 동작할지 하강 에지로 동작할지는 타이머/카운터n 제어 레지스터 TCCRnB의 CSn2~0 비트로 설정된다. 이때 입력된 Tn 클록 신호의 H 또는 L상태는 각각 1주기의 $clk_{I/O}$보다 길게 유지되어야만 올바르게 샘플링되므로 결과적으로 외부 클록의 주파수는 $clk_{I/O}$÷2 미만이어야 한다. 그러나, 외부 클록 신호의 듀티비가 50%로 유지되지 않는 경우에는 이러한 조건으로도 문제가 될 수 있으므로, 듀티비에 관계없이 항상 안정된 동작을 하려면 Tn 단자로 입력되는 외부 클록 신호의 주파수는 $clk_{I/O}$÷2.5 미만으로 사용하는 것이 바람직하다.

타이머/카운터 채널이 타이머로 동작할 때는 시스템 클록 주파수(*OK-128TFT* 키트에서는 16MHz)와 같은 내부 클록 $clk_{I/O}$를 클록 소스로 사용하며, 이것은 프리스케일러에 의하여 분주비 1, 8, 64, 256, 1024 중의 하나로 분주될 수 있고, 클록 입력을 차단하여 타이머/카운터 채널의 기능을 정지시킬 수도 있다. 그러나, 타이머/카운터 채널이 카운터로 동작할 때는 외부의 Tn 단자에서 입력된 신호를 클록 소스로 사용하며, 이것은 프리스케일러를 거치지 않고 직접 카운터에 입력된다.

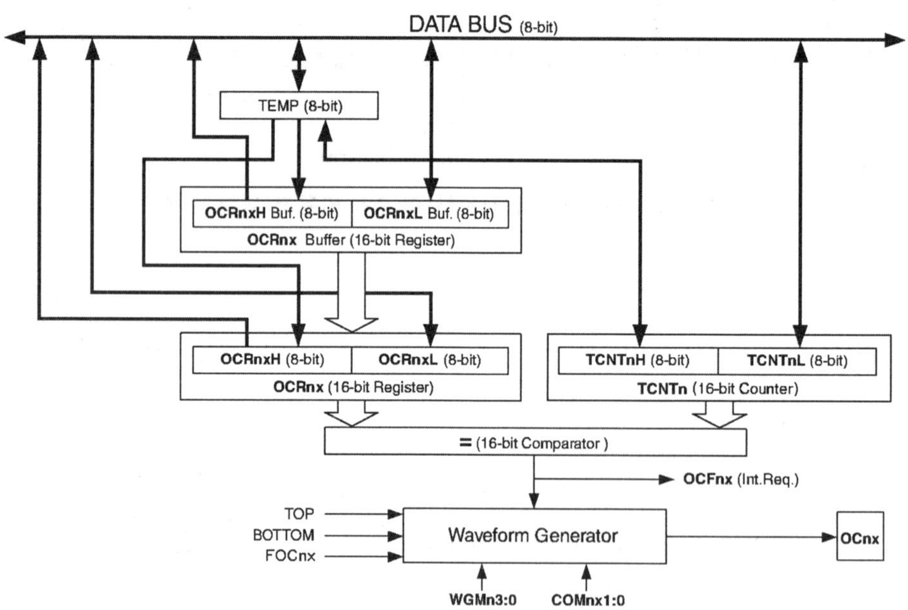

〈그림 2.2.30〉 타이머/카운터1과 3의 출력비교기 부분 구성도

▣ 출력 비교기 부분

<그림 2.2.30>에 보였듯이 타이머/카운터1, 3에 입력되는 클록 신호 clk_{Tn}은 16비트

의 업/다운 카운터 TCNTn을 동작시키고, 이 카운터 값은 동작 중에 항상 출력비교 레지스터 OCRnx와 비교되어 그 값이 서로 같아지면 그 다음 클록 주기에 내부적으로는 OCFnx 신호에 의하여 출력비교 인터럽트를 요청하고, 외부적으로는 OCnx 단자에 신호를 출력할 수 있다. 이와 같이 동작 모드를 적절히 설정하고 OCRnx 레지스터를 활용하면 OCnx 단자에 원하는 PWM 출력 신호를 발생할 수 있게 된다.

출력비교 레지스터 OCRnx는 모든 PWM 모드에서 이중 버퍼링으로 동작하여 타이머/카운터 레지스터 TCNTn이 TOP 또는 BOTTOM에 도달하였을 때 그 값이 갱신되므로 PWM 출력 신호에 글리치(glitch)가 발생하는 것을 방지한다. 그러나, 일반 모드나 CTC 모드에서는 출력비교 레지스터 OCRnx가 이중 버퍼링으로 동작하지 않으므로 주의해야 한다.

▣ 비교결과 출력회로 부분

타이머/카운터1과 3에서 16비트의 업/다운 카운터 TCNTn의 값과 출력비교 레지스터 OCRnx의 값을 비교하여 이것이 서로 일치(match)하면 출력되는 3개의 신호 OCnx는 병렬 I/O 포트의 부수적인 기능으로 사용되며, 이 출력회로 부분의 구조는 <그림 2.2.31>과 같다. 따라서, 이 단자를 병렬 I/O 포트가 아니라 비교출력 신호로 사용하려면 DDRx 레지스터에서 미리 병렬 I/O 포트의 해당 비트를 출력 방향으로 설정해 놓아야 한다.

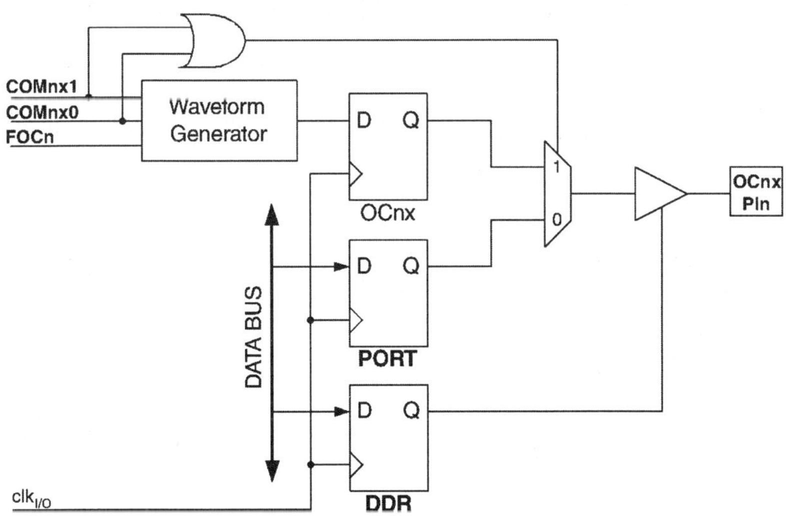

〈그림 2.2.31〉 타이머/카운터1과 3의 비교 매치 출력 부분 구성도

▣ 출력신호의 중복 처리

ATmega128A의 17번 핀은 특별히 PB7/OC1C/OC2 등 3가지 신호의 기능이 겸용으로 되어 있다. 즉, 타이머/카운터1에서 COM1C1~0 비트로 OC1C 핀에 비교출력 신호를 내보내도록 설정하거나 타이머/카운터2에서 COM21~0 비트로 OC2 핀에 비교출력 신호를 내보내도록 설정하면 병렬 I/O 포트 PB7의 신호 기능은 자동적으로 금지되고 출력비교 단자가 된다. 이때 DDRB 레지스터를 사용하여 이 병렬 I/O 포트의 해당 비트는 출력 방향으로 설정되어야 한다.

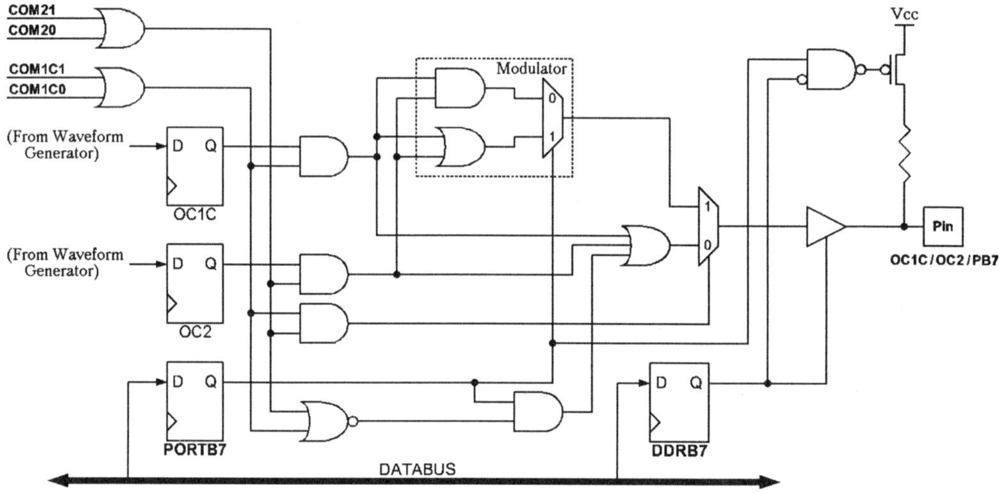

〈그림 2.2.32〉 OC1C와 OC2 신호 출력단의 내부 구성 블록도

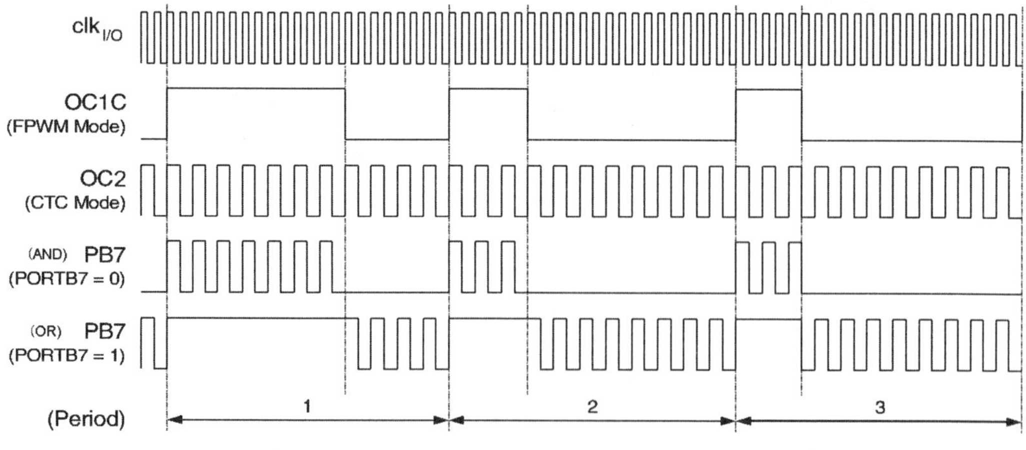

〈그림 2.2.33〉 OC1C와 OC2 신호 출력단의 동작 파형

그런데, 이 비교출력 신호 OC1C와 OC2는 배타적으로 1가지만 선택하여 사용하는 것이 아니라 좀 더 다양한 기능을 가지고 있다. 즉, OC1C와 OC2 중에서 1가지만을 사용할 때는 단순한 하나의 비교출력 신호이지만, 이 2가지를 모두 설정하여 사용하는 경우에는 PB7 비트의 값에 따라 OC1C와 OC2의 출력 신호를 논리적으로 변조하여(modulated) AND하거나 OR시킨 출력을 내보낼 수 있다.

이를 위하여 이 신호들의 출력단 구조는 <그림 2.2.32>와 같이 만들어져 있으며, 그 동작 파형은 <그림 2.2.33>과 같다. 이 동작 파형에서 보면 PB7=0으로 출력하면 OC1C와 OC2의 신호는 AND하여 출력되며, PB7=1로 출력하면 OC1C와 OC2의 신호는 OR하여 출력되는 것을 알 수 있다.

이와 같이 17번 핀으로 2채널의 타이머/카운터 비교출력 신호를 합성 또는 변조하는 기능은 단순히 1채널의 PWM 출력 신호로는 만들 수 없는 좀 더 복잡한 파형을 만드는데 매우 유용하다. 예를 들면 이는 전력용 반도체 TRIAC의 게이트 신호를 발생하는데 편리하게 사용할 수 있다.

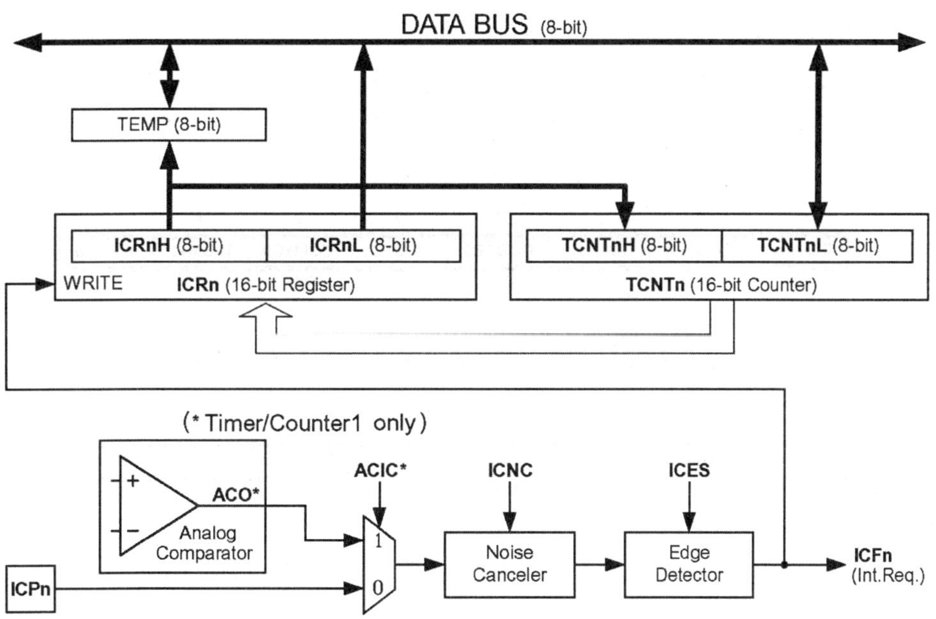

〈그림 2.2.34〉 타이머/카운터1과 3의 입력 캡처 부분 구성도

▣ 입력 캡처 부분

타이머/카운터1, 3에는 입력 캡처(input capture) 기능이 있는데, 이는 각각 입력핀 ICPn에서 입력되는 트리거 신호에 의하여 타이머/카운터 레지스터 TCNTn의 현재 값

을 입력 캡쳐 레지스터 ICRn에 캡쳐하여 저장하는 기능을 수행한다. 단, 타이머/카운터1에서는 입력 캡쳐 트리거 신호로서 ICP1 신호 이외에 아날로그 비교기에서 만들어진 비교결과 신호를 사용할 수도 있다.(아날로그 비교기로부터 캡쳐 신호를 사용하려면 ACSR 레지스터에서 ACIC=1로 설정해야 한다.)

캡쳐 트리거 신호의 잡음을 제거하기 위하여 잡음 제거기(noise canceler) 회로를 사용할 수 있는데, 이를 사용하면 입력 트리거 신호는 시스템 클록의 4주기만큼 지연되어 동작한다.

(2) I/O 제어 레지스터 사용

타이머/카운터1과 3에는 다양한 기능과 동작을 제어하기 위하여 여러 가지의 I/O 제어 레지스터를 가지고 있다. 이들 레지스터는 내부 메모리의 I/O 영역에 위치하는 것도 있고 확장 I/O 영역에 위치하는 것도 있으므로 어셈블리 언어로 프로그램할 때는 이것들을 주의하여 사용해야 한다.

▣ 타이머/카운터n 제어 레지스터 A(TCCRnA)

TCCRnA(Timer/Counter1 or 3 Control Register A) 레지스터는 타이머/카운터1과 3의 동작 모드를 설정하고 비교출력 신호의 출력 방식을 설정하는 기능을 수행한다.

Bit	7	6	5	4	3	2	1	0	
$2F($4F)	COM1A1	COM1A0	COM1B1	COM1B0	COM1C1	COM1C0	WGM11	WGM10	TCCR1A
Read/Write	R/W	R/W	R/W	R/W	R/W	R/W	R/W	R/W	
Initial Value	0	0	0	0	0	0	0	0	

〈그림 2.2.35〉 타이머/카운터1 제어 레지스터 TCCR1A

Bit	7	6	5	4	3	2	1	0	
$8B	COM3A1	COM3A0	COM3B1	COM3B0	COM3C1	COM3C0	WGM31	WGM30	TCCR3A
Read/Write	R/W	R/W	R/W	R/W	R/W	R/W	R/W	R/W	
Initial Value	0	0	0	0	0	0	0	0	

〈그림 2.2.36〉 타이머/카운터3 제어 레지스터 TCCR3A

- COMnA1～0(b7～6) : Compare Match Output Mode for Channel A
- COMnB1～0(b5～4) : Compare Match Output Mode for Channel B
- COMnC1～0(b3～2) : Compare Match Output Mode for Channel C

  이 비트들은 각각 OCnA, OCnB, OCnC 핀의 동작을 설정한다. 이들 출력 핀의 동작은 타이머/카운터1과 3의 동작 모드에 따라 달라지는데 이를 요약하면 <표 2.2.7>과 같다.
- WGMn1～0(b1～0) : Waveform Generation Mode

  이 비트들은 TCCRnB 레지스터에 포함된 WGMn3～2 비트와 결합하여 4개의 비트로 타이머/카운터1과

3의 동작 모드를 결정하는데, 이를 요약하면 <표 2.2.6>과 같다.

〈표 2.2.6〉 WGMn3~0 비트에 의한 동작 모드의 설정

모드	WGM n3	WGM n2	WGM n1	WGM n0	동작 모드	TOP	OCRnx 레지스터의 업데이트 시점	TOVn 플랙의 세트 시점
0	0	0	0	0	Normal	0xFFFF	설정 즉시	MAX→BOTTOM
1	0	0	0	1	Phase Correct PWM(8-bit)	0x00FF	TOP → TOP-1	BOTTOM→0x0001
2	0	0	1	0	Phase Correct PWM(9-bit)	0x01FF	TOP → TOP-1	BOTTOM→0x0001
3	0	0	1	1	Phase Correct PWM(10-bit)	0x03FF	TOP → TOP-1	BOTTOM→0x0001
4	0	1	0	0	CTC	OCRnA	설정 즉시	MAX→BOTTOM
5	0	1	0	1	Fast PWM(8-bit)	0x00FF	TOP→BOTTOM	TOP→BOTTOM
6	0	1	1	0	Fast PWM(9-bit)	0x01FF	TOP→BOTTOM	TOP→BOTTOM
7	0	1	1	1	Fast PWM(10-bit)	0x03FF	TOP→BOTTOM	TOP→BOTTOM
8	1	0	0	0	Phase and Frequency Correct PWM	ICRn	BOTTOM→0x0001	BOTTOM→0x0001
9	1	0	0	1	Phase and Frequency Correct PWM	OCRnA	BOTTOM→0x0001	BOTTOM→0x0001
10	1	0	1	0	Phase Correct PWM	ICRn	TOP → TOP-1	BOTTOM→0x0001
11	1	0	1	1	Phase Correct PWM	OCRnA	TOP → TOP-1	BOTTOM→0x0001
12	1	1	0	0	CTC	ICRn	설정 즉시	MAX→BOTTOM
13	1	1	0	1	사용하지 않음(reserved)	-	-	-
14	1	1	1	0	Fast PWM	ICRn	TOP→BOTTOM	TOP→BOTTOM
15	1	1	1	1	Fast PWM	OCRnA	TOP→BOTTOM	TOP→BOTTOM

〈표 2.2.7〉 COMnx1~0 비트에 의한 OCnx 핀의 기능 설정

	COMnx1	COMnx0	OCnx 핀의 기능
PWM 모드가 아닌 경우	0	0	정상적인 범용 I/O 포트로 동작(OCnx 출력을 차단)
	0	1	compare match에서 OCnx 출력을 토글
	1	0	compare match에서 OCnx=0으로 클리어
	1	1	compare match에서 OCnx=1로 세트
Fast PWM 모드인 경우	0	0	정상적인 범용 I/O 포트로 동작(OCnx 출력을 차단)
	0	1	모드15의 경우 compare match에서 OCnA 출력을 토글하고 OCnB와 OCnC는 출력을 차단하며, 기타의 모드에서는 OCnx 출력을 차단
	1	0	compare match에서 OCnx=0으로 클리어하고 TOP→BOTTOM에서 OCnx=1로 세트
	1	1	compare match에서 OCnx=1로 세트하고 TOP→BOTTOM에서 OCnx=0으로 클리어
Phase (and Frequency) Correct PWM 모드인 경우	0	0	정상적인 범용 I/O 포트로 동작(OCnx 출력을 차단)
	0	1	모드9,11의 경우 compare match에서 OCnA 출력을 토글하고 OCnB와 OCnC는 출력을 차단하며, 기타의 모드에서는 OCnx 출력을 차단
	1	0	상향 카운터에서는 compare match에서 OCnx=0으로 클리어하고 하향 카운터에서는 compare match에서 OCnx=1로 세트
	1	1	상향 카운터에서는 compare match에서 OCnx=1로 세트하고 하향 카운터에서는 compare match에서 OCnx=0으로 클리어

▣ 타이머/카운터n 제어 레지스터 B(TCCRnB)

TCCRnB(Timer/Counter1 or 3 Control Register B) 레지스터는 타이머/카운터1과 3의 입력 캡쳐에 관련된 기능을 설정하거나 프리스케일러의 분주비를 설정하는 등의 기능을 수행한다.

Bit	7	6	5	4	3	2	1	0	
$2E($4E)	ICNC1	ICES1	–	WGM13	WGM12	CS12	CS11	CS10	TCCR1B
Read/Write	R/W	R/W	R	R/W	R/W	R/W	R/W	R/W	
Initial Value	0	0	0	0	0	0	0	0	

〈그림 2.2.37〉 타이머/카운터1 제어 레지스터 TCCR1B

Bit	7	6	5	4	3	2	1	0	
$8A	ICNC3	ICES3	–	WGM33	WGM32	CS32	CS31	CS30	TCCR3B
Read/Write	R/W	R/W	R	R/W	R/W	R/W	R/W	R/W	
Initial Value	0	0	0	0	0	0	0	0	

〈그림 2.2.38〉 타이머/카운터3 제어 레지스터 TCCR3B

- ICNCn(b7) : Input Capture Noise Canceler

  이 비트는 입력캡처 단자 ICPn으로 입력되는 캡쳐신호를 위한 노이즈 제거회로(noise canceler)가 작동하도록 설정한다. 이를 1로 설정하면 노이즈 제거회로가 작동하여 신호가 필터링되며, 이렇게 하면 입력캡처 신호가 시스템 클록의 4주기만큼 지연되어 동작하게 된다.
- ICESn(b6) : Input Capture Edge Select

  이 비트는 입력캡처 단자 ICPn으로 입력되는 신호의 에지를 선택한다. 이를 1로 설정하면 캡처신호가 상승 에지(rising or positive edge)일 때 캡처 동작이 트리거되며, 0으로 하면 캡처신호가 하강 에지(falling or negative edge)일 때 캡처 동작이 트리거된다. 이와 같이 캡처신호가 입력되면 현재의 카운터값이 입력캡처 레지스터 ICRn에 저장되며, 동시에 ICFn=1로 되면서 입력캡처 인터럽트가 요청된다. ICRn 레지스터의 값이 TOP으로 사용되는 동작 모드에서는 입력캡처 기능이 정지된다.
- WGMn3~2(b4~3) : Waveform Generation Mode

  이 비트들은 앞에서 보았듯이 TCCRnA 레지스터의 WGMn1~0 비트와 결합하여 4개의 비트로 타이머/카운터1과 3의 동작 모드를 결정하는 기능을 수행한다.

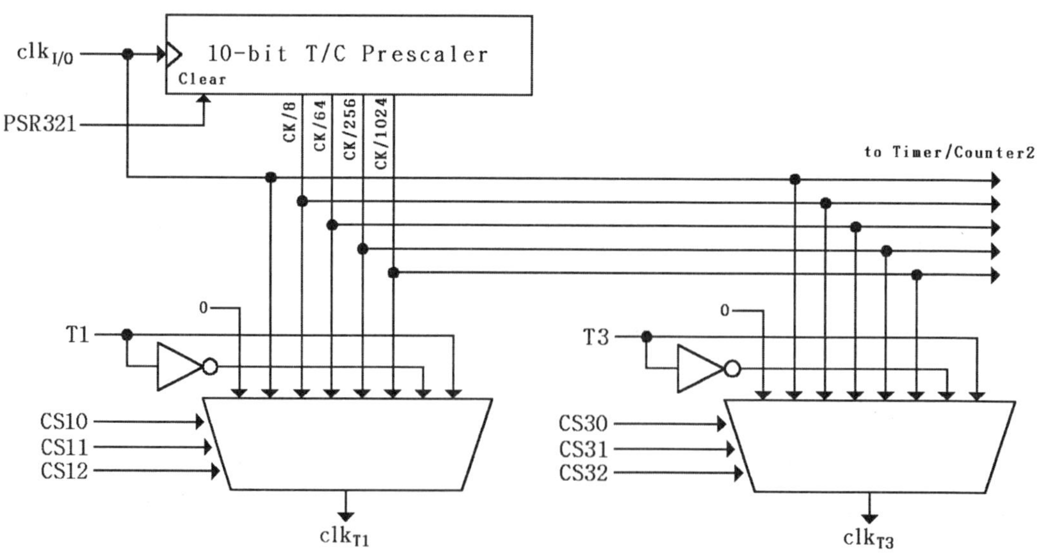

〈그림 2.2.39〉 타이머/카운터1과 3의 프리스케일러

〈표 2.2.8〉 CSn2~0 비트에 의한 클록의 소스 또는 분주비 선택

CSn2	CSn1	CSn0	클록 소스의 기능
0	0	0	클록 입력을 차단(타이머/카운터n의 기능이 정지됨)
0	0	1	$clk_{I/O}$ / 1
0	1	0	$clk_{I/O}$ / 8
0	1	1	$clk_{I/O}$ / 64
1	0	0	$clk_{I/O}$ / 256
1	0	1	$clk_{I/O}$ / 1024
1	1	0	Tn 핀에서 입력되는 외부 클록(하강 에지에서 동작)
1	1	1	Tn 핀에서 입력되는 외부 클록(상승 에지에서 동작)

• CSn2~0(b2~0) : Clock Select
이 비트들은 <표 2.2.8> 및 <그림 2.2.39>와 같이 클록 소스 또는 프리스케일러(prescaler)의 분주비를 선택한다.

▣ 타이머/카운터n 제어 레지스터 C(TCCRnC, TCCR3C)

TCCRnC(Timer/Counter1 or 3 Control Register C) 레지스터는 타이머/카운터1과 3의 비교출력 단자와 관련된 기능을 설정하는데 사용한다.

Bit	7	6	5	4	3	2	1	0	
$7A	FOC1A	FOC1B	FOC1C	–	–	–	–	–	TCCR1C
Read/Write	W	W	W	R	R	R	R	R	
Initial Value	0	0	0	0	0	0	0	0	

〈그림 2.2.40〉 타이머/카운터1 제어 레지스터 TCCR1C

Bit	7	6	5	4	3	2	1	0	
$8C	FOC3A	FOC3B	FOC3C	–	–	–	–	–	TCCR3C
Read/Write	W	W	W	R	R	R	R	R	
Initial Value	0	0	0	0	0	0	0	0	

〈그림 2.2.41〉 타이머/카운터3 제어 레지스터 TCCR3C

• FOCnx(b7~5) : Force Output Compare for Channel A, B, C
이 비트들은 PWM 모드가 아닌 경우에만 유효한 것으로서 이를 1로 설정하면 강제로 즉시 OCnx 단자에 출력비교가 매치(match)된 것과 같은 출력을 내보내며, 이 출력 신호의 동작은 COMnx1~0 비트에 의하여 결정된다.
그러나, 이렇게 강제로 만들어진 출력비교 매치는 OCnx 단자에 신호만을 출력할 뿐이며, 해당 인터럽트를 발생하지도 않고 CTC 모드에서 TCNTn 레지스터를 클리어시키지도 않는다. 따라서, 특별한 동작 테스트를 수행하는 경우가 아니라면 이 비트는 0으로 설정하여 둔다.

▣ 특수 기능 I/O 레지스터(SFIOR)

SFIOR(Special Function I/O Register) 레지스터는 타이머/카운터들을 동기화시키

는데 관련된 기능을 수행한다.

Bit	7	6	5	4	3	2	1	0	
$20($40)	TSM	–	–	–	ACME	PUD	PSR0	PSR321	SFIOR
Read/Write	R/W	R	R	R	R/W	R/W	R/W	R/W	
Initial Value	0	0	0	0	0	0	0	0	

〈그림 2.2.42〉 특수 기능 I/O 레지스터 SFIOR

- TSM(b7) : Timer/Counter Synchronization Mode
  이 비트는 모든 타이머/카운터들을 동기화시키는 기능을 수행한다. 즉, 이를 1로 하면 PSR0 및 PSR321 비트에 라이트한 값을 유지하여 대응하는 프리스케일러 리셋 신호를 발생하고, 이는 해당 타이머/카운터의 동작을 정지시켜 이것들을 똑같은 값으로 설정할 수 있도록 해준다. TSM 비트를 0으로 하면 PSR0 및 PSR321 비트는 하드웨어적으로 클리어되며 타이머/카운터들이 동시에 카운팅 동작을 시작한다.
- PSR321(b0) : Prescaler Reset Timer/Counter 3, 2, and 1
  이 비트는 타이머/카운터1~3이 공통적으로 사용하고 있는 프리스케일러를 리셋시키며, TSM=1로 되어 있지 않다면 동작후에 자동적으로 클리어된다.

▣ 타이머/카운터n 레지스터(TCNTn)

TCNTn(Timer/Counter Register 1, 3) 레지스터는 타이머/카운터1과 3의 16비트 카운터 값을 저장하고 있는 레지스터이다.

Bit	7	6	5	4	3	2	1	0	
$2D($4D)	TCNT1[15:8]								TCNT1H
$2C ($4C)	TCNT1[7:0]								TCNT1L
Read/Write	R/W	R/W	R/W	R/W	R/W	R/W	R/W	R/W	
Initial Value	0	0	0	0	0	0	0	0	

〈그림 2.2.43〉 타이머/카운터1 레지스터 TCNT1

Bit	7	6	5	4	3	2	1	0	
$89	TCNT3[15:8]								TCNT3H
$88	TCNT3[7:0]								TCNT3L
Read/Write	R/W	R/W	R/W	R/W	R/W	R/W	R/W	R/W	
Initial Value	0	0	0	0	0	0	0	0	

〈그림 2.2.44〉 타이머/카운터3 레지스터 TCNT3

이 레지스터는 언제나 리드 및 라이트 동작이 가능하지만 카운터가 동작하고 있을 때 이 값을 수정하면 TCNTn 값과 OCRnx 값을 비교하여 출력신호를 발생하는 비교매치 기능에 문제를 일으킬 수도 있다.

이 카운터 레지스터는 16비트 구조이므로 8비트씩 2차례로 나누어 액세스해야 하는데, ATmega128A에서는 16비트 레지스터를 액세스할 때 내부에 임시 레지스터를 가지고 있어서 <그림 1.2.16>에서 설명한 것처럼 액세스 순서를 지켜서 수행하면 글리치(glitch) 현상이 절대로 발생하지 않는다. 즉, 라이트 동작은 상위 바이트 TCNTnH를 먼저 수행하고 하위 바이트 TCNTnL을 나중에 수행하며, 리드 동작은 그 반대의 순서로 수행해야 한다.

만약 ATmega128A의 내부에 이와 같은 기능을 가지고 있지 않다면 CPU가 이 16비트의 레지스터 값을 액세스할 때 <그림 2.2.45>와 같은 글리치 현상이 발생할 수 있다. 예를 들어서 현재의 카운터 값이 0x30FF일 경우 하위 바이트를 먼저 읽어서 0xFF를 내부에서 기억하고, 이어서 상위 바이트를 읽으려 할 때 클록이 1개 입력되면 카운터가 0x3100으로 바뀌므로 상위 바이트는 0x31로 읽혀진다. 따라서, 상위 바이트와 하위 바이트를 합치면 읽은 결과는 0x31FF로 처리되어 카운터의 값 0x30FF와는 전혀 다른 값이 된다. 이처럼 하위 바이트와 상위 바이트의 순서로 읽어서 결과가 비정상적으로 크게 잘못되는 경우를 그림에서 글리치1로 표시하였다.

만약, 반대로 상위 바이트를 먼저 읽어서 0x30을 내부에서 기억하고, 이어서 하위 바이트를 읽으려 할 때 클록이 1개 입력되면 카운터가 0x3100으로 바뀌므로 하위 바이트는 0x00으로 읽혀진다. 따라서, 상위 바이트와 하위 바이트를 합치면 읽은 결과는 0x3000으로 처리되어 카운터의 값 0x30FF와는 전혀 다른 값이 된다. 이처럼 상위 바이트와 하위 바이트의 순서로 읽어서 결과가 비정상적으로 작게 잘못되는 경우를 그림에서 글리치2로 표시하였다.

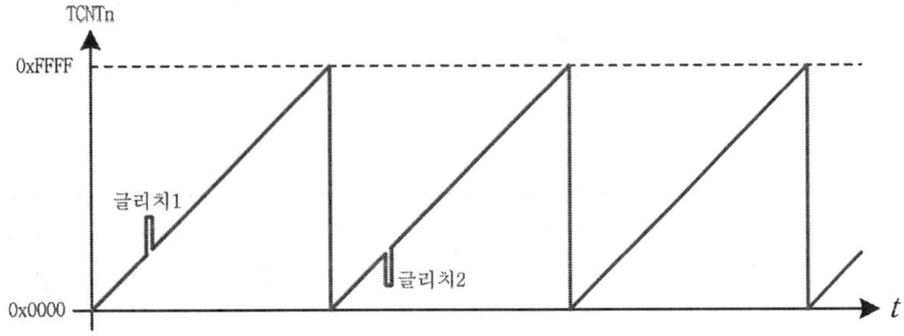

〈그림 2.2.45〉 타이머/카운터1, 3의 16비트 레지스터를 액세스할 때의 글리치 현상

▣ 타이머/카운터n 출력비교 레지스터(OCRnx)

OCRnx(Timer/Counter Output Compare Register 1, 3) 레지스터는 타이머/카운터 레지스터 TCNTn 값과 비교하여 OCnx 단자에 출력신호를 발생하기 위한 16비트 값을 저장하는 레지스터이다. 타이머/카운터n 레지스터 TCNTn이 16비트 구조이므로 이와 크기를 비교하는데 사용되는 타이머/카운터n 출력비교 레지스터 OCRnx도 당연히 16비트 길이로 되어 있다.

OCRnx 레지스터는 모든 PWM 모드에서 이중 버퍼링으로 동작하여 타이머/카운터 레지스터 TCNTn이 TOP 또는 BOTTOM에 도달하였을 때 그 값이 갱신되므로 PWM 출력 신호에 글리치가 발생하는 것을 방지한다. 그러나, 일반 모드나 CTC 모드에서는 OCRnx 레지스터가 이중 버퍼링으로 동작하지 않는다.

Bit	7	6	5	4	3	2	1	0	
$2B($4B)	OCR1A[15:8]								OCR1AH
$2A($4A)	OCR1A[7:0]								OCR1AL
Read/Write	R/W	R/W	R/W	R/W	R/W	R/W	R/W	R/W	
Initial Value	0	0	0	0	0	0	0	0	

Bit	7	6	5	4	3	2	1	0	
$29($49)	OCR1B[15:8]								OCR1BH
$28($48)	OCR1B[7:0]								OCR1BL
Read/Write	R/W	R/W	R/W	R/W	R/W	R/W	R/W	R/W	
Initial Value	0	0	0	0	0	0	0	0	

Bit	7	6	5	4	3	2	1	0	
$79	OCR1C[15:8]								OCR1CH
$78	OCR1C[7:0]								OCR1CL
Read/Write	R/W	R/W	R/W	R/W	R/W	R/W	R/W	R/W	
Initial Value	0	0	0	0	0	0	0	0	

〈그림 2.2.46〉 타이머/카운터1 출력비교 레지스터 OCR1x

Bit	7	6	5	4	3	2	1	0	
$87	OCR3A[15:8]								OCR3AH
$86	OCR3A[7:0]								OCR3AL
Read/Write	R/W	R/W	R/W	R/W	R/W	R/W	R/W	R/W	
Initial Value	0	0	0	0	0	0	0	0	

Bit	7	6	5	4	3	2	1	0	
$85	OCR3B[15:8]								OCR3BH
$84	OCR3B[7:0]								OCR3BL
Read/Write	R/W	R/W	R/W	R/W	R/W	R/W	R/W	R/W	
Initial Value	0	0	0	0	0	0	0	0	

Bit	7	6	5	4	3	2	1	0	
$83	OCR3C[15:8]								OCR3CH
$82	OCR3C[7:0]								OCR3CL
Read/Write	R/W	R/W	R/W	R/W	R/W	R/W	R/W	R/W	
Initial Value	0	0	0	0	0	0	0	0	

〈그림 2.2.47〉 타이머/카운터3 출력비교 레지스터 OCR3x

■ 타이머/카운터n 입력 캡쳐 레지스터(ICRn)

ICRn(Timer/Counter Input Capture Register 1, 3) 레지스터는 입력캡쳐 신호 ICPn에 의하여(또는 타이머/카운터1의 경우에는 아날로그 비교기로의 출력 신호도 사용 가능함) 타이머/카운터 레지스터 TCNTn의 현재값을 캡쳐하여 저장하는 16비트 레지스터이다. 이 ICRn 레지스터는 일부의 동작 모드에서 TOP으로 사용되기도 한다.

Bit	7	6	5	4	3	2	1	0	
$27($47)	ICR1[15:8]								ICR1H
$26($46)	ICR1[7:0]								ICR1L
Read/Write	R/W	R/W	R/W	R/W	R/W	R/W	R/W	R/W	
Initial Value	0	0	0	0	0	0	0	0	

〈그림 2.2.48〉 타이머/카운터1 입력 캡쳐 레지스터 ICR1

Bit	7	6	5	4	3	2	1	0	
$81	ICR3[15:8]								ICR3H
$80	ICR3[7:0]								ICR3L
Read/Write	R/W	R/W	R/W	R/W	R/W	R/W	R/W	R/W	
Initial Value	0	0	0	0	0	0	0	0	

〈그림 2.2.49〉 타이머/카운터3 입력 캡쳐 레지스터 ICR3

■ 타이머/카운터 인터럽트 마스크 레지스터(TIMSK)

TIMSK(Timer/Counter Interrupt Mask Register) 레지스터는 타이머/카운터0~2가 발생하는 인터럽트를 개별적으로 허용하는 기능을 수행하는 레지스터이다.

Bit	7	6	5	4	3	2	1	0	
$37($57)	OCIE2	TOIE2	TICIE1	OCIE1A	OCIE1B	TOIE1	OCIE0	TOIE0	TIMSK
Read/Write	R/W	R/W	R/W	R/W	R/W	R/W	R/W	R/W	
Initial Value	0	0	0	0	0	0	0	0	

〈그림 2.2.50〉 타이머/카운터 인터럽트 마스크 레지스터 TIMSK

- TICIE1(b5) : Timer/Counter 1 Input Capture Interrupt Enable
  이 비트는 이것이 1로 설정되고 상태 레지스터 SREG에서 I=1로 설정되면 타이머/카운터1의 입력캡쳐 인터럽트가 허용상태로 된다.
- OCIE1A(b4) : Timer/Counter 1 Output Compare Match A Interrupt Enable
- OCIE1B(b3) : Timer/Counter 1 Output Compare Match B Interrupt Enable
  이 비트는 각각 이것이 1로 설정되고 상태 레지스터 SREG에서 I=1로 설정되면 타이머/카운터1이 출력비교 인터럽트 A, B가 허용상태로 된다. 타이머/카운터1의 OCIE1C 비트는 이 레지스터에 있지 않고 별도의 ETIMSK 레지스터에 포함되어 있다는 것에 유의하라.
- TOIE1(b2) : Timer/Counter 1 Overflow Interrupt Enable

이 비트는 이것이 1로 설정되고 상태 레지스터 SREG에서 I=1로 설정되면 타이머/카운터1의 오버플로우 인터럽트가 허용상태로 된다.

▣ 타이머/카운터 인터럽트 마스크 확장 레지스터(ETIMSK)

ETIMSK(Extended Timer/Counter Interrupt Mask Register) 레지스터는 타이머/카운터1, 3이 발생하는 인터럽트를 개별적으로 허용하는 기능을 수행한다.

Bit	7	6	5	4	3	2	1	0	
$7D	–	–	TICIE3	OCIE3A	OCIE3B	TOIE3	OCIE3C	OCIE1C	ETIMSK
Read/Write	R	R	R/W	R/W	R/W	R/W	R/W	R/W	
Initial Value	0	0	0	0	0	0	0	0	

〈그림 2.2.51〉 타이머/카운터 인터럽트 마스크 확장 레지스터 ETIMSK

- TICIE3(b5) : Timer/Counter 3 Input Capture Interrupt Enable
  이 비트는 이것이 1로 설정되고 상태 레지스터 SREG에서 I=1로 설정되면 타이머/카운터3의 입력캡쳐 인터럽트가 허용상태로 된다.
- OCIE3A(b4) : Timer/Counter 3 Output Compare Match A Interrupt Enable
- OCIE3B(b3) : Timer/Counter 3 Output Compare Match B Interrupt Enable
- OCIE3C(b1) : Timer/Counter 3 Output Compare Match C Interrupt Enable
  이 비트는 각각 이것이 1로 설정되고 상태 레지스터 SREG에서 I=1로 설정되면 타이머/카운터3의 출력비교 인터럽트 A, B, C가 허용상태로 된다.
- TOIE3(b2) : Timer/Counter 3 Overflow Interrupt Enable
  이 비트는 이것이 1로 설정되고 상태 레지스터 SREG에서 I=1로 설정되면 타이머/카운터3의 오버플로우 인터럽트가 허용상태로 된다.
- OCIE1C(b0) : Timer/Counter 1 Output Compare Match C Interrupt Enable
  이 비트는 이것이 1로 설정되고 상태 레지스터 SREG에서 I=1로 설정되면 타이머/카운터1의 출력비교 인터럽트 C가 허용상태로 된다.

▣ 타이머/카운터 인터럽트 플랙 레지스터(TIFR)

TIFR(Timer/Counter Interrupt Flag Register) 레지스터는 타이머/카운터0~2가 발생하는 인터럽트 플랙을 저장하는 레지스터이다.

Bit	7	6	5	4	3	2	1	0	
$36($56)	OCF2	TOV2	ICF1	OCF1A	OCF1B	TOV1	OCF0	TOV0	TIFR
Read/Write	R/W	R/W	R/W	R/W	R/W	R/W	R/W	R/W	
Initial Value	0	0	0	0	0	0	0	0	

〈그림 2.2.52〉 타이머/카운터 인터럽트 플랙 레지스터 TIFR

- ICF1(b5) : Timer/Counter 1 Input Capture Flag
  이 비트는 타이머/카운터1의 입력캡쳐 신호 또는 아날로그 비교기로부터의 신호에 의하여 캡쳐 동작이 수행될 때 이 비트가 1로 세트되면서 입력캡쳐 인터럽트가 요청된다. 또한 ICR1 레지스터가 TOP으로 사용되는 동작 모드에서는 TCNT1의 값이 TOP으로 될 때 이 인터럽트가 발생한다. 이 인터럽트가 처리되기 시작하면 이는 다시 자동적으로 0으로 클리어된다.

- OCF1A(b4) : Timer/Counter 1 Output Compare A Match Flag
- OCF1B(b3) : Timer/Counter 1 Output Compare B Match Flag

  이 비트들은 각각 타이머/카운터1의 TCNT1 레지스터와 출력비교 레지스터 OCR1A, OCR1B의 값을 비교하여 이것이 같아지면 그 다음 주기에 이 비트가 1로 세트되면서 출력비교 인터럽트 A, B가 요청된다. 이 인터럽트가 처리되기 시작하면 이는 다시 자동적으로 0으로 클리어된다.

- TOV1(b2) : Timer/Counter1 Overflow Flag

  이 비트는 타이머/카운터1에서 오버플로우가 발생하면 이 비트가 1로 세트되면서 오버플로우 인터럽트가 요청된다. PC PWM 모드에서는 타이머/카운터1이 0x00에서 계수방향을 바꿀 때 이 비트가 세트된다. 이 인터럽트가 처리되기 시작하면 이는 다시 자동적으로 0으로 클리어된다.

▣ 타이머/카운터 인터럽트 플랙 확장 레지스터(ETIFR)

ETIFR(Extended Timer/Counter Interrupt Flag Register) 레지스터는 타이머/카운터1, 3이 발생하는 인터럽트 플랙을 저장하는 레지스터이다.

Bit	7	6	5	4	3	2	1	0	
$7C	–	–	ICF3	OCF3A	OCF3B	TOV3	OCF3C	OCF1C	ETIFR
Read/Write	R/W	R/W	R/W	R/W	R/W	R/W	R/W	R/W	
Initial Value	0	0	0	0	0	0	0	0	

〈그림 2.2.53〉 타이머/카운터 인터럽트 플랙 확장 레지스터 ETIFR

- ICF3(b5) : Timer/Counter 3 Input Capture Flag

  이 비트는 타이머/카운터3의 입력캡쳐 신호에 의하여 캡쳐 동작이 수행될 때 이 비트가 1로 세트되면서 입력캡쳐 인터럽트가 요청된다. 또한 ICR3 레지스터가 TOP으로 사용되는 동작 모드에서는 TCNT3의 값이 TOP으로 될 때 이 인터럽트가 요청된다. 이 인터럽트가 처리되기 시작하면 이 플랙 비트는 다시 0으로 클리어된다.

- OCF3A(b4) : Timer/Counter 3 Output Compare A Match Flag
- OCF3B(b3) : Timer/Counter 3 Output Compare B Match Flag
- OCF3C(b1) : Timer/Counter 3 Output Compare C Match Flag

  이 비트들은 각각 타이머/카운터3의 TCNT3 레지스터와 출력비교 레지스터 OCR3A, OCR3B, OCR3C의 값을 비교하여 이것이 같아지면 그 다음 주기에 이 비트가 1로 세트되면서 출력비교 인터럽트 A, B, C가 요청되고, 이 인터럽트가 처리되기 시작하면 다시 0으로 클리어된다.

- TOV3(b2) : Timer/Counter 3 Overflow Flag

  이 비트는 타이머/카운터3에서 오버플로우가 발생하면 이 비트가 1로 세트되면서 오버플로우 인터럽트가 요청된다. 그러나, PC PWM 모드에서는 타이머/카운터3이 0x00에서 계수방향을 바꿀 때 이 비트가 세트된다. 이 인터럽트가 처리되기 시작하면 이 플랙 비트는 다시 0으로 클리어된다.

- OCF1C(b0) : Timer/Counter 1 Output Compare C Match Flag

  이 비트는 타이머/카운터1의 TCNT1 레지스터와 출력비교 레지스터 OCR1C의 값을 비교하여 이것이 같아지면 그 다음 주기에 이 비트가 1로 세트되면서 출력비교 인터럽트 C가 요청되고, 이 인터럽트가 처리되기 시작하면 다시 0으로 클리어된다.

(3) 동작 모드

타이머/카운터1과 3에서는 2개의 레지스터 TCCRnA와 TCCRnB에 분포되어 있는 WGMn3~0 비트를 사용하여 동작 모드를 설정하고, COMnx1~0 비트에 의하여 출력 신호의 동작을 설정함으로써 각각 3개씩을 가지고 있는 OCnx 출력 단자에 어떤 파형을 출력할 수 있다.

앞의 <그림 2.2.26>과 <그림 2.2.30>에서 보인 바와 같이 타이머/카운터1과 3에 포함된 16비트의 출력 비교기는 항상 TCNTn의 값과 OCRnx의 값을 비교하고 있다가 이 값이 서로 같아지면(match) 그 다음의 타이머 클록 사이클에서 OCFnx=1로 되면서 출력비교 인터럽트를 요청한다.

OCRnx 레지스터는 PWM 모드에서는 이중 버퍼로 액세스되어 이 값이 업데이트되는 시점을 TOP 또는 BOTTOM으로 동기시킬 수 있는데 비하여, 일반 모드나 CTC 모드에서는 이중 버퍼 기능이 해제되어 CPU가 이를 직접 액세스하므로 자칫하면 의도하지 않았던 동작이 일어날 가능성이 있으니 주의해야 한다.

타이머/카운터1과 3의 동작 모드는 <표 2.2.6>에서 보였지만 이를 크게 나누면 일반 모드, CTC 모드, 고속 PWM 모드, PC PWM 모드, PFC PWM 모드 등 5가지의 동작 모드가 있다. 이것들의 동작을 자세히 설명하면 다음과 같다.

▣ 일반 모드

타이머/카운터1과 3의 일반 모드(Normal Mode)는 TCCRnA와 TCCRnB 레지스터에서 WGMn3~0 = 0으로 설정하는데, 이 모드에서는 타이머/카운터 레지스터 TCNTn이 항상 상향 카운터로만 동작하고, 카운터가 도중에 클리어되는 일이 없이 클록 입력에 의하여 항상 0x0000~0xFFFF의 값으로 계수 동작이 반복하여 수행된다. 따라서, 타이머/카운터를 외부 클록 입력에 의한 펄스 카운트 목적으로 사용하는 경우에는 이 동작 모드가 적합하다.

이 타이머/카운터 레지스터 TCNTn의 값이 0xFFFF에서 0x0000으로 바뀌는 순간에 TIFR 레지스터에서 TOVn=1로 되고 오버플로우 인터럽트가 요청된다. 일반 모드에서도 출력비교 인터럽트나 OCnx 단자를 이용하여 어떤 파형을 발생하는 것이 가능하기는 하지만, 여기서는 이런 기능들을 사용하는 것이 기본 목적이 아니므로 바람직하지 않으며 만약 이것이 필요하다면 고속 PWM 모드를 사용하는 것이 좋다. 그러나, 16비트 타이머/카운터만이 가지는 입력캡쳐 동작은 일반 모드에서 사용하는 것이 편리하다.

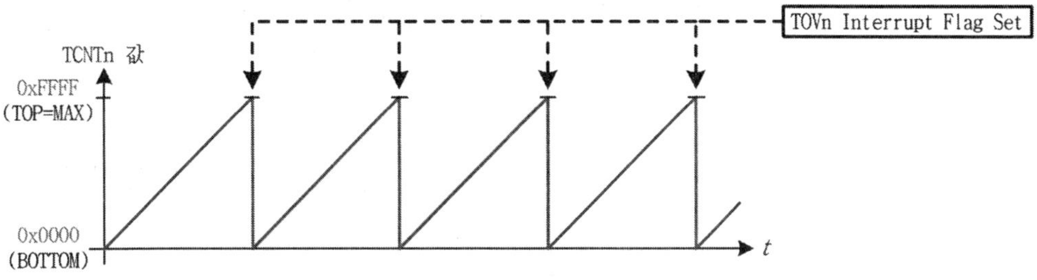

〈그림 2.2.54〉 타이머/카운터1과 3의 일반 모드 동작

▣ CTC 모드

CTC 모드(Clear Timer on Compare Match Mode)는 TCCRnA와 TCCRnB 레지스터에서 WGMn3~0 = 4 또는 12로 설정하는 2가지 동작을 가진다. 이 동작 모드에서는 타이머/카운터 레지스터 TCNTn의 계수동작이 항상 0x0000에서부터 TOP에 이르기까지 반복적으로 증가하는데, TOP의 값은 모드4에서는 OCRnA가 사용되고 모드 12에서는 ICRn이 사용된다.

타이머/카운터 레지스터 TCNTn의 값이 증가하다가 이것이 TOP으로 사용되는 출력비교 레지스터 OCRnA 또는 ICRn 레지스터 값과 일치하면 그 다음 클록 사이클에서 0으로 클리어되므로 이 모드에서는 클록 입력에 의하여 항상 0x0000~OCRnA 또는 0x0000~ICRn의 범위에서 계수 동작이 반복하여 수행된다. 이러한 CTC 모드에서 COMnA1~0 = 01로 설정하여 출력 매치에서 OCnA 단자의 신호를 토글하는 경우에 출력 주파수는 다음과 같이 계산된다. 단, 여기서 N은 프리스케일러의 분주비로서 1, 8, 64, 256, 1024 중의 하나를 사용할 수 있다.

$$f_{\mathrm{OCnA}} = \frac{f_{\mathrm{clk\_I/O}}}{2 \times N \times (1+\mathrm{TOP})} = \frac{f_{\mathrm{clk\_Tn}}}{2 \times (1+\mathrm{TOP})}$$

그러나, CTC 모드에서 출력비교 인터럽트가 2번 발생하여 1주기의 출력파형을 만들게 되므로 인터럽트 발생 주파수는 이보다 2배 높아서 다음과 같이 된다는데 주의할 필요가 있다.

$$f_{\mathrm{OCnA\_INT}} = \frac{f_{\mathrm{clk\_I/O}}}{N \times (1+\mathrm{TOP})} = \frac{f_{\mathrm{clk\_Tn}}}{1+\mathrm{TOP}}$$

따라서, 이러한 CTC 모드에서는 클록 입력에 의하여 항상 0x0000~OCRnA 또는 0x0000~ICRn 값으로 계수 동작이 반복하여 수행되므로, 결국 이 동작 모드는 정확한 동작 주기를 발생하기 위하여 자동 재저장(auto reload)이 가능한 주파수 분주 기능 또는 주기적인 인터럽트를 발생하는 기능으로 사용하는데 유용하다.

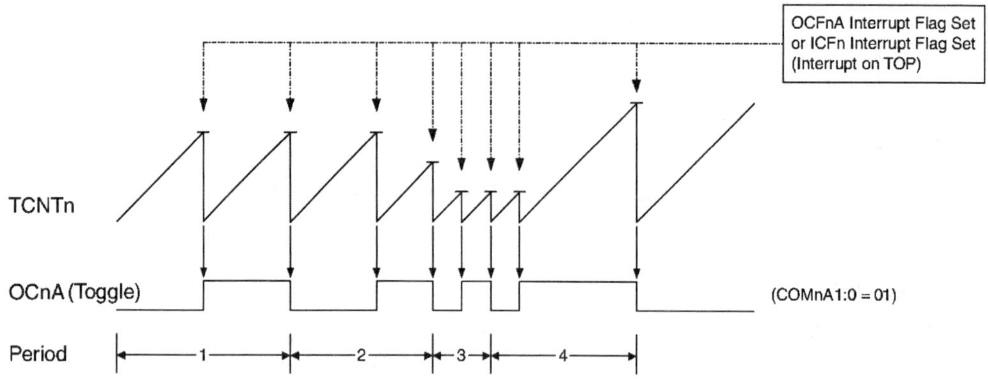

〈그림 2.2.55〉 타이머/카운터1과 3의 CTC 모드 동작

이 카운트 값이 TOP인 OCRnA 또는 ICRn 값과 일치하여 TOP→0x0000으로 바뀌는 순간에 TIFR 레지스터에서 각각 OCFnA=1 또는 ICFn=1로 되면서 출력비교 인터럽트가 요청되며, 이 인터럽트의 서비스 루틴은 TOP을 새로운 값으로 변경하는 목적으로 사용될 수 있다.

그러나, CTC 모드에서는 TOP을 설정하는데 OCRnA 레지스터나 ICRn 레지스터에 이중 버퍼링(double buffering) 기능이 없으므로 주의해야 한다. 만약 카운트 동작 중에 OCRnA 레지스터나 ICRn 레지스터에 TCNTn의 현재 값보다 작은 값을 라이트하면 그 주기에서는 출력비교에 실패하여 카운터가 0xFFFF까지 증가하였다가 0x0000으로 될 것이므로 <그림 2.2.23>에서 설명한 것처럼 글리치가 발생하며, 이때 TIFR 레지스터에서 TOVn=1로 되면서 오버플로우 인터럽트가 발생한다.

▣ 고속 PWM 모드

고속 PWM 모드(Fast PWM Mode)는 TCCRnA와 TCCRnB 레지스터에서 WGMn 3~0 = 5, 6, 7, 14, 15로 설정하며, 보다 높은 주파수의 PWM 출력 파형을 발생하는데 유용하다. 이 동작 모드에서는 타이머/카운터 레지스터 TCNTn의 계수 동작이 항상 0x0000~TOP의 범위에서 오직 증가하는 방향으로만 반복적으로 수행(single-slope operation)되는데, 여기서 PWM의 주기를 결정하는 TOP의 값은 동작 모드에 따라서 0x00FF, 0x01FF, 0x03FF, ICRn, OCRnA 등으로 지정된다.

이때 타이머/카운터 레지스터 TCNTn의 값은 항상 출력비교 레지스터 OCRnx의 값과 비교되어 그것이 서로 일치하면 OCnx 출력신호가 0으로 클리어되고, TCNTn의 값이 TOP→0x0000으로 되면 OCnx 출력신호가 1로 세트된다. 이를 도시하면 <그림 2.2.53>과 같다. COMnx1~0 = 10으로 설정하면 OCnx 단자는 이와 같이 정상 PWM 출력으로 동작하지만, COMnx1~0 = 11로 설정하면 OCnx 단자는 반전 PWM 출력($\overline{OCnx}$)으로 동작한다.

이것은 타이머/카운터 레지스터 TCNTn의 값이 항상 0x0000~TOP의 범위에서 증가하는 single-slope 동작을 수행하므로 PWM 출력신호의 주파수는 다음과 같이 표시되며, 이는 PC PWM 모드의 경우에 비하여 약 2배 높은 주파수가 된다. 단, 여기서 N은 프리스케일러의 분주비로서 1, 8, 64, 256, 1024 중의 하나를 사용할 수 있다.

$$f_{OCnx\_FPWM} = \frac{f_{clk\_I/O}}{N \times (1+TOP)} = \frac{f_{clk\_Tn}}{(1+TOP)}$$

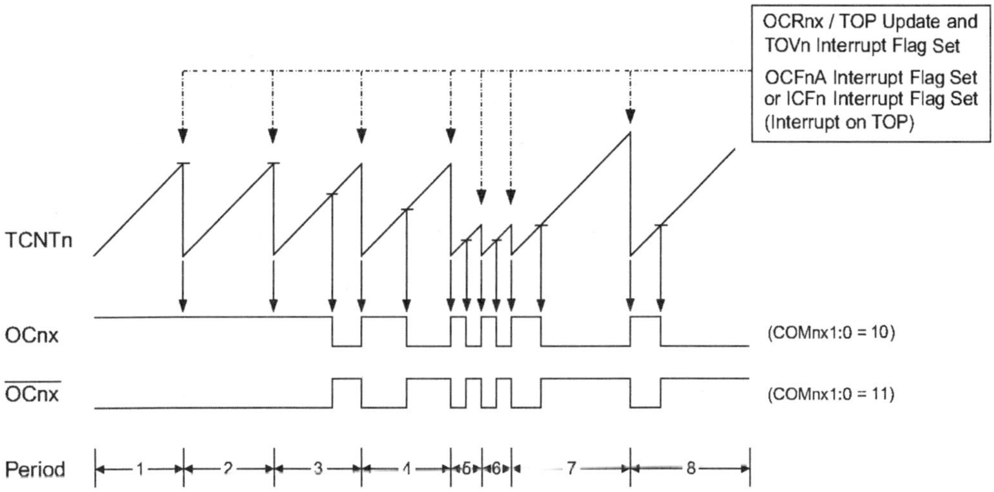

〈그림 2.2.56〉 타이머/카운터1과 3의 고속 PWM 모드 동작

이 동작 모드에서는 TOP으로 OCRnA나 ICRn 중에서 어느 것을 사용하는지에 따라(최소한 0x0003 이상으로 설정해야 함) TCNTn의 값이 TOP에 도달하였을 때 각각 OCFnA=1 또는 ICFn=1로 되면서 해당 인터럽트가 요청되며, TCNTn의 값이 TOP에 도달하면 TOVn=1로 되면서 오버플로우 인터럽트가 요청된다.

극단적으로 OCRnx 레지스터의 값을 0x0000으로 설정하면 출력 파형은 TCNTn의 값이 0x0000으로 되는 1 타이머 클록 사이클 동안에만 좁은 스파이크로 나타나며(듀티비 1/(1+TOP)), 반대로 OCRnx 레지스터의 값을 TOP으로 설정하면 출력 파형은 OCnx의 경우는 계속 H상태로 출력되고(듀티비 100%) $\overline{OCnx}$의 경우는 계속 L상태로 출력된다. TOP으로서 OCRnA가 사용되는 모드15에서는 COMnA1~0 = 01로 설정되는 경우 OCnA 신호가 50%의 듀티비로 토글된다.

고속 PWM 모드에서는 OCRnx 레지스터에 이중 버퍼링 기능이 있으므로, 만약 카운트 동작중에 PWM 출력의 듀티비를 변경하기 위하여 OCRnx 레지스터에 새로운 값을 라이트하더라도 OCRnx 레지스터가 즉시 변경되지 않고, 이 값은 타이머/카운터 레지스터 TCNTn이 TOP→0x0000으로 되어 현재의 주기가 끝나는 순간에 갱신되기 때문에 글리치 문제를 발생하지 않는다. 또한, TOP으로 사용되는 OCRnA 레지스터에도 이중 버퍼링 기능이 있으나, TOP으로 사용되는 ICRn 레지스터에는 이중 버퍼링 기능이 없으므로 주의해야 한다.

그러나, 만약 ATmega128A의 고속 PWM 모드에서 이와 같이 OCRnx 레지스터에 이중 버퍼링 기능을 가지고 있지 않다면 PWM 출력 파형에 <그림 2.2.57>과 같은 글리치 현상이 발생할 수 있다. 즉, OCRnx 레지스터의 값을 변경할 때 현재의 카운터 값이 새로 변경할 OCRnx 값보다 큰 시점에서 변경하면 현재의 주기에서 카운터가 계속 증가하여 TOP에 이르기까지 비교매치가 발생하지 않으므로 카운터 값이 0x0000으로 떨어졌다가 다음 주기에서 새로운 OCRnx 레지스터의 값에 도달할 때까지 길게 출력 신호가 발생하므로 과도적으로 그림과 같은 잘못된 PWM 파형이 발생하게 된다. ATmega128A의 고속 PWM 모드에서는 변경된 OCRnx 레지스터의 값을 즉시 적용하지 않고 PWM 주기가 끝나는 TOP → 0x0000 시점에서 적용하므로 이런 문제가 발생하지 않는다.

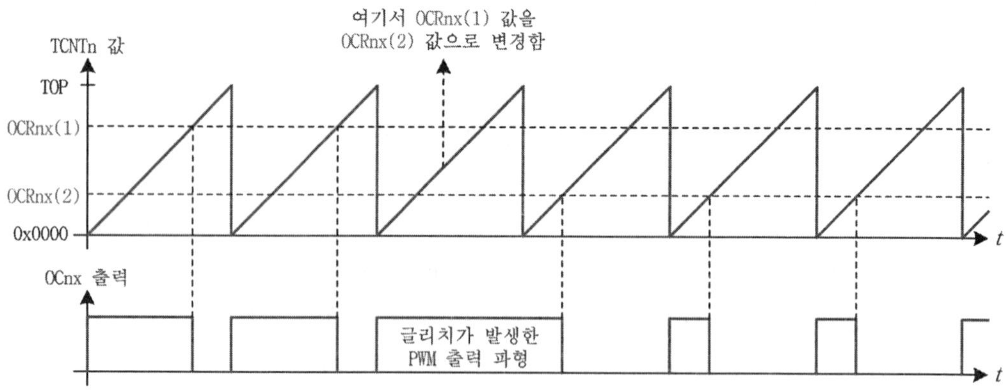

〈그림 2.2.57〉 타이머/카운터1, 3의 고속 PWM 모드에서 글리치 현상

▣ PC PWM 모드

PC PWM 모드(Phase Correct PWM Mode)는 TCCRnA와 TCCRnB 레지스터에서

WGMn3~0 = 1, 2, 3, 10, 11로 설정하며, 고속 PWM보다 높은 분해능의 PWM 출력 파형을 발생하는데 유용하다. 이 동작 모드에서는 타이머/카운터 레지스터 TCNTn의 계수 동작이 상향 카운터로서 0x0000~TOP의 범위에서 증가하였다가 다시 하향 카운터로서 TOP~0x0000으로 감소하는 동작을 반복적으로 수행(dual-slope operation)하는데, 여기서 PWM의 주기를 결정하는 TOP의 값은 동작 모드에 따라서 0x00FF, 0x01FF, 0x03FF, ICRn, OCRnA 등으로 지정된다.

이때 타이머/카운터 레지스터 TCNTn의 값은 항상 출력비교 레지스터 OCRnx의 값과 비교되어, 상향 카운터로 동작할 때 그것이 일치하면 OCnx 출력신호가 0으로 클리어되고, 하향 카운터로 동작할 때 그것이 일치하면 OCnx 출력신호가 1로 세트된다. TOP의 값은 동작 모드에 따라서 0x00FF, 0x01FF, 0x03FF, ICRn, OCRnA 등으로 지정된다. 이를 도시하면 <그림 2.2.58>과 같다. COMnx1~0 = 10으로 설정하면 OCnx 단자는 이와 같이 정상 PWM 출력으로 동작하지만, COMnx1~0 = 11로 설정하면 OCnx 단자는 반전 PWM 출력($\overline{\text{OCnx}}$)으로 동작한다.

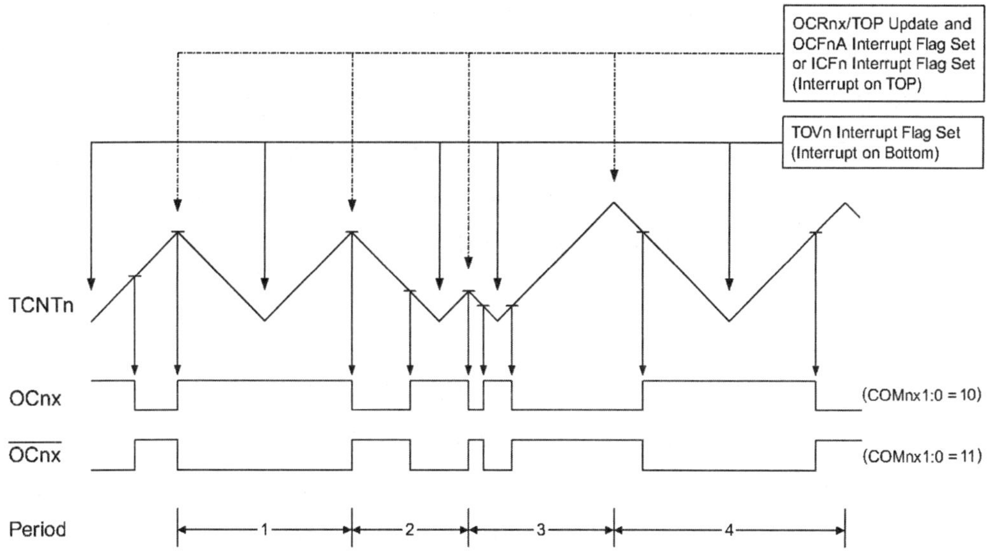

〈그림 2.2.58〉 타이머/카운터1과 3의 PC PWM 모드 동작

이것은 TCNTn의 값이 0x0000~TOP의 범위에서 증가하다가 다시 TOP~0x0000으로 감소하는 dual-slope 동작을 수행하므로 PWM 출력신호의 주파수는 다음과 같이 표시되며, 이는 고속 PWM 모드의 경우에 비하여 약 1/2로 낮은 주파수가 된다. 단, 여기서 N은 프리스케일러의 분주비로서 1, 8, 64, 256, 1024 중의 하나를 사용할

수 있다.

$$f_{OCnx\_PCPWM} = \frac{f_{clk\_I/O}}{2 \times N \times TOP} = \frac{f_{clk\_Tn}}{2 \times TOP}$$

이처럼 PC PWM 모드는 고속 PWM 모드에 비하여 주파수는 낮아졌지만, 고속 PWM 모드보다 분해능은 2배 높아졌으며 대칭적인 PWM 동작을 수행한다.

이 동작 모드에서는 TOP으로 OCRnA나 ICRn 중에서 어느 것을 사용하는지에 따라(최소한 0x0003 이상으로 설정해야 함) TCNTn의 값이 TOP에 도달하였을 때 각각 OCFnA=1 또는 ICFn=1로 되면서 해당 인터럽트가 요청되며, TCNTn이 BOTTOM인 0x0000으로 되면 그 다음 주기에 TOVn=1로 되면서 오버플로우 인터럽트가 요청된다.

극단적으로 OCRnx 레지스터의 값을 0x0000으로 설정하면 출력파형은 OCnx의 경우는 계속 L상태로 출력되고(듀티비 0%) $\overline{OCnx}$의 경우는 계속 H상태로 출력되며, 반대로 OCRnx 레지스터의 값을 TOP으로 설정하면 출력파형은 OCnx의 경우는 계속 H상태로 출력되고(듀티비 100%) $\overline{OCnx}$의 경우는 계속 L상태로 출력된다. TOP으로서 OCRnA가 사용되는 모드11에서는 COMnA1~0 = 01로 설정되는 경우 OCnA 신호가 50%의 듀티비로 토글된다.

PC PWM 모드에서는 OCRnx 레지스터에 이중 버퍼링 기능이 있으므로, 만약 카운트 동작중에 PWM 출력의 듀티비를 변경하기 위하여 OCRnx 레지스터에 새로운 값을 라이트하더라도 OCRnx 레지스터가 즉시 변경되지 않고, 이 값은 TCNTn이 TOP으로 되었다가 다시 감소하기 시작하는 순간에 갱신된다.

▣ PFC PWM 모드

16비트 타이머/카운터에서만 사용하는 PFC PWM 모드(Phase and Frequency Correct PWM Mode)는 TCCRnA와 TCCRnB 레지스터에서 WGMn3~0 = 8, 9로 설정하며, 스위칭 주기와 듀티비를 모두 수시로 가변하는 PWM 출력 파형을 발생하는데 유용하다. 이 동작 모드에서는 타이머/카운터 레지스터 TCNTn의 계수 동작이 상향 카운터로서 0x0000~TOP의 범위에서 증가하였다가 다시 하향 카운터로서 TOP~0x0000으로 감소하는 동작을 반복적으로 수행(dual-slope operation)하는데, 여기서 PWM의 주기를 결정하는 TOP의 값은 모드8에서는 ICRn 레지스터 설정값이며 모드9에서는 OCRnA 레지스터 설정값이다.

이때 타이머/카운터 레지스터 TCNTn의 값은 항상 출력비교 레지스터 OCRnx의 값과 비교되어, 상향 카운터로 동작할 때 그것이 일치하면 OCnx 출력신호가 0으로 클리어되고, 하향 카운터로 동작할 때 그것이 일치하면 OCnx 출력신호가 1로 세트된다. 이를 도시하면 <그림 2.2.59>와 같다. COMnx1~0 = 10으로 설정하면 OCnx 단자는 이와 같이 정상 PWM 출력으로 동작하지만, COMnx1~0 = 11로 설정하면 OCnx 단자는 반전 PWM 출력($\overline{OCnx}$)으로 동작한다.

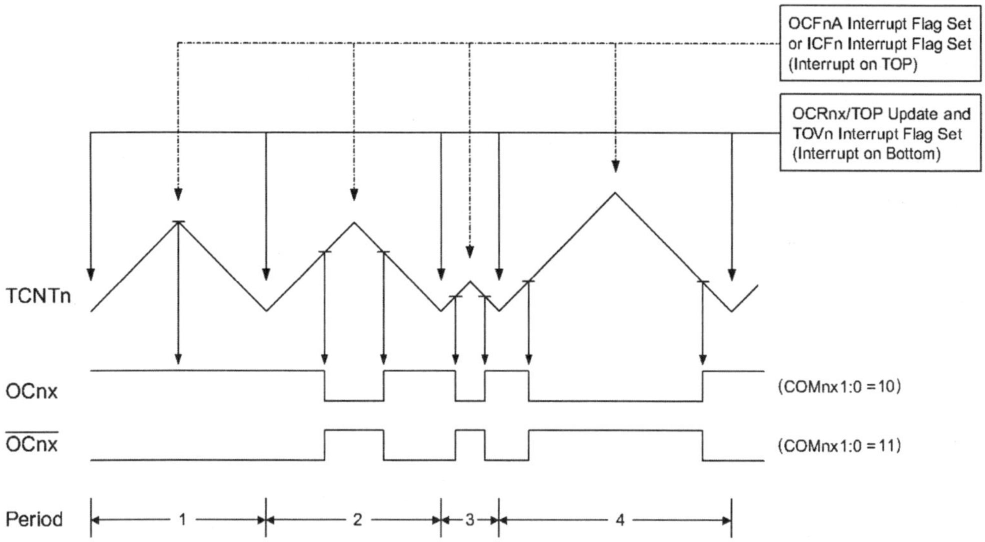

〈그림 2.2.59〉 타이머/카운터1과 3의 PFC PWM 모드 동작

이것은 TCNTn의 값이 0x0000~TOP의 범위에서 증가하다가 다시 TOP~0x0000으로 감소하는 dual-slope 동작을 수행하므로 PWM 출력신호의 주파수는 다음과 같이 표시되며, 이는 고속 PWM 모드의 경우에 비하여 약 1/2로 낮은 주파수가 된다. 단, 여기서 N은 프리스케일러의 분주비로서 1, 8, 64, 256, 1024 중의 하나를 사용한다.

$$f_{OCnx\_PFCPWM} = \frac{f_{clk\_I/O}}{2 \times N \times TOP} = \frac{f_{clk\_Tn}}{2 \times TOP}$$

이처럼 PFC PWM 모드는 고속 PWM 모드에 비하여 주파수는 낮아졌지만, 고속 PWM 모드보다 분해능은 2배 높아졌으며 대칭적인 PWM 동작을 수행한다.

이 동작 모드에서는 TOP으로 OCRnA나 ICRn 중에서 어느 것을 사용하는지에 따라(최소한 0x0003 이상으로 설정해야 함) TCNTn의 값이 TOP에 도달하였을 때 각각 OCFnA=1 또는 ICFn=1로 되면서 해당 인터럽트가 요청되며, TCNTn이 BOTTOM인 0x0000으로 되면 그 다음 주기에 TOVn=1로 되면서 오버플로우 인터럽트가 요청된다.

극단적으로 OCRnx 레지스터의 값을 0x0000으로 설정하면 출력 파형은 OCnx의 경우는 계속 L상태로 출력되고(듀티비 0%) $\overline{\mathrm{OCnx}}$의 경우는 계속 H상태로 출력되며, 반대로 OCRnx 레지스터의 값을 TOP으로 설정하면 출력 파형은 OCnx의 경우는 계속 H상태로 출력되고(듀티비 100%) $\overline{\mathrm{OCnx}}$의 경우는 계속 L상태로 출력된다. TOP으로서 OCRnA가 사용되는 모드9에서는 COMnA1~0 = 01로 설정되는 경우 OCnA 신호가 50%의 듀티비로 토글된다.

PFC PWM 모드에서는 OCRnx 레지스터에 이중 버퍼링 기능이 있으므로, 만약 카운트 동작중에 PWM 출력의 듀티비를 변경하기 위하여 OCRnx 레지스터에 새로운 값을 라이트하더라도 OCRnx 레지스터가 즉시 변경되지 않고, 이 값은 TCNTn이 BOTTOM인 0x0000으로 된 다음 주기에 갱신되기 때문에 글리치 문제를 발생하지 않는다.

PFC PWM 모드가 PC PWM 모드와 다른 점은 TOP의 값을 ICRn과 OCRnA의 2가지만으로 지정할 수 있다는 점과, 이것을 새로운 값으로 갱신할 때 TCNTn의 값이 TOP의 값과 같아질 때 갱신되는 것이 아니라 TCNTn이 BOTTOM인 0x0000으로 될 때 갱신된다는 점이다. 이렇게 함으로써 TCNTn의 동작 주기를 0x0000에서 그 다음의 0x0000까지로 볼 때 PWM 파형이 완벽한 대칭 동작을 하게 된다. 그러나, PC PWM 모드에서는 TOP 값이 변하는 주기에서는 과도적으로 비대칭의 PWM 파형을 출력한다. 결과적으로 PFC PWM 모드는 시스템의 동작중에 듀티비 뿐만 아니라 TOP 값을 수시로 변화시킴으로써 주파수를 가변하는 PWM의 경우에 사용하면 PC PWM 모드에 비하여 적합하다는 것이다.

◀**참고**▶ 16비트 타이머/카운터의 모든 PWM 동작에서 ICRn 레지스터를 TOP으로 사용하면 ICRn에 이중 버퍼링 기능이 없으므로 동작 중에 TOP 값을 변경하지 않는 일정 주파수의 PWM에서 적합하지만, 3개의 핀 OCnA~OCnC를 모두 PWM 출력으로 사용할 수 있다는 점에서 유리하다. 그러나, OCRnA 레지스터를 TOP으로 사용하는 경우에는 OCnA 핀을 PWM 출력으로 사용할 수 없고 2개의 핀 OCnB~OCnC만을 PWM 출력으로 사용할 수 있지만, OCRnA 레지스터에 이중 버퍼링 기능이 있어서 동작중에 TOP을 안심하고 변경할 수 있으므로 가변 주파수의 PWM 방식에 적합하다.

(4) *OK-128TFT* 키트에서 타이머/카운터 관련 회로

OK-128TFT 키트에서는 ATmega128A의 타이머/카운터를 사용하여 주기적인 인터럽트를 발생하는 용도로 가장 많이 사용하며, 그밖에도 스피커를 통하여 음악 멜로디를 연주하거나, PWM 출력 신호를 발생하거나, TV 리모컨 신호를 측정하는 기능을 수행한다. 이를 위하여 *OK-128TFT* 키트에서는 <그림 2.2.60>과 같은 회로를 구성하

였다.

먼저 스피커를 구동하기 위한 음악 멜로디 신호는 타이머/카운터1의 출력비교 단자 OC1A를 사용하여 SPEAKER라는 신호 이름으로 출력하며, PWM 출력 신호는 타이머/카운터3의 출력비교 단자 OC3A~OC3C를 사용하여 출력한다. 이들 신호는 오실로스코프로 관측할 수 있도록 PCB에서 테스트 단자 TP2~TP5에 연결하여 두었다. TV 리모컨 수신 신호는 REMOCON이라는 이름으로 INT6 단자로 입력되어 외부 인터럽트를 발생하고 타이머를 사용하여 이 신호의 폭에 해당하는 시간을 측정함으로써 리모컨 신호를 인식한다.

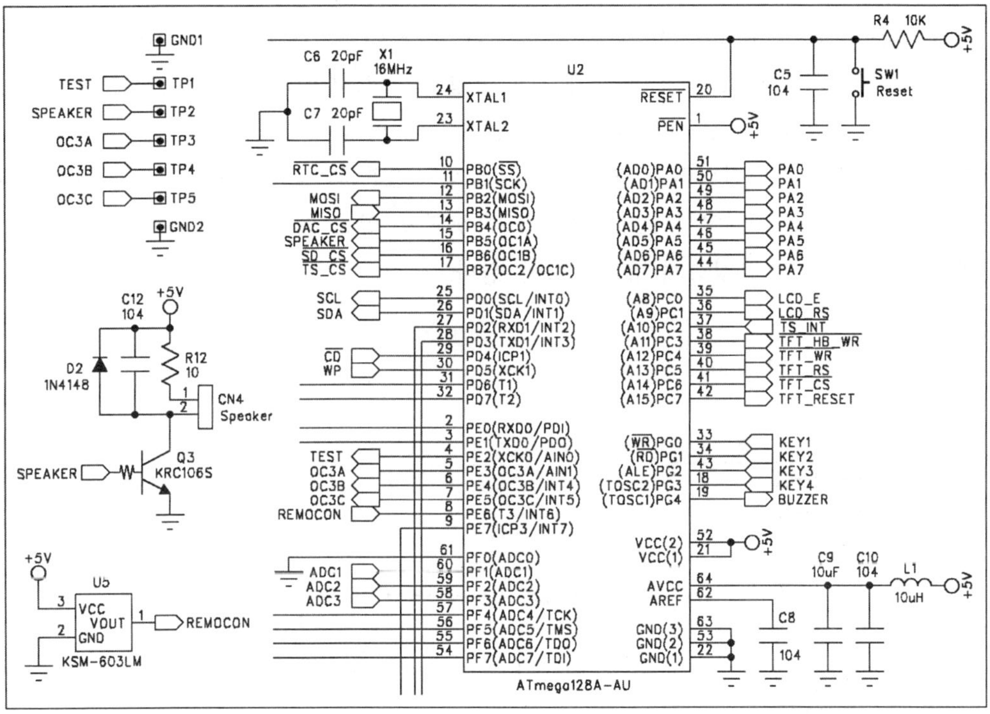

〈그림 2.2.60〉 *OK-128TFT* 키트의 타이머/카운터 관련 회로

2.3 A/D 컨버터

이 절에서는 ATmega128A에 내장되어 있는 A/D 컨버터의 구조와 기능을 알아보고, 이를 올바르게 활용하는 기술에 대하여 설명한다.

1. A/D 컨버터의 개요

ATmega128A는 8채널 10비트 분해능의 축차비교형(successive approximation) A/D 컨버터를 가지고 있다. 이들 8채널의 아날로그 입력신호는 병렬 I/O 포트 F와 핀을 겸용으로 사용하고 있으며, 내부의 아날로그 멀티플렉서(analog multiplexer)에 의하여 선택된다. A/D 컨버터의 앞단에는 <그림 2.3.1>과 같은 샘플/홀드(sample and hold) 회로를 가지고 있어서 A/D 변환이 수행되고 있는 동안에 아날로그 입력신호의 전압이 변하지 않고 일정하게 유지되도록 한다.

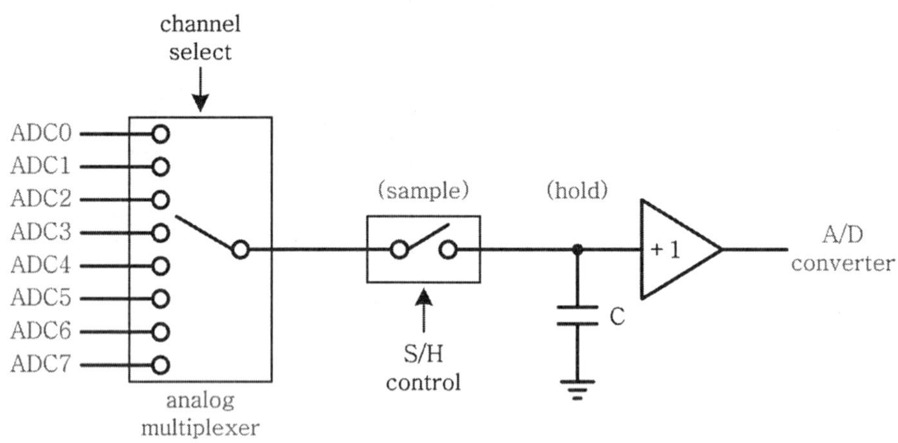

〈그림 2.3.1〉 A/D 컨버터의 아날로그 멀티플렉서와 샘플/홀드 회로

축차비교형의 A/D 컨버터는 <그림 2.3.2>에 보인 바와 같이 내부에 카운터 및 D/A 컨버터를 가지고 있어서 클록 신호에 따라 점차로 증가하는 아날로그 전압을 발생하고, 이 아날로그 전압을 외부 아날로그 입력신호와 비교하는 방법으로 A/D 변환을 수행한다.

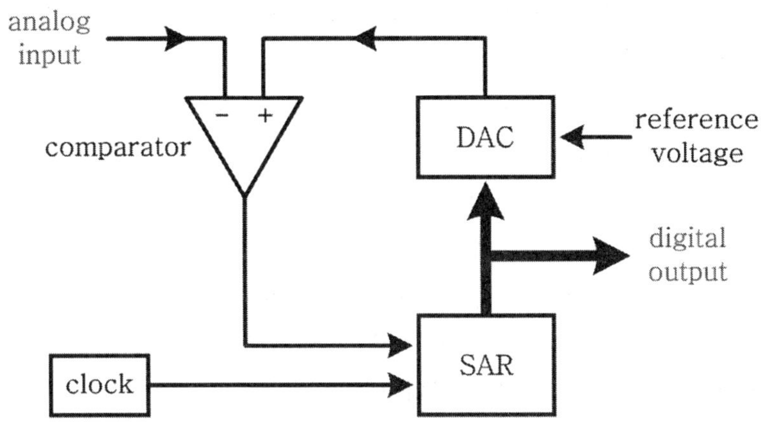

〈그림 2.3.2〉 축차비교형 A/D 컨버터의 기본 구조

ATmega128A에 내장된 10비트 A/D 컨버터의 기능과 동작 특성을 요약하면 다음과 같다.

① 8채널 10비트 분해능의 축차비교형 A/D 컨버터를 가지고 있다. 아날로그 입력 채널은 멀티플렉서에 의하여 선택된다.

② 각 아날로그 입력 핀 ADC0~ADC7은 8개의 단극성 모드(single-ended mode) 아날로그 입력으로 사용될 수도 있고, 1개의 지정된 핀을 기준으로 하는 몇 개의 차동 모드(differential mode) 입력으로 사용될 수도 있다.

③ ADC0~ADC7 핀의 입력 임피던스는 100MΩ로서 매우 큰 편이다.

④ ADC4~ADC7 핀은 JTAG 관련 핀과 겸용으로 되어 있으므로 JTAG 인터페이스를 사용하는 경우에는 이들 아날로그 입력 핀을 사용할 수 없다.

⑤ 아날로그 입력을 차동 모드로 사용하는 경우에는 입력된 아날로그 전압을 마이크로컨트롤러 내부에서 10배 또는 200배 증폭하도록 설정하여 A/D 변환할 수도 있다.

⑥ 아날로그 입력 ADC0~ADC7은 아날로그 비교기의 음극성 입력 신호로 사용할 수도 있다.

⑦ A/D 변환은 기본적으로 트리거 동작에 의하여 시작되며, 13~260μs 이내에 A/D 변환이 완료되면 10비트의 변환 결과가 데이터 레지스터에 저장되면서 ADIF 플랙이 1로 세트되고 A/D 변환완료 인터럽트(ADC Conversion Complete Interrupt)가 요청된다.

⑧ 10비트의 A/D 변환 결과는 16비트의 결과 레지스터에 우측 정렬 또는 좌측 정렬로 저장할 수 있다. 단극성 모드에서는 A/D 변환 결과가 10비트 양의 정수이므로

우측 정렬을 사용하는 것이 유리하고, 차동 모드에서는 A/D 변환 결과가 10비트 2의 보수이므로 좌측 정렬을 사용하는 것이 유리하다.

⑨ A/D 변환의 동작 모드에는 A/D 변환마다 매번 트리거시켜야 하는 단일변환 모드(single conversion mode)와 1번의 트리거로 반복적인 A/D 변환을 수행하는 프리 런닝 모드(free running mode)가 있다. 프리 런닝 모드는 아날로그 입력 채널을 변경하지 않고 1개의 채널을 반복적으로 A/D 변환할 때 유용하다.

⑩ A/D 컨버터에는 보다 안정된 동작을 위하여 마이크로컨트롤러의 디지털 전원과 별도로 아날로그 회로의 전원 단자 AVCC를 가지고 있으며, AVCC의 전압은 VCC 단자에 인가된 전압의 ±0.3V 이내로 유지되어야 한다.

⑪ A/D 변환을 위한 기준 전압으로는 기준전압 단자 AREF로 입력된 전압, AVCC의 전압, 그리고 내부에서 만든 2.56V의 기준전압 중에서 선택하여 사용할 수 있다. 외부 기준전압 AREF는 아날로그 전원 전압 AVCC 및 VCC를 초과하지 말아야 한다.

ATmega128A에 내장된 A/D 컨버터에서 단극성 모드와 차동 모드의 동작을 비교하여 보면 <표 2.3.1>과 같다.

〈표 2.3.1〉 ATmega128A의 A/D 컨버터에서 단극성 모드와 차동 모드의 비교

	단극성 모드	차동 모드
아날로그 입력	GND를 기준으로 ADC0~ADC7 단자에 입력된 전압을 A/D 변환(총 8가지)	ADC0~ADC7 중에서 2단자를 선택하여 그 사이의 차동 전압을 A/D 변환(총 22가지)
입력 신호 증폭	-	1배, 10배, 200배 증폭 중에서 선택
A/D 변환 결과	10비트 양의 정수(0~1023)	10비트 2의 보수(-512~+511)
결과 레지스터	우측 정렬이 유리	좌측 정렬이 유리
전원 전압	AVCC = VCC ± 0.3[V]	AVCC = VCC ± 0.3[V]
기준 전압 범위	V_{REF} = 2.0[V] ~ AVCC[V]	V_{REF} = 2.0[V] ~ AVCC-0.5[V]
사용 주파수	50[kHz] ~ 1000[kHz]	50[kHz] ~ 200[kHz]
A/D 변환 시간	13클록 주기 / 13[μs] ~ 260[μs]	13~14클록 주기 / 65[μs] ~ 280[μs]
아날로그 입력 전위(電位) 범위	0[V] ~ V_{REF}[V]	0[V] ~ VCC[V]
아날로그 입력 전압(電壓) 범위	0[V] ~ V_{REF}[V]	-V_{REF}[V]/gain ~ +V_{REF}[V]/gain
기타	밴드갭 전압 1.23[V]와 GND 입력을 A/D 변환하는 기능이 있음	-

2. A/D 컨버터의 동작

(1) 하드웨어 구조

ATmega128A에서 A/D 컨버터의 구조는 <그림 2.3.3>과 같다. 이 그림을 보면 아

날로그 입력 채널은 외부에서 입력되는 ADC0~ADC7 단자와 내부 밴드갭 전압 채널 1.23[V] 및 GND 채널로 구성되며, 기준전압은 기준전압 단자 AREF, 아날로그 전원 단자 AVCC, 그리고 내부 기준전압 2.56[V] 중에서 하나를 선택할 수 있음을 확인할 수 있다.

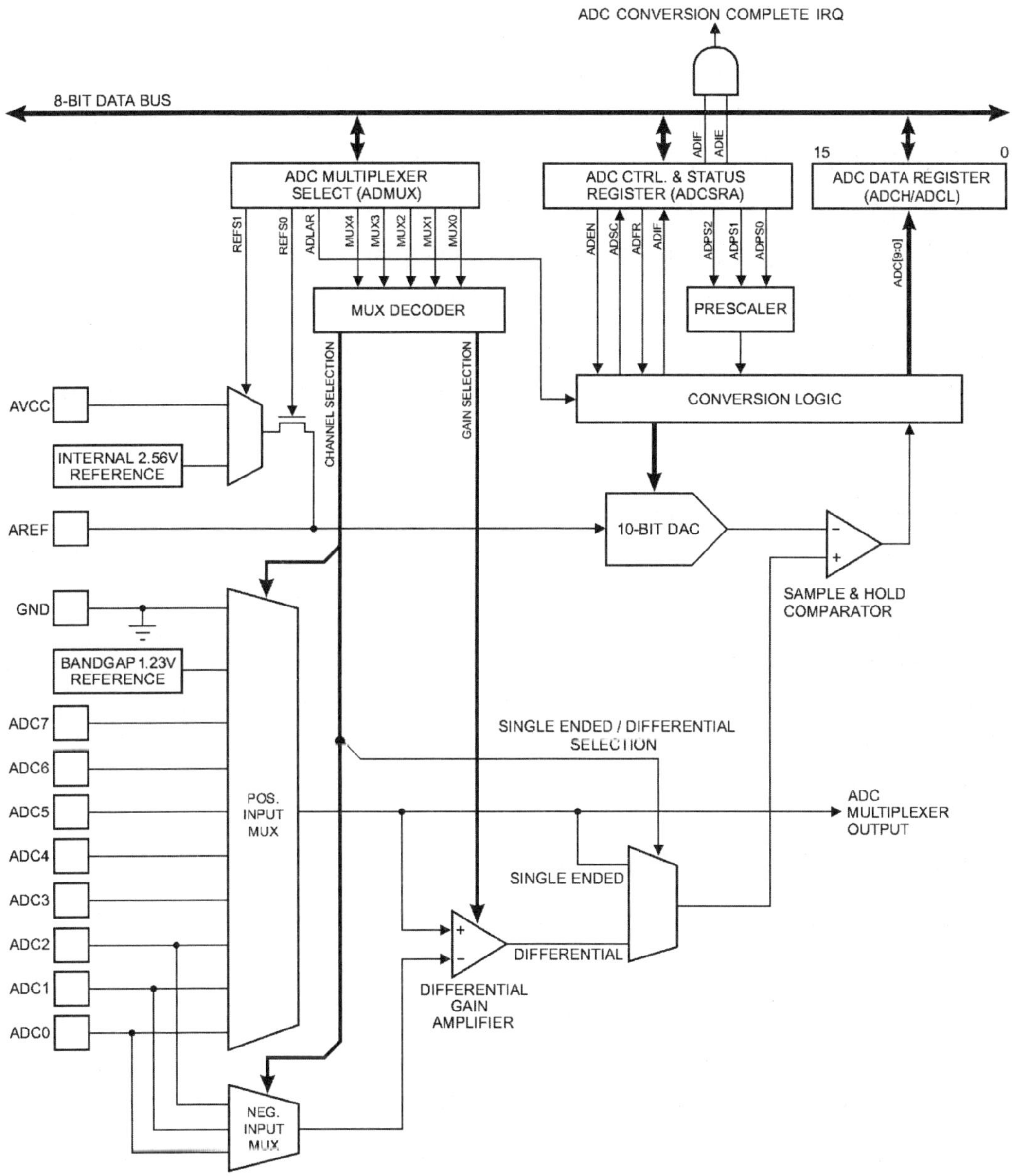

〈그림 2.3.3〉 ATmega128A에서 A/D 컨버터의 구성 블록도

(2) 기준전압 및 아날로그 입력 채널의 설정

ADMUX 레지스터는 그 앞에 임시 레지스터를 가지고 있는 이중 버퍼의 구조로 되어 있으므로 A/D 컨버터는 모든 동작 모드에서 새로 A/D 변환을 시작할 때마다 사용자가 ADMUX 레지스터에 설정한 REFS1~0 비트와 MUX4~0 비트를 업데이트함으로써 가장 최근에 설정된 기준전압과 아날로그 입력 채널을 사용하여 A/D 변환을 수행한다. 일단 A/D 변환 동작을 시작하면 기준전압과 아날로그 입력 채널이 변경되지 않도록 잠금으로써(lock) 안정적인 A/D 변환이 수행되도록 한다.

사용자가 기준전압을 변경하고 나면 이것의 동작이 안정되기까지 A/D 변환을 시작하기 전에 적어도 125μs 이상 동안 시간 지연을 주어야 한다. 또한, 차동 모드에서 아날로그 입력 채널을 변경하면 아날로그 신호의 이득을 처리하는 부분의 동작이 안정되는데 좀 더 시간이 필요하기 때문에 125μs 이상의 시간지연이 필요하다.

기준전압을 변경하고 나서 첫번째의 A/D 변환 결과는 부정확할 수 있으므로 사용하지 않고 버리는 것이 좋다. 또한, 아날로그 입력 채널을 변경하고 나서 이와 같은 지연 시간을 주지 않았다면 변경 후의 첫번째 A/D 변환 결과는 사용하지 않고 버리는 것이 좋다.

◀참고▶ 이처럼 ATmega128A의 데이터 시트에서는 A/D 컨버터의 기준전압을 변경하고 나면 첫번째의 A/D 변환 결과는 부정확할 수 있으므로 사용하지 말고 버리라고 권장하고 있으며, 기준전압을 변경하거나 아날로그 입력 채널을 변경하고 나면 A/D 변환을 시작하기 전에 125μs 이상의 시간지연을 주라고 권장하고 있다. 그러나, 본 저자가 실험해보면 기준전압을 변경하는 경우 이처럼 125μs 이상의 시간지연을 주고 첫번째 A/D 변환 결과를 버리더라도 그 이후의 A/D 변환 결과에 상당한 오차가 발생하였다. 실험적으로 확인한 바에 의하면 특히 기준전압을 내부 2.56V로 변경하는 경우에는 A/D 변환을 시작하기 전에 2ms 이상의 시간지연을 주는 것이 필요하며, 이렇게 하면 첫번째 A/D 변환 결과도 부정확하지 않으므로 버릴 필요가 없었다.

(3) 클록의 설정 및 동작 타이밍

ATmega128A의 A/D 컨버터에는 클록이 공급되어야 하는데, 단극성 모드에서는 50kHz~1000kHz 범위의 클록을 사용하고 차동 모드에서는 50kHz~200kHz의 클록을 사용해야 한다. 이 A/D 컨버터의 클록 clk_{ADC}는 <그림 2.3.4>와 같이 시스템 클록을 주파수 프리스케일러(prescaler)로 분주하여 만들어지는데, 7비트 프리스케일러의 분주비는 ADCSRA 레지스터의 ADPS2~0 비트에 의하여 2, 4, 8, 16, 32, 64, 128 중의 1가지로 선택할 수 있다. 이 주파수 프리스케일러는 ADCSRA 레지스터에서 ADEN=1로 설정한 경우에만 동작한다.

ATmega128A가 A/D 변환을 수행하는데는 각각 일정한 클록 주기가 소요되는데 이를 요약하면 <표 2.3.2>와 같다. 즉, ADEN=1로 설정하고 나서 최초의 A/D 변환에는 25개의 clk_{ADC} 클록 주기가 소요되며, 그 이후의 단극성 모드 A/D 변환에는 13클록 주기가 소요된다. 이 변환시간에는 각각 13.5 클록 주기와 1.5 클록 주기의 샘플/홀드 시간이 포함되어 있다. 그러나, 차동 모드 A/D 변환의 경우에는 clk_{ADC} 클록 주파수의 1/2에 해당하는 clk_{ADC2} 클록에 동기되어 동작하는데, 내부의 동기를 취하는 과정이 필요하기 때문에 상황에 따라 단극성 모드의 경우보다 샘플/홀드 시간이 1클록 주기만큼 더 걸려서 14클록 주기가 될 수도 있다. 프리 런닝 모드에서는 A/D 변환에 항상 14클록 주기가 소요된다.

이처럼 단극성 모드에서는 50kHz~1000kHz 범위의 클록 주파수를 사용하고 A/D 변환에 13클록 주기가 사용되므로 변환시간은 13[μs]~260[μs]가 되며, 차동 모드에서는 50kHz~200kHz 범위의 클록 주파수를 사용하고 A/D 변환에 13~14클록 주기가 사용되므로 변환시간은 65[μs]~280[μs]가 된다.

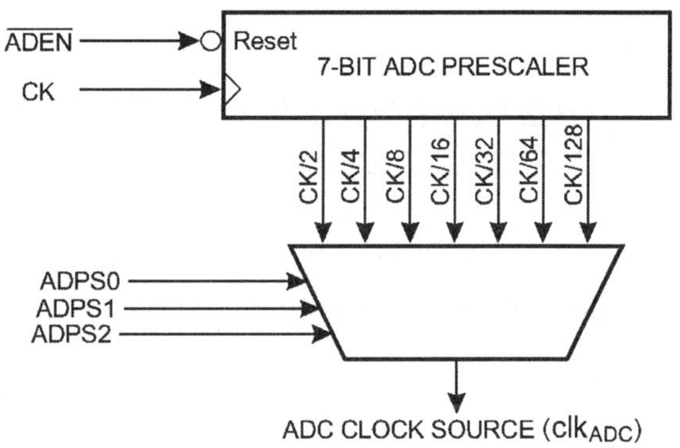

〈그림 2.3.4〉 A/D 컨버터에 필요한 클록을 공급하는 프리스케일러

〈표 2.3.2〉 A/D 컨버터의 동작 시간

조 건		샘플/홀드 시간 (클록 사이클 수)	전체 A/D 변환 시간 (클록 사이클 수)
ADEN=1 설정 후 최초의 A/D 변환		13.5	25
그 이후의 일반적인 A/D 변환	단극성 모드	1.5	13
	차동 모드	1.5~2.5	13~14
프리 런닝 모드의 A/D 변환	단극성 모드	1.5	13
	차동 모드	2.5	14

☞ 여기서 클록 사이클 수는 프리스케일러를 거쳐서 만들어진 clk_{ADC} 클록을 기준으로 표현한 것임.

단일변환 모드에서는 ADCSRA 레지스터에서 미리 ADEN=1로 설정된 상태에서 또는 ADEN 비트와 ADSC 비트를 동시에 1로 설정하여 A/D 변환의 시작을 지시하는데, 이렇게 하면 <그림 2.3.5>의 (a)에 보였듯이 그 이후 첫번째 clk_{ADC} 클록 사이클의 상승 에지에서 A/D 변환이 시작된다. 샘플/홀드를 포함한 A/D 변환의 전체 과정에는 13.5클록의 샘플링 시간을 포함하여 총 25클록 주기가 소요되는데, 이 시간이 지나면 변환 결과가 A/D 컨버터 데이터 레지스터에 저장되면서 ADIF=1로 되어 A/D 변환완료 인터럽트가 요청되고 ADSC 비트는 자동으로 클리어된다. 마이크로컨트롤러가 이 A/D 변환 결과를 읽어들인 후에 다시 A/D 변환을 수행하려면 ADSC=1로 설정하면 된다. 그러나, 2번째 A/D 변환부터는 <그림 2.3.5>의 (b)처럼 A/D 변환이 1.5클록의 샘플링 시간을 포함하여 총 13클록(차동 모드에서는 13~14클록) 주기에 완료된다.

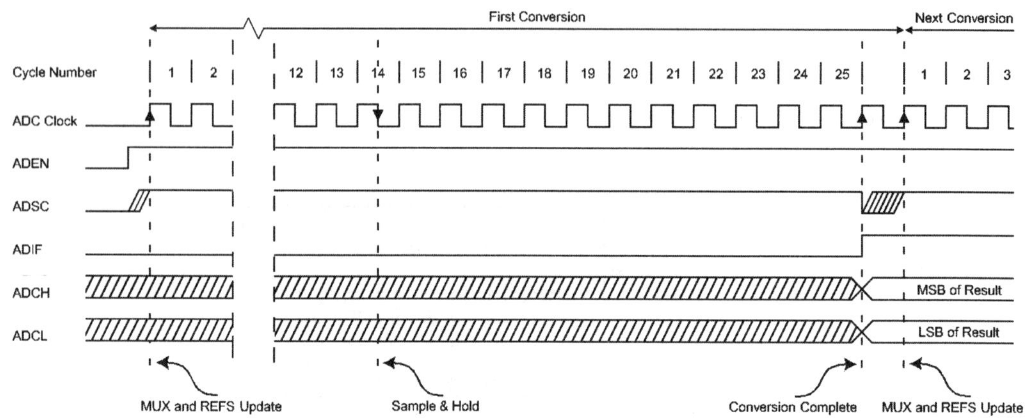

(a) ADEN=1 설정후 최초의 A/D 변환

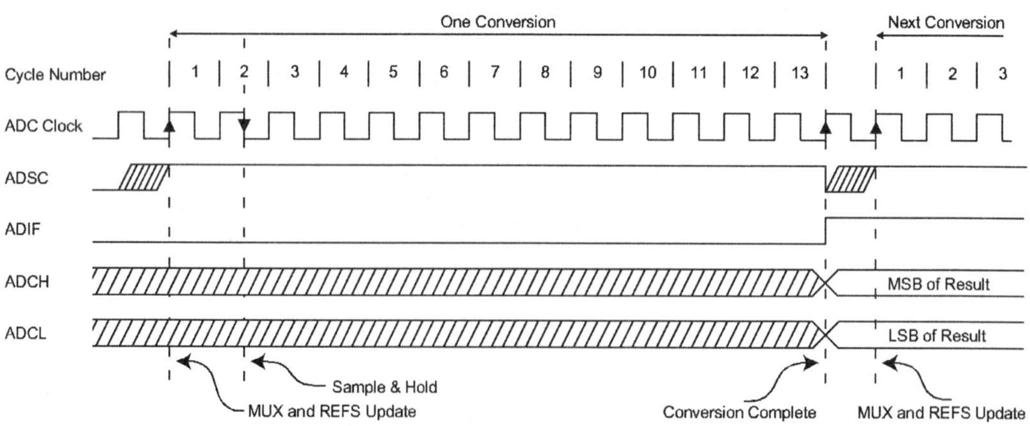

(b) ADEN=1 설정후 2번째부터의 A/D 변환

〈그림 2.3.5〉 단일변환 모드의 동작 타이밍

프리 런닝 모드에서는 최초에 한번만 ADSC=1로 설정하여 A/D 변환을 시작하면 그 이후에는 자동적으로 반복하여 A/D 변환을 수행한다. <그림 2.3.6>에 보였듯이 이 모드에서는 단극성 입력 채널의 경우 13클록 주기에 A/D 변환이 완료되고, 차동 입력 채널의 경우 14클록 주기에 A/D 변환이 완료된다. A/D 변환이 완료되면 ADIF=1로 되어 인터럽트를 요청하며, 변환 결과가 A/D 컨버터 데이터 레지스터에 저장되면서 즉시 그 다음의 A/D 변환이 자동으로 시작된다. 따라서, 이 동작 모드를 사용하는 경우에는 마이크로컨트롤러가 아무 때나 A/D 컨버터 데이터 레지스터를 읽으면 가장 최근에 A/D 변환된 결과를 얻을 수 있다.

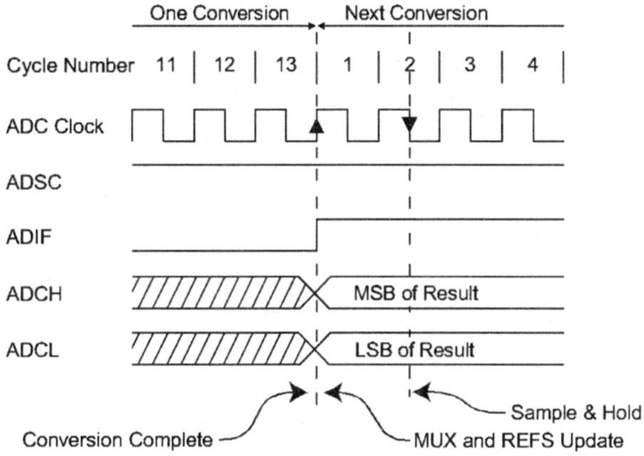

〈그림 2.3.6〉 프리 런닝 모드의 동작 타이밍

(4) I/O 제어 레지스터 사용

ATmega128A의 A/D 컨버터에는 제어 레지스터, 채널 선택 레지스터, A/D 변환 결과 데이터 레지스터 등 3가지의 I/O 제어 레지스터를 가지고 있다.

▣ A/D 컨버터 제어 및 상태 레지스터 A(ADCSRA)

A/D 컨버터 제어 및 상태 레지스터 ADCSRA(ADC Control and Status Register A)는 A/D 컨버터의 동작을 설정하거나 동작 상태를 표시하는 기능을 수행한다.

Bit	7	6	5	4	3	2	1	0	
$06($26)	ADEN	ADSC	ADFR	ADIF	ADIE	ADPS2	ADPS1	ADPS0	ADCSRA
Read/Write	R/W	R/W	R/W	R/W	R/W	R/W	R/W	R/W	
Initial Value	0	0	0	0	0	0	0	0	

〈그림 2.3.7〉 A/D 컨버터 제어 및 상태 레지스터 ADCSRA

- ADEN(b7) : ADC Enable
  이 비트는 ADEN=1로 설정하면 A/D 컨버터의 모든 동작이 허용되고, ADEN=0으로 설정하면 A/D 컨버터의 동작이 금지된다. A/D 컨버터를 사용하지 않을 경우 이것의 동작을 금지하면 ATmega128A의 소비전력을 절감할 수 있다.
- ADSC(b6) : ADC Start Conversion
  이 비트는 1로 설정하면 A/D 컨버터의 변환이 시작된다. A/D 변환이 수행되는 동안에 이 비트를 읽으면 1로 읽혀지며, 변환이 완료되면 자동적으로 이 비트가 0으로 클리어된다. ADEN=1로 설정하고 나서 첫번째의 변환에는 25주기의 clk_{ADC} 클록 주기가 필요하고 그 다음부터는 A/D 변환에 13~14클록이 소요된다. 단, 프리 런닝 모드에서는 ADSC=1로 설정하면 첫번째의 A/D 변환이 시작되며 그 다음부터는 자동으로 변환이 반복된다.
- ADFR(b5) : ADC Free Running Select
  이 비트는 A/D 컨버터를 프리 런닝 모드로 설정한다. 프리 런닝 모드에서는 ADSC=1로 설정하여 한번만 A/D 변환을 스타트시키고 나면 그 다음부터는 반복적으로 변환 동작을 수행한다. 따라서, 프리 런닝 모드를 사용하면 아무 때나 A/D 컨버터에서 가장 최신의 A/D 변환 결과 데이터를 읽을 수 있다.
- ADIF(b4) : ADC Interrupt Flag
  이 비트는 A/D 변환이 완료되어 변환 결과를 A/D 컨버터 데이터 레지스터에 저장하고 나면 이것이 1로 세트되면서 A/D 변환 완료 인터럽트를 요청한다. 이때 ADIE=1로 설정되고 SREG 레지스터에서 I=1로 설정되어 있다면 이 인터럽트가 발생되어 처리된다. 이 인터럽트가 처리되기 시작하면 이 플랙 비트는 다시 자동적으로 0으로 클리어되며, 사용자가 강제로 이를 0으로 클리어하려면 이 비트에 1을 써주어야 한다.
- ADIE(b3) : ADC Interrupt Enable
  이 비트는 A/D 변환 완료 인터럽트를 개별적으로 허용한다. 실제로 인터럽트가 허용되려면 ADIE=1로 설정되고 SREG 레지스터에서 I=1로 설정되어 있어야 한다.
- ADPS2~0(b2~0) : ADC Prescaler Select Bit
  이 비트들은 <표 2.3.3>과 같이 A/D 컨버터에 인가되는 클록의 분주비를 선택한다. A/D 변환을 수행하는데는 일정한 수의 클록 주기가 소요되므로 시스템 클록을 나누는 분주비를 어떻게 선택하는지에 따라 변환시간이 달라진다.

〈표 2.3.3〉 A/D 컨버터 클록의 분주비 선택

ADPS2	ADPS1	ADPS0	클록 주파수 분주비
0	0	0	2
0	0	1	2
0	1	0	4
0	1	1	8
1	0	0	16
1	0	1	32
1	1	0	64
1	1	1	128

▣ A/D 컨버터 멀티플렉서 선택 레지스터(ADMUX)

A/D 컨버터 멀티플렉서 선택 레지스터 ADMUX(ADC Multiplexer Selection Register)는 A/D 컨버터의 아날로그 입력 채널을 선택하는 기본 기능과 A/D 컨버터의 기준전압 소스를 선택하거나 변환결과 레지스터의 데이터 저장 형식을 지정하는 부수적인 기능을 수행한다.

Bit	7	6	5	4	3	2	1	0	
$07($27)	REFS1	REFS0	ADLAR	MUX4	MUX3	MUX2	MUX1	MUX0	ADMUX
Read/Write	R/W	R/W	R/W	R/W	R/W	R/W	R/W	R/W	
Initial Value	0	0	0	0	0	0	0	0	

〈그림 2.3.8〉 A/D 컨버터 멀티플렉서 선택 레지스터 ADMUX

• REFS1~0(b7~6) : Reference Selection Bit

이 비트들은 <표 2.3.4>와 같이 A/D 컨버터에서 사용하는 기준전압을 선택한다. 단극성 모드에서는 기준전압의 크기가 V_{REF}=2.0[V]~AVCC[V] 범위라야 하고, 차동 모드에서는 기준전압의 크기가 V_{REF}=2.0[V]~AVCC-0.5[V] 범위라야 한다.

〈표 2.3.4〉 A/D 컨버터 기준전압의 선택

REFS1	REFS0	기준전압
0	0	외부의 AREF 단자로 입력된 전압을 사용
0	1	외부의 AVCC 단자로 입력된 전압을 사용 *
1	0	사용하지 않음(reserved)
1	1	내부의 기준전압 2.56V를 사용 *

*는 AREF 단자에 외부 전압을 인가하지 말고 이 단자와 접지 사이에 0.1μF의 커패시터를 접속할 것.

〈표 2.3.5〉 A/D 컨버터에서 기준전압의 선택

MUX4~0	단극성 모드 입력	차동 모드 입력		
		+단자	-단자	이득
00000	ADC0	-		
00001	ADC1			
00010	ADC2			
00011	ADC3			
00100	ADC4			
00101	ADC5			
00110	ADC6			
00111	ADC7			
01000	-	ADC0	ADC0	10×
01001		ADC1	ADC0	10×
01010		ADC0	ADC0	200×
01011		ADC1	ADC0	200×
01100		ADC2	ADC2	10×
01101		ADC3	ADC2	10×
01110		ADC2	ADC2	200×
01111		ADC3	ADC2	200×
10000		ADC0	ADC1	1×
10001		ADC1	ADC1	1×
10010		ADC2	ADC1	1×
10011		ADC3	ADC1	1×
10100		ADC4	ADC1	1×
10101		ADC5	ADC1	1×
10110		ADC6	ADC1	1×
10111		ADC7	ADC1	1×
11000		ADC0	ADC2	1×
11001		ADC1	ADC2	1×
11010		ADC2	ADC2	1×
11011		ADC3	ADC2	1×
11100		ADC4	ADC2	1×
11101		ADC5	ADC2	1×
11110	1.23V	-		
11111	0V(GND)			

- ADLAR(b5) : ADC Left Adjust Result

  이 비트를 ADLAR=1로 지정하면 변환 결과가 A/D 컨버터 데이터 레지스터에 저장될 때 <그림 2.3.9>의 아래쪽 그림과 같이 좌측 정렬로 저장된다. 그러나, 이 비트를 ADLAR=0으로 지정하면 <그림 2.3.9>의 위쪽 그림과 같이 변환 결과가 A/D 컨버터 데이터 레지스터에 우측 정렬로 저장된다.
- MUX4~0(b4~0) : Analog Channel and Gain Selection Bit

  이 비트들은 <표 2.3.5>와 같이 A/D 컨버터의 아날로그 입력 채널을 선택한다. 아날로그 입력은 크게 8+2가지의 단극성 입력과 22가지 종류의 차동입력으로 구분되고, 차동입력은 다시 4가지 경우로 나누어지는데 ① ADC1~ADC0 단자 사이의 차동입력(이득 10 또는 200), ② ADC3~ADC2 단자 사이의 차동입력(이득 10 또는 200), ③ ADC1 단자를 기준으로 한 8가지의 차동입력, ④ ADC2 단자를 기준으로 한 6가지의 차동입력 등이 그것이다.

◀참고▶ 아날로그 입력단자 ADC4~ADC7은 JTAG 인터페이스 신호와 기능이 중복되도록 핀이 할당되어 있으므로 이를 A/D 컨버터의 입력핀으로 사용하려면 반드시 퓨즈비트 설정에서 JTAGEN 비트를 1로 해제시켜 주어야 한다.

◀참고▶ 종래의 ATmega128 데이터 시트에서는 MUX4~0=11110으로 설정하였을 때의 밴드갭 전압(bandgap voltage)이 1.23V라고 설명하고 있으나, ATmega128A의 데이터 시트에서는 왜 그런지 이것이 1.22V로 변경되었다. 그러나, 필자가 직접 측정해본 바에 따르면 ATmega128A에서도 밴드갭 전압은 여전히 1.23V였다.

▣ A/D 컨버터 데이터 레지스터(ADCH, ADCL)

A/D 컨버터 데이터 레지스터 ADCH 및 ADCL(ADC Data Register)은 A/D 컨버터의 변환 결과를 저장한다. 단극성 입력을 사용할 경우에는 A/D 변환 결과가 10비트 양의 정수로 표시되어 0~1023의 범위를 가지지만, 차동입력을 사용할 경우에는 A/D 변환 결과가 10비트 2의 보수(2's complement)로 표현되어 -512~+511의 범위를 갖는다.

ADLAR = 0

Bit	15	14	13	12	11	10	9	8	
\$05(\$25)	–	–	–	–	–	–	ADC9	ADC8	ADCH
\$04(\$24)	ADC7	ADC6	ADC5	ADC4	ADC3	ADC2	ADC1	ADC0	ADCL
	7	6	5	4	3	2	1	0	
Read/Write	R	R	R	R	R	R	R	R	
	R	R	R	R	R	R	R	R	
Initial Value	0	0	0	0	0	0	0	0	
	0	0	0	0	0	0	0	0	

ADLAR = 1

Bit	15	14	13	12	11	10	9	8	
\$05(\$25)	ADC9	ADC8	ADC7	ADC6	ADC5	ADC4	ADC3	ADC2	ADCH
\$04(\$24)	ADC1	ADC0	–	–	–	–	–	–	ADCL
	7	6	5	4	3	2	1	0	
Read/Write	R	R	R	R	R	R	R	R	
	R	R	R	R	R	R	R	R	
Initial Value	0	0	0	0	0	0	0	0	
	0	0	0	0	0	0	0	0	

〈그림 2.3.9〉 A/D 컨버터 데이터 레지스터 ADCH 및 ADCL

A/D 변환이 수행되고 나서 10비트의 변환 결과를 이 16비트 데이터 레지스터에 저장하는 것은 2가지의 방법이 있다. 즉, ADMUX 레지스터에서 ADLAR=0으로 설정하면 <그림 2.3.9>에서 위의 경우처럼 데이터가 우측으로 정렬되어 저장되고, ADLAR=1로 설정하면 <그림 2.3.9>에서 아래의 경우처럼 데이터가 좌측으로 정렬되어 저장된다. 단극성 모드에서는 A/D 변환 결과가 10비트 양의 정수로 만들어지므로 우측 정렬을 사용하는 것이 좋고, 차동 모드에서는 A/D 변환 결과가 10비트 2의 보수로 만들어지므로 좌측 정렬을 사용하는 것이 좋다. 10비트 2의 보수를 좌측 정렬로 표시하면 C언어에서 signed int의 데이터 형으로 정의된 16비트 2의 보수와 마찬가지로 최상위 비트인 b15가 부호가 되므로 A/D 컨버터 데이터 레지스터를 읽어서 signed int형의 변수에 저장하였다가 우측으로 6비트를 시프트(shift)하면 원하는 결과 값이 된다.

A/D 컨버터 데이터 레지스터는 2개의 8비트 레지스터 ADCH 및 ADCL로 구성되며 ATmega128A는 8비트 마이크로프로세서이므로 한번에 8비트씩 데이터를 액세스하기 때문에 A/D 변환 결과를 읽을 때는 AVR 마이크로컨트롤러의 일반 원칙대로 반드시 하위 바이트인 ADCL을 먼저 읽고 나서 나중에 상위 바이트인 ADCH를 읽어야 한다.

예 단극성 모드에서 우측정렬로 저장된 A/D 컨버터 데이터 레지스터를 읽는 방법

```
unsigned int result;
result = ADCL + (ADCH << 8);
```

예 차동 모드에서 좌측정렬로 저장된 A/D 컨버터 데이터 레지스터를 읽는 방법

```
signed int result;
result = ADCL + (ADCH << 8);
result = result >> 6;
```

그런데, 우리가 사용하는 Atmel-Studio의 C컴파일러에서는 이들 2개의 8비트 레지스터 ADCH 및 ADCL을 붙여서 1개의 16비트 레지스터인 것처럼 사용할 수 있도록 ADC 또는 ADCW로 정의하여 놓았으므로 아래와 같이 사용할 수도 있다.

예 단극성 모드에서 우측정렬로 저장된 A/D 컨버터 데이터 레지스터를 읽는 방법

```
unsigned int result;
result = ADC;                    // 방법(1)
result = ADCW;                   // 방법(2)
```

예 차동 모드에서 좌측정렬로 저장된 A/D 컨버터 데이터 레지스터를 읽는 방법

```
signed int result;
result = ADC;                         // 방법(1)
result = ADCW;                        // 방법(2)
result = result >> 6;
```

(5) A/D 변환 결과

A/D 컨버터가 변환을 완료하면 그 변환 결과는 A/D 컨버터 데이터 레지스터 ADCH 및 ADCL에 저장된다. 여기에 단극성 모드와 차동 모드에 대하여 각각 10비트의 A/D 변환 결과를 저장하는 방식은 다음과 같다.

▣ 단극성 모드의 경우

단극성 모드에서 아날로그 입력 채널의 A/D 변환 결과는

$$\text{ADCH:ADCL} = \frac{V_{IN}}{V_{REF}} \times 1024$$

와 같이 표현된다. 여기서 V_{IN}은 멀티플렉서로 선택된 단극성 아날로그 입력 전압이고, V_{REF}는 선택된 기준전압이다.

이 변환 결과는 10비트 양의 정수 표현법을 사용하므로 0(0x0000)~1023(0x03FF) 범위의 값을 가지는데, 여기서 0x0000은 아날로그 입력 전압이 접지(0V)와 같은 값이라는 것을 나타내고, 0x03FF는 아날로그 입력전압이 V_{REF} 보다 1 LSB만큼 낮은 값이라는 것을 나타낸다.

이 경우의 A/D 변환 결과는 우측 정렬로 저장하고, 사용자는 그냥 이를 읽어서 unsigned int 변수로 저장하여 사용하면 된다.

▣ 차동 모드의 경우

차동 모드에서 아날로그 입력 채널의 A/D 변환 결과는

$$\text{ADCH:ADCL} = \frac{V_{POS} - V_{NEG}}{V_{REF}} \times \text{GAIN} \times 512$$

와 같이 표현된다. 여기서 V_{POS}는 멀티플렉서로 선택된 차동 아날로그 입력의 양극성 단자 전압이고 V_{NEG}는 음극성 단자 전압이다. 또한, GAIN은 아날로그 전압의 이득으로서 1, 10, 200 중의 1가지이다.

이 A/D 변환 결과는 10비트 2의 보수 표현법을 사용하므로 -512(0x0200)~+511

(0x01FF) 범위의 값을 가진다. 따라서, 만약 *GAIN*이 1인 경우라면 0x0000은 차동입력 전압이 0V라는 것을 나타내고, 0x01FF는 차동입력 전압이 V_{REF} 보다 1 LSB만큼 낮은 값이라는 것을 나타내며, 0x0200은 차동입력 전압이 $-V_{REF}$와 같다는 것을 나타낸다. 이를 도시하면 <그림 2.3.10>과 같다.

이 경우의 A/D 변환 결과는 좌측 정렬로 저장하고, 사용자는 그냥 이를 읽어서 signed int 변수로 저장하였다가 우측으로 6비트만큼 시프트하면 된다.

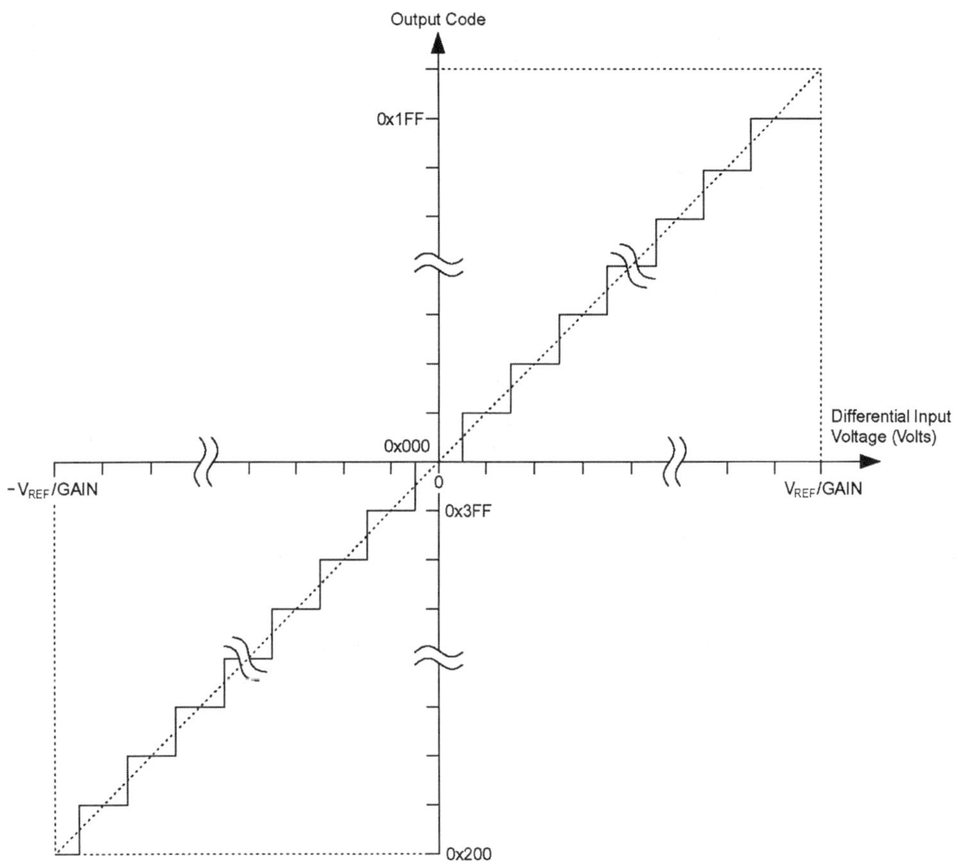

〈그림 2.3.10〉 차동입력을 사용하는 경우 아날로그 입력전압과 변환결과의 관계

(6) A/D 변환 오차

n비트 분해능의 A/D 컨버터가 GND~V_{REF} 범위의 단극성 아날로그 입력 신호를 변환한다면 디지털 값은 0 ~ 2^n-1 범위에서 2^n개의 스텝으로 변화한다. 이때 A/D 컨버터에서는 여러 가지의 요인으로 오차가 발생할 수 있는데, 오차의 종류를 요약하면

다음과 같다.

첫째는 양자화 오차(quantization error)로서 1비트의 디지털 값의 변화를 일으키는 아날로그 값의 한계인데, 이는 <그림 2.3.11>의 (a)처럼 항상 ±0.5LSB로서 일정하며 A/D 컨버터가 기본적으로 가지는 불가피한 오차이다. 이 오차를 작게 하려면 분해능이 높은 A/D 컨버터를 사용해야 한다.

둘째는 오프셋 오차(offset error)로서 <그림 2.3.11>의 (b)처럼 변환 결과가 이상적인 디지털 값에서 일정한 양만큼 벗어나는 것인데, 이는 디지털 값이 최소치인 0일 때의 아날로그 입력값으로 표현한다. 이는 변환된 디지털 값에서 일정치를 빼거나 더함으로써 소프트웨어적으로 쉽게 보정할 수 있다.

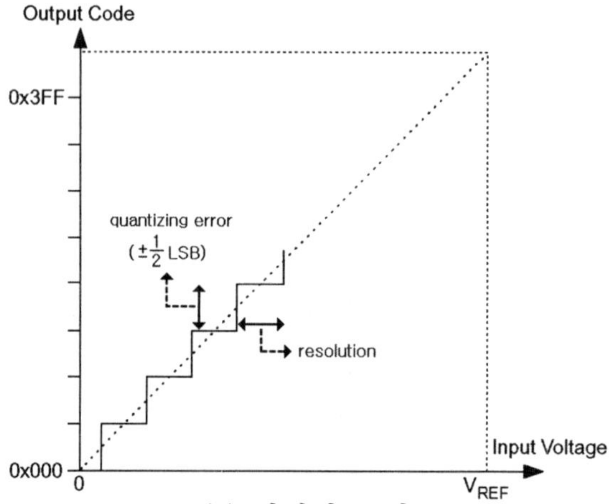

(a) 양자화 오차

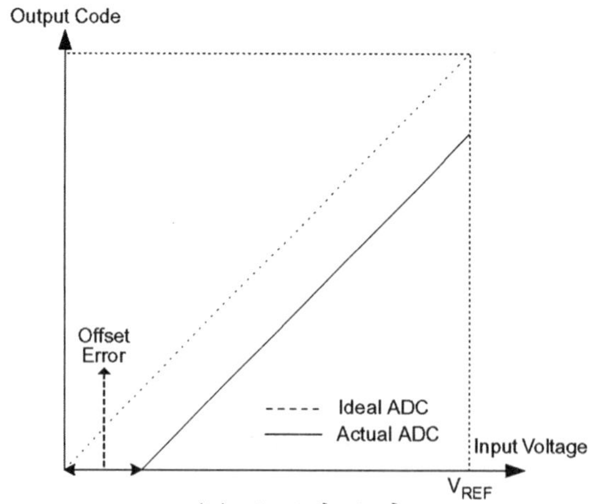

(b) 오프셋 오차

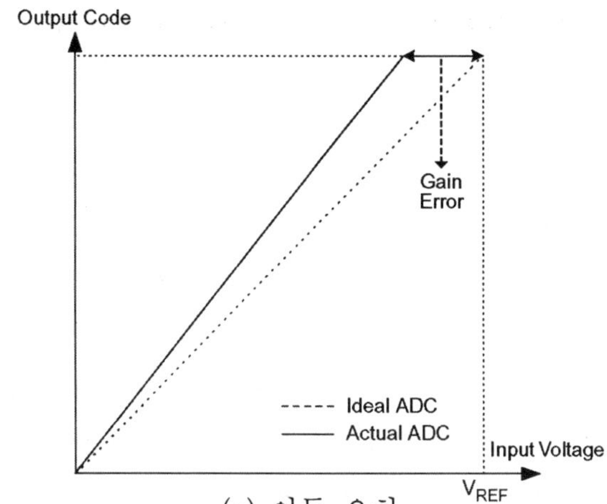

(c) 이득 오차

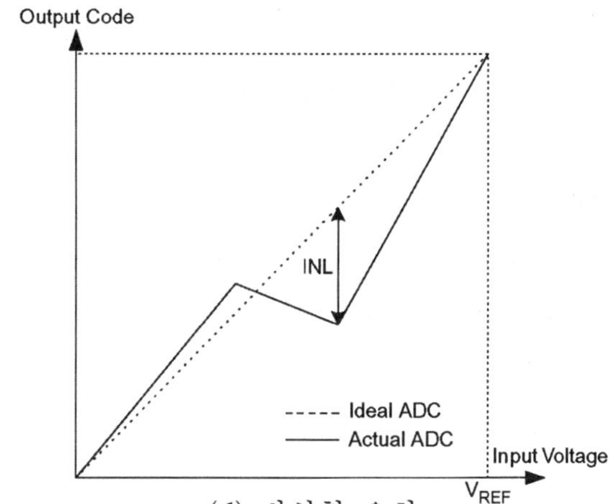

(d) 비선형 오차

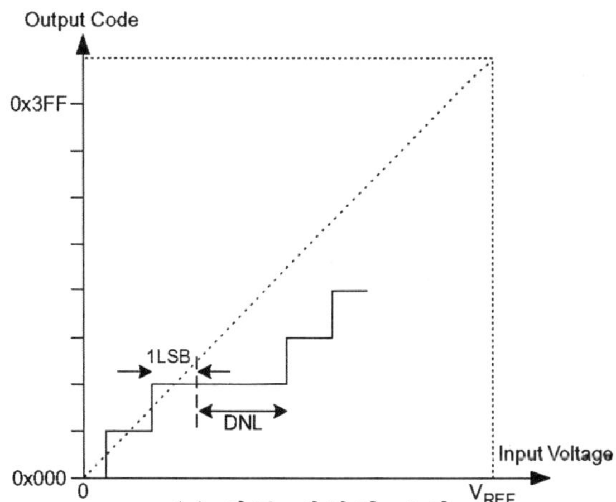

(e) 차동 비선형 오차

〈그림 2.3.11〉 A/D 컨버터의 변환 오차

셋째는 이득 오차(gain error)로서 <그림 2.3.11>의 (c)처럼 변환 결과가 이상적인 값에서 일정한 비율만큼 벗어나는 것인데, 이는 디지털 값이 최대치인 경우의 아날로그 입력과 최대 아날로그 입력인 V_{REF}의 차이로 표현한다. 이는 변환된 디지털 값에서 일정치를 곱하거나 나눔으로써 소프트웨어적으로 쉽게 보정할 수 있다.

넷째는 비선형 오차(INL ; integral non-linearity error)로서 <그림 2.3.11>의 (d)처럼 오프셋 오차나 이득 오차를 보상한 후에 디지털 값이 이상적인 값에서 가장 크게 벗어나는 양이다. 이러한 오차는 A/D 컨버터의 사용자가 보정하기가 어렵다.

다섯째는 차동 비선형 오차(DNL ; differential non-linearity error)로서 <그림 2.3.11>의 (e)처럼 1비트의 변화를 발생하는 아날로그 값이 이상적인 경우에서 가장 크게 벗어나는 양이다. 이러한 오차는 A/D 컨버터의 사용자가 보정하기가 어렵다.

ATmega128A의 A/D 컨버터에서 이러한 오차의 값은 단극성 모드와 차동 모드로 나누어 데이터 시트에 명시하고 있으니 참고하라.

(7) 잡음 제거 방법

ATmega128A의 A/D 컨버터는 다른 디지털 회로의 영향을 받지 않고 잡음에 대하여 보다 안정적인 동작을 수행할 수 있도록 별도의 독립적인 아날로그 회로 전원 단자 AVCC 및 기준전원 입력 단자 AREF를 가지고 있다. 그럼에도 불구하고 A/D 컨버터는 잡음에 상당히 민감하기 때문에 다음과 같은 여러 가지 주의가 필요하다.

① A/D 컨버터의 아날로그 입력 신호선은 최소한으로 짧게 하고 잡음의 영향을 받지 않도록 처리하는 것이 좋다.

② 아날로그 전원 단자 AVCC에는 디지털 전원 VCC를 LC 필터로 안정화시켜 인가하는 것이 좋다.

③ A/D 컨버터의 근처에서는 접지 단자 GND와 디지털 전원 VCC 사이에도 충분한 바이패스 커패시터를 달아준다.

④ A/D 변환이 수행되는 동안에는 병렬 I/O 포트의 출력 논리 상태가 바뀌도록 스위칭하지 않는 것이 좋다.

⑤ 잡음에 대하여 극도의 안정적인 A/D 변환이 필요한 경우에는 Idle mode 또는 ADC Noise Reduction mode에서 A/D 변환을 수행하는 것도 권장된다.

⑥ A/D 변환 결과가 잡음 등에 의하여 흔들리는 경우에는 디지털 필터를 사용하거나 여러번 A/D 변환을 수행하고 이것을 평균 처리하여 사용하면 좋다.

디지털 전원 VCC를 LC 필터로 안정화시켜 아날로그 전원 단자 AVCC에 인가하는 회로는 <그림 2.3.12>와 같은데, 여기서 사용하는 소자는 L=10μH, C=0.1μF 정도가 무난하다. A/D 컨버터의 기준전압 단자 VREF에는 이보다 더욱 정밀한 기준전압을 인가해야 하지만, 저가형으로 구현할 경우에는 여기에도 VCC를 LC 필터로 안정화시켜 인가하는 정도로 처리할 수 있다.

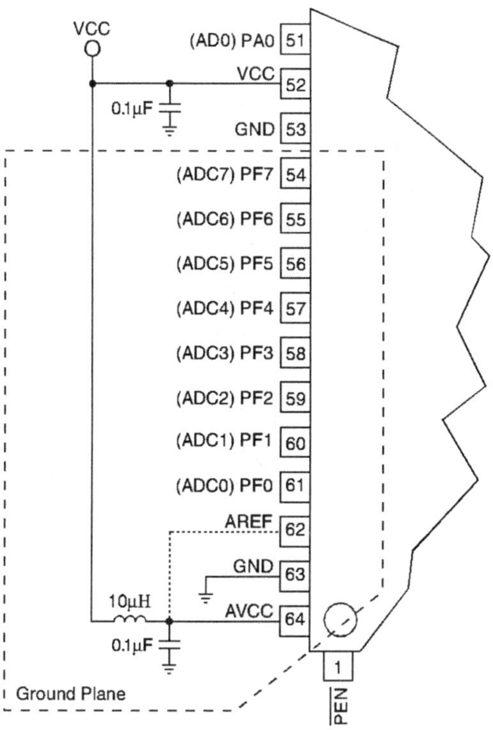

〈그림 2.3.12〉 A/D 컨버터의 아날로그 전원 처리

(8) *OK-128TFT* 키트에서 A/D 컨버터 관련 회로

OK-128TFT 키트에서는 ATmega128A의 A/D 컨버터를 사용하여 현재 기온을 측정하거나 키트 내부에서 사용하는 몇가지의 전압을 측정할 수 있도록 <그림 2.3.13>과 같은 회로를 구성하였다.

ADC1 단자에는 반도체 온도센서 LM35DZ의 출력을 연결하여 단극성 모드 또는 ADC0 단자를 기준으로 하는 차동 모드로 현재 기온을 측정할 수 있도록 하였다. ADC2 단자에는 +5V의 전원을 저항 분압으로 1/3로 축소하여 연결하였으므로 내부의 +2.56V를 기준전압으로 사용하여 +5V 전원 전압을 정밀하게 측정할 수 있도록 하였다. ADC3 단자에는 가변저항 VR1의 출력을 연결하여 0~+5V 범위의 가변 전압을 측정할 수 있도록 하였다.

A/D 컨버터의 아날로그 전원 단자 AVCC에는 +5V의 디지털 회로 전원을 LC 필터로 처리하여 안정화시킨 후에 연결하였다. 또한, A/D 컨버터의 기준전압으로는 AVCC나 내부의 +2.56V를 사용할 수 있도록 AREF 단자에 전원을 인가하지 않고 이 단자와 접지 사이에 0.1μF의 커패시터를 연결하였다.

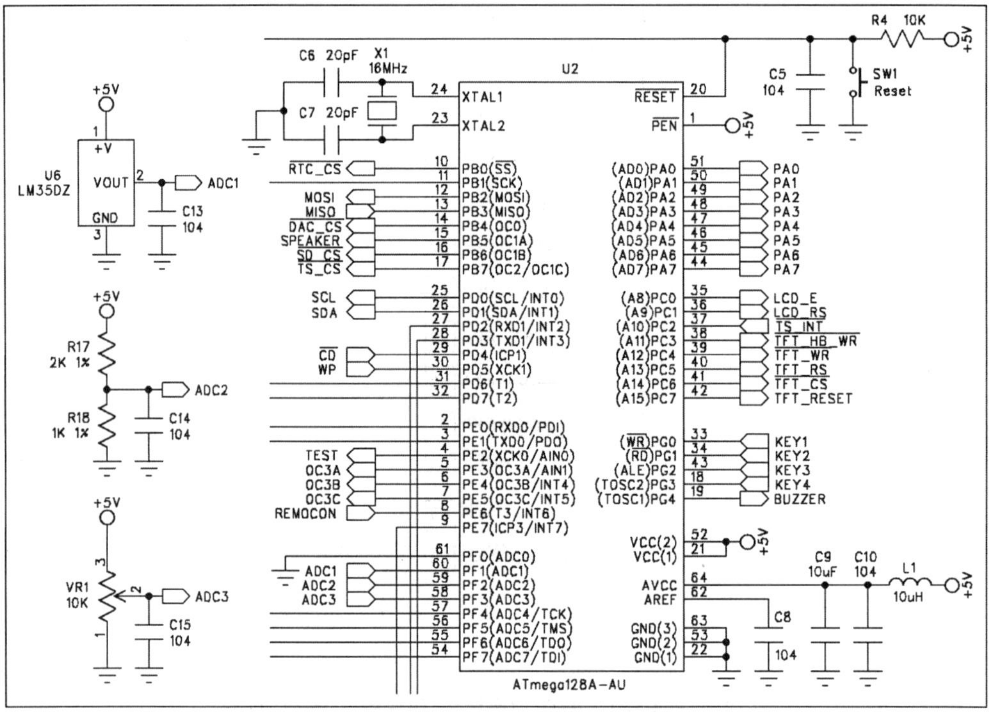

〈그림 2.3.13〉 *OK-128TFT* 키트의 A/D 컨버터 관련 회로

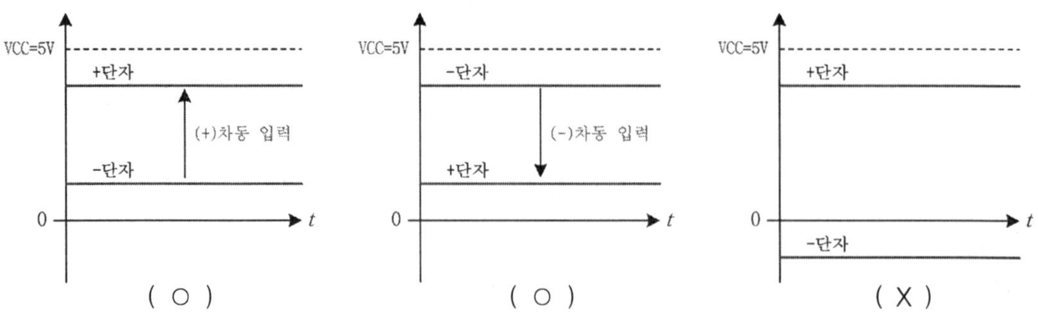

〈그림 2.3.14〉 A/D 컨버터에서 차동 모드의 아날로그 입력 전압

◀휴게실▶ ATmega128A에서 A/D 컨버터 사용의 주의사항 요약

AVR ATmega128A에 내장된 A/D 컨버터는 매우 독특한 특징을 많이 가지고 있기 때문에 이를 사용할 때는 여러 가지 주의가 필요한데 이러한 사항들을 요약하면 다음과 같다.

① AVCC 단자에는 VCC±0.3V 이내의 안정된 전원을 인가하여야 하며, 기준전원으로는 AREF 단자에 입력한 전압을 사용할 수도 있고 AVCC 단자로 입력한 전압을 사용할 수도 있으며, 내부의 기준전압 2.56V를 사용할 수도 있다. 기준전압으로 AVCC나 2.56V를 선택하여 사용할 때는 AREF 단자에 어떤 전원도 인가하지 말아야 하며, 이 단자와 접지 사이에 0.1μF의 커패시터를 달아주는 것이 좋다.

② A/D 컨버터에는 8개의 아날로그 입력 단자 ADC0~ADC7이 있는데, 이것들은 8개의 단극성 모드 입력 신호로 사용될 수도 있고, 1개의 지정된 핀을 기준으로 하는 차동 모드 입력 신호로 사용될 수도 있다. 차동 모드에서는 2개의 핀 사이에 입력된 아날로그 차동 전압을 마이크로컨트롤러 내부에서 10배 또는 200배 증폭하여 A/D 변환할 수도 있다.

③ 아날로그 입력 단자 ADC4~ADC7은 JTAG 신호와 겸용으로 되어 있으므로 이를 A/D 컨버터의 입력 신호로 사용하려면 퓨즈비트에서 JTAGEN=1로 설정하여 JTAG 인터페이스를 해제시켜야 한다.

④ 10비트의 A/D 변환 결과는 16비트의 ADCH:ADCL 레지스터에 저장되므로 이를 LSB에 맞추어 우측으로 정렬할 수도 있고 MSB에 맞추어 좌측으로 정렬할 수도 있다. 단극성 모드에서는 우측정렬이 유리하고, 차동 모드에서는 좌측정렬이 유리하다. 이것들을 읽을 때는 반드시 하위 바이트인 ADCL 레지스터를 먼저 읽고, 상위 바이트인 ADCH 레지스터를 나중에 읽어야 한다.

⑤ 단극성 모드에서는 A/D 컨버터의 주파수는 50kHz~1000kHz로 공급하고, 기준전압 V_{REF}의 범위는 2.0V~AVCC이며, 아날로그 입력 전압은 GND~V_{REF}의 범위로 인가해야 한다. 차동 모드에서는 주파수를 50kHz~200kHz로 공급하고, 기준전압 V_{REF}의 범위는 2.0V~AVCC-0.5이며, 각 단자에서 아날로그 입력 전압은 GND~VCC의 범위로 인가해야 한다.

⑥ 차동 모드에서는 +/- 극성의 아날로그 차동 전압을 입력할 수 있으나 이것이 접지 전위보다 낮은 음전압 신호를 A/D 변환하여 읽을 수 있다는 것은 아니다. 차동 모드에서 각 단자의 접지에 대한 전위는 <표 2.3.1>과 <그림 2.3.14>에서 설명한 것처럼 반드시 GND~VCC의 범위를 가져야 한다.

⑦ A/D 변환에는 단일변환 모드와 프리 런닝 모드가 있는데, 어느 경우에나 변환이 완료되면 변환 결과가 저장되는 데이터 레지스터가 업데이트되면서 ADCSRA 레지스터에서 ADIF=1로 세트되고 A/D 변환 완료 인터럽트가 요청된다. 이 인터럽트가 처리되기 시작하면 이 플래그 비트는 다시 자동적으로 0으로 클리어되며, 사용자가 강제로 이를 0이 되게 하려면 이 비트에 1을 써주어야 한다.

⑧ 단일변환 모드에서는 매번 A/D 변환을 수행할 때마다 ADSC=1로 설정해야 한다. ADSC=1로 설정하면 즉시 A/D 변환이 시작되며, 변환이 완료되면 이 비트가 다시 0으로 클리어된다.

⑨ 프리 런닝 모드에서는 첫번째 A/D 변환을 위해서만 ADSC=1로 설정하며, 그 이후에는 변환이 완료되더라도 이 비트가 0으로 클리어되지 않고 즉시 다음 A/D 변환 동작이 자동으로 시작된다. 따라서, 이후에는 아무 때나 원하는 시간에 A/D 변환 결과를 읽어낼 수 있다.

⑩ ADMUX 레지스터에서 기준전압의 선택을 변경하는 경우에는 내부 회로가 안정될 때까지 125μs 이상의 충분한 시간동안 기다렸다가 A/D 변환 동작을 시작해야 한다. 그럼에도 불구하고 기준전압 선택 변경 후에 첫번째의 A/D 변환 결과는 정확성이 낮으므로 버리는 것이 좋다. 그러나, 저자가 실험해 보면 특히 내부 기준전압 2.56V로 변경하는 경우에는 적어도 2ms 이상의 지연시간을 주어야 한다.

⑪ 차동 모드의 경우 ADMUX 레지스터에서 아날로그 입력 채널을 변경하면 아날로그 신호의 이득을 처리하는 부분에서 회로의 동작이 안정되는데 좀 더 많은 시간이 필요하므로 적어도 125μs 이상을 기다렸다가 A/D 변환 동작을 시작해야 한다. 이 시간 지연을 지키지 않으면 채널 변경 후에 첫번째의 A/D 변환 결과는 정확성이 낮으므로 버리는 것이 좋다.

2.4 아날로그 비교기

이 절에서는 ATmega128A에 내장되어 있는 아날로그 비교기(analog comparator)의 구조와 기능에 대하여 공부한다. 아날로그 비교기는 A/D 컨버터에 비하여 매우 빠르게 출력값을 얻을 수 있으며, A/D 컨버터에서처럼 아날로그 입력 신호의 크기를 정확하게 알 필요는 없고 단지 아날로그 입력 신호가 어떤 기준 신호와 비교하여 이것보다 큰지 작은지의 대소관계를 알면 되는 경우에 유용하게 사용할 수 있다.

1. 아날로그 비교기의 기본 구조

ATmega128A의 아날로그 비교기는 양극성 입력(positive input) 단자 AIN0과 음극성 입력(negative input) 단자 AIN1의 아날로그 입력 전압을 비교하여 만약 AIN0 단자의 전압이 더 높으면 비교 출력이 ACSR 레지스터에서 ACO=1로 표시되고, AIN0의 전압이 더 낮으면 비교 출력이 ACO=0으로 표시되는 회로이다.

이와 같은 아날로그 비교기의 출력은 아날로그 비교기 인터럽트를 발생시킬 수도 있고, 또한 타이머/카운터1의 입력캡쳐 트리거 신호로 사용될 수도 있다. 아날로그 비교기의 내부 구성 블록도는 <그림 2.4.1>과 같다.

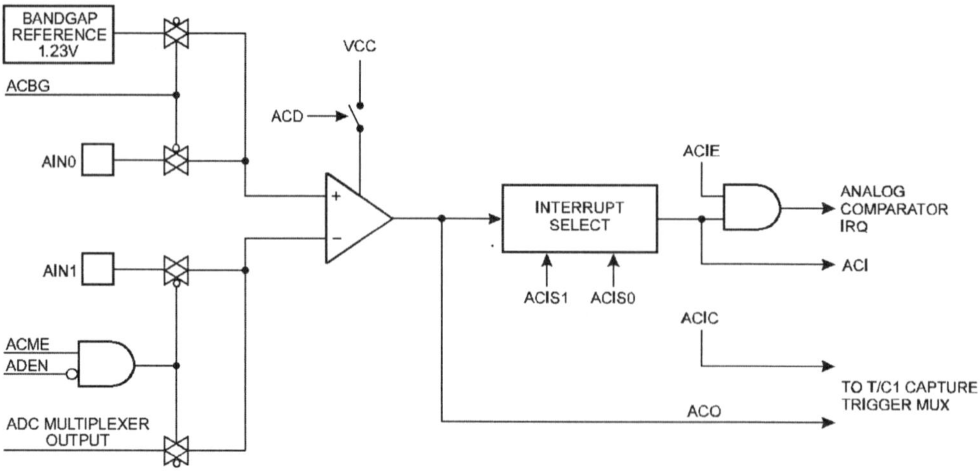

〈그림 2.4.1〉 아날로그 비교기의 구성 블록도

아날로그 비교기의 양극성 입력에는 AIN0 단자의 입력 전압이 사용될 수도 있고, 내부의 기준전압 V_{BG}(bandgap reference voltage, 1.23V)가 사용될 수도 있다. 또한, 음극성 입력에는 AIN1 단자의 입력 전압이 사용될 수도 있고, A/D 컨버터의 입력신호 ADC0~ADC7 중의 하나가 선택적으로 사용될 수도 있다.

아날로그 비교기의 출력값이 변경될 때 인터럽트를 발생하는 방법도 상승 에지, 하강 에지, 상승 에지 및 하강 에지의 3가지 중에서 사용자가 선택할 수 있다.

2. 아날로그 비교기의 I/O 제어 레지스터

아날로그 비교기에 관련된 I/O 레지스터는 다음과 같이 2개가 있다.

▣ 아날로그 비교기 제어 및 상태 레지스터(ACSR)

아날로그 비교기 제어 및 상태 레지스터 ACSR(Analog Comparator Control and Status Register)은 아날로그 비교기의 기능을 설정하는 제어 레지스터의 기능과 이것의 동작 상태를 표시하는 상태 레지스터의 기능을 모두 가지고 있다.

Bit	7	6	5	4	3	2	1	0	
$08($28)	ACD	ACBG	ACO	ACI	ACIE	ACIC	ACIS1	ACIS0	ACSR
Read/Write	R/W	R/W	R	R/W	R/W	R/W	R/W	R/W	
Initial Value	0	0	N/A	0	0	0	0	0	

〈그림 2.4.2〉 아날로그 비교기 제어 및 상태 레지스터 ACSR

- ACD(b7) : Analog Comparator Disable
  이 비트는 아날로그 비교기의 동작을 금지시키는 비트이다. 이것을 1로 설정하면 아날로그 비교기에 공급되는 전원을 차단하여 동작을 정지시키고 ATmega128A 소자의 소비전력을 감소시킨다.(이것은 디폴트로 0으로 되어 있으므로 저소비 전력형의 시스템을 설계할 경우에 아날로그 비교기를 사용하지 않는다면 이 비트를 1로 설정하는 것이 좋다.) 이 비트를 변경하면 아날로그 비교기 인터럽트가 발생될 수 있으므로 이를 방지하려면 비트값을 변경하기 전에 미리 ACIE 비트를 클리어시켜 두는 것이 좋다.
- ACBG(b6) : Analog Comparator Bandgap Select
  이 비트는 아날로그 비교기의 양극성 입력에 인가되는 전압을 선택한다. 이를 1로 설정하면 양극성 입력 AIN0에는 내부 기준전압 1.23V가 선택되고, 0으로 하면 AIN0 단자로 입력되는 전압이 선택된다.

◀참고▶ ATmega128에서는 소자 내부에서 발생하는 밴드갭 전압(bandgap voltage)이 1.23V라고 데이터 시트에서 설명하고 있으나, ATmega128A에서는 왜 그런지 이것이 1.22V로 변경되었다. 그러나, 필자가 직접 측정해본 바에 따르면 ATmega128A에서도 밴드갭 전압은 여전히 1.23V였다.

- ACO(b5) : Analog Comparator Output
  이 비트는 아날로그 비교기의 출력값으로서 클록과 동기되어 발생된다. 시스템 클록과 동기되기 위하여 1~2클록의 시간지연이 발생하며, 이 값은 그대로 ACO 신호로 전달되어 인터럽트를 발생하거나 타이머/카운터1의 입력캡쳐 트리거 신호로 사용된다.

- ACI(b4) : Analog Comparator Interrupt Flag

  이 비트는 아날로그 비교기의 인터럽트 발생 플랙이다. 이 플랙은 ACIS1~0 비트의 설정에 따른 아날로그 비교기의 출력에 의하여 결정된다. ACIE=1로 설정되고 상태 레지스터 SREG의 I비트가 1일 경우에는 이 인터럽트가 처리되며, 인터럽트가 처리되기 시작하면 이 비트는 자동으로 클리어된다. 사용자가 이 비트를 강제로 0으로 클리어하려면 이 비트에 1을 써주어야 한다.

- ACIE(b3) : Analog Comparator Interrupt Enable

  이 비트는 아날로그 비교기 출력 신호의 상승 에지 또는 하강 에지에서 인터럽트를 요청하도록 허용하는 비트이다.

- ACIC(b2) : Analog Comparator Input Capture Enable

  이 비트는 아날로그 비교기의 출력이 타이머/카운터1의 입력캡쳐 트리거 신호로 사용되도록 설정한다. 이 비트를 1로 설정하면 아날로그 비교기의 출력이 타이머/카운터1의 입력캡쳐 트리거 신호로 연결되므로 타이머/카운터1의 TCCR1B 레지스터에서 ICNC1 비트 설정에 따라 노이즈 제거회로를 거치고 ICES1 비트 설정에 따라 상승 에지 또는 하강 에지가 선택되어 입력캡쳐 트리거 동작이 수행된다.

- ACIS1~0(b1~0) : Analog Comparator Interrupt Mode Select

  이 비트는 아날로그 비교기의 출력 상태가 인터럽트를 발생하는 모드를 <표 2.4.1>과 같이 설정한다. ACIS1~0 비트의 설정을 변경하는 경우에는 아날로그 비교기의 인터럽트가 발생할 수 있으니 이 비트들을 변경하기 전에 미리 ACIE=0으로 하여 인터럽트를 금지시켜 두어야 한다.

〈표 2.4.1〉 아날로그 비교기의 인터럽트 모드 설정

ACIS1	ACIS0	인터럽트 발생 모드
0	0	출력의 하강 및 상승 에지에서 아날로그 비교기의 인터럽트 발생 (comparator interrupt on output toggle)
0	1	사용하지 않음(reserved)
1	0	출력의 하강 에지에서 아날로그 비교기의 인터럽트 발생 (comparator interrupt on falling output edge)
1	1	출력의 상승 에지에서 아날로그 비교기의 인터럽트 발생 (comparator interrupt on rising output edge)

▣ 특수 기능 I/O 레지스터(SFIOR)

특수 기능 I/O 레지스터 SFIOR(Special Function I/O Register)은 아날로그 비교기의 입력신호를 설정하는데 사용된다.

Bit	7	6	5	4	3	2	1	0	
$20($40)	TSM	–	–	–	ACME	PUD	PSR0	PSR321	SFIOR
Read/Write	R/W	R	R	R	R/W	R/W	R/W	R/W	
Initial Value	0	0	0	0	0	0	0	0	

〈그림 2.4.3〉 특수 기능 I/O 레지스터 SFIOR

- ACME(b3) : Analog Comparator Multiplexer Enable

  이 비트는 아날로그 비교기의 음극성 입력에 A/D 컨버터의 아날로그 입력 신호가 사용될 수 있도록 허용한다. 이 비트를 ACME=0으로 설정하면 음극성 입력에는 무조건 AIN1로 입력된 전압이 사용되며,

이 비트를 ACME=1로 설정하고 ADCSRA 레지스터에서 ADEN=0으로 설정하여 A/D 컨버터가 동작하지 않도록 하면 아날로그 입력 신호 ADC0~ADC7이 아날로그 비교기의 음극성 입력으로 사용된다. 이때 ADC0~ADC7 중의 하나를 선택하는 것은 ADMUX 레지스터의 MUX2~0 비트로 설정한다. 이를 요약하면 <표 2.4.2>와 같다.

〈표 2.4.2〉 아날로그 비교기의 음극성 입력 선택

ACME	ADEN	MUX2~0	아날로그 비교기의 음극성 입력
0	X	XXX	AIN1
1	1	XXX	AIN1
1	0	000	ADC0
1	0	001	ADC1
1	0	010	ADC2
1	0	011	ADC3
1	0	100	ADC4
1	0	101	ADC5
1	0	110	ADC6
1	0	111	ADC7

◀참고▶ *OK-128TFT* 키트에서는 하드웨어적으로 아날로그 비교기 입력단자 AIN0과 AIN1를 사용하지 않는다. 그러나, 제4.13절에서 A/D 컨버터 응용 프로그래밍 기술을 공부할 때 아날로그 비교기의 동작을 함께 익히기 위하여 이에 관한 프로그램 작성 실습은 해보기로 한다. ATmega128A에서는 외부에 있는 AIN0과 AIN1 단자를 하드웨어적으로 사용하지 않고도 양극성 입력과 음극성 입력에 아날로그 비교기의 입력 신호를 줄 수 있기 때문에 이것이 가능하다.

2.5 USART 직렬통신 포트

이 절에서는 ATmega128A에 내장되어 있는 2개의 USART 직렬통신 포트의 구조와 기능을 공부하고 이를 응용하는 기술에 대하여 알아보기로 한다.

1. USART 직렬통신 포트의 개요

(1) USART의 특징

ATmega128A에 내장된 2개 USART(Universal Synchronous and Asynchronous Receiver and Transmitter) 직렬통신 포트의 기능과 특성을 요약하면 다음과 같다.

① 동일한 기능을 수행하는 2개의 USART 직렬통신 포트 USART0 및 USART1을 가지고 있다.

② 동기 및 비동기 전송 모드에서 모두 전이중 통신이 가능하고, 멀티 프로세서 통신 모드로 동작하는 것도 가능하다.

③ 내부에 높은 정밀도의 보레이트 발생기(Baud Rate Generator)를 가지고 있어서 비동기 전송 모드의 경우 16MHz의 시스템 클록에서 2400bps～1Mbps 범위의 직렬통신이 가능하다.

④ 동기식 전송 모드에서 마스터(master)로 동작하는 경우에는 전송속도를 결정하는데 내부 클록을 사용하지만, 슬레이브(slave)로 동작할 때는 XCKn 단자로 입력되는 외부 클록 신호에 의하여 동작한다.

⑤ 비동기 전송 모드의 데이터 포맷은 1문자를 5~9비트 범위에서 설정하고 스톱비트는 1~2비트로 설정할 수 있으며, 전송 중에 패리티 비트를 사용하지 않을 수도 있고 짝수 또는 홀수 패리티(even or odd parity)를 선택하여 사용할 수도 있다.

⑥ 비동기 전송 모드의 수신 동작에서는 패리티 에러(parity error), 오버런 에러(overrun error) 및 프레임 에러(frame error)를 검출하는 기능을 가지고 있다.

⑦ 이 직렬통신 포트에서는 송신 완료(TX Complete) 인터럽트, 송신 데이터 레지스터 준비완료(TX Data Register Empty) 인터럽트, 수신 완료(RX Complete) 인터럽트 등 3가지의 인터럽트를 사용할 수 있다.

(2) USART의 구조

<그림 2.5.1>에 ATmega128A의 USART 직렬통신 포트의 내부 구성 블록도를 보였다. 여기서 n은 2개의 USART에 해당하는 0 또는 1을 나타낸다.

ATmega128A의 직렬통신 포트 USART0 및 USART1은 각각 크게 나누어 클록 발생부(clock generator), 송신부(transmitter), 수신부(receiver)의 3가지 구성 부분으로 이루어진다. 이중에서 클록 발생부는 보레이트 발생기와 동기 모드에서 클록과 동기를 취하는 회로 등으로 구성된다. 또한, 송신부는 송신 버퍼, 송신 시프트 레지스터, 패리티 발생기 등으로 구성되며, 수신부는 가장 복잡하여 수신 버퍼, 수신 시프트 레지스터, 패리티 검사기 등으로 구성된다.

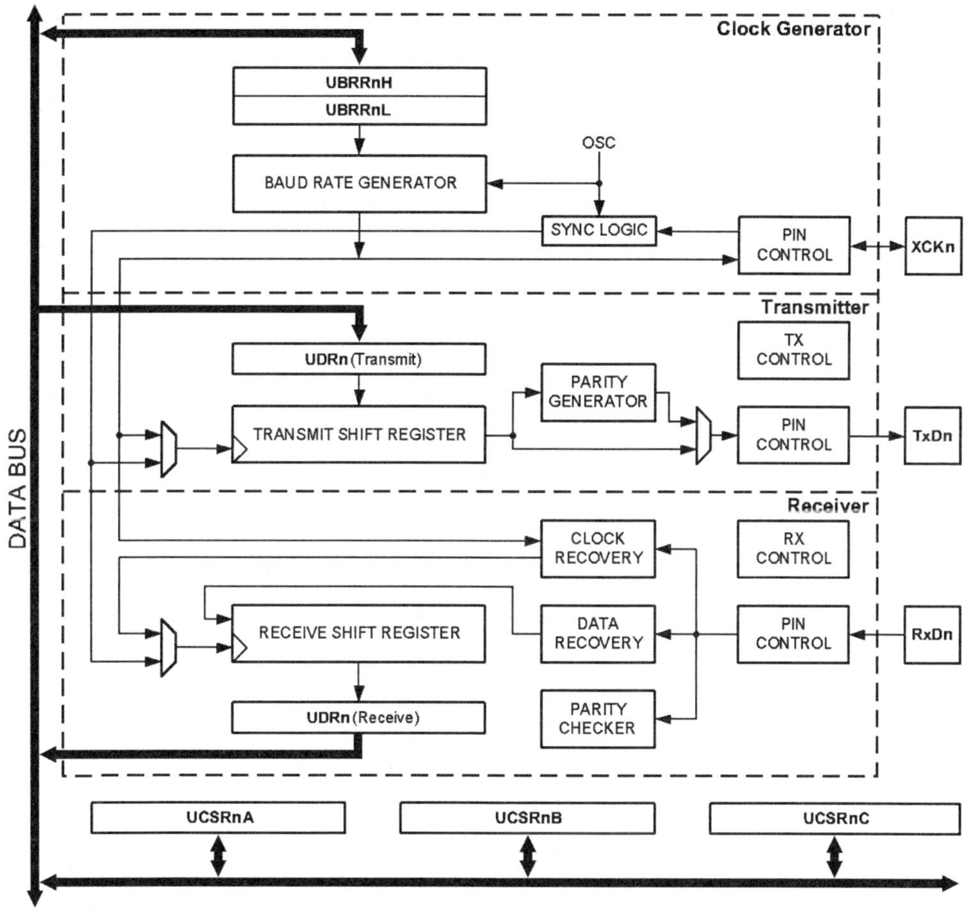

〈그림 2.5.1〉 USART0과 USART1 직렬통신 포트의 하드웨어 구성 블록도

(3) 클록 발생부

클록 발생부는 <그림 2.5.2>와 같은 구조로 되어 있으며, 비동기 일반 모드, 비동기 2배속 모드, 동기 마스터 모드, 동기 슬레이브 모드에서 각각 보레이트 클록의 소스나 주파수가 달라진다. 이들 각각의 경우에 대하여 보레이트를 계산하는 방법은 나중에 설명한다.

비동기 전송 모드를 사용하려면 UCSRnC 레지스터에서 UMSELn=0으로 설정하면 된다. 비동기 전송 모드에서는 내부 시스템 클록을 사용하여 보레이트 클록을 발생하며, UCSRnA 레지스터에서 U2Xn=0이면 일반 모드가 되고 U2Xn=1이면 2배속 모드가 된다.

동기 전송 모드를 사용하려면 UCSRnC 레지스터에서 UMSELn=1로 설정하면 된다. 동기 전송 모드에서는 XCKn 단자가 동기 클록으로 사용되는데, 마스터 모드에서는 이 단자를 통하여 동기 클록을 외부의 슬레이브에게 보내주어야 하므로 이것이 출력 단자가 되고, 슬레이브 모드에서는 이 단자를 통하여 동기 클록을 외부의 마스터로부터 받아와야 하므로 입력 단자가 된다. 따라서, 동기 마스터 모드에서는 병렬 I/O 포트 방향설정 레지스터 DDRx의 해당 비트들을 1로 하여 XCKn 단자가 출력 방향으로 동작하도록 해야 하고, 동기 슬레이브 모드에서는 이 비트들을 0으로 하여 XCKn 단자가 입력 방향으로 동작하도록 해야 한다.

동기 슬레이브 모드에서 외부로부터 입력되는 XCKn 클록 신호는 동기 레지스터(synchronization register)와 에지 검출기(edge detector)를 거치면서 2개의 시스템 클록 주기만큼 지연되며, 이 클록의 주파수는 시스템 클록의 1/4 이하여야 한다.

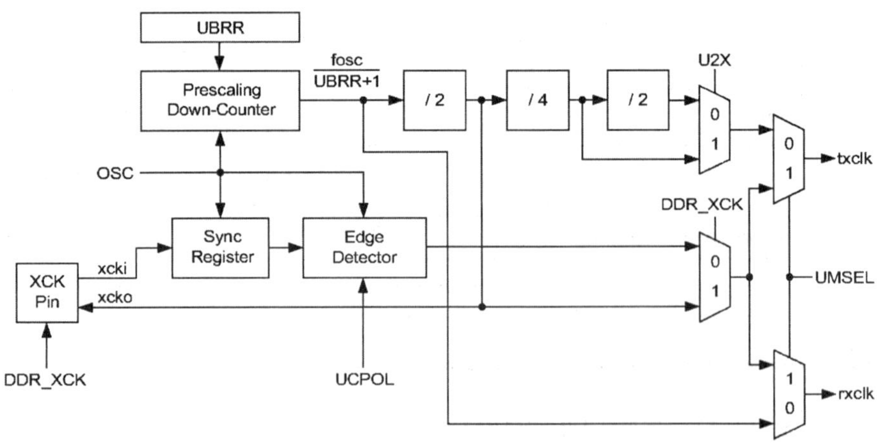

〈그림 2.5.2〉 클록 발생부의 내부 구조

동기 전송 모드에서 XCKn 단자로 출력되거나 입력되는 클록 신호는 UCSRnC 레지스터의 UCPOLn 비트에 의하여 동작 에지가 선택된다. 즉, <그림 2.5.3>에서 보듯이 이를 1로 설정하면 XCKn 클록의 하강 에지에서 송신 데이터를 출력하고 상승 에지에서 수신 데이터를 샘플링하며, 이를 0으로 설정하면 XCKn 클록의 상승 에지에서 송신 데이터를 출력하고 하강 에지에서 수신 데이터를 샘플링한다.

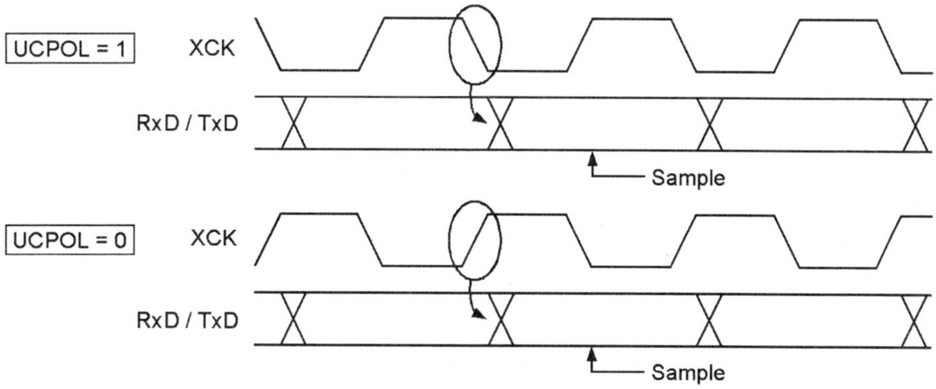

〈그림 2.5.3〉 동기 모드에서 XCKn 클록의 동작 타이밍

(4) 전송 데이터 포맷

직렬통신 포트 USARTn의 비동기 전송 모드에서 전송 데이터의 포맷(format)은 1 스타트 비트(start bit), 5~9 데이터 비트(data bit), 1 패리티 비트(parity bit), 1~2 스톱 비트(stop bit)로 1개의 전송 프레임(frame)이 구성된다. 이와 같이 데이터 비트와 스톱 비트의 길이는 사용자가 설정할 수 있으며, 패리티 비트는 사용하지 않을 수도 있고 사용한다면 짝수 패리티 방식 또는 홀수 패리티 방식으로 지정할 수 있다.

이와 같이 ATmega128A에서 1문자의 전송 프레임은 최소 7비트에서 최대 13비트로 구성될 수 있는데, 이를 그림으로 설명하면 <그림 2.5.4>와 같다.

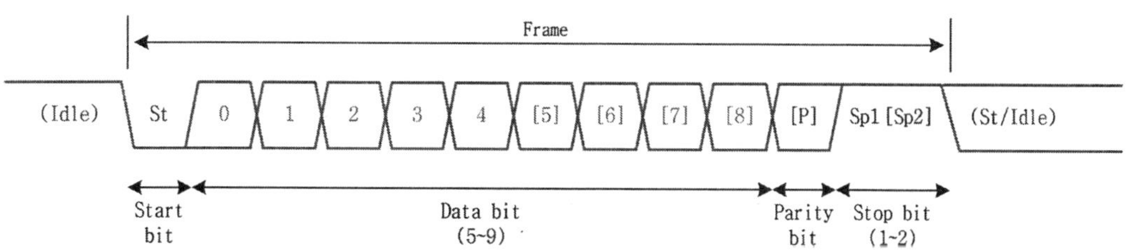

〈그림 2.5.4〉 비동기 전송에서 1프레임을 구성하는 전송 데이터의 포맷

USART가 데이터를 전송하지 않고 대기 상태(idle state)에 있을 때 TXD와 RXD 단자는 hign 상태로 유지된다. 그러다가 이 신호가 low로 떨어지면 1개의 프레임이 시작되는 스타트 비트로 인식된다.

데이터 전송 포맷에 패리티 비트를 사용하도록 설정한 경우에는 송신측에서 패리티 비트를 계산하여 전송하고, 수신측에서 패리티 비트를 계산하여 수신된 패리티 비트와 비교함으로써 패리티 에러(parity error)를 체크한다. 송신부와 수신부에서의 이러한 패리티 처리는 모두 USART의 하드웨어에 의하여 자동적으로 수행된다.

전송 데이터가 n개의 비트로 구성되는 경우 짝수 패리티 비트와 홀수 패리티 비트를 계산하는 공식은 각각 다음과 같다.

$$P_{even} = d_{n-1} \oplus d_{n-2} \oplus \cdots \oplus d_3 \oplus d_2 \oplus d_1 \oplus d_0 \oplus 0$$

$$P_{odd} = d_{n-1} \oplus d_{n-2} \oplus \cdots \oplus d_3 \oplus d_2 \oplus d_1 \oplus d_0 \oplus 1$$

스톱 비트는 무조건 high 상태라야 하는데, 만약 수신부에서 첫번째의 스톱 비트까지 프레임을 체크하여 이 비트가 low로 수신되면 프레임 에러(frame error)가 된다. 2개의 스톱 비트를 사용하도록 설정된 경우에 2번째의 스톱 비트는 수신부에 의하여 무시되는데, 이렇게 추가된 스톱 비트는 데이터 수신측 CPU의 처리 동작이 느릴 경우에 데이터 송신측에서 다음 문자를 전송하는 동작을 시간적으로 약간 지연시킴으로써 수신부에서 오버런 에러(overrun error)가 발생하는 것을 방지하는 효과가 있다.

마지막 스톱 비트가 전송된 이후에 그 다음의 전송 문자가 있는 경우에는 곧바로 다음 프레임의 스타트 비트로 이어지며, 그렇지 않은 경우에는 대기 상태가 된다.

◀참고▶ 비동기 직렬통신에서 스톱 비트는 프레임 에러를 검출하는 기능과 수신측의 CPU가 데이터 수신 동작을 수행하는데 필요한 시간 여유를 주는 2가지의 역할을 한다. 송신측 CPU의 처리속도가 매우 빠르다면 송신 문자들을 시간 공백없이 연속적으로 출력할 것이며, 송신측 CPU의 처리속도가 느리다면 하나의 송신 문자와 다음 송신 문자의 사이에 대기 상태를 포함할 것이므로, 송신측 CPU의 처리속도는 전체적인 직렬 데이터 전송 속도에 영향을 준다. 그러나, 수신측 CPU의 처리속도가 늦으면 연속적으로 들어오는 수신 문자를 실시간으로 처리하지 못하여 오버런 에러(overrun error)가 발생될 수 있다. 수신측 CPU가 수신 동작을 수행할 수 있는 시간은 첫번째 스톱 비트가 수신된 이후부터 다음 문자의 스타트 비트가 들어올 때까지의 짧은 기간이기 때문이다. 그러나, 수신부가 이중 버퍼(double buffer)로 되어 있는 USART에서는 수신측 CPU가 수신 동작을 수행할 수 있는 시간이 첫번째 스톱 비트가 수신된 이후부터 다음 문자의 첫번째 스톱 비트가 수신될 때까지로 상당히 확대되어 훨씬 여유가 있다. 이와 같이 수신측의 CPU가 송신측의 CPU에 비하여 현저히 느릴 경우에는 송신 문자 사이에 시간 여유를 많이 주기 위하여 스톱 비트수를 크게 설정하는 것이 안전하다. 그러나, 오늘날의 USART는 대부분 이중 버퍼 방식을 사용하므로 스톱 비트가 별로 의미가 없으며, 따라서 스톱 비트의 길이는 최소로 작게 설정하여 사용하는 것이 유리하다.

2. USART 직렬통신 포트의 동작

(1) I/O 제어 레지스터 사용

ATmega128A의 USART0 및 USART1에 관련되는 I/O 레지스터는 모두 각각의 포트에 대하여 서로 동일한 기능을 수행하는 1쌍으로 되어 있다.

▣ USARTn 입출력 데이터 레지스터(UDRn)

UDRn(USART0 or 1 I/O Data Register) 레지스터는 USARTn 포트의 송수신 데이터 버퍼의 기능을 수행한다. 이 레지스터는 동일한 번지에 송신 데이터 버퍼 TXBn 및 수신 데이터 버퍼 RXBn와 같이 서로 다른 2개의 데이터 레지스터로 구성되어 있어서 송신할 데이터를 UDRn에 라이트하면 이는 송신 버퍼 TXBn에 저장되고, 수신된 데이터를 UDRn에서 읽으면 이는 수신 버퍼 RXBn에 수신되어 있는 값이 읽혀진다.

전송 데이터 문자를 5~7 비트로 설정하면 데이터 레지스터에 빈 자리가 생기므로 송신의 경우에는 사용하지 않는 상위 비트들이 무시되고, 수신의 경우에는 이 상위 비트들이 수신부에서 0으로 처리된다.

Bit	7	6	5	4	3	2	1	0	
\$0C(\$2C)	RXB0[7:0]								UDR0 (Read)
\$0C(\$2C)	TXB0[7:0]								UDR0 (Write)
Read/Write	R/W	R/W	R/W	R/W	R/W	R/W	R/W	R/W	
Initial Value	0	0	0	0	0	0	0	0	

〈그림 2.5.5〉 USART0 입출력 제어 레지스터 UDR0

Bit	7	6	5	4	3	2	1	0	
\$9C	RXB1[7:0]								UDR1 (Read)
\$9C	TXB1[7:0]								UDR1 (Write)
Read/Write	R/W	R/W	R/W	R/W	R/W	R/W	R/W	R/W	
Initial Value	0	0	0	0	0	0	0	0	

〈그림 2.5.6〉 USART1 입출력 데이터 레지스터 UDR1

송신 버퍼는 UCSRnA 레지스터에서 UDREn=1로 되어 있는 경우에만 라이트할 수 있으며, UDREn=0으로 되어 있는 경우에는 만약 UDRn에 송신할 데이터를 라이트하더라도 이는 송신부가 무시한다. 정상적으로 UDRn 레지스터의 송신 버퍼에 라이트된 데이터는 송신 시프트 레지스터가 비어있을 경우 자동적으로 이 시프트 레지스터로 옮겨지고, 이것은 TxDn 핀을 통하여 즉시 직렬로 송신된다.

수신 버퍼는 이중 버퍼링 구조를 가지므로 수신측의 CPU가 충분한 시간적 여유를 가지고 수신 데이터를 처리할 수 있다.

▣ USARTn 제어 및 상태 레지스터 A(UCSRnA)

UCSRnA(USART0 or 1 Control and Status Register A) 레지스터는 USARTn 포트의 송수신 동작을 제어하거나 송수신 상태를 저장하는 기능을 수행한다.

Bit	7	6	5	4	3	2	1	0	
$0B($2B)	RXC0	TXC0	UDRE0	FE0	DOR0	UPE0	U2X0	MPCM0	UCSR0A
Read/Write	R	R/W	R	R	R	R	R/W	R/W	
Initial Value	0	0	1	0	0	0	0	0	

〈그림 2.5.7〉 USART0 제어 및 상태 레지스터 UCSR0A

Bit	7	6	5	4	3	2	1	0	
$9B	RXC1	TXC1	UDRE1	FE1	DOR1	UPE1	U2X1	MPCM1	UCSR1A
Read/Write	R	R/W	R	R	R	R	R/W	R/W	
Initial Value	0	0	1	0	0	0	0	0	

〈그림 2.5.8〉 USART1 제어 및 상태 레지스터 UCSR1A

- RXCn(b7) : USARTn Receive Complete
  이 비트는 현재 수신 버퍼에 CPU가 읽지 않은 수신 데이터가 들어 있으면 1로 세트되고, CPU가 이를 읽어서 현재 수신 버퍼가 비어있는 상태라면 0으로 클리어되는 상태 플랙이다. 데이터가 수신되어 수신 버퍼에 저장되면 이 비트가 1로 되면서 수신완료 인터럽트(Receive Complete Interrupt)를 요청하며, CPU가 수신 버퍼를 읽으면 이 비트는 다시 0으로 클리어된다.
- TXCn(b6) : USARTn Transmit Complete
  이 비트는 송신 시프트 레지스터에 있는 송신 데이터가 모두 송신되고 UDRn의 송신 버퍼에 아직 새로운 송신 데이터가 라이트되지 않아서 송신 시프트 레지스터와 송신 버퍼가 모두 비어 있는 상태이면 1로 세트되는 상태 플랙이다. 이 비트가 1로 되면 송신완료 인터럽트(Transmit Complete Interrupt)를 요청하는데, 이 인터럽트의 처리가 시작되면 이 비트는 자동으로 0으로 클리어되며, 이 비트를 강제로 클리어하려면 이 비트에 1을 라이트해야 한다.
- UDREn(b5) : USARTn Data Register Empty
  이 비트는 UDRn의 송신 버퍼가 비어 있어서 새로운 송신 데이터를 받을 준비가 되어 있으면 1로 세트되는 상태 플랙이다. 이 비트가 1로 되면 송신 데이터 레지스터 준비완료 인터럽트(Data Register Empty Interrupt)를 요청하며, 송신 버퍼에 새로운 데이터를 라이트하면 이 비트는 0으로 클리어된다. 시스템 리셋 후에 디폴트로 이 비트는 1이다.
- FEn(b4) : USARTn Frame Error
  이 비트는 UDRn의 수신 버퍼에 현재 저장되어 있는 데이터를 수신하는 동안에 프레임 에러가 발생하였음을 나타내는 상태 플랙이다. 프레임 에러는 수신 데이터의 첫번째 스톱 비트가 0으로 검출되면 발생한다. 이 플랙은 CPU가 수신 버퍼 UDRn을 읽을 때까지 유효하며, UCSRnA 레지스터를 라이트하면 이 비트는 무조건 0으로 클리어된다.
- DORn(b3) : USARTn Data Overrun Error
  이 비트는 수신 동작에서 오버런 에러가 발생하였음을 나타내는 상태 플랙이다. 오버런 에러는 UDRn

의 수신 버퍼에 CPU가 아직 읽지 않은 수신 데이터가 들어 있는 상태에서 수신 시프트 레지스터에 새로운 데이터가 수신 완료되고 다시 그 다음 3번째 데이터의 스타트 비트가 검출되면 발생한다. 이 플래그은 수신 버퍼 UDRn을 읽을 때까지 유효하며, UCSRnA 레지스터를 라이트하면 이 비트는 무조건 0으로 클리어된다.

- UPEn(b2) : USARTn Parity Error

  이 비트는 UDRn의 수신 버퍼에 현재 저장되어 있는 데이터를 수신하는 동안에 패리티 에러가 발생하였음을 나타내는 상태 플랙이다. 패리티 에러는 UCSRnC 레지스터에서 UPMn1 = 1로하여 패리티 비트를 사용하도록 설정한 경우에만 발생할 수 있다. 이 플랙은 수신 버퍼 UDRn을 읽을 때까지 유효하며, UCSRnA 레지스터를 라이트하면 이 비트는 무조건 0으로 클리어된다.

- U2Xn(b1) : Double the USARTn Transmission Speed

  이 비트는 비동기 모드에서만 유효한 것으로서 USARTn 포트의 클록 분주비를 16에서 8로 절반만큼 낮추어 전송속도를 2배 높게 설정하는 기능을 수행한다.

- MPCMn(b0) : USARTn Multi-Processor Communication Mode

  이 비트는 USARTn을 멀티 프로세서 통신 모드로 설정한다. 멀티 프로세서 통신 모드에서는 어드레스 정보를 포함하지 않는 모든 수신 데이터는 수신부에 의하여 무시된다. 송신부는 이 비트에 의하여 영향을 받지 않는다.

▣ USARTn 제어 및 상태 레지스터 B(UCSRnB)

UCSRnB(USART0 or 1 Control and Status Register B) 레지스터는 USARTn 포트의 송수신 동작을 제어하거나, 전송 데이터를 9비트로 설정한 경우에 전송 데이터의 9번째 비트값을 저장하는 기능을 수행한다.

Bit	7	6	5	4	3	2	1	0	
$0A($2A)	RXCIE0	TXCIE0	UDRIE0	RXEN0	TXEN0	UCSZ02	RXB80	TXB80	UCSR0B
Read/Write	R/W	R/W	R/W	R/W	R/W	R/W	R	R/W	
Initial Value	0	0	0	0	0	0	0	0	

〈그림 2.5.9〉 USART0 제어 및 상태 레지스터 UCSR0B

Bit	7	6	5	4	3	2	1	0	
$9A	RXCIE1	TXCIE1	UDRIE1	RXEN1	TXEN1	UCSZ12	RXB81	TXB81	UCSR1B
Read/Write	R/W	R/W	R/W	R/W	R/W	R/W	R	R/W	
Initial Value	0	0	0	0	0	0	0	0	

〈그림 2.5.10〉 USART1 제어 및 상태 레지스터 UCSR1B

- RXCIEn(b7) : USARTn RX Complete Interrupt Enable

  이 비트는 수신완료 인터럽트를 개별적으로 허용하는 비트이다. 이를 1로 설정하고 SREG 레지스터에서 I=1이라면 1문자가 수신되어 UCSRnA 레지스터에서 RXCn=1로 되는 경우 수신완료 인터럽트가 발생한다.

- TXCIEn(b6) : USARTn TX Complete Interrupt Enable

  이 비트는 송신완료 인터럽트를 개별적으로 허용하는 비트이다. 이를 1로 설정하고 SREG 레지스터에서 I=1이라면 송신 시프트 레지스터와 송신 버퍼가 모두 비어 UCSRnA 레지스터에서 TXCn=1로 되는 경우 송신완료 인터럽트가 발생한다.

• UDRIEn(b5) : USARTn Data Register Empty Interrupt Enable
이 비트는 송신 데이터 레지스터 준비완료 인터럽트를 개별적으로 허용하는 비트이다. 이를 1로 설정하고 SREG 레지스터에서 I=1이라면 송신 버퍼가 비어 UCSRnA 레지스터에서 UDREn=1로 되는 경우 송신 데이터 레지스터 준비완료 인터럽트가 발생한다.
• RXENn(b4) : USARTn Receiver Enable
이 비트는 USARTn 포트의 수신부가 동작하도록 허용한다. 이는 RxDn 핀이 병렬 I/O 포트가 아니라 부수적인 기능인 직렬 데이터 수신 단자로 동작하도록 설정하며, 에러 플랙 비트 FEn, DORn, UPEn의 동작을 유효하도록 한다.
• TXENn(b3) : USARTn Transmitter Enable
이 비트는 USARTn 포트의 송신부가 동작하도록 허용한다. 이는 TxDn 핀이 병렬 I/O 포트가 아니라 부수적인 기능인 직렬 데이터 송신 단자로 동작하도록 설정하며, 이 비트를 0으로 설정하더라도 이는 송신 시프트 레지스터에 데이터가 남아있을 경우에는 이것이 전송 완료될 때까지 유효하지 않다.
• UCSZn2(b2) : USARTn Character Size
이 비트는 UCSRnC 레지스터의 UCSZn1~0 비트와 함께 3개의 비트로 전송 문자의 데이터 비트수를 설정하는데 사용된다.
• RXB8n(b1) : USARTn Receive Data Bit 8
이 비트는 전송 문자가 9비트로 설정된 경우 수신된 문자의 9번째 비트(MSB)를 저장한다. 이는 반드시 UDRn 레지스터보다 먼저 읽어야 한다.
• TXB8n(b0) : USARTn Transmit Data Bit 8
이 비트는 전송 문자가 9비트로 설정된 경우 송신할 문자의 9번째 비트(MSB)를 저장한다. 이는 반드시 UDRn 레지스터보다 먼저 라이트해야 한다.

▣ USARTn 제어 및 상태 레지스터 C(UCSRnC)

UCSRnC(USART0 or 1 Control and Status Register C) 레지스터는 USARTn 포트의 송수신 동작을 제어하는 기능을 수행한다.

Bit	7	6	5	4	3	2	1	0	
$95	–	UMSEL0	UPM01	UPM00	USBS0	UCSZ01	UCSZ00	UCPOL0	UCSR0C
Read/Write	R/W	R/W	R/W	R/W	R/W	R/W	R/W	R/W	
Initial Value	0	0	0	0	0	1	1	0	

〈그림 2.5.11〉 USART0 제어 및 상태 레지스터 UCSR0C

Bit	7	6	5	4	3	2	1	0	
$9D	–	UMSEL1	UPM11	UPM10	USBS1	UCSZ11	UCSZ10	UCPOL1	UCSR1C
Read/Write	R/W	R/W	R/W	R/W	R/W	R/W	R/W	R/W	
Initial Value	0	0	0	0	0	1	1	0	

〈그림 2.5.12〉 USART1 제어 및 상태 레지스터 UCSR1C

• UMSELn(b6) : USARTn Mode Select
이 비트는 1이면 USARTn 포트를 동기 전송 모드로 설정하고, 0이면 비동기 전송 모드로 설정한다.
• UPMn1~0(b5~4) : USARTn Parity Mode
이 비트들은 <표 2.5.1>과 같이 USARTn 포트에서 패리티 모드를 설정한다. 패리티 사용을 설정하면 송신부에서는 자동으로 패리티 비트를 계산하여 전송하며, 수신부에서는 수신된 패리티 비트와 계산한 패리티 비트를 비교하여 일치하지 않으면 UCSRnA 레지스터에서 UPEn=1로 세트한다.

〈표 2.5.1〉 USARTn 포트에 대한 패리티 모드의 설정

UPMn1	UPMn0	패리티 모드
0	0	패리티 체크 기능을 사용하지 않음
0	1	사용하지 않음(reserved)
1	0	짝수 패리티 방식을 사용
1	1	홀수 패리티 방식을 사용

- USBSn(b3) : USARTn Stop Bit Select
  이 비트는 0이면 USARTn 포트에서 데이터 포맷을 구성하는 스톱 비트를 1개로 설정하고, 1이면 스톱 비트를 2개로 설정한다.
- UCSZn1~0(b2~1) : USARTn Character Size
  이 비트들은 UCSRnB 레지스터의 UCSZn2 비트와 함께 3개의 비트로 USARTn 포트에서 <표 2.5.2>와 같이 전송 문자의 데이터 비트수를 설정한다.

〈표 2.5.2〉 USARTn 포트에 대한 전송 데이터 길이의 설정

UCSZn2	UCSZn1	UCSZn0	전송 데이터 길이
0	0	0	5 비트
0	0	1	6 비트
0	1	0	7 비트
0	1	1	8 비트
1	0	0	사용하지 않음(reserved)
1	0	1	사용하지 않음(reserved)
1	1	0	사용하지 않음(reserved)
1	1	1	9 비트

- UCPOLn(b0) : USARTn Clock Polarity
  이 비트는 동기 전송 모드에서만 유효한 것으로, 이를 0으로 설정하면 TxDn 단자의 송신 데이터는 XCKn 클록의 상승 에지에서 새로운 값이 출력되고, RxDn 단자의 수신 데이터는 XCKn 클록의 하강 에지에서 검출된다. 그러나, 이를 1로 설정하면 반대로 송신 데이터는 XCKn 클록의 하강 에지에서 새로운 값이 출력되고, 수신 데이터는 XCKn 클록의 상승 에지에서 검출된다.

▣ USARTn 보레이트 레지스터(UBRRnH/L)

UBRRnH/L(USART0 or 1 Baud Rate Register) 레지스터는 16비트중에서 12비트만 유효한 것으로서, 각각 USART0 또는 USART1 포트의 송수신 속도를 설정하는 기능을 수행한다. 즉, 이 레지스터 값은 클록의 분주비로 작용하여 직렬포트의 전송속도인 보레이트를 결정한다.

이 16비트 레지스터에 값을 쓰려면 항상 원칙대로 상위 바이트인 UBRRnH를 먼저 라이트하고 하위 바이트인 UBRRnL을 나중에 라이트해야 한다.

Bit	15	14	13	12	11	10	9	8	
$90	–	–	–	–	UBRR0[11:8]				UBRR0H
$09($29)	UBRR0[7:0]								UBRR0L
	7	6	5	4	3	2	1	0	
Read/Write	R	R	R	R	R/W	R/W	R/W	R/W	
	R/W	R/W	R/W	R/W	R/W	R/W	R/W	R/W	
Initial Value	0	0	0	0	0	0	0	0	
	0	0	0	0	0	0	0	0	

〈그림 2.5.13〉 USART0 보레이트 레지스터 UBBR0

Bit	15	14	13	12	11	10	9	8	
$98	–	–	–	–	UBRR1[11:8]				UBRR1H
$99	UBRR1[7:0]								UBRR1L
	7	6	5	4	3	2	1	0	
Read/Write	R	R	R	R	R/W	R/W	R/W	R/W	
	R/W	R/W	R/W	R/W	R/W	R/W	R/W	R/W	
Initial Value	0	0	0	0	0	0	0	0	
	0	0	0	0	0	0	0	0	

〈그림 2.5.14〉 USART1 보레이트 레지스터 UBBR1

이렇게 설정된 UBBRn 레지스터에 대하여 전송 보레이트를 계산하는 공식이나, 반대로 원하는 보레이트를 설정하기 위한 UBRRn 레지스터의 값을 구하는 공식을 동작 모드별로 요약하면 <표 2.5.3>과 같다. 여기서 전송속도를 나타내는 BAUD의 단위는 bps(bits per second)이며, UBRRn 레지스터는 16비트 중에서 12비트만을 사용하므로 0~4095 범위의 값을 가질 수 있다.

이 공식에 따라 ATmega128A에 16MHz의 시스템 클록을 사용하는 경우 각 보레이트별로 이에 필요한 UBRRn 레지스터의 값을 계산해보면 <표 2.5.4>와 같다. 이 표에서는 UBRRn 레지스터의 값을 이와 같이 설정하는 경우 표준 보레이트와 실제로 동작하는 전송 속도 사이의 오차를 계산하여 제시하였는데, 나중에 설명하는 바와 같이 230.4kbps인 경우를 제외한 모든 전송 속도에서는 거의 동작에 영향을 주지 않는 무시할 수 있는 오차가 된다.

〈표 2.5.3〉 USARTn 포트에 대한 보레이트 설정 공식

동작 모드	보레이트를 결정하는 공식	UBRR 레지스터값을 결정하는 공식
비동기 일반 모드 (U2Xn = 0)	$BAUD = \frac{f_{OSC}}{16(UBRRn+1)}$	$UBRRn = \frac{f_{OSC}}{16 \times BAUD} - 1$
비동기 2배속 모드 (U2Xn = 1)	$BAUD = \frac{f_{OSC}}{8(UBRRn+1)}$	$UBRRn = \frac{f_{OSC}}{8 \times BAUD} - 1$
동기 마스터 모드	$BAUD = \frac{f_{OSC}}{2(UBRRn+1)}$	$UBRRn = \frac{f_{OSC}}{2 \times BAUD} - 1$

〈표 2.5.4〉 보레이트에 따른 UBRRn 레지스터의 설정(fosc = 16MHz)

전송속도 (bps)	비동기 일반 모드(U2Xn=0)		비동기 2배속 모드(U2Xn=1)	
	UBRRn	에러	UBRRn	에러
2400	416	-0.08%	832	+0.04%
4800	207	+0.16%	416	-0.08%
9600	103	+0.16%	207	+0.16%
14,400	68	+0.64%	138	-0.08%
19,200	51	+0.16%	103	+0.16%
28,800	34	-0.79%	68	+0.64%
38,400	25	+0.16%	51	+0.16%
57,600	16	+2.12%	34	-0.79%
76,800	12	+0.16%	25	+0.16%
115,200	8	-3.55%	16	+2.12%
230,400	3	+8.51%	8	-3.55%
250,000	3	+0.00%	7	+0.00%
500,000	1	+0.00%	3	+0.00%
1M	0	+0.00%	1	+0.00%

◀참고▶ 직렬 데이터 전송속도를 나타내는 단위로는 baud와 bps가 있는데 이는 서로 개념이 약간 다르다. baud는 프랑스 엔지니어 Baudot의 이름에서 유래한 것으로서 이것은 1초에 신호를 전자적으로 변환하는 회수를 나타낸다. 이에 비하여 bps(bits per second)는 1초에 전송되는 신호의 비트수를 나타낸다. 따라서, 1번에 변환되는 신호가 1비트로 구성되는 일반 직렬통신에서는 baud와 bps가 동일한 표현이 되지만, 1번에 여러 비트를 변환하여 전송하는 경우에는 baud와 bps가 다를 수 있다. 결국, 오늘날의 USART와 같은 대부분의 직렬통신에는 baud와 bps중에 어느 것을 사용해도 무방하지만 bps를 사용하는 것이 의미를 좀 더 이해하기 쉬울 것이다.

(2) 비동기 전송 모드에서 1비트의 샘플링 동작

ATmega128A에서 USART의 비동기 전송 모드에서는 수신 데이터의 정확한 검출을 위하여 16배 주파수 또는 8배수 주파수를 사용하여 데이터의 각 비트를 샘플링한다. 즉, 일반 모드에서는 데이터 샘플링에 사용되는 주파수를 보레이트의 16배 주파수로 사용하고, 2배속 모드에서는 8배 주파수로 사용한다. 이렇게 하면 1비트의 신호를 샘플링할 때 16개 또는 8개의 클록 주기에서 각 비트의 중앙부를 검출함으로써 클록 주파수에 어느 정도의 오차가 있더라도 검출의 정확도를 높일 수 있게 된다.

그런데, 이러한 기능 이외에도 ATmega128A에는 전압 스파이크(spike) 잡음에 의하여 데이터 수신에 오류가 발생하는 것을 방지하기 위하여 1비트를 3차례 검출하는 방법을 사용한다. 즉, <그림 2.5.15> (a)에서 보면 스타트 비트를 검출할 때 일반 모드에서는 16개의 샘플링 클록 주기중에 8~10번째 주기에서 각각 1번씩 신호를 샘플링하고 이중에서 2차례 이상 검출된 논리값을 검출 결과로 처리한다. 2배속 모드에서는 8개의 샘플링 클록 주기중에 4~6번째 주기에서 각각 1번씩 신호를 샘플링하고 이중에서 2번 이상 검출된 값을 검출 결과로 처리한다. 그림에서 검출 순서를 0으로 표시한 것은 직렬전송 동작이 수행되지 않는 아이들 상태(idle state)를 나타낸다.

이와 같이 스타트 비트가 검출되면 16개(2배속 모드에서는 8개)의 클록 주기가 지난 후에 데이터 비트가 시작되는 것으로 동기를 취하여 n개의 데이터 비트를 수신한다. 데이터 비트나 패리티 비트의 수신 동작도 <그림 2.5.15> (b)와 같이 1비트의 중앙부에서 3차례 샘플링된다.

그러나, 스톱 비트의 수신 동작은 다소 다르다. 이는 <그림 2.5.15> (c)에 보였는데, 1비트의 중앙부에서 3차례 샘플링되는 것은 앞에서와 동일하지만, 일단 스톱 비트가 검출되고 나면 그 이후의 스톱 비트 지속시간은 수신부에 의해 무시된다. 즉, 스톱 비트가 검출 된 이후에는 <그림 2.5.15> (c)에서 (A)~(C)의 경우처럼 아무 때나 하강 에지가 발생하더라도 이는 그 다음 프레임의 스타트 비트로 간주된다.

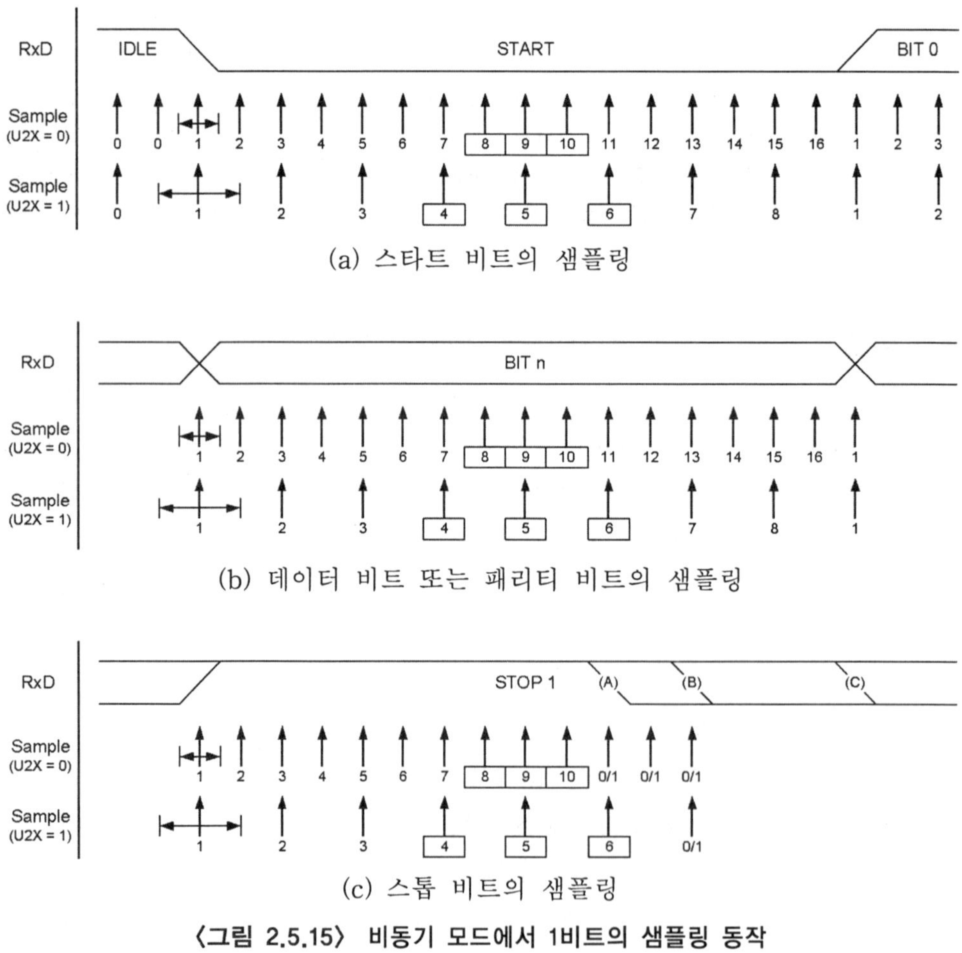

(a) 스타트 비트의 샘플링

(b) 데이터 비트 또는 패리티 비트의 샘플링

(c) 스톱 비트의 샘플링

〈그림 2.5.15〉 비동기 모드에서 1비트의 샘플링 동작

송신부와 수신부가 처리하는 1비트 데이터의 시간 주기는 동일해야 한다. 만약, 데이터가 실제로 입력되는 전송속도에 비하여 수신부가 내부적으로 동작하는 속도가 너무 빠르거나 느리다면 1비트의 시간 주기가 달라지므로 올바른 데이터의 수신을 기대할 수 없다. 수신부의 동작에 비하여 허용 범위에서 가장 빠르게 입력되는 데이터의 전송속도 비율은 다음과 같이 표현된다.

$$R_{fast} = \frac{(D+2)S}{(D+1)S+S_M}$$

또한, 수신부의 동작에 비하여 허용 범위에서 가장 느리게 입력되는 데이터의 전송속도 비율은 다음과 같이 표현된다.

$$R_{slow} = \frac{(D+1)S}{S-1+D\times S+S_F} = \frac{(D+1)S}{(D+1)S+S_F-1}$$

여기서, D는 데이터 비트와 패리티 비트를 합한 비트수로서 5~10으로 되며, S는 비트당 샘플링 횟수로서 일반 모드에서는 16이고 2배속 모드에서는 8이다. 또한, S_M은 비트를 검출하기 위하여 샘플링하는 횟수의 중간 순서값으로서 일반 모드에서는 9이고 2배속 모드에서는 5이며, S_F는 비트를 검출하기 위하여 샘플링하는 횟수의 첫번째 순서값으로서 일반 모드에서는 8이고 2배속 모드에서는 4이다.

〈표 2.5.5〉 수신측 보레이트 오차의 허용 범위(비동기 일반 모드 : U2Xn=0)

D의 값 (데이터 비트 + 패리티 비트)	Rfast [%]	Rslow [%]	최대 허용오차 [%]	권장 허용오차 [%]
5	106.67	93.20	+6.67/-6.80	±3.0
6	105.79	94.12	+5.79/-5.88	±2.5
7	105.11	94.81	+5.11/-5.19	±2.0
8	104.58	95.36	+4.58/-4.64	±2.0
9	104.14	95.81	+4.14/-4.19	±1.5
10	103.78	96.17	+3.78/-3.83	±1.5

〈표 2.5.6〉 수신측 보레이트 오차의 허용 범위(비동기 2배속 모드 : U2Xn=1)

D의 값 (데이터 비트 + 패리티 비트)	Rfast [%]	Rslow [%]	최대 허용오차 [%]	권장 허용오차 [%]
5	105.66	94.12	+5.66/-5.88	±2.5
6	104.92	94.92	+4.92/-5.08	±2.0
7	104.35	95.52	+4.35/-4.48	±1.5
8	103.90	96.00	+3.90/-4.00	±1.5
9	103.53	96.39	+3.53/-3.61	±1.5
10	103.23	96.70	+3.23/-3.30	±1.0

결국 이 공식에 의한 비율은 데이터 비트와 패리티 비트를 합한 비트수 D에 따라 변하는데, 이를 모두 계산하여 보면 <표 2.5.5> 및 <표 2.5.6>과 같다. 올바른 직렬 데이터 전송이 보장되려면 직렬통신 포트의 전송속도를 설정할 때 이 표에 제시된 권장 허용오차의 범위 이내로 설정하는 것이 바람직하다.

이처럼 비동기 직렬통신 방식은 송신측과 수신측의 클록 주파수에 다소 차이가 있더라도 무난하게 통신이 수행된다는 것이 큰 장점이다. 예를 들어 가장 널리 사용하는 비동기 전송 포맷 중의 하나인 데이터 비트가 8이고 패리티 비트를 사용하지 않는 경우에 D=8이므로 <표 2.5.5> 및 <표 2.5.6>에서 보면 클록 주파수의 권장 오차는 일반 모드에서 ±2% 이내, 2배속 모드에서 ±1.5% 이내이다. 그런데, 16MHz의 시스템 클록을 사용하는 경우 <표 2.5.4>에서 보면 몇가지의 경우를 제외하고는 설정할 수 있는 보레이트가 대부분 이 권장 오차 한계를 만족하고 있다는 것을 알 수 있다. 이 때문에 ATmega128A에서 시스템 클록으로 16MHz를 사용하더라도 직렬통신을 수행하는데 거의 문제가 없다. 그러나, 저자는 이것이 필요없는 일이라고 생각하지만 종종 어떤 개발자는 직렬통신의 전송속도를 더욱 정확하게 설정할 수 있도록 하기 위하여 마이크로컨트롤러의 시스템 클록으로 11.0592MHz를 사용하는 경우도 있다.

(3) 멀티프로세서 통신 모드

멀티프로세서 통신 모드는 1개의 마스터 프로세서가 이 네트워크에 연결된 여러개의 슬레이브 프로세서에게 특정한 어드레스를 전송함으로써 1개의 슬레이브만을 지정하여 데이터를 전송하는 동작 모드이다.

이를 위해 마스터인 송신측에서는 1문자를 9비트로 사용하는 프레임으로 설정하야 하며, 여러개의 슬레이브로 구성되는 수신측은 9비트 프레임을 사용하는 것은 물론이고 UCSRnA 레지스터에서 MPCMn=1로 지정하여 어드레스 프레임이 수신되기를 기다린다. 이때 마스터는 8개의 데이터 비트에 지정하고자 하는 어드레스와 함께 9번째 비트를 TXB8n=1로 만든 어드레스 프레임을 송신한다.

그러면 네트워크에 연결된 모든 슬레이브는 이 어드레스 프레임을 수신하여 자신에게 해당되는 어드레스인지를 확인하고, 이것이 자신의 어드레스인 것을 확인한 1개의 슬레이브만 MPCMn=0으로 클리어하여 이후에 전송될 데이터 프레임을 수신할 수 있도록 한다. 어드레스가 선택되지 않은 나머지의 슬레이브들은 계속하여 MPCMn=1로 유지한채 다시 어드레스 프레임이 수신되기를 기다린다.

마스터측의 데이터 프레임은 8개의 데이터 비트와 9번째 비트를 TXB8n=0으로 하여 구성된다. 어드레스 프레임에서 선택된 슬레이브는 그 이후 전송되는 모든 데이터 프레임을 수신하고, 이것이 완료되면 다시 MPCMn=1로 설정하여 새로운 어드레스 프레임의 수신 대기 상태로 들어간다.

3. RS-232C 직렬통신

CPU에서의 병렬 데이터가 USARTn 직렬통신 포트를 거쳐서 직렬 데이터로 변환되었다 하더라도 이는 기본적으로 TTL 로직 레벨이므로 이 상태로 원거리를 전송하는데는 부적합하다. 따라서, 이들 신호를 먼 거리로 전송하는데 적합한 신호로 변환하기 위한 신호레벨의 인터페이스 회로가 필요한데, 이 부분도 통일된 규격이 필요하므로 국제기구를 통하여 규격화가 계속 진행되어 왔으며, 현재까지 전통적으로 널리 사용되고 있는 국제규격의 예로는 RS-232C, RS-422A, RS-485 등이 있다.

그러나, 현재는 마이크로컨트롤러 및 전자통신 기술의 발전에 따라 매우 다양한 직렬통신 방식이 표준 규격으로 만들어져서 사용되고 있는데 이를 <그림 2.5.16>에 요약하였다.

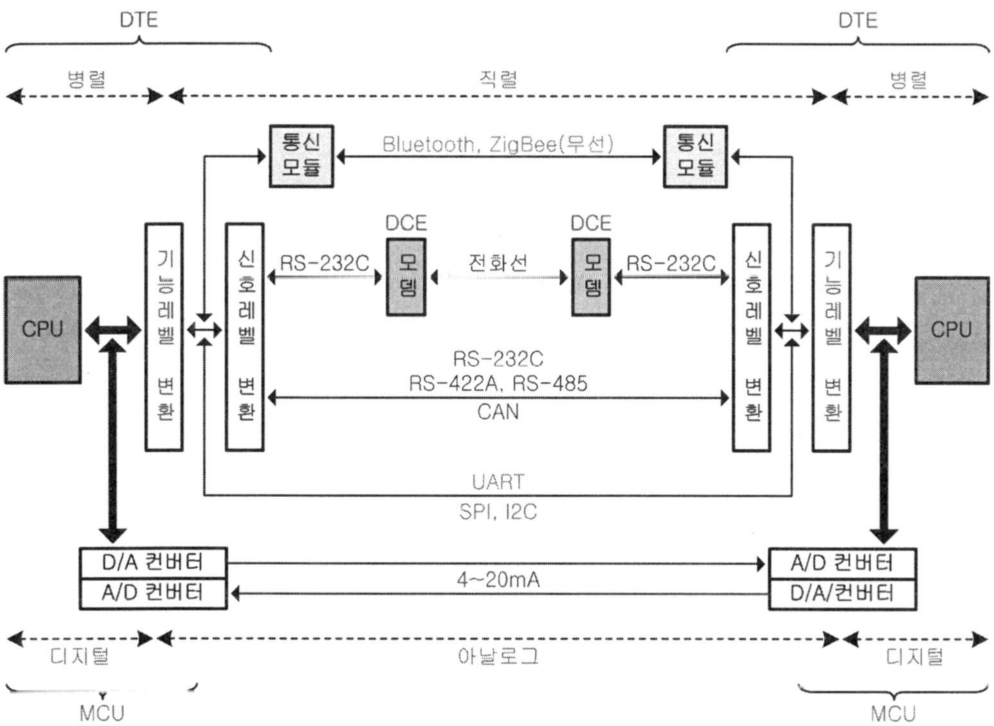

〈그림 2.5.16〉 여러 가지 직렬통신 방식의 분류 체계도

(1) RS-232C의 전기적 사양

RS-232C 통신방식은 디지털 데이터 통신회선으로 전화선을 사용하기 위하여 1962년에 EIA(Electronic Industries Association)에서 컴퓨터나 터미널 등과 같은 DTE(Data Terminal Equipment, 데이터 단말장치)와 모뎀(MODEM) 등과 같은 DCE(Data Communication Equipment 또는 Data Circuit-Terminating Equipment, 회선 종단장치) 사이에 데이터 전송용으로 제정한 통신 권고규격(recommended standard)이다. 이 규격에서는 25핀과 9핀 컨넥터에 데이터 신호와 핸드세이킹 신호들을 지정하고 이들 신호명은 물론 각 신호들의 전기적인 사양까지를 자세하게 규정하고 있다. RS-232C 방식의 전기적 사양을 다른 통신방식과 비교하여 요약하면 <표 2.5.7>과 같다.

〈표 2.5.7〉 RS-232C 및 기타 통신방식의 전기적인 사양 요약

항 목		RS-232C	RS-422A	RS-485
동작 모드		single end	differential	differential
접속 가능 대수		1 드라이버/1 리시버 (1:1 통신)	1 드라이버/10 리시버 (1:多 통신)	32 드라이버/ 32 리시버 (多:多 멀티드롭 통신)
최대 전송선 길이		50피트(약 15 m)	4000피트(약 1200 m)	4000피트(약 1200 m)
최대 전송속도	12 m	20 Kbps	10 Mbps	10 Mbps
	120 m		1 Mbps	1 Mbps
	1200 m		100 Kbps	100 Kbps
드라이버 출력전압		±5V ~ ±15V	±2V ~ ±6V	±1.5V ~ ±6V
리시버 입력전압 "1" = mark "0" = space		±3V ~ ±25V -3V ~ -25V +3V ~ +25V	±0.2V ~ ±6V V_A-V_B = -0.2V~-6V V_A-V_B = +0.2V~+6V	±0.2V ~ ±6V V_A-V_B = -0.2V~-6V V_A-V_B = +0.2V~+6V
최대 동상전압			±7V	-7V ~ +12V
드라이버 부하저항		3 kΩ ~ 7 kΩ	100 Ω	54 Ω
리시버 입력저항		3 kΩ ~ 7 kΩ	> 4 kΩ	> 12 kΩ
드라이버 IC		SN75150, SN75188, MC1488 MAX232, MAX3232	SN75158, MC3487 SN75172, SN75174	MAX485, MAX3485
리시버 IC		SN75152, SN75189, MC1489 MAX232, MAX3232	SN75157, MC3486 SN75173, SN75175	MAX485, MAX3485
컨넥터		DB-25 25핀 DB-9 9핀	규정되지 않음	규정되지 않음
접속법		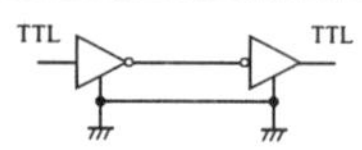 (단일선 인터페이스)	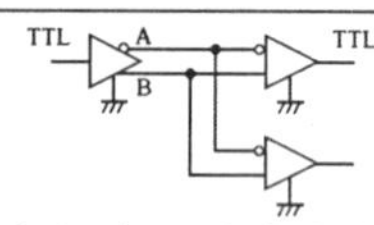 (평형 차동 인터페이스)	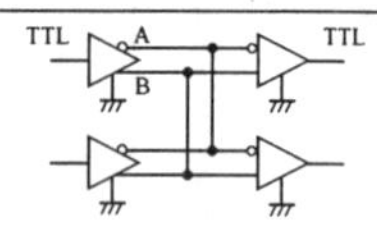 (평형 차동 인터페이스)

◀**참고**▶ RS-232C 직렬통신에서 DTE와 DCE를 구별하지 못하여 전기전자제품에서 통신 컨넥터를 잘못 사용하는 예를 너무나도 자주 볼 수 있다. 현재 시중에 나와 있는 마이크로컨트롤러 트레이닝 키트의 상당수에서 RS-232C 컨넥터가 암컷으로 잘못 사용되고 있다. 규모가 크든 작든 관계없이 직렬통신의 주체가 되는 단말기는 DTE에 해당하므로 퍼스널컴퓨터나 *OK-128TFT* 키트도 당연히 DTE에 해당한다. 통신 규격에 따르면 DTE 측의 RS-232C 컨넥터는 반드시 9핀 또는 25핀 수컷 컨넥터를 사용해야 하며, 따라서 이들 사이를 직접 연결하는 RS-232C 통신 케이블은 양쪽 모두 암컷 컨넥터를 사용해야 한다.

(2) RS-232C 신호의 기능 및 컨넥터 구조

RS-232C 직렬통신에서 정의된 신호들의 기능을 요약하면 <표 2.5.8>과 같다. 이중에서 핸드세이킹(handshaking) 제어에 필수적인 신호는 $\overline{\text{RTS}}$ 및 $\overline{\text{CTS}}$이다.

〈표 2.5.8〉 RS-232C 신호의 기능

신호 이름	I/O	기 능
TxD	O	Transmitter Data : DTE에서 직렬로 송신하는 출력 데이터 신호이다.
RxD	I	Receiver Data : DTE에서 직렬로 수신하는 입력 데이터 신호이다.
$\overline{\text{DTR}}$	O	Data Terminal Ready : DTE가 송수신이 가능한 레디 상태에 있음을 DCE에게 알려주는 신호이다. 이를 L상태로 하면 모뎀이 회선과 접속되고, H상태로 하면 모뎀이 회선과 단절된다.
$\overline{\text{DSR}}$	I	Data Set Ready : DCE가 동작 가능한 상태에 있음을 DTE에게 알려주는 신호이다. 즉, 이는 $\overline{\text{DTR}}$ 신호에 의하여 모뎀을 회선과 접속하고 DTE에게 응답하는 신호이다.
$\overline{\text{RTS}}$	O	Request to Send : DTE가 DCE에 대하여 송신할 데이터가 있음을 알려주는 신호이다. 이 신호가 L상태인 동안에만 DCE는 회선에 캐리어를 출력한다.
$\overline{\text{CTS}}$	I	Clear to Send : DCE가 $\overline{\text{RTS}}$ 신호를 받고 회선에 캐리어를 출력하여 데이터를 송신할 수 있는 상태에 있음을 DTE에게 알려주는 신호이다. 즉, 이는 $\overline{\text{RTS}}$ 신호에 의하여 회선에 캐리어를 출력하기 시작하고 DTE에게 응답하는 신호이다.
$\overline{\text{CD}}$	I	Carrier Detect : 상대방에서 송신되어 오는 캐리어를 검출하였음을 나타내는 신호이다. 실제로 데이터를 수신하는 것은 이 신호가 L상태로 된 이후이다.
RI	I	Ring Indicator : DCE가 회선에서 호출 신호를 받으면 액티브되는 신호이다.

☞ 여기서 I/O는 DTE측을 기준으로 하여 표현한 것이다.

RS-232C에 표준으로 사용되는 D형 컨넥터는 반드시 **DTE측에 수컷**(male)을 사용하고 **DCE측에 암컷**(female)을 사용해야 한다. 따라서, 통신 케이블에 사용되는 컨넥터는 각각 이와 반대가 된다. 그런데, 25핀의 DB-25 컨넥터에는 사실상 사용하지 않는 핀이 많고 부피가 커서 불편하므로 나중에 이보다 간편한 DB-9라고 불리는 9핀 D형 컨넥터도 표준으로 추가되어 현재는 거의 이 DB-9를 사용하고 있다. RS-232C의 컨넥터 및 각 신호의 이름을 보이면 <그림 2.5.17> 및 <표 2.5.9>와 같다.

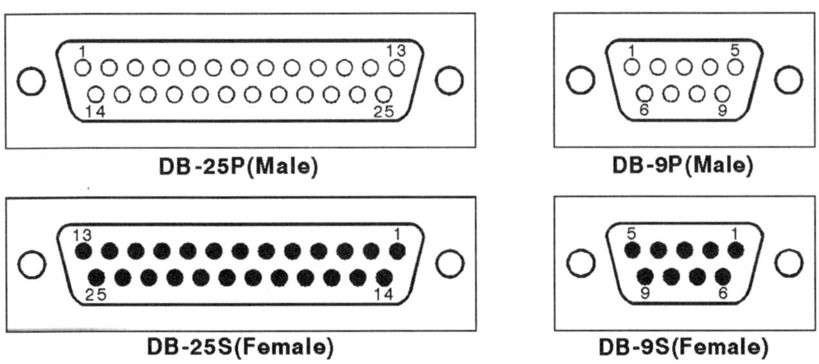

〈그림 2.5.17〉 RS-232C의 컨넥터 및 핀 배열

〈표 2.5.9〉 RS-232C 컨넥터의 핀 배열 및 기능

컨넥터 핀번호		일반적인 신호명	RS-232C 신호명	기 능	신호의 방향
25핀	9핀				
1		FG	AA	Protective Ground	-
2	3	TxD	BA	Transmitted Data	DTE → DCE
3	2	RxD	BB	Received Data	DTE ← DCE
4	7	$\overline{RTS}$	CA	Request to Send	DTE → DCE
5	8	$\overline{CTS}$	CB	Clear to Send	DTE ← DCE
6	6	$\overline{DSR}$	CC	Data Set Ready	DTE ← DCE
7	5	GND	AB	Signal Ground	-
8	1	$\overline{CD}$	CF	Received Line Signal Detector	DTE ← DCE
9			-	사용하지 않음(reserved)	-
10			-	사용하지 않음(reserved)	-
11			-	사용하지 않음(not used)	-
12			SCF	Secondary Received Line Signal Detector	DTE ← DCE
13			SCB	Secondary Clear to Send	DTE ← DCE
14			SBA	Secondary Transmitted Data	DTE → DCE
15			DB	Transmission Signal Element Timing	DTE ← DCE
16			SBB	Secondary Received Data	DTE ← DCE
17			DD	Receiver Signal Element Timing	DTE ← DCE
18			-	사용하지 않음(not used)	-
19			SCA	Secondary Request to Send	DTE → DCE
20	4	$\overline{DTR}$	CD	Data Terminal Ready	DTE → DCE
21			CG	Signal Quality Detector	DTE ← DCE
22	9	RI	CE	Ring Indicator	DTE ← DCE
23			CH/CI	Data Signal Rate Selector	DTE ↔ DCE
24			DA	Transmission Signal Element Timing	DTE → DCE
25			-	사용하지 않음(not used)	-

(3) RS-232C 신호선의 접속

RS-232C를 사용한 비동기 직렬통신 방식에서 컴퓨터(DTE)와 모뎀(DCE)을 접속할 경우에는 <그림 2.5.18>의 (b)와 같이 연결한다. 그러면, 각 직렬통신 신호선의 동작은 <그림 2.5.18>의 (c)와 같게 된다. 이 그림에서는 어느 순간에 송신 동작과 수신 동작이 한가지씩만 수행되는 반이중 통신(half duplex)의 경우를 나타냈지만, 이를 송신과 수신 동작이 동시에 중첩되게 수행될 수 있도록 하면 전이중 통신(full duplex)이 된다.

또한, 중간에 모뎀을 사용하지 않고 컴퓨터(DTE)와 컴퓨터(DTE)를 RS-232C 통신 케이블로 직접 접속할 경우에는 <그림 2.5.19>와 같이 여러가지의 연결 방법이 가능하다. 이러한 직접 접속 방법은 DTE와 DTE 사이의 전송거리가 15m 이하로 짧아서 굳이 전화선을 사용할 필요가 없고 따라서 모뎀도 필요 없는 비교적 근거리 통신의 경우에 널리 사용된다.

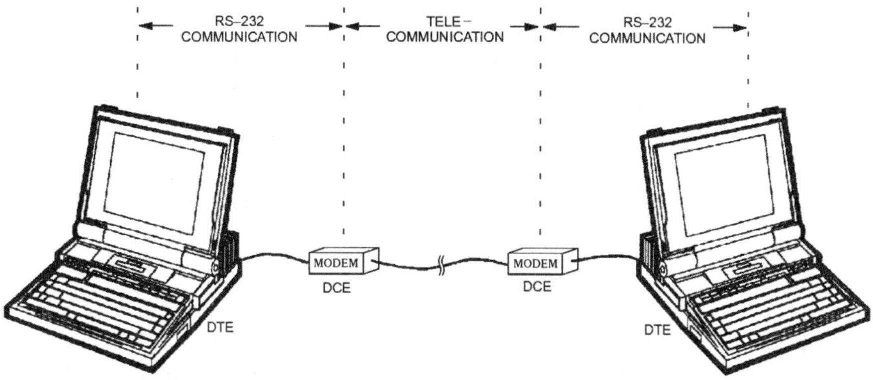

(a) 시스템 접속도

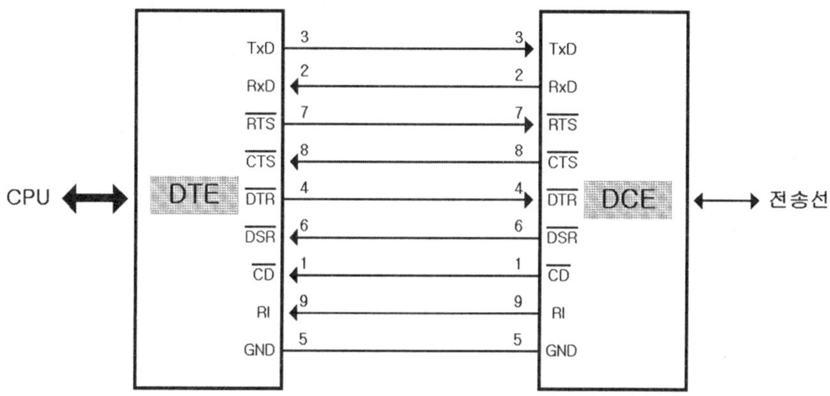

(b) 신호선의 접속

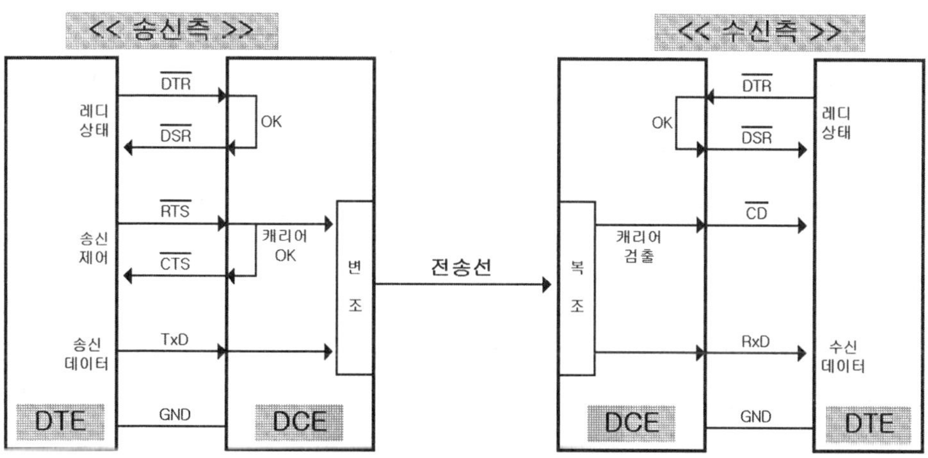

(c) 제어신호의 동작

〈그림 2.5.18〉 RS-232C에서 DTE와 DCE의 접속(9핀 컨넥터의 경우)

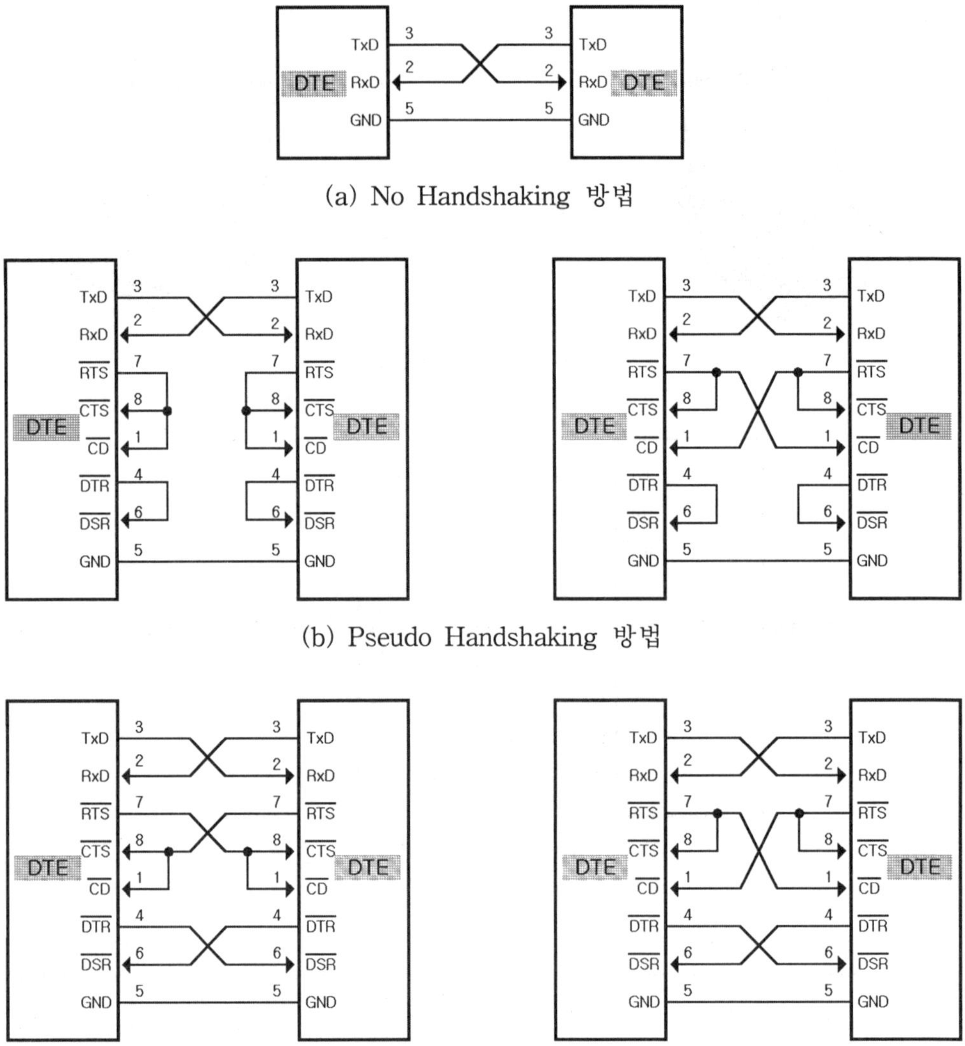

(a) No Handshaking 방법

(b) Pseudo Handshaking 방법

(c) Handshaking 방법

〈그림 2.5.19〉 RS-232C에서 DTE와 DTE의 접속(9핀 컨넥터의 경우)

여기서, (a)는 핸드세이킹(handshaking) 제어 기능을 사용하지도 않고 핸드세이킹 신호선을 접속하지도 않는 경우로서 마이크로컨트롤러에서 매우 널리 사용하는 방식이다. (b)는 통신제어 프로그램에서는 핸드세이킹 제어 기능을 사용하지만, 실제 하드웨어적으로는 핸드세이킹 신호선을 접속하지 않고 이에 필요한 제어신호를 루프백(loopback)시켜 마치 상대측이 레디 상태에 있다고 응답하는 것처럼 처리해주는 경우이다. 이는 핸드세이킹 기능을 포함하는 제어 프로그램이 있는데 이를 수정하기 어려운 상황일 때 (a)방식으로 되어 있는 통신선을 간단히 개조하여 이 프로그램에 맞추어 사용하고자 한다면 유용하다. 또한, (c)는 소프트웨어적으로나 하드웨어적으로 모두 핸드세이킹 제어 기능을 사용하여 직렬통신을 수행하는 경우이다.

실제로 이중에서 어떤 접속 방법을 사용하는가 하는 문제는 직렬통신 포트의 하드웨어적인 통신제어 동작이나 소프트웨어의 작성 방법에 따라 달라진다. 예를 들어 하드웨어나 소프트웨어적으로 회선의 상태를 체크하지 않고 단순하게 데이터의 송신 및 수신 기능만을 수행한다면 (a)와 같이 간단히 3선의 연결만으로도 문제없이 통신이 수행된다. 현재 대부분의 마이크로컨트롤러에서는 간단히 직렬통신을 구현하기 위하여 이 방법을 주로 사용한다. 그러나, 시스템의 제어 소프트웨어에서 회선측 모뎀의 상태를 체크하여 레디 상태일 때만 송신 또는 수신이 가능하도록 처리하고자 한다면 (b)나 (c)의 연결방법을 사용해야 하며, 이렇게 하면 직렬통신 방식에 의한 데이터 전송의 신뢰성이 향상된다. IBM PC 호환의 퍼스널 컴퓨터에서는 이 방법을 사용하는 경우가 많다.

(4) RS-232C 신호 레벨의 변환

RS-232C 통신 방식의 전기적 사양은 앞의 <표 2.5.7>에서 보인 바와 같이 부논리로 되어 출력전압이 "1"(mark) 상태인 경우는 -5~-15[V]로 표현되고 "0"(space) 상태인 경우는 +5~+15[V]로 표현되는데 보통 ±12[V] 정도의 레벨을 사용한다. 이에 비하여 수신측에서 입력신호의 감도는 -3[V] 이하이면 "1"(mark) 상태로 인식되고 +3[V] 이상이면 "0"(space) 상태로 인식되므로 전송신호의 잡음여유(noise margin)는 최소한 2[V] 이상으로 된다.

이러한 동작을 도시하면 <그림 2.5.20>과 같고, RS-232C의 전압 레벨을 데이터 전송 포맷으로 도시하면 <그림 2.5.21>과 같다. 따라서, 직렬통신 인터페이스 회로의 신호레벨 변환 단계에서는 이처럼 전압레벨을 변환하는 기능이 필요하다. 전통적으로 RS-232C에서의 전압레벨 변환회로는 송신 신호의 경우에는 SN75188(또는 MC1488), 수신 신호의 경우에는 SN75189(또는 MC1489)가 널리 사용되었다. 그러나, 최근에는 승압 회로와 전압반전 회로를 내장하여 +5[V]의 입력 전원으로부터 ±10[V] 정도의 내부 전원을 만들어 동작하고, 송수신 변환회로를 모두 내장하여 1개의 소자만으로 RS-232C 직렬통신의 신호레벨 변환회로를 구성할 수 있는 MAXIM사의 MAX232 소자가 널리 사용되고 있다. 단, 만약 CPU측이 +3.3V 전원으로 되어 있는 시스템이라면 +3.0V~+5.5V 범위에서 동작하는 MAX3232 소자를 사용하면 된다.

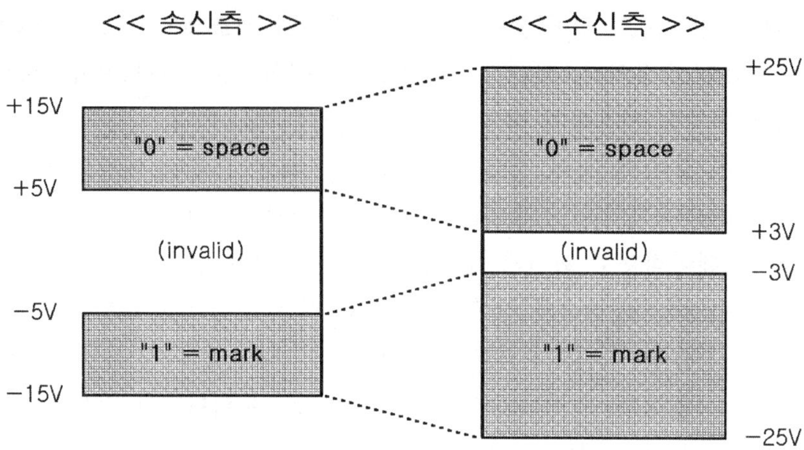

〈그림 2.5.20〉 RS-232C 통신방식에서의 전압레벨 및 잡음여유

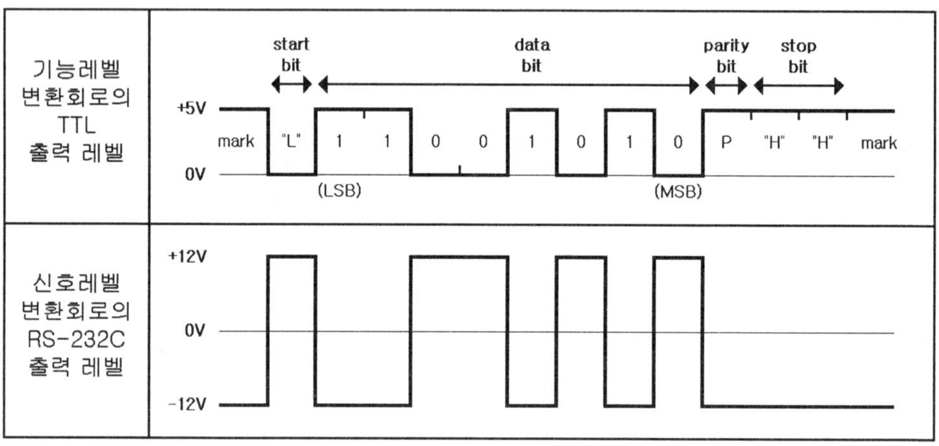

〈그림 2.5.21〉 RS-232C에서의 신호 전압레벨(8비트 데이터, 홀수 패리티의 경우)

(5) *OK-128TFT* 키트에서 RS-232C 직렬통신 관련 회로

OK-128TFT 키트에서는 직렬통신 포트 USART1을 사용하여 RS-232C 직렬통신을 수행할 수 있도록 <그림 2.5.22>와 같은 회로를 구성하였다. 이 키트에서는 굳이 2개의 직렬통신 포트를 필요로 하지 않으므로 USART0은 사용하지 않고 USART1 포트 1개만을 사용하였으며, 여기에 MAX232 소자(U7)를 사용하여 TTL 레벨 신호를 RS-232C 신호로 변환한 후에 수컷 9핀 D형 컨넥터 CN5에 연결하였다. 핸드세이킹 제어 기능은 전혀 사용하지 않으므로 CN5에서는 간단하게 TXD, RXD, GND의 3개 신호만을 사용하였다. 커패시터 C16~C19는 MAX232 소자가 내부에서 승압 기능 및 전압 반전 기능을 수행하는데 필요한 소자이다.

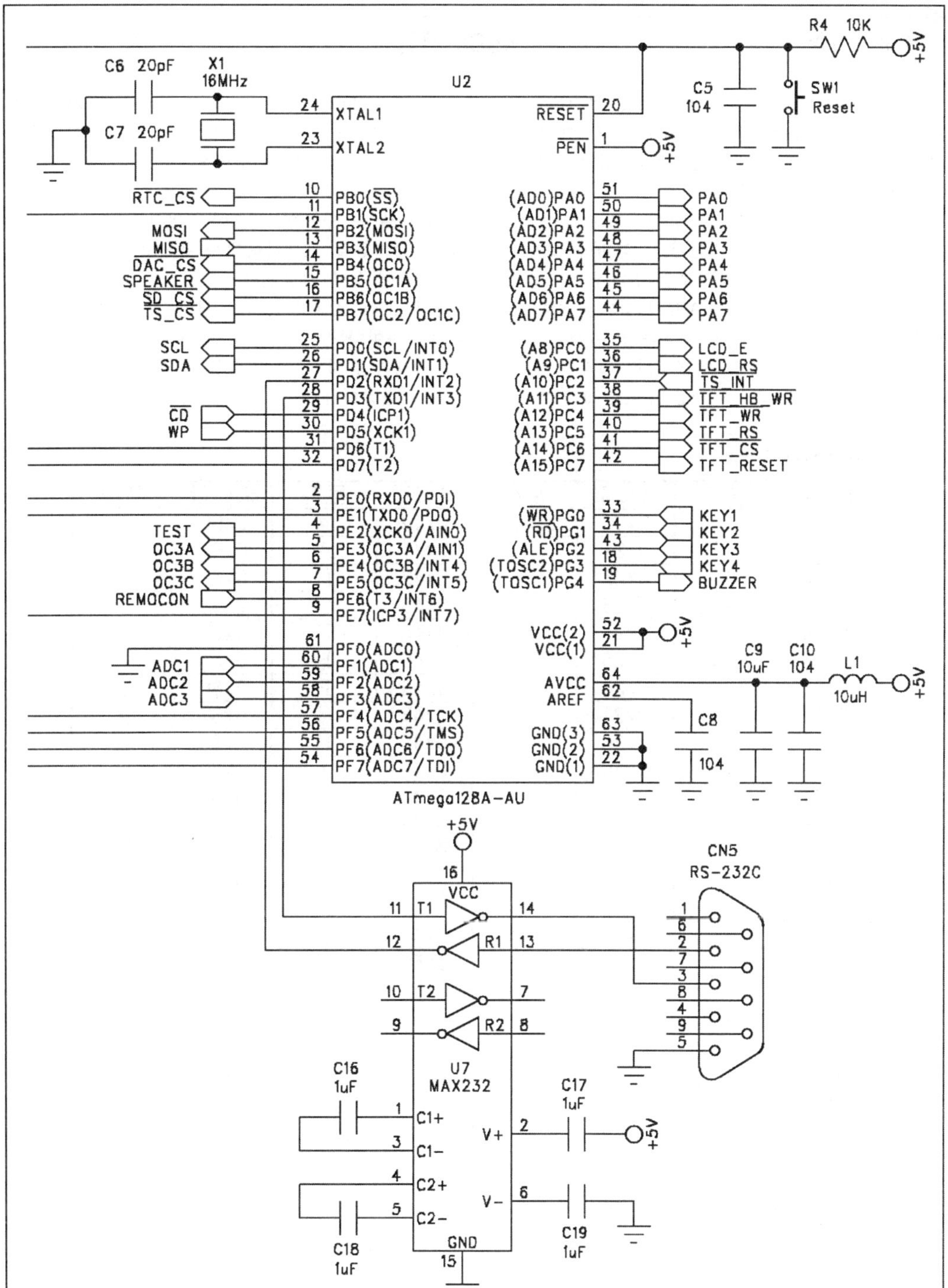

〈그림 2.5.22〉 *OK-128TFT* 키트의 RS-232C 직렬통신 관련 회로

◀휴게실▶

ASCII 코드

일반적인 ASCII(American Standard Code for Information Interchange) 코드는 국제표준기구(ISO, International Standard Organization)에서 제정한 국제표준의 문자 데이터 표현을 위한 코드로서 컴퓨터 내부에서의 문자표현은 물론 컴퓨터와 컴퓨터 사이의 정보교환 또는 컴퓨터와 주변장치 사이의 정보교환에 가장 일반적으로 사용된다.

이 ASCII 코드는 7비트로 표현되므로 모두 128문자를 나타낼 수 있는데, 이중에서 20H~7EH(총95자)는 도형문자로서 영문의 대/소문자, 아라비아 숫자, 각종 문장부호 등을 표현하는데 사용되고, 00H~1FH 및 7FH(총33자)는 기능제어문자로서 주변장치의 제어, 직렬통신제어 등에 사용된다.

그러나, IBM PC에서는 ASCII 코드를 8비트로 정의하며, 표준 ASCII 문자의 경우에는 최상위 비트인 b7을 0으로 하여 128문자를 수용하고, b7=1인 128문자를 추가하여 확장 ASCII 코드(Extended ASCII code)라 한다. 확장 ASCII 코드에는 각종 외래어 문자나 세미 그래픽 문자 등이 정의되어 있으며, 우리 나라의 경우에는 KS 규격에서 이 확장 ASCII 코드 영역을 이용하여 한글이나 한자 코드를 정의하고 있다.

(1) 전체 ASCII 코드표

코드값	문자	코드값	문자	코드값	문자	코드값	문자
0x00	NUL	0x20	space	0x40	@	0x60	`
0x01	SOH	0x21	!	0x41	A	0x61	a
0x02	STX	0x22	"	0x42	B	0x62	b
0x03	ETX	0x23	#	0x43	C	0x63	c
0x04	EOT	0x24	$	0x44	D	0x64	d
0x05	ENQ	0x25	%	0x45	E	0x65	e
0x06	ACK	0x26	&	0x46	F	0x66	f
0x07	BEL	0x27	'	0x47	G	0x67	g
0x08	BS	0x28	(	0x48	H	0x68	h
0x09	HT	0x29	)	0x49	I	0x69	i
0x0A	LF	0x2A	*	0x4A	J	0x6A	j
0x0B	VT	0x2B	+	0x4B	K	0x6B	k
0x0C	FF	0x2C	,	0x4C	L	0x6C	l
0x0D	CR	0x2D	-	0x4D	M	0x6D	m
0x0E	SO	0x2E	.	0x4E	N	0x6E	n
0x0F	SI	0x2F	/	0x4F	O	0x6F	o
0x10	DLE	0x30	0	0x50	P	0x70	p
0x11	DC1	0x31	1	0x51	Q	0x71	q
0x12	DC2	0x32	2	0x52	R	0x72	r
0x13	DC3	0x33	3	0x53	S	0x73	s
0x14	DC4	0x34	4	0x54	T	0x74	t
0x15	NAK	0x35	5	0x55	U	0x75	u
0x16	SYN	0x36	6	0x56	V	0x76	v
0x17	ETB	0x37	7	0x57	W	0x77	w
0x18	CAN	0x38	8	0x58	X	0x78	x
0x19	EM	0x39	9	0x59	Y	0x79	y
0x1A	SUB	0x3A	:	0x5A	Z	0x7A	z
0x1B	ESC	0x3B	;	0x5B	[	0x7B	{
0x1C	FS	0x3C	<	0x5C	\	0x7C	|
0x1D	GS	0x3D	=	0x5D	]	0x7D	}
0x1E	RS	0x3E	>	0x5E	^	0x7E	~
0x1F	US	0x3F	?	0x5F	_	0x7F	DEL

(2) 기능제어문자

ASCII 코드값	기능제어문자	의 미
00H(0)	NUL	null(all zeros)
01H(1)	SOH	start of heading
02H(2)	STX	start of text
03H(3)	ETX	end of text
04H(4)	EOT	end of transmission
05H(5)	ENQ	enquiry
06H(6)	ACK	acknowledge
07H(7)	BEL	bell(beep)
08H(8)	BS	backspace
09H(9)	HT	horizontal tabulation
0AH(10)	LF	line feed
0BH(11)	VT	vertical tabulation
0CH(12)	FF	form feed
0DH(13)	CR	carriage return
0EH(14)	SO	shift out
0FH(15)	SI	shift in
10H(16)	DLE	data link escape
11H(17)	DC1	device control 1
12H(18)	DC2	device control 2
13H(19)	DC3	device control 3
14H(20)	DC4	device control 4
15H(21)	NAK	negative acknowledge
16H(22)	SYN	synchronous idle
17H(23)	ETB	end of transmission block
18H(24)	CAN	cancel
19H(25)	EM	end of medium
1AH(26)	SUB	substitute
1BH(27)	ESC	escape
1CH(28)	FS	file separator
1DH(29)	GS	group separator
1EH(30)	RS	record separator
1FH(31)	US	unit separator
7FH(127)	DEL	delete

(3) 특수 기호의 명칭

ASCII 코드 중에서 특수한 기호들의 정확한 명칭을 요약하면 다음 표와 같다.

문자	명 칭	문자	명 칭
!	exclamation mark	:	colon
″	quotation mark	;	semicolon
#	number sign(sharp sign)	< >	less than / greater than
$	dollar sign	=	equal sign
%	percent	?	question mark
&	ampersand(and mark)	@	commercial at mark
′	apostrophe(acute accent)	[ ]	opening/closing bracket
( )	opening/closing parenthesis	\	backslash
*	asterisk	^	circumflex(circumflex accent)
+	plus sign	_	underscore(underline)
,	comma	`	single quotation mark(grave accent)
-	minus sign(hyphen, dash)	{ }	opening/closing brace
.	period	|	vertical bar
/	slash(slant)	~	tilde

2.6 SPI 직렬통신 포트

이 절에서는 ATmega128A에 내장되어 있는 SPI 직렬통신 포트의 구조와 기능에 대하여 알아보고 이를 응용하는 기술을 공부한다.

1. SPI 직렬통신 포트의 개요

SPI(Serial Peripheral Interface)는 Motorola사에 의하여 개발되어 지금은 표준화된 단거리용 직렬통신 규격으로서, MOSI, MISO, SCK, $\overline{SS}$ 등 4개의 통신선을 사용하는 고속 동기식 직렬통신 방식이다. ATmega128A에서 사용하는 SPI 모듈은 다음과 같은 특징을 가진다.

- 3선($\overline{SS}$까지 4선)을 사용하는 직렬 동기식 통신으로서 전이중 통신이 가능하다.
- 마스터(master) 또는 슬레이브(slave)로 동작할 수 있다.
- 항상 마스터와 슬레이브 사이에서 직렬로 데이터를 송수신한다.
- 데이터를 송신 또는 수신하는 동작에서 모두 클록 신호는 마스터가 발생한다.
- 수십 MHz의 통신이 가능하며 7가지의 전송속도 중에서 선택 사용할 수 있다.
- 1비트의 데이터 비트에 대하여 클록 신호를 설정하는 방법에는 4가지가 있다.
- 1문자를 LSB부터 전송할 수도 있고 MSB부터 전송할 수도 있다.
- 전송완료 인터럽트를 발생할 수 있다.
- 슬립 모드를 해제하는 wake-up 기능을 가진다.

SPI 직렬통신은 일반적인 I/O 디바이스로서의 직렬통신뿐만 아니라 ATmega128A 내부에 있는 프로그램 메모리인 128KB의 플래시 메모리에 사용자 프로그램을 다운로드하는 ISP(In-System Programming) 기능을 위해서도 사용된다.

◀참고▶ AVR ISP에서는 SPI 통신을 사용하므로 MOSI, MISO, SCK, $\overline{SS}$ 등 4개의 신호가 필요하다. 그러나, ATmega128A에서 ISP 기능을 사용할 경우에는 MOSI(Master Output Slave Input) 단자 대신에 ISP 전용의 PDI(SPI Serial Programming Data Input) 단자를 사용하고, MISO(Master Input Slave Output) 단자 대신에 ISP 전용의 PDO(SPI Serial Programming Data Output) 단자를 사용한다는데 주의하라. 이는 ATmega64나 ATmega1281/2561 모델에서도 마찬가지이다. 그러나, 그밖의 모든 AVR 마이크로컨트롤러 모델에서는 ISP 케이블을 MOSI 및 MISO 단자에 접속해야 한다.

일반적으로 SPI 통신을 사용하는 시스템의 구성은 <그림 2.6.1>과 같다. 여기서 보듯이 MOSI, MISO, SCK 신호는 마스터와 모든 슬레이브 소자 사이에 공통으로 접속되지만, 마스터는 독립적인 슬레이브 선택 신호($\overline{SSn}$)를 사용하여 모든 슬레이브 중에서 1개를 선택한 후에 1:1로 통신을 수행한다. 이것은 슬레이브의 수가 증가하면 그에 따라 슬레이브 선택 신호도 증가하므로 회로의 복잡성도 함께 증가한다는 것을 의미하며, 따라서 슬레이브의 수가 많은 시스템에서는 이 SPI 통신 방식을 사용하는 것이 불리할 수도 있다.

그러나, SPI 통신은 제2.7절에서 설명하는 I^2C 방식에 비하여 통신 제어가 간단하고 훨씬 높은 속도의 직렬통신이 가능하다. 결국 SPI 직렬통신은 아주 짧은 거리에서 1개의 마스터와 몇 개 정도의 슬레이브 소자로 구성되는 시스템에서 적은 수의 신호선을 사용하여 고속으로 데이터를 전송하는데 적합한 통신 방식이라고 할 수 있다.

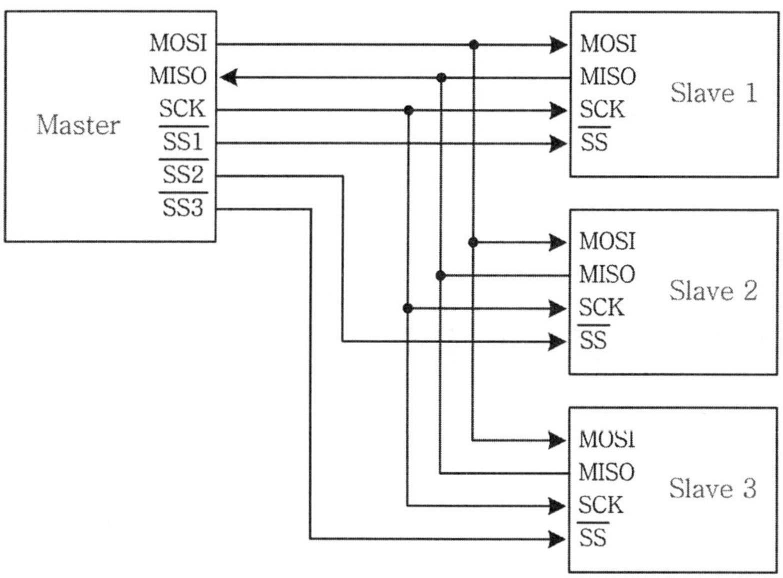

〈그림 2.6.1〉 SPI 직렬통신 시스템의 하드웨어 구성도

SPI는 클록 신호 SCK를 이용한 동기식 통신이므로 항상 마스터에서 클록 신호를 발생하여 사용하고 이를 슬레이브에게도 공급한다. 그런데, SPI 직렬통신에서는 클록 신호를 사용하여 1비트 데이터를 인식(sampling)하는 방법이 명확히 1가지로 규정되어 있지 않고 <그림 2.6.2>와 같이 4가지 방법 중에서 사용자가 하나를 선택할 수 있도록 되어 있다. 즉, SPCR 레지스터의 CPOL 비트를 사용하여 클록의 극성(clock polarity)을 지정하는데 따라 수신 데이터가 평소에 low 상태로 있던 클록 신호의 high pulse에 의하여 인식될 수도 있고, 평소에 high 상태로 있던 클록 신호의 low pulse에 의하여 인식될 수도 있다. 또한, SPCR 레지스터의 CPHA 비트를 사용하여 클록의 위상(clock phase)을 지정하는데 따라 데이터가 클록 신호의 앞쪽 에지(leading edge)에서 인식될 수도 있고 뒤쪽 에지(trailing edge)에서 인식될 수도 있다. 따라서, 예를 들어 CPOL=0 및 CPHA=0으로 지정한다면 클록 신호의 앞쪽 에지이며 상승 에지(rising edge)인 부분에서 데이터가 인식되고, CPOL=0 및 CPHA=1로 지정한다면 클록 신호의 뒤쪽 에지이며 하강 에지(falling edge)인 부분에서 데이터가 인식된다.

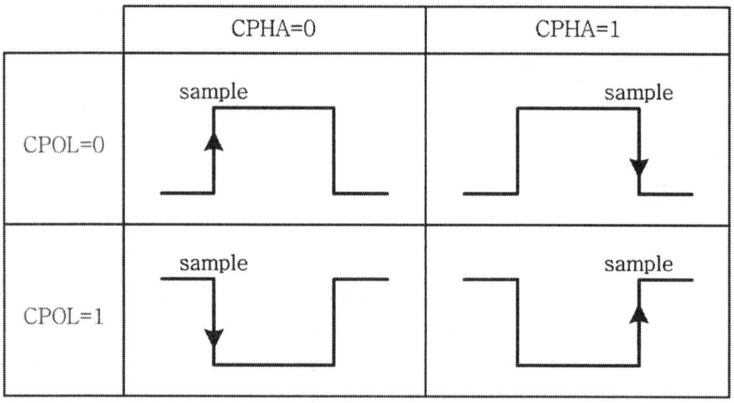

〈그림 2.6.2〉 SPI 직렬통신에서 SCK 신호에 따른 동작 모드

2. SPI 직렬통신 포트의 동작

(1) 개요

ATmega128A에 내장되어 있는 SPI 직렬통신 모듈의 구성도는 <그림 2.6.3>과 같다. 여기서 보듯이 SPI 통신 모듈은 크게 송수신부와 클록 발생부로 나누어진다. 송수신부는 시프트 레지스터와 수신 버퍼로 이루어져 있다. 이처럼 ATmega128A의 SPI 직렬통신 모듈에는 특이하게 송신 버퍼를 가지고 있지 않으므로 CPU가 송신할 데이터를 라이트하면 즉시 시프트 레지스터로 들어가서 송신 동작을 수행한다. 그러나, 수신 회로는 시프트 레지스터와 수신 버퍼의 이중버퍼링 구조로 되어 있어서 1문자의 수신이 이루어지면 수신 문자가 수신 버퍼로 이동하여 저장되면서 시프트 레지스터는 즉시 다음 문자의 수신 동작을 수행하므로 CPU가 여유 있게 수신 문자를 읽어갈 수 있다.

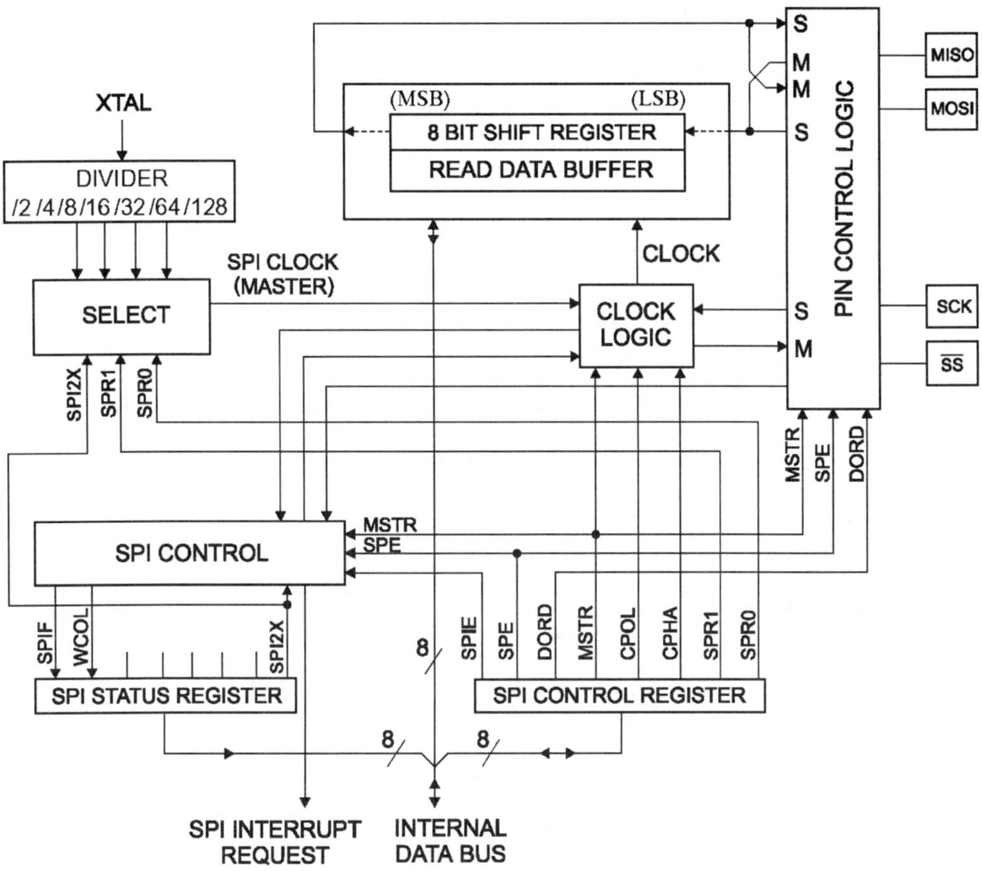

〈그림 2.6.3〉 SPI 통신 모듈의 구성 블록도

SPI의 데이터 통신은 반드시 1개의 마스터와 1개의 슬레이브 사이에서만 이루어지는데, 마스터와 슬레이브의 연결 관계를 도시하면 <그림 2.6.4>와 같다. 이 그림에서 보듯이 SPI 통신에서는 마스터가 데이터를 슬레이브 측으로 송신함과 동시에 슬레이브의 데이터를 읽어온다는 것이 중요한 특징이다.

마스터가 슬레이브에게 데이터를 송신하려면 먼저 마스터가 지정하려는 슬레이브에게 슬레이브 선택(Slave Select) 신호를 $\overline{SS}$=0으로 출력하여 통신할 슬레이브 디바이스를 선택한다. 그리고 나서 마스터는 클록 신호를 발생하여 SCK(Serial Clock) 단자로 출력하며, 시프트 레지스터에 데이터를 준비하여 MOSI(Master Output Slave Input) 단자로 출력하고, 동시에 MISO(Master Input Slave Output) 단자를 통해서는 너비 데이터가 입력된다. 데이터 패킷의 전송이 끝나면 마스터는 다시 $\overline{SS}$=1로 출력하여 슬레이브의 동작을 정지시킨다.

그러나, 특별히 <그림 2.6.4>와 같이 슬레이브로 사용되는 소자가 여러개가 아니라 단 1개로 고정되어 있다면 마스터와 슬레이브 사이에 굳이 $\overline{SS}$ 신호를 연결하지 않고 슬레이브의 $\overline{SS}$ 입력 단자를 접지시켜서 슬레이브가 항상 선택되도록 하는 방법을 사용해도 무방하다.

이들 4개의 SPI 신호 MOSI, MISO, SCK, $\overline{SS}$는 모두 ATmega128A의 PORTB에 포함된 부수적인 기능이다. 이들 핀의 입출력 방향을 정리하면 <표 2.6.1>과 같다.

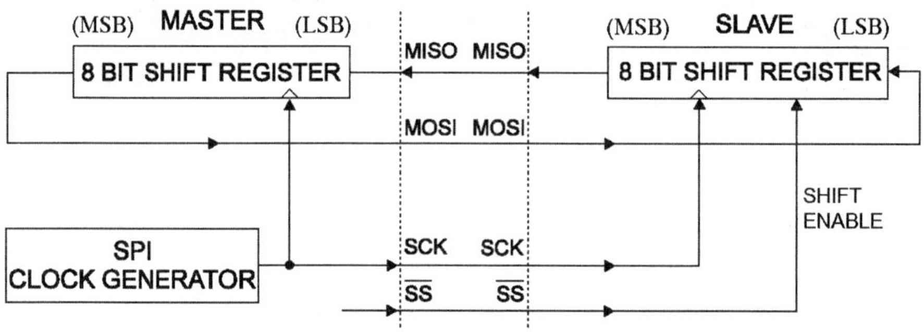

〈그림 2.6.4〉 SPI 마스터와 슬레이브의 연결

〈표 2.6.1〉 SPI 핀의 입출력 방향

SPI 핀	마스터 모드	슬레이브 모드
MOSI (PB2)	출력(사용자 설정)	입력
MISO (PB3)	입력	출력(사용자 설정)
SCK (PB1)	출력(사용자 설정)	입력
$\overline{SS}$ (PB0)	출력(사용자 설정)	입력

▣ 마스터 모드

SPCR 레지스터에서 MSTR=1로 설정하면 SPI가 마스터로 동작한다. 여기서 $\overline{SS}$ 신호는 자동으로 처리되지 않고 단순한 병렬 I/O 비트로 동작하므로 사용자 프로그램에서 병렬 I/O 포트의 방향 설정 레지스터를 사용하여 해당 비트를 출력 방향으로 설정하고, 이 병렬 포트의 출력값을 사용자가 직접 소프트웨어로 처리해주어야 한다. 즉, 이 비트를 평소에는 1로 출력하여 슬레이브를 선택하지 않도록 하다가 해당 슬레이브를 선택하여 통신할 때는 이 비트에 0을 출력해주어야 한다. 그러므로 슬레이브 소자가 많을 때는 병렬 I/O 포트의 여러 비트들을 슬레이브 선택 신호로 할당하여 이와 같이 사용하면 된다.

그러나, 만약 마스터 모드에서 이 핀을 입력으로 설정한다면 반드시 풀업저항과 같은 외부 회로에 의하여 이 신호의 입력을 H상태로 유지해야 한다. 만약, 마스터 모드에서 이 핀이 입력으로 설정되고 L상태로 드라이브되면 SPI는 이를 외부에서 다른 마스터가 SPI를 슬레이브로 지정하고 SPI에게 데이터를 전송하기 시작하는 것으로 해석한다. 그러면, SPI는 버스 충돌을 방지하기 위하여 스스로 SPCR 레지스터에서 MSTR=0으로 설정하여 슬레이브 모드로 변경하고, 따라서 MOSI와 SCK 단자는 입력핀으로 바뀌며, SPSR 레지스터에서 SPIF=1로 되면서 인터럽트가 요청된다.

SPI를 마스터 모드로 설정하고 $\overline{SS}$ 신호를 출력으로 설정하여 L상태를 출력시킴으로써 통신할 슬레이브를 지정하였다면 SPDR 레지스터에 전송할 바이트를 라이트하여 송신을 시작할 수 있다. 그러면, SPI는 클록을 발생하고 하드웨어적으로 이 데이터를 8비트만큼 시프트하여 슬레이브에게 전송한다. 1바이트의 전송이 끝나면 클록이 정지되고 SPIF=1로 되면서 SPI 전송완료 인터럽트가 요청된다. 이후 SPDR 레지스터에 새로운 바이트를 라이트하면 그 다음의 전송이 시작되며, 이와 같이 전송을 계속하다가 데이터 패킷을 종료하려면 $\overline{SS}$ 신호에 H상태를 출력한다.

▣ 슬레이브 모드

SPCR 레지스터에서 MSTR=0으로 설정하면 SPI가 슬레이브로 동작한다. 여기서는 $\overline{SS}$ 단자가 자동으로 입력핀으로 동작하며, 외부에서 $\overline{SS}$ 단자에 L상태가 입력되는 경우에만 SPI가 슬레이브로서의 동작이 유효하게 되고 MISO가 출력 단자로 된다. 만약 슬레이브 모드에서 $\overline{SS}$ 단자에 H상태가 입력되면 현재는 슬레이브가 선택되지 않은 것이므로 모든 SPI 신호가 3스테이트 또는 입력 상태로 되면서 데이터 송수신 동작이 정지된다.

이 상태에서 SPI 데이터 레지스터에 값을 라이트할 수는 있지만 이 데이터는 $\overline{SS}$ 단자에 L상태가 입력되고 마스터에 의하여 클록 신호가 공급될 때까지 시프트 아웃되지 않고 대기한다. 즉, 슬레이브는 마스터에게 능동적으로 데이터를 송신할 능력이 없고, 대기하고 있다가 마스터가 원할 때만 데이터를 마스터로 보내줄 수 있다는 것이다. 슬레이브 모드에서도 $\overline{SS}$ 신호가 L상태로 입력되고 외부에서 입력된 SCK 신호에 의하여 데이터 레지스터의 1바이트가 마스터 측으로 전송되고 나면 SPSR 레지스터에서 SPIF=1로 되면서 SPI 전송완료 인터럽트가 요청된다.

(2) I/O 제어 레지스터 사용

ATmega128A의 SPI 통신 모듈은 제어 레지스터, 상태 레지스터, 데이터 레지스터를 각각 1개씩 가지고 있다.

▣ SPI 제어 레지스터(SPCR)

SPCR(SPI Control Register) 레지스터는 SPI의 전반적인 동작을 제어하는 기능을 수행한다.

Bit	7	6	5	4	3	2	1	0	
$0D($2D)	SPIE	SPE	DORD	MSTR	CPOL	CPHA	SPR1	SPR0	SPCR
Read/Write	R/W	R/W	R/W	R/W	R/W	R/W	R/W	R/W	
Initial Value	0	0	0	0	0	0	0	0	

〈그림 2.6.5〉 SPI 제어 레지스터 SPCR

- SPIE(b7) : SPI Interrupt Enable
  이 비트는 SPI 전송이 완료되어 SPSR 레지스터에서 SPIF=1로 되면서 인터럽트가 발생하는 것을 개별적으로 허용한다.
- SPE(b6) : SPI Enable
  이 비트는 SPI 모듈이 동작하는 것을 허용한다. SPI 직렬통신 모듈을 사용하려면 무조건 이를 1로 설정해야 한다.
- DORD(b5) : Data Order
  이 비트는 SPI가 데이터를 직렬로 전송하는 순서를 지정하는데, 1로 설정하면 데이터를 LSB부터 전송하고, 0으로 설정하면 MSB부터 전송한다.
- MSTR(b4) : Master/Slave Select
  이 비트는 1로 설정하면 SPI 모듈이 마스터로 동작하도록 하고, 0으로 설정하면 SPI 모듈이 슬레이브로 동작하도록 한다. 만약, SPI를 마스터로 설정하였더라도 $\overline{SS}$ 단자가 입력으로 설정되고 L상태로 드라이브되면 MSTR 비트는 자동으로 클리어되면서 슬레이브 모드로 되고 SPSR 레지스터에서 SPIF=1로 되어 인터럽트가 발생한다.
- CPOL(b3) : Clock Polarity
  이 비트는 데이터 샘플링 동작이 수행되는 SCK 클록 신호의 극성을 설정한다. 즉, 이 비트를 0으로 설정하면 통신을 수행하지 않을 때 SCK 클록 신호가 L상태에 있게 되며, 1로 설정하면 통신을 수행하지 않을 때 SCK 클록 신호가 H상태에 있게 된다. 따라서, 이 비트의 설정에 따른 SCK 클록 신호의 데이터 샘플링 동작을 요약하면 <표 2.6.2>와 같고 이를 동작 파형은 <그림 2.6.8>과 같다.

〈표 2.6.2〉 CPOL에 의한 SCK의 데이터 샘플링 에지의 극성 설정

CPOL	Leading Edge의 경우	Trailing Edge의 경우
0	상승 에지(rising edge)	하강 에지(falling edge)
1	하강 에지(falling edge)	상승 에지(rising edge)

- CPHA(b2) : Clock Phase
  이 비트는 <표 2.6.3>과 같이 데이터 샘플링 동작이 수행되는 SCK 클록 신호의 위상을 설정한다. 즉, 이 비트를 0으로 설정하면 SCK 클록 신호에 의한 데이터 샘플링이 leading edge에서 수행되고, 이 비트를 1로 설정하면 데이터 샘플링이 trailing edge에서 수행된다.

〈표 2.6.3〉 CPHA에 의한 SCK의 데이터 샘플링 에지의 위상 설정

CPHA	Leading Edge의 경우	Trailing Edge의 경우
0	sample	(setup)
1	(setup)	sample

• SPR1~0(b1~0) : SPI Clock Rate Select 1 or 0
  이 비트들은 <표 2.6.4>에 보인 바와 같이 SPI가 마스터로 동작할 경우 SCK 클록 신호의 주파수를 결정한다. SPSR 레지스터에서 SPI2X=1로 설정되면 주파수가 2배로 증가되어 2배속 모드가 된다.

〈표 2.6.4〉 SCK 클록신호의 주파수 설정

SPI2X	SPR1	SPR0	SCK 클록신호의 주파수
0	0	0	fosc / 4
0	0	1	fosc / 16
0	1	0	fosc / 64
0	1	1	fosc / 128
1	0	0	fosc / 2
1	0	1	fosc / 8
1	1	0	fosc / 32
1	1	1	fosc / 64

▣ SPI 상태 레지스터(SPSR)

SPSR(SPI Status Register) 레지스터는 SPI의 동작 상태를 나타내거나 SCK 클록 신호의 주파수를 설정하는 기능을 수행한다.

Bit	7	6	5	4	3	2	1	0	
$0E($2E)	SPIF	WCOL	–	–	–	–	–	SPI2X	SPSR
Read/Write	R	R	R	R	R	R	R	R/W	
Initial Value	0	0	0	0	0	0	0	0	

〈그림 2.6.6〉 SPI 상태 레지스터 SPSR

• SPIF(b7) : SPI Interrupt Flag
  이 비트는 SPI 전송이 완료되면 1로 세트되면서 인터럽트가 요청된다. 또한, 만약 SPI를 마스터로 설정하고 $\overline{SS}$ 단자가 입력으로 설정되어 L상태로 드라이브되면 MSTR 비트가 자동으로 클리어되면서 슬레이브 모드로 되고 SPIF=1로 되어 인터럽트가 발생한다. 인터럽트가 처리되기 시작하면 이 비트는 자동으로 클리어된다. 또한, 사용자 프로그램에서 SPSR 레지스터를 읽고 나서 SPDR 레지스터를 액세스하는 경우에도 이 비트가 클리어된다.

• WCOL(b6) : Write Collision Flag
  이 비트는 SPI가 데이터 전송을 수행하고 있는 동안에 SPDR 레지스터를 라이트하면 이 비트가 1로 세트되면서 데이터가 충돌되었다는 것을 표시한다. 사용자 프로그램에서 SPSR 레지스터를 읽고 나서 SPDR 레지스터를 액세스하면 SPIF와 WCOL 비트는 자동으로 클리어된다.

• SPI2X(b0) : SPI Double Speed Bit
  이 비트는 SPI가 마스터로 동작할 때 <표 2.6.4>처럼 SCK 클록 신호의 주파수를 2배로 설정한다. 따

라서, 마스터 모드에서는 SCK 클록 신호의 주파수가 최고 fosc/2 까지 사용될 수 있다. 그러나, SPI가 슬레이브로 사용될 경우에는 SCK 클록 신호의 주파수가 fosc/4 이하에서만 올바른 동작이 보장된다.

▣ SPI 데이터 레지스터(SPDR)

SPDR(SPI Data Register) 레지스터는 SPI가 송신할 데이터를 저장하거나 수신한 데이터를 저장한다.

Bit	7	6	5	4	3	2	1	0	
$0F($2F)	MSB							LSB	SPDR
Read/Write	R/W	R/W	R/W	R/W	R/W	R/W	R/W	R/W	
Initial Value	X	X	X	X	X	X	X	X	Undefined

〈그림 2.6.7〉 SPI 데이터 레지스터 SPDR

SPI 데이터 레지스터 SPDR이 송신 버퍼로 사용되는 경우에는 단일 버퍼(single buffered register)로 동작하며, 수신 버퍼로 사용되는 경우에는 이중 버퍼(double buffered register)로 동작한다. 즉, 송신 동작의 경우에는 모든 데이터 비트가 시프트 아웃(shift out)되기 전에는 SPDR 레지스터에 그 다음에 송신할 데이터를 미리 라이트 할 수 없으나, 수신 동작의 경우에는 수신 버퍼가 이중버퍼링 구조로 되어 있어서 1문자가 수신되어 SPDR 레지스터에 저장되면 그 다음 문자의 모든 비트가 완전히 시프트 인(shift in)되기 전까지만 SPDR 레지스터에서 읽어들이면 된다.

(3) 데이터 수신 동작

ATmega128A의 SPI 모듈에서 수신 데이터를 인식하는 동작은 SCK 클록 신호의 극성과 위상에 따라 4가지의 모드가 사용될 수 있다. 즉, SPCR 레지스터에서 CPOL과 CPHA 비트를 어떻게 설정하는지에 따라 SPI는 <표 2.6.5>와 같은 4가지의 동작 모드 중에서 하나로 선택된다. 이러한 SCK 클록 신호에 의한 SPI 통신 모듈의 송수신 동작을 그림으로 설명하면 <그림 2.6.8>과 같다.

모드0에서는 평소에 클록 신호가 SCK=0 상태에 있다가 상승 에지로 될 때 데이터가 인식되며, 모드2에서는 평소에 클록 신호가 SCK=0 상태에 있다가 high pulse가 발생하여 이것이 끝나는 하강 에지로 될 때 데이터가 인식된다.

모드1에서는 평소에 클록 신호가 SCK=1 상태에 있다가 하강 에지로 될 때 데이터가 인식되며, 모드3에서는 평소에 클록 신호가 SCK=1 상태에 있다가 low pulse가 발생하여 이것이 끝나는 상승 에지로 될 때 데이터가 인식된다.

〈표 2.6.5〉 CPOL과 CPHA 비트에 의한 SCK 클록신호의 동작

CPOL	CPHA	Leading Edge에서	Trailing Edge에서	SPI 모드
0	0	sample(rising)	setup(falling)	0
0	1	setup(rising)	sample(falling)	1
1	0	sample(falling)	setup(rising)	2
1	1	setup(falling)	sample(rising)	3

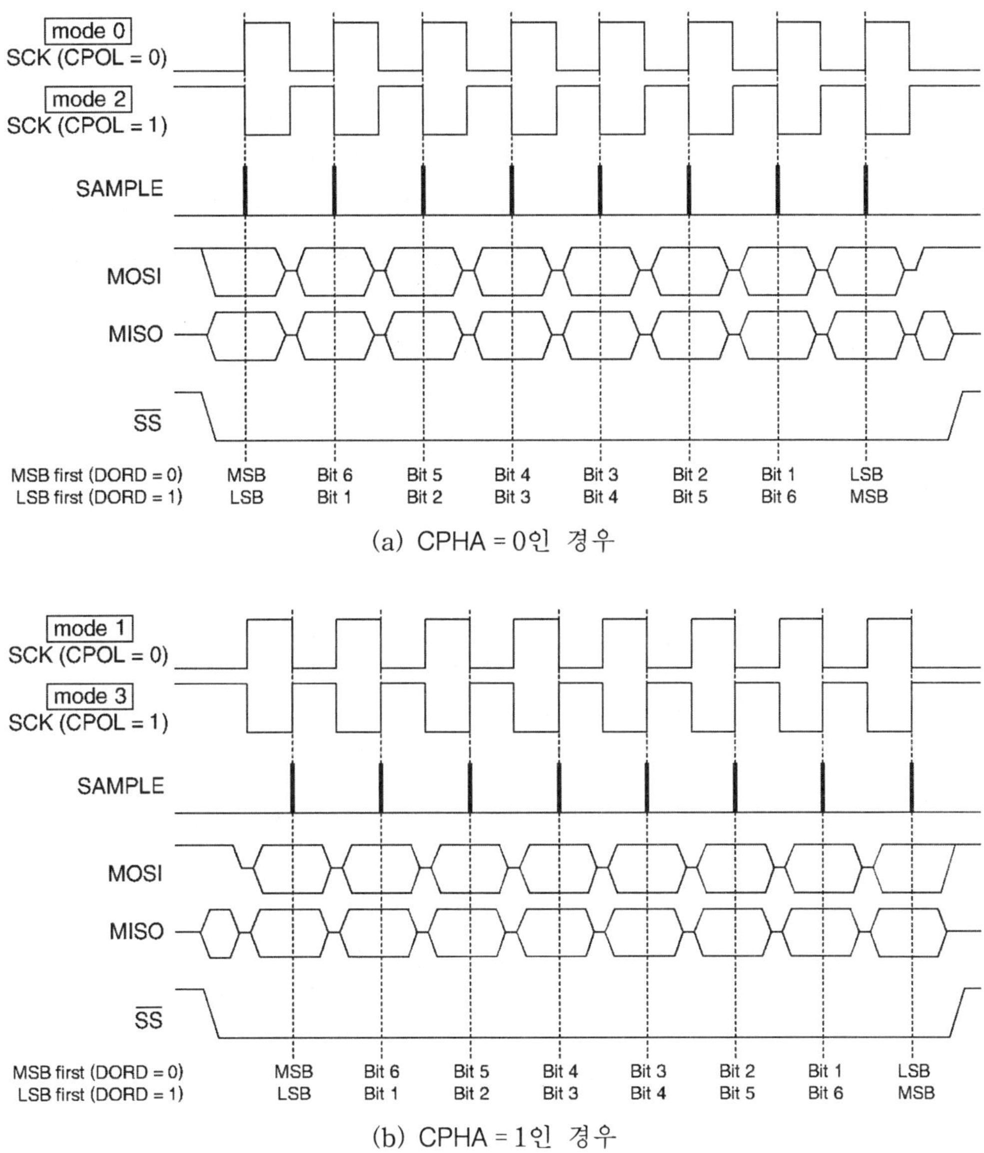

〈그림 2.6.8〉 SPI 모듈의 데이터 송수신 동작

(4) *OK-128TFT* 키트에서 SPI 직렬통신 관련 회로

OK-128TFT 키트에서는 직렬통신 포트 SPI를 사용하여 TFT-LCD 모듈의 터치스크린, DS3234 RTC, MCP4922 D/A 컨버터, SD 카드 켄넥터 등 4가지의 주변장치를 인터페이스할 수 있도록 <그림 2.6.9>와 같은 회로를 구성하였다. *TFT-32A* 보드에는 터치 스크린 이외에 SD 카드 컨넥터도 내장하고 있어서 SPI로 인터페이스하지만, 이 컨넥터가 현재는 단종된 상태라서 *OK-128TFT* V2.0 키트에서는 이 SD 카드 켄넥터를 사용하지 않는다.

<그림 2.6.9>의 (a)에서는 ATmega128A 마이크로컨트롤러와 DS3234 RTC 및 SD 카드 컨넥터 부분의 회로를 보였다. ATmega128A의 SPI 통신 모듈과 DS3234는 MOSI, MISO, SCK, $\overline{\text{RTC\_CS}}$ 등의 신호로 연결되는데, 여기서 슬레이브 선택 신호 $\overline{\text{RTC_CS}}$에는 반드시 풀업저항을 달아주어야만 키트의 전원이 켜지거나 꺼질 때의 불안정한 과도상태에서 DS3234가 잘못 액세스되어 내용이 지워지는 오류를 방지할 수 있다. 또한, ATmega128A의 SPI 통신 모듈과 SD 카드 켄넥터는 MOSI, MISO, SCK, $\overline{\text{SD\_CS}}$ 등의 신호로 연결된다.

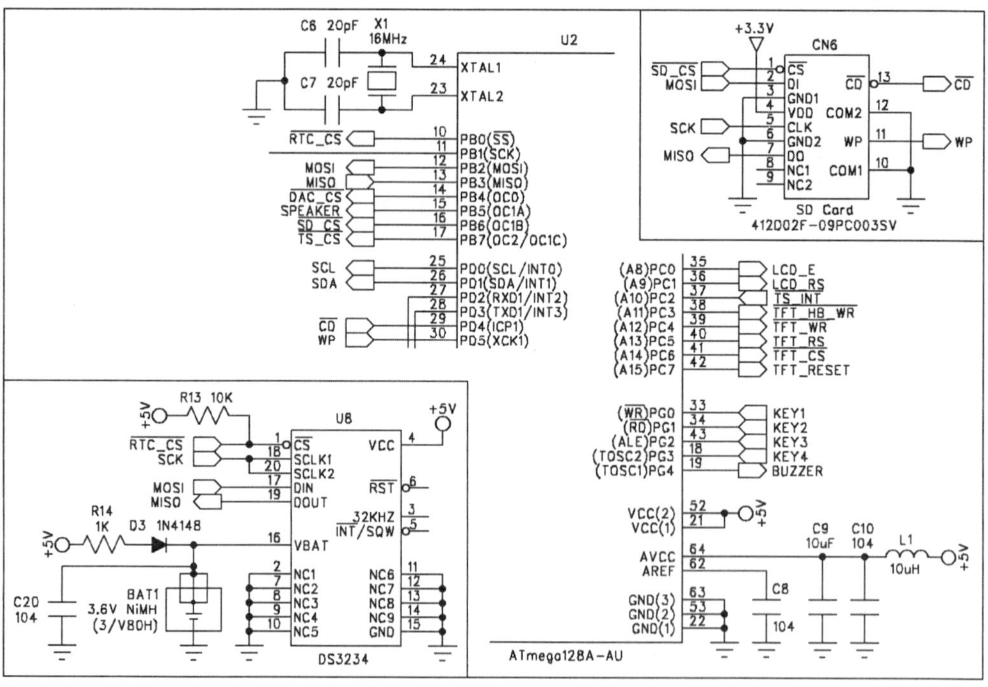

(a) ATmega128A, DS3234, SD 카드 컨넥터 부분

〈그림 2.6.9〉 *OK-128TFT* 키트의 SPI 직렬통신 관련 회로

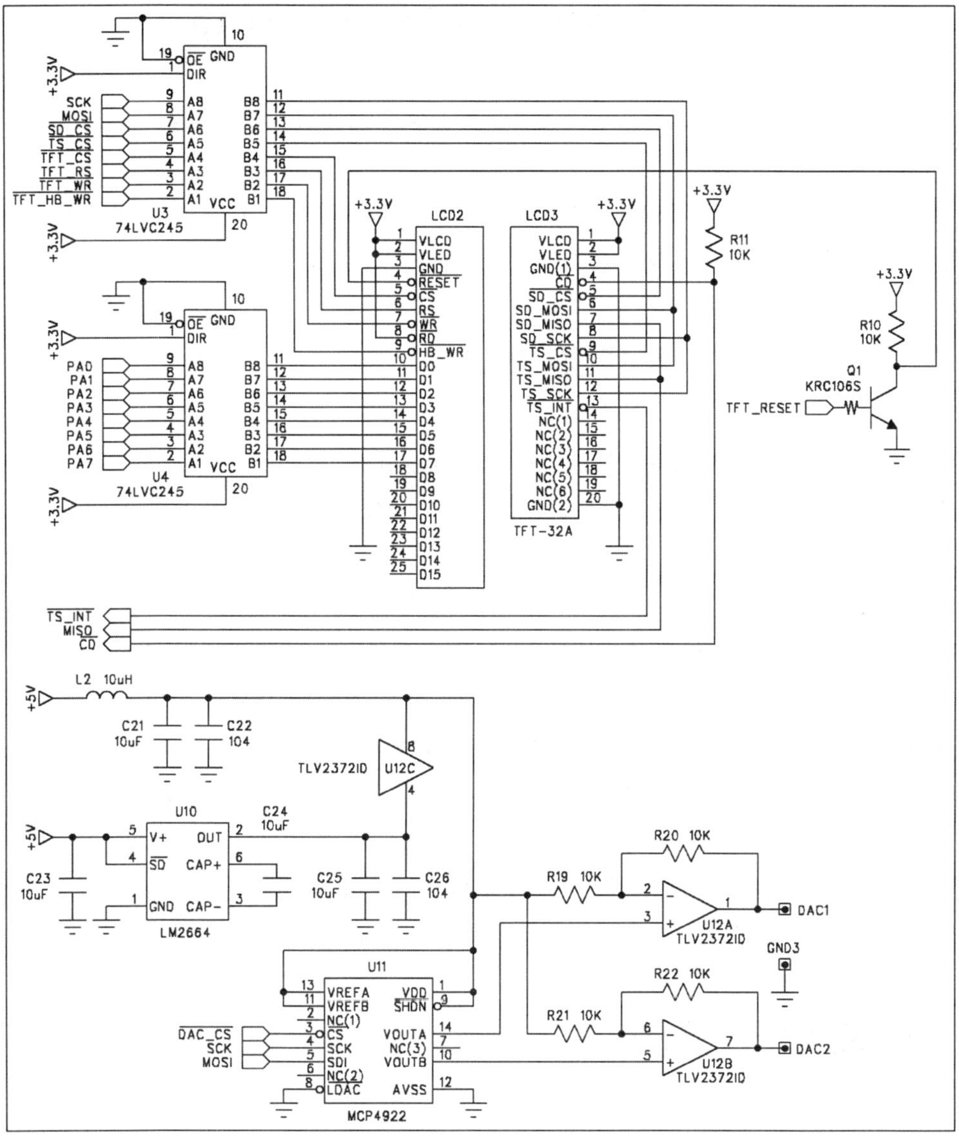

(b) TFT-LCD, MCP4922 부분

〈그림 2.6.9〉 *OK-128TFT* 키트의 SPI 직렬통신 관련 회로

<그림 2.6.9>의 (b)에서는 ATmega128A 마이크로컨트롤러와 TFT-LCD 보드 및 MCP4922 D/A 컨버터 부분의 회로를 보였다. ATmega128A의 SPI 통신 모듈과 TFT-LCD 보드의 터치 스크린은 MOSI, MISO, SCK, $\overline{\text{TS\_CS}}$, $\overline{\text{TS\_INT}}$ 등의 신호로 연결된다. 또한, ATmega128A의 SPI 통신 모듈과 MCP4922 D/A 컨버터는 MOSI, SCK, $\overline{\text{DAC\_CS}}$ 등의 신호로 연결된다.

2.7 TWI 직렬통신 포트

이 절에서는 ATmega128A에 내장되어 있는 TWI 직렬통신 포트의 구조와 기능에 대하여 알아보고 이를 응용하는 기술을 공부한다.

1. TWI 직렬통신 포트의 개요

ATmega128A의 TWI(Two-Wire Serial Interface) 직렬통신 포트는 원래 필립스(Philips)사에서 제안한 단거리용 표준 직렬통신 방식인 I^2C로 통신하는 동기식 직렬통신 모듈인데, Atmel사에서는 I^2C의 사양을 약간 축소하여 사용하면서 이를 TWI라고 부르고 있다. 이것은 2선을 사용하는 동기 직렬통신 방식으로 항상 마스터(master)와 슬레이브(slave) 사이에서 직렬로 데이터를 송수신할 수 있으며, 세부적으로 들어가서 살펴보면 여러 가지 측면에서 SPI 통신과 대조되는 특징을 가지고 있다.

ATmega128A의 TWI 직렬통신 포트는 여러 가지의 제어 레지스터를 통하여 유연하고 강력한 I^2C 통신을 수행할 수 있으며, 마스터와 슬레이브로 임의 사용될 수 있다. 7비트 어드레스 지정과 100kHz, 400kHz의 통신속도를 지원하며, 멀티 마스터 조정 기능을 가지고 있다. 또한, MCU가 슬립 모드에 있을 때 슬레이브로서 어드레스 지정이 되면 슬립 모드에서 벗어나는 wake-up 기능을 가지고 있다.

2. I^2C 통신에 대하여

(1) 개요

I^2C(Inter-Integrated Circuit)는 1980년대 초에 필립스사에서 제안한 IC 소자들을 연결하기 위한 단거리용 2선식 직렬통신 방식으로서, 마이크로컨트롤러에 여러 가지의 메모리 또는 I/O 소자들을 인터페이스하기 위하여 고안된 통신 방법이다.

마이크로컨트롤러에 메모리나 I/O 소자를 인터페이스하는 것은 물론 어드레스 버스와 데이터 버스를 사용하는 병렬 방식이 기본이지만, TV나 VCR과 같은 가전제품에서는 이렇게 할 경우 많은 버스선이나 인터페이스 소자들 때문에 PCB의 면적을 많이 차지하게 되고 이는 제품의 가격이나 소형화에 매우 불리하게 된다. 이 때문에 가전제품 메이커인 필립스에서는 2선식의 간편한 양방향 직렬통신용 버스를 제안하게 되었는데 이것이 바로 I^2C이다.(SPI 통신 방식이 제안된 이유도 이와 동일하다.)

I^2C를 사용하는 직렬통신 방식은 1980년대에 시작하여 현재의 V2.1에 이르는 동안에 많은 회사 및 반도체 소자에서 채택하고 있다. 이 통신 방식의 특징을 요약하면 다음과 같다.

- SDA, SCL 2개의 선으로 양방향 직렬통신을 수행한다.
- SDA, SCL 단자는 모두 오픈 컬렉터 또는 오픈 드레인 방식의 출력단 구조로 되어 있다.
- 3.3V와 5V 디지털 로직에서 모두 사용할 수 있다.
- 반드시 마스터와 슬레이브 사이에서 직렬 동기식 양방향 데이터 통신을 수행한다.
- 마스터가 데이터를 송신 또는 수신을 수행하므로 SDA 단자는 양방향 신호로 되어 있다.
- 마스터가 데이터를 송신 또는 수신하더라도 클록신호 SCL은 항상 마스터가 발생한다.
- 전송 데이터는 항상 MSB부터 전송한다.
- 100kbps, 400kbps, 3.4Mbps의 3가지 전송속도를 지원한다.
- 마스터가 7비트 또는 10비트 어드레스로 슬레이브를 지정하는 것이 가능하다.
- 마스터가 전체호출 기능으로 전체 슬레이브를 동시에 지정하는 것이 가능하다.
- 멀티마스터(multi-master) 조정 기능을 지원한다.

전송선에는 데이터선인 SDA(Serial Data)와 클록선인 SCL(Serial Clock)이 있으며, 전송 동작을 시작하고 클록을 발생하며 전송 동작을 종료하는 모든 일을 주관하는 측의 장치를 마스터(master)라 하고, 마스터에 의하여 주소가 지정되어 동작하는 측의 장치를 슬레이브(slave)라고 한다.

데이터를 통신 버스로 출력하여 내보내는 측을 송신측(transmitter)이라고 하고, 통신 버스로부터 데이터를 입력하여 받는 측을 수신측(receiver)이라고 한다.

마스터는 항상 슬레이브의 어드레스를 지정하여 1개를 선택하고, 이 선택된 슬레이브에게 데이터를 송신하거나 이것으로부터 데이터를 수신할 수 있다. 그러나, 전체호출 기능(general call 또는 data broadcast)을 이용하여 마스터가 동시에 모든 슬레이브에게 한번에 데이터를 송신할 수도 있다.

전송속도는 표준 모드(standard mode, 100kbps), 고속 모드(fast mode, 400kbps), 최고속 모드(high speed mode, 3.4Mbps)의 3가지로 나누어진다.

동시에 버스를 제어하려고 시도하는 여러개의 마스터를 멀티마스터(multi-master)라고 하며, 이들 멀티마스터가 각각 발생하는 여러개의 클록 신호 중에서 하나의 클록으로 동기(synchronization)를 취하고 1개의 디바이스를 선택하여 마스터의 기능을 허용하는 것을 조정(arbitration)이라고 한다.

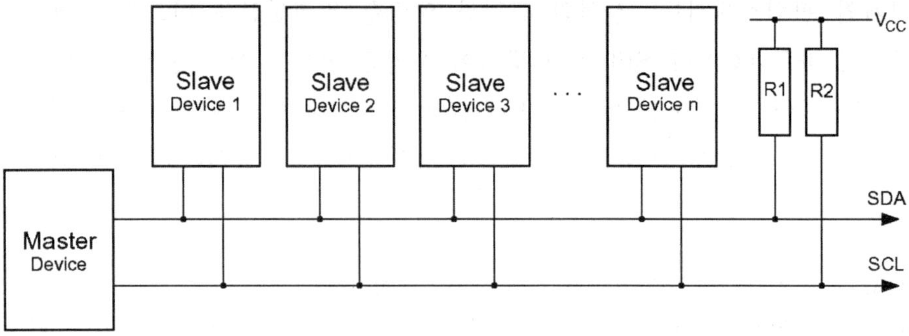

(a) 전체 시스템의 구성

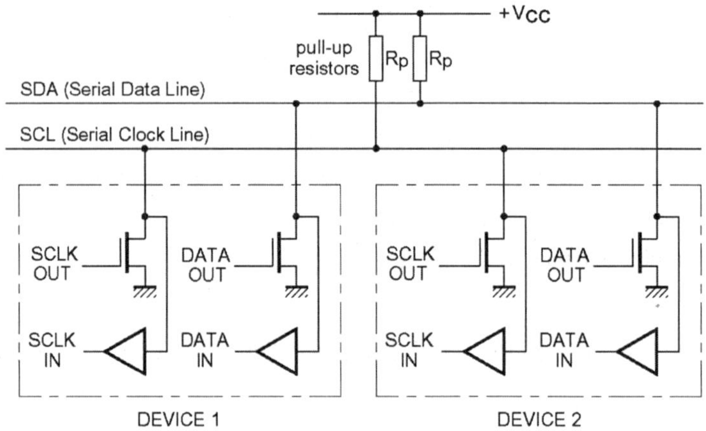

(b) 내부 회로의 구성

<그림 2.7.1> I^2C 버스를 사용한 시스템의 구성도

I^2C 직렬통신을 수행하는 시스템의 전체 구성을 보면 <그림 2.7.1>의 (a)와 같다. 즉, 기본적으로는 1개의 마스터가 여러개의 슬레이브중에서 1개를 어드레스로 지정하여 이와 데이터를 송수신하며, 만약 전체호출 기능을 사용한다면 마스터가 전체의 슬레이브를 지정하여 모든 슬레이브에게 한번에 데이터를 송신하는 것도 가능하다. 그러나, V2.1 이후에는 복잡한 시스템에서 마스터가 여러개 존재하는 멀티마스터 기능을 사용하는 것도 가능하다.

이처럼 하나의 시스템에 여러개의 디바이스를 접속하기 위하여 SDA와 SCL 신호의 출력단은 <그림 2.7.1>의 (b)에 보인 바와 같이 모두 오픈 콜렉터(open-collector) 또는 오픈 드레인(open-drain) 방식으로 되어 있으며, 따라서 이들 신호에는 반드시 외부에 수 kΩ 정도의 풀업 저항(pull-up resistor)을 접속해야 한다.

(2) 기본 전송 포맷

I²C 직렬통신에서 기본적으로 1비트를 전송하는 형식은 <그림 2.7.2>의 (a)처럼 데이터 신호 SDA가 안정되어 있는 상태에서 클록 신호 SCL이 상승 에지에서 하강 에지까지 1개의 펄스를 발생하면 된다. 데이터 신호가 값을 변경하는 것은 클록 신호가 L상태를 유지하고 있는 동안에만 가능하다.

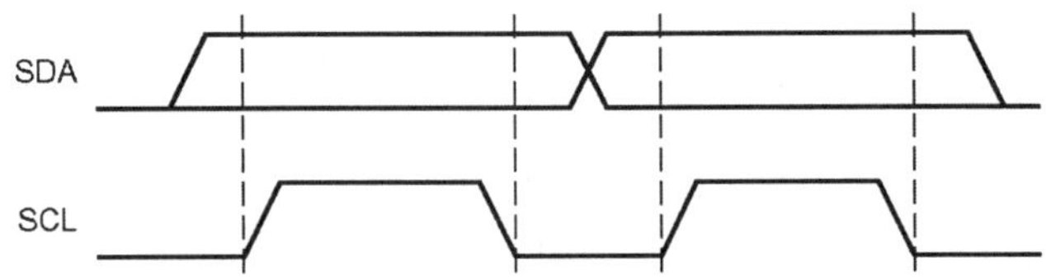

(a) 기본적인 1비트의 데이터 전송 형식

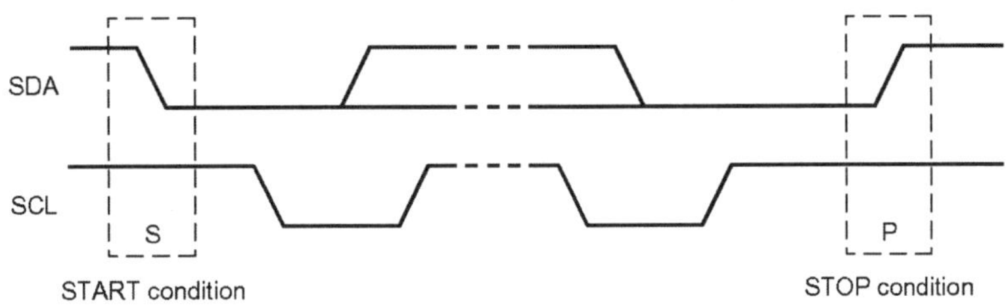

(b) START 조건 및 STOP 조건

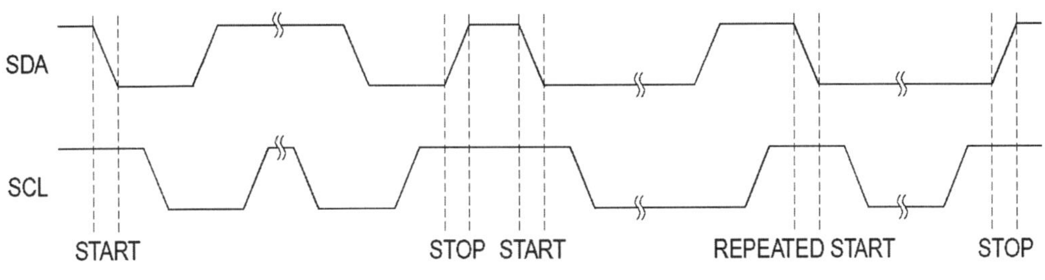

(c) START, REPEATED START, STOP 조건

〈그림 2.7.2〉 I²C 버스를 사용한 데이터 전송

그러나, 마스터가 데이터 전송의 시작을 표시하는 START 조건은 <그림 2.7.2>의 (b)처럼 클록 신호 SCL이 H를 유지하는 상태에서 데이터 신호 SDA가 하강 에지로 변화해야 한다. 또한, 마스터가 데이터 전송의 종료를 표시하는 STOP 조건은 클록 신호 SCL이 H를 유지하는 상태에서 데이터 신호 SDA가 상승 에지로 변화해야 한다. START 조건과 STOP 조건의 사이에서는 항상 버스가 동작(busy) 상태인 것으로 간

주되며, 따라서 이 기간 동안에는 어느 다른 마스터도 버스 제어권을 가지려고 시도하지 말아야 한다.

START 조건 이후에 STOP 조건이 발생되지 않았는데도 다시 START 조건이 출력되는 것이 가능한데 이를 REPEATED START라고 한다. REPEATED START는 버스 제어권을 포기하지 않고 새로운 전송을 시작하는 것뿐이며 모든 사항이 START와 동일하다.

(3) 데이터 송신 및 수신 포맷

I^2C 직렬통신에서 마스터가 슬레이브에게 데이터를 송신하거나 반대로 마스터가 슬레이브로부터 데이터를 수신하는 기본 형식은 <그림 2.7.3>의 (a)와 같다.

마스터가 슬레이브에게 데이터를 송신할 때는 먼저 마스터가 7비트의 슬레이브 어드레스를 보내고, 이어서 송신(transmit 또는 write)을 의미하는 L상태의 1비트를 보내며, 이에 대하여 지정된 어드레스를 가지고 있는 슬레이브는 L상태의 1비트 확인 신호(acknowledge)로 응답한다. 그러면 마스터는 n 바이트의 데이터를 연속으로 송신하며 각 바이트를 송신할 때마다 해당 슬레이브로부터 확인 비트로 응답을 받는다.

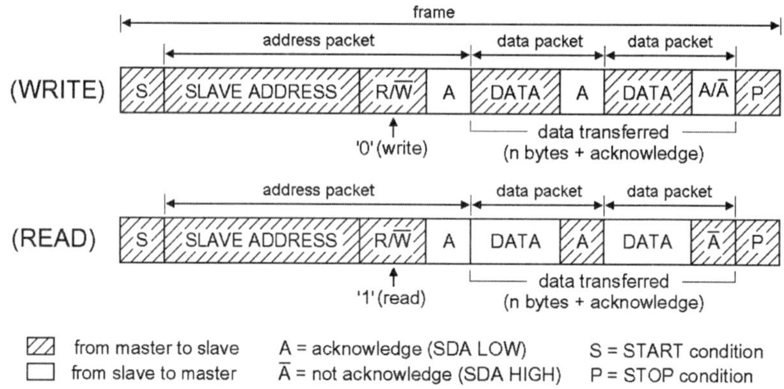

(a) 송신 및 수신 데이터 포맷

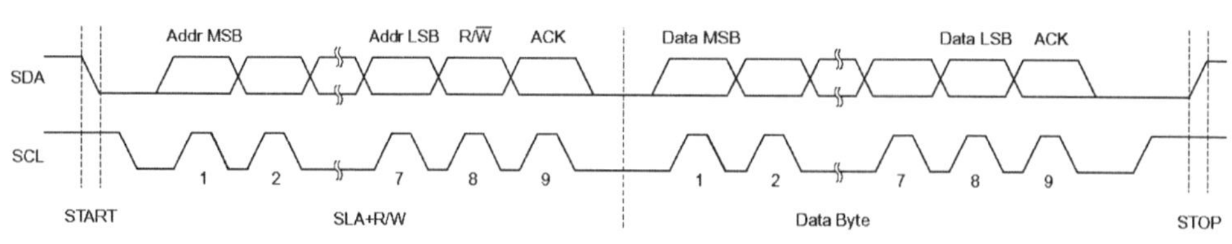

(b) 송수신 동작 파형

〈그림 2.7.3〉 I^2C 버스를 사용한 데이터 송수신 포맷

마스터가 슬레이브로부터 데이터를 수신할 때는 먼저 마스터가 7비트의 슬레이브 어드레스를 보내고, 이어서 수신(receive 또는 read)을 의미하는 H상태의 1비트를 보내며, 이에 대하여 지정된 어드레스를 가지고 있는 슬레이브는 L상태의 1비트 확인 신호로 응답한다. 그러면 마스터는 n 바이트의 데이터를 연속으로 수신하며 각 바이트를 수신할 때마다 해당 슬레이브에게 확인 비트로 응답한다.

이와 같이 마스터가 슬레이브에게 데이터를 송신할 때는 마스터가 송신측, 슬레이브가 수신측이 되고, 반대로 마스터가 슬레이브로부터 데이터를 수신할 때는 마스터가 수신측, 슬레이브가 송신측이 되지만, 클록 신호 SCL이나 START, STOP 조건은 항상 마스터가 발생한다. 이러한 동작을 파형으로 보면 <그림 2.7.3>의 (b)와 같다.

이처럼 I^2C 직렬통신 형식은 어드레스 패킷(address packet)과 데이터 패킷(data packet)으로 나누어진다. 어드레스 패킷의 형식은 9비트로 구성되는데, 마스터가 슬레이브에게 데이터를 송신하는 경우에는 슬레이브 어드레스, 라이트 신호, 확인 신호(SLA+W)로 이루어지고, 마스터가 슬레이브로부터 데이터를 수신하는 경우에는 슬레이브 어드레스, 리드 신호, 확인 신호(SLA+R)로 이루어진다. 7비트의 어드레스를 전송할 때는 반드시 MSB부터 전송해야 한다.

데이터 패킷의 형식은 8비트의 데이터와 1비트의 확인 신호를 합하여 9비트로 구성되는데, 8비트의 데이터를 전송할 때도 반드시 MSB부터 전송해야 한다. 어드레스 패킷이나 데이터 패킷을 전송할 때 슬레이브가 동작(busy) 상태에 있거나 기타의 이유로 L상태의 확인 신호를 응답하지 않으면 마스터는 STOP 조건을 발생하거나 또는 REPEATED START를 발생할 수 있다.

◀**참고**▶ 어드레스 패킷에서 어드레스값을 0000000으로 전송하면 모든 슬레이브가 동시에 지정되는데 이를 전체호출(general call)이라고 한다. 또한, 7비트 어드레스 형식에서 1111XXX의 어드레스는 향후의 기능 확장을 위하여 예약된 어드레스로서 사용하지 말아야 한다. 이중에서 11110XX는 특별히 10비트 어드레스 형식을 지정하는데 사용되고 있다. 10비트 어드레스 형식을 사용하는 경우에는 어드레스 패킷이 2차례 전송되는데, 첫번째 어드레스 패킷에서는 11110XX가 전송되고 두번째는 YYYYYYYY가 전송되어 이를 합한 XXYYYYYYYY가 10비트의 슬레이브 어드레스로 사용된다. ATmega128A의 TWI에서는 7비트 어드레스 형식만을 지원하며, 10비트 어드레스 형식은 사용하지 못한다.

이상에서 설명한 I^2C 직렬통신의 특징 및 동작과 앞의 제2.6절에서 설명한 SPI 통신의 특징 및 동작을 비교하여 보면 <표 2.7.1>과 같다. 이것들은 모두 하나의 제품 안에서 마이크로컨트롤러와 주변장치 사이의 초단거리 직렬통신용으로 개발된 통신 방식이지만 여러 가지 측면에서 대조적인 특성을 가지고 있다.

〈표 2.7.1〉 SPI 통신과 I²C 통신의 특성 비교

비교 항목	SPI 통신	I²C 통신
명칭	Serial Peripheral Interface	Inter-Integrated Circuit
제안사	1979년 Motorola	1982년 Philips
기본 성격	클록 신호를 포함하는 동기식. 마스터가 클록 신호를 슬레이브에게 보내줌. 전이중 통신(full duplex).	클록 신호를 포함하는 동기식. 마스터가 클록 신호를 슬레이브에게 보내줌. 반이중 통신(half duplex).
용도	초단거리에서 CPU와 주변장치 사이의 통신	초단거리에서 CPU와 주변장치 사이의 통신.
신호선	3선(MOSI, MISO, SCK) + 1선($\overline{SS}$)	2선(SDA, SCL).
전송속도	정해져 있지 않으며, 최고 25MHz까지 사용. 클록 주파수도 높고 프로토콜이 간단하여 매우 고속의 데이터 전송이 가능함.	3가지(100kHz, 400kHz, 3.4MHz)에서 선택. 클록 주파수도 낮고 핸드세이킹을 포함하는 프로토콜이 복잡하여 데이터 전송이 느림.
프로토콜	정해져 있지 않음.	START 조건에서 STOP 조건까지 기본적인 프로토콜이 정해져 있음.
1문자 길이	정해져 있지 않음(4~16비트 가능)	8비트
비트 순서	MSB부터 전송 또는 LSB부터 전송을 선택.	MSB부터 전송.
마스터 수	1개.	멀티마스터를 사용하는 것이 가능.
슬레이브 수	여러 개. (슬레이브 수만큼의 $\overline{SS}$ 신호를 사용함)	여러 개. (슬레이브 수에 관계 없이 2선으로 통신)
슬레이브 선택	$\overline{SS}$ 신호를 사용하여 하드웨어적으로 선택.	소프트웨어로 슬레이브 어드레스를 전송.
장점	전송 속도가 빠르다. 프로토콜이 간단하여 프로그램 작성이 쉽다. 하드웨어 동작을 디버깅하는 것이 쉽다.	마스터나 슬레이브 수가 늘어나도 항상 2선으로 통신을 수행한다. 기본적으로 핸드세이킹 제어를 수행한다.
단점	슬레이브 수가 증가하면 신호선의 수도 증가한다. 하드웨어적으로 핸드세이킹 제어를 수행하지 못한다.	전송 속도가 느리다. 프로토콜이 복잡하여 프로그램 작성이 어렵다. 핸드세이킹 제어가 잘못되면 프로그램이 무한루프에 빠질 우려가 있다.
결론 요약	슬레이브의 수가 몇 개 이내로 적고 고속의 데이터 전송이 중시되는 용도에는 SPI가 유리하다.	슬레이브의 수가 수십 개 정도로 많고 신호선의 수가 적은 것이 중시되는 용도에는 I²C가 유리하다.

(4) 멀티마스터의 동기 및 조정

멀티마스터 시스템에서 모든 마스터는 클록 신호를 발생하고 자신의 SCL 라인을 통하여 I²C 버스에 출력한다. 그런데, 데이터는 이들 클록 신호가 H상태인 동안에만 유효하다. 따라서, 이들 클록이 하나로 동기(synchronization)되어야만 각 비트의 데이터가 올바르게 처리될 수 있다.

클록 동기는 기본적으로 I²C 버스에 연결된 SCL 클록선이 wired-AND 로직으로 되어 있다는 것으로써 수행된다. 즉, SCL에 접속된 슬레이브 중에서 어느 하나라도 출력이 H상태에서 L상태로 떨어지면 <그림 2.7.4>와 같이 전체 클록선의 신호는 L상태가 되므로 이 동안에는 디바이스들의 내부 카운트 동작이 멈추게(count off) 되며, 이 클록은 모든 SCL 클록의 출력이 H상태로 되어야만 다시 카운트 동작을 시작한다. 따라서, SCL 클록선의 L상태 기간은 가장 L상태가 긴 SCL 신호에 의하여 결정되며, SCL 클록선의 H상태 기간은 가장 H상태가 짧은 SCL 신호에 의하여 결정된다.

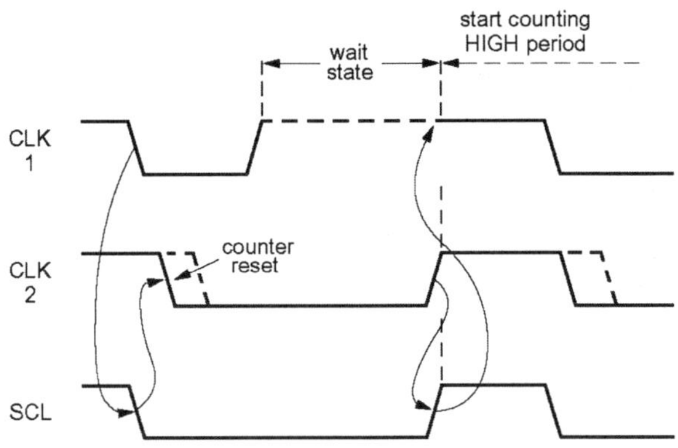

<그림 2.7.4> I²C 버스의 멀티마스터 사이에서의 클록 동기

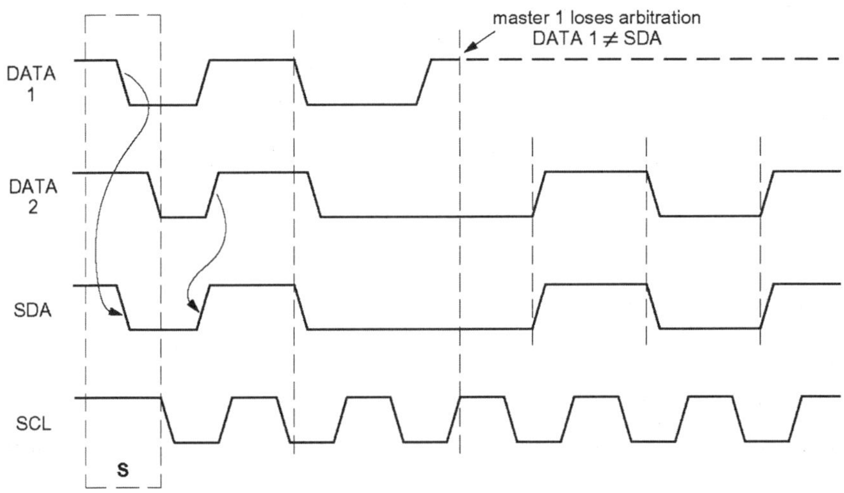

〈그림 2.7.5〉 I²C 버스의 멀티마스터 사이에서의 버스 조정

마스터는 I²C 버스가 사용되지 않고 있을 때(free)만 버스를 제어하여 데이터를 전송할 수 있다. 그러나, 우연히 2개 이상의 마스터가 I²C 버스에 START 조건을 출력하려고 시도하는 상황이 발생할 수 있는데, 이런 경우에는 버스 조정(arbitration)이 필요하다.

버스 조정은 SCL 클록선이 H상태를 유지하고 있는 동안 SDA 데이터선에서 발생한다. 즉, 하나의 마스터가 SDA 선으로 H상태를 출력하고 있을 때 다른 마스터가 L상태를 출력하면 전체 SDA 데이터선의 상태는 L로 되고, 이렇게 되면 처음에 H상태를 출력하던 마스터는 출력을 차단하고 마스터로서의 제어권을 상실(lose master)하게 된다.

이러한 조정은 START 조건 이후에 어드레스 패킷이 전송되는 동안에 각 비트에서 계속된다. 그리고, 2개 이상의 마스터가 같은 어드레스의 슬레이브를 지정하였다면 어드레스 패킷에서 조정이 끝나지 않을 것이므로 데이터 패킷이 전송되는 동안까지 조정이 계속되기도 한다. 조정에서 탈락한 마스터는 해당 패킷의 바이트가 끝날 때까지 클록 신호를 계속 출력할 수도 있으나, 조정에서 끝까지 남은 마스터가 조정에서 탈락한 마스터를 슬레이브로 지정할 수도 있도록 하려면 조정에서 탈락한 마스터는 즉시 슬레이브 모드로 전환되어야 한다.

3. TWI 직렬통신 포트의 동작

ATmega128A의 TWI는 기본적으로 I^2C 통신과 같은 통신 방식이지만 I^2C 통신의 표준 규격에 비하여 다소 축소된 기능을 가지고 있다. 즉, TWI는 7비트 어드레스 방식과 10비트 어드레스 방식 중에서 7비트 어드레스만을 지원하며, 3가지의 전송속도 중에서 표준 모드(standard mode, 100kbps)와 고속 모드(fast mode, 400kbps)만을 지원한다.

(1) TWI 모듈의 구조

TWI는 <그림 2.7.6>과 같이 몇개의 서브 모듈과 2개의 통신선으로 구성된다. SDA와 SCL 신호선의 출력단 드라이버에는 I^2C 버스의 사양을 만족시키기 위한 슬루레이트 제한기(slew-rate limiter)를 포함하며, 입력단 회로에는 50ns 이하의 짧은 펄스를 제거하기 위한 스파이크 억제(spike suppression) 회로가 내장되어 있다.

전송속도 발생부(Bit Rate Generator)는 TWI가 마스터로 동작하는 경우 SCL의 주기를 제어하는데, 이는 TWBR 레지스터를 설정하는 값에 의하여 결정된다. 슬레이브로 동작하는 경우에는 전송속도 설정과 상관이 없지만 이때 SCL 클록신호의 주파수는 시스템 클록 주파수의 1/16 이하로 설정되어야 한다. SCL의 클록 주파수는 다음과 같이 결정된다.

$$f_{\mathrm{SCL}} = \frac{f_{\mathrm{CPU}}}{16 + 2 \times \mathrm{TWBR} \times 4^{\mathrm{TWPS}}}$$

여기서, TWBR은 TWBR 레지스터의 설정값으로서 TWI가 마스터로 동작하는 경우에는 반드시 10 이상이어야 하며, TWPS는 TWSR 레지스터에 설정된 프리스케일러 비트값 TWPS1~0이다. *OK-128TFT* 키트에서는 16MHz의 시스템 클록을 사용하므로 100kHz의 TWI 통신을 위해서는 TWBR=18, TWPS=1로 설정하면 되고, 400kHz의 TWI 통신을 위해서는 TWBR=12, TWPS=0으로 설정하면 된다.

버스 인터페이스부(Bus Interface Unit)는 어드레스/데이터값을 송수신하는 시프트 레지스터(TWDR), START/STOP 제어기, 버스 조정 검출기 등으로 구성되어 버스 인터페이스에 관련된 모든 기능을 수행한다. TWI가 마스터로서 송신을 시작하려면 항상 버스 조정 검출기가 동작하여 동작 가능 여부를 확인한다. 만약, 마스터로서 조정에서 탈락하면 제어부에게 이를 알려 적절한 조치를 받거나 상태 레지스터에 이를 표시한다.

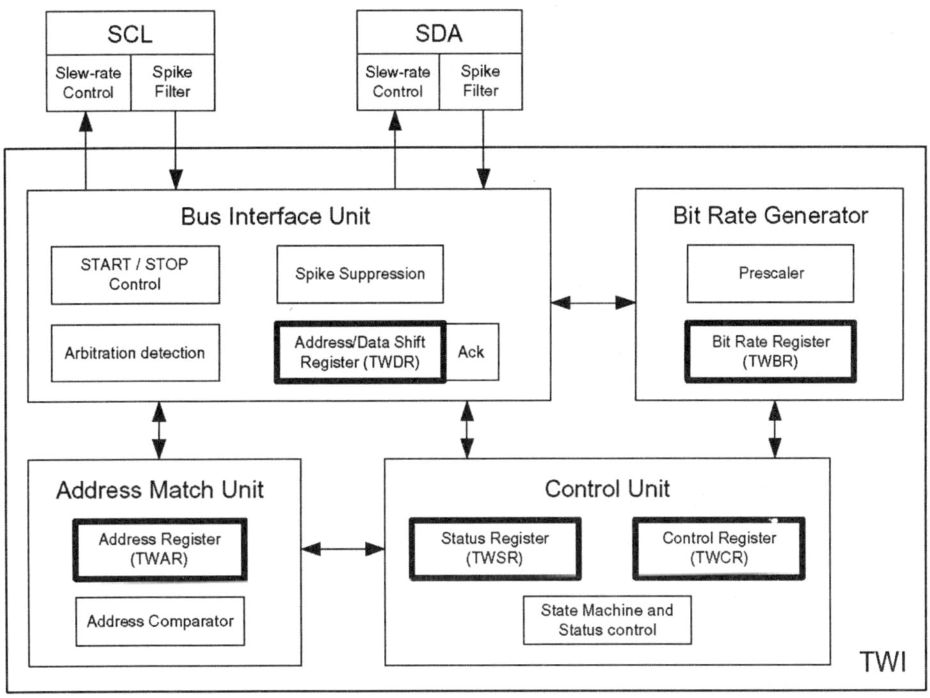

〈그림 2.7.6〉 ATmega128A에서 TWI 모듈의 하드웨어 구성 블록도

어드레스 검출부(Address Match Unit)는 TWI가 슬레이브로 사용될 때 마스터로부터 수신된 어드레스값이 TWAR 레지스터에 설정된 7비트와 일치하는지를 체크한다. 만약, 어드레스가 일치하면 이를 제어부에게 알려 적절한 처리 동작을 취하도록 하며, 전체호출이 검출된 경우에는 무조건 어드레스가 일치되는 것으로 처리된다. 이와 같은 어드레스 검출 동작은 슬립모드에서도 수행되어 ATmega128A 마이크로컨트롤러가 슬립모드에서 깨어나게 하는(wake-up) 기능으로 사용할 수 있다.

제어부(Control Unit)는 TWCR 레지스터에 설정된 내용에 따라 TWI 동작의 전반을 제어하는 기능을 담당하는데, 이를 위하여 제어부는 항상 TWI 버스를 감시하여 그 상태를 보고받고 그에 따른 적절한 대응조치를 취한다. 버스에서 어떤 상황이 발생하여 응용 소프트웨어가 이에 대한 적절한 대응을 필요로 하는 경우에는 TWCR 레지스터에서 TWINT=1로 되면서 TWI가 인터럽트를 발생하는데 그러한 경우를 요약하면 다음과 같다.

- TWI가 마스터로서 START 또는 REPEATED START의 전송을 완료한 경우
- TWI가 마스터로서 SLA+R 또는 SLA+W 전송을 완료한 경우
- TWI가 마스터로서 1바이트의 어드레스 전송을 완료한 경우
- TWI가 마스터로서 버스 조정에서 탈락한 경우
- TWI가 슬레이브로서 어드레스 일치나 전체호출을 검출한 경우
- TWI가 슬레이브로서 1바이트의 데이터를 수신한 경우
- TWI가 슬레이브로서 STOP 또는 REPEATED START를 수신한 경우
- 잘못된 START 또는 STOP 조건으로 버스 에러가 발생한 경우

(2) I/O 제어 레지스터 사용

TWI 모듈은 I^2C 직렬통신에 필요한 여러 가지의 I/O 제어 레지스터를 가지고 있는데, 그것들을 요약하면 다음과 같다.

▣ TWI 비트 속도 레지스터(TWBR)

TWBR(TWI Bit Rate Register) 레지스터는 마스터 모드에서 전송속도 발생부가 동작하는데 필요한 SCL 신호의 클록 주파수를 만들기 위하여 필요한 분주비를 설정한다. 이 8비트 설정값과 TWSR 레지스터의 TWPS1~0 비트가 SCL 클록의 주파수를 결정하는 관계식은 앞에서 설명한 바 있다.

Bit	7	6	5	4	3	2	1	0	
$70	TWBR7	TWBR6	TWBR5	TWBR4	TWBR3	TWBR2	TWBR1	TWBR0	TWBR
Read/Write	R/W	R/W	R/W	R/W	R/W	R/W	R/W	R/W	
Initial Value	0	0	0	0	0	0	0	0	

〈그림 2.7.7〉 TWI 비트 속도 레지스터 TWBR

▣ TWI 제어 레지스터(TWCR)

TWCR(TWI Control Register) 레지스터는 TWI의 전반적인 동작을 제어하는 기능

을 수행한다.

Bit	7	6	5	4	3	2	1	0	
$74	TWINT	TWEA	TWSTA	TWSTO	TWWC	TWEN	–	TWIE	TWCR
Read/Write	R/W	R/W	R/W	R/W	R	R/W	R	R/W	
Initial Value	0	0	0	0	0	0	0	0	

〈그림 2.7.8〉 TWI 제어 레지스터 TWCR

- TWINT(b7) : TWI Interrupt Flag
  이 비트는 TWI가 현재의 동작을 완료하고 응용 소프트웨어를 사용한 적절한 조치가 필요한 경우에 1로 세트되면서 인터럽트를 요청한다. 이 TWINT 플랙이 1로 세트되어 있는 동안에는 SCL 클록 신호가 계속하여 L상태로 유지된다. 따라서, 이 TWINT 플랙 비트는 인터럽트 처리가 시작되더라도 자동으로 클리어되지 않으며, 사용자가 새로운 동작을 위하여 TWAR, TWDR, TWSR 레지스터를 모두 설정한 이후에 이 TWINT 비트에 1을 라이트하여 0으로 클리어시켜 주어야 한다.
- TWEA(b6) : TWI Enable Acknowledge Bit
  이 비트는 다음과 같은 상황에서 확인 신호(L출력)를 발생하도록 한다. 이 비트를 0으로 설정하면 어떤 확인신호 응답도 하지 않기 때문에 사실상 TWI 모듈이 통신 버스에서 끊어져 있는 것과 다름없다.
  - 슬레이브 모드에서 자신과 일치하는 어드레스를 수신하였을 경우
  - TWAR 레지스터에서 TWGCE=1로 설정되어 있고 전체호출이 검출된 경우
  - 마스터 수신 모드 또는 슬레이브 수신 모드에서 1바이트 데이터를 수신한 경우
- TWSTA(b5) : TWI START Condition Bit
  이 비트는 1로 설정하면 TWI가 마스터로서 동작하고 TWI는 버스가 사용 가능한 상태인지를 체크하여 START 조건을 출력하며, 만약 버스가 동작 상태라면 STOP 조건이 검출될 때까지 기다렸다가 START 조건을 출력한다. START 조건이 출력되고 나면 이 비트는 응용 소프트웨어에 의하여 클리어되어야 한다.
- TWSTO(b4) : TWI STOP Condition Bit
  이 비트는 마스터 모드에서 동작할 때 1로 설정하면 TWI가 STOP 조건을 출력하며, 버스에서 STOP 조건이 수행되었으면 이 비트는 자동으로 클리어된다. 슬레이브 모드에서 이 비트를 1로 설정하면 STOP 조건을 출력하는 것이 아니라 TWI가 에러 상태에서 해제되면서 정상적인 슬레이브 모드의 수신 대기상태로 된다.
- TWWC(b3) : TWI Write Collision Flag
  이 비트는 TWINT=0인 상태에서 TWDR 레지스터에 어떤 값을 라이트하려고 시도하면 이 비트가 1로 세트된다. 이 비트는 TWINT=1인 상태에서 TWDR 레지스터에 어떤 값을 라이트하면 클리어된다.
- TWEN(b2) : TWI Enable Bit
  이 비트는 TWI 통신 모듈이 동작하는 것을 가능하게 하며, SDA 및 SCL 핀을 유효하게 한다.
- TWIE(b0) : TWI Interrupt Enable
  이 비트는 TWINT 플랙에 의하여 TWI 인터럽트가 발생하는 것을 개별적으로 허용하는 비트이다.

▣ TWI 상태 레지스터(TWSR)

TWSR(TWI Status Register) 레지스터는 TWI 모듈의 동작 상태를 표시하거나 전송속도를 결정하기 위한 프리스케일러를 설정하는 기능을 수행한다.

Bit	7	6	5	4	3	2	1	0	
$71	TWS7	TWS6	TWS5	TWS4	TWS3	–	TWPS1	TWPS0	TWSR
Read/Write	R	R	R	R	R	R	R/W	R/W	
Initial Value	1	1	1	1	1	0	0	0	

〈그림 2.7.9〉 TWI 상태 레지스터 TWSR

- TWS7~3(b7~3) : TWI Status
  이 비트들은 TWI 버스의 현재 상태를 표시한다. 이 상태 코드값은 TWI 모듈이 마스터 송신 모드, 마스터 수신 모드, 슬레이브 송신 모드, 슬레이브 수신 모드로 동작하는데 따라 상당히 복잡하므로 <그림 2.7.13> 및 <그림 2.7.14>를 참고해야 하며, 그 이상에 대하여는 ATmega128A의 데이터 시트를 참고하기 바란다.
- TWPS1~0(b1~0) : TWI Prescaler Bits
  이 비트들은 TWI의 마스터 모드에서 <표 2.7.2>와 같이 전송속도를 설정하기 위한 프리스케일러이다. 전송속도는 시스템 클록의 주파수와 이 프리스케일러 및 TWBR 레지스터의 설정값에 의하여 결정된다.

〈표 2.7.2〉 TWI의 전송속도를 위한 프리스케일러의 설정

TWPS1	TWPS0	TWPS값	프리스케일러 분주비(4^{TWPS})
0	0	0	1
0	1	1	4
1	0	2	16
1	1	3	64

▣ TWI 데이터 레지스터(TWDR)

TWDR(TWI Data Register) 레지스터는 TWI 모듈의 송신 모드에서 다음에 송신할 바이트(슬레이브 어드레스 또는 전송 데이터)를 저장하며, 수신 모드에서는 수신된 바이트를 저장하고 있다.

Bit	7	6	5	4	3	2	1	0	
$73	TWD7	TWD6	TWD5	TWD4	TWD3	TWD2	TWD1	TWD0	TWDR
Read/Write	R/W	R/W	R/W	R/W	R/W	R/W	R/W	R/W	
Initial Value	1	1	1	1	1	1	1	1	

〈그림 2.7.10〉 TWI 데이터 레지스터 TWDR

이 레지스터에는 TWI가 데이터를 시프트(송신중)하고 있지 않는 한 데이터를 라이트하는 것이 가능하며, 주로 TWINT=1인 동안에 라이트 동작이 수행된다. 데이터를 송수신할 때 상대편으로부터 수신되는 확인 신호(acknowledge)는 사용자 프로그램에서 이를 직접 읽어서 처리하는 것이 아니라 TWI 로직에 의하여 자동으로 검출되며, 그 결과가 상태 레지스터에 상태 코드값으로 표시된다.

▣ TWI 슬레이브 어드레스 레지스터(TWAR)

TWAR(TWI Slave Address Register) 레지스터는 슬레이브 모드에서만 유효한 것으로서 마스터에 의하여 지정될 7비트의 슬레이브 어드레스를 저장하고 있다. 그밖의 1비트에는 전체호출 기능을 설정하는데 사용된다.

Bit	7	6	5	4	3	2	1	0	
$72	TWA6	TWA5	TWA4	TWA3	TWA2	TWA1	TWA0	TWGCE	TWAR
Read/Write	R/W	R/W	R/W	R/W	R/W	R/W	R/W	R/W	
Initial Value	1	1	1	1	1	1	1	0	

〈그림 2.7.11〉 TWI 슬레이브 어드레스 레지스터 TWAR

- TWA6~0(b7~1) : TWI Slave Address Bits
  이 비트들은 TWI 모듈의 슬레이브 모드에서 7비트의 슬레이브 어드레스를 설정하는데 사용한다. 그러나, 멀티마스터 시스템에서는 이것이 마스터 모드에서 설정되며, 다른 마스터에 의하여 슬레이브를 어드레싱하는데 사용된다.
- TWGCE(b0) : TWI General Call Recognition Enable Bit
  이 비트는 마스터가 7비트의 어드레스를 0000000으로 전송하여 전체호출을 수행할 경우에 슬레이브가 이를 검출하여 인식하도록 허용한다.

(3) TWI의 동작

간단히 말하면 TWI 직렬통신은 인터럽트를 기반으로 하는 바이트 단위의 전송이다. 즉, TWI 통신에서는 기본적인 한 단계의 동작이 끝날 때마다 인터럽트가 발생하며, 인터럽트 서비스 루틴에서 다음 동작을 지정한다. 따라서, 응용 프로그램은 외형적으로 TWI 통신에 대하여 거의 부담을 지지 않으며, 모든 통신 동작은 인터럽트에 의하여 백그라운드로 수행할 수 있다.

<그림 2.7.12>에는 마스터가 슬레이브에게 1바이트의 데이터를 전송하고자 할 때 응용 소프트웨어가 단계별로 어떻게 TWI 하드웨어와 연계되어 직렬통신을 수행하는지를 보였다.

① TWI 통신의 첫번째 단계는 START 조건의 전송이다. 이것은 TWI 하드웨어가 START 조건을 전송하도록 TWCR 레지스터를 초기화하는 것으로 수행된다. 그러나, 만약 TWINT=1로 세트되어 있으면 어떤 동작도 시작되지 않는다. 따라서, START 조건의 전송이 시작되려면 반드시 TWINT 플랙 비트에 1을 라이트하여 이를 0으로 클리어시켜야 한다.

② START 조건의 전송이 완료되면 TWCR 레지스터에서 TWINT = 1로 세트되면

서 TWSR 레지스터에 START 조건이 성공적으로 전송되었다는 상태가 표시된다.

③ 응용 소프트웨어의 인터럽트 서비스 루틴에서는 START 조건이 전송 완료되었다는 상태를 확인하고, TWDR 레지스터에 SLA+W를 라이트하며, 바이트 데이터를 전송하도록 TWCR을 초기화한다. 어드레스 패킷의 전송이 시작되려면 반드시 TWINT 플랙 비트에 1을 라이트하여 클리어시켜야 한다. 만약, 상태 레지스터를 확인한 결과 START 조건의 전송이 완료되지 않았다면 에러 처리 루틴을 호출하는 등의 조치가 필요하다.

④ 어드레스 패킷의 전송이 완료되면 TWCR 레지스터에서 TWINT = 1로 세트되면서 TWSR 레지스터에 어드레스 패킷의 전송이 성공적으로 전송되었으며 슬레이브가 이 어드레스 패킷에 대하여 확인 신호로 응답했는지 여부가 상태 코드로 표시된다.

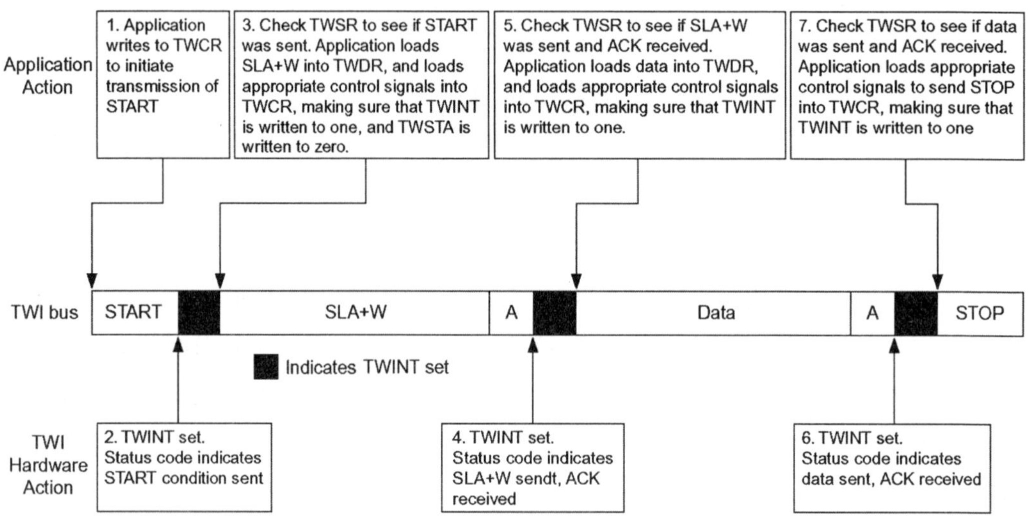

〈그림 2.7.12〉 TWI의 전형적인 단계별 동작

⑤ 응용 소프트웨어의 인터럽트 서비스 루틴에서는 어드레스 패킷의 전송이 완료되었다는 상태를 확인하고, TWDR 레지스터에 송신할 데이터를 라이트하며, 바이트 데이터를 전송하도록 TWCR을 초기화한다. 데이터 패킷의 전송이 시작되려면 반드시 TWINT 플랙 비트에 1을 라이트하여 클리어시켜야 한다. 만약, 상태 레지스터를 확인한 결과 데이터 패킷의 전송이 완료되지 않았다면 에러 처리 루틴을 호출하는 등의 조치가 필요하다.

⑥ 데이터 패킷의 전송이 완료되면 TWCR 레지스터에서 TWINT = 1로 세트되면서 TWSR 레지스터에 데이터 패킷의 전송이 성공적으로 전송되었으며 또한 슬레이브가

이 데이터 패킷에 대하여 확인 신호로 응답했는지 여부가 상태 코드로 표시된다.

⑦ 응용 소프트웨어의 인터럽트 서비스 루틴에서는 데이터 패킷의 전송이 완료된 상태를 확인하고, STOP 조건을 전송하도록 TWCR을 초기화한다. STOP 조건의 전송이 시작되려면 반드시 TWINT 플랙 비트에 1을 라이트하여 클리어시켜야 한다.

ATmega128A에서 TWI의 전송 동작에는 크게 4가지의 종류가 있다. 즉, 마스터 송신(MT ; Master Transmitter), 마스터 수신(MR ; Master Receiver), 슬레이브 송신(ST ; Slave Transmitter), 슬레이브 수신(SR ; Slave Receiver)이 그것이다. 여기서는 TWI 모듈이 마스터로 동작하는 경우에 대하여만 설명하니 슬레이브로서의 동작에 대하여는 ATmega128A의 데이터 시트를 참고하기 바란다. 이제부터 설명에서 사용하는 약어를 요약하면 다음과 같다.

S : START condition
Rs : REPEATED START condition
P : STOP condition
SLA : Slave Address
Data : 8-bit data byte

R : Read bit(high level at SDA)
W : Write bit(low level in SDA)
A : Acknowledge bit(low level at SDA)
$\overline{A}$: Not acknowledge bit(high level at SDA)

▣ 마스터 송신 모드

마스터 송신 모드는 마스터가 송신측으로 동작하고 슬레이브가 수신측으로 동작하여 1바이트 또는 여러 바이트의 데이터를 마스터로부터 슬레이브로 송신하는 모드이다. 마스터 송신 모드는 START 조건에 이어서 출력되는 SLA+W 어드레스 패킷에 의하여 결정된다.

각 단계에서 동작의 완료는 TWSR 레지스터에 표시되는 5비트의 상태 코드를 보면 알 수 있다. 여기서 상태 코드는 TWSR 레지스터에서 사용하지 않는 비트2와 프리스케일러를 설정하는 비트1~0을 0으로 간주하였을 때의 8비트 값을 나타낸다.

① TWCR 레지스터에 다음과 같은 값을 라이트하여 START 조건을 출력한다.

이 START 조건의 전송이 완료되면 TWCR 레지스터에서 TWINT=1로 세트되면서 TWSR 레지스터의 상태 코드가 0x08로 된다.

TWCR	TWINT	TWEA	TWSTA	TWSTO	TWWC	TWEN	–	TWIE
value	1	X	1	0	X	1	0	X

② TWDR 레지스터에 SLA+W를 저장하고 TWCR 레지스터에 다음과 같은 값을 라이트하여 마스터 송신 모드가 되도록 한다.

이 SLA+W의 전송이 완료되고 슬레이브로부터 확인 비트가 수신되면 TWCR 레지스터에서 TWINT=1로 세트되면서 TWSR 레지스터의 상태 코드가 0x18로 되고, 확인 비트가 수신되지 않으면 상태 코드는 0x20으로 된다.

TWCR	TWINT	TWEA	TWSTA	TWSTO	TWWC	TWEN	–	TWIE
value	1	X	0	0	X	1	0	X

③ SLA+W의 전송이 완료된 경우에는 TWDR 레지스터에 전송할 데이터 바이트를 저장하고 TWCR 레지스터에 다음과 같은 값을 라이트하여 데이터를 전송한다.

이 데이터 바이트가 전송이 완료되고 슬레이브로부터 확인 비트가 수신되면 TWCR 레지스터에서 TWINT=1로 세트되면서 TWSR 레지스터의 상태 코드가 0x28로 되고, 확인 비트가 수신되지 않으면 상태 코드는 0x30으로 된다.

TWCR	TWINT	TWEA	TWSTA	TWSTO	TWWC	TWEN	–	TWIE
value	1	X	0	0	X	1	0	X

④ 송신할 바이트가 여러 개인 경우에는 위의 ③을 반복하여 수행한다. 단, 슬레이브 어드레스를 변경하려면 START 조건의 대신에 REPEATED START 조건을 사용하여 ①~③의 과정을 반복하며, 이때의 상태 코드는 0x08이 아니라 0x10으로 된다. REPEATED START 조건을 송신하려면 TWCR 레지스터에 다음과 같은 값을 라이트한다.

TWCR	TWINT	TWEA	TWSTA	TWSTO	TWWC	TWEN	–	TWIE
value	1	X	1	0	X	1	0	X

⑤ 모든 데이터 송신 동작이 완료되고 STOP 조건을 전송하려면 TWCR 레지스터에 다음과 같은 값을 라이트한다.

TWCR	TWINT	TWEA	TWSTA	TWSTO	TWWC	TWEN	–	TWIE
value	1	X	0	1	X	1	0	X

이상에서 설명한 마스터 송신 모드의 동작과 그에 따른 TWI 모듈의 단계별 상태 코드를 그림으로 요약하면 <그림 2.7.13>과 같다. 또한, 마스터 송신 모드에서의 상태 코드를 요약하면 <표 2.7.3>과 같다.

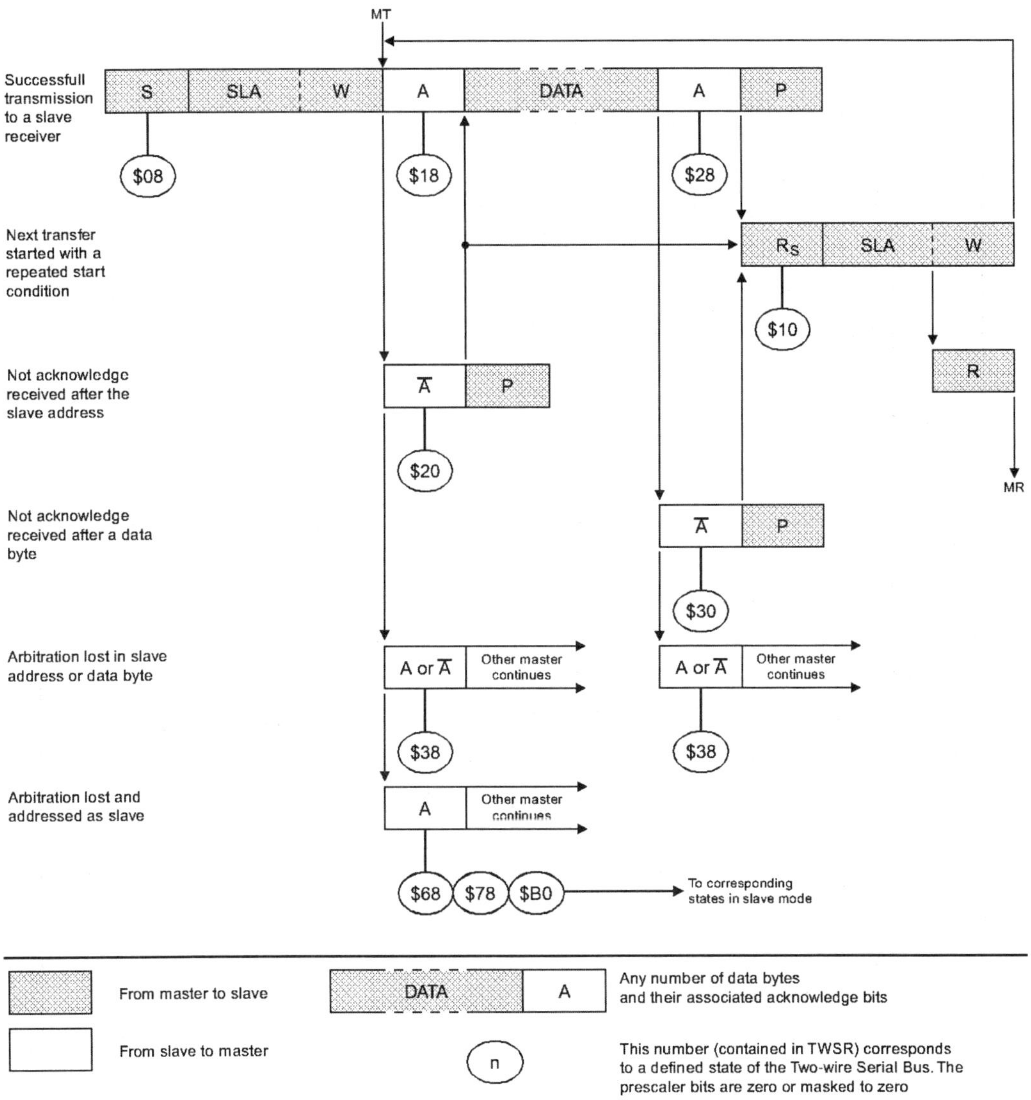

〈그림 2.7.13〉 TWI 모듈에서 마스터 송신 모드의 단계별 동작

〈표 2.7.3〉 TWI 모듈에서 마스터 송신 모드의 상태 코드

Status Code (TWSR) Prescaler Bits are 0	Status of the 2-wire Serial Bus and 2-wire Serial Interface Hardware	Application Software Response					Next Action Taken by TWI Hardware
		To/from TWDR	To TWCR				
			STA	STO	TWINT	TWEA	
0x08	A START condition has been transmitted	Load SLA+W	0	0	1	X	SLA+W will be transmitted; ACK or NOT ACK will be received
0x10	A repeated START condition has been transmitted	Load SLA+W or	0	0	1	X	SLA+W will be transmitted; ACK or NOT ACK will be received
		Load SLA+R	0	0	1	X	SLA+R will be transmitted; Logic will switch to Master Receiver mode
0x18	SLA+W has been transmitted; ACK has been received	Load data byte or	0	0	1	X	Data byte will be transmitted and ACK or NOT ACK will be received
		No TWDR action or	1	0	1	X	Repeated START will be transmitted
		No TWDR action or	0	1	1	X	STOP condition will be transmitted and TWSTO Flag will be reset
		No TWDR action	1	1	1	X	STOP condition followed by a START condition will be transmitted and TWSTO Flag will be reset
0x20	SLA+W has been transmitted; NOT ACK has been received	Load data byte or	0	0	1	X	Data byte will be transmitted and ACK or NOT ACK will be received
		No TWDR action or	1	0	1	X	Repeated START will be transmitted
		No TWDR action or	0	1	1	X	STOP condition will be transmitted and TWSTO Flag will be reset
		No TWDR action	1	1	1	X	STOP condition followed by a START condition will be transmitted and TWSTO Flag will be reset
0x28	Data byte has been transmitted; ACK has been received	Load data byte or	0	0	1	X	Data byte will be transmitted and ACK or NOT ACK will be received
		No TWDR action or	1	0	1	X	Repeated START will be transmitted
		No TWDR action or	0	1	1	X	STOP condition will be transmitted and TWSTO Flag will be reset
		No TWDR action	1	1	1	X	STOP condition followed by a START condition will be transmitted and TWSTO Flag will be reset
0x30	Data byte has been transmitted; NOT ACK has been received	Load data byte or	0	0	1	X	Data byte will be transmitted and ACK or NOT ACK will be received
		No TWDR action or	1	0	1	X	Repeated START will be transmitted
		No TWDR action or	0	1	1	X	STOP condition will be transmitted and TWSTO Flag will be reset
		No TWDR action	1	1	1	X	STOP condition followed by a START condition will be transmitted and TWSTO Flag will be reset
0x38	Arbitration lost in SLA+W or data bytes	No TWDR action or	0	0	1	X	2-wire Serial Bus will be released and not addressed Slave mode entered
		No TWDR action	1	0	1	X	A START condition will be transmitted when the bus becomes free

▣ 마스터 수신 모드

마스터 수신 모드는 마스터가 수신측으로 동작하고 슬레이브가 송신측으로 동작하여 1바이트 또는 여러 바이트의 데이터를 슬레이브로부터 마스터로 수신하는 모드이다. 마스터 수신 모드는 START 조건에 이어서 출력되는 SLA+R 어드레스 패킷에 의하여 결정된다.

① TWCR 레지스터에 다음과 같은 값을 라이트하여 START 조건을 출력한다.

이 START 조건의 전송이 완료되면 TWCR 레지스터에서 TWINT=1로 세트되면서 TWSR 레지스터의 상태 코드가 0x08로 된다.

TWCR	TWINT	TWEA	TWSTA	TWSTO	TWWC	TWEN	–	TWIE
value	1	X	1	0	X	1	0	X

② TWDR 레지스터에 SLA+R을 저장하고 TWCR 레지스터에 다음과 같은 값을 라이트하여 마스터 송신 모드가 되도록 한다.

이 SLA+R의 전송이 완료되고 슬레이브로부터 확인 비트가 수신되면 TWCR 레지스터에서 TWINT=1로 세트되면서 TWSR 레지스터의 상태 코드가 0x40으로 되고, 확인 비트가 수신되지 않으면 상태 코드는 0x48로 된다.

TWCR	TWINT	TWEA	TWSTA	TWSTO	TWWC	TWEN	–	TWIE
value	1	X	0	0	X	1	0	X

③ SLA+R의 전송이 완료된 경우에 마스터는 다시 TWCR 레지스터에 다음과 같은 값을 라이트하고 데이터 수신 대기상태에 들어간다.

이때 만약 TWCR 레지스터에서 TWEA=0으로 설정하였다면 마스터가 데이터를 수신하고 나서 확인 비트를 출력하지 않으므로 TWCR 레지스터에서 TWINT=1로 세트되면서 상태 코드가 0x58로 되며, TWEA=1로 설정하였다면 마스터가 데이터를 수신하고 나서 확인 비트를 출력하므로 TWINT=1로 세트되면서 상태 코드가 0x50으로 된다.

TWCR	TWINT	TWEA	TWSTA	TWSTO	TWWC	TWEN	–	TWIE
value	1	X	0	0	X	1	0	X

④ 수신할 바이트가 여러 개인 경우에는 위의 ③을 반복하여 수행한다. 단, 슬레이브

어드레스를 변경하려면 START 조건의 대신에 REPEATED START 조건을 사용하여 ①~③의 과정을 반복하며, 이때의 상태 코드는 0x08이 아니라 0x10으로 된다. REPEATED START 조건을 송신하려면 TWCR 레지스터에 다음과 같은 값을 라이트한다.

TWCR	TWINT	TWEA	TWSTA	TWSTO	TWWC	TWEN	–	TWIE
value	1	X	1	0	X	1	0	X

⑤ 모든 데이터 수신 동작이 완료되고 STOP 조건을 전송하려면 TWCR 레지스터에 다음과 같은 값을 라이트한다.

TWCR	TWINT	TWEA	TWSTA	TWSTO	TWWC	TWEN	–	TWIE
value	1	X	0	1	X	1	0	X

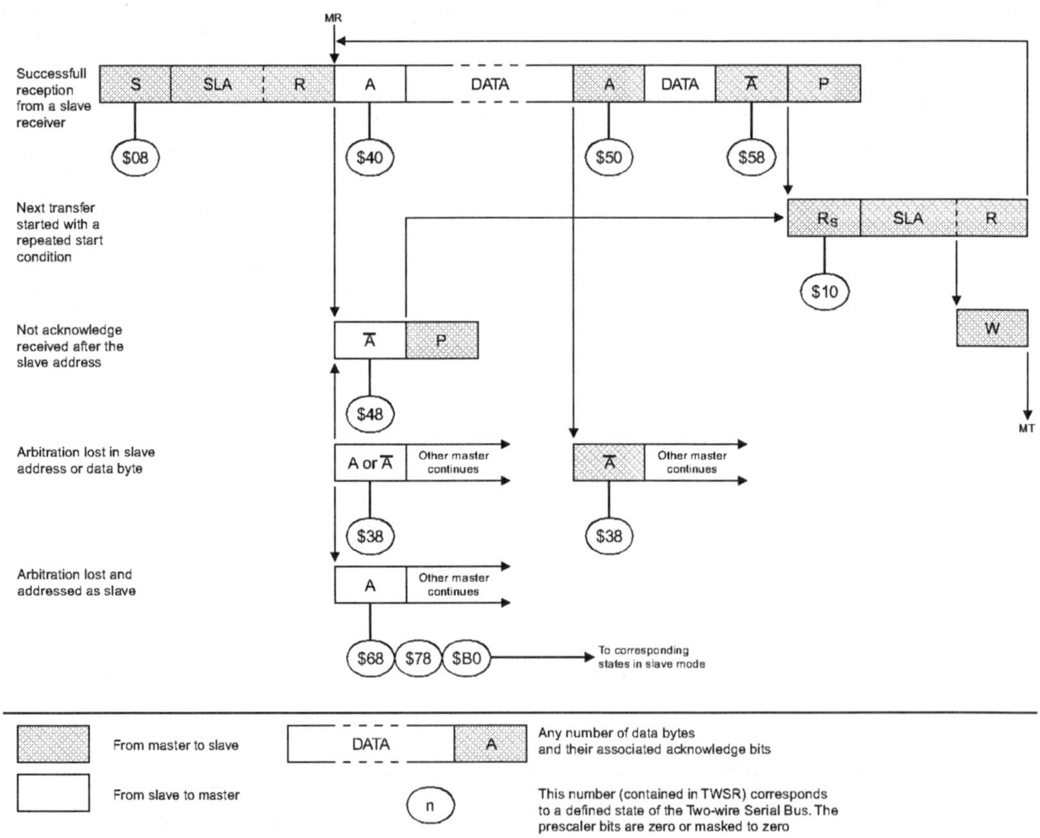

〈그림 2.7.14〉 TWI 모듈에서 마스터 수신 모드의 단계별 동작

〈표 2.7.4〉 TWI 모듈에서 마스터 수신 모드의 상태 코드

Status Code (TWSR) Prescaler Bits are 0	Status of the 2-wire Serial Bus and 2-wire Serial Interface Hardware	Application Software Response					Next Action Taken by TWI Hardware
		To/from TWDR	To TWCR				
			STA	STO	TWINT	TWEA	
0x08	A START condition has been transmitted	Load SLA+R	0	0	1	X	SLA+R will be transmitted ACK or NOT ACK will be received
0x10	A repeated START condition has been transmitted	Load SLA+R or Load SLA+W	0 0	0 0	1 1	X X	SLA+R will be transmitted ACK or NOT ACK will be received SLA+W will be transmitted Logic will switch to Master Transmitter mode
0x38	Arbitration lost in SLA+R or NOT ACK bit	No TWDR action or No TWDR action	0 1	0 0	1 1	X X	2-wire Serial Bus will be released and not addressed Slave mode will be entered A START condition will be transmitted when the bus becomes free
0x40	SLA+R has been transmitted; ACK has been received	No TWDR action or No TWDR action	0 0	0 0	1 1	0 1	Data byte will be received and NOT ACK will be returned Data byte will be received and ACK will be returned
0x48	SLA+R has been transmitted; NOT ACK has been received	No TWDR action or No TWDR action or No TWDR action	1 0 1	0 1 1	1 1 1	X X X	Repeated START will be transmitted STOP condition will be transmitted and TWSTO Flag will be reset STOP condition followed by a START condition will be transmitted and TWSTO Flag will be reset
0x50	Data byte has been received; ACK has been returned	Read data byte or Read data byte	0 0	0 0	1 1	0 1	Data byte will be received and NOT ACK will be returned Data byte will be received and ACK will be returned
0x58	Data byte has been received; NOT ACK has been returned	Read data byte or Read data byte or Read data byte	1 0 1	0 1 1	1 1 1	X X X	Repeated START will be transmitted STOP condition will be transmitted and TWSTO Flag will be reset STOP condition followed by a START condition will be transmitted and TWSTO Flag will be reset

이상에서 설명한 마스터 수신 모드의 동작과 그에 따른 TWI 모듈의 단계별 상태 코드를 그림으로 요약하면 <그림 2.7.14>와 같다. 또한, 마스터 수신 모드에서의 상태 코드를 요약하면 <표 2.7.4>와 같다.

◀참고▶ ATmega128A의 TWI 직렬통신 모듈은 이밖에도 슬레이브 송신 모드와 슬레이브 수신 모드로 동작할 수 있다. 그러나, ATmega128A를 응용하는 시스템에서 이 마이크로컨트롤러는 마스터로 사용되는 것이 대부분이며 슬레이브로 사용되는 경우는 거의 없으므로 슬레이브 모드의 동작에 대하여는 여기서 설명하지 않는다. 또한, TWI 통신의 멀티마스터 시스템을 사용하는 경우에 대하여도 여기서 취급하지 않는다. 만약, 이에 대하여 자세한 사항을 알고자 하면 ATmega128A의 데이터 시트를 참고하기 바란다.

◀참고▶ *OK-128TFT* 키트에서는 TWI 직렬통신을 수행해 볼 수 있도록 SDA, SCL 신호를 2-wire Serial EEPROM인 AT24C16(U9)에 접속하여 놓았다. 이는 I^2C 직렬통신 방식으로 액세스하는 불휘발성 메모리이므로 TWI 직렬통신에 대한 응용 예가 되면서 ATmega128A에 내장된 EEPROM 이외에 추가적인 보조기억장치로 사용할 수 있다. 그러나, U9에는 AT24C16 이외에도 AT24C16/32/64/128/512/1024 중에서 어느 것이라도 접속하여 사용할 수 있다.

제3장

OK-128TFT 키트 및 개발 툴

3.1 *OK-128TFT* 키트의 구조와 기능

3.2 AVR Atmega128A의 개발 툴

3.3 WinAVR C컴파일러의 기능 요약

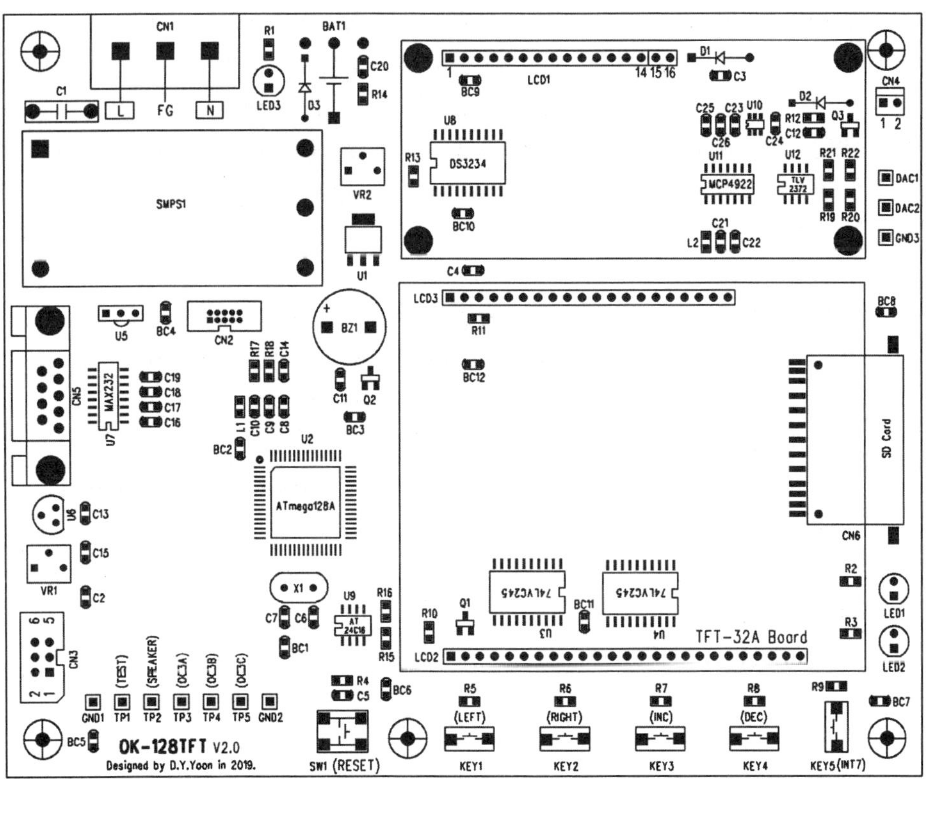

☞

이 장에서는 먼저 저자가 설계한 ATmega128A 마이크로컨트롤러의 트레이닝 키트 *OK-128TFT* V2.0의 구조와 기능을 살펴보고, 여기에 사용자가 프로그램을 다운로드하고 실행하는 방법을 설명한다. 여기서 기본적으로는 경제적으로 여유가 없는 아마추어들을 위하여 예전에 Atmel사에서 표준으로 사용하였으나 지금은 단종된 USB형 AVRISP mkII의 호환기종에 해당하는 다운로드 케이블을 사용하며, 좀더 여유가 있다면 이보다 가격이 높은 Atmel-ICE 에뮬레이터를 사용할 수도 있다.

이 키트에 사용된 회로 및 설계 개념들을 철저히 분석하여 이해하는 것은 이 키트를 올바르게 사용하는데 필수적일 뿐만 아니라 앞으로 독자 여러분이 자신에게 필요한 마이크로프로세서 응용 시스템을 설계하는 능력을 기르는 데에도 크게 도움이 될 것이다.

또한, 이 장에서는 ATmega128A 마이크로컨트롤러를 사용하는데 필요한 각종 하드웨어 개발 툴 및 소프트웨어 개발 툴들을 소개하고, 본서와 키트에서 기본적으로 사용하는 C컴파일러에 대하여 자세히 설명한다. 본서에서는 Microchip Technology 사에서 무료로 제공하는 Atmel Studio V7.0에 포함된 WinAVR C컴파일러를 기본으로 사용한다. 이 소프트웨어들은 모두 무료이며, 전 세계적으로 가장 사랑받는 소프트웨어 중의 하나이므로 성능면에서도 독자 여러분이 사용하는데 아무런 불편이 없을 것이다.

이 장에서 설명하는 내용들은 제4장의 C언어 프로그래밍 실습에서 중요하게 사용되니 잘 익혀두기 바란다.

3.1 *OK-128TFT* 키트의 구조와 기능

1. *OK-128TFT* 키트의 개요 및 사양

OK-128TFT 키트는 Microchip Technology사(구 Atmel)의 유명한 AVR 시리즈의 8비트 마이크로컨트롤러인 ATmega128A의 하드웨어 및 소프트웨어 학습용으로 설계된 아주 작은 규모의 단일 보드 컴퓨터 시스템(training kit)으로서 그 기본 구조는 <그림 3.1.1>과 같고, 이에 대한 자세한 기술적인 사양은 <표 3.1.1>과 같다.

〈표 3.1.1〉 *OK-128TFT* 키트 V2.0의 설계 사양

항 목	사 양	비 고
1. MCU	ATmega128A-AU(16 MHz)	16 MHz 수정발진자 사용
2. ROM	MCU에 내장된 128KB의 플래시 메모리	프로그램 저장용
3. RAM	MCU에 내장된 4KB	스택 및 사용자 데이터 저장용
4. 프로그램 입력/실행	1. AVRISP mkII 다운로드 케이블을 사용하는 방법 2. Atmel-ICE 에뮬레이터를 사용하는 방법	현재는 단종되어 호환기종을 사용함 Microchip Technology사의 정품
5. I/O	1. 플래시 메모리 프로그램용 컨넥터 ① Atmel-ICE용 10핀 DIP 컨넥터(CN2) ② AVR ISP용 6핀 DIP 컨넥터(CN3) 2. MCU가 직접 제어하는 I/O ① 3.2인치 320×240 픽셀 TFT-LCD 모듈 ② 16×2 문자 텍스트 LCD 모듈 ③ 4개의 키입력 스위치(KEY1~KEY4) 외부 인터럽트 발생 키(KEY5) ④ 2개의 상태표시 LED(LED1~LED2) 1개의 전원용 LED(LED3) ⑤ +5V용 버저 및 스피커 사운드 출력(CN4) ⑥ TV 리모컨 수신 모듈 KSM-603LM ⑦ LM35DZ에 의한 온도센서(ADC1) +5V 전원 전압 측정(ADC2) 가변저항에 의한 전압 측정(ADC3) ⑧ MCP4922 12비트 2채널 D/A 컨버터 출력 (DAC1, DAC2) ⑨ RS-232C 직렬통신 포트(CN5) ⑩ SPI 접속형 DS3234 배터리 백업 RTC ⑪ I2C 접속형 AT24C16 직렬 EEPROM ⑫ SPI 접속형 SD 카드 컨넥터(CN6)	 1.27mm 간격의 박스 헤더 컨넥터 2.54mm 간격의 박스 헤더 컨넥터 터치 스크린 포함 화면밝기 조절 및 백라이트 기능 포함 외부 인터럽트 INT7을 발생 외부 인터럽트 INT6을 사용 -5V ~ +5V 범위의 아날로그 출력 3.6V의 충전식 NiMH 전지 사용
6. 전원	단상 교류 220V(CN1)	키트의 내부에서 +5V, -5V, +3.3V를 만들어 사용함
7. PCB 외형	160×130mm 양면 에폭시 기판	

OK-128TFT 키트는 <그림 3.1.1>에서 보는 것처럼 8비트의 마이크로컨트롤러인 ATmega128A(16MHz)를 중심으로 하여 여기에 내장된 여러 가지 기본 I/O 기능과 다양한 외부 확장 I/O를 사용하고 있다. 키트의 기본 출력장치로서 3.2인치 320×240 픽셀의 65536 컬러 TFT-LCD 모듈과 16×2자의 텍스트 LCD 모듈을 장착하고 있어서 영문 ASCII 문자는 물론이고 상당히 미려한 글씨체의 한글과 다양한 그래픽 화면을 표시할 수 있다. TFT-LCD 모듈에는 저항막 방식의 터치 스크린이 포함되어 있다.

마이크로컨트롤러의 병렬포트에 접속된 I/O 기능에는 4개의 키입력 스위치와 2개의 LED, 버저(buzzer) 등이 있다. 내장된 A/D 컨버터의 아날로그 입력으로는 반도체 온도센서 LM35DZ와 +5V 전원 전압, 가변저항에서의 전압측정 회로가 있다. 마이크로컨트롤러에 내장된 그밖의 I/O 기능에는 4개의 타이머/카운터와 2개의 USART, SPI, TWI 직렬통신 등이 있다. 이중에서 타이머/카운터1을 이용하여 스피커를 구동하며, USART1 포트를 사용하여 RS-232C 직렬통신을 수행한다. SPI 직렬통신 포트에는 터치 스크린, DS3234 RTC, MCP4922 D/A 컨버터, SD 카드 컨넥터 등을 접속하였고, TWI 직렬통신 포트에는 직렬 EEPROM 메모리인 AT24C16을 접속하였다.

사용자는 이러한 많은 하드웨어 및 I/O 인터페이스 기능을 통하여 다양한 하드웨어 응용 설계 기술을 공부할 수 있으며, C언어를 사용하여 이 하드웨어를 제어하는 프로그램 작성 기술을 익힐 수 있다.

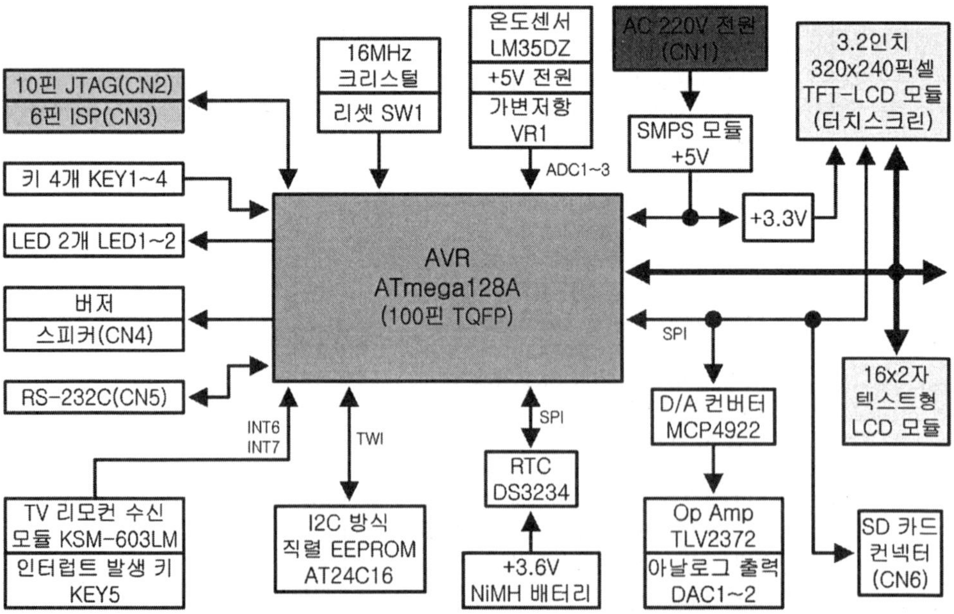

〈그림 3.1.1〉 *OK-128TFT* 키트 V2.0의 하드웨어 구성 블록도

OK-128TFT 키트는 매우 다양한 기능을 내장하고 있으면서도 PCB 기판을 양면으로 하고 크기가 약 16×13cm에 불과하도록 설계하여 상당히 저렴한 비용으로 제작할 수 있으며, 아마추어를 위한 마이크로컨트롤러 트레이닝 키트로서는 물론 각종 자동제어 분야의 응용 시스템에까지 무리 없이 적용될 수 있을 것이다. 특히, 이 키트를 실무적인 분야에 직접 적용하고자 할 때 종종 필수적으로 요구되는 한글/영문 표시용 TFT-LCD 모듈과 배터리 백업형의 실시간 시계 소자를 내장하였다. 또한, 이 키트를 설계할 때 사용자가 쉽게 조립하여 사용할 수 있도록 시장에서 용이하게 구입할 수 있는 저가의 부품들을 사용하도록 최대한 고려하였다.

OK-128TFT 키트는 AVR 시리즈의 마이크로컨트롤러를 공부하고자 하는 아마추어, 공업고등학교 학생, 대학 학부생 정도의 마이크로프로세서 초보 입문자 교육용에 적합하도록 설계하는 것을 기본적인 목표로 하였으나, 이 마이크로컨트롤러를 특정 분야의 응용 시스템에 적용하려는 현장의 엔지니어, 연구원, 대학원생, 관련분야의 교수와 같은 분들에게도 유용하도록 설계하였다. 특히, 여기에서 사용한 ATmega128A 마이크로컨트롤러는 128KB의 대용량 프로그램용 메모리인 플래시 메모리를 내장하고 있어서 상당히 규모가 큰 프로그램도 가능하며, 사용자가 여기에서 에뮬레이터나 다운로드 케이블을 사용하여 손쉽게 프로그램을 다운로드할 수 있으므로 초보자라도 큰 어려움이 없이 단계적으로 이 마이크로컨트롤러의 기능을 익혀 나갈 수 있다.

또한, 이 책에서는 초보자들이 재미있게 이를 따라 익히며, 여러 응용 분야에 종사하는 사용자들이 각각 자신의 분야에 필요한 응용 기술을 연마할 수 있도록 여러 가지의 매우 다양한 응용 프로그램을 C언어로 제시하여 이를 공부하며 실행하여 볼 수 있도록 하였다.

2. *OK-128TFT* 키트의 하드웨어 구조

이제 사용자가 *OK-128TFT* 키트의 기능들을 충분히 활용하고 나아가 이를 응용하는 능력을 기르기 위해서는 이 키트의 구조 및 기능을 자세히 이해하여야 한다. 여기서는 *OK-128TFT*의 전체적인 하드웨어 구조 및 시스템 설계자의 의도를 설명하고자 한다.

OK-128TFT 키트 V2.0의 전체 회로도는 <그림 3.1.2>에 보인 바와 같고, 실제 키트의 PCB(Printed Circuit Board) 모양 및 부품배치도는 <그림 3.1.3>에 보였으며, 여기에서 사용하는 모든 부품의 리스트를 <표 3.1.2>에 정리하였다.

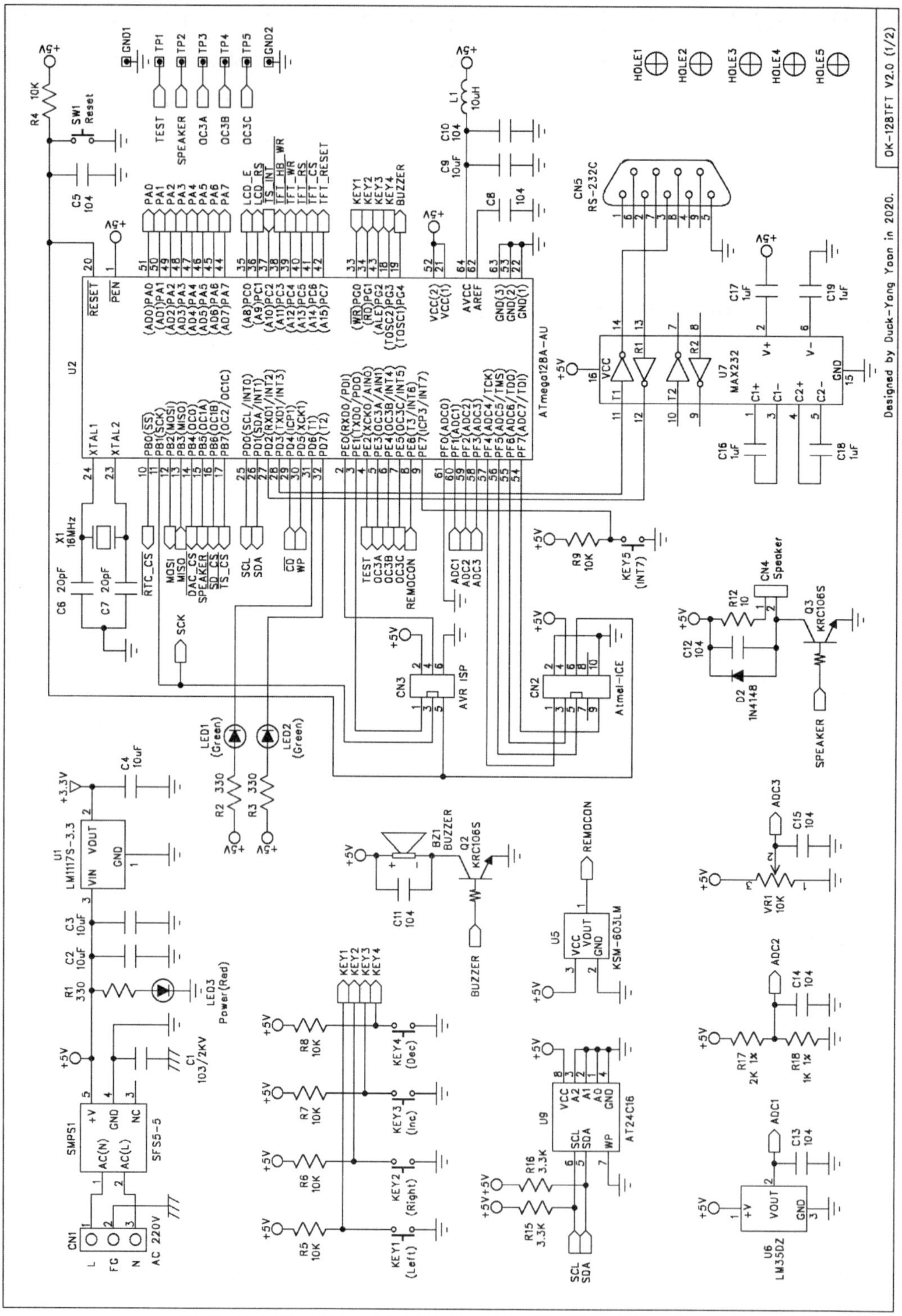

〈그림 3.1.2〉 *OK-128TFT* 키트 V2.0의 전체 회로도(1/2)

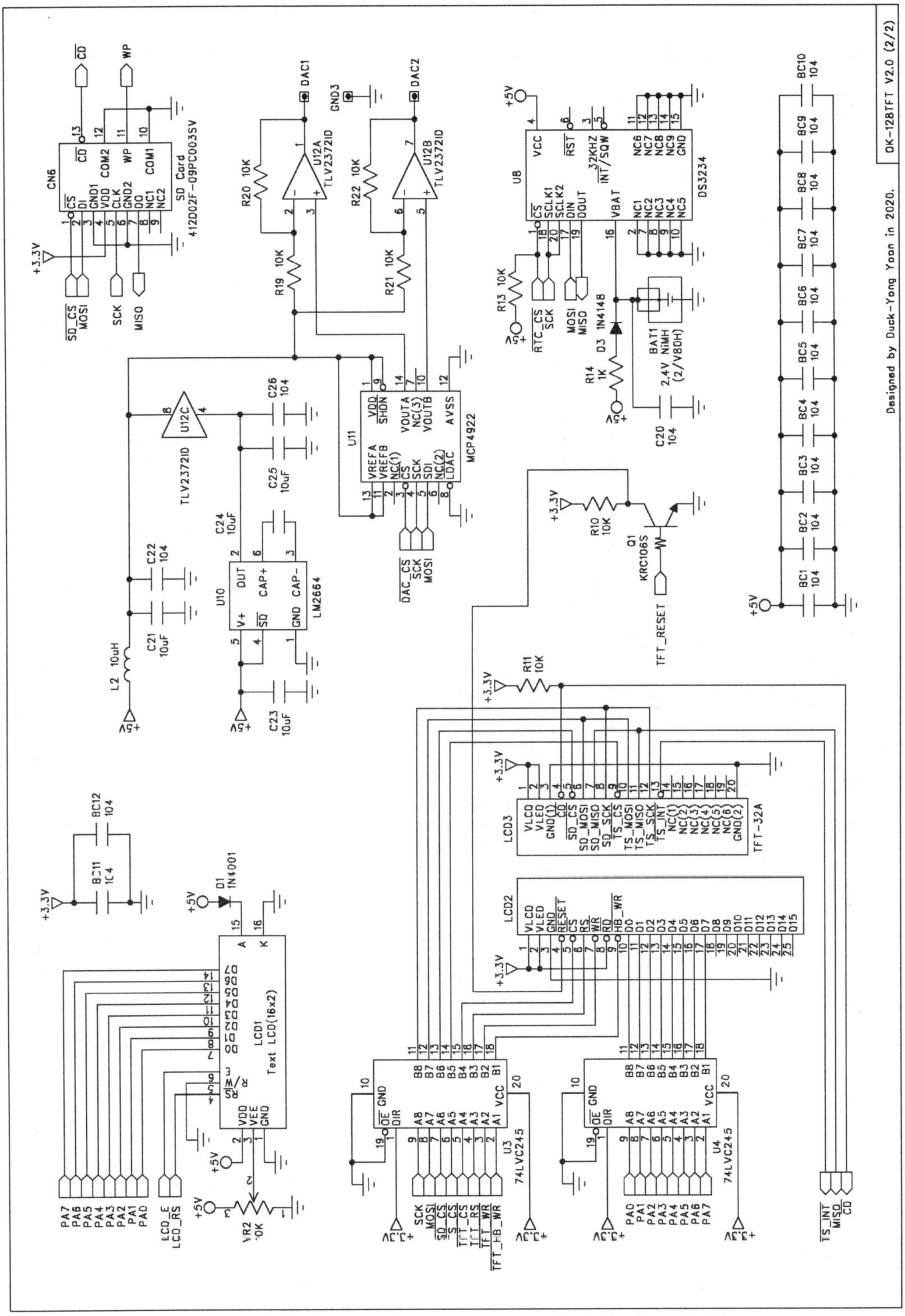

〈그림 3.1.2〉 *OK-128TFT* 키트 V2.0의 전체 회로도(2/2)

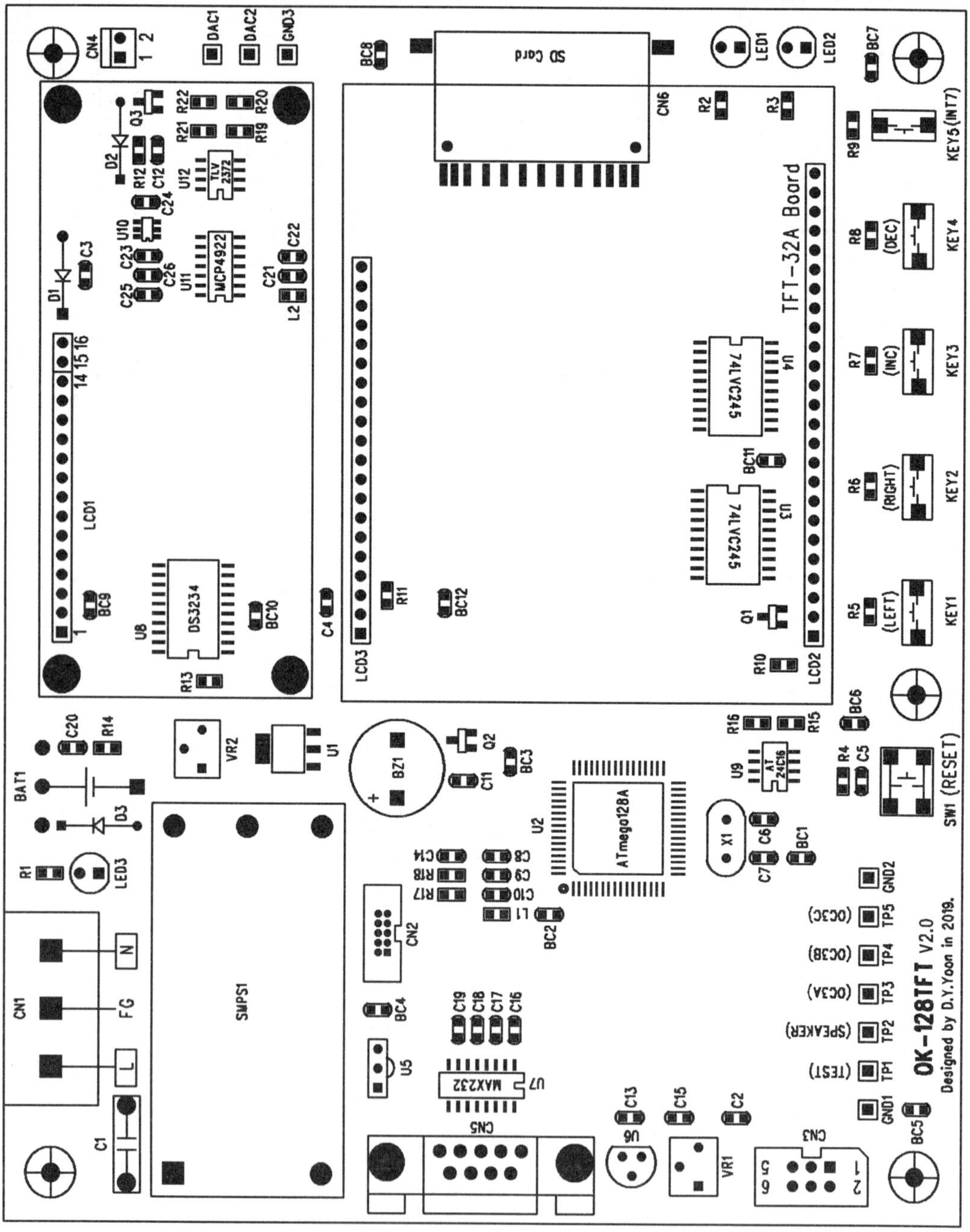

〈그림 3.1.3〉 *OK-128TFT* 키트 V2.0의 PCB 모양 및 부품배치도

◀**참고**▶ 이 키트에서 Atmel-ICE 에뮬레이터용 컨넥터 CN2와 AVRISP mkII 다운로드 케이블 컨넥터 CN3은 자신에게 필요한 것만 선택하여 조립하면 된다. 반도체 온도센서 소자 U6은 다리를 ㄱ자로 꺾어 눕혀서 온도센서 부분이 PCB의 외부로 돌출되도록 조립하는 것이 좋다.

〈표 3.1.2〉 *OK-128TFT* 키트 V2.0의 전체 부품 리스트

부품 번호	수량	부품명 및 규격	비 고
SMPS1	1	SFS5-5 (5V/1A PCB 장착형 SMPS)	POWERPLAZA 제품
U1	1	LM1117S-3.3 (정전압 레귤레이터)	SOT-223형
U2	1	ATmega128A-AU (마이크로컨트롤러)	64핀 LQFP형
U3, 4	2	74LVC245	20핀 300MIL wide SOIC형
U5	1	KSM-603LM (TV 리모컨 수신 센서)	
U6	1	LM35DZ (반도체 온도 센서)	TO-92형
U7	1	MAX232 (RS-232C 통신 인터페이스)	16핀 150MIL narrow SOIC형
U8	1	DS3234 (SPI 통신형 RTC)	20핀 300MIL wide SOIC형
U9	1	AT24C16C-SSHM (시리얼 EEPROM)	8핀 150MIL narrow SOIC형
U10	1	LM2664M6 (voltage inverter)	SOT23-6형
U11	1	MCP4922-E/SL (SPI 통신형 DAC)	14핀 150MIL narrow SOIC형
U12	1	TLV2372ID (I/O rail-to-rail형 OP Amp)	8핀 150MIL narrow SOIC형
X1	1	16MHz (ATS형 수정발진자)	
D1	1	1N4001 (정류용 다이오드)	
D2, 3	2	1N4148 (신호용 다이오드)	
LED1, 2	2	5AG3HD00 (5Φ 녹색 LED)	
LED3	1	5AR3PD00 (5Φ 적색 LED)	
Q1, 2, 3	3	KRC106S (NPN형 트랜지스터)	
LCD1	1	LC1621-SMLYH6 텍스트형 LCD 모듈	좌측 상단 커넥터형
	1	16핀(1x16) 핀 헤더 소켓(straight형)	40핀(1x40)짜리를 잘라서 사용
	1	16핀(1x16) 핀 헤더(straight형)	40핀(1x40)짜리를 잘라서 사용
	2	F-10mm (PCB 서포트, 금속, 3Φ)	
	4	M3x5 (둥근 머리 볼트, 3Φ, 5mm)	
LCD2, 3	1 1	25핀(1x25) 핀 헤더 소켓(straight형) 20핀(1x20) 핀 헤더 소켓(straight형)	40핀(1x40)짜리를 잘라서 사용
R1, 2, 3	3	2012형 330Ω 칩 저항	
R4~11, 13, 19~22	13	2012형 10K 칩 저항	
R12	1	2012형 10Ω 칩 저항	
R14	1	2012형 1K 칩 저항	
R15, 16	4	2012형 3.3K 칩 저항	
R17	1	2012형 1% 2K 칩 저항	정밀 저항을 사용하는 것이 바람직함
R18	1	2012형 1% 1K 칩 저항	정밀 저항을 사용하는 것이 바람직함
VR1, 2	2	GF063P 10K 반고정 저항	1K~20K 범위에서 임의 사용 가능
L1, 2	2	2012형 10μH 칩 인덕터	
C1	1	1kV 0.01μF 고압 세라믹 커패시터	
C2~4, 9, 21, 23~25	8	2012형 10μF 칩 세라믹 커패시터	
C5,8,10~15,20,22,26, BC1~12	23	2012형 0.1μF 칩 세라믹 커패시터	
C6, 7	2	2012형 20pF 칩 세라믹 커패시터	
C16~19	4	2012형 1μF 칩 세라믹 커패시터	
BAT1	1	2/V80H (2.4V 70mAh NiMH 전지)	
BZ1	1	SM-1205C 또는 KPX-1205 (+5V용 버저)	
SW1	1	ITS-1102T (4핀 택트 스위치)	
KEY1~5	5	ITS-1107 (2핀 택트 스위치)	
TP1~5, DAC1~2, GND1~3	1	13핀(1x13) 핀 헤더(straight형) 5핀(1x5) 핀 헤더(straight형)	40핀(1x40)짜리를 잘라서 사용
CN1	1	BR-762C(3핀) 전원 커넥터	
CN2	1	10핀(2x5) 박스 헤더(1.27mm, straight형)	BH06-10S 또는 3FB-10P-1.27S/T
CN3	1	6핀(2x3) 박스 헤더(2.54mm, straight형)	BHS-01-6P 또는 3FB-6P-S/T
CN4	1 1 1	MOLEX 5045-02 (2.5mm 커넥터, PCB측) MOLEX 5051-02 (케이블 측) 8Ω/1W 미니 스피커	
CN5	1	DS1037-09M (9핀 D형 커넥터, 수컷)	
CN6	1	412D02F-09PC003SV (SD 카드 커넥터)	*TFT-32A* 보드의 CN3을 대체함

(1) ATmega128A 마이크로컨트롤러 주변의 기본회로

ATmega128A의 주변회로는 <그림 3.1.2>에서 보는 바와 같이 마이크로컨트롤러와 이에 기본적으로 추가되는 시스템 클록 발생회로, 시스템 리셋 회로, JTAG 및 ISP 인터페이스 회로, 기타 MCU 소자에 내장된 I/O 관련회로 등으로 구성된다.

▣ 시스템 클록 발생회로

ATmega128A-AU는 최고 16MHz의 시스템 클록을 사용할 수 있도록 되어 있으므로 기본적으로 *OK-128TFT* 키트에서는 최고 주파수에 해당하는 16MHz의 수정발진자를 XTAL1 및 XTAL2 단자에 연결하여 사용한다. 이들 각 단자와 접지 사이에는 12pF~22pF의 세라믹 커패시터를 접속하는데, 이 키트에서는 20pF를 사용하였다.

▣ 시스템 리셋 회로

ATmega128A-AU에는 내부에 전원 투입 리셋(power-on reset) 회로를 가지고 있으므로 외부의 시스템 리셋회로는 스위치 SW1과 R4, C5의 소자로 간단히 구성된다. 이러한 리셋 스위치는 키트의 사용자가 매우 빈번하게 사용하므로 PCB를 설계할 때 사용하기 편리한 위치에 두도록 고려하였다.

시스템 리셋 신호는 리셋 스위치 SW1 뿐만 아니라 Atmel-ICE 에뮬레이터나 AVRISP mkII 다운로드 케이블에서도 발생할 수 있어야 하므로 서로 모두 연결한다.

▣ Atmel-ICE 및 AVRISP mkII 인터페이스 회로

Microchip Technology사가 Atmel을 인수 합병한 이후에는 기존의 하드웨어 개발 툴을 대부분 단종하고 Atmel-ICE 에뮬레이터를 표준으로 사용하므로 *OK-128TFT* 키트에서도 이를 위한 10핀 컨넥터 CN2를 제공한다. 이 에뮬레이터는 기존의 Atmel에서 사용하던 JTAG ICE mkII와 핀 배열이 동일한 10핀 컨넥터를 사용하지만, 컨넥터의 핀 간격을 2.54mm에서 1.27mm로 줄여서 컨넥터의 크기를 훨씬 작게 하였다.

그런데, 현재 Microchip Technology사에서 무료로 제공하는 소프트웨어 개발 툴인 Atmel Studio에서는 종래에 사용하던 Atmel 표준의 ISP 다운로드 케이블인 AVRISP mkII를 사용할 수 있도록 지원한다. 현재는 Atmel사 정품인 AVRISP mkII가 단종되었지만, 아직도 시장에서는 이것의 호환 제품들이 많이 판매되고 있다. 따라서, *OK-128TFT* 키트에서는 주머니가 가벼운 사용자들을 위하여 AVRISP mkII 또는 그 호환 제품을 사용할 수 있도록 다운로드 케이블용의 6핀 컨넥터 CN3을 제공한다.

(2) ATmega128A에 내장된 I/O 관련 회로 요약

ATmega128A 마이크로컨트롤러에는 여러 가지의 I/O 디바이스를 내장하고 있는데 *OK-128TFT* 키트에서는 이것들을 최대한 활용할 수 있도록 하드웨어를 설계하였다. *OK-128TFT* 키트에서 사용하는 I/O 기능을 요약하면 <표 3.1.3>과 같다.

〈표 3.1.3〉 *OK-128TFT* 키트 V2.0에서 MCU의 병렬 I/O 포트에 접속된 기능

병렬 I/O 포트		부수적인 기능	*OK-128TFT* 키트에서 사용하는 기능
포트A	PA0~PA7		(PA0~PA7) TFT-LCD 모듈 및 텍스트 LCD 모듈의 데이터 버스 D0~D7
포트B	PB0		($\overline{RTC\_CS}$) DS3234 RTC와 SPI 통신을 위한 칩선택 신호
	PB1	SCK	터치 스크린, DS3234, MCP4922, SD 카드와 SPI 통신을 위한 SCK 신호
	PB2	MOSI	터치 스크린, DS3234, MCP4922, SD 카드와 SPI 통신을 위한 MOSI 신호
	PB3	MISO	터치 스크린, DS3234, MCP4922, SD 카드와 SPI 통신을 위한 MISO 신호
	PB4		($\overline{DAC\_CS}$) MCP4922 D/A 컨버터와 SPI 통신을 위한 칩선택 신호
	PB5	OC1A	(TP2, SPEAKER) 타이머1을 이용한 스피커 사운드 출력 신호
	PB6		($\overline{SD\_CS}$) SD 카드와 SPI 통신을 위한 칩선택 신호
	PB7		($\overline{TS\_CS}$) TFT-LCD 모듈의 터치 스크린과 SPI 통신을 위한 칩선택 신호
포트C	PC0		(LCD_E) 텍스트 LCD 모듈의 E 신호
	PC1		(LCD_RS) 텍스트 LCD 모듈의 RS 신호
	PC2		($\overline{TS\_INT}$) TFT-LCD 모듈에서 터치 스크린의 인터럽트 입력 신호
	PC3		($\overline{TFT\_HB\_WR}$) TFT-LCD 모듈의 상위 바이트 데이터 라이트 신호
	PC4		($\overline{TFT\_WR}$) TFT-LCD 모듈의 하위 바이트 데이터 라이트 신호
	PC5		(TFT_RS) TFT-LCD 모듈의 레지스터 선택 신호
	PC6		($\overline{TFT\_CS}$) TFT-LCD 모듈의 칩선택 신호
	PC7		(TFT_RESET) TFT-LCD 모듈의 리셋 신호
포트D	PD0	SCL	AT24C16과 TWI 통신을 위한 SCL 신호
	PD1	SDA	AT24C16과 TWI 통신을 위한 SDA 신호
	PD2	RXD1	RS-232C 통신을 위한 USART1 포트의 RXD 신호
	PD3	TXD1	RS-232C 통신을 위한 USART1 포트의 TXD 신호
	PD4		($\overline{CD}$) SD 카드 컨넥터에 카드가 존재하는지를 알려주는 입력 신호
	PD5		(WP) SD 카드에 쓰기 금지가 되어 있는지를 알려주는 입력 신호
	PD6		LED1 출력 신호
	PD7		LED2 출력 신호
포트E	PE0	PDI	AVR ISP를 위한 PDI 신호(MOSI에 해당)
	PE1	PDO	AVR ISP를 위한 PDO 신호(MISO에 해당)
	PE2		(TP1, TEST) 디지털 테스트 출력 신호
	PE3	OC3A	(TP3, OC3A) 타이머/카운터3의 PWM 출력 신호 OC3A
	PE4	OC3B	(TP4, OC3B) 타이머/카운터3의 PWM 출력 신호 OC3B
	PE5	OC3C	(TP5, OC3C) 타이머/카운터3의 PWM 출력 신호 OC3C
	PE6	INT6	(REMOCON) TV 리모컨의 수신 신호
	PE7	INT7	KEY5에 의한 외부 인터럽트 입력 신호
포트F	PF0	ADC0	(ADC0) ADC0 아날로그 입력 신호(GND)
	PF1	ADC1	(ADC1) ADC1 아날로그 입력 신호(LD35DZ 온도센서 출력)
	PF2	ADC2	(ADC2) ADC2 아날로그 입력 신호(+5V 전원 전압을 1/3로 분압한 값)
	PF3	ADC3	(ADC3) ADC3 아날로그 입력 신호(VR1 가변저항 출력)
	PF4	TCK	JTAG 인터페이스의 TCK 신호
	PF5	TMS	JTAG 인터페이스의 TMS 신호
	PF6	TDO	JTAG 인터페이스의 TDO 신호
	PF7	TDI	JTAG 인터페이스의 TDI 신호
포트G	PG0		(KEY1) KEY1 입력 신호
	PG1		(KEY2) KEY2 입력 신호
	PG2		(KEY3) KEY3 입력 신호
	PG3		(KEY4) KEY4 입력 신호
	PG4		(BUZZER) 버저 출력 신호

(3) *OK-128TFT* 키트 V2.0의 컨넥터 요약

OK-128TFT 키트에는 외부로 접속하기 위한 컨넥터가 모두 6개 있고, 텍스트 LCD 및 TFT-LCD를 접속하는 컨넥터가 있는데 이를 요약하면 <표 3.1.4>와 같다.

〈표 3.1.4〉 *OK-128TFT* 키트 V2.0의 외부 접속 컨넥터 요약

컨넥터		기능			
CN1	전원 컨넥터 (BR-762B/C)	1 2 3	교류 220V 전원의 L 단자 교류 220V 전원의 FG 단자 교류 220V 전원의 N 단자		
CN2	Atmel-ICE용 (BH06-10S, 1.27mm)	1 2 3 4 5	TCK GND TDO VCC TMS	6 7 8 9 10	-RESET (사용 안함) (사용 안함) TDI GND
CN3	AVRISP mkII용 (BHS-01-6P, 2.54mm)	1 2 3	MISO VCC SCK	4 5 6	MISO -RESET GND
CN4	스피커 접속용 (MOLEX 5045-02)	1	8Ω/1W 스피커+	2	8Ω/1W 스피커-
CN5	USART1의 RS-232C용 (DS1037-09M, 수컷)	1 2 3	(사용 안함) RxD TxD	4 5 6~9	(사용 안함) GND (사용 안함)
CN6	SD 카드 접속용 (412D02F-09PC003SV)	1 2 3 4 5 6 7	-CS DI VSS1(GND) VDD(+3.3V) CLK VSS2(GND) DO	8 9 10 11 12 13	(사용 안함) (사용 안함) WP 단자 WP 단자 -CD 단자 -CD 단자
LCD1	텍스트 LCD 모듈 접속용 (16핀 SIP male header)	1 2 3 4 5 6 7 8	VSS(GND) VDD(+5V) Vo RS R/-W E D0 D1	9 10 11 12 13 14 15 16	D2 D3 D4 D5 D6 D7 백라이트 A 백라이트 K
LCD2	TFT-LCD 보드 접속용 - 좌측 (25핀 SIP male header)	1 2 3 4 5 6 7 8 9 10 11 12 13	VLCD(+3.3V) VLED(+3.3V) GND -RESET -CS RS -WR -RD -HB_WR D0 D1 D2 D3	14 15 16 17 18 19 20 21 22 23 24 25	D4 D5 D6 D7 D8 D9 D10 D11 D12 D13 D14 D15
LCD3	TFT-LCD 보드 접속용 - 우측 (20핀 SIP male header)	1 2 3 4 5 6 7 8 9 10	VLCD(+3.3V) VLED(+3.3V) GND NC -SD_CS SD_MOSI SD_MISO SD_SCK -TS_CS TS_MOSI	11 12 13 14 15 16 17 18 19 20	TS_MISO TS_SCK -TS_INT (사용 안함) (사용 안함) (사용 안함) (사용 안함) (사용 안함) (사용 안함) GND

3. *TFT-32A* 보드의 하드웨어 구조

TFT-32A 보드 V1.0은 320x240 픽셀의 해상도와 터치 스크린을 가지고 있는 3.2인치 262,144 컬러의 TFT-LCD 모듈 FL320QVC18-A0에 사용자가 이를 사용하기 쉽도록 8/16비트 병렬 인터페이스 회로와 터치 스크린 컨트롤러 및 SD 카드를 포함하는 PCB를 부착하여 TFT-LCD 응용 보드로 만든 것이다.

이 TFT-LCD 모듈은 원래 16비트 병렬 인터페이스만 가능하도록 만들어져 있어서 8비트 마이크로컨트롤러에서는 사용하기가 불편하였으나 TFT-LCD 모듈을 이처럼 전용 보드에 장착하여 만들면 이를 편리하게 8비트 또는 16비트 인터페이스 방법을 사용자가 임의로 선택하여 사용할 수 있으며, 커넥터를 사용하여 쉽게 마이크로프로세서에 접속할 수 있다. 74HC574 8비트 래치를 사용하여 사용자는 이와 같이 8비트 또는 16비트로 편리하게 인터페이스할 수 있으나 TFT-LCD 모듈의 입장에서 보면 항상 데이터 액세스는 16비트 단위로 수행된다.

OK-128TFT 키트에서는 ATmega128A 마이크로컨트롤러가 항상 8비트씩 데이터를 입출력하므로 *TFT-32A* 보드에서 반드시 U2(74HC574)와 R3(1K)을 조립하고, J1=ON으로 설정하여 사용해야 한다.

TFT-32A 보드에서는 터치 스크린 컨트롤러로서 ADS7846을 사용하여 SPI 직렬통신으로 터치 좌표값을 읽어들인다. 그러나, *TFT-32A* 보드에서는 사용하고 있지 않지만 만약 필요하다면 터치 스크린에서 나오는 X+, Y+, X-, Y- 신호를 직접 마이크로컨트롤러에서 A/D 변환하는 방법으로 터치 좌표값을 읽어들일 수도 있다.

TFT-32A 보드 V1.0의 주요 사양을 요약하면 <표 3.1.5>와 같다.

〈표 3.1.5〉 *TFT-32A* 보드 V1.0의 사양

항 목	사 양	비 고
1. TFT-LCD 모듈	FL320QVC18-A0(CN4) 3.2인치, 320×240 픽셀, 터치 스크린 내장형	컨트롤러 HX8347-A
2. 인터페이스 방식	① 8비트 인터페이스 방식 (J1 = ON) ② 16비트 인터페이스 방식(J1 = OFF)	*OK-128TFT* 키트에서는 8비트 방식을 사용함
3. 터치 스크린	SPI 인터페이스(ADS7846N 또는 ADS7846E 사용)	
4. SD 카드	SD 카드 (CN3)	*OK-128TFT* 키트에서는 이것을 사용하지 않음
5. 접속 커넥터	CN1(25핀) 및 CN2(20핀)	
6. 백라이드	TFT LCD 소자 내부에 5개의 LED 내장	
7. 전원	① LCD 전원 : +3.3V(+2.8V도 사용 가능) ② LED 전원 : +3.3V(백라이트용)	*OK-128TFT* 키트에서는 모두 +3.3V를 사용함
8. PCB 크기	66×80mm 양면 에폭시 기판	

(1) *TFT-32A* 보드의 구조

TFT-32A 보드 V1.0의 PCB 외형 및 부품 배치도는 <그림 3.1.4>와 같다. 또한, 이것의 회로도는 <그림 3.1.5>와 같고, 부품 리스트는 <표 3.1.6>과 같다. 외부 접속 커넥터 CN1과 CN2의 각 핀 기능을 요약하면 <표 3.1.7>과 같다.

이러한 확장 보드를 연결할 때는 보드의 상하 방향을 반대로 하거나 커넥터의 핀을 하나씩 시프트하여 잘못 꽂는 사고가 종종 발생하는데, 이렇게 되면 키트의 하드웨어에 치명적인 고장을 일으킬 수 있다. *TFT-32A* 보드에서는 이러한 사고를 예방하기 위하여 커넥터 CN1과 CN2의 핀 개수를 25개와 20개로 서로 다르게 하였는데, 이렇게 하면 이 보드를 메인 PCB와 접속할 때 방향을 반대로 잘못 꽂거나 커넥터 위치가 어긋나도록 잘못 꽂는 사고를 훨씬 줄일 수 있다.

TFT-LCD 모듈을 조립할 때는 FPCB의 37개 핀을 *TFT-32A* 보드의 PCB 패턴과 정확하게 일치시키고, FPCB에 붙어있는 양면 접착 테이프로 위치를 잘 고정시킨 후에 납땜하는 것이 좋다. 납땜 후에는 TFT-LCD 패널의 뒷면에 붙어있는 양면 접착 테이프를 이용하여 TFT-LCD 모듈의 패널을 *TFT-32A* 보드의 PCB에 붙여주면 되는데, 이때 TFT-LCD 모듈의 3군데 모서리에 있는 돌기가 PCB의 구멍에 일치하도록 위치를 정확히 잘 맞추어야 한다.

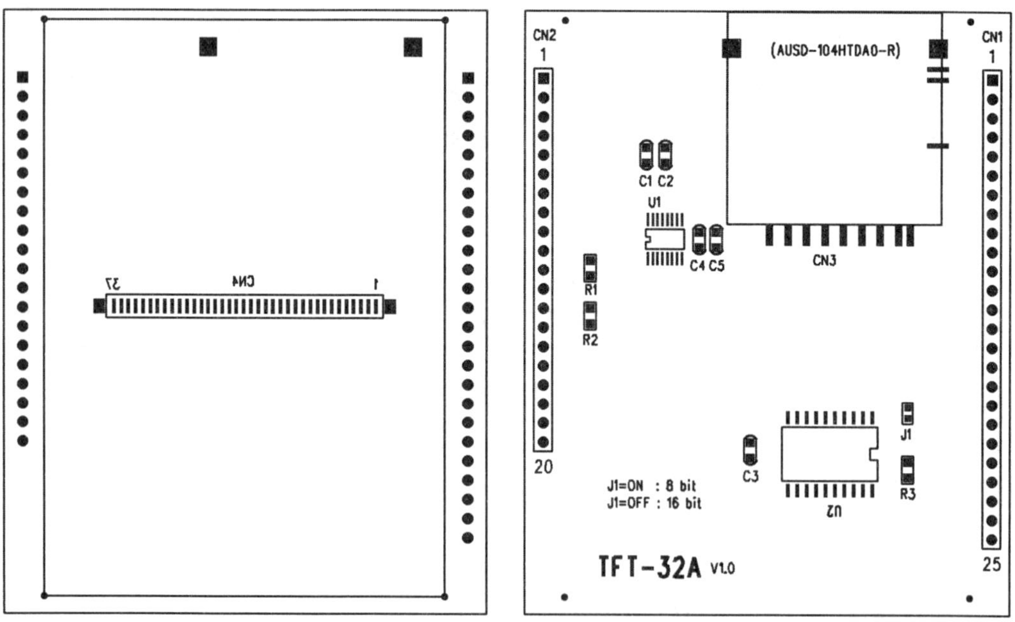

(a) 보드의 앞면(TFT-LCD 모듈 부착면) (b) 보드의 뒷면

<그림 3.1.4> *TFT-32A* 보드 V1.0의 PCB 부품배치도

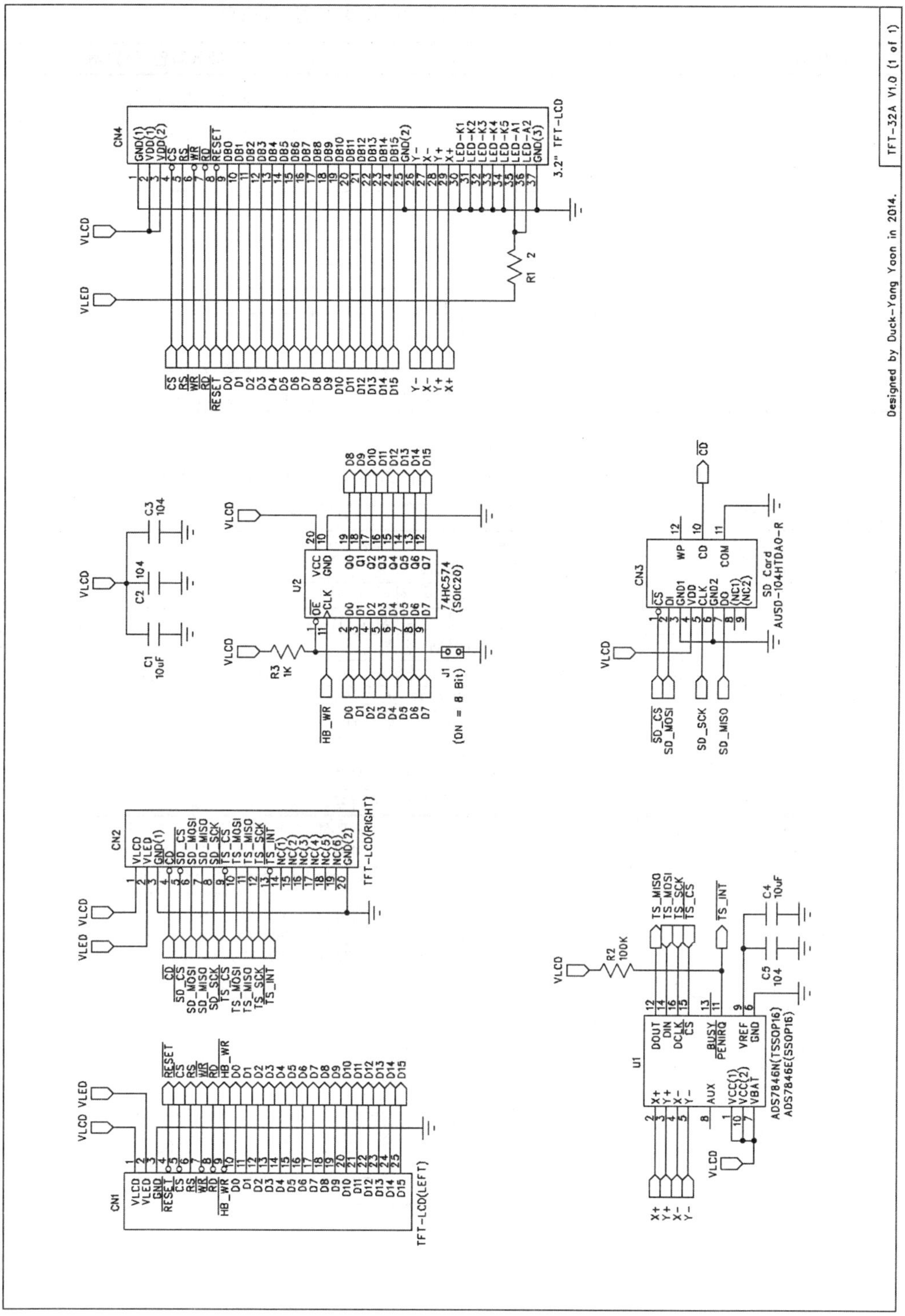

〈그림 3.1.5〉 *TFT-32A* 보드 V1.0의 회로도

〈표 3.1.6〉 *TFT-32A* 보드 V1.0의 부품 리스트

부품 번호	수량	부품명 및 규격	대표적인 구입처
CN4	1	FL320QVC18-A0 (3.2인치 HX8347-A 컨트롤러형)	http://www.ohm.co.kr
U1	1	ADS7846N(16핀 TSSOP형) 또는 ADS7846E(16핀 SSOP형)	http://www.findlcd.com http://www.devicemart.co.kr
U2	1	74HC574 (20핀 wide SOIC형)	
R1	1	2012형 2Ω 칩 저항	
R2	1	2012형 100K 칩 저항	
R3	1	2012형 1K 칩 저항	
C1, 4	2	2012형 10μF 칩 세라믹 커패시터	
C2, 3, 5	3	2012형 0.1μF 칩 세라믹 커패시터	
CN1	1	25핀(1x25) 핀 헤더(straight형)	
CN2	1	20핀(1x20) 핀 헤더(straight형)	
CN3	1	AUSD-104HTDA0-R (SD 카드 커넥터)	☞ 이것은 사용하지 않음
PCB	1	*TFT-32A* V1.0(66×80mm 양면 에폭시)	http://www.ohm.co.kr

〈표 3.1.7〉 *TFT-32A* 보드 V1.0의 외부 접속 커넥터 핀 기능

커넥터	신호명	핀번호	기 능	
CN1	VLCD	1	TFT-LCD 모듈 전원(3.3V 사용 권장)	
	VLED	2	LED 백라이트 전원(3.3V 사용 권장)	
	GND	3	전원 VLCD 및 VLED의 접지 단자	
	-RESET	4	TFT-LCD 모듈 리셋 신호(최소 10μs 이상의 펄스로 리셋 동작)	
	-CS	5	TFT-LCD 모듈 칩선택 신호	
	RS	6	커맨드와 파라미터를 구분하는 신호(0=커맨드, 1=파라미터)	
	-WR	7	TFT-LCD 모듈의 라이트 스트로브 신호	
	-RD	8	TFT-LCD 모듈의 리드 스트로브 신호	
	-HB_WR	9	8비트 인터페이스 방식에서 상위 바이트를 라이트하는 스트로브 신호	
	D0~D7	10~17	16비트 데이터 버스의 하위 바이트	
	D8~D15	18~25	16비트 데이터 버스의 상위 바이트(사용하지 않음)	
CN2	VLCD	1	TFT-LCD 모듈 전원(모듈 내부에서 커넥터 CN1의 1번 핀과 연결됨)	
	VLED	2	LED 백라이트 전원(모듈 내부에서 커넥터 CN1의 2번 핀과 연결됨)	
	GND	3	전원의 접지 단자(모듈 내부에서 커넥터 CN1의 3번 핀과 연결됨)	
	-CD	4	(사용하지 않음)	☞ 이 *TFT-32A* 보드에 있는 SD 카드 컨넥터는 단종되어 현재 구입하기 어려우므로 더 이상 사용하지 않는다. 대신에 *OK-128TFT* 키트 V2.0에서는 메인 보드의 CN6에 새로운 SD 카드 컨넥터를 장착하고 있으므로 이를 사용한다.
	-SD_CS	5	(사용하지 않음)	
	SD_MOSI	6	(사용하지 않음)	
	SD_MISO	7	(사용하지 않음)	
	SD_SCK	8	(사용하지 않음)	
	-TS_CS	9	터치 스크린 컨트롤러 ADS7846의 칩선택 신호	
	TS_MOSI	10	터치 스크린 컨트롤러 ADS7846의 SPI 통신 데이터 입력 신호	
	TS_MISO	11	터치 스크린 컨트롤러 ADS7846의 SPI 통신 데이터 출력 신호	
	TS_SCK	12	터치 스크린 컨트롤러 ADS7846의 SPI 통신 클록 입력 신호	
	-TS_INT	13	터치 스크린 컨트롤러 ADS7846의 인터럽트 출력 신호	
	NC(1)	14	(사용하지 않음)	
	NC(2)	15	(사용하지 않음)	
	NC(3)	16	(사용하지 않음)	
	NC(4)	17	(사용하지 않음)	
	NC(5)	18	(사용하지 않음)	
	NC(6)	19	(사용하지 않음)	
	GND	20	전원의 접지 단자(모듈 내부에서 커넥터 CN1의 3번 핀과 연결됨)	

만약 TFT-LCD 모듈에 붙어있는 양면 테이프로 이것을 *TFT-32A* 보드의 PCB에 접착시키는데 부족함이 있다면 TFT-LCD와 PCB 사이에 강력 본드를 1~2방울 떨어뜨려 보다 확실하게 접착시켜주는 방법도 있다.

TFT-LCD 모듈을 먼저 조립하고 나면 커넥터 CN1과 CN2를 납땜하는 것이 불편하므로, 가급적이면 커넥터 CN1과 CN2를 가장 먼저 납땜하고 그 이후에 나머지 부품들을 조립하는 것이 바람직하다.

(2) *TFT-32A* 보드의 동작 타이밍

3.2인치 TFT-LCD 모듈 FL320QVC18-A0에 사용된 컨트롤러 HX8347-A의 동작 타이밍은 <그림 3.1.6>과 같다. 따라서, 이를 컨트롤러로 사용한 *TFT-32A* 보드 V1.0의 동작 타이밍도 이와 동일하다.

만약, *TFT-32A* 보드를 마이크로컨트롤러에 8비트 인터페이스 방식으로 접속하려면 74HC574를 사용한다. 8비트 방식에서는 74HC574의 클록 입력 신호인 -HB_WR를 사용하여 먼저 16비트 데이터의 상위 바이트를 D7~D0에 라이트하고, 다음에는 -CS, RS, -WR 신호를 사용하여 16비트 데이터의 하위 바이트를 D7~D0에 라이트한다. 그러면 실제로 TFT-LCD 모듈에는 이렇게 하위 바이트를 라이트하는 순간에 74HC574에 미리 저장되어 있던 8비트를 포함한 16비트의 데이터 전체가 동시에 라이트된다. 이때 *TFT-32A* 보드의 D15~D8 신호는 74HC574의 출력신호 Q7~Q0에 해당하므로 사용하지 말고 오픈시켜 놓아야 한다.

마이크로컨트롤러와 *TFT-32A* 보드를 8비트 인터페이스 방식 및 16비트 인터페이스 방식으로 사용하는 방법을 요약하면 <표 3.1.8>과 같다. *OK-128TFT* 키트에서는 8비트 인터페이스 방식으로 사용하므로 점퍼 스위치 J1을 ON시켜야 한다.

〈표 3.1.8〉 *TFT-32A* 보드 V1.0의 외부 인터페이스 방식 요약

인터페이스	점퍼 스위치 J1	사용 방법
8비트 방식	J1 = ON	① 점퍼 스위치 J1을 ON시킴. ② D7~D0 버스를 통하여 상위 바이트를 -HB_WR 신호로 라이트하고, 하위 바이트를 -CS, RS, -WR 신호로 라이트함. ③ 사용하지 않는 -RD 신호는 +3.3V에 접속함. ④ 사용하지 않는 D15~D8은 오픈시켜두어야 함.
16비트 방식	J1 = OFF	① 점퍼 스위치 J1을 OFF시킴. ② D15~D8에 상위 바이트, D7~D0에 하위 바이트를 접속하고 -CS, RS, -WR 신호로 라이트함. ③ 사용하지 않는 -RD 및 -HB_WR 신호는 +3.3V에 접속함. ④ U2와 R3을 조립하지 않아도 됨.

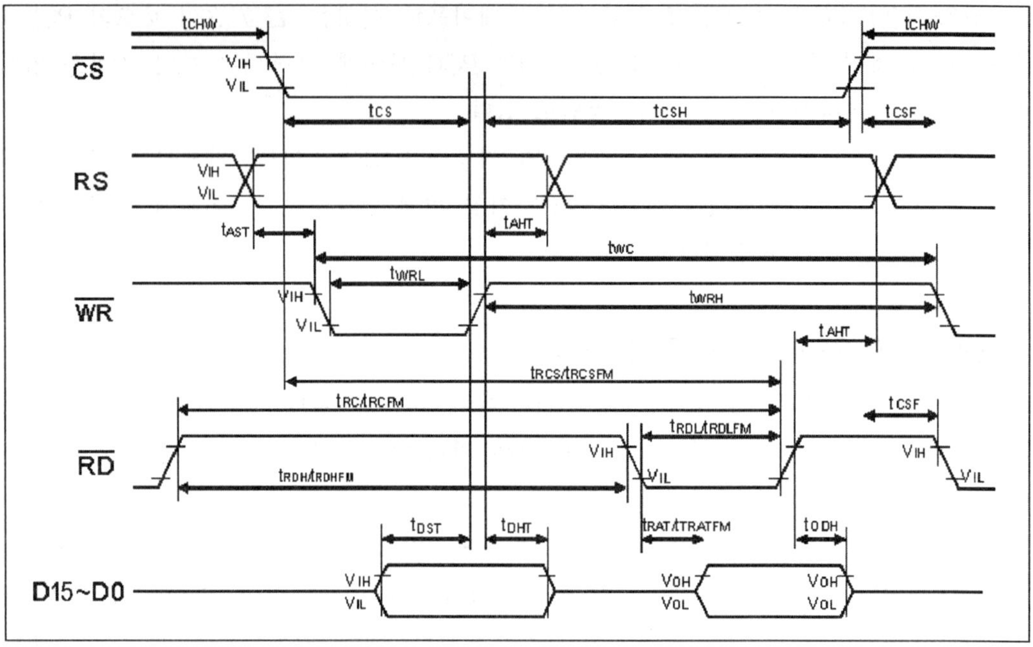

(VCC=1.65V to 2.9V, Ta = -30 to 70°C)

Signal	Symbol	Parameter	Min.	Max.	Unit	Description
RS	t_{AST}	Address setup time	10	-	ns	-
	t_{AHT}	Address hold time (Write/Read)	10	-		
$\overline{CS}$	t_{CHW}	Chip select "H" pulse width	0	-	ns	-
	t_{CS}	Chip select setup time (Write)	35	-		
	t_{RCSFM}	Chip select setup time	355	-		
	t_{CSF}	Chip select wait time (Write/Read)	10	-		
	t_{CSH}	Chip select hold time	10	-		
$\overline{WR}$	t_{WC}	Write cycle	100	-	ns	-
	t_{WRH}	Control pulse "H" duration	35	-		
	t_{WRL}	Control pulse "L" duration	35	-		
$\overline{RD}$	t_{RCFM}	Read cycle	450	-	ns	When read from GRAM
	t_{RDHFM}	Control pulse "H" duration	90	-		
	t_{RDLFM}	Control pulse "L" duration	355	-		
D15~D0	t_{DST}	Data setup time	15	-	ns	For maximum C_L=30pF For minimum C_L=8pF
	t_{DHT}	Data hold time	10	-		
	t_{RATFM}	Read access time	-	340		
	t_{ODH}	Output disable time	20	80		

〈그림 3.1.6〉 HX8347-A의 동작 타이밍

◀참고▶ TFT-LCD 모듈의 화면은 유리로 덮여 있는데 이 유리는 생각보다 매우 약하여 깨지기 쉬우니 주의가 필요하다. 사용 중에 이를 떨어뜨리거나 충격을 주지 말아야 하는 것은 물론이고, *TFT-32A* 보드를 *OK-128TFT* 키트에 끼우거나 뺄 때도 주의가 필요하다. 특히 *TFT-32A* 보드를 *OK-128TFT* 키트에 끼울 때 TFT-LCD의 화면을 누르는 것은 매우 위험하므로 반드시 화면의 좌우 외곽 부분 즉, CN1과 CN2 컨넥터가 있는 부분의 PCB를 손가락으로 눌러서 끼워야 한다.

4. OK-128TFT 키트의 조립 및 테스트

이제 만약 *OK-128TFT* 키트 V2.0을 사용자 자신이 직접 납땜하여 조립하고자 한다면 <그림 3.1.2>의 회로도와 <그림 3.1.3>의 PCB 부품 배치도, 그리고 <표 3.1.2>의 전체 부품 리스트를 참고하면서 반드시 다음 설명을 읽고 작업하라.

(1) *OK-128TFT* 키트를 조립할 때의 유의 사항

이 키트를 납땜 및 조립할 때의 주의 사항들을 요약하면 다음과 같다. 납땜 작업에서는 기술보다 정성이 중요하다.

① 납땜에 자신이 없다면 납땜 기술을 충분히 연습하고 작업하거나 전문가에게 납땜을 부탁하라. 납땜 작업 중에 부품이나 PCB가 손상되면 이를 다시 복구하기가 어려우니 충분히 자신감이 있을 때 납땜을 실시하는 것이 바람직하다.

② 납땜은 신속하고 확실히 하라. 1개의 핀을 납땜하는데 수초 이상이 걸리면 부품이 과열되어 손상될 수 있다. 또한, IC 소자의 경우 같은 소자에 있는 여러 개의 핀들을 연속하여 납땜하지 말고, 다른 소자를 번갈아 돌아가면서 납땜하라. 이와 같이 하면 납땜 중에 부품의 온도가 높아졌던 것이 다른 부품을 납땜하는 동안에 냉각되므로 다시 돌아와서 납땜하더라도 보다 안전해진다.

③ 부품이 서로 바뀌지 않도록 철저히 체크하며, PCB에 표시되어 있는 부품의 방향이나 극성 표시를 올바르게 확인하고 삽입하라. 만약, 방향이나 극성이 잘못되어 조립되면 키트가 정상적으로 동작하지 않음은 물론이고 부품이 소손될 수 있으며, 나중에 이를 교체하려면 부품은 물론 PCB를 망가뜨릴 우려가 있다. 특히, RS-232C용의 컨넥터처럼 모양이 비슷한 부품이라도 핀의 암수를 올바르게 구분하여 선정하는 등 정확한 부품을 사용해야 한다는 점을 다시 한번 확인하라.

④ 부품을 PCB 홀에 삽입할 때는 이를 PCB의 바닥면에 완전히 밀착시킨 후에 납땜하라. 부품이 PCB의 바닥면에 밀착되지 않고 위로 들떠 있으면 부품이 기계적으로 단단히 고정되지 않을 수도 있으며, 기능적으로나 미관상으로도 좋지 않다.
그러나, LM35DZ 온도센서(U6)와 같이 특수한 소자의 경우에는 주의가 필요하다. 이것은 PCB 주변의 기온을 측정하는 것이므로 PCB 윗면에 수직으로 세우지 말고 핀을 90도로 꺾어서 소자의 센서 부분이 PCB의 옆쪽 밖으로 돌출되도록 젖혀두어야

만 주위 공기의 흐름에 의하여 좀 더 정확한 온도를 측정할 수 있다.

⑤ ATmega128A MCU를 가장 먼저 조립하라. 이것은 핀 간격이 매우 좁은 QFP형의 소자이므로 전용의 솔더크림과 정밀한 인두를 사용하여 납땜하는 것이 좋으며, 상당히 숙달된 납땜 기술을 필요로 한다. 납땜이 부실하면 자칫 기판을 망가뜨리거나 나중에 키트가 오동작하는 가장 큰 원인이 되므로 주의해야 한다.

⑥ 텍스트 LCD와 TFT-LCD 모듈은 직접 기판에 고정하여 조립하지 말고 지정된 컨넥터를 사용하여 착탈식으로 처리하라. 이것은 이와 같이 착탈식으로 처리해야만 필요에 따라서 이를 붙이거나 뗄 수 있다. 가능하면 메인 보드 쪽을 암컷 컨넥터인 헤더 소켓(female header socket)으로 조립하고, 텍스트 LCD와 TFT-LCD 쪽을 수컷 컨넥터인 핀 헤더(male pin header)로 조립하는 것이 좋다.

⑦ 테스트 핀 GND1, TP1～TP5, GND2는 7개의 핀을 하나씩 낱개로 조립하면 불편하므로 40핀짜리 수컷 핀 헤더에서 13핀을 잘라서 중간에 하나씩을 건너뛰면서 뽑아버리고 조립하면 좋다. 마찬가지로 테스트 핀 DAC1, DAC2, GND3은 40핀짜리 수컷 핀 헤더에서 5핀을 잘라서 중간에 하나씩을 건너뛰면서 뽑아버리고 조립하면 편리하다.

⑧ 키트의 입력전원은 220V 교류를 사용하므로 감전 사고에 주의하라. 이 키트에는 PCB 장착형 SMPS를 사용하고 있다. SMPS의 출력전압 +5.0V와 이를 이용하여 만든 -5.0V 및 +3.3V는 사람이 손으로 만져도 문제가 없지만, 220V의 교류 입력전원은 손으로 만지면 감전 사고를 일으킬 수 있다.

(2) 조립하지 않아도 되거나 대체품을 사용하는 경우

이 키트는 매우 많은 기능을 가지고 있으므로 경우에 따라서는 다음과 같이 일부 부품을 조립하지 않고 비워두거나 대체품으로 사용해도 무방하다.

① 이 키트에 교류 220V의 전원을 공급할 때 FG(Frame Ground)선을 연결하지 않는다면 커패시터 C1은 조립하지 않아도 된다. 이것은 정전기에 의하여 직류전원의 접지와 교류전원의 FG 단자 사이에 과도한 전위차가 발생하지 않도록 하는 소자인데, 키트에 FG선을 연결하지 않는다면 이 소자는 아무 소용이 없기 때문이다.

② Atmel-ICE를 사용하기 위한 10핀 컨넥터 CN2와 AVRISP mkII를 사용하기 위한 6

핀 컨넥터 CN3은 자신이 사용할 것을 선택하여 1가지만 조립해도 된다. 물론 여유가 있는 사용자는 이 2가지 컨넥터를 모두 조립하여 두면 필요할 때 어느 것이라도 즉시 쉽게 사용할 수 있다.

③ 이 키트의 부품 중에서 L1과 C9, C10은 마이크로컨트롤러의 A/D 컨버터에 디지털 전원 +5V보다 더욱 안정된 직류 +5V 전원을 공급하기 위한 저역통과 필터 기능을 수행한다. 마찬가지로 L2와 C21, C22는 D/A 컨버터 MCP4922와 Op Amp 소자 TLV2372에 안정된 직류 전원을 공급하기 위한 저역통과 필터 기능을 수행한다. 그러나, 만약 이러한 인덕터 소자를 가지고 있지 않은 상태에서 불가피하게 이 키트를 사용해야 하는 입장이라면 이들 아날로그 회로가 다소 불안정한 동작을 하는 것을 감수하겠다는 조건에서 L1과 L2를 0Ω 저항 소자로 대체하거나 또는 이들 자리를 그냥 점퍼선으로 연결하여 단락시켜도 된다. 이와 같이 키트를 조립할 때 필요하다면 하드웨어적인 기능에 큰 문제가 없는 수준에서 적절히 부품의 대체 사용이 가능하다.

④ SD 카드 컨넥터는 *TFT-32A* 보드에 있는 것(CN3)을 사용하지 말고 *OK-128TFT* 키트의 메인 보드에 있는 것(CN6)을 조립하여 사용한다.

(3) *OK-128TFT* 키트를 조립하고 나서 동작을 테스트하는 방법

이제 *OK-128TFT* 키트의 조립이 모두 끝났으면 이것이 잘 동작하는지 테스트해야 한다. 여러분이 올바른 부품을 사용하여 제대로 납땜하였다면 틀림없이 잘 동작할 것이니 걱정할 필요는 없다. "잘 동작하도록 설계해 놓은 것을 동작하지 않게 조립하는 것도 보통 능력이 아니다!"라는 점을 상기하고, "남들은 이를 설계하고 만들기도 하는데 단지 조립하여 사용하라는 것을 못하랴!"라고 자신의 오기를 자극하시라.

이제 설레는 가슴을 진정시키고 주변을 깨끗하게 정리한 후에 차분하게 다음과 같은 순서로 테스트를 시작한다.

① 조립이 끝났으면 작업하던 테이블 위를 깨끗이 청소하고 다시 한번 조립상태를 세밀하게 점검하라. 부품이 바뀌지 않고 올바르게 선정되었는지, 극성이 바르게 조립되었는지, 납땜 상태는 양호한지 등을 중점적으로 체크한다.

② 이 키트에서 전원을 넣은 상태에서 PCB를 함부로 만지면 220V 교류전원에 감전될 수 있다는 점에 주의하라. PCB 기판의 모든 납땜이나 수정 작업은 반드시 전원을

끄고 실시하라.

③ 조립이 끝나면 *OK-128TFT* 키트에는 아무 프로그램도 들어있지 않으므로 전원을 넣어봐야 아무 동작도 수행되지 않는다. 그러나, 전원을 투입하고 나서 LED3이 점등되는지, 텍스트 LCD와 TFT-LCD 화면에 백라이트가 들어오는지 그리고 심하게 열이 나거나 연기가 나는 소자는 없는지 주의하여 관찰하는 것이 좋다.

④ 아직은 사용자가 직접 프로그램을 작성하는 것은 어려우므로 이 책의 예제 프로그램에 함께 제공되는 kit_test.hex 파일을 다운로드하여 실행한다. 그러기 위해서는 먼저 제3.2절에서 설명하는 것처럼 해당 소프트웨어를 설치하고 AVRISP mkII 호환 다운로드 케이블이나 Atmel-ICE 에뮬레이터의 사용 방법을 익혀야 한다.

⑤ 위의 ④에서 수행한 테스트 프로그램이 모두 올바르게 실행된다면 이제 여러분이 조립한 *OK-128TFT* 키트는 거의 정상적으로 동작하는 것으로 봐도 좋다. 그러나, 동작에 문제가 있으면 회로도를 보면서 해당 부분의 하드웨어를 체크해야 한다. 만약, 키트가 올바르게 동작하지 않고 스스로 이 문제를 해결할 능력이 부족하다면 전문가의 도움을 받는 것이 좋다.

예제 프로그램에 함께 제공되는 kit_test.hex 프로그램은 *OK-128TFT* 키트의 각 부분 하드웨어 동작을 점검하기 위한 8가지의 테스트 프로그램으로서 이것을 실행하는 방법과 실행하였을 경우의 동작은 다음과 같다. 이 테스트 프로그램의 소스는 C언어로 작성하였으며 이 키트의 예제 프로그램과 함께 제공된다.

① 제3.2절의 설명에 따라 Atmel Studio 프로그램을 설치하고 기본적인 설정을 완료하라.

② 제3.2절의 설명에 따라 AVRISP mkII 다운로드 케이블을 사용하여 ATmega128A의 퓨즈 비트를 **0xFF, 0xCF, 0x3F**로 설정하라. ATmega128A의 퓨즈 비트를 이렇게 변경하여 설정하기 전에는 반드시 다운로드 케이블의 클록 주파수를 250kHz 미만으로 설정하여 사용해야 하며, 퓨즈 비트를 이 값으로 변경하면 ATmega128A가 16MHz의 시스템 클록으로 동작하므로 다운로드 케이블의 클록 주파수를 2MHz로 높여 설정하여 프로그램의 다운로드가 최대한 빠른 속도로 수행되도록 하는 것이 좋다.(☞ 그러나, Atmel-ICE 에뮬레이터를 사용하는 경우에는 JTAG을 사용할 수 있도록 퓨즈 비트를 **0xFF, 0x0F, 0x3F**로 설정해야 한다.)

③ 제3.2절의 설명에 따라 예제 프로그램을 설치하고, 지정된 폴더에서 kit_test.hex 파일을 찾아 키트에 다운로드하고 실행한다. HEX 파일의 다운로드는 AVRISP mkII 호환 다운로드 케이블을 사용해도 되고 Atmel-ICE 에뮬레이터를 사용해도 된다.

④ 이 프로그램을 실행하면 TFT-LCD의 화면에 8가지의 테스트 메인 메뉴가 나타난다. 그러면 KEY3과 KEY4로 테스트 메뉴를 선택하고 KEY1로 선택된 테스트 기능을 실행한다. 모든 테스트 결과는 화면에 표시되며, 각 테스트가 종료되면 화면은 다시 테스트 메인 메뉴로 돌아온다.

⑤ 테스트 (1)은 TFT-LCD 모듈의 화면 표시 동작을 테스트하는 메뉴이다. 먼저 TFT-LCD 화면에 한글 및 영문 메시지를 출력하여 동작을 확인하고, 이어서 화면에 수평의 컬러 바(bar)를 출력하여 색깔이 올바르게 되는지 확인하며, 마지막으로 여러 가지의 수학적인 그래픽 함수 파형을 표시한다.

⑥ 테스트 (2)는 터치 스크린 테스트로서 사용자가 화면을 터치하면 그 좌표값이 화면에 표시되며, 4개의 지정된 아이콘을 누르면 지정된 기능이 수행된다.

⑦ 테스트 (3)은 LED1~2, 버저, 스피커의 출력 테스트로서 화면에 메시지를 표시하면서 이 3가지의 테스트를 차례로 수행한다.

⑧ 테스트 (4)는 A/D 컨버터 테스트로서 ATmega128A에 내장된 A/D 컨버터를 사용하여 ADC0(GND), ADC1(LM35DZ 온도센서), ADC2(+5V 전원), ADC3(VR1 가변저항) 신호와 내부 채널 V_{BG}=1.23V 및 GND를 A/D 변환하여 읽어들인다. 이렇게 읽어들인 선압값은 소수점 아래 3째 자리까지 표시하고, 온도값은 소수점 아래 둘째 자리까지 표시한다.

⑨ 테스트 (5)는 D/A 컨버터 출력 테스트로서 DAC1과 DAC2 출력 단자를 통하여 약 250Hz의 삼각파와 정현파를 약 10초동안 출력한다.

⑩ 테스트 (6)은 RS-232C 직렬통신 테스트로서 19200 bps로 송신한 데이터 문자열을 루프백 방법으로 수신하여 송신 데이터와 수신 데이터가 일치하는지를 확인하는 방법으로 직렬통신이 정상적으로 수행되는지 테스트한다. 이 테스트를 수행하려면 사용자가 <그림 3.1.8>과 같은 루프백 회로를 구성해 주어야 한다.

⑪ 테스트 (7)은 디지털 시계 프로그램 예제로서 DS3234 RTC를 사용하여 디지털 시

계를 구현한다. 이 디지털 시계에는 캘린더를 포함하며, 현재 시각을 설정하는 기능을 가지고 있다.

⑫ 테스트 (8)은 아날로그 시계 프로그램 예제로서 DS3234 RTC를 사용하여 아날로그 시계를 구현한다. 이 정도의 작은 화면에 멋지게 디스플레이되는 아날로그 시계를 감상할 수 있다. 아날로그 시계에도 캘린더와 디지털 시계가 포함되며, 현재 시각을 설정하는 기능을 가지고 있다.

◀휴게실▶ **전자 제품의 회로도와 PCB에서 유의할 사항**

우리가 전자 제품의 회로도에서는 일반적으로 생략하지만 PCB 기판을 설계할 때는 다음과 같은 사항이 고려된다. 따라서, 이들 사항은 PCB를 조립하는 경우에도 충분히 알아두는 것이 좋다.

① 회로도에서 특히 IC 소자의 경우에는 전원 및 GND 단자가 생략되는 경우가 많다. 그러나, 기판 설계시에는 반드시 이를 각각 전원선 및 접지선에 연결해 주어야 한다. 따라서, 사용자가 조립후에 이를 계측기로 측정하거나 하드웨어 디버깅을 실시할 경우에는 해당 IC의 데이터 시트를 참고해야 한다.

② 기판 설계시에 전원선은 신호선과 달리 충분히 굵게 배선한다. 각 전원선의 굵기는 전류용량에 따라 상식적으로 판단하여 적절히 사용하면 된다.

③ 전원이 기판으로 공급되는 입구 부근에는 반드시 수십 μF 이상의 벌크 커패시터(bulk capacitor)를 설치한다. 기판이 크고 IC 논리소자가 많을 경우에는 IC 소자 10~30개 정도에 1개씩의 벌크 커패시터를 기판에 분포시켜 추가하는 것이 바람직하다. 벌크 커패시터는 먼 거리의 전원장치로부터 전원이 공급됨으로써 발생할 수 있는 전원선에서의 전압강하를 방지하거나, 부하에서 순간적으로 대전류를 필요로 할 때 이 커패시터에서 전류를 공급하는 역할을 수행함으로써 회로의 안정된 동작을 유지한다. 벌크 커패시터로는 대부분 수십 μF 이상의 전해 커패시터 또는 탄탈 커패시터를 사용한다. 탄탈 커패시터가 성능이 더 우수하지만 가격이 비싸다. 따라서, 사용자가 기판을 납땜하여 조립할 경우에도 이들 벌크 커패시터는 생략하지 말고 반드시 조립하는 것이 좋으며, 이들 커패시터의 극성 및 내압에도 주의해야 한다.

④ IC 논리소자는 ON, OFF의 스위칭 동작시에 순간적으로 꽤 큰 전류가 흐르거나 이 원인으로 전원에 서지(surge)성 잡음을 발생시켜 전원선으로 널리 퍼뜨림으로써 다른 회로의 동작에 나쁜 영향을 준다. 특히 디지탈 소자와 전원을 함께 사용하는 아날로그 회로가 있을 경우 이 아날로그 회로는 이러한 잡음에 의하여 나쁜 영향을 더 쉽게 더 많이 받는다. 이러한 디지털 회로의 전원 잡음 영향을 제거하기 위하여 사용하는 커패시터를 바이패스 커패시터(bypass capacitor) 또는 디커플링 커패시터(decoupling capacitor)라고 한다.(*OK-128TFT* 키트 V2.0의 경우에는 이 바이패스 커패시터를 회로도에 소자 번호 BC1~BC12로 표시하였지만, 많은 회로도에는 바이패스 커패시터를 표시하지 않고 생략하기도 한다. 기판에서 이들 바이패스 커패시터에는 부품번호를 표시하지 않는 경우도 있다.) 바이패스 커패시터로는 0.01~0.1[μF]의 고주파 특성이 좋은 세라믹 커패시터 또는 필름 커패시터를 사용한다. 이들 바이패스 커패시터는 IC 소자 2~3개에 1개 정도씩 가급적이면 많이 배치할수록 동작이 안정되며, 해당 소자들에서 가장 가까운 곳에 설치하여 PCB 전체에 널리 골고루 분포시킨다. 따라서, 사용자가 기판을 납땜하여 조립할 경우에도 이들 바이패스 커패시터는 생략하지 말고 반드시 조립하는 것이 좋다.

⑤ 기판상에서 부품간의 배선은 최단거리 배선을 원칙으로 하며, 특히 동작 주파수가 높은 신호의 배선이나 굵기가 가는 신호선의 배선은 90°로 꺾지 않고 45°정도로 처리한다.

이상의 테스트를 실시하면서 정상 동작 여부를 확인하여 만약 *OK-128TFT* 키트의 동작에 문제가 있다면 원인을 찾아 조치해야 한다. 마이크로프로세서의 초보자거나 ATmega128A 마이크로컨트롤러에 익숙하지 않은 사용자라면 키트를 점검하는 일은 쉽지 않지만, 자신의 실제 키트와 책의 회로도를 대조하면서 원리적으로 차분히 접근하면 꼭 어려운 것만도 아니어서 대부분의 오류는 무난하게 찾아낼 수가 있다.

하드웨어를 디버깅할 때는 물론 좋은 계측기가 필요하지만, 계측기에 지나치게 의존하지 말고 자신의 눈이나 감각으로 직접 부품의 납땜 상태나 소자의 핀 접속 상태 또는 동작중 과열 여부 등 여러 가지의 상태를 확인하는 것이 중요하다. 키트 동작의 오류는 거의 대부분 납땜 불량이나 부품의 오삽 등과 같은 작업자의 실수에 의하여 발생하므로 자신의 눈이나 확대경 등을 사용하여 키트를 세밀하게 관찰하면 웬만한 문제에 대해서는 어렵지 않게 그 원인이나 오류를 찾아낼 수 있다.

5. RS-232C 직렬통신 케이블의 제작

OK-128TFT 키트에서는 컨넥터 CN5를 통하여 외부와 RS-232C 직렬통신을 수행할 수 있다. 이에 사용되는 통신 케이블은 시중에서 구입할 수도 있지만, 만약 필요하다면 <그림 3.1.7>을 보면서 사용자가 이를 직접 만들 수도 있다.

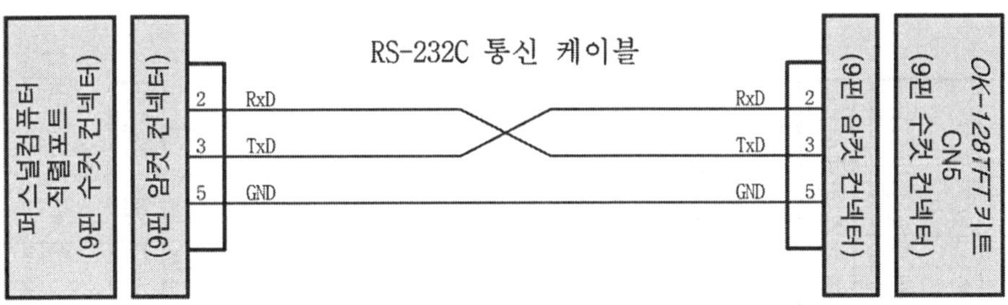

〈그림 3.1.7〉 RS-232C 직렬통신용 케이블의 결선도

RS-232C의 컨넥터는 컴퓨터와 같은 DTE(Data Terminal Equipment, 데이터 단말장치)측에 D형 컨넥터의 수컷을 사용하고, 모뎀과 같은 DCE(Data Communication Equipment 또는 Data Circuit-Terminating Equipment, 회선 종단장치)측에 D형 컨넥터의 암컷을 사용하도록 되어 있다. 그러나, *OK-128TFT* 키트는 DTE로서 퍼스널컴퓨터와 직접 즉, DTE끼리 직접 통신을 수행하므로 RS-232C 통신 케이블의 양쪽에는 모두 암컷 컨넥터를 사용해야 한다. 그러므로 키트의 컨넥터 CN5는 당연히 수컷으로 되어 있다. 흔히 마이크로프로세서 트레이닝 키트의 직렬통신 포트에 암컷 컨넥터를 사용하는 경우가 있으나 이는 잘못된 것이다.

일부의 통신 프로그램에서는 RS-232C 통신 케이블에서 TxD 및 RxD 신호는 물론이고 $\overline{\text{RTS}}$, $\overline{\text{CTS}}$, $\overline{\text{DTR}}$, $\overline{\text{DSR}}$과 같은 모뎀제어 신호를 사용하여 핸드세이킹 제어를 수행하는 경우도 있지만 대부분의 마이크로컨트롤러에서는 TxD 및 RxD 신호만을 사용하여 간단히 RS-232C 규격의 비동기 직렬통신을 수행한다. 따라서, 이런 경우에는 퍼스널컴퓨터측의 직렬통신 프로그램에서도 핸드세이킹 제어를 사용하지 않도록 설정해야만 정상적으로 통신을 수행할 수 있다.

RS-232C 통신 케이블의 길이는 규격상 최대 15m까지 사용할 수 있다. 그러나, 우리의 경우처럼 가까운 거리에서 퍼스널컴퓨터와 *OK-128TFT* 키트 사이에 통신할 것이라면 1m 정도의 길이로 만들면 충분하다.

◀**참고**▶ 시중에서 상업용으로 판매하는 RS-232C 직렬통신 케이블을 구입할 경우에는 이를 직렬포트 연장 케이블과 혼동하면 안된다. **RS-232C 직렬통신 케이블**은 양쪽 모두 9핀 암컷 컨넥터로 되어 있지만, **직렬포트 연장 케이블**은 한쪽이 9핀 암컷 컨넥터로 되어 있고 다른 한쪽은 9핀 수컷 컨넥터로 되어 있다.

나중에 *OK-128TFT* 키트에서 USART 포트의 동작을 확인하기 위한 루프백 테스트(loopback test)를 실시할 경우에는 RS-232C 직렬통신 케이블을 <그림 3.1.8>과 같이 결선하면 된다.

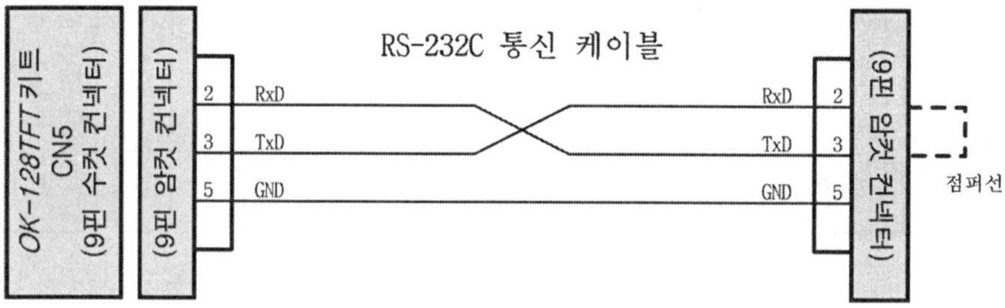

〈그림 3.1.8〉 RS-232C 직렬통신의 루프백 테스트 결선도

3.2 AVR ATmega128A의 개발 툴

여기서는 먼저 AVR ATmega128A 마이크로컨트롤러를 사용하여 응용 시스템을 개발하는데 필요한 여러 가지 하드웨어 및 소프트웨어 개발 툴(development tool)을 알아보고, 그중에서도 특히 AVRISP mkII 다운로드 케이블과 Atmel-ICE 에뮬레이터를 자세히 설명한다. Atmel사의 정품인 AVRISP mkII 다운로드 케이블은 단종되었으나 지금도 많은 호환기종 제품이 판매되고 있어서 이 책에서도 기본 장비로 사용하며, Atmel-ICE 에뮬레이터는 현재 Microchip Technology에서 판매하고 있는 정품 에뮬레이터로서 역시 이 책에서 사용하지만 가격은 약간 비싸다.

1. 하드웨어 및 소프트웨어 개발 툴

Atmel사의 AVR 마이크로컨트롤러가 그 역사가 매우 짧은데도 불구하고 오늘날처럼 많은 사용자를 확보하면서 크게 인기를 얻게 된 것은 소자의 성능이 뛰어나고 편리한 ISP(In-System Programming) 기능을 가지고 있는 등의 장점 때문이며, 또 한편으로는 여기에서 필요로 하는 개발 툴을 대부분 무료 또는 매우 저가격으로 사용할 수 있다는 점 때문이기도 하다.

소프트웨어 개발 툴은 여러 회사에서 상업적으로 판매하는 것도 많지만, Atmel사에서 무료로 제공하는 AVR Studio와 매크로 어셈블러 및 GCC 계열의 공개 C컴파일러인 WinAVR을 사용할 수 있었다. 이것들은 모두 무료로 제공되지만 한정된 기능을 가지는 데모 버전(demonstration version) 또는 평가용 버전(evaluation version)이 아니라 이른바 풀 버전(full version)의 정품이다. Atmel사가 Microchip Technology에 인수 합병된 이후에도 이 3가지 소프트웨어가 Atmel Studio라는 소프트웨어 패키지로 합쳐져서 역시 무료로 제공되고 있다. Atmel Studio는 종래의 AVR Studio에 비하여 IDE(Integrated Development Environment)의 모양과 기능은 많이 달라졌지만 매크로 어셈블러와 WinAVR C컴파일러는 거의 그대로 사용하고 있으며, 8비트 AVR 시리즈의 마이크로컨트롤러뿐만 아니라 32비트 AVR32 및 ARM 모델까지 지원하는 방대한 소프트웨어로 확장되었다.

하드웨어 개발 툴도 매우 다양한 모델이 있었는데, 초창기에는 퍼스널컴퓨터의 직렬포트형 ISP 다운로드 케이블과 병렬포트형 ISP 다운로드 케이블이 널리 사랑을 받았으며, 이것들은 많은 업체에서 저렴하게 제조 판매하였고 사용자가 어렵지 않게 이를 직접 만들어서 사용할 수도 있었다. Atmel사에서 제공하는 저가형의 다운로드 케이블 AVRISP mkII는 최근까지도 널리 사용되었는데, 이것이 지금은 단종되었으나 시장에서는 여전히 많은 호환 제품들이 판매되고 있으므로 Microchip Technology사의 새로운 Atmel Studio에서도 이를 지원하여 있어서 지금 우리가 사용할 수 있다. 그러나, Microchip Technology에서는 이러한 저가형 AVR ISP 다운로드 케이블을 더 이상 표준 장비로 제공하지 않으며 이보다 좀 더 비싸고 고성능인 JTAG 에뮬레이터 Atmel-ICE를 표준의 하드웨어 개발 툴로 제공하고 있다.

(1) 소프트웨어 개발 툴

AVR의 소프트웨어 개발 툴은 어셈블러, C컴파일러, IDE 소프트웨어, AVR ISP 다운로드 프로그램 등으로 나눌 수 있다.

▣ 어셈블러

AVR용의 크로스 어셈블러(cross assembler)에는 여러 가지가 있으나 가장 대표적인 것은 Atmel사의 매크로 어셈블러 AVRASM2.EXE이다. 이것은 초창기부터 IDE 소프트웨어인 AVR Studio에 기본으로 포함되어 제공되었으며, 현재의 Atmel Studio에 이르기까지 지속적으로 사용되고 있다.

오늘날의 개발자들은 어셈블리 언어보다는 C언어를 훨씬 더 많이 사용하는 경향이 있으며, 더구나 AVR은 처음부터 C언어를 사용하는데 적합하도록 최적화되어 개발된 마이크로컨트롤러이므로 여기서 어셈블리 언어를 사용하여 프로그램을 작성하는 개발자는 더욱 적어졌다. 그러나, 역시 어셈블리 언어는 임베디드 시스템 분야에서 세밀한 하드웨어적인 동작에 관하여 보다 뛰어난 장점을 가지며 이는 여전히 C언어가 도저히 따라올 수 없는 영역이라는 점을 부정하기는 어렵다.

이전의 책 "AVR ATmega128A 바이블"에서는 어셈블리 언어와 C언어를 각각 학습할 수 있도록 예제 프로그램을 소개하였으나, 시대적인 흐름에 맞추어 이번 책에서는 C언어만을 사용하여 예제 프로그램을 작성한다.

▣ C 컴파일러

현재까지 가장 널리 사용되어 온 AVR을 위한 상업용 크로스 C컴파일러(cross C compiler)는 IAR사(https://www.iar.com/)의 IAR Embedded Workbench for AVR이라는 C컴파일러로 알려져 있다. 이는 AVR 마이크로컨트롤러를 개발할 때 처음부터

Atmel사의 AVR 개발팀과 IAR사의 C컴파일러 개발팀이 기술적으로 긴밀한 협조 속에서 작업을 수행하였기 때문에 AVR용 C컴파일러 중에서 가장 먼저 출시되었다는 점은 물론이고 그만큼 AVR 마이크로컨트롤러의 특성을 잘 살려서 만들어진 C컴파일러라는 장점을 가지고 있기 때문이다.

이밖에도 AVR용 C컴파일러에는 HP Info Tech사(http://www.hpinfotech.ro/)의 CodeVisionAVR이라는 C컴파일러와 Image Craft사(http://www.imagecraft.com/)의 JumpStart C for AVR이라는 C컴파일러 등이 있는데, 이것들은 상대적으로 시장점유율이 낮으며 가격도 IAR EWAVR에 비해서는 훨씬 낮은 것으로 알려져 있다.

그러나, AVR에 관한한 우리는 이런 적지 않은 가격으로 상업용 정품 C컴파일러를 구입하여 사용할 필요가 전혀 없다. 그것은 무료 소프트웨어의 대명사인 GNU 그룹에서 개발한 GCC 계열의 WinAVR C컴파일러를 무료로 사용할 수 있기 때문이다. 초창기의 AVR-GCC는 성능이 만족스럽지 못하거나 사용이 불편한 측면이 있었으나 현재의 WinAVR은 매우 개선되고 안정되어 어느 상업용 C컴파일러와 비교하더라도 거의 손색이 없는 정도이며, 필요할 때마다 지속적으로 버전업되고 있고 또한 새로운 AVR 모델이 출시될 때마다 이를 빠르게 지원하기 위한 기능이 추가되고 있다.

초창기의 WinAVR 소프트웨어 패키지에는 만족할만한 IDE를 가지고 있지 않아서 사용자가 이를 사용하는 것이 상당히 불편하였지만, Atmel사의 AVR Studio V4.12부터는 이것이 내부적으로 WinAVR과 연계되어 동작하므로 편리하게 사용할 수 있게 되었으며, 2010년 말부터는 이 WinAVR C컴파일러를 Atmel사에서 직접 관리하면서 버전업하여 제공하기 시작하였다. Microchip Technology에서 Atmel을 인수 합병한 이후에도 계속하여 Atmel Studio에서 직접 WinAVR을 제공하며 관리하므로 현재 우리는 이 C컴파일러를 무료로 안정되게 사용할 수 있다. 따라서, 이 책에서는 당연히 Atmel Studio에 기본으로 포함되어 제공되는 WinAVR 컴파일러를 사용하며, 이것을 설치하는 방법은 뒤에서 곧 설명할 것이고, 이 C컴파일러의 기능이나 문법은 제3.3절에서 요약하여 설명한다.

▣ IDE 및 디버거 소프트웨어

IDE(Integrated Development Environment)는 에디터, 어셈블러, C컴파일러, 링커, 다운로더, 디버거 등 사용자가 프로그램 개발에 필요한 모든 소프트웨어를 종합적으로 사용할 수 있는 통합 관리 프로그램이라고 할 수 있다. IDE는 에디터와 디버거를 포함하는 경우가 많으며, 독립적인 제품으로 판매되기도 하지만 대부분의 경우에는 기본적으로 매크로 어셈블러, C컴파일러와 함께 패키지로 제공된다. 과거 Atmel사의 AVR

Studio에는 IDE와 에디터, 어셈블러, 디버거를 포함하고 있었으며, 현재의 Atmel Studio는 여기에 WinAVR C컴파일러까지 추가되어 모든 소프트웨어 개발 툴을 포함하고 있는 종합적인 마이크로컨트롤러용 소프트웨어 패키지이다.

디버거(debugger) 소프트웨어는 에뮬레이터를 그림자처럼 따라다니며 함께 사용된다. 디버거와 JTAG 에뮬레이터 Atmel-ICE를 사용하면 어셈블리 언어 또는 C언어 레벨에서 프로그램을 실행하면서 사용자가 실시간으로 디버깅을 수행할 수 있다. 이러한 디버깅을 위한 기능에는 사용자 프로그램의 다운로드 및 실행, 싱글 스텝 트레이스(single-step trace), 브레이크 포인트, 메모리 액세스, 레지스터 및 변수값의 실시간 워치(watch) 등이 있다.

▣ AVR ISP 다운로드 프로그램

AVR 마이크로컨트롤러가 출시되자마자 큰 인기를 끌었던 요인 중의 하나는 내부에 플래시 메모리를 가지고 있어서 ISP(In-System Programming)라는 방법으로 사용자 프로그램을 쉽게 다운로드할 수 있다는 것이었다. 이것은 당시에 일반적으로 사용하던 PROM 또는 UV EPROM에서는 프로그램 개발과정이 복잡하고 느리며, ROM 기록기(writer)와 ROM 삭제기(eraser)라는 고가의 장비를 필요로 하던 방식에 비하여 사용자에게 획기적으로 편리한 것이었다.

ISP 다운로드 프로그램은 AVR ISP 다운로드 케이블을 통하여 퍼스널컴퓨터에서 개발한 사용자 프로그램을 AVR 타겟 보드(target board)로 전송하여 플래시 메모리에 라이트하는 프로그램이다. 이러한 다운로드 프로그램은 사용하는 다운로드 케이블의 종류에 따라 AVR Studio처럼 IDE에 내장되어 지원되기도 하며, 어떤 종류의 다운로드 케이블에서는 외부에서 별도로 전용의 다운로더 프로그램을 사용해야 하는 경우도 있었다. Atmel사의 정품 AVRISP mkII는 당연히 AVR Studio에서 기본적으로 지원하였으며, 현재의 Atmel Studio에서도 여전히 이 다운로드 케이블을 지원하고 있다.

다운로드 프로그램과 다운로드 케이블을 사용할 때는 에뮬레이터를 사용하는 경우처럼 실시간 디버깅 기능은 없지만, 간편하고 저렴한 가격으로 사용자 프로그램을 다운로드하여 실행할 수 있으므로 특히 아마추어 사용자들에게 인기가 있다.

(2) 하드웨어 개발 툴

AVR의 하드웨어 개발 툴은 평가용 보드, JTAG 에뮬레이터, AVR ISP 다운로드 케이블, 그리고 이것들에 관련된 소프트웨어 등으로 나눌 수 있다.

이 책에서 사용하는 하드웨어 개발 툴의 대표적인 것으로는 AVR ISP 다운로드 케이블이다. 물론 하드웨어 개발 툴 중에서 가장 좋은 것은 JTAG 에뮬레이터지만 AVR ISP 다운로드 케이블을 사용해보면 고가의 에뮬레이터가 없이도 충분히 개발이 가능하다는 것을 알게 된다.

▣ 평가용 보드

평가용 보드(evaluation board 또는 evaluation kit)는 마이크로컨트롤러를 사용하여 기본적인 하드웨어 설계 기술을 배우고 이를 사용해 봄으로써 마이크로컨트롤러의 하드웨어 또는 소프트웨어 성능이나 응용분야를 평가해 볼 수 있도록 해당 마이크로컨트롤러의 제조사 또는 협력사에서 개발 판매하는 간단한 트레이닝 보드이다. 이 마이크로컨트롤러를 처음 익히는 사람은 평가용 보드를 사용하여 짧은 시간에 저렴한 비용으로 많은 경험을 쌓을 수 있으므로 이를 스타터 키트(starter kit)라고 부르는 경우도 있다.

종래에 Atmel AVR의 평가용 보드로는 STK100, STK200, STK300, STK500, STK600 시리즈 등이 있었으며, 이들 평가용 보드에는 부수적으로 사용자가 만든 타겟 보드에 있는 마이크로컨트롤러를 프로그래밍할 수 있는 ISP 기능을 내장하고 있는 경우가 많았다.

그러나, 해당 마이크로컨트롤러 모델이 출시된지 얼마 되지 않아서 이를 이용한 응용설계 기술이 널리 소개되지 않았거나 또는 개발 툴을 구하기 어려운 경우라면 모르지만, 오늘날처럼 관련 정보의 획득이 용이하고 AVR을 사용하기 쉬운 환경에서는 평가용 보드나 스타터 키트의 필요성이 상당히 적어졌다.

▣ JTAG 에뮬레이터

사용자가 작성한 프로그램을 타겟 보드(target board)로 다운로드하여 실시간으로 실행하면서 하드웨어나 소프트웨어의 오류를 쉽게 디버깅(debugging)할 수 있도록 도와주는 하드웨어 장비를 에뮬레이터(emulator)라고 한다. 일반적으로 에뮬레이터에는 타겟 보드에 사용자 프로그램을 다운로드(In-Circuit Programming)할 수 있고, 다운로드한 프로그램을 1개의 명령어씩 실행하는 싱글 스텝(single step) 또는 트레이스(trace) 기능, 사용자가 원하는 위치까지 프로그램을 실행한 후에 정지시키는 브레이크 포인트(break point) 기능, 프로그램의 실행 상황을 실시간으로 화면에 보여주는 윈도우 워치(window watch) 기능 등을 가지고 있다.

전통적으로 마이크로프로세서의 에뮬레이터에는 CPU 소켓에 직접 포드(pod)를 접속하여 사용하는 ICE(In-Circuit Emulator) 형태가 많았으나 요즈음에는 IEEE 1149.1

표준의 JTAG(Joint Test Access Group) 인터페이스를 사용하는 방식이 널리 사용되고 있다. 종래에 Atmel사에서 판매하는 CPU 소켓에 직접 포드를 접속하여 사용하는 ICE 형태의 에뮬레이터는 ATICE40, ATICE50, ATICE200 등이 있었으며, JTAG 인터페이스로 접속할 수 있는 에뮬레이터로는 JTAGICE mkII나 AVR ONE!이 있었다.

Atmel을 인수 합병한 Microchip Technology사에서 표준으로 지원하는 JTAG 에뮬레이터는 Atmel-ICE인데 이것은 종래의 JTAGICE mkII나 AVR ONE!의 기능을 대폭 확장시켜서 Atmel AVR 시리즈의 8비트 마이크로컨트롤러는 물론이고 32비트 ARM Cortex-M 마이크로컨트롤러인 Atmel SAM 시리즈까지 지원한다.

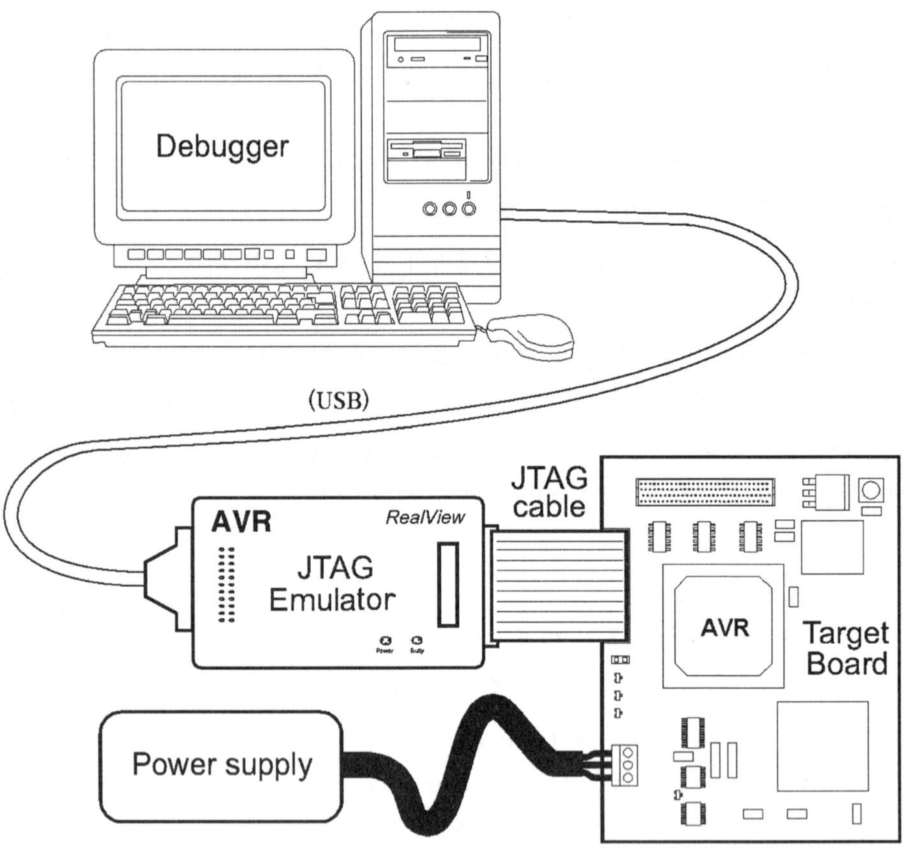

〈그림 3.2.1〉 JTAG 에뮬레이터와 디버거를 사용한 AVR 개발 시스템의 구성

▣ AVR ISP 다운로드 케이블

AVR은 SPI 통신을 사용한 ISP(In-System Programming) 기능을 가지고 있어서 마이크로컨트롤러 내부의 플래시 프로그램 메모리에 사용자 프로그램을 쉽고 빠르게

다운로드할 수 있다는 장점을 가지므로 처음에 출시되자마자 곧바로 마이크로컨트롤러의 사용자들을 사로잡았다.

이를 위하여 Atmel사에서는 초창기부터 AVR의 플래시 메모리에 사용자 프로그램을 다운로드하기 위하여 퍼스널컴퓨터의 RS-232C 직렬포트에 연결하여 AVR Studio와 함께 사용할 수 있는 저가형의 AVR ISP를 판매하여 사용자들로부터 높은 호응을 받았다. 이후로 Atmel사의 정품 AVR ISP는 수많은 호환 기종을 만들어 냈다. Atmel사에서는 AVR ISP에서 사용하는 통신 프로토콜을 공개하고 있으므로 누구라도 어렵지 않게 AVR ISP 다운로드 케이블을 만들 수 있기 때문이다. 이러한 호환형 다운로드 케이블은 퍼스널컴퓨터의 RS-232C 직렬포트에 접속하여 사용하는 방식과 병렬포트(프린터 포트)에 접속하여 사용하는 방식 또는 USB 포트에 접속하여 사용하는 방식 등의 3가지로 나누어진다. AVR ISP 다운로드 케이블은 AVR 마이크로컨트롤러에 내장된 SPI 직렬통신 기능을 이용하여 ISP를 구현하고 그 프로토콜을 공개하였기 때문에 퍼스널컴퓨터의 병렬포트를 사용하더라도 소프트웨어적으로 핀의 신호를 제어하여 ISP 기능을 구현할 수 있었다.

그러나, 퍼스널컴퓨터에서 병렬포트와 직렬포트가 점점 사라지고 USB 포트만 남게 됨에 따라 Atmel사에서 제공하는 AVR ISP 다운로드 케이블은 최종적으로 USB 포트형의 6핀짜리 AVRISP mkII로 통일되었으며, 이것도 마침내는 AVR ONE! 에뮬레이터로 대체되면서 단종되었다. 그러나, 시장에서는 AVRISP mkII가 여전히 인기를 유지하고 있어서 아직도 이것의 호환기능 제품들이 많이 판매되고 있으며, Atmel이 Microchip Technology사에 인수 합병된 현재도 Atmel Studio에서 이 AVRISP mkII를 사용하여 사용자 프로그램을 다운로드하는 기능을 계속 지원하고 있다. 이 책에서 사용하는 *OK-128TFT* 키트 V2.0에서도 당연히 이 다운로드 케이블 AVRISP mkII를 사용할 수 있도록 6핀짜리 컨넥터 CN3을 장착하고 있다.

(a) Atmel사 정품 (b) 호환제품1 (c) 호환제품2

〈그림 3.2.2〉 Atmel사의 다운로드 케이블 AVRISP mkII와 그 호환 제품들

2. Atmel-ICE 에뮬레이터

Atmel-ICE는 Microchip Technology(구 Atmel)사의 8비트 AVR 마이크로컨트롤러와 32비트 AVR32 계열 마이크로컨트롤러, 그리고 32비트 ARM Cortex-M 계열의 Atmel SAM 마이크로컨트롤러를 모두 지원하는 Atmel사 마이크로컨트롤러 전용의 저가형 에뮬레이터(emulator)이다.(☞ 그러나, 제조사에서는 이를 에뮬레이터라고 부르지 않고 programmer/debugger 또는 그냥 간단히 debugger라고 부른다.) 여기에 AVR 마이크로컨트롤러를 접속하여 사용할 경우에는 모델에 따라 JTAG(Joint Test Action Group) 또는 PDI(Program and Debug Interface) 인터페이스로 연결하며, ARM Cortex-M 마이크로컨트롤러를 접속하여 사용할 때는 JTAG 또는 SWD(Serial Wire Debug) 인터페이스로 연결한다. 이를 위해 Atmel-ICE는 <그림 3.2.3>의 (b)에 보인 것처럼 2개의 타겟 보드용 컨넥터를 가지고 있는데, 왼쪽은 ARM Cortex-M 마이크로컨트롤러 SAM 시리즈에 연결하기 위한 50MIL(=1.27mm) 간격의 10핀 컨넥터이고, 오른쪽은 AVR 마이크로컨트롤러에 연결하기 위한 50MIL 간격의 10핀 컨넥터이다. 퍼스널컴퓨터와 이 에뮬레이터 본체는 USB 케이블로 연결된다.

에뮬레이터 본체에는 3개의 LED가 있는데, 가운데의 적색 LED는 에뮬레이터의 전원이 정상인지를 표시하는 LED이고, 왼쪽의 녹색 LED는 타겟 보드의 전원이 정상인지를 표시하는 LED이며, 오른쪽의 녹색 LED는 타겟 보드의 프로그램이 정상적으로 실행되고 있을 때 깜빡이는 상태 표시 LED이다.

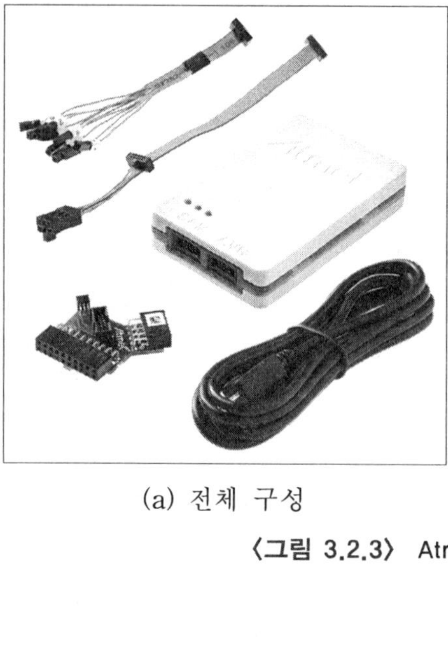

(a) 전체 구성

(b) 에뮬레이터 본체

〈그림 3.2.3〉 Atmel-ICE 에뮬레이터의 구성품

우리의 경우처럼 AVR 마이크로컨트롤러만을 사용하려는 사람이 <그림 3.2.3>과 같은 Atmel-ICE 제품 전체를 구입하면 가격도 비싸며 사용하지 않는 액세서리가 몇 개 존재한다. 이런 경우에는 축소된 에뮬레이터 모델 Atmel-ICE-BASIC을 구입하는 것이 바람직한데, 여기에는 AVR을 사용하는데 필요없는 액세서리가 제외되어 가격이 훨씬 저렴해진다.

Atmel-ICE-BASIC 모델은 에뮬레이터 본체와 USB 케이블, 그리고 <그림 3.2.4>와 같은 타겟 보드 접속용의 플랫 케이블 등 3가지의 하드웨어로 구성된다. 이제 이 책과 *OK-128TFT* 키트 V2.0에서 Atmel-ICE-BASIC을 사용하려면 먼저 이 케이블의 A로 표시한 컨넥터를 에뮬레이터 본체의 오른쪽 AVR 컨넥터에 연결하고, 이를 JTAG 에뮬레이터로 사용하려면 C로 표시한 컨넥터를 *OK-128TFT* 키트의 10핀 컨넥터 CN2에 연결해야 하며, 이를 AVR ISP 다운로드 케이블로 사용하려면 B로 표시한 컨넥터를 *OK-128TFT* 키트의 6핀 컨넥터 CN3에 연결해야 한다.

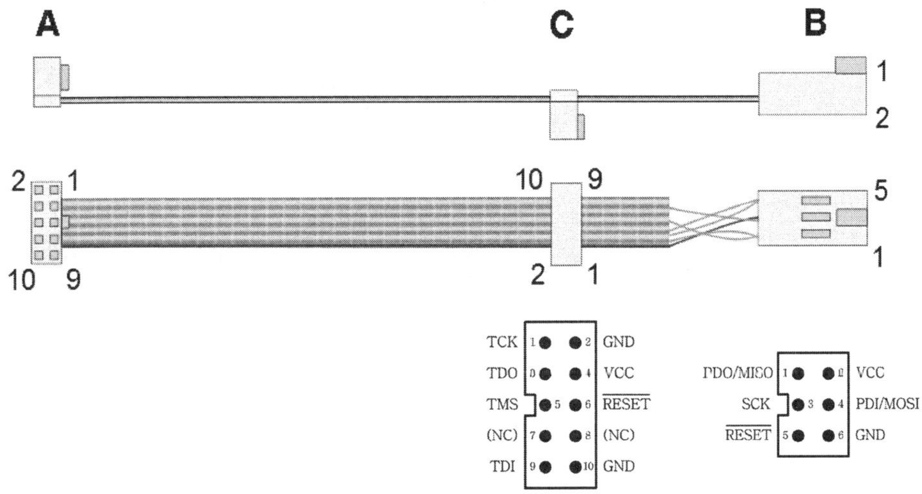

〈그림 3.2.4〉 Atmel-ICE 에뮬레이터에서 타겟 보드 접속용의 플랫 케이블

Atmel-ICE 에뮬레이터의 내부 구조는 <그림 3.2.5>의 블록도와 같다. 이 회로는 퍼스널컴퓨터에 연결된 USB 2.0 케이블의 +5V 전원으로 동작하며, 전체의 기능을 제어하는 제어기로는 AT32UC3A4256 마이크로컨트롤러를 사용하고 있다. AVR 또는 SAM 계열의 타겟 보드와 연결되는 신호의 전압 레벨은 1.62~5.5V 범위에서 동작할 수 있으므로 이 에뮬레이터는 3.3V 회로와 5V 회로에서 모두 사용할 수 있다.

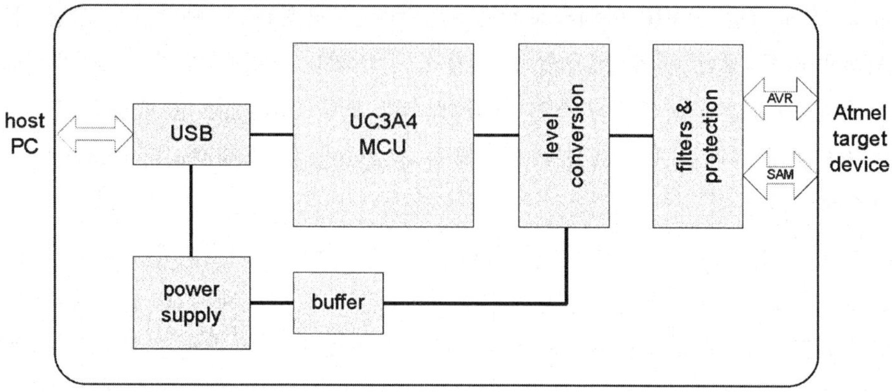

〈그림 3.2.5〉 Atmel-ICE 에뮬레이터의 내부 구성 블록도

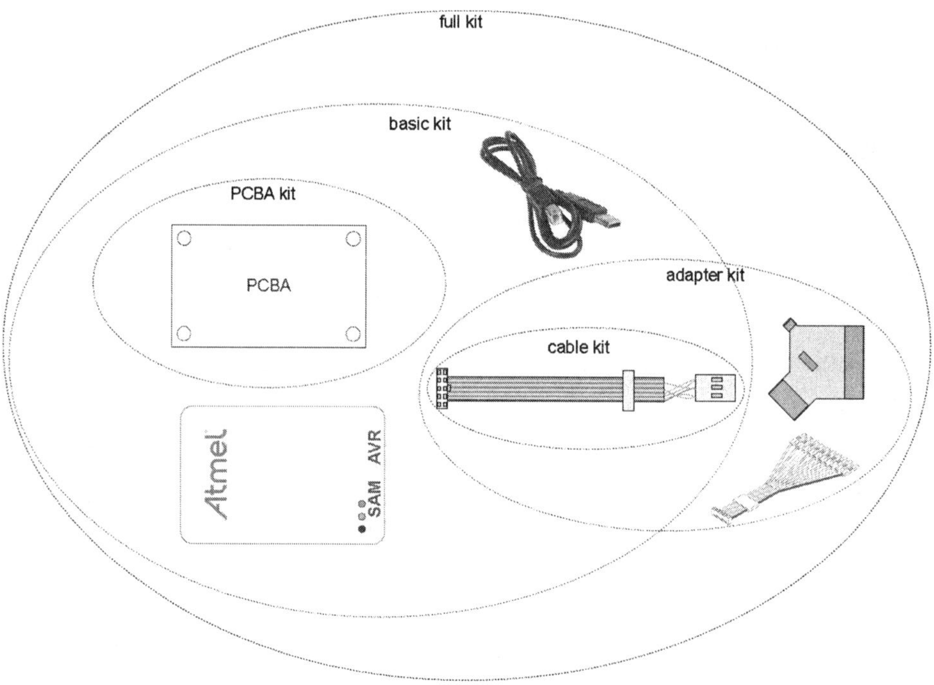

PCBA Kit	Atmel-ICE BASIC	Atmel-ICE
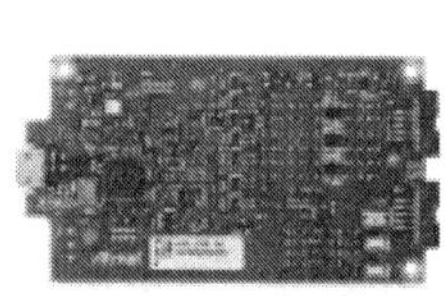	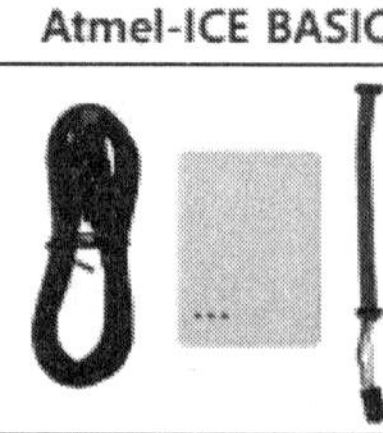	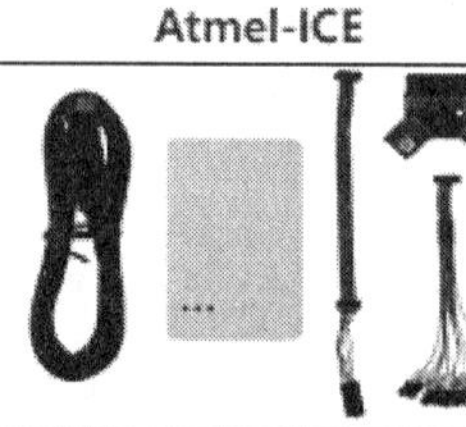

〈그림 3.2.6〉 Atmel-ICE 에뮬레이터의 3가지 구입 방법

Atmel-ICE 에뮬레이터는 <그림 3.2.6>에 보인 것처럼 3가지의 형태로 구입할 수 있다. 첫째는 Atmel-ICE-PCBA로서 본체의 케이스를 사용하지 않고 내부 컨트롤 보드만 구입하는 것이며, 당연히 가장 저렴한 구성이다. 둘째는 Atmel-ICE-BASIC으로서 본체와 USB 케이블, 그리고 타겟 보드 연결 케이블 1개 등 가장 실용적인 3가지로 구성되며, 이 책에서는 이를 구입하도록 권장한다. 세번째는 Atmel-ICE로서 이는 모든 구성품을 포함하는 full kit이며, 당연히 가격이 가장 높다. 그밖에도 cable kit와 adapter kit의 형태로 액세서리만 구입할 수도 있다.

3. AVRISP mkII 다운로드 케이블

AVRISP mkII는 Atmel사에 표준으로 제공하던 USB 포트형 다운로드 케이블로서 SPI 인터페이스 및 PDI 인터페이스를 사용하는 모든 AVR 마이크로컨트롤러를 지원한다. <그림 3.2.7>에 AVRISP mkII의 구성품을 사진으로 보였으며, <그림 3.2.8>에는 이 다운로드 케이블의 연결방법을 도시하였다.

〈그림 3.2.7〉 AVRISP mkII 다운로드 케이블의 구성품

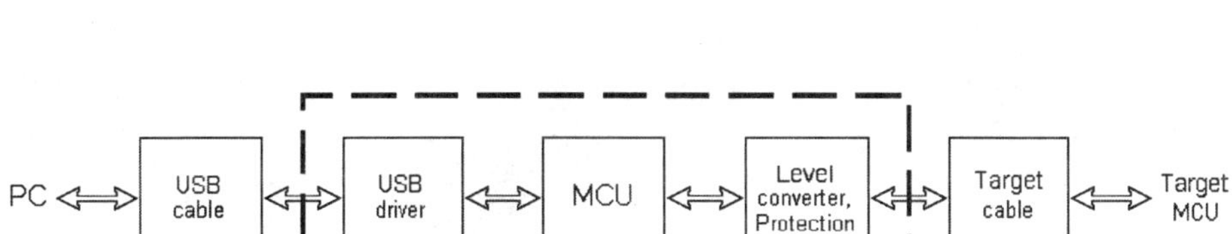

〈그림 3.2.8〉 퍼스널컴퓨터와 AVRISP mkII의 연결도

AVRISP mkII의 회로는 퍼스널컴퓨터에 연결된 USB 2.0 케이블의 +5V 전원으로 동작하며, 전체의 기능을 제어하는 내부 제어기로는 ATmega128A 마이크로컨트롤러를 사용하고 있다. 이것이 AVR 계열의 타겟 보드와 연결되는 신호의 전압 레벨은 1.62~5.5V 범위에서 동작할 수 있다. 이 제품에는 상태 표시용으로 1개의 멀티 컬러 LED를 가지고 있는데, 적색은 타겟 보드가 연결되지 않았음을 의미하고, 녹색은 타겟 보드가 정상적으로 연결되어 대기 상태에 있음을 나타내며, 오렌지색은 현재 사용자 프로그램의 다운로드 동작이 수행중이라는 것을 표시한다. 또한 이 LED가 점멸하면 에러를 나타내는데, 만약 적색 LED가 점멸하면 이는 타겟 보드에 회로 단락의 오류가 있다는 것이며, 오렌지색의 LED가 점멸하면 타겟 보드의 컨넥터 케이블이 거꾸로 연결되어 있거나 리셋 회로에 풀업저항이 없음을 나타낸다.

이 제품은 내부의 ATmega128A 마이크로컨트롤러용 펌웨어를 손쉽게 업그레이드하는 기능을 가지고 있어서 새로운 AVR 모델이 출시되고 여기에 사용자 프로그램을 다운로드하기 위한 통신 포맷이 새로 추가되더라도 펌웨어를 업그레이드하여 아무 문제없이 AVRISP mkII를 계속 사용할 수 있었다.

Atmel사에서는 나중에 이를 단종하고 8비트 AVR과 32비트 AVR32 모델에 모두 사용할 수 있는 AVR ONE! 에뮬레이터를 표준으로 지원하였으며, 다시 시간이 지나서 Atmel이 Microchip Technology사로 인수 합병된 이후에는 이것이 Atmel-ICE 에뮬레이터로 변경되었다. 그러나, 과거 사용자들에게 AVRISP mkII의 인기가 워낙에 좋았고 현재 시장에는 이것의 다양한 호환기종 제품들이 계속 판매되고 있어서 현재의 Atmel Studio에서도 이를 사용할 수 있도록 계속 지원하고 있다. 따라서, 이 책과 *OK-128TFT* 키트에서도 AVRISP mkII 호환의 다운로드 케이블을 사용자 프로그램 개발의 기본 장비로 사용한다.(★★★ 타겟 보드의 전원이 켜져 있는 상태에서는 절대로 다운로드 케이블의 플랫 케이블을 타겟 보드에 연결하거나 제거하지 말아야 한다. 이러한 작업은 반드시 타겟 보드의 전원을 끄고 실시하라.)

〈그림 3.2.9〉 AVRISP mkII 호환의 다운로드 케이블 제품들

4. Atmel Studio와 예제 프로그램의 설치

(1) Atmel Studio와 WinAVR의 설치

이제 Microchip Technology사에서 무료로 제공하는 IDE 소프트웨어인 Atmel Studio V7.0과 여기에 포함된 매크로 어셈블러 및 GCC 계열의 C컴파일러 WinAVR을 설치하는 방법을 설명한다. 여기서는 Atmel Studio V7.0과 Windows 10 운영체제를 기준으로 설명하지만 나중에 이들 소프트웨어의 버전이 달라지더라도 이와 거의 유사한 방법으로 설치할 수 있을 것이다.

Atmel Studio는 Microchip Technology사의 홈페이지에 연결하여 온라인 상에서 설치하는 방법도 있고, 설치 원본 파일을 다운로드하여 자신의 컴퓨터에 저장하고 이를 사용하여 설치하는 방법도 있다. 여기서는 후자의 방법을 사용하기로 한다.

① 컴퓨터에 C:\AVR 폴더를 미리 만들어 두고, Microchip Technology사의 홈페이지에서 Atmel Studio V7.0의 설치 원본 파일 as-installer-7.0.2397.exe를 검색하여 이 폴더에 다운로드한다.(이 소프트웨어의 2019년말 현재 버전은 V7.0에 build 2397이지만, 향후 제조사에서 이를 업그레이드하면 이 파일의 버전 번호가 달라질 수 있다.)

② 퍼스널컴퓨터에서 C:\AVR\as-installer-7.0.2397.exe 파일을 더블 클릭하여 실행하면 스스로 압축을 풀면서 곧바로 프로그램이 설치되기 시작한다.

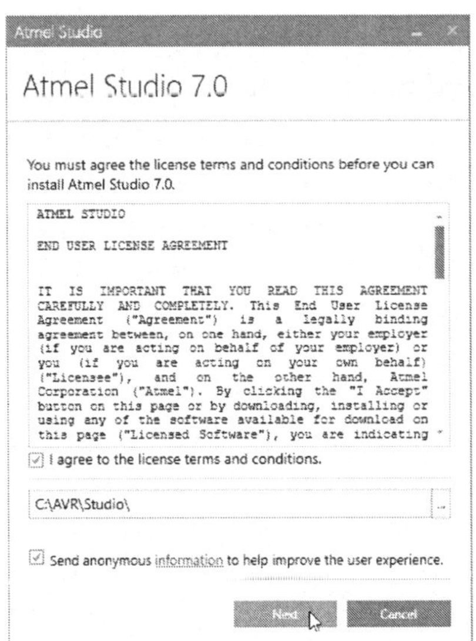

〈그림 3.2.10〉 Atmel Studio를 설치할 폴더를 지정하는 화면

③ 첫번째로 <그림 3.2.10>과 같은 화면이 나타나면 I agree to the license terms and conditions. 항목을 체크하고, **설치할 폴더명**을 반드시 **C:\AVR\Studio**로 수정한 후에 Next 버튼을 누른다.

④ 다음에 <그림 3.2.11>과 같은 화면이 나타나면 AVR 8-bit MCU 항목만 선택하고 Next 버튼을 누른다.(그러나, 만약 AVR32나 ARM Cortex-M 마이크로컨트롤러를 사용하려는 경우에는 이것들도 선택할 수 있다.)

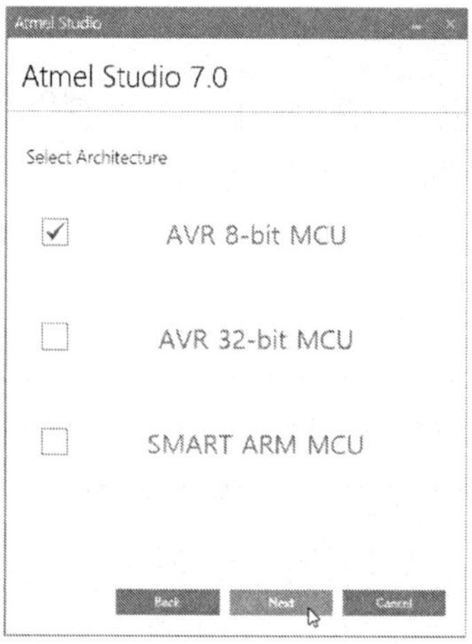

〈그림 3.2.11〉 Atmel Studio를 설치할 범위를 지정하는 화면

⑤ 다음에 <그림 3.2.12>와 같은 화면이 차례로 나타나면 그냥 Next 버튼을 눌러서 기본 설정을 유지하고 지나간다.

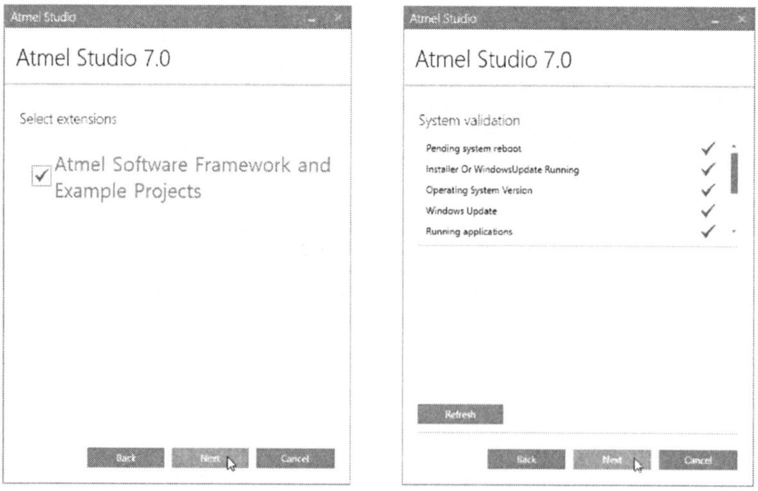

〈그림 3.2.12〉 Atmel Studio를 설치할 때 나타나는 화면

⑥ 이제 모든 설정이 끝나고 <그림 3.2.13>의 (a)와 같은 화면이 나타나면 Install 버튼을 눌러서 설치를 시작한다. 그러면 (b)처럼 설치가 진행된다.

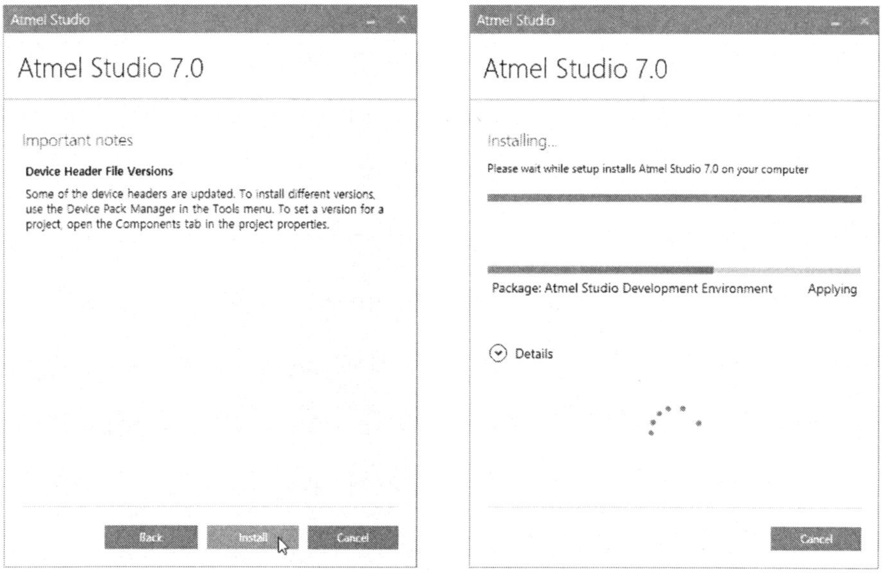

(a) (b)

〈그림 3.2.13〉 Atmel Studio를 설치를 시작하고 진행하는 화면

⑦ 설치 작업이 끝나고 <그림 3.2.14>와 같은 종료 화면이 나타나면 Launch Atmel Studio V7.0 항목을 해제하고 Close 버튼을 누른다.

〈그림 3.2.14〉 Atmel Studio를 설치를 종료하는 화면

⑧ Atmel Studio를 설치하고 나서 제어판에서 확인하여 보면 <그림 3.2.15>처럼 이 소프트웨어와 함께 여러 가지의 드라이버 파일이 설치되었음을 알 수 있다.

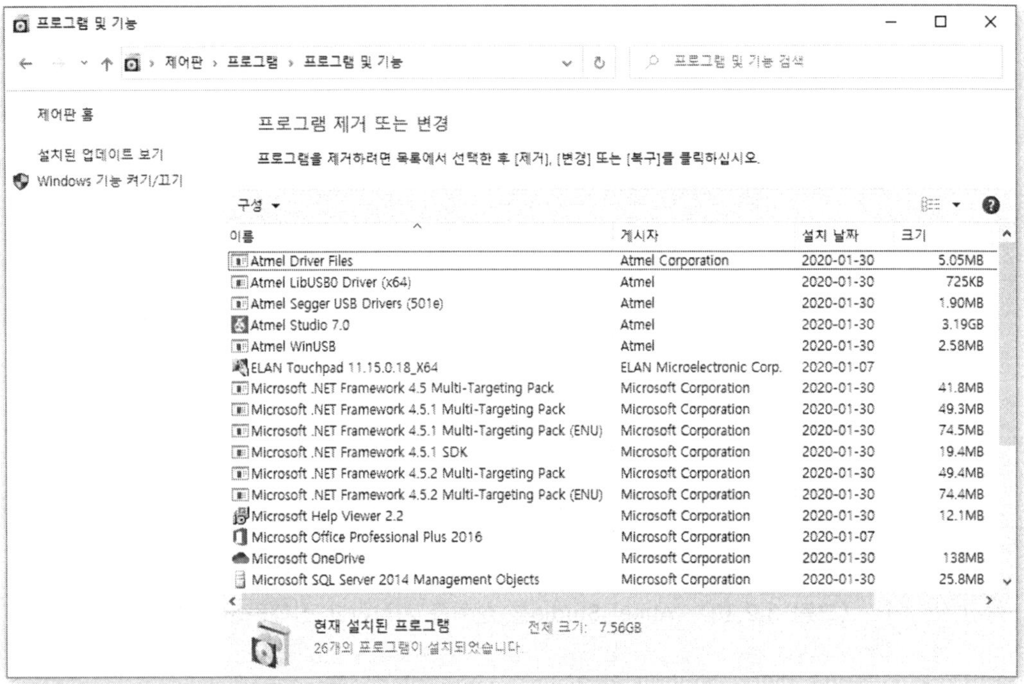

〈그림 3.2.15〉 Atmel Studio가 설치된 결과를 확인하는 화면

⑨ 이와 같이 Atmel Studio 프로그램을 설치하고 나면 바탕화면에 이것의 바로가기 아이콘이 자동적으로 생성되어 있으므로 이를 사용하면 편리하다. 만약, 필요하다면 사용자가 직접 C:\AVR\Studio\7.0\AtmelStudio.exe 프로그램의 바로가기 아이콘을 바탕화면에 만들어도 된다.

(2) *OK-128TFT* 키트 예제 프로그램의 설치

이 책과 키트에서 제공하는 *OK-128TFT* 키트용의 C언어 예제 프로그램은 프로젝트 폴더를 통째로 압축하여 OK-128TFT2.zip으로 제공된다. 이를 설치하려면 이 파일을 C:\AVR\OK-128TFT2.zip에 복사하여 놓고 여기에서 그대로 압축을 풀면 된다.

이렇게 하여 설치된 Atmel Studio V7.0 소프트웨어와 *OK-128TFT* 키트용의 C언어 예제 프로그램의 폴더를 그림으로 보이면 <그림 3.2.16>과 같다. 여기서 모든 예제 프로그램이 저장되어 있는 작업 폴더는 C:\AVR\OK-128TFT2\ATmega128A이다.

```
C:\┬・・・
   ├・・・
   ├AVR┬OK-128TFT2──ATmega128A──Debug
   │   │
   │   └Studio┬7.0─────┬1033
   │          │        ├atbackend
   │          │        ├atpackmanager
   │          │        ・・・
   │          │        ├License
   │          │        ├NewFileTemplates───┬Assembler
   │          │        │                   └AVRGCC
   │          │        ├packs
   │          │        ├Profiles
   │          │        ├ProjectTemplates───┬Assembler
   │          │        │                   └CandCPP
   │          │        ├ProjectTemplatesCache
   │          │        ├shellutils
   │          │        ├Snippets
   │          │        ├toolchain─avr8┬avr-gnu-toolchain┬avr┬bin
   │          │        │              │                 │   ├include┬avr
   │          │        │              │                 │   │       ├compat
   │          │        │              │                 │   │       ├sys
   │          │        │              │                 │   │       └util
   │          │        │              │                 │   └lib────┬avr3
   │          │        │              │                 │           ├avr4
   │          │        │              │                 │           ・・・
   │          │        │              │                 │           ├avrxmega7
   │          │        │              │                 │           ├ldscripts
   │          │        │              │                 │           └tiny-stack
   │          │        │              │                 ├bin
   │          │        │              │                 ├doc─────┬avr-libc
   │          │        │              │                 │        └binutils
   │          │        │              │                 ├i686-w64-mingw32
   │          │        │              │                 ├include┬gdb
   │          │        │              │                 │       └libiberty
   │          │        │              │                 ├info
   │          │        │              │                 ├lib────────gcc──avr──5.4.0
   │          │        │              │                 ├libexec──gcc──avr──5.4.0
   │          │        │              │                 ├man────┬man1
   │          │        │              │                 │       └man3
   │          │        │              │                 └share┬doc
   │          │        │              │                       ├gdb
   │          │        │              │                       ├info
   │          │        │              │                       └man
   │          │        │              └avrassembler
   │          │        ├tools─────┬Atmel-ICE
   │          │        │          ├AVRDragon
   │          │        │          ├AVRISPmkII
   │          │        │          ├AVRONE
   │          │        │          ・・・
   │          │        │          ├STK500
   │          │        │          └STK600
   │          │        └Vs
   │          └Drivers┬inf──────┬libusb0─atmel_usb_dfu
   │                  │         ├ports
   │                  │         └winusb──atmel_winusb
   │                  ├libUSB0┬amd64
   │                  │       ├ia64
   │                  │       └x86
   │                  └Segger─┬CDC
   │                          ├x64
   │                          └x86
   │
```

〈그림 3.2.16〉 Atmel Studio와 WinAVR을 모두 설치한 후의 컴퓨터 폴더 구조

5. Atmel Studio의 사용 및 환경 설정

이제 Atmel Studio를 사용하여 사용자가 C언어 프로그램을 개발하려면 먼저 프로젝트(project)를 만들고 모든 작업을 이 프로젝트 내에서 수행해야 한다. 그리고, 이러한 작업을 올바르게 수행하려면 프로젝트 내부에서 동작하는 텍스트 에디터(text editor), C컴파일러, 매크로 어셈블러(macro assembler), 링커(linker) 등의 소프트웨어가 동작하기 위한 환경을 적절하게 설정해 주어야 한다.

여기서는 이와 같이 새로운 프로젝트를 만들거나, 프로젝트에서 필요한 여러 가지의 환경을 설정하는 방법에 대하여 구체적으로 설명한다. 그러나, 이 책에서 제공하는 *OK-128TFT* 키트용의 C언어 예제 프로그램 OK-128TFT2.zip은 사용자 프로젝트 폴더를 통째로 압축하여 제공하고 있으므로 이것의 압축을 풀어 <그림 3.2.16>과 같이 설치하면 사용자가 이러한 프로젝트를 만들거나 새로운 환경을 설정할 필요가 없으므로 편리하다.

◀**참고**▶ Atmel Studio를 설치하거나 사용할 때 폴더 이름이나 프로젝트 이름에는 절대로 **한글**을 사용하지 않는 것이 좋으며, 중간에 **띄어쓰기**를 하는 것도 바람직하지 않다. 이것들은 영문 전용 소프트웨어이기 때문에 폴더명이나 파일명에 한글을 사용하게 되면 정상적인 동작을 수행하지 않는 경우가 많다.

(1) 새로운 프로젝트 만들기

먼저 사용자가 C언어 프로그램을 개발하기 위한 C언어 프로젝트를 작성하는 방법에 대하여 설명한다.

〈그림 3.2.17〉 Atmel Studio를 처음으로 실행한 화면

① 바탕 화면에 있는 Atmel Studio 7.0의 바로가기 아이콘을 눌러서 이 소프트웨어를 실행한다. 그러면 <그림 3.2.17>과 같은 화면이 나타나는데, 여기서 Start → New Project... 메뉴를 선택하여 새로운 프로젝트를 만드는 화면으로 들어간다.

② 프로젝트를 만드는 화면에서는 <그림 3.2.18>과 같이 Installed → C/C++ → GCC C Executable Project 메뉴를 선택한다. 여기서 프로젝트 Name은 ATmega128A로 입력하고, Location은 Browse... 버튼을 눌러서 C:\AVR\ 폴더로 선택하며, Solution name은 OK-128TFT2로 입력한 후에 OK 버튼을 누른다. 솔류션이란 프로젝트의 상위 개념으로서 여러 개의 프로젝트를 묶어서 관리할 수 있다.

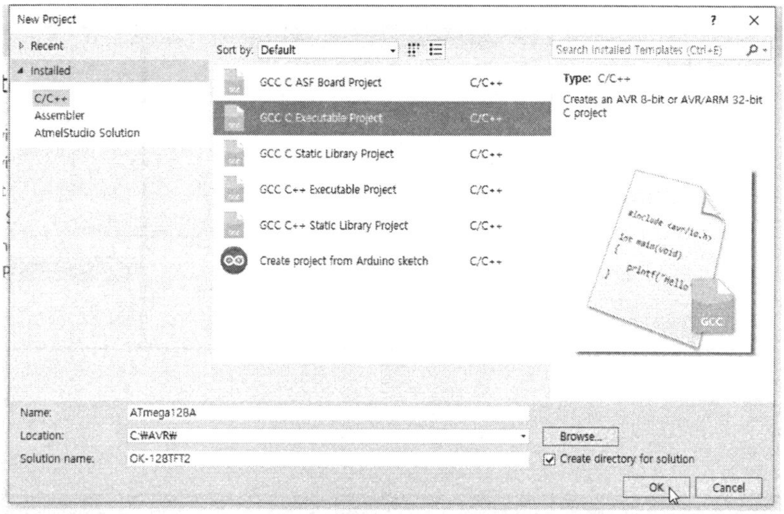

〈그림 3.2.18〉 새로 만들 프로젝트의 성격과 이름을 지정하는 화면

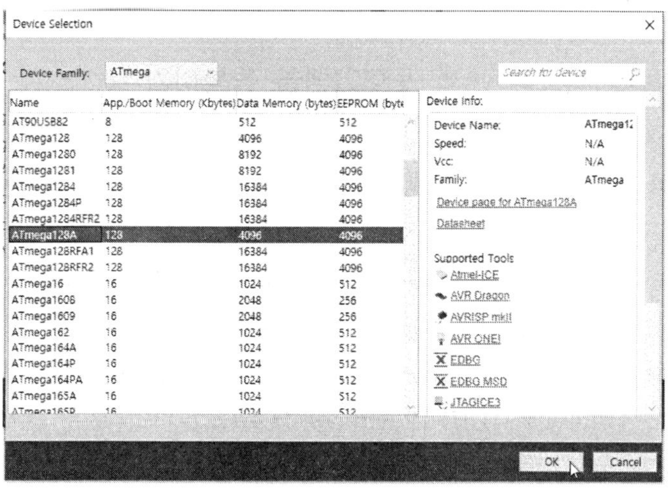

〈그림 3.2.19〉 프로젝트에서 사용할 AVR 마이크로컨트롤러의 모델을 지정하는 화면

③ 그 다음에는 <그림 3.2.19>와 같이 Device Family를 ATmega로 선택하고, Name은 ATmega128A를 선택한 후에 OK 버튼을 누른다.

④ 그러면 새로운 솔류션 OK-128TFT2의 아래에 프로젝트 ATmega128A가 만들어지며, 그 프로젝트 안에 기본적인 C언어 파일 main.c가 만들어지고 등록되어 <그림 3.2.20>과 같이 편집창에 나타난다. 사용자가 이 프로젝트에서 새로운 C언어 프로그램을 작성하려면 이 main.c 파일을 사용하면 된다.

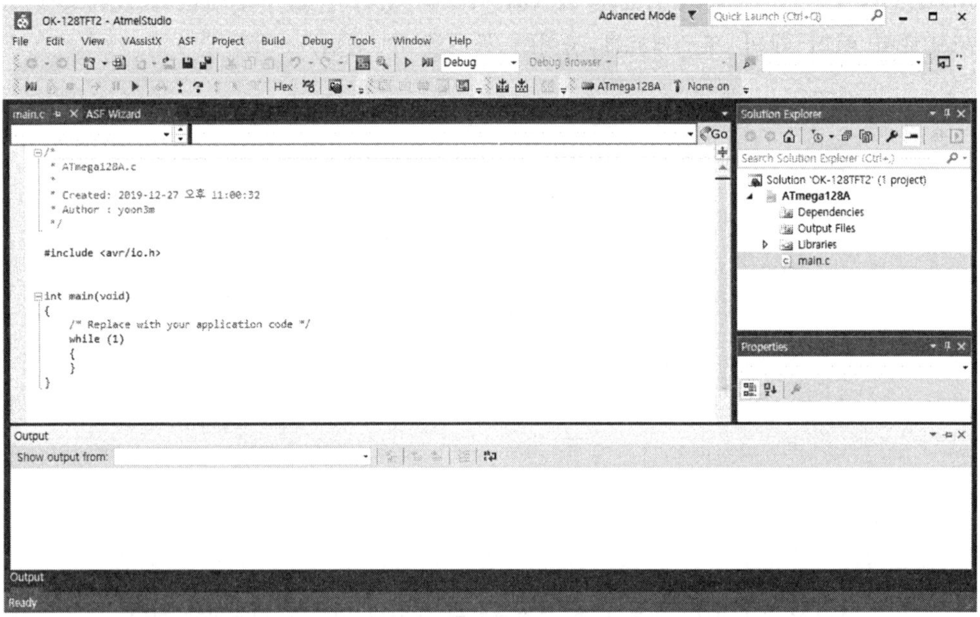

〈그림 3.2.20〉 새로운 프로젝트가 만들어지고 편집창에 main.c 파일이 표시된 화면

(2) 프로젝트에 새로운 예제 프로그램을 등록하기

그러나, 이 책의 예제 파일을 설치하면 이미 C:\AVR\OK-128TFT2\ATmega128A\ 폴더가 만들어져서 그 안에 모든 예제 파일이 저장되어 있으므로 위와 같이 다시 프로젝트를 만들 필요는 없다. 또한, 이 예제 프로젝트에는 저자가 모든 필요한 환경을 설정해 놓았으므로 여러분이 다시 수행할 필요는 없다. 그래도 여러분이 만약 새로운 프로젝트를 만들 필요가 있는 경우에는 무엇을 어떻게 설정해야 하는지 알아야 하므로 아래에서 새로운 프로젝트에서 필요한 환경 설정 방법을 요약하여 설명한다. 여기서 사용자 프로젝트 C:\AVR\OK-128TFT2\ATmega128A\에는 미리 모든 예제 파일을 복사하여 저장해 두었다고 가정한다.

① 화면 오른쪽의 Solution Explorer 창에서 현재의 프로젝트 이름 ATmega128A의

위에 마우스 커서를 두고 오른쪽 버튼을 누르면 팝업창이 나타나는데, 여기서 Add → Existing item... 메뉴를 선택하면 <그림 3.2.21>처럼 현재의 프로젝트에 있는 파일을 보여주는 화면이 나타난다. 여기서 예제 소스 파일 Exp01_1.c를 선택하면 이 파일이 프로젝트에 등록되고 <그림 3.2.22>처럼 Solution Explorer 창에 이 파일이 나타난다.

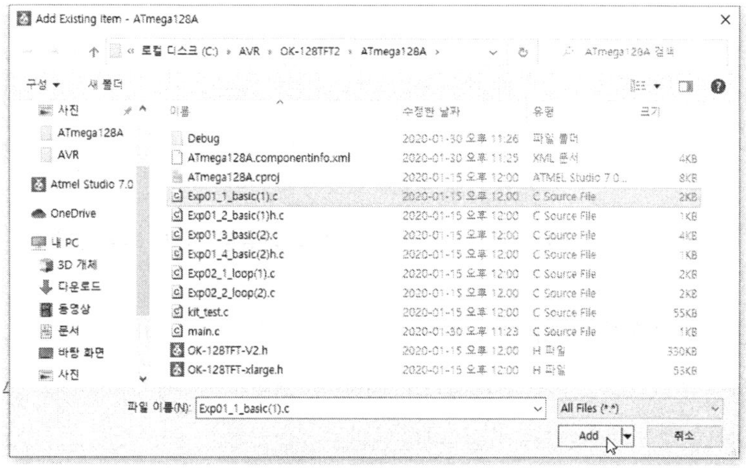

〈그림 3.2.21〉 프로젝트에 새로운 파일을 등록하기 위한 화면

② Solution Explorer 창에서 예제 소스 파일 Exp01_1.c를 클릭하면 이 파일이 다음 그림처럼 편집창에 나타나게 된다.

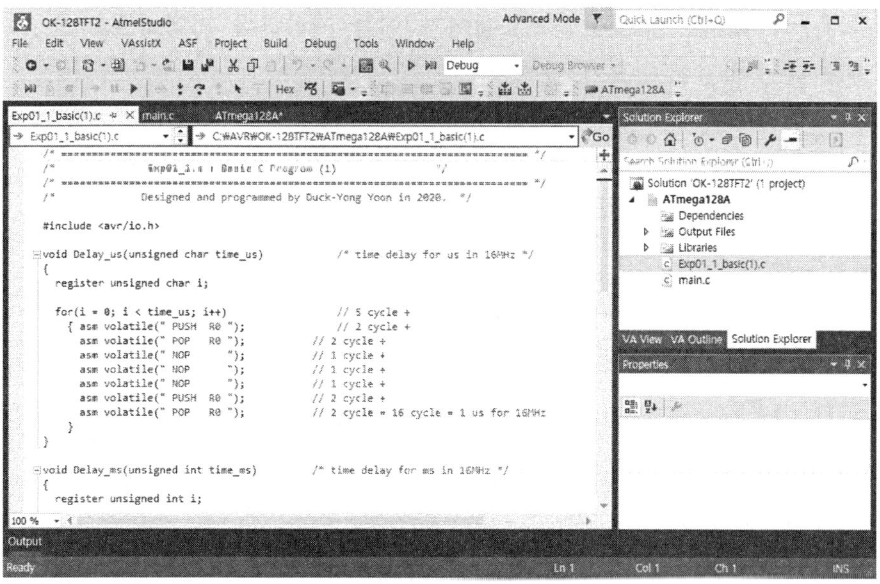

〈그림 3.2.22〉 프로젝트에 새로 등록한 파일이 편집창에 보이도록 나타내기

③ 이제 기존의 소스 파일 main.c를 프로젝트에서 제거하려면 Solution Explorer 창에서 이 파일의 이름 main.c의 위에 마우스 커서를 두고 오른쪽 버튼을 누르면 메뉴 선택창이 나타나는데, 여기서 Remove 메뉴를 선택하면 <그림 3.2.23>처럼 팝업창이 나타나고 여기서 다시 Remove 버튼을 눌러서 확인하면 해당 파일이 프로젝트에서 등록 해제되어 없어진다.

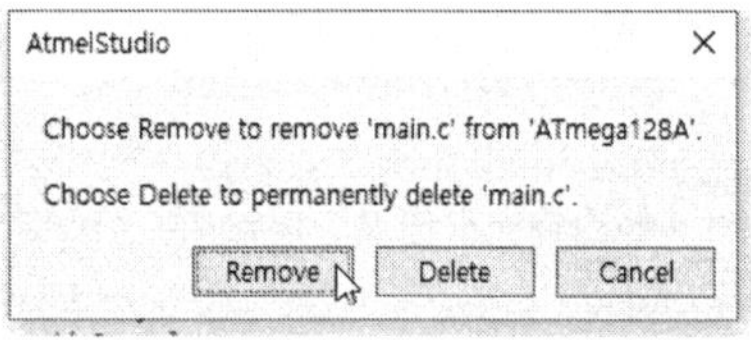

〈그림 3.2.23〉 프로젝트에서 기존의 파일을 등록 해제하기

(3) 편집창의 환경 설정

앞에서 설명한 것처럼 프로젝트에 이 책에서 제공하는 예제 파일을 등록하고 이를 편집창에 보이면 <그림 3.2.22>처럼 나타난다.

그런데, 이 편집창을 잘 보면 소스 파일의 내용이 깔끔하게 정돈되어 보이지 않고 이리저리 흐트러져 있음을 알게 된다. 이는 편집창의 환경을 이 소스 파일에 맞도록 제대로 설정하지 않았기 때문이다.

여기서는 편집창의 환경을 설정하는 방법을 설명한다. 이것은 한번만 설정하면 퍼스널컴퓨터에서 Atmel Studio 소프트웨어가 이를 저장하여 기억하므로 소스 파일이 바뀌더라도 다시 설정할 필요가 없다.

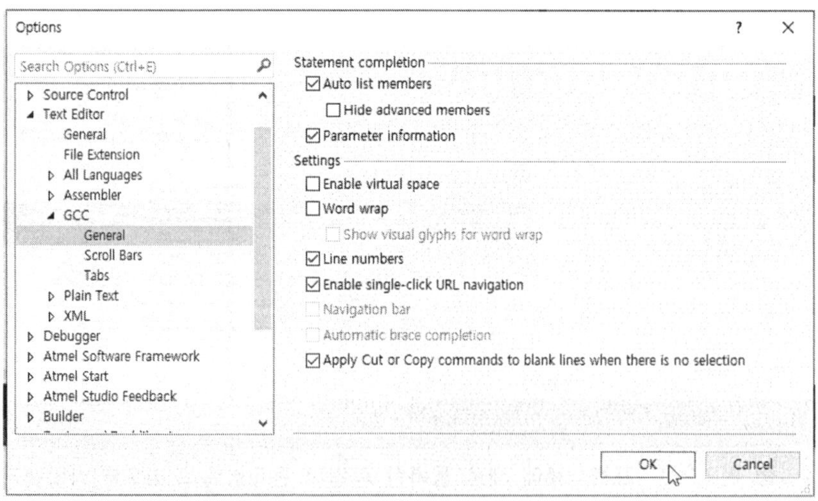

〈그림 3.2.24〉 편집창의 General 환경 설정하기

① 화면의 메뉴에서 Tools → Options... → Text Editor → GCC → General 메뉴를 선택하면 <그림 3.2.24>과 같은 화면이 나타나는데, 여기서 Line numbers 항목을 체크하고 OK 버튼을 누른다.

② 이번에는 화면의 메뉴에서 Tools → Options... → Text Editor → GCC → Tabs 메뉴를 선택하면 <그림 3.2.25>처럼 Tab을 설정하는 화면이 나타나는데, 여기서 Tab size = 8, Indent size = 2로 설정하고 OK 버튼을 누른다.

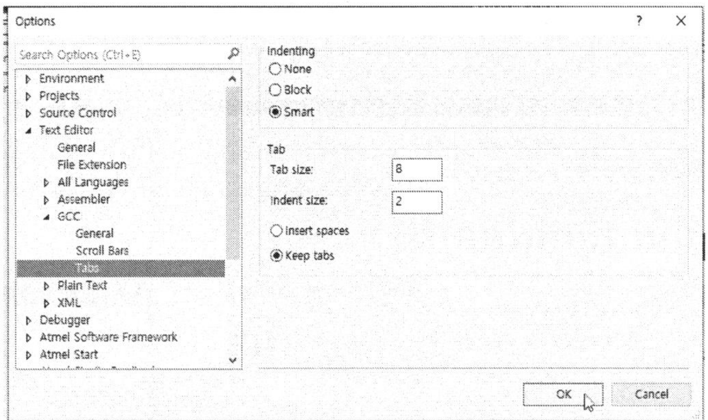

〈그림 3.2.25〉 편집창의 Tabs 환경 설정하기

③ Solution Explorer 창에서 예제 소스 파일 Exp01_1.c를 클릭하면 이제는 예제 파일이 다음 그림처럼 잘 정돈되어 편집창에 나타나게 된다.

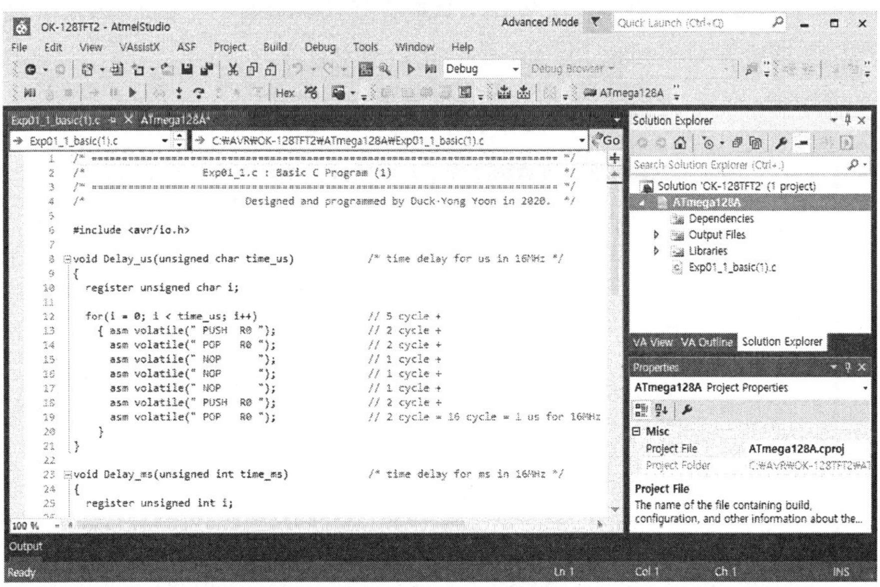

〈그림 3.2.26〉 편집창의 환경이 올바르게 설정되어 예제 소스가 제대로 보이는 화면

(4) 컴파일러/어셈블러/링커의 환경 설정

사용자가 C언어로 프로그램을 개발하려면 컴파일러, 어셈블러, 링커 등의 소프트웨어가 모두 자신이 원하는 조건으로 프로그램을 번역하도록 환경을 올바르게 설정해야 한다. 여기서는 이에 관하여 설명한다.

① 화면에서 Project → ATmega128A Properties... → Toolchain 메뉴를 선택하면 <그림 3.2.27>과 같은 화면이 나타나며, 여기서 자신이 원하는 항목을 설정하면 된다.

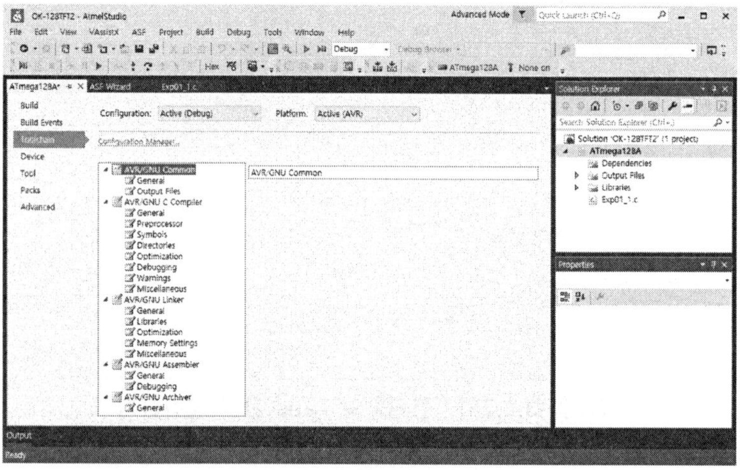

〈그림 3.2.27〉 컴파일러/어셈블러/링커의 환경 설정 화면

② 여기서 <그림 3.2.28>과 같이 AVR/GNU C Compiler → Optimization 메뉴에서 최적화 옵션 레벨을 Optimize for size (-Os)로 설정한다.

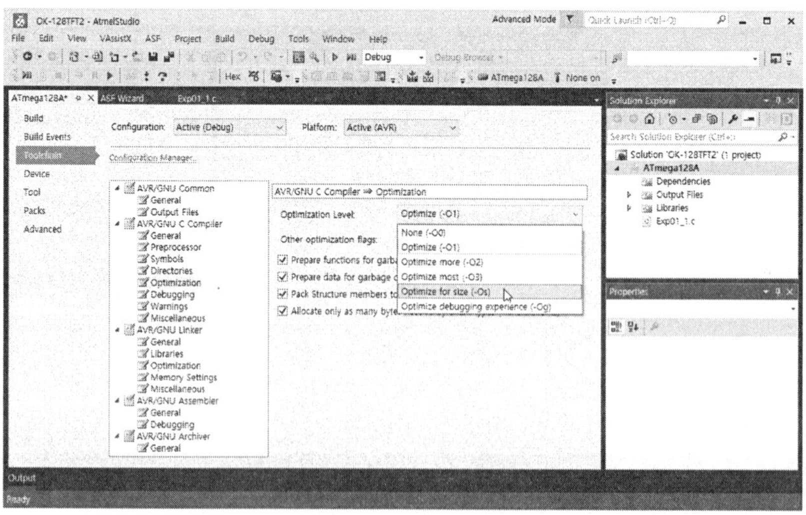

〈그림 3.2.28〉 컴파일러의 최적화 옵션을 -Os로 설정하는 화면

(5) 사용자 프로그램을 컴파일하여 빌드하기

사용자가 C언어로 프로그램을 작성하여 프로젝트에 등록한 모든 파일을 컴파일하고 링크하여 실행 파일로 만드는 것을 빌드(build)라고 한다. 여기서는 프로그램을 빌드하는 방법을 설명한다.

① 첫번째 방법은 다음 그림처럼 화면의 메뉴에서 Build → Build ATmega128A 메뉴를 선택하여 빌드하는 것이다.

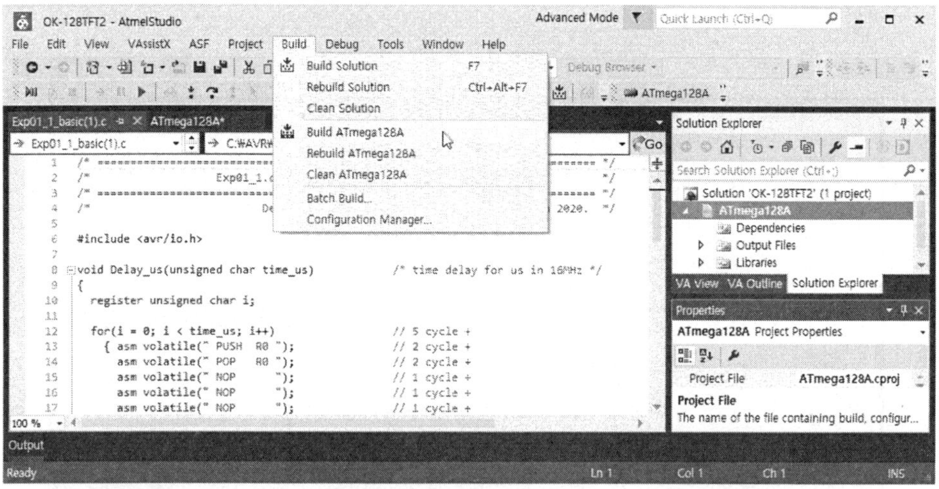

〈그림 3.2.29〉 메뉴를 실행하는 방법으로 사용자 프로그램을 빌드하기

② 두번째 방법은 다음 그림처럼 화면의 상단에 마련되어 있는 단축 버튼을 눌러서 빌드하는 것이다.

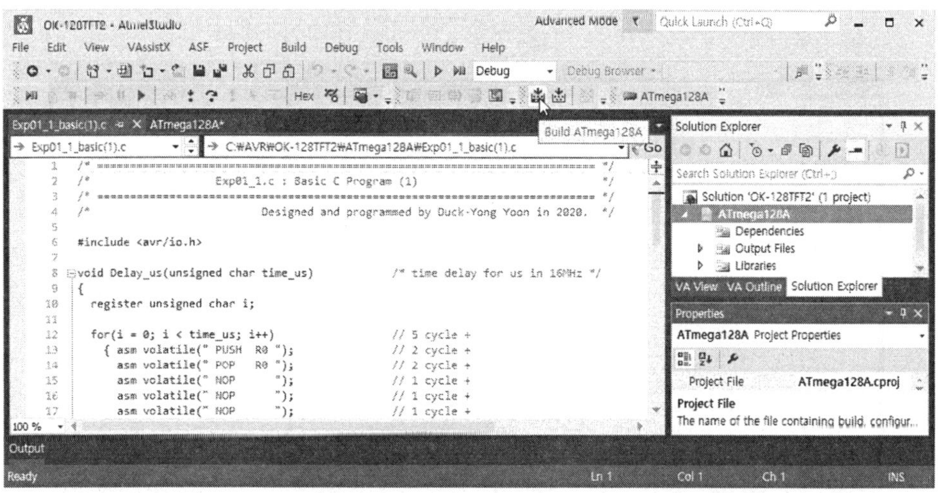

〈그림 3.2.30〉 단축 버튼을 누르는 방법으로 사용자 프로그램을 빌드하기

(6) AVRISP mkII 호환기종을 사용하여 프로그램을 다운로드하기

이제 C언어로 작성하고 빌드한 프로그램을 AVRISP mkII 호환기종의 다운로드 케이블을 사용하여 *OK-128TFT* 키트에 다운로드하고 실행하는 방법을 설명한다.

① 현재 퍼스널컴퓨터의 USB 컨넥터에 다운로드 케이블을 연결한 상태에서 화면의 Project → ATmega128A Properties... → Tool 메뉴를 선택하면 <그림 3.2.31>이 나타나는데, Selected debugger/programmer 항목에서 AVRISP mkII를 선택한다.

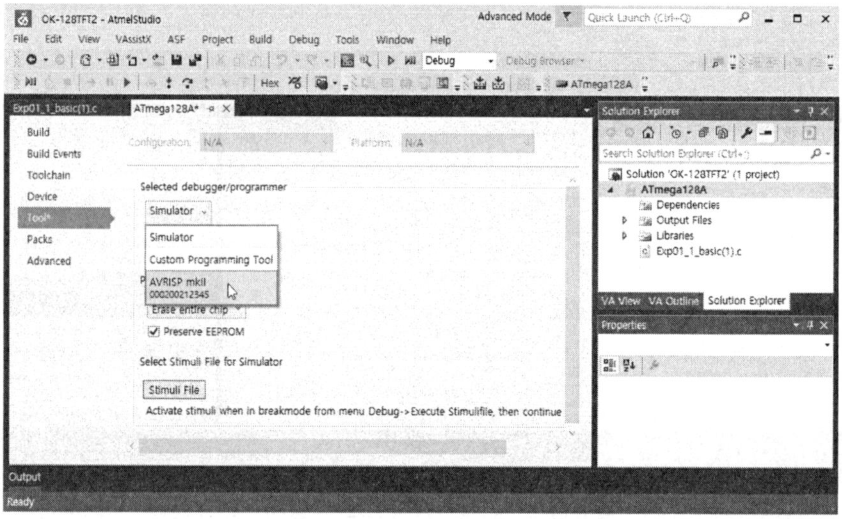

〈그림 3.2.31〉 하드웨어 개발 툴로서 AVRISP mkII 다운로드 케이블을 지정하는 화면

② 다음에는 <그림 3.2.32>와 같이 ISP Clock을 2MHz로 설정한다.

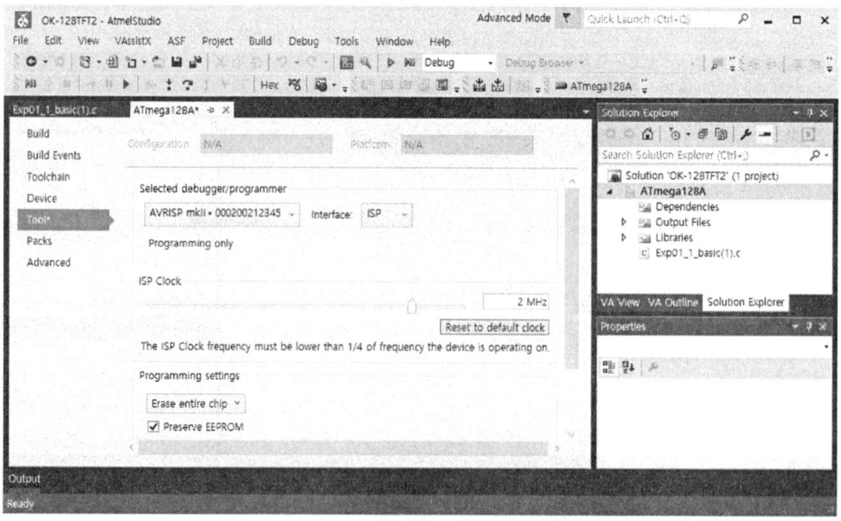

〈그림 3.2.32〉 다운로드 케이블의 동작 주파수를 2MHz로 설정하는 화면

③ 이제 빌드한 사용자 프로그램의 실행 파일을 *OK-128TFT* 키트에 다운로드하려면 Tools → Device Programming 메뉴를 선택한다.

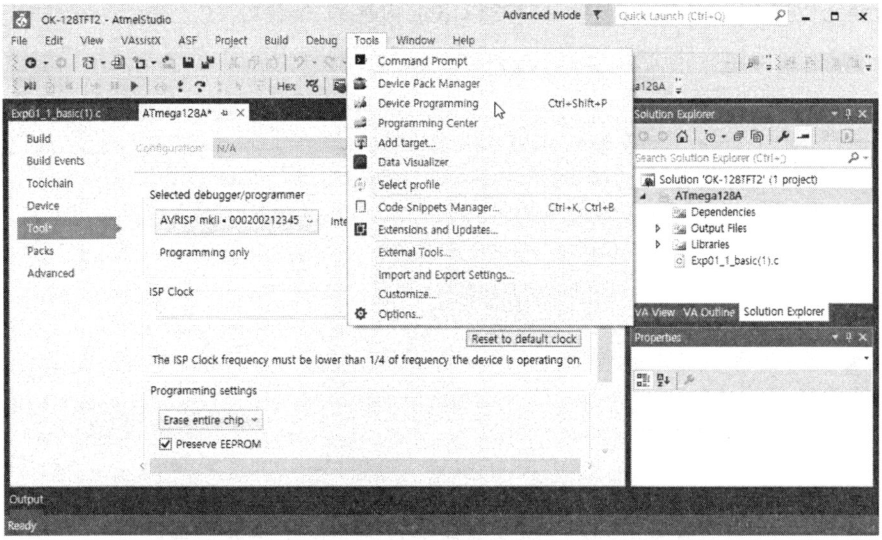

〈그림 3.2.33〉 사용자 프로그램의 다운로드를 시작하는 화면

④ <그림 3.2.34>와 같은 화면이 나타나면 Apply → Memories 메뉴를 선택하고, 다운로드할 파일을 불러오기 위하여 Flash 항목의 □ 버튼을 누른다.(사용자 프로그램의 실행 파일은 항상 프로젝트 이름과 동일하게 ATmega128A.elf 및 ATmega128A.hex로 만들어지며, 이것들은 프로젝트 폴더 아래의 Debug 폴더에 저장되어 있다.)

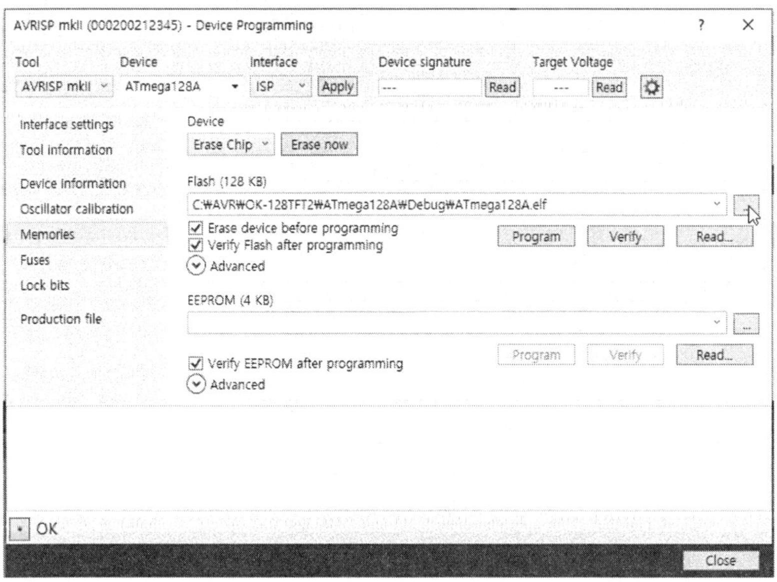

〈그림 3.2.34〉 다운로드할 실행 파일을 지정하는 화면

⑤ 그러면 <그림 3.2.35>와 같이 다운로드할 파일을 찾아가기 위한 화면이 나타나는데, 여기서 C:\AVR\OK-128TFT2\ATmega128A\Debug\ 폴더를 찾아 ATmega128A.elf 또는 ATmega128A.hex 파일을 선택하고 열기(O) 버튼을 누른다.

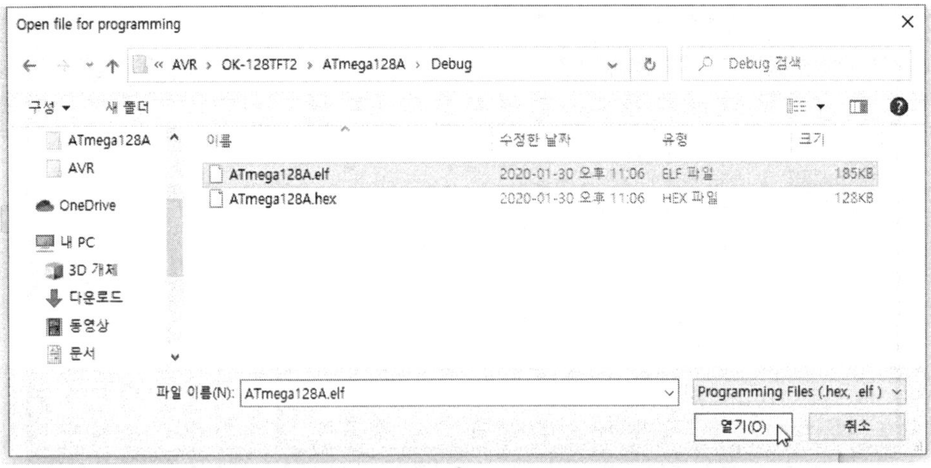

〈그림 3.2.35〉 다운로드할 실행 파일을 선택하는 화면

⑥ 이렇게 하여 다운로드할 파일을 올바르게 지정하였으면 <그림 3.2.36>에서처럼 Program 버튼을 눌러서 다운로드를 수행한다. 다운로드가 끝나면 이 프로그램은 즉시 *OK-128TFT* 키트에서 실행되기 시작한다.

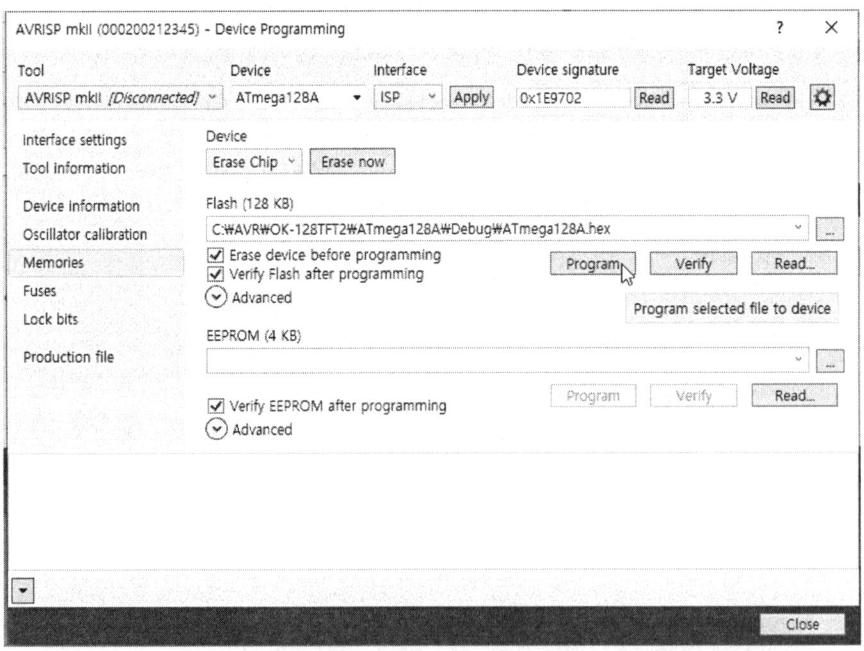

〈그림 3.2.36〉 사용자 프로그램의 다운로드를 스타트시키는 화면

⑦ 만약 퓨즈 비트나 메모리 록 비트를 설정할 필요가 있다면 <그림 3.2.37>처럼 Fuses 메뉴에서 해당 항목을 찾아서 설정하고 Program 버튼을 누른다. *OK-128TFT* 키트에서는 퓨즈 비트를 **0xFF, 0xCF, 0x3F**로 설정하는 것이 바람직하다.

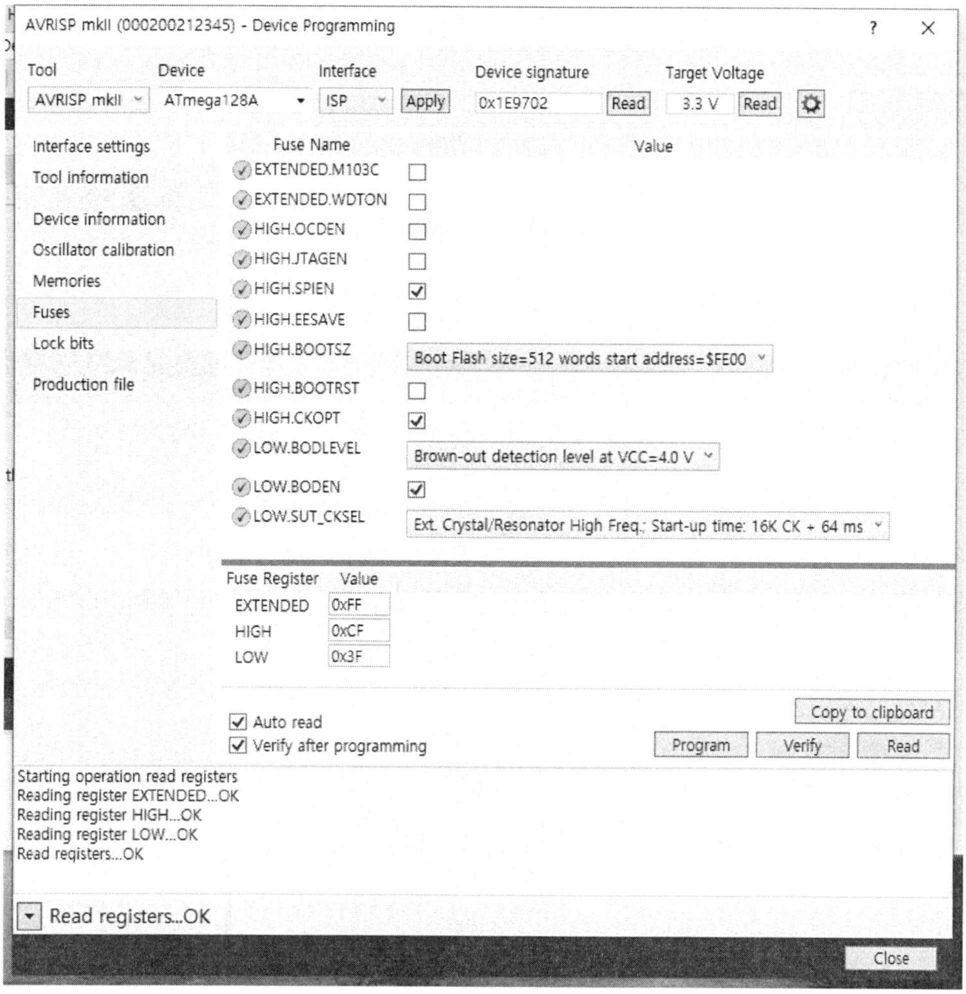

〈그림 3.2.37〉 퓨즈비트를 설정하는 화면

⑧ 그러나, AVRISP mkII나 그 호환기종 다운로드 케이블이 아니고 Atmel-ICE 에뮬레이터를 사용한다면 이것이 JTAG 인터페이스를 사용해야 하므로 퓨즈 비트를 **0xFF, 0x0F, 0x3F**로 설정해야 한다. 그리고 나서 Atmel-ICE 에뮬레이터를 사용하려면 <그림 3.2.38>처럼 Project → ATmega128A Properties... → Tool 메뉴를 수행하고 Selected debugger/programmer 항목에서 Atmel-ICE를 선택한다.

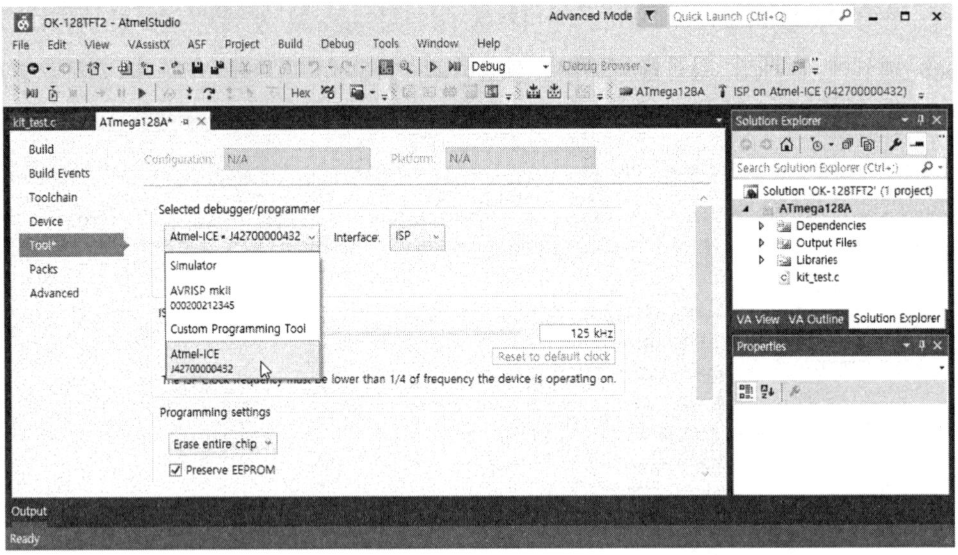

〈그림 3.2.38〉 하드웨어 개발 툴로서 Atmel-ICE를 사용하도록 설정하는 화면

⑨ 이처럼 하드웨어 개발 툴을 Atmel-ICE로 지정하였으면 <그림 3.2.39>에서처럼 ISP 모드나 JTAG 모드 중에서 1가지를 선택해야 한다. ISP 모드에서는 <그림 3.2.4>에서 케이블의 B부분을 *OK-128TFT* 키트의 컨넥터 CN3에 꽂아야 하며, JTAG 모드의 경우는 케이블의 C부분을 *OK-128TFT* 키트의 컨넥터 CN2에 꽂아서 사용해야 한다. JTAG 모드에서도 JTAG Clock은 2MHz 정도로 설정하는 것이 좋다.

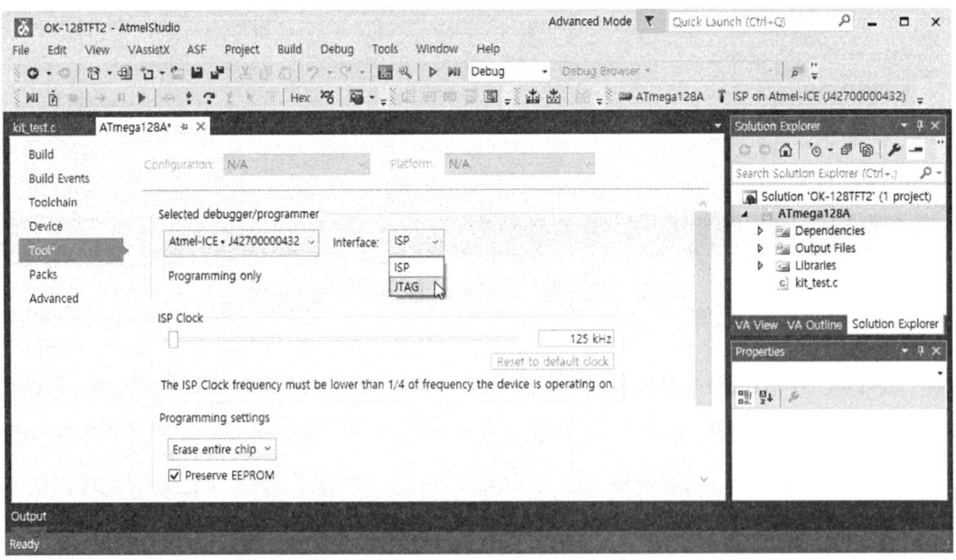

〈그림 3.2.39〉 Atmel-ICE에서 ISP 모드와 JTAG 모드를 선택하는 화면

3.3 WinAVR C컴파일러의 기능 요약

이 절에서는 WinAVR 소프트웨어에 포함되는 AVR-GCC 컴파일러의 주요 기능에 대하여 요약한다. 여기서 우리가 사용하는 WinAVR은 Atmel Studio 소프트웨어 패키지에 기본으로 포함되어 제공되는 가장 최신의 버전으로서, 여기서의 모든 설명은 이 소프트웨어에 포함된 AVR-GCC V5.4.0 및 avr-libc V2.0.0을 기준으로 한다. Atmel Studio와 여기에 포함된 WinAVR C컴파일러의 설치 및 사용 방법에 관해서는 앞의 제3.2절에서 이미 설명하였으니 참고하라.

1. WinAVR의 개요

(1) WinAVR의 개요

GCC(처음에는 GNU C Compiler의 약어였으나 나중에 GNU Compiler Collection의 약어로 변경됨)는 지난 1984년 무렵부터 FSF(Free Software Foundation)을 중심으로 추진되어온 GNU(GNU is Not Unix) 프로젝트의 일환으로 개발된 공개 소프트웨어로서 C언어 및 C++언어를 지원하는 ANSI C 표준의 크로스 컴파일러이다. 이것은 공개용 프리웨어(freeware)지만 매우 우수한 성능과 안정성을 가지고 있으며, 전세계의 많은 지원자들에 의하여 지속적으로 발전하고 있다.

GCC는 거의 모든 마이크로프로세서에 적용될 수 있을 정도로 뛰어난 이식성을 가지고 있는데, 이를 위하여 GCC는 하드웨어 플랫폼(platform)에 의존적인 부분과 플랫폼에 의존하지 않는 부분으로 나누어져 모듈화되어 있으며, 이들 모듈 사이에는 서로 지정된 규칙으로 인터페이스되고 있다. 따라서, 하드웨어 플랫폼에 의존적인 부분만을 수정하면 새로운 플랫폼을 지원하는 GCC를 쉽게 만들 수가 있다. AVR-GCC는 이러한 방법으로 만들어진 AVR 계열 마이크로컨트롤러용의 GCC 컴파일러인 것이다.

AVR-GCC는 정확히 말하면 크로스 컴파일러(cross compiler)이다. 즉, 호스트 플랫폼(host platform)으로서 Windows 운영체제를 사용하는 IBM PC 호환기종 퍼스널컴퓨터를 사용하고, 타겟 플랫폼(target platform)으로서 AVR 마이크로컨트롤러용의 소스 파일을 컴파일하여 실행 파일을 생성하는 것이다. AVR-GCC가 이와 같이 크로스 컴파일러로 동작하기 위해서는 사실 어셈블러와 링커가 더욱 중요하다. GCC 컴파일러는 단지 C언어 소스를 어셈블리 소스로 번역하는 역할만을 수행하므로 어셈블러가 타겟용의 오브젝트 코드를 생성하고 링커가 여러개의 오브젝트 파일들을 링크하기 때문이다. AVR-GCC에서는 이러한 크로스 어셈블러나 크로스 링커와 같은 유틸리티들을 모아서 binutils라고 한다.

Windows 운영체제를 사용하는 IBM PC 호환기종 퍼스널컴퓨터를 호스트 플랫폼으로 하는 8비트 AVR 마이크로컨트롤러용의 AVR-GCC 소프트웨어 패키지를 보통 WinAVR이라고 부르고 있으며, 이제 WinAVR과 AVR-GCC는 거의 같은 의미로 통용되고 있다.(☞ 그러나, Atmel Studio에서는 이를 WinAVR이 아니라 AVR 8-bit GNU Toolchain이라고 부르고 있다.) 또한, AVR-GCC 소프트웨어를 구성하는 핵심 부분이 AVR C Runtime Library인 avr-libc이다. 현재 Atmel Studio V7.0 소프트웨어에서 제공하고 있는 C컴파일러는 AVR-GCC V5.4.0 및 avr-libc V2.0.0이다.

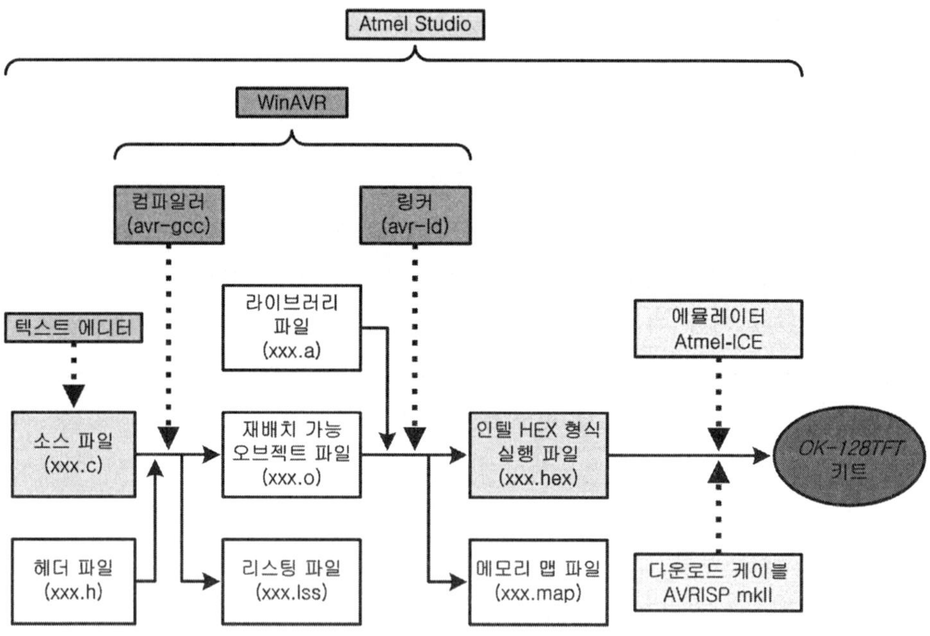

〈그림 3.3.1〉 Atmel Studio에서 WinAVR을 이용한 C언어 프로그램 작성 과정

(2) WinAVR의 구성 및 특징

앞의 제3.2절에서 설명했듯이 Atmel Studio V7.0을 설치하면 <그림 3.2.16>과 같은 폴더가 만들어진다. 이 WinAVR 소프트웨어에 포함되어 있는 주요 프로그램들을 살펴보면 avr-gcc(command line compiler), avr-libc(compiler library), avr-as(AVR assembler), avr-ld(linker), avr-ar 및 avr-ranlib(librarian) 등이 있다. 이들 소프트웨어는

각각 자신들의 버전 번호로 발전하면서 관리되고 있다.

Atmel Studio에서 WinAVR을 이용하여 C언어 프로그램을 작성하여 *OK-128TFT* 키트에서 실행하기 까지의 전체 개발 과정을 도시하면 <그림 3.3.1>과 같다.

◀참고▶ 대부분의 경우 소프트웨어 개발툴에는 크로스 C컴파일러와 크로스 어셈블러를 모두 포함하고 있어서 이를 함께 사용하는 것이 일반적이다. WinAVR에도 물론 AVR-GCC 컴파일러뿐만 아니라 AVR-AS 매크로 어셈블러를 가지고 있으므로 사용자가 이를 사용하여 어셈블리 언어로 프로그래밍하는 것이 가능하다. 그러나, WinAVR에 포함된 매크로 어셈블러 AVR-AS는 여러 가지 면에서 익히거나 사용하기가 불편하여 개발자들에게 별로 인기가 없다. 따라서, 이 책에서는 취급하지 않지만 어셈블리 언어를 사용하여 프로그램을 작성하는 사람들은 대부분 WinAVR에 포함되어 있는 매크로 어셈블러를 사용하지 않고 Microchip Technology사에서 자체적으로 제공하는 매크로 어셈블러 AVRASM2.EXE를 사용하여 어셈블리 언어 프로그램을 작성하고 있다.

2. WinAVR의 주요 기능 요약

WinAVR은 ANSI 표준의 C 및 C++ 컴파일러이므로 여기서 이 컴파일러의 C언어 처리 기능을 자세하게 설명하지 않는다. 여기서는 일반 ANSI C가 아니라 AVR 마이크로컨트롤러용으로서의 C언어를 사용할 때 알아야 하는 중요한 특징과 기능만을 알아보기로 한다. 더 이상의 자세한 사항에 대하여는 AVR-GCC 소프트웨어 패키지의 각 매뉴얼 특히 avr-libc의 매뉴얼을 참고하기 바란다.

(1) SRAM에서의 변수 및 상수

WinAVR에서 특별히 속성을 지정하지 않고 변수(variable)를 정의하면 이는 AVR 마이크로컨트롤러 내부의 SRAM 영역에 저장된다. 이것들은 외부 데이터 메모리에 저장되는 경우에 비하여 빠르게 액세스할 수 있다는 것이 장점이다.

WinAVR에서는 <표 3.3.1>과 같이 일반적으로 사용하는 데이터의 형 표현 방법 이외에도 데이터형을 축약하여 표현하는 전용의 방법을 추가로 더 사용하고 있다. 이러한 데이터의 표현은 헤더파일 <stdint.h>에 정의되어 있다.

SRAM의 변수는

```
unsigned char value = 10;
```

과 같이 정의하며,

```
value = 20;
```

과 같이 나중에 수시로 그 값을 변경할 수도 있다. 그러나,

```
const unsigned char convalue = 10;
```

처럼 read-only만 가능한 상수(constant)의 속성으로 정의한 것은 SRAM에 저장되더라도 읽는 것만 가능하고 나중에 그 값을 수정할 수는 없다. 또한,

```
register unsigned char regvalue asm("r3");
```

처럼 변수를 마이크로프로세서의 범용 레지스터에 할당하면 이는 액세스 속도가 더욱 빠르므로 자주 사용하는 변수에 유용하다.

〈표 3.3.1〉 WinAVR에서 데이터의 형 및 이를 축약하여 표현 방법

일반적인 데이터형의 표현	WinAVR의 데이터형 축약 표현	바이트 수	표현 범위
signed char	int8_t	1	-128~+127
unsigned char	uint8_t	1	0~255
signed int	int16_t	2	-32,768~+32,767
unsigned int	uint16_t	2	0~65,535
signed long int	int32_t	4	-2,147,483,648~+2,147,483,647
unsigned long int	uint32_t	4	0~4,294,967,295
signed long long int	int64_t	8	-9.22×10^18~+9.22×10^18
unsigned long long int	uint64_t	8	0~1.844×10^19
	intptr_t	2	int16_t와 같음
	uintptr_t	2	uint16_t와 같음
float		4	±8.4×10^-37~±3.4×10^38
double		8	±2.2×10^-308~±1.8×10^308

◀참고▶ 그러나, 이 책의 예제에서는 1행이 너무 길어져서 불편해지는 특별한 경우가 아니면 이런 WinAVR 전용의 데이터형 축약 표현법보다는 가급적이면 일반적인 데이터형의 표현 방법을 사용한다. 대부분의 C언어 프로그래머들에게는 그것이 더 알아보기 편하고 익숙하기 때문이다.

(2) 프로그램 메모리에서의 상수

WinAVR에서는 프로그램 메모리에서 상수를 지정하는 여러 가지 방법을 제공하고 있다. AVR의 프로그램 메모리인 플래시 메모리에는 프로그램이나 상수를 정의할 수 있는데, 이 상수는 당연히 읽는 것만 가능하지만 D/A 컨버터에 출력할 함수 데이터나 텍스트 LCD 모듈 또는 TFT-LCD에 표시할 문자열 등의 데이터를 저장하는데 매우

유용하다. 물론 이러한 상수 데이터는 SRAM에 저장할 수도 있지만 플래시 메모리는 SRAM에 비하여 용량이 훨씬 크므로 여기에 저장하는 것이 유리하다는 것이다.

〈표 3.3.2〉 WinAVR에서 프로그램 메모리 상수를 정의하는 방법

데이터의 형	WinAVR에서 프로그램 메모리 상수 정의	바이트 수	표현 범위
signed char	const signed char 상수명 PROGMEM	1	-128～+127
unsigned char	const unsigned char 상수명 PROGMEM	1	0～255
signed int	const signed int 상수명 PROGMEM	2	-32,768～+32,767
unsigned int	const unsigned int 상수명 PROGMEM	2	0～65,535
signed long int	const signed long int 상수명 PROGMEM	4	-2,147,483,648～+2,147,483,647
unsigned long int	const unsigned long int 상수명 PROGMEM	4	0～4294967295
signed long long int	const signed long long int 상수명 PROGMEM	8	-9.22×10^18～+9.22×10^18
unsigned long long int	const unsigned long long int 상수명 PROGMEM	8	0～1.844×10^19

〈표 3.3.3〉 WinAVR에서 프로그램 메모리 상수를 읽는 방법

프로그램 메모리 상수의 형	16비트 어드레스를 사용하여 읽기	32비트 어드레스를 사용하여 읽기
signed char unsigned char	pgm_read_byte(address_short) pgm_read_byte_near(address_short)	pgm_read_byte_far(address_long)
signed int unsigned int	pgm_read_word(address_short) pgm_read_word_near(address_short)	pgm_read_word_far(address_long)
signed long int unsigned long int	pgm_read_dword(address_short) pgm_read_dword_near(address_short)	pgm_read_dword_far(address_long)
float	pgm_read_float(address_short) pgm_read_float_near(address_short)	pgm_read_float_far(address_long)

이러한 상수 데이터의 표현을 사용하려면 헤더파일 <avr/pgmspace.h>를 인클루드해 주어야 한다. 이 헤더파일에 의하여 프로그램 메모리에서 상수를 정의할 때는 8, 16, 32, 64 비트 데이터의 형을 각각 <표 3.3.2>와 같이 정의하며, 여기서 const는 읽기 전용의 상수라는 것을 의미하고, PROGMEM은 이것이 플래시 메모리에 저장된다는 것을 의미한다.

예를 들어 프로그램 메모리에 바이트 상수 배열을 정의하려면 다음과 같이 2가지가 가능하다.

```
const unsigned char array1[10] PROGMEM = {0,1,2,3,4,5,6,7,8,9};
const unsigned char array2[ ] PROGMEM = {0,1,2,3,4,5,6,7,8,9};
```

이중에서 어느 하나의 원소를 읽어내려면 다음과 같이 처리하면 된다.

```
unsigned char value1, value2;
value1 = pgm_read_byte(&array1[3]);
value2 = pgm_read_byte(&array2[4]);
```

또한, 프로그램 메모리에 상수 문자열을 정의하는 것은

```
const unsigned char string1[ ] __attribute__ ((progmem)) = "OK-128TFT V2.0";
```

와 같이 수행하는데, 여기서 문자열에 포함된 문자 '8'을 읽으려면

```
unsigned char letter;
letter = pgm_read_byte(&string1[5]);
```

와 같이 처리한다.

(3) EEPROM에서의 변수

AVR에서 EEPROM을 액세스하는 것은 I/O 레지스터를 사용하여 특별하게 수행해야 하므로 WinAVR에서는 EEPROM을 액세스하기 위한 특별한 함수들을 제공하는데, 이것들은 헤더파일 <avr/eeprom.h>에 정의되어 있다.

〈표 3.3.4〉 WinAVR에서 EEPROM의 데이터를 액세스하는 방법

데이터의 종류	EEPROM 읽기	EEPROM 쓰기
signed char unsigned char	eeprom_read_byte()	eeprom_write_byte()
signed int unsigned int	eeprom_read_word()	eeprom_write_word()
signed long int unsigned long int	eeprom_read_dword()	eeprom_write_dword()
float	eeprom_read_float()	eeprom_write_float()

여기에 정의되어 있는 주요 함수들을 요약하면 <표 3.3.4>와 같고, 이것들의 사용방법을 좀 더 자세히 설명하면 다음과 같다.

```
eeprom_is_ready();
```

는 EEPROM의 상태를 조사하는 매크로로서 리턴값이 1이면 ready, 0이면 busy 상태를 나타낸다. 또한

```
void eeprom_write_byte(unsigned char *addr, unsigned char value);
void eeprom_write_word(unsigned int *addr, unsigned int value);
void eeprom_write_dword(unsigned long int *addr, unsigned long int value);
```

함수는 EEPROM의 지정된 어드레스에 각각 8비트, 16비트, 32비트의 데이터를 저장한다. 이와 반대로

```
unsigned char eeprom_read_byte(const unsigned char *addr);
unsigned int eeprom_read_word(const unsigned int *addr);
unsigned long int eeprom_read_dword(const unsigned long int *addr);
```

은 EEPROM의 지정된 어드레스에서 각각 8비트, 16비트, 32비트의 데이터를 읽는다.

(4) I/O 레지스터 및 병렬 I/O 포트의 액세스

WinAVR에서는 AVR 마이크로컨트롤러의 I/O 레지스터 또는 확장 I/O 레지스터를 액세스하기 위한 여러 가지의 함수나 매크로를 지원한다. AVR의 병렬 I/O 포트도 역시 이러한 레지스터 영역에 있는 SFR(special function register)에 해당하므로 이 방법을 사용하여 액세스한다.

레지스터 영역에 있는 I/O 레지스터 또는 확장 I/O 레지스터를 액세스하기 위한 표현은 <표 3.3.5>와 같이 해당 레지스터의 데이터 메모리 번지를 포인터 사용 방식으로 액세스할 수 있도록 헤더파일 <avr/sfr_defs.h>에 정의되어 있다. 그러나, 기본적으로 <avr/io.h>를 인클루드하면 내부에서 <sfr_defs.h> 파일을 자동적으로 인클루드하도록 연결되어 있으므로 사용자가 별도로 이를 인클루드할 필요는 없다.

〈표 3.3.5〉 WinAVR에서 I/O 레지스터와 확장 I/O 레지스터를 액세스하는 방법

데이터의 종류	레지스터 액세스 정의	실제 동작
8비트 I/O 레지스터	_SFR_IO8(io_addr)	*(volatile unsigned char *)(io_addr + 0x20)
16비트 I/O 레지스터	_SFR_IO16(io_addr)	*(volatile unsigned int *)(io_addr + 0x20)
8비트 확장 I/O 레지스터	_SFR_MEM8(mem_addr)	*(volatile unsigned char *)mem_addr
16비트 확장 I/O 레지스터	_SFR_MEM16(mem_addr)	*(volatile unsigned int *)mem_addr

이를 사용하여 각 AVR 마이크로컨트롤러의 레지스터 정의 파일에서는 I/O 레지스터 및 확장 I/O 레지스터를 쉽게 액세스할 수 있도록 정의하여 두었다. 예를 들면 ATmega128A의 경우는 <표 1.3.4>의 I/O 레지스터와 <표 1.3.5>의 확장 I/O 레지스터를 헤더파일 <avr/iom128.h>에 다음과 같이 정의하여 놓았다. 여기서 TCNT3은 실제

로 ATmega128A에 존재하지 않는 레지스터의 이름이지만 8비트 레지스터 TCNT3L과 TCNT3H를 합하여 한번에 16비트 레지스터로 액세스할 수 있도록 정의한 것이다.

```
#define PINE          _SFR_IO8(0x01)
#define DDRE          _SFR_IO8(0x02)
#define PORTE         _SFR_IO8(0x03)

#define PING          _SFR_MEM8(0x63)
#define DDRG          _SFR_MEM8(0x64)
#define PORTG         _SFR_MEM8(0x65)

#define TCNT3         _SFR_MEM16(0x88)
#define TCNT3L        _SFR_MEM8(0x88)
#define TCNT3H        _SFR_MEM8(0x89)
#define TCCR3B        _SFR_MEM8(0x8A)
#define TCCR3A        _SFR_MEM8(0x8B)
#define TCCR3C        _SFR_MEM8(0x8C)
```

이는 아래와 같이 포인터를 사용하여 해당 레지스터들을 메모리 절대 번지로 지정한 것과 동일하다.

```
#define PINE          *(volatile unsigned char *)(0x01 + 0x20)
#define DDRE          *(volatile unsigned char *)(0x02 + 0x20)
#define PORTE         *(volatile unsigned char *)(0x03 + 0x20)

#define PING          *(volatile unsigned char *)0x63
#define DDRG          *(volatile unsigned char *)0x64
#define PORTG         *(volatile unsigned char *)0x65

#define TCNT3         *(volatile unsigned int *)0x88
#define TCNT3L        *(volatile unsigned char *)0x88
#define TCNT3H        *(volatile unsigned char *)0x89
#define TCCR3B        *(volatile unsigned char *)0x8A
#define TCCR3A        *(volatile unsigned char *)0x8B
#define TCCR3C        *(volatile unsigned char *)0x8C
```

이와 같은 헤더 파일의 정의에 의하여 우리는 C언어 프로그램에서 8비트 I/O 레지스터 또는 확장 I/O 레지스터를 다음과 같이 편리하게 액세스할 수 있다.

```
unsigned char a, b;
PORTE = 0x12;
a = PINE;
PORTG = 0x34;
b = PING;
```

이것은 다음과 같이 포인터를 사용하여 메모리 절대번지를 지정하는 것과 동일하지만, 이렇게 절대번지를 사용하는 것은 C언어의 표준 문법을 따르고 있으므로 범용성이 있는데 비하여 사용자가 각 레지스터의 절대번지를 알고 있어야 한다는 불편함이 있다.

```
unsigned char a, b;
*(volatile unsigned char *)(0x03 + 0x20) = 0x12;
a = *(volatile unsigned char *)(0x01 + 0x20);
*(volatile unsigned char *)0x65 = 0x34;
b = *(volatile unsigned char *)0x63;
```

또한, 16비트의 I/O 레지스터 또는 확장 I/O 레지스터는 다음과 같이 8비트 단위로 2번 액세스할 수도 있고, 한번에 16비트를 액세스하는 것처럼 좀 더 편리하게 프로그램할 수도 있다.

```
unsigned char a, b;
unsigned int c;
TCNT1H = 0x10;                  // 16비트 레지스터 쓰기 ①
TCNT1L = 0x20;
TCNT1 = 0x1020;                 // 16비트 레지스터 쓰기 ②

a = TCNT1L;                     // 16비트 레지스터 읽기 ①
b = TCNT1H;
c = a + b*256;
a = TCNT1L;                     // 16비트 레지스터 읽기 ②
b = TCNT1H;
c = a + (b << 8);
c = TCNT1L + (TCNT1H << 8);// 16비트 레지스터 읽기 ③
c = TCNT1;                      // 16비트 레지스터 읽기 ④
```

◀**참고**▶ 16비트의 I/O 레지스터 또는 확장 I/O 레지스터를 액세스할 때는 각 바이트를 읽거나 쓰는 순서가 중요하다. 라이트(write) 동작의 경우에는 반드시 상위 바이트를 먼저 라이트하고 하위 바이트를 나중에 라이트해야 하며, 리드(read) 동작의 경우에는 반드시 하위 바이트를 먼저 리드하고 상위 바이트를 나중에 리드해야 한다. 그러나, C언어에서 이와 같이 편리하게 16비트 액세스 명령을 사용하면 C컴파일러가 이 액세스 순서에 맞추어 2번 동작하도록 어셈블리 언어로 번역하므로 아무 문제없이 액세스 동작이 처리된다.

(5) 비트 단위의 처리

범용 마이크로프로세서와 날리 제어용의 마이크로컨트롤러에서는 비트 단위의 데이터 처리가 중요할 경우가 많다. 헤더파일 <avr/sfr_defs.h>에는

```
#define _BV(bit)  (1 << (bit))
```

가 정의되어 있어서 비트 단위의 처리에 유용하게 사용된다. 예를 들어 AVR 마이크로컨트롤러에서 I/O 레지스터 또는 확장 I/O 레지스터의 특정 비트를 세트 또는 리셋 시키려면 _BV()를 다음과 같이 활용할 수 있다.

```
PORTA = PORTA | _BV(1);           // sbi(PORTA, 1)
PORTA = PORTA & ~_BV(3);          // cbi(PORTA, 3)
```

그리고, 이 헤더파일에는 또한 레지스터의 특정 비트가 세트되어 있는지 리셋되어 있는지를 조사하는 매크로

```
#define bit_is_set(sfr, bit)    (_SFR_BYTE(sfr) & _BV(bit))
#define bit_is_clear(sfr, bit)  (!(_SFR_BYTE(sfr) & _BV(bit)))
```

와 레지스터의 특정 비트가 세트되거나 또는 리셋될 때까지 기다리는 매크로

```
#define loop_until_bit_is_set(sfr, bit)    do { } while (bit_is_clear(sfr, bit))
#define loop_until_bit_is_clear(sfr, bit)  do { } while (bit_is_set(sfr, bit))
```

가 정의되어 있어서 유용하다.

예전에는 WinAVR에서 sbi(), cbi(), inp(), outp(), inb(), outb(), inw(), outw()와 같은 함수를 사용하였으나, 2005년 2월 14일자의 WinAVR에 포함된 avr-libc v1.2.3에서 부터는 이것들을 모두 폐지하고 사용하지 않는다. 따라서, 이제부터 이것들은 사용하지 않는 것이 바람직하지만, sbi()와 cbi()는 매우 편리한 매크로이므로 이 책에서는 이를 아래와 같이 직접 정의하여 요긴하게 사용한다.

```
#define BV(bit)            (1 << (bit))
#define sbi(reg, bit)      reg |= BV(bit)
#define cbi(reg, bit)      reg &= (~BV(bit))
```

(6) 외부 I/O나 메모리의 절대번지 액세스

ATmega128A의 데이터 메모리 구조와 이를 사용하는 예는 <그림 3.3.2>와 같다. 이처럼 ATmega128A의 외부에 어드레스 버스를 사용하여 I/O 디바이스나 데이터 메모리를 확장하려는 경우에는 MCUCR 레지스터에서 SRE = 1로 설정하고, MCUCR, XMCRA, XMCRB 레지스터 등을 사용하여 외부 어드레스 영역을 액세스하기 위한 버스 신호들의 동작을 올바르게 초기화해 주어야 한다.

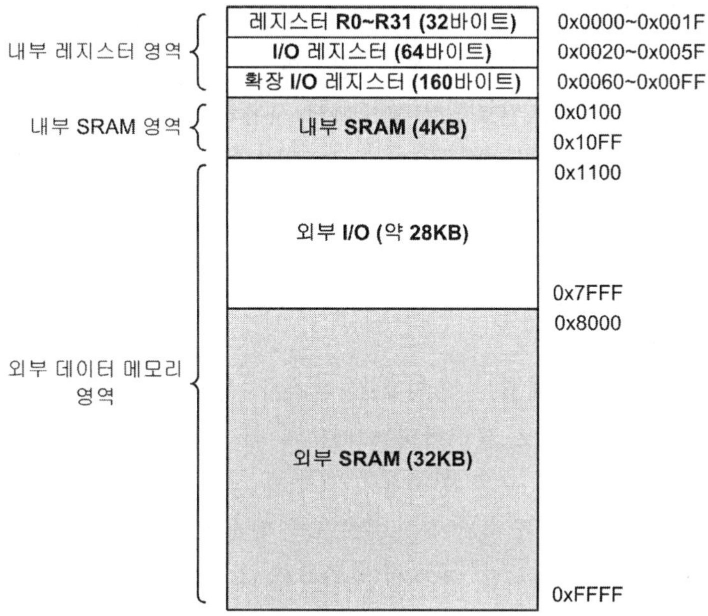

〈그림 3.3.2〉 ATmega128A에서 데이터 메모리 영역의 어드레스 맵

WinAVR에서 외부의 I/O 디바이스나 SRAM 메모리와 같은 절대번지를 액세스하려면 일반적인 C언어에서처럼 포인터를 사용한다.

```
#define ext_io1    *(volatile unsigned char *)0x1100 // external I/O address
#define ext_io2    *(volatile unsigned char *)0x1101
#define ext_mem1   *(volatile unsigned char *)0x8000 // external memory address
#define ext_mem2   *(volatile unsigned char *)0x8001

unsigned char a, b;

    ext_io1 = 0x12;
    a = ext_io2;

    ext_mem1 = 0x34;
    b = ext_mem2;
```

(7) 인터럽트 프로그래밍

표준의 ANSI C에서는 하드웨어 의존적인 인터럽트 처리 기능을 지원하지 않으므로 각 마이크로컨트롤러의 C컴파일러마다 고유한 방식으로 이를 처리한다. WinAVR에서는 반드시 다음과 같이 지정된 형식으로 인터럽트 서비스 루틴(interrupt service routine 또는 interrupt handler) 함수를 작성하여야만 C컴파일러가 이를 올바르게 인식하여 처리할 수 있다. 이들 인터럽트 처리 기능은 모두 헤더파일 <avr/interrupt.h>에 정의되어 있으며, 인터럽트 서비스 루틴 함수의 기본 형식은 다음과 같다. 여기서 vector는 해당 AVR 마이크로컨트롤러 모델에서 사용하는 인터럽트의 종류를 나타내는 표시로서 ATmega128A의 경우에는 반드시 <표 3.3.6>과 같이 사용해야 한다.

```
ISR(vector)
{
  // interrupt service routine
}
```

AVR 마이크로컨트롤러에서는 인터럽트 처리가 시작되면 SREG의 글로벌 인터럽트 플랙 I가 자동적으로 0으로 클리어되기 때문에 이 인터럽트 서비스 루틴 함수가 실행되는 동안에는 기본적으로 모든 인터럽트가 금지 상태로 된다. 그러나, 이 함수 내에서 인터럽트를 허용 상태로 설정하려면 인터럽트 함수의 서두에서 sei() 함수를 실행하여 주면 된다. 반대로 인터럽트를 금지하는 함수는 cli() 함수이다.

```
ISR(vector)
{
  sei();
  // interrupt service routine
}
```

WinAVR에서는 프로그램의 오류를 방지하기 위하여 프로그래머가 사용하지 않는 인터럽트가 발생하면 리셋 벡터로 점프하도록 내부에서 처리하고 있다. 그러므로, 만약 프로그램 실행 중에 느닷없이 리셋이 걸린 것처럼 프로그램이 0x0000 번지부터 다시 수행되는 경우가 발생하면 이 시스템에서 사용하지 않는 인터럽트가 걸리지 않았는지 체크해볼 필요가 있다.

WinAVR의 인터럽트 서비스 루틴 함수는 이밖에도 오래 전부터

```
SIGNAL(signame)
{
  // interrupt service routine
}
```

와 같은 형식을 사용해 왔었으나, 이는 현재 더 이상 지원하지 않고 폐지할 예정이므로 사용하지 않는 것이 좋다.

〈표 3.3.6〉 ATmega128A의 인터럽트 서비스 루틴 함수를 정의하는 vector 및 signame

번호	vector (새로운 방식)	signame (옛 방식)	인터럽트 발생 조건
1	INT0_vect	SIG_INTERRUPT0	External Interrupt Request 0
2	INT1_vect	SIG_INTERRUPT1	External Interrupt Request 1
3	INT2_vect	SIG_INTERRUPT2	External Interrupt Request 2
4	INT3_vect	SIG_INTERRUPT3	External Interrupt Request 3
5	INT4_vect	SIG_INTERRUPT4	External Interrupt Request 4
6	INT5_vect	SIG_INTERRUPT5	External Interrupt Request 5
7	INT6_vect	SIG_INTERRUPT6	External Interrupt Request 6
8	INT7_vect	SIG_INTERRUPT7	External Interrupt Request 7
9	TIMER2_COMP_vect	SIG_OUTPUT_COMPARE2	Timer/Counter2 Compare Match
10	TIMER2_OVF_vect	SIG_OVERFLOW2	Timer/Counter2 Overflow
11	TIMER1_CAPT_vect	SIG_INPUT_CAPTURE1	Timer/Counter1 Capture Event
12	TIMER1_COMPA_vect	SIG_OUTPUT_COMPARE1A	Timer/Counter1 Compare Match A
13	TIMER1_COMPB_vect	SIG_OUTPUT_COMPARE1B	Timer/Counter1 Compare Match B
14	TIMER1_OVF_vect	SIG_OVERFLOW1	Timer/Counter1 Overflow
15	TIMER0_COMP_vect	SIG_OUTPUT_COMPARE0	Timer/Counter0 Compare Match
16	TIMER0_OVF_vect	SIG_OVERFLOW0	Timer/Counter0 Overflow
17	SPI_STC_vect	SIG_SPI	SPI Serial Transfer Complete
18	USART0_RX_vect	SIG_UART0_RECV	USART0, Rx Complete
19	USART0_UDRE_vect	SIG_UART0_DATA	USART0 Data Register Empty
20	USART0_TX_vect	SIG_UART0_TRANS	USART0, Tx Complete
21	ADC_vect	SIG_ADC	ADC Conversion Complete
22	EE_READY_vect	SIG_EEPROM_READY	EEPROM Ready
23	ANALOG_COMP_vect	SIG_COMPARATOR	Analog Comparator
24	TIMER1_COMPC_vect	SIG_OUTPUT_COMPARE1C	Timer/Counter1 Compare Match C
25	TIMER3_CAPT_vect	SIG_INPUT_CAPTURE3	Timer/Counter3 Capture Event
26	TIMER3_COMPA_vect	SIG_OUTPUT_COMPARE3A	Timer/Counter3 Compare Match A
27	TIMER3_COMPB_vect	SIG_OUTPUT_COMPARE3B	Timer/Counter3 Compare Match B
28	TIMER3_COMPC_vect	SIG_OUTPUT_COMPARE3C	Timer/Counter3 Compare Match C
29	TIMER3_OVF_vect	SIG_OVERFLOW3	Timer/Counter3 Overflow
30	USART1_RX_vect	SIG_UART1_RECV	USART1, Rx Complete
31	USART1_UDRE_vect	SIG_UART1_DATA	USART1 Data Register Empty
32	USART1_TX_vect	SIG_UART1_TRANS	USART1, Tx Complete
33	TWI_vect	SIG_2WIRE_SERIAL	Two-wire Serial Interface
34	SPM_READY_vect	SIG_SPM READY	Store Program Memory Ready

(8) 인라인 어셈블 프로그래밍

WinAVR을 이용하여 프로그램을 작성하다 보면 때로는 C언어 소스에서 어셈블리 명령을 사용하고 싶을 경우가 있다. 이때는 인라인 어셈블(inline assemble) 기능으로 어셈블리 명령을 C언어 소스에 포함시킬 수 있다.

C언어에서 인라인 어셈블 명령을 사용하는 기본 형식은 다음과 같다.

```
asm volatile("assembly instruction \n\t"
             "assembly instruction \n\t"
                 . . .
             "assembly instruction \n\t");
```

여기서 assembly instruction은 1개 또는 여러 개의 어셈블리 명령인데 각 어셈블리 명령들은 큰 인용부호로 묶어져야 하며, 각 어셈블리 명령의 끝에는 줄을 바꾸라는 표시로 \n\t 가 놓여야 한다.

인라인 어셈블 루틴에서 점프를 위한 라벨을 사용하는 것도 가능하다.

```
val1 = 1;
val2 = 2;
asm volatile("      LDS    R16, val1    \n\t"
             "      LDS    R17, val2    \n\t"
             "      ADD    R16, R17     \n\t"
             "      BRCC   over         \n\t"
             "      LDI    R16, 0xFF    \n\t"
             "over: STS    val1, R16    \n\t");
```

단, 이와 같이 인라인 어셈블 루틴에서 C언어 소스의 변수명을 사용하려면 이는 반드시 글로벌 변수이어야만 한다. 이는 물론 다음과 같이 사용하는 것도 가능하다.

```
val1 = 1;
val2 = 2;
asm volatile("      LDS    R16, val1   ");
asm volatile("      LDS    R17, val2   ");
asm volatile("      ADD    R16, R17    ");
asm volatile("      BRCC   over        ");
asm volatile("      LDI    R16, 0xFF   ");
asm volatile("over: STS    val1, R16   ");
```

인라인 어셈블 루틴에서는 <표 3.3.7>처럼 몇 개의 특별한 레지스터를 사용할 수 있다. 이것들은 C언어 소스를 컴파일한 어셈블리 소스에서도 자주 사용되는 것이므로 때로는 인라인 어셈블 루틴에서 필요한 경우도 있다.

〈표 3.3.7〉 인라인 어셈블 루틴에서 사용 가능한 특별한 레지스터

심볼	레지스터의 기능
__SREG__	상태 레지스터 SREG (0x3F 번지)
__SP_H__	스택 포인터의 상위 바이트(0x3E 번지)
__SP_L__	스택 포인터의 하위 바이트(0x3D 번지)
__tmp_reg__	임시 레지스터로 사용되는 R0 레지스터
__zero_reg__	항상 0의 값을 가지는 레지스터로 사용되는 R1 레지스터

인라인 어셈블 루틴은 C컴파일러가 직접 처리하지 않고 거의 그대로 어셈블러에게 전달하므로 소스의 구문에 명백한 에러(syntax error)가 있더라도 에러 메시지를 발생

하지 않는 경우가 많다. 따라서, 인라인 어셈블 기능을 사용할 때는 사용자가 세심하게 고려하여 처리하지 않으면 프로그램이 뜻하지 않은 결과를 초래할 수도 있으니 주의해야 한다.

(9) 레지스터의 사용

C언어의 중요한 특징 중의 하나는 함수 중심(function-oriented)의 언어라는 것이며, 일반적으로 함수를 호출(call)할 때는 입력 파라미터가 전달되고, 함수가 수행되고 나서 리턴(return)될 때는 출력 파라미터를 전달하게 된다. 이 함수를 어떻게 전달하고 그것이 함수 안에서 어떤 방법으로 사용되는지는 C언어의 처리 성능에 중요한 영향을 준다. 종래의 C컴파일러들은 이러한 파라미터를 대부분 스택을 통하여 전달함으로써 처리 방법의 일반성은 있었으나 처리 성능이 낮았다. 그러나, AVR 마이크로컨트롤러에서는 32개의 범용 레지스터 R0~R31을 가지고 있으므로 이러한 함수의 파라미터 전달에 주로 이들 레지스터를 사용하며, 이는 C언어로 작성된 사용자 프로그램의 실행속도를 상당히 높여주므로 그만큼 AVR이 C언어에 적합한 구조의 마이크로컨트롤러라는 것을 말해준다.

모든 함수를 컴파일할 때 이들 사이에는 입출력 파라미터들이 서로 잘 매칭이 되어야 하므로 C컴파일러에서 이러한 함수 처리 방법은 매우 규칙적으로 정해져 있다. WinAVR에서 함수를 호출할 때 입력 파라미터에는 R25~R8이 사용되는데, 이것들은 파라미터의 순서대로 뒤쪽인 R25부터 차례로 사용된다. 예를 들어 입력 파라미터가 int형이라면 레지스터가 2개씩, long형이라면 레지스터가 4개씩 역워드순으로 사용된다. 단, 파라미터가 char형인 경우에는 짝수 번호의 레지스터만이 사용된다. 만약 함수의 입력 파라미터가 너무 많아서 이들 파라미터들을 모두 레지스터로 표현할 수 없는 경우에는 초과되는 부분이 스택을 사용하여 전달된다. 한편, 함수의 리턴값을 전달하는 레지스터는 char형은 R24, int형은 R25~R24, long int형은 R25~R22, long long int형은 R25~R18이 사용된다.

호출된 함수(callee) 내에서는 지역변수(local variable)로서 R18~R27 및 R30~R31을 자유롭게 사용한다. 따라서, 이 레지스터들의 값이 보존되어야 한다면 그것은 호출하는 쪽(caller)에서 처리해 주어야 한다. 그러나, R2~R17 및 R28~R29는 함수 내에서 사용할 때 값이 변경되지 않도록 호출된 함수에서 이를 보존하여야 한다. 이밖에 R0은 임시 레지스터(temporary register)로 사용되며, R1은 항상 0의 값을 가지는 제로 레지스터(zero register)로 사용된다.

◀휴게실▶ **AVR C언어에서 변수를 사용할 때의 유용한 팁**

(1) 변수의 종류 선정

C언어의 어느 함수 내에서 선언하여 그 함수에서만 사용하는 변수를 지역변수(local variable)라고 하며, 함수의 밖에서 선언하여 이후의 어느 함수에서나 사용할 수 있는 변수를 전역변수(global variable)라고 한다. 또한, 지역 변수이기는 하지만 함수가 호출된 이후에도 그 값이 보존되는 변수를 정적변수(static local variable)라고 한다.

전역변수는 함수의 밖에서 선언되어 SRAM 메모리에 저장되며 이 변수 영역은 다른 목적으로 사용될 수 없다. 따라서, 너무 많은 전역변수를 사용하면 SRAM 메모리의 낭비가 되며, 전역변수는 프로그램의 수정이나 관리를 어렵게 하므로 가급적 사용을 자제하는 것이 좋다.

지역변수는 일반적으로 스택에 저장되지만 AVR 마이크로컨트롤러에서는 이를 대부분 레지스터에 저장하므로 프로그램의 실행 속도가 향상된다. 이에 비하여 전역변수는 SRAM에 저장되어 있다가 이것이 사용될 때만 레지스터로 옮겨지므로 그만큼 프로그램이 길어지고 실행 속도가 떨어진다. 따라서, C언어 프로그램에서는 불가피한 상황을 제외하고는 가급적이면 전역변수보다는 지역변수를 사용하는 것이 바람직하다.

정적변수는 함수가 시작될 때 레지스터로 옮겨지고 함수가 끝날 때는 다시 그 값이 SRAM으로 옮겨져 저장된다. 따라서, 정적변수는 하나의 함수 내에서 여러번 사용된다면 전역변수보다는 프로그램의 코드 사이즈를 절감할 수 있는 효과가 있다.

데이터를 레지스터 변수로 정의하여 사용하면 당연히 처리속도가 가장 빨라진다. 그러나, 레지스터 변수는 어떤 레지스터를 독점적으로 점유하여 사용하므로 전체 범용 레지스터의 활용도를 떨어뜨리게 되고, 따라서 특별한 경우에만 사용해야 한다.

(2) 변수의 크기 선정

C언어에서 변수의 크기는 가급적 작은 것을 선정하여 사용하는 것이 좋다. 예를 들어 0~100의 범위에서만 사용하는 변수에 쓸데없이 int형이나 long int형을 사용한다면 이는 데이터 처리속도를 상당히 떨어뜨리는 요인이 될 수 있다. AVR은 8비트 마이크로컨트롤러이므로 모든 어셈블리 명령에서는 기본적으로 8비트 단위로 데이터를 처리하며, 따라서 8비트의 char형 변수는 16비트의 int형이나 32비트의 long int형 변수에 비하여 훨씬 빠르게 처리된다.

(3) 인터럽트 서비스 루틴 함수에서

인터럽트 서비스 루틴 함수가 시작될 때는 이 함수 내에서 사용되는 모든 레지스터를 스택에 저장하다. 또한, 인터럽트 서비스 루틴 함수 내에서 다른 함수를 호출할 때도 이 레지스터들을 모두 스택에 저장한다. 따라서, 프로그램의 코드 사이즈를 줄이고 실행 속도를 높이려면 인터럽트 서비스 루틴 함수는 최대한 간단하고 짧게 작성하며 이 내부에서는 다른 함수를 호출하지 않는 것이 좋다.

(4) 메인 함수와 인터럽트 서비스 루틴 함수 사이에서 전역변수를 공유하는 경우

전역변수를 선언해 두고 이를 메인 함수와 인터럽트 서비스 루틴에서 공유하는 경우에는 주의가 필요하다. 즉, 인터럽트 서비스 루틴에서 이 변수값이 수시로 갱신될 수 있고 메인 함수에서는 그 갱신된 결과에 따라 어떤 처리를 해야 한다면 이 전역변수를 선언할 때 반드시 volatile로 선언한다.

```
volatile unsigned char count;
```

이렇게 하면 C컴파일러가 이를 컴파일할 때 최적화를 수행하더라도 그 상황에 맞는 상수값으로 바꾸어 처리하지 않기 때문에 항상 올바른 전역변수로 작용할 수 있도록 한다.

3. 기본적인 헤더파일 및 라이브러리 함수의 요약

WinAVR 소프트웨어에는 많은 헤더 파일과 avr-libc라고 불리는 AVR-GCC 컴파일러의 C언어 라이브러리 함수(library function)가 들어있다. 이는 사용자가 소스 프로그램을 작성할 때 항상 참고해야 하는 사항이므로 여기서 요약하여 정리한다.

(1) WinAVR C컴파일러의 헤더파일

WinAVR의 C컴파일러에서 제공하는 헤더파일을 모두 요약하면 <표 3.3.8>과 같다. 여기서 ①②③④로 표시된 헤더파일은 각각 아래와 같은 폴더에 위치하는 것을 나타낸다.

① ...\avr8\avr8-gnu-toolchain\avr\include\ 기본 폴더에 위치
② ...\avr8\avr8-gnu-toolchain\avr\include\avr\ 하위 폴더에 위치
③ ...\avr8\avr8-gnu-toolchain\avr\include\compat\ 하위 폴더에 위치
④ ...\avr8\avr8-gnu-toolchain\avr\include\util\ 하위 폴더에 위치

〈표 3.3.8〉 WinAVR C컴파일러에서 제공하는 헤더파일

헤더파일	파일의 내용	비고
assert.h	Diagnostics	①
boot.h	Bootloader support utilities	②
common.h	Define registers that have not been previously defined	②
crc16.h	CRC-16 computations	②④
ctype.h	Character operations	①
delay.h	Busy-wait delay loops	②④
deprecated.h	Define deprecated items to be available in previous versions	③
eeprom.h	EEPROM handling	②
errno.h	System errors	①
ina90.h	Compatibility header for IAR C compiler	③
interrupt.h	Interrupt handling	②
inttypes.h	Integer type conversions	①
io.h	AVR device-specific I/O definitions	②
iom128a.h 등	I/O definitions for various AVR microcontrollers	②
math.h	Mathematics	①
parity.h	Parity bit generation	②④
pgmspace.h	Program space string utilities	②
portpins.h	I/O port bit number definitions	②
setjmp.h	Non-local goto	①
sfr-defs.h	Special function registers	②
sleep.h	Power management and sleep modes	②
stdint.h	Standard integer types	①
stdio.h	Standard I/O facilities	①
stdlib.h	General utilities	①
string.h	More string manipulation routines	①
time.h	Declare time functions	①
twi.h	TWI bit mask definitions	③④
version.h	avr-libc version macros	②
wdt.h	Watchdog timer handling	②

헤더파일의 기본 폴더인 ...\Studio\7.0\toolchain\avr8\avr-gnu-toolchain\avr\include\에 위치하는 헤더파일을 사용자 프로그램에서 인클루드할 때는

```
#include <stdio.h>
```

와 같이 사용한다. 그러나, 그 이하의 하위 폴더에 위치하는 헤더파일을 인클루드하는 경우에는

```
#include <avr/io.h>
#include <compat/ina90.h>
#include <util/delay.h>
```

와 같이 그 하위 경로를 밝혀 표시해야 한다.

(2) 내장 함수 리스트

이제 WinAVR의 헤더파일에 정의되어 있는 모든 C언어 라이브러리 함수를 요약 정리하면 <표 3.3.9>와 같다. 각 함수는 어느 헤더파일에 정의되어 있는지를 함께 표시하였다. 헤더파일의 구성은 소프트웨어 버전에 따라 조금씩 달라지는데, 이 표에서 ★로 표시한 것은 현재 폐지되어 사용하지 않는 것을 나타내며 ☆는 앞으로 폐지될 예정이므로 가급적이면 사용하지 말라는 것을 나타낸다.

〈표 3.3.9〉 WinAVR에서 사용하는 C언어 함수 및 그것이 정의되어 있는 헤더파일

함수의 형	함수	헤더파일
void	abort(void);	stdlib.h
int	abs(int x);	stdlib.h
double	acos(double x);	math.h
double	asin(double x);	math.h
double	atan(double x);	math.h
double	atan2(double y, double x);	math.h
long	atoi(char *p);	stdlib.h
long	atol(char *p);	stdlib.h
	bit_is_clear(sfr, bit);	sfr_defs.h
	bit_is_set(sfr, bit);	sfr_defs.h
	_BV(bit);	sfr_defs.h
	cbi(port, bit); ★	sfr_defs.h
double	ceil(double x);	math.h
	cli(void);	interrupt.h
void	*calloc(size_t nele, size_t size);	stdlib.h
double	cos(double x);	math.h
double	cosh(double x);	math.h
div_t	div(int x, int y);	stdlib.h
void	_delay_loop_1(unsigned char count);	delay.h
void	_delay_loop_2(unsigned int count);	delay.h
void	_delay_us(double us);	delay.h
void	_delay_ms(double ms);	delay.h

```
                  eeprom_is_ready();                                        eeprom.h
unsigned char     eeprom_rb(unsigned int addr); ★                           eeprom.h
unsigned int      eeprom_rw(unsigned int addr); ★                           eeprom.h
unsigned char     eeprom_read_byte(const unsigned char *addr);              eeprom.h
unsigned int      eeprom_read_word(const unsigned int *addr);               eeprom.h
void              eeprom_read_block(void *buf, const void *addr, size_t n); eeprom.h
void              eeprom_wb(unsigned int addr, unsigned char val); ★        eeprom.h
void              eeprom_write_byte(unsigned char *addr, unsigned char val); eeprom.h
void              eeprom_write_word(unsigned int *addr, unsigned int val);  eeprom.h
void              eeprom_write_block(const void *addr, void *buf, size_t n); eeprom.h
                  _EEGET(val, addr);                                        eeprom.h
                  _EEPUT(addr, val);                                        eeprom.h
                  enable_external_int(unsigned char ints); ★                interrupt.h
double            exp(double x);                                            math.h
double            fabs(double x);                                           math.h
int               fclose(FILE *__stream);                                   stdio.h
                  fdev_close(void);                                         stdio.h
FILE*             fdevopen(int(*put)(char,FILE*), int(*get)(FILE*));        stdio.h
int               fgetc(FILE *__stream);                                    stdio.h
double            floor(double x);                                          math.h
double            fmod(double x, double y);                                 math.h
int               fputc(int __c, FILE *__stream);                           stdio.h
void              free(void *ptr);                                          stdlib.h
double            frexp(double x, int *exp);                                math.h
                  getchar(void);                                            stdio.h
                  inp(port); ★                                              sfr_defs.h
                  inb(port); ★                                              sfr_defs.h
                  inw(port); ★                                              sfr_defs.h
                  INTERRUPT(signame); ★                                     signal.h
double            inverse(double x); ★                                      math.h
                  ISR(vector);                                              interrupt.h
int               isalnum(int __c);                                         ctype.h
int               isalpha(int __c);                                         ctype.h
int               isascii(int __c);                                         ctype.h
int               iscntrl(int __c);                                         ctype.h
int               isdigit(int __c);                                         ctype.h
int               isgraph(int __c);                                         ctype.h
int               islower(int __c);                                         ctype.h
int               isprint(int __c);                                         ctype.h
int               ispunct(int __c);                                         ctype.h
int               isspace(int __c);                                         ctype.h
int               isupper(int __c);                                         ctype.h
int               isxdigit(int __c);                                        ctype.h
int               isnan(double x);                                          math.h
int               isinf(double x);                                          math.h
char              *itoa(int value, char *string, int radix);                stdlib.h
long              labs(long x);                                             stdlib.h
double            ldexp(double x, int exp);                                 math.h
ldiv_t            ldiv(lomg x, long y);                                     stdlib.h
double            log(double x);                                            math.h
double            log10(double x);                                          math.h
void              longjmp(jmp_buf env, int val);                            setjmp.h
                  loop_until_bit_is_clear(sfr, bit);                        sfr_defs.h
                  loop_until_bit_is_set(sfr, bit);                          sfr_defs.h
char              *ltoa(long int value, char *string, int radix);           stdlib.h
void              *malloc(size_t size);                                     stdlib.h
void              *memchr(void *s, char c, size_t n);                       string.h
int               memcmp(const void *s1, const void *s2, size_t n);         string.h
void              *memcpy(void *to, void *from, size_t n);                  string.h
void              *memmove(void *to, void *from, size_t n);                 string.h
void              *memset(void *s, int c, size_t n );                       string.h
double            modf(double x, double *iptr);                             math.h
                  outp(value, port); ★                                      sfr_defs.h
                  outb(port, value); ★                                      sfr_defs.h
                  outw(port, value); ★                                      sfr_defs.h
                  parity_even_bit(val);                                     parity.h
                  pgm_read_byte(address);                                   pgmspace.h
                  pgm_read_word(address);                                   pgmspace.h
```

	pgm_read_dword(address);	pgmspace.h
	pgm_read_byte_near(address);	pgmspace.h
	pgm_read_word_near(address);	pgmspace.h
	pgm_read_dword_near(address);	pgmspace.h
	pgm_read_byte_far(address_long);	pgmspace.h
	pgm_read_word_far(address_long);	pgmspace.h
	pgm_read_dword_far(address_long);	pgmspace.h
double	pow(double x, double y);	math.h
int	printf(const char *__fmt, ...);	stdio.h
int	printf_P(const char *__fmt, ...);	stdio.h
	putchar(unsigned char c);	stdio.h
void	qsort(void *base, size_t nmemb, size_t size, ...);	stdlib.h
int	rand(void);	stdlib.h
int	rand_r(unsigned long *ctx);	stdlib.h
void	*realloc(void *ptr, size_t size);	stdlib.h
	sbi(port, bit); ★	sfr_defs.h
int	scanf(const char *__fmt, ...);	stdio.h
int	scanf_P(const char *__fmt, ...);	stdio.h
	sei(void);	interrupt.h
int	setjmp(jmp_buf env);	setjmp.h
	SIGNAL(signame); ☆	interrupt.h
double	sin(double x);	math.h
double	sinh(double x);	math.h
double	sqrt(double x);	math.h
double	square(double x);	math.h
	set_sleep_mode(unsigned char mode);	sleep.h
	sleep_mode(void);	sleep.h
	sleep_enable(void);	sleep.h
	sleep_disable(void);	sleep.h
	sleep_cpu(void);	sleep.h
void	srand(unsigned int __seed);	stdlib.h
int	strcasecmp(const char *s1, const char *s2);	string.h
char	*strcat(char *dest, char *src);	string.h
char	*strchr(const char *s, int c);	string.h
int	strcmp(const char *s1, const char* s2);	string.h
char	*strcpy(char *dest, char *src);	string.h
	*strdupa(s);	string.h
size_t	strlen(char *s);	string.h
char	*strlwr(char *);	string.h
int	strncasecmp(const char *, const char *, size_t);	string.h
char	*strncat(char *dest, char *src, size_t n);	string.h
int	strncmp(const char *s1, const char* s2, size_t n);	string.h
char	*strncpy(char *dest, char *src, size_t n);	string.h
	*strndupa(s, n);	string.h
size_t	strnlen(const char *s, size_t maxlen);	string.h
char	*strrchr(const char *s, int c);	string.h
char	*strrev(char *s1);	string.h
char	*strstr(const char *haystack, const char *needle);	string.h
double	strtod(const char *s, char **endptr);	stdlib.h
long	strtol(const char *nptr, char **endptr, int base);	stdlib.h
unsigned long	strtoul(const char *nptr, char **endptr, int base);	stdlib.h
char	*strupr(char *);	string.h
double	tan(double x);	math.h
double	tanh(double x);	math.h
	timer_enable_int(unsigned char ints); ★	interrupt.h
int	toascii(int __c);	ctype.h
int	tolower(int __c);	ctype.h
int	toupper(int __c);	ctype.h
char	*utoa(unsigned int value, char *string, int radix);	stdlib.h
char	*ultoa(unsigned long int value, char *string, int radix);	stdlib.h
int	vfprintf(FILE *__stream, const char *__fmt, va_list __ap);	stdio.h
int	vfscanf(FILE *__stream, const char *__fmt, va_list __ap);	stdio.h
	wdt_disable(void);	wdt.h
	wdt_enable(timeout);	wdt.h
	wdt_reset(void);	wdt.h

(3) 헤더파일 iom128a.h의 내용

이 책에서는 Atmega128A 마이크로컨트롤러를 공부하고 이를 위한 C언어 프로그램 작성 기술을 익히고자 하므로 WinAVR C컴파일러에서 제공하는 헤더파일 중에서 가장 많이 참고하게 되는 것이 avr\iom128a.h이다. 이 헤더파일은 전체 내용을 보이면 아래와 같다.

〈파일 iom128a.h〉 WinAVR에서 제공하는 ATmega128A 마이크로컨트롤러용 헤더파일

```
/*****************************************************************************
 *
 * Copyright (C) 2019 Atmel Corporation, a wholly owned subsidiary of Microchip Technology Inc.
 * All rights reserved.
 *
 * Licensed under the Apache License, Version 2.0 (the "License");
 * you may not use this file except in compliance with the License.
 * You may obtain a copy of the License at
 *
 *   http://www.apache.org/licenses/LICENSE-2.0
 *
 * Unless required by applicable law or agreed to in writing, software
 * distributed under the License is distributed on an "AS IS" BASIS,
 * WITHOUT WARRANTIES OR CONDITIONS OF ANY KIND, either express or implied.
 * See the License for the specific language governing permissions and
 * limitations under the License.
 ****************************************************************************/

#ifndef _AVR_ATMEGA128A_H_INCLUDED
#define _AVR_ATMEGA128A_H_INCLUDED

#ifndef _AVR_IO_H_
#  error "Include <avr/io.h> instead of this file."
#endif

#ifndef _AVR_IOXXX_H_
#  define _AVR_IOXXX_H_ "iom128a.h"
#else
#  error "Attempt to include more than one <avr/ioXXX.h> file."
#endif


/* Registers and associated bit numbers */

#define PINF    _SFR_IO8(0x00)
#define PINF7   7
#define PINF6   6
#define PINF5   5
#define PINF4   4
#define PINF3   3
#define PINF2   2
#define PINF1   1
#define PINF0   0

#define PINE    _SFR_IO8(0x01)
#define PINE7   7
#define PINE6   6
#define PINE5   5
#define PINE4   4
#define PINE3   3
#define PINE2   2
#define PINE1   1
#define PINE0   0
```

```
#define DDRE    _SFR_IO8(0x02)
#define DDRE7   7          // Inserted "DDE7" from "DDRE7" due to compatibility
#define DDE7    7
#define DDRE6   6          // Inserted "DDE6" from "DDRE6" due to compatibility
#define DDE6    6
#define DDRE5   5          // Inserted "DDE5" from "DDRE5" due to compatibility
#define DDE5    5
#define DDRE4   4          // Inserted "DDE4" from "DDRE4" due to compatibility
#define DDE4    4
#define DDRE3   3          // Inserted "DDE3" from "DDRE3" due to compatibility
#define DDE3    3
#define DDRE2   2          // Inserted "DDE2" from "DDRE2" due to compatibility
#define DDE2    2
#define DDRE1   1          // Inserted "DDE1" from "DDRE1" due to compatibility
#define DDE1    1
#define DDRE0   0          // Inserted "DDE0" from "DDRE0" due to compatibility
#define DDE0    0

#define PORTE   _SFR_IO8(0x03)
#define PORTE7  7
#define PORTE6  6
#define PORTE5  5
#define PORTE4  4
#define PORTE3  3
#define PORTE2  2
#define PORTE1  1
#define PORTE0  0

/* Combine ADCL and ADCH */
#ifndef __ASSEMBLER__
#define ADC     _SFR_IO16(0x04)
#endif

#define ADCW    _SFR_IO16(0x04)

#define ADCL    _SFR_IO8(0x04)
#define ADCH    _SFR_IO8(0x05)

#define ADCSRA  _SFR_IO8(0x06)
#define ADPS0   0
#define ADPS1   1
#define ADPS2   2
#define ADIE    3
#define ADIF    4
#define ADFR    5
#define ADSC    6
#define ADEN    7

#define ADMUX   _SFR_IO8(0x07)
#define MUX0    0
#define MUX1    1
#define MUX2    2
#define MUX3    3
#define MUX4    4
#define ADLAR   5
#define REFS0   6
#define REFS1   7

#define ACSR    _SFR_IO8(0x08)
#define ACIS0   0
#define ACIS1   1
#define ACIC    2
#define ACIE    3
#define ACI     4
#define ACO     5
#define ACBG    6
#define ACD     7

#define UBRR0L  _SFR_IO8(0x09)
```

```
#define UCSR0B  _SFR_IO8(0x0A)
#define TXB80   0
#define RXB80   1
#define UCSZ02  2
#define TXEN0   3
#define RXEN0   4
#define UDRIE0  5
#define TXCIE0  6
#define RXCIE0  7

#define UCSR0A  _SFR_IO8(0x0B)
#define MPCM0   0
#define U2X0    1
#define UPE0    2
#define DOR0    3
#define FE0     4
#define UDRE0   5
#define TXC0    6
#define RXC0    7

#define UDR0    _SFR_IO8(0x0C)

#define SPCR    _SFR_IO8(0x0D)
#define SPR0    0
#define SPR1    1
#define CPHA    2
#define CPOL    3
#define MSTR    4
#define DORD    5
#define SPE     6
#define SPIE    7

#define SPSR    _SFR_IO8(0x0E)
#define SPI2X   0
#define WCOL    6
#define SPIF    7

#define SPDR    _SFR_IO8(0x0F)

#define PIND    _SFR_IO8(0x10)
#define PIND7   7
#define PIND6   6
#define PIND5   5
#define PIND4   4
#define PIND3   3
#define PIND2   2
#define PIND1   1
#define PIND0   0

#define DDRD    _SFR_IO8(0x11)
#define DDRD7   7           // Inserted "DDD7" from "DDRD7" due to compatibility
#define DDD7    7
#define DDRD6   6           // Inserted "DDD6" from "DDRD6" due to compatibility
#define DDD6    6
#define DDRD5   5           // Inserted "DDD5" from "DDRD5" due to compatibility
#define DDD5    5
#define DDRD4   4           // Inserted "DDD4" from "DDRD4" due to compatibility
#define DDD4    4
#define DDRD3   3           // Inserted "DDD3" from "DDRD3" due to compatibility
#define DDD3    3
#define DDRD2   2           // Inserted "DDD2" from "DDRD2" due to compatibility
#define DDD2    2
#define DDRD1   1           // Inserted "DDD1" from "DDRD1" due to compatibility
#define DDD1    1
#define DDRD0   0           // Inserted "DDD0" from "DDRD0" due to compatibility
#define DDD0    0

#define PORTD   _SFR_IO8(0x12)
#define PORTD7  7
```

```
#define PORTD6  6
#define PORTD5  5
#define PORTD4  4
#define PORTD3  3
#define PORTD2  2
#define PORTD1  1
#define PORTD0  0

#define PINC    _SFR_IO8(0x13)
#define PINC7   7
#define PINC6   6
#define PINC5   5
#define PINC4   4
#define PINC3   3
#define PINC2   2
#define PINC1   1
#define PINC0   0

#define DDRC    _SFR_IO8(0x14)
#define DDRC7   7          // Inserted "DDC7" from "DDRC7" due to compatibility
#define DDC7    7
#define DDRC6   6          // Inserted "DDC6" from "DDRC6" due to compatibility
#define DDC6    6
#define DDRC5   5          // Inserted "DDC5" from "DDRC5" due to compatibility
#define DDC5    5
#define DDRC4   4          // Inserted "DDC4" from "DDRC4" due to compatibility
#define DDC4    4
#define DDRC3   3          // Inserted "DDC3" from "DDRC3" due to compatibility
#define DDC3    3
#define DDRC2   2          // Inserted "DDC2" from "DDRC2" due to compatibility
#define DDC2    2
#define DDRC1   1          // Inserted "DDC1" from "DDRC1" due to compatibility
#define DDC1    1
#define DDRC0   0          // Inserted "DDC0" from "DDRC0" due to compatibility
#define DDC0    0

#define PORTC   _SFR_IO8(0x15)
#define PORTC7  7
#define PORTC6  6
#define PORTC5  5
#define PORTC4  4
#define PORTC3  3
#define PORTC2  2
#define PORTC1  1
#define PORTC0  0

#define PINB    _SFR_IO8(0x16)
#define PINB7   7
#define PINB6   6
#define PINB5   5
#define PINB4   4
#define PINB3   3
#define PINB2   2
#define PINB1   1
#define PINB0   0

#define DDRB    _SFR_IO8(0x17)
#define DDRB7   7          // Inserted "DDB7" from "DDRB7" due to compatibility
#define DDB7    7
#define DDRB6   6          // Inserted "DDB6" from "DDRB6" due to compatibility
#define DDB6    6
#define DDRB5   5          // Inserted "DDB5" from "DDRB5" due to compatibility
#define DDB5    5
#define DDRB4   4          // Inserted "DDB4" from "DDRB4" due to compatibility
#define DDB4    4
#define DDRB3   3          // Inserted "DDB3" from "DDRB3" due to compatibility
#define DDB3    3
#define DDRB2   2          // Inserted "DDB2" from "DDRB2" due to compatibility
#define DDB2    2
#define DDRB1   1          // Inserted "DDB1" from "DDRB1" due to compatibility
```

```
#define DDB1    1
#define DDRB0   0          // Inserted "DDB0" from "DDRB0" due to compatibility
#define DDB0    0

#define PORTB   _SFR_IO8(0x18)
#define PORTB7  7
#define PORTB6  6
#define PORTB5  5
#define PORTB4  4
#define PORTB3  3
#define PORTB2  2
#define PORTB1  1
#define PORTB0  0

#define PINA    _SFR_IO8(0x19)
#define PINA7   7
#define PINA6   6
#define PINA5   5
#define PINA4   4
#define PINA3   3
#define PINA2   2
#define PINA1   1
#define PINA0   0

#define DDRA    _SFR_IO8(0x1A)
#define DDRA7   7          // Inserted "DDA7" from "DDRA7" due to compatibility
#define DDA7    7
#define DDRA6   6          // Inserted "DDA6" from "DDRA6" due to compatibility
#define DDA6    6
#define DDRA5   5          // Inserted "DDA5" from "DDRA5" due to compatibility
#define DDA5    5
#define DDRA4   4          // Inserted "DDA4" from "DDRA4" due to compatibility
#define DDA4    4
#define DDRA3   3          // Inserted "DDA3" from "DDRA3" due to compatibility
#define DDA3    3
#define DDRA2   2          // Inserted "DDA2" from "DDRA2" due to compatibility
#define DDA2    2
#define DDRA1   1          // Inserted "DDA1" from "DDRA1" due to compatibility
#define DDA1    1
#define DDRA0   0          // Inserted "DDA0" from "DDRA0" due to compatibility
#define DDA0    0

#define PORTA   _SFR_IO8(0x1B)
#define PORTA7  7
#define PORTA6  6
#define PORTA5  5
#define PORTA4  4
#define PORTA3  3
#define PORTA2  2
#define PORTA1  1
#define PORTA0  0

#define EECR    _SFR_IO8(0x1C)
#define EERE    0
#define EEWE    1
#define EEMWE   2
#define EERIE   3

#define EEDR    _SFR_IO8(0x1D)

/* Combine EEARL and EEARH */
#define EEAR    _SFR_IO16(0x1E)

#define EEARL   _SFR_IO8(0x1E)
#define EEARH   _SFR_IO8(0x1F)

#define SFIOR   _SFR_IO8(0x20)
#define ACME    3
#define PSR321  0
#define PSR0    1
```

```
#define PUD     2
#define TSM     7

#define WDTCR   _SFR_IO8(0x21)
#define WDP0    0
#define WDP1    1
#define WDP2    2
#define WDE     3
#define WDCE    4

#define OCDR    _SFR_IO8(0x22)
#define OCDR0   0
#define OCDR1   1
#define OCDR2   2
#define OCDR3   3
#define OCDR4   4
#define OCDR5   5
#define OCDR6   6
#define OCDR7   7

#define OCR2    _SFR_IO8(0x23)

#define TCNT2   _SFR_IO8(0x24)

#define TCCR2   _SFR_IO8(0x25)
#define CS20    0
#define CS21    1
#define CS22    2
#define WGM21   3
#define COM20   4
#define COM21   5
#define WGM20   6
#define FOC2    7

/* Combine ICR1L and ICR1H */
#define ICR1    _SFR_IO16(0x26)

#define ICR1L   _SFR_IO8(0x26)
#define ICR1H   _SFR_IO8(0x27)

/* Combine OCR1BL and OCR1BH */
#define OCR1B   _SFR_IO16(0x28)

#define OCR1BL  _SFR_IO8(0x28)
#define OCR1BH  _SFR_IO8(0x29)

/* Combine OCR1AL and OCR1AH */
#define OCR1A   _SFR_IO16(0x2A)

#define OCR1AL  _SFR_IO8(0x2A)
#define OCR1AH  _SFR_IO8(0x2B)

/* Combine TCNT1L and TCNT1H */
#define TCNT1   _SFR_IO16(0x2C)

#define TCNT1L  _SFR_IO8(0x2C)
#define TCNT1H  _SFR_IO8(0x2D)

#define TCCR1B  _SFR_IO8(0x2E)
#define CS10    0
#define CS11    1
#define CS12    2
#define WGM12   3
#define WGM13   4
#define ICES1   6
#define ICNC1   7

#define TCCR1A  _SFR_IO8(0x2F)
#define WGM10   0
#define WGM11   1
```

```
#define COM1C0  2
#define COM1C1  3
#define COM1B0  4
#define COM1B1  5
#define COM1A0  6
#define COM1A1  7

#define ASSR    _SFR_IO8(0x30)
#define TCR0UB  0
#define OCR0UB  1
#define TCN0UB  2
#define AS0     3

#define OCR0    _SFR_IO8(0x31)

#define TCNT0   _SFR_IO8(0x32)

#define TCCR0   _SFR_IO8(0x33)
#define CS00    0
#define CS01    1
#define CS02    2
#define WGM01   3
#define COM00   4
#define COM01   5
#define WGM00   6
#define FOC0    7

#define MCUCSR  _SFR_IO8(0x34)
#define PORF    0
#define EXTRF   1
#define BORF    2
#define WDRF    3
#define JTRF    4
#define JTD     7

#define MCUCR   _SFR_IO8(0x35)
#define IVCE    0
#define IVSEL   1
#define SM2     2
#define SM0     3
#define SM1     4
#define SE      5
#define SRW10   6
#define SRE     7

#define TIFR    _SFR_IO8(0x36)
#define TOV0    0
#define OCF0    1
#define TOV1    2
#define OCF1B   3
#define OCF1A   4
#define ICF1    5
#define TOV2    6
#define OCF2    7

#define TIMSK   _SFR_IO8(0x37)
#define TOIE0   0
#define OCIE0   1
#define TOIE1   2
#define OCIE1B  3
#define OCIE1A  4
#define TICIE1  5
#define TOIE2   6
#define OCIE2   7

#define EIFR    _SFR_IO8(0x38)
#define INTF0   0
#define INTF1   1
#define INTF2   2
#define INTF3   3
```

```
#define INTF4   4
#define INTF5   5
#define INTF6   6
#define INTF7   7

#define EIMSK   _SFR_IO8(0x39)
#define INT0    0
#define INT1    1
#define INT2    2
#define INT3    3
#define INT4    4
#define INT5    5
#define INT6    6
#define INT7    7

#define EICRB   _SFR_IO8(0x3A)
#define ISC40   0
#define ISC41   1
#define ISC50   2
#define ISC51   3
#define ISC60   4
#define ISC61   5
#define ISC70   6
#define ISC71   7

#define RAMPZ   _SFR_IO8(0x3B)
#define RAMPZ0  0

#define XDIV    _SFR_IO8(0x3C)

/* SP [0x3D..0x3E] */

/* SREG [0x3F] */

/* Reserved [0x40..0x60] */

#define DDRF    _SFR_MEM8(0x61)
#define DDRF7   7           // Inserted "DDF7" from "DDRF7" due to compatibility
#define DDF7    7
#define DDRF6   6           // Inserted "DDF6" from "DDRF6" due to compatibility
#define DDF6    6
#define DDRF5   5           // Inserted "DDF5" from "DDRF5" due to compatibility
#define DDF5    5
#define DDRF4   4           // Inserted "DDF4" from "DDRF4" due to compatibility
#define DDF4    4
#define DDRF3   3           // Inserted "DDF3" from "DDRF3" due to compatibility
#define DDF3    3
#define DDRF2   2           // Inserted "DDF2" from "DDRF2" due to compatibility
#define DDF2    2
#define DDRF1   1           // Inserted "DDF1" from "DDRF1" due to compatibility
#define DDF1    1
#define DDRF0   0           // Inserted "DDF0" from "DDRF0" due to compatibility
#define DDF0    0

#define PORTF   _SFR_MEM8(0x62)
#define PORTF7  7
#define PORTF6  6
#define PORTF5  5
#define PORTF4  4
#define PORTF3  3
#define PORTF2  2
#define PORTF1  1
#define PORTF0  0

#define PING    _SFR_MEM8(0x63)
#define PING4   4
#define PING3   3
#define PING2   2
#define PING1   1
#define PING0   0
```

```
#define DDRG     _SFR_MEM8(0x64)
#define DDRG4    4          // Inserted "DDG4" from "DDRG4" due to compatibility
#define DDG4     4
#define DDRG3    3          // Inserted "DDG3" from "DDRG3" due to compatibility
#define DDG3     3
#define DDRG2    2          // Inserted "DDG2" from "DDRG2" due to compatibility
#define DDG2     2
#define DDRG1    1          // Inserted "DDG1" from "DDRG1" due to compatibility
#define DDG1     1
#define DDRG0    0          // Inserted "DDG0" from "DDRG0" due to compatibility
#define DDG0     0

#define PORTG    _SFR_MEM8(0x65)
#define PORTG4   4
#define PORTG3   3
#define PORTG2   2
#define PORTG1   1
#define PORTG0   0

/* Reserved [0x66..0x67] */

#define SPMCSR   _SFR_MEM8(0x68)
#define SPMEN    0
#define PGERS    1
#define PGWRT    2
#define BLBSET   3
#define RWWSRE   4
#define RWWSB    6
#define SPMIE    7

/* Reserved [0x69] */

#define EICRA    _SFR_MEM8(0x6A)
#define ISC00    0
#define ISC01    1
#define ISC10    2
#define ISC11    3
#define ISC20    4
#define ISC21    5
#define ISC30    6
#define ISC31    7

/* Reserved [0x6B] */

#define XMCRB    _SFR_MEM8(0x6C)
#define XMM0     0
#define XMM1     1
#define XMM2     2
#define XMBK     7

#define XMCRA    _SFR_MEM8(0x6D)
#define SRW11    1
#define SRW00    2
#define SRW01    3
#define SRL0     4
#define SRL1     5
#define SRL2     6

/* Reserved [0x6E] */

#define OSCCAL   _SFR_MEM8(0x6F)
#define OSCCAL0 0
#define OSCCAL1 1
#define OSCCAL2 2
#define OSCCAL3 3
#define OSCCAL4 4
#define OSCCAL5 5
#define OSCCAL6 6
#define OSCCAL7 7
```

```
#define TWBR    _SFR_MEM8(0x70)

#define TWSR    _SFR_MEM8(0x71)
#define TWPS0   0
#define TWPS1   1
#define TWS3    3
#define TWS4    4
#define TWS5    5
#define TWS6    6
#define TWS7    7

#define TWAR    _SFR_MEM8(0x72)
#define TWGCE   0
#define TWA0    1
#define TWA1    2
#define TWA2    3
#define TWA3    4
#define TWA4    5
#define TWA5    6
#define TWA6    7

#define TWDR    _SFR_MEM8(0x73)

#define TWCR    _SFR_MEM8(0x74)
#define TWIE    0
#define TWEN    2
#define TWWC    3
#define TWSTO   4
#define TWSTA   5
#define TWEA    6
#define TWINT   7

/* Reserved [0x75..0x77] */

/* Combine OCR1CL and OCR1CH */
#define OCR1C   _SFR_MEM16(0x78)

#define OCR1CL  _SFR_MEM8(0x78)
#define OCR1CH  _SFR_MEM8(0x79)

#define TCCR1C  _SFR_MEM8(0x7A)
#define FOC1C   5
#define FOC1B   6
#define FOC1A   7

/* Reserved [0x7B] */

#define ETIFR   _SFR_MEM8(0x7C)
#define OCF1C   0
#define OCF3C   1
#define TOV3    2
#define OCF3B   3
#define OCF3A   4
#define ICF3    5

#define ETIMSK  _SFR_MEM8(0x7D)
#define OCIE1C  0
#define OCIE3C  1
#define TOIE3   2
#define OCIE3B  3
#define OCIE3A  4
#define TICIE3  5

/* Reserved [0x7E..0x7F] */

/* Combine ICR3L and ICR3H */
#define ICR3    _SFR_MEM16(0x80)

#define ICR3L   _SFR_MEM8(0x80)
```

```
#define ICR3H    _SFR_MEM8(0x81)

/* Combine OCR3CL and OCR3CH */
#define OCR3C    _SFR_MEM16(0x82)

#define OCR3CL   _SFR_MEM8(0x82)
#define OCR3CH   _SFR_MEM8(0x83)

/* Combine OCR3BL and OCR3BH */
#define OCR3B    _SFR_MEM16(0x84)

#define OCR3BL   _SFR_MEM8(0x84)
#define OCR3BH   _SFR_MEM8(0x85)

/* Combine OCR3AL and OCR3AH */
#define OCR3A    _SFR_MEM16(0x86)

#define OCR3AL   _SFR_MEM8(0x86)
#define OCR3AH   _SFR_MEM8(0x87)

/* Combine TCNT3L and TCNT3H */
#define TCNT3    _SFR_MEM16(0x88)

#define TCNT3L   _SFR_MEM8(0x88)
#define TCNT3H   _SFR_MEM8(0x89)

#define TCCR3B   _SFR_MEM8(0x8A)
#define CS30     0
#define CS31     1
#define CS32     2
#define WGM32    3
#define WGM33    4
#define ICES3    6
#define ICNC3    7

#define TCCR3A   _SFR_MEM8(0x8B)
#define WGM30    0
#define WGM31    1
#define COM3C0   2
#define COM3C1   3
#define COM3B0   4
#define COM3B1   5
#define COM3A0   6
#define COM3A1   7

#define TCCR3C   _SFR_MEM8(0x8C)
#define FOC3C    5
#define FOC3B    6
#define FOC3A    7

/* Reserved [0x8D..0x8F] */

#define UBRR0H   _SFR_MEM8(0x90)

/* Reserved [0x91..0x94] */

#define UCSR0C   _SFR_MEM8(0x95)
#define UCPOL0   0
#define UCSZ00   1
#define UCSZ01   2
#define USBS0    3
#define UPM00    4
#define UPM01    5
#define UMSEL0   6

/* Reserved [0x96..0x97] */

#define UBRR1H   _SFR_MEM8(0x98)

#define UBRR1L   _SFR_MEM8(0x99)
```

```
#define UCSR1B  _SFR_MEM8(0x9A)
#define TXB81   0
#define RXB81   1
#define UCSZ12  2
#define TXEN1   3
#define RXEN1   4
#define UDRIE1  5
#define TXCIE1  6
#define RXCIE1  7

#define UCSR1A  _SFR_MEM8(0x9B)
#define MPCM1   0
#define U2X1    1
#define UPE1    2
#define DOR1    3
#define FE1     4
#define UDRE1   5
#define TXC1    6
#define RXC1    7

#define UDR1    _SFR_MEM8(0x9C)

#define UCSR1C  _SFR_MEM8(0x9D)
#define UCPOL1  0
#define UCSZ10  1
#define UCSZ11  2
#define USBS1   3
#define UPM10   4
#define UPM11   5
#define UMSEL1  6


/* Values and associated defines */

#define SLEEP_MODE_IDLE (0x00<<2)
#define SLEEP_MODE_ADC (0x02<<2)
#define SLEEP_MODE_PWR_DOWN (0x04<<2)
#define SLEEP_MODE_PWR_SAVE (0x06<<2)
#define SLEEP_MODE_STANDBY (0x05<<2)
#define SLEEP_MODE_EXT_STANDBY (0x07<<2)


/* Interrupt vectors */

/* Vector 0 is the reset vector */

/* External Interrupt Request 0 */
#define INT0_vect              _VECTOR(1)
#define INT0_vect_num          1

/* External Interrupt Request 1 */
#define INT1_vect              _VECTOR(2)
#define INT1_vect_num          2

/* External Interrupt Request 2 */
#define INT2_vect              _VECTOR(3)
#define INT2_vect_num          3

/* External Interrupt Request 3 */
#define INT3_vect              _VECTOR(4)
#define INT3_vect_num          4

/* External Interrupt Request 4 */
#define INT4_vect              _VECTOR(5)
#define INT4_vect_num          5

/* External Interrupt Request 5 */
#define INT5_vect              _VECTOR(6)
#define INT5_vect_num          6
```

```
/* External Interrupt Request 6 */
#define INT6_vect              _VECTOR(7)
#define INT6_vect_num          7

/* External Interrupt Request 7 */
#define INT7_vect              _VECTOR(8)
#define INT7_vect_num          8

/* Timer/Counter2 Compare Match */
#define TIMER2_COMP_vect       _VECTOR(9)
#define TIMER2_COMP_vect_num   9

/* Timer/Counter2 Overflow */
#define TIMER2_OVF_vect        _VECTOR(10)
#define TIMER2_OVF_vect_num    10

/* Timer/Counter1 Capture Event */
#define TIMER1_CAPT_vect       _VECTOR(11)
#define TIMER1_CAPT_vect_num   11

/* Timer/Counter1 Compare Match A */
#define TIMER1_COMPA_vect      _VECTOR(12)
#define TIMER1_COMPA_vect_num  12

/* Timer/Counter Compare Match B */
#define TIMER1_COMPB_vect      _VECTOR(13)
#define TIMER1_COMPB_vect_num  13

/* Timer/Counter1 Overflow */
#define TIMER1_OVF_vect        _VECTOR(14)
#define TIMER1_OVF_vect_num    14

/* Timer/Counter0 Compare Match */
#define TIMER0_COMP_vect       _VECTOR(15)
#define TIMER0_COMP_vect_num   15

/* Timer/Counter0 Overflow */
#define TIMER0_OVF_vect        _VECTOR(16)
#define TIMER0_OVF_vect_num    16

/* SPI Serial Transfer Complete */
#define SPI_STC_vect           _VECTOR(17)
#define SPI_STC_vect_num       17

/* USART0, Rx Complete */
#define USART0_RX_vect         _VECTOR(18)
#define USART0_RX_vect_num     18

/* USART0 Data Register Empty */
#define USART0_UDRE_vect       _VECTOR(19)
#define USART0_UDRE_vect_num   19

/* USART0, Tx Complete */
#define USART0_TX_vect         _VECTOR(20)
#define USART0_TX_vect_num     20

/* ADC Conversion Complete */
#define ADC_vect               _VECTOR(21)
#define ADC_vect_num           21

/* EEPROM Ready */
#define EE_READY_vect          _VECTOR(22)
#define EE_READY_vect_num      22

/* Analog Comparator */
#define ANALOG_COMP_vect       _VECTOR(23)
#define ANALOG_COMP_vect_num   23

/* Timer/Counter1 Compare Match C */
```

```
#define TIMER1_COMPC_vect      _VECTOR(24)
#define TIMER1_COMPC_vect_num 24

/* Timer/Counter3 Capture Event */
#define TIMER3_CAPT_vect       _VECTOR(25)
#define TIMER3_CAPT_vect_num  25

/* Timer/Counter3 Compare Match A */
#define TIMER3_COMPA_vect      _VECTOR(26)
#define TIMER3_COMPA_vect_num 26

/* Timer/Counter3 Compare Match B */
#define TIMER3_COMPB_vect      _VECTOR(27)
#define TIMER3_COMPB_vect_num 27

/* Timer/Counter3 Compare Match C */
#define TIMER3_COMPC_vect      _VECTOR(28)
#define TIMER3_COMPC_vect_num 28

/* Timer/Counter3 Overflow */
#define TIMER3_OVF_vect        _VECTOR(29)
#define TIMER3_OVF_vect_num   29

/* USART1, Rx Complete */
#define USART1_RX_vect         _VECTOR(30)
#define USART1_RX_vect_num    30

/* USART1, Data Register Empty */
#define USART1_UDRE_vect       _VECTOR(31)
#define USART1_UDRE_vect_num  31

/* USART1, Tx Complete */
#define USART1_TX_vect         _VECTOR(32)
#define USART1_TX_vect_num    32

/* 2-wire Serial Interface */
#define TWI_vect               _VECTOR(33)
#define TWI_vect_num          33

/* Store Program Memory Read */
#define SPM_READY_vect         _VECTOR(34)
#define SPM_READY_vect_num    34

#if (defined(__ASSEMBLER__) || defined(__IAR_SYSTEMS_ASM__))
#  define _VECTORS_SIZE 140
#else
#  define _VECTORS_SIZE 140U
#endif


/* Constants */

#if (defined(__ASSEMBLER__) || defined(__IAR_SYSTEMS_ASM__))
#  define SPM_PAGESIZE  256
#  define FLASHSTART    0x0000
#  define FLASHEND      0x1FFFF
#else
#  define SPM_PAGESIZE  256U
#  define FLASHSTART    0x0000U
#  define FLASHEND      0x1FFFFU
#endif

#if (defined(__ASSEMBLER__) || defined(__IAR_SYSTEMS_ASM__))
#  define RAMSTART      0x0100
#  define RAMSIZE       4096
#  define RAMEND        0x10FF
#else
#  define RAMSTART      0x0100U
#  define RAMSIZE       4096U
#  define RAMEND        0x10FFU
```

```
#endif

#if (defined(__ASSEMBLER__) || defined(__IAR_SYSTEMS_ASM__))
#  define E2START        0
#  define E2SIZE         4096
#  define E2PAGESIZE     8
#  define E2END          0x0FFF
#else
#  define E2START        0U
#  define E2SIZE         4096U
#  define E2PAGESIZE     8U
#  define E2END          0x0FFFU
#endif

#define XRAMEND          RAMEND


/* Fuses */

#define FUSE_MEMORY_SIZE 3

/* Low Fuse Byte */
#define FUSE_SUT_CKSEL0   (unsigned char)~_BV(0)
#define FUSE_SUT_CKSEL1   (unsigned char)~_BV(1)
#define FUSE_SUT_CKSEL2   (unsigned char)~_BV(2)
#define FUSE_SUT_CKSEL3   (unsigned char)~_BV(3)
#define FUSE_SUT_CKSEL4   (unsigned char)~_BV(4)
#define FUSE_SUT_CKSEL5   (unsigned char)~_BV(5)
#define FUSE_BODEN        (unsigned char)~_BV(6)
#define FUSE_BODLEVEL     (unsigned char)~_BV(7)
#define LFUSE_DEFAULT     (FUSE_SUT_CKSEL1 & FUSE_SUT_CKSEL2 & FUSE_SUT_CKSEL3 & FUSE_SUT_CKSEL4)

/* High Fuse Byte */
#define FUSE_BOOTRST      (unsigned char)~_BV(0)
#define FUSE_BOOTSZ0      (unsigned char)~_BV(1)
#define FUSE_BOOTSZ1      (unsigned char)~_BV(2)
#define FUSE_EESAVE       (unsigned char)~_BV(3)
#define FUSE_CKOPT        (unsigned char)~_BV(4)
#define FUSE_SPIEN        (unsigned char)~_BV(5)
#define FUSE_JTAGEN       (unsigned char)~_BV(6)
#define FUSE_OCDEN        (unsigned char)~_BV(7)
#define HFUSE_DEFAULT     (FUSE_BOOTSZ0 & FUSE_BOOTSZ1 & FUSE_SPIEN & FUSE_JTAGEN)

/* Extended Fuse Byte */
#define FUSE_WDTON        (unsigned char)~_BV(0)
#define FUSE_M103C        (unsigned char)~_BV(1)
#define EFUSE_DEFAULT     (FUSE_M103C)


/* Lock Bits */
#define __LOCK_BITS_EXIST
#define __BOOT_LOCK_BITS_0_EXIST
#define __BOOT_LOCK_BITS_1_EXIST


/* Signature */
#define SIGNATURE_0 0x1E
#define SIGNATURE_1 0x97
#define SIGNATURE_2 0x02

#endif /* #ifdef _AVR_ATMEGA128A_H_INCLUDED */
```

◀휴게실▶

인텔 HEX 파일의 형식

인텔 HEX 파일은 정확하게 “Intel Hexadecimal Object File Format”이라고 불리며, 마이크로프로세서용의 오브젝트 파일을 플래시 메모리와 같은 불휘발성 메모리에 저장하기 위하여 주변장치에게 전송하기 위하여 만든 ASCII 포맷의 파일로서 오늘날 크로스 어셈블러나 크로스 C컴파일러에서 널리 사용되고 있다. 이 HEX 파일은 메모리 용량이 64KB인 8비트 마이크로프로세서용의 16비트 선형 어드레스(linear address) 형식은 물론이고, 메모리 용량이 64KB를 초과하는 16비트 또는 32비트의 마이크로프로세서를 위한 32비트 선형 어드레스 형식까지 지원한다. 이러한 HEX 파일에는 인텔 HEX 파일의 형식 이외에도 ASCII-Hex 파일 형식, Motorola HEX 파일 형식, Tektronix HEX 파일 형식 등이 있는데, 이것들은 표현 형식이 서로 매우 다른 구조로 되어 있다.

인텔 HEX 파일은 기본적으로 1행으로 되어 있는 많은 레코드(record)들로 구성되며, 각 레코드는 아래 예와 같이 항상 6개의 필드로 구성된다. 인텔 HEX 파일에 사용되는 모든 문자는 ASCII 문자이며, 각 레코드의 끝에는 구분기호(delimiter)로서 캐리지 리턴(0x0D) 및 라인 피드(0x0A) 문자가 추가되어 있으나 사람이 눈에는 보이지 않는다.

다음에 보인 예는 실제로 어떤 예제 프로그램을 빌드하여 생성된 인텔 HEX 파일이다. 이를 사용하여 인텔 HEX 파일을 구성하는 각 필드의 기능을 설명하기로 한다.

① 레코드의 시작 표시
② 레코드의 길이
③ 데이터가 메모리에 로드되는 시작번지
④ 레코드의 형식(00=계속되는 레코드, 01=마지막 레코드, 02~05=특수 레코드)
⑤ 데이터
⑥ 체크섬

```
:020000020000FC
:1000000010E10FEF1EBF0DBF00EF01BB00E502BB0B
:100010000E94100000EA02BB0E9410000C9406002F
:1000200003D004D003D0089524E601C028EC07D003
:1000300006D005D004D003D02A95C9F7089538EC2E
:1000400000003F933F913F933F913F933F913A95FB
:04005000B9F708955F
:00000001FF
```

①은 1문자로 구성되는 Record Mark 필드로서 한 레코드의 시작을 의미한다. 모든 레코드 즉 모든 행은 항상 이 “:” 문자로 시작한다.

②는 2문자로 구성되는 RECLEN(Record Length) 필드로서 이 레코드에 포함된 데이터 바이트 수를 의미한다. 위에서 첫번째 레코드의 경우는 데이터가 2바이트이므로 0x02이며, 그 다음 부터는 16바이트이므로 0x10이다. 마지막 레코드에는 데이터 필드가 없으므로 0x00이다.

③은 4문자로 구성되는 LOAD OFFSET 필드로서 이 레코드의 데이터를 로드하기 시작할 메모리의 오프셋 번지를 16비트로 나타낸다. 그러나, 20비트나 32비트 어드레스 형식에서는 이 레코드의 데이터가 상위 어드레스 비트로 사용된다.

④는 2문자로 구성된 RECTYP(Record Type) 필드로서 레코드의 형식을 나타낸다. 00은 정상적인 데이터 레코드이고, 01은 인텔 HEX 파일의 마지막 레코드를 나타낸다. 02와 03은 20비트 어드레스를 지정하기 위한 레코드이며, 04와 05는 32비트 어드레스를 지정하기 위한 레코드이다. 위의 예에서 첫번째 레코드의 형식이 02로 된 것은 이 레코드에 포함된 데이터 0000이 16비트 어드레스의 상위에 추가되어 20비트를 구성하도록 하기 위한 세그먼트 어드레스 값이라는 것을 나타낸다.

⑤는 DATA 필드로서 ②에서 지정한 길이의 레코드 데이터이다.

⑥은 2문자로 구성되는 체크섬(checksum) 값으로서 이는 레코드에서 “:”를 제외한 ②~⑤ 필드를 모두 더한 총합을 2의 보수로 취한 것으로서 레코드 단위로 전송 에러를 검출하기 위하여 사용된다.

제4장

C언어 프로그래밍 기술

총 101개의 다양한 C언어 예제 프로그램

☞

이 장에서는 AVR ATmega128A 마이크로컨트롤러의 트레이닝 키트 *OK-128TFT*를 이용하여 사용자가 C언어 프로그램을 작성하는 기술을 구체적으로 공부하기로 한다.

우리는 이제부터 소프트웨어 개발 툴로서 Microchip Technology사에서 무료로 제공하는 Atmel Studio 7.0을 사용하여 C언어 프로그래밍 작업을 수행한다. 여기에는 AVR-GCC 또는 WinAVR이라고 불리는 크로스 C컴파일러가 포함되어 있다. 또한, 하드웨어 개발 툴로서는 AVRISP mkII 호환의 다운로드 케이블이나 Atmel-ICE 에뮬레이터를 사용한다.

이러한 개발 툴을 사용하여 C언어 프로그램을 작성하는 숙달된 엔지니어가 되려면 이제부터 다음과 같은 사항에 중점을 두고 공부해야 한다.

① ATmega128A 마이크로컨트롤러의 구조와 기능에 대하여 충분히 공부해야 한다. 이와 아울러 *OK-128TFT* 키트 V2.0의 구조를 파악하고 있어야 한다.

② 표준의 ANSI C언어에 대하여 사전에 공부하고 직접 프로그래밍하는 기술을 익혀야 한다.

③ Atmel Studio와 WinAVR의 기능과 특성을 깊이 있게 공부하고 이것들을 마음대로 주무르면서 활용하는 능력을 길러야 한다.

④ AVRISP mkII 다운로드 케이블이나 Atmel-ICE 에뮬레이터에 대하여 어느 정도의 지식을 갖추고 있어야 한다.

4.1 Atmel Studio를 사용한 C언어 프로그래밍

이 절에서는 Microchip Technology사의 Atmel Studio와 WinAVR의 AVR-GCC 컴파일러를 사용하여 퍼스널컴퓨터에서 C언어로 사용자 프로그램을 작성하고 이를 번역하여 생성된 ELF 파일 또는 인텔 HEX 파일을 *OK-128TFT* 키트에 다운로드하고 실행하는 방법을 숙달되도록 익히는 것을 목표로 한다.

관련 내용	(1) 제3.1절 *OK-128TFT* 키트의 구조와 기능 (2) 제3.2절 AVR ATmega128A의 개발 툴 (3) 제3.3절 WinAVR C컴파일러의 기능 요약

1. C언어 프로그래밍 실습을 시작하기 전에

이제부터 ATmega128A의 C언어 프로그래밍 실습을 시작하기 전에 여러분은 이 책의 제1장~제3장을 충분히 읽고 그 내용을 최대한 이해하도록 노력하라. 지금으로서는 여러분이 이 부분의 내용들을 모두 이해하는 것은 매우 어렵겠지만, 그렇다고 하더라도 제1장에서 ATmega128A 마이크로컨트롤러의 기본적인 구조와 기능이나 제3장에서 *OK-128TFT* 키트의 개략적인 구조와 이에 필요한 소프트웨어들의 구성 및 설치에 대하여는 세심하게 관심을 가지고 공부해야만 앞으로의 실습은 진행할 수 있다. 또한, *OK-128TFT* 키트를 항상 옆에 두고 직접 관찰하면서 눈에 보이는 기본적인 구조를 익혀두는 것이 좋다. 지금 당장 책이나 키트에서 이해가 잘 되지 않는 부분들은 이제부터 점차적으로 하나하나 익혀나간다는 마음가짐으로 시작하면 된다.

이 분야의 초보자로서 가장 바람직하지 않은 태도 중의 하나는 마이크로프로세서의 기본 구조 및 기능에 대한 공부나 C언어 프로그램 작성 기술의 걸음마도 떼어보지 않고 전동기가 무엇이며 이를 어떻게 제어하는지 배우기도 전에 로봇부터 만들어보겠다든가 하는 허황된 시도를 하는 것이다. 목표를 크게 세우고 공부하는 것은 좋으나 기술을 배우려면 거쳐야할 과정과 단계가 있다. 기술의 세계에서 과정을 무시한 결과는 기대하기 어려우며, 땀흘리는 과정이 없이 황홀한 결과만을 얻으려 하는 것은 무모하다. 자신의 발로 걸음마도 떼어보지 않은 사람은 절대로 올림픽의 마라톤 경기에 나갈 수가 없는 것이다. 마이크로프로세서나 전자, 제어 기술에 대하여 아무 것도 모르면서 여기저기서 웹서핑으로 주워온 회로를 가지고 하드웨어라고 얼기설기 엮어서 만들어 놓고는 제대로 동작을 하지 않으니 도대체 어디가 잘못되었느냐고 묻는 것은 무모함이나 황당함 이외에 아무 것도 아니다.

이제 여러분은 이 책과 함께 *OK-128TFT* 키트를 이용하여 ATmega128A 마이크로컨트롤러를 익히려는 첫걸음 단계에서 다음과 같은 경귀를 항상 염두에 두기 바란다. 그러나, 처음부터 설계와 프로그래밍이 내 뜻대로 쉽게 되지는 않는다. 남의 것을 보는데서 출발하여 기초를 충분히 닦고 정석(定石)대로 따라하다 보면 스스로 능력과 개성을 발휘할 때가 오는 것이니, **무릇 창조(創造)는 모방(模倣)에서 출발하느니라**. 기초를 닦아야 하는 단계에서 행여 재주를 부리려고 앞으로 나서지 말아야 한다.

① 百聞**이** 不如一見 :	백번 듣는 것보다 내 눈으로 한번 직접 보는 것이 나으니라.
② 百見**이** 不如一打 :	백번 보는 것보다 내 손으로 한번 직접 키보드를 쳐보는 것이 나으니라.
③ 百打**가** 不如一作 :	백번 키보드를 치는 것보다 내 머리로 한번 직접 설계하거나 프로그램을 작성해 보는 것이 나으니라.

마이크로컨트롤러를 배우고는 싶은데 꾸준히 공부를 계속하지 못한다면 그것은 아마도 2가지 중의 하나일 것이다. 첫번째는 공부 방법이 잘못된 경우이다. 재미가 없는데 꾸준히 공부가 될 수가 없다. 마이크로컨트롤러 공부가 재미있으려면 책만 보지 말고 **좋은 키트를 가지고 프로그래밍 실습을 병행해야 한다**. 책을 읽어 이해가 안되는 부분은 프로그래밍 실습으로 보충하고, 프로그램에서 풀리지 않는 의문은 책을 읽으며 답을 찾아내야 한다. 머리가 따라가지 않고 단순히 손으로만 작업하는 것은 기능(技能)에 불과하다. 머리로 생각하면서 손이 작업할 때 이것이 기술(技術)이다.

두번째는 마음이 나약하여 쉽게 지치고 포기하는 경우다. 그러나, 만약 여러분의 마음이 독하지 못하여 **작심삼일(作心三日)이면 3일마다 작심(作心)하라**. 프로그램에서 내가 그 의미를 모르고는 비록 1개의 명령이라도 사용하지 마라. 이 책의 예제 프로그램을 읽을 때 단 한 줄이라도 이해가 안되는 부분이 있으면 그 다음 줄로 넘어가지 마라. 오늘 밤 내가 책을 보거나 키트를 가지고 공부하다가 **모르면 잠을 자지 마라**. 땀과 노력은 절대로 사람을 배신하지 않는다. 공부에서는 반드시 뿌린 대로 거둔다.

2. C언어 프로그램의 작성 및 실행 방법

이제부터 여러분이 ATmega128A를 위한 C언어 프로그램을 공부하려면 제3.2절의 설명에 따라서 Atmel Studio 및 WinAVR 소프트웨어와 C언어 예제 프로그램이 퍼스널컴퓨터에 설치되어 있어야 하며, 올바르게 잘 동작하는 것이 확인된 *OK-128TFT* 키트와 AVRISP mkII 또는 그 호환기종의 다운로드 케이블을 가지고 있어야 한다. 물론 자신이 좀 더 경제적인 여유가 있다면 다운로드 케이블보다 Atmel-ICE 에뮬레이터를 사용해도 좋다.

Atmel Studio에서는 프로그램 작성을 프로젝트 단위로 관리하므로 모든 예제 프로그램마다 이를 관리하는 별도의 프로젝트를 만들어야 한다. 그러나, 교육용 키트에서처럼 많은 예제 프로그램을 사용하는 경우에는 그렇게 하면 프로젝트의 수가 너무 많아서 취급하기에 불편하므로 이 책에서는 단 하나의 프로젝트 ATmega128A를 만들어 놓고 필요할 때마다 이 프로젝트에 수시로 다른 예제 프로그램을 교체하여 등록시키는 방법을 사용하기로 한다. 이제부터 이 책의 모든 C언어 예제 프로그램은 작업 폴더 C:\AVR\OK-128TFT2\ATmega128A에서 프로젝트 ATmega128A라는 이름으로 관리하며 사용하는 것을 전제로 설명한다.

◀참고▶ 이 책에서 사용하는 모든 C언어 예제 프로그램의 소스 파일은 Exp02_3_switch.c와 같은 형식으로 이름을 짓는다. 여기서 첫번째 숫자 02는 제4장의 절을 나타내는 번호로서 제4.2절에서 사용하는 예제라는 뜻이며, 두번째 숫자 3은 이 절에서 사용하는 여러개의 예제 프로그램을 서로 구분하기 위한 일련번호로서 3번째 예제 프로그램이라는 뜻이다. 그리고, 마지막의 switch는 해당 예제 프로그램이 무엇을 공부하려는 내용인지를 간단하게 파악할 수 있도록 알려주는 역할을 한다. 그러나, 앞으로 이 책에서는 파일명이 실제로는 Exp02_3_switch.c로 되어 있더라도 뒷부분의 _switch는 생략하고 그냥 간단히 Exp02_3.c라고 파일 이름을 부르는 경우가 많다는 점에 유의하라.

(1) Atmel Studio에서 C언어 프로그램 작성의 기본 사항

이제부터 우리가 *OK-128TFT* 키트의 마이크로컨트롤러인 ATmega128A를 위한 모든 C언어 예제 프로그램을 작성하고 이를 키트에 다운로드하여 실행하는 작업은 항상 우리의 작업 폴더 C:\AVR\OK-128TFT2\ATmega128A에서 프로젝트 ATmega128A라는 이름으로 관리하며 수행한다.

우리가 사용할 Atmel Studio 소프트웨어와 이 책의 예제 프로그램을 모두 설치하고 나면 하드 디스크 C: 드라이브의 폴더 트리 구조는 <그림 3.2.16>과 같게 되어 있다는 사실을 항상 기억하고 있는 것이 좋다.

① 처음에 Atmel Studio 소프트웨어로 들어가려면 <그림 4.1.1>과 같이 작업 폴더 C:\AVR\OK-128TFT2\ATmega128A\에서 마우스로 ATmega128A.cproj 파일을 더블 클릭하여 실행한다.

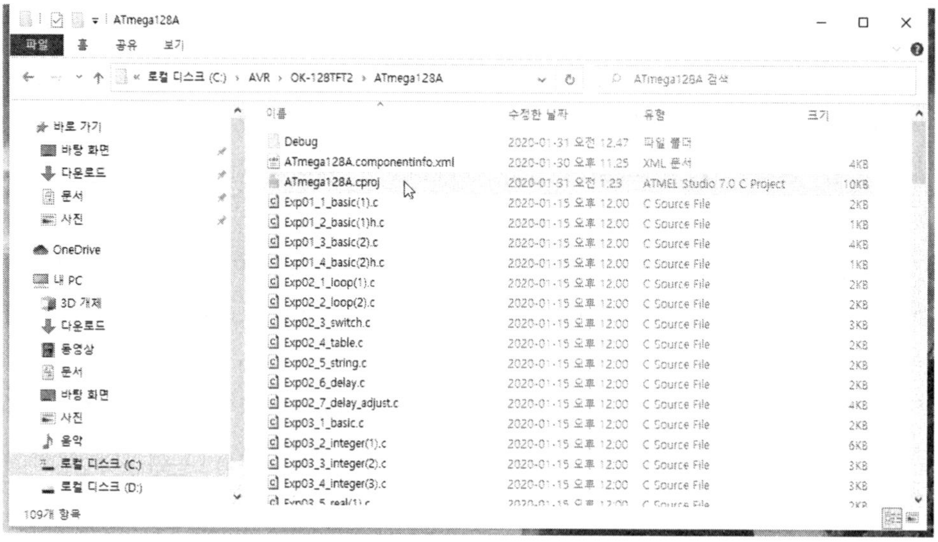

〈그림 4.1.1〉 Atmel Studio 소프트웨어로 들어가는 화면

② 이 책의 예제 프로그램에서는 처음에 이 프로젝트 ATmega128A로 들어가면 키트 테스트 프로그램 kit_test.c를 사용하는 것으로 등록하여 놓았다. 이를 컴파일하려면 <그림 4.1.2>에서처럼 Build ATmega128A의 단축 키를 누른다.

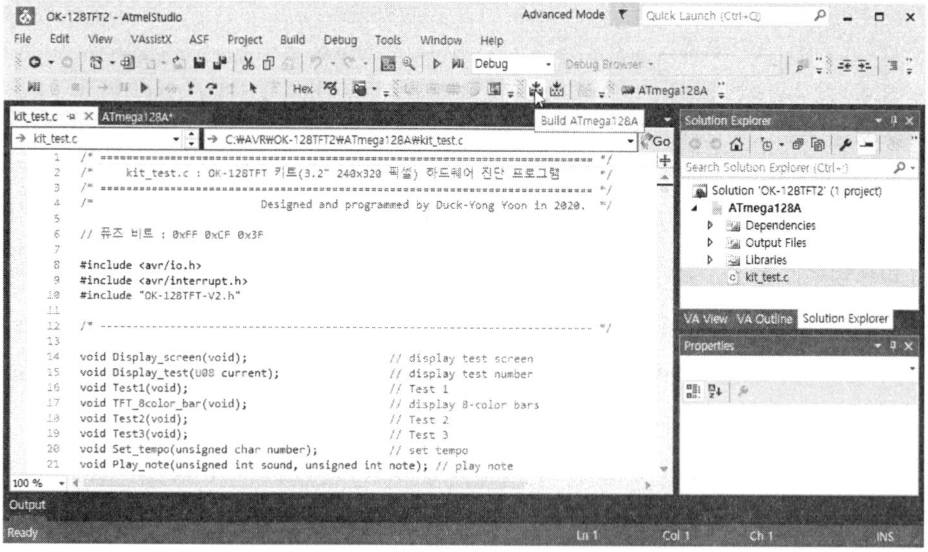

〈그림 4.1.2〉 초기에 등록되어 있는 kit_test.c 파일을 컴파일하는 화면

③ AVRISP mkII 호환기종의 다운로드 케이블을 사용하여 *OK-128TFT* 키트에 이 프로그램을 다운로드하고 실행하려면 먼저 <그림 4.1.3>과 같이 Project → ATmega128A Properties... → Tool 메뉴를 선택하여 Selected debugger/programmer가 AVRISP mkII로 선택되고 ISP Clock이 2 MHz로 지정되어 있는지 확인한다.

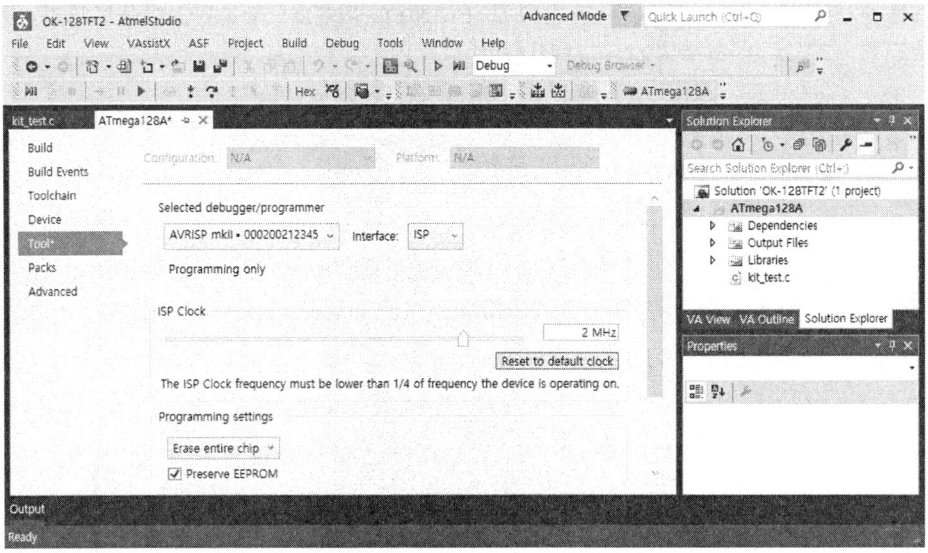

〈그림 4.1.3〉 다운로드 케이블을 사용할 수 있도록 설정하는 화면

④ 이제 프로그램을 다운로드하는 화면으로 들어가려면 <그림 4.1.4>처럼 Tools → Device Programming 메뉴를 선택한다.(이에 해당하는 단축 키를 사용해도 된다.)

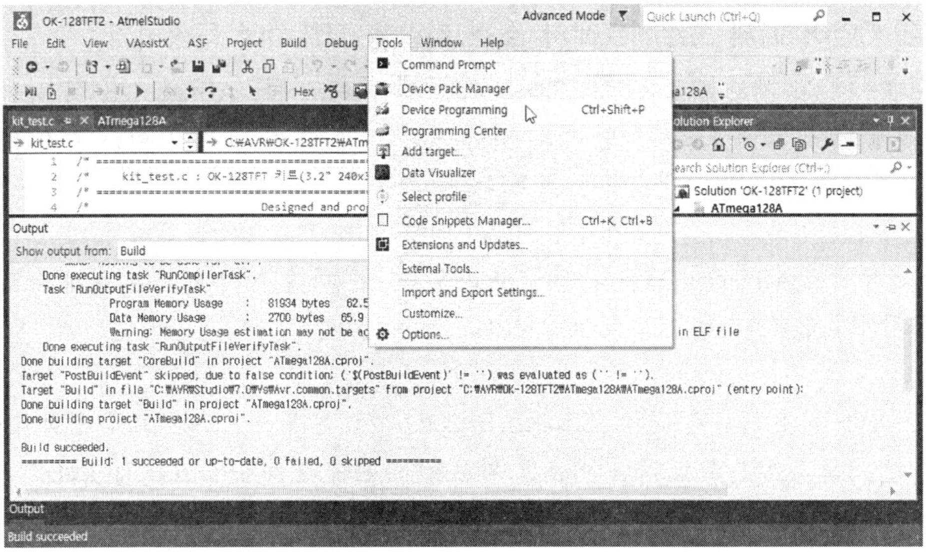

〈그림 4.1.4〉 사용자 프로그램을 다운로드하는 화면으로 들어가기

⑤ 아래의 <그림 4.1.5>와 같이 다운로드 화면이 나타나면 Apply → Memories를 차례로 선택하고, 이때 Flash(128 KB) 창에 다운로드할 파일이 C:\Atmel\OK-128TFT2\ATmega128A\Debug\ATmega128A.elf로 올바르게 표시되고 있는지 확인한다.(이 파일 대신에 ATmega128A.hex 파일을 다운로드해도 된다.) 만약 이렇게 표시되어 있지 않다면 ... 버튼을 눌러서 해당 파일을 지정하고 Program 버튼을 누른다. 다운로드가 끝나면 이 프로그램을 즉시 자동적으로 실행된다.

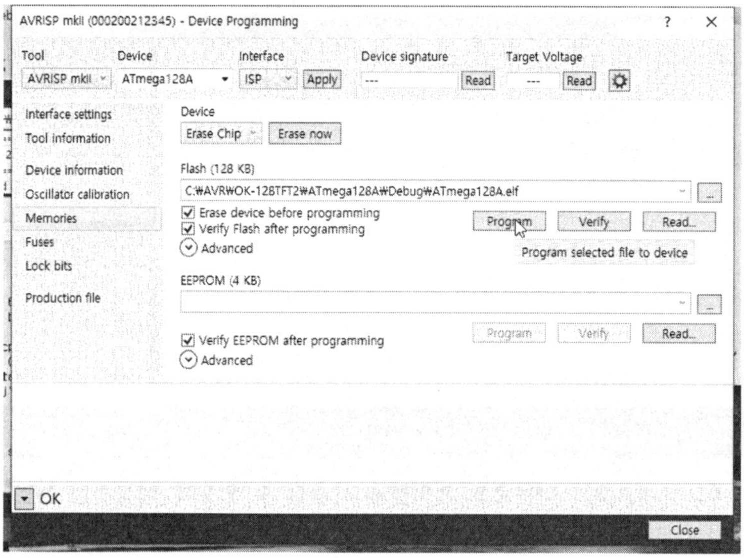

〈그림 4.1.5〉 사용자 프로그램의 실행 파일을 다운로드하는 화면

(2) C언어 예제 프로젝트에서 소스 파일을 교체하여 등록하기

이제부터 이 책의 모든 C언어 예제 프로그램은 프로젝트 ATmega128A에 등록하여 사용하게 된다. 앞에서도 설명한 바와 같이 모든 예제 프로그램마다 이를 관리하는 프로젝트를 만들게 되면 많은 예제 프로그램을 사용하는 경우에는 프로젝트의 수가 너무 많아서 불편하므로, 이 책에서는 모든 C언어 예제 프로그램에 대하여 하나의 공통적인 프로젝트 ATmega128A를 만들어 놓고 필요할 때마다 여기에 다른 예제 프로그램을 교체하여 등록시키는 방법을 사용하기로 한다.

① 화면 우측 프로젝트창의 Solution Explorer에서 현재 이 프로젝트에 등록되어 있는 예제 프로그램의 소스 파일 이름을 확인한다. 현재 등록되어 있는 kit_test.c 파일을 이제부터 자신이 사용할 예제 파일 Exp01_1.c로 교체하여 등록하기로 한다.

프로젝트창에서 프로젝트 이름인 ATmega128A의 위에 마우스 커서를 올려놓고 오른쪽 버튼을 누르면 <그림 4.1.6>과 같이 현재의 프로젝트에 새로운 소스 파일을 추가할 수 있는 메뉴 창이 뜬다. 여기서 Add 메뉴를 클릭하면 다시 새로운 팝업창이 뜨고 거기서 Existing Item... 메뉴를 선택하면 <그림 4.1.7>과 같이 파일 선택 창이 나타난다. 그러면 여기서 Exp01_1.c 파일을 선택하고 Add 버튼을 누른다.

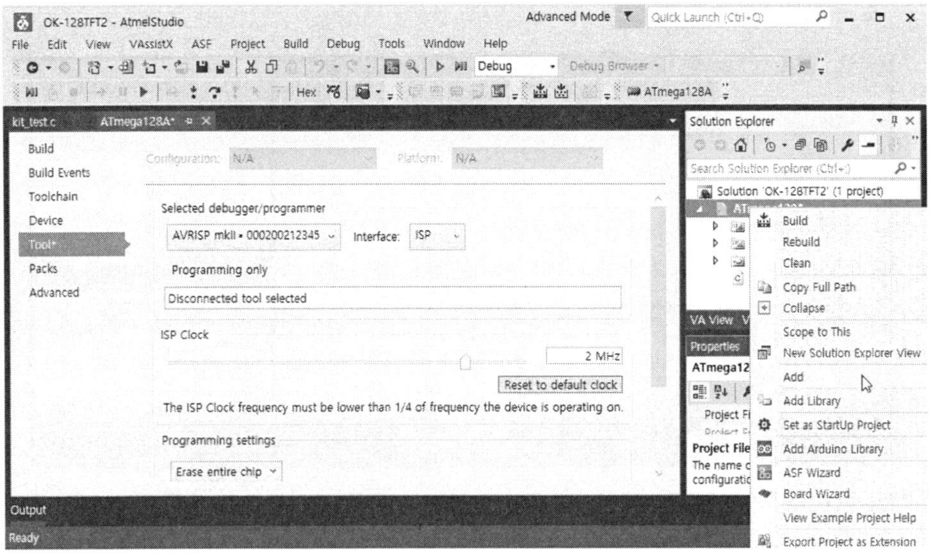

〈그림 4.1.6〉 프로젝트에 새로운 예제 프로그램 소스 파일을 추가하기 위한 화면

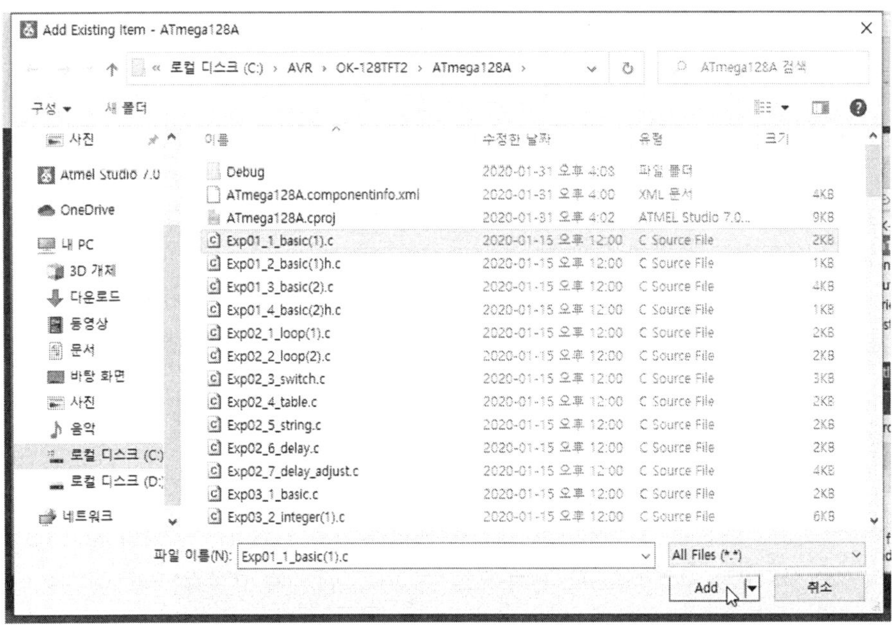

〈그림 4.1.7〉 프로젝트에 새로 추가할 예제 프로그램 소스 파일을 선택하는 화면

② 그러면 <그림 4.1.8>과 같이 현재의 C언어 프로젝트 ATmega128A에는 이전에 사용하던 kit_test.c 파일과 이 프로젝트에 새로 추가한 Exp01_1.c 파일 등 2개의 예제 파일이 모두 등록되어 있게 된다.

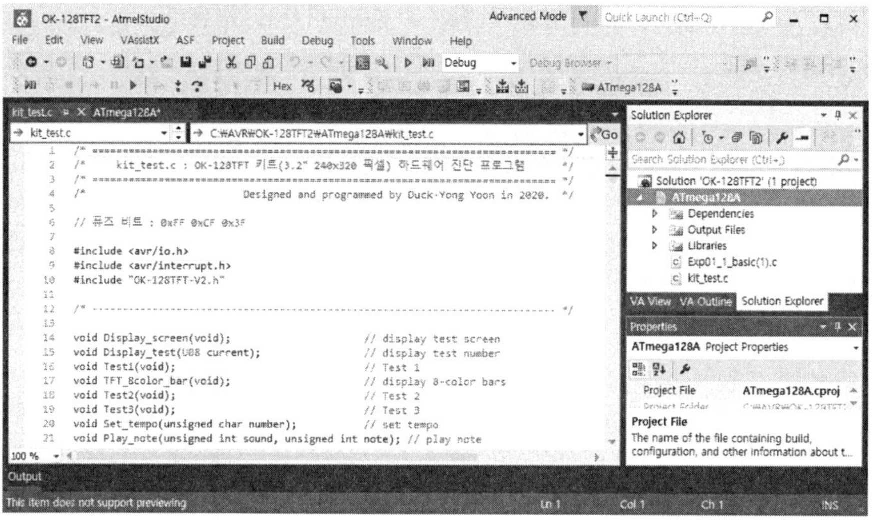

〈그림 4.1.8〉 기존의 파일과 새로 추가한 파일이 모두 프로젝트에 등록되어 있는 화면

③ 이제 여기서 등록을 해제하려는 kit_test.c 파일명 위에 마우스 커서를 올려놓고 오른쪽 버튼을 누르면 <그림 4.1.9>와 같이 파일을 해제할 수 있는 메뉴 창이 뜨는데, 여기서 Remove 메뉴를 클릭하면 <그림 4.1.10>과 같이 확인창이 뜨며, 이때 Remove 버튼을 클릭하면 kit_test.c 파일이 현재의 프로젝트에서 등록이 해제되어 없어진다.

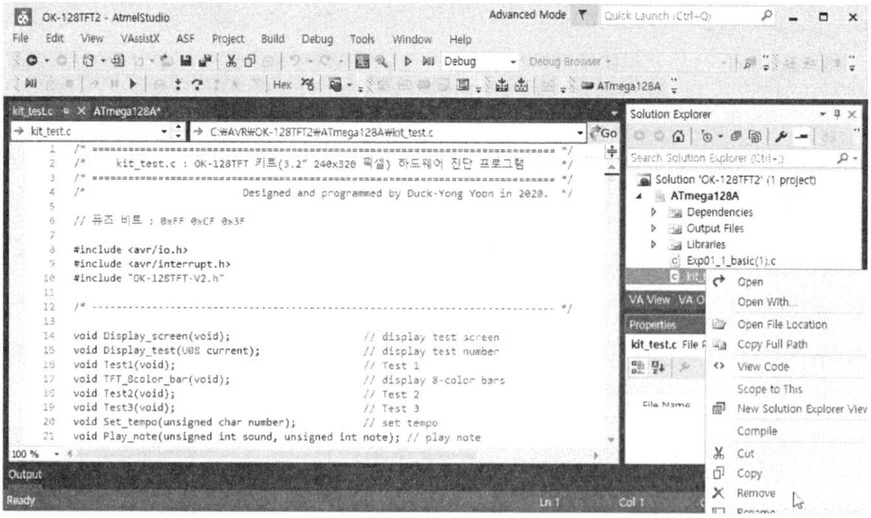

〈그림 4.1.9〉 현재의 C언어 프로젝트에서 기존의 예제 파일을 등록 해제하는 화면

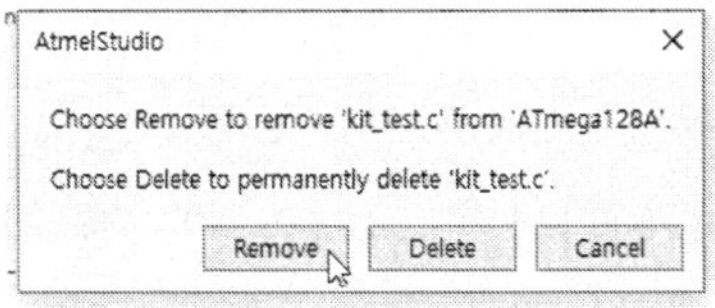

〈그림 4.1.10〉 프로젝트에서 지정된 파일을 등록 해제할 것인지 확인하는 화면

④ 이제 현재의 프로젝트에는 <그림 4.1.11>에 보인 것처럼 새로 추가한 예제 파일 Exp01_1.c만 남아 있으므로 앞에서와 동일한 방법으로 이를 컴파일하고 키트에 다운로드하여 실행할 수 있다.

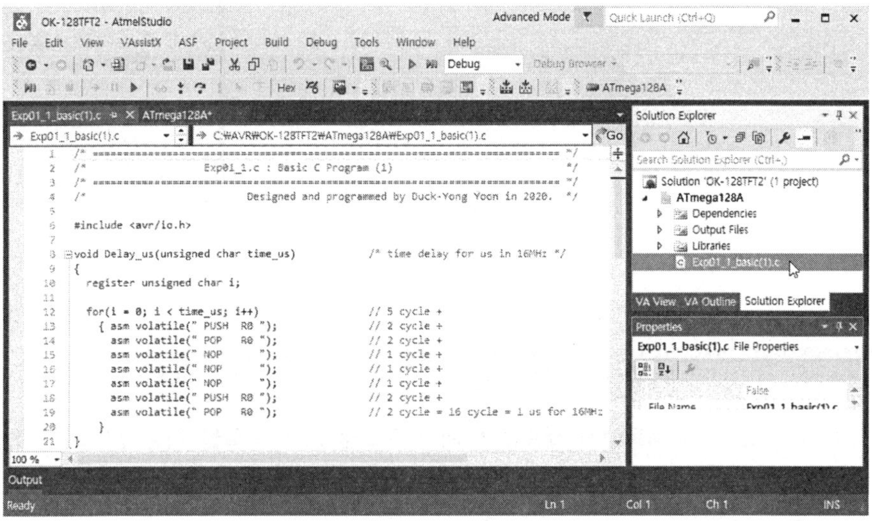

〈그림 4.1.11〉 프로젝트에 새로운 예제 파일을 교체 등록하는 작업이 완료된 화면

(3) C언어 프로젝트에서 신규 예제 파일을 작성하여 등록하기

앞에서는 기존에 이미 만들어져서 제공되는 예제 프로그램의 소스 파일을 C언어 프로젝트 ATmega128A에 등록하여 사용하였지만, 여기서는 사용자가 새로운 예제 파일을 작성하여 편집하고 이를 C언어 프로젝트 ATmega128A에 새로 등록하여 사용하는 방법을 설명한다. 이때도 물론 기존에 이 C언어 프로젝트에 등록되어 있던 예제 파일은 등록을 해제하여야 한다.

① 프로젝트창에서 프로젝트 이름인 ATmega128A의 위에 마우스 커서를 올려놓고 오른쪽 버튼을 누르면 <그림 4.1.12>와 같이 현재의 프로젝트에 새로운 소스 파일을

작성할 수 있는 메뉴 창이 뜬다. 여기서 Add 메뉴를 클릭하면 다시 새로운 팝업창이 뜨고 거기서 New Item... 메뉴를 선택하면 <그림 4.1.13>과 같이 새로 작성할 파일의 성격과 이름을 지정하는 창이 나타난다. 그러면 여기서 파일의 성격은 C File C/C++로 선택하고, 파일명은 자신이 원하는대로 하여 예를 들면 Exp01_test.c로 지정한 다음에 Add 버튼을 누른다.

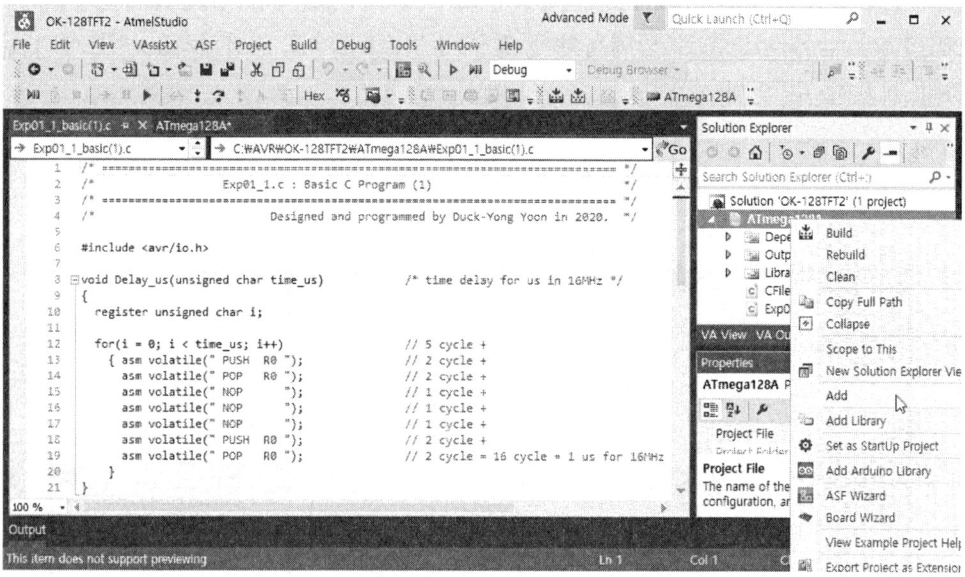

〈그림 4.1.12〉 프로젝트에서 새로운 예제 프로그램 소스 파일을 작성하기 위한 화면

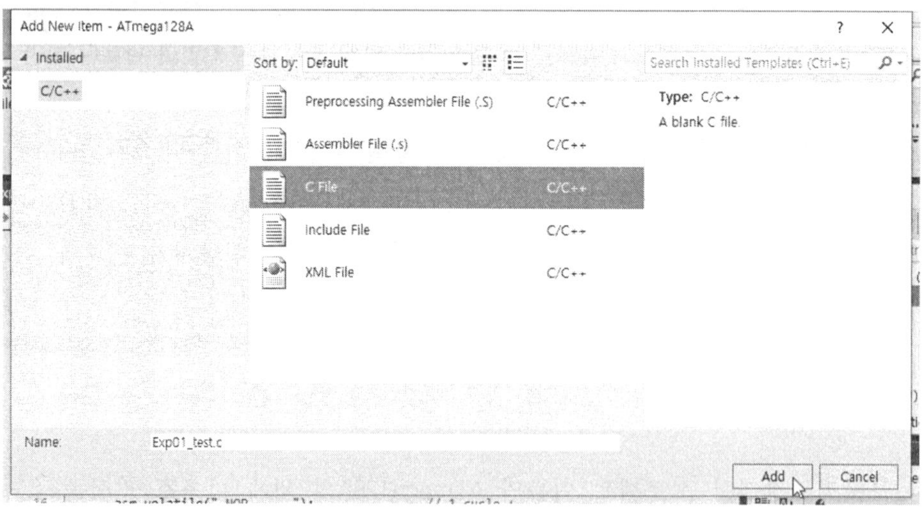

〈그림 4.1.13〉 새로 작성할 예제 파일의 성격과 이름을 지정하는 화면

② 그러면 <그림 4.1.14>에 보인 것처럼 현재의 프로젝트 ATmega128A에 새로운 파일 Exp01_test.c가 같이 등록되고 편집창에는 이 파일을 편집할 수 있는 상태가 되어 있음을 알 수 있다. 이제 이 그림에 보였듯이 기존의 파일 Exp01_1.c는 Remove로 등록을 해제한다.

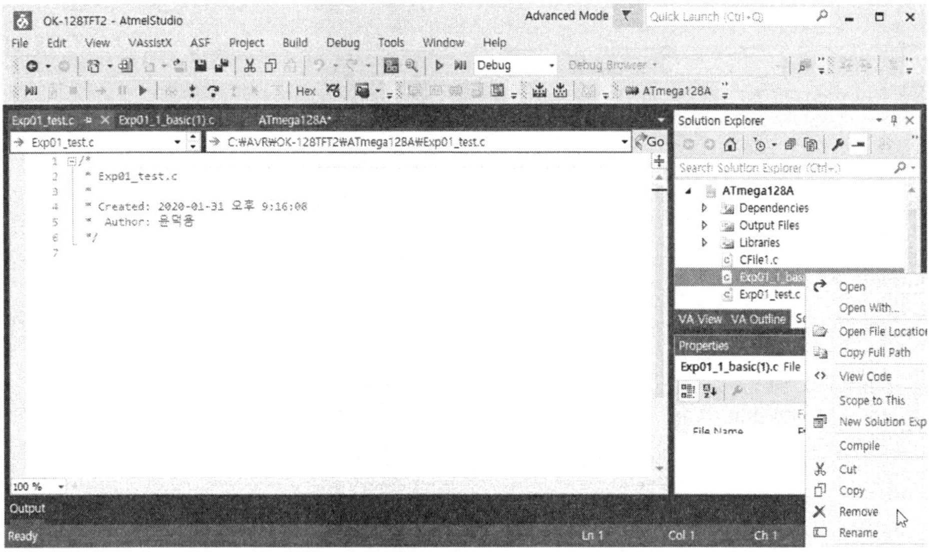

〈그림 4.1.14〉 현재의 프로젝트에서 새로운 소스 파일을 만들고 기존 파일은 제거하기

③ 그리고 이 파일은 아직 하드 디스크의 프로젝트 폴더에 저장되지 않았으므로 <그림 4.1.15>처럼 File → Save Exp01_test.c 메뉴를 선택하여 저장한다.

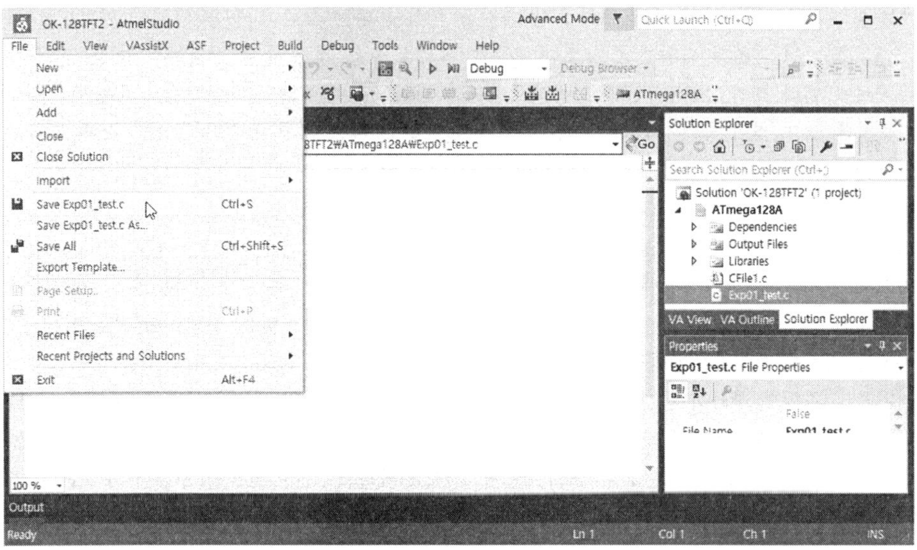

〈그림 4.1.15〉 현재의 프로젝트에서 새로 작성하는 파일을 하드 디스크에 저장하기

④ 그러면 <그림 4.1.16>에 보인 것처럼 하드 디스크의 현재 작업 프로젝트 폴더인 C:\Atmel\OK-128TFT2\ATmega128A\에 새로운 파일 Exp01_test.c가 저장되어 있음을 확인할 수 있다. 이제부터 편집창에서 이 예제 프로그램의 소스 파일을 원하는대로 작성하고 컴파일하여 실행하면 된다.

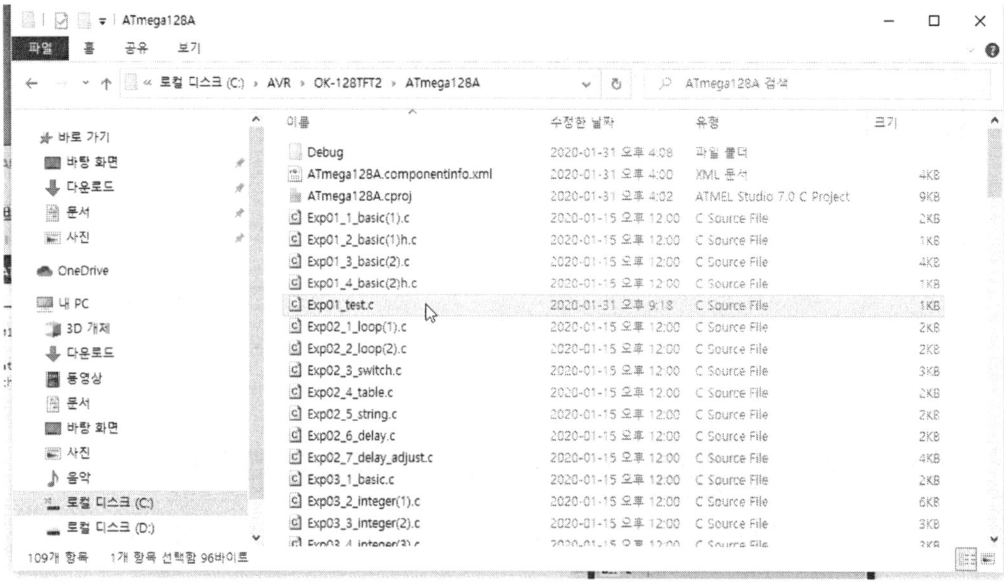

〈그림 4.1.16〉 현재의 프로젝트에서 새로 작성한 파일이 저장되어 있는 화면

◀참고▶ 이와 같이 새로 예제 프로그램 파일을 작성할 때는 모든 내용을 일일이 키보드에서 입력하지 말고 필요하다면 기존의 파일에서 필요한 부분을 복사해 오는 것도 좋은 방법이다. 이를 위해서는 현재의 프로젝트에 여러 개의 소스 파일을 등록해 놓고 그 파일들을 찾아다니면서 필요한 부분을 블록으로 지정하여 복사해 오는 것이 좋다. 이러한 편집 작업을 완료하고 나면 이제 필요 없는 파일들은 프로젝트에서 등록을 해제하여 제거하면 된다.

이렇게 소스 파일의 일부를 복사하면 Atmel Studio 텍스트 에디터의 특성으로 소스 파일의 컬럼이 많이 흐트러지는 문제가 있으므로 복사 후에 이를 다시 정리하여 바로 잡는 추가 작업이 필요하다. 잘 아는 바와 같이 C언어는 컬럼의 배열이 매우 중요한 언어이다. 이러한 사항은 Atmel Studio이 갖는 매우 불편하고 치명적인 단점이다. 혹시 환경 설정을 변경하여 이런 단점을 해결하는 방법이 있을지도 모른다는 생각이 들지만 저자는 아직 그 방법을 찾지 못하여 이 문제를 해결하지 못했다. 이 문제를 피하는 한가지 방법으로 기존의 파일과 상당히 유사한 내용의 파일을 신규로 작성할 때는 위에서 설명한 것처럼 완전히 새로 작성하기 보다 운영체제에서 그 파일을 원하는 새로운 이름으로 C:\AVR\OK-128TFT2\ATmega128A\ 폴더에 복사하여 놓은 다음에 이를 현재의 프로젝트에 교체 등록하고 나서 필요한 부분을 수정하여 편집하는 방법을 사용하면 좀 더 편리하다.

3. 비능률적인 C언어 프로그래밍

먼저 일반적인 방법으로 *OK-128TFT* 키트에서 실행하기 위한 사용자 프로그램을 작성하여 보기로 한다. 그러나, 이러한 방법은 모든 예제에서 필요할 때마다 상당히 많은 분량의 동일한 사용자 정의 함수들을 반복하여 입력하고 사용해야 하므로 매우 불편하고 비능률적인 프로그래밍 방법이라는 것을 곧 알게 된다.

▣ LED 점등 예제

첫번째 예제는 *OK-128TFT* 키트에서 LED1과 LED2를 교대로 500ms의 시간 간격으로 점멸하는 매우 단순한 동작의 프로그램이다.

〈프로그램 Exp01_1.c〉 LED를 점등하는 예제

```
/* ========================================================================== */
/*                    Exp01_1.c : Basic C Program (1)                         */
/* ========================================================================== */
/*                     Designed and programmed by Duck-Yong Yoon in 2020.     */

#include <avr/io.h>

void Delay_us(unsigned char time_us)            /* time delay for us in 16MHz */
{
  register unsigned char i;

  for(i = 0; i < time_us; i++)                  // 5 cycle +
    { asm volatile(" PUSH  R0 ");               // 2 cycle +
      asm volatile(" POP   R0 ");               // 2 cycle +
      asm volatile(" NOP      ");               // 1 cycle +
      asm volatile(" NOP      ");               // 1 cycle +
      asm volatile(" NOP      ");               // 1 cycle +
      asm volatile(" PUSH  R0 ");               // 2 cycle +
      asm volatile(" POP   R0 ");               // 2 cycle = 16 cycle = 1 us for 16MHz
    }
}

void Delay_ms(unsigned int time_ms)             /* time delay for ms in 16MHz */
{
  register unsigned int i;

  for(i = 0; i < time_ms; i++)
    { Delay_us(250);
      Delay_us(250);
      Delay_us(250);
      Delay_us(250);
    }
}

int main(void)
{
  DDRD = 0xC0;                                  // initialize PD7-PD6 = output

  while(1)
    { PORTD = 0x80;                             // LED1 on (PD6 = 0)
      Delay_ms(500);
      PORTD = 0x40;                             // LED2 on (PD7 = 0)
```

```
        Delay_ms(500);
      }
  }
```

☞ 프로그램의 서두에서 항상 헤더파일 <avr/io.h>를 인클루드시켜 주어야 한다. 이것은 기본적인 몇가지의 설정을 수행하고 나서 내부적으로 다시 ATmega128A의 I/O 레지스터를 정의한 헤더파일 iom128.h를 호출하여 인클루드시킨다. 이 헤더파일 iom128.h의 내용은 제3.3절에서 설명하였다.

마이크로컨트롤러에서 사용자가 프로그램을 작성하다 보면 거의 대부분의 경우 시간지연 함수를 필요로 한다. 이 시간지연 함수는 간단해 보이지만 상당히 어렵고 중요한 루틴이므로 나중에 제4.2절에서 자세히 공부한다. *OK-128TFT* 키트에서는 조립 후에 처음으로 키트 테스트 프로그램을 실행하면서 퓨즈 비트에서 시스템 클록이 16MHz의 외부 크리스털에 의하여 동작하도록 설정하여 놓았으므로 이 예제 프로그램에서는 16MHz의 시스템 클록을 기준으로 시간지연 함수를 만들어 사용하였다.

이 예제에서는 프로그램의 내용을 이해하기 어려우면 일단 그냥 넘어가도 좋다. 여기서는 프로그램의 내용보다는 C언어 프로그램의 기본 구조를 이해하는데 주력하고, C언어 프로그램을 작성하고 컴파일하여 실행하는 절차에 더 신경을 쓰기 바란다. 그러나, 대부분의 C컴파일러에서 main() 함수는 void형인데 비하여 WinAVR 컴파일러에서는 반드시 int형으로 지정하여야 한다는 것과 같은 특이 사항은 기억하고 넘어가는 것이 좋다.

이 예제를 실행하면 텍스트 LCD 모듈이나 TFT-LCD에는 프로그램이 아무런 지시를 하지 않았으므로 화면에 어떤 의미있는 내용도 나타나지 않는다.

이 예제 프로그램을 현재의 프로젝트에 등록하고 컴파일하라. 만약 컴파일 과정에서 어떤 에러가 발생하였다면 프로그램 소스에서 오류가 있었던 것이므로 화면 하단의 Messages 창에 나타나는 에러 메시지를 보고 소스의 해당 부분을 수정하여 다시 컴파일해야 한다.

이제 정상적으로 컴파일이 수행되었으면 ATmega128A.elf 및 ATmega128A.hex 파일이 생성되었을 것이므로 이 중에 하나를 *OK-128TFT* 키트에 다운로드하여 실행한다.

▣ 텍스트 LCD 모듈 출력 예제

두번째 예제는 *OK-128TFT* 키트에 내장된 텍스트 LCD 모듈에 간단한 메시지를 출력하면서 LED1과 LED2를 교대로 점등하는 프로그램이다.

〈프로그램 Exp01_2.c〉 텍스트 LCD 모듈에 메시지를 출력하는 예제

```
/* ========================================================================== */
/*                    Exp01_2.c : Basic C Program (2)                         */
/* ========================================================================== */
/*                          Designed and programmed by Duck-Yong Yoon in 2020.  */

#include <avr/io.h>
```

```
#define BV(bit)          (1<<(bit))               /* bit processing */
#define cbi(reg,bit)     reg &= ~(BV(bit))
#define sbi(reg,bit)     reg |= (BV(bit))

void MCU_initialize(void)                         /* initialize ATmega128A MCU */
{
  DDRA  = 0xFF;                                   // PORTA output
  PORTA = 0x00;

  DDRB  = 0xF7;                                   // PORTB output(PB3 = input)
  PORTB = 0xD1;                                   // (-TS_CS = -SD_CS = -DAC_CS = -RTC_CS = 1)

  DDRC  = 0xFB;                                   // PORTC output(PC2 = input)
  PORTC = 0x58;                                   // (-TFT_CS = -TFT_WR = -TFT_HB_WR = 1)

  DDRD  = 0xC9;                                   // PORTD output(PD5,4,2,1 = input)
  PORTD = 0xC0;                                   // (LED1 = LED2 = 1)

  DDRE  = 0x3E;                                   // PORTE output(PE7,6,0 = input)
  PORTE = 0x00;

  DDRF  = 0x00;                                   // PORTF input
  PORTF = 0x00;

  DDRG  = 0x10;                                   // PORTG input(PG4 = output)
  PORTG = 0x00;                                   // (BUZZER = 0)
}

void Delay_us(unsigned char time_us)              /* time delay for us in 16MHz */
{
  register unsigned char i;

  for(i = 0; i < time_us; i++)                    // 5 cycle +
    { asm volatile(" PUSH  R0 ");                 // 2 cycle +
      asm volatile(" POP   R0 ");                 // 2 cycle +
      asm volatile(" NOP      ");                 // 1 cycle +
      asm volatile(" NOP      ");                 // 1 cycle +
      asm volatile(" NOP      ");                 // 1 cycle +
      asm volatile(" PUSH  R0 ");                 // 2 cycle +
      asm volatile(" POP   R0 ");                 // 2 cycle = 16 cycle = 1 us for 16MHz
    }
}

void Delay_ms(unsigned int time_ms)               /* time delay for ms in 16MHz */
{
  register unsigned int i;

  for(i = 0; i < time_ms; i++)
    { Delay_us(250);
      Delay_us(250);
      Delay_us(250);
      Delay_us(250);
    }
}

void LCD_command(unsigned char command)           /* write a command(instruction) to text LCD */
{
  cbi(PORTC,0);                                   // E = 0, Rs = 0
  cbi(PORTC,1);
  PORTA = command;                                // output command
  sbi(PORTC,0);                                   // E = 1
  asm volatile(" PUSH  R0 ");                     // delay for about 250 ns
  asm volatile(" POP   R0 ");
  cbi(PORTC,0);                                   // E = 0
  Delay_us(50);
}

void LCD_data(unsigned char data)                 /* display a character on text LCD */
{
  cbi(PORTC,0);                                   // E = 0, Rs = 1
  sbi(PORTC,1);
```

```
  PORTA = data;                                   // output data
  sbi(PORTC,0);                                   // E = 1
  asm volatile(" PUSH  R0 ");                     // delay for about 250 ns
  asm volatile(" POP   R0 ");
  cbi(PORTC,0);                                   // E = 0
  Delay_us(50);
}

void LCD_initialize(void)                         /* initialize text LCD module */
{
  LCD_command(0x38);                              // function set(8 bit, 2 line, 5x7 dot)
  LCD_command(0x0C);                              // display control(display ON, cursor OFF)
  LCD_command(0x06);                              // entry mode set(increment, not shift)
  LCD_command(0x01);                              // clear display
  Delay_ms(2);
}

void LCD_string(unsigned char command, char *string)    /* display a string on text LCD */
{
  LCD_command(command);                           // start position of string
  while(*string != '\0')                          // display string
    { LCD_data(*string);
      string++;
    }
}

int main(void)
{
  MCU_initialize();                               // initialize ATmega128A MCU
  Delay_ms(50);                                   // wait for system stabilization
  LCD_initialize();                               // initialize text LCD module

  LCD_string(0x80," OK-128TFT V2.0 ");            // display logo

  while(1)
    { LCD_string(0xC0,"   ATmega128A   ");        // display message 1
      PORTD = 0x80;                               // LED1 on
      Delay_ms(1000);
      LCD_string(0xC0,"   2020/01/15   ");        // display message 2
      PORTD = 0x40;                               // LED2 on
      Delay_ms(1000);
    }
}
```

☞ 이 C언어 예제 프로그램을 살펴보면 텍스트 LCD 모듈에 메시지를 출력하는 메인 프로그램은 몇 줄 정도에 불과하지만, 이를 위하여 많은 부수적인 사용자 정의 함수들이 추가로 사용된다. 텍스트 LCD 모듈을 동작시키려면 먼저 이 텍스트 LCD 모듈을 초기화하는 과정이 필요하며, 여기에 명령이나 데이터를 출력하는 함수와 문자열을 출력하는 함수들은 상당히 복잡하므로 미리 사용자 정의 함수로 만들어 두고 이를 호출하여 사용하는 것이 일반적이다.

그밖에도 텍스트 LCD 모듈의 구동에는 몇가지의 시간지연 함수들이 필요하다. 하지만, 시간지연 함수나 텍스트 LCD 모듈 관련 함수, 버저로 비프(beep) 음을 울리는 함수, 키 입력 함수 등은 앞으로 거의 모든 예제에서 공통적으로 사용하는 것들인데 매번 이렇게 각 사용자 예제 프로그램에서 이를 입력해주는 것은 상당히 불편하다. 그러므로 나중에 보면 알지만 이러한 기본적인 정의나 공통적인 사용자 함수들은 미리 헤더파일 OK-128TFT-V2.h로 만들어 놓고 필요할 때 이를 인클루드하는 편리한 방법을 사용한다.

이 예제 프로그램을 현재의 프로젝트에 등록하여 컴파일하고 올바르게 컴파일이 수행되었으면 이를 *OK-128TFT* 키트에 다운로드하여 실행하라.

4. 능률적인 C언어 프로그래밍

앞에서 공부한 2개의 예제는 아주 간단한 기능을 수행하는 프로그램이지만 소스 파일이 상당히 길다. 이 프로그램에는 핵심적인 기능을 수행하는 메인 함수 이외에 마이크로컨트롤러 또는 주변장치들에 대한 기본 설정 부분이나 여러 가지의 사용자 정의 함수들이 사용되기 때문이다.

그러나, 이러한 기본적인 하드웨어 설정 부분이나 사용자 정의 함수들은 단지 이 예제 프로그램 뿐만 아니라 앞으로 사용할 대부분의 예제 프로그램에서도 마찬가지로 필요하다. 그때마다 프로그램에 이러한 사용자 정의 함수를 포함하도록 직접 입력하는 것은 상당히 힘들고 비능률적인 작업이 될 수 있다. 이를 쉽게 해결하려면 항상 기본적으로 사용되는 공통적인 사용자 정의 함수들을 모아서 별도의 헤더파일로 만들어놓고 이를 필요할 때마다 인클루드하여 사용하면 된다.

여기서는 이러한 공통적인 사용자 정의 함수들을 사용하여 앞의 예제 프로그램들을 좀 더 간단하게 다시 작성하여 보기로 한다. 그러면 여러분은 전체 프로그램이 얼마나 간단해졌는지를 뚜렷이 느낄 수 있을 것이다.

▣ LED 점등 예제

앞의 예제 프로그램 Exp01_1.c에서 기본적인 하드웨어 정의 부분과 공통 사용자 정의 함수들을 사용자 헤더파일 OK-128TFT-V2.h로 처리하여 다시 작성하면 다음과 같다. 이들 2개의 프로그램 Exp01_1.c와 Exp01_3.c를 서로 비교하여 보라. 헤더파일을 사용함으로써 프로그램의 소스 길이가 훨씬 짧고 간단해지며, 따라서 이를 작성하고 입력하는 시간이 크게 절감되리라는 것을 느낄 수 있을 것이다.

〈프로그램 Exp01_3.c〉 LED를 점등하는 예제

```
/* ========================================================================== */
/*              Exp01_3.c : Basic C Program (1) with header file              */
/* ========================================================================== */
/*                      Designed and programmed by Duck-Yong Yoon in 2020.   */

#include <avr/io.h>
#include "OK-128TFT-V2.h"

int main(void)
{
  MCU_initialize();                           // initialize ATmega128A MCU

  DDRD = 0xC0;                                // initialize PD7-PD6 = output

  while(1)
    { PORTD = 0x80;                           // LED1 on (PD6 = 0)
```

```
      Delay_ms(500);
      PORTD = 0x40;                           // LED2 on (PD7 = 0)
      Delay_ms(500);
    }
}
```

이를 컴파일하고 *OK-128TFT* 키트에 다운로드하여 실행하여 보라. 앞의 예제 프로그램 Exp01_1.c와 동일한 실행 결과를 볼 수 있는가?

▣ 텍스트 LCD 모듈 출력 예제

두번째 예제 프로그램 Exp01_2.c에서 기본적인 하드웨어 정의 부분과 공통 사용자 정의 함수들을 헤더파일 OK-128TFT-V2.h로 처리하여 다시 작성하면 다음과 같다. 이들 2개의 프로그램 Exp01_2.c와 Exp01_4.c의 내용을 서로 비교하여 보라. 헤더파일을 사용함으로써 프로그램의 소스 길이가 훨씬 짧고 간단해지며, 따라서 이를 작성하고 입력하는 시간이 크게 절감되리라는 것을 느낄 수 있을 것이다.

〈프로그램 Exp01_4.c〉 텍스트 LCD 모듈에 메시지를 출력하는 예제

```
/* ========================================================================== */
/*               Exp01_4.c : Basic C Program (2) with header file             */
/* ========================================================================== */
/*                     Designed and programmed by Duck-Yong Yoon in 2020.    */

#include <avr/io.h>
#include "OK-128TFT-V2.h"

int main(void)
{
  MCU_initialize();                           // initialize ATmega128A MCU
  Delay_ms(50);                               // wait for system stabilization
  LCD_initialize();                           // initialize text LCD module

  LCD_string(0x80," OK-128TFT V2.0 ");        // display logo

  while(1)
    { LCD_string(0xC0,"   ATmega128A   ");    // display message 1
      LED1_on();                              // LED1 on
      LED2_off();
      Delay_ms(1000);
      LCD_string(0xC0,"   2020/01/15   ");    // display message 2
      LED1_off();                             // LED2 on
      LED2_on();
      Delay_ms(1000);
    }
}
```

이를 컴파일하고 *OK-128TFT* 키트에 다운로드하여 실행하여 보라. 앞의 예제 프로그램 Exp01_2.c와 동일한 실행 결과를 볼 수 있는가?

5. 헤더파일 OK-128TFT-V2.h의 내용

이제 여러분은 이 책에서 앞으로 C언어로 사용자 프로그램을 작성할 때는 예제 프로그램 Exp01_3.c 및 Exp01_4.c에서와 같이 항상 프로그램의 서두에서 WinAVR의 기본 헤더파일 io.h와 사용자 기본 헤더파일 OK-128TFT-V2.h를 인클루드하여 준다는 것을 기억하라.

OK-128TFT 키트의 기본적인 헤더파일 OK-128TFT-V2.h에는 마이크로컨트롤러의 초기화, 키 입력, 버저를 사용한 비프음 출력, LED 점등, 텍스트 LCD 모듈 출력, TFT-LCD 모듈 한글 및 영문 ASCII 출력, 터치스크린 입력 등에 관련된 사용자 정의 함수를 가지고 있다. 그러나, TFT-LCD 모듈에 매우 큰 글씨체인 32×48 픽셀의 숫자나 가장 큰 글씨체인 40×56 픽셀의 숫자를 표시할 때는 그에 맞는 기능을 제공하는 헤더파일 OK-128TFT-xlarge.h를 추가로 사용한다. 이 키트에서는 이밖에도 SD 카드를 액세스하는데 필요한 헤더파일 OK-128TFT-xxxSDcard.h 및 OK-128TFT-xxxFAT32.h를 제공한다. 여러분도 필요하다면 스스로 자신만의 헤더파일을 만들어 사용할 수 있다. 그러나, 만약 이들 헤더파일에 포함되지 않은 사용자 정의 함수를 추가로 사용하려면 자신이 사용자 프로그램에 직접 써넣으면 된다. 헤더파일에는 가급적이면 어느 예제 프로그램에서나 공통적으로 자주 사용하는 내용들만을 포함시키는 것이 바람직하다.

사용자 기본 헤더파일 OK-128TFT-V2.h에서 가장 기본적인 내용을 발췌하여 정리하면 다음과 같다. 이제부터 여러분은 이 헤더파일의 내용을 잘 이해하고 활용하는 것이 *OK-128TFT* 키트의 유능한 응용 프로그래머가 되는 지름길이 될 것이다.

〈헤더파일 OK-128TFT-V2.h〉 기본적인 사항 정의 및 사용자 정의 함수(발췌)

```
/* ============================================================================ */
/*                OK-128TFT V2.0 키트용(ATmega128A) 기본 헤더 파일               */
/* ============================================================================ */
/*                                 Programmed by Duck-Yong Yoon in 2020.         */

// ----------------------------------------------------------------------------
//   이 헤더파일은 OK-128TFT 키트 V2.0을 위한 것입니다. 이것은 아래의 조건에서만
//  올바른 동작을 보장합니다.
// ----------------------------------------------------------------------------
//       (1) 시스템 클록  : 16MHz
//       (2) C 컴파일러   : Atmel Studio V7.0
//       (3) 최적화 옵션  : -Os
//       (4) TFT-LCD 모듈 : Ohm사 FL320QVC18-A0(HX8347-A)
// ----------------------------------------------------------------------------

#include <avr/pgmspace.h>
#include <math.h>
#include <stdlib.h>

typedef unsigned char          U08;            // data type definition
```

```
typedef   signed char          S08;
typedef unsigned int           U16;
typedef   signed int           S16;
typedef unsigned long int      U32;
typedef   signed long int      S32;

#define BV(bit)          (1<<(bit))                  // bit processing
#define cbi(reg,bit)     reg &= ~(BV(bit))
#define sbi(reg,bit)     reg |= (BV(bit))

/* ------------------------------------------------------------------------ */
/*              사용자 정의 함수 선언                                          */
/* ------------------------------------------------------------------------ */

void MCU_initialize(void);                      // initialize ATmega128A MCU
void Delay_us(U08 time_us);                     // time delay for us in 16MHz (1~255 us)
void Delay_ms(U16 time_ms);                     // time delay for ms in 16MHz (1~65535 ms)
void Tick(void);                                // tick for 100 us
void Beep(void);                                // beep for 50 ms
void Beep_3times(void);                         // beep 3 times
unsigned char Key_input(void);                  // input key KEY1 - KEY4
unsigned char Key_input_silent(void);           // input key KEY1 - KEY4 without beep sound
void LED1_on(void);                             // turn LED1 on
void LED1_off(void);                            // turn LED1 off
void LED1_toggle(void);                         // toggle LED1 to blink
void LED2_on(void);                             // turn LED2 on
void LED2_off(void);                            // turn LED2 off
void LED2_toggle(void);                         // toggle LED2 to blink

void LCD_initialize(void);                      // initialize text LCD module
void LCD_command(U08 command);                  // write a command(instruction) to text LCD
void LCD_data(U08 data);                        // display a character on text LCD
void LCD_string(U08 command, char *string);     // display a string on LCD

void LCD_binary(U16 number, U08 digit);         // display 8 or 16 bit binary number
void LCD_unsigned_decimal(U32 number, U08 zerofill, U08 digit); // display unsigned decimal number
void LCD_signed_decimal(S32 number, U08 zerofill, U08 digit);  // display signed decimal number
void LCD_hexadecimal(U32 number, U08 digit);    // display hexadecimal number
void LCD_0x_hexadecimal(U32 number, U08 digit); // display hexadecimal number with 0x
void LCD_unsigned_float(float number, U08 integral, U08 fractional); // display unsigned floating-point number
void LCD_signed_float(float number, U08 integral, U08 fractional);  // display signed floating-point number

void DS3234_initialize(void);                   // initialize DS3234 RTC
unsigned char DS3234_read(U08 address);         // read DS3234
void DS3234_write(U08 address, U08 value);      // write DS3234

/* ------------------------------------------------------------------------ */
/*              OK-128TFT 키트의 기본 함수                                     */
/* ------------------------------------------------------------------------ */

void MCU_initialize(void)                       /* initialize ATmega128A MCU */
{
  DDRA  = 0xFF;                                 // PORTA output
  PORTA = 0x00;

  DDRB  = 0xF7;                                 // PORTB output(PB3 = input)
  PORTB = 0xD1;                                 // (-TS_CS = -SD_CS = -DAC_CS = -RTC_CS = 1)

  DDRC  = 0xFB;                                 // PORTC output(PC2 = input)
  PORTC = 0x58;                                 // (-TFT_CS = -TFT_WR = -TFT_HB_WR = 1)

  DDRD  = 0xC9;                                 // PORTD output(PD5,4,2,1 = input)
  PORTD = 0xC0;                                 // (LED1 = LED2 = 1)

  DDRE  = 0x3E;                                 // PORTE output(PE7,6,0 = input)
  PORTE = 0x00;

  DDRF  = 0x00;                                 // PORTF input
  PORTF = 0x00;

  DDRG  = 0x10;                                 // PORTG input(PG4 = output)
  PORTG = 0x00;                                 // (BUZZER = 0)
}
```

```
void Delay_us(U08 time_us)                    /* time delay for us in 16MHz */
{
  register unsigned char i;

  for(i = 0; i < time_us; i++)                // 5 cycle +
    { asm volatile(" PUSH  R0 ");             // 2 cycle +
      asm volatile(" POP   R0 ");             // 2 cycle +
      asm volatile(" NOP      ");             // 1 cycle +
      asm volatile(" NOP      ");             // 1 cycle +
      asm volatile(" NOP      ");             // 1 cycle +
      asm volatile(" PUSH  R0 ");             // 2 cycle +
      asm volatile(" POP   R0 ");             // 2 cycle = 16 cycle = 1 us for 16MHz
    }
}

void Delay_ms(U16 time_ms)                    /* time delay for ms in 16MHz */
{
  register unsigned int i;

  for(i = 0; i < time_ms; i++)
    { Delay_us(248);
      Delay_us(250);
      Delay_us(250);
      Delay_us(250);
    }
}

void Tick(void)                               /* tick for 100 us */
{
  sbi(PORTG,4);                               // buzzer on
  Delay_us(100);                              // delay 100 us
  cbi(PORTG,4);                               // buzzer off
}

void Beep(void)                               /* beep for 50 ms */
{
  sbi(PORTG,4);                               // buzzer on
  Delay_ms(50);                               // delay 50 ms
  cbi(PORTG,4);                               // buzzer off
}

void Beep_3times(void)                        /* beep 3 times */
{
  Beep();                                     // beep for 50 ms
  Delay_ms(100);
  Beep();                                     // beep for 50 ms
  Delay_ms(100);
  Beep();                                     // beep for 50 ms
}

#define KEY1            0x0E                  // KEY1 value
#define KEY2            0x0D                  // KEY2 value
#define KEY3            0x0B                  // KEY3 value
#define KEY4            0x07                  // KEY4 value
#define no_key          0x0F                  // no key input
#define MENU_key        0x0A                  // MENU key

unsigned char key_flag = 0;

unsigned char Key_input(void)                 /* input key KEY1 - KEY4 */
{
  unsigned char key;

  key = PING & 0x0F;                          // any key pressed ?
  if(key == 0x0F)                             // if no key, check key off
    { if(key_flag == 0)
        return key;
      else
        { Delay_ms(20);
          key_flag = 0;
          return key;
        }
```

```
    }
  else                                      // if key input, check continuous key
    { if(key_flag != 0)                     // if continuous key, treat as no key input
        return 0x0F;
      else                                  // if new key, beep and delay for debounce
        { Beep();
          key_flag = 1;
          return key;
        }
    }
}

unsigned char Key_input_silent(void)        /* input key KEY1 - KEY4 without beep sound */
{
  unsigned char key;

  key = PING & 0x0F;                        // any key pressed ?
  if(key == 0x0F)                           // if no key, check key off
    { if(key_flag == 0)
        return key;
      else
        { Delay_ms(20);
          key_flag = 0;
          return key;
        }
    }
  else                                      // if key input, check continuous key
    { if(key_flag != 0)                     // if continuous key, treat as no key input
        return 0x0F;
      else                                  // if new key, delay for debounce
        { Delay_ms(20);
          key_flag = 1;
          return key;
        }
    }
}

void LED1_on(void)                          /* turn LED1 on */
{
  cbi(PORTD,6);                             // LED1 on
}

void LED1_off(void)                         /* turn LED1 off */
{
  sbi(PORTD,6);                             // LED1 off
}

void LED1_toggle(void)                      /* toggle LED1 to blink */
{
  PORTD ^= 0x40;                            // toggle LED1
}

void LED2_on(void)                          /* turn LED2 on */
{
  cbi(PORTD,7);                             // LED2 on
}

void LED2_off(void)                         /* turn LED2 off */
{
  sbi(PORTD,7);                             // LED2 off
}

void LED2_toggle(void)                      /* toggle LED2 to blink */
{
  PORTD ^= 0x80;                            // toggle LED2
}

void LED_toggle(void)                       /* toggle LED1 and LED2 by turns */
{
  if(((PORTD & 0xC0) == 0x40) || ((PORTD & 0xC0) == 0x80))
    PORTD ^= 0xC0;                          // toggle LED1 and LED2
  else
    { cbi(PORTD,6);                         // LED1 on
```

```
      sbi(PORTD,7);                          // LED2 off
    }
}

/* ---------------------------------------------------------------------------- */
/*              텍스트 LCD 기본 함수                                                */
/* ---------------------------------------------------------------------------- */

void LCD_initialize(void)                    /* initialize text LCD module */
{
  LCD_command(0x38);                         // function set(8 bit, 2 line, 5x7 dot)
  LCD_command(0x0C);                         // display control(display ON, cursor OFF)
  LCD_command(0x06);                         // entry mode set(increment, not shift)
  LCD_command(0x01);                         // clear display
  Delay_ms(2);
}

void LCD_command(U08 command)                 /* write a command(instruction) to text LCD */
{
  cbi(PORTC,0);                              // E = 0, Rs = 0
  cbi(PORTC,1);
  PORTA = command;                           // output command
  sbi(PORTC,0);                              // E = 1
  asm volatile(" PUSH  R0 ");                // delay for about 250 ns
  asm volatile(" POP   R0 ");
  cbi(PORTC,0);                              // E = 0
  Delay_us(50);
}

void LCD_data(U08 data)                      /* display a character on text LCD */
{
  cbi(PORTC,0);                              // E = 0, Rs = 1
  sbi(PORTC,1);
  PORTA = data;                              // output data
  sbi(PORTC,0);                              // E = 1
  asm volatile(" PUSH  R0 ");                // delay for about 250 ns
  asm volatile(" POP   R0 ");
  cbi(PORTC,0);                              // E = 0
  Delay_us(50);
}

void LCD_string(U08 command, char *string)   /* display a string on LCD */
{
  LCD_command(command);                      // start position of string
  while(*string != '\0')                     // display string
    { LCD_data(*string);
      string++;
    }
}

/* ---------------------------------------------------------------------------- */
/*              텍스트 LCD 모듈의 수치 데이터 출력 함수                              */
/* ---------------------------------------------------------------------------- */

void LCD_binary(U16 number, U08 digit)       /* display 8 or 16 bit binary number */
{
  unsigned char i, shift;

  if((digit == 0) || (digit > 16)) return;

  shift = digit - 1;
  for(i = 0; i < digit; i++ )
    { LCD_data(((number >> shift) & 0x01) + '0');
      shift--;
    }
}

void LCD_unsigned_decimal(U32 number, U08 zerofill, U08 digit) /* display unsigned decimal number */
{
  unsigned char zero_flag, character;
  unsigned long div;

  if((digit == 0) || (digit > 9)) return;
```

```
  div = 1;
  while(--digit) div *= 10;

  zero_flag = zerofill;
  while(div > 0)                                    // display number
    { character = number / div;
      if((character == 0) && (zero_flag == 0) && (div != 1))
        LCD_data(character + ' ');
      else
        { zero_flag = 1;
          LCD_data(character + '0');
        }
      number %= div;
      div /= 10;
    }
}

void LCD_signed_decimal(S32 number, U08 zerofill, U08 digit)  /* display signed decimal number */
{
  unsigned char zero_flag, character;
  unsigned long div;

  if((digit == 0) || (digit > 9)) return;

  if(number >= 0)                                   // display sign
    LCD_data('+');
  else
    { LCD_data('-');
      number = -number;
    }

  div = 1;
  while(--digit) div *= 10;

  zero_flag = zerofill;
  while(div > 0)                                    // display number
    { character = number / div;
      if((character == 0) && (zero_flag == 0) && (div != 1))
        LCD_data(character + ' ');
      else
        { zero_flag = 1;
          LCD_data(character + '0');
        }
      number %= div;
      div /= 10;
    }
}

void LCD_hexadecimal(U32 number, U08 digit)       /* display hexadecimal number */
{
  unsigned char i, character;

  if((digit == 0) || (digit > 8)) return;

  for(i = digit; i > 0; i--)
    { character = (number >> 4*(i-1)) & 0x0F;
      if(character < 10) LCD_data(character + '0');
      else               LCD_data(character - 10 + 'A');
    }
}

void LCD_0x_hexadecimal(U32 number, U08 digit)  /* display hexadecimal number with 0x */
{
  unsigned char i, character;

  if((digit == 0) || (digit > 8)) return;

  LCD_data('0');
  LCD_data('x');

  for(i = digit; i > 0; i--)
    { character = (number >> 4*(i-1)) & 0x0F;
```

```
        if(character < 10) LCD_data(character + '0');
        else               LCD_data(character - 10 + 'A');
      }
}

void LCD_unsigned_float(float number, U08 integral, U08 fractional) /* display unsigned floating-point number */
{
  unsigned char zero_flag, digit, character;     // integral = digits of integral part
  unsigned long div, integer;                    // fractional = digits of fractional part

  digit = integral + fractional;
  if((integral == 0) || (fractional == 0) || (digit > 9)) return;

  div = 1;
  while(--digit) div *= 10;

  while(fractional--) number *= 10.;
  integer = (U32)(number + 0.5);

  zero_flag = 0;
  digit = 1;
  while(div > 0)                                 // display number
    { character = integer / div;
      if((character == 0) && (zero_flag == 0) && (digit != integral))
        LCD_data(character + ' ');
      else
        { zero_flag = 1;
          LCD_data(character + '0');
        }
      integer %= div;
      div /= 10;

      if(digit == integral)
        LCD_data('.');
      digit++;
    }
}

void LCD_signed_float(float number, U08 integral, U08 fractional) /* display signed floating-point number */
{
  unsigned char zero_flag, digit, character;
  unsigned long div, integer;

  digit = integral + fractional;
  if((integral == 0) || (fractional == 0) || (digit > 9)) return;

  if(number >= 0)                                // display sign
    LCD_data('+');
  else
    { LCD_data('-');
      number = -number;
    }

  div = 1;
  while(--digit) div *= 10;

  while(fractional--) number *= 10.;
  integer = (U32)(number + 0.5);

  zero_flag = 0;
  digit = 1;
  while(div > 0)                                 // display number
    { character = integer / div;
      if((character == 0) && (zero_flag == 0) && (digit != integral))
        LCD_data(character + ' ');
      else
        { zero_flag = 1;
          LCD_data(character + '0');
        }
      integer %= div;
      div /= 10;

      if(digit == integral)
```

```
        LCD_data('.');
      digit++;
    }
}

/* ---------------------------------------------------------------------------- */
/*              DS3234 RTC 관련 함수                                              */
/* ---------------------------------------------------------------------------- */

#define second_address  0x00                // second address of DS3234 RTC
#define minute_address  0x01                // minute address
#define hour_address    0x02                // hour address
#define weekday_address 0x03                // weekday address
#define date_address    0x04                // date address
#define month_address   0x05                // month address
#define year_address    0x06                // year address
#define control_address 0x0E                // control register address
#define status_address  0x0F                // control/status register address

void DS3234_initialize(void)                /* initialize DS3234 RTC */
{
  unsigned char SEC, MIN, HOUR, WEEK, DATE, MONTH, YEAR;

  sbi(DDRB,0);                              // -RTC_CS is output
  sbi(PORTB,0);                             // -RTC_CS = 1

  SPCR = 0x54;                              // CPOL = 0, CPHA = 1, 16MHz/4 = 4MHz
  SPSR = 0x00;                              // SPI2X = 0

  SEC   =  DS3234_read(second_address);     // if not second, initialize
  MIN   =  DS3234_read(minute_address);     // if not minute, initialize
  HOUR  =  DS3234_read(hour_address);       // if not 12 hour system, initialize
  WEEK  =  DS3234_read(weekday_address);    // if not weekday, initialize
  DATE  =  DS3234_read(date_address);       // if not date, initialize
  MONTH =  DS3234_read(month_address);      // if not month, initialize
  YEAR  =  DS3234_read(year_address);       // if not year, initialize

  if((SEC > 0x59) || (MIN > 0x59) || (HOUR < 0x41) || (WEEK > 0x07) || (DATE > 0x31) || (MONTH > 0x12) || (YEAR > 0x99))
    { DS3234_write(second_address, 0x00);   // second = 0x00
      DS3234_write(minute_address, 0x00);   // minute = 0x00
      DS3234_write(hour_address,   0x12 + 0x40);// hour = 0x12 AM
      DS3234_write(weekday_address,0x04);   // weekday = 0x01(Wednesday)
      DS3234_write(date_address,   0x15);   // date = 0x15
      DS3234_write(month_address,  0x01);   // month = 0x01
      DS3234_write(year_address,   0x20);   // year = 0x2020
      DS3234_write(control_address,0x00);   // control register
      DS3234_write(status_address, 0x00);   // control register
    }
}

unsigned char DS3234_read(U08 address)      /* read DS3234 */
{
  unsigned char byte;

  cbi(PORTB,0);                             // -RTC_CS = 0
  SPDR = address;                           // read + address
  while((SPSR & 0x80) == 0x00);
  SPDR = 0x00;                              // dummy data
  while((SPSR & 0x80) == 0x00);
  byte = SPDR;                              // read data
  sbi(PORTB,0);                             // -RTC_CS = 1

  return byte;
}

void DS3234_write(U08 address, U08 value)   /* write DS3234 */
{
  cbi(PORTB,0);                             // -RTC_CS = 0
  SPDR = 0x80 + address;                    // write + address
  while((SPSR & 0x80) == 0x00);
  SPDR = value;                             // data
  while((SPSR & 0x80) == 0x00);
  sbi(PORTB,0);                             // -RTC_CS = 1
```

```
}
                    (이후 생략)
```

〈표 4.1.1〉 헤더파일 OK-128TFT-V2.h에 포함된 기본 사용자 정의 함수들의 요약

사용자 함수	기 능	입력 파라미터	리턴 값
MCU_initialize()	ATmega128A를 *OK-128TFT* 키트의 사양에 맞도록 초기화한다.	-	-
Delay_us() Delay_ms()	1~255μs 범위의 시간 지연을 수행한다. 1~65535ms 범위의 시간 지연을 수행한다.	U08 time_us U16 time_ms	-
Tick() Beep() Beep_3times()	버저를 100μs 길이로 1차례 울린다. 버저를 50ms 길이로 1차례 울린다. 버저를 50ms 길이, 100ms 간격으로 3차례 울린다.	-	-
Key_input() Key_input_silent()	키 KEY1~KEY4를 읽어온다. (디바운싱○, 비프○) 키 KEY1~KEY4를 읽어온다. (디바운싱○, 비프×)	-	unsigned char unsigned char
LED1_on() LED2_on() LED1_off() LED2_off() LED1_toggle() LED2_toggle() LED_toggle()	LED1을 켠다. LED2를 켠다. LED1을 끈다. LED2를 끈다. LED1의 점등 상태를 반전시켜 깜빡인다. LED2의 점등 상태를 반전시켜 깜빡인다. LED1과 LED2를 교대로 점등시켜 깜빡인다.	-	-
LCD_initialize() LCD_command() LCD_data() LCD_string()	텍스트 LCD 모듈을 초기화한다. 텍스트 LCD 모듈에 1개의 제어명령을 출력한다. 텍스트 LCD 모듈에서 현재의 커서 위치에 1문자를 표시한다. 텍스트 LCD 모듈에서 커서 위치를 지정하고 그 위치부터 문자열을 출력한다.	- U08 command U08 data U08 command, char *string	- - - -
LCD_binary()	텍스트 LCD 모듈에서 현재의 커서 위치부터 8비트 또는 16비트의 2진수를 표시한다.	U16 number, U08 digit	-
LCD_unsigned_decimal() LCD_signed_decimal()	텍스트 LCD 모듈에서 현재의 커서 위치부터 부호없는 10진수 또는 부호있는 10진수를 표시한다. (zerofill=1이면 선두의 무효 자리를 0으로 채운다.)	U32 number, U08 zerofill, digit	-
LCD_hexadecimal() LCD_0x_hexadecimal()	텍스트 LCD 모듈에서 현재의 커서 위치부터 16진수 또는 0x를 앞세운 16진수를 표시한다.	U32 number, U08 digit	-
LCD_unsigned_float() LCD_signed_float()	텍스트 LCD 모듈에서 현재의 커서 위치부터 부호없는 실수 또는 부호있는 실수를 표시한다. (integral=실수부 자리수, fractional=소수부 자리수)	float number, U08 integral, fractional	-
DS3234_initialize() DS3234_read() DS3234_write()	DS3234 RTC를 초기화한다. DS3234의 지정된 어드레스에서 값을 읽는다. DS3234의 지정된 어드레스에 지정된 값을 쓴다.	- U08 address U08 address, value	- unsigned char -

이 헤더파일 OK-128TFT-V2.h에 포함되어 있는 사용자 정의 함수들을 발췌하여 정리하면 <표 4.1.1>과 같다. 이 사용자 정의 함수들은 앞으로 여러분이 *OK-128TFT* 키트에서 WinAVR의 C언어로 사용자 프로그램을 작성할 때 유용하게 사용할 것이므

로 잘 알아두어야 하며, 가급적이면 이 함수들의 내용까지 정확히 이해하도록 노력할 것을 권한다.

C언어에서는 대문자와 소문자를 구분하여 사용한다. C언어 고유의 모든 지시어나 내장함수들은 항상 소문자로 시작한다. 그러나, 이 책의 C언어 예제에서는 모든 사용자 정의 함수를 대문자로 시작하는데 유의하라.

그리고, C언어 프로그램을 작성하는 동안 컴파일러의 기능이나 문법에 관한 문제를 만나면 항상 제3.3절의 설명을 참조하거나 WinAVR에 포함된 도움말 기능을 이용하기 바란다. 당연히 **표준적인 C언어의 문법에 대한 사항은 C언어에 관한 책을 보고 별도로 익혀야 한다**. 이 책은 C언어를 사용하여 ATmega128A 마이크로컨트롤러의 프로그래밍 기술을 공부하고자 하는 책이지 C언어를 익히자는 책이 아니다.

6. 실습 과제

(1) C언어에서 #include < >와 #include " " 지시어는 어떻게 다른가?

(2) C언어에서 /* ~ */ 문은 어떤 의미인가? 또한 이와 유사한 기능을 수행하는 다른 방법은 무엇인가?

(3) C언어에서 while 문 및 do ~ while 문의 기능과 사용 방법을 설명하라.

(4) C언어에서 사용자 정의함수가 호출되기 전에 앞쪽에서 먼저 정의되는 경우와 호출된 이후에 뒤쪽에서 나중에 정의되는 경우 각각 이것들을 어떻게 처리해야 올바르게 동작하는지 설명하라.

(5) C언어에서 지시어 void는 어떤 용도로 사용되는가?

(6) 예제 프로그램 Exp01_3.c에서 LED가 점멸하는 속도를 500[ms]에서 100[ms]로 빠르게 수정한 프로그램 Exp01_3R.c를 작성하라.

4.2 기본적인 C언어 프로그래밍 기법

이 절에서는 *OK-128TFT* 키트에서 C언어로 프로그래밍할 때 매우 자주 사용되는 몇가지의 중요한 기본적인 프로그래밍 기법을 익힌다. 이제부터 ATmega128A을 위한 C언어 프로그래밍 기술을 공부하려면 초기 단계에서 알아야 하는 사항이다.

관련 내용	(1) 제1.3절 ATmega128A의 기본 구조와 기능 (2) 제3.1절 *OK-128TFT* 키트의 구조와 기능 (3) 제3.3절 WinAVR C컴파일러의 기능 요약

1. 무한 루프의 사용

운영체제를 가진 범용 컴퓨터에서는 사용자 프로그램의 실행이 끝나면 CPU의 제어가 운영체제로 다시 되돌아가지만, 마이크로컨트롤러에서는 운영체제를 사용하지 않는 경우가 대부분이므로 사용자 프로그램의 실행이 종료되면 되돌아 갈 곳이 없다. 그럼에도 불구하고 만약 사용자 프로그램의 실행이 종료되도록 프로그램을 작성한다면 그 이후에는 CPU가 알 수 없는 위치로 되돌아가서 프로그램에서 사용하지 않는 임의의 메모리 영역을 읽어서 이를 명령으로 해석하고 실행하기 때문에 예측할 수 없는 결과가 발생하게 된다. 따라서, 운영체제가 없는 마이크로컨트롤러의 사용자 프로그램에서는 절대로 main() 함수의 실행이 종료되지 않도록 무한 루프 구조로 프로그램을 작성하는 것이 필요하다.

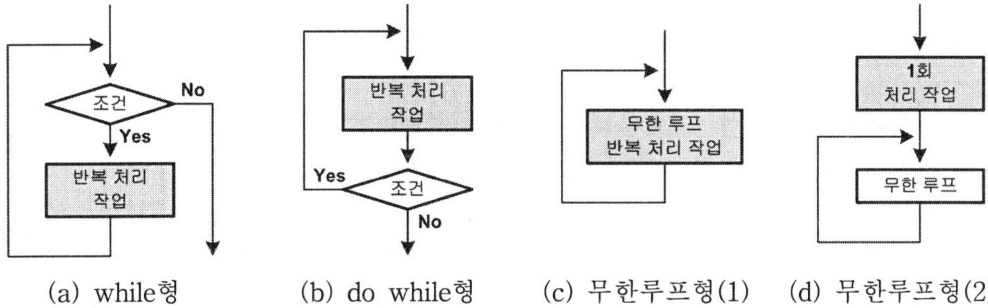

(a) while형 (b) do while형 (c) 무한루프형(1) (d) 무한루프형(2)

〈그림 4.2.1〉 반복처리 프로그래밍 기법

C언어에서 무한 루프 구조로 프로그램을 작성하는 것에는 2가지의 형태가 있다. 첫 번째 방법은 프로그램의 주요 부분을 무한히 반복하여 실행하면서 무한 루프에 빠지도록 하는 것이다. 이것을 도시하면 <그림 4.2.1>의 (c)와 같다. 대부분의 마이크로컨트롤러 프로그램은 이런 구조를 가지는데, 다음은 이와 같은 프로그램의 예이다.

〈프로그램 Exp02_1.c〉 프로그램의 무한 루프 처리방식(1)

```
/* ========================================================================== */
/*              Exp02_1_loop(1).c : 무한루프 처리 프로그램(1)                   */
/* ========================================================================== */
/*                          Designed and programmed by Duck-Yong Yoon in 2020.  */

#include <avr/io.h>
#include "OK-128TFT-V2.h"

int main(void)
{
  unsigned char i;

  MCU_initialize();                              // initialize ATmega128A MCU
  Delay_ms(50);                                  // wait for system stabilization
  LCD_initialize();                              // initialize text LCD module
  TFT_initialize();                              // initialize TFT-LCD module
  Beep();

  LCD_string(0x80," OK-128TFT V2.0 ");           // display title
  LCD_string(0xC0,"   Exp02_1.c    ");
  TFT_string(0,1,White,Magenta,"      무한루프 처리 프로그램(1)        ");

  while(1)                                       // infinite loop
    { for(i = 1; i <= 5; i++)
        { TFT_xy(20,7);                          // display count
          TFT_color(Magenta,Black);
          TFT_English(i+'0');
          LED1_on();                             // LED1 = on
          LED2_off();
          TFT_string(15,10,Green,Black,"LED1 = on ");
          TFT_string(15,13,White,Black,"LED2 = off");
          Delay_ms(1000);
          LED1_off();                            // LED2 = on
          LED2_on();
          TFT_string(15,10,White,Black,"LED1 = off");
          TFT_string(15,13,Green,Black,"LED2 = on ");
          Delay_ms(1000);
        }
      Beep();
    }
}
```

☞ 여기서는 while(1)문 안에 포함된 부분이 무한히 반복하여 실행된다. 여기서 while(1)을 for(;;) 명령으로 대체하여 사용해도 되는데, 왜 그런지는 C언어의 문법을 익혀서 이해하도록 하라.

두번째 방법은 프로그램의 주요 부분을 실행하고 나서 마지막에 의미 없는 하나의 명령을 반복하여 실행하면서 무한 루프에 빠지도록 하는 것이다. 이것을 도시하면 <그림 4.2.1>의 (d)와 같다. 이렇게 처리하는 경우에는 결국 프로그램의 주요 부분은 1회만 실행되는 결과가 된다. 다음은 이러한 프로그램의 예이다.

〈프로그램 Exp02_2.c〉 프로그램의 무한 루프 처리방식(2)

```
/* ============================================================================ */
/*               Exp02_2_loop(2).c : 무한루프 처리 프로그램(2)                  */
/* ============================================================================ */
/*                          Designed and programmed by Duck-Yong Yoon in 2020.  */

#include <avr/io.h>
#include "OK-128TFT-V2.h"

int main(void)
{
  unsigned char i;

  MCU_initialize();                            // initialize ATmega128A MCU
  Delay_ms(50);                                // wait for system stabilization
  LCD_initialize();                            // initialize text LCD module
  TFT_initialize();                            // initialize TFT-LCD module
  Beep();

  LCD_string(0x80," OK-128TFT V2.0 ");         // display title
  LCD_string(0xC0,"    Exp02_2.c    ");
  TFT_string(0,1,White,Magenta,"        무한루프 처리 프로그램(2)        ");

  for(i = 1; i <= 5; i++)
    { TFT_xy(20,7);                            // display count
      TFT_color(Magenta,Black);
      TFT_English(i+'0');
      LED1_on();                               // LED1 = on
      LED2_off();
      TFT_string(15,10,Green,Black,"LED1 = on ");
      TFT_string(15,13,White,Black,"LED2 = off");
      Delay_ms(1000);
      LED1_off();                              // LED2 = on
      LED2_on();
      TFT_string(15,10,White,Black,"LED1 = off");
      TFT_string(15,13,Green,Black,"LED2 = on ");
      Delay_ms(1000);
    }

  Beep();
  TFT_string(12,20,Magenta,Black,"프로그램 정지 !");

  while(1);                                    // infinite loop
}
```

☞ 여기서는 전체 프로그램이 1회만 실행되고 나서 마지막에 while(1); 명령만 반복하여 실행하게 된다. 따라서, 앞의 예제 프로그램 Exp02_1.c와는 다른 실행 결과가 된다. 여기서 while(1); 명령은 for(;;);로 대체하여 사용해도 된다.

이상의 예제 프로그램 Exp02_1.c 및 Exp02_2.c에서 만약 이를 무한 루프로 처리하지 않는다면 CPU는 메인 함수 main()을 실행하고 알 수 없는 곳으로 리턴(return)할 것이다. 그러나, main() 함수도 하나의 C언어 함수이기 때문에 이것이 종료되면 스택의 복귀주소로 리턴하게 되는데, C컴파일러가 만든 스타트업 루틴에서 이를 서브루틴으로 호출하지 않고 점프 명령을 사용하였다면 되돌아 갈 곳을 알 수 없으며, 이를 서브루틴처럼 정상적으로 호출하였다고 하더라도 메인 함수 main()을 실행하고 되돌아간 이후의 동작은 일반적으로 정해져 있지 않다.

2. switch문을 사용하여 다중 분기를 처리하는 방법

이번에는 조건식의 값에 따라 많은 수의 분기(branch)를 처리하는 C언어 프로그래밍 기법에 대하여 공부한다. 이 경우는 <그림 4.2.2>와 같이 switch~case문을 사용하여 처리한다.

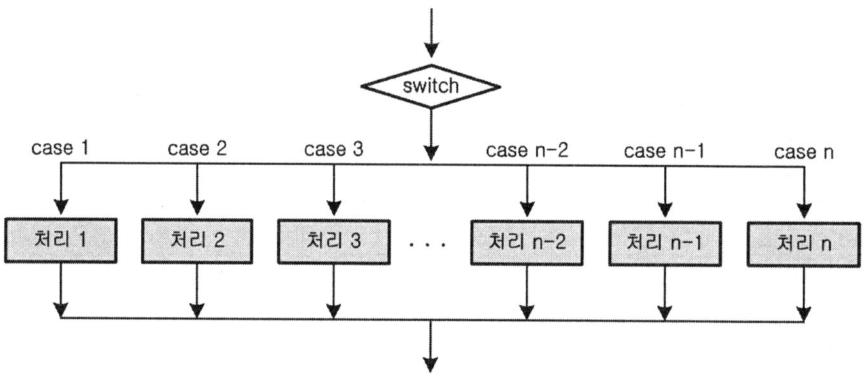

〈그림 4.2.2〉 switch 문을 사용하여 다중 분기를 처리하는 프로그래밍 기법

다음은 4가지의 키 입력에 따라 각각 다른 위치로 분기하여 처리를 수행하는 다중 분기 프로그램의 예이다.

〈프로그램 Exp02_3.c〉 switch 문을 사용하여 다중 분기를 처리하는 프로그램

```
/* ========================================================================== */
/*                Exp02_3.c : switch문을 사용한 여러 갈래 분기 프로그램          */
/* ========================================================================== */
/*                       Designed and programmed by Duck-Yong Yoon in 2020.   */

#include <avr/io.h>
#include "OK-128TFT-V2.h"

int main(void)
{
  unsigned int delay = 100;

  MCU_initialize();                       // initialize ATmega128A MCU
  Delay_ms(50);                           // wait for system stabilization
  LCD_initialize();                       // initialize text LCD module
```

```
    TFT_initialize();                              // initialize TFT-LCD module
    Beep();

    LCD_string(0x80," OK-128TFT V2.0 ");           // display title
    LCD_string(0xC0,"   Exp02_3.c    ");

    TFT_string(0,1,White,Magenta,"    switch문을 사용한 분기 프로그램      ");
    TFT_string(0,10,  Cyan,Black,"    KEY1 = 100ms 간격으로 LED 점멸     ");
    TFT_string(0,13,  Cyan,Black,"    KEY2 = 200ms 간격으로 LED 점멸     ");
    TFT_string(0,16,  Cyan,Black,"    KEY3 = 400ms 간격으로 LED 점멸     ");
    TFT_string(0,19,  Cyan,Black,"    KEY4 = 800ms 간격으로 LED 점멸     ");
    TFT_string(4,10,Magenta,Black,"KEY1");

    while(1)
      { switch(Key_input())                        // key input
          { case KEY1 : TFT_string(4,10,Magenta,Black,"KEY1"); // KEY1 ?
                        TFT_string(4,13,Cyan,Black,"KEY2");
                        TFT_string(4,16,Cyan,Black,"KEY3");
                        TFT_string(4,19,Cyan,Black,"KEY4");
                        delay = 100;
                        break;
            case KEY2 : TFT_string(4,10,Cyan,Black,"KEY1"); // KEY2 ?
                        TFT_string(4,13,Magenta,Black,"KEY2");
                        TFT_string(4,16,Cyan,Black,"KEY3");
                        TFT_string(4,19,Cyan,Black,"KEY4");
                        delay = 200;
                        break;
            case KEY3 : TFT_string(4,10,Cyan,Black,"KEY1"); // KEY3 ?
                        TFT_string(4,13,Cyan,Black,"KEY2");
                        TFT_string(4,16,Magenta,Black,"KEY3");
                        TFT_string(4,19,Cyan,Black,"KEY4");
                        delay = 400;
                        break;
            case KEY4 : TFT_string(4,10,Cyan,Black,"KEY1"); // KEY4 ?
                        TFT_string(4,13,Cyan,Black,"KEY2");
                        TFT_string(4,16,Cyan,Black,"KEY3");
                        TFT_string(4,19,Magenta,Black,"KEY4");
                        delay = 800;
                        break;
            default:    break;
          }

        LED_toggle();                              // blink LED1 and LED2
        Delay_ms(delay);
      }
  }
```

☞ 위에서 보듯이 switch~case문에서 여러 갈래의 분기의 조건은 case로 나열하며, 각 case의 처리 내용은 세미콜론으로 시작하며 break;로 끝나야 한다.

3. 변수 및 상수 테이블의 사용

ATmega128A 마이크로컨트롤러는 하버드 구조를 사용하므로 프로그램 메모리와 데이터 메모리를 엄격하게 구분하여 사용한다. 프로그램에서 사용하는 변수(variable)는 당연히 내부 데이터 메모리인 SRAM에 저장되지만, 프로그램 메모리인 내장 플래시 메모리에 데이터를 저장하면 이는 읽는 기능만 가능하므로 상수(constant)가 된다.

변수를 읽고 쓰는 기능은 어느 마이크로프로세서에서나 기본적으로 제공되지만, 상수를 읽는 기능은 플래시 메모리를 내장하고 있는 마이크로컨트롤러의 하드웨어에 의존하므로 C컴파일러마다 다르게 처리할 수 있다. 여기서는 WinAVR C컴파일러에서 변수 및 상수를 테이블로 처리하는 프로그래밍 기법에 대하여 공부한다.

C언어로 데이터 메모리인 SRAM에 변수 테이블을 만들고, 또한 프로그램 메모리인 플래시 메모리에 상수 테이블을 만든 후에 이 각각의 테이블을 읽어서 TFT-LCD 모듈에 출력하는 예제 프로그램은 다음과 같다.

〈프로그램 Exp02_4.c〉 SRAM과 플래시 메모리에서 데이터 테이블을 사용하기

```
/* ========================================================================== */
/*              Exp02_4.c : Table data stored in SRAM and flash memory        */
/* ========================================================================== */
/*                     Designed and programmed by Duck-Yong Yoon in 2020.     */

#include <avr/io.h>
#include <avr/pgmspace.h>
#include "OK-128TFT-V2.h"

unsigned char table1[32] = {                        // table 1 in SRAM
    0x00,0x01,0x02,0x03,0x04,0x05,0x06,0x07,
    0x08,0x09,0x0A,0x0B,0x0C,0x0D,0x0E,0x0F,
    0x10,0x11,0x12,0x13,0x14,0x15,0x16,0x17,
    0x18,0x19,0x1A,0x1B,0x1C,0x1D,0x1E,0x1F };

const unsigned char table2[32] PROGMEM = {          // table 2 in flash memory
    0x80,0x81,0x82,0x83,0x84,0x85,0x86,0x87,
    0x88,0x89,0x8A,0x8B,0x8C,0x8D,0x8E,0x8F,
    0x90,0x91,0x92,0x93,0x94,0x95,0x96,0x97,
    0x98,0x99,0x9A,0x9B,0x9C,0x9D,0x9E,0x9F };

int main(void)
{
  unsigned char i, x, y;

  MCU_initialize();                                 // initialize ATmega128A MCU
  Delay_ms(50);                                     // wait for system stabilization
  LCD_initialize();                                 // initialize text LCD module
  TFT_initialize();                                 // initialize TFT-LCD module
  Beep();

  LCD_string(0x80," OK-128TFT V2.0 ");              // display title
  LCD_string(0xC0,"    Exp02_4.c    ");

  TFT_string(0, 3,Cyan,Black,"  (1) SRAM에 저장된 테이블");
  TFT_string(0,16,Cyan,Black,"  (2) flash memory에 저장된 테이블");

  i = 0;
  for(y = 0; y < 4; y++)
    { for(x = 0; x < 8; x++)
        { TFT_xy(5*x,6 + 2*y);                      // read and display SRAM table
          TFT_color(White,Black);
          TFT_0x_hexadecimal(table1[i],2);

          TFT_xy(5*x,19 + 2*y);                     // read and display flash memory table
          TFT_color(White,Black);
          TFT_0x_hexadecimal(pgm_read_byte(&table2[i]),2);

          Delay_ms(1000);
          i++;
        }
    }
```

```
    Beep();
    while(1);
  }
```

☞ 이 프로그램에서는 플래시 메모리에 바이트 상수 데이터를 정의하기 위하여 const~PROGMEM 지시어를 사용하고, 이를 읽는데는 pgm_read_byte() 함수를 사용하였다. 이러한 기능을 사용하려면 WinAVR에서 제공하는 헤더파일 <avr\pgmspace.h>를 인클루드시켜야 한다. WinAVR C컴파일러에서 이처럼 상수 데이터 테이블을 정의하고 이를 읽는 방법에 대하여는 제3.3절에서 요약하여 설명하였으니 참고하라.

이번에는 C언어로 데이터 메모리인 SRAM과 프로그램 메모리인 플래시 메모리에 각각 문자열을 만들어 저장한 후에 이것들을 읽어서 TFT-LCD 모듈에 출력하는 예제 프로그램을 작성하여 보기로 한다.

〈프로그램 Exp02_5.c〉 SRAM과 플래시 메모리에서 문자열을 사용하기

```
/* ============================================================================ */
/*                Exp02_5.c : String data stored in SRAM and flash memory       */
/* ============================================================================ */
/*                           Designed and programmed by Duck-Yong Yoon in 2020.  */

#include <avr/io.h>
#include <avr/pgmspace.h>
#include "OK-128TFT-V2.h"

char *string1 = "OK-128TFT V2.0 Kit";
const unsigned char string2[] __attribute__ ((progmem)) = "for ATmega128A MCU";

int main(void)
{
  unsigned char i;

  MCU_initialize();                           // initialize ATmega128A MCU
  Delay_ms(50);                               // wait for system stabilization
  LCD_initialize();                           // initialize text LCD module
  TFT_initialize();                           // initialize TFT-LCD module
  Beep();

  LCD_string(0x80," OK-128TFT V2.0 ");        // display title
  LCD_string(0xC0,"   Exp02_5.c    ");

  TFT_string(0,10,Cyan,Black,"  (1) SRAM에 저장된 문자열");
  TFT_string(0,18,Cyan,Black,"  (2) flash memory에 저장된 문자열");

  for(i = 0; i < 18; i++)
    { TFT_xy(i,13);                           // read and display SRAM string
      TFT_color(White,Black);
      TFT_English(*(string1 + i));

      TFT_xy(i,21);                           // read and display flash memory string
      TFT_color(White,Black);
      TFT_English(pgm_read_byte(&string2[i]));

      Delay_ms(1000);
    }

  Beep();
```

```
   while(1);
}
```

☞ 플래시 메모리에 문자열을 만들어 저장하고 이를 읽는 방법도 역시 제3.3절에서 요약하여 설명하였으니 참고하라.

4. 시간지연 함수

마이크로컨트롤러에서 프로그램을 작성하다보면 가장 자주 사용하는 루틴중의 하나가 아마 시간지연(time delay) 루틴일 것이다. 마이크로프로세서는 매우 동작이 빠르기 때문에 텍스트 LCD 모듈처럼 훨씬 느린 주변장치의 속도에 맞도록 동작 타이밍을 일치시키고자 하면 종종 시간지연 루틴이 필요하다. 또한, 빠르게 동작하는 마이크로프로세서에 비하여 사람의 눈으로 볼 수 있도록 LED를 느리게 점멸하거나 키 입력 루틴에서 소프트웨어적으로 시간지연을 주는 방법으로 디바운싱(debouncing)을 구현하려면 역시 시간지연 루틴이 절대적으로 필요하다.

정밀한 시간지연 루틴을 구현하려면 하드웨어적으로 타이머를 이용하는 것이 좋지만, 이렇게 하는 것은 시스템 사이의 호환성을 떨어뜨릴 뿐만 아니라 이 루틴이 타이머 하드웨어 1개를 독점적으로 점유하기 때문에 그만큼 사용 가능한 I/O 디바이스가 감소하여 불리할 경우도 있다. 따라서, 아주 정밀한 시간지연이 요구되지 않는 대부분의 경우에는 소프트웨어적으로 시간지연 루틴을 구현하는 것이 일반적이며, 이 책에서는 C언어로 소프트웨어적인 시간지연 함수를 만드는 방법을 공부한다. 흔히 C언어에서는 그냥 적당히 for 문으로 임의의 반복처리 루프를 돌리는 방식으로 시간값이 얼마인지도 모르는 시간지연 함수를 만들어 사용하는 것을 볼 수 있는데 이는 참으로 무모하고 답답한 일이다.

간혹 일반적으로 사용할 수 있는 시간지연 함수를 만들고 싶다는 사람을 볼 수 있는데 이는 애당초 무모한 일이다. 타이머를 사용하여 하드웨어적으로 시간지연 함수를 구현하든 또는 소프트웨어적으로 시간지연 함수를 구현하든 모든 시간지연 함수에서 지연시간 값은 마이크로프로세서에 따라 다르고 또한 시스템 클록의 주파수나 C컴파일러의 최적화 옵션 등과 같은 사용 환경에 따라 달라지므로 이 함수의 일반성이란 존재하지 않는다. 현재 자신이 사용하는 마이크로프로세서와 자신이 사용하는 C언어 환경에 따라 최적한 시간지연 함수를 직접 만들어 사용해야 하는 것이다.

8051이나 AVR과 같이 낮은 성능의 마이크로프로세서에서는 모든 어셈블리 명령에 대하여 각각 실행시간이 정해져 있으므로 C언어 프로그램을 컴파일하여 생성되는 어셈블리 언어 중간파일에서 반복처리 루틴의 실행시간을 수작업으로 계산하여 어렵지 않게 시간지연 함수를 구현할 수 있다. 그러나, 32비트 ARM Cortex-M 마이크로컨트롤러처럼 파이프라인 처리기능이나 캐시 메모리와 같은 고급 기능을 갖는 고성능 마이크로프로세서에서는 각 어셈블리 명령의 실행시간이 일정하게 정의되지 않는 경우가 대부분이므로 이와 같이 프로그래머가 시간지연 함수의 시간지연 값을 계산하는 것이 거의 불가능하다. 이런 경우에는 시간지연 함수의 시작 부분에서 병렬 I/O 포트의 신호를 H로 출력하고 이 함수의 끝 부분에서 이 신호를 L로 출력함으로써 만들어지는 출력 신호의 펄스폭을 오실로스코프로 측정하여 지연시간을 확인하는 방법으로 시간지연 함수를 만들 수 있다. 좀 더 바람직한 방법으로는 마이크로컨트롤러에 내장된 타이머를 사용하여 시간지연 함수의 시간값을 측정하고 이를 LCD에 표시하는 방식으로 시간지연 함수를 만들 수도 있다.

ATmega128A에서는 C언어 소스를 컴파일하여 만들어진 어셈블리 언어 중간파일을 보고 각 명령의 실행시간을 더하여 전체 지연시간 값을 계산할 수 있다. C언어에서 인라인 어셈블(inline assemble) 명령과 for 문을 사용하여 시간지연 함수를 구현하는 예제 프로그램은 다음과 같다. 이와 같은 방법으로 C언어 프로그램에서 시간지연을 구현하는 함수들은 기본 헤더파일 OK-128TFT-V2.h에 제공하고 있다.

〈프로그램 Exp02_6.c〉 C언어에서 시간지연 함수를 이해하기 위한 예제

```
/* ========================================================================== */
/*                  Exp02_6.c : Time Delay Function                           */
/* ========================================================================== */
/*                         Designed and programmed by Duck-Yong Yoon in 2020.  */

#include <avr/io.h>

void Delay_us(unsigned char time_us)            /* time delay for us in 16MHz */
{
  register unsigned char i;

  for(i = 0; i < time_us; i++)                  // 5 cycle +
    { asm volatile(" PUSH  R0 ");               // 2 cycle +
      asm volatile(" POP   R0 ");               // 2 cycle +
      asm volatile(" NOP      ");               // 1 cycle +
      asm volatile(" NOP      ");               // 1 cycle +
      asm volatile(" NOP      ");               // 1 cycle +
      asm volatile(" PUSH  R0 ");               // 2 cycle +
      asm volatile(" POP   R0 ");               // 2 cycle = 16 cycle = 1 us for 16MHz
    }
}

void Delay_ms(unsigned int time_ms)             /* time delay for ms in 16MHz */
{
  register unsigned int i;

  for(i = 0; i < time_ms; i++)
    { Delay_us(248);
      Delay_us(250);
      Delay_us(250);
```

```
      Delay_us(250);
    }
}

int main(void)
{
  DDRD = 0xC9;                         // initialize PD7~6 = output
  Delay_us(100);

  while(1)
    { PORTD = 0x80;                    // LED1 = on
      Delay_ms(500);
      PORTD = 0x40;                    // LED2 = on
      Delay_ms(500);
    }
}
```

☞ 이 프로그램은 ATmega128A 마이크로컨트롤러의 시스템 클록을 16MHz로 사용하고, WinAVR의 C컴파일러에서 최적화 옵션을 -Os로 지정하였을 경우에만 유효성을 보증할 수 있다. 여기서 μs 단위의 시간지연 함수 Delay_us()는 8비트 unsigned char형의 인수를 사용하고 이것이 내부에서 반복처리 루틴의 상한으로 사용되므로 1~255의 수를 사용하여 1~255μs의 시간지연을 얻을 수 있다. 또한, ms 단위의 시간지연 함수 Delay_ms()는 16비트 unsigned int형의 인수를 사용하고 이것이 내부에서 반복처리 루틴의 상한으로 사용되므로 1~65535의 수를 사용하여 1~65535ms의 시간지연을 얻을 수 있다.

이를 컴파일하여 만들어지는 어셈블리 중간파일을 살펴보면 Delay_us() 함수에서는 for 문이 시스템 클록으로 5클록 주기에 실행되므로 인라인 어셈블 명령을 이용하여 11개의 클록 주기만큼 시간지연을 시켰다. 그러면 반복 루프를 1회 수행하는데 총 16개의 시스템 클록 주기가 지나가므로 시스템 클록으로 16MHz를 사용한다면 1μs의 시간지연을 얻게 되며, 이 반복 횟수를 원하는 값 time_us로 지정함으로써 μs 단위의 시간지연을 얻을 수 있는 것이다. 그러나, 여기서 반복 루프는 정확하게 1μs의 시간에 실행되지만 이 함수 Delay_us()를 호출하거나 이 함수를 종료하고 리턴하는데 다소의 시간 오버헤드(overhead)가 발생하므로 플러스 알파의 시간 오차를 갖게 된다.

Delay_ms() 함수는 Delay_us(); 함수를 원하는 시간만큼 호출하는 방법으로 쉽게 구현하는데, 여기서도 마찬가지로 함수를 호출할 때 걸리는 시간 때문에 다소의 오버헤드가 발생하므로 이 오차를 보상하기 위하여 1ms를 1000μs로 처리하지 않고 998μs로 처리하였다. 그러나, 이런 정도의 오차는 전체 시간지연 값에 비하여 매우 미미하므로 대부분의 경우에는 이를 무시하고 사용한다.

Atmel Studio에서 WinAVR C컴파일러의 최적화 옵션을 -Os로 설정하고 이 예제 프로그램을 컴파일하면 소스 리스팅 파일 ATmega128A.lss가 생성되는데, 여기서 시간지연 함수 Delay_us();를 처리한 부분을 찾아서 살펴보면 C언어 프로그램에서 시간지연 루틴이 어떻게 번역되고 처리되는지를 알 수 있다. 이 파일에서 해당 부분을 발췌하여 아래에 보였다.

〈소스 리스팅 파일 ATmega128A.lss〉 Delay_us(); 함수가 번역된 부분(-Os의 경우)

```
                  .
                  .
                  .
    (Delay_us 함수를 정의하는 부분)
 9e:  90 e0         ldi   r25,0x00  ; *                    0
 a0:  98 17         cp    r25,r24   ; 1사이클
 a2:  49 f0         breq  .+18      ; 1사이클               0xb6 <Delay_us+0x18>
 a4:  0f 92         push  r0        ; 2사이클
 a6:  0f 90         pop   r0        ; 2사이클
 a8:  00 00         nop             ; 1사이클
 aa:  00 00         nop             ; 1사이클
 ac:  00 00         nop             ; 1사이클
 ae:  0f 92         push  r0        ; 2사이클
 b0:  0f 90         pop   r0        ; 2사이클
 b2:  9f 5f         subi  r25,0xFF  ; 1사이클,              255
 b4:  f5 cf         rjmp  .-22      ; 2사이클(총 16사이클) 0xa0 <Delay_us+0x2>
 b6:  08 95         ret             ; *
                  .
                  .
                  .
    (Delay_us 함수를 호출하는 부분)
 cc:  88 ef         ldi   r24,0xF8  ; Delay_us(248)        248
 ce:  e7 df         rcall .-50      ;                      0x9e <Delay_us>
 d0:  8a ef         ldi   r24,0xFA  ; Delay_us(250)        250
 d2:  e5 df         rcall .-54      ;                      0x9e <Delay_us>
                  .
                  .
                  .
```

위의 소스 리스팅 파일에서 보듯이 C언어 프로그램을 번역하여 만들어진 어셈블리 중간파일은 어셈블리 언어로 시간지연 루프를 구성하고 있는 것을 볼 수 있다. 이와 같이 C컴파일러의 최적화 옵션을 -Os로 설정한 경우에는 반복 루프가 16클록 사이클(1μs)로 구성되므로 시간 오차가 없으며, 전체적으로 약간의 오버헤드(*로 표시된 부분)를 포함하지만 실용적으로 거의 문제가 없는 us 단위의 시간지연 루틴을 만든다. Delay_us(); 함수의 입력 파라미터는 unsigned char형을 사용하므로 1~255 범위의 수를 주면 원하는 μs 단위의 시간지연을 얻을 수 있다.

◀참고▶ 이상에서 설명한 C언어 프로그램에서의 시간지연 함수는 ATmega128A 마이크로컨트롤러를 16MHz의 시스템 클록으로 동작시키는 경우에만 적용된다. 시스템 클록의 주파수가 달라지면 1클록 사이클의 주기도 달라지므로 그에 따라 시간지연 루틴을 다시 설계해야 한다.

또한, 이 시간지연 함수는 WinAVR C컴파일러에서 최적화 옵션을 -Os로 설정하고 컴파일했을 때만 그 동작이 정확히 보증된다. 이 책의 모든 예제 프로그램은 WinAVR에서 최적화 옵션을 -Os로 설정한 것을 전제로 작성되었다. 만약, 다른 C컴파일러를 사용하거나 최적화 옵션을 다르게 설정하면 C언어 프로그램을 어셈블리 소스로 번역하는 방법이 달라질 수 있으므로 당연히 이 함수의 시간지연도 달라질 수 있다. 결국 이러한 기법은 C컴파일러마다 약간씩 다를 수 있으므로 자신이 사용하는 컴파일러에 따라 시간지연 함수를 적절히 설계하여 사용해야 한다는 것이다.

◀참고▶ C언어 프로그램에서 시간지연 루틴을 작성할 때 아무 생각이나 근거도 없이 for 문을 사용하여 아래와 같이 적당히 시간지연 루틴을 만들어 사용하는 경우를 자주 보게 된다.

```
unsigned int i;
for(i = 0; i < 10000; i++);
```

그러나, 이렇게 하면 도대체 시간 지연 값이 얼마나 되는지를 알 수 없는 것은 물론이고, C컴파일러에 따라서는 컴파일러가 이를 컴파일할 때 최적화 옵션에 의하여 이를 필요없는 루틴으로 판단하여 아주 없애버리거나 또는 엉뚱하게 잘못된 동작 루틴으로 번역하기도 한다. 따라서 이를 방지하려면

```
unsigned int i;
for(i = 0; i < 10000; i++)
  asm volatile(" nop ");
```

라고 하거나 또는

```
volatile unsigned int i;
for(i = 0; i < 10000; i++);
```

라고 처리하여 주는 것이 바람직하다. WinAVR에서도 역시 경우에 따라 이러한 문제가 발생할 수 있으므로 가급적 위에서 설명한 바와 같이 확실한 방법을 사용할 것을 권한다.

이러한 2가지의 소프트웨어적인 시간지연 함수 Delay_us();와 Delay_ms();는 기본 헤더파일 OK-128TFT-V2.h에 포함되어 있으므로 사용자는 이 헤더파일을 인클루드하고 원하는 함수를 호출하여 쉽게 사용하면 된다.

이번에는 이 헤더 파일에 제공하는 시간지연 함수의 정확성을 내부 타이머로 측정하여 확인하는 예제 프로그램을 소개한다. 이 프로그램의 실행 결과를 TFT-LCD에서 확인하면서 시간지연 함수 Delay_us();와 Delay_ms();의 내용을 수정하는 방법으로 정확한 시간지연 함수를 만들 수 있다.

〈프로그램 Exp02_7.c〉 시간지연 함수의 정확성을 측정하는 프로그램

```
/* ========================================================================== */
/*              Exp02_7.c : 시간지연 함수의 정확성을 측정하는 프로그램              */
/* ========================================================================== */
/*                        Designed and programmed by Duck-Yong Yoon in 2020.  */

#include <avr/io.h>
#include "OK-128TFT-V2.h"

int main(void)
{
  unsigned int count;

  MCU_initialize();                         // initialize ATmega128A MCU
  Delay_ms(50);                             // wait for system stabilization
  LCD_initialize();                         // initialize text LCD module
  TFT_initialize();                         // initialize TFT-LCD module
  Beep();
```

```
LCD_string(0x80," OK-128TFT V2.0 ");           // display title
LCD_string(0xC0,"   Exp02_7.c    ");

TFT_string(0, 2,White,Magenta,"   시간지연 사용자 함수의 정확성 측정   ");
TFT_string(3, 5,Cyan,   Black," Delay_us(), Delay_ms() for 16MHz ");
TFT_string(3,11,White,  Black,"Delay_us(1)   = 00000 = 000.000 us");
TFT_string(3,13,White,  Black,"Delay_us(10)  = 00000 = 000.000 us");
TFT_string(3,15,White,  Black,"Delay_us(100) = 00000 = 000.000 us");
TFT_string(3,19,White,  Black,"Delay_ms(1)   = 00000 = 000.000 ms");
TFT_string(3,21,White,  Black,"Delay_ms(10)  = 00000 = 000.000 ms");
TFT_string(3,23,White,  Black,"Delay_ms(100) = 00000 = 000.000 ms");
Rectangle(13,80, 306,208, White);
Line(13,144, 306,144, White);

while(1)
  { TCCR1A = 0x00;                              // Timer 1 = normal mode(0)
    TCCR1B = 0x01;                              // 16MHz / 1 = 16MHz
    TCCR1C = 0x00;
    TCNT1 = 0;                                  // Delay_us(1)
    Delay_us(1);
    count = TCNT1;
    TFT_color(Green,Black);
    TFT_xy(19,11);
    TFT_unsigned_decimal(count,0,5);
    TFT_xy(27,11);
    TFT_unsigned_float((float)count/16.,3,3);

    TCNT1 = 0;                                  // Delay_us(10)
    Delay_us(10);
    count = TCNT1;
    TFT_xy(19,13);
    TFT_unsigned_decimal(count,0,5);
    TFT_xy(27,13);
    TFT_unsigned_float((float)count/16.,3,3);

    TCNT1 = 0;                                  // Delay_us(100)
    Delay_us(100);
    count = TCNT1;
    TFT_xy(19,15);
    TFT_unsigned_decimal(count,0,5);
    TFT_xy(27,15);
    TFT_unsigned_float((float)count/16.,3,3);

    TCCR1A = 0x00;                              // Timer 1 = normal mode(0)
    TCCR1B = 0x03;                              // 16MHz / 64 = 250kHz
    TCCR1C = 0x00;
    TCNT1 = 0;                                  // Delay_ms(1)
    Delay_ms(1);
    count = TCNT1;
    TFT_color(Cyan,Black);
    TFT_xy(19,19);
    TFT_unsigned_decimal(count,0,5);
    TFT_xy(27,19);
    TFT_unsigned_float((float)count*64./16./1000.,3,3);

    TCNT1 = 0;                                  // Delay_ms(10)
    Delay_ms(10);
    count = TCNT1;
    TFT_xy(19,21);
    TFT_unsigned_decimal(count,0,5);
    TFT_xy(27,21);
    TFT_unsigned_float((float)count*64./16./1000.,3,3);

    TCNT1 = 0;                                  // Delay_ms(100)
    Delay_ms(100);
    count = TCNT1;
    TFT_xy(19,23);
    TFT_unsigned_decimal(count,0,5);
    TFT_xy(27,23);
    TFT_unsigned_float((float)count*64./16./1000.,3,3);
```

```
        Delay_ms(400);
        LED_toggle();                        // blink LED1 and LED2
      }
  }
```

☞ 이 프로그램에서 μs 단위의 시간지연 함수 Delay_us()는 타이머1에 16MHz의 클록을 인가하고 이를 계수하는 방법으로 시간을 측정하므로 1/16MHz = 0.0625[μs]의 분해능으로 지연시간을 측정할 수 있다. 또한, ms 단위의 시간지연 함수 Delay_ms()는 타이머1에 16MHz / 64 = 250kHz의 클록을 인가하고 이를 계수하는 방법으로 시간을 측정하므로 1/250kHz = 4[μs] = 0.004[ms]의 분해능으로 지연시간을 측정할 수 있다. 만약 이들 함수를 호출하여 실행하는데 오버헤드가 없다면 ms 단위의 시간지연 함수 Delay_ms()에서는 1000μs를 지연시키도록 Delay_us() 함수를 호출하여 반복 루프를 만들었겠지만, 위의 프로그램을 실행하고 측정 결과를 보면서 998μs를 지연시키도록 Delay_us() 함수를 호출하는 것으로 수정하였다.

5. 실습 과제

(1) C언어에서 << 및 >> 연산자의 기능을 설명하라.

(2) C언어에서 다음과 같은 표현식의 의미를 설명하라.

```
a += 1;     a -= 1;     a *= 1;     a /= 1;
a &= 1;     a |= 1;     a ^= 1;     a >>= 1;     a <<= 1;
```

(3) while(1) 문과 while(1); 문은 어떻게 다른지 설명하라.

(4) 예제 프로그램 Exp02_2.c에서 while(1);문을 사용하였을 경우와 for(;;);문을 사용하였을 경우에 각각 이 부분이 어떻게 어셈블리 언어 중간파일로 번역되는지 조사하여 설명하라.

(5) C언어의 반복처리 문에서 for(i = 1; i < 5; i++)와 for(i = 1; i <= 5; i++)는 어떻게 기능이 다른지 비교하여 설명하라.

(6) C언어의 switch~case문에서 default: break; 부분은 어떤 기능을 수행하는지 설명하라.

(7) 예제 프로그램 Exp02_6.c를 C컴파일러에서 최적화 옵션을 -O1로 지정하고 컴파일하면 Delay_us(); 함수가 어떻게 어셈블리 언어로 번역되는지 조사하라.

4.3 텍스트형 LCD 모듈 응용 프로그램

이 절에서는 *OK-128TFT* 키트에서 사용하는 텍스트형 LCD 모듈의 구조, 기능, 사용 방법에 대하여 공부하고 이를 프로그램하는 기술을 익히기로 한다. 이 텍스트 LCD 모듈은 앞으로 이 책의 많은 예제에서 사용하므로 잘 알아두어야 한다.

관련 내용	(1) 제2.1절 병렬 I/O 포트 (2) 제3.1절 *OK-128TFT* 키트의 구조와 기능

1. 텍스트 LCD 모듈의 특징

종래의 7세그먼트 LED(Light Emitting Diode)가 아라비아 숫자 및 16진수에 필요한 A~F 정도의 문자를 겨우 표현할 수 있는데 비하여, 텍스트 LCD(Liquid Crystal Display) 모듈은 모든 ASCII 문자들을 비교적 미려하게 표현할 수 있으므로 오늘날 전기/전자기기의 간단한 문자표시용 출력장치에 널리 사용된다. 그러나, 이러한 텍스트 LCD 모듈 소자는 LED처럼 스스로 발광하는 능력을 가지고 있지 않아서 주위의 조도가 낮은 곳에서는 사용하기 어렵고, 사람이 이를 보는 각도에 따라 시각적 특성이 달라지며, 일반적으로 5×7 도트로 1개의 문자를 표현하므로 영문 소문자의 g, j, p, q, y와 같은 문자들은 다소 어색하게 표시되는 단점이 있다. 이중에서 LCD 모듈이 발광능력이 없는 특성은 표시부의 배경 부분에 LED 등을 사용하여 밝게 조명을 하는 기능을 부착한 백라이트(backlight)형으로 보완되고 있다.

LCD 모듈은 LCD 패널과 LCD 컨트롤러 및 LCD 드라이버 IC를 1개의 기판에 모두 장착하여 하나의 일체형 단일 부품으로 만든 소자로서, 지정된 위치에 도트 매트릭스(dot matrix) 방식으로 ASCII 문자를 표시할 수 있는 텍스트형(text 또는 character type) LCD 모듈과 그래픽 방식으로 화면을 표시할 수 있는 그래픽형(graphic type) LCD 모듈 및 TFT-LCD형이 있다. 텍스트형은 표시문자가 ASCII 문자 정도로 제한되는 단점이 있으나, 대부분의 경우에 그 구조가 간단하고 사용 방법이 거의 표준화되어 있어 매우 편리하므로 오래 전부터 현재까지 널리 사용되어 오고 있다. 이에 비하여 TFT-LCD를 포함하는 그래픽형은 영문 ASCII 문자 이외에 한글이나 한자까지 자유롭게 표시할 수 있고 그밖에도 임의의 도형을 표시할 수 있으므로 최근에 들어서 그 사용이 폭발적으로 증가하였다. 그러나, 그래픽 LCD 모듈은 상대적으로 구조가 복잡하고 제조회사나 모델에 따라서 구조와 사용방법이 상당히 다른 경우가 많아서 사용이 불편하고 프로그래밍 과정이 번거롭다는 단점이 있다. 또한, 화면의 해상도가 높은 만큼 외형상 크기도 그래픽 LCD가 상대적으로 크며, 가격도 텍스트 LCD에 비하여 그래픽 LCD가 상당히 비싼 편이다.

<표 4.3.1>에는 표시문자 수에 따른 여러가지 텍스트 LCD 모듈의 종류를 보였으며, 또한 참고로서 <표 4.3.2>에는 전형적인 텍스트 LCD 모듈의 모델들을 보였다.

텍스트 LCD 모듈은 컨트롤러가 일본에서 처음으로 상용화되었기 때문에 ASCII 문자는 물론 일본어 문자가 기본 표시문자로 포함되어 있으나, 현재는 이것이 세계 각국에서 기본적으로 사용하는 디스플레이 소자가 되었으므로 모델에 따라서는 일본어 문자 대신에 다른 특수문자의 표시 기능을 가지는 제품도 많이 출시되고 있다.

〈표 4.3.1〉 텍스트 LCD 모듈의 종류

모 델	비 고
8문자×1행, 8문자×2행 16문자×1행, 16문자×2행, 16문자×4행 20문자×1행, 20문자×2행, 20문자×4행 24문자×1행, 24문자×2행, 24문자×4행 32문자×1행, 32문자×2행 40문자×1행, 40문자×2행, 40문자×4행	각 모델별로 백라이트형이 따로 있으며, 백라이트의 색에는 red, orange, amber, yellow, green 등이 있다.

〈표 4.3.2〉 전형적인 텍스트 LCD 모듈 제품의 예

모 델	문자수 (열×행)	외형 칫수 (W×H×D mm)	표시부 칫수 (W×H mm)	문자 폰트 (W×H dot)	문자 크기 (W×H mm)	LED 백라이트
ABC008001A	8×1	60×33×12.0	44.0×13.0	5×8	4.41×7.88	○
HY-0802B	8×2	40×29.5×12.5	31.0×14.5	5×8	2.70×4.35	○
GCB0802C	8×2	58×32×12.6	37.8×16.0	5×8	2.96×5.56	○
ABC0080002G	8×2	40×36.1×7.4	30.5×14.0	5×8	2.95×4.75	○
LC1611	16×1	80×36×14.0	64.6×16.0	5×8	3.07×6.56	○
WH1601A	16×1	80×36×13.2	66.0×16.0	5×8	3.07×6.56	○
ABC016002E	16×2	80×36×10.0	64.0×16.0	5×8	2.96×5.56	○
ABC016002F	16×2	85×30×13.5	65.0×17.2	5×8	2.95×4.35	○
LC1621-SMLYH6	16×2	80×36×14.0	64.6×16.0	5×8	2.95×5.55	○
LC1623	16×2	84×44×14.0	64.6×16.0	5×8	2.95×5.55	○
LMC1623A	16×2	80×36×14.0	64.5×14.0	5×8	2.95×4.35	○
ABC016004A	16×4	87×60×14.5	61.8×25.2	5×8	2.96×4.76	○
ABC020002A	20×2	116×37×13.0	85.0×19.8	5×8	3.20×5.55	○
GC2004C	20×4	146×62.5×13.5	123.0×42.5	5×8	4.85×9.23	○
HY-2004A	20×4	98×60×13.7	77.0×26.5	5×8	2.95×4.75	○
BC2402A	24×2	118×36×13.1	94.5×16.0	5×8	3.20×5.55	○
LC2421	24×2	118×36×14.0	93.5×15.8	5×8	3.20×5.55	○
LC4041	40×4	190×54×14.5	147.0×29.5	5×8	2.78×4.97	○
BC4004A	40×4	190×54×13.6	147.0×29.5	5×8	2.78×4.89	○

백라이트 기능을 갖는 LCD 모델의 경우에는 어두운 곳에서도 화면을 선명하게 볼 수 있다. 그러나, 이중에서 LED를 사용한 백라이트형 모델은 전체 소비전력이 크며, EL(Electro-Luminescence)이나 CCFL(Cold Cathode Fluorescent Lamp)형의 백라이트는 추가적으로 부피가 큰 전원장치를 요구하므로 이를 사용하려면 경제적 비용이 증가된다.

2. 텍스트 LCD 모듈의 구조

(1) 내부 구조

일반적으로 텍스트 LCD 모듈의 내부는 컨트롤러, 드라이버, LCD 패널, 백라이트 유닛 등으로 구성되며, 이것의 개략적인 구조를 보이면 <그림 4.3.1>과 같다. 보통 컨트롤러와 드라이버는 각각 별도의 LSI로 되어 있으나, 요즈음에는 이 기능들을 일체형으로 만든 반도체 소자도 출시되고 있다.

여기서는 모든 기술적인 사양들을 현재 널리 사용되고 있는 삼성전자의 LCD 컨트롤러 S6A0069(옛 모델명 KS0066) 및 드라이버 S6A0065(옛 모델명 KS0065) 모델을 중심으로 설명한다. LCD 컨트롤러/드라이버에는 이와 유사한 기능을 가지는 모델들이 많은데 이것들은 <표 4.3.3>에 정리하였다. 그러나, 다른 모델들의 경우에도 삼성전자의 모델들과 크게 다르지 않으므로 프로그램할 때는 기능이 같은 것으로 간주하고 사용하더라도 별로 문제가 없다.

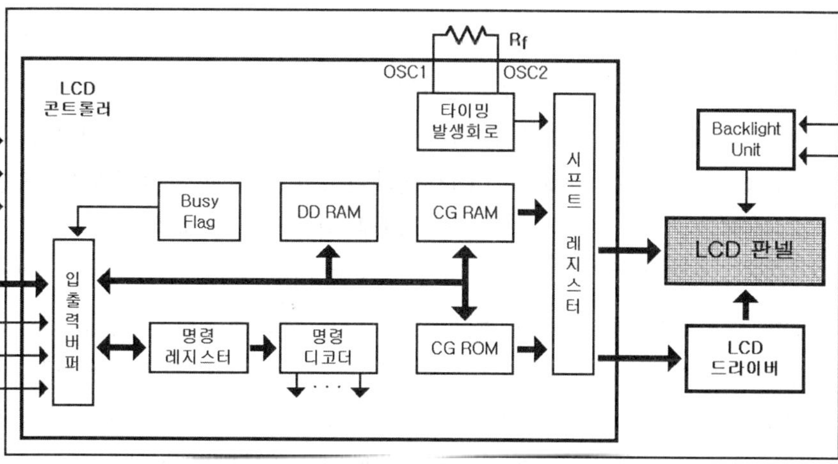

〈그림 4.3.1〉 텍스트 LCD 모듈의 내부 구조

〈표 4.3.3〉 텍스트 LCD 모듈의 컨트롤러 및 드라이버 LSI

반도체 회사	LCD 컨트롤러	LCD 드라이버
삼성전자	S6A0069(구 모델 KS0066)	S6A0065(구 모델 KS0065)
Hitachi	HD44780U	HD44100
Epson	SED1278	SED1181
Sitronix	ST7066	ST7065
Novatek	NT3881	NT3882

LCD 컨트롤러의 내부에는 표시할 문자 데이터를 저장하는 DD RAM, 이들 문자 코드를 실제로 표시할 문자 폰트로 변환하는 CG ROM, 사용자 정의 문자를 저장하는 CG RAM 등의 메모리를 내장하고 있다. 또한, LCD 모듈을 초기화하거나 제어하는데 사용되는 명령을 저장하는 명령 레지스터 및 이를 해독하는 명령 해독기가 있으며, 각 문자의 폰트를 시프트 레지스터에 의하여 수평 구동신호와 수직 구동신호로 변환하는 회로를 내장하고 있다.

LCD 모듈의 내부 동작을 위한 클록은 외부에서 OSC1 단자로 공급될 수도 있으나 대부분은 OSC1 및 OSC2 단자에 저항 Rf를 접속함으로써 내장된 클록발생회로에 의하여 만들어진다. +5V 전원을 사용하는 대부분의 LCD 모듈에서는 Rf = 91[kΩ]을 접속하여 발진 주파수를 270[kHz]로 사용한다.

(2) 외부 구조

텍스트 LCD 모듈의 외부 구조에는 여러가지의 형태가 있으나 이것들을 정리하면 대체로 <그림 4.3.2>와 같은 3가지로 나눌 수 있다. 상부 컨넥터형은 텍스트 LCD 모듈에서 가장 많이 사용되는 형태로서 14핀의 컨넥터가 좌측 상단에 위치하며, 백라이트가 있는 모델의 경우에는 이를 위한 2개의 핀이 LCD 모듈의 우측 또는 좌측편에 위치한다. 그러나, 나중에 백라이트 단자가 14핀 컨넥터에 나란히 이어서 16핀으로 구성되는 형태도 출시되었고, 현재는 별도의 백라이트 단자가 없이 14핀의 컨넥터 중에서 +5V 및 GND 단자를 통하여 LED 백라이트의 전원까지 공급되는 모델도 나오고 있다. *OK-128TFT* 키트에서는 상부 컨넥터형 제품을 사용한다.

하부 컨넥터형은 LCD 모듈의 하단에 컨넥터가 위치하며, 대부분의 경우 오른쪽에서부터 1번 핀이 시작되는 것에 유의해야 한다. 요즈음에는 백라이트 단자를 포함한 16핀이 일렬로 배열되어 있으면서도 여기에 다시 좌측 또는 우측에 백라이트 단자인 15번 및 16번 핀이 중복하여 달려있는 모델도 있고, 하나의 모델에서 상부 컨넥터형과 하부 컨넥터형의 핀들을 모두 가지고 있는 제품도 출시되고 있다.

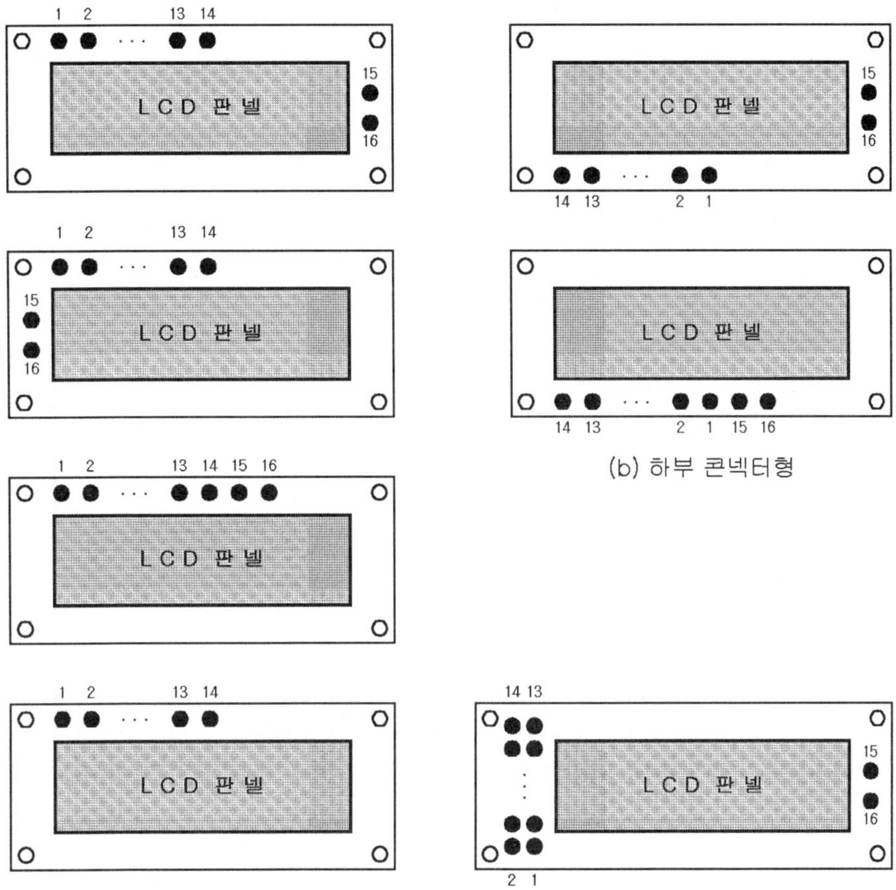

(a) 상부 콘넥터형 (c) 좌측 콘넥터형

〈그림 4.3.2〉 텍스트 LCD 모듈의 외부 구조

텍스트 LCD 모듈을 마이크로프로세서와 인터페이스하기 위한 14핀 컨넥터 및 백라이트 기능이 있는 모델의 경우에 추가되는 2개의 백라이트용 전원 단자를 요약하면 <표 4.3.4>와 같다. 여기서, LED 백라이트형 제품의 경우에는 15번 및 16번 핀이 각각 애노드(A ; Anode) 및 캐소드(K ; Cathode) 단자로 사용되지만, EL 백라이트 제품의 경우에는 이것들이 백라이트용의 교류전원 단자로 사용된다.

LCD 모듈에 외부에서 전원을 접속하는 방법의 예를 보이면 <그림 4.3.3>과 같다. 여기서 Vo는 화면의 밝기를 제어하는 단자로서 대부분 부전압(-)을 인가할수록 표시화면이 또렷해지는데, 대체로 Vdd-Vo = 4.2~4.6[V]가 적정한 수준이므로 그림의 (a)보다는 (b)처럼 처리하는 경우가 많으며, V_R=10[kΩ]~20[kΩ] 정도로 사용한다. 이를 더욱 간단히 하려면 Vo 단자를 수백[Ω] 정도의 저항을 통하여 GND에 풀다운시키면 된다. 그러나, 이렇게 하면 LCD 모듈의 모델에 따라 저항값이 다소 달라지는 경우가 있으므로 사용자가 화면을 보면서 시행착오법으로 이 저항값을 선정하여야 한다.

〈표 4.3.4〉 텍스트 LCD 모듈 인터페이스 컨넥터 핀의 기능

핀	신호명	기 능	
1	Vss	전원 GND	
2	Vdd	전원 +5V	
3	V_O	화면밝기 제어 동작전압, operating voltage (Vdd-V_O = 4.2~4.6V)	
4	R_S	Register Select (1 = data register, 0 = instruction register)	
5	R/$\overline{W}$	Read/Write (1 = CPU ← LCD, 0 = CPU → LCD)	
6	E	Enable signal for read/write LCD	
7	DB0	(LSB)	
8	DB1		
9	DB2		
10	DB3	데이터 버스(4비트 인터페이스 모드에서는 DB7~DB4를 사용함)	
11	DB4		
12	DB5		
13	DB6		
14	DB7	(MSB)	
15	A/EL1	Anode : +LED(LED backlight용 전원 +3.9~4.4V)	EL 단자 1
16	K/EL2	Cathode : -LED(LED backlight용 전원의 GND)	EL 단자 2

☞ 4비트로 인터페이스하는 경우 DB7~DB4에는 상위 니블과 하위 니블의 순서로 데이터를 전송한다.

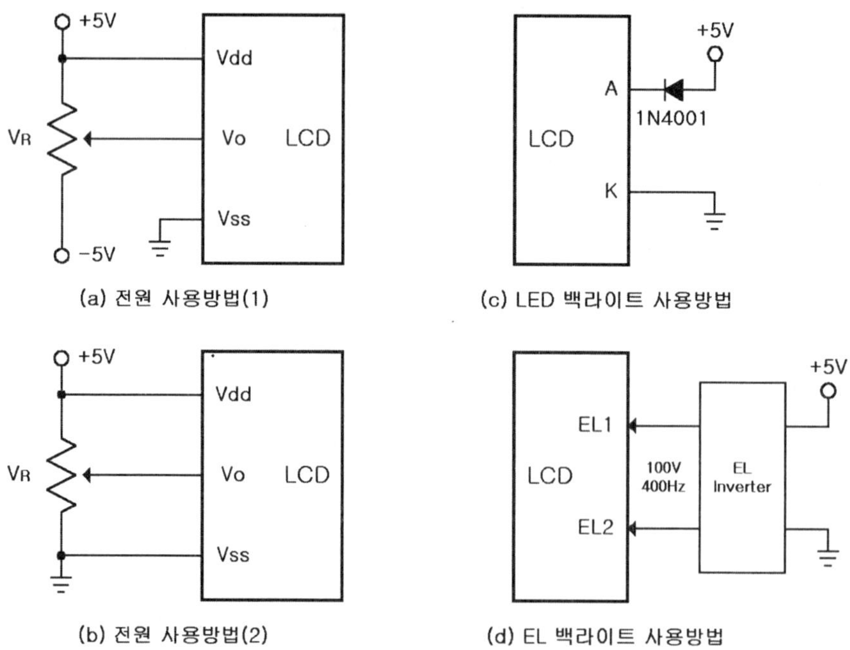

(a) 전원 사용방법(1) (c) LED 백라이트 사용방법

(b) 전원 사용방법(2) (d) EL 백라이트 사용방법

〈그림 4.3.3〉 텍스트 LCD 모듈의 전원 접속 방법

LED 백라이트에서는 전원에 직렬로 저항을 사용하는 방법이 일반적이지만, 백라이트용으로 +5V의 안정된 전원을 사용하는 경우에는 그림의 (c)처럼 직렬로 다이오드를 1개 연결하면 쉽게 백라이트 전원의 사양을 만족시킬 수 있는 좋은 방법이 된다.

그러나, EL 백라이트형 LCD 모듈의 경우에는 약 100V/400Hz 정도의 교류전원을 필요로 하므로 그림의 (d)에서처럼 EL 백라이트용의 인버터를 추가로 사용해야 한다. 이러한 인버터는 소형으로 +5V 직류 입력에 100V/400Hz 정도의 교류 출력을 갖는 제품들이 판매되고 있다.

(3) 동작 타이밍

텍스트 LCD 모듈을 마이크로프로세서와 접속할 때는 각 제어신호의 동작 타이밍을 세심하게 고려하여야 한다. 텍스트 LCD 모듈은 일반적인 주변 LSI들에 비하여 제어신호의 동작이 다소 특이하고 동작시간이 상당히 느린 편이므로 이를 마이크로프로세서에 접속할 때는 인터페이스 회로를 주의하여 설계하여야 한다.

LCD 모듈의 리드 및 라이트 동작시의 타이밍도를 보이면 <그림 4.3.4>와 같다. 여기서 표시된 타이밍값은 LCD 컨트롤러로서 Hitachi사의 HD44780U를 사용한 경우지만, 이 값들은 삼성전자의 S6A0069, Epson의 SED1278, Sitronix의 ST7066 등도 거의 유사하다.(그러나, 매우 오래된 HD44780S 모델은 동작이 이보다 훨씬 느리다.)

특히, 텍스트 LCD 모듈의 타이밍에서 주의할 사항은 액세스 시간이 길어서 최소한 인가해 주어야 하는 $R/\overline{W}$ 신호폭이 상당히 넓으므로 대부분의 마이크로프로세서에서 여러 개의 웨이트 사이클을 주어야 하며, 인에이블 신호 E에는 보통 칩선택 신호를 정논리로 하여 사용하므로 이보다 앞과 뒤로 펄스폭이 길어야 되는 $R/\overline{W}$ 신호에는 CPU의 $\overline{WR}$ 신호를 그대로 사용하면 동작 타이밍이 맞지 않는다는 것이다. 이러한 까다로운 타이밍 조건 때문에 대부분의 마이크로프로세서에서는 어드레스 디코더의 출력과 $\overline{RD}$ 및 $\overline{WR}$ 신호를 모두 조합하여 E 신호를 만들고, LCD 모듈의 Rs 및 $R/\overline{W}$ 신호에는 각각 CPU의 어드레스 신호 A1, A0을 사용하는 것이 좋다. 따라서, 이렇게 하면 텍스트 LCD 모듈의 리드 번지와 라이트 번지가 별도로 정해진다.

그러나, 오늘날 ATmega128A와 같은 고성능 마이크로컨트롤러에서는 시스템 클록 주파수가 높고 CPU의 동작이 너무 빨라서 텍스트 LCD 모듈이 요구하는 액세스 시간을 충족시키기 어렵기 때문에 이런 방법을 사용하기 곤란할 경우가 많으며, 이때는 병렬 I/O 포트를 사용하여 필요한 신호를 만들어주는 방식으로 인터페이스하는 것이 바람직하다.

동작 모드	타이밍	기호	Min.	Typ.	Max.	단위
Write Operation	Enable cycle time	t_{cycE}	500	–	–	ns
	Enable high level width	PW_{EH}	230	–	–	
	Enable rise/fall time	t_{Er}, t_{Ef}	–	–	20	
	Address setup time(Rs, R/$\overline{W}$, E)	t_{AS}	40	–	–	
	Address hold time (Rs, R/$\overline{W}$, E)	t_{AH}	10	–	–	
	Data setup time	t_{DSW}	80	–	–	
	Data hold time	t_{H}	10	–	–	
Read Operation	Enable cycle time	t_{cycE}	500	–	–	ns
	Enable high level width	PW_{EH}	230	–	–	
	Enable rise/fall time	t_{Er}, t_{Ef}	–	–	20	
	Address setup time(Rs, R/$\overline{W}$, E)	t_{AS}	40	–	–	
	Address hold time (Rs, R/$\overline{W}$, E)	t_{AH}	10	–	–	
	Data delay time	t_{DDR}	–	–	160	
	Data hold time	t_{DHR}	5	–	–	

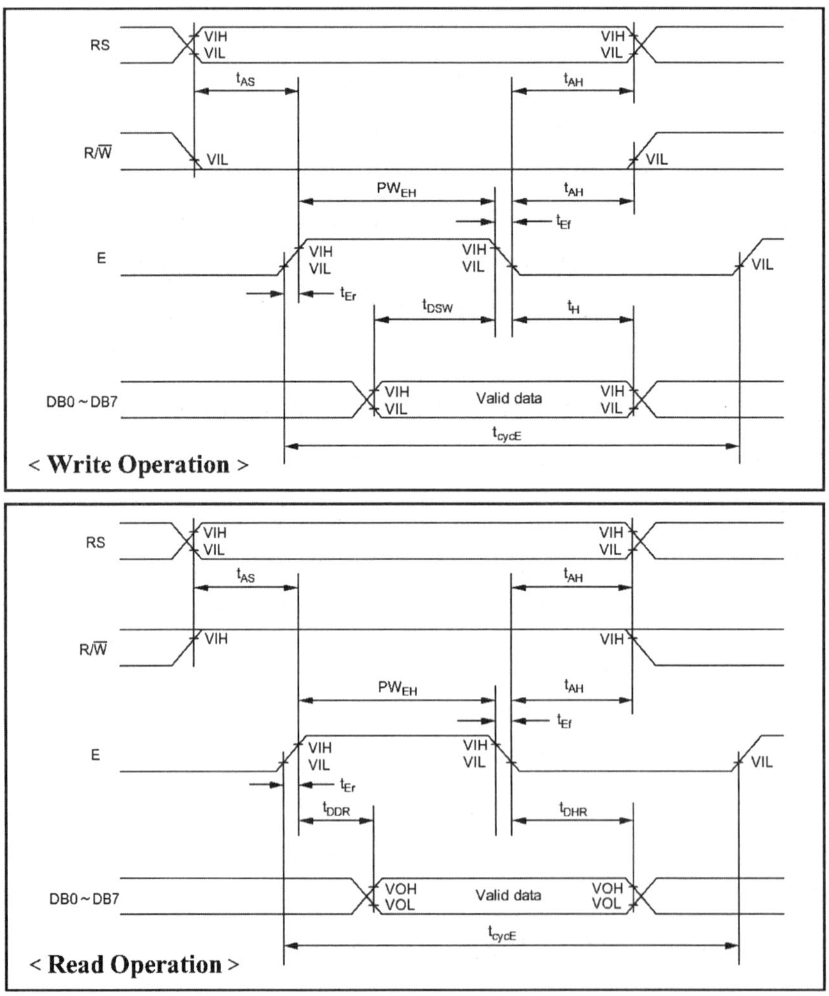

〈그림 4.3.4〉 텍스트 LCD 모듈의 동작 타이밍

3. 텍스트 LCD 모듈의 프로그래밍

(1) 제어 명령

텍스트 LCD 모듈을 사용하기 위한 제어 명령(Instruction 또는 Command)을 정리하면 <표 4.3.5>와 같다. 이들 명령은 마이크로프로세서가 텍스트 LCD를 초기화하거나 제어하는 프로그램에서 사용되며 데이터 버스 DB0~DB7을 통하여 전송된다.

텍스트 LCD 모듈이 각 명령을 받아 이를 실행하는데는 지정된 길이의 시간이 필요하므로 CPU는 그 다음의 명령이나 데이터를 보내기 전에 충분히 시간지연을 주어 대기하거나, 또는 LCD 모듈의 상태를 읽고 busy flag을 조사하여 앞에서 전송한 제어 명령의 실행이 완료되었는지의 여부를 확인하여야 한다. 이 표에 표시된 실행시간은 LCD 컨트롤러로서 Hitachi사의 HD44780U를 f_{osc}=270kHz에서 사용한 경우지만, 이 값들은 삼성전자의 S6A0069, Epson의 SED1278, Sitronix의 ST7066 등도 거의 유사하다.(이 동작 시간은 매우 오래된 HD44780S 모델에서도 이와 거의 유사하다.)

〈표 4.3.5〉 텍스트 LCD 모듈의 제어 명령표

기 능	제어 신호		제 어 명 령								실행 시간
	Rs	R/W	DB7	DB6	DB5	DB4	DB3	DB2	DB1	DB0	(Max.)
① Clear display	0	0	0	0	0	0	0	0	0	1	1.52 ms
② Return home	0	0	0	0	0	0	0	0	1	-	1.52 ms
③ Entry mode set	0	0	0	0	0	0	0	1	I/D	S	37 μs
④ Display ON/OFF control	0	0	0	0	0	0	1	D	C	B	37 μs
⑤ Cursor or display shift	0	0	0	0	0	1	S/C	R/L	-	-	37 μs
⑥ Function set	0	0	0	0	1	DL	N	F	-	-	37 μs
⑦ Set CG RAM address	0	0	0	1	CG RAM address						37 μs
⑧ Set DD RAM address	0	0	1	DD RAM address							37 μs
⑨ Read busy flag and address	0	1	BF	Address Counter							0 μs
Data write to CG RAM or DD RAM	1	0	write data								41 μs
Data read from CG RAM or DD RAM	1	1	read data								41 μs

☞ -는 Don't care 비트를 나타냄. 여기서 각 명령 동작의 실행시간은 f_{osc}=270kHz일 경우임.

① Clear display

모든 DD RAM 번지에 공백 문자(20H)를 써서 화면 전체를 지우고, 어드레스 카운터(address counter)를 DD RAM 어드레스 00H로 하여 커서를 home 위치로 한다. 또한 이 명령은 엔트리 모드에서 I/D=1로 강제 설정하는 기능을 포함한다

② Return home

DD RAM의 내용은 변경하지 않고 어드레스 카운터를 00H로 하여 커서만을 home 위치로 보낸다.

③ Entry mode set

CPU가 LCD 모듈에 데이터를 리드하거나 라이트할 경우에 DD RAM 어드레스 즉 커서의 위치를 오른쪽으로 증가시킬 것인가(I/D=1) 왼쪽으로 감소시킬 것인가(I/D=0)를 결정하며, 또 이때 화면을 시프트할 것인지(S=1) 아닌지(S=0)를 지정한다.

④ Display ON/OFF control

현재 DD RAM의 내용이 화면에 표시되도록 ON/OFF하거나(D), 커서를 ON/OFF 하거나(C), 커서를 깜박이게 할 것인지(B)의 여부를 지정한다. 커서가 깜빡이는 시간 간격은 f_{osc}=270kHz에서 약 380ms 정도이다.

⑤ Cursor or display shift

화면표시 내용은 변경하지 않는 상태에서 화면(S/C=1) 또는 커서(S/C=0)를 오른쪽(R/L=1) 또는 왼쪽(R/L=0)으로 시프트하도록 지정한다.

⑥ Function set

CPU와의 인터페이스에서 데이터의 길이를 8비트(DL=1) 또는 4비트(DL=0)로 지정하고, 화면표시 행수를 2행(N=1) 또는 1행(N=0)으로 지정하며, 문자의 폰트를 5×11 도트(F=1, 실제 표시는 5×10 도트) 또는 5×8 도트(F=0, 실제 표시는 5×7 도트)로 지정한다.

◀참고▶ CPU와 4비트 방식으로 인터페이스할 경우에는 DB4~DB7을 사용하며, 상위 4비트를 먼저 전송하고 하위 4비트를 나중에 전송해야 한다. 또한, 외형적으로 16문자×1행으로 되어 있는 텍스트 LCD 모듈은 소프트웨어적으로 8문자×2행의 구조를 가지므로 N=1로 설정해야 하는데 유의하라.

⑦ Set CG RAM address

CG RAM의 어드레스를 지정한다. 이후에 송수신하는 데이터는 CG RAM의 데이터이다.

⑧ Set DD RAM address

DD RAM의 어드레스를 지정한다. 이후에 송수신하는 데이터는 DD RAM의 데이터이다.

⑨ Read busy flag & address

텍스트 LCD 모듈이 내부 동작중임을 나타내는 busy flag(BF) 및 어드레스 카운터의 내용을 리드한다. LCD 모듈이 각 제어 코드를 실행하는데는 지정된 시간이 필요하므로 CPU는 다음 제어 코드를 보내기 전에 충분히 시간지연을 주어 대기하는 방법을 사용할 수도 있으며, CPU가 이 BF를 읽어서 이것이 1로 표시되어 있는 경우에는 계속 기다리고 0인 경우에는 다음 제어 코드를 보내는 방법을 사용하면 보다 효율적인 처리가 가능하다.

▣ 초기화 프로그래밍 순서 - 8비트 인터페이스의 경우

CPU와 텍스트 LCD 모듈 사이에 8비트 데이터 버스를 사용하여 인터페이스한 경우에 LCD 모듈에 전원을 투입하고 나서 이를 초기화하여 사용하는 과정을 요약하면 다음과 같다.

① 전원을 투입하거나 리셋 스위치를 누른다.
② 초기화를 수행하기 전에 최소한 30 ms 이상을 기다린다.
③ Function set 명령(0011****B)을 보내고, 4.1ms 이상을 기다린 후에 다시 Function set 명령(0011****B)을 보내며, 100μs 이상을 기다린 후에 다시 한번 Function set 명령(0011****B)을 보낸다. 이상의 3회 라이트 동작에서는 비지 체크를 수행하면 안된다.(*는 don't care)
④ Function set 명령(0011XX00B)을 보낸다.
⑤ Display ON/OFF control 명령(00001XXXB)을 보낸다.
⑥ Entry mode set 명령(000001XXB)을 보낸다.
⑦ DD RAM 어드레스를 보낸다.
⑧ 표시할 문자 데이터를 보낸다.
⑨ 필요할 경우 ⑦~⑧의 과정을 반복한다.

◀참고▶ 텍스트 LCD 모듈이 리셋되고 나서 내부적인 준비를 마치고 동작을 개시하려면 텍스트 LCD 모듈에 따라 약 15~30 ms가 소요되므로 전원 투입 후나 리셋 후에 최소의 초기화 명령을 보내기 전에는 충분한 시간 지연을 주어야 한다. 텍스트 LCD 모듈에 따라서는 이것이 40~50 ms정도에 달하는 것도 있다. 이렇게 리셋 후에 약간의 대기시간을 필요로 하는 것은 각 소자들이 리셋신호를 인식하는 전압레벨이 다르거나 리셋후의 동작과정이 소자마다 다른데 기인한다. 이 때문에 시스템 부팅시에는 최소한 50 ms 정도의 충분한 시간 지연을 주는 것이 바람직하다.

◀참고▶ 위에서 ③번의 초기화 처리과정은 HD44780U, SED1278, ST7066 등에서만 해당된다. 그러나, 삼성전자의 S6A0069(또는 KS0066) LCD 컨트롤러에서는 이를 개선하였기 때문에 ③번 항목이 필요 없으므로 생략한다. 이는 아래에서 설명하는 4비트 인터페이스의 경우에도 동일하게 적용된다.

◀참고▶ 텍스트 LCD 모듈에 전원이 인가되었으나 초기화가 올바르게 되지 않은 상태에서는 첫번째 행의 모든 문자들이 검은 색으로 표시된다.

▣ 초기화 프로그래밍 순서 - 4비트 인터페이스의 경우

CPU와 텍스트 LCD 모듈 사이에 4비트 데이터 버스를 사용하여 인터페이스한 경우에 텍스트 LCD 모듈에 전원을 투입하고 나서 이를 초기화하여 사용하는 과정을 요약하면 다음과 같다.

① 전원을 투입하거나 리셋 스위치를 누른다.
② 초기화를 수행하기 전에 최소한 30 ms 이상을 기다린다.
③ Function set 명령(0011****B)을 보내고, 4.1ms 이상을 기다린 후에 다시 Function set 명령(0011****B)을 보내며, 100μs 이상을 기다린 후에 다시 한번 Function set 명령(0011****B)을 보낸다. 이상의 3회 라이트 동작에서는 비지 체크를 수행하면 안된다.(*는 don't care)
④ Function set 명령(0010****B)을 8비트로 보낸다.
⑤ Function set 명령(0010XX00B)을 상위 4비트와 하위 4비트로 나누어 각각 DB7~DB4로 보낸다.
⑥ Display ON/OFF control 명령(00001XXXB)을 상위 4비트와 하위 4비트로 나누어 각각 DB7~DB4로 보낸다.
⑦ Entry mode set 명령(000001XXB)을 상위 4비트와 하위 4비트로 나누어 각각 DB7~DB4로 보낸다.
⑧ DD RAM 어드레스를 상위 4비트와 하위 4비트로 나누어 각각 DB7~DB4로 보낸다.
⑨ 표시할 문자 데이터를 상위 4비트와 하위 4비트로 나누어 각각 DB7~DB4로 보낸다.
⑩ 필요할 경우 ⑧~⑨의 과정을 반복한다.

◀참고▶ 텍스트 LCD 모듈이 리셋되고 나면 이것은 디폴트(default)로 8비트 인터페이스 모드로 동작하므로 ④에서 라이트한 Function set 명령은 텍스트 LCD 모듈이 비록 상위 4비트만을 받았더라도 8비트 모드로 처리된 것이다. 따라서, 텍스트 LCD 모듈이 이 명령의 하위 4비트까지 받도록 하려면 ⑤에서처럼 처음부터 4비트씩 다시 보내야만 한다. 이후의 모든 명령이나 데이터는 1바이트를 상위 4비트와 하위 4비트로 나누어 2차례에 전송해야 한다.

(2) DD RAM 어드레스

텍스트 LCD 모듈의 DD RAM은 표시할 문자들의 ASCII 코드 데이터가 저장되는 내부 메모리이며 모두 80개의 번지가 있는데, 화면의 각 행과 열의 문자 위치에는 고유한 어드레스값이 부여되어 있다.

그런데, 첫번째 행은 DD RAM 어드레스가 00H부터 시작되고 2번째 행은 항상 40H부터 시작되므로, 텍스트 LCD 모듈이 2행 이상으로 구성되는 경우에 각 행과 행 사이에는 어드레스가 연속하여 있지 않게 되어 주의하여야 한다. 또한, 물리적으로 4행으로 되어 있는 텍스트 LCD 모듈은 어드레스가 1행과 3행이 이어져 있고 2행과 4행이 이어져 있어서 논리적으로는 2행으로 동작한다.

텍스트 LCD 모듈의 각 모델에 따라 표시 문자의 위치에 대한 DD RAM의 어드레스를 보이면 <그림 4.3.5>와 같다.

	1															16
제1행	00	01	02	03	04	05	06	07	08	09	0A	0B	0C	0D	0E	0F

(a) 16문자×1행 (☞ 2행인 것처럼 설정할 것.)

	1															16
제1행	00	01	02	03	04	05	06	07	08	09	0A	0B	0C	0D	0E	0F
제2행	40	41	42	43	44	45	46	47	48	49	4A	4B	4C	4D	4E	4F

(b) 16문자×2행

	1															16
제1행	00	01	02	03	04	05	06	07	08	09	0A	0B	0C	0D	0E	0F
제2행	40	41	42	43	44	45	46	47	48	49	4A	4B	4C	4D	4E	4F
제3행	10	11	12	13	14	15	16	17	18	19	1A	1B	1C	1D	1E	1F
제4행	50	51	52	53	54	55	56	57	58	59	5A	5B	5C	5D	5E	5F

(c) 16문자×4행

	1																			20
제1행	00	01	02	03	04	05	06	07	08	09	0A	0B	0C	0D	0E	0F	10	11	12	13
제2행	40	41	42	43	44	45	46	47	48	49	4A	4B	4C	4D	4E	4F	50	51	52	53

(d) 20문자×2행

	1																			20
제1행	00	01	02	03	04	05	06	07	08	09	0A	0B	0C	0D	0E	0F	10	11	12	13
제2행	40	41	42	43	44	45	46	47	48	49	4A	4B	4C	4D	4E	4F	50	51	52	53
제3행	14	15	16	17	18	19	1A	1B	1C	1D	1E	1F	20	21	22	23	24	25	26	27
제4행	54	55	56	57	58	59	5A	5B	5C	5D	5E	5F	60	61	62	63	64	65	66	67

(e) 20문자×4행

	1																							24
제1행	00	01	02	03	04	05	06	07	08	09	0A	0B	0C	0D	0E	0F	10	11	12	13	14	15	16	17
제2행	40	41	42	43	44	45	46	47	48	49	4A	4B	4C	4D	4E	4F	50	51	52	53	54	55	56	57

(f) 24문자×2행

	1																							40
제1행	00	01	02	03	04	05	06	07	08	09	0A	0B	0C	0D	0E	0F	10	11	12	13	≈	25	26	27
제2행	40	41	42	43	44	45	46	47	48	49	4A	4B	4C	4D	4E	4F	50	51	52	53	≈	65	66	67

(g) 40문자×2행

〈그림 4.3.5〉 텍스트 LCD 모듈의 DD RAM 어드레스

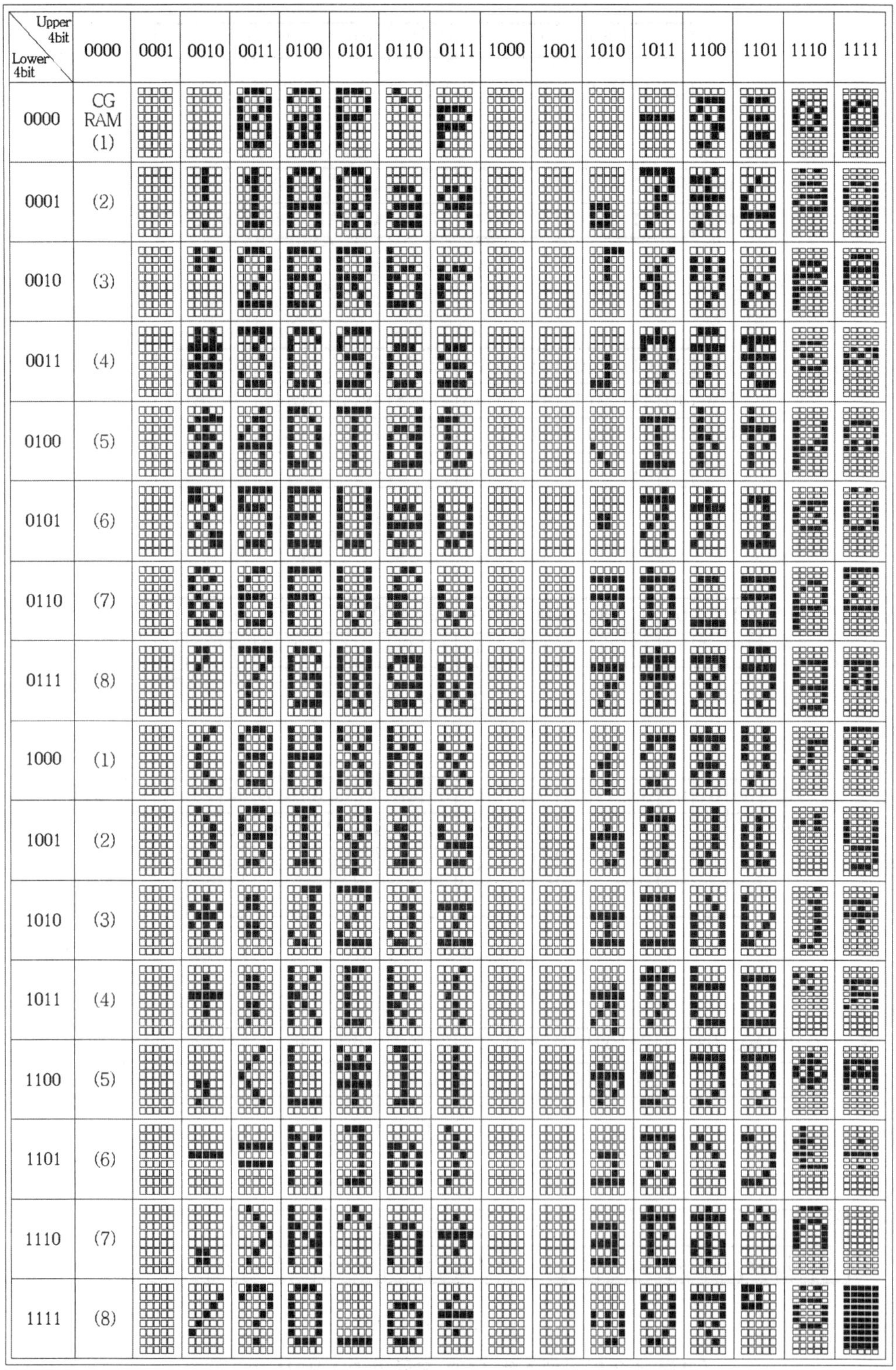

〈그림 4.3.6〉 텍스트 LCD 모듈의 표시문자 세트

(3) 표시 문자 세트

텍스트 LCD 모듈에서 화면에 표시할 수 있는 문자의 종류와 그 코드값을 보이면 <그림 4.3.6>과 같다. 표시 가능한 문자들 중에는 대부분의 ASCII 도형문자들이 포함되며, 기타 일본어 가나문자와 몇가지의 특수문자들이 포함된다. 그러나, 요즈음에는 대부분의 LCD 컨트롤러에서 일본어가 사용되던 위치에 다른 특수문자 세트를 가지는 여러가지 버전이 판매되고 있으며, 이러한 경우에도 00H~0FH의 사용자 정의문자 영역과 20H~7DH의 ASCII 문자 영역은 항상 동일한 구조를 갖는다.

문자 코드의 00H~0FH의 영역에는 64바이트의 CG RAM이 내장되어 있어서 사용자 정의문자를 저장하여 사용할 수 있다. 여기에는 최대 8문자(5×7 도트의 경우) 또는 4문자(5×10 도트의 경우)까지 사용자가 폰트를 정의할 수 있는데, 이는 당연히 전원이 투입된 후에 사용자에 의하여 새로 정의되어야 유효하므로 전원을 끄면 사용자 정의문자는 모두 소실되어 기억되지 않는다.

◀참고▶ 코드 영역 E0H~FFH는 5×10 도트용의 문자를 정의하는 영역인데, 여기서 g, j, p, q, y는 영문의 알파벳 소문자와 같으나, 원래의 알파벳의 소문자에서는 문자의 폰트를 5×7 도트로 사용하는데 비하여 이 문자들은 5×10 도트를 사용하므로 다른 일반 문자들보다 아래쪽으로 약간 길어진다. 그러나, 이 문자들을 5×7 도트형의 텍스트 LCD 모듈에서 사용하면 아래 부분이 모두 잘려서 보이지 않게 된다.

(4) 사용자 정의 문자

앞에서도 설명한 바와 같이 텍스트 LCD 모듈에는 LCD 컨트롤러가 내장되어 있는데, 이것의 내부에는 각종 제어회로와 DD RAM, CG ROM, CG RAM 등의 메모리를 함께 가지고 있다. CG ROM에는 모두 192개(일본어형) 또는 240개(유럽형)의 기본 문자 폰트(character font)를 가지고 있어서 사용자가 화면에 표시하고자 하는 문자 코드를 DD RAM에 써주기만 하면 이것에 해당하는 폰트가 자동으로 CG ROM에서 찾아져서 화면에 디스플레이된다.

그러나, 이처럼 CG ROM에 지정된 기본 문자 이외의 문자를 화면에 표시하려면 사용자 정의문자를 만들어 사용할 수 있는데, 이와 같이 사용자 정의문자를 지정하는데 사용하는 메모리가 CG RAM이며, 이 CG RAM에는 5×7 도트를 사용하는 경우에 최대 8문자까지 정의할 수 있고, 5×10 도트의 경우에는 최대 4문자까지 정의하여 사용할 수 있다. 사용자 정의문자는 <그림 4.3.6>의 00H~0FH 영역에 할당되어 있는데 1문자가 2개의 코드 영역을 차지하므로 실제 코드값은 00H~07H(또는 08H~0FH)로 사용한다.

〈표 4.3.6〉 텍스트 LCD 모듈에서의 사용자 정의문자 지정방법

문자 코드(DD RAM data)	CG RAM address	CG RAM data(문자 폰트)
7 6 5 4 3 2 1 0	X X 5 4 3 2 1 0	7 6 5 4 3 2 1 0
0 0 0 0 X 0 0 0	0 1 0 0 0 0 0 0	X X X 1 0 0 0 0
	0 0 1	X X X 1 1 0 0 0
	0 1 0	X X X 1 1 1 0 0
	0 1 1	X X X 1 1 1 1 0
	1 0 0	X X X 1 1 1 0 0
	1 0 1	X X X 1 1 0 0 0
	1 1 0	X X X 1 0 0 0 0
	1 1 1	X X X 0 0 0 0 0
0 0 0 0 X 0 0 1	0 1 0 0 1 0 0 0	X X X 0 1 1 1 1
	0 0 1	X X X 0 1 0 0 1
	0 1 0	X X X 0 1 0 0 1
	0 1 1	X X X 0 1 0 0 1
	1 0 0	X X X 0 1 0 0 1
	1 0 1	X X X 0 1 0 0 1
	1 1 0	X X X 0 1 1 1 1
	1 1 1	X X X 0 0 0 0 0
0 0 0 0 X 0 1 0	0 1 0 1 0 0 0 0	X X X 0 1 0 0 0
	0 0 1	X X X 0 1 0 0 0
	0 1 0	X X X 0 1 0 0 0
	0 1 1	X X X 0 1 1 1 0
	1 0 0	X X X 0 1 0 0 0
	1 0 1	X X X 0 1 0 0 0
	1 1 0	X X X 0 1 0 0 0
	1 1 1	X X X 0 0 0 0 0
0 0 0 0 X 0 1 1	0 1 0 1 1 0 0 0	X X X 0 0 0 0 1
	0 0 1	X X X 0 0 0 1 0
	0 1 0	X X X 0 0 1 0 0
	0 1 1	X X X 0 1 0 0 0
	1 0 0	X X X 0 0 0 0 0
	1 0 1	X X X 0 0 0 0 0
	1 1 0	X X X 0 1 1 1 1
	1 1 1	X X X 0 0 0 0 0
0 0 0 0 X 1 0 0	0 1 1 0 0 0 0 0	X X X 1 0 0 0 0
	0 0 1	X X X 0 1 0 0 0
	0 1 0	X X X 0 0 1 0 0
	0 1 1	X X X 0 0 0 1 0
	1 0 0	X X X 0 0 0 0 0
	1 0 1	X X X 0 0 0 0 0
	1 1 0	X X X 1 1 1 1 0
	1 1 1	X X X 0 0 0 0 0
0 0 0 0 X 1 0 1	0 1 1 0 1 0 0 0	X X X 0 1 1 1 1
	0 0 1	X X X 0 1 0 0 0
	0 1 0	X X X 0 1 0 0 0
	0 1 1	X X X 0 1 1 1 1
	1 0 0	X X X 0 1 0 0 0
	1 0 1	X X X 0 1 0 0 0
	1 1 0	X X X 0 1 1 1 1
	1 1 1	X X X 0 0 0 0 0
0 0 0 0 X 1 1 0	0 1 1 1 0 0 0 0	X X X 0 0 1 0 0
	0 0 1	X X X 0 0 1 0 0
	0 1 0	X X X 0 0 1 0 0
	0 1 1	X X X 1 1 1 0 0
	1 0 0	X X X 0 0 1 0 0
	1 0 1	X X X 0 0 1 0 0
	1 1 0	X X X 0 0 1 0 0
	1 1 1	X X X 0 0 0 0 0
0 0 0 0 X 1 1 1	0 1 1 1 1 0 0 0	X X X 0 0 0 0 1
	0 0 1	X X X 0 0 0 1 1
	0 1 0	X X X 0 0 1 1 1
	0 1 1	X X X 0 1 1 1 1
	1 0 0	X X X 0 0 1 1 1
	1 0 1	X X X 0 0 0 1 1
	1 1 0	X X X 0 0 0 0 1
	1 1 1	X X X 0 0 0 0 0

☞ 여기서 X는 don't care를 의미함.

CG RAM에 사용자 정의문자의 폰트를 작성해 넣으려면 초기화 과정에서 문자 코드와 문자 폰트를 <표 4.3.6>에 나타낸 방법으로 미리 설정해 두는 것이 좋다. 텍스트 LCD 모듈의 CG RAM에 프로그램으로 실제 사용자 정의문자의 폰트를 작성해 넣는 방법을 요약하면 다음과 같다.

① 사용자 정의문자 코드는 00H~0FH 영역에 해당되며, 이중에서 아래의 3비트만 유효하고 b3은 don't care이므로 실제 코드값은 00H~07H(또는 08H~0FH)로 지정해야 한다.

② 이 문자 코드의 아래 3비트 b2~b0는 그대로 CG RAM 어드레스의 b5~b3에 대응되고 CG RAM 어드레스의 그 나머지 비트 b2~b0에 의하여 문자코드 1개당 8개의 번지가 할당된다. <표 4.3.5>에서 보였던 바와 같이 CG RAM 어드레스를 지정하는 명령의 상위 2비트는 무조건 b7 = 0, b6 = 1로 된다.

③ 따라서, 예를 들어 문자코드 00H의 문자폰트를 써넣으려면 먼저 CG RAM 어드레스 지정 명령 40H(= 01000000B)를 instruction 번지(Rs = 0)에 쓰고, 다음에 8개의 CG RAM 데이터를 순서대로 data 번지(Rs = 1)에 쓴다.(여기서, CG RAM의 어드레스는 Entry mode set 명령에서 커서를 증가시키는 방향으로 설정하였다면 자동으로 1씩 증가되므로 8개의 폰트 데이터를 순서대로 써넣으면 되는 것이다.)

마찬가지로 문자코드 01H의 문자폰트를 써넣으려면 먼저 CG RAM 어드레스 지정 명령 48H(= 01001000B)를 instruction 번지(Rs = 0)에 쓰고, 다음에 8개의 CG RAM 데이터를 순서대로 data 번지(Rs = 1)에 쓴다.

④ 문자 폰트 데이터는 도트(dot)를 검게 표시하고 싶은 부분의 비트를 1로 하고 공백 부분은 0으로 한다. 5×8 도트의 경우에 마지막인 8번째 줄은 커서가 나타나는 위치로서 일반적으로 문자 표시에는 사용하지 않으므로 모두 0으로 한다. 이렇게 하면 실제의 문자 폰트는 5×7 도트로 구성된다.

⑤ <표 4.3.6>에서의 예는 문자코드 00H~07H 영역에 차례로 8개의 문자 "▶", "ㅁ", "ㅏ", "스"(2문자), "ㅌ", "ㅓ", "◀"의 폰트를 설정하는 경우를 보인 것이다.

◀휴게실▶ 텍스트형 LCD 모듈과 그래픽형 LCD 모듈의 차이점

텍스트형과 그래픽형 LCD 모듈의 근본적인 차이점은 무엇일까? 이것은 아주 간단한 이야기지만, 사용자들이 이를 잘 구분하지 못하는 경우를 자주 보게 된다. 이를 분명히 알아두는 것이 LCD 모듈을 공부하는데 매우 중요한 키포인트가 될 것이므로 여기에서 설명하기로 한다.

텍스트 LCD 모듈에는 아래 <그림 4.3.7>의 (a)에서 보는 것처럼 1개의 텍스트 문자를 표시할 자리가 각 문자당 5×8 도트씩으로 미리 마련되어 있다. 예를 들어 16자×2행 짜리의 텍스트 LCD 모듈이라면 화면 전체에 이런 자리가 32개 있는 것이다. 이 각 문자 박스는 5×8 도트로 구성되지만 가장 아래의 도트 라인은 사용하지 않고 비워두므로 실제 문자의 크기는 5×7 도트로 되어 있다. 마지막 라인은 예를 들면 커서와 같은 특수한 용도로만 사용된다. 5×8 도트의 문자 박스들 사이에는 약간의 빈 공간이 있다. 문자와 문자 사이에 약간의 거리를 둠으로써 사람이 이를 읽을 때 가독성을 좋게 하기 위함이다. 도트 1개의 크기와 문자 사이의 이격 거리가 얼마인지는 LCD 모듈의 모델마다 다른데, 이는 각 텍스트 LCD 모듈의 데이터 시트에서 dot size, character size, character pitch 등의 사양을 보면 알 수 있다.

텍스트 LCD 모듈의 사용자가 각 문자 박스에 원하는 문자를 표시하려면 제어 명령으로 커서를 해당 위치로 지정하고 나서 그 문자의 **1바이트 ASCII 코드만을 출력**하면 된다. 즉, 사용자는 LCD 화면의 각 도트 하나하나를 직접 구동하지 않고 출력할 문자의 ASCII 코드만을 출력하면 LCD 컨트롤러가 그 문자에 해당하는 폰트를 내장 ROM에서 불러다가 화면에 표시한다. 이 때문에 텍스트 LCD 모듈에는 반드시 문자 발생기(character generator) ROM과 LCD 컨트롤러를 내장하고 있다.

이에 비하여 그래픽 LCD 모듈은 <그림 4.3.7>의 (b)에서 보는 것처럼 모든 도트들이 바둑판처럼 가로 세로가 일정한 간격의 배열로 되어 있어서 여기에 텍스트 문자든 그래픽이든 자유롭게 나타낼 수 있으며, 물론 화면에서 각 텍스트 문자를 표시할 자리도 따로 정해져 있지 않고 또한 문자의 크기를 일정하게 지정하지도 않는다.

그래픽 LCD 모듈에 텍스트 문자를 출력할 때는 사용자가 일일이 **도트 하나하나에 해당하는 데이터를 전송**하여 그래픽적인 방법으로 문자의 모양을 그려주어야 하며, 따라서 이와 같이 그래픽 LCD 모듈에서는 화면에 영문 ASCII 또는 한글 문자를 디스플레이하는 것만도 상당히 복잡한 프로그램을 필요로 하고 화면처리 시간도 오래 걸리므로 디스플레이 속도가 현저하게 느려진다. 일반적으로 단색 그래픽 LCD 모듈에서는 도트 1개에 1비트의 데이터가 대응되므로 좀 덜하지만 컬러 TFT-LCD 모듈에서는 각 픽셀(TFT-LCD에서는 1개의 화소를 도트가 아니라 픽셀이라고 부른다.)을 여러가지 원하는 색깔로 표시할 수 있어야 하므로 1픽셀당 여러 비트의 데이터가 대응된다. *OK-128TFT* 키트에서 사용하는 TFT-LCD 모듈은 65,536가지의 컬러를 표시할 수 있으므로 1픽셀을 표시하기 위하여 16비트(2바이트)의 데이터를 전송해야 하며, 따라서 240×320 픽셀의 화면을 표시하려면 총 240×320×2=153,600 바이트의 엄청난 데이터를 전송해야 한다. 이 때문에 TFT- LCD 모듈을 사용하는 마이크로컨트롤러는 처리속도가 빨라야 하며, 때로는 TFT-LCD 디스플레이를 위한 전용의 LSI를 사용하여 하드웨어적인 방법으로 처리하기도 한다.

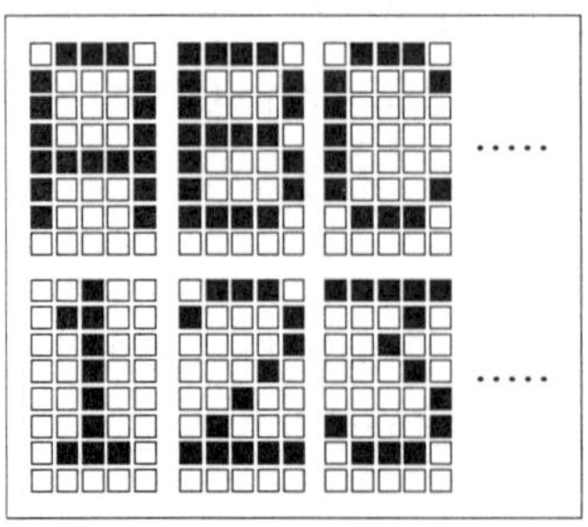

(a) 텍스트 LCD 모듈

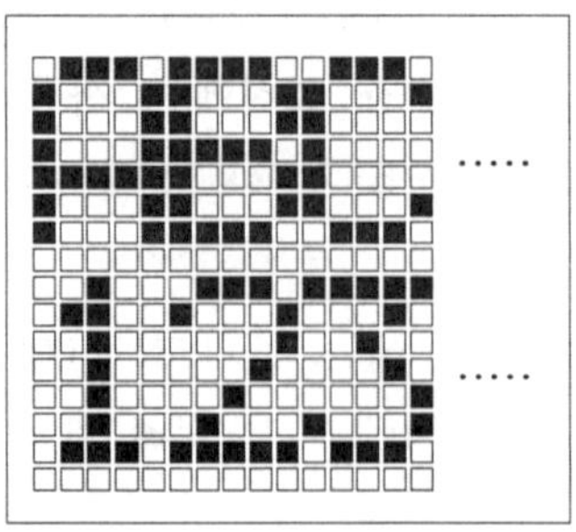

(b) 그래픽 LCD 모듈

<그림 4.3.7> 텍스트 LCD 모듈과 그래픽 LCD 모듈의 차이

(5) 헤더파일에서 지원하는 텍스트 LCD 모듈 관련 함수

OK-128TFT 키트용의 기본 헤더파일 OK-128TFT-V2.h에서 제공하는 텍스트 LCD 모듈 관련 함수를 요약하면 <표 4.3.7>과 같다.

〈표 4.3.7〉 헤더파일 OK-128TFT-V2.h에 포함된 텍스트 LCD 관련 함수들의 요약

사용자 함수	기 능	입력 파라미터
LCD_initialize()	텍스트 LCD 모듈을 초기화한다.	-
LCD_command()	텍스트 LCD 모듈에 1개의 제어명령을 출력한다.	U08 command
LCD_data()	텍스트 LCD 모듈에서 현재의 커서 위치에 1문자를 표시한다.	U08 data
LCD_string()	텍스트 LCD 모듈에서 커서 위치를 지정하고 그 위치부터 문자열을 출력한다.	U08 command, char *string
LCD_binary()	텍스트 LCD 모듈에서 현재의 커서 위치부터 8비트 또는 16비트의 2진수를 표시한다.	U16 number, U08 digit
LCD_unsigned_decimal() LCD_signed_decimal()	텍스트 LCD 모듈에서 현재의 커서 위치부터 부호없는 10진수 또는 부호있는 10진수를 표시한다. (zerofill=1이면 선두의 무효 자리를 0으로 채운다.)	U32 number, U08 zerofill, digit
LCD_hexadecimal() LCD_0x_hexadecimal()	텍스트 LCD 모듈에서 현재의 커서 위치부터 16진수 또는 0x를 앞세운 16진수를 표시한다.	U32 number, U08 digit
LCD_unsigned_float() LCD_signed_float()	텍스트 LCD 모듈에서 현재의 커서 위치부터 부호없는 실수 또는 부호있는 실수를 표시한다. (integral=실수부 자리수, fractional=소수부 자리수)	float number, U08 integral, fractional

4. 텍스트 LCD 모듈의 기본 프로그램

텍스트 LCD 모듈을 사용하는 프로그램으로 먼저 이를 초기화하고 여기에 문자열을 출력하는 예제를 살펴본다. 이 예제에서는 텍스트 LCD를 초기화하고 여기에 16자 이내의 문자열을 기본 출력하는 방법과 16자 이상의 긴 행을 표시하고 이를 좌우로 시프트하는 방법을 공부한다.

〈프로그램 Exp03_1.c〉 텍스트 LCD 모듈 기본 출력 예제

```
/* ========================================================================== */
/*                Exp03_1.c : Basic Text LCD Display Program                 */
/* ========================================================================== */
/*                     Designed and programmed by Duck-Yong Yoon in 2020.     */

#include <avr/io.h>
#include "OK-128TFT-V2.h"

int main(void)
{
  unsigned char i;

  MCU_initialize();                          // initialize ATmega128A MCU
  Delay_ms(50);                              // wait for system stabilization
```

```
    LCD_initialize();                          // initialize text LCD module

    while(1)
      { LCD_string(0x80," OK-128TFT V2.0 ");   // display logo
        LCD_string(0xC0,"    ATmega128A    "); // display message 1
        Beep();
        Delay_ms(2000);
        LCD_string(0xC0,"    2020/01/15    "); // display message 2
        Beep();
        Delay_ms(2000);

        LCD_string(0x80,"0123456789ABCDEF0123456789ABCDEF"); // display long line
        LCD_string(0xC0,"Go shift left and right 16 times");
        Beep();
        Delay_ms(1000);

        for(i = 0; i < 16; i++)                // shift left
          { LCD_command(0x18);
            Delay_ms(300);
          }
        Beep();
        Delay_ms(1000);

        for(i = 0; i < 16; i++)                // shift right
          { LCD_command(0x1C);
            Delay_ms(300);
          }
        Beep();
        Delay_ms(1000);
      }
}
```

☞ 처음에 마이크로컨트롤러가 시스템 리셋 후에 기동되고 나서 텍스트 LCD 모듈을 초기화하기 전에 수십 ms(여기서는 50ms)의 시간지연을 주어야 한다는 것을 기억하라. 이것은 전원을 투입한 후에 동작을 개시하는 시간이 대부분의 경우 마이크로컨트롤러보다 텍스트 LCD 모듈이 상당히 늦기 때문이다.

이 책에서 *OK-128TFT* 키트용으로 제공하는 기본적인 헤더파일 OK-128TFT-V2.h에서 LCD_initialize(), LCD_command(), LCD_data(), LCD_string() 등의 함수에 대한 동작을 확실하게 이해하라.

5. 수치 데이터의 출력 프로그램

텍스트 LCD 모듈에 문자 데이터(character)가 아니라 수치 데이터(value)를 출력하여 디스플레이하려면 먼저 숫자의 각 자리(digit)에 해당하는 글자를 하나씩 ASCII 문자로 변환하여 출력해야 한다. 이는 상당히 복잡하며 정수의 경우와 실수의 경우가 다르고, 정수 중에서도 2진수, 10진수, 16진수의 처리 방식이 모두 다르다.

C언어에서 텍스트 LCD 모듈에 수치 데이터를 디스플레이하는 것은 다음과 같이 3가지의 방법으로 생각할 수 있다. 첫째는 수치 데이터를 출력할 때마다 이를 사용자 정의 함수로 만들어 사용하는 방법이고, 둘째는 *OK-128TFT* 키트용의 기본 헤더파일 OK-128TFT-V2.h에서 이 책의 저자가 만들어 제공하는 함수를 사용하는 방법이며, 셋째는 C컴파일러에서 표준으로 제공하는 printf() 함수를 사용하는 방법이다. 이중에서

역시 가장 권장할만한 방법은 헤더파일 OK-128TFT-V2.h에서 제공하는 함수를 사용하는 것이며, 앞으로 이 책의 예제 프로그램에서는 이 방법을 기본으로 사용한다.

(1) 정수 데이터의 출력

먼저 수치 데이터 중에서 정수(integer number) 값을 텍스트 LCD 모듈에 디스플레이하는 프로그래밍 기술을 익혀보기로 한다.

이 예제는 첫번째 루틴에서 8비트 수치 데이터를 1~255 범위에서 1씩 증가시키면서 이를 10진수는 물론 16진수와 2진수로까지 텍스트 LCD 모듈에 동시에 표시한다. 두번째 루틴에서는 구구단을 나타내며, 세번째 루틴에서는 좀 더 큰 수치값을 취급해 보기 위하여 10자리 구구단을 표시한다.

▣ 사용자가 직접 수치 데이터 출력 함수를 만들어 사용하는 경우

사용자가 직접 수치 데이터를 출력하는 함수를 만들어 사용하는 방법으로 위와 같은 기능을 수행하는 프로그램을 작성하여 보면 다음과 같다. 이 방법은 내용적으로 그다지 어렵지는 않지만 정수나 실수에 대하여 표현할 수치 데이터의 크기나 자릿수에 따라 매번 그에 맞는 함수를 만들어 사용해야 하므로 상당히 번거롭다.

〈프로그램 Exp03_2.c〉 정수 데이터의 출력 예제(1)

```
/* ========================================================================== */
/*           Exp03_2.c : Integer Number Display on Text LCD Module            */
/* ========================================================================== */
/*                       Designed and programmed by Duck-Yong Yoon in 2020.   */

#include <avr/io.h>
#include "OK-128TFT-V2.h"

void LCD_2d(unsigned char number);              /* display 2-digit decimal number */
void LCD_3d(unsigned int number);               /* display 3-digit decimal number */
void LCD_4d(unsigned int number);               /* display 4-digit decimal number */
void LCD_2hex(unsigned char number);            /* display 2-digit hex number */
void LCD_8bin(unsigned char number);            /* display 8-bit binary number */

/* ----- 메인 프로그램 -------------------------------------------------------- */

int main(void)
{
  unsigned char i, j;

  MCU_initialize();                             // initialize ATmega128A MCU
  Delay_ms(50);                                 // wait for system stabilization
  LCD_initialize();                             // initialize text LCD module
  TFT_initialize();                             // initialize TFT-LCD module
  TFT_string(11,2,White,Black,"실습 예제 Exp03_2.c");

  while(1)
    { LCD_string(0x80,"  INTEGER = 000  ");     // display 8-bit integer
      LCD_string(0xC0,"= 00H = 00000000");
      Beep();
```

```
      for(i = 1; i > 0; i++)                       // integer number from 1 to 255
        { LCD_command(0x8B);                        // decimal number
          LCD_3d(i);
          LCD_command(0xC2);                        // hexadecimal number
          LCD_2hex(i);
          LCD_command(0xC8);                        // binary number
          LCD_8bin(i);
          Delay_ms(250);
          if((i % 8) == 0) Delay_ms(750);
        }

      LCD_string(0x80," MULTI TABLE(1) ");         // display multiplication table(1)
      LCD_string(0xC0,"    0 x 0 = 00    ");
      Beep();

      for(i = 2; i <= 9; i++)
        for(j = 1; j <= 9; j++)
          { LCD_command(0xC3);                      // display multiplicand
            LCD_data(i+'0');
            LCD_command(0xC7);                      // display multiplier
            LCD_data(j+'0');
            LCD_command(0xCB);                      // display multiplication
            LCD_2d(i*j);
            Delay_ms(1000);
          }

      LCD_string(0x80," MULTI TABLE(2) ");         // display multiplication table(2)
      LCD_string(0xC0," 00 x 00 = 0000 ");
      Beep();

      for(i = 10; i <= 90; i += 10)
        for(j = 10; j <= 90; j += 10)
          { LCD_command(0xC1);                      // display multiplicand
            LCD_2d(i);
            LCD_command(0xC6);                      // display multiplier
            LCD_2d(j);
            LCD_command(0xCB);                      // display multiplication
            LCD_4d(i*j);
            Delay_ms(1000);
          }
    }
}
/* ----- 사용자 정의 프로그램 -------------------------------------------------- */

void LCD_2d(unsigned char number)                  /* display 2-digit decimal number */
{
  unsigned char i;

  i = number/10;                                   // 10^1
  if(i == 0) LCD_data(' ');
  else       LCD_data(i + '0');

  i = number % 10;                                 // 10^0
  LCD_data(i + '0');
}

void LCD_3d(unsigned int number)                   /* display 3-digit decimal number */
{
  unsigned int i;
  unsigned char flag;

  flag = 0;
  i = number/100;                                  // 10^2
  if(i == 0)
    LCD_data(' ');
  else
   { LCD_data(i + '0');
     flag = 1;
   }

  number = number % 100;                           // 10^1
```

```
  i = number/10;
  if((i == 0) && (flag == 0))
    LCD_data(' ');
  else
    { LCD_data(i + '0');
      flag = 1;
    }

  i = number % 10;                                // 10^0
  LCD_data(i + '0');
}

void LCD_4d(unsigned int number)                  /* display 4-digit decimal number */
{
  unsigned int i;
  unsigned char flag;

  flag = 0;
  i = number/1000;                                // 10^3
  if(i == 0)
    LCD_data(' ');
  else
    { LCD_data(i + '0');
      flag = 1;
    }

  number = number % 1000;                         // 10^2
  i = number/100;
  if((i == 0) && (flag == 0))
    LCD_data(' ');
  else
    { LCD_data(i + '0');
      flag = 1;
    }

  number = number % 100;                          // 10^1
  i = number/10;
  if((i == 0) && (flag == 0))
    LCD_data(' ');
  else
    { LCD_data(i + '0');
      flag = 1;
    }

  i = number % 10;                                // 10^0
  LCD_data(i + '0');
}

void LCD_2hex(unsigned char number)               /* display 2-digit hex number */
{
  unsigned char i;

  i = (number >> 4) & 0x0F;                       // 16^1
  if(i <= 9)
    LCD_data(i + '0');
  else
    LCD_data(i - 10 + 'A');

  i = number & 0x0F;                              // 16^0
  if(i <= 9)
    LCD_data(i + '0');
  else
    LCD_data(i - 10 + 'A');
}

void LCD_8bin(unsigned char number)               /* display 8-bit binary number */
{
  LCD_data(((number >> 7) & 0x01) + '0');         // 2^7
  LCD_data(((number >> 6) & 0x01) + '0');         // 2^6
  LCD_data(((number >> 5) & 0x01) + '0');         // 2^5
  LCD_data(((number >> 4) & 0x01) + '0');         // 2^4
  LCD_data(((number >> 3) & 0x01) + '0');         // 2^3
  LCD_data(((number >> 2) & 0x01) + '0');         // 2^2
```

```
    LCD_data(((number >> 1) & 0x01) + '0');          // 2^1
    LCD_data((number & 0x01) + '0');                 // 2^0
}
```

☞ 텍스트 LCD 모듈에 수치 데이터를 출력하려면 위에서와 같이 사용자 정의 함수에서 숫자의 각 자리를 1문자의 ASCII 코드로 변환하여 출력하면 된다. 원리를 알고 이해하면 이러한 루틴이 그다지 어려운 것은 아니기 때문에 필요할 때마다 이렇게 사용자 정의 함수를 만들어 사용할 수 있다.

10진수에서는 각 자리의 수가 0~9로 되지만, 16진수에서는 0~F로 되어야 하며, 2진수에서는 1비트가 1자리가 된다. 10진수는 10의 멱급수로 표시할 수 있으므로 각 자리는 10의 누승 데이터로 나눈 몫으로 구할 수 있으며, 이렇게 구한 각 자리의 수를 ASCII 문자로 변환하면 된다. 예를 들어 234는

$$234 = 2\times10^2 + 3\times10^1 + 4\times10^0$$

으로 표시되므로 100자리의 수는 234를 10^2에 해당하는 100으로 나눈 몫이며, 10자리의 수는 그 나머지를 다시 10^1에 해당하는 10으로 나눈 몫이고, 1자리의 수는 최종적인 나머지가 된다. 그러나, 16진수는 이보다 처리가 훨씬 용이하여 최하위 비트부터 4비트씩 끊어나가면 각 4비트 단위의 수가 그대로 1자리의 16진수로 된다. 10진수에서는 1~9의 숫자가 처음으로 나타나기 전에 왼쪽에 붙는 0은 의미가 없어서 표시하지 않는 것이 일반적이므로 이를 처리하기 위하여 flag이라는 변수를 사용하고 있는 부분에 주목해야 한다.

main 함수에서는 C언어의 for 문이나 while 문을 사용한 반복처리 기법을 확실히 이해하라. 구구단 루틴에서는 다중루프(nested loop)를 사용하고 있으니 주의하여 살펴보면서 프로그램의 흐름을 정확하게 파악하여야 한다.

위의 예제에서 변화하는 숫자들을 빠른 속도로 텍스트 LCD 모듈에 표시하면 사람의 눈으로 읽기가 거의 불가능하기 때문에 시간지연 루틴을 사용하여 약 1초의 간격으로 천천히 디스플레이하였다.

▣ 헤더파일 OK-128TFT-V2.h에서 제공하는 함수를 사용하는 경우

OK-128TFT 키트용의 기본 헤더파일 OK-128TFT-V2.h에는 수치 데이터를 텍스트 LCD에 디스플레이하기 위한 사용자 함수를 만들어 제공한다. 이 출력함수는 표현할 수치 데이터의 자릿수를 파라미터로 지정하게 되어 있으므로 출력할 데이터의 길이에 상관없이 일반적으로 사용할 수 있다는 점에서 편리하며, 뒤에서 설명하는 C컴파일러의 printf() 함수를 사용하는 %서식 지정 방법에 비하여 훨씬 더 간편하고 실행속도가 빠르며 적은 메모리 용량을 차지한다는 점에서 우수하다. 앞으로의 예제 프로그램에서는 대부분 이 방법을 사용할 것이다.

위의 정수 출력 예제 프로그램 Exp03_2.c를 헤더파일 OK-128TFT-V2.h에서 제공하는 함수를 사용하여 수정하면 다음과 같다. 전체적으로 소스가 훨씬 간단해졌음을 알 수 있다.

〈프로그램 Exp03_3.c〉 정수 데이터의 출력 예제(2)

```
/* ========================================================================== */
/*          Exp03_3.c : Integer Number Display on Text LCD Module            */
/* ========================================================================== */
/*                       Designed and programmed by Duck-Yong Yoon in 2020.   */

#include <avr/io.h>
#include "OK-128TFT-V2.h"

int main(void)
{
  unsigned char i, j;

  MCU_initialize();                               // initialize ATmega128A MCU
  Delay_ms(50);                                   // wait for system stabilization
  LCD_initialize();                               // initialize text LCD module
  TFT_initialize();                               // initialize TFT-LCD module
  TFT_string(11,2,White,Black,"실습 예제 Exp03_3.c");

  while(1)
    { LCD_string(0x80," INTEGER = 000  ");        // display 8-bit integer
      LCD_string(0xC0,"= 00H = 00000000");
      Beep();

      for(i = 1; i > 0; i++)                      // integer number from 1 to 255
        { LCD_command(0x8B);                      // decimal number
          LCD_unsigned_decimal(i,0,3);
          LCD_command(0xC2);                      // hexadecimal number
          LCD_hexadecimal(i,2);
          LCD_command(0xC8);                      // binary number
          LCD_binary(i,8);
          Delay_ms(250);
          if((i % 8) == 0) Delay_ms(750);
        }

      LCD_string(0x80," MULTI TABLE(1) ");        // display multiplication table(1)
      LCD_string(0xC0,"   0 x 0 = 00   ");
      Beep();

      for(i = 2; i <= 9; i++)
        for(j = 1; j <= 9; j++)
          { LCD_command(0xC3);                    // display multiplicand
            LCD_data(i+'0');
            LCD_command(0xC7);                    // display multiplier
            LCD_data(j+'0');
            LCD_command(0xCB);                    // display multiplication
            LCD_unsigned_decimal(i*j,0,2);
            Delay_ms(1000);
          }

      LCD_string(0x80," MULTI TABLE(2) ");        // display multiplication table(2)
      LCD_string(0xC0," 00 x 00 = 0000 ");
      Beep();

      for(i = 10; i <= 90; i += 10)
        for(j = 10; j <= 90; j += 10)
          { LCD_command(0xC1);                    // display multiplicand
            LCD_unsigned_decimal(i,0,2);
            LCD_command(0xC6);                    // display multiplier
            LCD_unsigned_decimal(j,0,2);
            LCD_command(0xCB);                    // display multiplication
            LCD_unsigned_decimal(i*j,0,4);
            Delay_ms(1000);
          }
    }
}
```

▣ C컴파일러의 printf() 함수를 사용하는 경우

WinAVR C컴파일러에서 표준으로 제공하는 printf() 함수를 사용하여 % 서식지정 방식으로 수치 데이터를 출력하도록 앞의 예제 프로그램 Exp03_3.c를 다시 작성하여 보면 다음과 같다. 단, C언어의 printf() 함수에는 2진수 출력 기능이 없으므로 이 부분은 헤더파일 OK-128TFT-V2.h에서 제공하는 함수를 사용하였다.

〈프로그램 Exp03_4.c〉 정수 데이터의 출력 예제(3)

```
/* ============================================================================ */
/*            Exp03_4.c : Integer Number Display on Text LCD Module             */
/* ============================================================================ */
/*                         Designed and programmed by Duck-Yong Yoon in 2020.   */

#include <avr/io.h>
#include <stdio.h>
#include "OK-128TFT-V2.h"

static int LCD_putchar(char c, FILE *stream);
static FILE device = FDEV_SETUP_STREAM(LCD_putchar, NULL, _FDEV_SETUP_WRITE);

static int LCD_putchar(char c, FILE *stream)    /* print a character to text LCD */
{
  if((c < 0x20) || (c > 0x7E))                  // check from 0x20 to 0x7E
    return 0;

  LCD_data(c);
  return 0;
}

int main(void)
{
  unsigned char i, j;

  MCU_initialize();                             // initialize ATmega128A MCU
  Delay_ms(50);                                 // wait for system stabilization
  LCD_initialize();                             // initialize text LCD module
  TFT_initialize();                             // initialize TFT-LCD module
  TFT_string(11,2,White,Black,"실습 예제 Exp03_4.c");

  stdout = &device;                             // set text LCD to stdout

  while(1)
    { LCD_string(0x80," INTEGER = 000  ");      // display 8-bit integer
      LCD_string(0xC0,"= 00H = 00000000");
      Beep();

      for(i = 1; i > 0; i++)                    // integer number from 1 to 255
        { LCD_command(0x8B);                    // decimal number
          printf("%3d",i);
          LCD_command(0xC2);                    // hexadecimal number
          printf("%02X",i);
          LCD_command(0xC8);                    // binary number
          LCD_binary(i,8);
          Delay_ms(250);
          if((i % 8) == 0) Delay_ms(750);
        }

      LCD_string(0x80," MULTI TABLE(1) ");      // display multiplication table(1)
      LCD_string(0xC0,"   0 x 0 = 00   ");
      Beep();

      for(i = 2; i <= 9; i++)
```

```
        for(j = 1; j <= 9; j++)
          { LCD_command(0xC3);                  // display multiplicand
            LCD_data(i+'0');
            LCD_command(0xC7);                  // display multiplier
            LCD_data(j+'0');
            LCD_command(0xCB);                  // display multiplication
            printf("%2d", i*j);
            Delay_ms(1000);
          }

      LCD_string(0x80," MULTI TABLE(2) ");      // display multiplication table(2)
      LCD_string(0xC0," 00 x 00 = 0000 ");
      Beep();

      for(i = 10; i <= 90; i += 10)
        for(j = 10; j <= 90; j += 10)
          { LCD_command(0xC1);                  // display multiplicand
            printf("%2d", i);
            LCD_command(0xC6);                  // display multiplier
            printf("%2d", j);
            LCD_command(0xCB);                  // display multiplication
            printf("%4d", i*j);
            Delay_ms(1000);
          }
    }
}
```

오늘날 대부분의 마이크로컨트롤러용 C컴파일러에서는 표준 printf() 함수를 지원하고 있으며 이것은 내부적으로 1문자를 출력하는 저수준의 스트림 출력(low-level stream output) 함수 putchar()를 사용하여 미리 지정된 장치로 %서식 지정 문자열을 출력한다. 따라서, 사용자는 이 putchar() 함수의 내용을 수정함으로써 사용자가 printf() 함수로 출력하는 장치를 임의로 변경할 수 있다. 디폴트 출력장치로는 흔히 직렬통신 포트를 사용하고 있지만, 이와 같이 printf() 함수를 수정하면 저수준 스트림 출력장치로 RS-232C 직렬통신 포트는 물론이고 텍스트 LCD 모듈이나 TFT-LCD 모듈도 사용할 수 있다.

이와 같이 C언어 프로그램에서 printf() 함수를 사용하여 % 서식 지정하는 데이터를 출력한다면 각종 출력장치의 액세스가 매우 편리해진다. 이를 이용하면 이제까지 우리가 텍스트 LCD 모듈의 출력 예제에서 했던 것처럼 수치 데이터를 출력하기 위하여 각종 사용자 정의 함수를 만들어 사용할 필요가 없기 때문이다.

그러나, 이와 같이 printf() 함수를 사용하여 % 서식 지정으로 출력하는 방법은 사용하기에 편리한 장점이 있는 반면에 오브젝트 파일이 상당히 길어지고 그에 따라 이 출력 루틴의 실행속도가 낮아진다는 단점을 갖는다. 또한, printf() 함수에는 2진수 출력 기능을 지원하지 않는 불편함도 있다.

WinAVR C컴파일러를 포함하는 Atmel Studio에서 C언어로 프로그램을 작성할 때 printf() 함수를 사용하는 절차와 방법은 다음과 같다.

① 사용자 프로그램의 서두에서 헤더파일 stdio.h를 인클루드한다. printf() 함수에 관련된 모든 사항은 이 헤더파일에 정의되어 있다.

② 1문자를 출력하는 저수준 스트림 함수에서 사용할 주변장치를 초기화한다. 이는 보통 별도의 사용자 정의 함수로 만들어 사용하는 것이 좋다. 일반적으로 1문자를 출력하는 저수준 스트림 출력함수에는 해당 출력장치를 초기화하는 기능을 포함하지 않으므로 이를 별도로 미리 초기화해 놓아야 한다.

③ 1문자를 출력하는 저수준 스트림 출력함수 putchar()를 만든다. 이 함수에서는 모든 ASCII 문자를 출력할 수 있어야 한다.

④ 1문자를 출력하는 저수준 스트림 출력함수를 표준출력장치 stdout으로 지정한다. 하나의 프로그램에서 여러 개의 저수준 스트림 출력함수를 만들어 놓고 필요할 때마다 이것 중의 하나를 표준출력장치 stdout에 지정하면 여러 장치를 교대로 바꾸어 가면서 출력할 수 있다.

⑤ 사용자 프로그램에서 필요할 때 printf() 함수를 사용한다. 여기서는 일반적인 ANSI C 표준의 모든 % 서식 지정이 사용될 수 있다.

WinAVR C컴파일러의 printf() 함수에서 사용할 수 있는 %서식 지정 형식을 요약하면 다음과 같다. 이는 ANSI C에서 표준으로 사용하는 %서식 지정 형식을 모두 포함하고 있다.

%[-][+][[0]w][.n][l]변환문자

% : 서식 제어 문자열의 시작을 의미한다.
- : 서식은 항상 필드의 오른쪽으로 정렬이 되지만 -를 붙이면 왼쪽으로 정렬된다.
+ : 필드의 서두에 항상 부호를 붙인다.
0 : 필드의 왼쪽 남는 자리를 공백으로 두지 않고 0을 채워서 표시한다.
w : 전체 수치 데이터 필드의 폭(field width)을 자리수로 나타낸다.
.n : 실수의 경우 소수점 이하의 자리수(precision)를 나타낸다.
l : long int형의 정수를 나타내며 변환문자 d, i, u, o, x의 앞에 붙을 수 있다.
ll : long long int형의 정수를 나타내며 변환문자 d, i, u, o, x의 앞에 붙을 수 있다.
변환문자 d 또는 i : 부호 있는 10진수(signed int)로 표시한다.
변환문자 u : 부호 없는 10진수(unsigned int)로 표시한다.
변환문자 o : 부호 없는 8진수(unsigned int)로 표시한다.
변환문자 x : 부호 없는 16진수(unsigned int)로 표시한다.(a~f를 소문자로 출력)
변환문자 X : 부호 없는 16진수(unsigned int)로 표시한다.(A~F를 대문자로 출력)
변환문자 f : 부동소수점 수(double)를 소수점을 포함하는 실수 형식으로 표시한다.

변환문자 e : 부동소수점 수(double)를 지수 형식으로 표시한다.(e를 소문자로 출력)
변환문자 E : 부동소수점 수(double)를 지수 형식으로 표시한다.(E를 대문자로 출력)
변환문자 g : 값에 따라 %f나 %e 중에서 적당한 방식으로 표시한다.
변환문자 G : 값에 따라 %f나 %E 중에서 적당한 방식으로 표시한다.
변환문자 c : 1문자(unsigned char)를 표시한다.
변환문자 s : 문자열(char *)을 표시한다.
변환문자 p : 포인터의 주소값(void *)을 표시한다.

예
```
printf("%5d\n",123);            --->   123
printf("%05d\n",123);           ---> 00123
printf("%-5d\n",123);           ---> 123
printf("%7.2f\n",123.456);      --->  123.46
printf("%07.2f\n",123.456);     ---> 0123.46
printf("%+7.2f\n",123.456);     ---> +123.46
printf("%10.2e\n",123.456);     --->   1.23e+002
printf("%10.2E\n",123.456);     --->   1.23E+002
```

☞ 필드를 지정한 값이 실제 숫자의 폭보다 작으면 서식지정은 무시되고 숫자 전체가 표시된다. 실수나 부동소수점 수에서 소수점 이하의 맨 아래 자리는 바로 그 아래에서 반올림하여 표시된다.

이렇게 C언어에서 표준의 printf() 함수를 사용하면 단순한 문자열이나 정수형 데이터를 % 서식으로 지정하여 출력하는 기능은 기본적으로 아무 문제없이 수행된다. 그러나, 실수나 부동소수점수의 데이터를 % 서식으로 지정하여 출력하려면 이 사용자 프로그램을 컴파일할 때 반드시 별도의 라이브러리 파일 libprintf_flt.a를 링크시켜 주어야 한다. 부동소수점 수를 처리하는 루틴은 상당히 큰 용량을 차지하므로 WinAVR에서는 이를 필요할 때만 사용자 프로그램에 링크할 수 있도록 별도의 라이브러리 파일로 만들어 놓았기 때문이다.

따라서, 만약 printf() 함수에서 실수나 부동소수점수의 데이터를 사용한다면 아래와 같이 링커 옵션을 설정해 주어야 한다. 여기서 l은 모두 아라비아 숫자 1이 아니라 영문 알파벳 L의 소문자라는데 유의해야 한다.

-Wl,-u,vfprintf -lprintf_flt -lm

이와 같은 옵션을 설정하려면 먼저 화면에서 Project → ATmega128A Properties... → Toolchain → AVR/GNU Linker → General 메뉴를 선택하면 <그림 4.3.8>과 같은 화면이 나타나는데, 여기서 Use vprintf library(-Wl,-u,vfprintf) 항목을 체크한다. 다음에는 AVR/GNU Linker → Miscellaneous 메뉴를 선택하면 <그림 4.3.9>와 같은 화면이 나타나는데, 여기서 Other Linker Flags: 항목에 -lprintf_flt -lm을 입력한다.

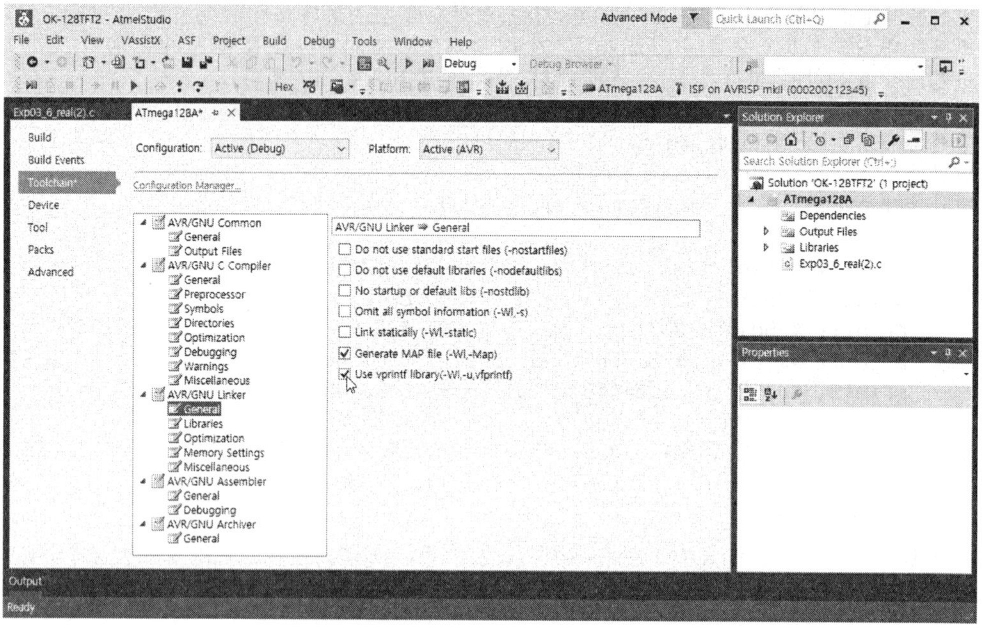

〈그림 4.3.8〉 printf() 함수에서 실수 데이터를 사용하기 위한 설정(1)

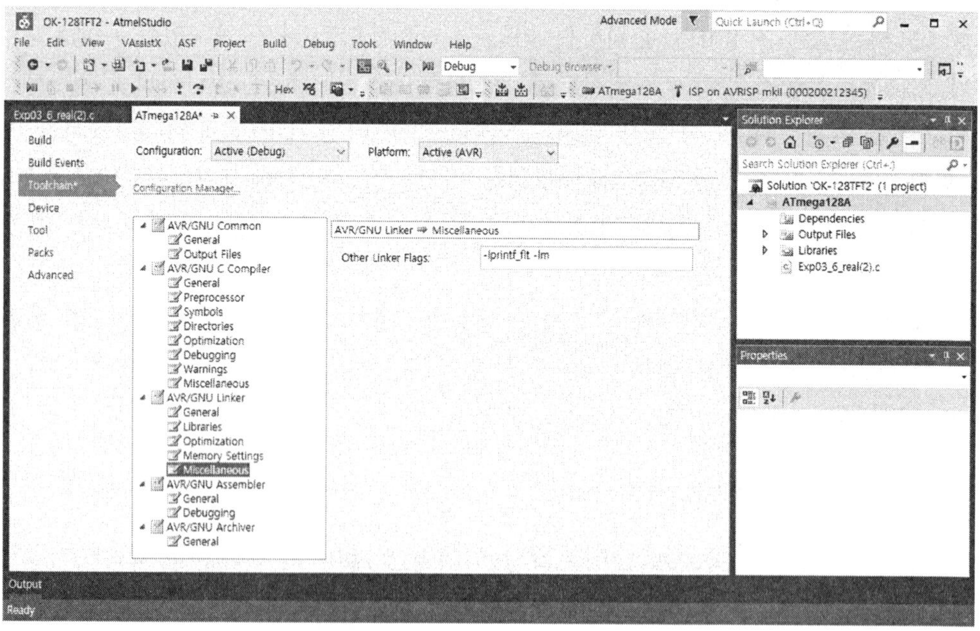

〈그림 4.3.9〉 printf() 함수에서 실수 데이터를 사용하기 위한 설정(2)

(2) 실수(부동소수점수) 데이터의 출력

다음에는 텍스트 LCD 모듈에 수치 데이터 중에서 실수(real number) 또는 부동소수점수(floating-point number)를 디스플레이하는 프로그래밍 기술을 익혀보기로 한다. 일단 여기서는 양의 실수만 예를 든다.

▣ 헤더파일 OK-128TFT-V2.h에서 제공하는 함수를 사용하는 경우

실수의 경우에도 헤더파일 OK-128TFT-V2.h에 수치 데이터를 텍스트 LCD 모듈에 출력하기 위한 사용자 함수를 만들어 놓았다. 이 함수들은 출력할 데이터의 길이에 상관없이 일반적으로 사용할 수 있도록 표시할 정수부의 자리수와 소수부의 자리수를 사용자가 지정할 수 있도록 하였다. 헤더파일 OK-128TFT-V2.h에서 제공하는 출력 함수를 사용하여 실수의 구구단을 텍스트 LCD에 출력하는 프로그램은 다음과 같다.

〈프로그램 Exp03_5.c〉 실수 데이터의 출력(1)

```
/* ========================================================================== */
/*            Exp03_5.c : Floating Point Number Multiplication Table          */
/* ========================================================================== */
/*                        Designed and programmed by Duck-Yong Yoon in 2020.  */

#include <avr/io.h>
#include "OK-128TFT-V2.h"

int main(void)
{
  unsigned char i, j;
  float x, y;

  MCU_initialize();                              // initialize ATmega128A MCU
  Delay_ms(50);                                  // wait for system stabilization
  LCD_initialize();                              // initialize text LCD module
  TFT_initialize();                              // initialize TFT-LCD module
  TFT_string(11,2,White,Black,"실습 예제 Exp03_5.c");

  while(1)
    { Beep();
      LCD_string(0x80," FLOAT MULTIPLY ");       // display title
      LCD_string(0xC0,"0.0 x 0.0 =00.00");
      Delay_ms(1000);

      x = 0.0;                                   // initial floating-point number
      for(i = 1; i <= 9; i++)
        { x += 1.1;
          y = 0.0;
          for(j = 1; j <= 9; j++)
            { y += 1.1;
              LCD_command(0xC0);                 // display multiplicand
              LCD_unsigned_float(x,1,1);
              LCD_command(0xC6);                 // display multiplier
              LCD_unsigned_float(y,1,1);
              LCD_command(0xCB);                 // display multiplication
              LCD_unsigned_float(x*y,2,2);
              Delay_ms(1000);
            }
        }
    }
}
```

▣ C컴파일러의 printf() 함수를 사용하는 경우

WinAVR C컴파일러에서 표준으로 제공하는 printf() 함수를 사용하여 % 서식지정 방식으로 수치 데이터를 출력하도록 앞의 예제 프로그램 Exp03_5.c를 다시 작성하여 보면 다음과 같다.

〈프로그램 Exp03_6.c〉 실수 데이터의 출력(2)

```
/* ========================================================================== */
/*           Exp03_6.c : Floating Point Number Multiplication Table           */
/* ========================================================================== */
/*                        Designed and programmed by Duck-Yong Yoon in 2020.  */

#include <avr/io.h>
#include <stdio.h>
#include "OK-128TFT-V2.h"

static int LCD_putchar(char c, FILE *stream);
static FILE device = FDEV_SETUP_STREAM(LCD_putchar, NULL, _FDEV_SETUP_WRITE);

static int LCD_putchar(char c, FILE *stream)     /* print a character to text LCD */
{
  if((c < 0x20) || (c > 0x7E))                   // check from 0x20 to 0x7E
    return 0;

  LCD_data(c);
    return 0;
}

int main(void)
{
  unsigned char i, j;
  float x, y;

  MCU_initialize();                              // initialize ATmega128A MCU
  Delay_ms(50);                                  // wait for system stabilization
  LCD_initialize();                              // initialize text LCD module
  TFT_initialize();                              // initialize TFT-LCD module
  TFT_string(11,2,White,Black,"실습 예제 Exp03_6.c");

  stdout = &device;                              // set text LCD to stdout

  while(1)
    { Beep();
      LCD_string(0x80," FLOAT MULTIPLY ");       // display title
      LCD_string(0xC0,"0.0 x 0.0 =00.00");
      Delay_ms(1000);

      x = 0.0;                                   // initial floating-point number
      for(i = 1; i <= 9; i++)
        { x += 1.1;
          y = 0.0;
          for(j = 1; j <= 9; j++)
            { y += 1.1;
              LCD_command(0xC0);                 // display multiplicand
              printf("%3.1f",x);
              LCD_command(0xC6);                 // display multiplier
              printf("%3.1f",y);
              LCD_command(0xCB);                 // display multiplication
              printf("%5.2f",x*y);
              Delay_ms(1000);
            }
        }
    }
}
```

6. 사용자 정의 문자 출력 프로그램

앞에서 설명한 것처럼 텍스트 LCD 모듈에는 5×7도트 크기로 최대 8문자까지의 사용자 정의 문자를 만들어 사용할 수 있다.

텍스트 LCD 모듈에 8글자의 사용자 정의 문자를 만들어 저장하고 이를 디스플레이하는 예제 프로그램은 다음과 같다. 이 예제에서는 텍스트 LCD 모듈에 8개의 사용자 정의 문자 "▶", "ㅁ", "ㅏ", "ㅅ"(연속된 2문자), "ㅌ", "ㅓ", "◀"의 폰트를 다운로드하고 이를 텍스트 LCD 모듈의 출력 문자열에 포함시켜 디스플레이한다. 여기에는 받침이 없는 한글 글자 "마스터"가 포함된다.

〈프로그램 Exp03_7.c〉 텍스트 LCD 모듈 사용자 정의 문자 출력 예제(1)

```
/* ========================================================================== */
/*        Exp03_7.c : User-Defined Character Display on Text LCD Module       */
/* ========================================================================== */
/*                          Designed and programmed by Duck-Yong Yoon in 2020.  */

#include <avr/io.h>
#include <avr/pgmspace.h>
#include "OK-128TFT-V2.h"

const unsigned char font[64] PROGMEM = {
  0x10, 0x18, 0x1C, 0x1E, 0x1C, 0x18, 0x10, 0x00,    // character 0 (left arrow)
  0x0F, 0x09, 0x09, 0x09, 0x09, 0x09, 0x0F, 0x00,    // character 1 (마)
  0x08, 0x08, 0x08, 0x0E, 0x08, 0x08, 0x08, 0x00,    // character 2
  0x01, 0x02, 0x04, 0x08, 0x00, 0x00, 0x0F, 0x00,    // character 3 (스)
  0x10, 0x08, 0x04, 0x02, 0x00, 0x00, 0x1E, 0x00,    // character 4
  0x0F, 0x08, 0x08, 0x0F, 0x08, 0x08, 0x0F, 0x00,    // character 5 (터)
  0x04, 0x04, 0x04, 0x1C, 0x04, 0x04, 0x04, 0x00,    // character 6
  0x01, 0x03, 0x07, 0x0F, 0x07, 0x03, 0x01, 0x00 }; // character 7 (right arrow)

void Set_user_font(void)                          /* set user character font */
{
  unsigned char i;

  LCD_command(0x40);                              // set CGRAM address
  for(i = 0; i < 64; i++)                         // download font data
     LCD_data(pgm_read_byte(&font[i]));
}

int main(void)
{
  MCU_initialize();                               // initialize ATmega128A MCU
  Delay_ms(50);                                   // wait for system stabilization
  LCD_initialize();                               // initialize text LCD module
  TFT_initialize();                               // initialize TFT-LCD module
  TFT_string(11,2,White,Black,"실습 예제 Exp03_7.c");

  Set_user_font();                                // set user character font

  while(1)
    { Beep();
      LCD_command(0x80);                          // display logo
      LCD_data(0x00);
      LCD_string(0x81," OK-128TFT V2 ");
      LCD_data(0x07);
```

```
        LCD_string(0xC0,"ATmega128 ");            // display message 1
        LCD_data(0x01);
        LCD_data(0x02);
        LCD_data(0x03);
        LCD_data(0x04);
        LCD_data(0x05);
        LCD_data(0x06);
        Delay_ms(2000);

        LCD_string(0xC0,"   2020/01/15   ");      // display message 2
        Delay_ms(2000);

        LCD_string(0xC0," DUCK-YONG YOON ");      // display message 3
        Delay_ms(2000);
      }
}
```

☞ 사용자 정의 문자를 텍스트 LCD 모듈에 다운로드하는 동작은 Set_user_font() 함수에서처럼 각 문자의 CGRAM 번지를 지정하고 8바이트의 폰트 데이터를 라이트하면 된다. 여기서는 8문자의 폰트를 연속으로 다운로드하기 때문에 첫 문자의 CGRAM 번지를 한번만 지정하고 나서 64바이트의 폰트 데이터를 연속으로 라이트하도록 처리하였다.

폰트 데이터처럼 읽기만 하는 바이트 상수 데이터를 플래시 메모리에 저장하려면 const~PROGMEM 지시어를 사용하며, 이를 읽을 때는 pgm_read_byte() 함수를 사용한다. 이러한 기능을 사용하려면 헤더파일 <avr/pgmspace.h>를 인클루드시켜야 한다.

사용자 정의 문자에 해당하는 0x00~0x07의 문자들도 문자열에 해당되기는 하지만, 이것들은 C언어에서 문자열을 의미하는 " " 안에 ASCII 문자로 포함시킬 수 없기 때문에 직접 코드값으로 지정하여 LCD_data() 함수로 1글자씩 출력해야 한다.

위의 예제 프로그램에서는 상수인 폰트 데이터를 플래시 메모리에 저장하였다. 그러나, 만약 사용자 정의 문자의 폰트 데이터를 위에서처럼 플래시 메모리의 상수 테이블이 아니고 SRAM에 변수 테이블로 저장하여 사용하려면 프로그램을 아래와 같이 수정하면 된다.

〈프로그램 Exp03_8.c〉 텍스트 LCD 모듈 사용자 정의 문자 출력 예제(2)

```
/* ======================================================================== */
/*        Exp03_8.c : User-Defined Character Display on Text LCD Module     */
/* ======================================================================== */
/*                          Designed and programmed by Duck-Yong Yoon in 2020.  */

#include <avr/io.h>
#include "OK-128TFT-V2.h"

unsigned char font[64] = {
  0x10, 0x18, 0x1C, 0x1E, 0x1C, 0x18, 0x10, 0x00,    // character 0 (left arrow)
  0x0F, 0x09, 0x09, 0x09, 0x09, 0x09, 0x0F, 0x00,    // character 1 (마)
  0x08, 0x08, 0x08, 0x0E, 0x08, 0x08, 0x08, 0x00,    // character 2
  0x01, 0x02, 0x04, 0x08, 0x00, 0x00, 0x0F, 0x00,    // character 3 (스)
  0x10, 0x08, 0x04, 0x02, 0x00, 0x00, 0x1E, 0x00,    // character 4
  0x0F, 0x08, 0x08, 0x0F, 0x08, 0x08, 0x0F, 0x00,    // character 5 (터)
  0x04, 0x04, 0x04, 0x1C, 0x04, 0x04, 0x04, 0x00,    // character 6
  0x01, 0x03, 0x07, 0x0F, 0x07, 0x03, 0x01, 0x00 }; // character 7 (right arrow)
```

```
void Set_user_font(void)                        /* set user character font */
{
  unsigned char i;

  LCD_command(0x40);                            // set CGRAM address
  for(i = 0; i < 64; i++)                       // download font data
     LCD_data(font[i]);
}

int main(void)
{
  MCU_initialize();                             // initialize ATmega128A MCU
  Delay_ms(50);                                 // wait for system stabilization
  LCD_initialize();                             // initialize text LCD module
  TFT_initialize();                             // initialize TFT-LCD module
  TFT_string(11,2,White,Black,"실습 예제 Exp03_8.c");

  Set_user_font();                              // set user character font

  while(1)
    { Beep();
      LCD_command(0x80);                        // display logo
      LCD_data(0x00);
      LCD_string(0x81," OK-128TFT V2 ");
      LCD_data(0x07);

      LCD_string(0xC0,"ATmega128 ");            // display message 1
      LCD_data(0x01);
      LCD_data(0x02);
      LCD_data(0x03);
      LCD_data(0x04);
      LCD_data(0x05);
      LCD_data(0x06);
      Delay_ms(2000);

      LCD_string(0xC0,"   2020/01/15   ");      // display message 2
      Delay_ms(2000);

      LCD_string(0xC0," DUCK-YONG YOON ");      // display message 3
      Delay_ms(2000);
    }
}
```

7. 실습 과제

(1) 헤더파일 OK-128TFT-V2.h에서 LCD_string() 함수의 동작을 상세하게 설명하라.

(2) 예제 Exp03_2.c의 함수 LCD_3d()에서 변수 flag이 하는 역할을 설명하라.

(3) 예제 프로그램 Exp03_3.c를 다음과 같이 16비트 수를 사용하여 1~65535 범위의 수를 반복적으로 표기하는 프로그램 Exp03_3R.c로 수정하라.

```
16-Bit Integer
0000H = 00000
```

4.4 키입력 및 인터럽트 처리 프로그램

이 절에서는 *OK-128TFT* 키트에 내장된 키의 입력을 수행하는 프로그램과 인터럽트 처리 프로그램을 작성하는 프로그래밍 기술을 익힌다.

관련 내용	(1) 제1.5절 ATmega128A의 인터럽트 처리 (2) 제3.1절 *OK-128TFT* 키트의 구조와 기능 (3) 제3.3절 WinAVR C컴파일러의 기능 요약

1. 키입력 프로그램

OK-128TFT 키트에는 외부 데이터 입력을 위하여 4개의 키 KEY1~KEY4를 가지고 있으며, 또한 외부 인터럽트 INT7 신호의 입력을 위하여 키 KEY5를 가지고 있다. 이들 키를 입력하는 것은 매우 단순해 보이지만 여기에 디바운싱 기술을 적용하여 제대로 키를 읽는 기술은 그다지 만만하거나 쉽지 않으므로 잘 익혀두어야 한다.

(1) 키입력의 기본 원리

키(key)에는 여러 가지 종류가 있는데 마이크로프로세서 응용 시스템에서 사용하는 대부분의 키는 기계적인 방법으로 금속 접점을 ON/OFF시키는 구조로 되어 있으며, 이를 <그림 4.4.1>의 (a)와 같이 풀업 저항(pull-up resistor)과 함께 사용하여 키를 누르지 않았을 때는 논리적으로 H상태(+5V)의 출력을 발생하고 키를 눌렀을 때는 L상태(0V)의 출력을 발생하도록 하여 마이크로프로세서가 키 입력 여부를 확인할 수 있게 된다.

그러나, 이러한 기계적인 접점 방식으로 되어 있는 키를 누르거나 뗄 때는 접점 부분에서의 기계적인 진동(bouncing)에 의하여 출력 파형이 <그림 4.4.2>와 같은 형태로 되고, 이를 매우 빠르게 동작하는 마이크로프로세서가 읽어들이게 되면 키를 여러 번 누른 것으로 잘못 인식할 수 있다. 이러한 키 접점에서의 진동은 대부분 최대 약 20ms 정도 이내에 끝나는 것으로 알려져 있으나, 키 접점 부분이 산화, 부식, 먼지 등으로 청결하지 못한 경우에는 이보다 더 길어질 수도 있다.

마이크로프로세서가 안정된 키 입력 동작을 수행하기 위해서는 이러한 키 접점에서의 진동을 제거해야 하는데 이를 **디바운싱**(debouncing)이라고 한다. 키 접점에서의 하드웨어적인 디바운싱 기법으로는 <그림 4.4.1>의 (b)처럼 저항 및 커패시터를 이용한 저역통과 필터(LPF ; Low-Pass Filter)를 사용하여 진동하는 신호를 완만하게 만들고, 여기에 슈미트 트리거(Schmitt Trigger) 회로를 추가하여 정확한 디지털 신호를 얻어내는 방법이 사용된다. 하지만, 이러한 하드웨어적인 디바운싱 방법은 추가적인 회로가 필요하게 되고, 따라서 퍼스널컴퓨터의 키보드처럼 키의 개수가 많을 때는 경제적인 부담과 수용 면적의 증가 때문에 이를 적용하기가 어렵다.

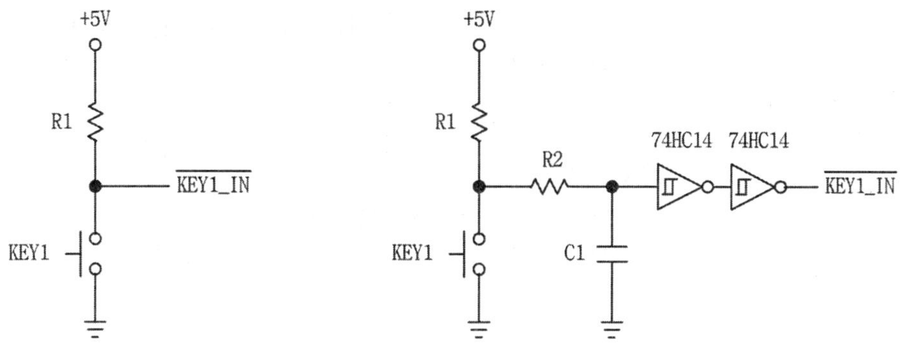

(a) 키입력 기본회로 (b) 하드웨어 디바운싱 기능을 갖는 키입력 회로

〈그림 4.4.1〉 키입력 회로

〈그림 4.4.2〉 바운싱 현상이 포함된 키입력 신호

OK-128TFT 키트에서 4개의 키를 입력하기 위한 동작을 정확히 이해하기 위하여 <그림 3.1.2>에 보였던 *OK-128TFT* 키트의 회로도에서 키와 관련된 부분만을 발췌하여 다시 보이면 <그림 4.4.3>과 같다.

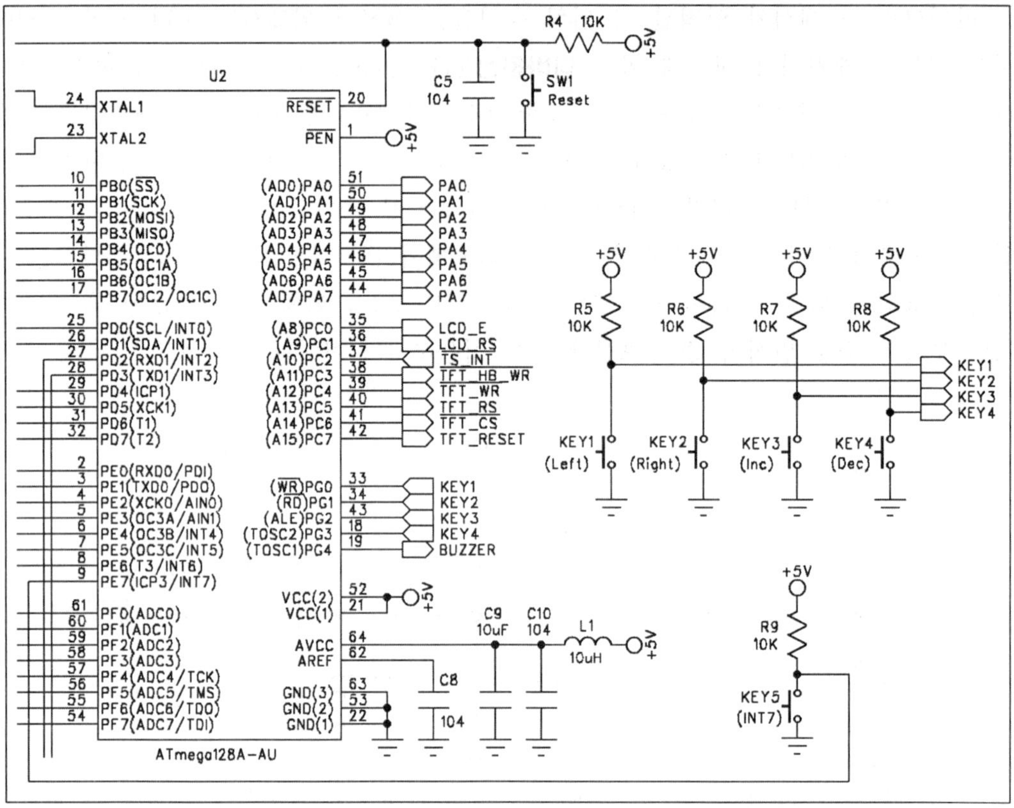

〈그림 4.4.3〉 *OK-128TFT* 키트의 키 입력 관련 회로

소프트웨어적인 디바운싱 기법에서는 시간지연(time delay) 루틴을 이용한다. 즉, 키가 눌려질 때는 처음 L상태가 검출되면 약 20ms의 시간지연 후에 다시 L상태인 것을 확인하고 나서 키가 눌려진 것으로 인식하며, 반대로 키가 떼어질 때는 처음 H상태가 검출되면 약 20ms의 시간지연 후에 다시 H상태인 것을 확인하고 나서 키가 떼어진 것으로 인식하면 된다. 이렇게 하여 1번 눌려진 동작과 1번 떼어진 동작이 검출되어야만 키가 정확히 1번 입력된 것으로 처리한다. 퍼스널컴퓨터에서는 키가 일정한 시간동안 계속하여 눌러져 있으면 이를 반복키(typematic key)로 처리하지만 마이크로프로세서 응용 시스템에서는 이런 기능을 거의 사용하지 않는다. 이러한 소프트웨어적인 디바운싱 방법은 마이크로프로세서의 키 스캔(scan) 동작에 따르는 처리시간이 부담되는 단점이 있지만, 키입력 회로가 간단해지고 시스템에 유연성이 있으므로 널리 사용된다.

이러한 키는 낱개로 몇 개 정도가 사용되는 경우도 있지만 많은 수의 키를 포함하는 전용 보드를 사용하기도 한다. 보통은 숫자키나 몇 개의 기능키 정도를 가지는 소규모 형태의 보드를 키패드(keypad)라고 하고, 알파벳키와 숫자키, 기능키 등을 가지는 완전한 형태의 보드를 키보드(keyboard)라고 한다.

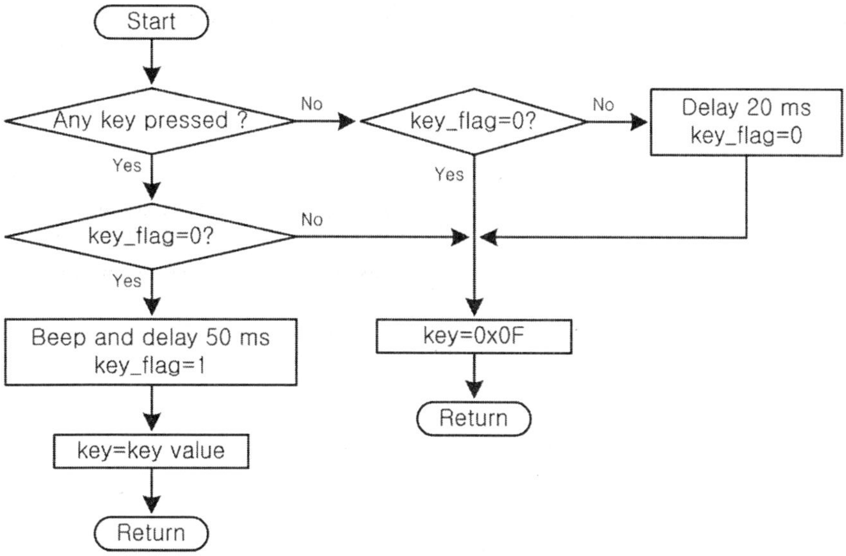

<그림 4.4.4> 키입력 함수 Key_input()의 순서도

앞에서 설명한 소프트웨어적인 디바운싱 기법을 적용하여 *OK-128TFT* 키트에 내장된 4개의 키 KEY1~KEY4를 읽어들이는 루틴은 C언어 프로그램용의 기본 헤더파일 OK-128TFT-V2.h에 Key_input()이라는 함수로 작성하여 놓았으므로 사용자는 필요할 때 이를 호출하여 쉽게 키입력을 수행할 수 있다. 이 키입력 함수 Key_input()의 동작을 보여주는 플로우차트는 <그림 4.4.4>와 같다. 키입력 함수 Key_input()에는 소프트웨어적인 디바운싱 기능 및 원터치 기능과 키를 누를 때마다 비프음을 울려주는 기능을 갖지만, Key_input_silent() 함수는 이중에서 비프음을 울리는 기능을 제외하였다. OK-128TFT-V2.h에서 제공하는 Key_input() 함수를 발췌하여 보이면 다음과 같다.

<헤더파일 OK-128TFT-V2.h> 이 헤더파일에서 발췌한 Key_input() 함수

```
                          (이전 생략)

#define KEY1             0x0E                   // KEY1 value
#define KEY2             0x0D                   // KEY2 value
#define KEY3             0x0B                   // KEY3 value
#define KEY4             0x07                   // KEY4 value
#define no_key           0x0F                   // no key input
#define MENU_key         0x0A                   // MENU key
```

```
unsigned char key_flag = 0;

unsigned char Key_input(void)                    /* input key KEY1 - KEY4 */
{
  unsigned char key;

  key = PING & 0x0F;                             // any key pressed ?
  if(key == 0x0F)                                // if no key, check key off
    { if(key_flag == 0)
        return key;
      else
        { Delay_ms(20);
          key_flag = 0;
          return key;
        }
    }
  else                                           // if key input, check continuous key
    { if(key_flag != 0)                          // if continuous key, treat as no key input
        return 0x0F;
      else                                       // if new key, beep and delay for debounce
        { Beep();
          key_flag = 1;
          return key;
        }
    }
}
                    (이후 생략)
```

☞ 위 헤더파일의 Key_input() 함수에서 Beep(); 부분을 Delay_ms(20);으로 수정하면 Key_input_silent() 함수가 된다.

(2) 기본적인 키입력 프로그램

이제 *OK-128TFT* 키트에 내장된 4개의 키 KEY1~KEY4를 읽어들여 현재 어느 키가 눌러졌는지를 확인하는 예제 프로그램을 살펴보기로 한다. 디바운싱 기능을 사용하지 않고 키입력을 검출하여 그 키에 해당하는 병렬 I/O 포트 G의 비트값을 TFT-LCD에 보여주는 프로그램을 작성하여 보면 다음과 같다.

〈프로그램 Exp04_1.c〉 디바운싱 기능을 사용하지 않은 키입력 프로그램

```
/* ========================================================================== */
/*              Exp04_1.c : 키입력 값 표시(키입력 함수를 사용하지 않음)            */
/* ========================================================================== */
/*                      Designed and programmed by Duck-Yong Yoon in 2020.    */

#include <avr/io.h>
#include "OK-128TFT-V2.h"

int main(void)
{
  unsigned char key;

  MCU_initialize();                               // initialize ATmega128A MCU
  Delay_ms(50);                                   // wait for system stabilization
  LCD_initialize();                               // initialize text LCD module
```

```
  TFT_initialize();                              // initialize TFT-LCD module

  LCD_string(0x80," OK-128TFT V2.0 ");           // display title
  LCD_string(0xC0,"   Exp04_1.c    ");
  Beep();

  TFT_string_large(7,8,White,Magenta," 키입력 값 ");
  TFT_string_large(4,15,White,Black,"PORTG = 0b00000000");

  while(1)
    { key = PING & 0x0F;                         // read PG0~PG3
      TFT_xy(14,15);                             // display value
      TFT_color(Cyan,Black);
      TFT_binary_large(key,8);
    }
}
```

☞ *OK-128TFT* 키트에서 키 KEY1~KEY4는 각각 ATmega128A의 병렬 I/O 포트 PG0~PG3 비트에 접속되어 있으며, 이 키트의 회로도를 보면 알 수 있듯이 누르지 않은 키는 논리값 1로 입력되고 누른 키는 논리값 0으로 입력된다. 키입력 동작을 수행할 때 포트G의 나머지 비트들은 키입력 동작과 아무런 관련이 없어서 무의미하므로 AND 마스킹의 선택적 리셋 기능을 사용하여 제거한다.

이 프로그램을 컴파일하여 다운로드하고 실행하라. 그리고, 키 KEY1~KEY4를 차례로 누르면서 TFT-LCD의 화면에 나타나는 비트값이 올바른지 관찰하라.

이번에는 기본 헤더파일 OK-128TFT-V2.h에서 제공하는 키입력 함수 Key_input()을 사용하여 임의의 키를 입력하고, 이 키입력에 따라 지정된 기능을 수행하는 프로그램을 작성하여 보면 다음과 같다. 이 함수에는 디바운싱 기능과 키를 1번 누르면 키입력이 정확하게 1회만 검출되도록 하는 원터치(one-touch) 기능을 가지고 있다.

〈프로그램 Exp04_2.c〉 디바운싱 기능을 사용한 키입력 프로그램

```
/* ========================================================================== */
/*                    Exp04_2.c : 키입력 함수를 사용한 프로그램                    */
/* ========================================================================== */
/*                     Designed and programmed by Duck-Yong Yoon in 2020.   */

#include <avr/io.h>
#include "OK-128TFT-V2.h"

int main(void)
{
  unsigned char key;

  MCU_initialize();                              // initialize ATmega128A MCU
  Delay_ms(50);                                  // wait for system stabilization
  LCD_initialize();                              // initialize text LCD module
  TFT_initialize();                              // initialize TFT-LCD module

  LCD_string(0x80," OK-128TFT V2.0 ");           // display title
  LCD_string(0xC0,"   Exp04_2.c    ");
  Beep();

  TFT_string(6, 9,White,Magenta," 키 KEY1~KEY4를 누르시오 ! ");
```

```
  while(1)
    { key = Key_input();                          // key input
      switch(key)
        { case KEY1 : LED2_on();
                      TFT_string_large(7,18, Cyan,Black, "KEY1 is OK !");
                      Delay_ms(100);
                      LED2_off();
                      break;
          case KEY2 : LED2_on();
                      TFT_string_large(7,18, Cyan,Black, "KEY2 is OK !");
                      Delay_ms(100);
                      LED2_off();
                      break;
          case KEY3 : LED2_on();
                      TFT_string_large(7,18, Cyan,Black, "KEY3 is OK !");
                      Delay_ms(100);
                      LED2_off();
                      break;
          case KEY4 : LED2_on();
                      TFT_string_large(7,18, Cyan,Black, "KEY4 is OK !");
                      Delay_ms(100);
                      LED2_off();
                      break;
          default:    break;
        }
    }
}
```

(3) 키입력 카운트 프로그램

앞에서의 기본적인 키입력 프로그램에서는 단지 키입력을 확인하는 정도였으므로 그 내부에서 디바운싱 기능과 원터치 기능이 올바르게 수행되는지 여부를 느끼기가 쉽지 않았다. 그러나, 다음의 키입력 카운트 프로그램을 살펴보면 디바운싱 기능이나 키를 한번 눌렀을 때 정확히 키입력이 1번만 인식되도록 하는 기능이 얼마나 중요한지를 알 수 있다.

▣ 디바운싱 기능을 사용하지 않은 경우

키입력 동작에서 디바운싱 기능 및 원터치 기능을 사용하지 않고 키를 검출하여 각각의 키입력 횟수를 TFT-LCD에 표시하는 프로그램을 작성하면 다음과 같다.

〈프로그램 Exp04_3.c〉 디바운싱 기능을 사용하지 않은 키입력 카운트 프로그램

```
/* ========================================================================== */
/*          Exp04_3.c : 키입력 카운트(디바운싱 및 원터치 기능을 사용안함)        */
/* ========================================================================== */
/*                    Designed and programmed by Duck-Yong Yoon in 2020.      */

#include <avr/io.h>
#include "OK-128TFT-V2.h"

int main(void)
```

```
{
  unsigned char key;
  unsigned int KEY1_count, KEY2_count, KEY3_count, KEY4_count;

  MCU_initialize();                               // initialize ATmega128A MCU
  Delay_ms(50);                                   // wait for system stabilization
  LCD_initialize();                               // initialize text LCD module
  TFT_initialize();                               // initialize TFT-LCD module

  LCD_string(0x80," OK-128TFT V2.0 ");            // display title
  LCD_string(0xC0,"   Exp04_3.c    ");
  Beep();

  TFT_string(1,5, White,Magenta, " 키입력 카운트 프로그램  (디바운싱 X) ");
  TFT_string_large(5,10, White,Black, "KEY1 입력 = 00000");
  TFT_string_large(5,14, White,Black, "KEY2 입력 = 00000");
  TFT_string_large(5,18, White,Black, "KEY3 입력 = 00000");
  TFT_string_large(5,22, White,Black, "KEY4 입력 = 00000");

  KEY1_count = 0;                                 // initialize variables
  KEY2_count = 0;
  KEY3_count = 0;
  KEY4_count = 0;

  while(1)
    { key = PING & 0x000F;                        // key input
      switch(key)
        { case KEY1 : LED2_on();
                      KEY1_count++;               // increment KEY1 count
                      TFT_xy(17,10);              // display KEY1 count
                      TFT_color(Green,Black);
                      TFT_unsigned_decimal_large(KEY1_count,1,5);
                      LED2_off();
                      break;
          case KEY2 : LED2_on();
                      KEY2_count++;               // increment KEY2 count
                      TFT_xy(17,14);              // display KEY2 count
                      TFT_color(Green,Black);
                      TFT_unsigned_decimal_large(KEY2_count,1,5);
                      LED2_off();
                      break;
          case KEY3 : LED2_on();
                      KEY3_count++;               // increment KEY3 count
                      TFT_xy(17,18);              // display KEY3 count
                      TFT_color(Green,Black);
                      TFT_unsigned_decimal_large(KEY3_count,1,5);
                      LED2_off();
                      break;
          case KEY4 : LED2_on();
                      KEY4_count++;               // increment KEY4 count
                      TFT_xy(17,22);              // display KEY4 count
                      TFT_color(Green,Black);
                      TFT_unsigned_decimal_large(KEY4_count,1,5);
                      LED2_off();
                      break;
          default:    break;
        }
    }
}
```

☞ 여기서는 키입력 함수 Key_input()을 사용하지 않고 직접 병렬 I/O 포트 PING를 읽어 키를 검출하였으므로 디바운싱 기능이나 키입력을 1번만 수행하는 원터치 기능은 포함되지 않는다. 키 KEY1~KEY4를 누른 횟수는 각각의 변수에 저장되며, 이를 TFT-LCD 모듈에 5자리 10진수로 표시하였다.

이 프로그램을 컴파일하여 다운로드하고 실행하라. 그리고, 키 KEY1~KEY4를 차례로 누르면서 TFT-LCD 화면에 나타나는 카운트 값을 관찰하라. 디바운싱 기능과 키입력을 1회만 수행하는 원터치 기능이 포함되어 있지 않으므로 키를 분명히 1번만 눌렀는데도 카운트 값이 마구잡이로 크게 증가하는 것을 볼 수 있는가?

▣ 디바운싱 기능을 사용한 경우

이번에는 디바운싱 기능과 키입력이 1회만 검출되도록 하는 원터치 기능을 사용한 키입력 카운트 프로그램을 C언어로 작성하여 보면 다음과 같다.

〈프로그램 Exp04_4.c〉 디바운싱 기능을 사용한 키입력 카운트 프로그램

```
/* ============================================================================ */
/*            Exp04_4.c : 키입력 카운트(디바운싱 및 원터치 기능을 사용함)        */
/* ============================================================================ */
/*                        Designed and programmed by Duck-Yong Yoon in 2020.   */

#include <avr/io.h>
#include "OK-128TFT-V2.h"

int main(void)
{
  unsigned char key;
  unsigned int KEY1_count, KEY2_count, KEY3_count, KEY4_count;

  MCU_initialize();                          // initialize ATmega128A MCU
  Delay_ms(50);                              // wait for system stabilization
  LCD_initialize();                          // initialize text LCD module
  TFT_initialize();                          // initialize TFT-LCD module

  LCD_string(0x80," OK-128TFT V2.0 ");       // display title
  LCD_string(0xC0,"   Exp04_4.c    ");
  Beep();

  TFT_string(1,5, White,Magenta, " 키입력 카운트 프로그램  (디바운싱 O) ");
  TFT_string_large(5,10, White,Black, "KEY1 입력 = 00000");
  TFT_string_large(5,14, White,Black, "KEY2 입력 = 00000");
  TFT_string_large(5,18, White,Black, "KEY3 입력 = 00000");
  TFT_string_large(5,22, White,Black, "KEY4 입력 = 00000");

  KEY1_count = 0;                            // initialize variables
  KEY2_count = 0;
  KEY3_count = 0;
  KEY4_count = 0;

  while(1)
    { key = Key_input();                     // key input
      switch(key)
        { case KEY1 : LED2_on();
                      KEY1_count++;          // increment KEY1 count
                      TFT_xy(17,10);         // display KEY1 count
                      TFT_color(Green,Black);
                      TFT_unsigned_decimal_large(KEY1_count,1,5);
                      LED2_off();
                      break;
          case KEY2 : LED2_on();
                      KEY2_count++;          // increment KEY2 count
                      TFT_xy(17,14);         // display KEY2 count
                      TFT_color(Green,Black);
```

```
                    TFT_unsigned_decimal_large(KEY2_count,1,5);
                    LED2_off();
                    break;
        case KEY3 : LED2_on();
                    KEY3_count++;              // increment KEY3 count
                    TFT_xy(17,18);             // display KEY3 count
                    TFT_color(Green,Black);
                    TFT_unsigned_decimal_large(KEY3_count,1,5);
                    LED2_off();
                    break;
        case KEY4 : LED2_on();
                    KEY4_count++;              // increment KEY4 count
                    TFT_xy(17,22);             // display KEY4 count
                    TFT_color(Green,Black);
                    TFT_unsigned_decimal_large(KEY4_count,1,5);
                    LED2_off();
                    break;
        default:    break;
      }
    }
}
```

☞ 여기서는 키입력 함수 Key_input()을 사용하여 디바운싱 기능과 키입력을 정확히 1번만 수행하는 원터치 기능을 수행하였다. 역시 키 KEY1~KEY4를 누른 횟수는 각각의 변수에 저장되며, 이를 TFT-LCD에 5자리 10진수로 표시하였다.

이 프로그램을 컴파일하여 다운로드하고 실행하라. 그리고, 키 KEY1~KEY4를 차례로 누르면서 TFT-LCD 화면에 나타나는 카운트 값을 관찰하라. 디바운싱 기능과 키입력을 1회만 수행하는 원터치 기능이 포함되어 있으므로 키를 누를 때마다 해당 키의 카운트 값이 정확히 1씩 증가하는 것을 볼 수 있는가?

2. 인터럽트 처리 프로그램

표준의 C언어에서는 원천적으로 인터럽트와 같이 매우 하드웨어 의존적인 기능을 지원하지 않으므로 C컴파일러마다 인터럽트와 관련된 기능을 처리하는 방식이 상당히 다르다. WinAVR C컴파일러에서 인터럽트 처리함수는

```
ISR(vector)
{
}
```

와 같은 형식으로 작성하며, 여기서 *vector*는 각 인터럽트에 고유하게 정해져 있는 인터럽트 벡터의 이름으로서 이는 앞의 <표 1.5.1>과 <표 3.3.6>에서 보였다. 그러면 이 함수는 인터럽트 처리함수가 되므로 일반 사용자 함수와 달리 마지막에 RET 명령이 아니라 RETI 명령을 사용하도록 번역되고, 프로그램 메모리에서 해당 인터럽트 벡터

위치에 이 함수 위치로 점프하는 JMP 명령이 만들어져 위치한다.

여기서는 *OK-128TFT* 키트에서 외부 인터럽트 INT7 신호의 입력을 위하여 만들어 놓은 키 KEY5를 이용하여 외부 인터럽트를 발생시키는 여러가지 예제 프로그램을 살펴보기로 한다. 그러나, 타이머에 의한 인터럽트 처리 기술은 제4.9절에서 따로 공부한다.

(1) 레벨 트리거 방식의 외부 인터럽트

이제 레벨 트리거 방식으로 ATmega128A의 외부 인터럽트를 발생시키는 예를 살펴보기로 한다. 이 동작은 <그림 4.4.3>의 *OK-128TFT* 키트 회로도와 함께 이해하는 것이 필요하다. 다음은 *OK-128TFT* 키트에서 키 KEY5를 눌러서 레벨 트리거 방식으로 외부 인터럽트 INT7을 발생시키고, 이 인터럽트가 발생할 때마다 인터럽트 서비스 함수에서 LED1과 LED2를 토글하고 인터럽트 발생 횟수를 카운트하여 TFT-LCD에 표시하는 프로그램이다.

〈프로그램 Exp04_5.c〉 레벨 트리거 방식에 의한 INT7 인터럽트 처리 프로그램

```
/* ========================================================================== */
/*              Exp04_5.c : INT7 인터럽트 프로그램 (레벨 트리거)               */
/* ========================================================================== */
/*                    Designed and programmed by Duck-Yong Yoon in 2020.      */

#include <avr/io.h>
#include <avr/interrupt.h>
#include "OK-128TFT-V2.h"

volatile unsigned int int_count = 0;

ISR(INT7_vect)                                  /* INT7 interrupt function */
{
  int_count++;

  LED_toggle();                                 // toggle LED
  TFT_color(Green,Black);                       // display interrupt count
  TFT_xy(10,17);
  TFT_unsigned_decimal_large(int_count,1,5);
}

int main(void)
{
  MCU_initialize();                             // initialize ATmega128A MCU
  Delay_ms(50);                                 // wait for system stabilization
  LCD_initialize();                             // initialize text LCD module
  TFT_initialize();                             // initialize TFT-LCD module

  LCD_string(0x80," OK-128TFT V2.0 ");          // display title
  LCD_string(0xC0,"   Exp04_5.c    ");
  Beep();

  TFT_string_large(4,8, White,Magenta, " 인터럽트 카운트 ");
  TFT_string(6,12, Cyan,Black, "(레벨 트리거 + 디바운싱X)");
  TFT_string_large(10,17, White,Black, "00000");
```

```
  EICRB = 0x00;                           // INT7 = level trigger
  EIMSK = 0x80;                           // enable INT7
  EIFR = 0xFF;                            // clear interrupt flag
  sei();                                  // global interrupt enable

  while(1);                               // wait interrupt
}
```

☞ 인터럽트의 모든 초기화가 끝나면 메인 루틴에서는 더 이상 할 일이 없으므로 무한루프로 처리하였다. 그 이후의 모든 처리는 인버텁트가 발생할 때마다 인터럽트 함수 내에서 수행된다.

이 프로그램을 컴파일하여 *OK-128TFT* 키트에 다운로드하고 실행하라. 그리고, 키 KEY5를 여러 차례 누르면서 인터럽트가 발생하는 것을 확인하라. 여기서는 인터럽트 신호 INT7을 레벨 트리거 방식으로 처리하였으므로 스위치를 누를 때만 인터럽트가 요청되며, 따라서 만약 스위치를 짧게 누르면 정확히 1번만 인터럽트가 발생할 수도 있다. 그러나, 스위치를 오래 누르고 있으면 인터럽트 서비스 루틴에서 복귀하자마자 또 다시 동일한 인터럽트가 검출되므로 여러번 반복하여 인터럽트가 발생된다. 이는 레벨 트리거 방식으로 인터럽트를 요청할 때는 인터럽트 신호의 길이가 중요하다는 것을 의미한다.

(2) 에지 트리거 방식의 외부 인터럽트

그러나, 사람이 손으로 키 KEY5를 누르는 방법으로 인터럽트 신호를 사용자가 원하는대로 짧게 하여 인터럽트가 정확히 1번만 발생하도록 하는 것은 매우 어렵기 때문에 이런 경우에는 인터럽트 신호를 레벨 트리거 방식보다는 에지 트리거 방식으로 처리하는 것이 바람직하다. 위의 예제 프로그램 Exp04_5.c를 하강 에지에 의한 트리거 방식으로 수정하면 다음과 같다.

〈프로그램 Exp04_6.c〉 하강 에지 트리거 방식에 의한 INT7 인터럽트 처리 프로그램

```
/* ========================================================================= */
/*            Exp04_6.c : INT7 인터럽트 프로그램 (하강 에지 트리거)          */
/* ========================================================================= */
/*                    Designed and programmed by Duck-Yong Yoon in 2020.    */

#include <avr/io.h>
#include <avr/interrupt.h>
#include "OK-128TFT-V2.h"

volatile unsigned int int_count = 0;

ISR(INT7_vect)                            /* INT7 interrupt function */
{
  int_count++;
```

```
  LED_toggle();                                  // toggle LED
  TFT_color(Green,Black);                        // display interrupt count
  TFT_xy(10,17);
  TFT_unsigned_decimal_large(int_count,1,5);
}

int main(void)
{
  MCU_initialize();                              // initialize ATmega128A MCU
  Delay_ms(50);                                  // wait for system stabilization
  LCD_initialize();                              // initialize text LCD module
  TFT_initialize();                              // initialize TFT-LCD module

  LCD_string(0x80," OK-128TFT V2.0 ");           // display title
  LCD_string(0xC0,"    Exp04_6.c    ");
  Beep();

  TFT_string_large(4,8, White,Magenta, " 인터럽트 카운트 ");
  TFT_string(4,12, Cyan,Black, "(하강 에지 트리거 + 디바운싱X)");
  TFT_string_large(10,17, White,Black, "00000");

  EICRB = 0x80;                                  // INT7 = falling edge trigger
  EIMSK = 0x80;                                  // enable INT7
  EIFR = 0xFF;                                   // clear interrupt flag
  sei();                                         // global interrupt enable

  while(1);                                      // wait interrupt
}
```

이 프로그램을 컴파일하여 다운로드하고 실행하라. 그리고, 키 KEY5를 여러 차례 누르면서 인터럽트가 발생하는 것을 확인하라. 여기서는 인터럽트 신호 INT7을 하강 에지 트리거 방식으로 동작하도록 설정하였으므로 스위치를 오래 누르고 있어도 인터럽트는 기본적으로 1번만 발생한다. 그러나, 이와 같이 에지 트리거 방식으로 인터럽트를 처리하더라도 간혹 스위치를 누를 때 접점에서의 기계적 진동(bouncing)에 의하여 인터럽트가 여러번 걸릴 수 있고, 또한 스위치를 뗄 때도 마찬가지 이유로 원하지 않는 인터럽트가 걸릴 수 있다. 이러한 바운싱 현상을 억제하고 키를 1번 누를 때마다 정확하게 외부 인터럽트가 1번만 발생하도록 하려면 좀 더 어려운 프로그래밍 기술이 요구된다.

(3) 디바운싱 기능 및 원터치 기능을 갖는 외부 인터럽트

사람이 손으로 키 KEY5를 누를 때 키 접점에서의 진동에 의하여 INT7 입력신호에서 여러 번의 하강 에지가 발생할 수 있다. 또한 키를 뗄 때도 동일한 이유로 INT7 입력신호의 하강 에지가 발생할 수 있다. 이 때문에 하강 에지에 의한 외부 인터럽트 방식을 사용하더라도 그냥 단순하게 처리하면 키 KEY5를 누를 때마다 정확히 인터럽트가 1번만 발생되지는 않게 된다.

이 문제를 해결하려면 인터럽트 함수에서 키를 누르거나 뗄 때 키 접점에서의 진동을 제거하는 디바운싱 기법과 키를 한번 누르고 나면 그 다음에는 확실하게 떼었다가 다시 눌러야만 다음의 인터럽트가 걸리도록 하는 원터치 기능을 구현해주어야 한다. 위의 예제 프로그램 Exp04_6.c에 이처럼 디바운싱 기능과 원터치 기능을 추가하도록 수정하여 다시 작성하면 다음과 같다.

〈프로그램 Exp04_7.c〉 디바운싱과 원터치 기능을 갖는 INT7 인터럽트 처리 프로그램

```
/* ========================================================================== */
/*        Exp04_7.c : INT7 인터럽트 프로그램 (하강 에지 트리거 + 디바운싱)       */
/* ========================================================================== */
/*                          Designed and programmed by Duck-Yong Yoon in 2020.  */

#include <avr/io.h>
#include <avr/interrupt.h>
#include "OK-128TFT-V2.h"

volatile unsigned int int_count = 0;

ISR(INT7_vect)                                  /* INT7 interrupt function */
{
  unsigned char int_flag;

  int_count++;

  LED_toggle();                                 // toggle LED
  TFT_color(Green,Black);                       // display interrupt count
  TFT_xy(10,17);
  TFT_unsigned_decimal_large(int_count,1,5);

  int_flag = 0;
  while(int_flag <= 1)                          // wait until KEY5 off(INT7=1)
    { int_flag = 0;
      if((PINE & 0x80) == 0x80) int_flag++;
      Delay_ms(20);
      if((PINE & 0x80) == 0x80) int_flag++;
    }

  EIFR |= 0x80;                                 // clear INT7 interrupt flag
}

int main(void)
{
  MCU_initialize();                             // initialize ATmega128A MCU
  Delay_ms(50);                                 // wait for system stabilization
  LCD_initialize();                             // initialize text LCD module
  TFT_initialize();                             // initialize TFT-LCD module

  LCD_string(0x80," OK-128TFT V2.0 ");          // display title
  LCD_string(0xC0,"    Exp04_7.c    ");
  Beep();

  TFT_string_large(4,8, White,Magenta, " 인터럽트 카운트 ");
  TFT_string(4,12, Cyan,Black, "(하강 에지 트리거 + 디바운싱0)");
  TFT_string_large(10,17, White,Black, "00000");

  EICRB = 0x80;                                 // INT7 = falling edge trigger
  EIMSK = 0x80;                                 // enable INT7
  EIFR = 0xFF;                                  // clear interrupt flag
  sei();                                        // global interrupt enable

  while(1);                                     // wait interrupt
}
```

☞ 이 프로그램에서 사용한 디바운싱 및 원터치 처리 프로그래밍 기술이 우리가 사용할 수 있는 유일한 해결책은 아니므로 독자 여러분이 여러가지 처리 기법을 스스로 만들어 시도하여 보기 바란다. 이 프로그램에서 사용한 방법은 시간지연에 의한 디바운싱도 중요하지만 인터럽트 처리 함수를 종료하기 전에 EIFR |= 0x80; 명령으로 INT7의 인터럽트 플랙을 클리어하는 것이 특히 중요하다. 그동안 진동에 의하여 인터럽트가 요청된 사실이 있으면 이를 모두 삭제하기 위함이다.

이 프로그램을 컴파일하여 다운로드하고 실행하라. 그리고, 키 KEY5를 여러 차례 누르면서 인터럽트가 발생하는 것을 눈으로 확인하라. 이 프로그램에서는 인터럽트 신호 INT7을 하강 에지 트리거 방식으로 처리하면서 디바운싱 기술과 원터치 기술을 적용하였으므로 TFT-LCD 모듈에 표시되는 카운트 값이 정확히 1씩 증가하는 것을 확인할 수 있다.

그러나, 이 프로그램에서 사용한 기술은 1가지 단점이 있는데 그것은 키를 누른 것이 확인되었으면 원터치 기능을 수행하기 위하여 이 키가 떨어질 때까지 기다리기 때문에 만약 사람이 키를 오래 누르고 있으면 프로그램이 인터럽트 처리 함수에 묶여서 다른 처리를 수행할 수 없게 된다는 것이다. 그러나, 사용자가 키 KEY5를 누를 때 보통의 속도로 신속하게 눌렀다 뗀다면 실용적으로 큰 문제는 없다.

3. 실습 과제

(1) ATmega128A의 외부 인터럽트에서 레벨 트리거 방식과 에지 트리거 방식의 차이를 비교 설명하라.

(2) 예제 프로그램 Exp04_7.c에서 인터럽트 처리 함수가 끝나기 전에 EIFR |= 0x80; 명령으로 인터럽트 INT7의 플랙을 클리어해야 하는 이유를 설명하라.

(3) 예제 프로그램 Exp04_7.c에 자기 자신이 고안한 디바운싱 및 원터치 방법을 적용한 프로그램 Exp04_7R.c을 작성하라.

4.5 TFT-LCD 모듈 영문 ASCII 출력 프로그램

이 절에서는 *OK-128TFT* 키트에서 사용하는 TFT-LCD 모듈의 구조, 기능, 사용 방법에 대하여 공부하고, 여기에 영문 ASCII 문자를 출력하는 프로그램 작성 기술을 익히기로 한다. 이 TFT-LCD 모듈은 앞으로 많은 예제 프로그램에서 자주 사용하므로 잘 알아두어야 한다.

관련 내용	(1) 제3.1절 *OK-128TFT* 키트의 구조와 기능 (2) 제4.1절 Atmel Studio를 사용한 C언어 프로그래밍 (3) 제4.3절 텍스트형 LCD 모듈 응용 프로그램

1. TFT-LCD 컨트롤러 HX8347-A

OK-128TFT 키트에서 사용하고 있는 *TFT-32A* 보드의 3.2인치 TFT-LCD 모듈에는 컨트롤러로서 Himax사의 HX8347-A 소자를 사용한다. 이것은 소스 드라이버, 게이트 드라이버, 그래픽 RAM(GRAM)을 모두 포함하고 있는 소형 TFT-LCD 모듈의 컨트롤러로서 최대 240RGB×320의 해상도와 262,144 컬러를 지원한다.

이것은 외부와 시스템 인터페이스 방식, RGB 인터페이스 방식, SPI 방식 등의 3가지로 접속할 수 있으며, 픽셀당 18비트를 사용하면 R = G = B = 6비트로 총 262,144 컬러를 표현할 수도 있고, 만약 픽셀당 16비트를 사용하면 R = 5비트, G = 6비트, B = 5비트로 총 65,536 컬러를 표현할 수 있다. 시스템 인터페이스 방식에서 외부와의 데이터 버스는 8비트, 16비트, 18비트 중에 임의로 선택하여 사용할 수 있다.

모든 내부 로직과 I/O 인터페이스는 IOVCC = 1.65V~3.3V의 범위에서 동작하고, 드라이버 회로는 VCI = 2.3V~3.3V의 범위에서 동작하며, 정상적인 동작 온도 범위는 -40~+85℃이다. 따라서, 이 TFT-LCD 컨트롤러나 이를 사용한 TFT-LCD 모듈의 데이터 시트에서는 +2.8V의 전원을 사용하도록 권장하지만 우리의 *OK-128TFT* 키트에서처럼 여기에 +3.3V 전원을 사용하더라도 아무 문제가 없다.

HX8347은 총 1291개의 핀을 가지고 있으며, 기능적인 내부 구조를 블록도로 보이면 <그림 4.5.1>과 같다.

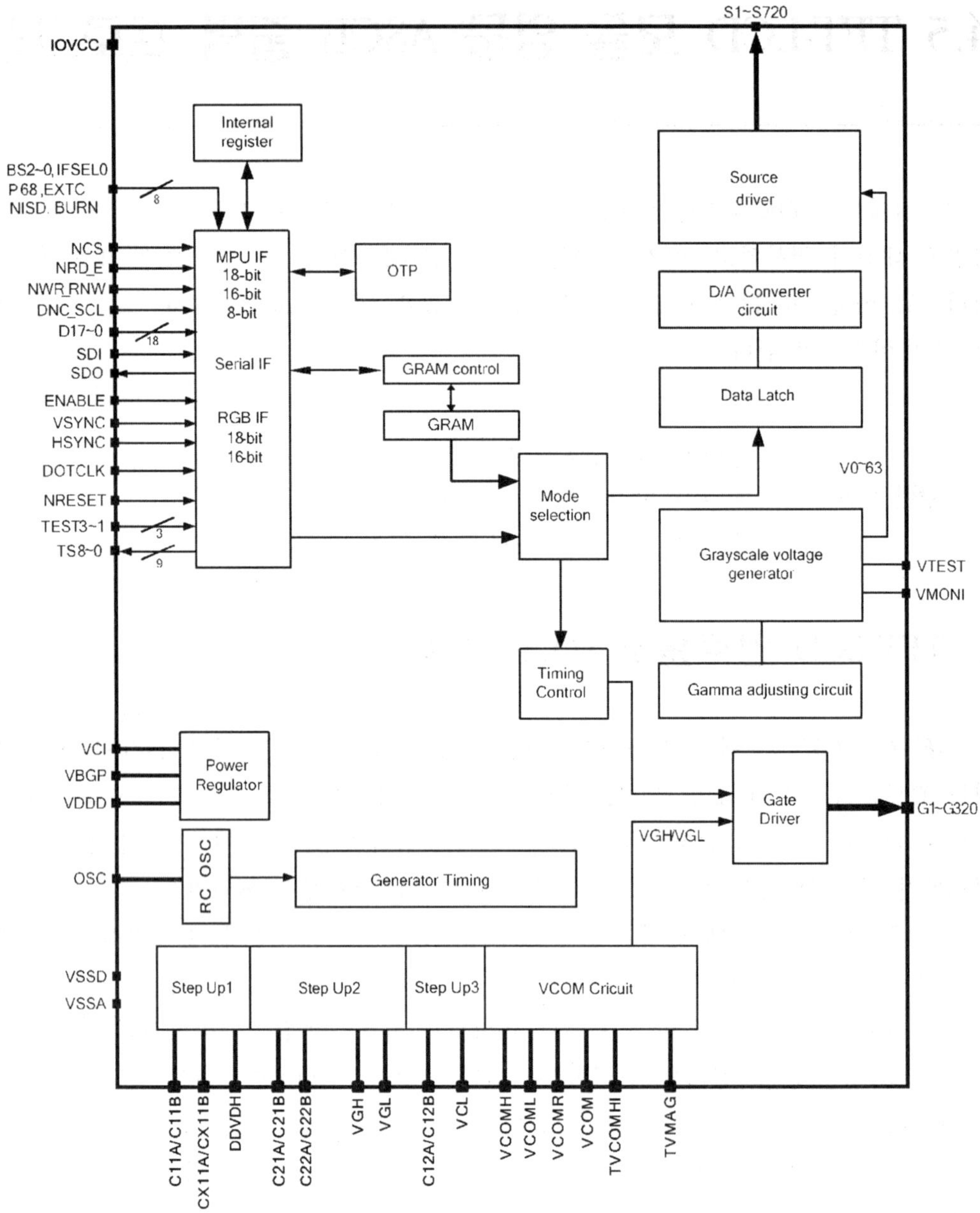

〈그림 4.5.1〉 HX8347의 내부 구성 블록도

(1) CPU 인터페이스 방식

HX8347은 시스템 인터페이스 방식, RGB 인터페이스 방식, SPI 인터페이스 방식 등을 모두 지원하며, 시스템 인터페이스 방식에서는 인텔 8080형의 동작 파형과 모토롤라 MC6800형의 동작 파형을 선택적으로 사용할 수 있다. 어느 인터페이스 방식을 사용하든지 GRAM에 전송하는 픽셀 데이터는 18비트 또는 16비트를 선택하여 사용할 수 있으며, 시스템 인터페이스 방식에서는 하드웨어적으로 접속하는 병렬 버스를 8비트, 16비트, 18비트 중에서 임의로 선택하여 사용할 수 있다.

이러한 모든 설정은 HX8347의 외부 핀과 내부 제어 레지스터를 사용하여 수행되는데, 우리가 사용하는 TFT-LCD 모듈에서는 인텔 8080형의 동작 파형으로 16비트 병렬 버스에 의한 시스템 인터페이스 방식을 사용하도록 하드웨어가 고정되어 있으며, 따라서 총 표시 가능한 컬러도 65,536가지로 제한된다. HX8347에서 16비트 병렬 버스를 사용하는 경우에는 데이터 버스의 D17~D0 중에서 D15~D0을 사용한다.

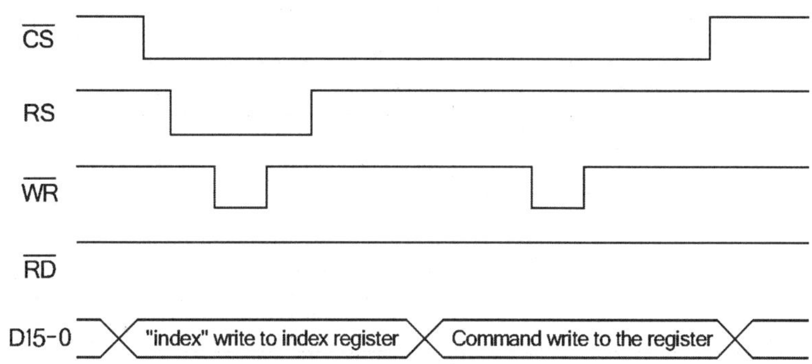

(a) 제어 레지스터값의 설정

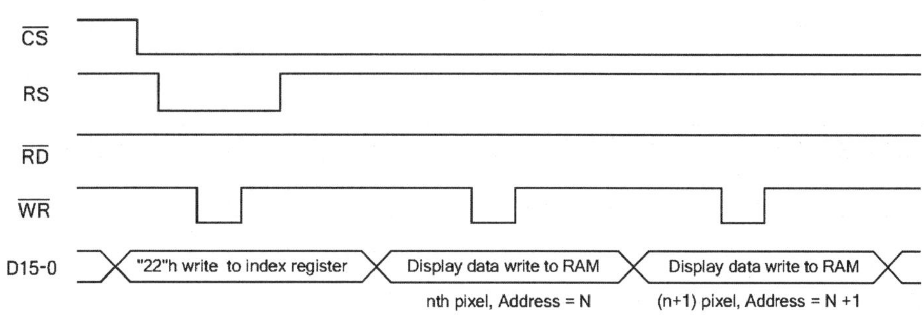

(b) GRAM 데이터 출력

〈그림 4.5.2〉 HX8347의 시스템 인터페이스 방식에서 데이터 쓰기

<그림 4.5.2>에는 시스템 인터페이스 방식에서 16비트 버스로 인덱스 레지스터를 통하여 제어 레지스터를 설정하거나 또는 GRAM에 픽셀 데이터를 출력하는 동작 타이밍도를 보였다. 이 그림에서 보듯이 HX8347의 어느 제어 레지스터에 값을 쓰려면 먼저 인덱스 레지스터에 목적 레지스터 번호를 지정하고 나서 해당 레지스터에 값을 써주면 된다. 처음에 화면의 픽셀 위치를 지정하고 나서 22번의 데이터 레지스터에 컬

러 값을 연속적으로 쓰면 픽셀이 화면의 우측으로 자동으로 이동되면서 써진다.

<그림 4.5.3>에는 인텔 8080형의 시스템 인터페이스 동작에서 HX8347-A 소자의 read/write 동작을 수행하는 정확한 타이밍도를 보였다. TFT-LCD 모듈의 화면처리 속도를 빠르게 하려면 이 동작 타이밍도에 명시된 사양의 범위에서 최대한 데이터 액세스 속도를 빠르게 수행하는 것이 필요하다.

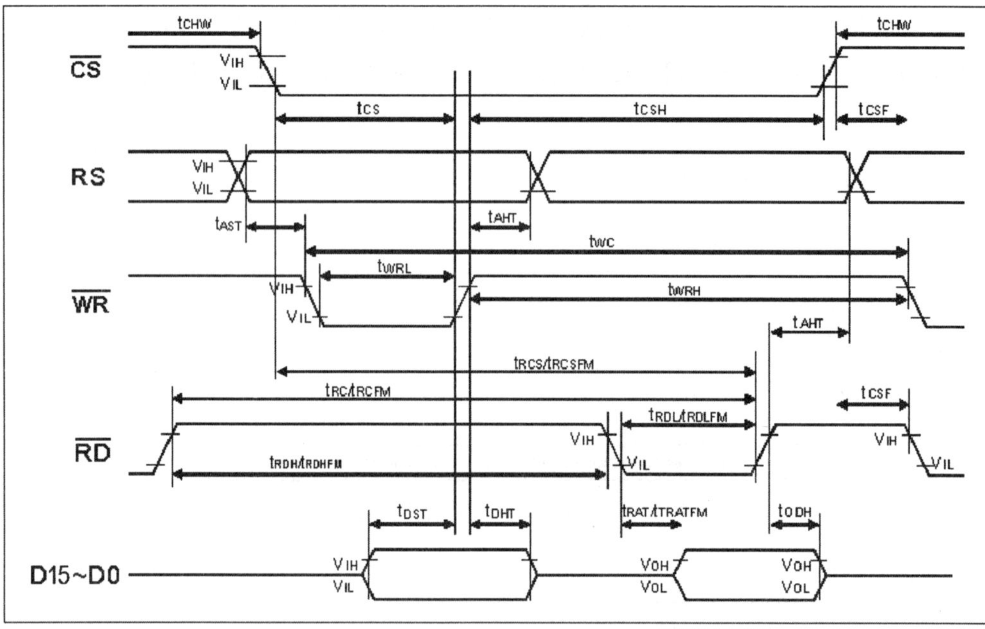

(VCC=1.65V to 2.9V, Ta = -30 to 70°C)

Signal	Symbol	Parameter	Min.	Max.	Unit	Description
RS	t_{AST}	Address setup time	10	-	ns	-
	t_{AHT}	Address hold time (Write/Read)	10	-		
CS	t_{CHW}	Chip select "H" pulse width	0	-	ns	-
	t_{CS}	Chip select setup time (Write)	35	-		
	t_{RCSFM}	Chip select setup time	355	-		
	t_{CSF}	Chip select wait time (Write/Read)	10	-		
	t_{CSH}	Chip select hold time	10	-		
WR	t_{WC}	Write cycle	100	-	ns	-
	t_{WRH}	Control pulse "H" duration	35	-		
	t_{WRL}	Control pulse "L" duration	35	-		
RD	t_{RCFM}	Read cycle	450	-	ns	When read from GRAM
	t_{RDHFM}	Control pulse "H" duration	90	-		
	t_{RDLFM}	Control pulse "L" duration	355	-		
D15~D0	t_{DST}	Data setup time	15	-	ns	For maximum C_L=30pF For minimum C_L=8pF
	t_{DHT}	Data hold time	10	-		
	t_{RATFM}	Read access time	-	340		
	t_{ODH}	Output disable time	20	80		

〈그림 4.5.3〉 HX8347-A의 시스템 인터페이스 방식 동작 타이밍

(2) 픽셀의 컬러 데이터 포맷

GRAM의 데이터가 각 픽셀에 컬러를 표현하는 포맷에는 <그림 4.5.4> (a)와 같이 18비트 포맷을 사용할 수도 있고, (b)와 같이 16비트 포맷을 사용할 수도 있다. 이 책의 *OK-128TFT* 키트에서 사용하는 TFT-LCD 모듈 소자는 항상 16비트 포맷을 사용하여 65,536 가지의 컬러를 표시할 수 있도록 정해져 있다.

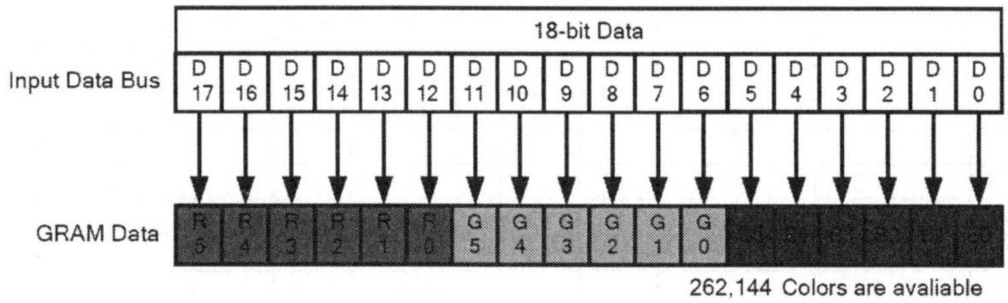

(a) 18비트 데이터 포맷

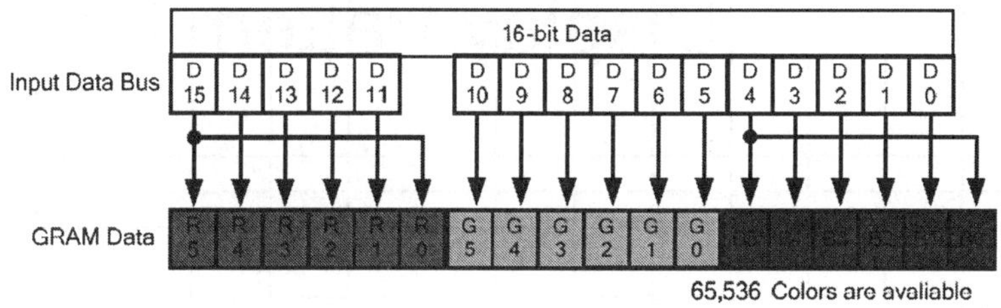

(b) 16비트 데이터 포맷

〈그림 4.5.4〉 TFT-LCD 모듈의 1픽셀을 표시하는 데이터 포맷

(3) 소스 및 게이트 드라이브

HX8347의 내부에는 5.5MHz의 시스템 클록 발생기를 가지고 있어서 외부의 클록 입력이 없이 이것으로 동작할 수 있다. 수직 방향으로는 240개의 픽셀에 대응하는 RGB 신호선(S1~S720)이 있어서 소스 드라이버 회로는 GRAM에 저장되어 있는 디지털 이미지 데이터를 각 신호선에 해당하는 아날로그 전압으로 변환하여 이를 구동하게 된다. 이러한 그레이 스케일 전압(gray scale voltage) V0~V63을 발생하는데는 D/A 컨버터와 연산 증폭기 회로가 사용되는데, 이에 필요한 +, -전압은 내부의 DC-DC 컨버터에서 자체적으로 만들어 공급한다.

또한, 수평 방향으로는 320개의 게이트 채널 신호선(G1~G320)이 존재하여 각 픽셀 라인을 순차적으로 구동하는데, 여기에는 내부의 DC-DC 컨버터에서 만든 VGH = +9.0V~+16.5V의 전압과 VGL = -6.0V~-13.5V의 전압이 사용된다.

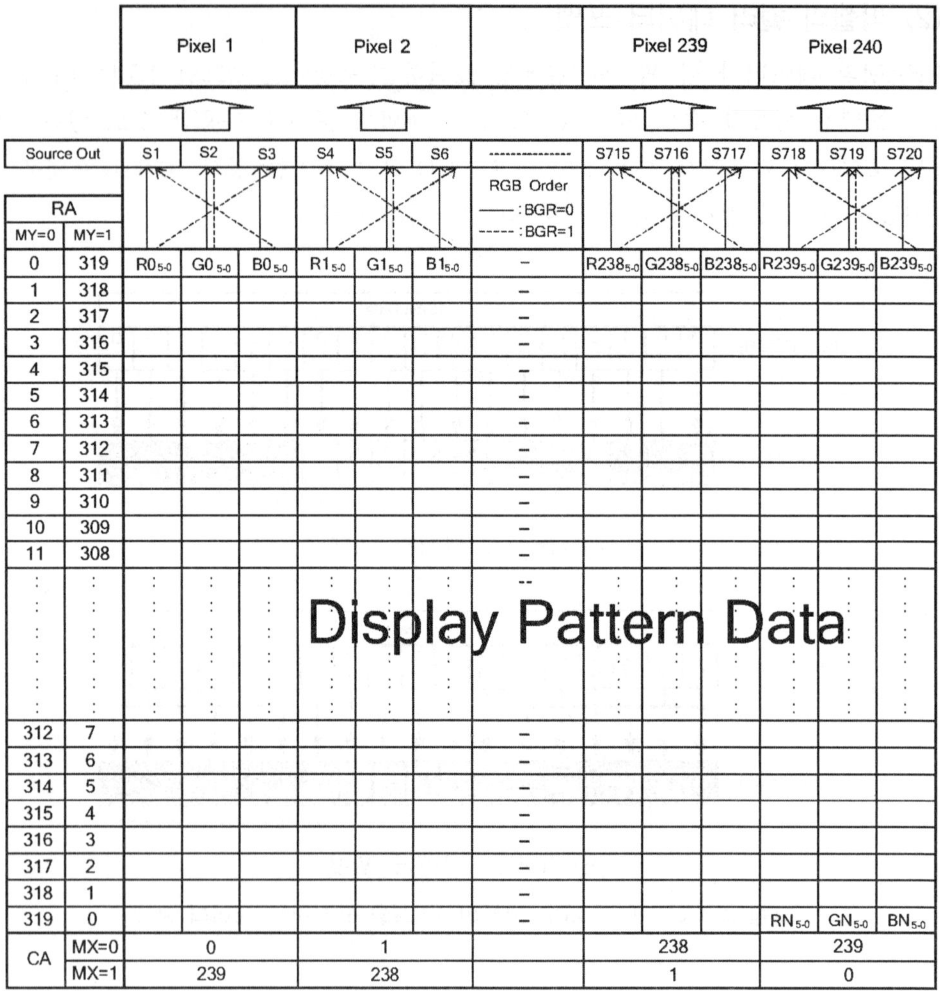

RA = Row Address
CA = Column Address
MX = Mirror X-axis (Column address direction parameter), D6 parameter of Memory Access Control command
MY = Mirror Y-axis (Row address direction parameter), D7 parameter of Memory Access Control command
RGB = Red, Green and Blue pixel position change, D3 parameter of Memory Access Control command

〈그림 4.5.5〉 HX8347의 GRAM과 소스 드라이버 및 게이트 드라이버의 관계

(4) GRAM 액세스

HX8347의 내부에는 GRAM을 액세스할 때 어드레스를 관리하는 어드레스 카운터(AC ; Address Counter)가 있는데, 이 어드레스 값은 X = 0~239, Y = 0~319의 범위에서 사용된다.

Display Data Direction	MADCTR parameter			Image in the Host	Image in the Driver (GRAM)
	MV	MX	MY		
Normal	0	0	0	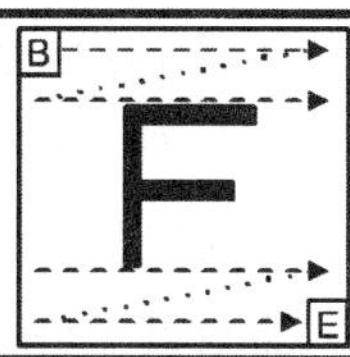	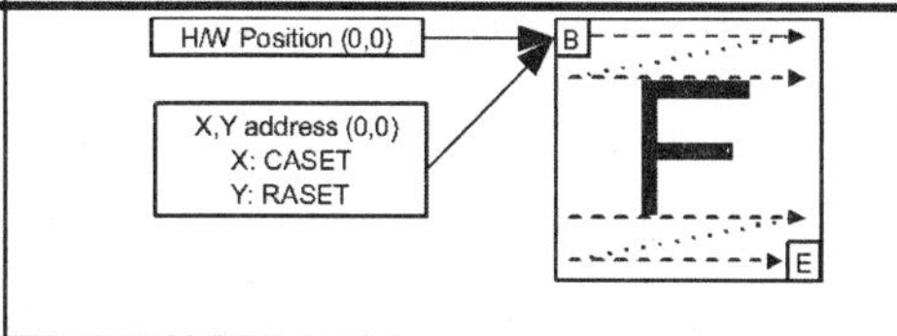
Y-Mirror	0	0	1	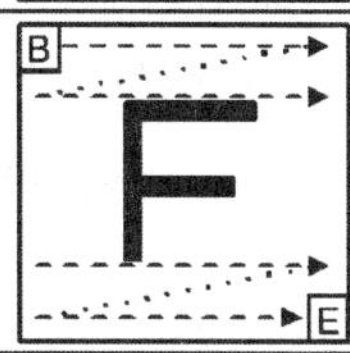	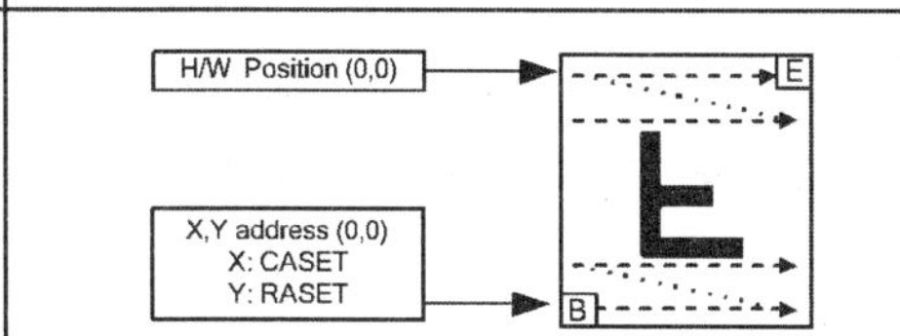
X-Mirror	0	1	0	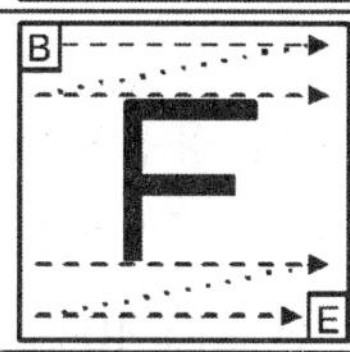	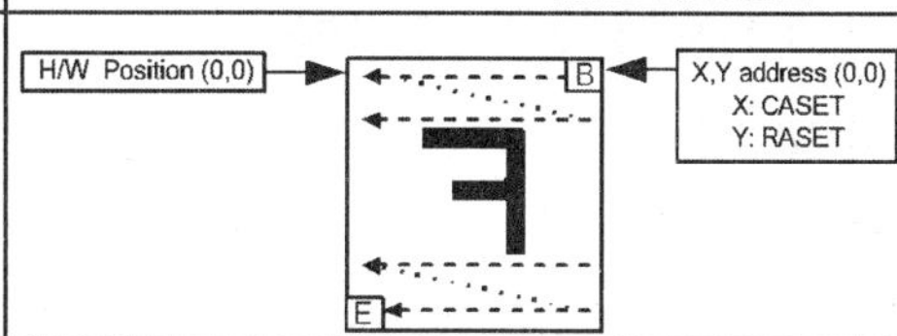
X-Mirror Y-Mirror	0	1	1	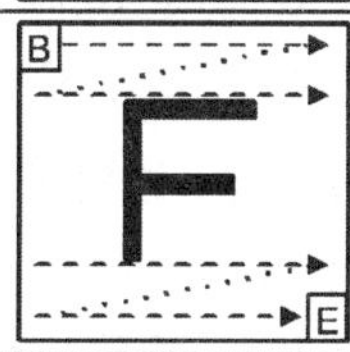	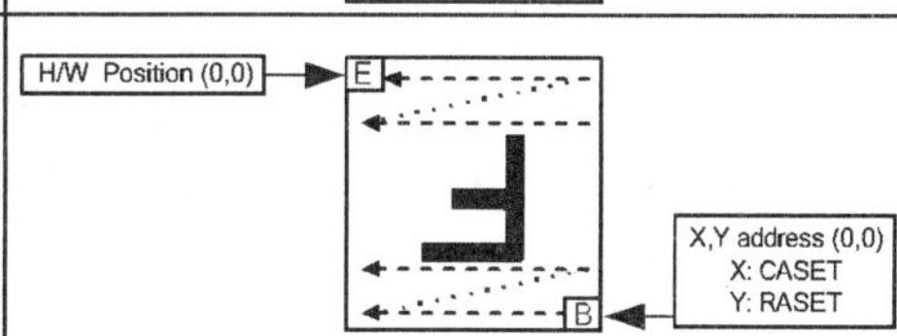
X-Y Exchange	1	0	0	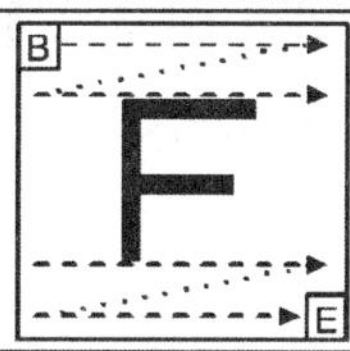	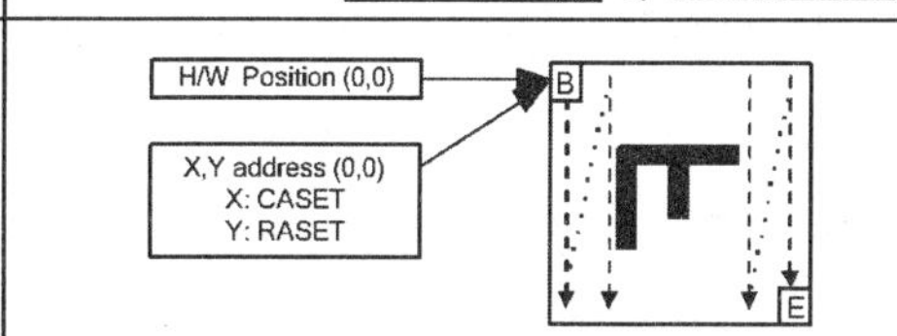
X-Y Exchange Y-Mirror	1	0	1	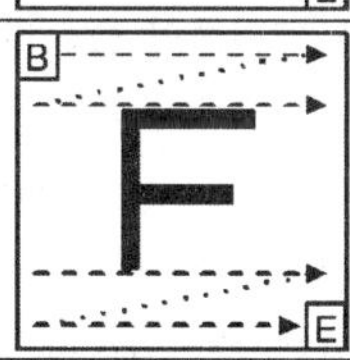	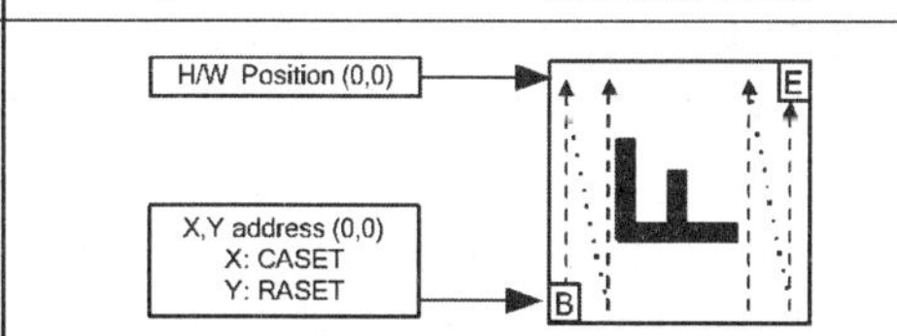
X-Y Exchange X-Mirror	1	1	0	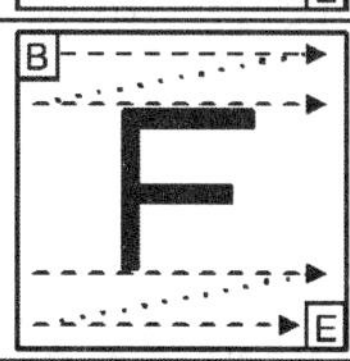	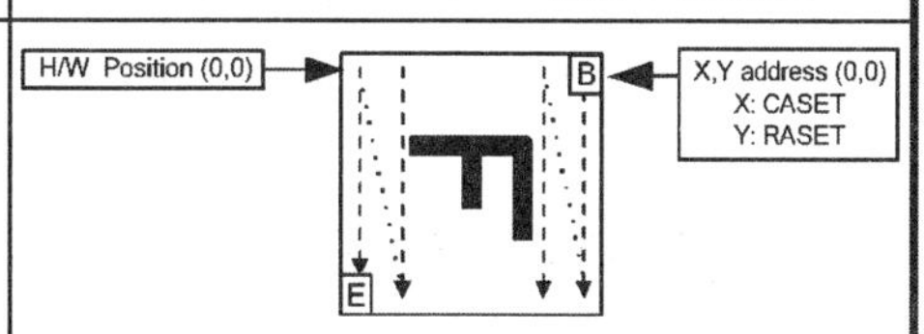
X-Y Exchange X-Mirror Y-MIrror	1	1	1	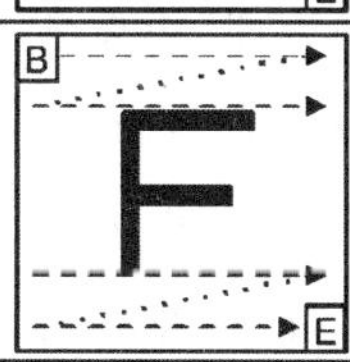	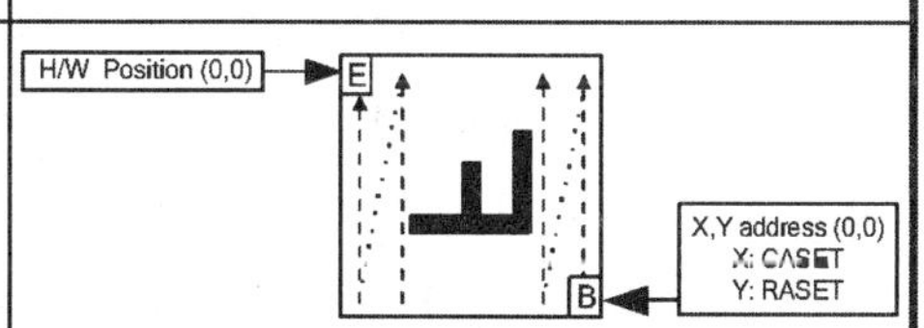

〈그림 4.5.6〉 HX8347의 GRAM을 액세스하는 어드레스 방향 설정 방법

CPU가 GRAM을 액세스할 때마다 이 어드레스 값은 1씩 증가하거나 감소하는데, 이는 제어 레지스터 R16의 MV, MX, MY 비트 설정에 따라 결정된다. 화면에 출력할 이미지 데이터를 GRAM에 출력할 때나 또는 GRAM을 읽고자 할 때 어드레스의 변화의 시작점을 B로 표시하고 끝점을 E로 표시할 때 제어 레지스터 R16의 MV, MX, MY 비트 설정에 따라 GRAM을 액세스하는 방법을 요약하면 <그림 4.5.6>과 같다. 화면에 출력하는 이미지는 세로방향으로 긴 초상화 모드(portrait mode)와 가로방향으로 긴 풍경화 모드(landscape mode)가 있는데 이들 각각의 경우에 화면이 올바르게 표시되도록 하려면 이러한 설정 방법을 잘 알아두어야 한다.

(5) HX8347의 초기화

HX8347-A를 초기화하는 방법은 이 제품의 응용노트에서 설명하고 있으므로 사용자는 이를 참조하는 것이 좋다. 초기화 함수의 처음에는 일반적으로 HX8347-A의 리셋 기능을 수행하는데, 하드웨어적인 리셋 신호는 10μs 이상의 하강 펄스(low pulse)로 충분하지만 이 신호에 의하여 HX8347-A가 내부적으로 리셋동작을 완료하는데는 최대 120ms까지 소요되므로 CPU가 리셋 신호를 출력한 후에 적어도 120ms 이상동안을 대기하였다가 초기화 동작을 시작하는 것이 바람직하다.

이 책에서는 TFT-LCD 모듈에 대한 C언어 프로그래밍을 위하여 *OK-128TFT* 키트의 기본 헤더파일 OK-128TFT-V2.h에 HX8347-A의 초기화 함수 및 기타 관련 함수를 제공하고 있다.

◀**참고**▶ TFT-LCD 모듈의 초기화 함수는 기본 헤더파일 OK-128TFT-V2.h에 TFT_initialize()로 제공한다. Himax사의 HX8347 소자는 HX8347-A에서 HX8347-G까지 여러 가지의 버전이 있는데, 이들 사이에는 기능과 동작 타이밍에서 여러 가지 차이가 있다. 따라서, 자신이 사용하는 제품이 이 책의 설명과 다른 버전일 경우에는 문제가 될 수 있으므로 반드시 이 초기화 함수를 해당 버전의 제품에 맞는 초기화 루틴으로 수정하여 사용해야 한다. 이들 초기화 루틴에는 사용자가 이해하기 어려운 사항이 종종 있는데 무조건 제공되는 초기화 루틴을 그대로 따르면 된다.

(6) 제어 레지스터 요약

이제부터 사용자가 HX8347-A를 사용하는데 필요한 제어 레지스터의 일부를 발췌하여 소개하면 다음과 같다. 이 소자의 제어 레지스터는 이보다 훨씬 많지만 여기서는 사용자가 알아야 하는 일부만 소개한다. 이들 제어 레지스터에 대한 보다 자세한 설명이 필요하면 이 소자의 데이터 시트를 참고하기 바란다.

◎ IR : Index Register

R/W	RS	b15	b14	b13	b12	b11	b10	b9	b8	b7	b6	b5	b4	b3	b2	b1	b0
W	0	0	0	0	0	0	0	0	0	ID7	ID6	ID5	ID4	ID3	ID2	ID1	ID0
디폴트값		0	0	0	0	0	0	0	0	0	0	0	0	0	0	0	0

◎ R02~03 : Column Address Start 2~1 Register

	R/W	RS	b15	b14	b13	b12	b11	b10	b9	b8	b7	b6	b5	b4	b3	b2	b1	b0
R02	R/W	1	0	0	0	0	0	0	0	0	SC15	SC14	SC13	SC12	SC11	SC10	SC9	SC8
	디폴트값		0	0	0	0	0	0	0	0	0	0	0	0	0	0	0	0

	R/W	RS	b15	b14	b13	b12	b11	b10	b9	b8	b7	b6	b5	b4	b3	b2	b1	b0
R03	R/W	1	0	0	0	0	0	0	0	0	SC7	SC6	SC5	SC4	SC3	SC2	SC1	SC0
	디폴트값		0	0	0	0	0	0	0	0	0	0	0	0	0	0	0	0

◎ R04~05 : Column Address End 2~1 Register

	R/W	RS	b15	b14	b13	b12	b11	b10	b9	b8	b7	b6	b5	b4	b3	b2	b1	b0
R04	R/W	1	0	0	0	0	0	0	0	0	EC15	EC14	EC13	EC12	EC11	EC10	EC9	EC8
	디폴트값		0	0	0	0	0	0	0	0	0	0	0	0	0	0	0	0

	R/W	RS	b15	b14	b13	b12	b11	b10	b9	b8	b7	b6	b5	b4	b3	b2	b1	b0
R05	R/W	1	0	0	0	0	0	0	0	0	EC7	EC6	EC5	EC4	EC3	EC2	EC1	EC0
	디폴트값		0	0	0	0	0	0	0	0	1	1	1	0	1	1	1	1

◎ R06~07 : Row Address Start 2~1 Register

	R/W	RS	b15	b14	b13	b12	b11	b10	b9	b8	b7	b6	b5	b4	b3	b2	b1	b0
R06	R/W	1	0	0	0	0	0	0	0	0	SP15	SP14	SP13	SP12	SP11	SP10	SP9	SP8
	디폴트값		0	0	0	0	0	0	0	0	0	0	0	0	0	0	0	0

	R/W	RS	b15	b14	b13	b12	b11	b10	b9	b8	b7	b6	b5	b4	b3	b2	b1	b0
R07	R/W	1	0	0	0	0	0	0	0	0	SP7	SP6	SP5	SP4	SP3	SP2	SP1	SP0
	디폴트값		0	0	0	0	0	0	0	0	0	0	0	0	0	0	0	0

◎ R08~09 : Row Address End 2~1 Register

	R/W	RS	b15	b14	b13	b12	b11	b10	b9	b8	b7	b6	b5	b4	b3	b2	b1	b0
R08	R/W	1	0	0	0	0	0	0	0	0	EP15	EP14	EP13	EP12	EP11	EP10	EP9	EP8
	디폴트값		0	0	0	0	0	0	0	0	0	0	0	0	0	0	0	1

	R/W	RS	b15	b14	b13	b12	b11	b10	b9	b8	b7	b6	b5	b4	b3	b2	b1	b0
R09	R/W	1	0	0	0	0	0	0	0	0	EP7	EP6	EP5	EP4	EP3	EP2	EP1	EP0
	디폴트값		0	0	0	0	0	0	0	0	0	0	1	1	1	1	1	1

◎ R16 : Memory Access Control Register

	R/W	RS	b15	b14	b13	b12	b11	b10	b9	b8	b7	b6	b5	b4	b3	b2	b1	b0
R16	R/W	1	0	0	0	0	0	0	0	0	MY	MX	MV	(ML)	BGR	0	0	0
	디폴트값		0	0	0	0	0	0	0	0	0	0	0	0	0	0	0	0

◎ R22 : Read Data Register

	R/W	RS	b17	b16	b15	b14	b13	b12	b11	b10	b9	b8	b7	b6	b5	b4	b3	b2	b1	b0
R22	R	1	RD17	RD16	RD15	RD14	RD13	RD12	RD11	RD10	RD9	RD8	RD7	RD6	RD5	RD4	RD3	RD2	RD1	RD0
	디폴트값		-	-	-	-	-	-	-	-	-	-	-	-	-	-	-	-	-	-

◎ **R22 : Write Data Register**

	R/W	RS	b15	b14	b13	b12	b11	b10	b9	b8	b7	b6	b5	b4	b3	b2	b1	b0
R22	W	1	WD15	WD14	WD13	WD12	WD11	WD10	WD9	WD8	WD7	WD6	WD5	WD4	WD3	WD2	WD1	WD0
	디폴트값		-	-	-	-	-	-	-	-	-	-	-	-	-	-	-	-

2. 영문 ASCII 문자의 출력 원리

(1) TFT-LCD 화면의 구성

TFT-32A 보드에서 사용하는 3.2인치 TFT-LCD 모듈의 화면은 <그림 4.5.7>과 같이 240×320 또는 320×240 픽셀의 해상도를 가진다. 대부분의 TFT-LCD 컨트롤러는 화면을 여러 방향으로 자유자재로 돌려서 사용할 수 있도록 제어하는 기능을 가지고 있다. 이 그림의 (a)처럼 TFT-LCD의 화면을 세로로 길게 사용하는 것을 초상화 모드(portrait mode) 라고 하며, 이때는 화면의 (x, y) 좌표가 그림처럼 좌측 상단이 (0, 0)이고 우측 하단이 (239, 319)로 된다. 또한, 그림의 (b)처럼 TFT-LCD의 화면을 가로로 길게 사용하는 것을 풍경화 모드(landscape mode)라고 하며, 이때는 화면의 (x, y) 좌표가 그림처럼 좌측 상단이 (0, 0)이고 우측 하단이 (319, 239)로 된다.

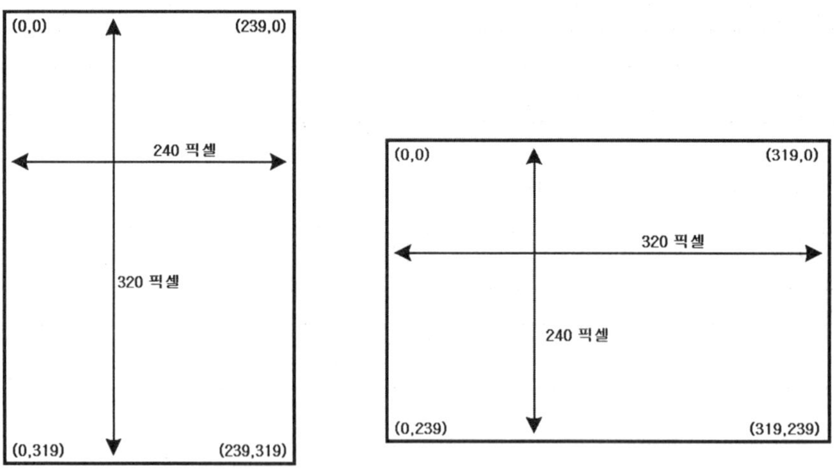

(a) 초상화 모드 (b) 풍경화 모드

〈그림 4.5.7〉 *TFT-32A* 보드의 TFT-LCD 화면 구조

TFT-LCD 모듈의 화면에 이미지 데이터를 출력할 때는 각 픽셀 좌표 (x, y)의 어드레스를 지정하고 데이터를 출력하면 된다. 그러나, 연속적인 픽셀에 대량의 데이터를 출력할 때는 이처럼 각 픽셀의 주소와 데이터를 반복하여 출력하게 되면 화면처리 속도가 상당히 떨어지게 되므로 처음에 한번 시작주소를 출력하고 나면 그 이후에는 데이터만을 연속적으로 출력하는 것이 바람직하다.

즉, 초상화 모드에서는 y=0인 상태에서 x=0~239의 픽셀에 대하여 연속적으로 데이터를 출력하고, 이후에 계속하여 데이터를 출력하면 자동으로 y=1로 바뀌면서 다시 x=0~239의 픽셀에 대하여 연속적으로 데이터를 출력하게 된다. 이런 동작을 y=319까지 계속 수행하면 1화면 분량의 데이터를 고속으로 출력할 수 있다. 한편, 풍경화 모드에서는 y=0인 상태에서 x=0~319의 픽셀에 대하여 연속적으로 데이터를 출력하고, 이후에 계속하여 데이터를 출력하면 자동으로 y=1로 바뀌면서 다시 x=0~319의 픽셀에 대하여 연속적으로 데이터를 출력하게 된다. 이런 동작을 y=239까지 계속 수행하면 1화면 분량의 데이터를 고속으로 출력할 수 있다.

대부분의 TFT-LCD 컨트롤러는 이와 같은 방법으로 초상화 모드와 풍경화 모드의 화면 출력 기능을 지원한다. 그러나, 그 세부적인 동작은 TFT-LCD 컨트롤러마다 조금씩 다르므로 세심하게 살펴서 사용해야 한다. HX8347은 초상화 모드와 풍경화 모드의 화면 출력 기능을 자유롭게 지원한다.

HX8347-A에서 화면을 초상화 모드로 사용하려면 제어 레지스터 R16에서 MV=0, MX=0, MY=0, BGR=1로 설정하여 TFT-LCD 모듈의 화면을 <그림 4.5.6>의 첫번째 그림처럼 동작시키면 된다. 이때는 R04~R05에서 x방향 어드레스(column address)의 끝을 239로 지정하고, R08~R09에서 y방향 어드레스(row address)의 끝을 319로 지정해야 한다. 또한, 화면을 풍경화 모드로 사용하려면 제어 레지스터 R16에서 MV=1, MX=1, MY=0, BGR=1로 설정하여 TFT-LCD 모듈의 화면을 <그림 4.5.6>의 일곱번째 그림처럼 동작시키면 된다. 이때는 x, y의 좌표도 그에 따라 변경되므로 R04~R05에서 x방향 어드레스(column address)의 끝을 319로 지정하고, R08~R09에서 y방향 어드레스(row address)의 끝을 239로 지정해야 한다.

OK-128TFT 키트에서는 TFT-LCD 모듈의 화면을 기본적으로 풍경화 모드에서 사용하며, 일부의 특별한 경우에만 초상화 모드로 바꾸어 사용한다.

(2) 영문 ASCII 문자 화면표시의 기초

영문 ASCII 문자를 화면에 표시하는데는 최소한 가로×세로 = 5×8 픽셀의 문자 박스(character box)에 가로×세로 = 5×7 픽셀의 문자 폰트(character font)를 만들면 된다. 그러나, TFT-LCD 모듈의 화면을 영문 ASCII 전용으로만 사용한다면 이렇게 할 수도 있지만, 하나의 화면에 한글과 영문이 혼용되어 표시되는 경우라면 영문 ASCII 글자들의 모양과 크기가 한글 글자들과 균형 및 조화를 이루도록 해야 한다.

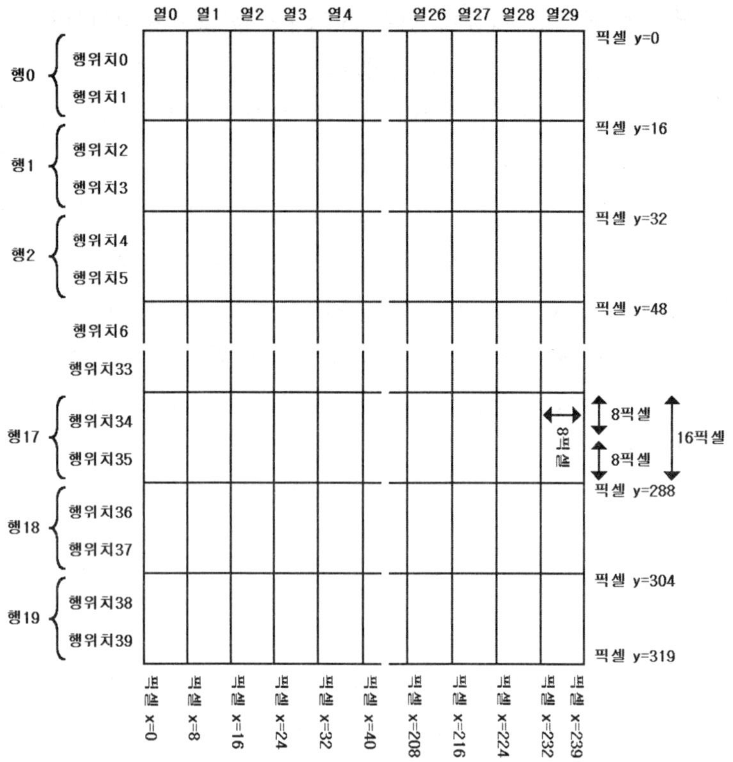

(a) 초상화 모드

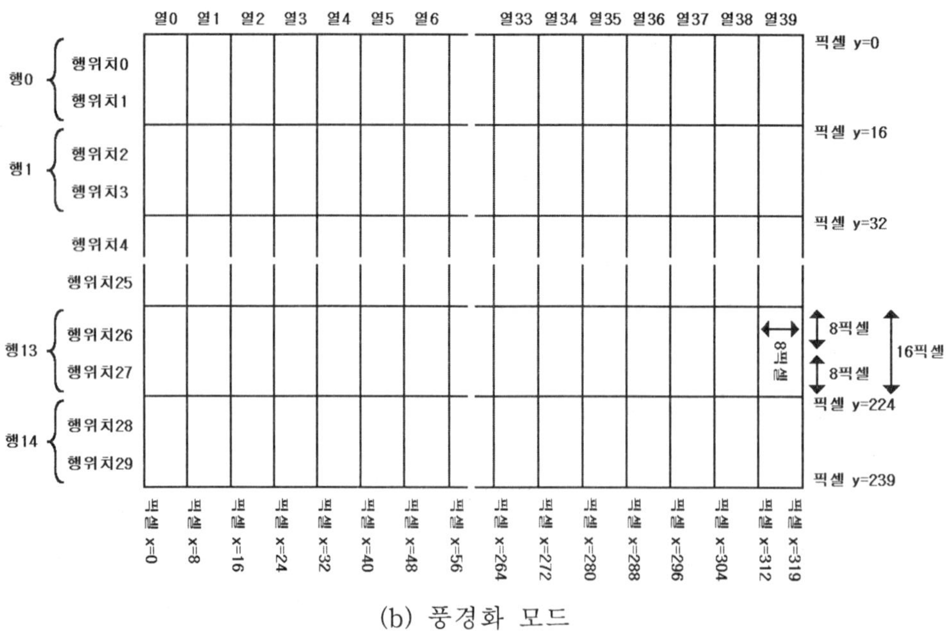

(b) 풍경화 모드

〈그림 4.5.8〉 TFT-LCD 모듈 화면에 8×16 픽셀의 영문 ASCII 문자를 표시하는 방법

〈표 4.5.1〉 표준 ASCII 코드표

코드값	문자	코드값	문자	코드값	문자	코드값	문자
0x00	NUL	0x20	space	0x40	@	0x60	`
0x01	SOH	0x21	!	0x41	A	0x61	a
0x02	STX	0x22	"	0x42	B	0x62	b
0x03	ETX	0x23	#	0x43	C	0x63	c
0x04	EOT	0x24	$	0x44	D	0x64	d
0x05	ENQ	0x25	%	0x45	E	0x65	e
0x06	ACK	0x26	&	0x46	F	0x66	f
0x07	BEL	0x27	'	0x47	G	0x67	g
0x08	BS	0x28	(	0x48	H	0x68	h
0x09	HT	0x29	)	0x49	I	0x69	i
0x0A	LF	0x2A	*	0x4A	J	0x6A	j
0x0B	VT	0x2B	+	0x4B	K	0x6B	k
0x0C	FF	0x2C	,	0x4C	L	0x6C	l
0x0D	CR	0x2D	-	0x4D	M	0x6D	m
0x0E	SO	0x2E	.	0x4E	N	0x6E	n
0x0F	SI	0x2F	/	0x4F	O	0x6F	o
0x10	DLE	0x30	0	0x50	P	0x70	p
0x11	DC1	0x31	1	0x51	Q	0x71	q
0x12	DC2	0x32	2	0x52	R	0x72	r
0x13	DC3	0x33	3	0x53	S	0x73	s
0x14	DC4	0x34	4	0x54	T	0x74	t
0x15	NAK	0x35	5	0x55	U	0x75	u
0x16	SYN	0x36	6	0x56	V	0x76	v
0x17	ETB	0x37	7	0x57	W	0x77	w
0x18	CAN	0x38	8	0x58	X	0x78	x
0x19	EM	0x39	9	0x59	Y	0x79	y
0x1A	SUB	0x3A	:	0x5A	Z	0x7A	z
0x1B	ESC	0x3B	;	0x5B	[	0x7B	{
0x1C	FS	0x3C	<	0x5C	\	0x7C	|
0x1D	GS	0x3D	=	0x5D	]	0x7D	}
0x1E	RS	0x3E	>	0x5E	^	0x7E	~
0x1F	US	0x3F	?	0x5F	_	0x7F	DEL

한글의 표시에는 최소한 가로×세로 = 16×16 픽셀의 문자 박스가 필요하다는 점을 고려하여, 영문 ASCII 문자들이 한글 글자와 높이는 비슷하고 좌우 폭은 한글의 $\frac{1}{2}$이 되도록 가로×세로 = 8×16 픽셀의 문자 박스를 사용하는 것이 가장 바람직하다. 이러한 방식의 한글을 **전각 문자**라고 하고 영문을 **반각 문자**라고 한다.

이렇게 하면 이 책에서 사용하는 240×320 픽셀 해상도의 TFT-LCD 모듈 화면에 표시할 수 있는 영문 ASCII 문자는 <그림 4.5.8>과 같다. 즉, 초상화 모드에서는 그림의 (a)처럼 30열×20행의 영문 ASCII 문자를 표시할 수 있고, 풍경화 모드에서는 그림의 (b)처럼 40열×15행의 영문 ASCII 문자를 표시할 수 있게 된다. 각각의 경우에 세로 방향으로는 1문자가 16픽셀로 구성되지만 문자를 표시하는 위치는 8픽셀 단위로 이동하면서 지정할 수 있게 하면 행 간격을 1문자 또는 $\frac{1}{2}$문자씩 둘 수 있다.

<표 4.5.1>에는 표준 ASCII 코드표를 보였다. ASCII 코드란 컴퓨터와 컴퓨터 사이

의 정보교환 또는 컴퓨터와 주변장치 사이의 정보교환을 위하여 만든 7비트, 128문자의 국제표준 코드인데, 이 ASCII 코드의 128문자 중에서 0x20~0x7E(총 95자)는 도형문자로서 영문의 대/소문자, 아라비아 숫자, 각종 문장부호 등을 표현하는데 사용되고, 0x00~0x1F 및 0x7F(총 33자)는 기능제어 문자로서 주변장치의 제어, 직렬통신 제어 등에 사용된다. 따라서, 화면에 표시되는 코드는 원칙적으로 95자의 도형문자에만 해당되지만, IBM PC 호환 퍼스널컴퓨터의 모니터에서와 같이 특별한 경우에는 기능제어 문자에 해당하는 33자에 사용자가 임의의 도형문자를 정의하여 사용하기도 한다. 그러나, 우리나라에서는 기본적으로 ASCII 코드를 8비트로 정의하며, 표준 ASCII 문자의 경우에는 최상위 비트를 b7=0으로 하여 128문자를 수용하고, b7=1인 경우에는 이 8비트 코드값과 그 다음에 오는 1바이트를 하나로 연결하여 총 16비트의 한글 및 한자 코드로 사용하고 있다.

(3) 영문 ASCII 문자의 화면표시

TFT-LCD 모듈의 화면에 8×16 픽셀 크기의 영문 ASCII 문자를 표시하기 위한 문자의 폰트 구조를 보이면 <그림 4.5.9>와 같다. 먼저, 각 영문 ASCII 문자의 폰트는 각 픽셀에 대응하는 비트들을 세로 방향으로 모아서 2진수 1바이트 데이터를 구성하는데 위쪽이 LSB, 아래쪽이 MSB가 되도록 1바이트 데이터를 만들어야 한다.

이렇게 만들어진 데이터들을 수평방향으로 8바이트를 연속하여 배열하고, 윗줄이 끝나면 아랫줄에 대하여도 동일한 방식으로 8바이트를 배열한다. 따라서, 영문 ASCII 문자 1개에는 모두 16바이트의 폰트 데이터가 필요하다.

예를 들어서 ASCII 문자 "1"을 화면의 첫번째 행, 첫번째 열에 표시하고자 한다면 이에 해당하는 ASCII 코드값 0x31이 메인 루틴으로부터 영문 ASCII 문자 디스플레이 서브루틴으로 전달된다. 그러면 이 디스플레이 루틴은 미리 준비되어 있는 폰트 테이블로부터 이 문자 "1"에 해당하는 16바이트의 폰트 데이터를 찾아낸 후에, 먼저 행위치(y)=0, 열위치(x)=0으로 놓고 0x00, 0x00, 0x10, 0xF8, 0xF8, 0x00, 0x00, 0x00의 8바이트 폰트 데이터를 차례로 픽셀의 컬러 데이터로 변환하여 TFT-LCD 모듈에 출력한다. 이어서 디스플레이 루틴은 다시 행위치(y)=1, 열위치(x)=0으로 놓고 8바이트의 폰트 데이터 0x00, 0x00, 0x08, 0x0F, 0x0F, 0x08, 0x00, 0x00을 차례로 픽셀의 컬러 데이터로 변환하여 TFT-LCD 모듈에 출력한다. 이렇게 16바이트의 폰트 데이터에 대한 값을 컬러 데이터로 변환하여 TFT-LCD 모듈에 출력하면 1개의 영문 ASCII 문자가 모두 완성된다.

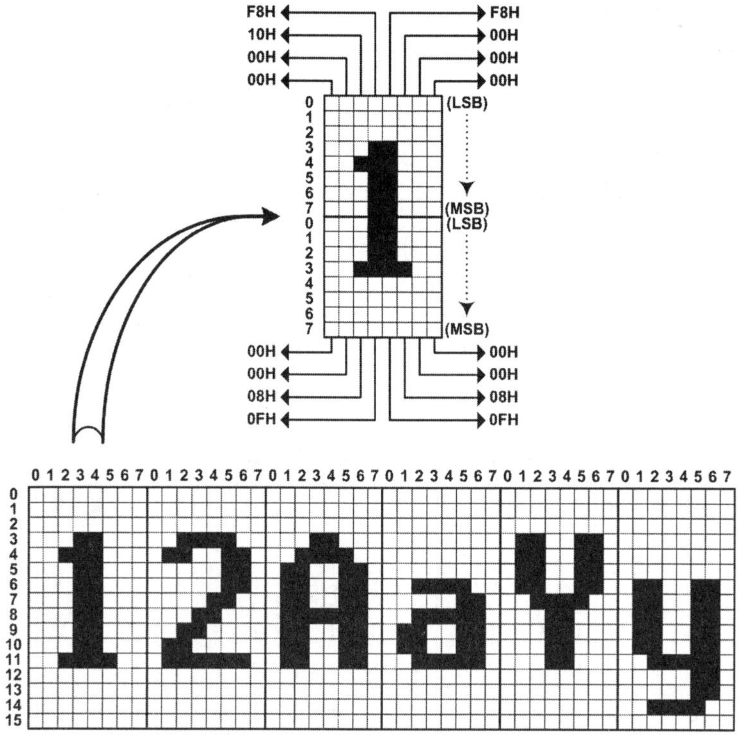

〈그림 4.5.9〉 8×16 픽셀의 문자 박스로 표시된 영문 ASCII 문자의 폰트 구조

컬러 TFT-LCD 모듈에서 폰트 데이터를 각 픽셀의 컬러 데이터로 변환하는 동작은 단색 그래픽 LCD 모듈에서와 전혀 다르다는 것에 유의해야 한다. 즉, 단색 그래픽 LCD 모듈에서는 폰트 데이터의 1비트가 화면의 1도트에 대응하므로 폰트 데이터를 그냥 LCD에 출력하면 되었다. 이렇게 되면 1의 값을 가지는 비트는 해당 도트가 밝게 출력되고 0의 값을 가지는 비트는 해당 도트가 출력되지 않았다. 그러나, 컬러 TFT-LCD 모듈에서는 이 폰트 데이터를 그냥 출력하면 안되며, 폰트 데이터의 각 비트를 이에 대응하는 전경색 16비트 컬러 데이터 또는 배경색 16비트 컬러 데이터로 변환하여 출력해야 한다. 즉, 폰트 데이터 1비트가 화면의 1픽셀에 대응하며 이는 다시 16비트의 컬러 데이터에 대응된다. 현재의 문자를 어느 컬러로 표시할 것인지는 미리 지정되어 있으므로 폰트 데이터의 1로 된 비트는 그 컬러 코드에 해당하는 16비트 데이터로 변환된다. 이렇게 문자를 표시하는 색을 전경색(foreground color)이라고 한다. 한편, 폰트 데이터의 0으로 된 비트는 미리 지정된 배경색(background color)에 해당하는 16비트 데이터로 변환된다. 만약 폰트 데이터의 0으로 된 비트를 출력하지 않고 그냥 건너뛰면 현재 화면의 바탕색이 그냥 유지되며, 이렇게 출력되는 문자를 투명 글

씨(transparent character)라고 한다.

OK-128TFT 키트에서는 컬러 TFT-LCD 모듈의 영문 ASCII 문자용 폰트와 한글 폰트를 C언어 프로그램용 기본 헤더파일 OK-128TFT-V2.h에 제공한다. 이들 폰트에서 ASCII 코드표의 기능제어 문자에 해당하는 0x00~0x1F 및 0x7F 부분에는 <그림 4.5.10>에 보였듯이 IBM-PC 호환 퍼스널컴퓨터의 모니터에서 사용하는 437 ANSI 문자 세트(ANSI character set)를 널리 사용하는데, 이 책의 헤더파일 OK-128TFT-V2.h에서도 이를 따랐다. 단, 0x7F는 원래 ⌂문자로 되어 있으나 OK-128TFT-V2.h에서는 온도의 단위를 표시하는데 사용하기 위하여 °문자로 바꾸어 넣었다.

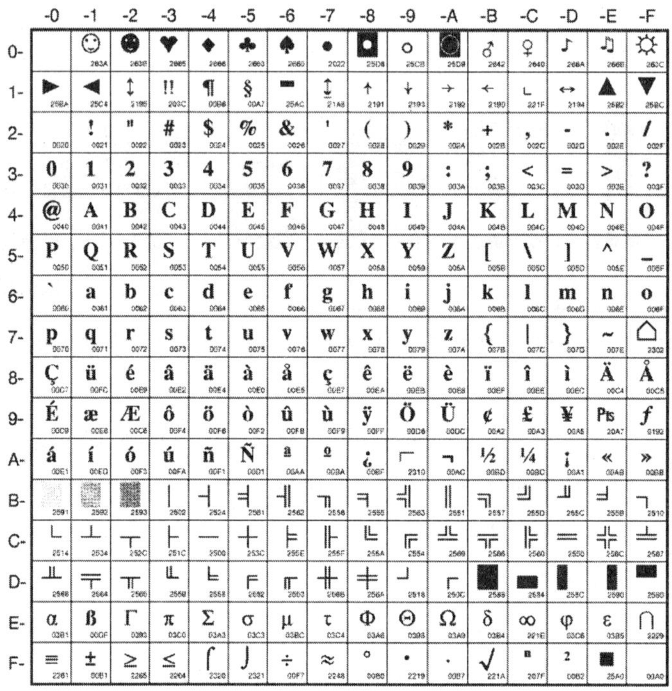

〈그림 4.5.10〉 IBM PC에서 사용하는 437 ANSI 문자 세트

3. 헤더파일 OK-128TFT-V2.h의 내용

TFT-LCD 모듈과 관련된 C언어 프로그램용 기본 헤더파일 OK-128TFT-V2.h에서 TFT-LCD 모듈과 관련된 부분을 발췌하여 보이면 다음과 같다. 이제부터 여러분은 이 헤더파일의 내용을 잘 이해하고 제대로 활용하는 것이 *OK-128TFT* 키트의 유능한 C언어 프로그래머가 되는 지름길이 될 것이다.

〈헤더파일 OK-128TFT-V2.h〉 TFT-LCD 관련 사용자 함수 및 문자 폰트의 정의

```
/* ========================================================================== */
/*            OK-128TFT V2.0 키트용(ATmega128A) 기본 헤더파일                    */
/* ========================================================================== */
/*                                  Programmed by Duck-Yong Yoon in 2020.     */

// --------------------------------------------------------------------------
//   이 헤더파일은 OK-128TFT 키트 V2.0을 위한 것입니다. 이것은 아래의 조건에서만
//  올바른 동작을 보장합니다.
// --------------------------------------------------------------------------
//      (1) 시스템 클록  : 16MHz
//      (2) C 컴파일러   : Atmel Studio V70
//      (3) 최적화 옵션  : -Os
//      (4) TFT-LCD 모듈 : Ohm사 FL320QVC18-A0(HX8347-A)
// --------------------------------------------------------------------------

#include <avr/pgmspace.h>
#include <math.h>
#include <stdlib.h>

typedef unsigned char          U08;          // data type definition
typedef   signed char          S08;
typedef unsigned int           U16;
typedef   signed int           S16;
typedef unsigned long int      U32;
typedef   signed long int      S32;

#define BV(bit)          (1<<(bit))          // bit processing
#define cbi(reg,bit)     reg &= ~(BV(bit))
#define sbi(reg,bit)     reg |= (BV(bit))

                    (중간 생략)

/* -------------------------------------------------------------------------- */
/*            한글 폰트 처리 테이블                                              */
/* -------------------------------------------------------------------------- */
const unsigned char table_cho[21] PROGMEM =     // 초성 : 자음(14) + 쌍자음(5) = 19개
        {0,0,1,2,3,4,5,6,7,8,9,10,11,12,13,14,15,16,17,18,19};

const unsigned char table_joong[30] PROGMEM =   // 중성 : 자음(10) + 쌍자음(11) = 21개
        {0,0,0,1,2,3,4,5,0,0,6,7,8,9,10,11,0,0,12,13,14,15,16,17,0,0,18,19,20,21};

const unsigned char table_jong[30] PROGMEM =    // 종성 : 자음(14) + 쌍자음(11) + 쌍자음(2) = 27개
        {0,0,1,2,3,4,5,6,7,8,9,10,11,12,13,14,15,16,0,17,18,19,20,21,22,23,24,25,26,27};

const unsigned char bul_cho1[22] PROGMEM = {0,0,0,0,0,0,0,0,0,0,1,3,3,3,1,2,4,4,4,2,1,3,0}; // 벌수
const unsigned char bul_cho2[22] PROGMEM = {0,5,5,5,5,5,5,5,5,5,6,7,7,7,6,6,7,7,7,6,6,7,5};
const unsigned char bul_jong[22] PROGMEM = {0,0,2,0,2,1,2,1,2,3,0,2,1,3,3,1,2,1,3,3,1,1};

/* -------------------------------------------------------------------------- */
/*            16x16 한글 명조체 폰트                                             */
/* -------------------------------------------------------------------------- */
const unsigned char K_font[360][32] PROGMEM = { /* 16x16 Korean character font */
  {0x00,0x00,0x00,0x00,0x00,0x00,0x00,0x00,0x00,0x00,0x00,0x00,0x00,0x00,0x00,0x00,
   0x00,0x00,0x00,0x00,0x00,0x00,0x00,0x00,0x00,0x00,0x00,0x00,0x00,0x00,0x00,0x00},
  {0x00,0x00,0x08,0x08,0x08,0x88,0xC8,0x78,0x38,0x00,0x00,0x00,0x00,0x00,0x00,0x00,
   0x00,0x00,0x02,0x02,0x01,0x01,0x00,0x00,0x00,0x00,0x00,0x00,0x00,0x00,0x00,0x00},
  {0x00,0x08,0x08,0xC8,0xF8,0x38,0xC8,0xF8,0x38,0x00,0x00,0x00,0x00,0x00,0x00,0x00,
   0x00,0x02,0x01,0x01,0x02,0x01,0x01,0x00,0x00,0x00,0x00,0x00,0x00,0x00,0x00,0x00},
  {0x00,0x08,0xF8,0xF8,0x00,0x00,0x00,0x00,0x00,0x00,0x00,0x00,0x00,0x00,0x00,0x00,
   0x00,0x00,0x01,0x03,0x02,0x02,0x02,0x02,0x02,0x02,0x00,0x00,0x00,0x00,0x00,0x00},
  {0x00,0x08,0xF8,0xF8,0x08,0x08,0x08,0x08,0x00,0x00,0x00,0x00,0x00,0x00,0x00,0x00,
   0x00,0x00,0x01,0x03,0x02,0x02,0x02,0x02,0x02,0x00,0x00,0x00,0x00,0x00,0x00,0x00},
  {0x00,0x08,0xF8,0xF8,0x08,0xF8,0xF8,0x08,0x08,0x00,0x00,0x00,0x00,0x00,0x00,0x00,
   0x00,0x00,0x01,0x03,0x02,0x01,0x03,0x02,0x02,0x02,0x00,0x00,0x00,0x00,0x00,0x00},

                    (중간 생략)

  {0x00,0x00,0x00,0x00,0x00,0x00,0x00,0x00,0x00,0x00,0x00,0x00,0x00,0x00,0x00,0x00,
```

```
   0x00,0x00,0x00,0x44,0x44,0x24,0x34,0x1C,0x1C,0x34,0x24,0x44,0x44,0x00,0x00,0x00},
  {0x00,0x00,0x00,0x00,0x00,0x00,0x00,0x00,0x00,0x00,0x00,0x00,0x00,0x00,0x00,0x00,
   0x00,0x00,0x00,0x48,0x48,0x28,0x38,0x1C,0x1C,0x38,0x28,0x48,0x48,0x00,0x00,0x00},
  {0x00,0x00,0x00,0x00,0x00,0x00,0x00,0x00,0x00,0x00,0x00,0x00,0x00,0x00,0x00,0x00,
   0x00,0x00,0x00,0x14,0x14,0x14,0x14,0x14,0x14,0x14,0x14,0x7C,0x3C,0x00,0x00,0x00},
  {0x00,0x00,0x00,0x00,0x00,0x00,0x00,0x00,0x00,0x00,0x00,0x00,0x00,0x00,0x00,0x00,
   0x00,0x00,0x00,0x04,0x3C,0x7C,0x54,0x54,0x54,0x54,0x54,0x54,0x54,0x00,0x00,0x00},
  {0x00,0x00,0x00,0x00,0x00,0x00,0x00,0x00,0x00,0x00,0x00,0x00,0x00,0x00,0x00,0x00,
   0x00,0x00,0x00,0x44,0x44,0x7C,0x7C,0x44,0x44,0x7C,0x7C,0x44,0x44,0x00,0x00,0x00},
  {0x00,0x00,0x00,0x00,0x00,0x00,0x00,0x00,0x00,0x00,0x00,0x00,0x00,0x00,0x00,0x00,
   0x00,0x00,0x00,0x08,0x28,0x78,0x5C,0x5C,0x5C,0x5C,0x78,0x28,0x08,0x00,0x00,0x00}};

/* ---------------------------------------------------------------------- */
/*                한글 완성형(KS) -> 조합형(KSSM) 변환 테이블                */
/* ---------------------------------------------------------------------- */
const unsigned char KS_Table[2350][2] PROGMEM = {
{0x88,0x61},{0x88,0x62},{0x88,0x65},{0x88,0x68},{0x88,0x69},{0x88,0x6A},{0x88,0x6B},
{0x88,0x71},{0x88,0x73},{0x88,0x74},{0x88,0x75},{0x88,0x76},{0x88,0x77},{0x88,0x78},
{0x88,0x79},{0x88,0x7B},{0x88,0x7C},{0x88,0x7D},{0x88,0x81},{0x88,0x82},{0x88,0x85},
{0x88,0x89},{0x88,0x91},{0x88,0x93},{0x88,0x95},{0x88,0x96},{0x88,0x97},{0x88,0xA1},
{0x88,0xA2},{0x88,0xA5},{0x88,0xA9},{0x88,0xB5},{0x88,0xB7},{0x88,0xC1},{0x88,0xC5},
{0x88,0xC9},{0x88,0xE1},{0x88,0xE2},{0x88,0xE5},{0x88,0xE8},{0x88,0xE9},{0x88,0xEB},
{0x88,0xF1},{0x88,0xF3},{0x88,0xF5},{0x88,0xF6},{0x88,0xF7},{0x88,0xF8},{0x88,0xFB},
{0x88,0xFC},{0x88,0xFD},{0x89,0x41},{0x89,0x45},{0x89,0x49},{0x89,0x51},{0x89,0x53},
{0x89,0x55},{0x89,0x56},{0x89,0x57},{0x89,0x61},{0x89,0x62},{0x89,0x63},{0x89,0x65},
{0x89,0x68},{0x89,0x69},{0x89,0x71},{0x89,0x73},{0x89,0x75},{0x89,0x76},{0x89,0x77},

                    (중간 생략)

{0xD1,0xE2},{0xD1,0xE5},{0xD1,0xF5},{0xD1,0xF7},{0xD2,0x41},{0xD2,0x42},{0xD2,0x45},
{0xD2,0x49},{0xD2,0x53},{0xD2,0x55},{0xD2,0x57},{0xD2,0x61},{0xD2,0x65},{0xD2,0x69},
{0xD2,0x73},{0xD2,0x75},{0xD2,0x81},{0xD2,0x82},{0xD2,0x85},{0xD2,0x89},{0xD2,0x8E},
{0xD2,0x91},{0xD2,0x95},{0xD2,0x97},{0xD2,0xA1},{0xD2,0xA5},{0xD2,0xA9},{0xD2,0xB1},
{0xD2,0xB7},{0xD2,0xC1},{0xD2,0xC2},{0xD2,0xC5},{0xD2,0xC9},{0xD2,0xD7},{0xD2,0xE1},
{0xD2,0xE2},{0xD2,0xE5},{0xD2,0xE9},{0xD2,0xF1},{0xD2,0xF3},{0xD2,0xF5},{0xD2,0xF7},
{0xD3,0x41},{0xD3,0x42},{0xD3,0x45},{0xD3,0x49},{0xD3,0x51},{0xD3,0x55},{0xD3,0x57},
{0xD3,0x61},{0xD3,0x62},{0xD3,0x65},{0xD3,0x67},{0xD3,0x68},{0xD3,0x69},{0xD3,0x6A},
{0xD3,0x71},{0xD3,0x73},{0xD3,0x75},{0xD3,0x77},{0xD3,0x7B},{0xD3,0x81},{0xD3,0x85},
{0xD3,0x89},{0xD3,0x91},{0xD3,0x93},{0xD3,0x97},{0xD3,0xA1},{0xD3,0xA2},{0xD3,0xA5},
{0xD3,0xA9},{0xD3,0xB1},{0xD3,0xB3},{0xD3,0xB5},{0xD3,0xB7} };

/* ---------------------------------------------------------------------- */
/*                8x16 영문 ASCII 명조체 폰트                              */
/* ---------------------------------------------------------------------- */
const unsigned char E_font[128][16] PROGMEM = { /* 8x16 English ASCII character font */
  {0x00,0x00,0x00,0x00,0x00,0x00,0x00,0x00,0x00,0x00,0x00,0x00,0x00,0x00,0x00,0x00}, // 0x00
  {0xF0,0x08,0x28,0x08,0x08,0x28,0x08,0xF0,0x07,0x08,0x09,0x0B,0x0B,0x09,0x08,0x07}, // 0x01
  {0xF0,0xF8,0xD8,0xF8,0xF8,0xD8,0xF8,0xF0,0x07,0x0F,0x0E,0x0C,0x0C,0x0E,0x0F,0x07}, // 0x02
  {0x00,0xF0,0xF8,0xF8,0xF0,0xF8,0xF8,0xF0,0x00,0x00,0x03,0x07,0x0F,0x07,0x03,0x00}, // 0x03
  {0x00,0x80,0xC0,0xE0,0xF0,0xE0,0xC0,0x80,0x00,0x00,0x01,0x03,0x07,0x03,0x01,0x00}, // 0x04
  {0x00,0xC0,0xC0,0xF8,0xF8,0xF8,0xC0,0xC0,0x00,0x03,0x0B,0x09,0x0F,0x09,0x0B,0x03}, // 0x05
  {0x00,0xC0,0xE0,0xF0,0xF8,0xF0,0xE0,0xC0,0x00,0x01,0x0B,0x0B,0x0F,0x0B,0x0B,0x01}, // 0x06
  {0x00,0x00,0x80,0xC0,0xC0,0x80,0x00,0x00,0x00,0x00,0x01,0x03,0x03,0x01,0x00,0x00}, // 0x07
  {0xFE,0xFE,0x7E,0x3E,0x3E,0x7E,0xFE,0xFE,0x7F,0x7F,0x7E,0x7C,0x7C,0x7E,0x7F,0x7F}, // 0x08
  {0x00,0xC0,0x60,0x20,0x20,0x60,0xC0,0x00,0x00,0x03,0x06,0x04,0x04,0x06,0x03,0x00}, // 0x09
  {0xFE,0x3E,0x9E,0xDE,0xDE,0x9E,0x3E,0xFE,0x7F,0x7C,0x79,0x7B,0x7B,0x79,0x7C,0x7F}, // 0x0A
  {0x00,0x00,0x80,0xC0,0xE8,0xB8,0x18,0x78,0x00,0x07,0x0F,0x08,0x08,0x0F,0x07,0x00}, // 0x0B
  {0x00,0x70,0xF8,0x88,0x88,0xF8,0x70,0x00,0x00,0x02,0x02,0x0F,0x0F,0x02,0x02,0x00}, // 0x0C
  {0x00,0x00,0x00,0xF8,0xF8,0x30,0x60,0xC0,0x00,0x06,0x0F,0x0F,0x07,0x00,0x00,0x00}, // 0x0D
  {0x00,0x00,0xF8,0xF8,0x28,0x28,0xF8,0xF8,0x00,0x07,0x07,0x03,0x00,0x0E,0x0F,0x07}, // 0x0E
  {0x00,0x10,0xC0,0xE0,0x28,0xE0,0xC0,0x10,0x00,0x04,0x01,0x03,0x0A,0x03,0x01,0x04}, // 0x0F
  {0x00,0xF8,0xF0,0xE0,0xC0,0xC0,0x80,0x80,0x00,0x0F,0x07,0x03,0x01,0x01,0x00,0x00}, // 0x10
  {0x00,0x80,0x80,0xC0,0xC0,0xE0,0xF0,0xF8,0x00,0x00,0x00,0x01,0x01,0x03,0x07,0x0F}, // 0x11
  {0x00,0x20,0x30,0xF8,0xF8,0x30,0x20,0x00,0x00,0x02,0x06,0x0F,0x0F,0x06,0x02,0x00}, // 0x12
  {0x00,0x70,0xF8,0xF8,0x00,0xF8,0xF8,0x70,0x00,0x00,0x0D,0x0D,0x00,0x0D,0x0D,0x00}, // 0x13
  {0x70,0xF8,0x88,0xF8,0xF8,0x08,0xF8,0xF8,0x00,0x00,0x00,0x0F,0x0F,0x00,0x0F,0x0F}, // 0x14
  {0x00,0xD8,0xFC,0x24,0x64,0xCC,0x88,0x00,0x00,0x08,0x19,0x13,0x12,0x1F,0x0D,0x00}, // 0x15
  {0x00,0x00,0x00,0x00,0x00,0x00,0x00,0x00,0x00,0x0F,0x0F,0x0F,0x0F,0x0F,0x0F,0x0F}, // 0x16
  {0x00,0x20,0x30,0xF8,0xF8,0x30,0x20,0x00,0x00,0x12,0x16,0x1F,0x1F,0x16,0x12,0x00}, // 0x17
  {0x00,0x20,0x30,0xF8,0xF8,0x30,0x20,0x00,0x00,0x00,0x00,0x0F,0x0F,0x00,0x00,0x00}, // 0x18
  {0x00,0x00,0x00,0xF8,0xF8,0x00,0x00,0x00,0x00,0x02,0x06,0x0F,0x0F,0x06,0x02,0x00}, // 0x19
  {0x00,0x80,0x80,0x80,0x80,0xE0,0xC0,0x80,0x00,0x00,0x00,0x00,0x00,0x03,0x01,0x00}, // 0x1A
```

```
{0x00, 0x80, 0xC0, 0xE0, 0x80, 0x80, 0x80, 0x80, 0x00, 0x00, 0x01, 0x03, 0x00, 0x00, 0x00, 0x00},  // 0x1B
{0x00, 0xC0, 0xC0, 0x00, 0x00, 0x00, 0x00, 0x00, 0x00, 0x03, 0x03, 0x02, 0x02, 0x02, 0x02, 0x02},  // 0x1C
{0x80, 0xC0, 0xE0, 0x80, 0x80, 0xE0, 0xC0, 0x80, 0x00, 0x01, 0x03, 0x00, 0x00, 0x03, 0x01, 0x00},  // 0x1D
{0x00, 0x00, 0x00, 0xC0, 0xF8, 0xC0, 0x00, 0x00, 0x00, 0x0C, 0x0F, 0x0F, 0x0F, 0x0F, 0x0F, 0x0C},  // 0x1E
{0x00, 0x18, 0x78, 0xF8, 0xF8, 0xF8, 0x78, 0x18, 0x00, 0x00, 0x00, 0x01, 0x0F, 0x01, 0x00, 0x00},  // 0x1F
{0x00, 0x00, 0x00, 0x00, 0x00, 0x00, 0x00, 0x00, 0x00, 0x00, 0x00, 0x00, 0x00, 0x00, 0x00, 0x00},  // space
{0x00, 0x00, 0x70, 0xF8, 0xF8, 0x70, 0x00, 0x00, 0x00, 0x00, 0x00, 0x0D, 0x0D, 0x00, 0x00, 0x00},  // !
{0x00, 0x20, 0x38, 0x18, 0x20, 0x38, 0x18, 0x00, 0x00, 0x00, 0x00, 0x00, 0x00, 0x00, 0x00, 0x00},  // "
{0x00, 0x20, 0xF8, 0xF8, 0x20, 0xF8, 0xF8, 0x20, 0x00, 0x02, 0x0F, 0x0F, 0x02, 0x0F, 0x0F, 0x02},  // #
{0x00, 0x60, 0xF0, 0x9C, 0x9C, 0xB0, 0x20, 0x00, 0x00, 0x02, 0x06, 0x1C, 0x1C, 0x07, 0x03, 0x00},  // $
{0x00, 0x20, 0x70, 0x70, 0xA0, 0xC0, 0x60, 0x20, 0x00, 0x04, 0x06, 0x03, 0x05, 0x0E, 0x0E, 0x04},  // %
{0x00, 0x00, 0xB0, 0xF8, 0xC8, 0x78, 0xB0, 0x80, 0x00, 0x07, 0x0F, 0x08, 0x09, 0x07, 0x0F, 0x08},  // &
{0x00, 0x00, 0x20, 0x38, 0x18, 0x00, 0x00, 0x00, 0x00, 0x00, 0x00, 0x00, 0x00, 0x00, 0x00, 0x00},  // '
{0x00, 0x00, 0xE0, 0xF0, 0x18, 0x08, 0x00, 0x00, 0x00, 0x00, 0x03, 0x07, 0x0C, 0x08, 0x00, 0x00},  // (
{0x00, 0x00, 0x08, 0x18, 0xF0, 0xE0, 0x00, 0x00, 0x00, 0x00, 0x08, 0x0C, 0x07, 0x03, 0x00, 0x00},  // )
{0x00, 0x80, 0xA0, 0xE0, 0xC0, 0xE0, 0xA0, 0x80, 0x00, 0x00, 0x02, 0x03, 0x01, 0x03, 0x02, 0x00},  // *
{0x00, 0x80, 0x80, 0xE0, 0xE0, 0x80, 0x80, 0x00, 0x00, 0x00, 0x00, 0x03, 0x03, 0x00, 0x00, 0x00},  // +
{0x00, 0x00, 0x00, 0x00, 0x00, 0x00, 0x00, 0x00, 0x00, 0x00, 0x10, 0x1C, 0x0C, 0x00, 0x00, 0x00},  // ,
{0x00, 0x80, 0x80, 0x80, 0x80, 0x80, 0x80, 0x00, 0x00, 0x00, 0x00, 0x00, 0x00, 0x00, 0x00, 0x00},  // -
{0x00, 0x00, 0x00, 0x00, 0x00, 0x00, 0x00, 0x00, 0x00, 0x00, 0x00, 0x0C, 0x0C, 0x00, 0x00, 0x00},  // .
{0x00, 0x00, 0x00, 0x00, 0x80, 0xC0, 0x60, 0x30, 0x00, 0x0C, 0x06, 0x03, 0x01, 0x00, 0x00, 0x00},  // /
{0x00, 0xF0, 0xF8, 0x08, 0x08, 0xF8, 0xF0, 0x00, 0x00, 0x07, 0x0F, 0x08, 0x08, 0x0F, 0x07, 0x00},  // 0
{0x00, 0x00, 0x10, 0xF8, 0xF8, 0x00, 0x00, 0x00, 0x00, 0x00, 0x08, 0x0F, 0x0F, 0x08, 0x00, 0x00},  // 1
{0x00, 0x10, 0x18, 0x08, 0x88, 0xF8, 0x70, 0x00, 0x00, 0x0C, 0x0E, 0x0B, 0x09, 0x08, 0x08, 0x00},  // 2
{0x00, 0x08, 0x08, 0x48, 0xE8, 0xB8, 0x18, 0x00, 0x00, 0x04, 0x0C, 0x08, 0x08, 0x0F, 0x07, 0x00},  // 3
{0x00, 0xC0, 0xE0, 0x30, 0xF8, 0xF8, 0x00, 0x00, 0x00, 0x03, 0x03, 0x02, 0x0F, 0x0F, 0x02, 0x00},  // 4
{0x00, 0x78, 0x78, 0x48, 0x48, 0xC8, 0x88, 0x00, 0x00, 0x04, 0x0C, 0x08, 0x08, 0x0F, 0x07, 0x00},  // 5
{0x00, 0xE0, 0xF0, 0x98, 0x88, 0x88, 0x00, 0x00, 0x00, 0x07, 0x0F, 0x08, 0x08, 0x0F, 0x07, 0x00},  // 6
{0x00, 0x08, 0x08, 0x88, 0xC8, 0x78, 0x38, 0x00, 0x00, 0x00, 0x0F, 0x0F, 0x00, 0x00, 0x00, 0x00},  // 7
{0x00, 0x70, 0xF8, 0x88, 0x88, 0xF8, 0x70, 0x00, 0x00, 0x07, 0x0F, 0x08, 0x08, 0x0F, 0x07, 0x00},  // 8
{0x00, 0x70, 0xF8, 0x88, 0x88, 0xF8, 0xF0, 0x00, 0x00, 0x00, 0x08, 0x08, 0x0C, 0x07, 0x03, 0x00},  // 9
{0x00, 0x00, 0x00, 0x30, 0x30, 0x00, 0x00, 0x00, 0x00, 0x00, 0x00, 0x06, 0x06, 0x00, 0x00, 0x00},  // :
{0x00, 0x00, 0x00, 0x30, 0x30, 0x00, 0x00, 0x00, 0x00, 0x00, 0x08, 0x0E, 0x06, 0x00, 0x00, 0x00},  // ;
{0x00, 0x80, 0xC0, 0x60, 0x30, 0x18, 0x08, 0x00, 0x00, 0x00, 0x01, 0x03, 0x06, 0x0C, 0x08, 0x00},  // <
{0x00, 0x40, 0x40, 0x40, 0x40, 0x40, 0x40, 0x00, 0x00, 0x02, 0x02, 0x02, 0x02, 0x02, 0x02, 0x00},  // =
{0x00, 0x08, 0x18, 0x30, 0x60, 0xC0, 0x80, 0x00, 0x00, 0x08, 0x0C, 0x06, 0x03, 0x01, 0x00, 0x00},  // >
{0x00, 0x10, 0x18, 0x88, 0xC8, 0x78, 0x30, 0x00, 0x00, 0x00, 0x00, 0x0D, 0x0D, 0x00, 0x00, 0x00},  // ?
{0x00, 0xF0, 0xF8, 0x08, 0xC8, 0xF8, 0xF0, 0x00, 0x00, 0x07, 0x0F, 0x08, 0x0B, 0x0B, 0x01, 0x00},  // @
{0x00, 0xE0, 0xF0, 0x18, 0x18, 0xF0, 0xE0, 0x00, 0x00, 0x0F, 0x0F, 0x01, 0x01, 0x0F, 0x0F, 0x00},  // A
{0x00, 0xF8, 0xF8, 0x88, 0x88, 0xF8, 0x70, 0x00, 0x00, 0x0F, 0x0F, 0x08, 0x08, 0x0F, 0x07, 0x00},  // B
{0x00, 0xF0, 0xF8, 0x08, 0x08, 0x18, 0x10, 0x00, 0x00, 0x07, 0x0F, 0x08, 0x08, 0x0C, 0x04, 0x00},  // C
{0x00, 0xF8, 0xF8, 0x08, 0x08, 0xF8, 0xF0, 0x00, 0x00, 0x0F, 0x0F, 0x08, 0x08, 0x0F, 0x07, 0x00},  // D
{0x00, 0xF8, 0xF8, 0x88, 0x88, 0x88, 0x08, 0x00, 0x00, 0x0F, 0x0F, 0x08, 0x08, 0x08, 0x08, 0x00},  // E
{0x00, 0xF8, 0xF8, 0x88, 0x88, 0x88, 0x08, 0x00, 0x00, 0x0F, 0x0F, 0x00, 0x00, 0x00, 0x00, 0x00},  // F
{0x00, 0xF0, 0xF8, 0x08, 0x08, 0x08, 0x08, 0x00, 0x00, 0x07, 0x0F, 0x08, 0x09, 0x0F, 0x0F, 0x00},  // G
{0x00, 0xF8, 0xF8, 0x80, 0x80, 0xF8, 0xF8, 0x00, 0x00, 0x0F, 0x0F, 0x00, 0x00, 0x0F, 0x0F, 0x00},  // H
{0x00, 0x00, 0x08, 0xF8, 0xF8, 0x08, 0x00, 0x00, 0x00, 0x00, 0x08, 0x0F, 0x0F, 0x08, 0x00, 0x00},  // I
{0x00, 0x00, 0x00, 0x00, 0x00, 0xF8, 0xF8, 0x00, 0x00, 0x04, 0x0C, 0x08, 0x08, 0x0F, 0x07, 0x00},  // J
{0x00, 0xF8, 0xF8, 0x80, 0xE0, 0x78, 0x18, 0x00, 0x00, 0x0F, 0x0F, 0x00, 0x03, 0x0F, 0x0C, 0x00},  // K
{0x00, 0xF8, 0xF8, 0x00, 0x00, 0x00, 0x00, 0x00, 0x00, 0x0F, 0x0F, 0x08, 0x08, 0x08, 0x08, 0x00},  // L
{0x00, 0xF8, 0xF8, 0x30, 0xE0, 0x30, 0xF8, 0xF8, 0x00, 0x0F, 0x0F, 0x00, 0x00, 0x00, 0x0F, 0x0F},  // M
{0x00, 0xF8, 0xF8, 0xE0, 0x80, 0xF8, 0xF8, 0x00, 0x00, 0x0F, 0x0F, 0x00, 0x03, 0x0F, 0x0F, 0x00},  // N
{0x00, 0xF0, 0xF8, 0x08, 0x08, 0xF8, 0xF0, 0x00, 0x00, 0x07, 0x0F, 0x08, 0x08, 0x0F, 0x07, 0x00},  // O
{0x00, 0xF8, 0xF8, 0x88, 0x88, 0xF8, 0x70, 0x00, 0x00, 0x0F, 0x0F, 0x00, 0x00, 0x00, 0x00, 0x00},  // P
{0x00, 0xF0, 0xF8, 0x08, 0x08, 0xF8, 0xF0, 0x00, 0x00, 0x07, 0x0F, 0x08, 0x08, 0x1F, 0x17, 0x00},  // Q
{0x00, 0xF8, 0xF8, 0x88, 0x88, 0xF8, 0x70, 0x00, 0x00, 0x0F, 0x0F, 0x01, 0x03, 0x0E, 0x0C, 0x00},  // R
{0x00, 0x70, 0xF8, 0x88, 0x88, 0x98, 0x10, 0x00, 0x00, 0x04, 0x0C, 0x08, 0x08, 0x0F, 0x07, 0x00},  // S
{0x00, 0x08, 0x08, 0xF8, 0xF8, 0x08, 0x08, 0x00, 0x00, 0x00, 0x00, 0x0F, 0x0F, 0x00, 0x00, 0x00},  // T
{0x00, 0xF8, 0xF8, 0x00, 0x00, 0xF8, 0xF8, 0x00, 0x00, 0x07, 0x0F, 0x08, 0x08, 0x0F, 0x07, 0x00},  // U
{0x00, 0xF8, 0xF8, 0x00, 0x00, 0xF8, 0xF8, 0x00, 0x00, 0x03, 0x07, 0x0C, 0x0C, 0x07, 0x03, 0x00},  // V
{0x00, 0xF8, 0xF8, 0x00, 0x80, 0x00, 0xF8, 0xF8, 0x00, 0x0F, 0x0F, 0x06, 0x03, 0x06, 0x0F, 0x0F},  // W
{0x00, 0x38, 0x78, 0xC0, 0xC0, 0x78, 0x38, 0x00, 0x00, 0x0E, 0x0F, 0x01, 0x01, 0x0F, 0x0E, 0x00},  // X
{0x00, 0x78, 0xF8, 0x80, 0x80, 0xF8, 0x78, 0x00, 0x00, 0x00, 0x00, 0x0F, 0x0F, 0x00, 0x00, 0x00},  // Y
{0x00, 0x08, 0x08, 0x88, 0xC8, 0x78, 0x38, 0x00, 0x00, 0x0E, 0x0F, 0x09, 0x08, 0x08, 0x08, 0x00},  // Z
{0x00, 0x00, 0xF8, 0xF8, 0x08, 0x08, 0x00, 0x00, 0x00, 0x00, 0x0F, 0x0F, 0x08, 0x08, 0x00, 0x00},  // [
{0x00, 0x30, 0x60, 0xC0, 0x80, 0x00, 0x00, 0x00, 0x00, 0x00, 0x00, 0x00, 0x01, 0x03, 0x06, 0x0C},  /* \ */
{0x00, 0x00, 0x08, 0x08, 0xF8, 0xF8, 0x00, 0x00, 0x00, 0x00, 0x08, 0x08, 0x0F, 0x0F, 0x00, 0x00},  //]
{0x00, 0x10, 0x18, 0x0C, 0x0C, 0x18, 0x10, 0x00, 0x00, 0x00, 0x00, 0x00, 0x00, 0x00, 0x00, 0x00},  // ^
{0x00, 0x00, 0x00, 0x00, 0x00, 0x00, 0x00, 0x00, 0x20, 0x20, 0x20, 0x20, 0x20, 0x20, 0x20, 0x20},  // _
{0x00, 0x00, 0x00, 0x18, 0x38, 0x20, 0x00, 0x00, 0x00, 0x00, 0x00, 0x00, 0x00, 0x00, 0x00, 0x00},  // `
{0x00, 0x00, 0x40, 0x40, 0x40, 0xC0, 0x80, 0x00, 0x00, 0x06, 0x0F, 0x09, 0x09, 0x0F, 0x0F, 0x00},  // a
{0x00, 0xF8, 0xF8, 0x40, 0x40, 0xC0, 0x80, 0x00, 0x00, 0x0F, 0x0F, 0x08, 0x08, 0x0F, 0x07, 0x00},  // b
```

```
  {0x00,0x80,0xC0,0x40,0x40,0xC0,0x80,0x00,0x00,0x07,0x0F,0x08,0x08,0x0C,0x04,0x00}, // c
  {0x00,0x80,0xC0,0x40,0x40,0xF8,0xF8,0x00,0x00,0x07,0x0F,0x08,0x08,0x0F,0x0F,0x00}, // d
  {0x00,0x80,0xC0,0x40,0x40,0xC0,0x80,0x00,0x00,0x07,0x0F,0x0A,0x0A,0x0B,0x0B,0x00}, // e
  {0x00,0x80,0xF0,0xF8,0x88,0x98,0x10,0x00,0x00,0x00,0x0F,0x0F,0x00,0x00,0x00,0x00}, // f
  {0x00,0x80,0xC0,0x40,0x40,0xC0,0x80,0x00,0x00,0x07,0x4F,0x48,0x48,0x7F,0x3F,0x00}, // g
  {0x00,0xF8,0xF8,0x40,0x40,0xC0,0x80,0x00,0x00,0x0F,0x0F,0x00,0x00,0x0F,0x0F,0x00}, // h
  {0x00,0x00,0x40,0xD8,0xD8,0x00,0x00,0x00,0x00,0x00,0x08,0x0F,0x0F,0x08,0x00,0x00}, // i
  {0x00,0x00,0x00,0x00,0x40,0xD8,0xD8,0x00,0x00,0x00,0x10,0x30,0x20,0x3F,0x1F,0x00}, // j
  {0x00,0xF8,0xF8,0x00,0x80,0xC0,0x40,0x00,0x00,0x0F,0x0F,0x03,0x07,0x0C,0x08,0x00}, // k
  {0x00,0x00,0x08,0xF8,0xF8,0x00,0x00,0x00,0x00,0x00,0x08,0x0F,0x0F,0x08,0x00,0x00}, // l
  {0x00,0xC0,0xC0,0xC0,0x80,0xC0,0xC0,0x80,0x00,0x0F,0x0F,0x00,0x07,0x00,0x0F,0x0F}, // m
  {0x00,0xC0,0xC0,0x40,0x40,0xC0,0x80,0x00,0x00,0x0F,0x0F,0x00,0x00,0x0F,0x0F,0x00}, // n
  {0x00,0x80,0xC0,0x40,0x40,0xC0,0x80,0x00,0x00,0x07,0x0F,0x08,0x08,0x0F,0x07,0x00}, // o
  {0x00,0xC0,0xC0,0x40,0x40,0xC0,0x80,0x00,0x00,0x7F,0x7F,0x08,0x08,0x0F,0x07,0x00}, // p
  {0x00,0x80,0xC0,0x40,0x40,0xC0,0xC0,0x00,0x00,0x07,0x0F,0x08,0x08,0x7F,0x7F,0x00}, // q
  {0x00,0xC0,0xC0,0x80,0xC0,0x40,0x40,0x00,0x00,0x0F,0x0F,0x01,0x00,0x00,0x00,0x00}, // r
  {0x00,0x80,0xC0,0x40,0x40,0x40,0x40,0x00,0x00,0x08,0x09,0x09,0x09,0x0F,0x06,0x00}, // s
  {0x00,0x40,0xF8,0xF8,0x40,0x40,0x00,0x00,0x00,0x00,0x07,0x0F,0x08,0x0C,0x04,0x00}, // t
  {0x00,0xC0,0xC0,0x00,0x00,0xC0,0xC0,0x00,0x00,0x07,0x0F,0x08,0x08,0x0F,0x0F,0x00}, // u
  {0x00,0xC0,0xC0,0x00,0x00,0xC0,0xC0,0x00,0x00,0x03,0x07,0x0C,0x0C,0x07,0x03,0x00}, // v
  {0x00,0xC0,0xC0,0x00,0x00,0x00,0xC0,0xC0,0x00,0x07,0x0F,0x0C,0x07,0x0C,0x0F,0x07}, // w
  {0x00,0x40,0xC0,0x80,0x00,0x80,0xC0,0x40,0x00,0x08,0x0C,0x07,0x03,0x07,0x0C,0x08}, // x
  {0x00,0xC0,0xC0,0x00,0x00,0xC0,0xC0,0x00,0x00,0x07,0x4F,0x48,0x48,0x7F,0x3F,0x00}, // y
  {0x00,0x40,0x40,0x40,0xC0,0xC0,0x40,0x00,0x00,0x0C,0x0E,0x0B,0x09,0x08,0x08,0x00}, // z
  {0x00,0x00,0x80,0xF0,0x78,0x08,0x08,0x00,0x00,0x00,0x00,0x07,0x0F,0x08,0x08,0x00}, // {
  {0x00,0x00,0x00,0x78,0x78,0x00,0x00,0x00,0x00,0x00,0x00,0x0F,0x0F,0x00,0x00,0x00}, // |
  {0x00,0x00,0x08,0x08,0x78,0xF0,0x80,0x00,0x00,0x00,0x08,0x08,0x0F,0x07,0x00,0x00}, // }
  {0x00,0x80,0xC0,0x40,0xC0,0x80,0xC0,0x40,0x00,0x00,0x00,0x00,0x00,0x00,0x00,0x00}, // ~
  {0x00,0x00,0x60,0x90,0x90,0x60,0x00,0x00,0x00,0x00,0x00,0x00,0x00,0x00,0x00,0x00}};// 0x7F

/* ------------------------------------------------------------------------ */
/*              사용자 정의 함수 선언                                         */
/* ------------------------------------------------------------------------ */

void TFT_initialize(void);                      // initialize TFT-LCD with HX8347-A
void TFT_command(U08 IR);                       // write IR to TFT-LCD
void TFT_data(U16 data);                        // write data to TFT-LCD
void TFT_write(U08 reg, U16 val);               // write TFT-LCD register
void TFT_clear_screen(void);                    // TFT-LCD clear screen with black color
void TFT_color_screen(U16 color);               // TFT-LCD full screen color
void TFT_GRAM_address(U16 xPos, U16 yPos);      // set GRAM address of TFT-LCD
void TFT_xy(U08 xChar, U08 yChar);              // set character position
void TFT_color(U16 colorfore, U16 colorback);   // set foreground and background color
void TFT_pixel(U16 xPos, U16 yPos, U16 color);  // write a pixel
void TFT_portrait_mode(void);                   // set portrait mode
void TFT_landscape_mode(void);                  // set landscape mode
void TFT_cursor(U16 cursor_color);              // set cursor and color
void TFT_underscore(U16 underscore_color);      // set underscore and color
void TFT_outline(U16 outline_color);            // set outline and color
void TFT_string(U08 xChar, U08 yChar, U16 colorfore, U16 colorback, char *str); // write TFT-LCD string
void TFT_English(U08 code);                     // write a English ASCII character
unsigned int KS_code_conversion(U16 KS_code);   // convert 완성형(KS) to 조합형(KSSM)
void TFT_Korean(U16 code);                      // write a Korean character
void TFT_English_pixel(U16 Xpixel,U16 Ypixel, U08 code); // write a English ASCII character

void TFT_binary(U16 number, U08 digit);         // display 8 or 16 bit binary number
void TFT_unsigned_decimal(U32 number, U08 zerofill, U08 digit); // display unsigned decimal number
void TFT_signed_decimal(S32 number, U08 zerofill, U08 digit);   // display signed decimal number
void TFT_hexadecimal(U32 number, U08 digit);    // display hexadecimal number
void TFT_0x_hexadecimal(U32 number, U08 digit); // display hexadecimal number with 0x
void TFT_unsigned_float(float number, U08 integral, U08 fractional); // display unsigned floating-point number
void TFT_signed_float(float number, U08 integral, U08 fractional);   // display signed floating-point number

void Line(S16 x1,S16 y1, S16 x2,S16 y2, U16 color);      // draw a straight line
void Rectangle(S16 x1,S16 y1, S16 x2,S16 y2, U16 color);// draw a rectangle
void Block(S16 x1,S16 y1, S16 x2,S16 y2, U16 color, U16 fill); // draw a rectangle with filled color
void Circle(S16 x1,S16 y1, S16 r, U16 color);   // draw a circle
void Sine(S16 peak, U08 mode, U16 color);       // draw a sine curve

unsigned char SPI_write(U08 data);              // send a byte to SPI and receive
unsigned int Read_ADS7846(U08 command);         // read X, Y value from ADS7846
void Touch_screen_initialize(void);             // initialize touch screen
```

```
void Touch_screen_input(void);                  // touch screen input of X, Y average value

/* ---------------------------------------------------------------------------- */
/*     TFT-LCD 기본 문자 출력 함수(영문 : 8x16 픽셀, 한글 : 16x16 픽셀)        */
/* ---------------------------------------------------------------------------- */

#define Transparent     0x0821                  //   1,   1,   1
#define White           0xFFFF                  // 255, 255, 255
#define Black           0x0000                  //   0,   0,   0
#define Red             0xF800                  // 255,   0,   0
#define Green           0x07E0                  //   0, 255,   0
#define Blue            0x001F                  //   0,   0, 255
#define Yellow          0xFFE0                  // 255, 255,   0
#define Cyan            0x07FF                  //   0, 255, 255
#define Magenta         0xF81F                  // 255,   0, 255
#define Brown           0xA145                  // 160,  40,  40
#define Khaki           0xF731                  // 240, 228, 136
#define Orange          0xFD20                  // 255, 164,   0
#define Pink            0xFB56                  // 255, 104, 176
#define Silver          0xC618                  // 192, 192, 192
#define Violet          0xEC1D                  // 232, 128, 232
#define Olive           0x8400                  // 128, 128,   0
#define Purple          0x8010                  // 128,   0, 128
#define Maroon          0x7800                  // 128,   0,   0
#define Navy            0x000F                  //   0,   0, 128
#define DarkGreen       0x03E0                  //   0, 128,   0
#define DarkCyan        0x03EF                  //   0, 128, 128
#define DarkGrey        0x7BEF                  // 128, 128, 128
#define LightGrey       0xC618                  // 192, 192, 192

unsigned char  ScreenMode = 'L';                // screen mode(P = portrait, L = landscape)
unsigned char  XcharacterLimit = 40;            // character number of line (40 or 30)
unsigned char  YcharacterLimit = 30;            // line number of screen (30 or 40)
unsigned char  XcharacterLimit_large = 26;      // large character number of line (26 or 20)
unsigned char  YcharacterLimit_large = 30;      // line number of screen (30 or 40)
unsigned char  Xcharacter, Ycharacter;          // Xcharacter(0-29), Ycharacter(0-39) for portrait
                                                // Xcharacter(0-39), Ycharacter(0-29) for landscape
unsigned char  continue_flag = 0;               // 0 = first line, 1 = next line
unsigned char  Xcursor, Ycursor;                // cursor position
unsigned char  cursor_flag = 0;                 // 0 = cursor off, 1 = cursor on
unsigned int   cursor;                          // cursor color
unsigned char  underscore_flag = 0;             // 0 = underscore off, 1 = underscore on
unsigned int   underscore;                      // underscore color
unsigned char  outline_flag = 0;                // 0 = outline off, 1 = outline on
unsigned int   outline;                         // outline color
unsigned int   foreground, background;          // foreground and background color

void TFT_initialize(void)                       /* initialize TFT-LCD with HX8347-A */
{
  sbi(PORTC,7);                                 // reset TFT-LCD
  Delay_ms(5);
  cbi(PORTC,7);
  Delay_ms(120);

  TFT_write(0x02, 0x0000);                      // window setting(landscape mode)
  TFT_write(0x03, 0x0000);                      // x = 0~319
  TFT_write(0x04, 0x0001);
  TFT_write(0x05, 0x003F);
  TFT_write(0x06, 0x0000);                      // y = 0~239
  TFT_write(0x07, 0x0000);
  TFT_write(0x08, 0x0000);
  TFT_write(0x09, 0x00EF);

  TFT_write(0x01, 0x0006);                      // display setting
  TFT_write(0x16, 0x0068);                      // MV=1, MX=1, MY=0, BGR=1
  TFT_write(0x18, 0x0000);                      // SM=0
  TFT_write(0x70, 0x0065);                      // GS=1, SS=1, 16 bit/pixel
  TFT_write(0x23, 0x0095);
  TFT_write(0x24, 0x0095);
  TFT_write(0x25, 0x00FF);
  TFT_write(0x27, 0x0002);
  TFT_write(0x28, 0x0002);
```

```
  TFT_write(0x29, 0x0002);
  TFT_write(0x2A, 0x0002);
  TFT_write(0x2C, 0x0002);
  TFT_write(0x2D, 0x0002);
  TFT_write(0x3A, 0x0001);
  TFT_write(0x3B, 0x0001);
  TFT_write(0x3C, 0x00F0);
  TFT_write(0x3D, 0x0000);
  Delay_ms(20);
  TFT_write(0x35, 0x0038);
  TFT_write(0x36, 0x0078);
  TFT_write(0x3E, 0x0038);
  TFT_write(0x40, 0x000F);
  TFT_write(0x41, 0x00F0);

  TFT_write(0x19, 0x0049);                    // power setting
  TFT_write(0x93, 0x000F);
  Delay_ms(10);
  TFT_write(0x20, 0x0040);
  TFT_write(0x1D, 0x0007);
  Delay_ms(10);
  TFT_write(0x1E, 0x0000);
  TFT_write(0x1F, 0x0004);
  TFT_write(0x44, 0x0040);                    // VCom control for 3.3V
  TFT_write(0x45, 0x0012);
  Delay_ms(10);
  TFT_write(0x1C, 0x0004);
  Delay_ms(20);
  TFT_write(0x43, 0x0080);
  Delay_ms(5);
  TFT_write(0x1B, 0x0018);
  Delay_ms(40);
  TFT_write(0x1B, 0x0010);
  Delay_ms(40);

  TFT_write(0x46, 0x00A4);                    // gamma setting
  TFT_write(0x47, 0x0053);
  TFT_write(0x48, 0x0010);
  TFT_write(0x49, 0x005F);
  TFT_write(0x4A, 0x0004);
  TFT_write(0x4B, 0x003F);
  TFT_write(0x4C, 0x0002);
  TFT_write(0x4D, 0x00F6);
  TFT_write(0x4E, 0x0012);
  TFT_write(0x4F, 0x004C);
  TFT_write(0x50, 0x0046);
  TFT_write(0x51, 0x0044);

  TFT_write(0x90, 0x007F);                    // display on setting
  TFT_write(0x26, 0x0004);
  Delay_ms(40);
  TFT_write(0x26, 0x0024);
  TFT_write(0x26, 0x002C);
  Delay_ms(40);
  TFT_write(0x26, 0x003C);

  TFT_write(0x57, 0x0002);                    // internal VDDD setting
  TFT_write(0x55, 0x0000);
  TFT_write(0xFE, 0x005A);
  TFT_write(0x57, 0x0000);

  TFT_clear_screen();                         // clear screen
}

void TFT_command(U08 IR)                      /* write IR to TFT-LCD */
{
  PORTA = 0x00;                               // output high byte
  PORTC = 0x50;                               // -HB = 0
  PORTC = 0x58;                               // -HB = 1
  PORTA = IR;                                 // output low byte
  PORTC = 0x18;                               // -CS = RS = 0
  PORTC = 0x08;                               // -WR = 0
```

```
  PORTC = 0x18;                                 // -WR = 1
  PORTC = 0x58;                                 // -CS = RS = 1
}

void TFT_data(U16 data)                         /* write data to TFT-LCD */
{
  PORTA = data >> 8;                            // output high byte
  PORTC = 0x70;                                 // -HB = 0
  PORTC = 0x78;                                 // -HB = 1
  PORTA = data & 0x00FF;                        // output low byte
  PORTC = 0x38;                                 // -CS = 0, RS = 1
  PORTC = 0x28;                                 // -WR = 0
  PORTC = 0x38;                                 // -WR = 1
  PORTC = 0x78;                                 // -CS = RS = 1
}

void TFT_write(U08 reg, U16 val)                /* write TFT-LCD register */
{
  TFT_command(reg);
  TFT_data(val);
}

/* ------------------------------------------------------------------------ */
/*              TFT-LCD 모듈의 출력제어 함수                                */
/* ------------------------------------------------------------------------ */

void TFT_clear_screen(void)                     /* TFT-LCD clear screen with black color */
{
  TFT_color_screen(Black);
}

void TFT_color_screen(U16 color)                /* TFT-LCD full screen color */
{
  unsigned char i;
  unsigned int j;

  TFT_GRAM_address(0,0);

  for(i = 0; i < 240; i++)
    for(j = 0; j < 320; j++)
      TFT_data(color);
}

void TFT_GRAM_address(U16 xPos, U16 yPos)       /* set GRAM address of TFT-LCD */
{
  if(ScreenMode == 'L')
    { if((xPos > 319) || (yPos > 239))
        return;
      TFT_write(0x02, xPos >> 8);               // xPos = 0~319
      TFT_write(0x03, xPos & 0x00FF);
      TFT_write(0x06, 0x0000);                  // yPos = 0~239
      TFT_write(0x07, yPos);
    }
  else
    { if((xPos > 239) || (yPos > 319))
        return;
      TFT_write(0x02, 0x0000);                  // xPos = 0~239
      TFT_write(0x03, xPos);
      TFT_write(0x06, yPos >> 8);               // yPos = 0~319
      TFT_write(0x07, yPos & 0x00FF);
    }

  TFT_command(0x22);
}

void TFT_xy(U08 xChar, U08 yChar)               /* set character position */
{
  Xcharacter = xChar;
  Ycharacter = yChar;
}

void TFT_color(U16 colorfore, U16 colorback)    /* set foreground and background color */
```

```
{
  foreground = colorfore;
  background = colorback;
}

void TFT_pixel(U16 xPos, U16 yPos, U16 color)   /* write a pixel */
{
  if(ScreenMode == 'L')
    { if((xPos > 319) || (yPos > 239))
        return;
      TFT_write(0x02, xPos >> 8);               // xPos = 0~319
      TFT_write(0x03, xPos & 0x00FF);
      TFT_write(0x06, 0x0000);                  // yPos = 0~239
      TFT_write(0x07, yPos);
    }
  else
    { if((xPos > 239) || (yPos > 319))
        return;
      TFT_write(0x02, 0x0000);                  // xPos = 0~239
      TFT_write(0x03, xPos);
      TFT_write(0x06, yPos >> 8);               // yPos = 0~319
      TFT_write(0x07, yPos & 0x00FF);
    }

  if(color != Transparent)                      // transparent mode ?
    TFT_write(0x22, color);
}

/* ------------------------------------------------------------------------- */
/*              TFT-LCD 모듈의 문자 출력 함수                                  */
/* ------------------------------------------------------------------------- */

void TFT_portrait_mode(void)                    /* set portrait mode */
{
  TFT_write(0x16, 0x0008);                      // MV=0, MX=0, MY=0, BGR=1

  TFT_write(0x02, 0x0000);                      // x = 0~239
  TFT_write(0x03, 0x0000);
  TFT_write(0x04, 0x0000);
  TFT_write(0x05, 0x00EF);
  TFT_write(0x06, 0x0000);                      // y = 0~319
  TFT_write(0x07, 0x0000);
  TFT_write(0x08, 0x0001);
  TFT_write(0x09, 0x003F);

  XcharacterLimit = 30;                         // 30x40 character unit
  YcharacterLimit = 40;
  XcharacterLimit_large = 20;                   // 20x40 large character unit
  YcharacterLimit_large = 40;
  ScreenMode = 'P';
}

void TFT_landscape_mode(void)                   /* set landscape mode */
{
  TFT_write(0x16, 0x0068);                      // MV=1, MX=1, MY=0, BGR=1

  TFT_write(0x02, 0x0000);                      // x = 0~319
  TFT_write(0x03, 0x0000);
  TFT_write(0x04, 0x0001);
  TFT_write(0x05, 0x003F);
  TFT_write(0x06, 0x0000);                      // y = 0~239
  TFT_write(0x07, 0x0000);
  TFT_write(0x08, 0x0000);
  TFT_write(0x09, 0x00EF);

  XcharacterLimit = 40;                         // 40x30 character unit
  YcharacterLimit = 30;
  XcharacterLimit_large = 26;                   // 26x30 large character unit
  YcharacterLimit_large = 30;
  ScreenMode = 'L';
}
```

```
void TFT_cursor(U16 cursor_color)                  /* set cursor and color */
{
  if(cursor_color == Transparent)                  // disable cursor
    cursor_flag = 0;
  else                                             // enable cursor
    { cursor_flag = 1;
      cursor = cursor_color;
    }
}

void TFT_underscore(U16 underscore_color)          /* set underscore and color */
{
  if(underscore_color == Transparent)              // disable underscore
    underscore_flag = 0;
  else                                             // enable underscore
    { underscore_flag = 1;
      underscore = underscore_color;
    }
}

void TFT_outline(U16 outline_color)                /* set outline and color */
{
  if(outline_color == Transparent)                 // disable outline
    outline_flag = 0;
  else                                             // enable outline
    { outline_flag = 1;
      outline = outline_color;
    }
}

void TFT_string(U08 xChar, U08 yChar, U16 colorfore, U16 colorback, char *str) /* write TFT-LCD string */
{
  unsigned char ch1, ch2;
  unsigned int hangeul;

  Xcharacter = xChar;
  Ycharacter = yChar;

  foreground = colorfore;
  background = colorback;

  continue_flag = 0;                               // start first line

  while(*str)
    { ch1 = *str;
      str++;

      if(ch1 < 0x80)                               // English ASCII character
        TFT_English(ch1);
      else                                         // Korean
        { ch2 = *str;
          hangeul = (ch1 << 8) + ch2;
          str++;
          hangeul = KS_code_conversion(hangeul);// convert 완성형(KS) to 조합형(KSSM)
          TFT_Korean(hangeul);
        }
    }
}

void TFT_English(U08 code)                         /* write a English ASCII character */
{
  unsigned char data, x, y;
  unsigned int pixel[8][16];
  unsigned int xPos, yPos, dot0, dot1, dot2, dot3, dot4;

  for(x = 0; x < 8; x++)                           // read English ASCII font
    { data = pgm_read_byte(&E_font[code][x]);
      for(y = 0, y < 8; y++)
        { if(data & 0x01) pixel[x][y] = foreground;
          else            pixel[x][y] = background;
          data = data >> 1;
        }
```

```
    }

  for(x = 0; x < 8; x++)
    { data = pgm_read_byte(&E_font[code][x+8]);
      for(y = 0; y < 8; y++)
        { if(data & 0x01) pixel[x][y+8] = foreground;
          else            pixel[x][y+8] = background;
          data = data >> 1;
        }
    }

  if(outline_flag == 1)                         // display outline
    for(x = 0; x < 8; x++)
      { dot0 = pgm_read_byte(&E_font[code][x]) + pgm_read_byte(&E_font[code][x+8])*256;
        dot1 = dot0 >> 1;                                                        // up side
        dot2 = dot0;                                                             // down side
        dot3 = pgm_read_byte(&E_font[code][x+1]) + pgm_read_byte(&E_font[code][x+9])*256;// left side
        dot4 = pgm_read_byte(&E_font[code][x-1]) + pgm_read_byte(&E_font[code][x+7])*256;// right side

        for(y = 0; y < 16; y++)
          { if(!(dot0 & 0x0001))
              { if(dot1 & 0x0001) pixel[x][y] = outline;
                if(dot2 & 0x0001) pixel[x][y] = outline;
                if((dot3 & 0x0001) && (x < 7 )) pixel[x][y] = outline;
                if((dot4 & 0x0001) && (x > 0 )) pixel[x][y] = outline;
              }

            dot1 >>= 1;
            dot2 = dot0;
            dot0 >>= 1;
            dot3 >>= 1;
            dot4 >>= 1;
          }
      }

  if(Xcharacter >= XcharacterLimit)             // end of line ?
    { continue_flag = 1;
      Xcharacter = 0;
      Ycharacter += 2;
      if(Ycharacter >= (YcharacterLimit-1))     // end of screen ?
        Ycharacter = 0;
    }

  if(underscore_flag == 1)
    { for(x = 0; x < 8; x++)                    // display underscore
          pixel[x][15] = underscore;
    }

  if((cursor_flag == 1) && (Xcharacter == Xcursor) &&(Ycharacter == Ycursor))
    { for(x = 0; x < 8; x++)                    // display cursor
        { pixel[x][14] = cursor;
          pixel[x][15] = cursor;
        }
    }

  if((continue_flag == 1) && (Xcharacter == 0) && (code == ' '))
    return;
  else if(background != Transparent)            // transparent mode ?
    { xPos = Xcharacter*8;

      for(y = 0; y < 16; y++)                   // if no, write a character in higher speed
        { yPos = Ycharacter*8 + y;

          if(ScreenMode == 'L')
            { TFT_write(0x02, xPos >> 8);       // xPos = 0~319
              TFT_write(0x03, xPos & 0x00FF);
              TFT_write(0x06, 0x0000);          // yPos = 0~239
              TFT_write(0x07, yPos);
            }
          else
            { TFT_write(0x02, 0x0000);          // xPos = 0~239
              TFT_write(0x03, xPos);
```

```
            TFT_write(0x06, yPos >> 8);         // yPos = 0~319
            TFT_write(0x07, yPos & 0x00FF);
          }

        TFT_command(0x22);
        TFT_data(pixel[0][y]);
        TFT_data(pixel[1][y]);
        TFT_data(pixel[2][y]);
        TFT_data(pixel[3][y]);
        TFT_data(pixel[4][y]);
        TFT_data(pixel[5][y]);
        TFT_data(pixel[6][y]);
        TFT_data(pixel[7][y]);
      }
    }
  else
    { for(y = 0; y < 16; y++)                   // if yes, write a character
        for(x = 0; x < 8; x++)
          TFT_pixel(Xcharacter*8 + x, Ycharacter*8 + y, pixel[x][y]);
    }

  Xcharacter += 1;                              // go to next position
}

unsigned int KS_code_conversion(U16 KS_code)    /* convert 완성형(KS) to 조합형(KSSM) */
{
  unsigned char HB, LB;
  unsigned int index, KSSM;

  HB = KS_code >> 8;
  LB = KS_code & 0x00FF;

  if(KS_code >= 0xB0A1 && KS_code <= 0xC8FE)
    { index = (HB - 0xB0)*94 + LB - 0xA1;
      KSSM  =  pgm_read_byte(&KS_Table[index][0]) * 256;
      KSSM |=  pgm_read_byte(&KS_Table[index][1]);

      return KSSM;
    }
  else
    return 0;
}

void TFT_Korean(U16 code)                       /* write a Korean character */
{
  unsigned char cho_5bit, joong_5bit, jong_5bit;
  unsigned char cho_bul, joong_bul, jong_bul = 0, i, jong_flag;
  unsigned int ch;
  unsigned char Kbuffer[33] = {0};              // 32 byte Korean font buffer (+1 extra)

  cho_5bit   = pgm_read_byte(&table_cho[(code >> 10) & 0x001F]);  // get 5bit(14-10) of chosung
  joong_5bit = pgm_read_byte(&table_joong[(code >> 5) & 0x001F]); // get 5bit(09-05) of joongsung
  jong_5bit  = pgm_read_byte(&table_jong[code & 0x001F]);         // get 5bit(04-00) of jongsung

  if(jong_5bit == 0)                            // if jongsung not exist
    { jong_flag = 0;
      cho_bul = pgm_read_byte(&bul_cho1[joong_5bit]);
      if((cho_5bit == 1) || (cho_5bit == 16))
        joong_bul = 0;
      else
        joong_bul = 1;
    }
  else                                          // if jongsung exist
    { jong_flag = 1;
      cho_bul = pgm_read_byte(&bul_cho2[joong_5bit]);
      if((cho_5bit == 1) || (cho_5bit == 16))
        joong_bul = 2;
      else
        joong_bul = 3;
      jong_bul = pgm_read_byte(&bul_jong[joong_5bit]);
    }
```

```
ch = cho_bul*20 + cho_5bit;                      // get chosung font
for(i = 0; i < 32; i++)
  Kbuffer[i] = pgm_read_byte(&K_font[ch][i]);
ch = 8*20 + joong_bul*22 + joong_5bit;           // OR joongsung font
for(i = 0; i < 32; i++)
  Kbuffer[i] |= pgm_read_byte(&K_font[ch][i]);
if(jong_flag)                                    // OR jongsung font
  { ch = 8*20 + 4*22 + jong_bul*28 + jong_5bit;
    for(i = 0; i < 32; i++)
      Kbuffer[i] |= pgm_read_byte(&K_font[ch][i]);
  }

unsigned char data, x, y;
unsigned int pixel[16][16];
unsigned int xPos, yPos, dot0, dot1, dot2, dot3, dot4;

for(x = 0; x < 16; x++)                          // read Korean font
  { data = Kbuffer[x];
    for(y = 0; y < 8; y++)
      { if(data & 0x01) pixel[x][y] = foreground;
        else            pixel[x][y] = background;
        data = data >> 1;
      }
  }

for(x = 0; x < 16; x++)
  { data = Kbuffer[x+16];
    for(y = 0; y < 8; y++)
      { if(data & 0x01) pixel[x][y+8] = foreground;
        else            pixel[x][y+8] = background;
        data = data >> 1;
      }
  }

if(outline_flag == 1)                            // display outline
  for(x = 0; x < 16; x++)
    { dot0 = Kbuffer[x] + Kbuffer[x+16]*256;
      dot1 = dot0 >> 1;                          // up side
      dot2 = dot0;                               // down side
      dot3 = Kbuffer[x+1] + Kbuffer[x+17]*256; // left side
      dot4 = Kbuffer[x-1] + Kbuffer[x+15]*256; // right side

      for(y = 0; y < 16; y++)
        { if(!(dot0 & 0x0001))
            { if(dot1 & 0x0001) pixel[x][y] = outline;
              if(dot2 & 0x0001) pixel[x][y] = outline;
              if((dot3 & 0x0001) && (x < 15 )) pixel[x][y] = outline;
              if((dot4 & 0x0001) && (x > 0 ))  pixel[x][y] = outline;
            }

          dot1 >>= 1;
          dot2 = dot0;
          dot0 >>= 1;
          dot3 >>= 1;
          dot4 >>= 1;
        }
    }

if(Xcharacter >= (XcharacterLimit-1))            // end of line ?
  { Xcharacter = 0;
    Ycharacter += 2;
    if(Ycharacter >= (YcharacterLimit-1))        // end of screen ?
      Ycharacter = 0;
  }

if(underscore_flag == 1)
  { for(x = 0; x < 16; x++)                      // display underscore
        pixel[x][15] = underscore;
  }

if((cursor_flag == 1) && (Xcharacter == Xcursor) &&(Ycharacter == Ycursor))
  { for(x = 0; x < 16; x++)                      // display cursor
```

```
        { pixel[x][14] = cursor;
          pixel[x][15] = cursor;
        }
    }

  if(background != Transparent)                     // transparent mode ?
    { xPos = Xcharacter*8;

      for(y = 0; y < 16; y++)                       // if no, write a character in higher speed
        { yPos = Ycharacter*8 + y;

          if(ScreenMode == 'L')
            { TFT_write(0x02, xPos >> 8);           // xPos = 0~319
              TFT_write(0x03, xPos & 0x00FF);
              TFT_write(0x06, 0x0000);              // yPos = 0~239
              TFT_write(0x07, yPos);
            }
          else
            { TFT_write(0x02, 0x0000);              // xPos = 0~239
              TFT_write(0x03, xPos);
              TFT_write(0x06, yPos >> 8);           // yPos = 0~319
              TFT_write(0x07, yPos & 0x00FF);
            }

          TFT_command(0x22);
          TFT_data(pixel[0][y]);
          TFT_data(pixel[1][y]);
          TFT_data(pixel[2][y]);
          TFT_data(pixel[3][y]);
          TFT_data(pixel[4][y]);
          TFT_data(pixel[5][y]);
          TFT_data(pixel[6][y]);
          TFT_data(pixel[7][y]);
          TFT_data(pixel[8][y]);
          TFT_data(pixel[9][y]);
          TFT_data(pixel[10][y]);
          TFT_data(pixel[11][y]);
          TFT_data(pixel[12][y]);
          TFT_data(pixel[13][y]);
          TFT_data(pixel[14][y]);
          TFT_data(pixel[15][y]);
        }
    }
  else
    { for(y = 0; y < 16; y++)                       // if yes, write a character
        for(x = 0; x < 16; x++)
          TFT_pixel(Xcharacter*8 + x, Ycharacter*8 + y, pixel[x][y]);
    }

  Xcharacter += 2;                                  // go to next position
}

void TFT_English_pixel(U16 Xpixel,U16 Ypixel, U08 code) /* write a English ASCII character */
{
  unsigned char data, x, y;
  unsigned int pixel[8][16];

  for(x = 0; x < 8; x++)                            // read English ASCII font
    { data = pgm_read_byte(&E_font[code][x]);
      for(y = 0; y < 8; y++)
        { if(data & 0x01) pixel[x][y] = foreground;
          else            pixel[x][y] = background;
          data = data >> 1;
        }
    }

  for(x = 0; x < 8; x++)
    { data = pgm_read_byte(&E_font[code][x+8]);
      for(y = 0; y < 8; y++)
        { if(data & 0x01) pixel[x][y+8] = foreground;
          else            pixel[x][y+8] = background;
          data = data >> 1;
```

```
      }
    }

  for(y = 0; y < 16; y++)                          // write a character
    for(x = 0; x < 8; x++)
      TFT_pixel(Xpixel + x, Ypixel + y, pixel[x][y]);
}

/* ------------------------------------------------------------------------ */
/*              TFT-LCD 모듈의 수치 데이터 출력 함수                              */
/* ------------------------------------------------------------------------ */

void TFT_binary(U16 number, U08 digit)          /* display 8 or 16 bit binary number */
{
  unsigned char i, shift;

  if((digit == 0) || (digit > 16)) return;

  shift = digit - 1;
  for(i = 0; i < digit; i++ )
    { TFT_English(((number >> shift) & 0x01) + '0');
      shift--;
    }
}

void TFT_unsigned_decimal(U32 number, U08 zerofill, U08 digit) /* display unsigned decimal number */
{
  unsigned char zero_flag, character;
  unsigned long div;

  if((digit == 0) || (digit > 9)) return;

  div = 1;
  while(--digit) div *= 10;

  zero_flag = zerofill;
  while(div > 0)                                   // display number
    { character = number / div;
      if((character == 0) && (zero_flag == 0) && (div != 1))
        TFT_English(character + ' ');
      else
        { zero_flag = 1;
          TFT_English(character + '0');
        }
      number %= div;
      div /= 10;
    }
}

void TFT_signed_decimal(S32 number, U08 zerofill, U08 digit)   /* display signed decimal number */
{
  unsigned char zero_flag, character;
  unsigned long div;

  if((digit == 0) || (digit > 9)) return;

  if(number >= 0)                                  // display sign
    TFT_English('+');
  else
    { TFT_English('-');
      number = -number;
    }

  div = 1;
  while(--digit) div *= 10;

  zero_flag = zerofill;
  while(div > 0)                                   // display number
    { character = number / div;
      if((character == 0) && (zero_flag == 0) && (div != 1))
        TFT_English(character + ' ');
      else
```

```
        { zero_flag = 1;
          TFT_English(character + '0');
        }
      number %= div;
      div /= 10;
    }
}

void TFT_hexadecimal(U32 number, U08 digit)     /* display hexadecimal number */
{
  unsigned char i, character;

  if((digit == 0) || (digit > 8)) return;

  for(i = digit; i > 0; i--)
    { character = (number >> 4*(i-1)) & 0x0F;
      if(character < 10) TFT_English(character + '0');
      else               TFT_English(character - 10 + 'A');
    }
}

void TFT_0x_hexadecimal(U32 number, U08 digit)  /* display hexadecimal number with 0x */
{
  unsigned char i, character;

  if((digit == 0) || (digit > 8)) return;

  TFT_English('0');
  TFT_English('x');

  for(i = digit; i > 0; i--)
    { character = (number >> 4*(i-1)) & 0x0F;
      if(character < 10) TFT_English(character + '0');
      else               TFT_English(character - 10 + 'A');
    }
}

void TFT_unsigned_float(float number, U08 integral, U08 fractional) /* display unsigned floating-point number */
{
  unsigned char zero_flag, digit, character;    // integral = digits of integral part
  unsigned long div, integer;                   // fractional = digits of fractional part

  digit = integral + fractional;
  if((integral == 0) || (fractional == 0) || (digit > 9)) return;

  div = 1;
  while(--digit) div *= 10;

  while(fractional--) number *= 10.;
  integer = (U32)(number + 0.5);

  zero_flag = 0;
  digit = 1;
  while(div > 0)                                // display number
    { character = integer / div;
      if((character == 0) && (zero_flag == 0) && (digit != integral))
        TFT_English(character + ' ');
      else
        { zero_flag = 1;
          TFT_English(character + '0');
        }
      integer %= div;
      div /= 10;

      if(digit == integral)
        TFT_English('.');
      digit++;
    }
}

void TFT_signed_float(float number, U08 integral, U08 fractional) /* display signed floating-point number */
{
```

```
  unsigned char zero_flag, digit, character;
  unsigned long div, integer;

  digit = integral + fractional;
  if((integral == 0) || (fractional == 0) || (digit > 9)) return;

  if(number >= 0)                                  // display sign
    TFT_English('+');
  else
    { TFT_English('-');
      number = -number;
    }

  div = 1;
  while(--digit) div *= 10;

  while(fractional--) number *= 10.;
  integer = (U32)(number + 0.5);

  zero_flag = 0;
  digit = 1;
  while(div > 0)                                   // display number
    { character = integer / div;
      if((character == 0) && (zero_flag == 0) && (digit != integral))
        TFT_English(character + ' ');
      else
        { zero_flag = 1;
          TFT_English(character + '0');
        }
      integer %= div;
      div /= 10;

      if(digit == integral)
        TFT_English('.');
      digit++;
    }
}

/* ---------------------------------------------------------------------------- */
/*              TFT-LCD 모듈의 그래픽 함수                                          */
/* ---------------------------------------------------------------------------- */

void Line(S16 x1,S16 y1, S16 x2,S16 y2, U16 color)      /* draw a straight line */
{
  signed int x, y;

  if((x1 == x2) && (y1 == y2))                     // if x1 == x2 and y1 == y2, it is a dot
    TFT_pixel(x1, y1, color);
  else
    { if(x1 < x2) x = x2 - x1;                     // calculate x length
      else        x = x1 - x2;
      if(y1 < y2) y = y2 - y1;                     // calculate y length
      else        y = y1 - y2;

      if((x >= y) && (x1 <= x2))                   // if x is long and y is short
        for(x = x1; x <= x2; x++)
          { y = y1 + (long)(x - x1)*(long)(y2 - y1)/(x2 - x1);
            TFT_pixel(x, y, color);
          }
      else if((x >= y) && (x1 > x2))
        for(x = x1; x >= x2; x--)
          { y = y1 + (long)(x - x1)*(long)(y2 - y1)/(x2 - x1);
            TFT_pixel(x, y, color);
          }
      else if((x < y) && (y1 <= y2))               // if x is short and y is long
        for(y = y1; y <= y2; y++)
          { x = x1 + (long)(y - y1)*(long)(x2 - x1)/(y2 - y1);
            TFT_pixel(x, y, color);
          }
      else if((x < y) && (y1 > y2))
        for(y = y1; y >= y2; y--)
          { x = x1 + (long)(y - y1)*(long)(x2 - x1)/(y2 - y1);
```

```
            TFT_pixel(x, y, color);
          }
      }
}

void Rectangle(S16 x1,S16 y1, S16 x2,S16 y2, U16 color) /* draw a rectangle */
{
  Line(x1,y1, x1,y2, color);                    // horizontal line
  Line(x2,y1, x2,y2, color);
  Line(x1,y1, x2,y1, color);                    // vertical line
  Line(x1,y2, x2,y2, color);
}

void Block(S16 x1,S16 y1, S16 x2,S16 y2, U16 color, U16 fill) /* draw a rectangle with filled color */
{
  signed int i;

  Line(x1,y1, x1,y2, color);                    // vertical line
  Line(x2,y1, x2,y2, color);
  Line(x1,y1, x2,y1, color);                    // horizontal line
  Line(x1,y2, x2,y2, color);

  if((y1 < y2) && (x1 != x2))                   // fill block
    { for(i = y1+1; i <= y2-1; i++)
        Line(x1+1,i, x2-1,i, fill);
    }
  else if((y1 > y2) && (x1 != x2))
    { for(i = y2+1; i <= y1-1; i++)
        Line(x1+1,i, x2-1,i, fill);
    }
}

void Circle(S16 x1,S16 y1, S16 r, U16 color)    /* draw a circle */
{
  signed int x, y;
  float s;

  for(y = y1 - r*3/4; y <= y1 + r*3/4; y++)     // draw with y variable
    { s = sqrt((long)r*(long)r - (long)(y-y1)*(long)(y-y1)) + 0.5;
      x = x1 + (int)s;
      TFT_pixel(x, y, color);
      x = x1 - (int)s;
      TFT_pixel(x, y, color);
    }

  for(x = x1 - r*3/4; x <= x1 + r*3/4; x++)     // draw with x variable
    { s = sqrt((long)r*(long)r - (long)(x-x1)*(long)(x-x1)) + 0.5;
      y = y1 + (int)s;
      TFT_pixel(x, y, color);
      y = y1 - (int)s;
      TFT_pixel(x, y, color);
    }
}

void Sine(S16 peak, U08 mode, U16 color)        /* draw a sine curve */
{
  signed int x, y;

  if(mode == 0)
    for(x = 0; x <= 319; x++)
      { y = 120 - (int)(sin((float)x * 1.6875 * M_PI / 180.) * peak + 0.5);
        TFT_pixel(x, y, color);
      }
  else
    for(x = 0; x <= 319; x++)
      { y = 120 + (int)(sin((float)x * 1.6875 * M_PI / 180.) * peak + 0.5);
        TFT_pixel(x, y, color);
      }
}

/* ------------------------------------------------------------------------ */
/*              TFT-LCD 모듈의 터치 스크린 입력 함수                        */
```

```
/* ---------------------------------------------------------------------------- */

#define x_touch_min     250                      // minimum value of touch screen x-axis
#define x_touch_max     3750                     // maximum value of touch screen x-axis
#define y_touch_min     400                      // minimum value of touch screen y-axis
#define y_touch_max     3830                     // maximum value of touch screen y-axis

#define ADS7846_CMD_X   0b11010000               // 12-bit resolution X position measurement command
#define ADS7846_CMD_Y   0b10010000               // 12-bit resolution Y position measurement command

unsigned int x_12bit, y_12bit;                   // x_12bit(0-4095), y_12bit(0-4095)
unsigned int x_touch, y_touch;                   // x_touch(0-239),  y_touch(0-319)

unsigned char SPI_write(U08 data)                /* send a byte to SPI and receive */
{
  SPDR = data;
  while(!(SPSR & 0x80));

  return SPDR;
}

unsigned int Read_ADS7846(U08 command)           /* read X, Y value from ADS7846 */
{
  unsigned int axis;

  cbi(PORTB,7);                                  // -TS_CS = 0

  SPI_write(command);
  axis = SPI_write(0x00);                        // read high 7 bit
  axis <<= 8;
  axis += SPI_write(0x00);                       // read low 5 bit
  axis >>= 3;

  sbi(PORTB,7);                                  // -TS_CS = 1

  return axis;
}

void Touch_screen_initialize(void)               /* initialize touch screen */
{
  cbi(DDRC,2);                                   // -TS_INT is input
  sbi(DDRB,7);                                   // -TS_CS is output
  sbi(PORTB,7);                                  // -TS_CS = 1

  SPCR = 0x51;                                   // CPOL = 0, CPHA = 0, 16MHz/8 = 2MHz
  SPSR = 0x01;                                   // SPI2X = 1

  Read_ADS7846(ADS7846_CMD_X);                   // dummy input for -TS_INT signal
}

void Touch_screen_input(void)                    /* touch screen input of X, Y average value */
{
  unsigned char i;
  unsigned int temp;

  x_12bit = 0;                                   // initial value
  y_12bit = 0;

  for(i = 0; i < 16; i++)                        // read X, Y value by 16 times if -PENIRQ enable
    { if((PINC & 0x04) == 0x00)                  // -TS_INT = 0 ?
        x_12bit += Read_ADS7846(ADS7846_CMD_X);  // if yes, measure X position
      else                                       // if not, return with 0
        { x_12bit = 0;
          y_12bit = 0;
          break;
        }
      Delay_us(10);

      if((PINC & 0x04) == 0x00)                  // -TS_INT = 0 ?
        y_12bit += Read_ADS7846(ADS7846_CMD_Y);  // if yes, measure Y position
      else                                       // if not, return with 0
        { x_12bit = 0;
```

```
          y_12bit = 0;
          break;
        }
      Delay_us(10);
    }

  x_12bit >>= 4;                              // calculate average for 16 times
  y_12bit >>= 4;

  if((x_12bit == 0) && (y_12bit == 0))
    { x_touch = 0;
      y_touch = 0;
      return;
    }

  if(x_12bit <= x_touch_min)                  // convert to pixel x-axis value
    x_touch = 0;
  else if(x_12bit >= x_touch_max)
    x_touch = 239;
  else
    x_touch = (unsigned int)((float)(x_12bit - x_touch_min) * 239./(float)(x_touch_max - x_touch_min));

  if(y_12bit <= y_touch_min)                  // convert to pixel y-axis value
    y_touch = 319;
  else if(y_12bit >= y_touch_max)
    y_touch = 0;
  else
    y_touch = 319 - (unsigned int)((float)(y_12bit - y_touch_min) * 319./(float)(y_touch_max - y_touch_min));

  if(ScreenMode == 'L')                       // adjust axis value for landscape mode
    { temp = x_12bit;                         // exchange x_12bit and y_12bit
      x_12bit = y_12bit;
      y_12bit = temp;
      temp = x_touch;                         // exchange x_touch and y_touch
      x_touch = y_touch;
      y_touch = 239 - temp;
    }
}

/* ------------------------------------------------------------------------- */
/*                        24x24 한글 명조체 폰트                              */
/* ------------------------------------------------------------------------- */
const unsigned char K_font_large[360][72] PROGMEM = {   /* 24x24 Korean character font */
  {0x00,0x00,0x00,0x00,0x00,0x00,0x00,0x00,0x00,0x00,0x00,0x00,0x00,0x00,0x00,0x00,0x00,0x00,
   0x00,0x00,0x00,0x00,0x00,0x00,0x00,0x00,0x00,0x00,0x00,0x00,0x00,0x00,0x00,0x00,0x00,0x00,
   0x00,0x00,0x00,0x00,0x00,0x00,0x00,0x00,0x00,0x00,0x00,0x00,0x00,0x00,0x00,0x00,0x00,0x00,
   0x00,0x00,0x00,0x00,0x00,0x00,0x00,0x00,0x00,0x00,0x00,0x00,0x00,0x00,0x00,0x00,0x00,0x00},
  {0x00,0x00,0x40,0xC0,0xC0,0x40,0x40,0x40,0x40,0xC0,0xC0,0xC0,0x00,0x00,0x00,0x00,0x00,0x00,
   0x00,0x00,0x00,0x00,0x00,0x00,0x00,0x00,0x00,0x00,0x00,0x80,0xC0,0x70,0x3C,0x0F,0x07,0x01,
   0x00,0x00,0x00,0x00,0x00,0x00,0x00,0x00,0x00,0x00,0x00,0x00,0x00,0x00,0x04,0x02,0x03,0x01,
   0x00,0x00,0x00,0x00,0x00,0x00,0x00,0x00,0x00,0x00,0x00,0x00,0x00,0x00,0x00,0x00,0x00,0x00},

                       (중간 생략)

  {0x00,0x00,0x00,0x00,0x00,0x00,0x00,0x00,0x00,0x00,0x00,0x00,0x00,0x00,0x00,0x00,0x00,0x00,
   0x00,0x00,0x00,0x00,0x00,0x00,0x00,0x00,0x00,0x00,0x00,0x80,0x80,0x80,0x80,0x80,0x80,0x80,
   0x80,0x80,0x80,0x80,0x80,0xC0,0xC0,0x80,0x00,0x00,0x00,0x00,0x00,0x00,0x00,0x00,0x40,0xC0,
   0xC1,0x40,0x42,0x7E,0x5C,0x40,0x40,0x41,0x7F,0x5E,0x40,0x40,0x60,0x60,0x40,0x00,0x00,0x00},
  {0x00,0x00,0x00,0x00,0x00,0x00,0x00,0x00,0x00,0x00,0x00,0x00,0x00,0x00,0x00,0x00,0x00,0x00,
   0x00,0x00,0x00,0x00,0x00,0x00,0x00,0x00,0x00,0x00,0x80,0x00,0x00,0x00,0x00,0x20,0x20,0x60,
   0x60,0x60,0x40,0x00,0x00,0x80,0x80,0x00,0x00,0x00,0x00,0x00,0x00,0x00,0x00,0x00,0x00,0x01,
   0x03,0x03,0x31,0x79,0xCD,0x85,0x87,0x87,0xCD,0x79,0x31,0x01,0x01,0x01,0x00,0x00,0x00,0x00}};

/* ------------------------------------------------------------------------- */
/*                        12x24 영문 ASCII 명조체 폰트                        */
/* ------------------------------------------------------------------------- */
const unsigned char E_font_large[128][36] PROGMEM = {   /* 12x24 English ASCII charactor font */
  {0x00,0x00,0x00,0x00,0x00,0x00,0x00,0x00,0x00,0x00,0x00,0x00,0x00,0x00,0x00,0x00,0x00,0x00,  // 0x00
   0x00,0x00,0x00,0x00,0x00,0x00,0x00,0x00,0x00,0x00,0x00,0x00,0x00,0x00,0x00,0x00,0x00,0x00},
  {0x00,0x00,0xC0,0x20,0x20,0x10,0x10,0x10,0x20,0x20,0xC0,0x00,0x00,0xFF,0x00,0x00,0x46,0x86,  // 0x01
   0x80,0x86,0x46,0x00,0x00,0xFF,0x00,0x00,0x03,0x04,0x04,0x08,0x08,0x08,0x04,0x04,0x03,0x00},
  {0x00,0x00,0xC0,0xE0,0xE0,0xF0,0xF0,0xF0,0xE0,0xE0,0xC0,0x00,0x00,0xFF,0xFF,0xFF,0xB9,0x79,  // 0x02
```

```
 0x7F, 0x79, 0xB9, 0xFF, 0xFF, 0xFF, 0x00, 0x00, 0x03, 0x07, 0x07, 0x0F, 0x0F, 0x0F, 0x07, 0x07, 0x03, 0x00},
{0x00, 0x00, 0x80, 0xC0, 0xC0, 0x80, 0x00, 0x80, 0xC0, 0xC0, 0x80, 0x00, 0x00, 0x1E, 0x7F, 0xFF, 0xFF, 0xFF,  // 0x03
 0xFF, 0xFF, 0xFF, 0xFF, 0x7F, 0x1E, 0x00, 0x00, 0x00, 0x01, 0x03, 0x07, 0x0F, 0x07, 0x03, 0x01, 0x00, 0x00},
{0x00, 0x00, 0x00, 0x00, 0x00, 0x80, 0xE0, 0x80, 0x00, 0x00, 0x00, 0x00, 0x00, 0x10, 0x38, 0x7C, 0xFE, 0xFF,  // 0x04
 0xFF, 0xFF, 0xFE, 0x7C, 0x38, 0x10, 0x00, 0x00, 0x00, 0x00, 0x00, 0x03, 0x0F, 0x03, 0x00, 0x00, 0x00, 0x00},
{0x00, 0x00, 0x00, 0x00, 0x00, 0x80, 0xE0, 0x80, 0x00, 0x00, 0x00, 0x00, 0x00, 0xF0, 0xF8, 0xFC, 0xFE, 0xFF,  // 0x05
 0xFF, 0xFF, 0xFE, 0xFC, 0xF8, 0xF0, 0x00, 0x00, 0x01, 0x01, 0x09, 0x0C, 0x0F, 0x0C, 0x09, 0x01, 0x01, 0x00},
{0x00, 0x00, 0x00, 0x00, 0xC0, 0xE0, 0xE0, 0xE0, 0xC0, 0x00, 0x00, 0x00, 0x00, 0xF8, 0xFC, 0xFC, 0xFB, 0xFF,  // 0x06
 0xFF, 0xFF, 0xFB, 0xFC, 0xFC, 0xF8, 0x00, 0x00, 0x01, 0x01, 0x09, 0x0C, 0x0F, 0x0C, 0x09, 0x01, 0x01, 0x00},
{0x00, 0x00, 0x00, 0x00, 0x00, 0x00, 0x00, 0x00, 0x00, 0x00, 0x00, 0x00, 0x00, 0x00, 0x00, 0x1C, 0x3E, 0x7F,  // 0x07
 0x7F, 0x7F, 0x3E, 0x1C, 0x00, 0x00, 0x00, 0x00, 0x00, 0x00, 0x00, 0x00, 0x00, 0x00, 0x00, 0x00, 0x00, 0x00},
{0x00, 0xFF, 0xFF, 0xFF, 0xFF, 0xFF, 0xFF, 0xFF, 0xFF, 0xFF, 0xFF, 0xFF, 0x00, 0xFF, 0xFF, 0xE3, 0xC1, 0x80,  // 0x08
 0x80, 0x80, 0xC1, 0xE3, 0xFF, 0xFF, 0x00, 0x7F, 0x7F, 0x7F, 0x7F, 0x7F, 0x7F, 0x7F, 0x7F, 0x7F, 0x7F, 0x7F},
{0x00, 0x00, 0x00, 0x00, 0x00, 0x00, 0x00, 0x00, 0x00, 0x00, 0x00, 0x00, 0x00, 0x00, 0x00, 0x3C, 0x42, 0x81,  // 0x09
 0x81, 0x81, 0x42, 0x3C, 0x00, 0x00, 0x00, 0x00, 0x00, 0x00, 0x00, 0x00, 0x00, 0x00, 0x00, 0x00, 0x00, 0x00},
{0x00, 0xFF, 0xFF, 0xFF, 0xFF, 0xFF, 0xFF, 0xFF, 0xFF, 0xFF, 0xFF, 0xFF, 0x00, 0xFF, 0xFF, 0x81, 0x3C, 0x7E,  // 0x0A
 0x7E, 0x7E, 0x3C, 0x81, 0xFF, 0xFF, 0x00, 0x7F, 0x7F, 0x7F, 0x7F, 0x7F, 0x7F, 0x7F, 0x7F, 0x7F, 0x7F, 0x7F},
{0x00, 0x00, 0x00, 0x00, 0x00, 0x00, 0x20, 0x60, 0xE0, 0xE0, 0xE0, 0x00, 0x00, 0xC0, 0xE0, 0x30, 0x18, 0x1C,  // 0x0B
 0x36, 0xE3, 0xC1, 0x01, 0x03, 0x00, 0x00, 0x03, 0x07, 0x0C, 0x08, 0x08, 0x0C, 0x07, 0x03, 0x00, 0x00, 0x00},
{0x00, 0x80, 0xC0, 0x40, 0x60, 0x20, 0x20, 0x60, 0x40, 0xC0, 0x80, 0x00, 0x00, 0x07, 0x8F, 0x88, 0x98, 0xF0,  // 0x0C
 0xF0, 0x98, 0x88, 0x8F, 0x07, 0x00, 0x00, 0x00, 0x00, 0x00, 0x00, 0x0F, 0x0F, 0x00, 0x00, 0x00, 0x00, 0x00},
{0x00, 0x00, 0x00, 0x00, 0x00, 0x00, 0xF0, 0x30, 0x60, 0xC0, 0x80, 0x00, 0x00, 0x00, 0x00, 0x00, 0x80, 0x80,  // 0x0D
 0xFF, 0x00, 0x20, 0x18, 0x0F, 0x00, 0x00, 0x00, 0x06, 0x0F, 0x0F, 0x07, 0x03, 0x00, 0x00, 0x00, 0x00, 0x00},
{0x00, 0x00, 0x00, 0x00, 0x00, 0xF8, 0x98, 0x30, 0x60, 0xC0, 0x00, 0x00, 0x00, 0x80, 0xC0, 0xE0, 0xE0, 0xFF,  // 0x0E
 0x01, 0x03, 0x06, 0xFF, 0x00, 0x00, 0x00, 0x01, 0x03, 0x03, 0x01, 0x0C, 0x1E, 0x1F, 0x0F, 0x07, 0x00, 0x00},
{0x00, 0x00, 0x00, 0x00, 0x00, 0x00, 0xC0, 0x00, 0x00, 0x00, 0x00, 0x00, 0x00, 0x10, 0x11, 0xBA, 0x44, 0x82,  // 0xFF
 0x83, 0x82, 0x44, 0xBA, 0x11, 0x10, 0x00, 0x00, 0x01, 0x00, 0x00, 0x00, 0x07, 0x00, 0x00, 0x00, 0x01, 0x00},
{0x00, 0xE0, 0xC0, 0x80, 0x00, 0x00, 0x00, 0x00, 0x00, 0x00, 0x00, 0x00, 0x00, 0xFF, 0xFF, 0xFF, 0xFF, 0xFF,  // 0x10
 0x7E, 0x7E, 0x3C, 0x3C, 0x18, 0x18, 0x00, 0x07, 0x03, 0x01, 0x00, 0x00, 0x00, 0x00, 0x00, 0x00, 0x00, 0x00},
{0x00, 0x00, 0x00, 0x00, 0x00, 0x00, 0x00, 0x00, 0x00, 0x80, 0xC0, 0xE0, 0x00, 0x18, 0x18, 0x3C, 0x3C, 0x7E,  // 0x11
 0x7E, 0xFF, 0xFF, 0xFF, 0xFF, 0xFF, 0x00, 0x00, 0x00, 0x00, 0x00, 0x00, 0x00, 0x00, 0x00, 0x01, 0x03, 0x07},
{0x00, 0x00, 0x40, 0x60, 0x30, 0xF8, 0xF8, 0x30, 0x60, 0x40, 0x00, 0x00, 0x00, 0x00, 0x00, 0x00, 0x00, 0xFF,  // 0x12
 0xFF, 0x00, 0x00, 0x00, 0x00, 0x00, 0x00, 0x00, 0x01, 0x03, 0x06, 0x0F, 0x0F, 0x06, 0x03, 0x01, 0x00, 0x00},
{0x00, 0x00, 0xF0, 0xF8, 0xF0, 0x00, 0x00, 0xF0, 0xF8, 0xF0, 0x00, 0x00, 0x00, 0x00, 0x07, 0x3F, 0x07, 0x00,  // 0x13
 0x00, 0x07, 0x3F, 0x07, 0x00, 0x00, 0x00, 0x00, 0x06, 0x0F, 0x06, 0x00, 0x00, 0x06, 0x0F, 0x06, 0x00, 0x00},
{0x00, 0xE0, 0xF0, 0x30, 0x10, 0x10, 0xF0, 0xF0, 0x10, 0xF0, 0xF0, 0x10, 0x00, 0x03, 0x07, 0x06, 0x04, 0x04,  // 0x14
 0xFF, 0xFF, 0x00, 0xFF, 0xFF, 0x00, 0x00, 0x00, 0x00, 0x00, 0x00, 0x08, 0x0F, 0x0F, 0x08, 0x0F, 0x0F, 0x08},
{0x00, 0x00, 0xC0, 0xE0, 0x30, 0x10, 0x10, 0x10, 0x30, 0x60, 0xC0, 0x00, 0x00, 0x00, 0x18, 0x3D, 0x67, 0x42,  // 0x15
 0x42, 0x42, 0xE6, 0xBC, 0x18, 0x00, 0x00, 0x00, 0x03, 0x06, 0x0C, 0x08, 0x08, 0x08, 0x0C, 0x07, 0x03, 0x00},
{0x00, 0x00, 0x00, 0x00, 0x00, 0x00, 0x00, 0x00, 0x00, 0x00, 0x00, 0x00, 0x00, 0x80, 0x80, 0x80, 0x80, 0x80,  // 0x16
 0x80, 0x80, 0x80, 0x80, 0x80, 0x00, 0x00, 0x0F, 0x0F, 0x0F, 0x0F, 0x0F, 0x0F, 0x0F, 0x0F, 0x0F, 0x0F, 0x00},
{0x00, 0x00, 0x80, 0xC0, 0x60, 0xF0, 0xF0, 0x60, 0xC0, 0x80, 0x00, 0x00, 0x00, 0x00, 0x80, 0x80, 0x00, 0xFF,  // 0x17
 0xFF, 0x00, 0x80, 0x80, 0x00, 0x00, 0x00, 0x00, 0x18, 0x19, 0x1B, 0x1F, 0x1F, 0x1B, 0x19, 0x18, 0x00, 0x00},
{0x00, 0x00, 0x80, 0xC0, 0xE0, 0xF0, 0xF8, 0xF0, 0xE0, 0xC0, 0x80, 0x00, 0x00, 0x01, 0x01, 0x01, 0xFF, 0xFF,  // 0x18
 0xFF, 0xFF, 0xFF, 0x01, 0x01, 0x01, 0x00, 0x00, 0x00, 0x00, 0x0F, 0x0F, 0x0F, 0x0F, 0x0F, 0x00, 0x00, 0x00},
{0x00, 0x00, 0x00, 0x00, 0xF8, 0xF8, 0xF8, 0xF8, 0xF8, 0x00, 0x00, 0x00, 0x00, 0x40, 0xC0, 0xC0, 0xFF, 0xFF,  // 0x19
 0xFF, 0xFF, 0xFF, 0xC0, 0xC0, 0x40, 0x00, 0x00, 0x00, 0x01, 0x03, 0x07, 0x0F, 0x07, 0x03, 0x01, 0x00, 0x00},
{0x00, 0x00, 0x00, 0x00, 0x80, 0xC0, 0x00, 0x00, 0x00, 0x00, 0x00, 0x00, 0x08, 0x1C, 0x3E, 0x7F, 0xFF, 0xFF,  // 0x1A
 0x3E, 0x3E, 0x3E, 0x3E, 0x3E, 0x3E, 0x00, 0x00, 0x00, 0x00, 0x00, 0x01, 0x00, 0x00, 0x00, 0x00, 0x00, 0x00},
{0x00, 0x00, 0x00, 0x00, 0x00, 0x00, 0xC0, 0x80, 0x00, 0x00, 0x00, 0x00, 0x3E, 0x3E, 0x3E, 0x3E, 0x3E, 0x3E,  // 0x1B
 0xFF, 0xFF, 0x7F, 0x3E, 0x1C, 0x08, 0x00, 0x00, 0x00, 0x00, 0x00, 0x00, 0x01, 0x00, 0x00, 0x00, 0x00, 0x00},
{0x00, 0x00, 0x00, 0x00, 0x00, 0x00, 0x00, 0x00, 0x00, 0x00, 0x00, 0x00, 0x00, 0x00, 0xF8, 0xF8, 0x00, 0x00,  // 0x1C
 0x00, 0x00, 0x00, 0x00, 0x00, 0x00, 0x00, 0x00, 0x01, 0x01, 0x01, 0x01, 0x01, 0x01, 0x01, 0x01, 0x01, 0x00},
{0x00, 0x00, 0x00, 0x00, 0x00, 0x00, 0x00, 0x00, 0x00, 0x00, 0x00, 0x00, 0x00, 0x18, 0x3C, 0x7E, 0xDB, 0x18,  // 0x1D
 0x18, 0x18, 0xDB, 0x7E, 0x3C, 0x18, 0x00, 0x00, 0x00, 0x00, 0x00, 0x00, 0x00, 0x00, 0x00, 0x00, 0x00, 0x00},
{0x00, 0x00, 0x00, 0x00, 0x00, 0x80, 0x80, 0x00, 0x00, 0x00, 0x00, 0x00, 0x00, 0x80, 0xE0, 0xF8, 0xFE, 0xFF,  // 0x1E
 0xFF, 0xFE, 0xF8, 0xE0, 0x80, 0x00, 0x00, 0x01, 0x01, 0x01, 0x01, 0x01, 0x01, 0x01, 0x01, 0x01, 0x01, 0x00},
{0x00, 0x80, 0x80, 0x80, 0x80, 0x80, 0x80, 0x80, 0x80, 0x80, 0x80, 0x00, 0x00, 0x01, 0x07, 0x1F, 0x7F, 0xFF,  // 0x1F
 0xFF, 0x7F, 0x1F, 0x07, 0x01, 0x00, 0x00, 0x00, 0x00, 0x00, 0x00, 0x01, 0x01, 0x00, 0x00, 0x00, 0x00, 0x00},
{0x00, 0x00, 0x00, 0x00, 0x00, 0x00, 0x00, 0x00, 0x00, 0x00, 0x00, 0x00, 0x00, 0x00, 0x00, 0x00, 0x00, 0x00,  // space
 0x00, 0x00, 0x00, 0x00, 0x00, 0x00, 0x00, 0x00, 0x00, 0x00, 0x00, 0x00, 0x00, 0x00, 0x00, 0x00, 0x00, 0x00},
{0x00, 0x00, 0x00, 0x00, 0xF0, 0xF8, 0xF0, 0x00, 0x00, 0x00, 0x00, 0x00, 0x00, 0x00, 0x00, 0x00, 0x07, 0x3F,  // !
 0x07, 0x00, 0x00, 0x00, 0x00, 0x00, 0x00, 0x00, 0x00, 0x00, 0x06, 0x0F, 0x06, 0x00, 0x00, 0x00, 0x00, 0x00},
{0x00, 0x00, 0x10, 0xB8, 0xF8, 0x70, 0x00, 0x10, 0xB8, 0xF8, 0x70, 0x00, 0x00, 0x00, 0x01, 0x01, 0x00, 0x00,  // "
 0x00, 0x01, 0x01, 0x00, 0x00, 0x00, 0x00, 0x00, 0x00, 0x00, 0x00, 0x00, 0x00, 0x00, 0x00, 0x00, 0x00, 0x00},
{0x00, 0x00, 0x00, 0xF8, 0xF8, 0x80, 0x80, 0x80, 0xFC, 0xFC, 0x40, 0x40, 0x00, 0x81, 0x81, 0xFF, 0xFF, 0x40,  // #
 0x40, 0x40, 0xFF, 0xFF, 0x20, 0x20, 0x00, 0x00, 0x00, 0x0F, 0x0F, 0x00, 0x00, 0x00, 0x07, 0x07, 0x00, 0x00},
{0x00, 0xC0, 0xE0, 0x30, 0x10, 0xFC, 0xFC, 0x10, 0x30, 0x60, 0xF0, 0x00, 0x00, 0x83, 0x07, 0x0E, 0x0C, 0xFF,  // $
 0xFF, 0x30, 0x30, 0x60, 0xE1, 0xC0, 0x00, 0x0F, 0x06, 0x0C, 0x08, 0x3F, 0x3F, 0x08, 0x08, 0x0C, 0x07, 0x03},
{0x00, 0xF0, 0xF8, 0x08, 0x08, 0xF8, 0xF0, 0x00, 0xC0, 0x70, 0x1C, 0x04, 0x00, 0x00, 0x01, 0x01, 0xC1, 0x71,  // %
 0x9C, 0xC7, 0x41, 0x40, 0xC0, 0x80, 0x00, 0x10, 0x1C, 0x07, 0x01, 0x00, 0x07, 0x0F, 0x08, 0x08, 0x0F, 0x07},
{0x00, 0x00, 0xF0, 0xF8, 0x98, 0x08, 0x08, 0x98, 0xF0, 0x00, 0x00, 0x00, 0xF0, 0xF8, 0x1C, 0x0F, 0x07, 0x1F,  // &
```

```
 0x7B, 0xE1, 0xC8, 0xF8, 0x38, 0x08, 0x01, 0x07, 0x0E, 0x0C, 0x08, 0x0C, 0x06, 0x03, 0x03, 0x07, 0x0E, 0x07},
{0x00, 0x00, 0x00, 0x10, 0xB8, 0xF8, 0x70, 0x00, 0x00, 0x00, 0x00, 0x00, 0x00, 0x00, 0x00, 0x01, 0x01, 0x00,  // %
 0x00, 0x00, 0x00, 0x00, 0x00, 0x00, 0x00, 0x00, 0x00, 0x00, 0x00, 0x00, 0x00, 0x00, 0x00, 0x00, 0x00, 0x00},
{0x00, 0x00, 0x00, 0x00, 0x00, 0x80, 0xE0, 0x30, 0x08, 0x00, 0x00, 0x00, 0x00, 0x00, 0x00, 0x00, 0x7E, 0xFF,  // '
 0x81, 0x00, 0x00, 0x00, 0x00, 0x00, 0x00, 0x00, 0x00, 0x00, 0x00, 0x01, 0x07, 0x0C, 0x10, 0x00, 0x00, 0x00},
{0x00, 0x00, 0x00, 0x08, 0x30, 0xE0, 0x80, 0x00, 0x00, 0x00, 0x00, 0x00, 0x00, 0x00, 0x00, 0x00, 0x00, 0x81,  // (
 0xFF, 0x7E, 0x00, 0x00, 0x00, 0x00, 0x00, 0x00, 0x00, 0x10, 0x0C, 0x07, 0x01, 0x00, 0x00, 0x00, 0x00, 0x00},
{0x00, 0x80, 0x80, 0x00, 0x00, 0xE0, 0xF0, 0xE0, 0x00, 0x00, 0x80, 0x80, 0x00, 0xC1, 0xE3, 0x63, 0x14, 0x88,  // )
 0xFF, 0x88, 0x14, 0x63, 0xE3, 0xC1, 0x00, 0x00, 0x00, 0x00, 0x00, 0x03, 0x07, 0x03, 0x00, 0x00, 0x00, 0x00},
{0x00, 0x00, 0x00, 0x00, 0x00, 0x80, 0x80, 0x00, 0x00, 0x00, 0x00, 0x00, 0x00, 0x18, 0x18, 0x18, 0x18, 0xFF,  // *
 0xFF, 0x18, 0x18, 0x18, 0x18, 0x00, 0x00, 0x00, 0x00, 0x00, 0x00, 0x01, 0x01, 0x00, 0x00, 0x00, 0x00, 0x00},
{0x00, 0x00, 0x00, 0x00, 0x00, 0x00, 0x00, 0x00, 0x00, 0x00, 0x00, 0x00, 0x00, 0x00, 0x00, 0x00, 0x00, 0x00,  // +
 0x00, 0x00, 0x00, 0x00, 0x00, 0x00, 0x00, 0x00, 0x00, 0x46, 0x6F, 0x3F, 0x1E, 0x00, 0x00, 0x00, 0x00, 0x00},
{0x00, 0x00, 0x00, 0x00, 0x00, 0x00, 0x00, 0x00, 0x00, 0x00, 0x00, 0x00, 0x00, 0x18, 0x18, 0x18, 0x18, 0x18,  // ,
 0x18, 0x18, 0x18, 0x18, 0x18, 0x00, 0x00, 0x00, 0x00, 0x00, 0x00, 0x00, 0x00, 0x00, 0x00, 0x00, 0x00, 0x00},
{0x00, 0x00, 0x00, 0x00, 0x00, 0x00, 0x00, 0x00, 0x00, 0x00, 0x00, 0x00, 0x00, 0x00, 0x00, 0x00, 0x00, 0x00,  // .
 0x00, 0x00, 0x00, 0x00, 0x00, 0x00, 0x00, 0x00, 0x00, 0x06, 0x0F, 0x0F, 0x06, 0x00, 0x00, 0x00, 0x00, 0x00},
{0x00, 0x00, 0x00, 0x00, 0x00, 0x00, 0x00, 0x00, 0xC0, 0x70, 0x18, 0x00, 0x00, 0x00, 0x00, 0x00, 0xC0, 0x70,  // /
 0x1C, 0x07, 0x01, 0x00, 0x00, 0x00, 0x00, 0x10, 0x1C, 0x07, 0x01, 0x00, 0x00, 0x00, 0x00, 0x00, 0x00, 0x00},
{0x00, 0x80, 0xE0, 0x70, 0x10, 0x18, 0x08, 0x18, 0x10, 0x70, 0xE0, 0x80, 0x00, 0xFF, 0xFF, 0x00, 0x00, 0x00,  // 0
 0x00, 0x00, 0x00, 0x00, 0xFF, 0xFF, 0x00, 0x00, 0x03, 0x07, 0x04, 0x0C, 0x08, 0x0C, 0x04, 0x07, 0x03, 0x00},
{0x00, 0x00, 0x00, 0x00, 0x40, 0x60, 0xF0, 0xF8, 0x00, 0x00, 0x00, 0x00, 0x00, 0x00, 0x00, 0x00, 0x00, 0x00,  // 1
 0xFF, 0xFF, 0x00, 0x00, 0x00, 0x00, 0x00, 0x00, 0x00, 0x00, 0x08, 0x08, 0x0F, 0x0F, 0x08, 0x08, 0x00, 0x00},
{0x00, 0xE0, 0xF0, 0x18, 0x08, 0x08, 0x08, 0x08, 0x18, 0xF0, 0xE0, 0x00, 0x00, 0x00, 0x00, 0x80, 0xC0, 0x60,  // 2
 0x30, 0x18, 0x0C, 0x07, 0x03, 0x00, 0x00, 0x0E, 0x0F, 0x09, 0x08, 0x08, 0x08, 0x08, 0x08, 0x0E, 0x0E, 0x00},
{0x00, 0x00, 0xE0, 0xF0, 0x18, 0x08, 0x08, 0x08, 0x18, 0xF0, 0xE0, 0x00, 0x00, 0x80, 0x80, 0x00, 0x00, 0x0C,  // 3
 0x0C, 0x0C, 0x0E, 0x1B, 0xF1, 0xE0, 0x00, 0x01, 0x03, 0x06, 0x0C, 0x08, 0x08, 0x08, 0x0C, 0x06, 0x03, 0x01},
{0x00, 0x00, 0x00, 0x00, 0x00, 0xC0, 0x70, 0xF8, 0xF8, 0x00, 0x00, 0x00, 0x00, 0xC0, 0xF0, 0x9C, 0x87, 0x81,  // 4
 0x80, 0xFF, 0xFF, 0x80, 0x80, 0x80, 0x00, 0x00, 0x00, 0x00, 0x00, 0x08, 0x08, 0x0F, 0x0F, 0x08, 0x08, 0x00},
{0x00, 0x00, 0xF8, 0xF8, 0x08, 0x08, 0x08, 0x08, 0x08, 0x08, 0x08, 0x00, 0x00, 0x80, 0x87, 0x07, 0x03, 0x01,  // 5
 0x01, 0x01, 0x03, 0x0E, 0xFC, 0xF0, 0x00, 0x01, 0x03, 0x06, 0x0C, 0x08, 0x08, 0x08, 0x0C, 0x06, 0x03, 0x01},
{0x00, 0x80, 0xE0, 0x70, 0x18, 0x08, 0x08, 0x08, 0x18, 0x70, 0x60, 0x00, 0x00, 0xFF, 0xFF, 0x0C, 0x06, 0x02,  // 6
 0x02, 0x02, 0x06, 0x0C, 0xF8, 0xF0, 0x00, 0x00, 0x03, 0x07, 0x0C, 0x08, 0x08, 0x08, 0x0C, 0x07, 0x03, 0x00},
{0x00, 0x70, 0x38, 0x18, 0x08, 0x08, 0x08, 0x08, 0x08, 0xC8, 0x78, 0x18, 0x00, 0x00, 0x00, 0x00, 0x00, 0x80,  // 7
 0xF0, 0x7C, 0x0F, 0x01, 0x00, 0x00, 0x00, 0x00, 0x00, 0x00, 0x00, 0x0F, 0x0F, 0x00, 0x00, 0x00, 0x00, 0x00},
{0x00, 0x00, 0xE0, 0xF0, 0x18, 0x08, 0x08, 0x08, 0x18, 0xF0, 0xE0, 0x00, 0x00, 0xC0, 0xE0, 0x31, 0x1B, 0x0E,  // 8
 0x0C, 0x0E, 0x1B, 0x31, 0xE0, 0xC0, 0x00, 0x01, 0x03, 0x06, 0x0C, 0x08, 0x08, 0x08, 0x0C, 0x06, 0x03, 0x01},
{0x00, 0x80, 0xE0, 0x70, 0x18, 0x08, 0x08, 0x08, 0x18, 0x70, 0xE0, 0x80, 0x00, 0x07, 0x0F, 0x18, 0x30, 0x20,  // 9
 0x20, 0x20, 0x30, 0x18, 0xFF, 0xFF, 0x00, 0x00, 0x03, 0x07, 0x0C, 0x08, 0x08, 0x08, 0x0C, 0x07, 0x03, 0x00},
{0x00, 0x00, 0x00, 0x00, 0x80, 0xC0, 0xC0, 0x80, 0x00, 0x00, 0x00, 0x00, 0x00, 0x00, 0x00, 0x00, 0x01, 0x83,  // :
 0x83, 0x01, 0x00, 0x00, 0x00, 0x00, 0x00, 0x00, 0x00, 0x00, 0x03, 0x07, 0x07, 0x03, 0x00, 0x00, 0x00, 0x00},
{0x00, 0x00, 0x00, 0x00, 0x80, 0xC0, 0xC0, 0x80, 0x00, 0x00, 0x00, 0x00, 0x00, 0x00, 0x00, 0x00, 0x01, 0x83,  // ;
 0x83, 0x01, 0x00, 0x00, 0x00, 0x00, 0x00, 0x00, 0x00, 0x00, 0x23, 0x37, 0x1F, 0x0F, 0x00, 0x00, 0x00, 0x00},
{0x00, 0x00, 0x00, 0x00, 0x00, 0x00, 0x80, 0xC0, 0x60, 0x30, 0x00, 0x00, 0x00, 0x10, 0x38, 0x6C, 0xC6, 0x83,  // <
 0x01, 0x00, 0x00, 0x00, 0x00, 0x00, 0x00, 0x00, 0x00, 0x00, 0x00, 0x01, 0x03, 0x06, 0x0C, 0x18, 0x00, 0x00},
{0x00, 0x00, 0x00, 0x00, 0x00, 0x00, 0x00, 0x00, 0x00, 0x00, 0x00, 0x00, 0x00, 0xC3, 0xC3, 0xC3, 0xC3, 0xC3,  // =
 0xC3, 0xC3, 0xC3, 0xC3, 0xC3, 0x00, 0x00, 0x00, 0x00, 0x00, 0x00, 0x00, 0x00, 0x00, 0x00, 0x00, 0x00, 0x00},
{0x00, 0x00, 0x30, 0x60, 0xC0, 0x80, 0x00, 0x00, 0x00, 0x00, 0x00, 0x00, 0x00, 0x00, 0x00, 0x00, 0x00, 0x01,  // >
 0x83, 0xC6, 0x6C, 0x38, 0x10, 0x00, 0x00, 0x00, 0x18, 0x0C, 0x06, 0x03, 0x01, 0x00, 0x00, 0x00, 0x00, 0x00},
{0x00, 0xE0, 0xF0, 0x18, 0x08, 0x08, 0x08, 0x08, 0x18, 0xF0, 0xE0, 0x00, 0x00, 0x00, 0x00, 0x00, 0x00, 0x70,  // ?
 0x78, 0x0C, 0x07, 0x03, 0x00, 0x00, 0x00, 0x00, 0x00, 0x00, 0x06, 0x0F, 0x0F, 0x06, 0x00, 0x00, 0x00, 0x00},
{0x00, 0xE0, 0x30, 0x18, 0x08, 0x88, 0x88, 0x88, 0x08, 0x98, 0x30, 0xE0, 0x00, 0xFF, 0x00, 0xFE, 0xFF, 0x81,  // @
 0x80, 0x81, 0xFF, 0xFF, 0x00, 0xFF, 0x00, 0x07, 0x0C, 0x18, 0x11, 0x11, 0x11, 0x10, 0x10, 0x11, 0x19, 0x08},
{0x00, 0x00, 0x00, 0x00, 0xC0, 0x78, 0xF8, 0xC0, 0x00, 0x00, 0x00, 0x00, 0x00, 0x00, 0xF0, 0x5E, 0x43, 0x40,  // A
 0x41, 0x4F, 0xFE, 0xF0, 0x00, 0x00, 0x08, 0x0F, 0x09, 0x00, 0x00, 0x00, 0x00, 0x00, 0x08, 0x0F, 0x0F, 0x08},
{0x00, 0x08, 0xF8, 0xF8, 0x08, 0x08, 0x08, 0x08, 0x18, 0xF0, 0xE0, 0x00, 0x00, 0x00, 0xFF, 0xFF, 0x08, 0x08,  // B
 0x08, 0x08, 0x0C, 0x1F, 0xF3, 0xE0, 0x00, 0x08, 0x0F, 0x0F, 0x08, 0x08, 0x08, 0x08, 0x08, 0x0C, 0x07, 0x03},
{0x00, 0x80, 0xE0, 0x70, 0x18, 0x08, 0x08, 0x08, 0x08, 0x18, 0x30, 0xF8, 0x00, 0xFF, 0xFF, 0x00, 0x00, 0x00,  // C
 0x00, 0x00, 0x00, 0x00, 0x00, 0x00, 0x00, 0x00, 0x03, 0x07, 0x0C, 0x08, 0x08, 0x08, 0x08, 0x0C, 0x06, 0x03},
{0x00, 0x08, 0xF8, 0xF8, 0x08, 0x08, 0x08, 0x08, 0x18, 0x70, 0xE0, 0x80, 0x00, 0x00, 0xFF, 0xFF, 0x00, 0x00,  // D
 0x00, 0x00, 0x00, 0x00, 0xFF, 0xFF, 0x00, 0x08, 0x0F, 0x0F, 0x08, 0x08, 0x08, 0x08, 0x0C, 0x07, 0x03, 0x00},
{0x00, 0x08, 0xF8, 0xF8, 0x08, 0x08, 0x08, 0x08, 0x08, 0x08, 0x18, 0x78, 0x00, 0x00, 0xFF, 0xFF, 0x08, 0x08,  // E
 0x08, 0x08, 0x1C, 0x3E, 0x00, 0x00, 0x00, 0x08, 0x0F, 0x0F, 0x08, 0x08, 0x08, 0x08, 0x08, 0x08, 0x0C, 0x0F},
{0x00, 0x08, 0xF8, 0xF8, 0x08, 0x08, 0x08, 0x08, 0x08, 0x08, 0x18, 0x78, 0x00, 0x00, 0xFF, 0xFF, 0x08, 0x08,  // F
 0x08, 0x08, 0x1C, 0x3E, 0x00, 0x00, 0x00, 0x08, 0x0F, 0x0F, 0x08, 0x08, 0x00, 0x00, 0x00, 0x00, 0x00, 0x00},
{0x00, 0xC0, 0xE0, 0x70, 0x18, 0x08, 0x08, 0x08, 0x18, 0x30, 0xF8, 0x00, 0x00, 0xFF, 0xFF, 0x00, 0x00, 0x00,  // G
 0x00, 0x10, 0x10, 0xF0, 0xF0, 0x10, 0x00, 0x01, 0x03, 0x07, 0x0C, 0x08, 0x08, 0x08, 0x0C, 0x07, 0x03, 0x00},
{0x00, 0x08, 0xF8, 0xF8, 0x08, 0x00, 0x00, 0x00, 0x08, 0xF8, 0xF8, 0x08, 0x00, 0x00, 0xFF, 0xFF, 0x08, 0x08,  // H
 0x08, 0x08, 0x08, 0xFF, 0xFF, 0x00, 0x00, 0x08, 0x0F, 0x0F, 0x08, 0x00, 0x00, 0x00, 0x08, 0x0F, 0x0F, 0x08},
{0x00, 0x00, 0x00, 0x08, 0x08, 0xF8, 0xF8, 0x08, 0x08, 0x00, 0x00, 0x00, 0x00, 0x00, 0x00, 0x00, 0x00, 0xFF,  // I
 0xFF, 0x00, 0x00, 0x00, 0x00, 0x00, 0x00, 0x00, 0x00, 0x08, 0x08, 0x0F, 0x0F, 0x08, 0x08, 0x00, 0x00, 0x00},
{0x00, 0x00, 0x00, 0x00, 0x00, 0x00, 0x08, 0x08, 0xF8, 0xF8, 0x08, 0x08, 0x00, 0x80, 0xC0, 0x80, 0x00, 0x00,  // J
```

```
 0x00,0x00,0xFF,0xFF,0x00,0x00,0x00,0x03,0x07,0x0F,0x08,0x08,0x08,0x0C,0x07,0x03,0x00,0x00},
{0x08,0xF8,0xF8,0x08,0x00,0x80,0xC0,0x68,0x38,0x18,0x08,0x00,0x00,0xFF,0xFF,0x3E,0x7F,0xE3,  // K
 0xC0,0x80,0x00,0x00,0x00,0x00,0x08,0x0F,0x0F,0x08,0x00,0x00,0x01,0x0B,0x0F,0x0E,0x0C,0x08},
{0x00,0x08,0xF8,0xF8,0x08,0x08,0x00,0x00,0x00,0x00,0x00,0x00,0x00,0x00,0xFF,0xFF,0x00,0x00,  // L
 0x00,0x00,0x00,0x00,0x00,0x00,0x00,0x08,0x0F,0x0F,0x08,0x08,0x08,0x08,0x08,0x0C,0x0E,0x03},
{0x08,0xF8,0xF8,0xE0,0x80,0x00,0x00,0x00,0xC0,0xF8,0xF8,0x08,0x00,0xFF,0xFF,0x07,0x1F,0x7E,  // M
 0x1C,0x07,0x01,0xFF,0xFF,0x00,0x08,0x0F,0x0F,0x08,0x00,0x00,0x00,0x00,0x08,0x0F,0x0F,0x08},
{0x00,0x18,0xF8,0xF0,0xC0,0x00,0x00,0x08,0x08,0xF8,0xF8,0x08,0x00,0x00,0xFF,0xFF,0x03,0x0F,  // N
 0x3C,0xF0,0xC0,0xFF,0xFF,0x00,0x00,0x08,0x0F,0x0F,0x08,0x00,0x00,0x00,0x03,0x0F,0x0F,0x00},
{0x00,0xC0,0xF0,0x30,0x18,0x08,0x08,0x08,0x18,0x30,0xF0,0xC0,0x00,0xFF,0xFF,0x00,0x00,0x00,  // O
 0x00,0x00,0x00,0x00,0xFF,0xFF,0x00,0x01,0x07,0x06,0x0C,0x08,0x08,0x08,0x0C,0x06,0x07,0x01},
{0x00,0x08,0xF8,0xF8,0x08,0x08,0x08,0x08,0x18,0x30,0xF0,0xC0,0x00,0x00,0xFF,0xFF,0x10,0x10,  // P
 0x10,0x10,0x18,0x0C,0x0F,0x03,0x00,0x08,0x0F,0x0F,0x08,0x08,0x00,0x00,0x00,0x00,0x00,0x00},
{0x00,0x80,0xE0,0x70,0x10,0x18,0x08,0x18,0x10,0x70,0xE0,0x80,0x00,0xFF,0xFF,0x00,0x00,0x00,  // Q
 0x00,0x00,0x00,0x00,0xFF,0xFF,0x00,0x00,0x03,0x07,0x04,0x0E,0x0B,0x0B,0x0E,0x0F,0x1B,0x10},
{0x00,0x08,0xF8,0xF8,0x08,0x08,0x08,0x08,0x18,0xF0,0xE0,0x00,0x00,0x00,0xFF,0xFF,0x08,0x18,  // R
 0x38,0xF8,0xEC,0x87,0x03,0x00,0x00,0x08,0x0F,0x0F,0x08,0x00,0x00,0x00,0x03,0x0F,0x0E,0x08},
{0x00,0x00,0xE0,0xF0,0x18,0x08,0x08,0x08,0x18,0x30,0x78,0x00,0x00,0x80,0x01,0x03,0x07,0x0E,  // S
 0x0C,0x1C,0x38,0xF0,0xE0,0x00,0x00,0x03,0x0F,0x06,0x0C,0x08,0x08,0x08,0x0C,0x07,0x03,0x00},
{0x78,0x18,0x08,0x08,0x08,0xF8,0xF8,0x08,0x08,0x08,0x18,0x78,0x00,0x00,0x00,0x00,0x00,0xFF,  // T
 0xFF,0x00,0x00,0x00,0x00,0x00,0x00,0x00,0x00,0x08,0x0C,0x0F,0x0F,0x0C,0x08,0x00,0x00,0x00},
{0x00,0x08,0xF8,0xF8,0x08,0x00,0x00,0x00,0x08,0xF8,0xF8,0x08,0x00,0x00,0xFF,0xFF,0x00,0x00,  // U
 0x00,0x00,0x00,0xFF,0xFF,0x00,0x00,0x00,0x03,0x07,0x0C,0x08,0x08,0x08,0x0C,0x07,0x03,0x00},
{0x00,0x08,0x78,0xF8,0x88,0x00,0x00,0x00,0x88,0xF8,0x78,0x08,0x00,0x00,0x00,0x07,0x7F,0xF8,  // V
 0x80,0xF8,0x7F,0x07,0x00,0x00,0x00,0x00,0x00,0x00,0x00,0x03,0x0F,0x03,0x00,0x00,0x00,0x00},
{0x08,0xF8,0xF8,0x08,0x00,0x00,0xF8,0x00,0x08,0xF8,0xF8,0x08,0x00,0x01,0x7F,0xFE,0xC0,0x7E,  // W
 0x7F,0xFE,0xC0,0x7F,0x03,0x00,0x00,0x00,0x00,0x0F,0x0F,0x00,0x00,0x0F,0x0F,0x00,0x00,0x00},
{0x00,0x08,0x38,0xF8,0xE8,0x80,0x00,0x00,0xC8,0xF8,0x38,0x08,0x00,0x00,0x00,0x80,0xE3,0x7F,  // X
 0x3E,0xFF,0xE3,0x80,0x00,0x00,0x00,0x08,0x0E,0x0F,0x09,0x00,0x00,0x00,0x0B,0x0F,0x0E,0x08},
{0x08,0x38,0xF8,0xE8,0x80,0x00,0x00,0x00,0xC8,0xF8,0x38,0x08,0x00,0x00,0x00,0x03,0x0F,0xFE,  // Y
 0xFE,0x0F,0x03,0x00,0x00,0x00,0x00,0x00,0x00,0x08,0x0C,0x0F,0x0F,0x0C,0x08,0x00,0x00,0x00},
{0x00,0x78,0x18,0x08,0x08,0x08,0x08,0x88,0xE8,0xF8,0x38,0x00,0x00,0x00,0x00,0xC0,0xF0,0x78,  // Z
 0x1E,0x0F,0x03,0x00,0x00,0x00,0x00,0x0C,0x0F,0x0F,0x0D,0x0C,0x0C,0x0C,0x0C,0x0C,0x0E,0x0F},
{0x00,0x00,0x00,0x00,0xF8,0xF8,0x08,0x08,0x08,0x08,0x00,0x00,0x00,0x00,0x00,0x00,0xFF,0xFF,  // [
 0x00,0x00,0x00,0x00,0x00,0x00,0x00,0x00,0x00,0x00,0x1F,0x1F,0x10,0x10,0x10,0x10,0x00,0x00},
{0x00,0x04,0x1C,0x70,0xC0,0x00,0x00,0x00,0x00,0x00,0x00,0x00,0x00,0x00,0x00,0x00,0x01,0x07,  /* \ */
 0x1C,0x70,0xC0,0x00,0x00,0x00,0x00,0x00,0x00,0x00,0x00,0x00,0x00,0x00,0x01,0x07,0x1C,0x10},
{0x00,0x00,0x00,0x08,0x08,0x08,0x08,0xF8,0xF8,0x00,0x00,0x00,0x00,0x00,0x00,0x00,0x00,0x00,  // ]
 0x00,0xFF,0xFF,0x00,0x00,0x00,0x00,0x00,0x00,0x10,0x10,0x10,0x10,0x1F,0x1F,0x00,0x00,0x00},
{0x00,0x80,0xC0,0x60,0x30,0x18,0x30,0x60,0xC0,0x80,0x00,0x00,0x00,0x00,0x00,0x00,0x00,0x00,  // ^
 0x00,0x00,0x00,0x00,0x00,0x00,0x00,0x00,0x00,0x00,0x00,0x00,0x00,0x00,0x00,0x00,0x00,0x00},
{0x00,0x00,0x00,0x00,0x00,0x00,0x00,0x00,0x00,0x00,0x00,0x00,0x00,0x00,0x00,0x00,0x00,0x00,  // _
 0x00,0x00,0x00,0x00,0x00,0x00,0x20,0x20,0x20,0x20,0x20,0x20,0x20,0x20,0x20,0x20,0x20,0x20},
{0x00,0x00,0x10,0x18,0x38,0x30,0x60,0x40,0x00,0x00,0x00,0x00,0x00,0x00,0x00,0x00,0x00,0x00,  // `
 0x00,0x00,0x00,0x00,0x00,0x00,0x00,0x00,0x00,0x00,0x00,0x00,0x00,0x00,0x00,0x00,0x00,0x00},
{0x00,0x00,0x00,0x00,0x00,0x00,0x00,0x00,0x00,0x00,0x00,0x00,0x00,0x80,0xCC,0x6E,0x26,0x22,  // a
 0x22,0x26,0xFC,0xF8,0x00,0x00,0x00,0x07,0x0F,0x0C,0x08,0x08,0x08,0x0C,0x07,0x0F,0x08,0x08},
{0x00,0x10,0xF0,0xF0,0x00,0x00,0x00,0x00,0x00,0x00,0x00,0x00,0x00,0x00,0xFF,0xFF,0x08,0x04,  // b
 0x02,0x02,0x06,0x0C,0xFC,0xF0,0x00,0x00,0x0F,0x0F,0x04,0x08,0x08,0x08,0x08,0x0C,0x07,0x03},
{0x00,0x00,0x00,0x00,0x00,0x00,0x00,0x00,0x00,0x00,0x00,0x00,0x00,0xF0,0xFC,0x0C,0x06,0x02,  // c
 0x02,0x02,0x02,0x0E,0x1C,0x18,0x00,0x01,0x07,0x06,0x0C,0x08,0x08,0x08,0x0C,0x04,0x06,0x03},
{0x00,0x00,0x00,0x00,0x00,0x00,0x00,0x00,0x10,0xF0,0xF0,0x00,0x00,0xF0,0xFC,0x0C,0x06,0x02,  // d
 0x02,0x02,0x04,0xFF,0xFF,0x00,0x00,0x03,0x07,0x0C,0x08,0x08,0x08,0x08,0x04,0x07,0x0F,0x08},
{0x00,0x00,0x00,0x00,0x00,0x00,0x00,0x00,0x00,0x00,0x00,0x00,0x00,0xF0,0xFC,0x4C,0x46,0x42,  // e
 0x42,0x42,0x46,0x4C,0x7C,0x70,0x00,0x01,0x07,0x06,0x0C,0x08,0x08,0x08,0x08,0x0C,0x06,0x02},
{0x00,0x00,0x00,0xC0,0xE0,0x30,0x10,0x10,0x30,0xE0,0xC0,0x00,0x00,0x08,0x08,0xFF,0xFF,0x08,  // f
 0x08,0x08,0x08,0x00,0x00,0x00,0x00,0x08,0x08,0x0F,0x0F,0x08,0x08,0x00,0x00,0x00,0x00,0x00},
{0x00,0x00,0x00,0x00,0x00,0x00,0x00,0x00,0x00,0x00,0x00,0x00,0x00,0x00,0x78,0xFC,0xC6,0x82,  // g
 0x82,0xC6,0x7C,0x3C,0x06,0x06,0x00,0x38,0x7D,0xC7,0x86,0x86,0x86,0x86,0x86,0xCE,0x7C,0x38},
{0x00,0x10,0xF0,0xF0,0x00,0x00,0x00,0x00,0x00,0x00,0x00,0x00,0x00,0x00,0xFF,0xFF,0x08,0x04,  // h
 0x02,0x02,0x06,0xFC,0xF8,0x00,0x00,0x08,0x0F,0x0F,0x08,0x00,0x00,0x00,0x08,0x0F,0x0F,0x08},
{0x00,0x00,0x00,0x00,0x30,0x78,0x30,0x00,0x00,0x00,0x00,0x00,0x00,0x00,0x00,0x04,0x04,0xFE,  // i
 0xFE,0x00,0x00,0x00,0x00,0x00,0x00,0x00,0x00,0x08,0x08,0x0F,0x0F,0x08,0x08,0x00,0x00,0x00},
{0x00,0x00,0x00,0x00,0x00,0x00,0x00,0x30,0x78,0x30,0x00,0x00,0x00,0x00,0x00,0x00,0x00,0x00,  // j
 0x04,0x04,0xFE,0xFE,0x00,0x00,0x00,0x30,0x70,0xE0,0x80,0x80,0x80,0xC0,0x7F,0x3F,0x00,0x00},
{0x00,0x10,0xF0,0xF0,0x00,0x00,0x00,0x00,0x00,0x00,0x00,0x00,0x00,0x00,0xFF,0xFF,0x60,0xE0,  // k
 0xF0,0x9A,0x0E,0x06,0x02,0x00,0x00,0x08,0x0F,0x0F,0x08,0x00,0x01,0x03,0x0F,0x0E,0x0C,0x08},
{0x00,0x00,0x00,0x20,0x20,0xF0,0xF0,0x00,0x00,0x00,0x00,0x00,0x00,0x00,0x00,0x00,0x00,0xFF,  // l
 0xFF,0x00,0x00,0x00,0x00,0x00,0x00,0x00,0x00,0x08,0x08,0x0F,0x0F,0x08,0x08,0x00,0x00,0x00},
{0x00,0x00,0x00,0x00,0x00,0x00,0x00,0x00,0x00,0x00,0x00,0x00,0x02,0xFE,0xFE,0x04,0x02,0xFE,  // m
 0xFC,0x04,0x02,0xFE,0xFC,0x00,0x08,0x0F,0x0F,0x00,0x08,0x0F,0x0F,0x00,0x08,0x0F,0x0F,0x08},
{0x00,0x00,0x00,0x00,0x00,0x00,0x00,0x00,0x00,0x00,0x00,0x00,0x00,0x02,0xFE,0xFE,0x08,0x04,  // n
```

```
   0x02,0x02,0x06,0xFC,0xF8,0x00,0x00,0x08,0x0F,0x0F,0x08,0x00,0x00,0x00,0x08,0x0F,0x0F,0x08},
  {0x00,0x00,0x00,0x00,0x00,0x00,0x00,0x00,0x00,0x00,0x00,0x00,0x00,0xF0,0xFC,0x0C,0x06,0x02,  // o
   0x02,0x02,0x06,0x0C,0xFC,0xF0,0x00,0x01,0x07,0x06,0x0C,0x08,0x08,0x08,0x0C,0x06,0x07,0x01},
  {0x00,0x00,0x00,0x00,0x00,0x00,0x00,0x00,0x00,0x00,0x00,0x00,0x00,0x04,0xFE,0xFE,0x04,0x02,  // p
   0x02,0x02,0x06,0x0C,0xFC,0xF0,0x00,0x80,0xFF,0xFF,0x84,0x08,0x08,0x08,0x0C,0x06,0x07,0x01},
  {0x00,0x00,0x00,0x00,0x00,0x00,0x00,0x00,0x00,0x00,0x00,0x00,0x00,0xF0,0xFC,0x0C,0x06,0x02,  // q
   0x02,0x02,0x04,0xFE,0xFE,0x00,0x00,0x01,0x07,0x06,0x0C,0x08,0x08,0x88,0x84,0xFF,0xFF,0x80},
  {0x00,0x00,0x00,0x00,0x00,0x00,0x00,0x00,0x00,0x00,0x00,0x00,0x00,0x00,0x02,0xFE,0xFE,0x08,  // r
   0x04,0x02,0x06,0x0E,0x0C,0x00,0x00,0x00,0x08,0x0F,0x0F,0x08,0x00,0x00,0x00,0x00,0x00,0x00},
  {0x00,0x00,0x00,0x00,0x00,0x00,0x00,0x00,0x00,0x00,0x00,0x00,0x00,0x18,0x3C,0x36,0x62,0x62,  // s
   0xC2,0xC6,0x8C,0x9E,0x00,0x00,0x00,0x0F,0x06,0x0C,0x08,0x08,0x08,0x08,0x0D,0x07,0x03,0x00},
  {0x00,0x00,0x00,0xE0,0xF0,0x00,0x00,0x00,0x00,0x00,0x00,0x00,0x00,0x02,0x02,0xFF,0xFF,0x02,  // t
   0x02,0x02,0x00,0x00,0x00,0x00,0x00,0x00,0x00,0x03,0x07,0x0C,0x08,0x0C,0x06,0x02,0x00,0x00},
  {0x00,0x00,0x00,0x00,0x00,0x00,0x00,0x00,0x00,0x00,0x00,0x00,0x00,0x02,0xFE,0xFE,0x00,0x00,  // u
   0x00,0x02,0xFE,0xFE,0x00,0x00,0x00,0x00,0x03,0x07,0x0C,0x08,0x08,0x04,0x07,0x0F,0x0C,0x04},
  {0x00,0x00,0x00,0x00,0x00,0x00,0x00,0x00,0x00,0x00,0x00,0x00,0x00,0x02,0x0E,0x3E,0xF2,0xC0,  // v
   0x00,0x00,0xC0,0x32,0x0E,0x02,0x00,0x00,0x00,0x00,0x00,0x03,0x0F,0x03,0x00,0x00,0x00,0x00},
  {0x00,0x00,0x00,0x00,0x00,0x00,0x00,0x00,0x00,0x00,0x00,0x00,0x02,0x1E,0xFE,0xE2,0x00,0xE0,  // w
   0xFE,0xE0,0x00,0xE2,0x3E,0x02,0x00,0x00,0x01,0x0F,0x0F,0x01,0x01,0x0F,0x0F,0x01,0x00,0x00},
  {0x00,0x00,0x00,0x00,0x00,0x00,0x00,0x00,0x00,0x00,0x00,0x00,0x00,0x02,0x06,0x0E,0x1A,0xF0,  // x
   0xE0,0xF0,0x1A,0x0E,0x06,0x02,0x00,0x08,0x0C,0x0E,0x0B,0x01,0x00,0x01,0x0B,0x0E,0x0C,0x08},
  {0x00,0x00,0x00,0x00,0x00,0x00,0x00,0x00,0x00,0x00,0x00,0x00,0x00,0x00,0x02,0x0E,0x3E,0xF2,  // y
   0xC0,0x80,0xC0,0x72,0x1E,0x02,0x00,0x80,0xC0,0xC0,0x60,0x38,0x0F,0x03,0x01,0x00,0x00,0x00},
  {0x00,0x00,0x00,0x00,0x00,0x00,0x00,0x00,0x00,0x00,0x00,0x00,0x00,0x0E,0x06,0x02,0x82,0xC2,  // z
   0x62,0x32,0x1A,0x0E,0x06,0x00,0x00,0x0C,0x0E,0x0B,0x09,0x08,0x08,0x08,0x08,0x0C,0x0E,0x00},
  {0x00,0x00,0x00,0x00,0x00,0xE0,0xF0,0x18,0x08,0x08,0x08,0x00,0x00,0x00,0x08,0x08,0x1C,0xF7,  // {
   0xE3,0x00,0x00,0x00,0x00,0x00,0x00,0x00,0x00,0x00,0x00,0x07,0x0F,0x18,0x10,0x10,0x10,0x00},
  {0x00,0x00,0x00,0x00,0x00,0xFC,0xFC,0x00,0x00,0x00,0x00,0x00,0x00,0x00,0x00,0x00,0x00,0xE7,  // |
   0xE7,0x00,0x00,0x00,0x00,0x00,0x00,0x00,0x00,0x00,0x00,0x3F,0x3F,0x00,0x00,0x00,0x00,0x00},
  {0x00,0x08,0x08,0x08,0x18,0xF0,0xE0,0x00,0x00,0x00,0x00,0x00,0x00,0x00,0x00,0x00,0x00,0xE3,  // }
   0xF7,0x1C,0x08,0x08,0x00,0x00,0x00,0x10,0x10,0x10,0x18,0x0F,0x07,0x00,0x00,0x00,0x00,0x00},
  {0x00,0x00,0x00,0x00,0x00,0x00,0x00,0x00,0x00,0x00,0x00,0x00,0x00,0x10,0x18,0x0C,0x04,0x0C,  // ~
   0x08,0x18,0x10,0x18,0x0C,0x04,0x00,0x00,0x00,0x00,0x00,0x00,0x00,0x00,0x00,0x00,0x00,0x00},
  {0x00,0x00,0x00,0xF0,0x98,0x08,0x08,0x98,0xF0,0x00,0x00,0x00,0x00,0x00,0x00,0x00,0x01,0x01,  // 0x7F
   0x01,0x01,0x00,0x00,0x00,0x00,0x00,0x00,0x00,0x00,0x00,0x00,0x00,0x00,0x00,0x00,0x00,0x00}};

/* ---------------------------------------------------------------------------- */
/*                사용자 정의 함수 선언                                           */
/* ---------------------------------------------------------------------------- */

void TFT_string_large(U08 xChar, U08 yChar, U16 colorfore, U16 colorback, char *str); // write TFT-LCD string
void TFT_English_large(U08 code);                    // write a English ASCII character
void TFT_Korean_large(U16 code);                     // write a Korean character
void TFT_English_pixel_large(U16 Xpixel,U16 Ypixel, U08 code); // write a English ASCII character

void TFT_binary_large(U16 number, U08 digit);    // display 8 or 16 bit binary number
void TFT_unsigned_decimal_large(U32 number, U08 zerofill, U08 digit); // display unsigned decimal number
void TFT_signed_decimal_large(S32 number, U08 zerofill, U08 digit);   // display signed decimal number
void TFT_hexadecimal_large(U32 number, U08 digit);        // display hexadecimal number
void TFT_0x_hexadecimal_large(U32 number, U08 digit);     // display hexadecimal number with 0x
void TFT_unsigned_float_large(float number, U08 integral, U08 fractional); // display unsigned floating-point number
void TFT_signed_float_large(float number, U08 integral, U08 fractional);   // display signed floating-point number

/* ---------------------------------------------------------------------------- */
/*      TFT-LCD 큰 문자 출력 함수(영문 : 12x24 픽셀, 한글 : 24x24 픽셀)            */
/* ---------------------------------------------------------------------------- */

void TFT_string_large(U08 xChar, U08 yChar, U16 colorfore, U16 colorback, char *str) /* write TFT-LCD string */
{
  unsigned char ch1, ch2;
  unsigned int hangeul;

  Xcharacter = xChar;
  Ycharacter = yChar;

  foreground = colorfore;
  background = colorback;

  continue_flag = 0;                              // start first line

  while(*str)
    { ch1 = *str;
```

```
      str++;

      if(ch1 < 0x80)                          // English ASCII character
        TFT_English_large(ch1);
      else                                    // Korean
        { ch2 = *str;
          hangeul = (ch1 << 8) + ch2;
          str++;
          hangeul = KS_code_conversion(hangeul);// convert 완성형(KS) to 조합형(KSSM)
          TFT_Korean_large(hangeul);
        }
    }
}

void TFT_English_large(U08 code)              /* write a English ASCII character(12x24 pixel) */
{
  unsigned char data, x, y;
  unsigned int pixel[12][24];
  unsigned int xPos, yPos, dot0, dot1, dot2, dot3, dot4;

  for(x = 0; x < 12; x++)                     // read English ASCII font
    { data = pgm_read_byte(&E_font_large[code][x]);
      for(y = 0; y < 8; y++)
        { if(data & 0x01) pixel[x][y] = foreground;
          else            pixel[x][y] = background;
          data = data >> 1;
        }
    }

  for(x = 0; x < 12; x++)
    { data = pgm_read_byte(&E_font_large[code][x+12]);
      for(y = 0; y < 8; y++)
        { if(data & 0x01) pixel[x][y+8] = foreground;
          else            pixel[x][y+8] = background;
          data = data >> 1;
        }
    }

  for(x = 0; x < 12; x++)
    { data = pgm_read_byte(&E_font_large[code][x+24]);
      for(y = 0; y < 8; y++)
        { if(data & 0x01) pixel[x][y+16] = foreground;
          else            pixel[x][y+16] = background;
          data = data >> 1;
        }
    }

  if(outline_flag == 1)                       // display outline
    { for(x = 0; x < 12; x++)
        { dot0 = pgm_read_byte(&E_font_large[code][x]) + pgm_read_byte(&E_font_large[code][x+12])*256;
          dot1 = dot0 >> 1;                                                 // up side
          dot2 = dot0;                                                      // down side
          dot3 = pgm_read_byte(&E_font_large[code][x+1]) + pgm_read_byte(&E_font_large[code][x+13])*256;// left side
          dot4 = pgm_read_byte(&E_font_large[code][x-1]) + pgm_read_byte(&E_font_large[code][x+11])*256;// right side

          for(y = 0; y < 16; y++)
            { if(!(dot0 & 0x0001))
                { if(dot1 & 0x0001) pixel[x][y] = outline;
                  if(dot2 & 0x0001) pixel[x][y] = outline;
                  if((dot3 & 0x0001) && (x < 11 )) pixel[x][y] = outline;
                  if((dot4 & 0x0001) && (x > 0 ))  pixel[x][y] = outline;
                }

              dot1 >>= 1;
              dot2 = dot0;
              dot0 >>= 1;
              dot3 >>= 1;
              dot4 >>= 1;
            }
        }
      for(x = 0; x < 12; x++)
        { dot0 = pgm_read_byte(&E_font_large[code][x+12]) + pgm_read_byte(&E_font_large[code][x+24])*256;
```

```
        dot1 = dot0 >> 1;                                              // up side
        dot2 = dot0;                                                   // down side
        dot3 = pgm_read_byte(&E_font_large[code][x+13]) + pgm_read_byte(&E_font_large[code][x+25])*256;// left side
        dot4 = pgm_read_byte(&E_font_large[code][x+11]) + pgm_read_byte(&E_font_large[code][x+23])*256;// right side

        for(y = 0; y < 16; y++)
          { if(!(dot0 & 0x0001))
              { if(dot1 & 0x0001) pixel[x][y+8] = outline;
                if(dot2 & 0x0001) pixel[x][y+8] = outline;
                if((dot3 & 0x0001) && (x < 11 )) pixel[x][y+8] = outline;
                if((dot4 & 0x0001) && (x > 0 ))  pixel[x][y+8] = outline;
              }

            dot1 >>= 1;
            dot2 = dot0;
            dot0 >>= 1;
            dot3 >>= 1;
            dot4 >>= 1;
          }
      }
  }

if(Xcharacter >= XcharacterLimit_large)        // end of line ?
  { continue_flag = 1;
    Xcharacter = 0;
    Ycharacter += 3;
    if(Ycharacter >= (YcharacterLimit_large-2))// end of screen ?
      Ycharacter = 0;
  }

if(underscore_flag == 1)
  { for(x = 0; x < 12; x++)                    // display underscore
        pixel[x][23] = underscore;
  }

if((cursor_flag == 1) && (Xcharacter == Xcursor) &&(Ycharacter == Ycursor))
  { for(x = 0; x < 12; x++)                    // display cursor
      { pixel[x][22] = cursor;
        pixel[x][23] = cursor;
      }
  }

if((continue_flag == 1) && (Xcharacter == 0) && (code == ' '))
  return;
else if(background != Transparent)             // transparent mode ?
  { xPos = Xcharacter*12;

    for(y = 0; y < 24; y++)                    // if no, write a character in higher speed
      { yPos = Ycharacter*8 + y;

        if(ScreenMode == 'L')
          { TFT_write(0x02, xPos >> 8);        // xPos = 0~319
            TFT_write(0x03, xPos & 0x00FF);
            TFT_write(0x06, 0x0000);           // yPos = 0~239
            TFT_write(0x07, yPos);
          }
        else
          { TFT_write(0x02, 0x0000);           // xPos = 0~239
            TFT_write(0x03, xPos);
            TFT_write(0x06, yPos >> 8);        // yPos = 0~319
            TFT_write(0x07, yPos & 0x00FF);
          }

        TFT_command(0x22);
        TFT_data(pixel[0][y]);
        TFT_data(pixel[1][y]);
        TFT_data(pixel[2][y]);
        TFT_data(pixel[3][y]);
        TFT_data(pixel[4][y]);
        TFT_data(pixel[5][y]);
        TFT_data(pixel[6][y]);
        TFT_data(pixel[7][y]);
```

```
          TFT_data(pixel[8][y]);
          TFT_data(pixel[9][y]);
          TFT_data(pixel[10][y]);
          TFT_data(pixel[11][y]);
        }
    }
  else
    { for(y = 0; y < 24; y++)                     // if yes, write a character
        for(x = 0; x < 12; x++)
          TFT_pixel(Xcharacter*12 + x, Ycharacter*8 + y, pixel[x][y]);
    }

  Xcharacter += 1;                                // go to next position
}

void TFT_Korean_large(U16 code)                   /* write a Korean character(24x24 pixel) */
{
  unsigned char cho_5bit, joong_5bit, jong_5bit;
  unsigned char cho_bul, joong_bul, jong_bul = 0, i, jong_flag;
  unsigned int ch;
  unsigned char Kbuffer[73] = {0};                // 72 byte Korean font buffer (+1 extra)

  if(Xcharacter == (XcharacterLimit_large-1))    // last character of line ?
    TFT_English_large(' ');                       // display space and go to next line

  cho_5bit   = pgm_read_byte(&table_cho[(code >> 10) & 0x001F]);  // get 5bit(14-10) of chosung
  joong_5bit = pgm_read_byte(&table_joong[(code >> 5) & 0x001F]); // get 5bit(09-05) of joongsung
  jong_5bit  = pgm_read_byte(&table_jong[code & 0x001F]);         // get 5bit(04-00) of jongsung

  if(jong_5bit == 0)                              // if jongsung not exist
    { jong_flag = 0;
      cho_bul = pgm_read_byte(&bul_cho1[joong_5bit]);
      if((cho_5bit == 1) || (cho_5bit == 16))
        joong_bul = 0;
      else
        joong_bul = 1;
    }
  else                                            // if jongsung exist
    { jong_flag = 1;
      cho_bul = pgm_read_byte(&bul_cho2[joong_5bit]);
      if((cho_5bit == 1) || (cho_5bit == 16))
        joong_bul = 2;
      else
        joong_bul = 3;
      jong_bul = pgm_read_byte(&bul_jong[joong_5bit]);
    }

  ch = cho_bul*20 + cho_5bit;                     // get chosung font
  for(i = 0; i < 72; i++)
    Kbuffer[i] = pgm_read_byte(&K_font_large[ch][i]);
  ch = 8*20 + joong_bul*22 + joong_5bit;          // OR joongsung font
  for(i = 0; i < 72; i++)
    Kbuffer[i] |= pgm_read_byte(&K_font_large[ch][i]);
  if(jong_flag)                                   // OR jongsung font
    { ch = 8*20 + 4*22 + jong_bul*28 + jong_5bit;
      for(i = 0; i < 72; i++)
        Kbuffer[i] |= pgm_read_byte(&K_font_large[ch][i]);
    }

  unsigned char data, x, y;
  unsigned int pixel[24][24];
  unsigned int xPos, yPos, dot0, dot1, dot2, dot3, dot4;

  for(x = 0; x < 24; x++)                         // read Korean font
    { data = Kbuffer[x];
      for(y = 0; y < 8; y++)
        { if(data & 0x01) pixel[x][y] = foreground;
          else            pixel[x][y] = background;
          data = data >> 1;
        }
    }
```

```
for(x = 0; x < 24; x++)
  { data = Kbuffer[x+24];
    for(y = 0; y < 8; y++)
      { if(data & 0x01) pixel[x][y+8] = foreground;
        else            pixel[x][y+8] = background;
        data = data >> 1;
      }
  }

for(x = 0; x < 24; x++)
  { data = Kbuffer[x+48];
    for(y = 0; y < 8; y++)
      { if(data & 0x01) pixel[x][y+16] = foreground;
        else            pixel[x][y+16] = background;
        data = data >> 1;
      }
  }

if(outline_flag == 1)                          // display outline
  { for(x = 0; x < 24; x++)
      { dot0 = Kbuffer[x] + Kbuffer[x+24]*256;
        dot1 = dot0 >> 1;                             // up side
        dot2 = dot0;                                  // down side
        dot3 = Kbuffer[x+1] + Kbuffer[x+25]*256;      // left side
        dot4 = Kbuffer[x-1] + Kbuffer[x+23]*256;      // right side

        for(y = 0; y < 16; y++)
          { if(!(dot0 & 0x0001))
              { if(dot1 & 0x0001) pixel[x][y] = outline;
                if(dot2 & 0x0001) pixel[x][y] = outline;
                if((dot3 & 0x0001) && (x < 23 )) pixel[x][y] = outline;
                if((dot4 & 0x0001) && (x > 1 ))  pixel[x][y] = outline;
              }

            dot1 >>= 1;
            dot2 = dot0;
            dot0 >>= 1;
            dot3 >>= 1;
            dot4 >>= 1;
          }
      }

    for(x = 0; x < 24; x++)
      { dot0 = Kbuffer[x+24] + Kbuffer[x+48]*256;
        dot1 = dot0 >> 1;                             // up side
        dot2 = dot0;                                  // down side
        dot3 = Kbuffer[x+25] + Kbuffer[x+49]*256;     // left side
        dot4 = Kbuffer[x+23] + Kbuffer[x+47]*256;     // right side

        for(y = 0; y < 16; y++)
          { if(!(dot0 & 0x0001))
              { if(dot1 & 0x0001) pixel[x][y+8] = outline;
                if(dot2 & 0x0001) pixel[x][y+8] = outline;
                if((dot3 & 0x0001) && (x < 23 )) pixel[x][y+8] = outline;
                if((dot4 & 0x0001) && (x > 1 ))  pixel[x][y+8] = outline;
              }

            dot1 >>= 1;
            dot2 = dot0;
            dot0 >>= 1;
            dot3 >>= 1;
            dot4 >>= 1;
          }
      }
  }

if(Xcharacter >= (XcharacterLimit_large-1))    // end of line ?
  { Xcharacter = 0;
    Ycharacter += 3;
    if(Ycharacter >= (YcharacterLimit_large-2))// end of screen ?
      Ycharacter = 0;
  }
```

```
  if(underscore_flag == 1)
    { for(x = 0; x < 24; x++)                   // display underscore
          pixel[x][23] = underscore;
    }

  if((cursor_flag == 1) && (Xcharacter == Xcursor) && (Ycharacter == Ycursor))
    { for(x = 0; x < 24; x++)                   // display cursor
        { pixel[x][22] = cursor;
          pixel[x][23] = cursor;
        }
    }

  if(background != Transparent)                 // transparent mode ?
    { xPos = Xcharacter*12;

      for(y = 0; y < 24; y++)                   // if no, write a character in higher speed
        { yPos = Ycharacter*8 + y;

          if(ScreenMode == 'P')
            { TFT_write(0x02, 0x0000);          // xPos = 0~239
              TFT_write(0x03, xPos);
              TFT_write(0x06, yPos >> 8);       // yPos = 0~319
              TFT_write(0x07, yPos & 0x00FF);
            }
          else
            { TFT_write(0x02, xPos >> 8);       // xPos = 0~319
              TFT_write(0x03, xPos & 0x00FF);
              TFT_write(0x06, 0x0000);          // yPos = 0~239
              TFT_write(0x07, yPos);
            }

          TFT_command(0x22);
          TFT_data(pixel[0][y]);
          TFT_data(pixel[1][y]);
          TFT_data(pixel[2][y]);
          TFT_data(pixel[3][y]);
          TFT_data(pixel[4][y]);
          TFT_data(pixel[5][y]);
          TFT_data(pixel[6][y]);
          TFT_data(pixel[7][y]);
          TFT_data(pixel[8][y]);
          TFT_data(pixel[9][y]);
          TFT_data(pixel[10][y]);
          TFT_data(pixel[11][y]);
          TFT_data(pixel[12][y]);
          TFT_data(pixel[13][y]);
          TFT_data(pixel[14][y]);
          TFT_data(pixel[15][y]);
          TFT_data(pixel[16][y]);
          TFT_data(pixel[17][y]);
          TFT_data(pixel[18][y]);
          TFT_data(pixel[19][y]);
          TFT_data(pixel[20][y]);
          TFT_data(pixel[21][y]);
          TFT_data(pixel[22][y]);
          TFT_data(pixel[23][y]);
        }
    }
  else
    { for(y = 0; y < 24; y++)                   // if yes, write a character
        for(x = 0; x < 24; x++)
          TFT_pixel(Xcharacter*12 + x, Ycharacter*8 + y, pixel[x][y]);
    }

  Xcharacter += 2;                              // go to next position
}

void TFT_English_pixel_large(U16 Xpixel,U16 Ypixel, U08 code) /* write a English ASCII character */
{
  unsigned char data, x, y;
  unsigned int pixel[12][24];
```

```
  for(x = 0; x < 12; x++)                          // read English ASCII font
    { data = pgm_read_byte(&E_font_large[code][x]);
      for(y = 0; y < 8; y++)
        { if(data & 0x01) pixel[x][y] = foreground;
          else            pixel[x][y] = background;
          data = data >> 1;
        }
    }

  for(x = 0; x < 12; x++)
    { data = pgm_read_byte(&E_font_large[code][x+12]);
      for(y = 0; y < 8; y++)
        { if(data & 0x01) pixel[x][y+8] = foreground;
          else            pixel[x][y+8] = background;
          data = data >> 1;
        }
    }

  for(x = 0; x < 12; x++)
    { data = pgm_read_byte(&E_font_large[code][x+24]);
      for(y = 0; y < 8; y++)
        { if(data & 0x01) pixel[x][y+16] = foreground;
          else            pixel[x][y+16] = background;
          data = data >> 1;
        }
    }

  for(y = 0; y < 24; y++)                          // write character
    for(x = 0; x < 12; x++)
      TFT_pixel(Xpixel + x, Ypixel + y, pixel[x][y]);
}

/* ------------------------------------------------------------------------ */
/*      TFT-LCD 모듈의 수치 데이터 큰 문자(12x24, 24x24 픽셀) 출력 함수          */
/* ------------------------------------------------------------------------ */

void TFT_binary_large(U16 number, U08 digit)     /* display 8 or 16 bit binary number */
{
  unsigned char i, shift;

  if((digit == 0) || (digit > 16)) return;

  shift = digit - 1;
  for(i = 0; i < digit; i++ )
    { TFT_English_large(((number >> shift) & 0x01) + '0');
      shift--;
    }
}

void TFT_unsigned_decimal_large(U32 number, U08 zerofill, U08 digit) /* display unsigned decimal number */
{
  unsigned char zero_flag, character;
  unsigned long div;

  if((digit == 0) || (digit > 9)) return;

  div = 1;
  while(--digit) div *= 10;

  zero_flag = zerofill;
  while(div > 0)                                   // display number
    { character = number / div;
      if((character == 0) && (zero_flag == 0) && (div != 1))
        TFT_English_large(character + ' ');
      else
        { zero_flag = 1;
          TFT_English_large(character + '0');
        }
      number %= div;
      div /= 10;
    }
```

```
}

void TFT_signed_decimal_large(S32 number, U08 zerofill, U08 digit) /* display signed decimal number */
{
  unsigned char zero_flag, character;
  unsigned long div;

  if((digit == 0) || (digit > 9)) return;

  if(number >= 0)                              // display sign
    TFT_English_large('+');
  else
    { TFT_English_large('-');
      number = -number;
    }

  div = 1;
  while(--digit) div *= 10;

  zero_flag = zerofill;
  while(div > 0)                               // display number
    { character = number / div;
      if((character == 0) && (zero_flag == 0) && (div != 1))
        TFT_English_large(character + ' ');
      else
        { zero_flag = 1;
          TFT_English_large(character + '0');
        }
      number %= div;
      div /= 10;
    }
}

void TFT_hexadecimal_large(U32 number, U08 digit)       /* display hexadecimal number */
{
  unsigned char i, character;

  if((digit == 0) || (digit > 8)) return;

  for(i = digit; i > 0; i--)
    { character = (number >> 4*(i-1)) & 0x0F;
      if(character < 10) TFT_English_large(character + '0');
      else               TFT_English_large(character - 10 + 'A');
    }
}

void TFT_0x_hexadecimal_large(U32 number, U08 digit)    /* display hexadecimal number with 0x */
{
  unsigned char i, character;

  if((digit == 0) || (digit > 8)) return;

  TFT_English_large('0');
  TFT_English_large('x');

  for(i = digit; i > 0; i--)
    { character = (number >> 4*(i-1)) & 0x0F;
      if(character < 10) TFT_English_large(character + '0');
      else               TFT_English_large(character - 10 + 'A');
    }
}

void TFT_unsigned_float_large(float number, U08 integral, U08 fractional) /* display unsigned floating-point number */
{
  unsigned char zero_flag, digit, character;    // integral = digits of integral part
  unsigned long div, integer;                   // fractional = digits of fractional part

  digit = integral + fractional;
  if((integral == 0) || (fractional == 0) || (digit > 9)) return;

  div = 1;
  while(--digit) div *= 10;
```

```
  while(fractional--) number *= 10.;
  integer = (U32)(number + 0.5);

  zero_flag = 0;
  digit = 1;
  while(div > 0)                                    // display number
    { character = integer / div;
      if((character == 0) && (zero_flag == 0) && (digit != integral))
        TFT_English_large(character + ' ');
      else
        { zero_flag = 1;
          TFT_English_large(character + '0');
        }
      integer %= div;
      div /= 10;

      if(digit == integral)
        TFT_English_large('.');
      digit++;
    }
}

void TFT_signed_float_large(float number, U08 integral, U08 fractional) /* display signed floating-point number */
{
  unsigned char zero_flag, digit, character;
  unsigned long div, integer;

  digit = integral + fractional;
  if((integral == 0) || (fractional == 0) || (digit > 9)) return;

  if(number >= 0)                                   // display sign
    TFT_English_large('+');
  else
    { TFT_English_large('-');
      number = -number;
    }

  div = 1;
  while(--digit) div *= 10;

  while(fractional--) number *= 10.;
  integer = (U32)(number + 0.5);

  zero_flag = 0;
  digit = 1;
  while(div > 0)                                    // display number
    { character = integer / div;
      if((character == 0) && (zero_flag == 0) && (digit != integral))
        TFT_English_large(character + ' ');
      else
        { zero_flag = 1;
          TFT_English_large(character + '0');
        }
      integer %= div;
      div /= 10;

      if(digit == integral)
        TFT_English_large('.');
      digit++;
    }
}
```

〈표 4.5.2〉 헤더파일 OK-128TFT-V2.h에 포함된 TFT-LCD 관련 함수들의 요약

사용자 정의 함수	기 능	입력 파라미터	리턴 값
TFT_initialize()	TFT-LCD 모듈을 초기화한다.	-	-
TFT_command()	TFT-LCD 모듈에 인덱스 레지스터 값을 출력한다.	U08 IR	-
TFT_data()	TFT-LCD 모듈에 제어 레지스터 값 또는 GRAM 데이터를 출력한다.	U16 data	-
TFT_write()	TFT-LCD 모듈의 레지스터에 값을 출력한다.	U08 reg, U16 val	-
TFT_clear_screen()	TFT-LCD 모듈 화면 전체를 검게 하여 클리어한다.	-	-
TFT_color_screen()	TFT-LCD 모듈 화면 전체를 지정된 색으로 표시한다.	U16 color	-
TFT_GRAM_address()	TFT-LCD 모듈의 GRAM 어드레스를 지정하여 화면에 출력할 데이터의 시작 위치를 설정한다.	U16 xPos, yPos	-
TFT_xy()	TFT-LCD 모듈의 문자 출력 좌표를 설정한다.	U08 xChar, yChar	-
TFT_color()	TFT-LCD 모듈에 출력하는 문자의 전경색과 배경색을 설정한다.	U16 colorfore, colorback	-
TFT_pixel()	TFT-LCD 모듈의 픽셀 출력 좌표와 컬러를 설정한다.	U16 xPos, yPos, color	-
TFT_portrait_mode()	TFT-LCD 모듈의 스크린 문자출력 방향을 초상화 모드(portrait mode)로 설정한다.	-	-
TFT_landscape_mode()	TFT-LCD 모듈의 스크린 문자출력 방향을 풍경화 모드(landscape mode)로 설정한다.	-	-
TFT_cursor()	TFT-LCD 모듈의 출력 문자에 지정된 색깔로 커서를 표시하도록 설정하거나 커서 표시를 해제한다.	U16 cursor_color	-
TFT_underscore()	TFT-LCD 모듈의 출력 문자에 지정된 색깔로 밑줄을 표시하도록 설정하거나 밑줄 표시를 해제한다.	U16 underscore_color	-
TFT_outline()	TFT-LCD 모듈의 출력 문자에 지정된 색깔로 외곽선을 표시하도록 설정하거나 외곽선 표시를 해제한다.	U16 outline_color	-
TFT_string()	TFT-LCD 모듈에 시작 위치와 컬러를 지정하고 그 위치부터 문자열을 출력한다.	U08 xChar, yChar U16 colorfore, colorback char *str	-
TFT_English()	TFT-LCD 모듈에 영문 1글자를 출력한다.	U08 code	-
KS_code_conversion()	완성형 한글 코드(KS)를 조합형 한글 코드(KSSM)로 변환한다.	U16 KS_code	unsigned int
TFT_Korean()	TFT-LCD 모듈에 한글 1글자를 출력한다.	U16 code	-
TFT_English_pixel()	TFT-LCD 모듈에 픽셀 출력 좌표로 위치를 지정하여 영문 1글자를 출력한다.	U16 Xpixel, Ypixel, U08 code	-
TFT_binary()	TFT-LCD 모듈에 2진수를 출력한다.	U16 number, U08 digit	-
TFT_unsigned_decimal()	TFT-LCD 모듈에 부호 없는 정수를 출력한다. (zerofill = 1이면 선두의 무효 자리를 0으로 채운다.)	U32 number U08 zerofill, digit	-
TFT_signed_decimal()	TFT-LCD 모듈에 부호 있는 정수를 출력한다. (zerofill = 1이면 선두의 무효 자리를 0으로 채운다.)	S32 number U08 zerofill, digit	-
TFT_hexadecimal()	TFT-LCD 모듈에 16진수를 출력한다.	U32 number, U08 digit	-
TFT_0x_hexadecimal()	TFT-LCD 모듈에 0x를 포함하는 16진수를 출력한다.	U32 number, U08 digit	-
TFT_unsigned_float()	TFT-LCD 모듈에 부호 없는 실수를 출력한다. (integral = 실수부 자리수, fractional = 소수부 자리수)	float number U08 integral, fractional	-
TFT_signed_float()	TFT-LCD 모듈에 부호 있는 실수를 출력한다. (integral = 실수부 자리수, fractional = 소수부 자리수)	float number U08 integral, fractional	-
Line()	TFT-LCD 모듈에 직선을 그린다.	S16 x1, y1, x2, y2 U16 color	-
Rectangle()	TFT-LCD 모듈에 사각형을 그린다.	S16 x1, y1, x2, y2 U16 color	
Block()	TFT-LCD 모듈에 지정된 컬러로 채운 사각형을 그린다.	S16 x1, y1, x2, y2 U16 color, fill	
Circle()	TFT-LCD 모듈에 원을 그린다.	S16 x1, y1, r U16 color	
Sine()	TFT-LCD 모듈에 정현파 곡선을 그린다.	S16 peak, U08 mode U16 color	
Touch_screen_initialize()	ADS7846으로 터치 스크린을 읽기 위하여 SPI 통신포트를 모드0에 2MHz의 속도로 초기화한다.	-	-
Touch_screen_input()	터치 스크린 컨트롤러가 ADS7846을 통하여 터치 스크린의 X, Y 좌표값을 입력한다.	-	x_touch y_touch

〈표 4.5.3〉 헤더파일 OK-128TFT-V2.h에 포함된 큰 글씨 표시용 함수들의 요약

사용자 정의 함수	기 능	입력 파라미터
TFT_portrait_mode_large()	TFT-LCD 모듈의 스크린 문자출력 방향을 큰 글씨 출력의 초상화 모드(Portrait)로 설정한다.	-
TFT_landscape_mode_large()	TFT-LCD 모듈의 스크린 문자출력 방향을 큰 글씨 출력의 풍경화 모드(Landscape)로 설정한다.	-
TFT_string_large()	TFT-LCD 모듈에 시작 위치와 컬러를 지정하고 그 위치부터 큰 글씨의 문자열을 출력한다.	U08 xChar, yChar U16 colorfore, colorback char *str
TFT_English_large()	TFT-LCD 모듈에 큰 글씨의 영문 1글자를 출력한다.	U08 code
TFT_Korean_large()	TFT-LCD 모듈에 큰 글씨의 한글 1글자를 출력한다.	U16 code
TFT_string_pixel_large()	TFT-LCD 모듈에 픽셀 출력 좌표로 위치를 지정하여 큰 글씨의 영문 1글자를 출력한다.	U16 Xpixel, Ypixel, U08 code
TFT_binary_large()	TFT-LCD 모듈에 2진수를 큰 글씨로 출력한다.	U16 number, U08 digit
TFT_unsigned_decimal_large()	TFT-LCD 모듈에 부호 없는 정수를 큰 글씨로 출력한다. (zerofill = 1이면 선두의 무효 자리를 0으로 채운다.)	U32 number U08 zerofill, digit
TFT_signed_decimal_large()	TFT-LCD 모듈에 부호 있는 정수를 큰 글씨로 출력한다. (zerofill = 1이면 선두의 무효 자리를 0으로 채운다.)	S32 number U08 zerofill, digit
TFT_hexadecimal_large()	TFT-LCD 모듈에 16진수를 큰 글씨로 출력한다.	U32 number, U08 digit
TFT_0x_hexadecimal_large()	TFT-LCD 모듈에 0x를 포함하는 16진수를 큰 글씨로 출력한다.	U32 number, U08 digit
TFT_unsigned_float_large()	TFT-LCD 모듈에 부호 없는 실수를 출력한다. (integral = 실수부 자리수, fractional = 소수부 자리수)	float number U08 integral, fractional
TFT_signed_float_large()	TFT-LCD 모듈에 부호 있는 실수를 큰 글씨로 출력한다. (integral = 실수부 자리수, fractional = 소수부 자리수)	float number U08 integral, fractional

이 헤더파일 OK-128TFT-V2.h에 포함되어 있는 TFT-LCD 모듈 관련 사용자 정의 함수들과 8×16 픽셀의 영문 ASCII 폰트 및 16×16 픽셀의 한글 폰트를 사용한 보통 글씨를 표시하는 함수를 모두 요약 정리하면 <표 4.5.2>와 같다. 여기에 정리한 사용자 정의 함수들은 앞으로 여러분이 *OK-128TFT* 키트에서 C언어로 프로그램을 작성할 때 유용하게 사용할 것이므로 잘 알아두어야 하며, 이제 가급적이면 이 함수들의 내용까지 정확히 이해하도록 노력하기 바란다.

또한, 기본 헤더파일 OK-128TFT-V2.h에는 TFT-LCD 모듈에서 12×24 픽셀의 영문 ASCII 폰트 및 24×24 픽셀의 한글 폰트를 사용한 큰 글씨도 표시할 수 있는데, 이러한 폰트와 사용자 함수들은 <표 4.5.3>에 정리하였다. 8×16 픽셀의 영문 ASCII 문자나 16×16 픽셀의 한글과 같은 보통 글씨 출력함수와 구분하기 위하여 이들 큰 글씨 출력함수의 이름에는 끝에 _large를 추가하였다는 점에 주목하라. 큰 글씨를 출력하는 이들 함수에서도 앞에서 설명한 보통 글씨에서처럼 줄바꿈 기능이나 밑줄 표시 기능, 커서 표시 기능, 외곽선 표시 기능, 투명 글씨 표시 기능 등을 모두 지원한다.

4. 영문 ASCII 문자의 출력 프로그램

OK-128TFT 키트의 TFT-LCD 모듈 화면에 다양한 컬러와 속성으로 영문 ASCII 문자를 출력하는 프로그램을 C언어로 작성하여 보면 다음과 같다.

〈프로그램 Exp05_1.c〉 TFT-LCD 영문 ASCII 문자 출력 프로그램

```
/* ============================================================================ */
/*                 Exp05_1.c : TFT-LCD 영문 ASCII 출력 프로그램                  */
/* ============================================================================ */
/*                          Designed and programmed by Duck-Yong Yoon in 2020.   */

#include <avr/io.h>
#include "OK-128TFT-V2.h"

int main(void)
{
  unsigned char x, y, code;

  MCU_initialize();                          // initialize ATmega128A MCU
  Delay_ms(50);                              // wait for system stabilization
  LCD_initialize();                          // initialize text LCD module
  TFT_initialize();                          // initialize TFT-LCD module

  LCD_string(0x80," OK-128TFT V2.0 ");       // display title
  LCD_string(0xC0,"   Exp05_1.c    ");

  while(1)
    { TFT_color_screen(White);               // display full color(white)
      TFT_landscape_mode();                  // landscape mode
      Beep();

      TFT_string_large(1,1,White,Black,"OK-128TFT ASCII Character");
      TFT_string(12,4,White,Black,       " (White Screen) ");

      TFT_string(0, 9,White, Blue,"Foreground White Color / Blue Background");

      TFT_string(1,14,Red,   Cyan, "Foreground Red Color / Cyan Background");

      TFT_outline(Black);
      TFT_string(1,19,Yellow,Transparent,"Foreground Yellow Color/Black Outline");
      TFT_string_large(2,21,Yellow,Transparent,"12x24 Large Character");
      TFT_outline(Transparent);

      TFT_underscore(Red);
      TFT_string(3,26,Blue,Transparent,"Foreground Blue Color / Transparent");
      TFT_underscore(Transparent);
      Delay_ms(10000);

      TFT_color_screen(White);               // display full color(white)
      TFT_portrait_mode();                   // portrait mode
      Beep();

      TFT_string_large(0,2,White,Black,"OK-128TFT ASCII Char");
      TFT_string(7, 5,White,Black,       " (White Screen) ");

      TFT_string(4,12,White, Blue, "Foreground White Color");
      TFT_string(3,14,White, Blue,"on Background Blue Color");

      TFT_string(5,18,Red,   Cyan,  "Foreground Red Color");
      TFT_string(3,20,Red,   Cyan,"on Background Cyan Color");

      TFT_outline(Black);
      TFT_string(3,24,Yellow,Transparent,"Foreground Yellow Color");
      TFT_string(6,26,Yellow,Transparent,    "with Black Outline");
      TFT_outline(Transparent);

      TFT_underscore(Red);
      TFT_string(4,30,Blue,Transparent,   "Foreground Blue Color");
      TFT_string(2,32,Blue,Transparent,"on Transparent Background");
      TFT_underscore(Transparent);
      Delay_ms(10000);

      TFT_clear_screen();                    // clear screen
```

```
      TFT_landscape_mode();                      // landscape mode
      Beep();

      TFT_string(9,5,White,Magenta," ASCII Code Table (1) ");
      code = 0x00;
      for(y = 0; y <= 7; y++)
        { TFT_xy(1,8+y*2); TFT_color(Green,Black);
          TFT_0x_hexadecimal(code,2);
          TFT_English(' '); TFT_English(':');

          TFT_color(Cyan,Black);
          for(x = 0; x <= 15; x++)
            { TFT_English(' ');
              TFT_English(code++);
            }
        }
      Delay_ms(5000);

      TFT_clear_screen();                        // clear screen
      TFT_landscape_mode();                      // landscape mode
      Beep();

      TFT_string(9,1,White,Magenta," ASCII Code Table (2) ");
      code = 0x00;
      for(y = 0; y <= 7; y++)
        { TFT_xy(1,4+y*3); TFT_color(Green,Black);
          TFT_0x_hexadecimal_large(code,2);
          TFT_English_large(' '); TFT_English_large(':'); TFT_English_large(' ');

          TFT_color(Cyan,Black);
          for(x = 0; x <= 15; x++)
            TFT_English_large(code++);
        }
      Delay_ms(5000);


      TFT_clear_screen();                        // clear screen
      TFT_portrait_mode();                       // portrait mode
      Beep();

      TFT_string(4,2,White,Magenta," ASCII Code Table (3) ");
      code = 0x00;
      for(y = 0; y <= 15; y++)
        { TFT_xy(4,6+y*2); TFT_color(Green,Black);
          TFT_0x_hexadecimal(code,2);
          TFT_English(' '); TFT_English(':');

          TFT_color(Cyan,Black);
          for(x = 0; x <= 7; x++)
            { TFT_English(' ');
              TFT_English(code++);
            }
        }
      Delay_ms(5000);
    }
}
```

5. 수치 데이터 출력 프로그램

TFT-LCD 모듈에 수치 데이터를 ASCII 문자로 변환하여 출력하는 것은 매우 자주 사용하는 일이다. 여기서는 정수나 실수와 같은 수치 데이터를 TFT-LCD의 화면에 출력하는 프로그램 작성 기술에 대하여 공부하기로 한다.

C언어를 사용하여 TFT-LCD 모듈에 수치 데이터를 출력하는 것은 텍스트 LCD 모듈에서와 마찬가지로 다음과 같이 3가지의 방법으로 생각할 수 있다. 첫째는 수치 데이터를 출력할 때마다 이를 사용자 정의 함수로 만들어 사용하는 방법이고, 둘째는 *OK-128TFT* 키트용의 헤더파일 OK-128TFT-V2.h에서 제공하는 함수를 사용하는 방법이며, 셋째는 WinAVR C컴파일러의 표준 printf() 함수를 사용하는 방법이다. 이중에서 역시 가장 권장할만한 방법은 헤더파일 OK-128TFT-V2.h에서 제공하는 함수를 사용하는 것이며, 앞으로 이 책의 예제 프로그램에서는 이 방법을 기본으로 사용한다.

▣ 사용자가 수치 데이터 출력 함수를 만들어 사용하는 경우

다음은 *OK-128TFT* 키트의 TFT-LCD 모듈에 단자리 구구단, 10자리 구구단, 실수 구구단을 구현한 프로그램이다. 여기서는 수치 데이터를 출력하는 함수를 사용자 프로그램에서 직접 만들어 사용하였는데, 이는 내용적으로 어렵지는 않지만 정수나 실수에 대하여 표현할 수치 데이터의 크기나 자릿수에 따라 매번 그에 맞는 함수를 만들어 사용해야 하므로 상당히 번거롭다.

〈프로그램 Exp05_2.c〉 TFT-LCD 수치 데이터 출력 프로그램(1)

```
/* ========================================================================== */
/*                Exp05_2.c : TFT-LCD 수치 데이터 출력 프로그램(1)              */
/* ========================================================================== */
/*                         Designed and programmed by Duck-Yong Yoon in 2020.  */

#include <avr/io.h>
#include "OK-128TFT-V2.h"

void TFT_2d(unsigned char number);              /* display 2-digit decimal number */
void TFT_4d(unsigned int number);               /* display 4-digit decimal number */
void TFT_1d1(float number);                     /* floating-point number x.x */
void TFT_2d2(float number);                     /* floating-point number xx.xx */

/* ----- 메인 프로그램 ------------------------------------------------------ */

int main(void)
{
  unsigned char x, y;
  float a, b;

  MCU_initialize();                             // initialize ATmega128A MCU
  Delay_ms(50);                                 // wait for system stabilization
  LCD_initialize();                             // initialize text LCD module
  TFT_initialize();                             // initialize TFT-LCD module

  LCD_string(0x80," OK-128TFT V2.0 ");          // display title
  LCD_string(0xC0,"   Exp05_2.c    ");

  while(1)
    { TFT_clear_screen();                       // 정수
      TFT_string(6,0,White, Magenta," Multiplication Table(정수) ");

      for(x = 2; x <= 9; x++)
        { for(y = 1; y <= 9; y++)
```

```
          { TFT_color(Green, Black);            // 단자리 구구단
            TFT_xy( 5,3*y); TFT_English(x + '0');
            TFT_xy( 7,3*y); TFT_English('x');
            TFT_xy( 9,3*y); TFT_English(y + '0');
            TFT_xy(11,3*y); TFT_English('=');
            TFT_xy(13,3*y); TFT_2d(x*y);

            TFT_color(Yellow, Black);           // 10자리 구구단
            TFT_xy(21,3*y); TFT_2d(x*10);
            TFT_xy(24,3*y); TFT_English('x');
            TFT_xy(26,3*y); TFT_2d(y*10);
            TFT_xy(29,3*y); TFT_English('=');
            TFT_xy(31,3*y); TFT_4d((x*10)*(y*10));
          }
        Beep();
        Delay_ms(3000);
      }

    TFT_clear_screen();                         // 실수
    TFT_string(6,0,White, Magenta," Multiplication Table(실수) ");

    for(x = 1,a = 1.1; x <= 9; x++, a += 1.1)
      { for(y = 1, b = 1.1; y <= 9; y++, b += 1.1)
          { TFT_color(Green, Black);            // 실수 구구단
            TFT_xy(11,3*y); TFT_1d1(a);
            TFT_xy(15,3*y); TFT_English('x');
            TFT_xy(17,3*y); TFT_1d1(b);
            TFT_xy(21,3*y); TFT_English('=');
            TFT_xy(23,3*y); TFT_2d2(a*b);
          }
        Beep();
        Delay_ms(3000);
      }
  }
}

/* ----- 사용자 정의 함수 ------------------------------------------------------- */

void TFT_2d(unsigned char number)               /* display 2-digit decimal number */
{
  unsigned char i;

  i = number/10;                                // 10^1
  if(i == 0)
    TFT_English(' ');
  else
    TFT_English(i + '0');

  i = number % 10;                              // 10^0
  TFT_English(i + '0');
}

void TFT_4d(unsigned int number)                /* display 4-digit decimal number */
{
  unsigned int i;
  unsigned char flag;

  flag = 0;
  i = number/1000;                              // 10^3
  if(i == 0)
    TFT_English(' ');
  else
    { TFT_English(i + '0');
      flag = 1;
    }

  number = number % 1000;                       // 10^2
  i = number/100;
  if((i == 0) && (flag == 0))
    TFT_English(' ');
  else
```

```
    { TFT_English(i + '0');
      flag = 1;
    }

  number = number % 100;                      // 10^1
  i = number/10;
  if((i == 0) && (flag == 0))
    TFT_English(' ');
  else
    { TFT_English(i + '0');
      flag = 1;
    }

  i = number % 10;                            // 10^0
  TFT_English(i + '0');
}

void TFT_1d1(float number)                    /* floating-point number x.x */
{
  unsigned char i, j;

  j = (unsigned int)(number*10. + 0.5);
  i = j / 10;                                 // 10^0
  TFT_English(i + '0');
  TFT_English('.');
  i = j % 10;                                 // 10^-1
  TFT_English(i + '0');
}

void TFT_2d2(float number)                    /* floating-point number xx.xx */
{
  unsigned int i, j;

  j = (unsigned int)(number*100. + 0.5);
  i = j / 1000;                               // 10^1
  if(i == 0)
    TFT_English(' ');
  else
    TFT_English(i + '0');

  j = j % 1000;                               // 10^0
  i = j / 100;
  TFT_English(i + '0');
  TFT_English('.');

  j = j % 100;                                // 10^-1
  i = j / 10;
  TFT_English(i + '0');

  i = j % 10;                                 // 10^-2
  TFT_English(i + '0');
}
```

▣ 헤더파일 OK-128TFT-V2.h에서 제공하는 함수를 사용하는 경우

OK-128TFT 키트용의 기본 헤더파일 OK-128TFT-V2.h에는 여러 가지의 수치 데이터 출력을 위한 사용자 함수를 만들어 제공한다. 이들 출력함수는 표현할 수치 데이터의 자릿수를 입력 파라미터로 지정하게 되어 있으므로 출력할 데이터의 길이에 상관없이 일반적으로 사용할 수 있다는 점에서 매우 편리하며, 뒤에서 설명하는 C컴파일러의 표준 printf() 함수를 사용하는 %서식 지정 방법에 비하여 훨씬 더 간편하고 실행

속도가 빠르며 적은 메모리 용량을 차지한다는 점에서 우수하다.

위의 예제 프로그램 Exp05_2.c를 헤더파일 OK-128TFT-V2.h에서 제공하는 함수를 사용하는 방법으로 수정하면 다음과 같다. 전체적으로 소스가 훨씬 짧고 간단해졌음을 알 수 있다.

<프로그램 Exp05_3.c> TFT-LCD 수치 데이터 출력 프로그램(2)

```
/* ============================================================================ */
/*              Exp05_3.c : TFT-LCD 수치 데이터 출력 프로그램(2)                    */
/* ============================================================================ */
/*                          Designed and programmed by Duck-Yong Yoon in 2020.  */

#include <avr/io.h>
#include "OK-128TFT-V2.h"

int main(void)
{
  unsigned char x, y;
  float a, b;

  MCU_initialize();                             // initialize ATmega128A MCU
  Delay_ms(50);                                 // wait for system stabilization
  LCD_initialize();                             // initialize text LCD module
  TFT_initialize();                             // initialize TFT-LCD module

  LCD_string(0x80," OK-128TFT V2.0 ");          // display title
  LCD_string(0xC0,"   Exp05_3.c    ");

  while(1)
    { TFT_clear_screen();                       // 정수
      TFT_string(6,0,White, Magenta," Multiplication Table(정수) ");

      for(x = 2; x <= 9; x++)
        { for(y = 1; y <= 9; y++)
            { TFT_color(Green, Black);          // 단자리 구구단
              TFT_xy( 5,3*y); TFT_English(x + '0');
              TFT_xy( 7,3*y); TFT_English('x');
              TFT_xy( 9,3*y); TFT_English(y + '0');
              TFT_xy(11,3*y); TFT_English('=');
              TFT_xy(13,3*y); TFT_unsigned_decimal(x*y,0,2);

              TFT_color(Yellow, Black);         // 10자리 구구단
              TFT_xy(21,3*y); TFT_unsigned_decimal(x*10,0,2);
              TFT_xy(24,3*y); TFT_English('x');
              TFT_xy(26,3*y); TFT_unsigned_decimal(y*10,0,2);
              TFT_xy(29,3*y); TFT_English('=');
              TFT_xy(31,3*y); TFT_unsigned_decimal((x*10)*(y*10),0,4);
            }
          Beep();
          Delay_ms(3000);
        }

      TFT_clear_screen();                       // 실수
      TFT_string(6,0,White, Magenta," Multiplication Table(실수) ");

      for(x = 1,a = 1.1; x <= 9; x++, a += 1.1)
        { for(y = 1, b = 1.1; y <= 9; y++, b += 1.1)
            { TFT_color(Green, Black);          // 실수 구구단
              TFT_xy(11,3*y); TFT_unsigned_float(a,1,1);
              TFT_xy(15,3*y); TFT_English('x');
              TFT_xy(17,3*y); TFT_unsigned_float(b,1,1);
              TFT_xy(21,3*y); TFT_English('=');
              TFT_xy(23,3*y); TFT_unsigned_float(a*b,2,2);
```

```
            }
            Beep();
            Delay_ms(3000);
          }
      }
}
```

▣ C컴파일러의 표준 printf() 함수를 사용하는 경우

WinAVR C컴파일러에서 제공하는 표준 printf() 함수를 사용하여 % 서식지정 방식으로 수치 데이터를 출력하는 앞의 예제 프로그램 Exp05_3.c를 다시 작성하여 보면 다음과 같다. C컴파일러에서 제공하는 표준 printf() 함수를 사용하여 % 서식지정 방식으로 수치 데이터를 출력하는 방법에 대하여는 앞의 제4.3절에서 자세히 설명하였으니 참고하라.

〈프로그램 Exp05_4.c〉 TFT-LCD 수치 데이터 출력 프로그램(3)

```
/* ============================================================================ */
/*              Exp05_4.c : TFT-LCD 수치 데이터 출력 프로그램(3)                */
/* ============================================================================ */
/*                        Designed and programmed by Duck-Yong Yoon in 2020.    */

#include <avr/io.h>
#include <stdio.h>
#include "OK-128TFT-V2.h"

static int TFT_putchar(char c, FILE *stream);
static FILE device = FDEV_SETUP_STREAM(TFT_putchar, NULL, _FDEV_SETUP_WRITE);

static int TFT_putchar(char c, FILE *stream)      /* print a character to TFT-LCD */
{
  if((c < 0x20) || (c > 0x7E))                   // check from 0x20 to 0x7E
    return 0;

  TFT_English(c);
  return 0;
}

int main(void)
{
  unsigned char x, y;
  double a, b;

  MCU_initialize();                              // initialize ATmega128A MCU
  Delay_ms(50);                                  // wait for system stabilization
  LCD_initialize();                              // initialize text LCD module
  TFT_initialize();                              // initialize TFT-LCD module

  LCD_string(0x80," OK-128TFT V2.0 ");           // display title
  LCD_string(0xC0,"   Exp05_4.c    ");

  stdout = &device;                              // set TFT-LCD to stdout

  while(1)
    { TFT_clear_screen();                        // 정수
      TFT_string(6,0,White, Magenta," Multiplication Table(정수) ");

      for(x = 2; x <= 9; x++)
```

```
      { for(y = 1; y <= 9; y++)
          { TFT_color(Green, Black);          // 단자리 구구단
            TFT_xy( 5,3*y);
            printf("%1d x %1d = %2d", x, y, x*y);

            TFT_color(Yellow, Black);         // 10자리 구구단
            TFT_xy(21,3*y);
            printf("%2d x %2d = %4d", x*10, y*10, (x*10)*(y*10));
          }
        Beep();
        Delay_ms(3000);
      }

    TFT_clear_screen();                       // 실수
    TFT_string(6,0,White, Magenta," Multiplication Table(실수) ");

    for(x = 1,a = 1.1; x <= 9; x++, a += 1.1)
      { for(y = 1, b = 1.1; y <= 9; y++, b += 1.1)
          { TFT_color(Green, Black);          // 실수 구구단
            TFT_xy(11,3*y);
            printf("%3.1f x %3.1f = %5.2f", a, b, a*b);
          }
        Beep();
        Delay_ms(3000);
      }
  }
}
```

☞ 표준 printf() 함수를 사용하려면 프로그램의 서두에서 헤더 파일 stdio.h를 인클루드해야 한다. 여기서는 표준 printf() 함수가 TFT-LCD 화면에 올바르게 문자를 출력할 수 있도록 TFT-LCD를 초기화하고 TFT_putchar() 함수를 만들며 이를 stdout으로 지정하는 것이 중요하다. 이처럼 정해진 C언어 규칙을 정확하게 따라야만 printf() 함수가 올바르게 동작한다.

6. Visiting Count 프로그램

이번에는 *OK-128TFT* 키트의 TFT-LCD 화면에서 풍경화 모드로 40자×15행의 영문 ASCII 문자를 출력하는 기능을 이용하여 재미있는 난수 응용 프로그램을 작성해 보기로 한다.

이것은 C언어의 난수(random number) 발생 기능을 이용한 일종의 주사위 프로그램으로서 난수에서 나올 수 있는 값을 4등분으로 나누어 각각 동서남북으로 전진하는 방법으로 진행한다. C언어의 난수 발생함수는 rand()로서 이것은 헤더파일 stdlib.h에 정의되어 있는데, WinAVR C컴파일러에서는 난수의 범위가 16비트 0x0000~0x7FFF로 발생된다. 여기서는 이 난수값이 0x0000~0x1FFF라면 동쪽으로 1글자 이동(x를 1증가)하고, 0x2000~0x3FFF라면 서쪽으로 1글자 이동(x를 1감소)하며, 난수값이 0x4000~0x5FFF라면 남쪽으로 1글자 이동(y를 1증가)하고, 0x6000~0x7FFF라면 북쪽으로 1글자 이동(y를 1감소)한다. 처음에 출발하는 위치 x, y도 난수를 사용하여 매번 달라지도록 한다.

그러면서 각 좌표에 해당하는 40×15=600개의 방에는 지나간 횟수(visiting count)를 메모리 배열로 저장한다. 이렇게 각 방을 돌아다니다가 외곽의 벽을 만나면 더 이상 진행하지 못하므로 그대로 그 자리에 머무르고 다시 난수를 발생한다. 이러한 동작을 600개의 방을 단 1번씩이라도 모두 방문하여 남은 빈 방이 없게 될 때까지 계속하고, 10ms의 주기로 한 번씩 난수를 발생할 때마다 각 방의 방문 횟수를 화면에 1글자로 표시한다.

각 방의 방문 횟수는 1글자만으로 표시해야 하므로 0~9값은 그냥 아라비아 숫자로 표시하고, 10~35값은 대문자 A~Z로 표시하며, 36~61값은 소문자 a~z로 표시한다. 대부분의 경우 이 범위 이상의 값은 잘 나오지 않지만, 만약에 62 이상의 방문 횟수가 나오면 그 방은 *로 표시한다.

〈프로그램 Exp05_5.c〉 Visiting Count 프로그램(1)

```
/* ============================================================================ */
/*                Exp05_5.c : Visiting Count Program(1)                         */
/* ============================================================================ */
/*                          Designed and programmed by Duck-Yong Yoon in 2020.  */

#include <avr/io.h>
#include <stdlib.h>
#include "OK-128TFT-V2.h"

int main(void)
{
  unsigned int random, total = 0;
  unsigned char key, i, j, count, visit_flag, x, y, table[40][15];

  MCU_initialize();                             // initialize ATmega128A MCU
  Delay_ms(50);                                 // wait for system stabilization
  LCD_initialize();                             // initialize text LCD module
  TFT_initialize();                             // initialize TFT-LCD module

  LCD_string(0x80," OK-128TFT V2.0 ");          // display title
  LCD_string(0xC0,"   Exp05_5.c    ");

  TCCR1A = 0x00;                                // Timer 1 = Normal mode(0)
  TCCR1B = 0x03;                                // 16MHz/64 = 250kHz
  TCNT1 = 0;

START:
  TFT_string(6, 8, White,Magenta, " Visiting Count Program (1) "); // wait KEY1 to start
  TFT_string(8,13,   Red,  Black,    " Press KEY1 to start !! ");
  TFT_string_large(1,20, White,Black, " (Total Counts = 00000) ");
  TFT_xy(18,20);
  TFT_unsigned_decimal_large(total,1,5);
  Beep();

  total = 0;
  key = 0;
  while(key != KEY1) key = Key_input();         // wait KEY1 for random starting
  srand(TCNT1);                                 // initialize random number

  TFT_color(White,Black);
  for(j = 0; j <= 14; j++)                      // clear visiting room
    for(i = 0; i <= 39; i++)
      { table[i][j] = 0;
```

```
        TFT_xy(i, 2*j);
        TFT_English('0');
      }
   visit_flag = 0;
   total = 0;

   x = rand() % 40;                               // random starting position
   y = rand() % 15;

   TFT_color(Blue,Black);
   while(visit_flag == 0)
     { random = rand();                           // get random number

       if(random <= 0x1FFF)                       // 0x0000 - 0x1FFF
         { if(x != 39)
             { x++; table[x][y] += 1; } }
       else if(random <= 0x3FFF)                  // 0x2000 - 0x3FFF
         { if(x != 0)
             { x--; table[x][y] += 1; } }
       else if(random <= 0x5FFF)                  // 0x4000 - 0x5FFF
         { if(y != 14)
             { y++; table[x][y] += 1; } }
       else                                       // 0x6000 - 0x7FFF
         { if(y != 0)
             { y--; table[x][y] += 1; } }

       count = table[x][y];                       // display visiting count
       if(count >= 62)
         { count = '*';
           TFT_color(Yellow,Blue);
         }
       else if(count >= 36)
         { count = count - 36 + 'a';
           TFT_color(Cyan,Blue);
         }
       else if(count >= 10)
         { count = count - 10 + 'A';
           TFT_color(Magenta,Blue);
         }
       else
         { count = count + '0';
           TFT_color(DarkGrey,Blue);
         }
       TFT_xy(x, 2*y);
       TFT_English(count);

       visit_flag = 1;                            // check end
       for(j = 0; j <= 14; j++)
         for(i = 0; i <= 39; i++)
           if(table[i][j] == 0)
             visit_flag = 0;

       total++;                                   // increment total count
       Delay_ms(10);
     }

   goto START;                                    // if complete, go next stage
 }
```

☞ 난수를 발생시키기 시작하려면 먼저 srand() 함수를 사용하여 난수의 seed를 제공해야 하는데 이 값을 항상 같은 상수값으로 주게 되면 난수를 발생하는 패턴이 늘 일정하여 재미가 없게 된다. 이를 피하기 위하여 여기서는 타이머1을 설정한 후에 프로그램을 시작할 때 이것에 의한 시간값을 seed로 사용함으로써 매번 난수를 발생하는 seed가 달라지도록 처리하였다. 이 타이머의 동작을 설정한 후에 사용자가 KEY1을 눌러서 프로그램의 동작이 시작되기 까지의 시간이 매번 일정하지 않기 때문에 seed의 종류가

65536가지로 랜덤하게 달라지는 것이다. 난수 발생과 관련된 srand() 및 rand() 함수는 C컴파일러의 헤더파일 stdlib.h에 정의되어 있다.

위의 Exp05_5.c 예제 프로그램에서는 TFT-LCD 화면 사방의 끝이 벽으로 막혀 있다고 가정하고 이동하다가 이 벽을 만나면 거기서 더 이상 진행하지 못하도록 하였으나, 여기서 벽을 없애 화면의 동쪽 끝이 서쪽 끝과 연결되었다고 하고, 마찬가지로 화면의 남쪽 끝이 북쪽 끝과 연결되었다고 가정하면 동서남북 방향으로 이동이 훨씬 더 수월해질 수 있다. 다음은 위의 예제 프로그램을 이렇게 화면 외부의 벽을 없애는 것으로 수정한 것이다.

〈프로그램 Exp05_6.c〉 Visiting Count 프로그램(2)

```
/* ============================================================================ */
/*              Exp05_6.c : Visiting Count Program(2)                           */
/* ============================================================================ */
/*                        Designed and programmed by Duck-Yong Yoon in 2020.    */

#include <avr/io.h>
#include <stdlib.h>
#include "OK-128TFT-V2.h"

int main(void)
{
  unsigned int random, total = 0;
  unsigned char key, i, j, count, visit_flag, x, y, table[40][15];

  MCU_initialize();                        // initialize ATmega128A MCU
  Delay_ms(50);                            // wait for system stabilization
  LCD_initialize();                        // initialize text LCD module
  TFT_initialize();                        // initialize TFT-LCD module

  LCD_string(0x80," OK-128TFT V2.0 ");     // display title
  LCD_string(0xC0,"   Exp05_6.c    ");

  TCCR1A = 0x00;                           // Timer 1 = Normal mode(0)
  TCCR1B = 0x03;                           // 16MHz/64 = 250kHz
  TCNT1 = 0;

START:
  TFT_string(6, 8, White,Magenta, " Visiting Count Program (1) "); // wait KEY1 to start
  TFT_string(8,13,   Red,  Black,   " Press KEY1 to start !! ");
  TFT_string_large(1,20, White,Black, " (Total Counts = 00000) ");
  TFT_xy(18,20);
  TFT_unsigned_decimal_large(total,1,5);
  Beep();

  total = 0;
  key = 0;
  while(key != KEY1) key = Key_input();    // wait KEY1 for random starting
  srand(TCNT1);                            // initialize random number

  TFT_color(White,Black);
  for(j = 0; j <= 14; j++)                 // clear visiting room
    for(i = 0; i <= 39; i++)
      { table[i][j] = 0;
        TFT_xy(i, 2*j);
        TFT_English('0');
      }
```

```
    visit_flag = 0;
    total = 0;

    x = rand() % 40;                          // random starting position
    y = rand() % 15;

    TFT_color(Blue,Black);
    while(visit_flag == 0)
      { random = rand();                      // get random number

        if(random <= 0x1FFF)                  // 0x0000 - 0x1FFF
          { if(x == 39) x = 0;
            else        x++;
            table[x][y] += 1;
          }
        else if(random <= 0x3FFF)             // 0x2000 - 0x3FFF
          { if(x == 0) x = 39;
            else       x--;
            table[x][y] += 1;
          }
        else if(random <= 0x5FFF)             // 0x4000 - 0x5FFF
          { if(y == 14) y = 0;
            else        y++;
            table[x][y] += 1;
          }
        else                                  // 0x6000 - 0x7FFF
          { if(y == 0) y = 14;
            else       y--;
            table[x][y] += 1;
          }

        count = table[x][y];                  // display visiting count
        if(count >= 62)
          { count = '*';
            TFT_color(Yellow,Blue);
          }
        else if(count >= 36)
          { count = count - 36 + 'a';
            TFT_color(Cyan,Blue);
          }
        else if(count >= 10)
          { count = count - 10 + 'A';
            TFT_color(Magenta,Blue);
          }
        else
          { count = count + '0';
            TFT_color(DarkGrey,Blue);
          }
        TFT_xy(x, 2*y);
        TFT_English(count);

        visit_flag = 1;                       // check end
        for(j = 0; j <= 14; j++)
          for(i = 0; i <= 39; i++)
            if(table[i][j] == 0)
              visit_flag = 0;

        total++;                              // increment total count
        Delay_ms(10);
      }

    goto START;                               // if complete, go next stage
  }
```

7. 실습 과제

(1) 폰트(font) 또는 폰트 데이터란 무엇인지 설명하라. 그리고 여러 가지 폰트의 종류에 대하여 조사해 보라.

(2) 예제 프로그램 Exp05_2.c의 TFT_1d1() 함수에서 실수에 10을 곱하여 10배 큰 정수로 만들 때

```
j = (unsigned int)(number*10. + 0.5);
```

에서처럼 0.5를 더해주는 이유는 무엇인가?

(3) 예제 프로그램 Exp05_3.c에서 1.1~9.9 범위의 실수 곱셈 구구단을 1.11~9.99 범위의 실수 곱셈 구구단으로 수정한 프로그램 Exp05_3R.c를 작성하라. 여기서, 증가폭은 1.11로 하고, 곱셈 결과는 소수점 아래 4자리까지 표시하라.

(4) 예제 프로그램 Exp05_5.c에서 프로그램이 수행되는 중에 화면을 보면 현재 어느 방을 방문하고 있는지를 쉽게 알아보기가 어렵다. 이러한 단점을 개선하기 위하여 항상 현재 방문하고 있는 방의 표시를 뚜렷하게 알아볼 수 있도록 전경색=Black, 배경색=White로 표시하는 것으로 수정한 프로그램 Exp05_5R.c를 작성하라. 그러나, 방문하는 위치가 옆의 방으로 이동하면 바로 직전의 방은 다시 원래의 방법으로 표시해야 한다.

4.6 TFT-LCD 모듈 한글 출력 프로그램

이 절에서는 *OK-128TFT* 키트에서 사용하는 TFT-LCD에 16×16 픽셀 크기의 조합형 한글을 출력하는 프로그램 작성 기술을 익히기로 하며, 부수적으로 이보다 더 큰 24×24 픽셀의 한글 출력 프로그램도 공부한다. 한글 출력 프로그램에서는 당연히 부수적으로 영문 ASCII 문자도 출력할 수 있는데 영문 ASCII 문자는 가로방향으로 항상 한글 크기의 반(1/2)에 해당하는 반각 문자로 처리한다. 여기서는 ATmega128A 마이크로컨트롤러의 풍부한 플래시 메모리 용량을 사용하여 모든 문자들의 폰트(font) 데이터를 플래시 메모리에 저장하며, 문자를 출력할 때 다양한 컬러를 사용하는 것은 물론이고 커서나 투명글씨, 외곽선체와 같은 고급 기능을 사용할 수 있다.

조합형 한글 표시방식은 완성형 한글 표시방식에 비하여 폰트를 저장하는 메모리를 적게 차지하므로 마이크로컨트롤러에서 널리 사용하고 있다. 그러나, 현재 퍼스널컴퓨터의 모든 Windows 운영체제는 완성형 한글 코드를 표준으로 사용하고 있으므로 우리가 프로그램을 작성할 때 C언어 소스 파일에 한글 문자를 사용하면 이는 완성형 코드로 저장된다. 따라서, 한글을 출력하는 사용자 함수에서는 먼저 완성형 한글 코드를 조합형 코드로 변환한 후에 이를 조합형 표시방식으로 디스플레이하게 된다.

관련 내용	(1) 제3.1절 *OK-128TFT* 키트의 구조와 기능 (2) 제4.1절 Atmel Studio를 사용한 C언어 프로그래밍 (3) 제4.5절 TFT-LCD 영문 ASCII 출력 프로그램

1. 한글의 구조와 화면표시 기술

한글을 TFT-LCD 모듈에 표시하는 프로그램 작성 기술은 앞의 제4.5절에서 설명한 영문 ASCII 문자 표시 방법에 비하여 훨씬 더 복잡하다. 이는 **풀어쓰기** 구조를 가지는 영어와 달리 한글은 **모아쓰기**라는 독특한 구조를 가지기 때문이다.

한글은 조선 제4대 임금이신 세종대왕께서 1443년에 창제하고 1446년에 반포하신 우리 고유의 문자로서 세계에서 그 유래를 찾기 어려우리만큼 과학적이고 아름다운 문자라고 평가되고 있다. 그러나, 한글은 이렇게 자랑스러운 우리 민족의 유산이지만, 모아쓰기라는 독특한 특성 때문에 컴퓨터로 이를 처리하기에는 다소 까다롭다. 하지만,

한글은 초성, 중성, 종성의 3가지 자소로 조합되는 규칙성을 가지므로 음절 단위의 완성된 형태만을 가지는 중국의 한자(漢字)에 비하면 훨씬 처리하기에 용이한 것도 사실이다.

다시 말하면 영문 ASCII 문자는 기본적으로 언어 구조가 풀어쓰기로 되어 있으므로 1가지의 폰트를 사용하여 화면에 이를 표시하는 과정이 아주 간단하게 처리되지만, 한글은 모아쓰기 구조를 가지므로 초성의 자음 "ㄱ" 하나만을 놓고 보더라도 중성과 종성에 무엇이 오느냐에 따라 매우 다른 모양의 폰트가 필요하며, 따라서 이를 출력하는 프로그램에는 초성, 중성, 종성에 해당하는 다양한 모양의 폰트 데이터를 가지고 있어야 하고, 상황에 따라 이중에서 가장 적합한 모양의 폰트를 찾아서 1음절의 문자를 구성해야만 한다는 것이다.

이제 한글을 TFT-LCD 모듈에 표시하려면 먼저 한글의 과학적인 구조를 자세히 살펴볼 필요가 있다.

(1) 한글 표시 화면의 구성

제4.5절에서 영문 ASCII 문자는 가로×세로=8×16 픽셀 크기의 **반각 문자**로 표시하였으나 한글은 가로×세로=16×16 픽셀의 문자 박스에 **전각 문자**로 표시한다. 즉, 반각인 영문 ASCII 문자를 가로 방향으로 2개 합치면 전각인 한글 1글자의 면적이 된다.

이렇게 하면 이 책에서 사용하는 320×240 픽셀 해상도의 TFT-LCD 모듈 화면에 표시할 수 있는 한글 글자는 <그림 4.6.1>에 보인 바와 같다. 즉, 초상화 모드에서는 그림의 (a)처럼 15열×20행의 한글 글자를 표시할 수 있고, 풍경화 모드에서는 그림의 (b)처럼 20열×15행의 한글 글자를 표시할 수 있게 된다.

각각의 경우에 가로 방향과 세로 방향으로는 1문자가 16픽셀로 구성되지만 문자를 표시하는 위치는 가로와 세로 방향에서 모두 8픽셀 단위로 이동하면서 지정할 수 있게 하면 각 글자 간격과 행 간격을 1문자 또는 ½문자 간격으로 처리할 수 있어서 편리하다.

(2) 한글의 구조

한글은 초성, 중성, 종성의 3가지 자소(字素)가 모여서 1음절(音節)의 글자를 구성하는 과학적인 모아쓰기 구조를 갖는 언어이다. 그러나, 글자에 따라서는 종성(받침)이 없고 초성과 중성으로만 만들어지기도 한다.

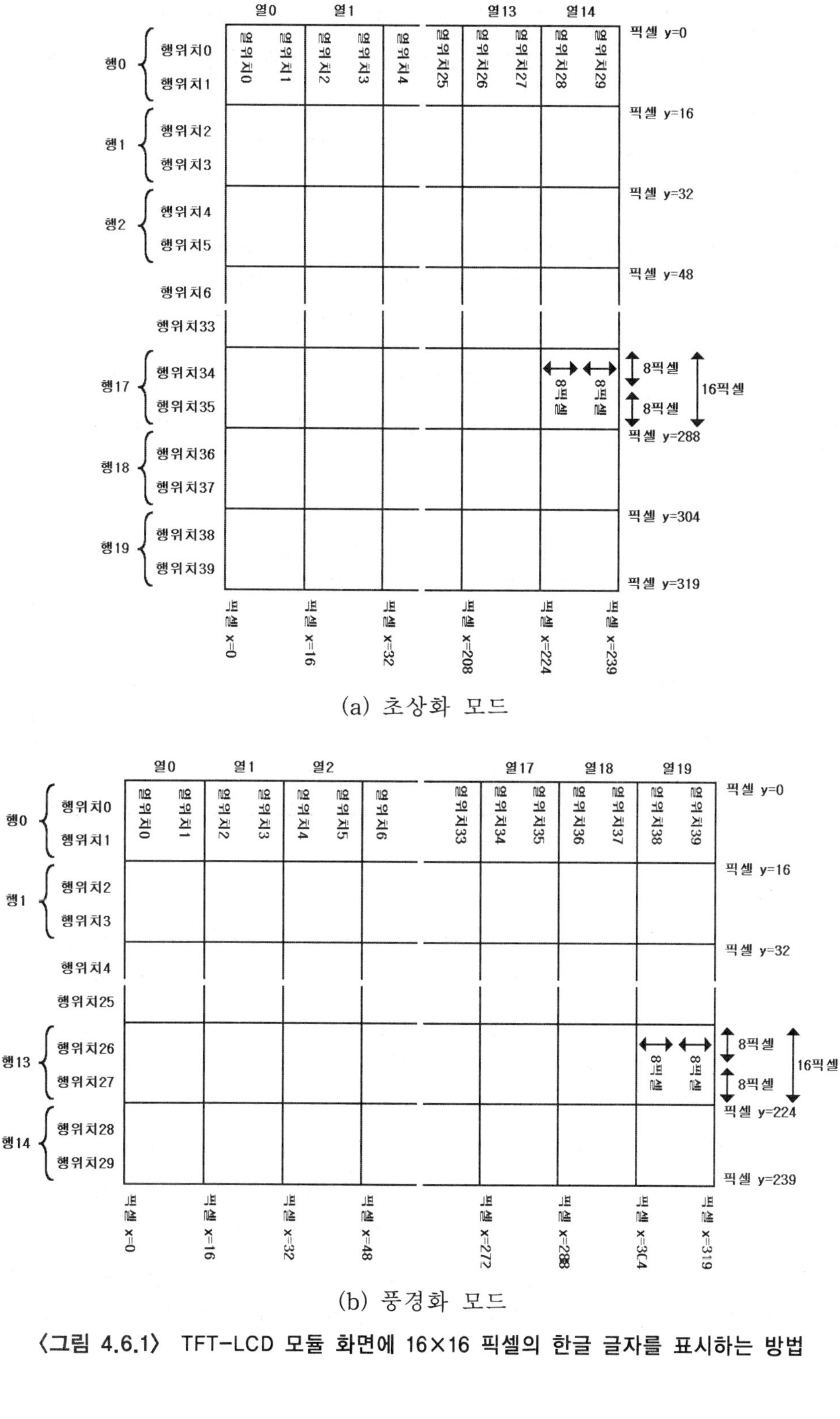

(a) 초상화 모드

(b) 풍경화 모드

〈그림 4.6.1〉 TFT-LCD 모듈 화면에 16×16 픽셀의 한글 글자를 표시하는 방법

초성과 종성은 반드시 자음으로 사용되고 중성은 반드시 모음이 사용되는데, 이렇게 한글을 구성하는 자소들과 그것들이 초성, 중성, 종성에 각각 사용되는 내역을 정리하면 <표 4.6.1>과 같다.

이렇게 각 자소를 사용하여 한글 글자가 구성되므로 이론적으로 만들 수 있는 총 글자 수는 다음과 같다.

받침이 없는 글자 : 초성(19)×중성(21) = 399자
받침이 있는 글자 : 초성(19)×중성(21)×종성(27) = 10,773자
계 = 11,172자

이와 같이 한글은 자음 14개와 모음 10개를 기본으로 하면서 여기에서 파생된 쌍자음, 복자음 및 복모음들을 과학적으로 결합시켜 글자를 만들게 된다. 이것이 한글의 기본적인 특징이다.

〈표 4.6.1〉 한글 글자의 구성

한글 자소	기본 자음(14개)	ㄱ ㄴ ㄷ ㄹ ㅁ ㅂ ㅅ ㅇ ㅈ ㅊ ㅋ ㅌ ㅍ ㅎ
	쌍자음(5개)	ㄲ ㄸ ㅃ ㅆ ㅉ
	복자음(11개)	ㄳ ㄵㄶ ㄺ ㄻ ㄼ ㄽ ㄾ ㄿ ㅀ ㅄ
	기본 모음(10개)	ㅏ ㅑ ㅓ ㅕ ㅗ ㅛ ㅜ ㅠ ㅡ ㅣ
	복모음(11개)	ㅐ ㅒ ㅔ ㅖ ㅘ ㅙ ㅚ ㅝ ㅞ ㅟ ㅢ
글자 구성	초성(19개)	기본 자음(14) + 쌍자음(5)
	중성(21개)	기본 모음(10) + 복모음(11)
	종성(27개)	기본 자음(14) + 쌍자음(2 ; ㄲ ㅆ) + 복자음(11)

(3) 한글 코드

우리나라에 컴퓨터가 처음 소개되면서 영문 ASCII 문자만을 처리하던 외국산 컴퓨터에서 이와 충돌이 되지 않으면서 추가로 한글을 표시하고 처리하는 방법이 문제가 되었다. 국내에서 컴퓨터가 생산되고 사용되기 시작한 이후에도 상당히 오랜 시간이 지나도록 N바이트 코드나 3바이트 코드와 같은 여러가지 한글처리 방식이 사용되기도 하였고, 각 회사별로 서로 다른 종류의 2바이트(16비트) 조합형 한글 코드를 사용하기도 하였다. 이러한 상황은 당시의 컴퓨터 모델 사이에 전혀 소프트웨어의 호환성이 유지되지 않아서 컴퓨터 사용자들에게 많은 혼란을 주었지만, 각 회사의 영업적 이해관계나 기술적인 차이 등으로 인하여 쉽게 해결될 전망이 보이지 않았다.

그러던 중에 1987년에 정부는 많은 논란 끝에 완성형 한글 코드를 KS 표준 규격으로 정하였는데, 그것이 오늘날까지 사용되는 KSC5601-1987 정보 교환용 부호(현재는 이를 1998년에 개정하여 KSX 1001로 되어 있음.)이다. 이는 한글이 초성, 중성, 종성으로 구성되어 모두 11,172자를 표현할 수 있다는 점을 고려하지 않고, 사용빈도가 높은 한글 글자들을 완성된 형태로 2,350자만 정의하고, 여기에 한자 4,888자, 특수문자 1,128자, 사용자 정의문자 188자 등을 지정함으로써 한글의 기본적인 원리와 장점을 훼손한다는 거센 비판을 받았다. 실제로 이를 사용하면 표시할 수 없는 글자가 상당히 많아서 종종 불편을 초래하며, 사용자 정의문자에 이를 정의한다고 하더라도 일반성이 없고 순서대로 정렬(sort)하는데 문제가 생기므로 불편이 전혀 해결되지 않는다. 그러나, 완성형 코드는 국제적 표준코드인 ISO 2022와 비교적 충돌이 적고 글자체를 보다 미려하게 디자인할 수 있는 등의 장점도 가지고 있다.

이러한 완성형 한글 코드의 문제점을 인식하여 정부는 1992년에 기존의 완성형 코드에 보조적으로 조합형 코드를 사용할 수 있도록 KS 표준 규격을 개정하였는데, 그것이 KSC5601-1992 정보 교환용 부호의 보조 부호(현재는 역시 1998년에 개정되어 KSX 1001로 되어 있음.)이다. 이와 같이 현재는 16비트 완성형의 KS 코드와 2바이트(16비트) 조합형의 KSSM(Korea Specification Support Model) 코드가 모두 국가 표준규격으로 정해져 있는데, 어쩔 수 없는 현실의 반영으로 볼 수도 있으나 국가 표준이 2가지라는 것은 사리에 맞지 않는 것으로서 아직까지도 적지 않은 혼란을 불러일으키고 있다.

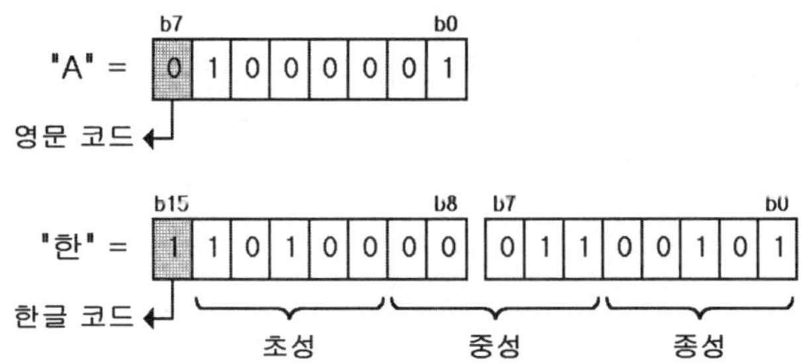

〈그림 4.6.2〉 2바이트 조합형 한글 코드의 구조

그러나, 이러한 문제들에 관계없이 TFT-LCD 화면에 한글을 표시해야 하는 우리의 입장에서는 메모리 용량의 한계 때문에 반드시 2바이트 조합형 한글 코드를 사용해야 하므로 여기서는 이것에 대하여 자세히 알아보기로 한다.

KS 표준 규격인 2바이트 조합형 한글 코드에서는 <그림 4.6.2>에 보인 것처럼 초성, 중성, 종성을 각각 5비트의 길이로 나타낸다. 영문 ASCII 코드인 경우에는 8비트로 나타내는데, 여기서 최상위 비트를 b7 = 0으로 하여 영문이라는 것을 나타내고, 나머지 7개의 비트(b6~b0)들로는 이 문자의 ASCII 코드값을 나타낸다. 그러나, 한글 코드는 최상위 비트를 b7 = 1로 표시하고 이 경우에는 이 바이트와 그 다음에 오는 또 하나의 바이트를 연속으로 붙여서 총 2바이트(16비트)를 한글 코드로 사용하게 된다. 이때, 나머지 15개의 비트(b14~b0)들은 차례로 5비트씩 분할하여 각각 초성, 중성, 종성을 표시하게 된다.

이렇게 초성, 중성, 종성의 자소를 각각 5비트로 표시할 수 있는 것은 앞에서도 살펴보았듯이 초성이 19자, 중성이 21자, 종성이 27자이기 때문에 모두 5비트로 표현 가능한 2^5 = 32종류 이하이기 때문이다. 그러나, 실제로는 초성, 중성, 종성에 각각 자리 채움 표시(fill code)를 1개씩 추가하여 20자, 22자, 28자로 된다.

〈표 4.6.2〉 KSC5601-1992의 2바이트 조합형 한글코드

비트값		초성(20자)		중성(22자)		종성(28자)	
10진수	2진수						
0	00000						
1	00001	fill code	0			fill code	0
2	00010	ㄱ	1	fill code	0	ㄱ	1
3	00011	ㄲ	2	ㅏ	1	ㄲ	2
4	00100	ㄴ	3	ㅐ	2	ㄳ	3
5	00101	ㄷ	4	ㅑ	3	ㄴ	4
6	00110	ㄸ	5	ㅒ	4	ㄵ	5
7	00111	ㄹ	6	ㅓ	5	ㄶ	6
8	01000	ㅁ	7			ㄷ	7
9	01001	ㅂ	8			ㄹ	8
10	01010	ㅃ	9	ㅔ	6	ㄺ	9
11	01011	ㅅ	10	ㅕ	7	ㄻ	10
12	01100	ㅆ	11	ㅖ	8	ㄼ	11
13	01101	ㅇ	12	ㅗ	9	ㄽ	12
14	01110	ㅈ	13	ㅘ	10	ㄾ	13
15	01111	ㅉ	14	ㅙ	11	ㄿ	14
16	10000	ㅊ	15			ㅀ	15
17	10001	ㅋ	16			ㅁ	16
18	10010	ㅌ	17	ㅚ	12	*	
19	10011	ㅍ	18	ㅛ	13	ㅂ	17
20	10100	ㅎ	19	ㅜ	14	ㅄ	18
21	10101	(한자)		ㅝ	15	ㅅ	19
22	10110	(한자)		ㅞ	16	ㅆ	20
23	10111	(한자)		ㅟ	17	ㅇ	21
24	11000	(한자)				ㅈ	22
25	11001	(한자)				ㅊ	23
26	11010	(한자)		ㅠ	18	ㅋ	24
27	11011	(한자)		ㅡ	19	ㅌ	25
28	11100	(한자)		ㅢ	20	ㅍ	26
29	11101	(한자)		ㅣ	21	ㅎ	27
30	11110	(한자)		*		*	
31	11111			*			

KSC5601-1992 정보 교환용 부호의 보조 부호로 정의된 2바이트 조합형 한글 코드를 보이면 <표 4.6.2>와 같다. 이중에서 사선으로 표시한 부분은 사용하지 못하도록 되어 있는 빈 자리이며, 그중에서 *표로 표시한 부분은 한글 고어(古語)를 정의하기도

하는 자리이지만 현재 우리는 이를 전혀 사용하지 않으므로 그냥 비워두기로 한다. 초성, 중성, 종성의 우측에 있는 각 숫자들은 이들 비트들이 00000에서부터 2진수가 증가하면서 차례로 연속하여 정의되어 있지 않기 때문에 나중에 각 자소들을 인덱싱(indexing)하는데 편리하게 사용하기 위한 인수들이다.

키입력 루틴에서 사용하는 한글 오토마타(automata) 프로그램은 키보드에서 입력되는 자소들을 모아서 <표 4.6.2>와 같은 2바이트 조합형 한글 코드를 만든다. 한글 1음절은 초성+중성 또는 초성+중성+종성으로 구성되므로 초성에 해당하는 자음과 중성에 해당하는 모음이 입력될 때까지는 비교적 처리가 용이하지만, 그 다음에 자음이 입력되는 경우에는 처리가 복잡해진다. 이 자음은 일단 종성으로 처리되었다가 그 다음에 이어서 또다시 자음이 입력되면 그대로 종성으로 확정되지만, 만약 그 다음에 입력된 것이 모음인 경우에는 이 자음이 2번째 음절의 초성으로 바뀌어 처리된다.

여기서, fill code는 1음절을 구성하는 3가지의 자소 중에서 최소한 어느 1가지 또는 2가지가 생략된 경우에 그 생략 부분을 채워서 2바이트의 조합형 한글 코드를 완성해주는 값이다. 즉, 받침이 없는 글자에서는 항상 종성이 fill code로 채워지고, " ㅏㄴ"과 같이 표시하는 경우는 초성이 fill code로 채워지며, "ㅜ"와 같이 표시하는 경우는 초성과 종성이 모두 fill code로 채워진다.

(4) 조합형 한글의 화면표시

TFT-LCD 모듈 화면에 이와 같이 16×16 픽셀 크기의 한글 글자를 표시하기 위한 문자의 폰트 구조를 보이면 <그림 4.6.3>과 같다. 즉, 한글 각 자소의 폰트는 각 픽셀에 대응하는 비트들을 세로 방향으로 모아서 2진수 1바이트 데이터를 만들고(위쪽이 LSB, 아래쪽이 MSB가 되도록 1바이트 데이터를 만들어야 한다.) 이것들을 수평방향으로 16바이트를 연속하여 배열하며, 윗줄이 끝나면 아랫줄에 대하여도 동일한 방식으로 16바이트를 배열한다. 따라서, 한글 자소 1개에는 모두 32바이트의 폰트 데이터가 필요하다.

앞의 4.5절에서 살펴본 바와 같이 영문 ASCII 문자의 경우에는 각 문자의 코드에 대하여 8×16 도트의 문자 박스에 이 문자를 표시하기 위하여 각 문자당 16바이트씩으로 구성되는 폰트 데이터 테이블을 미리 만들어 저장해 놓았다가 이를 찾아서 화면에 출력하면 되므로 비교적 처리가 단순하고 쉬웠다.

그러나, 조합형 한글에서는 이렇게 초성, 중성, 종성이 각 자소가 16×16 픽셀에 대응되는 32바이트의 폰트를 가지고 있으며, 1음절의 글자를 완성하려면 <그림 4.6.3>에 보인 것처럼 이 초성, 중성, 종성 3개 자소의 폰트 데이터를 각각 불러다가 모두 OR시켜서 32바이트의 최종적인 폰트 데이터로 만들고 이를 TFT-LCD에 출력하려면 각 비트를 해당 픽셀에 대응되는 16비트 컬러 데이터로 변환하여 출력하게 된다.

더구나, 이들 초성, 중성, 종성은 각각 1가지씩의 폰트만을 가지는 것이 아니라 여러 벌의 폰트를 가지고 있어야 한다. 즉, 초성의 "ㄱ"은 항상 조합형 한글 코드 내에서는 같은 값으로 표시되지만 이를 화면에 표시할 때는 글자에 따라 다른 모양의 폰트가 사용되어야 한다. 예를 들면 "가"에서의 초성과 "강"에서의 초성, 그리고 "고"에서의 초성 및 "공"에서의 초성, "광"에서의 초성은 모두 같은 초성의 "ㄱ"으로 코드가 표시되지만, 이를 화면에 표시할 때는 서로 상당히 다른 모양이 되어야만 전체적인 글자의 모양이 보기 좋도록 균형과 조화를 이루게 되는 것이다. 이것은 "ㄱ"뿐만 아니라 모든 초성에 대하여 마찬가지이며, 나아가 초성뿐만 아니라 중성이나 종성에서도 또한 마찬가지이다.

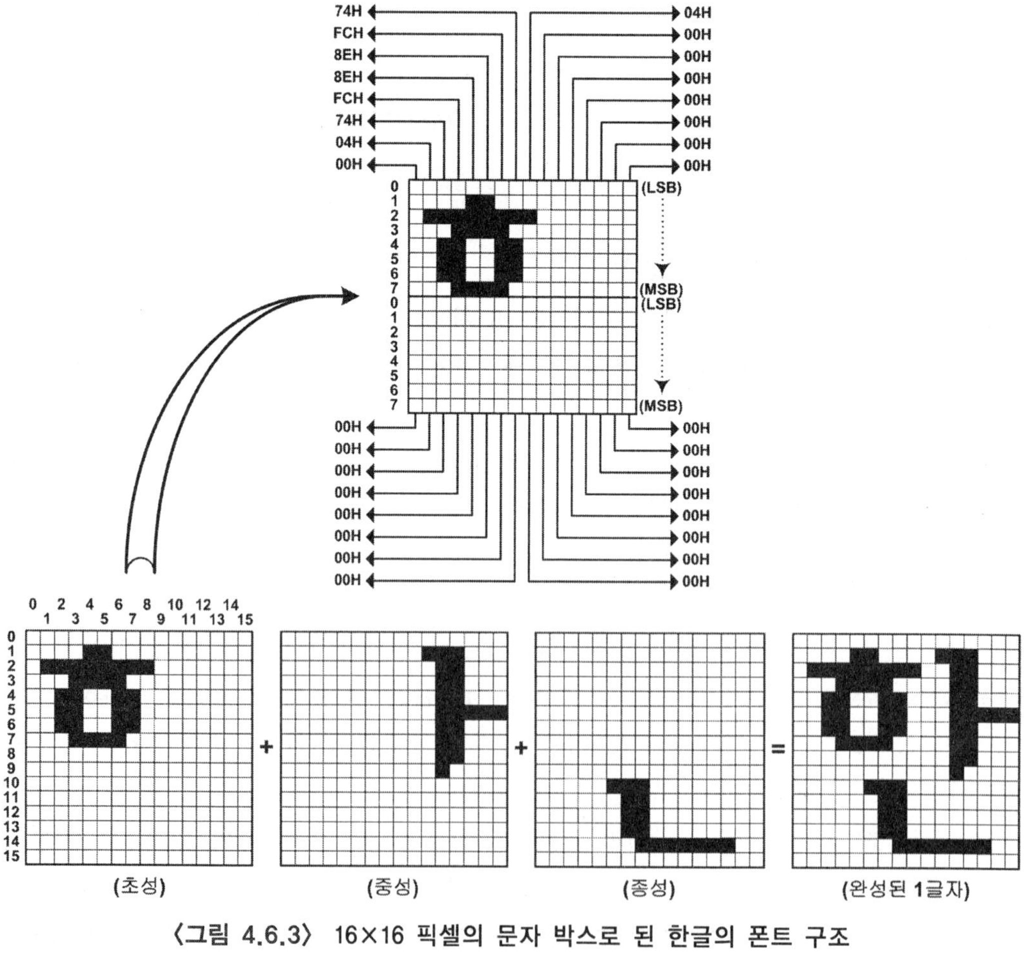

〈그림 4.6.3〉 16×16 픽셀의 문자 박스로 된 한글의 폰트 구조

〈표 4.6.3〉 8×4×4벌 방식 조합형 한글의 구성

초성	초성 0벌	받침없는 ㅏㅐㅑㅒㅓㅔㅕㅖㅣ 와 결합
	초성 1벌	받침없는 ㅗㅛㅡ 와 결합
	초성 2벌	받침없는 ㅜㅠ 와 결합
	초성 3벌	받침없는 ㅘㅙㅚㅢ 와 결합
	초성 4벌	받침없는 ㅝㅞㅟ 와 결합
	초성 5벌	받침있는 ㅏㅐㅑㅒㅓㅔㅕㅖㅣ 와 결합
	초성 6벌	받침있는 ㅗㅛㅜㅠㅡ 와 결합
	초성 7벌	받침있는 ㅘㅙㅚㅝㅞㅟㅢ 와 결합
중성	중성 0벌	받침없는 ㄱㅋ 와 결합
	중성 1벌	받침없는 ㄱㅋ 이외의 자음과 결합
	중성 2벌	받침있는 ㄱㅋ 와 결합
	중성 3벌	받침있는 ㄱㅋ 이외의 자음과 결합
종성	종성 0벌	중성 ㅏㅑㅘ 와 결합
	종성 1벌	중성 ㅓㅕㅚㅝㅟㅢㅣ 와 결합
	종성 2벌	중성 ㅐㅒㅔㅖㅙㅞ 와 결합
	종성 3벌	중성 ㅗㅛㅜㅠㅡ 와 결합

결국 초성, 중성, 종성을 화면에 표시하기 위한 폰트 데이터에는 여러 개의 벌을 가져야 하며, 이들 각 자소에 대한 벌수가 많을수록 좀 더 미려한 글자 모양을 얻을 수 있다. 그러나, 이들 벌수를 지나치게 많게 만들면 화면표시 처리 과정이 복잡해지는 것은 물론이고 폰트 데이터를 저장하는 메모리 용량이 지나치게 커지므로 실용적이지 못하다. 그래서 이들 벌수를 처리하는 방식에는 여러가지가 있지만, 가장 널리 사용되는 것이 **8×4×4벌 방식**이며 이 책에서도 이 방식을 따르기로 한다. 즉, 초성 폰트 8벌, 중성 폰트 4벌, 종성 폰트 4벌로 사용한다는 것이다.

만약 초성, 중성, 종성에 각각 1벌씩의 폰트만을 사용한다면 이들 폰트를 저장하는데 필요한 메모리 용량은

초성(20)×32바이트 + 중성(22)×32바이트 + 종성(28)×32바이트 = 2,240바이트

가 될 것이다. 하지만, 8×4×4벌 방식을 사용하면 총 폰트 데이터의 용량은 크게 증가하여

초성(20)×8벌×32바이트 + 중성(22)×4벌×32바이트 + 종성(28)×4벌×32바이트 = 11,520바이트

즉, 약 11KB가 된다. 이런 정도의 메모리 용량은 대부분의 마이크로프로세서 응용 시스템에서 충분히 실용적으로 사용할 수 있는 양이다. 그러나, 완성형의 경우는 2,350자를 모두 32바이트의 완성된 문자 폰트로 만들어 저장해야 하므로

2,350자×32바이트 = 75,200바이트

즉, 약 73KB 정도의 엄청난 메모리 용량을 필요로 한다. 이는 많은 8비트급의 마이크로컨트롤러 응용 시스템에서 전체 주기억 용량을 초과하는 많은 양의 메모리이므로

처리하기가 어려워서 거의 실용적이지 못하다.

만약 조합형 한글로 만들 수 있는 11,172자의 한글을 모두 이런 식으로 완성형 폰트로 만들어 저장한다면 11,172자×32바이트 = 357,504 바이트라는 방대한 메모리 용량이 필요하게 된다. 이와 같이 마이크로컨트롤러 응용 시스템의 TFT-LCD 모듈에서 한글을 표시할 때 대부분 조합형 처리방식을 선호하는 가장 중요한 이유는 바로 폰트 데이터를 저장하는데 메모리 용량을 작게 차지하기 때문이다.

8×4×4벌을 사용하는 조합형 한글의 표시 방식을 요약하면 <표 4.6.3>과 같다. 이와 같이 한글의 구조에 따라 8×4×4벌로 나누어 처리하는 이유는 각각의 경우에 해당하는 한글 음절의 글자들을 살펴보면서 한글의 과학성과 아름다움을 이해한다면 충분히 알 수 있게 될 것이다.

이제 2바이트(16비트) 조합형 한글 코드로 표시된 문자 코드를 받아서 이를 화면에 표시하는 알고리즘을 차례로 요약하여 설명하면 다음과 같다.

① 2바이트의 한글 코드로부터 각각 초성, 중성, 종성에 해당하는 5비트의 코드값을 분리한다.

```
void TFT_Korean(unsigned int Kcode)
{ unsigned char cho_5bit;                         // 초성
  unsigned char joong_5bit;                       // 중성
  unsigned char jong_5bit;                        // 종성

  cho_5bit   = (Kcode >> 10) & 0x001F;
  joong_5bit = (Kcode >> 5) & 0x001F;
  jong_5bit  = Kcode & 0x001F;
        .
        .
        .
}
```

② 그런데, 이들 5비트의 코드는 2바이트 조합형 한글 코드표에서 초성, 중성, 종성 모두 각 자소들이 순차적으로 정의되어 있지 않기 때문에, 예를 들어 초성의 경우 "ㄱ, ㄲ, ㄴ, ㄷ, ㄸ, ..."에 순서대로 1, 2, 3, 4, 5, ...의 번호를 매길 수가 없으므로 아래와 같이 인덱스 테이블로 처리하면 편리하다. 이렇게 하여 만들어지는 인덱스 번호는 <표 4.6.2>에서 표시한 것과 같다.

```
unsigned char table_cho[21]={0,0,1,2,3,4,5,6,7,8,9,10,11,12,13,14,15,16,17,18,19};
unsigned char table_joong[30]={0,0,0,1,2,3,4,5,0,0,6,7,8,9,10,11,0,0,12,13,14,15,16,17,0,0,18,19,20,21};
unsigned char table_jong[30]={0,0,1,2,3,4,5,6,7,8,9,10,11,12,13,14,15,16,0,17,18,19,20,21,22,23,24,25,26,27};
```

```
void TFT_Korean(unsigned int Kcode)
{ unsigned char cho_5bit;                        // 초성
  unsigned char joong_5bit;                      // 중성
  unsigned char jong_5bit;                       // 종성

  cho_5bit   = table_cho[(Kcode >> 10) & 0x001F];
  joong_5bit = table_joong[(Kcode >> 5) & 0x001F];
  jong_5bit  = table_jong[Kcode & 0x001F];
      .
      .
      .
}
```

③ 여기서는 초성, 중성, 종성에 8×4×4벌 방식을 사용하는데, 이것들의 조합에 따른 각 자소들의 벌수를 알아내는 것도 상당히 복잡하므로 역시 테이블로 처리하는 것이 편리하다.

```
unsigned char table_cho[21]={0,0,1,2,3,4,5,6,7,8,9,10,11,12,13,14,15,16,17,18,19};
unsigned char table_joong[30]={0,0,0,1,2,3,4,5,0,0,6,7,8,9,10,11,0,0,12,13,14,15,16,17,0,0,18,19,20,21};
unsigned char table_jong[30]={0,0,1,2,3,4,5,6,7,8,9,10,11,12,13,14,15,16,0,17,18,19,20,21,22,23,24,25,26,27};
unsigned char bul_cho1[22]={0,0,0,0,0,0,0,0,0,1,3,3,3,1,2,4,4,4,2,1,3,0};
unsigned char bul_cho2[22]={0,5,5,5,5,5,5,5,5,6,7,7,7,6,6,7,7,7,6,6,7,5};
unsigned char bul_jong[22]={0,0,2,0,2,1,2,1,2,3,0,2,1,3,3,1,2,1,3,3,1,1};

void TFT_Korean(unsigned int Kcode)
{ unsigned char cho_5bit;                        // 초성
  unsigned char joong_5bit;                      // 중성
  unsigned char jong_5bit;                       // 종성
  unsigned char cho_bul, joong_bul, jong_bul;    // 초성, 중성, 종성의 벌수

  cho_5bit   = table_cho[(Kcode >> 10) & 0x001F];
  joong_5bit = table_joong[(Kcode >> 5) & 0x001F];
  jong_5bit  = table_jong[Kcode & 0x001F];

  if(jong_5bit == 0)                             // 먼저 종성이 있는지 없는지를 조사
    { cho_bul = bul_cho1[joong_5bit];            // 초성
      if(cho_5bit == 1 || cho_5bit == 16)        // 중성
        joong_bul = 0;
      else
        joong_bul = 1;
    }
  else
    { cho_bul = bul_cho2[joong_5bit];            // 초성
      if(cho_5bit == 1 || cho_5bit == 16)        // 중성
        joong_bul = 2;
      else
        joong_bul = 3;
      jong_bul = bul_jong[joong_5bit];           // 종성
    }
      .
      .
      .
}
```

④ 이렇게 하여 cho_bul, joong_bul, jong_bul이 결정되면 이에 따라 각각 초성, 중성, 종성의 문자 폰트 중에서 이 벌수에 해당하는 것을 꺼내어 사용하면 된다. 이와 같이 해당 폰트를 얻기 위해서는 어드레스를 올바르게 계산해야 한다. 각 글자 폰트들은 모두 32바이트씩으로 이루어져 있으므로 초성이나 중성의 각 자소별 코드에 32를 곱하면 해당 자소의 위치를 알 수 있다. 그러나, 벌수의 경우에는 자소 하나를 뛰어 넘는 것이 아니라 한 벌 전체를 건너뛰는 것이므로 각 벌의 크기를 알아야 한다. 예를 들어 초성의 경우 20자(fill code 포함)이니 20×32하면 한 벌의 크기가 된다.

초성 : 20자×32 = 640
중성 : 22자×32 = 704
종성 : 28자×32 = 896
전체 폰트의 메모리 용량 = 640×8 + 704×4 + 896×4 = 5,120+2,816+3,584 = 11,520 바이트

따라서, 초성, 중성, 종성의 자소 및 벌수에 따른 폰트 데이터를 얻기 위한 계산식은 아래와 같이 나타낼 수 있다.

초성의 폰트 = (cho_bul×20 + cho_5bit)×32 에서부터 32바이트
중성의 폰트 = (8×20 + joong_bul×22 + joong_5bit)×32 에서부터 32바이트
종성의 폰트 = (8×20 + 4×22 + jong_bul×28 + jong_5bit)×32 에서부터 32바이트

⑤ 이렇게 하여 원하는 초성, 중성, 종성의 폰트를 얻을 수 있게 되면 이것들을 모두 같은 32바이트 버퍼에서 OR로 합하여 1개의 완성된 문자를 생성한다. 이렇게 만들어진 32바이트의 버퍼를 <그림 4.6.3>에서 설명한 방법처럼 차례로 TFT-LCD 모듈에 출력하면 된다.

```
unsigned char table_cho[21]={0,0,1,2,3,4,5,6,7,8,9,10,11,12,13,14,15,16,17,18,19};
unsigned char table_joong[30]={0,0,0,1,2,3,4,5,0,0,6,7,8,9,10,11,0,0,12,13,14,15,16,17,0,0,18,19,20,21};
unsigned char table_jong[30]={0,0,1,2,3,4,5,6,7,8,9,10,11,12,13,14,15,16,0,17,18,19,20,21,22,23,24,25,26,27};
unsigned char bul_cho1[22]={0,0,0,0,0,0,0,0,0,0,1,3,3,3,1,2,4,4,4,2,1,3,0};
unsigned char bul_cho2[22]={0,5,5,5,5,5,5,5,5,5,6,7,7,7,6,6,7,7,7,6,6,7,5};
unsigned char bul_jong[22]={0,0,2,0,2,1,2,1,2,3,0,2,1,3,3,1,2,1,3,3,1,1};

unsigned char KoreanBuffer[32];
unsigned char K_font[8*20 + 4*22 + 4*28][32];

void TFT_Korean(unsigned int Kcode)
{ unsigned char cho_5bit;                      // 초성
  unsigned char joong_5bit;                    // 중성
  unsigned char jong_5bit;                     // 종성
  unsigned char cho_bul, joong_bul, jong_bul;  // 초성, 중성, 종성의 벌수
  unsigned char i;
  unsigned int ch;
```

```
  cho_5bit   = table_cho[(Kcode >> 10) & 0x001F];
  joong_5bit = table_joong[(Kcode >> 5) & 0x001F];
  jong_5bit  = table_jong[Kcode & 0x001F];

  if(jong_5bit == 0)                             // 먼저 종성이 있는지 없는지를 조사
    { cho_bul = bul_cho1[joong_5bit];            // 초성
      if(cho_5bit == 1 || cho_5bit == 16)        // 중성
        joong_bul = 0;
      else
        joong_bul = 1;
    }
  else
    { cho_bul = bul_cho2[joong_5bit];            // 초성
      if(cho_5bit == 1 || cho_5bit == 16)        // 중성
        joong_bul = 2;
      else
        joong_bul = 3;
      jong_bul = bul_jong[joong_5bit];           // 종성
    }

  ch = cho_bul*20 + cho_5bit;                    // 초성 폰트를 읽어 버퍼로 복사
  for(i = 0; i < 32; i++)
    KoreanBuffer[i] = K_font[ch][i];

  ch = 8*20 + joong_bul*22 + joong_5bit;         // 중성 폰트를 읽어 버퍼에 OR
  for(i = 0; i < 32; i++)
    KoreanBuffer[i] |= K_font[ch][i];

  ch = 8*20 + 4*22 + jong_bul*28 + jong_5bit;    // 종성 폰트를 읽어 버퍼에 OR
  for(i = 0; i < 32; i++)
    KoreanBuffer[i] |= K_font[ch][i];
      .
      .
      .
}
```

이렇게 만들어진 한글 폰트 데이터를 컬러 TFT-LCD에 출력하기 위하여 각 픽셀의 컬러 데이터로 변환하는 동작은 단색 그래픽 LCD 모듈에서와 전혀 다르다. 즉, 단색 그래픽 LCD 모듈에서는 폰트 데이터의 1비트가 화면의 1도트에 대응하므로 위와 같이 만들어진 버퍼 KoreanBuffer[32]의 폰트 데이터를 그냥 LCD에 출력하면 되었다. 그러면 1의 값을 가지는 비트는 해당 도트가 밝게 출력되고 0의 값을 가지는 비트는 해당 도트가 출력되지 않았다.

그러나, 컬러 TFT-LCD 모듈에서는 이 폰트 데이터를 그냥 출력하면 안되며, 반드시 폰트 데이터의 각 비트를 이에 대응하는 전경색 16비트 컬러 데이터 또는 배경색 16비트 컬러 데이터로 변환하여 출력해야 한다. 즉, 폰트 데이터 1비트가 화면의 1픽셀에 대응하며 이는 다시 16비트의 컬러 데이터에 대응되는 것이다. 현재의 문자를 어느 컬러로 표시할 것인지는 미리 지정되어 있으므로 폰트 데이터의 1로 된 비트는 그 컬

러 코드에 해당하는 16비트 데이터로 변환된다. 이렇게 문자를 표시하는 색을 전경색(foreground color)이라고 한다. 한편, 폰트 데이터의 0으로 된 비트는 미리 지정된 배경색(background color)에 해당하는 16비트 데이터로 변환된다. 만약 폰트 데이터의 0으로 된 비트를 출력하지 않고 그냥 건너뛰면 현재 화면의 바탕색이 그냥 유지되므로 이렇게 출력되는 문자를 투명 글씨(transparent character)라고 한다.

OK-128TFT 키트에서 사용하는 TFT-LCD 모듈의 16×16픽셀 크기 조합형 한글용 폰트 파일은 C언어용의 기본 헤더파일 OK-128TFT-V2.h에 포함되어 제공되는데, 이 파일들의 내용은 앞의 제4.5절에서 이미 살펴보았다. ATmega128A의 경우에는 플래시 메모리가 128KB이므로 명조체, 고딕체, 필기체 등 여러가지의 한글 글씨체 폰트를 사용하기에는 용량이 다소 부족하여 여기서는 명조체 1가지만을 지원한다.

(5) TFT-LCD 화면표시의 부수적인 기능

TFT-LCD 모듈에 영문 ASCII나 한글로 된 문자열을 표시할 때 고려해야 할 부수적인 기능으로는 줄바꿈 기능이나 밑줄(underscore) 표시 기능, 커서(cursor) 표시 기능, 외곽선(outline) 표시 기능, 투명 글씨 표시 기능 등과 같은 것이 있다.

▣ 줄바꿈 기능

대부분의 경우는 1행 이내의 길이를 갖는 짧은 문자열을 출력하므로 문제가 없지만 TFT_string() 함수로 한 번에 1행의 길이를 넘는 긴 문자열을 출력하는 경우에는 행의 끝에서 자동으로 줄바꿈 기능을 수행하도록 처리해야 편리하다. 이 경우 1행이 끝나면 줄바꿈 기능을 수행하는 것이 당연하지만, 마지막에 반각 1글자 분량의 공간이 남아있더라도 한글 문자를 표시하는 것은 불가능하므로 이 경우에도 줄바꿈 기능을 수행해야 한다.

헤더파일 OK-128TFT-V2.h의 TFT-LCD 모듈 화면 표시 함수에서는 이러한 줄바꿈 기능을 위하여 현재 출력하는 문자의 위치를 Xcharacter와 Ycharacter 전역변수로 관리한다. 반각인 영문 ASCII 문자를 출력할 때마다 Xcharacter를 1씩 증가시키며, 전각인 한글 글자를 출력할 때마다 Xcharacter를 2씩 증가시킨다. 그러다가 행의 마지막 부분에서 줄바꿈 기능이 필요하면 Xcharacter를 0으로 만들고 Ycharacter를 2만큼 증가시키면 된다.

▣ 밑줄 표시 기능

OK-128TFT-V2.h 헤더파일에서는 기본적으로 underscore_flag = 0으로 되어 있어서 밑줄을 표시하지 않는 모드에 있으므로, 화면에 출력하는 문자에 밑줄을 표시하도록 하려면 먼저 TFT_underscore(U16 cursor_color) 함수를 사용하여 underscore_flag = 1로 설정하고 밑줄의 색깔을 지정한다.

다시 밑줄이 보이지 않는 상태로 해제하려면 TFT_underscore(Transparent) 함수를 사용하여 커서의 색깔을 투명하게 지정하면 된다.

▣ 커서 표시 기능

텍스트 LCD 모듈에서는 LCD 컨트롤러가 하드웨어적으로 커서 표시 기능을 지원하므로 쉬웠지만, TFT-LCD 모듈에 커서를 표시하려면 이는 사용자 프로그램에서 소프트웨어적으로 처리해야 한다. TFT-LCD 화면에 출력할 문자의 폰트를 사용자가 일일이 픽셀 데이터로 변환하여 디스플레이하는 것처럼 당연히 커서도 사용자 프로그램에서 소프트웨어적으로 처리해야 한다. 그러나, 커서는 항상 필요한 것은 아니므로 커서가 화면에 표시되도록 하고 싶을 경우에만 이를 디스플레이 ON 상태로 설정하도록 처리하는 것이 좋으며, 항상 사용자 프로그램에서 커서의 위치를 기억하여 관리해야 한다.

헤더파일 OK-128TFT-V2.h의 TFT-LCD 모듈 화면 표시 함수에서는 이러한 커서 표시 기능을 위하여 현재 커서의 위치를 Xcursor와 Ycursor 전역변수로 관리한다. 영문 ASCII 문자나 한글 글자를 출력할 때마다 현재의 Xcharacter 값이 Xcursor와 같고 Ycharacter 값이 Ycursor와 같은가를 비교하여 이것들이 모두 일치하면 현재의 문자를 출력할 때 커서를 함께 표시한다. 여기서 커서는 문자 박스에서 가장 아랫부분 2줄의 픽셀에 수평으로 직선을 긋는 것으로 표시하며, 반각(8×16 픽셀)인 영문 ASCII 문자와 전각(16×16 픽셀)인 한글 글자의 폭에 각각 맞노록 표시한다.

OK-128TFT-V2.h 헤더파일에서는 기본적으로 cursor_flag = 0으로 되어 있어서 커서를 표시하지 않는 모드에 있으므로, TFT-LCD 모듈 화면에 커서가 보이도록 하려면 먼저 TFT_cursor(U16 cursor_color) 함수를 사용하여 cursor_flag = 1로 설정하고 커서의 색깔을 지정한다. 그러고 나서 커서의 위치를 전역변수 Xcursor와 Ycursor로 지정한다. 커서의 위치는 필요할 때마다 사용자 프로그램에서 Xcursor 및 Ycursor 변수의 값을 적절히 수정하는 방법으로 변경할 수 있다. 커서의 위치는 8픽셀 단위로 움직이는 행단위 및 열단위에 해당하므로 전역변수 Xcursor 및 Ycursor의 사용가능 범위는 전역변수 Xcharacter 및 Ycharacter의 사용가능 범위와 같다.

다시 커서를 보이지 않는 상태로 해제하려면 TFT_cursor(Transparent) 함수를 사용하여 커서의 색깔을 투명하게 지정하면 된다.

▣ 투명 글씨 표시 기능

TFT-LCD 모듈 화면에 문자를 출력할 때 전경색과 배경색의 종류를 합리적으로 잘 선택하면 화면에서 글씨가 항상 선명하게 잘 보이도록 처리할 수 있다. 그러나, 화면에 이미 정해져 있는 배경색이나 그림이 표시되어 있는 상태에서 이 배경을 망가뜨리지 않고 여기에 추가로 원하는 문자를 디스플레이하려면 배경 부분을 새로 출력하지 말고 글씨 부분만 출력해야 한다. 이러한 방법으로 출력하는 문자를 흔히 투명 글씨(transparent character)라고 한다.

OK-128TFT-V2.h 헤더파일에는 모든 문자출력 함수에 투명 글씨를 처리하는 기능을 가지고 있는데, 이렇게 문자를 투명 글씨로 표시하려면 문자를 출력할 때 전경색은 원하는 색을 지정하고 배경색을 Transparent로 지정하면 된다.

▣ 외곽선체 표시 기능

이미 정해진 배경 위에 투명 글씨를 출력하면서 불가피하게 배경 부분과 투명 글씨 부분의 색을 서로 같거나 비슷하게 지정해야 하는 경우에는 사람의 눈으로 이 글씨를 쉽게 알아보기가 어렵게 된다. 이런 예는 그림 파일을 화면에 먼저 출력하고 그 위에 투명 글씨로 파일명을 표시하거나 메시지를 출력하는 경우에 흔히 볼 수 있다.

이런 문제를 해결하는 좋은 방법은 투명 글씨에 외곽선을 추가하는 것이다. 즉, TFT-LCD 모듈의 화면에 문자를 출력하면서 글씨 부분은 정상적으로 출력하고 이 글씨의 주변에 지정된 색으로 외곽선을 표시하는 것이다. 이렇게 하면 글씨 부분과 배경의 색깔이 비슷하더라도 그 경계선이 또렷해져서 시각적 효과가 크게 향상된다. 이러한 문자의 외곽선 처리는 투명 글씨는 물론이고 정상적으로 전경색과 배경색을 지정하는 문자의 경우에도 사용이 가능하다.

OK-128TFT-V2.h 헤더파일에서는 기본적으로 outline_flag = 0으로 되어 있어서 외곽선을 표시하지 않는 상태에 있으므로, 이제부터 출력할 문자에 외곽선이 보이도록 하려면 TFT_outline(U16 outline_color) 함수를 사용하여 outline_flag = 1로 설정하고 외곽선의 색깔을 적절하게 지정한다.

다시 외곽선이 보이지 않는 상태로 해제하려면 TFT_outline(Transparent) 함수를 사용하여 외곽선의 색깔을 투명하게 지정한다.

(6) 완성형 코드를 조합형 코드로 자동 변환하는 기능

이상에서 조합형 한글 코드를 사용하여 TFT-LCD 모듈에 한글 글자를 표시하는 프로그램 작성 기술에 대하여 설명하였다. 그러나, 현재 퍼스널컴퓨터의 Windows 운영체제에서는 모두 기본적으로 KS 완성형 코드를 사용하여 한글 문자를 처리하며, 따라서 우리가 여기에서 C언어 소스 프로그램을 작성하고 컴파일하면 한글 문자들은 모두 완성형 코드로 저장되므로 TFT-LCD에 한글 문자들이 모두 깨져서 알 수 없는 모양으로 나타나게 된다. 하지만 앞에서 설명하였듯이 *OK-128TFT* 키트에서 직접 완성형 코드 방식으로 한글을 표시하려면 2350자의 폰트를 저장하는데 프로그램 메모리의 용량을 너무 많이 차지하므로 사용하기가 어렵다.

이러한 문제를 해결하는 하나의 방법은 완성형 코드로 작성된 사용자 프로그램을 실행할 때 이를 한글 출력 루틴의 내부에서 조합형 코드로 변환하여 출력하는 것이다. 즉, 기본적으로는 조합형 처리방식을 그대로 사용하면서 한글을 출력하는 함수에 한글 코드값을 인수로 넘겨주기 직전에 먼저 이 코드값을 완성형에서 조합형으로 변환하는 것이다.

이 책의 기본 헤더파일 OK-128TFT-V2.h에서는 이처럼 KS 완성형 한글 코드를 KS 조합형 한글 코드로 변환하는 KS_code_conversion() 함수를 제공한다. 이들 2가지의 한글 코드에는 서로 아무런 규칙성을 갖지 않으므로 코드를 상호 변환하려면 변환 테이블을 사용하는 것이 좋으며, 이 함수에서는 OK-128TFT-V2.h 헤더파일에 포함된 코드 변환 테이블을 사용하여 KS 완성형 코드(변수명 KS_code)를 KS 조합형 코드(변수명 KSSM)로 변환한다.

2. 큰 글씨를 출력하는 기능

앞의 제4.5절에서 설명한 8×16 픽셀의 반각 영문 ASCII 문자나 이번 절에서 설명한 16×16 픽셀의 전각 한글 문자들은 320×240 픽셀의 해상도를 갖는 TFT-LCD 모듈에서 훌륭하게 사용된다. 그러나, 응용 시스템에 따라서는 이 정도의 글씨로는 크기가 너무 작아서 사용하기에 불편할 경우도 있다. 이때는 화면에 글씨를 좀 더 크게 표시할 필요가 있는데, 그 방법에는 2가지를 생각할 수 있다.

첫번째 방법은 기존의 영문 ASCII 문자나 한글 폰트를 화면에 출력할 때 일정한 비율로 확대하여 출력하는 것이다. 이를테면 가로 및 세로 방향으로 각각 2배를 확대하여 4배 크기의 글씨를 출력한다. 이와 같이 비트맵 방식으로 문자를 확대하면 기존의 폰트를 그대로 사용하므로 메모리 용량은 절약되지만 글자의 외곽 부분이 거칠어서 모양이 그다지 미려하지는 못하다는 단점이 있다.

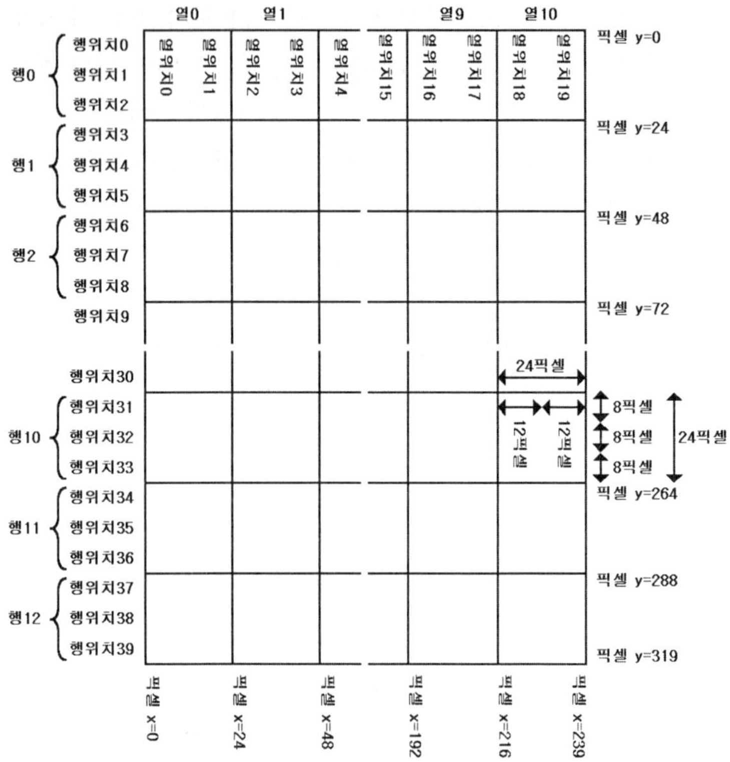

(a) 초상화 모드

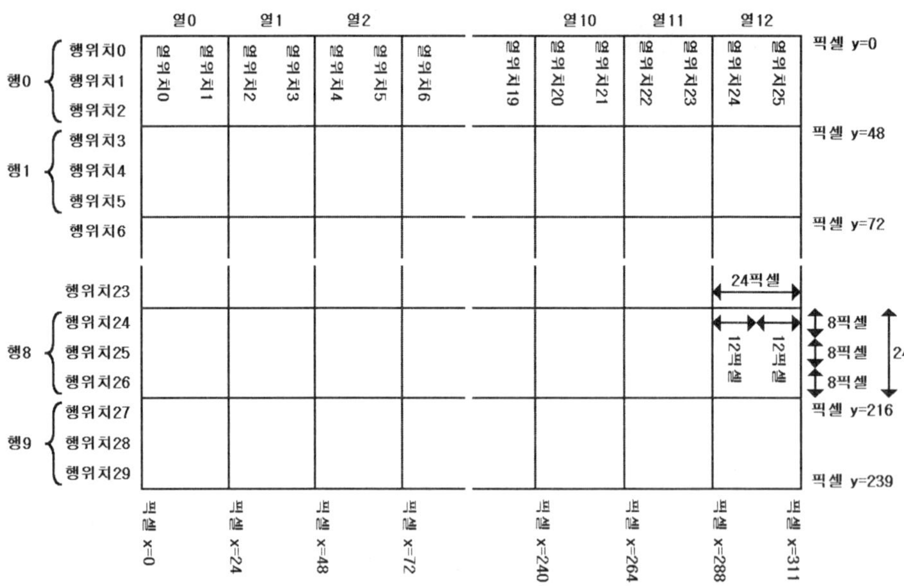

(b) 풍경화 모드

〈그림 4.6.4〉 TFT-LCD 모듈 화면에 24×24 픽셀의 한글 글자를 표시하는 방법

두번째 방법은 좀 더 큰 문자를 표시하기 위한 새로운 폰트 데이터를 사용하는 것이다. 이 방법은 폰트 데이터를 저장하는데 당연히 더 많은 메모리 용량을 필요로 한다. 이 책에서는 12×24 픽셀의 영문 ASCII 문자용 폰트와 24×24 픽셀의 한글용 폰트를 추가로 제공하며, 물론 이것들을 출력하기 위한 함수도 함께 제공한다. 이 경우 TFT-LCD 모듈의 화면 사용을 정리하면 <그림 4.6.4>와 같다. 이와 같은 큰 글씨는 당연히 앞의 8×16 픽셀 영문 ASCII 문자나 16×16 픽셀의 한글 문자에 비하여 훨씬 미려한 글씨체를 자랑한다.

8×16 픽셀의 영문 ASCII 문자와 16×16 픽셀의 한글 **보통 글씨** 폰트 및 이것들을 출력하기 위한 사용자 함수를 제공하는 기본 헤더파일 OK-128TFT-V2.h는 앞의 제4.5절에서 보였고, 여기서 사용하는 함수들은 <표 4.5.2>에 정리한 바 있다. 12×24 픽셀의 영문 ASCII 문자와 24×24 픽셀의 한글 **큰 글씨** 폰트는 물론이고 이것들을 출력하기 위한 사용자 함수들도 역시 기본 헤더파일 OK-128TFT-V2.h에 제공하는데 이 부분의 소스도 앞의 제4.5절에서 보였으며, 여기서 사용하는 함수들은 <표 4.5.3>에 정리하였으니 참고하라. 보통 글씨의 출력함수와 구분하기 위하여 이들 큰 글씨 출력함수의 이름에는 모두 끝에 _large가 추가된다. ATmega128A의 플래시 메모리 용량 때문에 큰 글씨에 대해서도 명조체 폰트만을 지원한다.

3. 매우 큰 글씨 및 가장 큰 글씨를 출력하는 기능

앞에서 **보통 글씨**보다 좀 더 **큰 글씨**로서 12×24 픽셀의 반각 영문 ASCII 문자와 24×24 픽셀의 한글 문자들을 TFT-LCD 모듈에 표시하는 기술에 대해 설명하였지만, 마이크로컨트롤러를 사용한 응용 시스템을 설계하다보면 이보다 훨씬 더 큰 글씨가 필요한 경우도 종종 있다. 사람이 좀 더 먼 거리에서도 쉽게 화면의 내용을 알아볼 수 있도록 하기 위함이다.

그런데, 이런 경우는 기계장치에서 제어 변수값이나 실시간 측정 데이터를 화면에 표시하는 경우가 대부분이므로 모든 영문 ASCII 또는 한글 문자를 표시할 필요는 없고 단지 0~9의 숫자나 단위를 표시하기 위한 몇가지 정도의 문자 또는 기호 정도만 표시하면 된다. 따라서, 이에 필요한 폰트는 사용자가 필요한대로 쉽게 만들어 사용할 수 있다.

이 책에서는 이러한 응용 목적으로 사용할 수 있도록 32×48 픽셀의 **매우 큰 글씨**와 40×56 픽셀의 **가장 큰 글씨**를 위한 폰트 및 이것들을 TFT-LCD에 출력하기 위한 사용자 함수를 헤더파일 OK-128TFT-xlarge.h에 추가로 제공한다. 나중에 이러한 글씨를 이용하여 TFT-LCD에 디지털 시계 등을 구현하는 예제를 공부할 것이다. 이는 ATmega128A의 플래시 메모리가 128KB로 정도로 크므로 가능한 일이다.

〈헤더파일 OK-128TFT-xlarge.h〉 TFT-LCD에 매우 큰 글씨 및 가장 큰 글씨를 출력

```
/* ========================================================================== */
/*      OK-128TFT V2.0 키트용(ATmega128A) 매우/가장 큰 글씨 헤더 파일          */
/* ========================================================================== */
/*                               Programmed by Duck-Yong Yoon in 2020.        */

// ---------------------------------------------------------------------------
//   이 헤더파일은 OK-128TFT 키트 V2.0을 위한 것입니다. 이것은 아래의 조건에서만
//  올바른 동작을 보장합니다.
// ---------------------------------------------------------------------------
//      (1) 시스템 클록  : 16MHz
//      (2) C 컴파일러   : Atmel Studio V7.0
//      (3) 최적화 옵션  : -Os
//      (4) TFT-LCD 모듈 : Ohm사 FL320QVC18-A0(HX8347-A)
//      (5) 인클루드     : 기본 헤더 파일 OK-128TFT-V2.h의 뒤에 인클루드할 것.
// ---------------------------------------------------------------------------

/* -------------------------------------------------------------------------- */
/*              32x48 픽셀의 매우 큰 글씨 폰트(명조체)                        */
/* -------------------------------------------------------------------------- */
const unsigned char font_32x48[17][192] PROGMEM = {      /* 32x48 character font */
 {0x00,0x00,0x00,0x00,0x00,0x00,0x00,0x00,0x00,0x0f,0xf0,0x00,0x00,0x3f,0xfc,0x00,  // '0'
  0x00,0xff,0xff,0x00,0x01,0xfe,0x7f,0x80,0x01,0xfc,0x1f,0xc0,0x03,0xf8,0x1f,0xc0,
  0x07,0xf0,0x0f,0xe0,0x07,0xf0,0x0f,0xe0,0x0f,0xe0,0x07,0xf0,0x0f,0xe0,0x07,0xf0,
  0x0f,0xe0,0x07,0xf8,0x1f,0xe0,0x07,0xf8,0x1f,0xc0,0x03,0xf8,0x1f,0xc0,0x03,0xf8,
  0x1f,0xc0,0x03,0xfc,0x1f,0xc0,0x03,0xfc,0x3f,0xc0,0x03,0xfc,0x3f,0xc0,0x03,0xfc,
  0x3f,0xc0,0x03,0xfc,0x3f,0xc0,0x03,0xfc,0x3f,0xc0,0x03,0xfc,0x3f,0xc0,0x03,0xfc,
  0x3f,0xc0,0x03,0xfc,0x3f,0xc0,0x03,0xfc,0x3f,0xc0,0x03,0xfc,0x1f,0xc0,0x03,0xfc,
  0x1f,0xc0,0x03,0xfc,0x1f,0xc0,0x03,0xf8,0x1f,0xc0,0x03,0xf8,0x1f,0xe0,0x07,0xf8,
  0x0f,0xe0,0x07,0xf8,0x0f,0xe0,0x07,0xf0,0x0f,0xe0,0x07,0xf0,0x07,0xf0,0x0f,0xe0,
  0x07,0xf0,0x0f,0xe0,0x03,0xf8,0x1f,0xc0,0x01,0xfc,0x1f,0xc0,0x01,0xfe,0x7f,0x80,
  0x00,0xff,0xff,0x00,0x00,0x3f,0xfc,0x00,0x00,0x0f,0xf0,0x00,0x00,0x00,0x00,0x00,
  0x00,0x00,0x00,0x00,0x00,0x00,0x00,0x00,0x00,0x00,0x00,0x00,0x00,0x00,0x00,0x00},
 {0x00,0x00,0x00,0x00,0x00,0x00,0x00,0x00,0x00,0x00,0x70,0x00,0x00,0x01,0xf0,0x00,  // '1'
  0x00,0x0f,0xf0,0x00,0x00,0xff,0xf0,0x00,0x03,0xff,0xf0,0x00,0x03,0xff,0xf0,0x00,
  0x00,0x0f,0xf0,0x00,0x00,0x07,0xf0,0x00,0x00,0x07,0xf0,0x00,0x00,0x07,0xf0,0x00,
  0x00,0x07,0xf0,0x00,0x00,0x07,0xf0,0x00,0x00,0x07,0xf0,0x00,0x00,0x07,0xf0,0x00,
  0x00,0x07,0xf0,0x00,0x00,0x07,0xf0,0x00,0x00,0x07,0xf0,0x00,0x00,0x07,0xf0,0x00,
  0x00,0x07,0xf0,0x00,0x00,0x07,0xf0,0x00,0x00,0x07,0xf0,0x00,0x00,0x07,0xf0,0x00,
  0x00,0x07,0xf0,0x00,0x00,0x07,0xf0,0x00,0x00,0x07,0xf0,0x00,0x00,0x07,0xf0,0x00,
  0x00,0x07,0xf0,0x00,0x00,0x07,0xf0,0x00,0x00,0x07,0xf0,0x00,0x00,0x07,0xf0,0x00,
  0x00,0x07,0xf0,0x00,0x00,0x07,0xf0,0x00,0x00,0x07,0xf0,0x00,0x00,0x07,0xf0,0x00,
  0x00,0x07,0xf0,0x00,0x00,0x07,0xf8,0x00,0x00,0x0f,0xfc,0x00,0x07,0xff,0xff,0xe0,
  0x07,0xff,0xff,0xf0,0x07,0xff,0xff,0xf0,0x00,0x00,0x00,0x00,0x00,0x00,0x00,0x00,
  0x00,0x00,0x00,0x00,0x00,0x00,0x00,0x00,0x00,0x00,0x00,0x00,0x00,0x00,0x00,0x00},
 {0x00,0x00,0x00,0x00,0x00,0x00,0x00,0x00,0x00,0x1f,0xf8,0x00,0x00,0xff,0xff,0x00,  // '2'
  0x01,0xff,0xff,0xc0,0x07,0xf8,0x3f,0xe0,0x0f,0xe0,0x1f,0xe0,0x1f,0xc0,0x0f,0xf0,

                       (중간 생략)

 {0x00,0x00,0x00,0x00,0x00,0x00,0x00,0x00,0x00,0x3f,0xf8,0x00,0x01,0xff,0xff,0x00,  // '8'
  0x03,0xff,0xff,0x80,0x07,0xf8,0x7f,0xc0,0x0f,0xe0,0x1f,0xe0,0x0f,0xe0,0x0f,0xf0,
  0x1f,0xc0,0x07,0xf0,0x1f,0xc0,0x07,0xf0,0x1f,0xc0,0x07,0xf0,0x1f,0xc0,0x07,0xf0,
  0x1f,0xc0,0x07,0xf0,0x1f,0xc0,0x07,0xf0,0x1f,0xe0,0x07,0xf0,0x1f,0xf0,0x0f,0xe0,
  0x0f,0xfc,0x0f,0xe0,0x0f,0xfe,0x1f,0xc0,0x07,0xff,0xff,0x80,0x03,0xff,0xfe,0x00,
  0x00,0xff,0xf8,0x00,0x00,0x7f,0xfe,0x00,0x00,0xff,0xff,0x80,0x03,0xff,0xff,0xc0,
  0x07,0xf1,0xff,0xe0,0x0f,0xe0,0xff,0xf0,0x1f,0xe0,0x3f,0xf8,0x1f,0xc0,0x1f,0xf8,
  0x3f,0xc0,0x0f,0xf8,0x3f,0x80,0x07,0xfc,0x3f,0x80,0x03,0xfc,0x7f,0x80,0x03,0xfc,
  0x7f,0x80,0x01,0xfc,0x7f,0x80,0x01,0xfc,0x7f,0x80,0x03,0xfc,0x3f,0xc0,0x03,0xf8,
  0x3f,0xc0,0x07,0xf8,0x3f,0xe0,0x07,0xf0,0x1f,0xf0,0x1f,0xf0,0x0f,0xf8,0x7f,0xe0,
  0x07,0xff,0xff,0x80,0x03,0xff,0xff,0x00,0x00,0x7f,0xf8,0x00,0x00,0x00,0x00,0x00,
  0x00,0x00,0x00,0x00,0x00,0x00,0x00,0x00,0x00,0x00,0x00,0x00,0x00,0x00,0x00,0x00},
 {0x00,0x00,0x00,0x00,0x00,0x00,0x00,0x00,0x00,0x3f,0xf0,0x00,0x00,0xff,0xfc,0x00,  // '9'
```

```
 0x03, 0xff, 0xff, 0x00, 0x07, 0xf8, 0xff, 0x80, 0x0f, 0xf0, 0x3f, 0xc0, 0x0f, 0xe0, 0x1f, 0xc0,
 0x1f, 0xe0, 0x1f, 0xe0, 0x1f, 0xc0, 0x0f, 0xe0, 0x3f, 0xc0, 0x0f, 0xf0, 0x3f, 0xc0, 0x0f, 0xf0,
 0x3f, 0xc0, 0x07, 0xf0, 0x3f, 0xc0, 0x07, 0xf0, 0x3f, 0xc0, 0x07, 0xf8, 0x3f, 0xc0, 0x07, 0xf8,
 0x3f, 0xc0, 0x07, 0xf8, 0x3f, 0xc0, 0x07, 0xf8, 0x3f, 0xc0, 0x07, 0xf8, 0x3f, 0xc0, 0x07, 0xf8,
 0x1f, 0xe0, 0x0f, 0xf8, 0x1f, 0xe0, 0x0f, 0xf8, 0x0f, 0xf0, 0x3f, 0xf8, 0x07, 0xf8, 0xff, 0xf8,
 0x07, 0xff, 0xff, 0xf8, 0x01, 0xff, 0xf7, 0xf8, 0x00, 0x7f, 0x87, 0xf8, 0x00, 0x00, 0x07, 0xf8,
 0x00, 0x00, 0x07, 0xf8, 0x00, 0x00, 0x07, 0xf8, 0x00, 0x00, 0x07, 0xf0, 0x00, 0x00, 0x0f, 0xf0,
 0x07, 0xe0, 0x0f, 0xf0, 0x0f, 0xf0, 0x0f, 0xf0, 0x1f, 0xf8, 0x0f, 0xe0, 0x1f, 0xf8, 0x1f, 0xe0,
 0x1f, 0xf8, 0x1f, 0xc0, 0x1f, 0xf8, 0x3f, 0x80, 0x1f, 0xf0, 0x7f, 0x00, 0x0f, 0xf8, 0xfe, 0x00,
 0x07, 0xff, 0xfc, 0x00, 0x03, 0xff, 0xf8, 0x00, 0x00, 0xff, 0xc0, 0x00, 0x00, 0x00, 0x00, 0x00,
 0x00, 0x00, 0x00, 0x00, 0x00, 0x00, 0x00, 0x00, 0x00, 0x00, 0x00, 0x00, 0x00, 0x00, 0x00, 0x00},
{0x00, 0x00, 0x00, 0x00, 0x00, 0x00, 0x00, 0x00, 0x00, 0x00, 0x00, 0x00, 0x00, 0x00, 0x00, 0x00,  // ' '(space)
 0x00, 0x00, 0x00, 0x00, 0x00, 0x00, 0x00, 0x00, 0x00, 0x00, 0x00, 0x00, 0x00, 0x00, 0x00, 0x00,
 0x00, 0x00, 0x00, 0x00, 0x00, 0x00, 0x00, 0x00, 0x00, 0x00, 0x00, 0x00, 0x00, 0x00, 0x00, 0x00,
 0x00, 0x00, 0x00, 0x00, 0x00, 0x00, 0x00, 0x00, 0x00, 0x00, 0x00, 0x00, 0x00, 0x00, 0x00, 0x00,
 0x00, 0x00, 0x00, 0x00, 0x00, 0x00, 0x00, 0x00, 0x00, 0x00, 0x00, 0x00, 0x00, 0x00, 0x00, 0x00,
 0x00, 0x00, 0x00, 0x00, 0x00, 0x00, 0x00, 0x00, 0x00, 0x00, 0x00, 0x00, 0x00, 0x00, 0x00, 0x00,
 0x00, 0x00, 0x00, 0x00, 0x00, 0x00, 0x00, 0x00, 0x00, 0x00, 0x00, 0x00, 0x00, 0x00, 0x00, 0x00,
 0x00, 0x00, 0x00, 0x00, 0x00, 0x00, 0x00, 0x00, 0x00, 0x00, 0x00, 0x00, 0x00, 0x00, 0x00, 0x00,
 0x00, 0x00, 0x00, 0x00, 0x00, 0x00, 0x00, 0x00, 0x00, 0x00, 0x00, 0x00, 0x00, 0x00, 0x00, 0x00,
 0x00, 0x00, 0x00, 0x00, 0x00, 0x00, 0x00, 0x00, 0x00, 0x00, 0x00, 0x00, 0x00, 0x00, 0x00, 0x00,
 0x00, 0x00, 0x00, 0x00, 0x00, 0x00, 0x00, 0x00, 0x00, 0x00, 0x00, 0x00, 0x00, 0x00, 0x00, 0x00,
 0x00, 0x00, 0x00, 0x00, 0x00, 0x00, 0x00, 0x00, 0x00, 0x00, 0x00, 0x00, 0x00, 0x00, 0x00, 0x00},
{0x00, 0x00, 0x00, 0x00, 0x00, 0x00, 0x00, 0x00, 0x00, 0x00, 0x00, 0x00, 0x00, 0x00, 0x00, 0x00,  // '.'(period)
 0x00, 0x00, 0x00, 0x00, 0x00, 0x00, 0x00, 0x00, 0x00, 0x00, 0x00, 0x00, 0x00, 0x00, 0x00, 0x00,
 0x00, 0x00, 0x00, 0x00, 0x00, 0x00, 0x00, 0x00, 0x00, 0x00, 0x00, 0x00, 0x00, 0x00, 0x00, 0x00,
 0x00, 0x00, 0x00, 0x00, 0x00, 0x00, 0x00, 0x00, 0x00, 0x00, 0x00, 0x00, 0x00, 0x00, 0x00, 0x00,
 0x00, 0x00, 0x00, 0x00, 0x00, 0x00, 0x00, 0x00, 0x00, 0x00, 0x00, 0x00, 0x00, 0x00, 0x00, 0x00,
 0x00, 0x00, 0x00, 0x00, 0x00, 0x00, 0x00, 0x00, 0x00, 0x00, 0x00, 0x00, 0x00, 0x00, 0x00, 0x00,
 0x00, 0x00, 0x00, 0x00, 0x00, 0x07, 0xe0, 0x00, 0x00, 0x0f, 0xf0, 0x00, 0x00, 0x1f, 0xf8, 0x00,
 0x00, 0x1f, 0xf8, 0x00, 0x00, 0x1f, 0xf8, 0x00, 0x00, 0x1f, 0xf8, 0x00, 0x00, 0x1f, 0xf8, 0x00,
 0x00, 0x1f, 0xf8, 0x00, 0x00, 0x0f, 0xf0, 0x00, 0x00, 0x07, 0xe0, 0x00, 0x00, 0x00, 0x00, 0x00,
 0x00, 0x00, 0x00, 0x00, 0x00, 0x00, 0x00, 0x00, 0x00, 0x00, 0x00, 0x00, 0x00, 0x00, 0x00, 0x00,
 0x00, 0x00, 0x00, 0x00, 0x00, 0x00, 0x00, 0x00, 0x00, 0x00, 0x00, 0x00, 0x00, 0x00, 0x00, 0x00},
{0x00, 0x00, 0x00, 0x00, 0x00, 0x00, 0x00, 0x00, 0x00, 0x00, 0x00, 0x00, 0x00, 0x00, 0x00, 0x00,  // ','(comma)
 0x00, 0x00, 0x00, 0x00, 0x00, 0x00, 0x00, 0x00, 0x00, 0x00, 0x00, 0x00, 0x00, 0x00, 0x00, 0x00,
 0x00, 0x00, 0x00, 0x00, 0x00, 0x00, 0x00, 0x00, 0x00, 0x00, 0x00, 0x00, 0x00, 0x00, 0x00, 0x00,
 0x00, 0x00, 0x00, 0x00, 0x00, 0x00, 0x00, 0x00, 0x00, 0x00, 0x00, 0x00, 0x00, 0x00, 0x00, 0x00,
 0x00, 0x00, 0x00, 0x00, 0x00, 0x00, 0x00, 0x00, 0x00, 0x00, 0x00, 0x00, 0x00, 0x00, 0x00, 0x00,
 0x00, 0x00, 0x00, 0x00, 0x00, 0x00, 0x00, 0x00, 0x00, 0x00, 0x00, 0x00, 0x00, 0x00, 0x00, 0x00,
 0x00, 0x00, 0x00, 0x00, 0x00, 0x00, 0x00, 0x00, 0x00, 0x07, 0xe0, 0x00, 0x00, 0x0f, 0xf0, 0x00,
 0x00, 0x1f, 0xf8, 0x00, 0x00, 0x1f, 0xf8, 0x00, 0x00, 0x1f, 0xf8, 0x00, 0x00, 0x1f, 0xf8, 0x00,
 0x00, 0x1f, 0xf8, 0x00, 0x00, 0x1f, 0xf8, 0x00, 0x00, 0x0f, 0xf8, 0x00, 0x00, 0x03, 0xf8, 0x00,
 0x00, 0x01, 0xf8, 0x00, 0x00, 0x01, 0xf0, 0x00, 0x00, 0x01, 0xf0, 0x00, 0x00, 0x03, 0xe0, 0x00,
 0x00, 0x07, 0xe0, 0x00, 0x00, 0x0f, 0xc0, 0x00, 0x00, 0x1f, 0x00, 0x00, 0x00, 0x1e, 0x00, 0x00,
 0x00, 0x00, 0x00, 0x00, 0x00, 0x00, 0x00, 0x00, 0x00, 0x00, 0x00, 0x00, 0x00, 0x00, 0x00, 0x00},
{0x00, 0x00, 0x00, 0x00, 0x00, 0x00, 0x00, 0x00, 0x00, 0x00, 0x00, 0x00, 0x00, 0x00, 0x00, 0x00,  // '+'(pluε)
 0x00, 0x00, 0x00, 0x00, 0x00, 0x00, 0x00, 0x00, 0x00, 0x00, 0x00, 0x00, 0x00, 0x00, 0x00, 0x00,
 0x00, 0x00, 0x00, 0x00, 0x00, 0x00, 0x00, 0x00, 0x00, 0x03, 0xe0, 0x00, 0x00, 0x03, 0xe0, 0x00,
 0x00, 0x03, 0xe0, 0x00, 0x00, 0x03, 0xe0, 0x00, 0x00, 0x03, 0xe0, 0x00, 0x00, 0x03, 0xe0, 0x00,
 0x00, 0x03, 0xe0, 0x00, 0x00, 0x03, 0xe0, 0x00, 0x00, 0x03, 0xe0, 0x00, 0x00, 0x03, 0xe0, 0x00,
 0x0f, 0xff, 0xff, 0xf8, 0x0f, 0xff, 0xff, 0xf8, 0x0f, 0xff, 0xff, 0xf8, 0x0f, 0xff, 0xff, 0xf8,
 0x00, 0x03, 0xe0, 0x00, 0x00, 0x03, 0xe0, 0x00, 0x00, 0x03, 0xe0, 0x00, 0x00, 0x03, 0xe0, 0x00,
 0x00, 0x03, 0xe0, 0x00, 0x00, 0x03, 0xe0, 0x00, 0x00, 0x03, 0xe0, 0x00, 0x00, 0x03, 0xe0, 0x00,
 0x00, 0x03, 0xe0, 0x00, 0x00, 0x03, 0xe0, 0x00, 0x00, 0x00, 0x00, 0x00, 0x00, 0x00, 0x00, 0x00,
 0x00, 0x00, 0x00, 0x00, 0x00, 0x00, 0x00, 0x00, 0x00, 0x00, 0x00, 0x00, 0x00, 0x00, 0x00, 0x00,
 0x00, 0x00, 0x00, 0x00, 0x00, 0x00, 0x00, 0x00, 0x00, 0x00, 0x00, 0x00, 0x00, 0x00, 0x00, 0x00,
 0x00, 0x00, 0x00, 0x00, 0x00, 0x00, 0x00, 0x00, 0x00, 0x00, 0x00, 0x00, 0x00, 0x00, 0x00, 0x00},
{0x00, 0x00, 0x00, 0x00, 0x00, 0x00, 0x00, 0x00, 0x00, 0x00, 0x00, 0x00, 0x00, 0x00, 0x00, 0x00,  // '-'(minus)
 0x00, 0x00, 0x00, 0x00, 0x00, 0x00, 0x00, 0x00, 0x00, 0x00, 0x00, 0x00, 0x00, 0x00, 0x00, 0x00,
 0x00, 0x00, 0x00, 0x00, 0x00, 0x00, 0x00, 0x00, 0x00, 0x00, 0x00, 0x00, 0x00, 0x00, 0x00, 0x00,
 0x00, 0x00, 0x00, 0x00, 0x00, 0x00, 0x00, 0x00, 0x00, 0x00, 0x00, 0x00, 0x00, 0x00, 0x00, 0x00,
 0x00, 0x00, 0x00, 0x00, 0x00, 0x00, 0x00, 0x00, 0x00, 0x00, 0x00, 0x00, 0x00, 0x00, 0x00, 0x00,
 0x1f, 0xff, 0xff, 0xf8, 0x1f, 0xff, 0xff, 0xf8, 0x1f, 0xff, 0xff, 0xf8, 0x1f, 0xff, 0xff, 0xf8,
 0x00, 0x00, 0x00, 0x00, 0x00, 0x00, 0x00, 0x00, 0x00, 0x00, 0x00, 0x00, 0x00, 0x00, 0x00, 0x00,
 0x00, 0x00, 0x00, 0x00, 0x00, 0x00, 0x00, 0x00, 0x00, 0x00, 0x00, 0x00, 0x00, 0x00, 0x00, 0x00,
 0x00, 0x00, 0x00, 0x00, 0x00, 0x00, 0x00, 0x00, 0x00, 0x00, 0x00, 0x00, 0x00, 0x00, 0x00, 0x00,
 0x00, 0x00, 0x00, 0x00, 0x00, 0x00, 0x00, 0x00, 0x00, 0x00, 0x00, 0x00, 0x00, 0x00, 0x00, 0x00,
 0x00, 0x00, 0x00, 0x00, 0x00, 0x00, 0x00, 0x00, 0x00, 0x00, 0x00, 0x00, 0x00, 0x00, 0x00, 0x00,
 0x00, 0x00, 0x00, 0x00, 0x00, 0x00, 0x00, 0x00, 0x00, 0x00, 0x00, 0x00, 0x00, 0x00, 0x00, 0x00},
{0x00, 0x00, 0x00, 0x00, 0x00, 0x00, 0x00, 0x00, 0x00, 0x00, 0x00, 0x00, 0x00, 0x00, 0x00, 0x00,  // ':'(colon)
 0x00, 0x00, 0x00, 0x00, 0x00, 0x00, 0x00, 0x00, 0x00, 0x00, 0x00, 0x00, 0x00, 0x00, 0x00, 0x00,
```

```
 0x00,0x00,0x00,0x00,0x00,0x07,0xe0,0x00,0x00,0x0f,0xf0,0x00,0x00,0x1f,0xf8,0x00,
 0x00,0x1f,0xf8,0x00,0x00,0x1f,0xf8,0x00,0x00,0x1f,0xf8,0x00,0x00,0x1f,0xf8,0x00,
 0x00,0x1f,0xf8,0x00,0x00,0x0f,0xf0,0x00,0x00,0x07,0xe0,0x00,0x00,0x00,0x00,0x00,
 0x00,0x00,0x00,0x00,0x00,0x00,0x00,0x00,0x00,0x00,0x00,0x00,0x00,0x00,0x00,0x00,
 0x00,0x00,0x00,0x00,0x00,0x00,0x00,0x00,0x00,0x07,0xe0,0x00,0x00,0x0f,0xf0,0x00,
 0x00,0x1f,0xf8,0x00,0x00,0x1f,0xf8,0x00,0x00,0x1f,0xf8,0x00,0x00,0x1f,0xf8,0x00,
 0x00,0x1f,0xf8,0x00,0x00,0x1f,0xf8,0x00,0x00,0x0f,0xf0,0x00,0x00,0x07,0xe0,0x00,
 0x00,0x00,0x00,0x00,0x00,0x00,0x00,0x00,0x00,0x00,0x00,0x00,0x00,0x00,0x00,0x00,
 0x00,0x00,0x00,0x00,0x00,0x00,0x00,0x00,0x00,0x00,0x00,0x00,0x00,0x00,0x00,0x00,
 0x00,0x00,0x00,0x00,0x00,0x00,0x00,0x00,0x00,0x00,0x00,0x00,0x00,0x00,0x00,0x00},
{0x00,0x00,0x00,0x00,0x00,0x00,0x00,0x00,0x00,0x00,0x00,0x00,0x00,0x00,0x00,0x00,  // ';'(semicolon)
 0x00,0x00,0x00,0x00,0x00,0x00,0x00,0x00,0x00,0x00,0x00,0x00,0x00,0x00,0x00,0x00,
 0x00,0x00,0x00,0x00,0x00,0x07,0xe0,0x00,0x00,0x0f,0xf0,0x00,0x00,0x1f,0xf8,0x00,
 0x00,0x1f,0xf8,0x00,0x00,0x1f,0xf8,0x00,0x00,0x1f,0xf8,0x00,0x00,0x1f,0xf8,0x00,
 0x00,0x1f,0xf8,0x00,0x00,0x0f,0xf0,0x00,0x00,0x07,0xe0,0x00,0x00,0x00,0x00,0x00,
 0x00,0x00,0x00,0x00,0x00,0x00,0x00,0x00,0x00,0x00,0x00,0x00,0x00,0x00,0x00,0x00,
 0x00,0x00,0x00,0x00,0x00,0x00,0x00,0x00,0x00,0x07,0xe0,0x00,0x00,0x0f,0xf0,0x00,
 0x00,0x1f,0xf8,0x00,0x00,0x1f,0xf8,0x00,0x00,0x1f,0xf8,0x00,0x00,0x1f,0xf8,0x00,
 0x00,0x1f,0xf8,0x00,0x00,0x1f,0xf8,0x00,0x00,0x0f,0xf8,0x00,0x00,0x03,0xf8,0x00,
 0x00,0x01,0xf8,0x00,0x00,0x01,0xf0,0x00,0x00,0x01,0xf0,0x00,0x00,0x03,0xe0,0x00,
 0x00,0x07,0xe0,0x00,0x00,0x0f,0xc0,0x00,0x00,0x1f,0x00,0x00,0x00,0x1e,0x00,0x00,
 0x00,0x00,0x00,0x00,0x00,0x00,0x00,0x00,0x00,0x00,0x00,0x00,0x00,0x00,0x00,0x00}};

/* ------------------------------------------------------------------------ */
/*              사용자 정의 함수 선언                                          */
/* ------------------------------------------------------------------------ */

void TFT_English_vlarge(U08 code);              // write 32x48 font character
void TFT_unsigned_decimal_vlarge(U32 number,U08 zerofill,U08 digit); // display unsigned decimal number
void TFT_hexadecimal_vlarge(U32 number, U08 digit); // display hexadecimal number
void TFT_unsigned_float_vlarge(float number,U08 integral,U08 fractional); // display unsigned floating-point number

/* ------------------------------------------------------------------------ */
/*              TFT-LCD 매우 큰 글씨(32x48 픽셀) 출력 함수                      */
/* ------------------------------------------------------------------------ */

void TFT_English_vlarge(U08 code)               /* write 32x48 font character */
{
  unsigned char data, x, y;
  unsigned int i, xPos, yPos;

  if(code == ' ')       code = 10;              // code conversion
  else if(code == '.') code = 11;
  else if(code == ',') code = 12;
  else if(code == '+') code = 13;
  else if(code == '-') code = 14;
  else if(code == ':') code = 15;
  else if(code == ';') code = 16;
  else                  code -= '0';

  i = 0;
  xPos = Xcharacter*8;
  yPos = Ycharacter*8;
  for(y = 0; y < 48; y++)                       // repeat 48 pixel line
    { if(ScreenMode == 'L')
        { TFT_write(0x02, xPos >> 8);           // xPos = 0~319
          TFT_write(0x03, xPos & 0x00FF);
          TFT_write(0x06, 0x0000);              // yPos = 0~239
          TFT_write(0x07, yPos + y);
        }
      else
        { TFT_write(0x02, 0x0000);              // xPos = 0~239
          TFT_write(0x03, xPos);
          TFT_write(0x06, (yPos + y) >> 8);     // yPos = 0~319
          TFT_write(0x07, (yPos + y) & 0x00FF);
        }

      TFT_command(0x22);

      if((cursor_flag == 1) && (Xcharacter == Xcursor) && (Ycharacter == Ycursor) && (y == 45))
        { for(x = 0; x < 32; x++)               // display cursor
            TFT_data(cursor);
        }
```

```
      else if((cursor_flag == 1) && (Xcharacter == Xcursor) && (Ycharacter == Ycursor) && (y == 46))
        { for(x = 0; x < 32; x++)
            TFT_data(cursor);
        }
      else                                      // display 1 pixel line(8 x 4 = 32 pixel)
        { data = pgm_read_byte(&font_32x48[code][i++]);
          for(x = 0; x < 8; x++)
            { if(data & 0x80) TFT_data(foreground);
              else            TFT_data(background);
              data = data << 1;
            }

          data = pgm_read_byte(&font_32x48[code][i++]);
          for(x = 0; x < 8; x++)
            { if(data & 0x80) TFT_data(foreground);
              else            TFT_data(background);
              data = data << 1;
            }

          data = pgm_read_byte(&font_32x48[code][i++]);
          for(x = 0; x < 8; x++)
            { if(data & 0x80) TFT_data(foreground);
              else            TFT_data(background);
              data = data << 1;
            }

          data = pgm_read_byte(&font_32x48[code][i++]);
          for(x = 0; x < 8; x++)
            { if(data & 0x80) TFT_data(foreground);
              else            TFT_data(background);
              data = data << 1;
            }
        }
    }

  Xcharacter += 4;
  if(Xcharacter >= XcharacterLimit)             // end of line ?
    { Xcharacter = 0;
      Ycharacter += 6;
    }
}

void TFT_unsigned_decimal_vlarge(U32 number,U08 zerofill,U08 digit) /* display unsigned decimal number */
{
  unsigned char zero_flag, character;
  unsigned long div;

  if((digit == 0) || (digit > 9)) return;

  div = 1;
  while(--digit) div *= 10;

  zero_flag = zerofill;
  while(div > 0)                                // display number
    { character = number / div;
      if((character == 0) && (zero_flag == 0) && (div != 1))
        TFT_English_vlarge(character + ' ');
      else
        { zero_flag = 1;
          TFT_English_vlarge(character + '0');
        }
      number %= div;
      div /= 10;
    }
}

void TFT_hexadecimal_vlarge(U32 number, U08 digit)      /* display hexadecimal number */
{
  unsigned char i, character;

  if((digit == 0) || (digit > 8)) return;

  for(i = digit; i > 0; i--)
```

```
    { character = (number >> 4*(i-1)) & 0x0F;
      if(character < 10) TFT_English_vlarge(character + '0');
      else               TFT_English_vlarge(character - 10 + 'A');
    }
}

void TFT_unsigned_float_vlarge(float number,U08 integral,U08 fractional) /* display unsigned floating-point number */
{
  unsigned char zero_flag, digit, character;    // integral = digits of integral part
  unsigned long div, integer;                   // fractional = digits of fractional part

  digit = integral + fractional;
  if((integral == 0) || (fractional == 0) || (digit > 9)) return;

  div = 1;
  while(--digit) div *= 10;

  while(fractional--) number *= 10.;
  integer = (U32)(number + 0.5);

  zero_flag = 0;
  digit = 1;
  while(div > 0)                                // display number
    { character = integer / div;
      if((character == 0) && (zero_flag == 0) && (digit != integral))
        TFT_English_vlarge(character + ' ');
      else
        { zero_flag = 1;
          TFT_English_vlarge(character + '0');
        }
      integer %= div;
      div /= 10;

      if(digit == integral)
        TFT_English_vlarge('.');
      digit++;
    }
}

/* ---------------------------------------------------------------------------- */
/*                40x56 픽셀의 가장 큰 글씨 폰트(명조체)                              */
/* ---------------------------------------------------------------------------- */
const unsigned char font_40x56[13][280] PROGMEM = {     /* 40x56 character font */
{0x00,0x00,0x00,0x00,0x00,0x00,0x00,0x00,0x00,0x00,0x00,0x01,0xff,0x80,0x00,0x00,  // '0'
 0x0f,0xff,0xf0,0x00,0x00,0x1f,0xff,0xf8,0x00,0x00,0x3f,0xe7,0xfc,0x00,0x00,0x7f,
 0xc3,0xfe,0x00,0x00,0xff,0x81,0xff,0x00,0x01,0xff,0x00,0xff,0x80,0x03,0xff,0x00,
 0xff,0xc0,0x03,0xfe,0x00,0x7f,0xc0,0x07,0xfe,0x00,0x7f,0xe0,0x07,0xfe,0x00,0x7f,
 0xe0,0x07,0xfc,0x00,0x3f,0xe0,0x0f,0xfc,0x00,0x3f,0xf0,0x0f,0xfc,0x00,0x3f,0xf0,
 0x0f,0xfc,0x00,0x3f,0xf0,0x1f,0xfc,0x00,0x3f,0xf0,0x1f,0xfc,0x00,0x3f,0xf8,0x1f,
 0xf8,0x00,0x3f,0xf8,0x1f,0xf8,0x00,0x1f,0xf8,0x1f,0xf8,0x00,0x1f,0xf8,0x1f,0xf8,
 0x00,0x1f,0xf8,0x1f,0xf8,0x00,0x1f,0xf8,0x1f,0xf8,0x00,0x1f,0xf8,0x1f,0xf8,0x00,
 0x1f,0xf8,0x1f,0xf8,0x00,0x1f,0xf8,0x1f,0xf8,0x00,0x1f,0xf8,0x1f,0xf8,0x00,0x1f,
 0xf8,0x1f,0xf8,0x00,0x1f,0xf8,0x1f,0xf8,0x00,0x1f,0xf8,0x1f,0xf8,0x00,0x1f,0xf8,
 0x1f,0xf8,0x00,0x1f,0xf8,0x1f,0xf8,0x00,0x3f,0xf8,0x1f,0xfc,0x00,0x3f,0xf8,0x1f,
 0xfc,0x00,0x3f,0xf8,0x0f,0xfc,0x00,0x3f,0xf0,0x0f,0xfc,0x00,0x3f,0xf0,0x0f,0xfc,
 0x00,0x3f,0xf0,0x07,0xfc,0x00,0x3f,0xe0,0x07,0xfe,0x00,0x7f,0xe0,0x07,0xfe,0x00,
 0x7f,0xe0,0x03,0xfe,0x00,0x7f,0xc0,0x03,0xff,0x00,0xff,0xc0,0x01,0xff,0x00,0xff,
 0x80,0x00,0xff,0x81,0xff,0x00,0x00,0x7f,0xc3,0xfe,0x00,0x00,0x7f,0xe7,0xfc,0x00,
 0x00,0x1f,0xff,0xf8,0x00,0x00,0x0f,0xff,0xf0,0x00,0x00,0x01,0xff,0x80,0x00,0x00,
 0x00,0x00,0x00,0x00,0x00,0x00,0x00,0x00,0x00,0x00,0x00,0x00,0x00,0x00,0x00,0x00,
 0x00,0x00,0x00,0x00,0x00,0x00,0x00,0x00 },
{0x00,0x00,0x00,0x00,0x00,0x00,0x00,0x00,0x00,0x00,0x00,0x00,0x0f,0x80,0x00,0x00,  // '1'
 0x00,0x3f,0x80,0x00,0x00,0x00,0xff,0x80,0x00,0x00,0x03,0xff,0x80,0x00,0x00,0x1f,
 0xff,0x80,0x00,0x00,0xff,0xff,0x80,0x00,0x00,0xff,0xff,0x80,0x00,0x00,0xff,0xff,

                          (중간 생략)

{0x00,0x00,0x00,0x00,0x00,0x00,0x00,0x00,0x00,0x00,0x00,0x07,0xff,0x80,0x00,0x00,  // '9'
 0x3f,0xff,0xf0,0x00,0x00,0x7f,0xff,0xfc,0x00,0x01,0xff,0xcf,0xfe,0x00,0x03,0xff,
 0x87,0xff,0x00,0x03,0xff,0x03,0xff,0x80,0x07,0xfe,0x01,0xff,0x80,0x0f,0xfe,0x00,
 0xff,0xc0,0x0f,0xfc,0x00,0xff,0xc0,0x1f,0xfc,0x00,0xff,0xe0,0x1f,0xfc,0x00,0x7f,
 0xe0,0x1f,0xf8,0x00,0x7f,0xe0,0x1f,0xf8,0x00,0x7f,0xe0,0x1f,0xf8,0x00,0x7f,0xf0,
 0x1f,0xf8,0x00,0x3f,0xf0,0x1f,0xf8,0x00,0x3f,0xf0,0x1f,0xf8,0x00,0x3f,0xf0,0x1f,
```

```
 0xf8, 0x00, 0x3f, 0xf0, 0x1f, 0xf8, 0x00, 0x3f, 0xf0, 0x1f, 0xf8, 0x00, 0x3f, 0xf0, 0x1f, 0xfc,
 0x00, 0x3f, 0xf8, 0x1f, 0xfc, 0x00, 0x3f, 0xf8, 0x1f, 0xfc, 0x00, 0x7f, 0xf8, 0x0f, 0xfe, 0x00,
 0xff, 0xf8, 0x0f, 0xfe, 0x01, 0xff, 0xf8, 0x07, 0xff, 0x03, 0xff, 0xf8, 0x03, 0xff, 0xdf, 0xff,
 0xf8, 0x03, 0xff, 0xff, 0xff, 0xf8, 0x00, 0xff, 0xff, 0xff, 0xf8, 0x00, 0x7f, 0xff, 0xbf, 0xf0,
 0x00, 0x1f, 0xfc, 0x3f, 0xf0, 0x00, 0x00, 0x00, 0x3f, 0xf0, 0x00, 0x00, 0x00, 0x3f, 0xf0, 0x00,
 0x00, 0x00, 0x7f, 0xf0, 0x00, 0x00, 0x00, 0x7f, 0xf0, 0x00, 0x00, 0x00, 0x7f, 0xe0, 0x03, 0xfc,
 0x00, 0x7f, 0xe0, 0x07, 0xff, 0x00, 0x7f, 0xe0, 0x0f, 0xff, 0x00, 0xff, 0xc0, 0x0f, 0xff, 0x80,
 0xff, 0xc0, 0x0f, 0xff, 0x81, 0xff, 0x80, 0x0f, 0xff, 0x01, 0xff, 0x80, 0x0f, 0xfe, 0x03, 0xff,
 0x00, 0x0f, 0xfe, 0x03, 0xfe, 0x00, 0x0f, 0xff, 0x07, 0xfc, 0x00, 0x07, 0xff, 0x9f, 0xf8, 0x00,
 0x03, 0xff, 0xff, 0xf0, 0x00, 0x00, 0xff, 0xff, 0xc0, 0x00, 0x00, 0x3f, 0xfe, 0x00, 0x00, 0x00,
 0x00, 0x00, 0x00, 0x00, 0x00, 0x00, 0x00, 0x00, 0x00, 0x00, 0x00, 0x00, 0x00, 0x00, 0x00, 0x00,
 0x00, 0x00, 0x00, 0x00, 0x00, 0x00, 0x00, 0x00},
{0x00, 0x00, 0x00, 0x00, 0x00, 0x00, 0x00, 0x00, 0x00, 0x00, 0x00, 0x00, 0x00, 0x00, 0x00, 0x00,  // ' '(space)
 0x00, 0x00, 0x00, 0x00, 0x00, 0x00, 0x00, 0x00, 0x00, 0x00, 0x00, 0x00, 0x00, 0x00, 0x00, 0x00,
 0x00, 0x00, 0x00, 0x00, 0x00, 0x00, 0x00, 0x00, 0x00, 0x00, 0x00, 0x00, 0x00, 0x00, 0x00, 0x00,
 0x00, 0x00, 0x00, 0x00, 0x00, 0x00, 0x00, 0x00, 0x00, 0x00, 0x00, 0x00, 0x00, 0x00, 0x00, 0x00,
 0x00, 0x00, 0x00, 0x00, 0x00, 0x00, 0x00, 0x00, 0x00, 0x00, 0x00, 0x00, 0x00, 0x00, 0x00, 0x00,
 0x00, 0x00, 0x00, 0x00, 0x00, 0x00, 0x00, 0x00, 0x00, 0x00, 0x00, 0x00, 0x00, 0x00, 0x00, 0x00,
 0x00, 0x00, 0x00, 0x00, 0x00, 0x00, 0x00, 0x00, 0x00, 0x00, 0x00, 0x00, 0x00, 0x00, 0x00, 0x00,
 0x00, 0x00, 0x00, 0x00, 0x00, 0x00, 0x00, 0x00, 0x00, 0x00, 0x00, 0x00, 0x00, 0x00, 0x00, 0x00,
 0x00, 0x00, 0x00, 0x00, 0x00, 0x00, 0x00, 0x00, 0x00, 0x00, 0x00, 0x00, 0x00, 0x00, 0x00, 0x00,
 0x00, 0x00, 0x00, 0x00, 0x00, 0x00, 0x00, 0x00, 0x00, 0x00, 0x00, 0x00, 0x00, 0x00, 0x00, 0x00,
 0x00, 0x00, 0x00, 0x00, 0x00, 0x00, 0x00, 0x00, 0x00, 0x00, 0x00, 0x00, 0x00, 0x00, 0x00, 0x00,
 0x00, 0x00, 0x00, 0x00, 0x00, 0x00, 0x00, 0x00, 0x00, 0x00, 0x00, 0x00, 0x00, 0x00, 0x00, 0x00,
 0x00, 0x00, 0x00, 0x00, 0x00, 0x00, 0x00, 0x00, 0x00, 0x00, 0x00, 0x00, 0x00, 0x00, 0x00, 0x00,
 0x00, 0x00, 0x00, 0x00, 0x00, 0x00, 0x00, 0x00, 0x00, 0x00, 0x00, 0x00, 0x00, 0x00, 0x00, 0x00,
 0x00, 0x00, 0x00, 0x00, 0x00, 0x00, 0x00, 0x00, 0x00, 0x00, 0x00, 0x00, 0x00, 0x00, 0x00, 0x00,
 0x00, 0x00, 0x00, 0x00, 0x00, 0x00, 0x00, 0x00, 0x00, 0x00, 0x00, 0x00, 0x00, 0x00, 0x00, 0x00,
 0x00, 0x00, 0x00, 0x00, 0x00, 0x00, 0x00, 0x00, 0x00, 0x00, 0x00, 0x00, 0x00, 0x00, 0x00, 0x00,
 0x00, 0x00, 0x00, 0x00, 0x00, 0x00, 0x00, 0x00},
{0x00, 0x00, 0x00, 0x00, 0x00, 0x00, 0x00, 0x00, 0x00, 0x00, 0x00, 0x00, 0x00, 0x00, 0x00, 0x00,  // '+'(plus)
 0x00, 0x00, 0x00, 0x00, 0x00, 0x00, 0x00, 0x00, 0x00, 0x00, 0x00, 0x00, 0x00, 0x00, 0x00, 0x00,
 0x00, 0x00, 0x00, 0x00, 0x00, 0x00, 0x00, 0x00, 0x00, 0x00, 0x00, 0x00, 0x00, 0x00, 0x00, 0x00,
 0x00, 0x00, 0x00, 0x00, 0x00, 0x00, 0x00, 0x00, 0x00, 0x00, 0x00, 0x00, 0x00, 0x00, 0x00, 0x00,
 0x00, 0x00, 0x00, 0x7e, 0x00, 0x00, 0x00, 0x00, 0x7e, 0x00, 0x00, 0x00, 0x00, 0x7e, 0x00, 0x00,
 0x00, 0x00, 0x7e, 0x00, 0x00, 0x00, 0x00, 0x7e, 0x00, 0x00, 0x00, 0x00, 0x7e, 0x00, 0x00, 0x00,
 0x00, 0x7e, 0x00, 0x00, 0x00, 0x00, 0x7e, 0x00, 0x00, 0x00, 0x00, 0x7e, 0x00, 0x00, 0x00, 0x00,
 0x7e, 0x00, 0x00, 0x00, 0x00, 0x7e, 0x00, 0x00, 0x03, 0xff, 0xff, 0xff, 0xc0, 0x03, 0xff, 0xff,
 0xff, 0xc0, 0x03, 0xff, 0xff, 0xff, 0xc0, 0x03, 0xff, 0xff, 0xff, 0xc0, 0x03, 0xff, 0xff, 0xff,
 0xc0, 0x03, 0xff, 0xff, 0xff, 0xc0, 0x00, 0x00, 0x7e, 0x00, 0x00, 0x00, 0x00, 0x7e, 0x00, 0x00,
 0x00, 0x00, 0x7e, 0x00, 0x00, 0x00, 0x00, 0x7e, 0x00, 0x00, 0x00, 0x00, 0x7e, 0x00, 0x00, 0x00,
 0x00, 0x7e, 0x00, 0x00, 0x00, 0x00, 0x7e, 0x00, 0x00, 0x00, 0x00, 0x7e, 0x00, 0x00, 0x00, 0x00,
 0x7e, 0x00, 0x00, 0x00, 0x00, 0x7e, 0x00, 0x00, 0x00, 0x00, 0x7e, 0x00, 0x00, 0x00, 0x00, 0x00,
 0x00, 0x00, 0x00, 0x00, 0x00, 0x00, 0x00, 0x00, 0x00, 0x00, 0x00, 0x00, 0x00, 0x00, 0x00, 0x00,
 0x00, 0x00, 0x00, 0x00, 0x00, 0x00, 0x00, 0x00, 0x00, 0x00, 0x00, 0x00, 0x00, 0x00, 0x00, 0x00,
 0x00, 0x00, 0x00, 0x00, 0x00, 0x00, 0x00, 0x00, 0x00, 0x00, 0x00, 0x00, 0x00, 0x00, 0x00, 0x00,
 0x00, 0x00, 0x00, 0x00, 0x00, 0x00, 0x00, 0x00, 0x00, 0x00, 0x00, 0x00, 0x00, 0x00, 0x00, 0x00,
 0x00, 0x00, 0x00, 0x00, 0x00, 0x00, 0x00, 0x00},
{0x00, 0x00, 0x00, 0x00, 0x00, 0x00, 0x00, 0x00, 0x00, 0x00, 0x00, 0x00, 0x00, 0x00, 0x00, 0x00,  // '-'(minus)
 0x00, 0x00, 0x00, 0x00, 0x00, 0x00, 0x00, 0x00, 0x00, 0x00, 0x00, 0x00, 0x00, 0x00, 0x00, 0x00,
 0x00, 0x00, 0x00, 0x00, 0x00, 0x00, 0x00, 0x00, 0x00, 0x00, 0x00, 0x00, 0x00, 0x00, 0x00, 0x00,
 0x00, 0x00, 0x00, 0x00, 0x00, 0x00, 0x00, 0x00, 0x00, 0x00, 0x00, 0x00, 0x00, 0x00, 0x00, 0x00,
 0x00, 0x00, 0x00, 0x00, 0x00, 0x00, 0x00, 0x00, 0x00, 0x00, 0x00, 0x00, 0x00, 0x00, 0x00, 0x00,
 0x00, 0x00, 0x00, 0x00, 0x00, 0x00, 0x00, 0x00, 0x00, 0x00, 0x00, 0x00, 0x00, 0x00, 0x00, 0x00,
 0x00, 0x00, 0x00, 0x00, 0x00, 0x00, 0x00, 0x00, 0x00, 0x00, 0x00, 0x00, 0x00, 0x00, 0x00, 0x00,
 0x00, 0x00, 0x00, 0x00, 0x00, 0x00, 0x00, 0x00, 0x03, 0xff, 0xff, 0xff, 0xc0, 0x03, 0xff, 0xff,
 0xff, 0xc0, 0x03, 0xff, 0xff, 0xff, 0xc0, 0x03, 0xff, 0xff, 0xff, 0xc0, 0x03, 0xff, 0xff, 0xff,
 0xc0, 0x03, 0xff, 0xff, 0xff, 0xc0, 0x00, 0x00, 0x00, 0x00, 0x00, 0x00, 0x00, 0x00, 0x00, 0x00,
 0x00, 0x00, 0x00, 0x00, 0x00, 0x00, 0x00, 0x00, 0x00, 0x00, 0x00, 0x00, 0x00, 0x00, 0x00, 0x00,
 0x00, 0x00, 0x00, 0x00, 0x00, 0x00, 0x00, 0x00, 0x00, 0x00, 0x00, 0x00, 0x00, 0x00, 0x00, 0x00,
 0x00, 0x00, 0x00, 0x00, 0x00, 0x00, 0x00, 0x00, 0x00, 0x00, 0x00, 0x00, 0x00, 0x00, 0x00, 0x00,
 0x00, 0x00, 0x00, 0x00, 0x00, 0x00, 0x00, 0x00, 0x00, 0x00, 0x00, 0x00, 0x00, 0x00, 0x00, 0x00,
 0x00, 0x00, 0x00, 0x00, 0x00, 0x00, 0x00, 0x00, 0x00, 0x00, 0x00, 0x00, 0x00, 0x00, 0x00, 0x00,
 0x00, 0x00, 0x00, 0x00, 0x00, 0x00, 0x00, 0x00, 0x00, 0x00, 0x00, 0x00, 0x00, 0x00, 0x00, 0x00,
 0x00, 0x00, 0x00, 0x00, 0x00, 0x00, 0x00, 0x00, 0x00, 0x00, 0x00, 0x00, 0x00, 0x00, 0x00, 0x00,
 0x00, 0x00, 0x00, 0x00, 0x00, 0x00, 0x00, 0x00},
};

const unsigned char font_24x56[3][168] PROGMEM = {        /* 24x56 character font */
{0x00, 0x00, 0x00, 0x00, 0x00, 0x00, 0x00, 0x00, 0x00, 0x00, 0x00, 0x00, 0x00, 0x00,  // ' '(space)
 0x00, 0x00, 0x00, 0x00, 0x00, 0x00, 0x00, 0x00, 0x00, 0x00, 0x00, 0x00, 0x00, 0x00,
 0x00, 0x00, 0x00, 0x00, 0x00, 0x00, 0x00, 0x00, 0x00, 0x00, 0x00, 0x00, 0x00, 0x00,
 0x00, 0x00, 0x00, 0x00, 0x00, 0x00, 0x00, 0x00, 0x00, 0x00, 0x00, 0x00, 0x00, 0x00,
```

```
 0x00,0x00,0x00,0x00,0x00,0x00,0x00,0x00,0x00,0x00,0x00,0x00,0x00,0x00,
 0x00,0x00,0x00,0x00,0x00,0x00,0x00,0x00,0x00,0x00,0x00,0x00,0x00,0x00,
 0x00,0x00,0x00,0x00,0x00,0x00,0x00,0x00,0x00,0x00,0x00,0x00,0x00,0x00,
 0x00,0x00,0x00,0x00,0x00,0x00,0x00,0x00,0x00,0x00,0x00,0x00,0x00,0x00,
 0x00,0x00,0x00,0x00,0x00,0x00,0x00,0x00,0x00,0x00,0x00,0x00,0x00,0x00,
 0x00,0x00,0x00,0x00,0x00,0x00,0x00,0x00,0x00,0x00,0x00,0x00,0x00,0x00,
 0x00,0x00,0x00,0x00,0x00,0x00,0x00,0x00,0x00,0x00,0x00,0x00,0x00,0x00,
 0x00,0x00,0x00,0x00,0x00,0x00,0x00,0x00,0x00,0x00,0x00,0x00,0x00,0x00},
{0x00,0x00,0x00,0x00,0x00,0x00,0x00,0x00,0x00,0x00,0x00,0x00,0x00,0x00,  // '.'(period)
 0x00,0x00,0x00,0x00,0x00,0x00,0x00,0x00,0x00,0x00,0x00,0x00,0x00,0x00,
 0x00,0x00,0x00,0x00,0x00,0x00,0x00,0x00,0x00,0x00,0x00,0x00,0x00,0x00,
 0x00,0x00,0x00,0x00,0x00,0x00,0x00,0x00,0x00,0x00,0x00,0x00,0x00,0x00,
 0x00,0x00,0x00,0x00,0x00,0x00,0x00,0x00,0x00,0x00,0x00,0x00,0x00,0x00,
 0x00,0x00,0x00,0x00,0x00,0x00,0x00,0x00,0x00,0x00,0x00,0x00,0x00,0x00,
 0x00,0x00,0x00,0x00,0x00,0x00,0x00,0x00,0x00,0x00,0x00,0x00,0x00,0x00,
 0x00,0x00,0x00,0x00,0x00,0x00,0x00,0x00,0x00,0x00,0x00,0x00,0x00,0x00,
 0x00,0x00,0x00,0x3c,0x00,0x00,0xff,0x00,0x01,0xff,0x80,0x01,0xff,0x80,
 0x03,0xff,0xc0,0x03,0xff,0xc0,0x03,0xff,0xc0,0x03,0xff,0xc0,0x01,0xff,
 0x80,0x01,0xff,0x80,0x00,0xff,0x00,0x00,0x3c,0x00,0x00,0x00,0x00,0x00,
 0x00,0x00,0x00,0x00,0x00,0x00,0x00,0x00,0x00,0x00,0x00,0x00,0x00,0x00},
{0x00,0x00,0x00,0x00,0x00,0x00,0x00,0x00,0x00,0x00,0x00,0x00,0x00,0x00,  // ':'(colon)
 0x00,0x00,0x00,0x00,0x00,0x00,0x00,0x00,0x00,0x00,0x00,0x00,0x00,0x00,
 0x00,0x00,0x00,0x3c,0x00,0x00,0xff,0x00,0x01,0xff,0x80,0x01,0xff,0x80,
 0x03,0xff,0xc0,0x03,0xff,0xc0,0x03,0xff,0xc0,0x03,0xff,0xc0,0x01,0xff,
 0x80,0x01,0xff,0x80,0x00,0xff,0x00,0x00,0x3c,0x00,0x00,0x00,0x00,0x00,
 0x00,0x00,0x00,0x00,0x00,0x00,0x00,0x00,0x00,0x00,0x00,0x00,0x00,0x00,
 0x00,0x00,0x00,0x00,0x00,0x00,0x00,0x00,0x00,0x00,0x00,0x00,0x00,0x00,
 0x00,0x00,0x00,0x00,0x00,0x3c,0x00,0x00,0xff,0x00,0x01,0xff,0x80,0x01,
 0xff,0x80,0x03,0xff,0xc0,0x03,0xff,0xc0,0x03,0xff,0xc0,0x03,0xff,0xc0,
 0x01,0xff,0x80,0x01,0xff,0x80,0x00,0xff,0x00,0x00,0x3c,0x00,0x00,0x00,
 0x00,0x00,0x00,0x00,0x00,0x00,0x00,0x00,0x00,0x00,0x00,0x00,0x00,0x00,
 0x00,0x00,0x00,0x00,0x00,0x00,0x00,0x00,0x00,0x00,0x00,0x00,0x00,0x00}};

/* ---------------------------------------------------------------------------- */
/*              사용자 정의 함수 선언                                            */
/* ---------------------------------------------------------------------------- */

void TFT_English_xlarge(U08 code);              // write 40x56 font(0~9) character
void TFT_font40x56(U08 code);                   // write 40x56 font character
void TFT_font24x56(U08 code);                   // write 24x56 font character
void TFT_unsigned_decimal_xlarge(U32 number,U08 zerofill,U08 digit); // display unsigned decimal number
void TFT_hexadecimal_xlarge(U32 number, U08 digit);     // display hexadecimal number
void TFT_unsigned_float_xlarge(float number,U08 integral,U08 fractional); // display unsigned floating-point number

/* ---------------------------------------------------------------------------- */
/*      TFT-LCD 가장 큰 글씨(숫자:40x56 픽셀, 기호:24x56 픽셀) 출력 함수          */
/* ---------------------------------------------------------------------------- */

void TFT_English_xlarge(U08 code)               /* write 40x56 font(0~9) character */
{
  if((code >= '0') && (code <= '9'))            // if '0'~'9', 40x56 font character
    TFT_font40x56(code);
  else if(code == ' ')                          // if space, 40x56 font character
    TFT_font40x56(code);
  else if((code == '+') || (code == '-'))       // if '+' or '-', 40x56 font character
    TFT_font40x56(code);
  else                                          // if not, 24x56 font character
    TFT_font24x56(code);
}

void TFT_font40x56(U08 code)                    /* write 40x56 font(0~9) character */
{
  unsigned char data, x, y;
  unsigned int i, xPos, yPos;

  if(code == ' ')        code = 10;             // code conversion
  else if(code == '+')  code = 11;
  else if(code == '-')  code = 12;
  else                   code -= '0';

  i = 0;
  xPos = Xcharacter*8;
  yPos = Ycharacter*8;
```

```
  for(y = 0; y < 56; y++)                       // repeat 56 pixel line
    { if(ScreenMode == 'L')
        { TFT_write(0x02, xPos >> 8);           // xPos = 0~319
          TFT_write(0x03, xPos & 0x00FF);
          TFT_write(0x06, 0x0000);              // yPos = 0~239
          TFT_write(0x07, yPos + y);
        }
      else
        { TFT_write(0x02, 0x0000);              // xPos = 0~239
          TFT_write(0x03, xPos);
          TFT_write(0x06, (yPos + y) >> 8);     // yPos = 0~319
          TFT_write(0x07, (yPos + y) & 0x00FF);
        }

      TFT_command(0x22);

      data = pgm_read_byte(&font_40x56[code][i++]); // display 1 pixel line(8 x 5 = 40 pixel)
      for(x = 0; x < 8; x++)
        { if(data & 0x80) TFT_data(foreground);
          else            TFT_data(background);
          data = data << 1;
        }

      data = pgm_read_byte(&font_40x56[code][i++]);
      for(x = 0; x < 8; x++)
        { if(data & 0x80) TFT_data(foreground);
          else            TFT_data(background);
          data = data << 1;
        }

      data = pgm_read_byte(&font_40x56[code][i++]);
      for(x = 0; x < 8; x++)
        { if(data & 0x80) TFT_data(foreground);
          else            TFT_data(background);
          data = data << 1;
        }

      data = pgm_read_byte(&font_40x56[code][i++]);
      for(x = 0; x < 8; x++)
        { if(data & 0x80) TFT_data(foreground);
          else            TFT_data(background);
          data = data << 1;
        }

      data = pgm_read_byte(&font_40x56[code][i++]);
      for(x = 0; x < 8; x++)
        { if(data & 0x80) TFT_data(foreground);
          else            TFT_data(background);
          data = data << 1;
        }
    }

  Xcharacter += 5;
  if(Xcharacter >= XcharacterLimit)             // end of line ?
    { Xcharacter = 0;
      Ycharacter += 7;
    }
}

void TFT_font24x56(U08 code)                    /* write 24x56 font(space,period,colon) character */
{
  unsigned char data, x, y;
  unsigned int i, xPos, yPos;

  if(code == '/')      code = 0;                // code conversion
  else if(code == '.') code = 1;
  else if(code == ':') code = 2;

  i = 0;
  xPos = Xcharacter*8;
  yPos = Ycharacter*8;
  for(y = 0; y < 56; y++)                       // repeat 56 pixel line
    { if(ScreenMode == 'L')
```

```
      { TFT_write(0x02, xPos >> 8);            // xPos = 0~319
        TFT_write(0x03, xPos & 0x00FF);
        TFT_write(0x06, 0x0000);               // yPos = 0~239
        TFT_write(0x07, yPos + y);
      }
    else
      { TFT_write(0x02, 0x0000);               // xPos = 0~239
        TFT_write(0x03, xPos);
        TFT_write(0x06, (yPos + y) >> 8);      // yPos = 0~319
        TFT_write(0x07, (yPos + y) & 0x00FF);
      }

    TFT_command(0x22);

    data = pgm_read_byte(&font_24x56[code][i++]);            // display 1 pixel line(8 x 3 = 24
pixel)
    for(x = 0; x < 8; x++)
      { if(data & 0x80) TFT_data(foreground);
        else            TFT_data(background);
        data = data << 1;
      }

    data = pgm_read_byte(&font_24x56[code][i++]);
    for(x = 0; x < 8; x++)
      { if(data & 0x80) TFT_data(foreground);
        else            TFT_data(background);
        data = data << 1;
      }

    data = pgm_read_byte(&font_24x56[code][i++]);
    for(x = 0; x < 8; x++)
      { if(data & 0x80) TFT_data(foreground);
        else            TFT_data(background);
        data = data << 1;
      }
  }

  Xcharacter += 3;
  if(Xcharacter >= XcharacterLimit)            // end of line ?
    { Xcharacter = 0;
      Ycharacter += 7;
    }
}

void TFT_unsigned_decimal_xlarge(U32 number,U08 zerofill,U08 digit) /* display unsigned decimal number */
{
  unsigned char zero_flag, character;
  unsigned long div;

  if((digit == 0) || (digit > 9)) return;

  div = 1;
  while(--digit) div *= 10;

  zero_flag = zerofill;
  while(div > 0)                               // display number
    { character = number / div;
      if((character == 0) && (zero_flag == 0) && (div != 1))
        TFT_English_xlarge(character + ' ');
      else
        { zero_flag = 1;
          TFT_English_xlarge(character + '0');
        }
      number %= div;
      div /= 10;
    }
}

void TFT_hexadecimal_xlarge(U32 number, U08 digit)      /* display hexadecimal number */
{
  unsigned char i, character;

  if((digit == 0) || (digit > 8)) return;
```

```
  for(i = digit; i > 0; i--)
    { character = (number >> 4*(i-1)) & 0x0F;
      if(character < 10) TFT_English_xlarge(character + '0');
      else               TFT_English_xlarge(character - 10 + 'A');
    }
}

void TFT_unsigned_float_xlarge(float number,U08 integral,U08 fractional) /* display unsigned floating-point number */
{
  unsigned char zero_flag, digit, character;     // integral = digits of integral part
  unsigned long div, integer;                    // fractional = digits of fractional part

  digit = integral + fractional;
  if((integral == 0) || (fractional == 0) || (digit > 9)) return;

  div = 1;
  while(--digit) div *= 10;

  while(fractional--) number *= 10.;
  integer = (U32)(number + 0.5);

  zero_flag = 0;
  digit = 1;
  while(div > 0)                                 // display number
    { character = integer / div;
      if((character == 0) && (zero_flag == 0) && (digit != integral))
        TFT_English_xlarge(character + ' ');
      else
        { zero_flag = 1;
          TFT_English_xlarge(character + '0');
        }
      integer %= div;
      div /= 10;

      if(digit == integral)
        TFT_English_xlarge('.');
      digit++;
    }
}
```

〈표 4.6.4〉 매우 큰 글씨 및 가장 큰 글씨 표시용 사용자 정의 함수들의 요약

사용자 정의 함수	기 능	입력 파라미터
TFT_English_vlarge()	TFT-LCD 모듈에 **매우 큰 글씨**(32×48)의 1글자를 출력한다.	U08 code
TFT_unsigned_decimal_vlarge()	TFT-LCD 모듈에 부호 없는 정수를 매우 큰 글씨로 출력한다. (zerofill = 1이면 선두의 무효 자리를 0으로 채운다.)	U32 number, U08 zerofill, digit
TFT_hexadecimal_vlarge()	TFT-LCD 모듈에 16진수를 매우 큰 글씨로 출력한다.	U32 number, U08 digit
TFT_unsigned_float_vlarge()	TFT-LCD 모듈에 부호 없는 실수를 매우 큰 글씨로 출력한다. (integral = 실수부 자리수, fractional = 소수부 자리수)	float number, U08 integral, fractional
TFT_English_xlarge()	TFT-LCD 모듈에 **가장 큰 글씨**(40×56)의 1글자를 출력한다.	U08 code
TFT_unsigned_decimal_xlarge()	TFT-LCD 모듈에 부호 없는 정수를 가장 큰 글씨로 출력한다. (zerofill = 1이면 선두의 무효 자리를 0으로 채운다.)	U32 number, U08 zerofill, digit
TFT_hexadecimal_xlarge()	TFT-LCD 모듈에 16진수를 가장 큰 글씨로 출력한다.	U32 number, U08 digit
TFT_unsigned_float_xlarge()	TFT-LCD 모듈에 부호 없는 실수를 가장 큰 글씨로 출력한다. (integral = 실수부 자리수, fractional = 소수부 자리수)	float number, U08 integral, fractional

이 헤더파일 OK-128TFT-xlarge.h에서 제공하는 TFT-LCD 모듈의 매우 큰 글씨 및 가장 큰 글씨 출력에 관련되는 사용자 정의 함수들을 모두 요약 정리하면 <표 4.6.4>와 같다. 여기서 보듯이 32×48 픽셀의 **매우 큰 글씨**를 출력하는 함수의 이름에는 _vlarge가 붙고, 40×56 픽셀의 **가장 큰 글씨** 출력함수 이름에는 _xlarge가 추가된다는 점에 유의해야 한다. 매우 큰 글씨를 출력하는 함수에는 커서 표시 기능이 포함되지만, 가장 큰 글씨의 출력에는 어떤 부수적인 속성도 포함되지 않는다.

이 헤더파일 OK-128TFT-xlarge.h에서 각 문자를 출력하는 함수의 동작원리는 잘 알아두는 것이 좋다. 산업용 컨트롤러를 개발할 때 이런 특별한 글씨는 사용자가 필요에 따라서 종종 만들어 사용해야 하기 때문이다. 앞에서 설명한 보통 글씨나 큰 글씨의 경우에는 예를 들어 <그림 4.5.9>나 <그림 4.6.3>에서 보였듯이 1바이트의 폰트 데이터가 세로 방향으로 8개의 픽셀을 표시하며 가장 위쪽의 픽셀이 LSB로 되어 있다. 이 때문에 TFT-LCD 화면에서 수평방향으로 픽셀을 1개씩 차례를 출력하려면 먼저 폰트 데이터의 각 바이트에서 1비트씩을 분리하고 이를 다시 16비트의 컬러 데이터로 변환해야 하기 때문에 큰 용량의 SRAM 메모리 버퍼를 사용하게 된다.

그러나, 매우 큰 글씨와 가장 큰 글씨의 경우에는 이렇게 하면 너무 큰 SRAM 버퍼를 필요로 하여 대부분의 마이크로컨트롤러에서는 구현하기 어려우므로 폰트 데이터를 가로 방향으로 배치하여 SRAM 버퍼를 사용하지 않고 곧바로 TFT-LCD 화면에 출력하는 방식으로 처리하였다. 예를 들어 32×48 픽셀의 매우 큰 글씨에서 숫자 '1'은 <그림 4.6.5>에 보인 것처럼 폰트 데이터를 가로 방향으로 배치하고 왼쪽 픽셀을 MSB로 사용하였다. 그러면 이를 화면에 출력할 때 폰트 데이터의 각 바이트에서 MSB부터 LSB까지 차례로 1비트씩을 분리하고 이를 16비트의 컬러 데이터로 변환하여 곧바로 TFT-LCD의 화면에 출력하면 되기 때문에 SRAM 버퍼를 사용할 필요가 없다. 이 과정을 충분히 이해하기 위해서는 위의 헤더 파일에서 TFT_English_vlarge() 함수의 내부를 잘 알아야 한다.

가장 큰 글씨의 출력 방법도 매우 큰 글씨와 거의 유사하다. 이를 이해하려면 위의 헤더 파일에서 TFT_English_xlarge() 및 그 관련 함수의 내부를 잘 알아두어야 한다. 단, 가장 큰 글씨에서는 각 글자가 40×56 픽셀로 구성되지만 특별히 공백문자(' '), 마침표('.'), 콜론(':') 등의 3글자는 24×56 픽셀로 구성하여 가로 폭을 더 작게 줄였다는 것에 유의하라. 이렇게 해야만 디지털 시계나 어떤 수치 데이터를 디스플레이할 때 화면 구성이 더 합리적으로 처리된다.

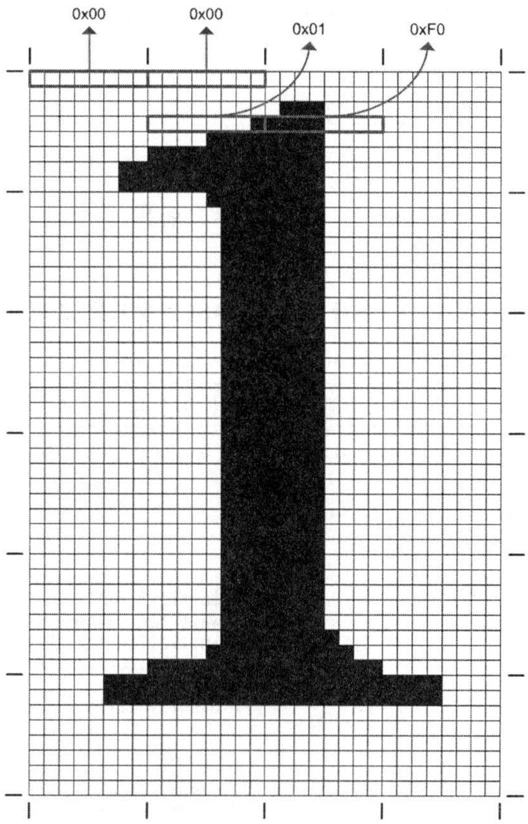

〈그림 4.6.5〉 32×48 픽셀의 매우 큰 글씨에서 숫자 '1'의 폰트 데이터 구성

4. 한글 디스플레이 프로그램

이제 320×240 픽셀의 TFT-LCD 모듈에 8×16 픽셀로 구성되는 영문 ASCII 문자나 16×16 픽셀로 구성되는 조합형 한글의 보통 글씨나 12×24 픽셀로 구성되는 영문 ASCII 문자나 24×24 픽셀로 구성되는 조합형 한글의 큰 글씨를 디스플레이할 수 있는 프로그램을 작성하여 보기로 한다. 그러나, 일부 예제에서는 좀 더 큰 글씨체를 사용하기도 한다.

C언어에서 TFT-LCD에 한글을 디스플레이하는 함수는 상당히 길고 복잡하여 사용자 프로그램에 이를 직접 작성하는 것은 불편하므로 보통 글씨와 큰 글씨 관련 함수를 모두 기본 헤더파일 OK-128TFT-V2.h에 제공하는데, 이에 관련되는 함수들은 앞의 <표 4.5.2> 및 <표 4.5.3>에 정리하였다. 또한, 32×48 픽셀로 구성되는 매우 큰 글씨와 40×56 픽셀로 구성되는 가장 큰 글씨의 숫자 출력에 관련된 모든 함수는 헤더파

일 OK-128TFT-xlarge.h에 제공하고 이 함수들은 <표 4.6.4>에 정리하였다.

(1) 기본적인 한글 출력 프로그램

먼저 *OK-128TFT* 키트에서 한글 및 영문 ASCII 문자로 된 문자열 메시지를 전경색과 배경색을 달리 하면서 출력하는 예제 프로그램을 작성하여 보면 다음과 같다.

〈프로그램 Exp06_1.c〉 한글 및 영문 ASCII 문자를 출력하는 프로그램

```
/* ============================================================================ */
/*            Exp06_1_basic.c : TFT-LCD에서 기본적인 한글 출력 프로그램            */
/* ============================================================================ */
/*                         Designed and programmed by Duck-Yong Yoon in 2020.  */

#include <avr/io.h>
#include "OK-128TFT-V2.h"

int main(void)
{
  MCU_initialize();                           // initialize ATmega128A MCU
  Delay_ms(50);                               // wait for system stabilization
  LCD_initialize();                           // initialize text LCD module
  TFT_initialize();                           // initialize TFT-LCD module

  LCD_string(0x80," OK-128TFT V2.0 ");        // display title
  LCD_string(0xC0,"   Exp06_1.c    ");

  while(1)
    { TFT_clear_screen();                     // clear screen
      TFT_landscape_mode();                   // landscape mode
      Beep();

      TFT_string( 0, 0,Green,  Black,"****************************************");
      TFT_string( 0, 2,Magenta,Black,"      OK-128TFT 트레이닝 키트 V2.0      ");
      TFT_string( 0, 4,Cyan,   Black,"        (TFT-32A 보드 V1.0 포함)        ");
      TFT_string( 0, 6,Green,  Black,"****************************************");
      TFT_string( 0, 8,Black,  Black,"                                        ");
      TFT_string( 0,10,Magenta,Black,"      (디스플레이 모드 = Landscape)     ");
      TFT_string( 0,14,Cyan,   Black,"   3.2인치, 320x240 픽셀, 65536 컬러    ");
      TFT_string( 0,16,White,  Black,"    컨트롤러/드라이버 HX8347-A(Himax)   ");
      TFT_string( 0,20,Red,    Black," 빨강 Red    ");
      TFT_string(13,20,Green,  Black," 녹색 Green  ");
      TFT_string(26,20,Blue,   Black," 파랑 Blue    ");
      TFT_string( 0,22,Yellow, Black," 노랑 Yellow ");
      TFT_string(13,22,Cyan,   Black," 녹청 Cyan   ");
      TFT_string(26,22,Magenta,Black," 자홍 Magenta ");
      TFT_string( 0,24,Black,  Black,"                                        ");
      TFT_string( 0,26,White,  Blue, "      윤교수의 마이크로프로세서 월드      ");
      TFT_string( 0,28,Green,  Black,"     (http://cafe.naver.com/mcu32bit)    ");
      Delay_ms(5000);

      TFT_clear_screen();                     // clear screen
      TFT_portrait_mode();                    // portrait mode
      Beep();

      TFT_string( 0, 0,Green,  Black,"******************************");
      TFT_string( 0, 2,Magenta,Black,"     OK-128TFT 키트  V2.0     ");
      TFT_string( 0, 4,Cyan,   Black,"   (TFT-32A 보드 V1.0 포함)   ");
      TFT_string( 0, 6,Green,  Black,"******************************");
      TFT_string( 0, 8,Black,  Black,"                              ");
      TFT_string( 0,10,Magenta,Black," (디스플레이 모드 = Portrait) ");
      TFT_string( 0,14,Cyan,   Black,"   3.2인치, 240x320 픽셀      ");
      TFT_string( 0,16,Yellow, Black,"          65536 컬러          ");
```

```
    TFT_string( 0,20,Red,     Black,"   8+8비트 CPU 인터페이스    ");
    TFT_string( 0,24,White,   Black," 컨트롤러/드라이버 HX8347-A  ");
    TFT_string( 0,26,White,   Black,"          (Himax)            ");
    TFT_string( 0,30,Red,     Black," 빨강 Red ");
    TFT_string(10,30,Green,   Black," 녹색 Gre ");
    TFT_string(20,30,Blue,    Black," 파랑 Blu ");
    TFT_string( 0,32,Yellow,  Black," 노랑 Yel ");
    TFT_string(10,32,Cyan,    Black," 녹청 Cya ");
    TFT_string(20,32,Magenta,Black," 자홍 Mag ");
    TFT_string( 0,36,White,   Blue, "윤교수의 마이크로프로세서 월드");
    TFT_string( 0,38,Green,   Black,"http://cafe.naver.com/mcu32bit");
    Delay_ms(5000);
  }
}
```

(2) 큰 글씨를 출력하는 프로그램

다음 예제 프로그램은 8×16 픽셀의 영문 ASCII와 16×16 픽셀의 한글을 표시하는 보통 글씨는 물론이고, 여기에 12×24 픽셀의 영문 ASCII와 24×24 픽셀의 한글을 표시하는 큰 글씨, 그리고 32×48 픽셀의 매우 큰 글씨 숫자 및 40×56 픽셀의 가장 큰 글씨 숫자 등을 다양하게 출력하는 프로그램이다. 이들 글씨에는 다양한 전경색과 배경색은 기본이고, 여기에 투명 글씨, 외곽선체, 밑줄 등과 같은 다양한 속성도 표시할 수 있다.

〈프로그램 Exp06_2.c〉 큰 글씨, 매우 큰 글씨, 가장 큰 글씨를 출력하는 프로그램

```
/* ========================================================================== */
/*          Exp06_2.c : TFT-LCD에 여러가지 큰 글씨를 출력하는 프로그램          */
/* ========================================================================== */
/*                        Designed and programmed by Duck-Yong Yoon in 2020.  */

#include <avr/io.h>
#include "OK-128TFT-V2.h"
#include "OK-128TFT-xlarge.h"

int main(void)
{
  unsigned char i;

  MCU_initialize();                             // initialize ATmega128A MCU
  Delay_ms(50);                                 // wait for system stabilization
  LCD_initialize();                             // initialize text LCD module
  TFT_initialize();                             // initialize TFT-LCD module

  LCD_string(0x80," OK-128TFT V2.0 ");          // display title
  LCD_string(0xC0,"   Exp06_2.c    ");

  while(1)
    { TFT_clear_screen();                       // clear screen
      TFT_landscape_mode();                     // landscape mode

      TFT_string(0, 0,Green,  Black,"****************************************");
      TFT_string(0, 2,Magenta,Black,"      OK-128TFT 트레이닝 키트 V2.0      ");
      TFT_string(0, 4,Cyan,   Black,"        (TFT-32A 보드 V1.0 포함)        ");
      TFT_string(0, 6,Green,  Black,"****************************************");
      TFT_string(0, 9,Magenta,Black,"     (디스플레이 모드 = Landscape)      ");
```

```
        TFT_string(0,13,Cyan,   Black,"       8x16 English ASCII Normal      ");
        TFT_string(0,15,Yellow, Black,"      16x16 한글 보통 글씨 명조체     ");

        TFT_string_large(1,18, Cyan,  Black, "12x24 English ASCII Large");
        TFT_string_large(1,21, Yellow,Black, "24x24 한글 큰 글씨 명조체");

        TFT_string(0,26,White,  Blue, "     윤교수의 마이크로프로세서 월드    ");
        TFT_string(0,28,Green,  Black,"    (http://cafe.naver.com/mcu32bit)   ");
        Beep();
        Delay_ms(5000);

        TFT_string(0, 9,Cyan,Black,"                                      ");
        TFT_string(0,15,Cyan,Black,"                                      ");
        TFT_string(0,18,Cyan,Black,"                                      ");
        TFT_string(0,21,Cyan,Black,"                                      ");
        TFT_string( 8, 8,Yellow,Black,"32x48 아주 큰 글씨 숫자");
        TFT_xy(0,10);
        TFT_color(Cyan,Black);
        for(i = 0; i < 10; i++)
          TFT_English_vlarge(i + '0');
        TFT_string( 8,17,Yellow,Black,"40x56 가장 큰 글씨 숫자");
        TFT_xy(0,19);
        TFT_color(Cyan,Black);
        for(i = 0; i < 8; i++)
          TFT_English_xlarge(i + '0');
        Beep();
        Delay_ms(5000);

        TFT_clear_screen();                         // clear screen
        TFT_portrait_mode();                        // portrait mode

        TFT_string(0, 0,Green,  Black,"******************************");
        TFT_string(0, 2,Magenta,Black," OK-128TFT 트레이닝 키트 V2.0 ");
        TFT_string(0, 4,Cyan,   Black,"   (TFT-32A 보드 V1.0 포함)   ");
        TFT_string(0, 6,Green,  Black,"******************************");
        TFT_string(0,10,Magenta,Black," (디스플레이 모드 = Portrait) ");

        TFT_string(0,16,Cyan,   Black,"     8x16 English Normal      ");
        TFT_string(0,19,Yellow, Black,"    16x16 한글 보통 명조체    ");

        TFT_string_large(1,24, Cyan,  Black, "12x24 English Large");
        TFT_string_large(1,28, Yellow,Black, "24x24 한글 큰 명조");

        TFT_string(0,36,White,  Blue, "윤교수의 마이크로프로세서 월드");
        TFT_string(0,38,Green,  Black,"http://cafe.naver.com/mcu32bit");
        Beep();
        Delay_ms(5000);
      }
  }
```

이 예제 프로그램을 컴파일하여 *OK-128TFT* 키트에 다운로드하고 실행한 후에 화면에 보이는 여러 가지 크기의 글씨체를 세밀하게 관찰하라. 글씨의 크기가 커짐에 따라 글씨가 좀 더 미려해지는 것을 느낄 수 있는가?

(3) 투명 글씨, 외곽선체 및 밑줄을 출력하는 프로그램

TFT-LCD 모듈에 문자를 출력할 때 필요하면 투명 글씨나 외곽선체를 사용할 수 있다. 먼저, 투명 글씨를 사용하려면 해당 문자의 전경색을 사용자가 원하는대로 지정하고 배경색을 Transparent로 지정하면 된다.

외곽선체 출력 기능의 사용 여부와 색깔은 함수로 지정한다. 즉, 기본 헤더파일 OK-128TFT-V2.h에서 기본적으로 outline_flag = 0으로 되어 있어서 문자에 외곽선을 표시하지 않는 상태에 있으며, 만약 이제부터 출력할 문자에 외곽선을 표시하도록 설정하려면 TFT_outline(U16 outline_color) 함수를 사용하여 outline_flag = 1로 설정하고 원하는 외곽선의 색깔을 지정한다. 다시 외곽선이 보이지 않는 상태로 해제하려면 TFT_outline(Transparent) 함수를 사용하여 외곽선의 색깔을 투명하게 지정한다.

다음 예제 프로그램에서는 투명 글씨의 사용 예와 외곽선체를 사용하여 화면에서 글씨를 좀 더 또렷하게 볼 수 있는 예를 보여준다.

〈프로그램 Exp06_3.c〉 투명 글씨 및 외곽선체를 사용하는 프로그램

```
/* ============================================================================ */
/*              Exp06_3.c : TFT-LCD 투명 글씨 및 외곽선체 출력 프로그램          */
/* ============================================================================ */
/*                        Designed and programmed by Duck-Yong Yoon in 2020.   */

#include <avr/io.h>
#include "OK-128TFT-V2.h"

int main(void)
{
  MCU_initialize();                             // initialize ATmega128A MCU
  Delay_ms(50);                                 // wait for system stabilization
  LCD_initialize();                             // initialize text LCD module
  TFT_initialize();                             // initialize TFT-LCD module

  LCD_string(0x80," OK-128TFT V2.0 ");          // display title
  LCD_string(0xC0,"    Exp06_3.c    ");

  while(1)
    { TFT_color_screen(White);
      TFT_string(1, 2, White,Magenta," 투명 글씨 및 외곽선체 사용 예(16x16) ");
      TFT_string(7, 7, White,Blue,    " (1) 외곽선이 없을 경우 ");
      TFT_string(3,10, Yellow,Transparent,"한글, English, ABCDEF, 0123456789");
      TFT_string(6,13, Yellow,Transparent,"글씨가 잘 보이지 않습니다.");

      TFT_string(7,18, White,Blue,    " (2) 외곽선이 있을 경우 ");
      TFT_outline(Blue);
      TFT_string(3,22, Yellow,Transparent,"한글, English, ABCDEF, 0123456789");
      TFT_string(7,25, Yellow,Transparent,"이제 글씨가 잘 보입니다.");
      TFT_outline(Transparent);
      Beep();
      Delay_ms(5000);

      TFT_color_screen(Yellow);
      TFT_string(1, 2, White,Magenta," 투명 글씨 및 외곽선체 사용 예(16x16) ");
      TFT_string(7, 7, White,Blue,    " (1) 외곽선이 없을 경우 ");
      TFT_string(3,10, White,Transparent,"한글, English, ABCDEF, 0123456789");
      TFT_string(6,13, White,Transparent,"글씨가 잘 보이지 않습니다.");

      TFT_string(7,18, White,Blue,    " (2) 외곽선이 있을 경우 ");
      TFT_outline(Blue);
      TFT_string(3,22, White,Transparent,"한글, English, ABCDEF, 0123456789");
      TFT_string(7,25, White,Transparent,"이제 글씨가 잘 보입니다.");
      TFT_outline(Transparent);
      Beep();
```

```
        Delay_ms(5000);

        TFT_color_screen(White);
        TFT_string(1, 2, White,Magenta," 투명 글씨 및 외곽선체 사용 예(24x24) ");
        TFT_string(7, 7, White,Blue,    " (1) 외곽선이 없을 경우 ");
        TFT_string_large(3,10,Yellow,Transparent,"한글, English, 01234");
        TFT_string_large(0,13,Yellow,Transparent,"글씨가 잘 보이지 않습니다.");

        TFT_string(7,18, White,Blue,    " (2) 외곽선이 있을 경우 ");
        TFT_outline(Blue);
        TFT_string_large(3,22,Yellow,Transparent,"한글, English, 01234");
        TFT_string_large(1,25,Yellow,Transparent,"이제 글씨가 잘 보입니다.");
        TFT_outline(Transparent);
        Beep();
        Delay_ms(5000);

        TFT_color_screen(Yellow);
        TFT_string(1, 2, White,Magenta," 투명 글씨 및 외곽선체 사용 예(24x24) ");
        TFT_string(7, 7, White,Blue,    " (1) 외곽선이 없을 경우 ");
        TFT_string_large(3,10,White,Transparent,"한글, English, 01234");
        TFT_string_large(0,13,White,Transparent,"글씨가 잘 보이지 않습니다.");

        TFT_string(7,18, White,Blue,    " (2) 외곽선이 있을 경우 ");
        TFT_outline(Blue);
        TFT_string_large(3,22,White,Transparent,"한글, English, 01234");
        TFT_string_large(1,25,White,Transparent,"이제 글씨가 잘 보입니다.");
        TFT_outline(Transparent);
        Beep();
        Delay_ms(5000);
      }
  }
```

☞ 문자 출력 함수에서 투명 글씨를 사용하려면 TFT_string(), TFT_color() 등의 함수에서 배경색을 Transparent로 지정한다. 외곽선을 표시하는 상태로 설정하려면 TFT_outline() 함수를 사용하여 outline_flag = 1로 설정하고 외곽선의 색깔을 지정하면 된다. 그리고 다시 외곽선을 표시하지 않는 상태로 해제하려면 TFT_outline(Transparent) 함수를 사용하여 outline_flag = 0으로 설정하면 된다.

이 예제를 실행하여 보면 주변의 배경과 비슷한 색깔을 사용하였기 때문에 흐리게 보이던 문자들이 외곽선을 사용하면 훨씬 선명하게 보이는 것을 확인할 수 있다.

출력하는 문자에 밑줄을 표시하는 방법도 TFT_underscore(U16 outline_color) 함수를 사용하는 것 이외에는 외곽선체 사용 방법과 동일하다. 즉, 헤더파일 OK-128TFT-V2.h에서 기본적으로 underscore_flag = 0으로 되어 있어서 문자에 밑줄을 표시하지 않는 상태에 있는데, 만약 이제부터 화면에 출력할 문자에 밑줄을 표시하도록 설정하려면 TFT_underscore(U16 underscore_color) 함수를 사용하여 underscore_flag = 1로 설정하고 밑줄의 색깔을 지정한다. 나중에 다시 밑줄이 보이지 않는 상태로 해제하려면 TFT_underscore(Transparent) 함수를 사용하면 된다.

다음 예제 프로그램에서는 보통 글씨 및 큰 글씨에서 각각 밑줄과 외곽선체를 사용하여 영문 또는 한글을 출력하는 방법을 보여준다.

〈프로그램 Exp06_4.c〉 밑줄 및 외곽선체를 사용하는 프로그램

```
/* ========================================================================== */
/*              Exp06_4.c : TFT-LCD 밑줄 및 외곽선체 출력 프로그램              */
/* ========================================================================== */
/*                      Designed and programmed by Duck-Yong Yoon in 2020.    */

#include <avr/io.h>
#include "OK-128TFT-V2.h"

int main(void)
{
  MCU_initialize();                             // initialize ATmega128A MCU
  Delay_ms(50);                                 // wait for system stabilization
  LCD_initialize();                             // initialize text LCD module
  TFT_initialize();                             // initialize TFT-LCD module

  LCD_string(0x80," OK-128TFT V2.0 ");          // display title
  LCD_string(0xC0,"   Exp06_4.c    ");

  while(1)
    { TFT_clear_screen();
      TFT_landscape_mode();                     // landscape
      Beep();

      TFT_string_large(2, 1, White,Magenta," 밑줄/외곽선체 사용 예 ");
      TFT_string(6, 7, Green,Black,"한글/English 12345 정상체");
      TFT_underscore(Yellow);
      TFT_string(6,10, Cyan, Black,"한글/English 12345 밑줄");
      TFT_underscore(Transparent);
      TFT_outline(Red);
      TFT_string(6,13, White,Black,"한글/English 12345 외곽선체");
      TFT_outline(Transparent);

      TFT_string_large(1,18, Green,Black,"한글/English 12345 정상체");
      TFT_underscore(Yellow);
      TFT_string_large(1,22, Cyan, Black,"한글/English 12345 밑줄");
      TFT_underscore(Transparent);
      TFT_outline(Red);
      TFT_string_large(1,26, White,Black,"한글/English 12345 외곽선");
      TFT_outline(Transparent);
      Delay_ms(5000);

      TFT_clear_screen();
      TFT_portrait_mode();                      // portrait mode
      Beep();

      TFT_string_large(0, 3, White,Magenta," 밑줄/외곽선체 사용 ");
      TFT_string(2,11, Green,Black,"한글/English 12345 정상체");
      TFT_underscore(Yellow);
      TFT_string(2,14, Cyan, Black,"한글/English 12345 밑줄");
      TFT_underscore(Transparent);
      TFT_outline(Red);
      TFT_string(2,17, White,Black,"한글/English 12345 외곽선체");
      TFT_outline(Transparent);

      TFT_string_large(1,24, Green,Black,"한글/English 12345");
      TFT_underscore(Yellow);
      TFT_string_large(1,29, Cyan, Black,"한글/English 12345");
      TFT_underscore(Transparent);
      TFT_outline(Red);
      TFT_string_large(1,34, White,Black,"한글/English 12345");
      TFT_outline(Transparent);
      Delay_ms(5000);
    }
}
```

(4) 커서를 표시하는 프로그램

TFT-LCD 모듈 화면에 여러가지 종류의 정보를 표시하여 놓고 키입력을 이용하여 이것들 중에서 일부 항목의 설정을 변경하려는 경우에는 커서가 있어야 편리하다. 커서는 현재 사용자가 키로 설정 작업을 수행하려는 항목이 어떤 것인지를 선택하거나 눈으로 확인할 수 있도록 해준다.

헤더파일 OK-128TFT-V2.h에서는 기본적으로 cursor_flag = 0으로 되어 있어서 커서를 표시하지 않는 모드에 있으며, 만약 이제부터 화면에 커서가 보이도록 설정하려면 먼저 TFT_cursor(U16 cursor_color) 함수를 사용하여 cursor_flag = 1로 설정하고 커서의 색깔을 지정한다. 다시 커서를 보이지 않게 해제하려면 TFT_cursor(Transparent) 함수를 사용하면 된다.

이와 같이 커서를 사용하는 예제 프로그램은 제4.9절과 제4.16절에서 디지털 시계 프로그램 예제로 제공하니 참고하기 바란다.

(5) 여러 행이 연속되는 문자열 출력 프로그램

헤더파일 OK-128TFT-V2.h에서 제공하는 한글 및 영문 ASCII 문자로 된 문자열 출력 함수에는 긴 문자열이 여러 행에 걸쳐서 연속으로 표시될 수 있도록 하는 기능이 포함되어 있다. 다음 예제 프로그램에서 이런 기능을 확인할 수 있다. 첫번째 화면의 김소월 시(詩) "진달래 꽃"은 모든 행의 길이가 짧아서 다음 행으로 넘겨지지 않으므로 각 행을 별도의 TFT_string() 함수로 출력하였다. 그러나, 두번째 화면의 "국기에 대한 맹세"는 1개의 문장이 상당히 길어서 다음 행으로 넘어가게 되는데 이를 하나의 TFT_string() 함수로 출력하더라도 내부에서 알아서 행을 넘겨 연속으로 출력한다.

〈프로그램 Exp06_5.c〉 긴 문자열을 출력하는 프로그램

```
/* ========================================================================== */
/*              Exp06_5.c : TFT-LCD에 긴 문자열을 출력하는 프로그램           */
/* ========================================================================== */
/*                     Designed and programmed by Duck-Yong Yoon in 2020.    */

#include <avr/io.h>
#include "OK-128TFT-V2.h"

int main(void)
{
  MCU_initialize();                             // initialize ATmega128A MCU
  Delay_ms(50);                                 // wait for system stabilization
  LCD_initialize();                             // initialize text LCD module
  TFT_initialize();                             // initialize TFT-LCD module

  LCD_string(0x80," OK-128TFT V2.0 ");          // display title
  LCD_string(0xC0,"   Exp06_5.c    ");
```

```
  while(1)
    { TFT_clear_screen();                         // display screen 1
      TFT_landscape_mode();                       // landscape mode
      Beep();

      TFT_string(11, 2,White, Magenta," 국기에 대한 맹세 ");
      Delay_ms(1000);
      TFT_string(17, 6,Red,    Black,"(현행)");
      Delay_ms(1000);
      TFT_string( 0, 9,Green, Black,"  나는 자랑스러운 태극기 앞에 자유롭고 정의로운 대한민국의
무궁한 영광을 위하여 충성을 다할 것을 굳게 다짐합니다.");
      Delay_ms(1000);
      TFT_string(15,18,Red,    Black,"(옛 버전)");
      Delay_ms(1000);
      TFT_string( 0,21,Yellow,Black,"  나는 자랑스런 태극기 앞에 조국과 민족의 무궁한 영광을 위
하여 몸과 마음을 바쳐 충성을 다할 것을 굳게 다짐합니다.");
      Delay_ms(5000);

      TFT_clear_screen();                         // display screen 2
      TFT_portrait_mode();                        // portrait mode
      Beep();

      TFT_string( 9, 1,White, Magenta," 진달래 꽃 ");
      Delay_ms(1000);
      TFT_string(18, 5,Green, Black,"김소월");
      Delay_ms(1000);
      TFT_string( 0, 9,Cyan,   Black,"나보기가 역겨워");
      Delay_ms(1000);
      TFT_string( 0,11,Cyan,   Black,"가실 때에는");
      Delay_ms(1000);
      TFT_string( 0,13,Cyan,   Black,"말없이 고이 보내드리오리다.");
      Delay_ms(1000);
      TFT_string( 0,17,Yellow,Black,"영변에 약산");
      Delay_ms(1000);
      TFT_string( 0,19,Yellow,Black,"진달래꽃");
      Delay_ms(1000);
      TFT_string( 0,21,Yellow,Black,"아름따다 가실 길에 뿌리오리다.");
      Delay_ms(1000);
      TFT_string( 0,25,Cyan,   Black,"가시는 걸음 걸음");
      Delay_ms(1000);
      TFT_string( 0,27,Cyan,   Black,"놓인 그 꽃을");
      Delay_ms(1000);
      TFT_string( 0,29,Cyan,   Black,"사뿐히 즈려밟고 가시옵소서.");
      Delay_ms(1000);
      TFT_string( 0,33,Red,    Black,"나보기가 역겨워");
      Delay_ms(1000);
      TFT_string( 0,35,Red,    Black,"가실 때에는");
      Delay_ms(1000);
      TFT_string( 0,37,Red,    Black,"죽어도 아니 눈물 흘리오리다.");
      Delay_ms(3000);
    }
}
```

위의 예제 프로그램에서는 TFT_string() 함수가 각 문자를 실시간으로 출력하므로 너무 빨라서 사람이 보기에 불편할 수 있다. 만약 이를 좀 더 천천히 출력하고자 한다면 다음의 예제에서처럼 TFT_string() 함수를 TFT_string_slow() 함수로 변형하여 사용할 수 있다. 이 TFT_string_slow() 함수에는 글자를 천천히 표시하는 기능과 각 글자를 타이프라이터(typewriter)로 입력하는 것처럼 적절한 기계음을 발생시키는 기능을 갖도록 하였다.

〈프로그램 Exp06_6.c〉 문자열을 천천히 출력하는 프로그램

```
/* ============================================================================ */
/*          Exp06_6.c : TFT-LCD에 긴 문자열을 천천히 출력하는 프로그램          */
/* ============================================================================ */
/*                       Designed and programmed by Duck-Yong Yoon in 2020.  */

#include <avr/io.h>
#include "OK-128TFT-V2.h"

void TFT_string_slow(U08 xChar,U08 yChar,U16 colorfore,U16 colorback,char *str); /* write TFT-LCD string */

/* ----- 메인 프로그램 -------------------------------------------------------- */

int main(void)
{
  MCU_initialize();                             // initialize ATmega128A MCU
  Delay_ms(50);                                 // wait for system stabilization
  LCD_initialize();                             // initialize text LCD module
  TFT_initialize();                             // initialize TFT-LCD module

  LCD_string(0x80," OK-128TFT V2.0 ");          // display title
  LCD_string(0xC0,"   Exp06_6.c    ");
  Beep();

  while(1)
    { TFT_clear_screen();                       // display screen 1
      TFT_landscape_mode();                     // landscape mode

      TFT_string_slow(11, 2,White, Magenta," 국기에 대한 맹세 ");
      Delay_ms(1000);
      TFT_string_slow(17, 6,Red,   Black,"(현행)");
      Delay_ms(1000);
      TFT_string_slow( 0, 9,Green, Black,"  나는 자랑스러운 태극기 앞에 자유롭고 정의로운 대한민
국의 무궁한 영광을 위하여 충성을 다할 것을 굳게 다짐합니다.");
      Delay_ms(1000);
      TFT_string_slow(15,18,Red,   Black,"(옛 버전)");
      Delay_ms(1000);
      TFT_string_slow( 0,21,Yellow,Black,"  나는 자랑스런 태극기 앞에 조국과 민족의 무궁한 영광
을 위하여 몸과 마음을 바쳐 충성을 다할 것을 굳게 다짐합니다.");
      Delay_ms(3000);

      TFT_clear_screen();                       // display screen 2
      TFT_portrait_mode();                      // portrait mode

      TFT_string_slow( 9, 1,White, Magenta," 진달래 꽃 ");
      Delay_ms(1000);
      TFT_string_slow(18, 5,Green, Black,"김소월");
      Delay_ms(1000);
      TFT_string_slow( 0, 9,Cyan,  Black,"나보기가 역겨워");
      Delay_ms(1000);
      TFT_string_slow( 0,11,Cyan,  Black,"가실 때에는");
      Delay_ms(1000);
      TFT_string_slow( 0,13,Cyan,  Black,"말없이 고이 보내드리오리다.");
      Delay_ms(1000);
      TFT_string_slow( 0,17,Yellow,Black,"영변에 약산");
      Delay_ms(1000);
      TFT_string_slow( 0,19,Yellow,Black,"진달래꽃");
      Delay_ms(1000);
      TFT_string_slow( 0,21,Yellow,Black,"아름따다 가실 길에 뿌리오리다.");
      Delay_ms(1000);
      TFT_string_slow( 0,25,Cyan,  Black,"가시는 걸음 걸음");
      Delay_ms(1000);
      TFT_string_slow( 0,27,Cyan,  Black,"놓인 그 꽃을");
      Delay_ms(1000);
      TFT_string_slow( 0,29,Cyan,  Black,"사뿐히 즈려밟고 가시옵소서.");
      Delay_ms(1000);
      TFT_string_slow( 0,33,Red,   Black,"나보기가 역겨워");
      Delay_ms(1000);
      TFT_string_slow( 0,35,Red,   Black,"가실 때에는");
      Delay_ms(1000);
      TFT_string_slow( 0,37,Red,   Black,"죽어도 아니 눈물 흘리오리다.");
```

```
        Delay_ms(3000);
      }
}

/* ----- 사용자 정의 함수 --------------------------------------------------- */

void TFT_string_slow(U08 xChar,U08 yChar,U16 colorfore,U16 colorback,char *str) /* write TFT-LCD string */
{
  unsigned char ch1, ch2;
  unsigned int hangeul;

  Xcharacter = xChar;
  Ycharacter = yChar;

  foreground = colorfore;
  background = colorback;

  while(*str)
    { ch1 = *str;
      str++;

      if(ch1 < 0x80)                            // English ASCII character
        TFT_English(ch1);
      else                                      // Korean
        { ch2 = *str;
          hangeul = (ch1 << 8) + ch2;
          str++;
          hangeul = KS_code_conversion(hangeul);// convert 완성형 to 조합형
          TFT_Korean(hangeul);
        }

      if(ch1 != ' ')
        { sbi(PORTG,4);                         // buzzer on
          Delay_ms(1);                          // delay 1 ms
          cbi(PORTG,4);                         // buzzer off
        }

      Delay_ms(200);                            // delay for slow display
    }
}
```

5. 실습 과제

(1) 한글 코드에는 조합형 및 완성형 이외에 또 어떤 방식이 있는지 조사하라. 또한, 조합형 한글 코드와 완성형 한글 코드의 장단점을 비교하여 설명하라.

(2) 문자 폰트에는 비트맵 방식 이외에 또 어떤 방식이 있는지 조사하고, 이것들의 장단점은 무엇인지 비교하여 설명하라.

(3) 헤더파일 OK-128TFT-V2.h에서 한글 및 영문 ASCII 문자 출력 함수를 보고 밑줄 및 커서를 출력하는 원리를 설명하라.

(4) 헤더파일 OK-128TFT-V2.h에서 한글 및 영문 ASCII 문자 출력 함수를 보고 외곽선체를 출력하는 원리를 설명하라.

4.7 TFT-LCD 모듈 그래픽 출력 프로그램

이 절에서는 *OK-128TFT* 키트의 TFT-LCD 모듈에 그래픽 화면을 출력하는 프로그래밍 기술에 대하여 공부한다. 그래픽은 크게 수학함수에 의한 그래픽 처리 화면, 그림 파일과 같은 이미지 데이터를 출력하는 그래픽 처리 화면, 그리고 실시간으로 측정에 의한 그래픽 처리 화면 등으로 나눌 수 있다.

관련 내용	(1) 제2.3절 A/D 컨버터 (3) 제4.5절 TFT-LCD 모듈 영문 ASCII 출력 프로그램

1. 수학함수에 의한 그래픽 디스플레이 프로그램

여기서는 TFT-LCD 모듈에 수학함수로 직선이나 사각형, 원 등의 그래픽 도형을 디스플레이하는 예제 프로그램을 작성하여 보기로 한다. TFT-LCD 모듈에서 수학적인 연산으로 이러한 기본 도형을 그리는 사용자 함수는 헤더파일 OK-128TFT-V2.h에 만들어 놓았으며, 이를 앞의 <표 4.5.2>에서 정리한 바 있다. 이처럼 도형을 그리는 함수 Line(), Rectangle(), Block(), Circle(), Sine() 등의 내용은 초보자들에게는 적잖이 어려울 수 있지만 최대한 본인의 노력으로 이해할 필요가 있으며, 이밖에도 자신이 필요로 하는 도형 그리기 함수가 있으면 이를 프로그램으로 작성할 수 있어야 한다.

수학이나 소프트웨어 공학에서는 아주 다양한 그래픽 알고리즘들이 개발되어 있으나 여기서는 그러한 알고리즘을 공부하는 것이 목적이 아니므로 그냥 단순하고 알기 쉬운 기법들을 적용하여 그래픽 도형을 프로그램하였다.

다음은 기본 헤더파일 OK-128TFT-V2.h에 내장된 도형 그리기 함수를 이용하여 여러 가지 그래픽 쇼를 구현한 예제 프로그램이다.

〈프로그램 Exp07_1.c〉 수학함수를 이용한 그래픽 디스플레이 프로그램

```
/* ========================================================================== */
/*              Exp07_1.c : 수학함수를 이용한 그래픽 프로그램                 */
/* ========================================================================== */
/*                         Designed and programmed by Duck-Yong Yoon in 2020. */

#include <avr/io.h>
```

```
#include "OK-128TFT-V2.h"

int main(void)
{
  unsigned int i, x, y;

  MCU_initialize();                              // initialize ATmega128A MCU
  Delay_ms(50);                                  // wait for system stabilization
  LCD_initialize();                              // initialize text LCD module
  TFT_initialize();                              // initialize TFT-LCD module

  LCD_string(0x80," OK-128TFT V2.0 ");           // display title
  LCD_string(0xC0,"   Exp07_1.c    ");

  while(1)
    { Beep();

      Rectangle(0,0, 319,239, Magenta);          // graphic show of line
      Rectangle(1,1, 318,238, Magenta);
      for(x = 10; x <= 310; x += 10)
        { Line(x,0, x,239, Green);
          Delay_ms(20);
        }
      for(y = 10; y <= 230; y += 10)
        { Line(0,y, 319,y, Green);
          Delay_ms(20);
        }
      Delay_ms(3000);
      TFT_clear_screen();

      Rectangle(0,0, 319,239, Magenta);          // graphic show of ramp
      Rectangle(1,1, 318,238, Magenta);
      for(i = 0,x = 20,y = 12; i <= 34; i++,x += 20,y += 12)
        { Line(x,0, 0,y, Red);
          Line(0,239-y, x,239, Red);
          Delay_ms(20);
        }
      for(i = 0,x = 700,y = 420; i <= 34; i++,x -= 20,y -= 12)
        { Line(x,0, 0,y, Cyan);
          Line(0,239-y, x,239, Cyan);
          Delay_ms(20);
        }
      Delay_ms(3000);
      TFT_clear_screen();

      Rectangle(0,0, 319,239, Magenta);          // graphic show of rectangle
      Rectangle(1,1, 318,238, Magenta);
      for(i = 0,x = 152,y = 114; i <= 18; i++,x -= 8,y -= 6)
        { Rectangle(x,y, 319-x,239-y, Cyan);
          Delay_ms(20);
        }
      Delay_ms(1000);
      for(i = 0,x = 8,y = 6; i <= 18; i++,x += 8,y += 6)
        { Rectangle(x,y, 319-x,239-y, Red);
          Delay_ms(20);
        }
      for(i = 0,x = 152,y = 114; i <= 18; i++,x -= 8,y -= 6)
        { Rectangle(x,y, 319-x,239-y, Green);
          Delay_ms(20);
        }
      Delay_ms(3000);
      TFT_clear_screen();

      Rectangle(0,0, 319,239, Magenta);          // graphic show of circle
      Rectangle(1,1, 318,238, Magenta);
      for(i = 10; i <= 160; i += 10)
        { Circle(160,120,i, Green);
          Delay_ms(20);
        }
      Delay_ms(1000);
      for(i = 160; i >= 10; i -= 10)
        { Circle(160,120,i, Red);
          Delay_ms(20);
```

```
      }
    for(i = 10; i <= 160; i += 10)
      { Circle(160,120,i, White);
        Delay_ms(20);
      }
    Delay_ms(3000);
    TFT_clear_screen();

    Rectangle(0,0, 319,239, Magenta);          // graphic show of 2 circles
    Rectangle(1,1, 318,238, Magenta);
    for(i = 10; i <= 120; i += 10)
      { Circle(80,120,i, Green);
        Circle(240,120,i, Green);
        Delay_ms(20);
      }
    Delay_ms(1000);
    for(i = 120; i >= 10; i -= 10)
      { Circle(80,120,i, Red);
        Circle(240,120,i, Red);
        Delay_ms(20);
      }
    for(i = 10; i <= 120; i += 10)
      { Circle(80,120,i, Yellow);
        Circle(240,120,i, Yellow);
        Delay_ms(20);
      }
    Delay_ms(3000);
    TFT_clear_screen();

    Rectangle(0,0, 319,239, Magenta);          // graphic show of sine curve
    Rectangle(1,1, 318,238, Magenta);
    Line(0,120, 319,120, Magenta);
    for(i = 10; i <= 120; i += 10)
      { Sine(i, 0, Green);
        Delay_ms(20);
      }
    Delay_ms(1000);
    for(i = 10; i <= 120; i += 10)
      { Sine(i, 1, Blue);
        Delay_ms(20);
      }
    Delay_ms(3000);
    TFT_clear_screen();
  }
}
```

☞ 헤더파일 OK-128TFT-V2.h에서 제공하는 그래픽 함수 Line(), Rectangle(), Block(), Circle(), Sine() 등의 동작 원리를 이해하고, 그것들이 이 예제 프로그램에서 어떻게 활용되고 있는지 잘 분석하는 것이 좋다.

이번에는 난수를 발생시켜 도형의 크기와 색을 랜덤하게 변화시키는 방법으로 여러가지 그래픽 쇼를 구현한 예제 프로그램이다.

〈프로그램 Exp07_2.c〉 수학함수와 난수를 이용한 그래픽 쇼 프로그램

```
/* ========================================================================== */
/*              Exp07_2.c : 난수를 이용한 랜덤 그래픽 프로그램                    */
/* ========================================================================== */
/*                        Designed and programmed by Duck-Yong Yoon in 2020.   */

#include <avr/io.h>
#include <stdlib.h>
```

```
#include "OK-128TFT-V2.h"

void Gradation(U16 x1,U16 y1, U16 x2,U16 y2, U16 color); /* gradation for rectangle */

/* ----- 메인 프로그램 ---------------------------------------------------------- */

int main(void)
{
  unsigned char i, key, line_color, fill_color;
  unsigned int color;
  signed int x1, y1, x2, y2, r;
  unsigned int Color[16] = { White, DarkGrey, Red, Green, Blue, Yellow, Cyan, Magenta,
                   Pink, Purple, LightGrey, Violet, Navy, Khaki, DarkGreen, Olive };

  MCU_initialize();                       // initialize ATmega128A MCU
  Delay_ms(50);                           // wait for system stabilization
  LCD_initialize();                       // initialize text LCD module
  TFT_initialize();                       // initialize TFT-LCD module

  LCD_string(0x80," OK-128TFT V2.0 ");    // display title
  LCD_string(0xC0,"   Exp07_2.c    ");

  TFT_string(6,10, White,Magenta, " 난수를 이용한 랜덤 그래픽 "); // wait KEY1 to start
  TFT_string(8,15,  Cyan,  Black, " Press KEY1 to start ! ");

  TCCR1A = 0x00;                          // Timer 1 = Normal mode(0)
  TCCR1B = 0x03;                          // 16MHz/64 = 250kHz
  TCNT1 = 0;

  key = 0;
  while(key != KEY1) key = Key_input();   // wait KEY1 for random starting
  srand(TCNT1);                           // initialize random number
  TFT_clear_screen();                     // clear screen

  while(1)
    { Rectangle(0,0, 319,239, Magenta);   // graphic show 1(line 1)
      Rectangle(1,1, 318,238, Magenta);
      for(i = 0; i < 100; i++)
        { x2 = rand() % 320;
          y2 = rand() % 240;

          Line(2,2, x2,y2, White);
          Delay_ms(30);
        }
      Delay_ms(1000);
      TFT_clear_screen();
      Beep();

      Rectangle(0,0, 319,239, Magenta);   // graphic show 2(line 2)
      Rectangle(1,1, 318,238, Magenta);
      for(i = 0; i < 100; i++)
        { x2 = rand() % 320;
          y2 = rand() % 240;

          Line(2,237, x2,y2, Yellow);
          Delay_ms(30);
        }
      Delay_ms(1000);
      TFT_clear_screen();
      Beep();

      Rectangle(0,0, 319,239, Magenta);   // graphic show 3(line 3)
      Rectangle(1,1, 318,238, Magenta);
      for(i = 0; i < 100; i++)
        { x2 = rand() % 320;
          y2 = rand() % 240;

          Line(317,237, x2,y2, Green);
          Delay_ms(30);
        }
      Delay_ms(1000);
      TFT_clear_screen();
      Beep();
```

```
Rectangle(0,0, 319,239, Magenta);          // graphic show 4(line 4)
Rectangle(1,1, 318,238, Magenta);
for(i = 0; i < 100; i++)
  { x2 = rand() % 320;
    y2 = rand() % 240;

    Line(317,2, x2,y2, Cyan);
    Delay_ms(30);
  }
Delay_ms(3000);
TFT_clear_screen();
Beep();

Rectangle(0,0, 319,239, Magenta);          // graphic show 5(rectangle)
Rectangle(1,1, 318,238, Magenta);
for(i = 0; i < 50; i++)
  { x1 = rand() % 320;
    y1 = rand() % 240;
    x2 = rand() % 320;
    y2 = rand() % 240;
    line_color = rand() % 16;

    Rectangle(x1,y1, x2,y2, Color[line_color]);
    Delay_ms(50);
  }
Delay_ms(3000);
TFT_clear_screen();
Beep();

Rectangle(0,0, 319,239, Magenta);          // graphic show 6(block)
Rectangle(1,1, 318,238, Magenta);
for(i = 0; i < 30; i++)
  { x1 = rand() % 320;
    y1 = rand() % 240;
    x2 = rand() % 320;
    y2 = rand() % 240;
    line_color = rand() % 16;
    fill_color = rand() % 16;

    Block(x1,y1, x2,y2, Color[line_color], Color[fill_color]);
    Delay_ms(50);
  }
Delay_ms(3000);
TFT_clear_screen();
Beep();

Rectangle(0,0, 319,239, Magenta);          // graphic show 7(circle)
Rectangle(1,1, 318,238, Magenta);
for(i = 0; i < 50; i++)
  { x1 = rand() % 320;
    y1 = rand() % 240;
    r = rand() % 120;
    line_color = rand() % 16;

    Circle(x1,y1, r, Color[line_color]);
    Delay_ms(50);
  }
Delay_ms(3000);
TFT_clear_screen();
Beep();

Rectangle(0,0, 319,239, Magenta);          // graphic show 8(gradation)
Rectangle(1,1, 318,238, Magenta);
for(i = 0; i < 30; i++)
  { x1 = rand() % 320;
    y1 = rand() % 240;
    r = rand() & 0x007F;
    x2 = x1 + r;
    y2 = y1 + r;
    color = (rand() % 32) << 11;
    color |= (rand() % 64) << 5;
    color |= (rand() % 32);
```

```
            Gradation(x1,y1, x2,y2, color);
            Delay_ms(50);
          }
        Delay_ms(3000);
        TFT_clear_screen();
        Beep();
      }
}

/* ----- 사용자 정의 함수 ------------------------------------------------- */

void Gradation(U16 x1,U16 y1, U16 x2,U16 y2, U16 color) /* gradation for rectangle */
{
  unsigned char i, limit;
  unsigned int red, green, blue;

  red   = (color >> 11) & 0x001F;
  green = (color >> 5) & 0x003F;
  blue  = color & 0x001F;

  limit = abs(x1-x2) / 2;

  for(i = 0; i < limit; i++)
    { Rectangle(x1++,y1++, x2--,y2--, color);

      red   += 1;
      green += 2;
      blue  += 1;

      color  = (red % 32) << 11;
      color |= (green % 64) << 5;
      color |= (blue % 32);
    }
}
```

☞ 난수를 발생시키기 시작하려면 srand() 함수를 사용하여 난수의 seed를 제공해야 하는데 이 값을 항상 같은 상수값으로 주게 되면 난수를 발생하는 패턴이 늘 일정하여 재미가 없게 된다. 이를 피하기 위하여 여기서는 타이머1을 설정한 후에 프로그램을 시작할 때 이것에 의한 시간값을 seed로 사용함으로써 매번 난수를 발생하는 seed가 달라지도록 처리하였다. 이 타이머의 동작을 설정한 후에 사용자가 KEY1을 눌러서 프로그램의 동작이 시작되기 까지의 시간이 매번 일정하지 않기 때문에 seed의 종류가 65536가지로 랜덤하게 달라지는 것이다. 난수 발생과 관련된 srand() 및 rand() 함수는 C컴파일러의 헤더파일 stdlib.h에 정의되어 있다.

2. 이미지 데이터 그래픽 디스플레이 프로그램

퍼스널컴퓨터에서 사용하는 BMP, PCX, JPG, GIF 등의 그림 파일에 있는 이미지 데이터를 사용하여 TFT-LCD 모듈에 이미지 그래픽을 구현할 수 있다. 이를 위해서는 그림 파일의 각 픽셀(pixel) 데이터를 상수로 읽어들여 TFT-LCD 화면의 해당 위치에 차례로 출력하여야 한다. 그러나, 이런 그림 파일은 데이터의 용량이 매우 크므로 이를 저장하고 읽어들일 때는 기억용량이 충분히 큰 보조기억장치가 필요한데, 마이크로컨트롤러 및 TFT-LCD 모듈 응용 시스템에서는 이러한 보조기억장치로 SD 카드를 사용하는 것이 편리하며, SD 카드에 관련된 프로그램 작성 기술은 나중에 제4.20절에서 설명하니 참고하라.

여기서는 여러가지 그림의 이미지 데이터를 C언어의 상수 배열로 플래시 메모리에 미리 저장하여 가지고 있다가 이를 읽어서 TFT-LCD에 출력하는데, 이렇게 하면 ATmega128A의 플래시 메모리 용량이 128KB에 불과하다는 점을 생각할 때 작은 그래픽 이미지 파일 몇 개 정도를 출력할 수 있다. 320×240 픽셀의 TFT-LCD 화면에 픽셀당 16비트의 컬러로 1화면 분량의 이미지를 출력하려면 무려 153,600 바이트의 데이터 용량이 필요하게 되기 때문이다.

그림 파일의 이미지 데이터를 읽어서 이를 C언어의 상수 배열로 만드는 것은 상당히 지루하고 힘든 작업이므로 전용의 변환 프로그램을 사용하는 것이 좋다. 인터넷에서 보면 이런 목적으로 BMP 파일에서 이미지 데이터를 추출하여 C언어 소스의 배열로 변환해주는 유틸리티 프로그램을 쉽게 구할 수 있다. 또한 여기에 PCX, JPG, GIF 등의 그림 파일을 BMP 파일 형식으로 변환하거나 또는 그림의 크기를 임의로 확대 및 축소할 수 있는 기능을 갖는 이미지 처리용 유틸리티 프로그램을 함께 사용하면 편리하다.

이제 인터넷에서 쉽게 구할 수 있는 간단한 이미지 그림을 C언어 상수 배열로 저장하였다가 이를 TFT-LCD 모듈에 출력하는 예제 프로그램을 보기로 한다. 여기서 사용하는 이미지 그림들은 <그림 4.7.1>에 보였듯이 AVR ATmega128A 마이크로컨트롤러를 만드는 Microchip Technology사의 로고와 Atmel Studio 소프트웨어의 심볼 마크이다.

〈그림 4.7.1〉 TFT-LCD 모듈에 출력할 이미지 그림

〈프로그램 Exp07_3.c〉 상수 배열로 처리한 이미지 그림 출력 프로그램

```
/* ========================================================================== */
/*              Exp07_3.c : 비트맵 이미지 그래픽 프로그램                        */
/* ========================================================================== */
/*                     Designed and programmed by Duck-Yong Yoon in 2010.    */

#include <avr/io.h>
#include <avr/pgmspace.h>
#include "OK-128TFT-V2.h"

const unsigned int Atmel[] PROGMEM = {          // Microchip logo 200 x 47 pixel
0x7FFF,0x7FFF,0x7FFF,0x7FFF,0x7FFF,0x7FFF,0x7FFF,0x7FFF,0x7FFF,0x7FFF,
0x7FFF,0x7FFF,0x7FFF,0x7FFF,0x7FFF,0x7FFF,0x7FFF,0x7FFF,0x7FFF,0x7FFF,
```

```
0x7FFF,0xF800,0xF800,0xF800,0xF800,0xF800,0xF800,0xF800,0xF800,0xF800,
0x7FFF,0x7FFF,0x7FFF,0x7FFF,0x7FFF,0x7FFF,0x7FFF,0x7FFF,0x7FFF,0x7FFF,
0x7FFF,0x7FFF,0x7FFF,0x7FFF,0x7FFF,0x7FFF,0x7FFF,0x7FFF,0x7FFF,0x7FFF,
0x7FFF,0x7FFF,0x7FFF,0x7FFF,0x7FFF,0x7FFF,0x7FFF,0x7FFF,0x7FFF,0x7FFF,
0x7FFF,0x7FFF,0x7FFF,0x7FFF,0x7FFF,0x7FFF,0x7FFF,0x7FFF,0x7FFF,0x7FFF,

            (중간 생략)

0x7FFF,0x7FFF,0x7FFF,0x7FFF,0x7FFF,0x7FFF,0x7FFF,0x7FFF,0x7FFF,0x7FFF,
0x7FFF,0x7FFF,0x7FFF,0x7FFF,0x7FFF,0x7FFF,0x7FFF,0x7FFF,0x7FFF,0x7FFF,
0x7FFF,0x7FFF,0x7FFF,0x7FFF,0x7FFF,0x7FFF,0x7FFF,0x7FFF,0x7FFF,0x7FFF,
0x7FFF,0x7FFF,0x7FFF,0x7FFF,0x7FFF,0x7FFF,0x7FFF,0x7FFF,0x7FFF,0x7FFF };

const unsigned int Studio[] PROGMEM = {          // Atmel Studio 149 x 66 pixel
0x7FFF,0x7FFF,0x7FFF,0x7FFF,0x7FFF,0x7FFF,0x7FFF,0x7FFF,0x7FFF,0x7FFF,
0x7FFF,0x7FFF,0x7FFF,0x7FFF,0x7FFF,0x7FFF,0x7FFF,0x7FFF,0x7FFF,0x7FFF,
0x7FFF,0x7FFF,0x7FFF,0x7FFF,0x7FFF,0x7FFF,0x7FFF,0x7FFF,0x7FFF,0x7FFF,
0x7FFF,0x7FFF,0x7FFF,0x7FFF,0x7FFF,0x7FFF,0x7FFF,0x7FFF,0x7FFF,0x7FFF,

            (중간 생략)

0x7FFF,0x7FFF,0x7FFF,0x7FFF,0x7FFF,0x7FFF,0x7FFF,0x7FFF,0x7FFF,0x7FFF,
0x7FFF,0x7FFF,0x7FFF,0x7FFF,0x7FFF,0x7FFF,0x7FFF,0x7FFF,0x7FFF,0x7FFF,
0x7FFF,0x7FFF,0x7FFF,0x7FFF,0x7FFF,0x7FFF,0x7FFF,0x7FFF,0x7FFF,0x7FFF,
0x7FFF,0x7FFF,0x7FFF,0x7FFF,0x7FFF,0x7FFF,0x7FFF,0x7FFF,0x7FFF,0x7FFF,
0x7FFF,0x7FFF,0x7FFF,0x7FFF };

int main(void)
{
  unsigned int i, x, y, color;

  MCU_initialize();                              // initialize ATmega128A MCU
  Delay_ms(50);                                  // wait for system stabilization
  LCD_initialize();                              // initialize text LCD module
  TFT_initialize();                              // initialize TFT-LCD module

  LCD_string(0x80," OK-128TFT V2.0 ");           // display title
  LCD_string(0xC0,"   Exp07_3.c    ");

  while(1)
    { TFT_string(3,6,Green,Black, "(1) Microchip Technology사의 로고"); // Atmega128A
      i = 0;
      for(y = 0; y < 47; y++)
        for(x = 0; x < 200; x++)
          { color = pgm_read_word(&Atmel[i++]);
            TFT_pixel(x+60,y+110, color);
          }
      Beep();
      Delay_ms(3000);
      TFT_clear_screen();

      TFT_string(9,6,Green,Black, "(2) Atmel Studio의 로고"); // Atmel Studio
      i = 0;
      for(y = 0; y < 66; y++)
        for(x = 0; x < 149; x++)
          { color = pgm_read_word(&Studio[i++]);
            TFT_pixel(x+85,y+100, color);
          }
      Beep();
      Delay_ms(3000);
      TFT_clear_screen();
    }
}
```

이번에는 여러 개의 화면 컷(cut)으로 되어있는 이미지 그림을 빠르게 연속으로 디스플레이하여 간단한 애니메이션 영상을 구현하는 예제 프로그램이다. 이 예제에서는 모두 7컷으로 구성되는 그림을 C언어 상수 배열로 저장하여 놓고 이를 차례를 출력하여 예쁜 소녀가 다소곳이 고개를 숙여 인사하는 애니메이션을 구현하였다. 7개의 화면 컷을 순서대로 출력하면 고개를 숙이는 모양이 되고, 이를 역순으로 출력하면 인사를 마치고 다시 고개를 드는 모양의 된다.

이 경우는 그림이 매우 작기 때문에 이를 연속으로 출력하는데 ATmega128A가 충분한 처리속도를 보이지만, 그림이 이보다 상당히 커지거나 1초당 출력할 화면의 컷 수가 많아지면 TFT-LCD 모듈로 출력할 데이터 전송량이 급증하여 이보다 훨씬 빠른 그래픽 처리가 필요하게 된다. 이런 경우에는 32비트 ARM Cortex-M4/M7과 같은 동영상 처리용의 고성능 마이크로컨트롤러와 이에 적합한 RGB 인터페이스 방식의 TFT-LCD를 사용하는 것이 바람직하다.

〈그림 4.7.2〉 애니메이션으로 구현한 인사하는 소녀 그림

〈프로그램 Exp07_4.c〉 연속된 이미지 그림을 출력하여 애니메이션을 구현한 예

```
/* ========================================================================== */
/*                Exp07_4.c : 간단한 애니메이션 그래픽 프로그램                  */
/* ========================================================================== */
/*                          Designed and programmed by Duck-Yong Yoon in 2020.  */

#include <avr/io.h>
#include <avr/pgmspace.h>
#include "OK-128TFT-V2.h"

const unsigned int Girl[7][32*57] PROGMEM = {            // greeting girl 32 x 57 pixel
{ 0x0000, 0x0000, 0x0000, 0x0000, 0x0000, 0x0000, 0x0000, 0x0000, // cut 1
  0x0000, 0x0000, 0x0000, 0x0000, 0x0000, 0x0000, 0x0000, 0x0000,
  0x0000, 0x0000, 0x0000, 0x0000, 0x0000, 0x0000, 0x0000, 0x0000,
  0x0000, 0x0000, 0x0000, 0x0000, 0x0000, 0x0000, 0x0000, 0x0000,
  0x0000, 0x0000, 0x0000, 0x0000, 0x0000, 0x0000, 0x0000, 0x0000,
  0x0000, 0x0000, 0x0000, 0x0000, 0xDEFB, 0xCCD3, 0x9CCC, 0x8C51,

           (중간 생략)

  0xFCCC, 0x0000, 0x0000, 0x0000, 0x0000, 0x0000, 0x0000, 0x0000,
  0x0000, 0x0000, 0x0000, 0x0000, 0x0000, 0x0000, 0x0000, 0x0000,
  0x0000, 0x0000, 0x0000, 0x0000, 0x0000, 0x0000, 0x0000, 0x0000,
  0x0000, 0x0000, 0x0000, 0x0000, 0x0000, 0x0000, 0x0000, 0x0000,
  0x0000, 0x0000, 0x0000, 0x0000, 0x0000, 0x0000, 0x0000, 0x0000,
  0x0000, 0x0000, 0x0000, 0x0000, 0x0000, 0x0000, 0x0000, 0x0000 },
{ 0x0000, 0x0000, 0x0000, 0x0000, 0x0000, 0x0000, 0x0000, 0x0000, // cut 2
  0x0000, 0x0000, 0x0000, 0x0000, 0x0000, 0x0000, 0x0000, 0x0000,
  0x0000, 0x0000, 0x0000, 0x0000, 0x0000, 0x0000, 0x0000, 0x0000,
  0x0000, 0x0000, 0x0000, 0x0000, 0x0000, 0x0000, 0x0000, 0x0000,
  0x0000, 0x0000, 0x0000, 0x0000, 0x0000, 0x0000, 0x0000, 0x0000,

           (중간 생략)

  0x0000, 0x0000, 0x0000, 0x0000, 0x0000, 0x0000, 0x0000, 0x0000,
  0x0000, 0x0000, 0x0000, 0x0000, 0x0000, 0x0000, 0x0000, 0x0000,
```

```
  0x0000, 0x0000, 0x0000, 0x0000, 0x0000, 0x0000, 0x0000, 0x0000,
  0x0000, 0x0000, 0x0000, 0x0000, 0x0000, 0x0000, 0x0000, 0x0000 },
{ 0x0000, 0x0000, 0x0000, 0x0000, 0x0000, 0x0000, 0x0000, 0x0000, // cut 3
  0x0000, 0x0000, 0x0000, 0x0000, 0x0000, 0x0000, 0x0000, 0x0000,
  0x0000, 0x0000, 0x0000, 0x0000, 0x0000, 0x0000, 0x0000, 0x0000,
  0x0000, 0x0000, 0x0000, 0x0000, 0x0000, 0x0000, 0x0000, 0x0000,
  0x0000, 0x0000, 0x0000, 0x0000, 0x0000, 0x0000, 0x0000, 0x0000,

            (중간 생략)

{ 0x0000, 0x0000, 0x0000, 0x0000, 0x0000, 0x0000, 0x0000, 0x0000, // cut 7
  0x0000, 0x0000, 0x0000, 0x0000, 0x0000, 0x0000, 0x0000, 0x0000,
  0x0000, 0x0000, 0x0000, 0x0000, 0x0000, 0x0000, 0x0000, 0x0000,
  0x0000, 0x0000, 0x0000, 0x0000, 0x0000, 0x0000, 0x0000, 0x0000,
  0x0000, 0x0000, 0x0000, 0x0000, 0x0000, 0x0000, 0x0000, 0x0000,

            (중간 생략)

  0xCB2C, 0xFFF9, 0x0000, 0x0000, 0x0000, 0x0000, 0x0000, 0x0000,
  0x0000, 0x0000, 0x0000, 0x0000, 0x0000, 0x0000, 0x0000, 0x0000,
  0x0000, 0x0000, 0x0000, 0x0000, 0x0000, 0x0000, 0x0000, 0x0000,
  0x0000, 0x0000, 0x0000, 0x0000, 0x0000, 0x0000, 0x0000, 0x0000,
  0x0000, 0x0000, 0x0000, 0x0000, 0x0000, 0x0000, 0x0000, 0x0000,
  0x0000, 0x0000, 0x0000, 0x0000, 0x0000, 0x0000, 0x0000, 0x0000 }};

int main(void)
{
  unsigned int i, cut, x, y, color;

  MCU_initialize();                     // initialize ATmega128A MCU
  Delay_ms(50);                         // wait for system stabilization
  LCD_initialize();                     // initialize text LCD module
  TFT_initialize();                     // initialize TFT-LCD module
  Beep();

  LCD_string(0x80," OK-128TFT V2.0 ");  // display title
  LCD_string(0xC0,"   Exp07_4.c     ");

  TFT_string(10,6,White,Magenta, " 간단한 애니메이션 ");
  TFT_string(10,9,Green,Black,   "  (인사하는 소녀)  ");

  while(1)
    { for(cut = 0; cut <= 6; cut++)     // 머리를 숙이는 동작
        { i = 0;
          for(y = 0; y < 57; y++)
            for(x = 0; x < 32; x++)
              { color = pgm_read_word(&Girl[cut][i++]);
                TFT_pixel(x+144,y+120, color);
              }
          Delay_ms(100);
        }
      Delay_ms(500);

      for(cut = 7; cut > 0; cut--)      // 다시 되돌아 오는 동작
        { i = 0;
          for(y = 0; y < 57; y++)
            for(x = 0; x < 32; x++)
              { color = pgm_read_word(&Girl[cut-1][i++]);
                TFT_pixel(x+144,y+120, color);
              }
          Delay_ms(100);
        }
      Delay_ms(2000);
    }
}
```

3. 실시간 그래픽 디스플레이 프로그램

이번에는 TFT-LCD 모듈의 화면에 실시간으로 그래픽을 구현하는 프로그램을 작성해 보기로 한다.

▣ 센서 측정 데이터를 실시간 그래픽으로 표시하기

먼저 A/D 컨버터를 사용하여 읽어들인 센서 측정 데이터를 TFT-LCD에 실시간 그래픽 곡선으로 디스플레이하는 프로그램을 작성해 보기로 한다. 이를 적절히 응용하면 TFT-LCD 모듈의 화면에 간단한 디지털 오실로스코프를 구현할 수 있다.

OK-128TFT 키트의 가변저항 VR1에서 읽어들인 전압값을 TFT-LCD 모듈에 그래프로 보여주는 프로그램을 작성하여 보면 다음과 같다. 여기서 y축은 0~5V의 전압을 나타내며, x축으로는 0~5.82초 동안 20ms의 시간 간격으로 A/D 변환한 데이터를 표시하였다. 1화면 분량이 디스플레이되면 현재의 그래프를 화면에서 클리어하고 나서 다시 처음부터 그래프를 그리기 시작함으로써 오실로스코프의 sweep처럼 동작하도록 하였다.

〈프로그램 Exp07_5.c〉 VR1의 전압을 실시간으로 측정한 데이터 그래픽

```
/* ======================================================================== */
/*          Exp07_5.c : VR1 전압값을 실시간으로 A/D 변환하여 측정한 파형          */
/* ======================================================================== */
/*                        Designed and programmed by Duck-Yong Yoon in 2020.  */

#include <avr/io.h>
#include <avr/interrupt.h>
#include "OK-128TFT-V2.h"

void Draw_axis(void);                              /* draw x-axis and y-axis */

volatile unsigned char ADC_buffer[291], end_flag;
volatile unsigned int ADC_count;

/* ----- 인터럽트 처리 프로그램 --------------------------------------------- */

ISR(TIMER1_COMPA_vect)                             /* OC1A interrupt function (20 ms) */
{
  unsigned int ADC_result;
  float voltage;

  ADCSRA = 0xD5;                                   // start conversion and clear ADIF
  while((ADCSRA & 0x10) != 0x10);
  ADC_result = ADCW;                               // read A/D result

  voltage = (float)ADC_result*5./1023.;            // display voltage
  TFT_xy(22,0);
  TFT_color(Cyan,Blue);
  TFT_unsigned_float(voltage,1,2);

  ADC_buffer[ADC_count] = (float)ADC_result*200./1023.;
```

```
  if(ADC_count != 0)                             // draw graph
    Line(20+ADC_count-1,215-ADC_buffer[ADC_count-1], 20+ADC_count,215-ADC_buffer[ADC_count], Magenta);

  if(ADC_count != 290)
    ADC_count++;
  else
    end_flag = 1;
}

/* ----- 메인 프로그램 ------------------------------------------------------ */

int main(void)
{
  unsigned int i;

  MCU_initialize();                              // initialize ATmega128A MCU
  Delay_ms(50);                                  // wait for system stabilization
  LCD_initialize();                              // initialize text LCD module
  TFT_initialize();                              // initialize TFT-LCD module
  Beep();

  LCD_string(0x80," OK-128TFT V2.0 ");           // display title
  LCD_string(0xC0,"   Exp07_5.c    ");

  ADCSRA = 0x85;                                 // ADC enable, 500kHz
  ADMUX = 0x43;                                  // select ADC3 with AVCC
  Delay_us(150);

  while(1)
    { end_flag = 0;
      ADC_count = 0;

      Draw_axis();                               // draw x-axis and y-axis

      TCCR1A = 0x00;                             // CTC mode(4), don't output OC1A
      TCCR1B = 0x0C;                             // 16MHz/256/(1+1249) = 50Hz
      TCCR1C = 0x00;
      OCR1A = 1249;
      TCNT1 = 0x0000;                            // clear Timer/Counter1

      TIFR = 0x10;                               // clear OC1A interrupt flag
      TIMSK = 0x10;                              // enable OC1A interrupt
      sei();                                     // global interrupt enable

      while(end_flag == 0);                      // wait screen graph end

      cli();                                     // global interrupt disable
      for(i = 1; i <= 290; i++)                  // clear old graph
        Line(20+i-1,215-ADC_buffer[i-1], 20+i,215-ADC_buffer[i], Black);
    }
}

/* ----- 사용자 정의 함수 ---------------------------------------------------- */

void Draw_axis(void)                             /* draw x-axis and y-axis */
{
  TFT_string(11,0, White,Blue, " VR1 전압 (0.00V) ");   // display title

  Line(15,215, 310,215, White);                  // draw x-axis
  Line(305,210, 310,215, White);
  Line(305,220, 310,215, White);
  Line(70,212, 70,218, White);                   // draw x-axis scale
  Line(120,212, 120,218, White);
  Line(170,212, 170,218, White);
  Line(220,212, 220,218, White);
  Line(270,212, 270,218, White);
  TFT_color(Cyan,Black);                         // write time scale
  TFT_English_pixel(16,222, '0');
  TFT_English_pixel(66,222, '1');
  TFT_English_pixel(116,222, '2');
  TFT_English_pixel(166,222, '3');
```

```
    TFT_English_pixel(216,222, '4');
    TFT_English_pixel(266,222, '5');
    TFT_color(Magenta,Black);
    TFT_English_pixel(288,222, 's');
    TFT_English_pixel(296,222, 'e');
    TFT_English_pixel(304,222, 'c');

    Line(20,220, 20,5, White);                  // draw y-axis
    Line(15,10, 20,5, White);
    Line(25,10, 20,5, White);
    Line(17,175, 23,175, White);                // draw y-axis scale
    Line(17,135, 23,135, White);
    Line(17,95, 23,95, White);
    Line(17,55, 23,55, White);
    Line(17,15, 23,15, White);
    TFT_color(Cyan,Black);                      // write voltage scale
    TFT_English_pixel(5,208, '0');
    TFT_English_pixel(5,168, '1');
    TFT_English_pixel(5,128, '2');
    TFT_English_pixel(5,88, '3');
    TFT_English_pixel(5,48, '4');
    TFT_English_pixel(5,8, '5');
    TFT_color(Magenta,Black);
    TFT_English_pixel(28,8, '[');
    TFT_English_pixel(36,8, 'V');
    TFT_English_pixel(44,8, ']');
}
```

☞ 여기서는 20ms의 일정한 시간주기로 VR1의 전압을 A/D 변환하여 읽어들이기 위해서 타이머1의 CTC 모드에 의한 인터럽트 기능을 사용하였다. 20ms 간격으로 50번 A/D 변환을 수행하면 1초가 되며, 1 화면에서 291번 A/D 변환이 수행되어 5.82초 동안의 그래프가 만들어진다.

그래프에서 x축과 y축의 눈금에 값을 적으려면 세심한 주의가 필요하다. 즉, OK-128TFT-V2.h 파일에서 제공하는 보통의 문자 출력함수를 사용하면 화면에 표시하는 글자 위치가 8픽셀의 간격으로 지정되어 있어서 글자를 원하는 위치에 쓰기가 어려우므로 여기서는 글자의 위치를 1픽셀 단위로 자유롭게 지정할 수 있도록 TFT_English_pixel() 함수를 사용하는 것이 좋다.

이 프로그램을 컴파일하고 *OK-128TFT* 키트에 다운로드하여 실행하라. 그리고, 드라이버를 사용하여 가변저항 VR1을 좌우로 천천히 돌리면서 TFT-LCD 화면에 표시되는 그래프를 관찰하라. 비록 간단하고 해상도는 낮지만 TFT-LCD 모듈로 구현한 간이 디지털 오실로스코프의 맛을 볼 수 있겠는가?

▣ 난수가 발생하는 빈도를 통계 그래프로 표시하기

이번에는 WinAVR C컴파일러의 기능을 이용하여 난수를 발생하고 이것이 진정으로 난수인지 각 숫자의 발생 빈도를 통계 그래프로 나타내는 프로그램을 작성하여 보기로 한다. 난수는 8로 나누어 나머지가 0~7이 되는 8가지의 그룹으로 분류하여 발생 빈도를 측정하였다.

〈프로그램 Exp07_6.c〉 난수를 발생하는 통계를 보여주는 데이터 그래픽

```
/* ============================================================================ */
/*              Exp07_6.c : 난수 발생 통계를 보여주는 막대 그래프              */
/* ============================================================================ */
/*                        Designed and programmed by Duck-Yong Yoon in 2020.   */

#include <avr/io.h>
#include <stdlib.h>
#include "OK-128TFT-V2.h"

void Draw_initial_graph(void);                     /* draw initial graph */
void Draw_graph(void);                             /* draw graph */
void Block_fast(S16 x1,S16 y1, S16 x2,S16 y2, U16 color, U16 fill); /* fast draw block */
void Line_fast(S16 x1,S16 y1, S16 x2,S16 y2, U16 color); /* fast draw line */

unsigned char total, count[8];
unsigned int random_number;

/* ----- 메인 프로그램 ------------------------------------------------------ */

int main(void)
{
  unsigned char i, key, index;

  MCU_initialize();                               // initialize ATmega128A MCU
  Delay_ms(50);                                   // wait for system stabilization
  LCD_initialize();                               // initialize text LCD module
  TFT_initialize();                               // initialize TFT-LCD module

  LCD_string(0x80," OK-128TFT V2.0 ");            // display title
  LCD_string(0xC0,"   Exp07_6.c    ");

  TFT_string_large(1,6, White,Blue, " 난수 발생 통계 프로그램 "); // starting screen
  TFT_string(14,13, Yellow,Black, "시작 = KEY1");
  TFT_string(14,16, Yellow,Black, "중지 = KEY4");
  Beep();

  key = 0;                                        // random starting time
  while(key != KEY1) key = Key_input();
  srand(TCNT1);                                   // initialize random number

  while(1)
    { Draw_initial_graph();                       // draw initial graph

      for(i = 0; i < 8; i++)                      // clear count data
        count[i] = 0;

      for(total = 1; total <= 200; total++)       // run program
        { LED2_on();
          random_number = rand();                 // generate random number
          index = random_number % 8;
          count[index]++;
          Draw_graph();                           // draw graph
          LED2_off();

          key = Key_input();                      // stop ?
          if(key == KEY4)
            while(key != KEY1) key = Key_input();

          Delay_ms(1000);                         // delay 1000 ms
        }

      Beep();                                     // end program
      key = 0;                                    // start again ?
      while(key != KEY1) key = Key_input();
    }
}
```

```
/* ----- 사용자 정의 함수 ------------------------------------------------------- */

void Draw_initial_graph(void)                   /* draw initial graph */
{
  unsigned char i;

  TFT_clear_screen();                           // clear screen

  TFT_string(2,0, White,Blue, " 난수 발생(1초 간격) 통계  프로그램 "); // title
  TFT_string(14,2, White,Black,"횟수 = 000");
  TFT_string(11,4, White,Black,"(난수 = 0x0000)");
  TFT_string(4,4, Yellow,Black,"0");
  TFT_string(31,4, Yellow,Black,"100");

  for(i = 0; i < 8; i++)                        // draw initial graph
    { TFT_color(White,Magenta);
      TFT_xy(0,6+3*i);
      TFT_English('(');
      TFT_English('0'+i);
      TFT_English(')');
      Rectangle(30,48+24*i, 270,48+24*i+14, Yellow);
      TFT_string(34,6+3*i, White,Black, "000.0");
      TFT_string(39,6+3*i, Cyan,Black, "%");
    }
}

void Draw_graph(void)                           /* draw graph */
{
  unsigned char i;
  unsigned int x;

  TFT_color(Cyan,Black);                        // display total count
  TFT_xy(21,2);
  TFT_unsigned_decimal(total,0,3);
  TFT_xy(19,4);                                 // display random number
  TFT_0x_hexadecimal(random_number,4);

  for(i = 0; i < 8; i++)                        // draw graph
    { x = (unsigned int)(30. + (float)count[i]*240./(float)total + 0.5);
      Block_fast(30,48+24*i, x,48+24*i+14, Yellow,Blue);
      Block_fast(x,48+24*i, 270,48+24*i+14, Yellow,Black);
      TFT_color(White,Black);
      TFT_xy(34,6+3*i);
      TFT_unsigned_float((float)count[i]*100./(float)total,3,1);
    }
}

void Block_fast(S16 x1,S16 y1, S16 x2,S16 y2, U16 color, U16 fill) /* fast draw block */
{
  signed int i;

  Line(x1,y1, x1,y2, color);                    // vertical line
  Line(x2,y1, x2,y2, color);
  Line_fast(x1,y1, x2,y1, color);               // horizontal line
  Line_fast(x1,y2, x2,y2, color);

  for(i = y1+1; i <= y2-1; i++)                 // fill block
    Line_fast(x1+1,i, x2-1,i, fill);
}

void Line_fast(S16 x1,S16 y1, S16 x2,S16 y2, U16 color) /* fast draw line */
{
  signed int x;

  TFT_write(0x02, x1 >> 8);                     // x1 = 0~319
  TFT_write(0x03, x1 & 0x00FF);
  TFT_write(0x06, 0x0000);                      // y1 = 0~239
  TFT_write(0x07, y1);

  TFT_command(0x22);                            // draw line from x1 to x2
  for(x = x1; x <= x2; x++)
```

```
    TFT_data(color);
}
```

☞ 여기서 OK-128TFT-V2.h 파일에서 제공하는 Block() 함수를 사용하여 막대 그래프를 그리게 되면 사각형 내부의 컬러를 채우는 과정이 오래 걸리기 때문에 화면 처리 시간이 대단히 느려진다. 여기서는 이를 해결하기 위하여 이보다 훨씬 빠른 그래픽 함수 Block_fast()와 Line_fast()를 만들어 사용하였다. 위 프로그램의 Draw_graph() 함수에서 2번의 Block_fast() 함수 호출 부분을 Block()으로 수정하여 실행해보면 이런 그래픽 처리가 얼마나 느린지를 눈으로 확인할 수 있다.

4. 실습 과제

(1) 기본 헤더파일 OK-128TFT-V2.h의 직선 그리기 함수 Line()에서 abs(x1-x2) ≥ abs(y1-y2)인 경우와 abs(x1-x2) < abs(y1-y2)인 경우로 나누어 다르게 처리하는 이유를 설명하라.

(2) 기본 헤더파일 OK-128TFT-V2.h의 원 그리기 함수 Circle()에서 x에 대한 y함수로 원을 한번 그리고 나서 y에 대한 x함수로 원을 또 한번 그려주는 이유를 설명하라.

(3) 예제 프로그램 Exp07_6.c에서 왜 그래픽 함수 Block_fast()와 Line_fast()를 사용하면 Block()과 Line() 함수를 사용하는 경우에 비하여 월등하게 빠른 그래픽 처리가 수행되는지 설명하라.

(4) 예제 프로그램 Exp07_3.c를 수정하여 자신이 다니는 학교 또는 회사의 마크를 디스플레이하는 프로그램 Exp07_3R.c를 작성하라.

(5) 예제 프로그램 Exp07_4.c를 수정하여 다른 간단한 애니메이션을 구현하는 프로그램 Exp07_4R.c를 작성하라.

4.8 TFT-LCD 모듈 터치 스크린 입력 프로그램

이 절에서는 TFT-LCD 모듈의 화면에 부착되어 있는 터치 스크린의 구조와 원리를 이해하고, 이를 통하여 사용자가 누른 화면의 위치를 검출할 수 있는 프로그램 작성 기술을 공부한다.

관련 내용	(1) 제2.6절 SPI 직렬통신 포트 (2) 제3.1절 *OK-128TFT* 키트의 구조와 기능

1. 저항막 방식 터치 스크린의 구조와 기능

터치 스크린(touch screen)은 브라운관 또는 TFT-LCD의 화면에 손이나 펜에 의한 직접 접촉으로 데이터를 입력할 수 있는 첨단 입력장치이다. 이를 위하여 <그림 4.8.1>에 보인 것처럼 평면으로 된 스크린의 표면에 터치 패널(touch panel)을 설치하고 이 신호를 터치 스크린 컨트롤러가 인식하여 CPU가 읽어들일 수 있게 된다.

터치 스크린은 키보드나 마우스, 조이스틱과는 다른 개념의 입력장치로서 휴대가 간편하고 직관적이어서 사용이 매우 쉽기 때문에 종래에는 은행의 ATM과 같은 금융기기나 OA기기 등의 고가 장비에나 주로 사용되었으나, 요즈음은 신용카드 결제 단말기에서부터 스마트폰, PDA, 네비게이션 시스템 등의 휴대용 멀티미디어 기기에까지 매우 광범위하게 사용되어 우리 생활에 폭넓게 자리잡고 있다.

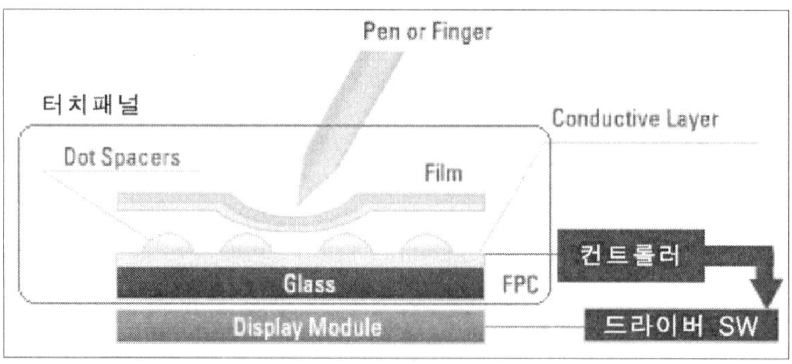

〈그림 4.8.1〉 터치 스크린의 구조(저항막 방식의 경우)

(1) 터치 스크린의 원리 및 종류

터치 스크린은 상당히 최근 기술이 적용되는 첨단제품으로서 현재도 여러 가지 종류가 있지만 앞으로도 계속하여 새로운 방식의 터치 스크린이 개발될 것으로 예상된다. 현재까지 널리 사용되어온 방식은 저항막 방식이지만 최근에 휴대용 기기를 중심으로 하여 멀티 터치 기능이 있는 정전용량 방식의 사용이 크게 증가하는 추세이다.

▣ 저항막 방식

저항막 방식(resistive)의 터치 스크린은 <그림 4.8.2> (b)에 보인 것처럼 산화 인듐 주석(ITO ; Indium Tin Oxide)을 코팅한 2장의 투명 전도막을 상판(film)과 하판(film 또는 glass)으로 맞붙여 놓은 구조로 되어 있는데, 이것들의 사이는 평소에 돌출부(dot spacer)에 의하여 일정한 간격을 유지하면서 절연되어 있으나 이를 손 또는 펜으로 누르면 상판과 하판이 연결되어 (c)와 같은 등가회로를 구성하게 된다.

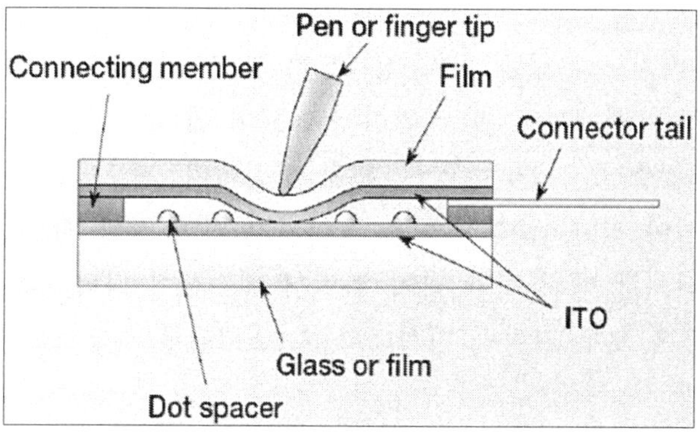

(a)

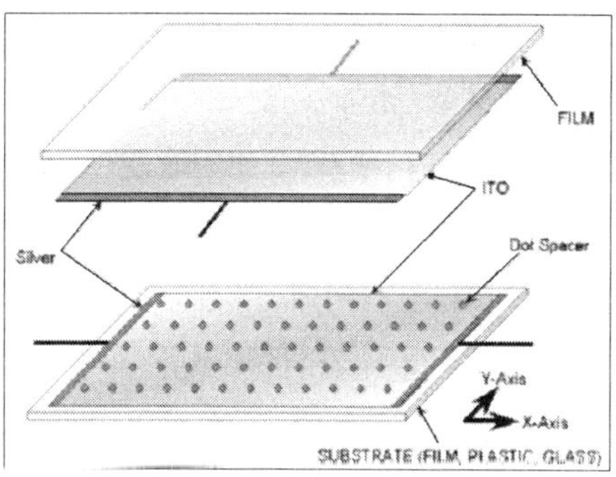

(b)

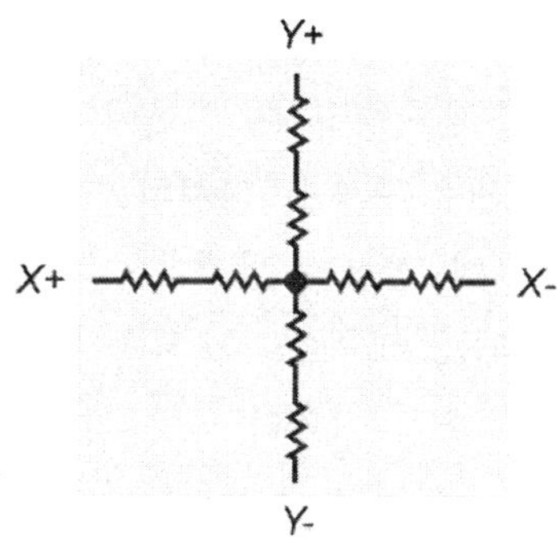

(c)

〈그림 4.8.2〉 저항막 방식 터치 스크린의 구조

즉, 상판에는 상하 방향으로 Y+와 Y- 단자를 설치하고 하판에는 좌우 방향으로 X+와 X- 단자를 설치하여 놓았으므로, 외부 접촉에 의하여 상판과 하판이 1점에서 만나게 되면 상하좌우의 4방향으로 저항에 의한 회로가 구성되는 것이다.

그러면 터치 스크린 컨트롤러는 먼저 X+ 단자와 X- 단자에 전원을 인가하고 Y+ 단자에서의 전압을 측정하여 X축 방향의 좌표값을 검출할 수 있으며, 다시 Y+ 단자와 Y- 단자에 전원을 인가하고 X+ 단자에서의 전압을 측정하여 Y축 방향의 좌표값을 검출할 수 있게 된다.

이러한 방식을 4선식 구조라고 하는데, 저항막 방식의 터치 스크린에는 이밖에 5선식 구조를 사용하기도 한다. 5선식에서는 하판에 상하좌우 방향으로 Y+, Y-, X+, X-의 단자를 모두 가지고 있으며, 상판에는 출력 단자만을 가지고 있다. 외부 접촉에 의하여 상판과 하판이 만나면 먼저 하판의 X+와 X- 사이에 전원을 인가하고 상판의 출력단자로 전압을 검출하여 X축 방향의 좌표를 측정할 수 있으며, 다시 하판의 Y+와 Y- 사이에 전원을 인가하고 상판의 출력단자로 전압을 검출하여 Y축 방향의 좌표를 측정할 수 있다.

저항막 방식의 터치 스크린은 위치 정밀도가 높고 응답속도가 빠르며, 구조가 간단하고 제조가 용이하여 현재까지 가장 널리 사용되어 왔다. 그러나, 기본적으로 어느 한 순간에는 1점만을 검출할 수 있는 싱글 터치 방식이며, 전도막의 투과율이 낮아서 화면이 흐려지는 단점이 있고, 접촉 감도를 높이기 위하여 상판 필름을 부드러운 재질로 사용하면 펜으로 터치할 때 상처가 나기 쉬워서 내구성이 나빠진다. 이 책에서 사용하는 TFT-LCD 모듈은 모두 저항막 방식의 터치 스크린을 채용하고 있다.

▣ 정전용량 방식

정전용량 방식(capacitive)의 터치 스크린은 2장의 서브스트레이트(substrate)에 특수 전도성 금속인 안티몬 주석 산화물(ATO ; Antimony Tin Oxide)을 코팅하여 상판과 하판으로 접속하고 이 사이에 형성된 정전용량을 통하여 전류가 흐르도록 한 것이다. 이때 상판을 손으로 터치하면 사람의 몸에 의하여 추가로 정전용량이 생기고 이로 인하여 전류에 변화가 발생하는 부분을 검출하여 위치를 측정하는 원리로 동작한다. 즉, <그림 4.8.3>에 보인 것처럼 평소에는 터치 패드 사이에 정전용량 C_P만이 존재하지만 사람의 손을 가까이 하면 병렬로 정전용량 C_F가 추가되어 전류 파형의 시간지연이 발생한다. 이러한 정전용량의 변화를 오실레이터 회로에 적용하면 발진 주파수가 달라지고 이를 마이크로컨트롤러의 타이머/카운터로 측정할 수 있다.

정전용량 방식은 동작 원리에 따라 4선 저항막 방식과 유사하게 생각할 수 있는 투영 정전용량 방식(projected capacitive)과 5선 저항막 방식처럼 생각할 수 있는 표면 정전용량 방식(surface capacitive)의 2가지로 나눌 수 있다. 정전용량 방식의 터치 스크린은 인체의 정전용량을 이용하므로 손에 장갑을 끼거나 사람의 손이 아닌 펜 등의 부도체 물체를 사용하면 잘 동작하지 않는 단점이 있다. 그러나, 동시에 여러 점을 검출하는 멀티 터치 구조가 가능하고, 상판과 하판을 좀 더 강한 재질로 만들 수 있기 때문에 수명이 길고 견고하며, 빛의 투과성을 높게 만들 수 있다.

터치 스크린에는 이밖에도 적외선 방식이나 초음파 반사 방식 등이 있다. 이러한 각종 터치 스크린 방식들의 특징을 요약 비교하면 <표 4.8.1>과 같다.

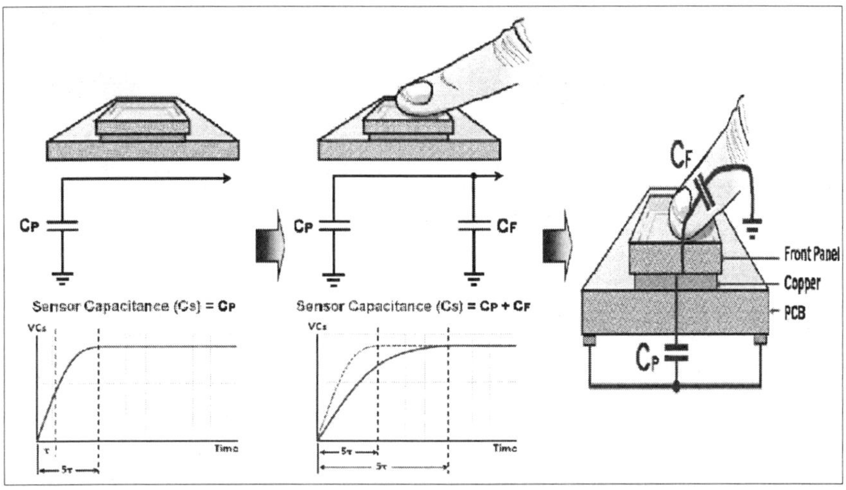

〈그림 4.8.3〉 정전용량 방식 터치 스크린의 구조

〈표 4.8.1〉 여러가지 터치 스크린 방식의 특징 비교

	저항막 방식	정전용량 방식	적외선 방식	초음파 반사 방식
터치 방법	손가락, 스타일러스 펜	손가락	손가락, 스타일러스 펜	손가락, 스타일러스 펜
내구성/수명	△	◎	◎	◎
빛 투과율	× (75~85%)	○ (>90%)	◎ (100%)	○ (>92%)
해상도	◎	◎	△	○
응답속도	◎	△	◎	△
경제성/가격	◎	×	○	○
소형화	◎	◎	△	△
대형화	△	△	△	○
멀티 터치	△	◎	×	×
기술진입 장벽	낮음	높음	높음	높음
장점	낮은 가격, 높은 정밀도, 빠른 응답	높은 내구성, 높은 빛 투과율	충격이나 긁힘에 강해 내구성이 좋음	표면이 유리라서 내구성이 좋음
단점	낮은 내구성, 낮은 빛 투과율	장갑이나 펜에는 반응하지 않음	가격이 높고 부피가 큼	센서 오염과 액체에 취약
적용 분야	소형에서 대형까지 (휴대전화, OA기기, POS, 금융단말기, TV, 모니터)	소형에 더 적합 (휴대전화, 게임기, ATM)	대형에 더 적합 (TV, 모니터, POS, ATM)	대형에 더 적합 (티켓발매기, ATM, 전자칠판, 산업용 기기)

◎ 아주 우수, ○ 우수, △ 보통, × 미흡

특히 휴대전화의 경우 <그림 4.8.4>에 보인 것처럼 외형이 초기의 바(bar)형에서 폴더(folder)형과 슬라이딩(sliding)형을 거쳐서 요즈음에는 터치 스크린(touch screen)형이 많이 사용되는 추세에 있다. 이러한 터치 스크린을 내장한 모델을 흔히 터치폰(touch phone)이라고 부르는데, 여기에 처음에는 저항막 방식의 터치 스크린을 사용하였으나 지금은 대부분 멀티 터치 기능을 가지는 정전용량 방식을 사용하고 있다.

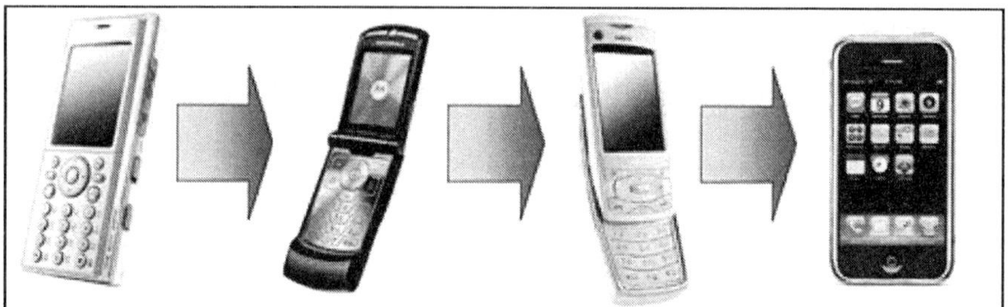

〈그림 4.8.4〉 휴대전화의 구조 변천 과정

(2) 터치 스크린 컨트롤러

이 책의 *OK-128TFT* 키트에 장착된 3.2인치 TFT-LCD 모듈에서는 모두 저항막 방식의 터치 스크린을 사용하고 있다. 이것을 사용하여 화면에서 터치 위치를 검출하려면 터치 스크린의 X-, X+ 사이와 Y-, Y+ 사이에 전원을 인가할 수 있도록 트랜지스터로 스위치를 부착하고 X+ 및 Y+ 신호를 마이크로컨트롤러의 A/D 컨버터로 읽어 들이는 방법으로 가능하다.

그러나, 이런 직접 제어 방법보다는 역시 전용의 터치 스크린 컨트롤러를 사용하는 것이 간편하다. *TFT-32A* 보드에서는 CPU와 SPI 직렬통신 방식으로 인터페이스하는 ADS7846 터치 스크린 컨트롤러를 사용한다. 이것은 +3.3V와 +5.0V에서 사용할 수 있고, x축과 y축의 위치를 12비트의 축차비교형 A/D 컨버터로 디지털 변환하며, x축과 y축의 위치검출 기능 이외에도 z축의 압력 측정, 배터리 전압 측정, 소자의 온도 측정 기능 등을 가지고 있다. A/D 변환에 사용하기 위하여 내부에는 +2.5V의 정밀한 기준 전원을 가지고 있으며, 동작을 수행하지 않는 동안에는 파워다운(power down) 기능을 설정할 수 있어서 휴대용 기기에서 사용할 때 소비전력을 크게 줄일 수 있다.

<그림 4.8.5> (a)에는 *TFT-32A* 보드에서 사용하고 있는 16핀 SSOP형 또는 TSSOP형 패키지의 ADS7846 핀 배열을 보였으며, (b)에는 이 소자의 내부 구성 블록도를 보였다. 또한, ADS7846 컨트롤러를 사용한 전형적인 터치 스크린 응용회로는

<그림 4.8.6>에 보였다. 터치 스크린의 4개 단자 X+, X-, Y+, Y-를 ADS7846의 해당 핀에 연결하고, 마이크로컨트롤러와는 SPI 통신 및 인터럽트 신호로 접속한다. 여기서 인터럽트 신호는 오픈 드레인(open drain)형 출력이므로 반드시 50kΩ~100kΩ 정도의 저항으로 풀업해주어야 한다. 터치한 입력좌표를 읽어들이는 방식에는 인터럽트 기능을 이용할 수도 있고 폴링 방식을 이용할 수도 있는데, 이 책의 *OK-128TFT* 키트 예제 프로그램에서는 폴링 방식을 기본으로 사용한다.

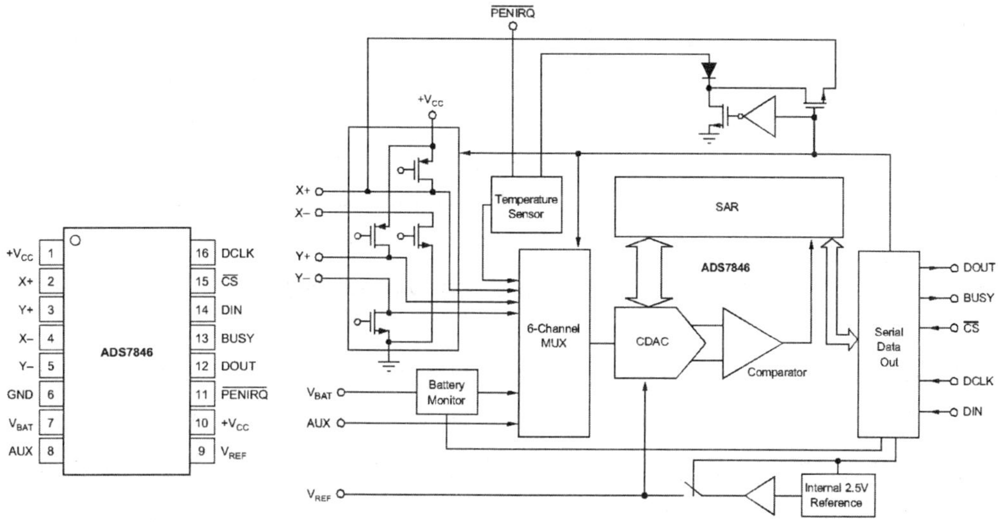

(a) 16핀 SSOP형 핀배열　　　　(b) 내부 구성 블록도

〈그림 4.8.5〉 ADS7846 터치 스크린 컨트롤러의 구조

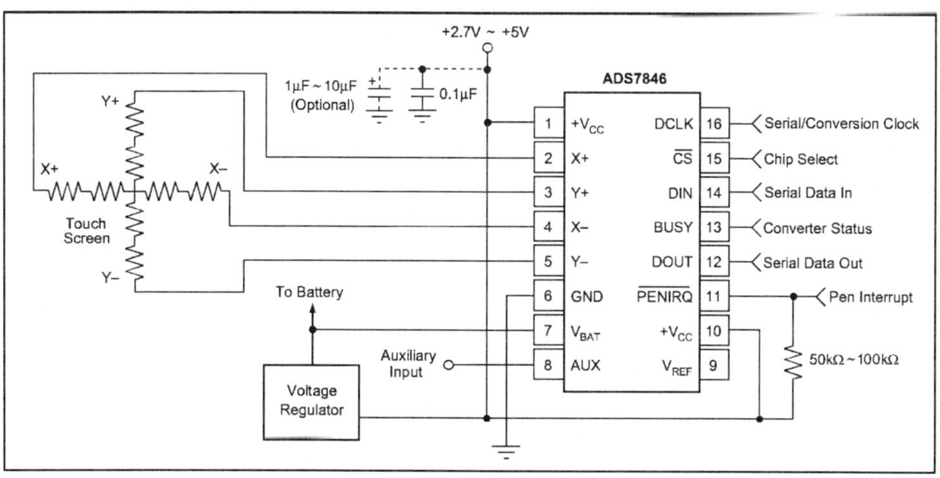

〈그림 4.8.6〉 ADS7846의 전형적인 응용회로

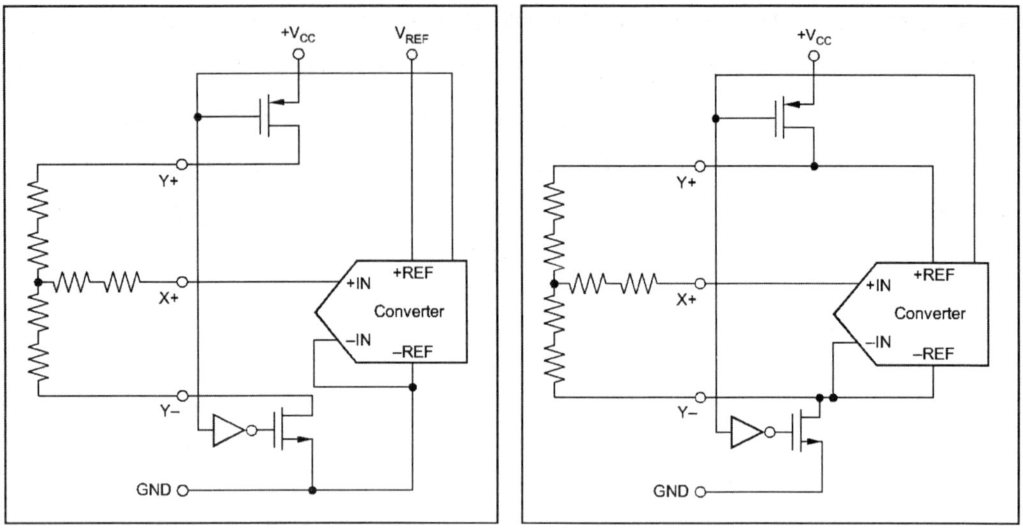

(a) 단극성 기준 입력 (b) 차동 기준 입력

〈그림 4.8.7〉 ADS7846의 x축, y축 A/D 변환 방식

ADS7846에서는 x, y 좌표값을 검출하기 위하여 A/D 변환을 수행할 때 x좌표값을 검출하려면 X+ 및 X- 단자에 전원을 인가하고 Y+ 단자의 전압을 A/D 변환하며, y좌표값을 검출하려면 Y+ 및 Y- 단자에 전원을 인가하고 X+ 단자의 전압을 A/D 변환한다. 그런데, 이렇게 터치 스크린에 직류 전원을 스위칭하여 인가하고 A/D 변환을 수행하는 방식에는 <그림 4.8.7>에 보인 것처럼 2가지가 있다. (a)와 같은 단극성 기준(Single-Ended Reference) 입력 방식은 트랜지스터 스위치에서의 전압강하 때문에 검출값의 정확도가 떨어지므로 (b)와 같은 차동 기준(Differential Reference) 입력 방식을 사용하는 것이 유리하다.

b7(MSB)	b6	b5	b4	b3	b2	b1	b0(LSB)
S	A2	A1	A0	MODE	SER/$\overline{\text{DFR}}$	PD1	PD0

〈그림 4.8.8〉 ADS7846의 제어명령

ADS7846에서 사용하는 8비트의 제어명령은 <그림 4.8.8>과 같다. 마이크로컨트롤러가 터치한 위치값을 읽으려면 먼저 이 명령을 전송하고 나서 데이터를 읽어야 한다. 여기서 S는 스타트 비트(start bit)로서 항상 1로 되며, MODE는 A/D 변환을 12비트 분해능으로 수행하려면 0으로 설정하고 8비트 분해능으로 수행하려면 1로 설정한다. SER/$\overline{\text{DFR}}$은 단극성 기준 입력방식과 차동 기준 입력방식을 선택하는데 사용하며, 또한 PD1~PD0은 <표 4.8.2>에 보인 것처럼 파워다운 기능과 내부 기준전압을 사용하는 방법을 결정한다.

A2~A0은 A/D 컨버터의 입력을 선택하는 멀티플렉서의 채널 어드레스로서 이것으로 <표 4.8.3>에 보인 것처럼 어떤 신호를 A/D 변환할 것인지 지정한다.

이 책의 *OK-128TFT* 키트 예제 프로그램에서는 A/D 컨버터를 12비트 분해능으로 사용하고, PD1 = PD0 = 0으로 설정하며, 차동 기준 입력방식에서 x축과 y축의 좌표값만을 측정한다. 정확한 좌표값의 측정을 위해서는 매번 터치 스크린을 사용하기 전에 측정값의 캘리브레이션(calibration)을 수행하는 것이 바람직하지만, 이 책에서는 이를 수행하지 않고 그냥 사용하는 것으로 한다.

〈표 4.8.2〉 ADS7846 제어명령에서 PD1 및 PD0 비트의 기능

PD1	PD0	$\overline{\text{PENIRQ}}$	기 능
0	0	사용	A/D 변환을 하지 않는 시간에는 파워다운.
0	1	금지	내부 기준전압은 off 상태, A/D 변환기는 on 상태.
1	0	사용	내부 기준전압은 on 상태, A/D 변환기는 off 상태.
1	1	금지	내부 기준전압과 A/D 변환기가 모두 on 상태.

〈표 4.8.3〉 ADS7846 제어명령에서 A2~A0 비트의 기능

SER/$\overline{\text{DFR}}$	A2	A1	A0	A/D 입력	드라이버 ON	기 능	기준 입력 모드
1	0	0	0	TEMP0		온도 측정 0	단극성 기준 입력
1	0	0	1	X+	Y+, Y-	y축 좌표 측정	단극성 기준 입력
1	0	1	0	V_{BAT}		배터리 전압 측정	단극성 기준 입력
1	0	1	1	X+	Y+, X-	z1축 압력 측정	단극성 기준 입력
1	1	0	0	Y-	Y+, X-	z2축 압력 측정	단극성 기준 입력
1	1	0	1	Y+	X+, X-	x축 좌표 측정	단극성 기준 입력
1	1	1	0	AUX_{IN}		보조입력 측정	단극성 기준 입력
1	1	1	1	TEMP1		온도 측정 1	단극성 기준 입력
0	0	0	1	X+	Y+, Y-	y축 좌표 측정 ★	차동 기준 입력
0	0	1	1	X+	Y+, X-	z1축 압력 측정	차동 기준 입력
0	1	0	0	Y-	Y+, X-	z2축 압력 측정	차동 기준 입력
0	1	0	1	Y+	X+, X-	x축 좌표 측정 ★	차동 기준 입력

ADS7846을 SPI 직렬통신으로 액세스하는 데이터 포맷은 <그림 4.8.9>에 설명하였다. 먼저 마이크로컨트롤러가 8비트의 제어명령을 ADS7846으로 송신하는데, 제어명령의 상위 5비트가 전송되고 나면 ADS7846은 나머지 3비트의 제어명령이 전송되는 동안에 지정된 채널의 입력신호를 샘플링하여 A/D 변환을 시작한다. 마이크로컨트롤러는 이어서 2차례 더미 데이터를 전송하면서 ADS7846으로부터 데이터를 읽어오면 된다. 첫번째로 읽는 바이트는 최상위 비트가 0이고 나머지 7비트에 A/D 변환결과의 b11~b5가 포함되며, 두번째 바이트는 상위 5비트에 A/D 변환결과의 b4~b0이 포함되

고 나머지 3비트는 0으로 채워진다. 이렇게 2차례에 걸쳐서 읽은 데이터를 붙여서 16비트로 만들고, 우측으로 3비트를 이동하면 원하는 12비트의 위치값이 된다.

SPI 통신의 클록 신호는 CPOL=0, CPHA=0인 모드0을 사용하며, 클록 신호의 high 구간과 low 구간이 각각 최소한 200ns 이상이어야 하므로 최대 2.5MHz까지의 전송속도를 사용할 수 있다. 이 책의 *OK-128TFT* 키트 예제 프로그램에서는 최대 한계 주파수보다 약간 낮은 2MHz의 속도로 ADS7846과 SPI 통신을 수행한다.

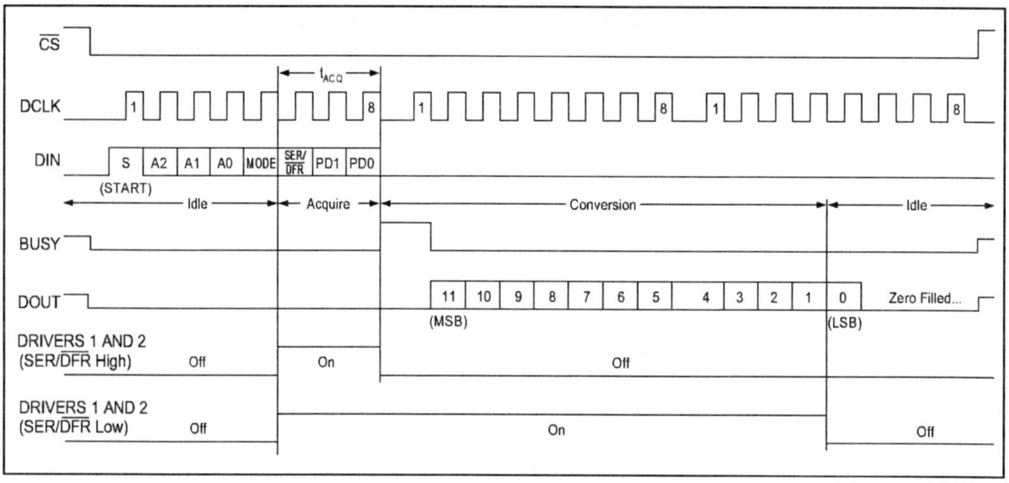

〈그림 4.8.9〉 ADS7846의 통신 포맷

이와 같은 방법으로 ADS7846을 사용하여 터치 스크린을 입력하기 위한 함수들은 이 책의 기본 헤더파일 OK-128TFT-V2.h에 미리 만들어 제공하므로 사용자는 이 함수를 간단히 호출하여 사용하면 된다. 이 헤더파일의 내용은 제4.5절에서 보였으며, 터치 스크린 관련 함수는 <표 4.5.2>에 요약하였다.

사용자가 헤더파일 OK-128TFT-V2.h에서 제공하는 함수를 이용하여 터치 스크린을 읽으려면 먼저 Touch_screen_initialize() 함수를 실행하여 ATmega128A의 SPI 포트와 ADS7846을 초기화한 후에 Touch_screen_input() 함수를 실행하면 된다. 그러면 사용자가 누른 터치 스크린의 x좌표값과 y좌표값이 읽혀져서 각각 전역변수 x_12bit 및 y_12bit에 저장되고 240×320 픽셀의 TFT-LCD 해상도에 맞도록 환산된 좌표값이 각각 전역변수 x_touch 및 y_touch에 저장된다. TFT-LCD 해상도에 맞도록 환산된 좌표값 x_touch와 y_touch는 각각 초상화 모드에서는 0~239 및 0~319의 범위가 되고, 풍경화 모드에서는 0~319 및 0~239의 범위가 된다. 터치 스크린을 누르지 않은 경우에는 이들 전역변수가 모두 0으로 읽혀진다.

ADS7846에서 읽어들인 터치 스크린의 12비트 원시 데이터인 x_12bit 및 y_12bit로부터 240×320 픽셀의 TFT-LCD 해상도에 맞도록 좌표값 x_touch 및 y_touch를 환산할 때는 외곽 부분의 자투리 값을 제거하고 비례식으로 처리하였다. 이 외곽부 자투리 값은 TFT-LCD 모델에 따라 약간씩의 차이가 있으므로 정확한 처리를 위해서는 매번 캘리브레이션을 수행하는 것이 바람직하지만, *OK-128TFT* 키트에서 사용하는 TFT-LCD 모델의 경우에는 저자가 실험해본 결과 위의 헤더파일에서와 같이 일정한 값을 제거하더라도 실용적으로 거의 문제가 없었으므로 여기서는 이처럼 개별적으로 캘리브레이션을 실시하지 않는 방법을 사용하였다.

만약 현재 TFT-LCD가 풍경화 모드로 설정되어 있다면 Touch_screen_input() 함수에서는 이를 감지하여 240×320 픽셀의 초상화 모드에 맞도록 환산된 좌표값 x_touch 및 y_touch를 다시 한번 320×240 픽셀의 풍경화 모드에 맞도록 변환하여 저장한다.

(3) 터치 스크린용 입력 펜

앞에서도 설명하였듯이 저항막 방식의 터치 스크린은 터치 감도를 좋게 하기 위하여 터치 스크린의 상판을 부드러운 재질로 만든다. 따라서, 사용자가 터치 스크린을 날카로운 물건으로 누르거나 문지르면 표면이 상처를 입어 터치 스크린이 쉽게 망가지거나 수명이 짧아질 수 있으므로 주의가 필요하다.

본 저자의 경험으로는 <그림 4.8.10>과 같은 터치 스크린 전용의 스타일러스 펜(stylus pen) 또는 터치 펜(touch pen)을 구하여 사용하는 것이 좋다. 그러나, 이것이 없다면 완전히 사용하여 더 이상 잉크가 나오지 않는 볼펜 등을 사용할 수도 있다. 이것들은 끝이 둥글고 부드럽게 처리되어 있어서 터치 스크린의 표면에서 잘 미끄러지고 터치 스크린을 손상시키지 않으며 필기감이 좋다.

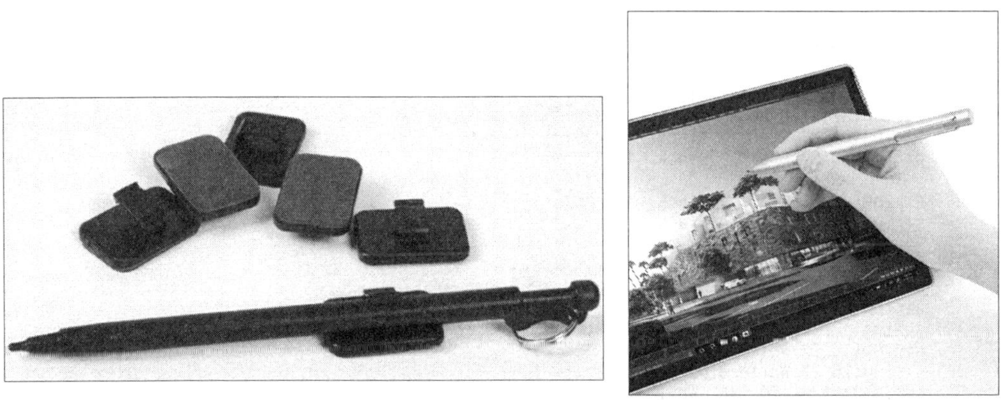

〈그림 4.8.10〉 터치 스크린 전용의 스타일러스 펜

2. 터치 스크린 활용 프로그램

이제 *OK-128TFT* 키트에서 사용하는 3.2인치 TFT-LCD 모듈에 내장되어 있는 터치 스크린을 사용하는 프로그램을 작성하여 보기로 한다.

(1) 터치 스크린을 이용한 좌표 입력

OK-128TFT 키트에서 터치 스크린을 입력하는 루틴은 앞에서 설명하였듯이 기본 헤더파일 OK-128TFT-V2.h에 함수로 만들어 두었기 때문에 이를 호출하여 간단히 사용할 수 있다. 터치 스크린으로 입력된 좌표를 읽어서 TFT-LCD 화면에 디스플레이하는 프로그램은 다음과 같다.

〈프로그램 Exp08_1.c〉 터치 스크린의 좌표를 입력하는 프로그램

```
/* ============================================================================ */
/*              Exp08_1.c : 터치 스크린 입력 프로그램(풍경화 모드)              */
/* ============================================================================ */
/*                          Designed and programmed by Duck-Yong Yoon in 2020.  */

#include <avr/io.h>
#include "OK-128TFT-V2.h"

int main(void)
{
  MCU_initialize();                             // initialize ATmega128A MCU
  Delay_ms(50);                                 // wait for system stabilization
  LCD_initialize();                             // initialize text LCD module
  TFT_initialize();                             // initialize TFT-LCD module
  Touch_screen_initialize();                    // initialize touch screen

  LCD_string(0x80," OK-128TFT V2.0 ");          // display title
  LCD_string(0xC0,"   Exp08_1.c    ");
  Beep();

  Rectangle(0,0, 319,239, Green);               // display title
  Rectangle(1,1, 318,238, Green);

  TFT_string( 8,5,White,Magenta, " 터치스크린 좌표 테스트 ");

  TFT_string( 1, 1,Cyan,   Black,"(0,0)");
  TFT_string(32, 1,Cyan,   Black,"(319,0)");
  TFT_string( 1,27,Cyan,   Black,"(0,239)");
  TFT_string(30,27,Cyan,   Black,"(319,239)");

  TFT_string( 9, 9,Cyan,   Black," 원시 데이터");
  TFT_string(21, 9,Magenta,Black,          " x = 0000 ");
  TFT_string(21,11,Magenta,Black,          " y = 0000 ");
  TFT_string( 9,15,Cyan,   Black," 픽셀 데이터");
  TFT_string(21,15,Magenta,Black,          " x =  000 ");
  TFT_string(21,17,Magenta,Black,          " y =  000 ");
  TFT_string( 3,22,White,Blue," 비프음 ");
  TFT_string(13,22,White,Blue," LED1 토글 ");
  TFT_string(26,22,White,Blue," LED2 토글 ");
  Rectangle(21,173, 90,194, White);
  Rectangle(101,173, 194,194, White);
  Rectangle(205,173, 298,194, White);
```

```
  while(1)
    { Touch_screen_input();                          // input touch screen

      TFT_color(Cyan,Black);
      TFT_xy(26,9);                                  // display 12-bit original X data
      TFT_unsigned_decimal(x_12bit,0,4);
      TFT_xy(26,11);                                 // display 12-bit original Y data
      TFT_unsigned_decimal(y_12bit,0,4);
      TFT_xy(27,15);                                 // display pixel X data
      TFT_unsigned_decimal(x_touch,0,3);
      TFT_xy(27,17);                                 // display pixel Y data
      TFT_unsigned_decimal(y_touch,0,3);

      if((x_touch >= 21) && (x_touch <= 90) && (y_touch >= 173) && (y_touch <= 194))
        { Beep();
          Delay_ms(200);
        }
      else if((x_touch >= 101) && (x_touch <= 194) && (y_touch >= 173) && (y_touch <= 194))
        { LED1_toggle();
          Beep();
          Delay_ms(200);
        }
      else if((x_touch >= 205) && (x_touch <= 298) && (y_touch >= 173) && (y_touch <= 194))
        { LED2_toggle();
          Beep();
          Delay_ms(200);
        }
    }
}
```

☞ *OK-128TFT* 키트에서 터치 스크린을 입력하려면 먼저 Touch_screen_initialize() 함수로 SPI 통신 포트와 터치 스크린 컨트롤러를 초기화해야 한다. 그리고 나서 키를 입력할 때처럼 터치 스크린을 읽고 싶을 때마다 한번씩 Touch_screen_input() 함수를 실행하면 되는데, 이때 입력된 터치 스크린의 x축 값과 y축 값은 각각 전역변수 x_12bit와 y_12bit에 저장되며, 이를 TFT-LCD 모듈의 화면 좌표 (0, 0)~(319, 239)의 범위로 환산한 값은 각각 전역변수 x_touch와 y_touch에 저장된다. 이 예제 프로그램에서는 화면이 풍경화 모드로 되어 있으므로 화면의 좌표는 (0, 0)~(319, 239) 범위로 입력되지만, 만약 화면이 초상화 모드라면 좌표는 (0, 0)~(239, 319) 범위로 입력된다.

위의 예제 프로그램에서는 이들 좌표값을 TFT-LCD 모듈의 화면에 표시하여 사용자가 쉽게 알 수 있게 하였다. 이 프로그램을 실행하고 터치펜으로 터치 스크린 화면의 여기저기를 눌러보면서 좌표값이 올바르게 디스플레이되는지 확인하여 보라. 만약, 터치 스크린으로 아이콘을 구현할 때는 읽어들인 좌표값을 if 문으로 비교하여 이 아이콘의 위치를 터치한 것으로 판단되면 해당하는 기능을 수행하면 된다.

(2) 터치 스크린을 이용한 낙서장

이번에는 *OK-128TFT* 키트에서 터치 스크린을 이용하여 낙서장을 만들어 보기로 한다. 낙서장을 프로그램으로 구현하려면 터치 스크린의 좌표를 실시간으로 연속 입력하여 이전에 읽었던 점의 좌표와 현재의 좌표를 직선으로 연결하면 된다. 이 방법을 이용하면 TFT-LCD에 손으로 글씨나 선을 쉽게 쓸 수 있으며 그림을 그릴 수도 있다.

〈프로그램 Exp08_2.c〉 터치 스크린을 이용한 낙서장 프로그램

```
/* ============================================================================ */
/*                  Exp08_2.c : 터치 스크린을 이용한 낙서장 프로그램              */
/* ============================================================================ */
/*                         Designed and programmed by Duck-Yong Yoon in 2020.   */

#include <avr/io.h>
#include "OK-128TFT-V2.h"

int main(void)
{
  unsigned int xo = 0, yo = 0;

  MCU_initialize();                             // initialize ATmega128A MCU
  Delay_ms(50);                                 // wait for system stabilization
  LCD_initialize();                             // initialize text LCD module
  TFT_initialize();                             // initialize TFT-LCD module
  Touch_screen_initialize();                    // initialize touch screen

  LCD_string(0x80," OK-128TFT V2.0 ");          // display title
  LCD_string(0xC0,"   Exp08_2.c    ");
  Beep();

  Rectangle(0,0, 319,239, Green);               // draw screen outline
  Rectangle(1,1, 318,238, Green);
  TFT_string(5,1, White,Magenta, " 터치 스크린을 이용한 낙서장 ");

  while(1)
    { Touch_screen_input();                     // input touch screen

      if((x_touch == 0) && (y_touch == 0))      // if not touch, skip
        { xo = 0;
          yo = 0;
        }

      if((xo == 0) && (yo == 0))                // if first touch, skip
        { xo = x_touch;
          yo = y_touch;
        }
      else                                      // draw line between old and new point
        { Line(xo,yo, x_touch,y_touch, White);
          xo = x_touch;
          yo = y_touch;
        }
    }
}
```

☞ 이전에 읽은 좌표값과 현재의 좌표값을 직선으로 연결할 때는 항상 이전 값을 처리하는 방법에 주의해야 한다. 즉, 처음으로 펜을 터치 스크린에 대는 경우에는 처음으로 터치 스크린 값이 (0, 0)이 아닌 좌표값을 읽게 되고 이때 이전의 좌표값은 당연히 (0, 0)이었으므로 (0, 0)의 좌표와 현재의 좌표를 직선으로 연결하게 되어 화면처리가 이상해진다. 따라서, 새로 터치 스크린에 펜을 대는 경우에는 현재의 좌표값을 이전의 좌표값에 미리 복사해놓고 직선을 그리기 시작해야 한다.

(3) 터치 스크린을 이용한 그림판

이번에는 앞의 낙서장 프로그램을 좀 더 발전시켜서 퍼스널컴퓨터에서 사용하는 그림판과 유사한 프로그램을 만들어 보기로 한다. 낙서장은 그냥 사용자가 터치 스크린에서 움직이는대로 써지는 기능만을 가지고 있지만, 그림판에서는 선의 굵기를 지정하거나 색깔을 변경하거나 화면을 지우는 등의 메뉴 아이콘을 가지고 있다.

〈프로그램 Exp08_3.c〉 터치 스크린을 이용한 그림판 프로그램

```
/* ============================================================================ */
/*                Exp08_3.c : 터치 스크린을 이용한 그림판 프로그램                */
/* ============================================================================ */
/*                          Designed and programmed by Duck-Yong Yoon in 2020.  */

#include <avr/io.h>
#include "OK-128TFT-V2.h"

#define icon_clear      0x01                    // clear
#define icon_width1     0x02                    // line width 1
#define icon_width2     0x03                    // line width 2
#define icon_width3     0x04                    // line width 3
#define icon_white      0x05                    // white
#define icon_red        0x06                    // red
#define icon_magenta    0x07                    // magenta
#define icon_yellow     0x08                    // yellow
#define icon_green      0x09                    // green
#define icon_cyan       0x0A                    // cyan
#define icon_blue       0x0B                    // blue
#define no_icon         0x00                    // no icon

void Draw_select(void);                         /* draw selected line width and color */
void Title_screen(void);                        /* draw title screen */
unsigned int Icon_input(void);                  /* input touch screen icon */

unsigned char icon_flag = 0;
unsigned char line_width = 2;                   // line width (default = middle)
unsigned int  user_color = White;               // user color (default = White)

/* ----- 메인 프로그램 ------------------------------------------------------- */

int main(void)
{
  unsigned char icon;

  MCU_initialize();                             // initialize ATmega128A MCU
  Delay_ms(50);                                 // wait for system stabilization
  LCD_initialize();                             // initialize text LCD module
  TFT_initialize();                             // initialize TFT-LCD module
  Touch_screen_initialize();                    // initialize touch screen
  Beep();

  LCD_string(0x80," OK-128TFT V2.0 ");          // display title
  LCD_string(0xC0,"   Exp08_3.c    ");

  Title_screen();                               // draw title screen

  while(1)
    { icon = Icon_input();                      // input touch screen icon
      if(icon == icon_width1)
        { line_width = 1;        Draw_select(); }
      else if(icon == icon_width2)
        { line_width = 2;        Draw_select(); }
      else if(icon == icon_width3)
        { line_width = 3;        Draw_select(); }
      else if(icon == icon_clear)
        { TFT_clear_screen();    Title_screen(); }
      else if(icon == icon_white)
        { user_color = White;    Draw_select(); }
      else if(icon == icon_red)
        { user_color = Red;      Draw_select(); }
```

```
    else if(icon == icon_yellow)
      { user_color = Yellow;  Draw_select(); }
    else if(icon == icon_green)
      { user_color = Green;   Draw_select(); }
    else if(icon == icon_cyan)
      { user_color = Cyan;    Draw_select(); }
    else if(icon == icon_blue)
      { user_color = Blue;    Draw_select(); }
    else if(icon == icon_magenta)
      { user_color = Magenta; Draw_select(); }

    Touch_screen_input();                          // input touch screen
    if((x_touch != 0) || (y_touch != 0))
      { if((line_width == 1) && (x_touch >= 2) && (x_touch <= 317) && (y_touch >= 2) && (y_touch <= 210))
          TFT_pixel(x_touch, y_touch, user_color);
        else if((line_width == 2) && (x_touch >= 3) && (x_touch <= 316) && (y_touch >= 3) && (y_touch <= 209))
          { TFT_pixel(x_touch, y_touch, user_color);
            Rectangle(x_touch-1, y_touch-1, x_touch+1, y_touch+1, user_color);
          }
        else if((line_width == 3) && (x_touch >= 4) && (x_touch <= 315) && (y_touch >= 4) && (y_touch <= 208))
          { TFT_pixel(x_touch, y_touch, user_color);
            Rectangle(x_touch-1, y_touch-1, x_touch+1, y_touch+1, user_color);
            Rectangle(x_touch-2, y_touch-2, x_touch+2, y_touch+2, user_color);
          }
      }
  }
}

/* ----- 사용자 정의 함수 ---------------------------------------------------- */

void Draw_select(void)                         /* draw selected line width and color */
{
  if(line_width == 1)                          // line_width = 1 ?
    { Rectangle( 8,212, 47,234, Black);
      Rectangle( 9,213, 46,233, user_color);
      Rectangle(10,214, 45,232, Black);
    }
  else if(line_width == 2)                     // line_width = 2 ?
    { Rectangle( 8,212, 47,234, Black);
      Rectangle( 9,213, 46,233, user_color);
      Rectangle(10,214, 45,232, user_color);
    }
  else if(line_width == 3)                     // line_width = 3 ?
    { Rectangle( 8,212, 47,234, user_color);
      Rectangle( 9,213, 46,233, user_color);
      Rectangle(10,214, 45,232, user_color);
    }
}

void Title_screen(void)                        /* draw title screen */
{
  Rectangle(0,0, 319,239, Green);              // draw outline of sheet
  Rectangle(1,1, 318,238, Green);

  TFT_string(16,1, White,Magenta, " 그림판 "); // display title

  TFT_string(3,27, Green,Black, "C");          // clear selection button
  Draw_select();                               // select box

  Rectangle(58,213, 78,233, Green);            // line_width selection button
  Line(63,223, 73,223, White);

  Rectangle(83,213, 103,233, Green);
  Line(88,222, 98,222, White);
  Line(88,223, 98,223, White);
  Line(88,224, 98,224, White);

  Rectangle(108,213, 128,233, Green);
  Line(113,221, 123,221, White);
  Line(113,222, 123,222, White);
  Line(113,223, 123,223, White);
```

```
  Line(113,224, 123,224, White);
  Line(113,225, 123,225, White);

  Block(139,213, 159,233, White, White);        // color selection button
  Block(164,213, 184,233, White, Red);
  Block(189,213, 209,233, White, Magenta);
  Block(214,213, 234,233, White, Yellow);
  Block(239,213, 259,233, White, Green);
  Block(264,213, 284,233, White, Cyan);
  Block(289,213, 309,233, White, Blue);
}

unsigned int Icon_input(void)                   /* input touch screen icon */
{
  unsigned int icon;

  Touch_screen_input();                         // input touch screen

  if((icon_flag == 0) && (x_touch >= 10) && (x_touch <= 45) && (y_touch >= 213) && (y_touch <= 233))
    { icon = icon_clear;
      icon_flag = 1;
      Beep();
    }
  else if((icon_flag == 0) && (x_touch >= 58) && (x_touch <= 78) && (y_touch >= 213) && (y_touch <= 233))
    { icon = icon_width1;
      icon_flag = 1;
      Beep();
    }
  else if((icon_flag == 0) && (x_touch >= 83) && (x_touch <= 103) && (y_touch >= 213) && (y_touch <= 233))
    { icon = icon_width2;
      icon_flag = 1;
      Beep();
    }
  else if((icon_flag == 0) && (x_touch >= 108) && (x_touch <= 128) && (y_touch >= 213) && (y_touch <= 233))
    { icon = icon_width3;
      icon_flag = 1;
      Beep();
    }
  else if((icon_flag == 0) && (x_touch >= 139) && (x_touch <= 159) && (y_touch >= 213) && (y_touch <= 233))
    { icon = icon_white;
      icon_flag = 1;
      Beep();
    }
  else if((icon_flag == 0) && (x_touch >= 164) && (x_touch <= 184) && (y_touch >= 213) && (y_touch <= 233))
    { icon = icon_red;
      icon_flag = 1;
      Beep();
    }
  else if((icon_flag == 0) && (x_touch >= 189) && (x_touch <= 209) && (y_touch >= 213) && (y_touch <= 233))
    { icon = icon_magenta;
      icon_flag = 1;
      Beep();
    }
  else if((icon_flag == 0) && (x_touch >= 214) && (x_touch <= 234) && (y_touch >= 213) && (y_touch <= 233))
    { icon = icon_yellow;
      icon_flag = 1;
      Beep();
    }
  else if((icon_flag == 0) && (x_touch >= 239) && (x_touch <= 259) && (y_touch >= 213) && (y_touch <= 233))
    { icon = icon_green;
      icon_flag = 1;
      Beep();
    }
  else if((icon_flag == 0) && (x_touch >= 264) && (x_touch <= 284) && (y_touch >= 213) && (y_touch <= 233))
    { icon = icon_cyan;
      icon_flag = 1;
      Deep();
    }
  else if((icon_flag == 0) && (x_touch >= 289) && (x_touch <= 309) && (y_touch >= 213) && (y_touch <= 233))
    { icon = icon_blue;
      icon_flag = 1;
```

```
      Beep();
    }
  else if((icon_flag == 1) && (x_touch == 0) && (y_touch == 0))
    { icon = no_icon;
      icon_flag = 0;
      Delay_ms(50);
    }
  else
    icon = no_icon;

  return icon;
}
```

(4) 터치 스크린을 이용한 메뉴방식 프로그램

이번에는 *OK-128TFT* 키트에서 사용하는 3.2인치 TFT-LCD 모듈에 여러 가지의 선택 메뉴를 만들어 놓고 터치 스크린으로 이 메뉴를 선택하여 실행하는 형식의 프로그램을 작성하여 보기로 한다.

〈프로그램 Exp08_4.c〉 터치 스크린을 이용한 메뉴방식 프로그램(1)

```
/* ========================================================================== */
/*              Exp08_4.c : 터치 스크린을 이용한 메뉴 처리 프로그램(1)           */
/* ========================================================================== */
/*                    Designed and programmed by Duck-Yong Yoon in 2020.       */

#include <avr/io.h>
#include "OK-128TFT-V2.h"

void Display_menu(void);                        /* display menu screen */
void Menu1(void);                               /* menu1 : landscape mode test */
void Menu2(void);                               /* menu2 : portrait mode test */
void Menu3(void);                               /* menu3 : color bar in landscape mode */
void Menu4(void);                               /* menu4 : color bar in portrait mode */

unsigned char menu;                             // menu number

/* ----- 메인 프로그램 ------------------------------------------------------- */

int main(void)
{
  MCU_initialize();                             // initialize ATmega128A MCU
  Delay_ms(50);                                 // wait for system stabilization
  LCD_initialize();                             // initialize text LCD module
  TFT_initialize();                             // initialize TFT-LCD module
  Touch_screen_initialize();                    // initialize touch screen

  LCD_string(0x80," OK-128TFT V2.0 ");          // display title
  LCD_string(0xC0,"   Exp08_4.c    ");
  Beep();

  menu = 1;                                     // initial value

  while(1)
    { Display_menu();                           // update screen menu

      Touch_screen_input();                     // input touch screen
      if((x_touch >= 32) && (x_touch <= 288) && (y_touch >= 59) && (y_touch <= 82))
        { Beep();                               // menu1
          Delay_ms(200);
```

```
          if(menu == 1) Menu1();
          else          menu = 1;
        }
      else if((x_touch >= 32) && (x_touch <= 288) && (y_touch >= 83) && (y_touch <= 106))
        { Beep();                                  // menu2
          Delay_ms(200);
          if(menu == 2) Menu2();
          else          menu = 2;
        }
      else if((x_touch >= 32) && (x_touch <= 288) && (y_touch >= 107) && (y_touch <= 130))
        { Beep();                                  // menu3
          Delay_ms(200);
          if(menu == 3) Menu3();
          else          menu = 3;
        }
      else if((x_touch >= 32) && (x_touch <= 288) && (y_touch >= 131) && (y_touch <= 154))
        { Beep();                                  // menu4
          Delay_ms(200);
          if(menu == 4) Menu4();
          else          menu = 4;
        }
      else if((x_touch >= 9) && (x_touch <= 64) && (y_touch >= 196) && (y_touch <= 235))
        { Beep();                                  // icon1
          Delay_ms(200);
          if(menu == 1)      Menu1();
          else if(menu == 2) Menu2();
          else if(menu == 3) Menu3();
          else if(menu == 4) Menu4();
        }
      else if((x_touch >= 176) && (x_touch <= 231) && (y_touch >= 196) && (y_touch <= 235))
        { menu--;                                  // icon3
          if(menu == 0) menu = 4;
          Beep();
          Delay_ms(200);
        }
      else if((x_touch >= 256) && (x_touch <= 311) && (y_touch >= 196) && (y_touch <= 235))
        { menu++;                                  // icon4
          if(menu == 5) menu = 1;
          Beep();
          Delay_ms(200);
        }
    }
}

/* ----- 사용자 정의 함수 ---------------------------------------------------- */

void Display_menu(void)                            /* display menu screen */
{
  TFT_string(7, 3,White,Magenta," 터치스크린 메뉴 프로그램 ");  // display menu
  TFT_string(5, 8, Cyan,Black, "메뉴1 : 풍경화 모드 터치스크린");
  TFT_string(5,11, Cyan,Black, "메뉴2 : 초상화 모드 터치스크린");
  TFT_string(5,14,Green,Black, "메뉴3 : 풍경화 모드 컬러바    ");
  TFT_string(5,17,Green,Black, "메뉴4 : 초상화 모드 컬러바    ");

  if(menu == 1) Rectangle(32,59, 288,82, Magenta); // display selection bar
  else          Rectangle(32,59, 288,82, Black);
  if(menu == 2) Rectangle(32,83, 288,106, Magenta);
  else          Rectangle(32,83, 288,106, Black);
  if(menu == 3) Rectangle(32,107, 288,130, Magenta);
  else          Rectangle(32,107, 288,130, Black);
  if(menu == 4) Rectangle(32,131, 288,154, Magenta);
  else          Rectangle(32,131, 288,154, Black);

  Rectangle( 9,196, 64,235, Yellow);               // display touch icon
  Rectangle(10,197, 63,234, Yellow);
  TFT_string(2,25, Cyan,    Black, "ICON1");
  TFT_string(2,27, Magenta,Black, "(RUN)");
  Rectangle(176,196, 231,235, Yellow);
  Rectangle(177,197, 230,234, Yellow);
  TFT_string(23,25, Cyan,    Black, "ICON3");
  TFT_xy(24,27); TFT_color(Magenta,Black);
  TFT_English('('); TFT_English(0x18); TFT_English(')');
```

```
  Rectangle(256,196, 311,235, Yellow);
  Rectangle(257,197, 310,234, Yellow);
  TFT_string(33,25, Cyan,   Black, "ICON4");
  TFT_xy(34,27); TFT_color(Magenta,Black);
  TFT_English('('); TFT_English(0x19); TFT_English(')');
}

void Menu1(void)                                    /* menu1 : landscape mode test */
{
  unsigned char exit_flag;                          // menu exit flag

  TFT_clear_screen();                               // TFT-LCD clear screen
  TFT_landscape_mode();                             // landscape mode

  Rectangle(0,0, 319,239, Green);                   // display title
  Rectangle(1,1, 318,238, Green);

  TFT_string( 8,5,White,Magenta," 터치스크린 좌표 테스트 ");

  TFT_string( 1, 1, Cyan,   Black, "(0,0)");
  TFT_string(32, 1, Cyan,   Black, "(319,0)");
  TFT_string( 1,27, Cyan,   Black, "(0,239)");
  TFT_string(30,27, Cyan,   Black, "(319,239)");

  TFT_string( 9, 9, Cyan,   Black, " 원시 데이터");
  TFT_string(21, 9, Magenta,Black, " x = 0000 ");
  TFT_string(21,11, Magenta,Black, " y = 0000 ");
  TFT_string( 9,15, Cyan,   Black, " 픽셀 데이터");
  TFT_string(21,15, Magenta,Black, " x =  000 ");
  TFT_string(21,17, Magenta,Black, " y =  000 ");
  TFT_string(17,22, White,    Red, " 종료 ");
  Rectangle(131,172, 188,195, White);
  Rectangle(132,173, 187,194, White);

  exit_flag = 0;
  while(exit_flag == 0)
    { Touch_screen_input();                         // input touch screen

      TFT_color(Cyan,Black);
      TFT_xy(26,9);                                 // display 12-bit original X data
      TFT_unsigned_decimal(x_12bit,0,4);
      TFT_xy(26,11);                                // display 12-bit original Y data
      TFT_unsigned_decimal(y_12bit,0,4);
      TFT_xy(27,15);                                // display pixel X data
      TFT_unsigned_decimal(x_touch,0,3);
      TFT_xy(27,17);                                // display pixel Y data
      TFT_unsigned_decimal(y_touch,0,3);

      if((x_touch >= 131) && (x_touch <= 188) && (y_touch >= 172) && (y_touch <= 195))
        { exit_flag = 1;
          Beep();
          Delay_ms(200);
          TFT_clear_screen();                       // TFT-LCD clear screen
          TFT_landscape_mode();                     // landscape mode
        }
    }
}

void Menu2(void)                                    /* menu2 : portrait mode test */
{
  unsigned char exit_flag;                          // menu exit flag

  TFT_clear_screen();                               // TFT-LCD clear screen
  TFT_portrait_mode();                              // portrait mode

  Rectangle(0,0, 239,319, Green);                   // display title
  Rectangle(1,1, 238,318, Green);

  TFT_string( 3,8,White,Magenta," 터치스크린 좌표 테스트 ");

  TFT_string( 1, 1, Cyan,   Black, "(0,0)");
  TFT_string(22, 1, Cyan,   Black, "(239,0)");
```

```
  TFT_string( 1,37, Cyan,    Black, "(0,319)");
  TFT_string(20,37, Cyan,    Black, "(239,319)");

  TFT_string( 4,15, Cyan,    Black, " 원시 데이터");
  TFT_string(16,15, Magenta,Black, " x = 0000 ");
  TFT_string(16,17, Magenta,Black, " y = 0000 ");
  TFT_string( 4,22, Cyan,    Black, " 픽셀 데이터");
  TFT_string(16,22, Magenta,Black, " x =  000 ");
  TFT_string(16,24, Magenta,Black, " y =  000 ");
  TFT_string(12,30, White,     Red, " 종료 ");
  Rectangle(92,236, 147,259, White);
  Rectangle(93,237, 146,258, White);

  exit_flag = 0;
  while(exit_flag == 0)
    { Touch_screen_input();                       // input touch screen

      TFT_color(Cyan,Black);
      TFT_xy(21,15);                              // display 12-bit original X data
      TFT_unsigned_decimal(x_12bit,0,4);
      TFT_xy(21,17);                              // display 12-bit original Y data
      TFT_unsigned_decimal(y_12bit,0,4);
      TFT_xy(22,22);                              // display pixel X data
      TFT_unsigned_decimal(x_touch,0,3);
      TFT_xy(22,24);                              // display pixel Y data
      TFT_unsigned_decimal(y_touch,0,3);

      if((x_touch >= 92) && (x_touch <= 147) && (y_touch >= 236) && (y_touch <= 259))
        { exit_flag = 1;
          Beep();
          Delay_ms(200);
          TFT_clear_screen();                     // TFT-LCD clear screen
          TFT_landscape_mode();                   // landscape mode
        }
    }
}

unsigned int Color[8] =                           // 8-color data
   { White, Black, Red, Green, Blue, Yellow, Cyan, Magenta };

void Menu3(void)                                  /* menu3 : color bar in landscape mode */
{
  unsigned int i, j, k;

  TFT_clear_screen();                             // TFT-LCD clear screen
  TFT_landscape_mode();                           // landscape mode

  for(i = 0; i < 8; i++)
    { TFT_GRAM_address(0,i*30);                   // display 8-color bar
      for(j = 0; j < 30; j++)
        for(k = 0; k < 320; k++)
          TFT_data(Color[i]);
      if(i == 0)                                  // display name of color bar
        TFT_string(14, 1, Black,Transparent, "백색(White)");
      else if(i == 1)
        TFT_string(14, 5, White,Transparent, "흑색(Black)");
      else if(i == 2)
        TFT_string(14, 8, Green,Transparent, "적색(Red)");
      else if(i == 3)
        TFT_string(14,12, Red,   Transparent, "녹색(Green)");
      else if(i == 4)
        TFT_string(14,16, Cyan,  Transparent, "청색(Blue)");
      else if(i == 5)
        TFT_string(14,20, Black,Transparent, "노랑(Yellow)");
      else if(i == 6)
        TFT_string(14,24, Red,   Transparent, "녹청(Cyan)");
      else if(i == 7)
        TFT_string(14,27, White,Transparent, "자홍(Magenta)");
      Delay_ms(500);
    }
  Delay_ms(2000);
```

```
  TFT_clear_screen();                            // TFT-LCD clear screen
  TFT_landscape_mode();                          // landscape mode
}

void Menu4(void)                                 /* menu4 : color bar in portrait mode */
{
  unsigned int i, j, k;

  TFT_clear_screen();                            // TFT-LCD clear screen
  TFT_portrait_mode();                           // portrait mode

  for(i = 0; i < 8; i++)
    { TFT_GRAM_address(0,i*40);                  // display 8-color bar
      for(j = 0; j < 40; j++)
        for(k = 0; k < 240; k++)
          TFT_data(Color[i]);
      if(i == 0)                                 // display name of color bar
        TFT_string(9, 2, Black,Transparent, "백색(White)");
      else if(i == 1)
        TFT_string(9, 7, White,Transparent, "흑색(Black)");
      else if(i == 2)
        TFT_string(9,12, Green,Transparent, "적색(Red)");
      else if(i == 3)
        TFT_string(9,17, Red,   Transparent, "녹색(Green)");
      else if(i == 4)
        TFT_string(9,22, Cyan,  Transparent, "청색(Blue)");
      else if(i == 5)
        TFT_string(9,27, Black,Transparent, "노랑(Yellow)");
      else if(i == 6)
        TFT_string(9,32, Red,   Transparent, "녹청(Cyan)");
      else if(i == 7)
        TFT_string(9,37, White,Transparent, "자홍(Magenta)");
      Delay_ms(500);
    }
  Delay_ms(2000);

  TFT_clear_screen();                            // TFT-LCD clear screen
  TFT_landscape_mode();                          // landscape mode
}
```

☞ 이 프로그램에는 4개의 메뉴가 있는데, 각 메뉴를 선택하려면 해당 메뉴를 직접 터치하거나 또는 아이콘 icon3, icon4를 사용하여 선택바를 이동시켜도 된다. 메뉴를 실행하려면 해당 메뉴에 선택바가 위치하는 상태에서 이 메뉴를 다시 한번 터치하거나 또는 아이콘 icon1을 누르면 된다. 각 메뉴를 실행하고 나면 프로그램은 다시 메인 메뉴로 되돌아온다.

이 메뉴방식 예제 프로그램에서는 터치 스크린의 메뉴 아이콘을 입력하는데 문제가 좀 있다. 즉, 프로그램에서 터치 스크린을 무조건 반복하여 입력하므로 메뉴 아이콘을 조금 긴 시간동안 누르고 있으면 이를 여러 번 누른 것처럼 반복하여 인식한다.

이러한 현상을 방지하려면 터치 스크린에서 메뉴 아이콘을 입력할 때 키입력 함수에서처럼 디바운싱(debouncing) 기능과 원터치(one-touch) 기능을 넣어야 한다. 이렇게 하면 메뉴 아이콘을 누르는 시간이 길거나 짧더라도 누르는 시간에 관계없이 아이콘을 정확하게 한번만 누른 것으로 인식하게 된다. 다음은 위의 메뉴방식 프로그램을 이와 같이 개선한 것이다.

〈프로그램 Exp08_5.c〉 터치 스크린을 이용한 메뉴방식 프로그램(2)

```
/* ========================================================================== */
/*              Exp08_5.c : 터치 스크린을 이용한 메뉴 처리 프로그램(2)          */
/* ========================================================================== */
/*                         Designed and programmed by Duck-Yong Yoon in 2020.  */

#include <avr/io.h>
#include "OK-128TFT-V2.h"

void Display_menu(void);                        /* display menu screen */
void Menu1(void);                               /* menu1 : landscape mode test */
void Menu2(void);                               /* menu2 : portrait mode test */
void Menu3(void);                               /* menu3 : color bar in landscape mode */
void Menu4(void);                               /* menu4 : color bar in portrait mode */

unsigned char menu;                             // menu number
unsigned char icon_flag;                        // icon touch flag

/* ----- 메인 프로그램 ------------------------------------------------------- */

int main(void)
{
  MCU_initialize();                             // initialize ATmega128A MCU
  Delay_ms(50);                                 // wait for system stabilization
  LCD_initialize();                             // initialize text LCD module
  TFT_initialize();                             // initialize TFT-LCD module
  Touch_screen_initialize();                    // initialize touch screen

  LCD_string(0x80," OK-128TFT V2.0 ");          // display title
  LCD_string(0xC0,"   Exp08_5.c    ");
  Beep();

  menu = 1;                                     // initial value
  icon_flag = 1;

  while(1)
    { if(icon_flag == 1)                        // update screen menu
        Display_menu();

      Touch_screen_input();                     // input touch screen
      if((icon_flag == 0) && (x_touch >= 32) && (x_touch <= 288) && (y_touch >= 59) && (y_touch <= 82))
        { icon_flag = 1;                        // menu1
          Beep();
          if(menu == 1) Menu1();
          else          menu = 1;
        }
      else if((icon_flag == 0) && (x_touch >= 32) && (x_touch <= 288) && (y_touch >= 83) && (y_touch <= 106))
        { icon_flag = 1;                        // menu2
          Beep();
          if(menu == 2) Menu2();
          else          menu = 2;
        }
      else if((icon_flag == 0) && (x_touch >= 32) && (x_touch <= 288) && (y_touch >= 107) && (y_touch <= 130))
        { icon_flag = 1;                        // menu3
          Beep();
          if(menu == 3) Menu3();
          else          menu = 3;
        }
      else if((icon_flag == 0) && (x_touch >= 32) && (x_touch <= 288) && (y_touch >= 131) && (y_touch <= 154))
        { icon_flag = 1;                        // menu4
          Beep();
          if(menu == 4) Menu4();
          else          menu = 4;
        }
      else if((icon_flag == 0) && (x_touch >= 9) && (x_touch <= 64) && (y_touch >= 196) && (y_touch <= 235))
        { icon_flag = 1;
          Beep();                               // icon1
          Rectangle( 9,196, 64,235, Magenta);
          Rectangle(10,197, 63,234, Magenta);
          Delay_ms(200);
```

```
          if(menu == 1)       Menu1();
          else if(menu == 2) Menu2();
          else if(menu == 3) Menu3();
          else if(menu == 4) Menu4();
        }
      else if((icon_flag == 0) && (x_touch >= 176) && (x_touch <= 231) && (y_touch >= 196) && (y_touch <= 235))
        { icon_flag = 1;
          menu--;                                  // icon3
          if(menu == 0) menu = 4;
          Beep();
          Rectangle(176,196, 231,235, Magenta);
          Rectangle(177,197, 230,234, Magenta);
          Delay_ms(200);
        }
      else if((icon_flag == 0) && (x_touch >= 256) && (x_touch <= 311) && (y_touch >= 196) && (y_touch <= 235))
        { icon_flag = 1;
          menu++;                                  // icon4
          if(menu == 5) menu = 1;
          Beep();
          Rectangle(256,196, 311,235, Magenta);
          Rectangle(257,197, 310,234, Magenta);
          Delay_ms(200);
        }
      else if((x_touch == 0) && (y_touch == 0))
        icon_flag = 0;
    }
}

/* ----- 사용자 정의 함수 ----------------------------------------------------- */

void Display_menu(void)                          /* display menu screen */
{
  TFT_string(7, 3,White,Magenta," 터치스크린 메뉴 프로그램 ");  // display menu
  TFT_string(5, 8, Cyan,Black, "메뉴1 : 풍경화 모드 터치스크린");
  TFT_string(5,11, Cyan,Black, "메뉴2 : 초상화 모드 터치스크린");
  TFT_string(5,14,Green,Black, "메뉴3 : 풍경화 모드 컬러바    ");
  TFT_string(5,17,Green,Black, "메뉴4 : 초상화 모드 컬러바    ");

  if(menu == 1) Rectangle(32,59, 288,82, Magenta); // display selection bar
  else          Rectangle(32,59, 288,82, Black);
  if(menu == 2) Rectangle(32,83, 288,106, Magenta);
  else          Rectangle(32,83, 288,106, Black);
  if(menu == 3) Rectangle(32,107, 288,130, Magenta);
  else          Rectangle(32,107, 288,130, Black);
  if(menu == 4) Rectangle(32,131, 288,154, Magenta);
  else          Rectangle(32,131, 288,154, Black);

  Rectangle( 9,196, 64,235, Yellow);             // display touch icon
  Rectangle(10,197, 63,234, Yellow);
  TFT_string(2,25, Cyan,    Black, "ICON1");
  TFT_string(2,27, Magenta,Black, "(RUN)");
  Rectangle(176,196, 231,235, Yellow);
  Rectangle(177,197, 230,234, Yellow);
  TFT_string(23,25, Cyan,    Black, "ICON3");
  TFT_xy(24,27); TFT_color(Magenta,Black);
  TFT_English('('); TFT_English(0x18); TFT_English(')');
  Rectangle(256,196, 311,235, Yellow);
  Rectangle(257,197, 310,234, Yellow);
  TFT_string(33,25, Cyan,    Black, "ICON4");
  TFT_xy(34,27); TFT_color(Magenta,Black);
  TFT_English('('); TFT_English(0x19); TFT_English(')');
}

void Menu1(void)                                 /* menu1 : landscape mode test */
{
  unsigned char exit_flag;                       // menu exit flag

  TFT_clear_screen();                            // TFT-LCD clear screen
  TFT_landscape_mode();                          // landscape mode

  Rectangle(0,0, 319,239, Green);                // display title
  Rectangle(1,1, 318,238, Green);
```

```
  TFT_string( 8,5,White,Magenta," 터치스크린 좌표 테스트 ");

  TFT_string( 1, 1, Cyan,   Black, "(0,0)");
  TFT_string(32, 1, Cyan,   Black, "(319,0)");
  TFT_string( 1,27, Cyan,   Black, "(0,239)");
  TFT_string(30,27, Cyan,   Black, "(319,239)");

  TFT_string( 9, 9, Cyan,   Black, " 원시 데이터");
  TFT_string(21, 9, Magenta,Black, " x = 0000 ");
  TFT_string(21,11, Magenta,Black, " y = 0000 ");
  TFT_string( 9,15, Cyan,   Black, " 픽셀 데이터");
  TFT_string(21,15, Magenta,Black, " x =  000 ");
  TFT_string(21,17, Magenta,Black, " y =  000 ");
  TFT_string(17,22, White,    Red, " 종료 ");
  Rectangle(131,172, 188,195, White);
  Rectangle(132,173, 187,194, White);

  exit_flag = 0;
  while(exit_flag == 0)
    { Touch_screen_input();                       // input touch screen

      TFT_color(Cyan,Black);
      TFT_xy(26,9);                               // display 12-bit original X data
      TFT_unsigned_decimal(x_12bit,0,4);
      TFT_xy(26,11);                              // display 12-bit original Y data
      TFT_unsigned_decimal(y_12bit,0,4);
      TFT_xy(27,15);                              // display pixel X data
      TFT_unsigned_decimal(x_touch,0,3);
      TFT_xy(27,17);                              // display pixel Y data
      TFT_unsigned_decimal(y_touch,0,3);

      if((x_touch >= 131) && (x_touch <= 188) && (y_touch >= 172) && (y_touch <= 195))
        { exit_flag = 1;
          Beep();
          Rectangle(131,172, 188,195, Magenta);
          Rectangle(132,173, 187,194, Magenta);
          Delay_ms(200);
          TFT_clear_screen();                     // TFT-LCD clear screen
          TFT_landscape_mode();                   // landscape mode
        }
    }
}

void Menu2(void)                                  /* menu2 : portrait mode test */
{
  unsigned char exit_flag;                        // menu exit flag

  TFT_clear_screen();                             // TFT-LCD clear screen
  TFT_portrait_mode();                            // portrait mode

  Rectangle(0,0, 239,319, Green);                 // display title
  Rectangle(1,1, 238,318, Green);

  TFT_string( 3,8,White,Magenta," 터치스크린 좌표 테스트 ");

  TFT_string( 1, 1, Cyan,   Black, "(0,0)");
  TFT_string(22, 1, Cyan,   Black, "(239,0)");
  TFT_string( 1,37, Cyan,   Black, "(0,319)");
  TFT_string(20,37, Cyan,   Black, "(239,319)");

  TFT_string( 4,15, Cyan,   Black, " 원시 데이터");
  TFT_string(16,15, Magenta,Black, " x = 0000 ");
  TFT_string(16,17, Magenta,Black, " y = 0000 ");
  TFT_string( 4,22, Cyan,   Black, " 픽셀 데이터");
  TFT_string(16,22, Magenta,Black, " x =  000 ");
  TFT_string(16,24, Magenta,Black, " y =  000 ");
  TFT_string(12,30, White,    Red, " 종료 ");
  Rectangle(92,236, 147,259, White);
  Rectangle(93,237, 146,258, White);

  exit_flag = 0;
  while(exit_flag == 0)
    { Touch_screen_input();                       // input touch screen
```

```
      TFT_color(Cyan,Black);
      TFT_xy(21,15);                             // display 12-bit original X data
      TFT_unsigned_decimal(x_12bit,0,4);
      TFT_xy(21,17);                             // display 12-bit original Y data
      TFT_unsigned_decimal(y_12bit,0,4);
      TFT_xy(22,22);                             // display pixel X data
      TFT_unsigned_decimal(x_touch,0,3);
      TFT_xy(22,24);                             // display pixel Y data
      TFT_unsigned_decimal(y_touch,0,3);

      if((x_touch >= 92) && (x_touch <= 147) && (y_touch >= 236) && (y_touch <= 259))
        { exit_flag = 1;
          Beep();
          Rectangle(92,236, 147,259, Magenta);
          Rectangle(93,237, 146,258, Magenta);
          Delay_ms(200);
          TFT_clear_screen();                    // TFT-LCD clear screen
          TFT_landscape_mode();                  // landscape mode
        }
    }
}

unsigned int Color[8] =                          // 8-color data
   { White, Black, Red, Green, Blue, Yellow, Cyan, Magenta };

void Menu3(void)                                 /* menu3 : color bar in landscape mode */
{
  unsigned int i, j, k;

  TFT_clear_screen();                            // TFT-LCD clear screen
  TFT_landscape_mode();                          // landscape mode

  for(i = 0; i < 8; i++)
    { TFT_GRAM_address(0,i*30);                  // display 8-color bar
      for(j = 0; j < 30; j++)
        for(k = 0; k < 320; k++)
          TFT_data(Color[i]);
      if(i == 0)                                 // display name of color bar
        TFT_string(14, 1, Black,Transparent, "백색(White)");
      else if(i == 1)
        TFT_string(14, 5, White,Transparent, "흑색(Black)");
      else if(i == 2)
        TFT_string(14, 8, Green,Transparent, "적색(Red)");
      else if(i == 3)
        TFT_string(14,12, Red,  Transparent, "녹색(Green)");
      else if(i == 4)
        TFT_string(14,16, Cyan, Transparent, "청색(Blue)");
      else if(i == 5)
        TFT_string(14,20, Black,Transparent, "노랑(Yellow)");
      else if(i == 6)
        TFT_string(14,24, Red,  Transparent, "녹청(Cyan)");
      else if(i == 7)
        TFT_string(14,27, White,Transparent, "자홍(Magenta)");
      Delay_ms(500);
    }
  Delay_ms(2000);

  TFT_clear_screen();                            // TFT-LCD clear screen
  TFT_landscape_mode();                          // landscape mode
}

void Menu4(void)                                 /* menu4 : color bar in portrait mode */
{
  unsigned int i, j, k;

  TFT_clear_screen();                            // TFT-LCD clear screen
  TFT_portrait_mode();                           // portrait mode

  for(i = 0; i < 8; i++)
    { TFT_GRAM_address(0,i*40);                  // display 8-color bar
      for(j = 0; j < 40; j++)
        for(k = 0; k < 240; k++)
```

```
        TFT_data(Color[i]);
      if(i == 0)                                  // display name of color bar
        TFT_string(9, 2, Black,Transparent, "백색(White)");
      else if(i == 1)
        TFT_string(9, 7, White,Transparent, "흑색(Black)");
      else if(i == 2)
        TFT_string(9,12, Green,Transparent, "적색(Red)");
      else if(i == 3)
        TFT_string(9,17, Red,  Transparent, "녹색(Green)");
      else if(i == 4)
        TFT_string(9,22, Cyan, Transparent, "청색(Blue)");
      else if(i == 5)
        TFT_string(9,27, Black,Transparent, "노랑(Yellow)");
      else if(i == 6)
        TFT_string(9,32, Red,  Transparent, "녹청(Cyan)");
      else if(i == 7)
        TFT_string(9,37, White,Transparent, "자홍(Magenta)");
      Delay_ms(500);
    }
  Delay_ms(2000);

  TFT_clear_screen();                             // TFT-LCD clear screen
  TFT_landscape_mode();                           // landscape mode
}
```

☞ 터치 스크린 입력의 디바운싱 및 원터치 처리 기술도 제4.4절에서 설명한 키입력의 디바운싱 및 원터치 처리 기술과 매우 유사하다. 평소에는 icon_flag = 0 상태에 있다가 처음으로 터치 스크린 입력이 확인되면 위치 데이터를 읽고 icon_flag = 1로 표시하며 비프음을 울려서 50ms의 시간지연을 준다. 그러면, 터치 스크린에서 손을 떼어 다시 icon_flag = 0 상태로 되는 것을 확인하기 전에는 터치 스크린을 누른 것이 확인되더라도 이를 터치 스크린 입력으로 처리하지 않는다. 이렇게 하면 터치 스크린을 누르고 있는 시간이 길든 짧든 관계없이 터치 스크린의 입력은 오직 1번만 인식된다.

또한, 터치 아이콘이 눌려진 것으로 인식되면 약 200ms의 시간동안 아이콘의 색깔을 변경시켜 표시함으로써 시각적인 효과를 좋게 하였다.

3. 실습 과제

(1) 터치 스크린에서 멀티 터치 기능이란 무엇인가?

(2) 예제 프로그램 Exp08_3.c에서 화면에 선을 그릴 때 선의 굵기를 처리하는 원리를 설명하라.

(3) 예제 프로그램 Exp08_5.c에 "메뉴5 : 수학함수에 의한 그래픽"을 추가하고, 이 메뉴5를 선택하여 실행하면 앞의 Exp07_1.c 프로그램과 같은 그래픽 기능을 1회 수행하고 자동적으로 메인 메뉴로 되돌아오는 프로그램 Exp08_5R.c를 작성하라.

4.9 타이머 인터럽트 응용 프로그램

이 절에서는 ATmega128A의 타이머를 이용하여 정확한 시간 주기(period)로 인터럽트를 발생하고 이를 소프트웨어적으로 처리하는 프로그램 작성 기술을 익힌다. 이를 이용한 응용으로서 전자 스톱워치나 디지털 시계를 만들어 본다.

관련 내용	(1) 제1.5절 ATmega128A의 인터럽트 처리 기능 (2) 제2.2절 타이머/카운터 및 PWM 출력

1. 타이머를 이용한 주기적인 인터럽트 발생

마이크로컨트롤러에서 타이머를 이용하여 일정한 주기로 인터럽트를 발생시키는 일은 매우 많다. 주기적인 인터럽트를 발생하여 디지털 시계를 구현하는 것도 이러한 예이며, 자동제어 시스템에서 일정한 샘플링 주기로 실시간 제어를 수행하는 경우도 이에 해당한다. 이런 경우 인터럽트 발생 주기를 사용자가 임의로 결정할 수 있어야 하고 또한 그 주기가 매우 정확해야 하는데, 이는 마이크로컨트롤러에 내장된 타이머/카운터에서 타이머 기능을 이용하는 것이 좋다. 특히 이처럼 정확한 주기의 인터럽트를 발생시켜야 하는 경우에는 타이머에서 인터럽트 발생 주기가 하드웨어적으로 자동 처리되는 자동 재저장(auto-reload) 기능을 가져야 한다.

ATmega128A의 타이머에서 주기가 소프트웨어적으로 처리되는 타이머 오버플로우 인터럽트의 동작을 그림으로 설명하면 <그림 4.9.1>과 같다. 즉, 타이머 오버플로우 인터럽트가 발생하면 오버플로우에 의하여 8비트 타이머의 값이 0xFF→0x00(만약, 16비트 타이머라면 0xFFFF→0x0000)으로 클리어되므로 인터럽트 처리 함수에서 이를 소프트웨어적으로 다시 원하는 주기를 만들기 위한 값으로 초기화해 주어야 한다. 그러나, 이 경우에는 인터럽트가 요청되어 소프트웨어적인 처리를 시작하기까지의 지연시간과 타이머를 다시 초기화하는 소프트웨어의 처리시간이 인터럽트 설정주기에 추가되므로 실제로 발생하는 인터럽트 주기가 이론적인 설정값에 비하여 더 길어지게 된다. 그런데, 이러한 오차가 항상 일정하다면 인터럽트 설정 주기를 그만큼 줄여주는 방법으로 보완할 수도 있겠지만, 인터럽트 지연시간은 상황에 따라 조금씩 달라지므로 이러한 소프트웨어적인 보완도 사실상 불가능하다.

그러나, <그림 4.9.2>와 같이 ATmega128A의 CTC 모드에서 자동 클리어 기능이 있는 타이머 출력비교 인터럽트를 사용하면 원천적으로 이런 문제가 발생하지 않는다. 즉, CTC 모드에서는 출력비교 인터럽트가 발생하면 하드웨어에 의하여 자동으로 타이머의 값이 현재의 값에서 0x00(16비트 타이머에서는 0x0000)으로 클리어되므로 이후부터 정확히 인터럽트 설정 주기만큼의 시간이 지나면 다시 이 출력비교 인터럽트를 발생하게 되어 인터럽트 발생 주기에 오차가 포함되지 않고 정확하게 수행된다.

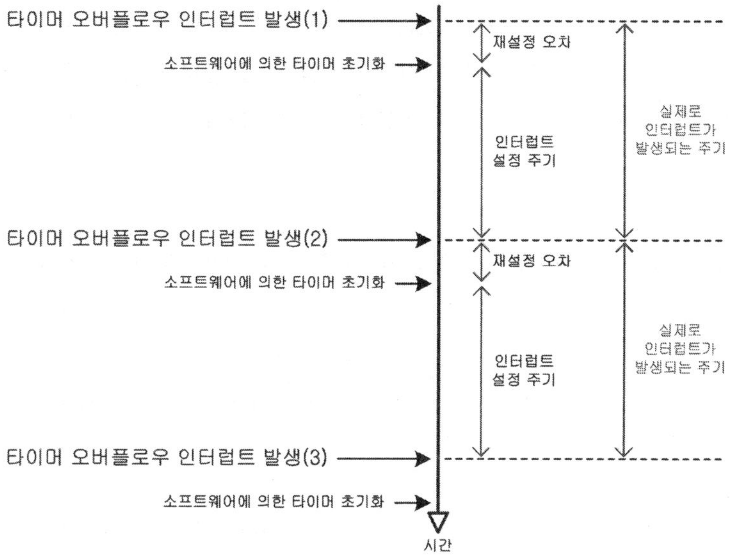

〈그림 4.9.1〉 타이머 오버플로우 인터럽트를 사용한 주기적인 인터럽트

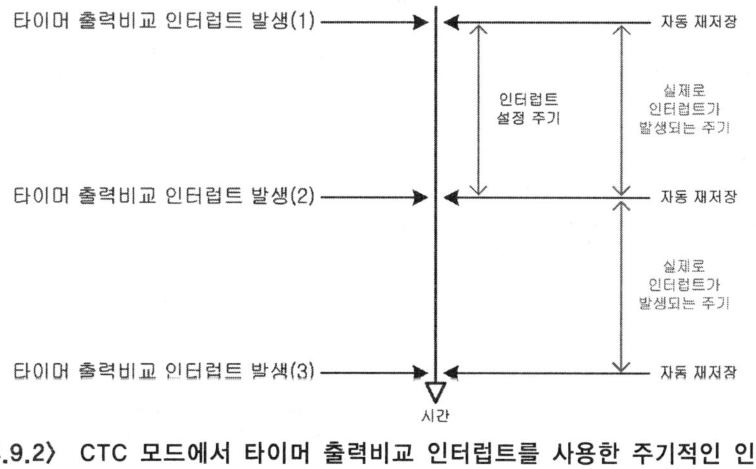

〈그림 4.9.2〉 CTC 모드에서 타이머 출력비교 인터럽트를 사용한 주기적인 인터럽트

(1) 16비트 타이머를 사용한 긴 주기의 인터럽트 발생

여기서는 16비트 구조인 타이머/카운터1 또는 타이머/카운터3을 사용하여 주기가 긴 인터럽트를 발생시키는 프로그램 작성에 대하여 공부한다. 16비트 구조를 가지는 타이머/카운터1과 3에서는 시스템 클록 16MHz를 프리스케일러를 거쳐서 16비트의 정수값으로 분주할 수 있기 때문에 최저 16MHz ÷ 1024 ÷ 65536 = 0.238Hz 정도(4.19초의 주기)의 낮은 주파수까지의 주기적인 인터럽트를 발생시킬 수 있다. 이처럼 시스템 클록을 임의의 값으로 분주하여 정확한 주기로 인터럽트를 발생시킬 때는 타이머/카운터의 CTC 모드를 사용하는 것이 편리하다.

타이머/카운터3을 CTC 모드(모드4)로 사용하여 1Hz의 속도로 주기적인 인터럽트를 발생하고, 이 인터럽트가 발생될 때마다 LED1과 LED2를 토글하는 프로그램을 C 언어로 작성하면 다음과 같다. 결국 이 LED들은 0.5Hz의 속도 즉 2초에 한번씩 교대로 깜빡이게 된다.

〈프로그램 Exp09_1.c〉 타이머3을 이용한 주기적인 인터럽트의 발생

```
/* ========================================================================== */
/*            Exp09_1.c : 16비트 타이머/카운터3을 이용한 주기적인 인터럽트         */
/* ========================================================================== */
/*                         Designed and programmed by Duck-Yong Yoon in 2020.  */

#include <avr/io.h>
#include <avr/interrupt.h>
#include "OK-128TFT-V2.h"

ISR(TIMER3_COMPA_vect)                          /* OC3A interrupt function (1 Hz) */
{
  LED_toggle();                                 // toggle LED1 and LED2
}

int main(void)
{
  MCU_initialize();                             // initialize ATmega128A MCU
  Delay_ms(50);                                 // wait for system stabilization
  LCD_initialize();                             // initialize text LCD module
  TFT_initialize();                             // initialize TFT-LCD module

  LCD_string(0x80," OK-128TFT V2.0 ");          // display title
  LCD_string(0xC0,"    Exp09_1.c    ");
  Beep();

  TFT_string(6,10,Cyan,Black,"타이머/카운터3 = CTC 모드(4)");
  TFT_string(10,15,White,Black,"인터럽트 주기 = 1초");

  TCCR3A = 0x00;                                // CTC mode(4), don't output OC3A
  TCCR3B = 0x0C;                                // 16MHz/256/(1+62499) = 1Hz
  TCCR3C = 0x00;
  OCR3A = 62499;
  TCNT3 = 0x0000;                               // clear Timer/Counter3

  ETIFR = 0x10;                                 // clear OC3A interrupt flag
  ETIMSK = 0x10;                                // enable OC3A interrupt
  sei();                                        // global interrupt enable
```

```
    while(1);                                    // wait interrupt
  }
```

☞ 이와 같이 인터럽트를 사용하는 프로그램에서는 먼저 인터럽트 처리 함수를 작성하는 형식을 정확히 이해하고 메인 프로그램과 인터럽트 처리 함수의 관계를 올바르게 연결시켜 프로그램을 작성하는 것이 중요하다. 이 예제에서는 인터럽트가 발생되어 인터럽트 처리 함수에서만 어떤 일이 수행되므로 메인 프로그램이 전혀 할 일이 없다. 이런 경우에는 while(1); 문을 사용하여 반드시 이를 무한루프로 처리하여 메인 프로그램이 종료되거나 이것이 인터럽트 처리 함수를 침범하는 일이 없도록 하여야 한다.

여기서 인터럽트 발생 주기를 변경하려면 타이머3의 출력비교 레지스터 OCR3A의 설정값을 변경해야 한다. 이 프로그램에서는 타이머3의 16비트 분주 기능을 사용하여 1Hz의 인터럽트 발생 주파수를 단번에 직접적으로 구현하였다.

이 프로그램을 컴파일하여 *OK-128TFT* 키트에 다운로드하고 실행하라. 그리고, LED1과 LED2가 정확히 1초마다 인터럽트가 걸려서 교대로 점멸하는지 관찰하라.

그리고, 이 프로그램에서 만약 TCCR3A 레지스터의 값을 0x00이 아니라 0x40으로 초기화하면 OC3A 단자로 파형이 출력되는데, 이 출력 파형은 1Hz로 인터럽트가 발생될 때마다 토글(toggle)되므로 이를 오실로스코프로 관측하면 <그림 4.9.3>처럼 0.5Hz의 구형파가 된다. 이 파형은 *OK-128TFT* 키트 좌측 하단의 테스트 핀 TP3(OC3A)에서 측정할 수 있다.

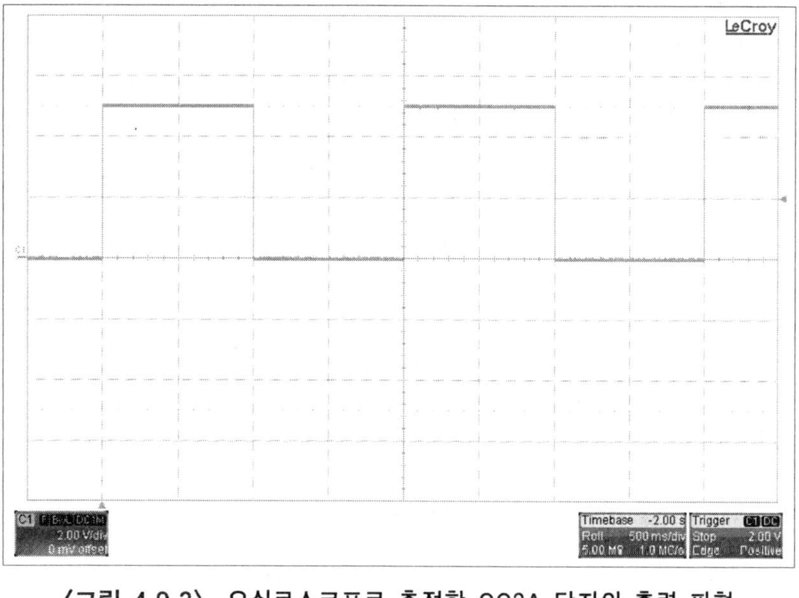

〈그림 4.9.3〉 오실로스코프로 측정한 OC3A 단자의 출력 파형

(2) 8비트 타이머에서 인터럽트 주기를 길게 늘리는 방법

8비트 구조를 가지는 타이머/카운터0과 2에서는 시스템 클록 16MHz를 프리스케일러를 거쳐서 8비트의 정수값으로 분주하기 때문에 최저 16MHz ÷ 1024 ÷ 256 = 61.035Hz 정도(0.016초의 주기)의 주파수까지의 주기적인 인터럽트를 발생시킬 수 있다. 그러나, 이 속도는 LED를 점멸할 경우 사람의 눈에 LED가 계속하여 켜져 있는 것처럼 보이는 빠른 속도이다. 따라서, 타이머/카운터0과 2에서 인터럽트 발생 주기를 이보다 좀 더 길게 하려면 특별한 프로그래밍 기법이 필요하다.

다음은 위의 예제 Exp09_1.c에서와 유사한 기능을 타이머/카운터2를 사용하여 구현한 것이다. 그러나, 여기서는 LED1과 LED2가 250Hz의 속도로 점멸하기 때문에 사람의 눈에는 계속하여 켜져 있는 것처럼 보인다. 따라서, 이를 해결하기 위하여 인터럽트 발생 횟수를 소프트웨어로 카운트하여 250번 인터럽트가 발생할 때마다 1번씩 LED를 점멸하면 1Hz의 인터럽트 발생 주파수에 해당하는 효과를 거둘 수 있다.

〈프로그램 Exp09_2.c〉 타이머2를 이용한 주기적인 인터럽트의 발생

```
/* ========================================================================== */
/*          Exp09_2.c : 8비트 타이머/카운터2를 이용한 주기적인 인터럽트          */
/* ========================================================================== */
/*                       Designed and programmed by Duck-Yong Yoon in 2020.  */

#include <avr/io.h>
#include <avr/interrupt.h>
#include "OK-128TFT-V2.h"

volatile unsigned char int_count;                 // interrupt counter

ISR(TIMER2_COMP_vect)                             /* OC2 interrupt function (250 Hz) */
{
  int_count--;
  if(int_count == 0)                              // 250th interrupt ?
    { int_count = 250;                            // if yes, toggle LED1 and LED2
      LED_toggle();
    }
}

int main(void)
{
  MCU_initialize();                               // initialize ATmega128A MCU
  Delay_ms(50);                                   // wait for system stabilization
  LCD_initialize();                               // initialize text LCD module
  TFT_initialize();                               // initialize TFT-LCD module

  LCD_string(0x80," OK-128TFT V2.0 ");            // display title
  LCD_string(0xC0,"   Exp09_2.c    ");
  Beep();

  TFT_string(6,10,Cyan,Black,"타이머/카운터2 = CTC 모드(2)");
  TFT_string(8,15,White,Black,"인터럽트 주기 = 1/250 초");

  int_count = 250;                                // interrupt counter

  TCCR2 = 0x0C;                                   // CTC mode(2), don't output OC2
  OCR2 = 249;                                     // 16MHz/256/(1+249) = 250Hz
```

```
    TCNT2 = 0x00;                              // clear Timer/Counter2

    TIFR = 0x80;                               // clear OC2 interrupt flag
    TIMSK = 0x80;                              // enable OC2 interrupt
    sei();                                     // global interrupt enable

    while(1);                                  // wait interrupt
  }
```

☞ 여기서는 인터럽트 처리 함수에서의 처리 내용에 주목하라. 즉, 250Hz의 속도로 인터럽트가 발생할 때마다 횟수를 카운트하고 250번째의 인터럽트에서 LED1과 LED2를 토글하였다. 이와 같이 하면 결국 인터럽트가 250번 발생할 때마다 1번씩 일을 수행하므로 인터럽트 발생속도가 1Hz인 것처럼 된다. 이와 같은 방법을 사용하면 16비트 타이머/카운터1과 3은 물론이고 8비트 타이머/카운터0과 2를 사용하더라도 몇 시간 또는 몇일의 긴 주기로 동작해야 하는 작업도 문제없이 처리할 수가 있다.

이 프로그램에서 int_count처럼 인터럽트 함수와 그밖의 다른 함수에서 공통적으로 사용하는 변수는 반드시 전역변수로 정의하고 이를 volatile로 선언해야 한다.

이 프로그램을 컴파일하여 다운로드하고 실행하라. 그리고, LED1과 LED2의 동작을 관찰하라. 이 프로그램에서 만약 TCCR0 레지스터의 값을 0x0C가 아니라 0x1C로 초기화하였다면 OC0 단자로 파형이 출력되며, 이 출력 파형은 250Hz의 인터럽트가 발생될 때마다 토글되므로 이를 오실로스코프로 관측하면 <그림 4.9.4>처럼 125Hz의 구형파가 된다. 이는 *OK-128TFT* 키트에서 $\overline{\text{TS\_CS}}$ 신호를 측정하면 된다.

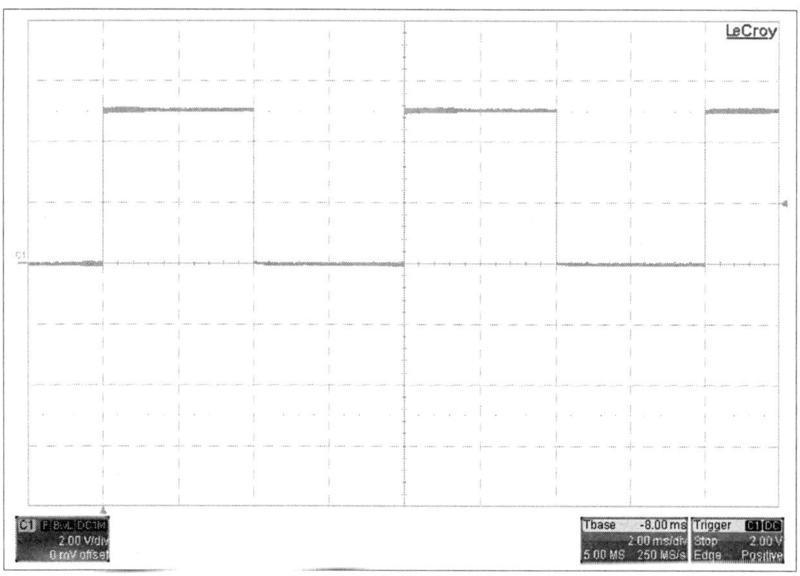

〈그림 4.9.4〉 오실로스코프로 측정한 OC0 단자의 출력 파형

(3) 2개의 타이머에 의한 멀티 인터럽트 처리 프로그램

이번에는 하나의 프로그램에서 2개의 서로 다른 인터럽트를 발생하는 멀티 인터럽트 처리 프로그램을 공부하기로 한다. 다음은 타이머/카운터1이 1Hz의 속도로 OC1A 인터럽트를 발생하여 LED1을 토글하고, 타이머/카운터3이 5Hz의 속도로 OC3A 인터럽트를 발생하여 LED2를 토글하는 프로그램이다. 각각의 인터럽트가 발생한 횟수를 카운트하여 TFT-LCD 모듈에 실시간으로 표시한다.

〈프로그램 Exp09_3.c〉 타이머1과 타이머3의 멀티 인터럽트 처리 프로그램

```
/* ========================================================================== */
/*                  Exp09_3.c : 타이머/카운터1과 3의 다중 인터럽트              */
/* ========================================================================== */
/*                          Designed and programmed by Duck-Yong Yoon in 2020.  */

#include <avr/io.h>
#include <avr/interrupt.h>
#include "OK-128TFT-V2.h"

volatile unsigned int OC1A_count, OC3A_count;    // interrupt counter

ISR(TIMER1_COMPA_vect)                           /* OC1A interrupt function (1 Hz) */
{
  LED1_toggle();                                 // toggle LED1
  OC1A_count++;                                  // increment OC1A interrupt count
}

ISR(TIMER3_COMPA_vect)                           /* OC3A interrupt function (5 Hz) */
{
  LED2_toggle();                                 // toggle LED2
  OC3A_count++;                                  // increment OC3A interrupt count
}

int main(void)
{
  MCU_initialize();                              // initialize ATmega128A MCU
  Delay_ms(50);                                  // wait for system stabilization
  LCD_initialize();                              // initialize text LCD module
  TFT_initialize();                              // initialize TFT-LCD module

  LCD_string(0x80," OK-128TFT V2.0 ");           // display title
  LCD_string(0xC0,"    Exp09_3.c    ");
  Beep();

  TFT_string(6,5,Cyan,Black,"타이머/카운터1 = CTC 모드(4)");
  TFT_string(10,8,White,Black,"인터럽트 속도 = 1 Hz");
  TFT_string(17,11,Yellow,Black,"00000");

  TFT_string(6,15,Cyan,Black,"타이머/카운터3 = CTC 모드(4)");
  TFT_string(10,18,White,Black,"인터럽트 속도 = 5 Hz");
  TFT_string(17,21,Yellow,Black,"00000");

  OC1A_count = 0;                                // clear OC1A interrupt counter
  OC3A_count = 0;                                // clear OC3A interrupt counter

  TCCR1A = 0x00;                                 // CTC mode(4), don't output OC1A
  TCCR1B = 0x0C;                                 // 16MHz/256/(1+62499) = 1Hz
  TCCR1C = 0x00;
  OCR1A = 62499;
  TCNT1 = 0x0000;                                // clear Timer/Counter1
```

```
  TCCR3A = 0x00;                        // CTC mode(4), don't output OC3A
  TCCR3B = 0x0C;                        // 16MHz/256/(1+12499) = 5Hz
  TCCR3C = 0x00;
  OCR3A = 12499;
  TCNT3 = 0x0000;                       // clear Timer/Counter3

  TIFR = 0x10;                          // clear OC1A interrupt flag
  ETIFR = 0x10;                         // clear OC3A interrupt flag
  TIMSK = 0x10;                         // enable OC1A interrupt
  ETIMSK = 0x10;                        // enable OC3A interrupt
  sei();                                // global interrupt enable

  while(1)                              // wait interrupt
    { TFT_xy(17,11);                    // display OC1A interrupt count
      TFT_color(Yellow,Black);
      TFT_unsigned_decimal(OC1A_count,0,5);
      TFT_xy(17,21);                    // display OC3A interrupt count
      TFT_color(Yellow,Black);
      TFT_unsigned_decimal(OC3A_count,0,5);
    }
}
```

☞ 인터럽트 서비스 루틴 함수에서의 처리는 가능하면 짧게 하고, 시간이 많이 걸리는 일이거나 또는 반드시 실시간으로 인터럽트 처리 함수 안에서 처리해야 하는 일이 아니라면 메인 루틴에서 수행하는 것이 바람직하다. 이런 처리 방법의 예를 보여주기 위하여 여기서는 인터럽트 카운트는 인터럽트 처리 함수 안에서 증가되지만 이를 TFT-LCD 모듈에 표시하는 것은 메인 루틴에서 처리하였다. 특히 이런 경우 만약에 타이머1의 인터럽트 함수와 타이머3의 인터럽트 함수에서 각각 인터럽트 카운트 값을 TFT-LCD에 표시하고자 하면 이는 올바르게 동작하지 않는다. 1개의 하드웨어 장치를 2군데의 다른 인터럽트 처리 함수에서 액세스하면 하드웨어의 충돌이 발생하여 올바르게 동작할 수 없기 때문이다.

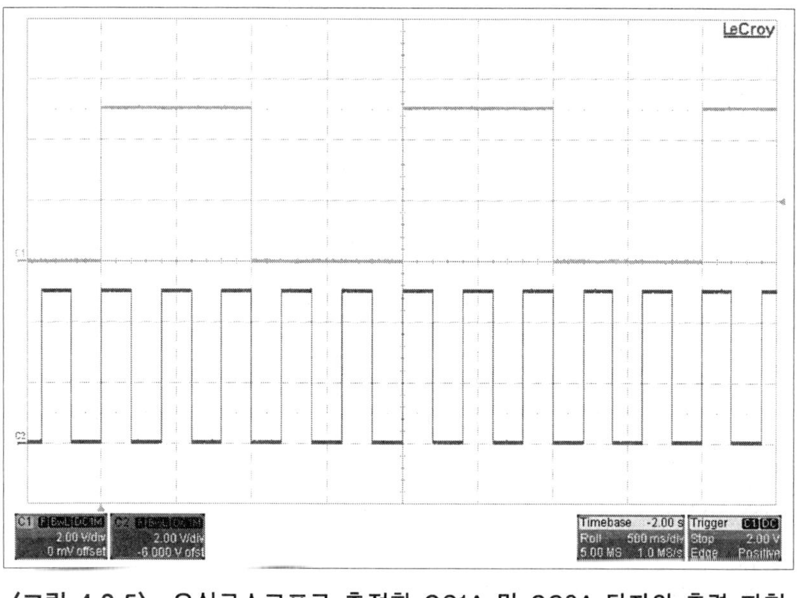

〈그림 4.9.5〉 오실로스코프로 측정한 OC1A 및 OC3A 단자의 출력 파형

이 프로그램을 컴파일하여 다운로드하고 실행하라. 그리고, LED1과 LED2의 동작을 관찰하라. TCCR1A=0x40 및 TCCR3A=0x40으로 바꾸어 설정하고 OC1A 및 OC3A 단자에서 출력되는 신호를 오실로스코프로 관측하면 <그림 4.9.5>와 같다. 이들 신호는 *OK-128TFT* 키트의 테스트 핀 TP2(speaker) 및 TP3(OC3A)에서 측정할 수 있다.

2. 타이머를 이용한 스톱워치 프로그램

이번에는 타이머/카운터1을 이용하여 전자 스톱워치(stop watch)를 구현해보기로 한다. 이 스톱워치는 최소 시간단위를 1/10초까지 표시하는 것으로 한다. 이 프로그램에서 스톱워치의 스타트 버튼은 KEY1, 스톱 버튼은 KEY4, 리셋 버튼은 KEY3을 사용하기로 한다.

〈프로그램 Exp09_4.c〉 타이머1을 이용한 전자 스톱워치 프로그램

```
/* ========================================================================== */
/*                Exp09_4.c : 타이머/카운터1을 사용한 전자 스톱워치               */
/* ========================================================================== */
/*                          Designed and programmed by Duck-Yong Yoon in 2020.  */

#include <avr/io.h>
#include <avr/interrupt.h>
#include "OK-128TFT-V2.h"

void Clear_time(void);                          /* clear time */
void Display_key(U08 key);                      /* display key input */

volatile unsigned int second;
volatile unsigned char minute, hour, run_flag;

/* ----- 인터럽트 처리 프로그램 ---------------------------------------------- */

ISR(TIMER1_COMPA_vect)                          /* OC1A interrupt function (10 Hz) */
{
  second++;                                     // increment 1/100 second
  if(second == 600)                             // second = 60 ?
    { second = 0;                               // if yes, second = 0 and minute++
      minute++;
      if(minute == 60)                          // minute = 60 ?
        { minute = 0;                           // if yes, minute = 0 and hour++
          hour++;
          if(hour == 100)                       // hour = 100 ?
            hour = 0;                           // if yes, hour = 0
        }
    }

  TFT_color(Green,Black);                       // display time
  TFT_xy(6,10);
  TFT_unsigned_decimal_large(hour,1,2);
  TFT_xy(11,10);
  TFT_unsigned_decimal_large(minute,1,2);
  TFT_xy(16,10);
  TFT_unsigned_decimal_large(second / 10,1,2);
  TFT_xy(19,10);
  TFT_English_large((second % 10) + '0');
}
```

```
/* ----- 메인 프로그램 ---------------------------------------------------------- */

int main(void)
{
  unsigned char key;

  MCU_initialize();                          // initialize ATmega128A MCU
  Delay_ms(50);                              // wait for system stabilization
  LCD_initialize();                          // initialize text LCD module
  TFT_initialize();                          // initialize TFT-LCD module

  LCD_string(0x80," OK-128TFT V2.0 ");       // display title
  LCD_string(0xC0,"   Exp09_4.c    ");
  Beep();

  TFT_string(11, 4, White,Magenta, " 전자 스톱 워치 ");
  TFT_string_large(6,10, Magenta,Black, "00 : 00 : 00.0");
  TFT_string(10,18, White,Black, "KEY1 - 스타트(start)");
  TFT_string(10,20, White,Black, "KEY2 -");
  TFT_string(10,22, White,Black, "KEY3 - 리셋(reset)");
  TFT_string(10,24, White,Black, "KEY4 - 스톱(stop)");
  Clear_time();                              // clear time

  TCCR1A = 0x00;                             // CTC mode(4), don't output OC1A
  TCCR1B = 0x0C;                             // 16MHz/256/(1+6249) = 10Hz
  TCCR1C = 0x00;
  OCR1A = 6249;
  TCNT1 = 0x0000;                            // clear Timer/Counter1

  TIFR = 0x10;                               // clear OC1A interrupt flag
  TIMSK = 0x10;                              // enable OC1A interrupt

  run_flag = 0;

  while(1)
    { key = Key_input();                     // key input
      switch(key)
        { case KEY1 : if(run_flag == 1) break;   // if run_flag = 1, ignore KEY1
                      run_flag = 1;
                      LED2_on();                 // if KEY1, start with LED2 = on
                      Display_key(KEY1);
                      TCNT1 = 0x0000;
                      sei();
                      break;
          case KEY3 : if(run_flag == 1) break;   // if run_flag = 1, ignore KEY3
                      cli();                     // if KEY3, reset
                      Display_key(KEY3);
                      Clear_time();
                      break;
          case KEY4 : if(run_flag == 0) break;   // if run_flag = 0, ignore KEY4
                      run_flag = 0;
                      LED2_off();                // if KEY4, stop with LED2 = off
                      cli();
                      Display_key(KEY4);
                      break;
          default:    break;
        }
    }
}

/* ----- 사용자 정의 함수 ------------------------------------------------------- */

void Clear_time(void)                        /* clear time */
{
  second = 0;                                // clear time
  minute = 0;
  hour = 0;

  TFT_string_large( 6,10, Green,Black, "00 : 00 : 00.0"); // clear display
  TFT_string_large( 9,10, Green,Black, ":");
  TFT_string_large(14,10, Green,Black, ":");
  TFT_string_large(18,10, Green,Black, ".");
```

```
}
void Display_key(U08 key)                              /* display key input */
{
  TFT_string(10,18, White,Black, "KEY1");
  TFT_string(10,22, White,Black, "KEY3");
  TFT_string(10,24, White,Black, "KEY4");

  if(key == KEY1)       TFT_string(10,18, Magenta,Black, "KEY1");
  else if(key == KEY3) TFT_string(10,22, Magenta,Black, "KEY3");
  else if(key == KEY4) TFT_string(10,24, Magenta,Black, "KEY4");
}
```

☞ 이 예제에서는 전체 프로그램의 구조를 파악하는 것이 중요하다. 메인 프로그램에서는 키입력을 검출하여 그에 따른 동작을 지시하는 것만을 수행하며, 스톱워치의 동작은 모두 인터럽트 서비스 루틴 함수에서 처리된다. 이 때문에 스톱워치를 TFT-LCD에 표시하는 루틴은 약간 길지만 인터럽트 처리 함수 내에서 처리하였다.

스톱워치에서 시간을 측정하는 중에는 KEY3의 리셋 기능이 동작하지 않음에 유의하라. 이는 KEY4에 의하여 스톱워치가 정지되었을 경우에만 동작한다. 물론 스톱워치가 정지된 상태에서 리셋하지 않고 KEY1을 누르면 스톱워치는 정지되었던 값에서부터 계속하여 다시 시간을 측정한다.

3. 타이머를 이용한 디지털 시계 프로그램

마이크로컨트롤러에 내장된 타이머를 이용하여 디지털 시계를 구현하려면 기본적으로 정확한 1Hz 속도의 주기적인 인터럽트 발생이 필요하다. 즉, 1초에 한번씩 발생하는 인터럽트를 이용하여 초(秒)를 증가시키고, 이것이 60번 반복되면 분(分)을 증가시키며, 그 결과 60분에 도달하면 다시 시(時)를 증가시키고, 이때 만약 12시제를 사용하는 경우라면 오전(AM)/오후(PM)를 함께 처리하는 방식으로 프로그램을 작성하면 된다. 그러나, 다음의 예제에서는 그러한 기능을 사용하지 않았지만 만약 디지털 시계에서 문자판 내의 콜론(:)을 점멸시키려면 이는 0.5초 간격으로 ON/OFF가 수행되어야 하므로 1Hz가 아니라 2Hz의 주기적인 타이머 인터럽트를 발생시켜 처리하는 것이 바람직하다.

이러한 디지털 시계를 실용성 있게 구현하려면, 첫째는 표시되는 시각을 언제라도 수정할 수 있어야 하며, 둘째는 전원을 껐다가 다시 켜더라도 항상 표시되는 값이 현재 시각과 맞아야 한다. 이중에서 후자의 기능을 위해서는 최소한 클록에 관련되는 회로들을 배터리로 백업해야 하는데 이러한 기능을 가지는 소자를 특별히 RTC(Real Time Clock)라고 한다. *OK-128TFT* 키트에는 배터리 백업 기능을 포함하는 RTC 소자인 DS3234를 내장하여 아주 쉽게 정확한 시계를 구현할 수 있다. 이 소자를 사용하면 배터리 백업 기능 이외에도 캘린더나 알람 기능을 용이하게 처리할 수 있다.

오늘날 이러한 RTC의 기능들은 퍼스널컴퓨터나 많은 산업용 제어기에서도 사용하고 있다. RTC 소자를 사용한 디지털 시계 프로그램에 대하여는 제4.16절에서 별도로 취급하기로 한다.

ATmega128A의 타이머1을 이용하여 TFT-LCD에 C언어로 기본적인 시계를 구현한 프로그램은 다음과 같다.

〈프로그램 Exp09_5.c〉 타이머1을 이용한 기본적인 디지털 시계 프로그램

```
/* ========================================================================== */
/*              Exp09_5.c : 타이머/카운터1을 이용한 디지털 시계(1)            */
/* ========================================================================== */
/*                    Designed and programmed by Duck-Yong Yoon in 2020.     */

#include <avr/io.h>
#include <avr/interrupt.h>
#include "OK-128TFT-V2.h"

volatile unsigned char ampm = 'A', hour = 12, minute = 0, second = 0;

/* ----- 인터럽트 처리 프로그램 ---------------------------------------------- */

ISR(TIMER1_COMPA_vect)                        /* OC1A interrupt function (1 Hz) */
{
  second++;                                   // increment second
  if(second == 60)                            // if second = 60, second = 0
    { second = 0;
      minute++;                               // increment minute
      if(minute == 60)                        // if minute = 60, minute = 0
        { minute = 0;
          hour++;                             // increment hour
          if(hour == 13)                      // if hour = 13, hour = 1
            hour = 1;
          if(hour == 12)                      // if hour = 12, adjust AM/PM
            { if(ampm == 'A') ampm = 'P';
              else            ampm = 'A';
            }
        }
    }

  if(ampm == 'A') TFT_string(13,14,White,Black,"오전"); // display AM/PM
  else            TFT_string(13,14,White,Black,"오후");

  TFT_color(Green,Black);
  TFT_xy(18,14);                              // display hour
  TFT_unsigned_decimal(hour,1,2);
  TFT_xy(21,14);                              // display minute
  TFT_unsigned_decimal(minute,1,2);
  TFT_xy(24,14);                              // display second
  TFT_unsigned_decimal(second,1,2);

  if((minute == 0x00) && (second == 0x00))    // beep on every hour
    Beep();
}

/* ----- 메인 프로그램 ------------------------------------------------------- */

int main(void)
{
  MCU_initialize();                           // initialize ATmega128A MCU
  Delay_ms(50);                               // wait for system stabilization
  LCD_initialize();                           // initialize text LCD module
  TFT_initialize();                           // initialize TFT-LCD module
```

```
  LCD_string(0x80," OK-128TFT V2.0 ");          // display title
  LCD_string(0xC0,"   Exp09_5.c    ");
  Beep();

  Rectangle(0,0, 319,239, Green);               // display clock title
  Rectangle(1,1, 318,238, Green);
  TFT_string( 1, 4,White,Magenta," 타이머1 인터럽트에 의한 디지털 시계 ");
  TFT_string(13,14,White,  Black,"오전 12:00:00");

  TCCR1A = 0x00;                                // CTC mode(4), don't output OC1A
  TCCR1B = 0x0C;                                // 16MHz/256/(1+62499) = 1Hz
  TCCR1C = 0x00;
  OCR1A = 62499;
  TCNT1 = 0x0000;                               // clear Timer/Counter1

  TIFR = 0x10;                                  // clear OC1A interrupt flag
  TIMSK = 0x10;                                 // enable OC1A interrupt
  sei();                                        // global interrupt enable

  while(1);
}
```

☞ 여기서는 12시제를 사용하여 디지털 시계를 구현하였으므로 시간은 01:00:00부터 12:59:59까지 표현되며 오전/오후를 한글로 표시하였다. 시계 기능을 스타트하고 나면 메인 루틴은 특별히 할 일이 없으므로 무한 루프로 처리하였다.

이 프로그램을 컴파일하여 다운로드하고 실행하라. 이 프로그램에서 시각의 초기값은 항상 오전 12:00:00으로 설정되는데, 만약 시계를 현재의 시각으로 맞추려면 프로그램 소스에서 시간 변수의 초기값 부분을 수정하여야 한다.

▣ 현재 시각을 수정하는 기능을 갖는 디지털 시계 프로그램

앞의 Exp09_5.c에서 구현한 디지털 시계는 프로그램 내부에서 설정한 시간 변수의 초기값에 따라 시계가 동작하므로 현재 시각과 맞는 시계를 구현하려면 실행할 때마다 프로그램의 소스를 수정하여야 하는 불편함이 있다. 이 문제를 개선하려면 프로그램의 실행중에 언제든지 화면에 표시되는 시간값을 수정할 수 있도록 해야만 한다. 이는 4개의 키입력 스위치 KEY1~KEY4로 쉽게 구현할 수 있다.

그러나, 이렇게 현재 시각에 맞도록 시계를 수정하더라도 이는 *OK-128TFT* 키트의 전원을 끄면 내용이 모두 소실되므로, 이 프로그램은 매번 실행할 때마다 현재 시각을 다시 맞춰야만 한다. 전원을 껐다가 다시 켜더라도 언제나 현재 시각과 정확히 맞는 시계를 만들려면 배터리 백업형 RTC 소자를 사용해야 한다.

앞의 Exp09_5.c에서 구현한 디지털 시계에 현재 시각을 수정하는 기능을 추가한 프로그램은 다음과 같다.

〈프로그램 Exp09_6.c〉 현재 시각을 수정할 수 있는 디지털 시계 프로그램

```
/* ============================================================================ */
/*                Exp09_6.c : 타이머/카운터1을 이용한 디지털 시계(2)              */
/* ============================================================================ */
/*                           Designed and programmed by Duck-Yong Yoon in 2020.  */

#include <avr/io.h>
#include <avr/interrupt.h>
#include "OK-128TFT-V2.h"

void Display_time(void);                        /* display current time */
void Time_increment(void);                      /* increment time */
void Time_decrement(void);                      /* decrement time */
void Cursor_left(void);                         /* go cursor left */
void Cursor_right(void);                        /* go cursor right */

volatile unsigned char ampm = 'A', hour = 12, minute = 0, second = 0;

/* ----- 인터럽트 처리 프로그램 ------------------------------------------------ */

ISR(TIMER1_COMPA_vect)                          /* OC1A interrupt function (1 Hz) */
{
  second++;                                     // increment second
  if(second == 60)                              // if second = 60, second = 0
    { second = 0;
      minute++;                                 // increment minute
      if(minute == 60)                          // if minute = 60, minute = 0
        { minute = 0;
          hour++;                               // increment hour
          if(hour == 13)                        // if hour = 13, hour = 1
            hour = 1;
          if(hour == 12)                        // if hour = 12, adjust AM/PM
            { if(ampm == 'A') ampm = 'P';
              else            ampm = 'A';
            }
        }
    }

  if((minute == 0x00) && (second == 0x00))      // beep on every hour
    Beep();
}

/* ----- 메인 프로그램 -------------------------------------------------------- */

int main(void)
{
  unsigned char key;

  MCU_initialize();                             // initialize ATmega128A MCU
  Delay_ms(50);                                 // wait for system stabilization
  LCD_initialize();                             // initialize text LCD module
  TFT_initialize();                             // initialize TFT-LCD module

  LCD_string(0x80," OK-128TFT V2.0 ");          // display title
  LCD_string(0xC0,"    Exp09_6.c    ");
  Beep();

  Rectangle(0,0, 319,239, Green);               // display clock title
  Rectangle(1,1, 318,238, Green);
  TFT_string( 1, 4,White,Magenta," 타이머1 인터럽트에 의한  디지털 시계 ");
  TFT_string(13,14,White,  Black,"오전 12:00:00");
  TFT_string( 3,25,White,Blue,"KEY1");          // display key function
  TFT_string( 3,27,Cyan,Black,"좌측");
  TFT_string(13,25,White,Blue,"KEY2");
  TFT_string(13,27,Cyan,Black,"우측");
  TFT_string(23,25,White,Blue,"KEY3");
  TFT_string(23,27,Cyan,Black,"증가");
  TFT_string(33,25,White,Blue,"KEY4");
```

```
  TFT_string(33,27,Cyan,Black,"감소");
  Rectangle( 18,196,  61,234, Cyan);
  Rectangle( 98,196, 141,234, Cyan);
  Rectangle(178,196, 221,234, Cyan);
  Rectangle(258,196, 301,234, Cyan);

  TFT_cursor(Red);                        // display cursor
  Xcursor = 38;
  Ycursor = 14;

  TCCR1A = 0x00;                          // CTC mode(4), don't output OC1A
  TCCR1B = 0x0C;                          // 16MHz/256/(1+62499) = 1Hz
  TCCR1C = 0x00;
  OCR1A = 62499;
  TCNT1 = 0x0000;                         // clear Timer/Counter1

  TIFR = 0x10;                            // clear OC1A interrupt flag
  TIMSK = 0x10;                           // enable OC1A interrupt
  sei();                                  // global interrupt enable

  while(1)
    { key = Key_input();                  // key input
      switch(key)
        { case KEY1 : Cursor_left();      // if KEY1, go cursor left
                      break;
          case KEY2 : Cursor_right();     // if KEY2, go cursor right
                      break;
          case KEY3 : Time_increment();   // if KEY3, increment time
                      break;
          case KEY4 : Time_decrement();   // if KEY4, decrement time
                      break;
          default   : Display_time();     // display time
                      break;
        }
    }
}

/* ----- 사용자 정의 함수 ---------------------------------------------------- */

void Display_time(void)                   /* display current time */
{
  if(ampm == 'A') TFT_string(13,14,White,Black,"오전"); // display AM/PM
  else            TFT_string(13,14,White,Black,"오후");

  TFT_color(Green,Black);
  TFT_xy(18,14);                          // display hour
  TFT_unsigned_decimal(hour,1,2);
  TFT_xy(21,14);                          // display minute
  TFT_unsigned_decimal(minute,1,2);
  TFT_xy(24,14);                          // display second
  TFT_unsigned_decimal(second,1,2);

  TFT_xy(38,14);                          // display home
  TFT_English(' ');
}

void Cursor_left(void)                    /* go cursor left */
{
  if     ((Xcursor == 38) && (Ycursor == 14)) { Xcursor = 25; Ycursor = 14; }
  else if((Xcursor == 25) && (Ycursor == 14)) { Xcursor = 22; Ycursor = 14; }
  else if((Xcursor == 22) && (Ycursor == 14)) { Xcursor = 19; Ycursor = 14; }
  else if((Xcursor == 19) && (Ycursor == 14)) { Xcursor = 15; Ycursor = 14; }
  else if((Xcursor == 15) && (Ycursor == 14)) { Xcursor = 38; Ycursor = 14; }
}

void Cursor_right(void)                   /* go cursor right */
{
  if     ((Xcursor == 38) && (Ycursor == 14)) { Xcursor = 15; Ycursor = 14; }
  else if((Xcursor == 15) && (Ycursor == 14)) { Xcursor = 19; Ycursor = 14; }
  else if((Xcursor == 19) && (Ycursor == 14)) { Xcursor = 22; Ycursor = 14; }
  else if((Xcursor == 22) && (Ycursor == 14)) { Xcursor = 25; Ycursor = 14; }
```

```
    else if((Xcursor == 25) && (Ycursor == 14)) { Xcursor = 38; Ycursor = 14; }
}

void Time_increment(void)                          /* increment time */
{
    if((Xcursor == 15) && (Ycursor == 14))         // in case of AM/PM
      { if(ampm == 'A') ampm = 'P';
        else            ampm = 'A';
      }
    else if((Xcursor == 19) && (Ycursor == 14))    // in case of hour
      { if(hour == 12) hour = 1;
        else           hour++;
      }
    else if((Xcursor == 22) && (Ycursor == 14))    // in case of minute
      { if(minute == 59) minute = 0;
        else             minute++;
      }
    else if((Xcursor == 25) && (Ycursor == 14))    // in case of second
      { if(second == 59) second = 0;
        else             second++;
      }
}

void Time_decrement(void)                          /* decrement time */
{
    if((Xcursor == 15) && (Ycursor == 14))         // in case of AM/PM
      { if(ampm == 'A') ampm = 'P';
        else            ampm = 'A';
      }
    else if((Xcursor == 19) && (Ycursor == 14))    // in case of hour
      { if(hour == 1) hour = 12;
        else          hour--;
      }
    else if((Xcursor == 22) && (Ycursor == 14))    // in case of minute
      { if(minute == 0) minute = 59;
        else            minute--;
      }
    else if((Xcursor == 25) && (Ycursor == 14))    // in case of second
      { if(second == 0) second = 59;
        else            second--;
      }
}
```

☞ 이 프로그램에서는 1초에 한번씩 타이머1의 인터럽트가 발생하여 시간값을 변화시키고 있으며, 메인 프로그램에서는 항상 화면에 현재 시각을 표시하거나 키입력을 검출하여 현재 시각을 수정하는 일을 수행하고 있다.

현재 시각 중에서 오전/오후, 시, 분, 초를 눈으로 보면서 수정할 수 있으려면 TFT-LCD 화면에서 커서가 보이도록 설정해야 한다. 이 프로그램에서 각 키의 기능은 화면 하단에 표시되는대로 KEY1은 커서 좌측 이동, KEY2는 커서 우측 이동, KEY3은 시간값 증가, KEY4는 시간값 감소의 기능을 수행한다.

▣ 터치 스크린을 사용할 수 있도록 기능을 추가한 디지털 시계 프로그램

앞에서 제공한 Exp09_6.c의 디지털 시계 프로그램에서 현재 시각을 수정하기 위하여 KEY1~KEY4는 물론이고 TFT-LCD 화면의 하단에 만들어 놓은 아이콘을 터치 스크린으로 입력하는 기능을 추가하여 다시 작성하면 다음과 같다.

〈프로그램 Exp09_7.c〉 터치 스크린 기능을 추가한 디지털 시계 프로그램

```
/* ========================================================================== */
/*              Exp09_7.c : 타이머/카운터1을 이용한 디지털 시계(3)              */
/* ========================================================================== */
/*                      Designed and programmed by Duck-Yong Yoon in 2020.    */

#include <avr/io.h>
#include <avr/interrupt.h>
#include "OK-128TFT-V2.h"

void Display_time(void);                        /* display current time */
void Time_increment(void);                      /* increment time */
void Time_decrement(void);                      /* decrement time */
void Cursor_left(void);                         /* go cursor left */
void Cursor_right(void);                        /* go cursor right */
unsigned char Icon_input(void);                 /* input touch screen icon */

volatile unsigned char ampm = 'A', hour = 12, minute = 0, second = 0;

/* ----- 인터럽트 처리 프로그램 ------------------------------------------- */

ISR(TIMER1_COMPA_vect)                          /* OC1A interrupt function (1 Hz) */
{
  second++;                                     // increment second
  if(second == 60)                              // if second = 60, second = 0
    { second = 0;
      minute++;                                 // increment minute
      if(minute == 60)                          // if minute = 60, minute = 0
        { minute = 0;
          hour++;                               // increment hour
          if(hour == 13)                        // if hour = 13, hour = 1
            hour = 1;
          if(hour == 12)                        // if hour = 12, adjust AM/PM
            { if(ampm == 'A') ampm = 'P';
              else            ampm = 'A';
            }
        }
    }

  if((minute == 0x00) && (second == 0x00))      // beep on every hour
    Beep();
}

/* ----- 메인 프로그램 ---------------------------------------------------- */

int main(void)
{
  unsigned char key;

  MCU_initialize();                             // initialize ATmega128A MCU
  Delay_ms(50);                                 // wait for system stabilization
  LCD_initialize();                             // initialize text LCD module
  TFT_initialize();                             // initialize TFT-LCD module
  Touch_screen_initialize();                    // initialize touch screen

  LCD_string(0x80," OK-128TFT V2.0 ");          // display title
  LCD_string(0xC0,"   Exp09_7.c    ");
  Beep();

  Rectangle(0,0, 319,239, Green);               // display clock title
  Rectangle(1,1, 318,238, Green);
  TFT_string( 1, 4,White,Magenta," 타이머1 인터럽트에 의한  디지털 시계 ");
  TFT_string( 8, 7, Cyan,  Black,"(터치 스크린 사용 가능)");
  TFT_string(13,14,White,  Black,"오전 12:00:00");
  TFT_string( 3,25,White,Blue,"KEY1");          // display icon
  TFT_string( 3,27,Cyan,Black,"좌측");
  TFT_string(13,25,White,Blue,"KEY2");
  TFT_string(13,27,Cyan,Black,"우측");
```

```
  TFT_string(23,25,White,Blue,"KEY3");
  TFT_string(23,27,Cyan,Black,"증가");
  TFT_string(33,25,White,Blue,"KEY4");
  TFT_string(33,27,Cyan,Black,"감소");
  Rectangle( 18,196,  61,234, Cyan);
  Rectangle( 98,196, 141,234, Cyan);
  Rectangle(178,196, 221,234, Cyan);
  Rectangle(258,196, 301,234, Cyan);

  TFT_cursor(Red);                          // display cursor
  Xcursor = 38;
  Ycursor = 14;

  TCCR1A = 0x00;                            // CTC mode(4), don't output OC1A
  TCCR1B = 0x0C;                            // 16MHz/256/(1+62499) = 1Hz
  TCCR1C = 0x00;
  OCR1A = 62499;
  TCNT1 = 0x0000;                           // clear Timer/Counter1

  TIFR = 0x10;                              // clear OC1A interrupt flag
  TIMSK = 0x10;                             // enable OC1A interrupt
  sei();                                    // global interrupt enable

  while(1)
    { key = Key_input();                    // key input
      if(key == no_key)                     // if no key input, read touch screen icon
        key = Icon_input();

      switch(key)
        { case KEY1 : Cursor_left();        // if KEY1, go cursor left
                      break;
          case KEY2 : Cursor_right();       // if KEY2, go cursor right
                      break;
          case KEY3 : Time_increment();     // if KEY3, increment time
                      break;
          case KEY4 : Time_decrement();     // if KEY4, decrement time
                      break;
          default   : Display_time();       // display time
                      break;
        }
    }
}

/* ----- 사용자 정의 함수 ------------------------------------------------------- */

void Display_time(void)                     /* display current time */
{
  if(ampm == 'A') TFT_string(13,14,White,Black,"오전"); // display AM/PM
  else            TFT_string(13,14,White,Black,"오후");

  TFT_color(Green,Black);
  TFT_xy(18,14);                            // display hour
  TFT_unsigned_decimal(hour,1,2);
  TFT_xy(21,14);                            // display minute
  TFT_unsigned_decimal(minute,1,2);
  TFT_xy(24,14);                            // display second
  TFT_unsigned_decimal(second,1,2);

  TFT_xy(38,14);                            // display home
  TFT_English(' ');
}

void Cursor_left(void)                      /* go cursor left */
{
  if     ((Xcursor == 38) && (Ycursor == 14)) { Xcursor = 25; Ycursor = 14; }
  else if((Xcursor == 25) && (Ycursor == 14)) { Xcursor = 22; Ycursor = 14; }
  else if((Xcursor == 22) && (Ycursor == 14)) { Xcursor = 19; Ycursor = 14; }
  else if((Xcursor == 19) && (Ycursor == 14)) { Xcursor = 15; Ycursor = 14; }
  else if((Xcursor == 15) && (Ycursor == 14)) { Xcursor = 38; Ycursor = 14; }
}
```

```
void Cursor_right(void)                          /* go cursor right */
{
  if     ((Xcursor == 38) && (Ycursor == 14)) { Xcursor = 15; Ycursor = 14; }
  else if((Xcursor == 15) && (Ycursor == 14)) { Xcursor = 19; Ycursor = 14; }
  else if((Xcursor == 19) && (Ycursor == 14)) { Xcursor = 22; Ycursor = 14; }
  else if((Xcursor == 22) && (Ycursor == 14)) { Xcursor = 25; Ycursor = 14; }
  else if((Xcursor == 25) && (Ycursor == 14)) { Xcursor = 38; Ycursor = 14; }
}

void Time_increment(void)                        /* increment time */
{
  if((Xcursor == 15) && (Ycursor == 14))         // in case of AM/PM
    { if(ampm == 'A') ampm = 'P';
      else            ampm = 'A';
    }
  else if((Xcursor == 19) && (Ycursor == 14))    // in case of hour
    { if(hour == 12) hour = 1;
      else           hour++;
    }
  else if((Xcursor == 22) && (Ycursor == 14))    // in case of minute
    { if(minute == 59) minute = 0;
      else             minute++;
    }
  else if((Xcursor == 25) && (Ycursor == 14))    // in case of second
    { if(second == 59) second = 0;
      else             second++;
    }
}

void Time_decrement(void)                        /* decrement time */
{
  if((Xcursor == 15) && (Ycursor == 14))         // in case of AM/PM
    { if(ampm == 'A') ampm = 'P';
      else            ampm = 'A';
    }
  else if((Xcursor == 19) && (Ycursor == 14))    // in case of hour
    { if(hour == 1) hour = 12;
      else          hour--;
    }
  else if((Xcursor == 22) && (Ycursor == 14))    // in case of minute
    { if(minute == 0) minute = 59;
      else            minute--;
    }
  else if((Xcursor == 25) && (Ycursor == 14))    // in case of second
    { if(second == 0) second = 59;
      else            second--;
    }
}

unsigned char icon_flag = 0;

unsigned char Icon_input(void)                   /* input touch screen icon */
{
  unsigned char icon;

  Touch_screen_input();                          // input touch screen

  if((icon_flag == 0) && (x_touch >= 18) && (x_touch <= 61) && (y_touch >= 196) && (y_touch <= 234))
    { icon = KEY1;
      icon_flag = 1;
      Rectangle( 18,196,  61,234, Magenta);
      Beep();
    }
  else if((icon_flag == 0) && (x_touch >= 98) && (x_touch <= 141) && (y_touch >= 196) && (y_touch <= 234))
    { icon = KEY2;
      icon_flag = 1;
      Rectangle( 98,196, 141,234, Magenta);
      Beep();
    }
  else if((icon_flag == 0) && (x_touch >= 178) && (x_touch <= 221) && (y_touch >= 196) && (y_touch <= 234))
    { icon = KEY3;
```

```
      icon_flag = 1;
      Rectangle(178,196, 221,234, Magenta);
      Beep();
    }
  else if((icon_flag == 0) && (x_touch >= 258) && (x_touch <= 301) && (y_touch >= 196) && (y_touch <= 234))
    { icon = KEY4;
      icon_flag = 1;
      Rectangle(258,196, 301,234, Magenta);
      Beep();
    }
  else if((icon_flag == 1) && (x_touch == 0) && (y_touch == 0))
    { icon = no_key;
      icon_flag = 0;
      Rectangle( 18,196,  61,234, Cyan);
      Rectangle( 98,196, 141,234, Cyan);
      Rectangle(178,196, 221,234, Cyan);
      Rectangle(258,196, 301,234, Cyan);
      Delay_ms(50);
    }
  else
    icon = no_key;

  return icon;
}
```

4. 실습 과제

(1) 이 절의 예제 프로그램에서처럼 ATmega128A의 타이머를 이용하여 구현한 시계와 제4.16절에서처럼 DS3234 RTC 소자를 사용하여 구현한 시계는 어떤 차이가 있는지 비교하여 설명하라.

(2) 예제 프로그램 Exp09_1.c에서 인터럽트 발생 주파수가 10Hz가 되도록 수정한 프로그램 Exp09_1R.c를 작성하라.

(3) 예제 프로그램 Exp09_4.c의 전자 스톱워치는 TFT-LCD에 표시되는 내용을 1번 갱신하는데 10ms 이상의 시간이 소요되므로 1/10초까지 처리하는 것으로 하였다. 이보다 출력 속도가 훨씬 빠른 텍스트 LCD에 시간을 표시하여 1/100초까지 측정하도록 수정한 프로그램 Exp09_4R.c를 작성하라.

(4) 예제 프로그램 Exp09_7.c에서 시계 부분 "오전 12:00:00"을 12×24 픽셀의 영문 ASCII 및 24×24 픽셀의 한글 큰 글씨로 표시하고, 여기에 시간값의 콜론(:)을 1초에 한번씩 점멸하는 기능을 추가한 프로그램 Exp09_7R.c를 작성하라.

4.10 TV 리모컨 응용 프로그램

이 절에서는 TV 리모컨의 원리를 이해하고 *OK-128TFT* 키트에서 TV 리모컨의 신호를 수신하여 원격제어에 응용할 수 있는 프로그램 작성 기술을 공부한다.

관련 내용	(1) 제1.5절 ATmega128A의 인터럽트 처리 기능 (2) 제2.2절 타이머/카운터 및 PWM 출력

1. TV 리모컨의 구조와 기능

리모컨(Remote Controller)은 빛이나 전파를 사용하여 원거리의 장치에 신호를 보내는 방법으로 먼 거리의 기계를 제어할 수 있는 원격제어장치이다. TV나 에어컨과 같은 가전제품에서 널리 사용하는 적외선(Ir ; Infrared) LED 리모컨은 적외선 LED를 사용하여 변조된 신호를 빛으로 보내고 포토 트랜지스터로 이를 수신하는 원리로 동작하며, 이는 기본적으로 신호 전송에 LED 불빛을 사용하기 때문에 저가격에 구현 가능하지만 직사광선이 있는 옥외에서는 사용하기 어렵고 주로 실내에서 사용한다.

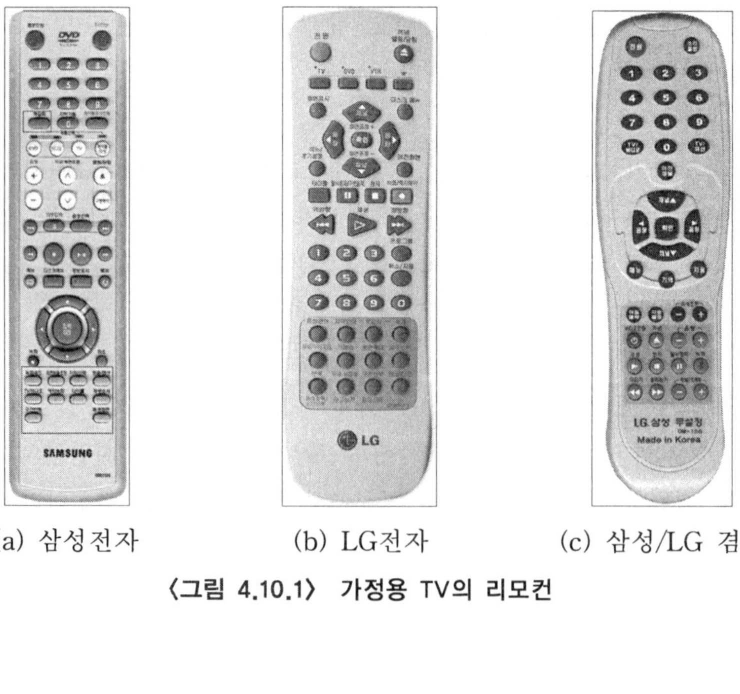

(a) 삼성전자　　(b) LG전자　　(c) 삼성/LG 겸용

〈그림 4.10.1〉 가정용 TV의 리모컨

이에 비하여 자동차 원격시동이나 무선조종 자동차 등에 널리 사용하는 RF(Radio Frequency) 무선 리모컨은 전자파로 변조된 신호를 전송하므로 빛에 영향을 받지 않아서 옥외에서 사용하는데 적합하고 비교적 먼 거리의 장치까지 사용할 수 있다.

<그림 4.10.1>에는 삼성전자와 LG전자의 TV용 리모컨 모델을 보였으며, 이 2개 회사의 TV 모델에 겸용으로 사용할 수 있는 만능 리모컨도 함께 보였다.

(1) TV 리모컨의 데이터 전송 포맷

TV에서 사용하는 적외선 LED 방식의 리모컨은 전등과 같은 외란광의 영향을 받지 않도록 하기 위하여 데이터 신호를 약 30kHz~40kHz(보통 38kHz) 정도의 주파수로 변조시켜 송수신한다.

데이터 전송 포맷에는 여러 가지 방식이 있으나 NEC에서 만든 NEC 포맷을 가장 널리 사용하고 있으며, 우리나라의 LG전자 TV에서도 현재 이 방식을 사용하고 있다. 그러나, NEC 포맷은 1개의 데이터를 전송하는 시간이 좀 길어서 오늘날은 이를 약간 변형하여 만든 도시바(Toshiba) 방식도 많이 사용하고 있는데, 우리나라의 삼성전자 TV에서는 현재 이 방식을 사용하고 있다.

TV 리모컨 신호는 기본적으로 <그림 4.10.2>에 보인 것과 같이 리더 코드(Leader Code), 2바이트의 커스텀 코드(Custom Code), 2바이트의 데이터 코드(Data Code)의 구조로 되어 있다. 리더 코드는 이제부터 1개의 리모컨 키에 대응하는 정보가 전송되기 시작한다는 것을 의미하며, 커스텀 코드(또는 시스템 코드)는 TV나 VTR의 제조사를 구분하는 고유 코드이고, 데이터 코드는 리모컨의 각 키에 따라 달라지는 값이다. 초창기의 리모컨에서는 전송 데이터의 에러를 검출하려는 용도로 커스텀 코드와 데이터 코드에 각각 정상값과 반전값을 2바이트씩 연속으로 전송하였으나, 점차로 가전제품의 제조사나 모델 수가 많아져서 8비트 값으로는 이것들을 구분하는 커스텀 코드를 모두 수용할 수 없게 되었으므로 현재는 커스텀 코드를 정상값과 반전값으로 구분하지 않고 연속된 16비트 값으로 사용하고 있다.

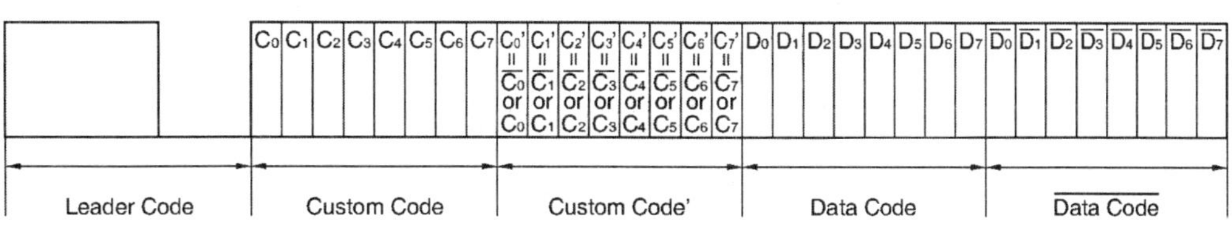

〈그림 4.10.2〉 TV의 리모컨의 기본적인 데이터 포맷

이와 같이 TV나 VTR용 리모컨의 데이터 전송 포맷은 다소 복잡한 구조로 되어 있기 때문에 이를 하드웨어로 구현하는데는 송신부와 수신부에 각각 전용의 IC를 사용하여 왔다. 그러나, 요즈음은 좀 더 다양한 부가 기능을 쉽게 구현할 수 있도록 하기 위하여 전용 IC를 사용하지 않고 마이크로컨트롤러를 사용하는 경우도 많다.

리모컨의 송신용 IC에는 리모컨의 각 키가 눌려진 것을 검출하여 이에 대응하는 디지털 데이터를 인코딩하며, 이 데이터를 송신용 주파수 신호로 변조하고 적외선 LED를 구동하기까지의 모든 기능이 1개의 소자에 내장되어 있다. NEC 포맷 송신용 IC로는 NEC사의 μPD6121/6122 소자를 많이 사용하여 왔기 때문에 여기서 사용하는 데이터 포맷을 μPD6121형 포맷이라고도 부르는데, 이는 LG전자의 TV 및 VTR용 리모컨에서 사용하고 있다. 그러나, 현재 이 μPD6121/6122 소자들은 모두 단종되었다. 수정된 NEC 포맷 송신용 IC로는 도시바사의 TC9012/9243 소자를 많이 사용하였기 때문에 여기서 사용하는 데이터 포맷을 TC9012형 포맷이라고도 부르는데, 이는 삼성전자의 TV 및 VTR용 리모컨에서 사용하고 있다. 현재는 TC9012/9243 소자들도 모두 단종되어 사용되지 않는다.

▣ NEC 포맷(μPD6121형 포맷)

NEC 포맷의 TV 리모컨 신호는 <그림 4.10.3>에 보인 것과 같은 구조로 되어 있다. 그러나, 실제로는 이를 38kHz로 변조시켜 송신하며, 수신측에서는 모든 신호가 반전되어 수신되므로 수신 파형은 이를 논리적으로 반전시켜 생각해야 한다.

NEC 포맷은 리더 코드 + 커스텀 코드1 + 커스텀 코드2 + 데이터 코드1 + 데이터 코드2 + 스톱 비트 + 40ms frame space로 구성되는데 초창기에는 커스텀 코드2가 커스텀 코드1의 반전값이었으나 현재는 커스텀 코드1과 커스텀 코드2를 합쳐서 16비트의 커스텀 코드로 사용한다. 그러나, 데이터 코드2는 데이터 코드1의 반전값을 전송하여 전송 에러 검출용으로 사용한다.

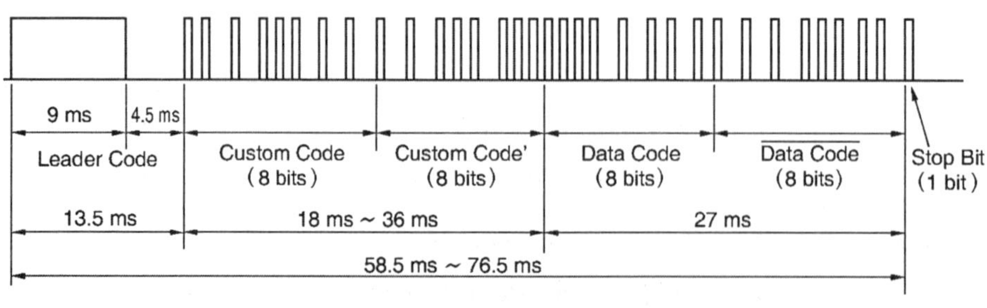

〈그림 4.10.3〉 TV 리모컨의 NEC 포맷

NEC 포맷에서 리더 코드는 <그림 4.10.4>에 자세히 보인 것처럼 9ms의 high 구간과 4.5ms의 low 구간을 합하여 총 13.5ms로 이루어진다. 여기서 리모컨의 기본 시간 단위인 0.5625ms를 T라고 하면 high 구간은 16T에 해당하고, low 구간은 8T에 해당하며, 전체 리더 코드는 24T에 해당한다.

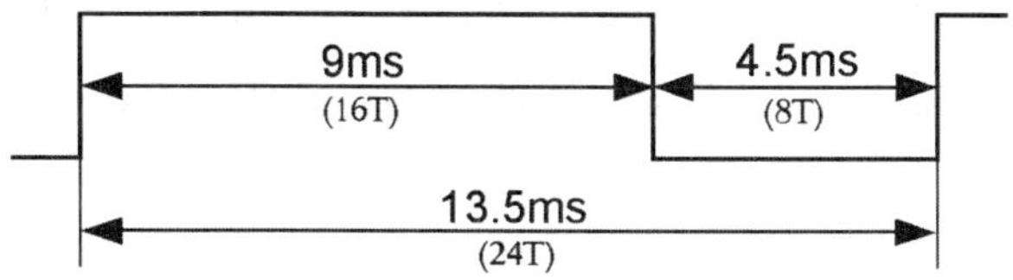

〈그림 4.10.4〉 NEC 포맷에서 리더 코드의 신호

NEC 포맷에서 커스텀 코드와 데이터 코드는 모두 32비트(4바이트)의 디지털 데이터로 구성되는데, 여기서 사용하는 각 비트 0과 1의 신호를 <그림 4.10.5>에 자세히 보였다. 즉, 0의 신호는 0.5625ms(T)의 high 구간과 0.5625ms(T)의 low 구간을 합하여 1.125ms(2T)로 되어 있고, 1은 0.5625ms(T)의 high 구간과 1.6875ms(3T)의 low 구간을 합하여 2.25ms(4T)로 이루어진다. 이처럼 0과 1을 전송하는데 필요한 시간이 다르기 때문에 정상값과 반전값을 전송하는 데이터 코드는 8개의 0과 8개의 1로 구성되어 총 1.125×8 + 2.25×8 = 27ms의 시간을 필요로 한다. 그러나, 16비트로 된 커스텀 코드를 전송하는데 소요되는 시간은 일정하지 않아 최소값이 1.125×16 = 18ms이고, 최대값이 2.25×16 = 36ms로 된다.

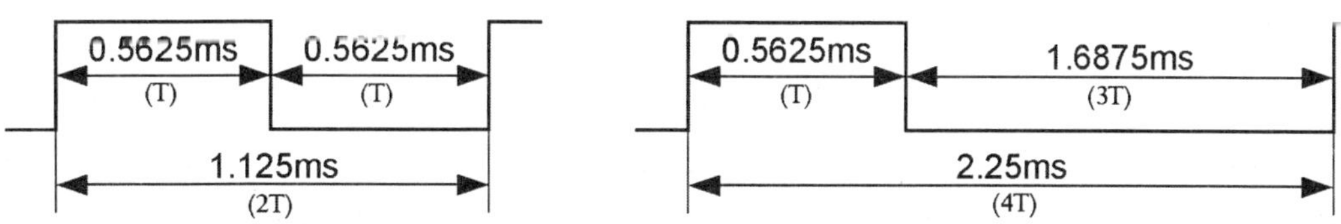

'0'인 경우 '1'인 경우

〈그림 4.10.5〉 NEC 포맷에서 1비트 0과 1의 신호

결국 NEC 포맷의 TV 리모컨에서는 리더 코드, 커스텀 코드, 데이터 코드를 모두 전송하는데 58.5~76.5ms가 필요하며, 스톱 비트와 40ms frame space에 해당하는 부수적인 시간까지를 고려하면 100ms 이상의 많은 시간이 소요된다. 이러한 NEC 포맷은 현재 LG전자의 TV나 VTR 제품의 리모컨에서 사용하고 있다.

▣ 도시바의 수정된 NEC 포맷(TC9012형 포맷)

도시바에 의하여 수정된 NEC 포맷에서는 나중에 개선된 NEC 포맷처럼 16비트의 커스텀 코드를 사용하고 모두 NEC 포맷과 같은 구조로 되어 있으나, 전체 전송 시간을 줄이기 위하여 리더 코드를 13.5ms에서 9ms로 좀더 짧게 하였다. 즉, 수정된 NEC 포맷에서는 <그림 4.10.6>에 보인 것처럼 리더 코드가 4.5ms(8T)의 high 구간과 4.5ms(8T)의 low 구간을 합하여 총 9ms(16T)로 이루어진다. 이와 같이 수정된 NEC 포맷은 현재 삼성전자의 TV나 VTR 제품의 리모컨에서 사용하고 있다.

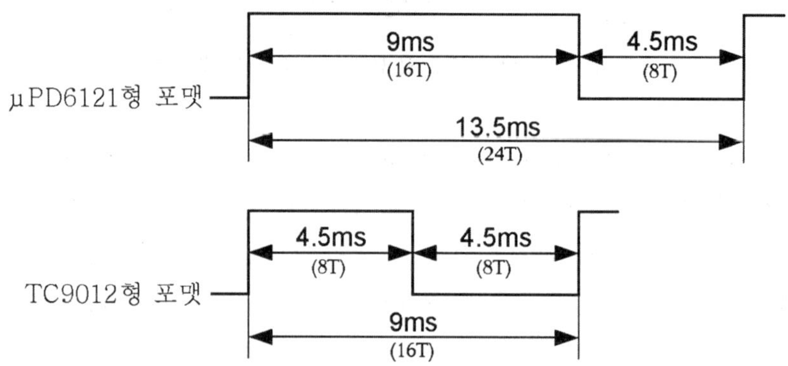

〈그림 4.10.6〉 NEC 포맷(상)과 수정된 NEC 포맷(하)에서 리더 코드 신호의 비교

NEC 포맷이나 수정된 NEC 포맷에서는 옵션으로 반복 코드(repeat code) 신호를 사용하기도 한다. 즉, 리모컨에서 동일한 키를 연속하여 누르고 있으면 처음에는 그 키에 해당하는 키 코드가 전송되지만 그 이후부터는 주기적인 시간 간격으로 반복 코드를 전송한다. NEC 포맷에서 반복 코드는 9ms의 high 구간과 2.25ms의 low 구간을 합하여 총 11.25ms로 이루어지며, 수정된 NEC 포맷에서는 4.5ms와 2.25ms를 합하여 총 6.75ms로 된다. 그러나, 리모컨에 따라서는 동일한 키를 계속 누르고 있더라도 이러한 반복 코드를 사용하지 않고 해당 키 코드를 반복하여 전송하기도 한다.

(2) TV 리모컨 신호의 수신

리모컨의 신호를 수신할 때는 대역통과 필터(BPF ; band-pass filter)를 사용하여 변조 주파수만을 검출한 후에 여기서 디지털 데이터 신호를 추출하여 원래 송신하였던 지정된 포맷의 직렬 데이터로 출력하는 기능을 수행한다. 이러한 기능을 수행하는 하드웨어는 매우 민감한 아날로그 회로를 포함하고 있으므로 리모컨 수신 전용의 IC를 사용하는데, 현재 널리 사용되는 TV 리모컨 수신 전용의 소자로는 Kodenshi사의

KSM-603LM이나 AUK사의 SRM-354VF 등이 있다. *OK-128TFT* 키트에서는 이중에서 KSM-603LM을 사용하는데 이 소자의 외형은 <그림 4.10.7>에 보였다.

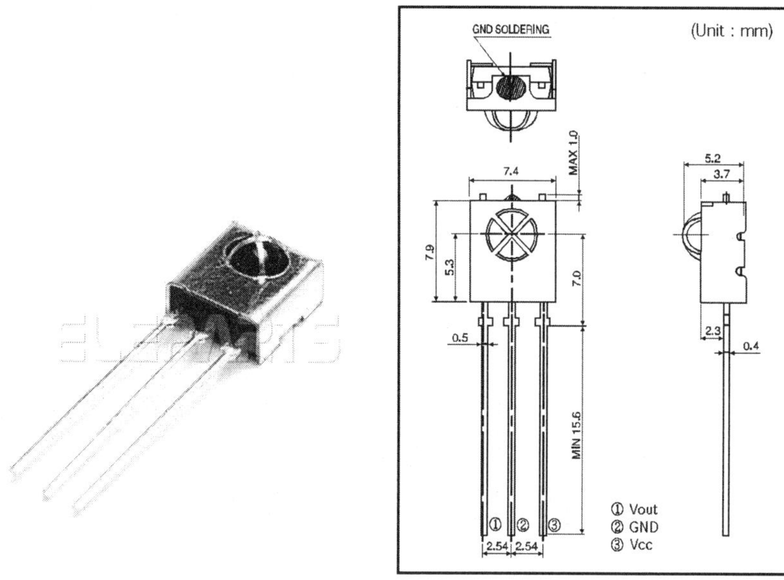

〈그림 4.10.7〉 TV 리모컨 수신 모듈 KSM-603LM의 외형

TV 리모컨에서는 앞에서 설명한 포맷의 데이터를 38kHz로 변조시켜 출력하므로 송신하려는 데이터와 실제로 송신되는 신호 그리고 수신된 신호를 비교하여 설명하면 <그림 4.10.8>과 같다. 여기서 파형 ①은 리모컨이 송신하려는 데이터 포맷을 나타내고, 파형 ②는 리모컨 송신부에 의하여 38kHz의 반송파 주파수(carrier frequency)로 변조된 신호이며, 파형 ③은 리모컨 수신용 소자 KSM-603LM에서 수신되어 출력되는 신호를 나타낸다. 파형 ①과 ③은 서로 상태가 반전되어 있음을 알 수 있다.

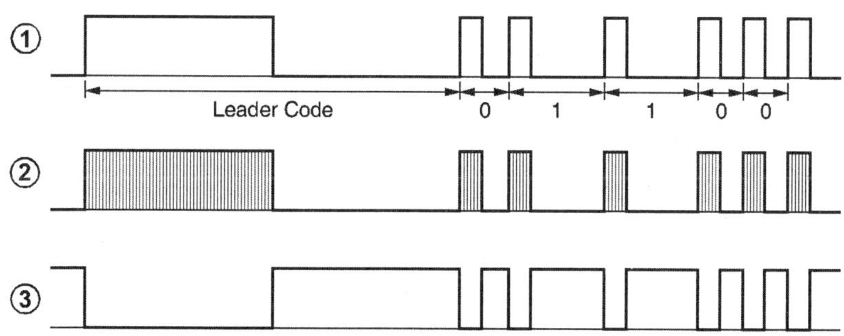

〈그림 4.10.8〉 TV 리모컨에서 ①송신 데이터, ②변조된 신호, ③수신 데이터의 관계

TV 리모컨 신호의 변조에 사용되는 반송파는 38kHz(±5%, 듀티비 33%)를 사용하는 것이 표준이며, KSM-603LM의 내부에는 37.9kHz의 대역통과 필터를 내장하고 있어서 잡음을 제거하고 리모컨 신호만을 수신한다.

실제로 삼성전자 TV의 리모컨 신호를 KSM-603LM 소자로 수신하여 출력한 신호를 오실로스코프로 관측한 예를 <그림 4.10.9>에 보였다. 이 파형에서 삼성전자 제품은 수정된 NEC 포맷을 사용하기 때문에 리더 코드가 9ms로 되어 있으며, 모든 데이터 신호들이 논리적으로 반전되어 수신되는 것을 확인할 수 있다.

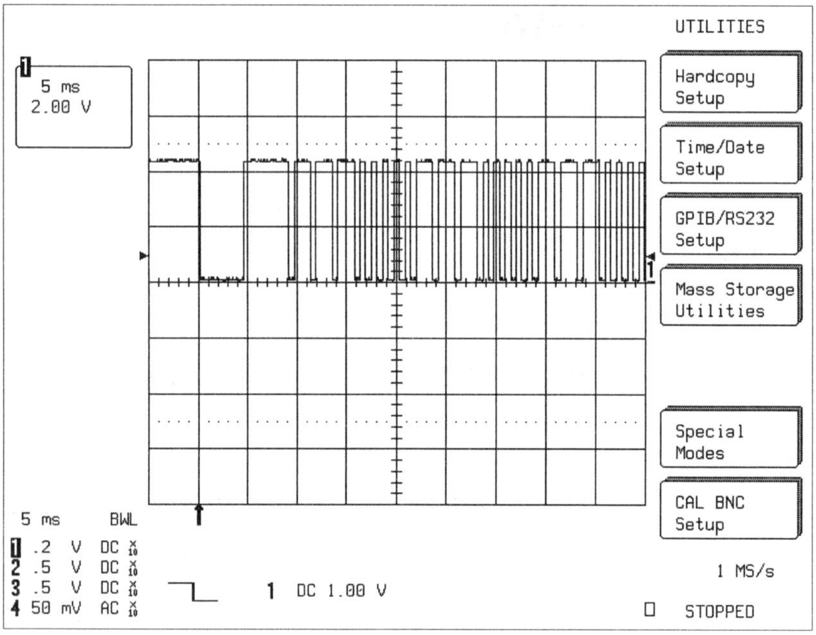

〈그림 4.10.9〉 삼성 TV 리모컨의 실제 수신 신호

(3) TV 리모컨 코드표

현재 삼성전자에서 사용하고 있는 TV 리모컨의 코드표를 <표 4.10.1>에 보였다. 여기서 보듯이 삼성전자 TV 리모컨의 16비트 커스텀 코드는 0x0707이며, 데이터 코드2는 데이터 코드1의 반전값이다.

또한, 현재 LG전자에서 사용하고 있는 TV 리모컨의 코드표를 <표 4.10.2>에 보였다. 여기서 보듯이 LG전자 TV 리모컨의 8비트 커스텀 코드는 0x04(반전값은 0xFB)이며, 데이터 코드2는 데이터 코드1의 반전값이다.

〈표 4.10.1〉 삼성전자 TV의 수정된 NEC 포맷(TC9012형) 리모컨 코드표

버튼	커스텀 코드1	커스텀 코드2	데이터 코드1	데이터 코드2
전원	0x07	0x07	0x02	0xFD
TV/외부입력	0x07	0x07	0x01	0xFE
TV/유선	0x07	0x07	0x27	0xD8
0	0x07	0x07	0x11	0xEE
1	0x07	0x07	0x04	0xFB
2	0x07	0x07	0x05	0xFA
3	0x07	0x07	0x06	0xF9
4	0x07	0x07	0x08	0xF7
5	0x07	0x07	0x09	0xF6
6	0x07	0x07	0x0A	0xF5
7	0x07	0x07	0x0C	0xF3
8	0x07	0x07	0x0D	0xF2
9	0x07	0x07	0x0E	0xF1
채널+	0x07	0x07	0x12	0xED
채널-	0x07	0x07	0x10	0xEF
음량+	0x07	0x07	0x07	0xF8
음량-	0x07	0x07	0x0B	0xF4
조정+	0x07	0x07	0x1D	0xE2
조정-	0x07	0x07	0x1C	0xE3
조용히(음소거)	0x07	0x07	0x0F	0xF0
자동채널	0x07	0x07	0x3A	0xC5
이전채널	0x07	0x07	0x13	0xEC
기억	0x07	0x07	0x19	0xE6
지움	0x07	0x07	0x18	0xE7
화면크기	0x07	0x07	0x3E	0xC1
취침예약	0x07	0x07	0x03	0xFC
메뉴	0x07	0x07	0x1A	0xE5
간편메뉴	0x07	0x07	0x4B	0xB4
채널목록	0x07	0x07	0x6B	0x94
방송안내	0x07	0x07	0x4F	0xB0
정보표시	0x07	0x07	0x1F	0xE0
위로 이동	0x07	0x07	0x60	0x9F
아래로 이동	0x07	0x07	0x61	0x9E
좌로 이동	0x07	0x07	0x65	0x9A
우로 이동	0x07	0x07	0x62	0x9D
선택(확인)	0x07	0x07	0x68	0x97
복귀(이전)	0x07	0x07	0x58	0xA7
종료(나가기)	0x07	0x07	0x2D	0xD2
동영상 재생	0x07	0x07	0x47	0xB8
동영상 정지	0x07	0x07	0x46	0xB9
동영상 일시정지	0x07	0x07	0x4A	0xB5
동영상 빨리감기	0x07	0x07	0x48	0xB7
동영상 되감기	0x07	0x07	0x45	0xBA

〈표 4.10.2〉 LG전자 TV의 NEC 포맷(μ PD6121형) 리모컨 코드표

버튼	커스텀 코드1	커스텀 코드2	데이터 코드1	데이터 코드2
전원	0x04	0xFB	0x08	0xF7
TV/외부입력	0x04	0xFB	0x0B	0xF4
TV/유선	0x04	0xFB	0x0F	0xF0
0	0x04	0xFB	0x10	0xEF
1	0x04	0xFB	0x11	0xEE
2	0x04	0xFB	0x12	0xED
3	0x04	0xFB	0x13	0xEC
4	0x04	0xFB	0x14	0xEB
5	0x04	0xFB	0x15	0xEA
6	0x04	0xFB	0x16	0xE9
7	0x04	0xFB	0x17	0xE8
8	0x04	0xFB	0x18	0xE7
9	0x04	0xFB	0x19	0xE6
채널+	0x04	0xFB	0x00	0xFF
채널-	0x04	0xFB	0x01	0xFE
음량+	0x04	0xFB	0x02	0xFD
음량-	0x04	0xFB	0x03	0xFC
조용히(음소거)	0x04	0xFB	0x09	0xF6
자동채널	0x04	0xFB	0x54	0xAB
이전채널	0x04	0xFB	0x1A	0xE5
음성다중	0x04	0xFB	0x0A	0xF5
자막방송	0x04	0xFB	0x39	0xC6
자동영상	0x04	0xFB	0x4D	0xB2
화면크기	0x04	0xFB	0x79	0x86
취침예약	0x04	0xFB	0x0E	0xF1
메뉴	0x04	0xFB	0x43	0xBC
간편설정	0x04	0xFB	0x45	0xBA
채널목록	0x04	0xFB	0x4C	0xB3
방송안내 N	0x04	0xFB	0xAB	0x54
방송안내 O	0x04	0xFB	0xA9	0x56
정보표시	0x04	0xFB	0xAA	0x55
위로 이동	0x04	0xFB	0x40	0xBF
아래로 이동	0x04	0xFB	0x41	0xBE
좌로 이동	0x04	0xFB	0x07	0xF8
우로 이동	0x04	0xFB	0x06	0xF9
선택(확인)	0x04	0xFB	0x44	0xBB
복귀(이전)	0x04	0xFB	0x28	0xD7
종료(나가기)	0x04	0xFB	0x5B	0xA4
동영상 재생	0x04	0xFB	0xB0	0x4F
동영상 정지	0x04	0xFB	0xB1	0x4E
동영상 일시정지	0x04	0xFB	0xBA	0x45
동영상 빨리감기	0x04	0xFB	0x8E	0x71
동영상 되감기	0x04	0xFB	0x8F	0x70

2. TV 리모컨 수신 프로그램

이제 삼성전자와 LG전자의 TV의 리모컨 신호를 수신하는 프로그램을 작성하여 보기로 한다. *OK-128TFT* 키트에서는 앞의 <그림 3.1.2> 회로도에서 볼 수 있듯이 KSM-603LM의 출력 신호가 ATmega128A의 PE6/INT6 단자에 연결되어 있다. 그런데, TV 리모컨 신호는 항상 반전되어 수신되기 때문에 리더 코드나 모든 데이터 비트들이 항상 하강 에지에서 시작되며, 따라서 이 하강 에지 신호를 ATmega128A의 외부 인터럽트 입력신호로 사용하면 각 신호 펄스의 주기를 측정할 수 있다. 즉, 하나의 인터럽트가 걸린 시점부터 다음 인터럽트가 걸린 시점까지의 시간을 타이머로 측정하면 이로부터 리더 코드나 비트값 0 또는 비트값 1의 신호를 인식할 수 있다.

(1) TV 리모컨 신호 수신의 원리

여기서 각 펄스의 주기를 측정하는데는 타이머1을 이용한다. 즉, 타이머1을 고속 PWM 모드인 모드5로 설정하고, 프리스케일러를 1024로 사용하여 16MHz/1024 = 15625Hz의 클록 주파수를 타이머에 인가하면 이것의 1주기는 64μs가 되며, 따라서 수정된 NEC 포맷을 사용하는 TV 리모컨 신호에서 가장 긴 펄스폭을 갖는 9ms의 리더 코드는 140개의 카운트값으로 측정된다. 만약 NEC 포맷을 사용하는 TV 리모컨이라면 가장 긴 펄스폭을 갖는 13.5ms의 리더 코드는 211개의 카운트값으로 측정되고, 이것의 약 120%인 255를 넘으면 오버플로우 인터럽트가 발생하면서 잡음으로 처리한다. 0에 해당하는 데이터 비트는 펄스폭이 1.125ms이므로 18개의 카운트값에 해당하며, 1에 해당하는 데이터 비트는 펄스폭이 2.25ms이므로 35개의 카운트값에 해당한다.

ATmega128A는 TV 리모컨 수신 신호의 하강 에지에서 인터럽트를 발생할 때마다 타이머1을 읽어서 펄스폭을 측정하며, 즉시 카운터값을 0으로 클리어하여 다음 펄스의 측정에 대비한다. 읽은 카운터 값을 사용하여 펄스폭을 확인할 때는 리모컨마다 존재할 수 있는 클록 오차를 감안하여 ±10%의 여유폭을 주는 것이 좋다.

리더 코드가 인식된 후에는 32비트의 데이터 비트들을 수신하는데, 8비트가 수신되었을 때마다 이를 바이트 데이터로 모아서 배열에 저장하며, 4바이트가 모두 수신되면 이를 리모컨 수신 데이터로 사용한다.

만약, 이러한 수신 동작 중에 엉뚱한 신호가 확인되면 이는 잡음에 해당하므로 즉시 수신 상태를 리더 코드 대기상태로 만들어야 한다. 특히 전자식 안정기를 사용하는 형광등 불빛 아래서는 리모컨 신호에 잡음이 많이 섞여 들어오는데, 이는 전자식 안정기의 동작 주파수가 리모컨 신호의 변조 주파수와 비슷한 대역에 있기 때문이다.

수신측의 회로는 항상 리더 코드 수신 대기상태에서 리모컨의 수신 동작을 시작해야 한다. 따라서, 수신 인터럽트에 의하여 측정된 펄스의 폭이 리더 코드, 0, 1 이외의 것은 무조건 잡음으로 간주하여 모든 수신 동작을 중단하고 수신 상태를 리더 코드 대기상태로 만든다. 예를 들어 <그림 4.10.10>의 noise (2)가 발생하였다면 리더 코드가 너무 짧아서 오류로 처리되고 수신 상태는 즉시 리더 코드 대기상태로 되돌려진다. 그러나, 만약 <그림 4.10.10>의 noise (1)로 표시된 것처럼 수신 대기상태에서 잡음이 발생하면 이것이 리더 코드의 시작으로 오인되기 때문에 나중에 진짜 리더 코드의 시작을 올바르게 인식하지 못한다. 이를 방지하려면 수신 대기상태에서 인터럽트가 발생한 후에 리더 코드의 120% 이상이 지나도록 다음 인터럽트가 검출되지 않으면 이 인터럽트는 잡음으로 간주하여 리더 코드의 검출을 포기하고 수신 상태를 리더 코드 수신 대기상태로 되돌리는 것이 좋다. 그러나, noise (1) 발생 이후 리더 코드의 120% 이전 시간에 진짜 리더 코드가 수신되면 이 경우는 리더 코드를 인식하지 못하므로 이 1개의 리모컨 코드를 수신하지 못하고 놓치게 된다. 이런 정도의 조치만으로도 TV 리모컨 신호의 수신율이 크게 향상된다.

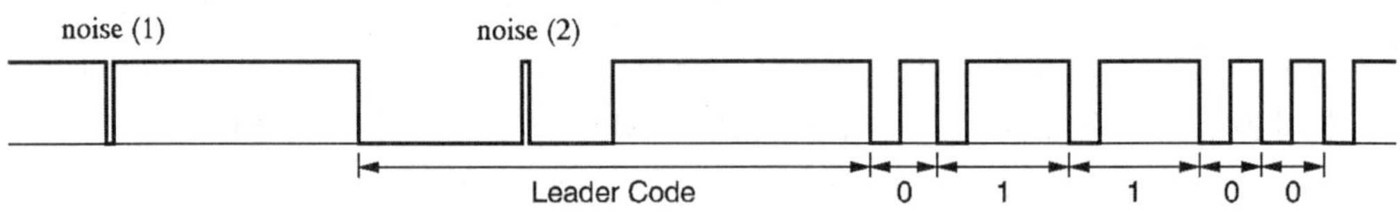

〈그림 4.10.10〉 리모컨의 수신 신호에 잡음이 포함되는 경우

(2) 삼성전자 TV 리모컨의 수신 프로그램

수정된 NEC 포맷을 사용하는 삼성전자의 TV 리모컨 신호를 수신하여 TFT-LCD 모듈의 화면에 키 코드값과 이 키의 기능을 표시하는 프로그램을 작성하여 보면 다음과 같다. TV 리모컨 모델에 따라 일부 키가 추가될 수도 있는데, 기능이 확인되지 않는 키는 코드값만을 표시하고 기능은 공백으로 처리하였다.

〈프로그램 Exp10_1.c〉 삼성전자 TV 리모컨의 신호를 수신하는 프로그램

```
/* ========================================================================== */
/*      Exp10_1.c : 삼성전자 TV 리모컨(수정된 NEC 포맷) 수신 프로그램           */
/* ========================================================================== */
/*                      Designed and programmed by Duck-Yong Yoon in 2020.   */

#include <avr/io.h>
#include <avr/interrupt.h>
#include "OK-128TFT-V2.h"
```

```
// Leader_Code  = 141                         // 9ms / 64us = 140.625
// Low_Bit      = 18                          // 1.125ms / 64us = 17.578
// High_Bit     = 35                          // 2.25ms / 64us = 35.156

#define Leader_Max      155                   // 110% of Leader_Code
#define Leader_Min      126                   //  90% of Leader_Code
#define Low_Bit_Max     20                    // 110% of Low_Bit_Code
#define Low_Bit_Min     15                    //  90% of Low_Bit_Code
#define High_Bit_Max    39                    // 110% of High_Bit_Code
#define High_Bit_Min    31                    //  90% of High_Bit_Code

volatile unsigned char Remocon_state;         // step to recognize remocon signal
volatile unsigned char Remocon_count;         // 64us base time counter
volatile unsigned char Remocon_data;          // temporary byte data of remocon signal
volatile unsigned char Remocon_bit_count;     // bit count of data to recognize remocon signal
volatile unsigned char Remocon_OK_flag;       // remocon command receive OK
volatile unsigned char Remocon_command[4];    // remocon command string

/* ----- 인터럽트 처리 프로그램 ---------------------------------------------- */

ISR(TIMER1_OVF_vect)                          /* Timer1 overflow interrupt with 64us*256 period */
{
  Remocon_state = 0;                          // if overflow, the signal is noise
}

ISR(INT6_vect)                                /* INT6 interrupt by remocon signal */
{
  Remocon_count = TCNT1;                      // read Remocon_count
  TCNT1 = 0;                                  // start new Remocon_count

  sei();                                      // global interrupt enable

  switch(Remocon_state)
    { case 0 :                                // if ready state, go to step 1(leader state)
             Remocon_state = 1;
             Remocon_count = 0;
             break;

      case 1 :                                // if leader state, check leader signal
             if((Remocon_count >= Leader_Min) && (Remocon_count <= Leader_Max))
               { Remocon_state = 2;           // if lead signal, go to step 2(data state)
                 Remocon_count = 0;
                 Remocon_data = 0;
                 Remocon_bit_count = 0;
               }
             else
               Remocon_state = 0;             // if not lead signal, go to step 0(ready state)
             break;

      case 2:                                 // if data state, check data signal 0 or 1
             Remocon_data >>= 1;
             if((Remocon_count >= Low_Bit_Min) && (Remocon_count <= Low_Bit_Max))
               Remocon_data &= 0x7F;          // if data 0, add data bit 0
             else if((Remocon_count >= High_Bit_Min) && (Remocon_count <= High_Bit_Max))
               Remocon_data |= 0x80;
             else
               Remocon_state = 0;             // if not 0 and not 1, go to step 0(ready state)
             Remocon_count = 0;
             Remocon_bit_count++;
             if((Remocon_bit_count % 8) == 0) // if a character complete, store it
               { Remocon_command[(Remocon_bit_count/8)-1] = Remocon_data;
                 Remocon_data = 0;
               }
             if(Remocon_bit_count == 32)      // if remocon OK, check custom code and checksum
               { if((~Remocon_command[2] & 0xFF) == Remocon_command[3])
                   { Remocon_state = 0;
                     Remocon_OK_flag = 1;
                   }
                 else
                   Remocon_state = 0;
               }
             break;
```

```
      default : break;
    }
}

/* ----- 메인 프로그램 ---------------------------------------------------- */

int main(void)
{
  MCU_initialize();                              // initialize ATmega128A MCU
  Delay_ms(50);                                  // wait for system stabilization
  LCD_initialize();                              // initialize text LCD module
  TFT_initialize();                              // initialize TFT-LCD module

  LCD_string(0x80," OK-128TFT V2.0 ");           // display title
  LCD_string(0xC0,"    Exp10_1.c    ");
  Beep();

  TFT_string(10,10,White,Magenta," 삼성전자 TV 리모컨 ");
  TFT_string(11,16,Green,Black,  "코드 : 00 00 00 00");
  TFT_string(11,19,Green,Black,  "기능 :             ");
  TFT_color(White,Black);

  TCCR1A = 0x01;                                 // Timer 1, mode 5(fast PWM with 0x00FF period)
  TCCR1B = 0x0D;                                 // 16MHz/1024 = 15625Hz (64us base time)
  TCCR1C = 0x00;

  TIFR = 0x04;                                   // clear Timer1 overflow interrupt flag
  TIMSK = 0x04;                                  // enable Timer1 overflow interrupt

  Remocon_state = 0;                             // remocon ready state
  Remocon_OK_flag = 0;                           // remocon not character

  cbi(DDRE,6);                                   // PE6(INT6) = input
  EICRB = 0x20;                                  // INT6 = falling edge trigger for remocon signal
  EIFR = 0x40;                                   // clear INT6 interrupt flag
  EIMSK = 0x40;                                  // enable INT6

  sei();                                         // global interrupt enable

  while(1)
    { if(Remocon_OK_flag == 1)
        { Remocon_OK_flag = 0;
          TFT_xy(18,16); TFT_hexadecimal(Remocon_command[0],2);          // code
          TFT_xy(21,16); TFT_hexadecimal(Remocon_command[1],2);
          TFT_xy(24,16); TFT_hexadecimal(Remocon_command[2],2);
          TFT_xy(27,16); TFT_hexadecimal(Remocon_command[3],2);
          Beep();

          if((Remocon_command[0] == 0x07) && (Remocon_command[2] == 0x02)) // function
            TFT_string(18,19,White,Black,"전원          ");
          else if((Remocon_command[0] == 0x07) && (Remocon_command[2] == 0x01))
            TFT_string(18,19,White,Black,"TV/외부입력   ");
          else if((Remocon_command[0] == 0x07) && (Remocon_command[2] == 0x27))
            TFT_string(18,19,White,Black,"TV/유선       ");
          else if((Remocon_command[0] == 0x07) && (Remocon_command[2] == 0x11))
            TFT_string(18,19,White,Black,"0             ");
          else if((Remocon_command[0] == 0x07) && (Remocon_command[2] == 0x04))
            TFT_string(18,19,White,Black,"1             ");
          else if((Remocon_command[0] == 0x07) && (Remocon_command[2] == 0x05))
            TFT_string(18,19,White,Black,"2             ");
          else if((Remocon_command[0] == 0x07) && (Remocon_command[2] == 0x06))
            TFT_string(18,19,White,Black,"3             ");
          else if((Remocon_command[0] == 0x07) && (Remocon_command[2] == 0x08))
            TFT_string(18,19,White,Black,"4             ");
          else if((Remocon_command[0] == 0x07) && (Remocon_command[2] == 0x09))
            TFT_string(18,19,White,Black,"5             ");
          else if((Remocon_command[0] == 0x07) && (Remocon_command[2] == 0x0A))
            TFT_string(18,19,White,Black,"6             ");
          else if((Remocon_command[0] == 0x07) && (Remocon_command[2] == 0x0C))
            TFT_string(18,19,White,Black,"7             ");
          else if((Remocon_command[0] == 0x07) && (Remocon_command[2] == 0x0D))
            TFT_string(18,19,White,Black,"8             ");
```

```
        else if((Remocon_command[0] == 0x07) && (Remocon_command[2] == 0x0E))
          TFT_string(18,19,White,Black,"9             ");
        else if((Remocon_command[0] == 0x07) && (Remocon_command[2] == 0x12))
          TFT_string(18,19,White,Black,"채널+         ");
        else if((Remocon_command[0] == 0x07) && (Remocon_command[2] == 0x10))
          TFT_string(18,19,White,Black,"채널-         ");
        else if((Remocon_command[0] == 0x07) && (Remocon_command[2] == 0x07))
          TFT_string(18,19,White,Black,"음량+         ");
        else if((Remocon_command[0] == 0x07) && (Remocon_command[2] == 0x0B))
          TFT_string(18,19,White,Black,"음량-         ");
        else if((Remocon_command[0] == 0x07) && (Remocon_command[2] == 0x1D))
          TFT_string(18,19,White,Black,"조정+         ");
        else if((Remocon_command[0] == 0x07) && (Remocon_command[2] == 0x1C))
          TFT_string(18,19,White,Black,"조정-         ");
        else if((Remocon_command[0] == 0x07) && (Remocon_command[2] == 0x0F))
          TFT_string(18,19,White,Black,"조용히(음소거) ");
        else if((Remocon_command[0] == 0x07) && (Remocon_command[2] == 0x3A))
          TFT_string(18,19,White,Black,"자동채널      ");
        else if((Remocon_command[0] == 0x07) && (Remocon_command[2] == 0x13))
          TFT_string(18,19,White,Black,"이전채널      ");
        else if((Remocon_command[0] == 0x07) && (Remocon_command[2] == 0x19))
          TFT_string(18,19,White,Black,"기억          ");
        else if((Remocon_command[0] == 0x07) && (Remocon_command[2] == 0x18))
          TFT_string(18,19,White,Black,"지움          ");
        else if((Remocon_command[0] == 0x07) && (Remocon_command[2] == 0x3E))
          TFT_string(18,19,White,Black,"화면크기      ");
        else if((Remocon_command[0] == 0x07) && (Remocon_command[2] == 0x03))
          TFT_string(18,19,White,Black,"취침예약      ");
        else if((Remocon_command[0] == 0x07) && (Remocon_command[2] == 0x1A))
          TFT_string(18,19,White,Black,"메뉴          ");
        else if((Remocon_command[0] == 0x07) && (Remocon_command[2] == 0x4B))
          TFT_string(18,19,White,Black,"간편메뉴      ");
        else if((Remocon_command[0] == 0x07) && (Remocon_command[2] == 0x6B))
          TFT_string(18,19,White,Black,"채널목록      ");
        else if((Remocon_command[0] == 0x07) && (Remocon_command[2] == 0x4F))
          TFT_string(18,19,White,Black,"방송안내      ");
        else if((Remocon_command[0] == 0x07) && (Remocon_command[2] == 0x1F))
          TFT_string(18,19,White,Black,"정보표시      ");
        else if((Remocon_command[0] == 0x07) && (Remocon_command[2] == 0x60))
          TFT_string(18,19,White,Black,"위로 이동     ");
        else if((Remocon_command[0] == 0x07) && (Remocon_command[2] == 0x61))
          TFT_string(18,19,White,Black,"아래로 이동   ");
        else if((Remocon_command[0] == 0x07) && (Remocon_command[2] == 0x65))
          TFT_string(18,19,White,Black,"좌로 이동     ");
        else if((Remocon_command[0] == 0x07) && (Remocon_command[2] == 0x62))
          TFT_string(18,19,White,Black,"우로 이동     ");
        else if((Remocon_command[0] == 0x07) && (Remocon_command[2] == 0x68))
          TFT_string(18,19,White,Black,"선택(확인)    ");
        else if((Remocon_command[0] == 0x07) && (Remocon_command[2] == 0x58))
          TFT_string(18,19,White,Black,"복귀(이전)    ");
        else if((Remocon_command[0] == 0x07) && (Remocon_command[2] == 0x2D))
          TFT_string(18,19,White,Black,"종료(나가기)  ");
        else if((Remocon_command[0] == 0x07) && (Remocon_command[2] == 0x47))
          TFT_string(18,19,White,Black,"동영상 재생   ");
        else if((Remocon_command[0] == 0x07) && (Remocon_command[2] == 0x46))
          TFT_string(18,19,White,Black,"동영상 정지   ");
        else if((Remocon_command[0] == 0x07) && (Remocon_command[2] == 0x4A))
          TFT_string(18,19,White,Black,"동영상 일시정지");
        else if((Remocon_command[0] == 0x07) && (Remocon_command[2] == 0x48))
          TFT_string(18,19,White,Black,"동영상 빨리감기");
        else if((Remocon_command[0] == 0x07) && (Remocon_command[2] == 0x45))
          TFT_string(18,19,White,Black,"동영상 되감기 ");

        else
          TFT_string(18,19,White,Black,"              ");
      }
    }
}
```

(3) LG전자 TV 리모컨의 수신 프로그램

NEC 포맷을 사용하는 LG전자의 TV 리모컨 신호를 수신하여 TFT-LCD 모듈의 화면에 키 코드값과 이 키의 기능을 표시하는 프로그램을 작성하여 보면 다음과 같다. TV 리모컨 모델에 따라 일부 키가 추가될 수도 있는데, 기능이 확인되지 않는 키는 코드값만을 표시하고 기능은 공백으로 처리하였다.

〈프로그램 Exp10_2.c〉 LG전자 TV 리모컨의 신호를 수신하는 프로그램

```
/* ============================================================================ */
/*              Exp10_2.c : LG전자 TV 리모컨(NEC 포맷) 수신 프로그램            */
/* ============================================================================ */
/*                          Designed and programmed by Duck-Yong Yoon in 2020.  */

#include <avr/io.h>
#include <avr/interrupt.h>
#include "OK-128TFT-V2.h"

// Leader_Code  = 211                           // 13.5ms / 64us = 210.938
// Low_Bit      = 18                            // 1.125ms / 64us = 17.578
// High_Bit     = 35                            // 2.25ms / 64us = 35.156

#define Leader_Max      232                     // 110% of Leader_Code
#define Leader_Min      189                     //  90% of Leader_Code
#define Low_Bit_Max     20                      // 110% of Low_Bit_Code
#define Low_Bit_Min     15                      //  90% of Low_Bit_Code
#define High_Bit_Max    39                      // 110% of High_Bit_Code
#define High_Bit_Min    31                      //  90% of High_Bit_Code

volatile unsigned char Remocon_state;           // step to recognize remocon signal
volatile unsigned char Remocon_count;           // 64us base time counter
volatile unsigned char Remocon_data;            // temporary byte data of remocon signal
volatile unsigned char Remocon_bit_count;       // bit count of data to recognize remocon signal
volatile unsigned char Remocon_OK_flag;         // remocon command receive OK
volatile unsigned char Remocon_command[4];      // remocon command string

/* ----- 인터럽트 처리 프로그램 ----------------------------------------------- */

ISR(TIMER1_OVF_vect)                            /* Timer1 overflow interrupt with 64us*256 period */
{
  Remocon_state = 0;                            // if overflow, the signal is noise
}

ISR(INT6_vect)                                  /* INT6 interrupt by remocon signal */
{
  Remocon_count = TCNT1;                        // read Remocon_count
  TCNT1 = 0;                                    // start new Remocon_count

  sei();                                        // global interrupt enable

  switch(Remocon_state)
    { case 0 :                                  // if ready state, go to step 1(leader state)
             Remocon_state = 1;
             Remocon_count = 0;
             break;

      case 1 :                                  // if leader state, check leader signal
             if((Remocon_count >= Leader_Min) && (Remocon_count <= Leader_Max))
               { Remocon_state = 2;             // if lead signal, go to step 2(data state)
                 Remocon_count = 0;
                 Remocon_data = 0;
                 Remocon_bit_count = 0;
               }
```

```
            else
              Remocon_state = 0;             // if not lead signal, go to step 0(ready state)
            break;

    case 2:                                  // if data state, check data signal 0 or 1
            Remocon_data >>= 1;
            if((Remocon_count >= Low_Bit_Min) && (Remocon_count <= Low_Bit_Max))
              Remocon_data &= 0x7F;          // if data 0, add data bit 0
            else if((Remocon_count >= High_Bit_Min) && (Remocon_count <= High_Bit_Max))
              Remocon_data |= 0x80;
            else
              Remocon_state = 0;             // if not 0 and not 1, go to step 0(ready state)
            Remocon_count = 0;
            Remocon_bit_count++;
            if((Remocon_bit_count % 8) == 0) // if a character complete, store it
              { Remocon_command[(Remocon_bit_count/8)-1] = Remocon_data;
                Remocon_data = 0;
              }
            if(Remocon_bit_count == 32)      // if remocon OK, check custom code and checksum
              { if((~Remocon_command[2] & 0xFF) == Remocon_command[3])
                  { Remocon_state = 0;
                    Remocon_OK_flag = 1;
                  }
                else
                  Remocon_state = 0;
              }
            break;

    default : break;
  }
}

/* ----- 메인 프로그램 ------------------------------------------------------- */

int main(void)
{
  MCU_initialize();                          // initialize ATmega128A MCU
  Delay_ms(50);                              // wait for system stabilization
  LCD_initialize();                          // initialize text LCD module
  TFT_initialize();                          // initialize TFT-LCD module

  LCD_string(0x80," OK-128TFT V2.0 ");       // display title
  LCD_string(0xC0,"   Exp10_2.c    ");
  Beep();

  TFT_string(10,10,White,Magenta,"  LG전자 TV 리모컨  ");
  TFT_string(11,16,Green,Black,  "코드 : 00 00 00 00");
  TFT_string(11,19,Green,Black,  "기능 :            ");
  TFT_color(White,Black);

  TCCR1A = 0x01;                             // Timer 1, mode 5(fast PWM with 0x00FF period)
  TCCR1B = 0x0D;                             // 16MHz/1024 = 15625Hz (64us base time)
  TCCR1C = 0x00;

  TIFR = 0x04;                               // clear Timer1 overflow interrupt flag
  TIMSK = 0x04;                              // enable Timer1 overflow interrupt

  Remocon_state = 0;                         // remocon ready state
  Remocon_OK_flag = 0;                       // remocon not character

  cbi(DDRE,6);                               // PE6(INT6) = input
  EICRB = 0x20;                              // INT6 = falling edge trigger for remocon signal
  EIFR = 0x40;                               // clear INT6 interrupt flag
  EIMSK = 0x40;                              // enable INT6

  sei();                                     // global interrupt enable

  while(1)
    { if(Remocon_OK_flag == 1)
        { Remocon_OK_flag = 0;
          TFT_xy(18,16); TFT_hexadecimal(Remocon_command[0],2);        // code
```

```
TFT_xy(21,16); TFT_hexadecimal(Remocon_command[1],2);
TFT_xy(24,16); TFT_hexadecimal(Remocon_command[2],2);
TFT_xy(27,16); TFT_hexadecimal(Remocon_command[3],2);
Beep();

if((Remocon_command[0] == 0x04) && (Remocon_command[2] == 0x08)) // function
  TFT_string(18,19,White,Black,"전원          ");
else if((Remocon_command[0] == 0x04) && (Remocon_command[2] == 0x0B))
  TFT_string(18,19,White,Black,"TV/외부입력    ");
else if((Remocon_command[0] == 0x04) && (Remocon_command[2] == 0x0F))
  TFT_string(18,19,White,Black,"TV/유선        ");
else if((Remocon_command[0] == 0x04) && (Remocon_command[2] == 0x10))
  TFT_string(18,19,White,Black,"0             ");
else if((Remocon_command[0] == 0x04) && (Remocon_command[2] == 0x11))
  TFT_string(18,19,White,Black,"1             ");
else if((Remocon_command[0] == 0x04) && (Remocon_command[2] == 0x12))
  TFT_string(18,19,White,Black,"2             ");
else if((Remocon_command[0] == 0x04) && (Remocon_command[2] == 0x13))
  TFT_string(18,19,White,Black,"3             ");
else if((Remocon_command[0] == 0x04) && (Remocon_command[2] == 0x14))
  TFT_string(18,19,White,Black,"4             ");
else if((Remocon_command[0] == 0x04) && (Remocon_command[2] == 0x15))
  TFT_string(18,19,White,Black,"5             ");
else if((Remocon_command[0] == 0x04) && (Remocon_command[2] == 0x16))
  TFT_string(18,19,White,Black,"6             ");
else if((Remocon_command[0] == 0x04) && (Remocon_command[2] == 0x17))
  TFT_string(18,19,White,Black,"7             ");
else if((Remocon_command[0] == 0x04) && (Remocon_command[2] == 0x18))
  TFT_string(18,19,White,Black,"8             ");
else if((Remocon_command[0] == 0x04) && (Remocon_command[2] == 0x19))
  TFT_string(18,19,White,Black,"9             ");
else if((Remocon_command[0] == 0x04) && (Remocon_command[2] == 0x00))
  TFT_string(18,19,White,Black,"채널+         ");
else if((Remocon_command[0] == 0x04) && (Remocon_command[2] == 0x01))
  TFT_string(18,19,White,Black,"채널-         ");
else if((Remocon_command[0] == 0x04) && (Remocon_command[2] == 0x02))
  TFT_string(18,19,White,Black,"음량+         ");
else if((Remocon_command[0] == 0x04) && (Remocon_command[2] == 0x03))
  TFT_string(18,19,White,Black,"음량-         ");
else if((Remocon_command[0] == 0x04) && (Remocon_command[2] == 0x09))
  TFT_string(18,19,White,Black,"조용히(음소거) ");
else if((Remocon_command[0] == 0x04) && (Remocon_command[2] == 0x54))
  TFT_string(18,19,White,Black,"자동채널       ");
else if((Remocon_command[0] == 0x04) && (Remocon_command[2] == 0x1A))
  TFT_string(18,19,White,Black,"이전채널       ");
else if((Remocon_command[0] == 0x04) && (Remocon_command[2] == 0x0A))
  TFT_string(18,19,White,Black,"음성다중       ");
else if((Remocon_command[0] == 0x04) && (Remocon_command[2] == 0x39))
  TFT_string(18,19,White,Black,"자막방송       ");
else if((Remocon_command[0] == 0x04) && (Remocon_command[2] == 0x4D))
  TFT_string(18,19,White,Black,"자동영상       ");
else if((Remocon_command[0] == 0x04) && (Remocon_command[2] == 0x79))
  TFT_string(18,19,White,Black,"화면크기       ");
else if((Remocon_command[0] == 0x04) && (Remocon_command[2] == 0x0E))
  TFT_string(18,19,White,Black,"취침예약       ");
else if((Remocon_command[0] == 0x04) && (Remocon_command[2] == 0x43))
  TFT_string(18,19,White,Black,"메뉴           ");
else if((Remocon_command[0] == 0x04) && (Remocon_command[2] == 0x45))
  TFT_string(18,19,White,Black,"간편설정       ");
else if((Remocon_command[0] == 0x04) && (Remocon_command[2] == 0x4C))
  TFT_string(18,19,White,Black,"채널목록       ");
else if((Remocon_command[0] == 0x04) && (Remocon_command[2] == 0xAB))
  TFT_string(18,19,White,Black,"방송안내 N     ");
else if((Remocon_command[0] == 0x04) && (Remocon_command[2] == 0xA9))
  TFT_string(18,19,White,Black,"방송안내 O     ");
else if((Remocon_command[0] == 0x04) && (Remocon_command[2] == 0xAA))
  TFT_string(18,19,White,Black,"정보표시       ");
else if((Remocon_command[0] == 0x04) && (Remocon_command[2] == 0x40))
  TFT_string(18,19,White,Black,"위로 이동      ");
else if((Remocon_command[0] == 0x04) && (Remocon_command[2] == 0x41))
  TFT_string(18,19,White,Black,"아래로 이동    ");
```

```
      else if((Remocon_command[0] == 0x04) && (Remocon_command[2] == 0x07))
        TFT_string(18,19,White,Black,"좌로 이동      ");
      else if((Remocon_command[0] == 0x04) && (Remocon_command[2] == 0x06))
        TFT_string(18,19,White,Black,"우로 이동      ");
      else if((Remocon_command[0] == 0x04) && (Remocon_command[2] == 0x44))
        TFT_string(18,19,White,Black,"선택(확인)     ");
      else if((Remocon_command[0] == 0x04) && (Remocon_command[2] == 0x28))
        TFT_string(18,19,White,Black,"복귀(이전)     ");
      else if((Remocon_command[0] == 0x04) && (Remocon_command[2] == 0x5B))
        TFT_string(18,19,White,Black,"종료(나가기)   ");
      else if((Remocon_command[0] == 0x04) && (Remocon_command[2] == 0xB0))
        TFT_string(18,19,White,Black,"동영상 재생    ");
      else if((Remocon_command[0] == 0x04) && (Remocon_command[2] == 0xB1))
        TFT_string(18,19,White,Black,"동영상 정지    ");
      else if((Remocon_command[0] == 0x04) && (Remocon_command[2] == 0xBA))
        TFT_string(18,19,White,Black,"동영상 일시정지");
      else if((Remocon_command[0] == 0x04) && (Remocon_command[2] == 0x8E))
        TFT_string(18,19,White,Black,"동영상 빨리감기");
      else if((Remocon_command[0] == 0x04) && (Remocon_command[2] == 0x8F))
        TFT_string(18,19,White,Black,"동영상 되감기  ");
      else
        TFT_string(18,19,White,Black,"               ");
    }
  }
}
```

(4) 삼성전자/LG전자 겸용 TV 리모컨 수신 프로그램

앞의 예제 프로그램을 삼성전자의 TV 리모컨과 LG전자의 TV 리모컨 신호를 모두 수신할 수 있는 겸용 프로그램으로 수정하면 다음과 같다.

실제로 양사의 TV 모델에 대하여 겸용으로 사용할 수 있는 리모컨 제품이 많이 나오는데, 이런 제품에는 2가지의 유형이 있다. 1가지는 리모컨에 삼성전자와 LG전자를 선택하는 키를 가지고 있어서 해당 모델의 동작 모드로 설정하여 사용하는 **설정 방식**이며, 또 한가지는 **무설정 방식**이라고 불리는 것으로 임의의 키를 누르면 삼성전자와 LG전자의 리모컨 신호를 연속하여 출력하는 방식이다. 아래 겸용 프로그램은 설정 방식의 겸용 리모컨을 사용할 때는 문제가 없으나, 무설정 방식의 겸용 리모컨에서는 신호 인식 및 TFT-LCD에 표시하는 기능에 다소의 문제를 일으킬 수도 있다.

〈프로그램 Exp10_3.c〉 삼성전자/LG전자 겸용 TV 리모컨 수신 프로그램(1)

```
/* ========================================================================== */
/*            Exp10_3.c : 삼성/LG 겸용 TV 리모컨 수신 프로그램(1)             */
/* ========================================================================== */
/*                     Designed and programmed by Duck-Yong Yoon in 2020.     */

#include <avr/io.h>
#include <avr/interrupt.h>
#include "OK-128TFT-V2.h"

#define SS_Leader_Max   155                    // 110% of Leader_Code
#define SS_Leader_Min   126                    //  90% of Leader_Code
#define LG_Leader_Max   232                    // 110% of Leader_Code
```

```
#define LG_Leader_Min   189                       //  90% of Leader_Code
#define Low_Bit_Max     20                        // 110% of Low_Bit_Code
#define Low_Bit_Min     15                        //  90% of Low_Bit_Code
#define High_Bit_Max    39                        // 110% of High_Bit_Code
#define High_Bit_Min    31                        //  90% of High_Bit_Code

volatile unsigned char Remocon_state;             // step to recognize remocon signal
volatile unsigned char Remocon_count;             // 64us base time counter
volatile unsigned char Remocon_data;              // temporary byte data of remocon signal
volatile unsigned char Remocon_bit_count;         // bit count of data to recognize remocon signal
volatile unsigned char Remocon_OK_flag;           // remocon command receive OK
volatile unsigned char Remocon_command[4];        // remocon command string
volatile unsigned char format;                    // data format('S' = Samsung, 'L' = LG)

/* ----- 인터럽트 처리 프로그램 --------------------------------------------- */

ISR(TIMER1_OVF_vect)                              /* Timer1 overflow interrupt with 64us*256 period */
{
  Remocon_state = 0;                              // if overflow, the signal is noise
}

ISR(INT6_vect)                                    /* INT6 interrupt by remocon signal */
{
  Remocon_count = TCNT1;                          // read Remocon_count
  TCNT1 = 0;                                      // start new Remocon_count

  sei();                                          // global interrupt enable

  switch(Remocon_state)
    { case 0 :                                    // if ready state, go to step 1(leader state)
              Remocon_state = 1;
              Remocon_count = 0;
              break;

      case 1 :                                    // if leader state, check leader signal
              if((Remocon_count >= SS_Leader_Min) && (Remocon_count <= SS_Leader_Max))
                { format = 'S';                   // if Samsung lead signal, go to step 2(data state)
                  Remocon_state = 2;
                  Remocon_count = 0;
                  Remocon_data = 0;
                  Remocon_bit_count = 0;
                }
              else if((Remocon_count >= LG_Leader_Min) && (Remocon_count <= LG_Leader_Max))
                { format = 'L';                   // if LG lead signal, go to step 2(data state)
                  Remocon_state = 2;
                  Remocon_count = 0;
                  Remocon_data = 0;
                  Remocon_bit_count = 0;
                }

              else
                Remocon_state = 0;                // if not lead signal, go to step 0(ready state)
              break;

      case 2:                                     // if data state, check data signal 0 or 1
              Remocon_data >>= 1;
              if((Remocon_count >= Low_Bit_Min) && (Remocon_count <= Low_Bit_Max))
                Remocon_data &= 0x7F;             // if data 0, add data bit 0
              else if((Remocon_count >= High_Bit_Min) && (Remocon_count <= High_Bit_Max))
                Remocon_data |= 0x80;
              else
                Remocon_state = 0;                // if not 0 and not 1, go to step 0(ready state)
              Remocon_count = 0;
              Remocon_bit_count++;
              if((Remocon_bit_count % 8) == 0) // if a character complete, store it
                { Remocon_command[(Remocon_bit_count/8)-1] = Remocon_data;
                  Remocon_data = 0;
                }
              if(Remocon_bit_count == 32)         // if remocon OK, check custom code and checksum
                { if((~Remocon_command[2] & 0xFF) == Remocon_command[3])
                    { Remocon_state = 0;
```

```
                        Remocon_OK_flag = 1;
                      }
                    else
                      Remocon_state = 0;
                  }
                break;

        default : break;
      }
}

/* ----- 메인 프로그램 ------------------------------------------------------- */

int main(void)
{
  MCU_initialize();                               // initialize ATmega128A MCU
  Delay_ms(50);                                   // wait for system stabilization
  LCD_initialize();                               // initialize text LCD module
  TFT_initialize();                               // initialize TFT-LCD module

  LCD_string(0x80," OK-128TFT V2.0 ");            // display title
  LCD_string(0xC0,"   Exp10_3.c    ");
  Beep();

  TFT_string(10,10,White,Magenta," 삼성/LG  TV 리모컨 ");
  TFT_string(11,16,Green,Black,  "코드 : 00 00 00 00");
  TFT_string(11,19,Green,Black,  "기능 :             ");
  TFT_color(White,Black);

  TCCR1A = 0x01;                                  // Timer 1, mode 5(fast PWM with 0x00FF period)
  TCCR1B = 0x0D;                                  // 16MHz/1024 = 15625Hz (64us base time)
  TCCR1C = 0x00;

  TIFR = 0x04;                                    // clear Timer1 overflow interrupt flag
  TIMSK = 0x04;                                   // enable Timer1 overflow interrupt

  Remocon_state = 0;                              // remocon ready state
  Remocon_OK_flag = 0;                            // remocon not character

  cbi(DDRE,6);                                    // PE6(INT6) = input
  EICRB = 0x20;                                   // INT6 = falling edge trigger for remocon signal
  EIFR = 0x40;                                    // clear INT6 interrupt flag
  EIMSK = 0x40;                                   // enable INT6

  sei();                                          // global interrupt enable

  while(1)
    { if(Remocon_OK_flag == 1)
        { Remocon_OK_flag = 0;
          TFT_xy(18,16); TFT_hexadecimal(Remocon_command[0],2);          // code
          TFT_xy(21,16); TFT_hexadecimal(Remocon_command[1],2);
          TFT_xy(24,16); TFT_hexadecimal(Remocon_command[2],2);
          TFT_xy(27,16); TFT_hexadecimal(Remocon_command[3],2);
          Beep();

          if(format == 'S')
            { TFT_string(10,10,White,Magenta," 삼성전자 TV 리모컨 ");

              if((Remocon_command[0] == 0x07) && (Remocon_command[2] == 0x02)) // function
                TFT_string(18,19,White,Black,"전원           ");
              else if((Remocon_command[0] == 0x07) && (Remocon_command[2] == 0x01))
                TFT_string(18,19,White,Black,"TV/외부입력    ");

            (중간 생략)

              else if((Remocon_command[0] == 0x07) && (Remocon_command[2] == 0x45))
                TFT_string(18,19,White,Black,"동영상 뇌삼기  ");
              else
                TFT_string(18,19,White,Black,"               ");
            }
```

```
        else if(format == 'L')
          { TFT_string(10,10,White,Magenta,"  LG전자 TV 리모컨  ");

            if((Remocon_command[0] == 0x04) && (Remocon_command[2] == 0x08)) // function
              TFT_string(18,19,White,Black,"전원            ");
            else if((Remocon_command[0] == 0x04) && (Remocon_command[2] == 0x0B))
              TFT_string(18,19,White,Black,"TV/외부입력     ");

          (중간 생략)

            else if((Remocon_command[0] == 0x04) && (Remocon_command[2] == 0x8F))
              TFT_string(18,19,White,Black,"동영상 되감기   ");
            else
              TFT_string(18,19,White,Black,"                ");
          }
      }
    }
}
```

무설정 방식 TV 리모컨의 경우 어떤 제품에서는 삼성전자 신호를 먼저 보내고, 또 다른 제품에서는 LG 전자 신호를 먼저 보내기도 한다. 연속으로 보내는 2가지 신호 사이의 시간 간격도 업체마다 다르다. 따라서, 위의 예제 프로그램에서 무설정 방식의 겸용 리모컨을 사용할 경우에는 삼성전자의 TV 리모컨과 LG전자의 TV 리모컨 신호를 연속하여 모두 수신하므로 사용자가 어느 리모컨 키를 1번 눌렀지만 2번 누른 것처럼 인식될 수 있다.

다음 예제 프로그램은 겸용 프로그램에서 이런 문제를 해결한 것이다. 처음에 키트의 전원을 켠 후에는 어떤 회사의 TV 리모컨 신호를 수신할지 정해지지 않은 상태로 있지만, 첫번째로 TV 리모컨 신호를 수신하여 이것이 삼성전자의 신호였다면 그 이후에는 계속하여 삼성전자 TV 리모컨 신호만을 수신하고, 반대로 첫번째로 수신한 신호가 LG 전자의 신호였다면 그 이후에는 계속하여 LG 전자 TV 리모컨 신호만을 수신하면 된다. 이때 만약 다른 회사의 리모컨을 수신할 수 있도록 동작을 변경하려면 *OK-128TFT* 키트의 전원을 껐다가 다시 켜야 한다.

〈프로그램 Exp10_4.c〉 삼성전자/LG전자 겸용 TV 리모컨 수신 프로그램(2)

```
/* ============================================================================ */
/*                Exp10_4.c : 삼성/LG 겸용 TV 리모컨 수신 프로그램(2)            */
/* ============================================================================ */
/*                         Designed and programmed by Duck-Yong Yoon in 2020.  */

#include <avr/io.h>
#include <avr/interrupt.h>
#include "OK-128TFT-V2.h"

#define SS_Leader_Max   155                     // 110% of Leader_Code
#define SS_Leader_Min   126                     //  90% of Leader_Code
#define LG_Leader_Max   232                     // 110% of Leader_Code
#define LG_Leader_Min   189                     //  90% of Leader_Code
```

```
#define Low_Bit_Max     20                          // 110% of Low_Bit_Code
#define Low_Bit_Min     15                          //  90% of Low_Bit_Code
#define High_Bit_Max    39                          // 110% of High_Bit_Code
#define High_Bit_Min    31                          //  90% of High_Bit_Code

volatile unsigned char Remocon_state;               // step to recognize remocon signal
volatile unsigned char Remocon_count;               // 64us base time counter
volatile unsigned char Remocon_data;                // temporary byte data of remocon signal
volatile unsigned char Remocon_bit_count;           // bit count of data to recognize remocon signal
volatile unsigned char Remocon_OK_flag;             // remocon command receive OK
volatile unsigned char Remocon_command[4];          // remocon command string
volatile unsigned char format = '0';                // data format('0' = unkown,'S' = Samsung, 'L' = LG)

/* ----- 인터럽트 처리 프로그램 ---------------------------------------------- */

ISR(TIMER1_OVF_vect)                                /* Timer1 overflow interrupt with 64us*256 period */
{
  Remocon_state = 0;                                // if overflow, the signal is noise
}

ISR(INT6_vect)                                      /* INT6 interrupt by remocon signal */
{
  Remocon_count = TCNT1;                            // read Remocon_count
  TCNT1 = 0;                                        // start new Remocon_count

  sei();                                            // global interrupt enable

  switch(Remocon_state)
    { case 0 :                                      // if ready state, go to step 1(leader state)
              Remocon_state = 1;
              Remocon_count = 0;
              break;

      case 1 :                                      // if leader state, check leader signal
              if(((format == '0') || (format == 'S')) && (Remocon_count >= SS_Leader_Min) && (Remocon_count <= SS_Leader_Max))
                { format = 'S';                     // if Samsung lead signal, go to step 2(data state)
                  Remocon_state = 2;
                  Remocon_count = 0;
                  Remocon_data = 0;
                  Remocon_bit_count = 0;
                }
              else if(((format == '0') || (format == 'L')) && (Remocon_count >= LG_Leader_Min) && (Remocon_count <= LG_Leader_Max))
                { format = 'L';                     // if LG lead signal, go to step 2(data state)
                  Remocon_state = 2;
                  Remocon_count = 0;
                  Remocon_data = 0;
                  Remocon_bit_count = 0;
                }

              else
                Remocon_state = 0;                  // if not lead signal, go to step 0(ready state)
              break;

      case 2:                                       // if data state, check data signal 0 or 1
              Remocon_data >>= 1;
              if((Remocon_count >= Low_Bit_Min) && (Remocon_count <= Low_Bit_Max))
                Remocon_data &= 0x7F;               // if data 0, add data bit 0
              else if((Remocon_count >= High_Bit_Min) && (Remocon_count <= High_Bit_Max))
                Remocon_data |= 0x80;
              else
                Remocon_state = 0;                  // if not 0 and not 1, go to step 0(ready state)
              Remocon_count = 0;
              Remocon_bit_count++;
              if((Remocon_bit_count % 8) == 0) // if a character complete, store it
                { Remocon_command[(Remocon_bit_count/8)-1] = Remocon_data;
                  Remocon_data = 0;
                }
              if(Remocon_bit_count == 32)       // if remocon OK, check custom code and checksum
                { if((~Remocon_command[2] & 0xFF) == Remocon_command[3])
                    { Remocon_state = 0;
                      Remocon_OK_flag = 1;
```

```
                }
              else
                Remocon_state = 0;
            }
          break;

      default : break;
    }
}

/* ----- 메인 프로그램 ------------------------------------------------------- */

int main(void)
{
  MCU_initialize();                           // initialize ATmega128A MCU
  Delay_ms(50);                               // wait for system stabilization
  LCD_initialize();                           // initialize text LCD module
  TFT_initialize();                           // initialize TFT-LCD module

  LCD_string(0x80," OK-128TFT V2.0 ");        // display title
  LCD_string(0xC0,"   Exp10_4.c    ");
  Beep();

  TFT_string(10,10,White,Magenta," 삼성/LG  TV 리모컨 ");
  TFT_string(11,16,Green,Black,  "코드 : 00 00 00 00");
  TFT_string(11,19,Green,Black,  "기능 :            ");
  TFT_color(White,Black);

  TCCR1A = 0x01;                              // Timer 1, mode 5(fast PWM with 0x00FF period)
  TCCR1B = 0x0D;                              // 16MHz/1024 = 15625Hz (64us base time)
  TCCR1C = 0x00;

  TIFR = 0x04;                                // clear Timer1 overflow interrupt flag
  TIMSK = 0x04;                               // enable Timer1 overflow interrupt

  Remocon_state = 0;                          // remocon ready state
  Remocon_OK_flag = 0;                        // remocon not character

  cbi(DDRE,6);                                // PE6(INT6) = input
  EICRB = 0x20;                               // INT6 = falling edge trigger for remocon signal
  EIFR = 0x40;                                // clear INT6 interrupt flag
  EIMSK = 0x40;                               // enable INT6

  sei();                                      // global interrupt enable

  while(1)
    { if(Remocon_OK_flag == 1)
        { Remocon_OK_flag = 0;
          TFT_xy(18,16); TFT_hexadecimal(Remocon_command[0],2);          // code
          TFT_xy(21,16); TFT_hexadecimal(Remocon_command[1],2);
          TFT_xy(24,16); TFT_hexadecimal(Remocon_command[2],2);
          TFT_xy(27,16); TFT_hexadecimal(Remocon_command[3],2);
          Beep();

          if(format == 'S')
            { TFT_string(10,10,White,Magenta," 삼성전자 TV 리모컨 ");

              if((Remocon_command[0] == 0x07) && (Remocon_command[2] == 0x02)) // function
                TFT_string(18,19,White,Black,"전원          ");
              else if((Remocon_command[0] == 0x07) && (Remocon_command[2] == 0x01))
                TFT_string(18,19,White,Black,"TV/외부입력    ");

            (중간 생략)

              else if((Remocon_command[0] == 0x07) && (Remocon_command[2] == 0x45))
                TFT_string(18,19,White,Black,"동영상 되감기  ");
              else
                TFT_string(18,19,White,Black,"              ");
            }

          else if(format == 'L')
```

```
        { TFT_string(10,10,White,Magenta,"  LG전자 TV 리모컨  ");

          if((Remocon_command[0] == 0x04) && (Remocon_command[2] == 0x08)) // function
            TFT_string(18,19,White,Black,"전원          ");
          else if((Remocon_command[0] == 0x04) && (Remocon_command[2] == 0x0B))
            TFT_string(18,19,White,Black,"TV/외부입력    ");

        (중간 생략)

          else if((Remocon_command[0] == 0x04) && (Remocon_command[2] == 0x8E))
            TFT_string(18,19,White,Black,"동영상 빨리감기");
          else if((Remocon_command[0] == 0x04) && (Remocon_command[2] == 0x8F))
            TFT_string(18,19,White,Black,"동영상 되감기  ");
          else
            TFT_string(18,19,White,Black,"               ");
        }
      }
    }
}
```

3. 실습 과제

(1) TV 리모컨에서 리더 코드나 32비트의 데이터 비트 신호들을 그대로 송신하지 않고 38kHz의 주파수로 변조하여 송신하는 이유는 무엇인지 설명하라.

(2) TV 리모컨 수신 모듈에서 밴드패스 필터가 필요한 이유는 무엇인가? 그리고, TV 리모컨 신호의 원활한 수신을 위하여 이 밴드패스 필터에는 어떤 동작 특징이 요구되는가?

(3) 삼성전자나 LG전자 이외의 다른 회사 TV에서는 어떤 포맷의 리모컨 신호를 사용하고 있는지 조사하여 보라.

(4) TV 이외에 가정용 에어컨이나 로봇 청소기와 같은 다른 가전제품에서는 어떤 리모컨 신호를 사용하는지 조사하여 보라.

(5) 예제 프로그램 Exp10_4.c에서는 무설정 방식의 삼성전자/LG전자 겸용 TV 리모컨이 2번 수신되는 문제를 어떻게 해결하였는지 설명하라.

4.11 타이머를 이용한 PWM 제어 프로그램

이 절에서는 ATmega128A의 타이머/카운터 관련 기능 중에서 PWM 출력 기능을 사용하는 프로그램 작성 기술을 익힌다.

관련 내용	(1) 제2.2절 타이머/카운터 및 PWM 출력 (2) 제3.1절 *OK-128TFT* 키트의 구조와 기능

1. 타이머3을 사용한 가변 듀티비의 PWM 출력

ATmega128A의 타이머1과 3은 모두 16비트 구조를 가지고 있어서 분주비가 크므로 상당히 낮은 스위칭 주파수를 갖는 PWM 제어까지 적용할 수 있다. 더구나, 타이머1과 3의 PWM 기능에서는 1주기를 결정하는 카운터 TOP의 값을 0x00FF, 0x01FF, 0x03FF 등으로 고정시킬 수도 있고, ICRn이나 OCRnA 레지스터를 사용하여 임의의 값으로 설정할 수도 있다. 다시 말하면 타이머1과 3의 PWM에서는 듀티비는 물론이고 PWM의 스위칭 주파수까지 사용자가 임의로 변화시킬 수 있다는 것이다. 따라서, 엄밀히 말하면 ATmega128A의 타이머1과 3의 PWM 출력에서는 PWM(Pulse-Width Modulation) 제어나 PFM(Pulse-Frequency Modulation) 제어가 모두 가능하다.

PWM 스위칭 주파수는 시스템 클록을 프리스케일러의 분주비 1, 8, 64, 256, 1024 중의 하나로 나누고, 여기에 여러가지 방법으로 TOP 값을 설정함으로써 아주 다양하게 결정할 수 있다. 듀티비는 출력비교 레지스터 OCRnx로 설정한다.

여기서는 16비트인 타이머3에서 동작 모드10에 해당하는 PC PWM(Phase Correct PWM) 모드를 사용하여 OC3A 단자에 듀티비(duty ratio)가 0, 20, 40, 60, 80, 100%로 가변되는 PWM 출력 파형을 발생시켜 보기로 한다. 여기서는 프리스케일러를 64로 사용하고 TOP으로서 ICR3 레지스터를 사용하므로 PWM 주파수가 다음과 같이 계산된다.

$$f_{\mathrm{OC3A\_PCPWM}} = \frac{f_{\mathrm{clk\_I/O}}}{2 \times \mathrm{N} \times \mathrm{ICR3}} = \frac{16 \times 10^6}{2 \times 64 \times 1250} = 100\ \mathrm{Hz}$$

이러한 방법으로 타이머3을 사용하여 만든 가변 듀티비의 PWM 출력 파형은 <그림 4.11.1>과 같다.

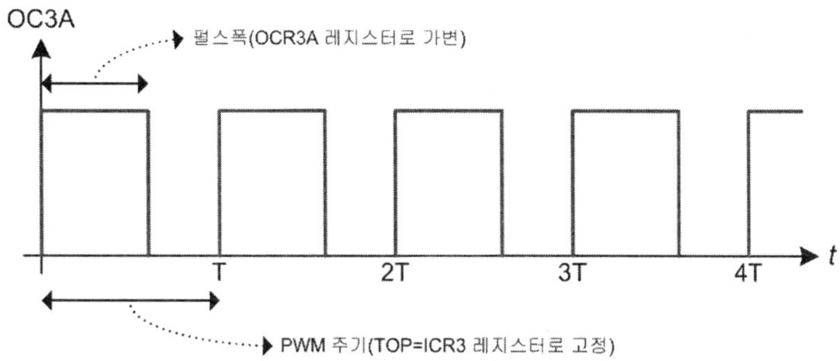

〈그림 4.11.1〉 타이머3을 사용한 가변 듀티비 PWM 출력

이제 타이머3의 OC3A 단자에 0, 20, 40, 60, 80, 100%의 가변 듀티비 PWM 출력을 발생하는 프로그램을 C언어로 작성하여 보면 다음과 같다. 여기서는 약 5초 간격으로 듀티비를 0~100% 사이에서 20%씩 순차적으로 증가시켰다.

〈프로그램 Exp11_1.c〉 타이머3을 이용한 가변 듀티비의 PWM 출력 프로그램

```
/* ========================================================================== */
/*      Exp11_1.c : 타이머3에서 PC PWM 모드로 OC3A 단자에 PWM 신호를 출력하기    */
/* ========================================================================== */
/*                      Designed and programmed by Duck-Yong Yoon in 2020.    */

#include <avr/io.h>
#include "OK-128TFT-V2.h"

int main(void)
{
  unsigned char i;
  unsigned int duty;

  MCU_initialize();                             // initialize ATmega128A MCU
  Delay_ms(50);                                 // wait for system stabilization
  LCD_initialize();                             // initialize text LCD module
  TFT_initialize();                             // initialize TFT-LCD module

  LCD_string(0x80," OK-128TFT V2.0 ");          // display title
  LCD_string(0xC0,"   Exp11_1.c    ");
  Beep();

  TFT_string(5,7,Cyan,Black,"PWM 출력 신호 = TP3(OC3A) 단자");
  TFT_string(21,7,White,Black,"TP3(OC3A)");
  TFT_string(5,11,Cyan,Black,"PWM 주파수    =  100 Hz");
  TFT_string(5,14,Cyan,Black,"PWM 주기      = 1250*2");
  TFT_string(5,17,Cyan,Black,"PWM 펄스 폭   = 0000*2");
  TFT_string(5,20,Cyan,Black,"PWM 듀티비    =  000 %");
  TFT_color(White,Black);

  TCCR3A = 0x82;                                // Phase Correct PWM mode(10)
```

```
    TCCR3B = 0x13;
    TCCR3C = 0x00;
    ICR3 = 1250;                                // f(PWM) = 16MHz/64/2/1250 = 100Hz

    while(1)
      { for(i = 0,duty = 0; i < 6; i++, duty += 250)
          { OCR3A = duty;                       // set duty ratio = duty/1250
            TFT_xy(21,17);                      // display duty
            TFT_unsigned_decimal(duty,0,4);
            TFT_xy(22,20);
            TFT_unsigned_decimal((float)duty*100./1250.,0,3);
            Beep();
            Delay_ms(5000);
          }
      }
}
```

☞ 여기서는 1개의 PWM 주기가 1250*2=2500 개의 카운트로 이루어지므로 OCR3A 레지스터의 값을 0~1250의 범위에서 250씩 증가시키면 펄스폭은 250*2씩 증가하므로 듀티비가 20%씩 증가하게 된다.

OCR3A 레지스터는 이중 버퍼링 구조로 되어 있으므로 아무 때나 이 값을 변경하더라도 각 PWM 주기가 시작되는 순간 즉 TCNT3이 TOP으로 되는 순간에 이 값이 갱신되어 PWM 출력 파형에 글리치가 발생하지 않는다.

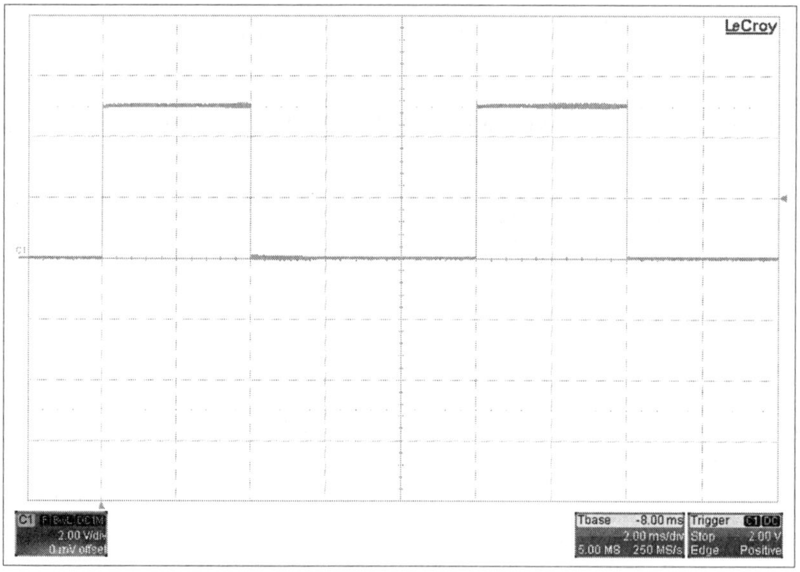

〈그림 4.11.2〉 오실로스코프로 측정한 OC3A 출력 파형(듀티비 40%의 경우)

이 프로그램을 컴파일하여 다운로드하고 실행하라. 이때 타이머3의 OC3A 단자로 출력되는 PWM 파형은 정확히 100Hz의 주파수를 가지며, 출력신호 OC3A의 듀티비가 점차로 변화하는 것을 측정하여 확인할 수 있다. 이는 *OK-128TFT* 키트의 좌측 하단에 있는 TP3(OC3A) 단자에서 측정할 수 있는데, 듀티비가 40%인 경우에 오실로스코프로 측정한 파형은 <그림 4.11.2>와 같다.

2. 주기와 듀티비를 모두 가변할 수 있는 PWM 출력

ATmega128A 타이머1과 3의 PWM 동작에서는 TOP의 값을 0x00FF, 0x01FF, 0x03FF 등으로 일정하게 고정시킬 수도 있고, ICRn이나 OCRnA 레지스터를 사용하여 임의의 값으로 설정할 수도 있다. 따라서, TOP으로서 ICRn이나 OCRnA 레지스터를 사용하면 PFM 제어도 가능하다.

그런데, ICRn 레지스터는 이중 버퍼링 구조가 아니며 OCRnA 레지스터는 이중 버퍼링 구조로 되어 있다. 이중 버퍼링(double buffering) 구조라는 것은 사용자가 임의의 순간에 이 레지스터의 값을 라이트하면 이것은 곧바로 실제 레지스터에 저장되지 않고 내부의 버퍼에 임시로 저장되어 있다가 PWM 출력의 1주기가 끝나고 새로운 주기가 시작되는 시점에서 새로운 값으로 갱신되는 것을 말한다. 만약 이러한 이중 버퍼링 기능이 없다면 출력비교 레지스터에 카운터 값보다 작은 값을 라이트할 경우 그 주기에서는 비교 매치가 발생되지 않아서 제대로 된 PWM 출력이 나가지 못하게 된다. 이것은 과도적으로 그 1주기동안 출력 파형이 엉터리로 발생되는 글리치 문제를 야기시킨다. 그러나, 이중 버퍼링 구조를 가지면 이런 과도적인 오동작에 해당하는 글리치 문제가 발생하지 않게 된다.

그래서, 동작 중에 주기를 변경시킬 필요가 없는 PWM 제어에서는 ICRn 레지스터를 TOP으로 설정하고 OCRnA, OCRnB, OCRnC 레지스터를 각각 출력비교 레지스터를 사용하여 OCnA, OCnB, OCnC 단자에 서로 독립적인 듀티비를 갖는 PWM 출력 신호를 발생시킬 수 있다. 그러나, 동작 중에 주기를 변경시킬 필요가 있는 PWM 제어에서는 글리치 문제가 발생하지 않도록 OCRnA 레지스터를 TOP으로 설정하는 것이 좋으며, 이렇게 되면 출력비교 레지스터로는 OCRnB, OCRnC 레지스터만을 사용할 수 있고, 따라서 PWM 출력도 2개의 단자 OCnB, OCnC만을 사용할 수 있게 된다.

이번 예제에서는 16비트인 타이머3에서 동작 모드9에 해당하는 PFC PWM(Phase and Frequency Correct PWM) 모드를 사용하여 주파수 및 듀티비를 모두 가변시키는 출력을 OC3B 단자로 발생시켜 보기로 한다. 여기서는 프리스케일러를 64로 사용하므로 PWM 주파수가 다음과 같이 계산된다.

$$f_{OC3B\_PFCPWM} = \frac{f_{clk\_I/O}}{2 \times N \times ICR3} = \frac{16 \times 10^6}{2 \times 64 \times ICR3}$$

이 예제 프로그램에서는 TOP으로 사용되는 OCR3A 레지스터의 값을 125~1250의 범위에서 125씩 변화시키므로 PWM 스위칭 주파수는 1000Hz~100Hz 범위에서 가변된다. KEY1은 PWM의 주기를 125 카운트씩 증가시키고, KEY2는 이를 125씩 감소키는데 사용된다.

또한, 출력비교 레지스터 OCR3B의 값은 0~1250의 범위에서 125씩 변화시키므로 PWM 신호의 듀티비는 0%~100%로 가변된다. KEY3은 PWM의 듀티비를 125 카운트씩 증가시키고, KEY4는 이를 125씩 감소키는데 사용된다.

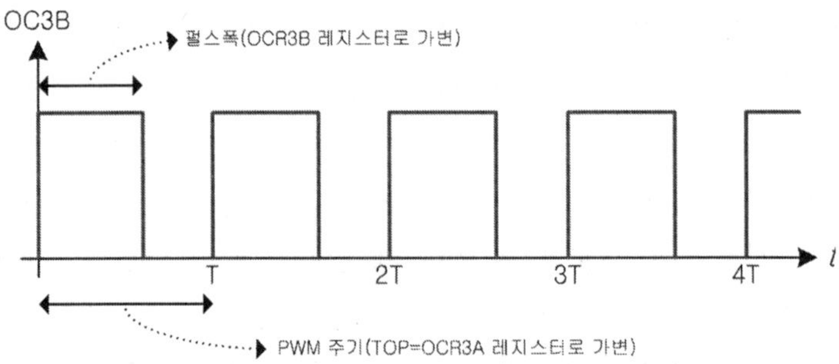

〈그림 4.11.3〉 타이머3을 사용한 가변 주파수 및 가변 듀티비 PWM 출력

이러한 방법으로 타이머3으로 만든 가변 주파수 및 가변 듀티비의 PWM 출력 파형은 <그림 4.11.3>과 같다. ATmega128A에서 가변 주파수, 가변 듀티비 PWM 출력 파형을 OC3B 단자에 발생하는 프로그램을 C언어로 작성하여 보면 다음과 같다.(여기서 OC3C 단자에는 항상 OC3B와 반대되는 듀티비의 PWM 신호를 출력하였다. 예를 들어 OC3B 단자에 듀티비 25%의 PWM 신호를 출력한다면 OC3C 단자에는 100-25 = 75%의 듀티비를 갖는 PWM 신호를 출력한다.)

〈프로그램 Exp11_2.c〉 가변 주파수 및 가변 듀티비의 PWM 출력 프로그램

```
/* ========================================================================== */
/*    Exp11_2.c : 타이머3에서 PFC PWM 모드로 OC3A 단자에 PWM 신호를 출력하기     */
/* ========================================================================== */
/*                          Designed and programmed by Duck-Yong Yoon in 2020.  */

#include <avr/io.h>
#include "OK-128TFT-V2.h"

int main(void)
{
  unsigned int period, duty;

  MCU_initialize();                          // initialize ATmega128A MCU
  Delay_ms(50);                              // wait for system stabilization
  LCD_initialize();                          // initialize text LCD module
```

```
TFT_initialize();                               // initialize TFT-LCD module

LCD_string(0x80," OK-128TFT V2.0 ");            // display title
LCD_string(0xC0,"   Exp11_2.c    ");
Beep();

TFT_string( 3,25,White,Blue,"주기");            // display key function
TFT_string( 3,27,Cyan,Black,"증가");
TFT_string(13,25,White,Blue,"주기");
TFT_string(13,27,Cyan,Black,"감소");
TFT_string(23,25,White,Blue," 폭 ");
TFT_string(23,27,Cyan,Black,"증가");
TFT_string(33,25,White,Blue," 폭 ");
TFT_string(33,27,Cyan,Black,"감소");
Rectangle( 18,196,  61,234, Cyan);
Rectangle( 98,196, 141,234, Cyan);
Rectangle(178,196, 221,234, Cyan);
Rectangle(258,196, 301,234, Cyan);

TFT_string(5,3,Cyan,Black,"PWM 출력 신호 = TP4(OC3B) 단자");
TFT_string(5,5,Cyan,Black,"              TP5(OC3C) 단자");
TFT_string(21,3,White,Black,"TP4(OC3B)");
TFT_string(5, 8,Cyan,Black,"PWM 주파수    =  125.0 Hz");
TFT_string(5,11,Cyan,Black,"PWM 주기      = 1000*2");
TFT_string(5,14,Cyan,Black,"PWM 펄스 폭   =  250*2");
TFT_string(5,17,Cyan,Black,"PWM 듀티비    =  25.0 %");
TFT_color(White,Black);

TCCR3A = 0x29;                                  // Phase and Frequency Correct PWM mode(9)
TCCR3B = 0x13;                                  // use OC3B and OC3C
TCCR3C = 0x00;
period = 1000;                                  // f(PWM) = 16MHz/64/2/1000 = 125Hz
OCR3A = period;                                 // default PWM frequency(period)
duty = 250;                                     // D(PWM) = duty/period = 250/1000
OCR3B = duty;                                   // default PWM duty ratio
OCR3C = period - duty;

while(1)
  { switch(Key_input())                         // key input
      { case KEY1 : if(period != 1250)          // if KEY1, increment period
                      { period += 125;
                        OCR3A = period;
                        OCR3C = period - duty;
                        TFT_xy(21,11);
                        TFT_unsigned_decimal(period,0,4);
                        TFT_xy(21,17);
                        TFT_unsigned_float((float)duty*100./(float)period,3,1);
                        TFT_xy(21,8);
                        TFT_unsigned_float(16000000./64./2./(float)period,4,1);
                      }
                    break;
        case KEY2 : if((period != 125) && (period != duty))   // if KEY2, decrement period
                      { period -= 125;
                        OCR3A = period;
                        OCR3C = period - duty;
                        TFT_xy(21,11);
                        TFT_unsigned_decimal(period,0,4);
                        TFT_xy(21,17);
                        TFT_unsigned_float((float)duty*100./(float)period,3,1);
                        TFT_xy(21,8);
                        TFT_unsigned_float(16000000./64./2./(float)period,4,1);
                      }
                    break;
        case KEY3 : if(duty != period)          // if KEY3, increment duty ratio
                      { duty += 125;
                        OCR3B = duty;
                        OCR3C = period - duty;
                        TFT_xy(21,14);
                        TFT_unsigned_decimal(duty,0,4);
                        TFT_xy(21,17);
                        TFT_unsigned_float((float)duty*100./(float)period,3,1);
```

```
                    }
                    break;
          case KEY4 : if(duty != 0)              // if KEY4, decrement duty ratio
                      { duty -= 125;
                        OCR3B = duty;
                        OCR3C = period - duty;
                        TFT_xy(21,14);
                        TFT_unsigned_decimal(duty,0,4);
                        TFT_xy(21,17);
                        TFT_unsigned_float((float)duty*100./(float)period,3,1);
                      }
                    break;
          default:    break;
        }
    }
}
```

☞ 여기서는 PWM 주기(period)와 듀티비(duty)를 변화시킬 때 이들 값이 합리적인 범위를 벗어나지 않도록 주의가 필요하다. 즉, PWM 주기를 감소시키는 경우에는 이것이 0까지 감소하면 안되며, 주기 카운트 값이 듀티비 카운트 값보다 작아져서도 안된다. 또한, 듀티비 카운드 값을 증가시킬 때는 이것이 주기 카운트 값보다 커져서는 안된다.

이 프로그램에서 주기 카운트 값은 변수 period에 저장되고, 듀티비 카운트 값은 변수 duty에 저장되는데, KEY1~KEY4를 누르더라도 이런 원칙에 위반되는지를 내부적으로 체크하여 범위를 벗어나면 스위치가 동작하지 않도록 처리하였다.

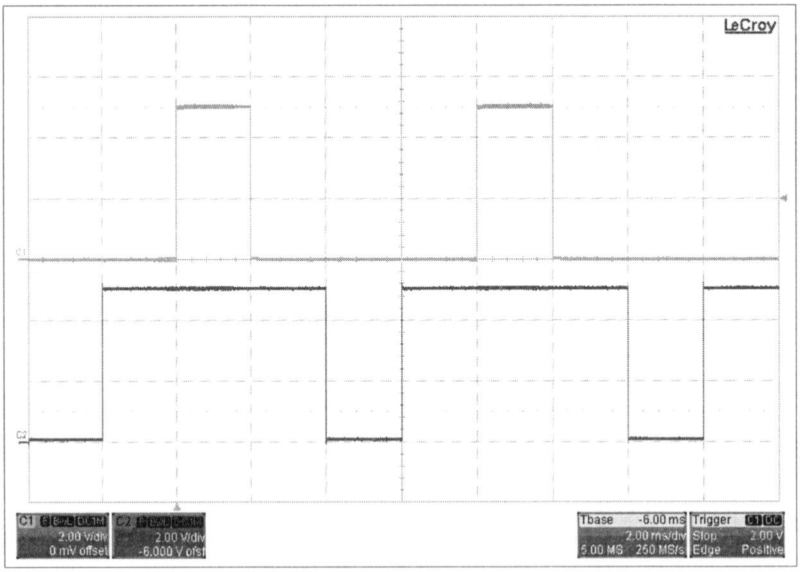

〈그림 4.11.4〉 OC3B 단자의 PWM 출력 파형(PWM 주파수 125Hz, 듀티비 25%의 경우)

이 프로그램을 컴파일하여 다운로드하고 실행하라. 이때 PWM 출력신호 OC3B는 *OK-128TFT* 키트의 좌측 하단에 있는 TP4(OC3B) 단자에서 측정할 수 있는데, PWM

주파수가 125Hz이고 듀티비가 25%인 경우에 오실로스코프로 측정한 파형은 <그림 4.11.4>와 같다. OC3C는 신호는 TP5(OC3C) 단자에서 측정할 수 있으며, 그림에서 현재 OC3B 신호의 듀티비가 25%이므로 OC3C 신호의 듀티비는 75%이다.

3. 실습 과제

(1) PWM(Pulse-Width Modulation)과 PFM(Pulse-Frequency Modulation)을 비교하여 설명하라.

(2) PWM 출력 신호가 사용되는 응용 분야를 설명해 보라.

(3) PWM 출력신호에서 글리치(glitch)란 무엇이며, 이것은 어떤 경우에 발생하는지 구체적으로 예를 들어 설명하라.

(4) 예제 프로그램 Exp11_1.c에서 듀티비가 10%씩 순차적으로 증가하도록 수정한 프로그램 Exp11_1R.c를 작성하라.

(5) 예제 프로그램 Exp11_2.c에서 OC3C 단자에는 항상 OC3B 단자 출력신호의 1/2 듀티비를 갖는 신호가 출력되도록 수정한 프로그램 Exp11_2R.c를 작성하라.

4.12 타이머를 이용한 음악연주 프로그램

이 절에서는 타이머/카운터를 이용한 음악 연주 및 음향 발생에 관련된 프로그램 작성 기술을 공부한다. 이를 위해서는 당연히 먼저 음악의 기본 이론 및 음향 발생의 원리를 알아야 한다.

OK-128TFT 키트에서는 음악 및 음향을 발생하기 위하여 소형 스피커를 1개 사용하며, 이것은 ATmega128A 타이머1의 출력비교 단자 OC1A에 의하여 구동된다.

1. 음악 멜로디 연주 프로그램

기본적으로 음악의 멜로디(melody)는 음계와 박자로 구성되고 이것들은 스피커를 구동하는 신호의 주파수와 연주시간에 따라 결정되므로 우리가 전자회로를 사용하여 멜로디를 연주하려면 음계를 만들기 위하여 출력 신호의 주파수를 가변할 수 있어야 하며, 박자를 만들기 위하여 연주시간을 가변할 수 있어야 한다.

여기서는 ATmega128A에 내장된 타이머/카운터를 사용하여 음악의 멜로디를 연주하는 원리에 대하여 알아보기로 한다. 음악의 멜로디에 필요한 주파수를 발생하기 위해서는 마이크로컨트롤러의 시스템 클록으로 사용된 정확하고 일정한 주파수를 분주하여 사용하는 것이 바람직하므로 타이머의 분주 기능을 이용하게 된다. 또한, 일반적으로 스피커를 구동하는 파형은 듀티비를 50%에 가깝게 하는 것이 좋은데, 이를 위해서는 ATmega128A의 타이머/카운터 동작 모드중에서 CTC 모드를 사용하는 것이 편리하다.

(1) 음악의 기본 구성

음악은 기본적으로 음의 높이(음계, 음정, tone), 음의 길이(박자, beat), 음의 강약, 음의 색깔 등의 4요소로 구성된다. 이중에서 음계와 박자만으로 구성되는 음악을 멜로디라고 한다. 음의 높이는 스피커를 구동하는 신호의 주파수와 관계되어 주파수가 높으면 고음이 되고 주파수가 낮으면 저음이 된다. 음의 길이는 음표(note)와 쉼표(rest)로 구분되는데 이는 각 음계에 해당하는 주파수 신호 발생시간의 길고 짧음에 의해 결정된다. 또한, 음의 강약은 신호 파형의 진폭에 의해 결정되고, 음의 색깔은 신호 파형에 고조파(高調波) 성분의 포함 정도나 진폭의 변화(envelope)에 의해 결정된다.

마이크로프로세서는 디지털 신호(digital signal)만을 직접 처리할 수 있기 때문에 음의 높이나 음의 길이를 변화시키는 것은 쉽게 가능하지만, 음의 강약 또는 음의 색깔을 변화시키는 것은 그렇게 단순하지 않다. 이와 같은 기능을 갖는 본격적인 전자 음악 합성기(electronic music synthesizer)를 만들려면 주파수 발생 회로는 물론 각종 고조파 신호들을 증폭하고 합성할 수 있어야 하는데, 이를 위해서는 D/A 컨버터나 연산증폭기와 같은 별도의 복잡한 아날로그 회로들이 필요하게 된다. 이러한 방식으로 된 사운드 카드나 전자 악기는 이미 많은 제품들이 개발되어 판매되고 있다.

그러나, 여기서는 마이크로컨트롤러에 내장된 타이머 기능을 이용하여 음의 높이와 길이를 가변함으로써 단순히 음악의 멜로디를 연주할 수 있는 정도의 프로그램을 공부한다. 이러한 프로그램은 음악 이론에 근거하여 다양한 방법으로 작성할 수 있겠으나, 여기서는 프로그래밍 기술을 익히며 악보를 보고 이를 프로그램으로 옮기기 쉽도록 하려는 목적에 주안점을 두어 저자가 설계한 방법을 사용하여 설명한다.

(2) 음계 발생의 원리

음악에서 음계는 0에서 8까지 총 9개의 옥타브(octave)로 구성되며, 각 옥타브에는 C, C#, D, D#, E, F, F#, G, G#, A, A#, B 등 반음(半音)의 간격으로 볼 때 12개의 음이 존재한다. 이들 각 음계에는 모두 표준 주파수가 정해져 있고, 이웃하는 2개의 음계 사이에는 $1 : 2^{1/12}$, 즉 1 : 1.05946의 비율로 주파수가 증가하게 된다. 따라서, 이와 같이 각 음계마다 약 6%씩 주파수가 증가하면 어느 음계와 이보다 1 옥타브 증가한 12번째 음과는 정확히 2배의 주파수 차이가 생기게 된다.

음계를 발생시키려면 타이머의 CTC 모드를 사용하여 시스템 클록을 분주하면 되는데, 여기서는 타이머1의 CTC 모드중에서 ICR1 레지스터가 TOP으로 동작하는 모드 12를 사용하기로 한다. 이 모드에서는 출력비교 신호 OC1A의 듀티비가 정확히 50%로 유지되며, 출력 주파수는 다음과 같이 표시된다.

$$f_{OC1A} = \frac{f_{clk\_I/O}}{2 \times N \times (1 + ICR1)} = \frac{f_{clk\_T1}}{2 \times (1 + ICR1)} \quad \text{[Hz]}$$

여기서 타이머 프리스케일러의 분주비 N을 8로 선택하고 시스템 클록의 주파수가 16MHz인 것을 고려하면 출력 주파수는

$$f_{OC1A} = \frac{16\times10^6}{2\times8\times(1+ICR1)} = \frac{1\times10^6}{1+ICR1} \quad [Hz]$$

로 표시된다. 따라서, 타이머1의 16비트 입력캡쳐 레지스터 ICR1의 값을 조정하면 원하는 음계의 주파수를 얻을 수 있게 된다.

〈표 4.12.1〉 음계별 표준주파수와 타이머1에 의한 출력 주파수

옥타브	음계		표준 주파수[Hz]	ICR1의 값	출력 주파수[Hz]	정확도=출력/표준[%]
	음계	사용 음계명				
2	A	A2	110.000	9008	110.000	100.000
	A#	A2X	116.541	8580	116.537	99.997
	B	B2	123.471	8098	123.472	100.000
3	C	C3	130.813	7644	130.804	99.993
	C#	C3X	138.591	7214	138.600	100.006
	D	D3	146.832	6810	146.821	99.993
	D#	D3X	155.563	6427	155.569	100.004
	E	E3	164.814	6066	164.826	100.007
	F	F3	174.614	5726	174.611	99.998
	F#	F3X	184.997	5404	185.014	100.009
	G	G3	195.998	5101	196.002	100.002
	G#	G3X	207.652	4815	207.641	99.995
	A	A3	220.000	4544	220.022	100.010
	A#	A3X	233.082	4289	233.100	100.008
	B	B3	246.942	4049	246.914	99.989
4	C	C4	261.626	3821	261.643	100.006
	C#	C4X	277.183	3607	277.162	99.992
	D	D4	293.665	3404	293.686	100.007
	D#	D4X	311.127	3213	311.139	100.004
	E	E4	329.628	3033	329.598	99.991
	F	F4	349.228	2862	349.284	100.016
	F#	F4X	369.994	2702	369.959	99.991
	G	G4	391.995	2550	392.003	100.002
	G#	G4X	415.305	2407	415.282	99.994
	A	A4	440.000	2272	439.947	99.988
	A#	A4X	466.164	2144	466.200	100.008
	B	B4	493.883	2024	493.827	99.989
5	C	C5	523.251	1910	523.286	100.007
	C#	C5X	554.365	1803	554.324	99.993
	D	D5	587.330	1702	587.199	99.978
	D#	D5X	622.254	1606	622.278	100.004
	E	E5	659.255	1516	659.196	99.991
	F	F5	698.456	1431	698.324	99.981
	F#	F5X	739.989	1350	740.192	100.027
	G	G5	783.991	1275	783.699	99.963
	G#	G5X	830.609	1203	830.565	99.995
	A	A5	880.000	1135	880.282	100.032
	A#	A5X	932.328	1072	931.966	99.961
	B	B5	987.767	1011	988.142	100.038
6	C	C6	1046.502	955	1046.025	99.954
	C#	C6X	1108.731	901	1108.647	99.992
	D	D6	1174.659	850	1175.088	100.037
	D#	D6X	1244.508	803	1243.781	99.942
	E	E6	1318.510	757	1319.261	100.057

<표 4.12.1>에 옥타브 2~6의 표준 주파수와 ATmega128A의 타이머1을 사용하여 이를 발생시키는 방법을 보였다. 9개의 옥타브중에서 중간의 기준은 옥타브 4이므로 이를 중심으로 하여 상하로 각각 1개의 옥타브를 더 사용하면 대부분의 성악곡 음악을 연주하는데 별 문제가 없다. 그러나, 더욱 넓은 음역을 포함시켜 실용적으로 거의 모든 음악을 연주할 수 있도록 하려면 옥타브 2의 일부 음계와 옥타브 6의 일부 음계까지를 포함시키는 것이 좋다.

앞에서 설명한 바와 같이 표준 주파수는 무리수(無理數)로 증가하여 소수점 이하의 값을 가지게 되는데, 16MHz의 시스템 클록 및 타이머/카운터1을 이용할 때 분주를 위한 시정수로는 0~65535의 정수만을 사용할 수 있으므로 이들 음계 주파수를 정확히 발생시키는 것은 불가능하다. 따라서, 위의 식에 근거하여 ICR1을 <표 4.12.1>에 보인 값으로 설정하여 프로그램하고 가장 근사치의 주파수를 발생시키면 모든 음계들이 거의 ±0.06% 이내의 오차 범위에 들어가는 만족스러운 결과를 얻을 수 있다.

이와 같이 각 음계에 대한 주파수를 출력하려면 ATmega128A의 타이머1의 설정을 변경해야 하는데, 이것은 C언어의 사용자 함수 Play_note()로 만들고 각 음계의 종류는 그 음계의 이름을 입력 파라미터로 처리하면 편리하다. 각 옥타브에 대한 음계의 이름은 사용자가 쉽게 기억할 수 있도록 음계명의 뒤에 옥타브 2, 3, 4, 5, 6의 번호를 붙여서 표시하고, 반음 올림을 표시하는 #이 붙는 음은 마지막에 X자를 붙여서 표시한다.

(3) 음표 및 쉼표 발생의 원리

음표나 쉼표는 각 음계의 연주시간(演奏時間) 또는 휴지시간(休止時間)을 나타내는 것으로 <표 4.12.2>와 같이 각각 10가지씩의 종류가 있다. 그러나, 여기서 연주시간이라 하면 상대적인 것이며 절대적인 시간값을 갖는 것은 아니다. 예를 들어 4분 음표는 온음표에 비하여 연주시간이 1/4의 길이를 가지며, 32분 음표는 온음표의 1/32에 해당한다. 이와 같은 연주시간의 상대 길이를 <표 4.12.2>에 함께 표시하였다. 이 표에서는 표시하지 않았지만 실제로는 음표의 경우에는 셋잇단음표(triplet)가 포함된다. 셋잇단음표는 이에 포함된 음표 2개의 길이에 해당하는 시간을 3개의 음표로 나누어 연주하라는 의미이다.

각 음표의 실제 연주시간은 음표의 종류뿐만 아니라 음악의 연주 속도를 표시하는 템포(tempo)에 의해 결정된다. 여기서는 편의상 템포를 1~5로 정의하며, tempo = 3을 중심에 있는 보통 빠르기로 하여 tempo = 1이 가장 느린 것으로 하고 tempo = 5는 가장 빠른 것으로 정한다. 또한, 가장 짧은 연주시간 단위인 32분 음표를 21[ms]의 기본 시간(base time)으로 정의하고, 이 기본 시간에 상대 길이와 (7-템포) 값을 곱한 시간을 실제 음표의 연주시간으로 한다. 예를 들어 tempo = 3(보통 빠르기)에서 32분 음표, 16분 음표, 8분 음표, 4분음표의 연주시간을 각각 계산하여 보면

𝅘𝅥𝅰 = base time × 상대 길이 × tempo

  = 21[ms] × 1 × (7-3) = 84[ms]

𝅘𝅥𝅯 = 21[ms] × 2 × (7-3) = 168[ms]

♪ = 21[ms] × 4 × (7-3) = 336[ms]

♩ = 21[ms] × 8 × (7-3) = 672[ms]

가 된다. 이렇게 하면 tempo = 3에서 4분 음표를 약 89개 연주하여 보통 빠르기의 기준인 88개와 거의 유사하게 된다.

〈표 4.12.2〉 음표 및 쉼표의 종류와 상대길이

종류	음표		쉼표		상대 길이	
32분	𝅘𝅥𝅰	NOTE32	𝅀	REST32	$\frac{1}{32}$	$=\frac{1}{32}$
16분	𝅘𝅥𝅯	NOTE16	𝄿	REST16	$\frac{1}{16}$	$=\frac{2}{32}$
점16분	𝅘𝅥𝅯.	NOTE16D	𝄿.	REST16D	$\frac{1}{16}+\frac{1}{16}\times\frac{1}{2}$	$=\frac{3}{32}$
8분	♪	NOTE8	𝄾	REST8	$\frac{1}{8}$	$=\frac{4}{32}$
점8분	♪.	NOTE8D	𝄾.	REST8D	$\frac{1}{8}+\frac{1}{8}\times\frac{1}{2}$	$=\frac{6}{32}$
4분	♩	NOTE4	𝄽	REST4	$\frac{1}{4}$	$=\frac{8}{32}$
점4분	♩.	NOTE4D	𝄽.	REST4D	$\frac{1}{4}+\frac{1}{4}\times\frac{1}{2}$	$=\frac{12}{32}$
2분	𝅗𝅥	NOTE2	𝄼	REST2	$\frac{1}{2}$	$=\frac{16}{32}$
점2분	𝅗𝅥.	NOTE2D	𝄼.	REST2D	$\frac{1}{2}+\frac{1}{2}\times\frac{1}{2}$	$=\frac{24}{32}$
온	𝅝	NOTE1	𝄻	REST1	1	$=\frac{32}{32}$

☞ **셋잇단음표**는 NOTE16T, NOTE8T, NOTE4T로 하였음.

음표를 프로그램으로 작성하는 것도 음계 발생 사용자 함수 Play_note()에서 음표의 길이를 입력 파라미터로 지정하여 처리하면 편리하다. 즉, 각 음계에 맞는 타이머1의 분주비 값을 지정하고 이 타이머의 인터럽트를 허용함으로써 주파수가 출력되어

연주를 개시하였으면 음표는 지정된 시간만큼의 단순한 시간지연 루틴(delay routine)을 수행하면 된다. 그러나, 쉼표는 음계를 발생하지 않은 상태에서 지정된 길이의 시간지연만 주면 되므로 이를 위한 별도의 사용자 함수 Play_rest()로 수행한다.

(4) 악보에 대한 연주 프로그램의 작성

앞에서 설명한 바와 같이 음계, 음표, 쉼표 등을 처리하는 사용자 함수를 모두 완성하였으면 주어진 악보를 연주하는 프로그램을 작성하는 것은 악보를 보면서 각 음에 대하여 음계 및 음표 서브루틴을 호출(call)하기만 하면 된다. 이와 같은 음악연주 프로그램 작성시 유의 사항을 나열하면 다음과 같다.

① 프로그램 또는 각 연주곡의 서두에서 반드시 템포를 지정하라. 템포는 1~5의 범위에서 적절히 선택한다.

② 곡이 어떤 장조(長調) 또는 단조(短調)이든 관계없이 그냥 음계로 읽어라. 이때 #(sharp) 또는 ♭(flat)이 붙은 음에 유의하고, ♭이 붙은 음은 그 아래의 음에 #이 붙은 것으로 간주하여 처리하라.

③ 각 음계는 음계명에 옥타브를 나타내는 숫자를 붙여서 A4처럼 표시하며, 여기에 반올림 기호 #(sharp)이 붙으면 X자를 추가하여 A4X처럼 표시한다. 음표와 쉼표는 각각 NOTE8 및 REST8처럼 표시하고, 점이 붙은 음표와 쉼표는 각각 NOTE8D 및 REST8D로 표시하며, 셋잇단음표는 해당 음표 2개의 길이를 균등하게 3등분하여 3개의 음으로 연주하라는 뜻인데 NOTE8T처럼 표시한다.

④ 동일한 음계가 연속될 경우에는 마이크로컨트롤러의 처리속도가 매우 빨라서 하나의 음표처럼 붙어서 연주될 수 있으므로 이를 방지하기 위하여 음표와 음표 사이에 아주 짧은 시간동안의 시간 간격을 두어 음이 짧게 끊어지도록 하였다. 따라서, 이를 원하지 않으면 2개의 음표를 더하여 1개의 음표인 것처럼 처리하는 것이 좋다. 예를 들어 같은 음계의 4분 음표와 8분 음표가 연속되면 이를 점4분 음표인 것으로 처리한다.

(5) 음악 멜로디 연주 프로그램

이제 타이머1의 CTC 모드를 이용하여 시스템 클록을 분주한 출력으로 스피커를 구동하여 음악 멜로디를 연주하는 프로그램을 작성하여 보기로 한다.

▣ 멜로디 연주 프로그램

먼저, 앞에서 설명한 방식으로 "고향의 봄", "산바람 강바람", "퐁당퐁당", "낭랑 18세", "돌아가는 삼각지", "칠갑산", "허공" 등 총 7곡의 멜로디를 연속하여 연주하는 프로그램을 C언어로 작성하면 다음과 같다.

〈프로그램 Exp12_1.c〉 음악 멜로디 연주 프로그램

```
/* ========================================================================== */
/*              Exp12_1.c : 타이머1을 이용한 음악 멜로디 연주                 */
/* ========================================================================== */
/*                          Designed and programmed by Duck-Yong Yoon in 2020. */

#include <avr/io.h>
#include "OK-128TFT-V2.h"

#define A2      9008                    // define note, octave 2
#define A2X     8580
#define B2      8098
#define C3      7644                    // define note, octave 3
#define C3X     7214
#define D3      6810
#define D3X     6427
#define E3      6066
#define F3      5726
#define F3X     5404
#define G3      5101
#define G3X     4815
#define A3      4544
#define A3X     4289
#define B3      4049
#define C4      3821                    // define note, octave 4
#define C4X     3607
#define D4      3404
#define D4X     3213
#define E4      3033
#define F4      2862
#define F4X     2702
#define G4      2550
#define G4X     2407
#define A4      2272
#define A4X     2144
#define B4      2024
#define C5      1910                    // define note, octave 5
#define C5X     1803
#define D5      1702
#define D5X     1606
#define E5      1516
#define F5      1431
#define F5X     1350
#define G5      1275
#define G5X     1203
#define A5      1135
#define A5X     1072
#define B5      1011
#define C6      955                     // define note, octave 6
#define C6X     901
#define D6      850
#define D6X     803
#define E6      757

#define NOTE32  1*3                     // define note length
#define NOTE16  2*3
#define NOTE16D 3*3
```

```
#define NOTE16T 2*2
#define NOTE8   4*3
#define NOTE8D  6*3
#define NOTE8T  4*2
#define NOTE4   8*3
#define NOTE4D  12*3
#define NOTE4T  8*2
#define NOTE2   16*3
#define NOTE2D  24*3
#define NOTE1   32*3

#define REST32  1*3                         // define rest length
#define REST16  2*3
#define REST16D 3*3
#define REST8   4*3
#define REST8D  6*3
#define REST4   8*3
#define REST4D  12*3
#define REST2   16*3
#define REST2D  24*3
#define REST1   32*3

unsigned char tempo;

void Set_tempo(unsigned char number)            /* set tempo */
{
  tempo = number;                               // set tempo
  sbi(DDRB,5);                                  // OC1A output
  TCCR1A = 0x40;                                // CTC mode(12), use OC1A
  TCCR1B = 0x18;                                // speaker off
  TCCR1C = 0x00;
}

void Play_note(unsigned int sound, unsigned int note) /* play note */
{
  ICR1 = sound;                                 // set ICR1
  TCNT1 = 0x0000;                               // clear Timer 1
  TCCR1B = 0x1A;                                // start CTC mode(prescaler = 8)

  Delay_ms(note*7*(7-tempo));                   // note play time

  TCCR1B = 0x18;                                // speaker off
}

void Play_rest(unsigned int rest)               /* play rest */
{
  Delay_ms(rest*7*(7-tempo));                   // rest play time
}

int main(void)
{
  MCU_initialize();                             // initialize ATmega128A MCU
  Delay_ms(50);                                 // wait for system stabilization
  LCD_initialize();                             // initialize text LCD module
  TFT_initialize();                             // initialize TFT-LCD module

  LCD_string(0x80," OK-128TFT V2.0 ");          // display title
  LCD_string(0xC0,"   Exp12_1.c    ");

  TFT_string(4, 7, White,Magenta," 음악 멜로디 연주(타이머1 이용) ");
  TFT_string(10,12, Cyan,Black,"곡목 : ");
  TFT_string(10,15, Cyan,Black,"작사 : ");
  TFT_string(10,18, Cyan,Black,"작곡 : ");
  TFT_string(10,21, Cyan,Black,"노래 : ");

  while(1)
    { TFT_string(17,12, Cyan, Black,"고향의 봄      "); // display music title
      TFT_string(17,15, White,Black,"이원수");
      TFT_string(17,18, White,Black,"홍난파");
      TFT_string(17,21, Green,Black,"(동요)");
      Set_tempo(3);                             // set tempo
```

```
Play_note(G4,NOTE4);                          // line 1
Play_note(G4,NOTE4);
Play_note(E4,NOTE8);
Play_note(F4,NOTE8);
Play_note(G4,NOTE4);
Play_note(A4,NOTE4);
Play_note(A4,NOTE4);
Play_note(G4,NOTE4D);
Play_rest(REST8);
Play_note(G4,NOTE4);
Play_note(C5,NOTE4);
Play_note(E5,NOTE4);
Play_note(D5,NOTE8);
Play_note(C5,NOTE8);
Play_note(D5,NOTE2D);
Play_rest(REST4);
Play_note(E5,NOTE4);                          // line 2
Play_note(E5,NOTE4);
Play_note(D5,NOTE4);
Play_note(D5,NOTE4);
Play_note(C5,NOTE4);
Play_note(D5,NOTE8);
Play_note(C5,NOTE8);
Play_note(A4,NOTE4D);
Play_rest(REST8);
Play_note(G4,NOTE4);
Play_note(G4,NOTE4);
Play_note(G4,NOTE4);
Play_note(E4,NOTE8);
Play_note(D4,NOTE8);
Play_note(C4,NOTE2D);
Play_rest(REST4);
Play_note(D4,NOTE4);                          // line 3
Play_note(D4,NOTE4);
Play_note(E4,NOTE4);
Play_note(C4,NOTE4);
Play_note(D4,NOTE4);
Play_note(D4,NOTE4);
Play_note(E4,NOTE4);
Play_note(G4,NOTE4);
Play_note(A4,NOTE4);
Play_note(C5,NOTE4);
Play_note(E5,NOTE4);
Play_note(D5,NOTE8);
Play_note(C5,NOTE8);
Play_note(D5,NOTE2D);
Play_rest(REST4);
Play_note(E5,NOTE4);                          // line 4
Play_note(E5,NOTE4);
Play_note(D5,NOTE4);
Play_note(D5,NOTE4);
Play_note(C5,NOTE4);
Play_note(D5,NOTE8);
Play_note(C5,NOTE8);
Play_note(A4,NOTE4);
Play_note(A4,NOTE4);
Play_note(G4,NOTE4);
Play_note(G4,NOTE4);
Play_note(G4,NOTE4);
Play_note(E4,NOTE8);
Play_note(D4,NOTE8);
Play_note(C4,NOTE2D);
Play_rest(REST4);

TFT_string(17,12, Cyan, Black,"산바람 강바람  "); // display music title
TFT_string(17,15, White,Black,"윤석중");
TFT_string(17,18, White,Black,"박태현");
TFT_string(17,21, Green,Black,"(동요)");
Set_tempo(3);                                 // set tempo
```

```
Play_note(A4,NOTE4D);                    // line 1
Play_note(B4,NOTE8);

     (중간 생략)

Play_note(E4,NOTE8);
Play_note(D4,NOTE2);
Play_rest(REST4);

TFT_string(17,12, Cyan, Black,"퐁당퐁당        "); // display music title
TFT_string(17,15, White,Black,"윤석중");
TFT_string(17,18, White,Black,"홍난파");
TFT_string(17,21, Green,Black,"(동요)");
Set_tempo(3);                            // set tempo

Play_note(C4,NOTE8);                     // line 1
Play_note(D4,NOTE8);

     (중간 생략)

Play_note(C4,NOTE4D);
Play_rest(REST8);
Delay_ms(1000);

TFT_string(17,12, Cyan, Black,"낭랑 18세       "); // display music title
TFT_string(17,15, White,Black,"유호  ");
TFT_string(17,18, White,Black,"박시춘");
TFT_string(17,21, Green,Black,"한서경");
Set_tempo(4);                            // set tempo

Play_note(G4,NOTE4D);                    // line 1
Play_note(G4,NOTE16);

     (중간 생략)

Play_note(C5,NOTE8);
Play_note(C5,NOTE2);
Delay_ms(1000);

TFT_string(17,12, Cyan, Black,"돌아가는 삼각지"); // display music title
TFT_string(17,15, White,Black,"배상태");
TFT_string(17,18, White,Black,"배상태");
TFT_string(17,21, Green,Black,"배호  ");
Set_tempo(2);                            // set tempo

Play_note(C4,NOTE4);                     // prelude
Play_note(C4,NOTE16);

     (중간 생략)

Play_note(D4,NOTE8);
Play_note(C4,NOTE2D);
Delay_ms(1000);

TFT_string(17,12, Cyan, Black,"칠갑산          "); // display music title
TFT_string(17,15, White,Black,"조운파");
TFT_string(17,18, White,Black,"조운파");
TFT_string(17,21, Green,Black,"주병선");
Set_tempo(3);                            // set tempo

Play_note(G5,NOTE16);                    // prelude line 1
Play_note(A5X,NOTE16);

     (중간 생략)

Play_note(G4,NOTE1);
Play_rest(REST1);
Delay_ms(1000);

TFT_string(17,12, Cyan, Black,"허공            "); // display music title
TFT_string(17,15, White,Black,"정욱  ");
```

```
      TFT_string(17,18, White,Black,"정풍송");
      TFT_string(17,21, Green,Black,"조용필");
      Set_tempo(3);                              // set tempo

      Play_note(A4,NOTE8);                       // line 1
      Play_note(B4,NOTE8);

           (중간 생략)

      Play_note(D5,NOTE1);
      Play_rest(REST1);
      Delay_ms(1000);
    }
}
```

☞ 이 프로그램에서 박자를 만들기 위한 시간지연 함수는 최적화 옵션에 따라 지연시간이 달라질 수 있으므로 올바른 음악연주를 위해서는 WinAVR에서 컴파일할 때 반드시 최적화 옵션을 -Os로 설정해야 한다.

쉼표를 구현하기 위하여 스피커의 소리를 끄는 것은 타이머/카운터1로 입력되는 클록 신호를 차단함으로써 수행한다.

이 프로그램을 컴파일하여 다운로드하고 실행하라. 이 프로그램이 올바르게 수행되려면 *OK-128TFT* 키트의 컨넥터 CN4에 소형 스피커를 접속해야 한다.

▣ 전자 오르간 프로그램

이번에는 타이머1의 CTC 모드를 이용하여 전자 오르간 프로그램을 작성하여 보기로 한다. 여기서는 TFT-LCD에 전자 오르간의 건반을 그래픽으로 보여주는데 사용자가 터치펜을 사용하여 오르간을 직접 연주할 수도 있고, 프로그램 내부에 저장된 “고향의 봄”, “산바람 강바람”, “퐁당퐁당”, “낭랑 18세”, “돌아가는 삼각지”, “칠갑산”, “허공” 등 총 7곡의 멜로디를 자동으로 연주하는 기능도 가지고 있다.

〈프로그램 Exp12_2.c〉 전자 오르간 프로그램

```
/* ========================================================================== */
/*                   Exp12_2.c : 타이머1을 이용한 전자 오르간                      */
/* ========================================================================== */
/*                      Designed and programmed by Duck-Yong Yoon in 2020.    */

#include <avr/io.h>
#include "OK-128TFT-V2.h"

#define A2      9008                 // define note, octave 2
#define A2X     8580
#define B2      8098
#define C3      7644                 // define note, octave 3
#define C3X     7214
#define D3      6810
#define D3X     6427
#define E3      6066
#define F3      5726
```

```
#define F3X     5404
#define G3      5101
#define G3X     4815
#define A3      4544
#define A3X     4289
#define B3      4049
#define C4      3821                          // define note, octave 4
#define C4X     3607
#define D4      3404
#define D4X     3213
#define E4      3033
#define F4      2862
#define F4X     2702
#define G4      2550
#define G4X     2407
#define A4      2272
#define A4X     2144
#define B4      2024
#define C5      1910                          // define note, octave 5
#define C5X     1803
#define D5      1702
#define D5X     1606
#define E5      1516
#define F5      1431
#define F5X     1350
#define G5      1275
#define G5X     1203
#define A5      1135
#define A5X     1072
#define B5      1011
#define C6      955                           // define note, octave 6
#define C6X     901
#define D6      850
#define D6X     803
#define E6      757

#define NOTE32          1*3                   // define note length
#define NOTE16          2*3
#define NOTE16D         3*3
#define NOTE16T         2*2
#define NOTE8           4*3
#define NOTE8D          6*3
#define NOTE8T          4*2
#define NOTE4           8*3
#define NOTE4D          12*3
#define NOTE4T          8*2
#define NOTE2           16*3
#define NOTE2D          24*3
#define NOTE1           32*3

#define REST32          1*3                   // define rest length
#define REST16          2*3
#define REST16D         3*3
#define REST8           4*3
#define REST8D          6*3
#define REST4           8*3
#define REST4D          12*3
#define REST2           16*3
#define REST2D          24*3
#define REST1           32*3

void Draw_organ(void);                        /* draw organ screen */
void Draw_symbol(U16 xPos,U16 yPos,U16 color1,U16 color2,U08 code); /* draw symbol for touch screen */
void Draw_note(U16 xPos,U16 yPos,U16 color1,U16 color2,U08 code); /* draw note */
void Display_song(void);                      /* display song */
void Check_organ(void);                       /* check organ key or icon */
void Play_note(U16 sound, U16 note);          /* play note */
void Play_rest(U16 rest);                     /* play rest */
void Play_ms(U16 time_ms);                    /* time delay for music play */
void Set_tempo(U08 tempo_value);              /* set tempo */
void Display_tempo(U08 tempo_value);          /* display tempo */
```

```
void Play_song1(void);                          /* play song 1 - 고향의 봄*/
void Play_song2(void);                          /* play song 2 - 산바람 강바람*/
void Play_song3(void);                          /* play song 3 - 퐁당퐁당*/
void Play_song4(void);                          /* play song 4 - 낭랑 18세*/
void Play_song5(void);                          /* play song 5 - 돌아가는 삼각지*/
void Play_song6(void);                          /* play song 6 - 칠갑산*/
void Play_song7(void);                          /* play song 7 - 허공*/

unsigned char song;                             // song for auto play (1~7)
unsigned char tempo;                            // music tempo (1~5)
unsigned int organ_key;                         // organ key
unsigned char play_flag;                        // play status flag

/* ----- 메인 프로그램 -------------------------------------------------------- */

int main(void)
{
  MCU_initialize();                             // initialize ATmega128A MCU
  Delay_ms(50);                                 // wait for system stabilization
  LCD_initialize();                             // initialize text LCD module
  TFT_initialize();                             // initialize TFT-LCD module
  Touch_screen_initialize();                    // initialize touch screen

  LCD_string(0x80," OK-128TFT V2.0 ");          // display title
  LCD_string(0xC0,"   Exp12_2.c    ");
  Beep();

  song = 1;                                     // initial value
  tempo = 3;
  play_flag = 1;

  sbi(DDRB,5);                                  // OC1A output
  TCCR1A = 0x40;                                // CTC mode(12), use OC1A
  TCCR1B = 0x18;                                // speaker off
  TCCR1C = 0x00;

  Draw_organ();                                 // draw organ screen

  while(1)
    Check_organ();                              // check organ screen
}

/* ----- 사용자 정의 함수 ----------------------------------------------------- */

void Draw_organ(void)                           /* draw organ screen */
{
  unsigned int i, x;

  Rectangle(0,8, 319,97, Green);                // display outline
  Rectangle(1,9, 318,96, Green);

  TFT_string(1,2,White,Magenta," OK-128TFT 키트를 이용한  전자 오르간 ");
  TFT_string(10,6,Yellow,Black,"자동 연주 (템포 = 0)");
  Display_song();                               // display song
  Rectangle(38,70,281,90,White);
  Draw_symbol(46,45,White,Yellow,2);            // play
  Draw_symbol(250,45,White,Yellow,3);           // stop
  Draw_symbol(11,70,White,Cyan,0);              // up
  Draw_symbol(285,70,White,Cyan,1);             // down

  for(i = 0; i < 16; i++)                       // draw white key
    { x = 20*i + 1;
      Block(x,100, x+17,223, White,White);
    }

  for(i = 0; i < 16; i++)                       // draw black key
    { x = 20*i + 11;
      if((i != 3) && (i != 6) && (i != 10) && (i != 13) && (i != 15))
        Block(x,100, x+17,173, Black,Black);
      else if(i == 15)
        Block(x,100, x+8,173, Black,Black);
```

```
    }
}

const unsigned int symbol[5][16] PROGMEM = {                       /* 16x16 arrow */
  { 0x0100,0x0380,0x07C0,0x0FE0,0x1FF0,0x3FF8,0x7FFC,0xFFFE,       // (0) up arrow
    0x07C0,0x07C0,0x07C0,0x07C0,0x07C0,0x07C0,0x07C0,0x07C0 },
  { 0x07C0,0x07C0,0x07C0,0x07C0,0x07C0,0x07C0,0x07C0,0x07C0,       // (1) down arrow
    0xFFFE,0x7FFC,0x3FF8,0x1FF0,0x0FE0,0x07C0,0x0380,0x0100 },
  { 0x4000,0x7000,0x7C00,0x7F00,0x7FC0,0x7FF0,0x7FFC,0x7FFF,       // (2) play
    0x7FFF,0x7FFC,0x7FF0,0x7FC0,0x7F00,0x7C00,0x7000,0x4000 },
  { 0x0000,0x0000,0x3FFC,0x3FFC,0x3FFC,0x3FFC,0x3FFC,0x3FFC,       // (3) stop
    0x3FFC,0x3FFC,0x3FFC,0x3FFC,0x3FEC,0x3FFC,0x0000,0x0000 },
  { 0x00C0,0x00E0,0x00F0,0x00D8,0x00CC,0x00CC,0x00CC,0x00CC,       // (4) note4 symbol
    0x00C8,0x00D0,0x03C0,0x0FC0,0x0F80,0x1F80,0x1F00,0x0C00 }};

void Draw_symbol(U16 xPos,U16 yPos,U16 color1,U16 color2,U08 code) /* draw symbol for touch screen */
{
  unsigned char  x, y;
  unsigned int font;

  Rectangle(xPos,yPos, xPos+23,yPos+20, color1);

  for(y = 0; y < 16; y++)
    { TFT_GRAM_address(xPos+4,yPos+2+y);
      font = pgm_read_word(&symbol[code][y]);
      for(x = 0; x < 16; x++)
        { if((font << x) & 0x8000) TFT_data(color2);
          else                     TFT_data(Black);
        }
    }
}

void Draw_note(U16 xPos,U16 yPos,U16 color1,U16 color2,U08 code) /* draw note */
{
  unsigned char  x, y;
  unsigned int font;

  for(y = 0; y < 16; y++)
    { TFT_GRAM_address(xPos,yPos+y);
      font = pgm_read_word(&symbol[code][y]);
      for(x = 0; x < 16; x++)
        { if((font << x) & 0x8000) TFT_data(color1);
          else                     TFT_data(color2);
        }
    }
}

void Display_song(void)                              /* display song */
{
  if(song == 1)
    { TFT_string(5,9,Cyan,Black,"        (1) 고향의 봄          ");
      Display_tempo(3);
    }
  else if(song == 2)
    { TFT_string(5,9,Cyan,Black,"      (2) 산바람 강바람        ");
      Display_tempo(3);
    }
  else if(song == 3)
    { TFT_string(5,9,Cyan,Black,"         (3) 퐁당퐁당          ");
      Display_tempo(3);
    }
  else if(song == 4)
    { TFT_string(5,9,Cyan,Black,"        (4) 낭랑 18세          ");
      Display_tempo(4);
    }
  else if(song == 5)
    { TFT_string(5,9,Cyan,Black,"     (5) 볼아가는 삼각지       ");
      Display_tempo(2);
    }
  else if(song == 6)
    { TFT_string(5,9,Cyan,Black,"          (6) 칠갑산           ");
```

```
      Display_tempo(3);
    }
  else if(song == 7)
    { TFT_string(5,9,Cyan,Black,"            (7) 허공            ");
      Display_tempo(3);
    }
}

unsigned char icon_flag = 0;                    // icon touch flag

void Check_organ(void)                          /* check organ key or icon */
{
  Touch_screen_input();                         // input touch screen
  if((icon_flag == 0) && (x_touch >= 11) && (x_touch <= 34) && (y_touch >= 70) && (y_touch <= 90))
    { icon_flag = 1;                            // previous song
      Draw_symbol(11,70,Magenta,Magenta,0);
      if(song > 1)
        { Beep();
          song--;
        }
      else
        Beep_3times();

      Display_song();                           // display song
      Delay_ms(200);
      Draw_symbol(11,70, White,Cyan,0);
    }
  else if((icon_flag == 0) && (x_touch >= 285) && (x_touch <= 308) && (y_touch >= 70) && (y_touch <= 90))
    { icon_flag = 1;                            // next song
      Draw_symbol(285,70,Magenta,Magenta,1);
      if(song < 7)
        { Beep();
          song++;
        }
      else
        Beep_3times();

      Display_song();                           // display song
      Delay_ms(200);
      Draw_symbol(285,70,White,Cyan,1);
    }
  else if((icon_flag == 0) && (x_touch >= 46) && (x_touch <= 69) && (y_touch >= 45) && (y_touch <= 65))
    { Draw_symbol(46,45,Magenta,Magenta,2);     // play automatically
      Delay_ms(200);
      Draw_symbol(46,45,White,Yellow,2);
      play_flag = 1;
      if(song == 1)      Play_song1();
      else if(song == 2) Play_song2();
      else if(song == 3) Play_song3();
      else if(song == 4) Play_song4();
      else if(song == 5) Play_song5();
      else if(song == 6) Play_song6();
      else if(song == 7) Play_song7();
    }
  else if((icon_flag == 0) && (x_touch >= 1) && (x_touch <= 18) && (y_touch >= 183) && (y_touch <= 223))
    { icon_flag = 1;                            // key F3
      organ_key = F3;
      Play_note(F3, 0);
    }
  else if((icon_flag == 0) && (x_touch >= 11) && (x_touch <= 28) && (y_touch >= 133) && (y_touch <= 173))
    { icon_flag = 1;                            // key F3X
      organ_key = F3X;
      Play_note(F3X, 0);
    }
  else if((icon_flag == 0) && (x_touch >= 21) && (x_touch <= 38) && (y_touch >= 183) && (y_touch <= 223))
    { icon_flag = 1;                            // key G3
      organ_key = G3;
      Play_note(G3, 0);
    }
  else if((icon_flag == 0) && (x_touch >= 31) && (x_touch <= 48) && (y_touch >= 133) && (y_touch <= 173))
    { icon_flag = 1;                            // key G3X
```

```
      organ_key = G3X;
      Play_note(G3X, 0);
    }
  else if((icon_flag == 0) && (x_touch >= 41) && (x_touch <= 58) && (y_touch >= 183) && (y_touch <= 223))
    { icon_flag = 1;                              // key A3
      organ_key = A3;
      Play_note(A3, 0);
    }
  else if((icon_flag == 0) && (x_touch >= 51) && (x_touch <= 68) && (y_touch >= 133) && (y_touch <= 173))
    { icon_flag = 1;                              // key A3X
      organ_key = A3X;
      Play_note(A3X, 0);
    }
  else if((icon_flag == 0) && (x_touch >= 61) && (x_touch <= 78) && (y_touch >= 183) && (y_touch <= 223))
    { icon_flag = 1;                              // key B3
      organ_key = B3;
      Play_note(B3, 0);
    }
  else if((icon_flag == 0) && (x_touch >= 81) && (x_touch <= 98) && (y_touch >= 183) && (y_touch <= 223))
    { icon_flag = 1;                              // key C4
      organ_key = C4;
      Play_note(C4, 0);
    }
  else if((icon_flag == 0) && (x_touch >= 91) && (x_touch <= 108) && (y_touch >= 133) && (y_touch <= 173))
    { icon_flag = 1;                              // key C4X
      organ_key = C4X;
      Play_note(C4X, 0);
    }
  else if((icon_flag == 0) && (x_touch >= 101) && (x_touch <= 118) && (y_touch >= 183) && (y_touch <= 223))
    { icon_flag = 1;                              // key D4
      organ_key = D4;
      Play_note(D4, 0);
    }
  else if((icon_flag == 0) && (x_touch >= 111) && (x_touch <= 128) && (y_touch >= 133) && (y_touch <= 173))
    { icon_flag = 1;                              // key D4X
      organ_key = D4X;
      Play_note(D4X, 0);
    }
  else if((icon_flag == 0) && (x_touch >= 121) && (x_touch <= 138) && (y_touch >= 183) && (y_touch <= 223))
    { icon_flag = 1;                              // key E4
      organ_key = E4;
      Play_note(E4, 0);
    }
  else if((icon_flag == 0) && (x_touch >= 141) && (x_touch <= 158) && (y_touch >= 183) && (y_touch <= 223))
    { icon_flag = 1;                              // key F4
      organ_key = F4;
      Play_note(F4, 0);
    }
  else if((icon_flag == 0) && (x_touch >= 151) && (x_touch <= 168) && (y_touch >= 133) && (y_touch <= 173))
    { icon_flag = 1;                              // key F4X
      organ_key = F4X;
      Play_note(F4X, 0);
    }
  else if((icon_flag == 0) && (x_touch >= 161) && (x_touch <= 178) && (y_touch >= 183) && (y_touch <= 223))
    { icon_flag = 1;                              // key G4
      organ_key = G4;
      Play_note(G4, 0);
    }
  else if((icon_flag == 0) && (x_touch >= 171) && (x_touch <= 188) && (y_touch >= 133) && (y_touch <= 173))
    { icon_flag = 1;                              // key G4X
      organ_key = G4X;
      Play_note(G4X, 0);
    }
  else if((icon_flag == 0) && (x_touch >= 181) && (x_touch <= 198) && (y_touch >= 183) && (y_touch <= 223))
    { icon_flag = 1;                              // key A4
      organ_key = A4;
      Play_note(A4, 0);
    }
  else if((icon_flag == 0) && (x_touch >= 191) && (x_touch <= 208) && (y_touch >= 133) && (y_touch <= 173))
    { icon_flag = 1;                              // key A4X
      organ_key = A4X;
```

```
      Play_note(A4X, 0);
    }
  else if((icon_flag == 0) && (x_touch >= 201) && (x_touch <= 218) && (y_touch >= 183) && (y_touch <= 223))
    { icon_flag = 1;                          // key B4
      organ_key = B4;
      Play_note(B4, 0);
    }
  else if((icon_flag == 0) && (x_touch >= 221) && (x_touch <= 238) && (y_touch >= 183) && (y_touch <= 223))
    { icon_flag = 1;                          // key C5
      organ_key = C5;
      Play_note(C5, 0);
    }
  else if((icon_flag == 0) && (x_touch >= 231) && (x_touch <= 248) && (y_touch >= 133) && (y_touch <= 173))
    { icon_flag = 1;                          // key C5X
      organ_key = C5X;
      Play_note(C5X, 0);
    }
  else if((icon_flag == 0) && (x_touch >= 241) && (x_touch <= 258) && (y_touch >= 183) && (y_touch <= 223))
    { icon_flag = 1;                          // key D5
      organ_key = D5;
      Play_note(D5, 0);
    }
  else if((icon_flag == 0) && (x_touch >= 251) && (x_touch <= 268) && (y_touch >= 133) && (y_touch <= 173))
    { icon_flag = 1;                          // key D5X
      organ_key = D5X;
      Play_note(D5X, 0);
    }
  else if((icon_flag == 0) && (x_touch >= 261) && (x_touch <= 278) && (y_touch >= 183) && (y_touch <= 223))
    { icon_flag = 1;                          // key E5
      organ_key = E5;
      Play_note(E5, 0);
    }
  else if((icon_flag == 0) && (x_touch >= 281) && (x_touch <= 298) && (y_touch >= 183) && (y_touch <= 223))
    { icon_flag = 1;                          // key F5
      organ_key = F5;
      Play_note(F5, 0);
    }
  else if((icon_flag == 0) && (x_touch >= 291) && (x_touch <= 308) && (y_touch >= 133) && (y_touch <= 173))
    { icon_flag = 1;                          // key F5X
      organ_key = F5X;
      Play_note(F5X, 0);
    }
  else if((icon_flag == 0) && (x_touch >= 301) && (x_touch <= 318) && (y_touch >= 183) && (y_touch <= 223))
    { icon_flag = 1;                          // key G5
      organ_key = G5;
      Play_note(G5, 0);
    }
  else if((x_touch == 0) && (y_touch == 0))
    { icon_flag = 0;                          // key off
      Play_note(organ_key, 0xFF);
    }
}

void Play_note(U16 sound, U16 note)           /* play note */
{
  if(note == 0xFF)                            // touch key off ?
    { TCCR1B = 0x18;                          // if yes, speaker off
      if(sound == F3)       Draw_note(2,186, White,White, 4); // clear note4 symbol
      else if(sound == F3X) Draw_note(12,126, Black,Black, 4);
      else if(sound == G3)  Draw_note(22,186, White,White, 4);
      else if(sound == G3X) Draw_note(32,126, Black,Black, 4);
      else if(sound == A3)  Draw_note(42,186, White,White, 4);
      else if(sound == A3X) Draw_note(52,126, Black,Black, 4);
      else if(sound == B3)  Draw_note(62,186, White,White, 4);
      else if(sound == C4)  Draw_note(82,186, White,White, 4);
      else if(sound == C4X) Draw_note(92,126, Black,Black, 4);
      else if(sound == D4)  Draw_note(102,186, White,White, 4);
      else if(sound == D4X) Draw_note(112,126, Black,Black, 4);
      else if(sound == E4)  Draw_note(122,186, White,White, 4);
      else if(sound == F4)  Draw_note(142,186, White,White, 4);
      else if(sound == F4X) Draw_note(152,126, Black,Black, 4);
```

```
    else if(sound == G4)  Draw_note(162,186, White,White, 4);
    else if(sound == G4X) Draw_note(172,126, Black,Black, 4);
    else if(sound == A4)  Draw_note(182,186, White,White, 4);
    else if(sound == A4X) Draw_note(192,126, Black,Black, 4);
    else if(sound == B4)  Draw_note(202,186, White,White, 4);
    else if(sound == C5)  Draw_note(222,186, White,White, 4);
    else if(sound == C5X) Draw_note(232,126, Black,Black, 4);
    else if(sound == D5)  Draw_note(242,186, White,White, 4);
    else if(sound == D5X) Draw_note(252,126, Black,Black, 4);
    else if(sound == E5)  Draw_note(262,186, White,White, 4);
    else if(sound == F5)  Draw_note(282,186, White,White, 4);
    else if(sound == F5X) Draw_note(292,126, Black,Black, 4);
    else if(sound == G5)  Draw_note(302,186, White,White, 4);
    else if(sound == G5X) Draw_note(312,126, Black,Black, 4);
    return;
  }

 if(sound == F3)       Draw_note(2,186, Red,White, 4); // display note4 symbol
 else if(sound == F3X) Draw_note(12,126,Cyan,Black, 4);
 else if(sound == G3)  Draw_note(22,186, Red,White, 4);
 else if(sound == G3X) Draw_note(32,126,Cyan,Black, 4);
 else if(sound == A3)  Draw_note(42,186, Red,White, 4);
 else if(sound == A3X) Draw_note(52,126,Cyan,Black, 4);
 else if(sound == B3)  Draw_note(62,186, Red,White, 4);
 else if(sound == C4)  Draw_note(82,186, Red,White, 4);
 else if(sound == C4X) Draw_note(92,126,Cyan,Black, 4);
 else if(sound == D4)  Draw_note(102,186, Red,White, 4);
 else if(sound == D4X) Draw_note(112,126,Cyan,Black, 4);
 else if(sound == E4)  Draw_note(122,186, Red,White, 4);
 else if(sound == F4)  Draw_note(142,186, Red,White, 4);
 else if(sound == F4X) Draw_note(152,126,Cyan,Black, 4);
 else if(sound == G4)  Draw_note(162,186, Red,White, 4);
 else if(sound == G4X) Draw_note(172,126,Cyan,Black, 4);
 else if(sound == A4)  Draw_note(182,186, Red,White, 4);
 else if(sound == A4X) Draw_note(192,126,Cyan,Black, 4);
 else if(sound == B4)  Draw_note(202,186, Red,White, 4);
 else if(sound == C5)  Draw_note(222,186, Red,White, 4);
 else if(sound == C5X) Draw_note(232,126,Cyan,Black, 4);
 else if(sound == D5)  Draw_note(242,186, Red,White, 4);
 else if(sound == D5X) Draw_note(252,126,Cyan,Black, 4);
 else if(sound == E5)  Draw_note(262,186, Red,White, 4);
 else if(sound == F5)  Draw_note(282,186, Red,White, 4);
 else if(sound == F5X) Draw_note(292,126,Cyan,Black, 4);
 else if(sound == G5)  Draw_note(302,186, Red,White, 4);
 else if(sound == G5X) Draw_note(312,126,Cyan,Black, 4);

 ICR1 = sound;                                  // set ICR1
 TCNT1 = 0x0000;                                // clear Timer 1
 TCCR1B = 0x1A;                                 // start CTC mode(prescaler = 8)

 if(note != 0)                                  // auto play ?
   { if(play_flag == 1)                         // if yes, play time
       Play_ms(note*7*(7-tempo));
     TCCR1B = 0x18;                             // speaker off
     if(sound == F3)       Draw_note(2,186, White,White, 4);   // clear note4 symbol
     else if(sound == F3X) Draw_note(12,126, Black,Black, 4);
     else if(sound == G3)  Draw_note(22,186, White,White, 4);
     else if(sound == G3X) Draw_note(32,126, Black,Black, 4);
     else if(sound == A3)  Draw_note(42,186, White,White, 4);
     else if(sound == A3X) Draw_note(52,126, Black,Black, 4);
     else if(sound == B3)  Draw_note(62,186, White,White, 4);
     else if(sound == C4)  Draw_note(82,186, White,White, 4);
     else if(sound == C4X) Draw_note(92,126, Black,Black, 4);
     else if(sound == D4)  Draw_note(102,186, White,White, 4);
     else if(sound == D4X) Draw_note(112,126, Black,Black, 4);
     else if(sound == E4)  Draw_note(122,186, White,White, 4);
     else if(sound == F4)  Draw_note(142,186, White,White, 4);
     else if(sound == F4X) Draw_note(152,126, Black,Black, 4);
     else if(sound == G4)  Draw_note(162,186, White,White, 4);
     else if(sound == G4X) Draw_note(172,126, Black,Black, 4);
     else if(sound == A4)  Draw_note(182,186, White,White, 4);
```

```
      else if(sound == A4X) Draw_note(192,126, Black,Black, 4);
      else if(sound == B4)  Draw_note(202,186, White,White, 4);
      else if(sound == C5)  Draw_note(222,186, White,White, 4);
      else if(sound == C5X) Draw_note(232,126, Black,Black, 4);
      else if(sound == D5)  Draw_note(242,186, White,White, 4);
      else if(sound == D5X) Draw_note(252,126, Black,Black, 4);
      else if(sound == E5)  Draw_note(262,186, White,White, 4);
      else if(sound == F5)  Draw_note(282,186, White,White, 4);
      else if(sound == F5X) Draw_note(292,126, Black,Black, 4);
      else if(sound == G5)  Draw_note(302,186, White,White, 4);
      else if(sound == G5X) Draw_note(312,126, Black,Black, 4);
    }
}

void Play_rest(U16 rest)                       /* play rest */
{
  if(play_flag == 1)
    Play_ms(rest*7*(7-tempo));
}

void Play_ms(U16 time_ms)                      /* time delay for music play */
{
  unsigned int i;

  for(i = 0; i < time_ms; i++)
    { Delay_ms(1);
      Touch_screen_input();                    // input touch screen
      if((x_touch >= 250) && (x_touch <= 273) && (y_touch >= 45) && (y_touch <= 65))
        { Draw_symbol(250,45,Magenta,Magenta,3); // stop
          Delay_ms(200);
          Draw_symbol(250,45,White,Yellow,3);
          play_flag = 0;
        }
    }
}

void Set_tempo(U08 tempo_value)                /* set tempo */
{
  tempo = tempo_value;
  sbi(DDRB,5);                                 // OC1A output
  TCCR1A = 0x40;                               // CTC mode(12), use OC1A
  TCCR1B = 0x18;                               // speaker off
  TCCR1C = 0x00;

  Display_tempo(tempo);                        // display tempo
}

void Display_tempo(U08 tempo_value)            /* display tempo */
{
  TFT_xy(28,6);                                // display tempo
  TFT_color(Cyan,Black);
  TFT_English(tempo_value + '0');
}

void Play_song1(void)                          /* play song 1 - 고향의 봄*/
{
  Set_tempo(3);                                // tempo = 3(normal speed)

  Play_note(G4,NOTE4);                         // line 1
  Play_note(G4,NOTE4);
  Play_note(E4,NOTE8);
  Play_note(F4,NOTE8);
  Play_note(G4,NOTE4);
  Play_note(A4,NOTE4);
  Play_note(A4,NOTE4);
  Play_note(G4,NOTE4D);
  Play_rest(REST8);
  Play_note(G4,NOTE4);
  Play_note(C5,NOTE4);
  Play_note(E5,NOTE4);
  Play_note(D5,NOTE8);
```

```
  Play_note(C5,NOTE8);
  Play_note(D5,NOTE2D);
  Play_rest(REST4);
  Play_note(E5,NOTE4);                            // line 2
  Play_note(E5,NOTE4);
  Play_note(D5,NOTE4);
  Play_note(D5,NOTE4);
  Play_note(C5,NOTE4);
  Play_note(D5,NOTE8);
  Play_note(C5,NOTE8);
  Play_note(A4,NOTE4D);
  Play_rest(REST8);
  Play_note(G4,NOTE4);
  Play_note(G4,NOTE4);
  Play_note(G4,NOTE4);
  Play_note(E4,NOTE8);
  Play_note(D4,NOTE8);
  Play_note(C4,NOTE2D);
  Play_rest(REST4);
  Play_note(D4,NOTE4);                            // line 3
  Play_note(D4,NOTE4);
  Play_note(E4,NOTE4);
  Play_note(C4,NOTE4);
  Play_note(D4,NOTE4);
  Play_note(D4,NOTE4);
  Play_note(E4,NOTE4);
  Play_note(G4,NOTE4);
  Play_note(A4,NOTE4);
  Play_note(C5,NOTE4);
  Play_note(E5,NOTE4);
  Play_note(D5,NOTE8);
  Play_note(C5,NOTE8);
  Play_note(D5,NOTE2D);
  Play_rest(REST4);
  Play_note(E5,NOTE4);                            // line 4
  Play_note(E5,NOTE4);
  Play_note(D5,NOTE4);
  Play_note(D5,NOTE4);
  Play_note(C5,NOTE4);
  Play_note(D5,NOTE8);
  Play_note(C5,NOTE8);
  Play_note(A4,NOTE4);
  Play_note(A4,NOTE4);
  Play_note(G4,NOTE4);
  Play_note(G4,NOTE4);
  Play_note(G4,NOTE4);
  Play_note(E4,NOTE8);
  Play_note(D4,NOTE8);
  Play_note(C4,NOTE2D);
  Play_rest(REST4);
}

void Play_song2(void)                             /* play song 2 - 산바람 강바람*/
{
  Set_tempo(3);                                   // tempo = 3(normal speed)

  Play_note(A4,NOTE4D);                           // line 1
  Play_note(B4,NOTE8);

          (중간 생략)

  Play_note(E4,NOTE8);
  Play_note(D4,NOTE2);
  Play_rest(REST4);
}

void Play_song3(void)                             /* play song 3 - 퐁당퐁당*/
{
  Set_tempo(3);                                   // tempo = 3(normal speed)

  Play_note(C4,NOTE8);                            // line 1
```

```
  Play_note(D4,NOTE8);
          (중간 생략)
  Play_note(D4,NOTE8);
  Play_note(C4,NOTE4D);
  Play_rest(REST8);
}

void Play_song4(void)                        /* play song 4 - 낭랑 18세*/
{
  Set_tempo(4);                              // tempo = 4(fast speed)

  Play_note(G4,NOTE4D);                      // line 1
  Play_note(G4,NOTE16);

          (중간 생략)

  Play_note(C5,NOTE8);
  Play_note(C5,NOTE8);
  Play_note(C5,NOTE2);
}

void Play_song5(void)                        /* play song 5 - 돌아가는 삼각지*/
{
  Set_tempo(2);                              // tempo = 2(slow speed)

  Play_note(C4,NOTE4);                       // prelude
  Play_note(C4,NOTE16);

          (중간 생략)

  Play_note(E4,NOTE16T);
  Play_note(D4,NOTE8);
  Play_note(C4,NOTE2D);
}

void Play_song6(void)                        /* play song 6 - 칠갑산*/
{
  Set_tempo(3);                              // tempo = 3(normal speed)

  Play_note(G5,NOTE16);                      // prelude line 1
  Play_note(A5X,NOTE16);

          (중간 생략)

  Play_note(C5,NOTE8T);
  Play_note(A4X,NOTE8T);
  Play_note(G4,NOTE1);
}

void Play_song7(void)                        /* play song 7 - 허공*/
{
  Set_tempo(3);                              // tempo = 3(normal speed)

  Play_note(A4,NOTE8);                       // line 1
  Play_note(B4,NOTE8);

          (중간 생략)

  Play_note(B4,NOTE8);
  Play_note(D5,NOTE1);
}
```

☞ 이 프로그램은 상당히 길고 복잡하며 매우 정교한 프로그램인데, 자신의 노력으로 프로그램의 흐름과 동작을 파악하여 보기 바란다. 이 정도의 프로그램은 충분히 분석할 수 있어야 중급 이상

의 마이크로컨트롤러 응용 기술을 가진 프로그래머라고 할 수 있다.

2. 음향 발생 프로그램

타이머의 분주 기능을 이용하면 앞에서와 같이 음악은 물론 특수 음향을 발생할 수도 있다. 음향을 발생시키기 위해서는 여러가지 주파수의 소리를 반복시키거나 혼합시키는 방법이 주로 이용되는데, 규칙적인 디지털 전자 음향은 발생이 비교적 용이하지만 자연음과 같이 불규칙적인 음향은 D/A 컨버터와 같은 아날로그 회로를 사용하지 않으면 구현하기가 매우 어려우며, 이와 같은 것은 신호처리 이론뿐만 아니라 많은 경험이 요구되는 작업이다. 컴퓨터의 게임 프로그램 등에서는 초창기에는 단순한 디지털 전자 합성 음향을 많이 사용하였으나 지금은 기술이 발전하여 매우 어렵고 재미있는 효과음을 내는 것을 많이 볼 수 있다.

(1) 전화벨 소리 프로그램

여기서는 먼저 매우 초보적이고 간단한 예로서 전자식 전화벨 소리를 발생하는 프로그램을 작성하여 보기로 한다.

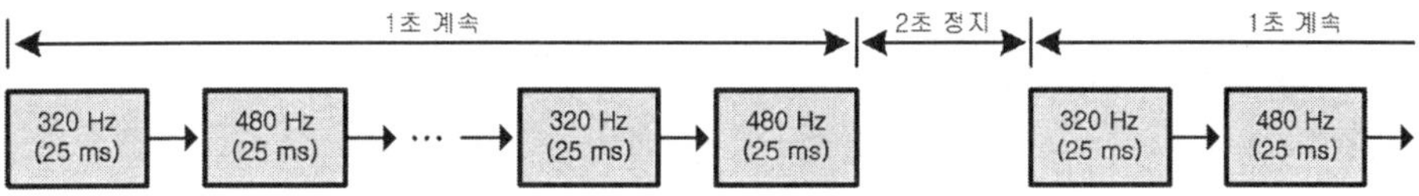

(a) 전화 벨 소리

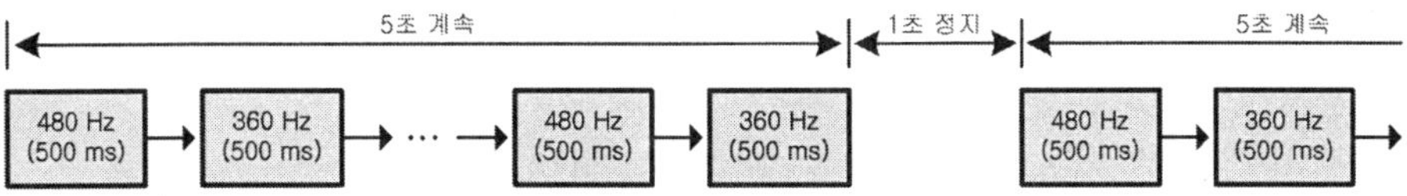

(b) 119 구급차 소리

〈그림 4.12.1〉 규칙적인 음향을 발생하는 원리

전자식 전화벨 소리는 서로 다른 주파수의 2가지의 음을 연속 반복시킴으로써 만들 수 있다. 즉, 약 320[Hz]의 저주파(低周波) 소리와 480[Hz] 정도의 고주파(高周波) 소리를 1~2초 동안 각 25[ms] 정도씩 반복시킨 후에 2초 동안 쉬면 전화벨과 매우 유사한 소리가 된다. 이 경우에도 역시 타이머에서 분주비를 변화시키면 발생 주파수는 쉽게 조정되며, 음향 지속 시간 및 휴지 시간을 위해서 시간지연 루틴을 사용한다.

저주파 소리 및 고주파 소리의 주파수를 이와 다른 임의의 값으로 바꾸거나 지속 시간 25[ms]를 여러가지로 바꾸어 보면 이것은 전화 벨소리와는 전혀 관계가 없을 것 같은 맹꽁이 소리, 119 구급차 소리 등으로 쉽게 변형되어 갖가지의 재미있는 다른 음향을 만들어 볼 수 있다.

전자식 전화벨 소리를 발생하는 원리를 그림으로 보이면 <그림 4.12.1>과 같고, 이러한 원리로 전자식 전화벨 소리를 발생하는 프로그램을 작성하면 다음과 같다.

〈프로그램 Exp12_3.c〉 전자식 전화벨 소리를 발생하는 프로그램

```
/* ============================================================================ */
/*              Exp12_3.c : 음향 발생 프로그램(1) - 전화벨 소리                  */
/* ============================================================================ */
/*                      Designed and programmed by Duck-Yong Yoon in 2020.  */

#include <avr/io.h>
#include "OK-128TFT-V2.h"

int main(void)
{
  unsigned char i;
  unsigned int glitch;

  MCU_initialize();                             // initialize ATmega128A MCU
  Delay_ms(50);                                 // wait for system stabilization
  LCD_initialize();                             // initialize text LCD module
  TFT_initialize();                             // initialize TFT-LCD module

  LCD_string(0x80," OK-128TFT V2.0 ");          // display title
  LCD_string(0xC0,"   Exp12_3.c    ");

  TFT_string(9,10,Cyan,Black,"전자식 전화기의 벨소리");

  sbi(DDRB,5);                                  // OC1A output
  TCCR1A = 0x40;                                // CTC mode(12), use OC1A
  TCCR1B = 0x1A;                                // f(OC1A) = 16MHz/8/2/(1+N)
  TCCR1C = 0x00;
  TCNT1 = 0x0000;                               // clear Timer 1

  while(1)
    { for(i = 0; i < 20; i++)
        { TCCR1B = 0x1A;                        // speaker on
          do{ glitch = TCNT1;                   // protect glitch
            } while(glitch >= 3124);
          ICR1 = 3124;                          // 16MHz/8/2/(1+3124) = 320 Hz
          Delay_ms(25);                         // delay for 25 ms

          do{ glitch = TCNT1;                   // protect glitch
            } while(glitch >= 2082);
          ICR1 = 2082;                          // 16MHz/8/2/(1+2082) = 480 Hz
          Delay_ms(25);                         // delay for 25 ms
        }

      TCCR1B = 0x18;                            // speaker off
      Delay_ms(2000);                           // delay for 2 sec
    }
}
```

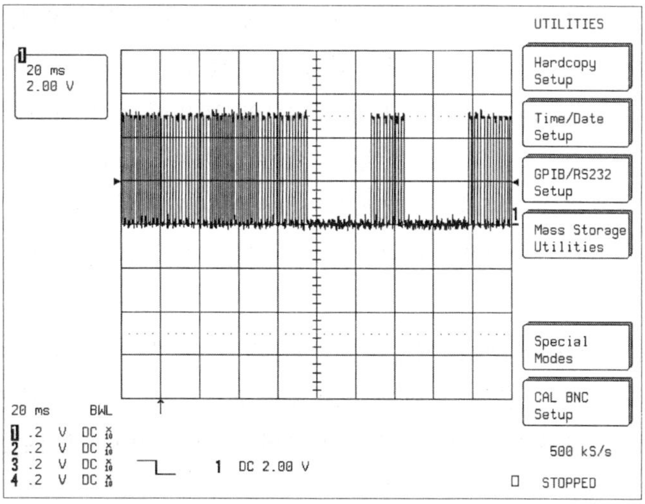

〈그림 4.12.2〉 OC1A 출력 신호에 글리치가 발생한 경우의 파형

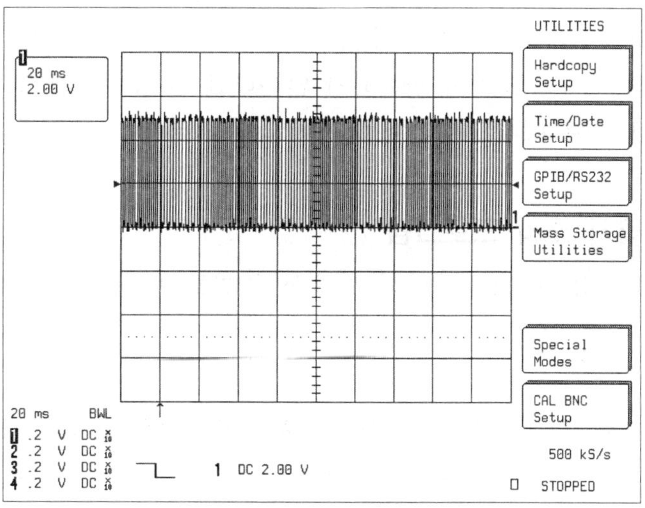

〈그림 4.12.3〉 OC3A 출력 신호에 글리치를 제거한 경우의 파형

이 프로그램에서 주목해야 하는 부분은 do~while문을 사용한 글리치 발생 억제 부분이다. 16비트 구조인 타이머1과 3의 CTC 모드에서는 TOP으로 사용되는 OCRnA 레지스터나 ICRn 레지스터에 이중 버퍼링 기능이 없으므로, 만약 카운트 도중에 분주비를 변경하기 위하여 OCRnA 레지스터나 ICRn 레지스터에 TCNTn의 값보다 작은 값을 라이트하면 그 주기에서는 출력비교에 실패하여 카운터가 0xFFFF까지 증가하였다가 0x0000으로 되어 출력 파형에 심각한 글리치가 발생한다는 것이다.

OK-128TFT 키트에서는 OC1A 단자를 스피커를 구동하는 출력으로 사용하므로 CTC 모드를 12로 설정하여 TOP으로서 ICR1 레지스터를 사용한다. 이때 출력 주파수를 변경하기 위하여 아무 때나 ICR1 레지스터 값을 변경하면 글리치가 발생할 수 있다. 즉, 카운터 TCNT1은 항상 0~TOP(ICR1)의 범위에서 동작하므로 TOP을 현재보다 큰 값으로 변경하는 경우에는 아무 문제가 없지만, TOP을 현재의 TCNT1 값보다 작은 값으로 변경하는 경우에는 TCNT1 값이 0xFFFF까지 증가하더라도 출력비교 동작에서 매치가 발생하지 않으므로 그 주기에서는 출력 파형이 전혀 엉뚱하게 발생되는 것이다.

위의 프로그램에서 do~while문을 사용한 글리치 발생 억제 루틴을 삭제하고 사용하지 않았을 경우 실제로 출력 파형을 오실로스코프로 측정하여 보면 <그림 4.12.2>와 같은 글리치가 발생하게 되며, 이때는 전화벨 소리가 잠시 부자연스럽게 들린다.

그러나, 이처럼 do~while문을 사용한 글리치 발생 억제 루틴을 적용하면 <그림 4.12.3>과 같은 정상적인 출력 파형을 얻을 수 있고, 이때는 물론 스피커에서도 정상적인 음향이 발생된다. 이처럼 글리치를 제거하는 원리는 현재의 카운터값 TCNT1이 새로 변경될 TOP값보다 작을 때 TOP값인 ICR1을 변경하는 것이다. 만약 TOP값을 변경하고자 할 때 이러한 조건이 만족되지 않는다면 그 주기에서 TOP값을 변경하지 말고 다음 주기까지 기다리면 된다.

(2) 119 구급차 소리 프로그램

다음에는 119 구급차(ambulance)의 고유한 소리를 발생하는 프로그램을 C언어로 작성하여 보면 다음과 같다.

〈프로그램 Exp12_4.c〉 119 구급차 소리를 발생하는 프로그램

```
/* ============================================================================ */
/*                Exp12_4.c : 음향 발생 프로그램(2) - 119 구급차 소리            */
/* ============================================================================ */
/*                    Designed and programmed by Duck-Yong Yoon in 2020.       */

#include <avr/io.h>
#include "OK-128TFT-V2.h"

int main(void)
{
  unsigned char i;
  unsigned int glitch;

  MCU_initialize();                         // initialize ATmega128A MCU
  Delay_ms(50);                             // wait for system stabilization
  LCD_initialize();                         // initialize text LCD module
  TFT_initialize();                         // initialize TFT-LCD module
```

```
  LCD_string(0x80," OK-128TFT V2.0 ");           // display title
  LCD_string(0xC0,"    Exp12_4.c    ");

  TFT_string(11,10,Cyan,Black,"119 구급차 벨소리");

  sbi(DDRB,5);                                   // OC1A output
  TCCR1A = 0x40;                                 // CTC mode(12), use OC1A
  TCCR1B = 0x1A;                                 // f(OC1A) = 16MHz/8/2/(1+N)
  TCCR1C = 0x00;
  TCNT1 = 0x0000;                                // clear Timer 1

  while(1)
    { for(i = 0; i < 5; i++)
        { TCCR1B = 0x1A;                         // speaker on
          do{ glitch = TCNT1;                    // protect glitch
            } while(glitch >= 2082);
          ICR1 = 2082;                           // 16MHz/8/2/(1+2082) = 480 Hz
          Delay_ms(500);                         // delay for 500 ms

          do{ glitch = TCNT1;                    // protect glitch
            } while(glitch >= 2777);
          ICR1 = 2777;                           // 16MHz/8/2/(1+2777) = 360 Hz
          Delay_ms(500);                         // delay for 500 ms
        }

      TCCR1B = 0x18;                             // speaker off
      Delay_ms(1000);                            // delay for 1 sec
    }
}
```

이 프로그램에서 2가지의 주파수와 이들 각 신호 발생의 지속 시간을 여러 가지로 변경하여 보면 다양한 새로운 음향을 얻을 수 있다.

3. 실습 과제

(1) *OK-128TFT* 키트의 스피커 구동회로에서 다이오드 D2나 커패시터 C12의 역할은 무엇인지 설명하라. 그리고 R12의 저항값과 스피커의 음량 사이에는 어떤 관련이 있는지 설명하라.

(2) 예제 프로그램 Exp12_2.c에서 (8)~(9)번에 임의로 2개의 자동연주곡을 추가하여 동작할 수 있도록 수정한 프로그램 Exp12_2R.c를 작성하라.

(3) 예제 프로그램 Exp12_4.c를 변형하여 다른 재미있는 음향을 만들어 보라.

4.13 A/D 컨버터와 아날로그 비교기 응용 프로그램

이 절에서는 ATmega128A에 내장된 A/D 컨버터와 아날로그 비교기를 응용하는 프로그램 작성 기술을 공부하기로 한다.

관련 내용	(1) 제2.6절 A/D 컨버터 (2) 제2.7절 아날로그 비교기 (3) 제3.1절 *OK-128TFT* 키트의 구조와 기능

1. *OK-128TFT* 키트의 A/D 컨버터

ATmega128A에는 기본적으로 8채널 10비트의 축차비교형 A/D 컨버터를 내장하고 있다. 각 채널의 입력단자 ADC0~ADC7은 8개의 단극성 아날로그 입력으로 사용할 수도 있고, 몇가지 형태의 차동입력으로 사용할 수도 있다.

OK-128TFT 키트에서 사용하고 있는 A/D 컨버터 관련 회로는 <그림 4.13.1>과 같다. 여기서 아날로그 전원 단자 AVCC에 외부에서 별도의 정밀 전원을 사용하는 것은 현실적으로 어렵기 때문에 +5V의 디지털 전원을 LC 필터로 깨끗하게 안정화시켜 사용하였다. 이 AVCC 단자의 입력전압은 마이크로컨트롤러 내부에서 A/D 컨버터와 같은 아날로그 회로의 전원으로 사용되는 것은 물론이고, 때로는 A/D 컨버터의 기준전압으로 사용될 수도 있다. *OK-128TFT* 키트에서 A/D 컨버터의 기준전압은 내부에서 ADMUX 레지스터를 이용하여 AVCC나 내부 발생 기준전압 2.56V를 선택하여 사용할 것이다. 따라서, 기준전압 단자 AREF에는 외부에서 기준전압 전원을 따로 인가하지 않고 내부의 기준전압 안정화를 위해서 커패시터 C8만을 사용하였다.

OK-128TFT 키트에서 A/D 변환을 통하여 측정할 아날로그 입력 신호는 3가지인데, 반도체 온도센서 LM35DZ의 출력 신호를 ADC1 단자에 입력하고, +5V의 디지털 전원 전압을 1/3로 분압하여 ADC2 단자에 입력하였으며, 가변저항 VR1의 출력 전압을 ADC3에 입력하였다. 이와 같이 ADC2의 입력 신호를 1/3로 낮추어 사용하는 것은 측정 범위 0~5.0V의 끝부분에서 A/D 변환을 수행할 경우 정확성이 낮아지는 것을 피하기 위함이다. 이들 회로는 모두 ATmega128A의 A/D 컨버터에서 단극성 모드의 아날로그 입력으로 사용하는 것을 고려하여 설계한 것이다.

그러나, 만약 이러한 아날로그 입력신호가 너무 작아서 내부적으로 10× 또는 200×의 이득으로 증폭하여 A/D 변환을 수행하고자 한다면 차동 모드를 선택해야 하므로 차동 모드의 기준 입력으로 사용될 ADC0 단자를 접지시켜 두었다. 예를 들어 반도체 온도센서 LM35DZ는 10mV/℃의 온도 특성을 가지고 있어서 0~50℃ 범위의 온도에서 0~0.5V의 전압을 출력하므로 이를 증폭하지 않고 그냥 단극성 모드로 A/D 변환할 경우 분해능이 나빠진다. 이때 이를 차동 모드로 설정하고 이 신호를 내부에서 10×의 이득으로 증폭한다면 0~50℃ 범위의 온도에서 0~5.0V의 전압을 A/D 변환하게 되므로 온도센서 측정의 분해능이 높아지게 된다.

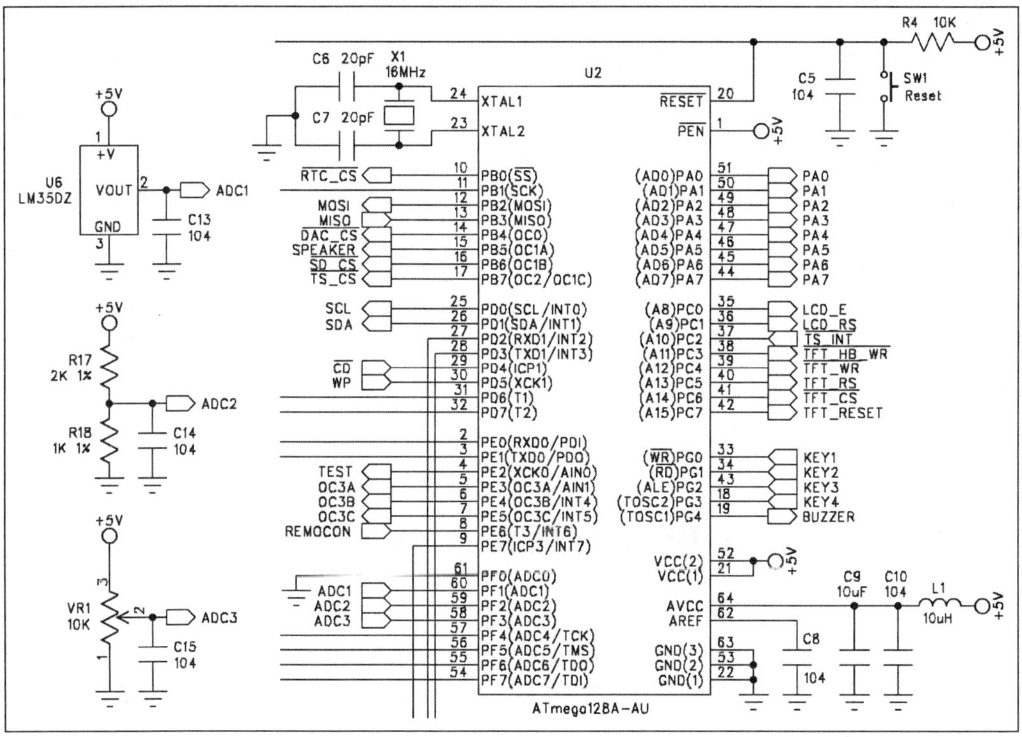

〈그림 4.13.1〉 *OK-128TFT* 키트의 A/D 컨버터 관련 회로

단극성 입력을 사용하는 경우에는 0~V_{REF} 범위의 A/D 변환결과를 10비트 양의 정수 표현법으로 나타내므로 0x0000~0x03FF(10진수로 0~1023)로 된다. 따라서, 분해능은 풀 스케일(full scale)인 V_{REF}를 1024로 나눈 값이 된다. 그러나, 차동입력을 사용하는 경우에는 -V_{REF}~+V_{REF} 범위의 A/D 변환결과를 10비트 2의 보수로 나타내므로 0x0200H~0x01FF(10진수로 -512~+511)로 나타낸다. 따라서, 분해능은 풀 스케일인

V_{REF}를 512로 나눈 값이 되어 분해능이 낮아진다. 여기서 알 수 있듯이 A/D 변환의 분해능을 높이려면 입력 전압의 최대값이 기준전압 V_{REF} 즉 풀 스케일과 같아지도록 기준전압을 낮게 선정하는 것이 좋다.

온도센서 LM35DZ는 섭씨 1도에 10mV가 변화하여 0~100℃의 온도변화에 대해 0~1V의 직류전압 신호를 출력한다. 이때 기준전압으로 V_{REF}=AVCC=5V를 사용하고 온도 센서의 출력 전압이 풀 스케일인 5V가 되었다면 이론적으로 온도는 500℃에 해당하므로 이 경우 A/D 변환의 분해능은 500℃/1024=0.488℃가 된다. 이는 1비트의 디지털값은 0.488℃의 온도를 나타낸다는 의미이다. 그러나, 차동 모드에서 이를 10×의 이득으로 증폭하면 풀 스케일인 5V는 온도 50℃에 해당하므로 이 경우 A/D 변환의 분해능은 50℃/1024=0.049℃가 된다. 이는 1비트의 디지털값은 0.049℃의 온도를 나타낸다는 의미이므로 앞의 경우에 비하여 분해능이 10배 정도 높아지게 되는 것이다.

그런데, 이때 기준전압으로 마이크로컨트롤러 내부의 2.56V를 선택하는 경우에는 이론적으로 0~256℃의 온도변화에 대응하는 0~2.56V를 측정할 수 있으므로 분해능은 256℃/1024=0.25℃으로 된다. 그러나, 만약 기준전압으로 2.56V를 사용하고 ADC1 단자에 직접 입력되는 온도센서 신호를 증폭률 1×의 차동 모드로 A/D 변환하면 분해능은 256℃/512=0.5℃가 되어 더 나빠지며, 이때 증폭률 10×의 차동 모드를 사용한다면 분해능은 좋아지겠지만 측정 가능한 온도 범위가 0~25.6℃로 좁아져서 실용성이 낮아진다. 이와 같이 전체 측정 범위가 충분하여 문제가 되지 않는다면 가급적 기준전압을 낮게 선택하여 분해능을 높이는 것이 좋다.

2. 단극성 모드로 여러 채널을 A/D 변환하기

먼저 ADC1~ADC3 단자와 내부 밴드갭 전압(1.23V) 채널에 입력되는 아날로그 신호를 단극성 입력으로 A/D 변환하여 읽고, 이것들을 해당 센서의 물리량으로 변환하여 TFT-LCD에 표시하는 프로그램을 작성하여 보기로 한다.

▣ 모든 아날로그 채널에서 기준전압을 변경하지 않는 경우

여기서는 4개의 아날로그 채널 ADC1, ADC2, ADC3, ADCin을 각각 단극성 입력으로 A/D 변환할 때 A/D 컨버터의 기준전압을 모두 AVCC로 일정하게 유지하는 경우의 프로그램을 작성하였다.

〈프로그램 Exp13_1.c〉 기준전압으로 AVCC를 사용하는 단극성 모드의 A/D 변환 프로그램

```
/* ========================================================================== */
/*              Exp13_1.c : A/D 컨버터의 단극성 모드(1)                        */
/* ========================================================================== */
/*                       Designed and programmed by Duck-Yong Yoon in 2020.   */

#include <avr/io.h>
#include "OK-128TFT-V2.h"

int main(void)
{
  unsigned int result;

  MCU_initialize();                             // initialize ATmega128A MCU
  Delay_ms(50);                                 // wait for system stabilization
  LCD_initialize();                             // initialize text LCD module
  TFT_initialize();                             // initialize TFT-LCD module

  LCD_string(0x80," OK-128TFT V2.0 ");          // display title
  LCD_string(0xC0,"    Exp13_1.c    ");
  Beep();

  TFT_string(5, 6,White,Magenta," A/D 컨버터의 단극성 모드 (1) ");
  TFT_string(5,10,White,Black,"ADC1(LM35DZ) = 0x0000 = 00.0 C");
  TFT_string(5,13,White,Black,"ADC2 (+5.0V) = 0x0000 = 0.00V");
  TFT_string(5,16,White,Black,"ADC3 ( VR1 ) = 0x0000 = 0.00V");
  TFT_string(5,19,White,Black,"ADCin( Vbg ) = 0x0000 = 0.00V");
  TFT_xy(33,10);
  TFT_English(0x7F);
  TFT_color(Cyan,Black);

  ADCSRA = 0x84;                                // ADC enable, 1000kHz

  while(1)
    { ADMUX = 0x41;                             // select ADC1 with AVCC **********
      Delay_ms(2);
      ADCSRA = 0xD4;                            // start conversion and clear ADIF
      while((ADCSRA & 0x10) != 0x10);
      result = ADCW;                            // read A/D result

      TFT_xy(22,10);                            // display LM35DZ temperature in HEX
      TFT_hexadecimal(result,4);
      TFT_xy(29,10);                            // display LM35DZ temperature in XX.X
      TFT_unsigned_float((float)result*500./1023.,2,1);

      ADMUX = 0x42;                             // select ADC2 with AVCC **********
      Delay_us(150);
      ADCSRA = 0xD4;                            // start conversion and clear ADIF
      while((ADCSRA & 0x10) != 0x10);
      result = ADCW;                            // read A/D result

      TFT_xy(22,13);                            // display 5.0V voltage in HEX
      TFT_hexadecimal(result,4);
      TFT_xy(29,13);                            // display 5.0V voltage in X.XX
      TFT_unsigned_float((float)result*3.*5./1023.,1,2);

      ADMUX = 0x43;                             // select ADC3 with AVCC **********
      Delay_us(150);
      ADCSRA = 0xD4;                            // start conversion and clear ADIF
      while((ADCSRA & 0x10) != 0x10);
      result = ADCW;                            // read A/D result

      TFT_xy(22,16);                            // display VR1 voltage in HEX
      TFT_hexadecimal(result,4);
      TFT_xy(29,16);                            // display VR1 voltage in X.XX
      TFT_unsigned_float((float)result*5./1023.,1,2);

      ADMUX = 0x5E;                             // select ADCin with AVCC **********
```

```
      Delay_ms(2);
      ADCSRA = 0xD4;                          // start conversion and clear ADIF
      while((ADCSRA & 0x10) != 0x10);
      result = ADCW;                          // read A/D result

      TFT_xy(22,19);                          // display Vbg voltage in HEX
      TFT_hexadecimal(result,4);
      TFT_xy(29,19);                          // display Vbg voltage in X.XX
      TFT_unsigned_float((float)result*5./1023.,1,2);

      Delay_ms(200);                          // delay 200 ms
    }
}
```

☞ ATmega128A의 A/D 컨버터에서 단극성 입력의 경우에는 주파수를 50kHz~1000kHz의 범위에서 사용하는 것이 보장되므로 여기서는 1000kHz를 선택하여 A/D 변환이 가장 빠르게 하였다. 변환 결과는 A/D 변환 완료 인터럽트 플랙 ADIF를 폴링하여 읽어들이는데, 이를 위하여 매번 A/D 변환을 시작할 때마다 ADCSRA 레지스터에서 ADIF 비트에 1을 라이트하여 이 플랙 비트를 강제로 클리어시켜야 한다. A/D 변환 결과를 읽을 때는 AVR의 16비트 레지스터 액세스 원칙대로 반드시 ADCL 레지스터를 먼저 읽고 ADCH를 레지스터를 나중에 읽어야 하는데, 여기서는 가상적인 A/D 변환 결과 레지스터 ADCW를 사용하여 C컴파일러가 이를 알아서 번역하도록 하였다.

A/D 변환 결과를 TFT-LCD에 표시할 때는 A/D 컨버터의 변환속도대로 너무 자주 디스플레이하면 값이 변동할 경우 그 변동 속도가 너무 빨라서 사람의 눈으로 알아보기가 매우 어렵다. 이를 위해 여기서는 프로그램이 1바퀴 돌 때마다 200ms의 시간지연을 주어 1초에 약 5회 정도로 천천히 디스플레이되도록 하였다.

여기서는 4개의 채널을 A/D 변환할 때 모두 기준전압으로 AVCC를 사용하였다. 따라서, ADC1 채널에서 A/D 변환 결과의 0x0000~0x03FF(0~1023) 값은 0~5V의 입력전압 즉 0~500℃의 온도에 대응한다. 따라서, A/D 컨버터로 읽어들인 임의의 값 x가 얼마의 온도에 대응하는지를 계산하려면 비례식으로부터

$$1023 : 500 = x : \text{온도} \qquad \therefore \text{온도} = \frac{500x}{1023} \quad [℃]$$

로 계산된다.

또한, 나머지 3개의 채널에서 A/D 변환결과의 0x0000~0x03FF(0~1023) 값은 0~5V의 전압에 대응한다. 따라서, A/D 컨버터로 읽어들인 임의의 값 x가 얼마의 아날로그 입력전압에 대응하는지를 계산하려면 비례식으로부터

$$1023 : 5.0 = x : \text{전압} \qquad \therefore \text{전압} = \frac{5x}{1023} \quad [V]$$

로 계산된다. 단, ADC1 채널에서는 아날로그 입력이 원래의 전압을 1/3로 분압한 것이므로 이 계산 결과에 3을 곱해주어야 한다.

이 프로그램을 컴파일하여 다운로드하고 실행하라. 그리고, ADC1 채널에서 온도값을 변동시켜보려면 손가락의 엄지 및 검지로 반도체 온도센서 LM35DZ를 감싸서 눌러보라. 또한, ADC3 채널에서 전압값을 변동시켜보려면 작은 □자형 또는 ⊖자형의 스

크류 드라이버로 *OK-128TFT* 키트의 가변저항 VR1을 좌우로 돌려보라. 그러면서 각각의 아날로그 채널에 대하여 온도 및 전압 측정값이 올바르게 표시되는지 TFT-LCD를 확인하라.

▣ 아날로그 채널에 따라 기준전압을 변경하는 경우

여기서는 4개의 아날로그 채널 ADC1, ADC2, ADC3, ADCin을 각각 단극성 입력으로 A/D 변환할 때 분해능을 높이기 위하여 채널별로 A/D 컨버터의 기준전압을 수시로 변경하는 경우의 프로그램을 작성하였다.

〈프로그램 Exp13_2.c〉 아날로그 채널에 따라 기준전압을 다르게 사용하는 프로그램

```
/* ============================================================================ */
/*              Exp13_2.c : A/D 컨버터의 단극성 모드(2)                          */
/* ============================================================================ */
/*                        Designed and programmed by Duck-Yong Yoon in 2020.   */

#include <avr/io.h>
#include "OK-128TFT-V2.h"

int main(void)
{
  unsigned int result;

  MCU_initialize();                         // initialize ATmega128A MCU
  Delay_ms(50);                             // wait for system stabilization
  LCD_initialize();                         // initialize text LCD module
  TFT_initialize();                         // initialize TFT-LCD module

  LCD_string(0x80," OK-128TFT V2.0 ");      // display title
  LCD_string(0xC0,"   Exp13_2.c    ");
  Beep();

  TFT_string(5, 6,White,Magenta," A/D 컨버터의 단극성 모드 (2)");
  TFT_string(5,10,White,Black,"ADC1(LM35DZ) = 0x0000 = 00.0 C");
  TFT_string(5,13,White,Black,"ADC2 (+5.0V) = 0x0000 = 0.00V");
  TFT_string(5,16,White,Black,"ADC3 ( VR1 ) = 0x0000 = 0.00V");
  TFT_string(5,19,White,Black,"ADCin( Vbg ) = 0x0000 = 0.00V");
  TFT_xy(33,10);
  TFT_English(0x7F);
  TFT_color(Cyan,Black);

  ADCSRA = 0x84;                            // ADC enable, 1000kHz

  while(1)
    { ADMUX = 0xC1;                         // select ADC1 with 2.56V **********
      Delay_us(150);
      ADCSRA = 0xD4;                        // start conversion and clear ADIF
      while((ADCSRA & 0x10) != 0x10);
      result = ADCW;                        // read A/D result

      TFT_xy(22,10);                        // display LM35DZ temperature in HEX
      TFT_hexadecimal(result,4);
      TFT_xy(29,10);                        // display LM35DZ temperature in XX.X
      TFT_unsigned_float((float)result*256./1023.,2,1);

      ADMUX = 0xC2;                         // select ADC2 with 2.56V **********
      Delay_us(150);
      ADCSRA = 0xD4;                        // start conversion and clear ADIF
```

```
        while((ADCSRA & 0x10) != 0x10);
        result = ADCW;                              // read A/D result

        TFT_xy(22,13);                              // display 5.0V voltage in HEX
        TFT_hexadecimal(result,4);
        TFT_xy(29,13);                              // display 5.0V voltage in X.XX
        TFT_unsigned_float((float)result*3.*2.56/1023.,1,2);

        ADMUX = 0x43;                               // select ADC3 with AVCC **********
        Delay_us(150);
        ADCSRA = 0xD4;                              // start conversion and clear ADIF
        while((ADCSRA & 0x10) != 0x10);
        result = ADCW;                              // read A/D result

        TFT_xy(22,16);                              // display VR1 voltage in HEX
        TFT_hexadecimal(result,4);
        TFT_xy(29,16);                              // display VR1 voltage in X.XX
        TFT_unsigned_float((float)result*5./1023.,1,2);

        ADMUX = 0xDE;                               // select ADCin with 2.56V **********
        Delay_us(150);
        ADCSRA = 0xD4;                              // start conversion and clear ADIF
        while((ADCSRA & 0x10) != 0x10);
        result = ADCW;                              // read A/D result

        TFT_xy(22,19);                              // display Vbg voltage in HEX
        TFT_hexadecimal(result,4);
        TFT_xy(29,19);                              // display Vbg voltage in X.XX
        TFT_unsigned_float((float)result*2.56/1023.,1,2);

        Delay_ms(200);                              // delay 200 ms
      }
}
```

이 프로그램에서는 ADC1(2.56V) → ADC2(2.56V) → ADC3(AVCC) → ADCin(2.56V)처럼 채널에 따라 A/D 컨버터의 기준전압을 변경하였다. ATmega128A의 데이터 시트에서는 이 경우 125μs 이상의 시간지연을 주고 기준전압 변경 후에 첫번째의 A/D 변환 결과는 사용하지 말고 버리라고 권장하지만, 그렇게 하더라도 A/D 변환 결과는 상당히 오차가 커서 사용하기 어렵게 된다. 특히 기준전압을 내부전압 2.56V로 변경하는 경우에 이런 문제가 심각한데, 실제로 위의 프로그램을 실행시켜보면 ADCin 채널의 내부 기준전압이 1.23V로 측정되어야 하지만 결과는 상당히 다르게 엉터리로 측정되는 것을 볼 수 있다. 저자의 실험 결과로는 이처럼 기준전압을 2.56V로 변경하는 경우 2ms 이상의 큰 시간지연을 주어야 한다.

▣ 아날로그 채널에 따라 기준전압을 변경하는 경우의 문제 해결

여기서는 아날로그 채널별로 A/D 컨버터의 기준전압을 수시로 변경하는 경우에 발생하는 문제를 해결하는 프로그램을 작성하였다.

〈프로그램 Exp13_3.c〉 기준전압을 변경할 때의 문제점을 해결한 프로그램

```
/* ========================================================================== */
/*              Exp13_3.c : A/D 컨버터의 단극성 모드(3)                         */
/* ========================================================================== */
/*                        Designed and programmed by Duck-Yong Yoon in 2020.  */

#include <avr/io.h>
#include "OK-128TFT-V2.h"

int main(void)
{
  unsigned int result;

  MCU_initialize();                            // initialize ATmega128A MCU
  Delay_ms(50);                                // wait for system stabilization
  LCD_initialize();                            // initialize text LCD module
  TFT_initialize();                            // initialize TFT-LCD module

  LCD_string(0x80," OK-128TFT V2.0 ");         // display title
  LCD_string(0xC0,"   Exp13_3.c    ");
  Beep();

  TFT_string(5, 6,White,Magenta," A/D 컨버터의 단극성 모드 (3)");
  TFT_string(5,10,White,Black,"ADC1(LM35DZ) = 0x0000 = 00.0 C");
  TFT_string(5,13,White,Black,"ADC2 (+5.0V) = 0x0000 = 0.00V");
  TFT_string(5,16,White,Black,"ADC3 ( VR1 ) = 0x0000 = 0.00V");
  TFT_string(5,19,White,Black,"ADCin( Vbg ) = 0x0000 = 0.00V");
  TFT_xy(33,10);
  TFT_English(0x7F);
  TFT_color(Cyan,Black);

  ADCSRA = 0x84;                               // ADC enable, 1000kHz

  while(1)
    { ADMUX = 0xC1;                            // select ADC1 with 2.56V **********
      Delay_us(150);
      ADCSRA = 0xD4;                           // start conversion and clear ADIF
      while((ADCSRA & 0x10) != 0x10);
      result = ADCW;                           // read A/D result

      TFT_xy(22,10);                           // display LM35DZ temperature in HEX
      TFT_hexadecimal(result,4);
      TFT_xy(29,10);                           // display LM35DZ temperature in XX.X
      TFT_unsigned_float((float)result*256./1023.,2,1);

      ADMUX = 0xC2;                            // select ADC2 with 2.56V **********
      Delay_us(150);
      ADCSRA = 0xD4;                           // start conversion and clear ADIF
      while((ADCSRA & 0x10) != 0x10);
      result = ADCW;                           // read A/D result

      TFT_xy(22,13);                           // display 5.0V voltage in HEX
      TFT_hexadecimal(result,4);
      TFT_xy(29,13);                           // display 5.0V voltage in X.XX
      TFT_unsigned_float((float)result*3.*2.56/1023.,1,2);

      ADMUX = 0x43;                            // select ADC3 with AVCC **********
      Delay_us(150);
      ADCSRA = 0xD4;                           // start conversion and clear ADIF
      while((ADCSRA & 0x10) != 0x10);
      result = ADCW;                           // read A/D result

      TFT_xy(22,16);                           // display VR1 voltage in HEX
      TFT_hexadecimal(result,4);
      TFT_xy(29,16);                           // display VR1 voltage in X.XX
      TFT_unsigned_float((float)result*5./1023.,1,2);

      ADMUX = 0xDE;                            // select ADCin with 2.56V **********
```

```
        Delay_ms(2);
        ADCSRA = 0xD4;                          // start conversion and clear ADIF
        while((ADCSRA & 0x10) != 0x10);
        result = ADCW;                          // read A/D result

        TFT_xy(22,19);                          // display Vbg voltage in HEX
        TFT_hexadecimal(result,4);
        TFT_xy(29,19);                          // display Vbg voltage in X.XX
        TFT_unsigned_float((float)result*2.56/1023.,1,2);

        Delay_ms(200);                          // delay 200 ms
      }
  }
```

이 프로그램에서는 ADCin 채널에서 기준전압을 2.56V로 변경하면서 A/D 변환 결과가 엉터리로 되는 문제를 해결하였다. ATmega128A의 데이터 시트에서의 권장값인 125μs보다 훨씬 큰 2ms의 시간지연을 주면 된다.

3. A/D 변환 결과를 평균 처리하기

아날로그 입력신호를 반복적으로 A/D 변환하여 보면 회로의 불안정이나 잡음 등의 영향으로 결과값이 상당히 흔들리는 것을 자주 경험하게 된다. 이런 경우에는 회로에 공급되는 전원 특히 아날로그 전원이나 외부에서 인가하는 기준전압 전원을 안정화하고 아날로그 입력 신호를 필터 처리하는 등의 하드웨어적인 노력이 필요하지만, 그럼에도 불구하고 결과값이 흔들린다면 불가피하게 A/D 변환 결과를 평균 처리하여 사용하게 된다. 이와 같이 A/D 변환 결과를 평균 처리하는 것은 초보적인 형태의 디지털 저역통과 필터(digital low-pass filter)로 생각할 수 있다.

▣ 산술평균 처리 방식

가장 간단한 평균처리 방법은 하나의 아날로그 입력 신호를 여러번 A/D 변환하고 이를 모두 더하여 평균값으로 처리하는 것이다. 다음은 앞의 Exp13_3.c의 예제 프로그램을 산술평균 처리 방식으로 수정한 것이다.

〈프로그램 Exp13_4.c〉 A/D 변환 결과를 산술평균 처리하는 프로그램

```
/* ============================================================================ */
/*              Exp13_4.c : A/D 컨버터의 단극성 모드(산술평균 처리)              */
/* ============================================================================ */
/*                          Designed and programmed by Duck-Yong Yoon in 2020.  */

#include <avr/io.h>
#include "OK-128TFT-V2.h"
```

```
int main(void)
{
  unsigned char i;
  unsigned int result, count;

  MCU_initialize();                            // initialize ATmega128A MCU
  Delay_ms(50);                                // wait for system stabilization
  LCD_initialize();                            // initialize text LCD module
  TFT_initialize();                            // initialize TFT-LCD module

  LCD_string(0x80," OK-128TFT V2.0 ");         // display title
  LCD_string(0xC0,"   Exp13_4.c    ");
  Beep();

  TFT_string(2, 6,White,Magenta," A/D 컨버터의 단극성 모드(산술평균) ");
  TFT_string(5,10,White,Black,"ADC1(LM35DZ) = 0x0000 = 00.0 C");
  TFT_string(5,13,White,Black,"ADC2 (+5.0V) = 0x0000 = 0.00V");
  TFT_string(5,16,White,Black,"ADC3 ( VR1 ) = 0x0000 = 0.00V");
  TFT_string(5,19,White,Black,"ADCin( Vbg ) = 0x0000 = 0.00V");
  TFT_xy(33,10);
  TFT_English(0x7F);
  TFT_string(16,23,White,Black,"00.000ms");
  TFT_color(Cyan,Black);

  TCCR1A = 0x00;                               // Timer 1 = normal mode(0)
  TCCR1B = 0x03;                               // 16MHz / 64 = 250kHz
  TCCR1C = 0x00;

  ADCSRA = 0x84;                               // ADC enable, 1000kHz

  while(1)
    { TCNT1 = 0;                               // start time

      ADMUX = 0xC1;                            // select ADC1 with 2.56V **********
      Delay_us(150);
      result = 0;
      for(i = 0; i < 16; i++)                  // read ADC by 16 times
        { ADCSRA = 0xD4;                       // start conversion and clear ADIF
          while((ADCSRA & 0x10) != 0x10);
          result += ADCW;                      // read A/D result
          Delay_ms(1);                         // time interval
        }
      result = result >> 4;                    // divide sum by 16

      TFT_xy(22,10);                           // display LM35DZ temperature in HEX
      TFT_hexadecimal(result,4);
      TFT_xy(29,10);                           // display LM35DZ temperature in XX.X
      TFT_unsigned_float((float)result*256./1023.,2,1);

      ADMUX = 0xC2;                            // select ADC2 with 2.56V **********
      Delay_us(150);
      result = 0;
      for(i = 0; i < 16; i++)                  // read ADC by 16 times
        { ADCSRA = 0xD4;                       // start conversion and clear ADIF
          while((ADCSRA & 0x10) != 0x10);
          result += ADCW;                      // read A/D result
          Delay_ms(1);                         // time interval
        }
      result = result >> 4;                    // divide sum by 16

      TFT_xy(22,13);                           // display 5.0V voltage in HEX
      TFT_hexadecimal(result,4);
      TFT_xy(29,13);                           // display 5.0V voltage in X.XX
      TFT_unsigned_float((float)result*3.*2.56/1023.,1,2);

      ADMUX = 0x43;                            // select ADC3 with AVCC **********
      Delay_us(150);
      result = 0;
      for(i = 0; i < 16; i++)                  // read ADC by 16 times
        { ADCSRA = 0xD4;                       // start conversion and clear ADIF
```

```
        while((ADCSRA & 0x10) != 0x10);
        result += ADCW;                       // read A/D result
        Delay_ms(1);                          // time interval
      }
    result = result >> 4;                     // divide sum by 16

    TFT_xy(22,16);                            // display VR1 voltage in HEX
    TFT_hexadecimal(result,4);
    TFT_xy(29,16);                            // display VR1 voltage in X.XX
    TFT_unsigned_float((float)result*5./1023.,1,2);

    ADMUX = 0xDE;                             // select ADCin with 2.56V **********
    Delay_ms(2);
    result = 0;
    for(i = 0; i < 16; i++)                   // read ADC by 16 times
      { ADCSRA = 0xD4;                        // start conversion and clear ADIF
        while((ADCSRA & 0x10) != 0x10);
        result += ADCW;                       // read A/D result
        Delay_ms(1);                          // time interval
      }
    result = result >> 4;                     // divide sum by 16

    TFT_xy(22,19);                            // display Vbg voltage in HEX
    TFT_hexadecimal(result,4);
    TFT_xy(29,19);                            // display Vbg voltage in X.XX
    TFT_unsigned_float((float)result*2.56/1023.,1,2);

    count = TCNT1;                            // measure and display time
    TFT_xy(16,23);
    TFT_unsigned_float((float)count*64./16./1000.,2,3);

    Delay_ms(200);                            // delay 200 ms
  }
}
```

☞ 산술평균 처리 방식으로 A/D 변환을 수행하기 위하여 여러번 반복하여 아날로그 입력 신호를 A/D 변환할 때는 이들 사이에 충분한 시간 간격(이 프로그램에서는 1ms를 사용)을 두지 않으면 아날로그 값이 변하지 않고 거의 일정한 A/D 변환 결과를 읽게 되어 평균처리의 효과를 기대하기 어렵다. 그 이유는 <그림 4.13.2>에 설명하였는데, 만약 시간 간격을 두지 않는다면 (a)처럼 A/D 컨버터가 빠르게 동작하여 특정 부분을 집중적으로 여러번 A/D 변환하게 되므로 이것들을 평균 처리하더라도 별로 의미가 없게 되며, 충분한 시간 간격을 둔다면 (b)처럼 파형을 랜덤하게 읽게 되므로 이것들을 평균 처리하면 흔들림이 상당히 감소하게 된다.

그런데, 이와 같이 시간 간격을 두어 여러번 A/D 변환하고 이것들을 평균 처리하게 되면 하나의 아날로그 입력을 A/D 변환하여 그 결과값을 얻는데 시간이 너무 많이 소요되는 문제가 발생한다. 따라서, 이 방법을 사용할 때는 시간 간격을 얼마로 할 것인지, 총 몇 번의 A/D 변환을 수행하여 평균할 것인지가 매우 중요하다.

여기서는 각 채널에 대하여 모두 16번을 A/D 변환하여 평균 처리하였는데, 이와 같이 반복 횟수를 2의 누승으로 수행하면 나중에 평균값을 계산하기 위하여 나눗셈을 수행할 때 간단히 우측 시프트 명령으로 처리할 수 있으므로 나눗셈 연산시간이 짧아지는 장점이 있다. 또한, 이 책의 예제에서는 항상 1ms의 시간 간격을 두는데, 이렇게 하면 평균 처리를 위하여 총 n번을 A/D 변환한다면 (n-1)ms의 시간이 걸리게 된다. 이 시간이 너무 길어서 문제가 되는 응용 프로그램에서는 총 A/D 변환하는 횟수를 줄이거나 다음에 소개하는 것처럼 이동평균 처리 방법을 사용하면 된다.

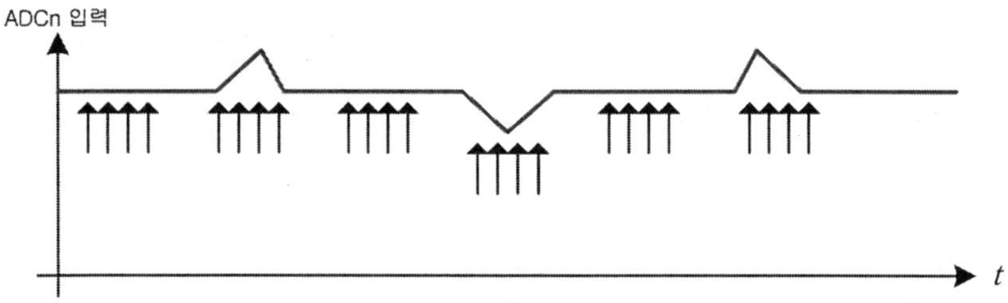

(a) A/D 변환에 시간 간격을 두지 않은 경우

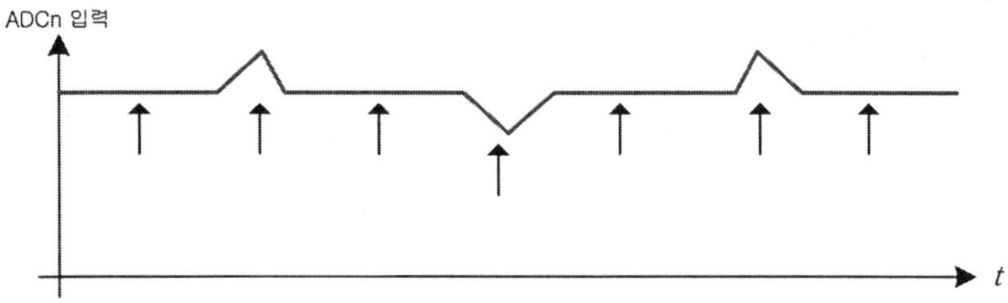

(b) A/D 변환에 시간 간격을 둔 경우

〈그림 4.13.2〉 산술평균 처리 방법에서 A/D 변환에 시간 간격을 두어야 하는 이유

▣ 이동평균 처리 방식

위의 예제 프로그램에서처럼 1ms 정도의 시간 간격을 두어 여러번 A/D 변환을 수행하고 이를 평균값으로 처리하게 되면 1개의 아날로그 입력신호에 대하여 A/D 변환 결과를 얻어내는데 너무 많은 시간이 소요되는 단점이 있다. 이를 해결하려면 다음 예제 프로그램과 같이 이동평균(moving average) 기법을 사용하면 된다. 이동평균 처리 기법에서는 1번만 A/D 변환을 수행하고 이것을 가장 최근의 데이터 여러개와 합하여 평균 처리하므로 A/D 변환에 소요되는 시간을 크게 단축할 수 있다.

〈프로그램 Exp13_5.c〉 A/D 변환 결과를 이동평균 처리하는 프로그램

```
/* ========================================================================== */
/*              Exp13_5.c : A/D 컨버터의 단극성 모드(이동평균 처리)              */
/* ========================================================================== */
/*                      Designed and programmed by Duck-Yong Yoon in 2020.  */

#include <avr/io.h>
#include "OK-128TFT-V2.h"

int main(void)
{
  unsigned char i;
  unsigned int result, count;
  unsigned char ADC1_index = 0, ADC2_index = 0, ADC3_index = 0, ADCin_index = 0;
  unsigned char ADC1_flag = 0, ADC2_flag = 0, ADC3_flag = 0, ADCin_flag = 0;
  unsigned int ADC1_buffer[16], ADC2_buffer[16], ADC3_buffer[16], ADCin_buffer[16];

  MCU_initialize();                              // initialize ATmega128A MCU
```

```
Delay_ms(50);                                  // wait for system stabilization
LCD_initialize();                              // initialize text LCD module
TFT_initialize();                              // initialize TFT-LCD module

LCD_string(0x80," OK-128TFT V2.0 ");           // display title
LCD_string(0xC0,"   Exp13_5.c    ");
Beep();

TFT_string(2, 6,White,Magenta," A/D 컨버터의 단극성 모드(이동평균) ");
TFT_string(5,10,White,Black,"ADC1(LM35DZ) = 0x0000 = 00.0 C");
TFT_string(5,13,White,Black,"ADC2 (+5.0V) = 0x0000 = 0.00V");
TFT_string(5,16,White,Black,"ADC3 ( VR1 ) = 0x0000 = 0.00V");
TFT_string(5,19,White,Black,"ADCin( Vbg ) = 0x0000 = 0.00V");
TFT_xy(33,10);
TFT_English(0x7F);
TFT_string(16,23,White,Black,"00.000ms");
TFT_color(Cyan,Black);

TCCR1A = 0x00;                                 // Timer 1 = normal mode(0)
TCCR1B = 0x03;                                 // 16MHz / 64 = 250kHz
TCCR1C = 0x00;

ADCSRA = 0x84;                                 // ADC enable, 1000kHz

while(1)
  { TCNT1 = 0;                                 // start time

    ADMUX = 0xC1;                              // select ADC1 with 2.56V **********
    Delay_us(150);
    ADCSRA = 0xD4;                             // start conversion and clear ADIF
    while((ADCSRA & 0x10) != 0x10);
    result = ADCW;                             // read A/D result

    if(ADC1_flag == 1)                         // if not new start, store result
      { ADC1_buffer[ADC1_index] = result;
        ADC1_index++;
        ADC1_index = ADC1_index % 16;
      }
    else                                       // if new start, initialize buffer
      { for(i = 0; i <16; i++)
          ADC1_buffer[i] = result;
        ADC1_flag = 1;
      }

    result = 0;                                // calculate moving average
    for(i = 0; i <16; i++)
      result += ADC1_buffer[i];
    result = result >> 4;

    TFT_xy(22,10);                             // display LM35DZ temperature in HEX
    TFT_hexadecimal(result,4);
    TFT_xy(29,10);                             // display LM35DZ temperature in XX.X
    TFT_unsigned_float((float)result*256./1023.,2,1);

    ADMUX = 0xC2;                              // select ADC2 with 2.56V **********
    Delay_us(150);
    ADCSRA = 0xD4;                             // start conversion and clear ADIF
    while((ADCSRA & 0x10) != 0x10);
    result = ADCW;                             // read A/D result

    if(ADC2_flag == 1)                         // if not new start, store result
      { ADC2_buffer[ADC2_index] = result;
        ADC2_index++;
        ADC2_index = ADC2_index % 16;
      }
    else                                       // if new start, initialize buffer
      { for(i = 0; i <16; i++)
          ADC2_buffer[i] = result;
        ADC2_flag = 1;
      }

    result = 0;                                // calculate moving average
    for(i = 0; i <16; i++)
```

```
      result += ADC2_buffer[i];
    result = result >> 4;

    TFT_xy(22,13);                               // display 5.0V voltage in HEX
    TFT_hexadecimal(result,4);
    TFT_xy(29,13);                               // display 5.0V voltage in X.XX
    TFT_unsigned_float((float)result*3.*2.56/1023.,1,2);

    ADMUX = 0x43;                                // select ADC3 with AVCC **********
    Delay_us(150);
    ADCSRA = 0xD4;                               // start conversion and clear ADIF
    while((ADCSRA & 0x10) != 0x10);
    result = ADCW;                               // read A/D result

    if(ADC3_flag == 1)                           // if not new start, store result
      { ADC3_buffer[ADC3_index] = result;
        ADC3_index++;
        ADC3_index = ADC3_index % 16;
      }
    else                                         // if new start, initialize buffer
      { for(i = 0; i <16; i++)
          ADC3_buffer[i] = result;
        ADC3_flag = 1;
      }

    result = 0;                                  // calculate moving average
    for(i = 0; i <16; i++)
      result += ADC3_buffer[i];
    result = result >> 4;

    TFT_xy(22,16);                               // display VR1 voltage in HEX
    TFT_hexadecimal(result,4);
    TFT_xy(29,16);                               // display VR1 voltage in X.XX
    TFT_unsigned_float((float)result*5./1023.,1,2);

    ADMUX = 0xDE;                                // select ADCin with 2.56V **********
    Delay_ms(2);
    ADCSRA = 0xD4;                               // start conversion and clear ADIF
    while((ADCSRA & 0x10) != 0x10);
    result = ADCW;                               // read A/D result

    if(ADCin_flag == 1)                          // if not new start, store result
      { ADCin_buffer[ADCin_index] = result;
        ADCin_index++;
        ADCin_index = ADCin_index % 16;
      }
    else                                         // if new start, initialize buffer
      { for(i = 0; i <16; i++)
          ADCin_buffer[i] = result;
        ADCin_flag = 1;
      }

    result = 0;                                  // calculate moving average
    for(i = 0; i <16; i++)
      result += ADCin_buffer[i];
    result = result >> 4;

    TFT_xy(22,19);                               // display Vbg voltage in HEX
    TFT_hexadecimal(result,4);
    TFT_xy(29,19);                               // display Vbg voltage in X.XX
    TFT_unsigned_float((float)result*2.56/1023.,1,2);

    count = TCNT1;                               // measure and display time
    TFT_xy(16,23);
    TFT_unsigned_float((float)count*64./16./1000.,2,3);

    Delay_ms(200);                               // delay 200 ms
  }
}
```

☞ 여기서는 현재 1번의 A/D 변환을 수행하고 이것과 버퍼에 저장되어 있는 가장 최근에 A/D 변환한 15개의 데이터를 합하여 평균 처리하므로 원하는 A/D 변환 결과를 얻는데 소요되는 시간이 1번 A/D 변환을 수행하는 시간과 거의 같게 된다. 예제 프로그램 Exp13_4.c에서 산술평균 방식을 사용하는 경우에는 ADC1, ADC2, ADC3, ADCin 등 4개의 A/D 변환을 수행하여 이를 TFT-LCD에 표시하는데 약 89ms가 소요되었으나, 이 예제 프로그램에서 이동평균 처리 방식으로 변경하였더니 동일한 작업을 약 24ms에 수행하여 A/D 변환 시간이 약 27%로 크게 감소하였다.

이동평균 처리 방식에서는 매번 A/D 변환을 수행하여 읽어들인 결과값을 n개의 배열에 링 버퍼(ring buffer) 방식으로 저장한다. 그런데, 시스템의 전원을 켜고 처음부터 15번까지의 A/D 변환을 수행할 때는 평균할 최근 15개의 데이터가 완전하게 존재하기 않으므로 이동평균 값을 계산할 수 없게 된다. 이를 해결하기 위하여 전원을 켜고 첫번째로 A/D 변환을 수행할 때는 이 변환 결과 데이터를 16개의 버퍼에 모두 저장하여 둔다.

4. 아날로그 입력 채널 사이의 차동전압을 측정하기

이번에는 2개의 아날로그 입력 단자 사이의 차동전압을 A/D 변환하여 읽어보기로 한다. ATmega128A의 A/D 컨버터에는 차동 모드로 아날로그 입력단자 사이의 차동전압을 A/D 변환할 수 있는 몇가지의 조합이 있다. *OK-128TFT* 키트에서는 ADC3 단자에 가변저항 VR1을 연결하고 ADC2 단자에 5V 전원전압을 1/3로 분압하여 입력함으로써 가변저항 VR1을 돌리면서 이들 사이의 차동전압 ADC3-ADC2를 A/D 변환하여 읽어볼 수 있다.

이때 차동전압은 최대 ±5V까지 가능하므로 AVCC를 기준전압으로 사용하여 아날로그 입력전압의 범위가 -5V～+5V로 되도록 하는 것이 바람직하다. 차동 모드에서는 차동전압이 + 또는 -값을 가질 수 있으며, 이때 A/D 변환 결과는 10비트 2의 보수로 표현된다. 여기서는 MUX4～0 = 11011로 설정하여 ADC2 단자의 전위를 기준으로 ADC3 단자와의 차동전압을 측정하므로, 만약 ADC3 단자의 전위가 더 높으면 차동전압은 양(+)의 값으로 읽히고, ADC2 단자의 전위가 더 높으면 차동전압은 음(-)의 값으로 읽히게 된다.

그러나, ATmega128A 마이크로컨트롤러에서는 차동입력을 사용할 때 기준전압으로는 2.0V～AVCC-0.5의 범위만을 사용하도록 규정하고 있으며, 이를 어기고 AVCC를 지정하면 실제 내부에서의 기준전압은 AVCC보다 약간 낮은 값으로 동작하게 되고 따라서 측정값은 실제보다 약간 높게 측정되는 오차를 가진다. 이 오차를 없애려면 외부에서 AREF 단자에 2.0V～AVCC-0.5의 범위의 기준전압을 인가하는 것이 좋겠으나 *OK-128TFT* 키트에서는 이렇게 설계하지 않았으므로 다소의 오차를 감안하고 사용하는 수밖에 없다.

ADC2를 기준으로 ADC3 입력과의 차동전압을 A/D 변환하여 TFT-LCD에 이를 표시하는 프로그램을 C언어로 작성하면 다음과 같다.

〈프로그램 Exp13_6.c〉 ADC3과 ADC2의 차동전압 측정 프로그램

```
/* ============================================================================ */
/*                     Exp13_6.c : A/D 컨버터의 차동 모드                        */
/* ============================================================================ */
/*                          Designed and programmed by Duck-Yong Yoon in 2020.  */

#include <avr/io.h>
#include "OK-128TFT-V2.h"

int main(void)
{
  signed int result;
  float ADC2_voltage, ADC3_voltage;

  MCU_initialize();                        // initialize ATmega128A MCU
  Delay_ms(50);                            // wait for system stabilization
  LCD_initialize();                        // initialize text LCD module
  TFT_initialize();                        // initialize TFT-LCD module

  LCD_string(0x80," OK-128TFT V2.0 ");     // display title
  LCD_string(0xC0,"   Exp13_6.c    ");
  Beep();

  TFT_string(8, 6,White,Magenta," A/D 컨버터의 차동 모드 ");
  TFT_string(6,10,White,Black,"ADC2 A/D 변환 전압    =  0.00V");
  TFT_string(6,13,White,Black,"ADC3 A/D 변환 전압    =  0.00V");
  TFT_string(6,17,White,Black,"ADC3-ADC2 (계산)      = +0.00V");
  TFT_string(6,20,White,Black,"ADC3-ADC2 (차동 A/D)  = +0.00V");
  TFT_color(Cyan,Black);

  while(1)
    { ADCSRA = 0x84;                       // ADC enable, 1000kHz
      ADMUX = 0x42;                        // select ADC2 with AVCC **********
      Delay_us(150);
      ADCSRA = 0xD4;                       // start conversion and clear ADIF
      while((ADCSRA & 0x10) != 0x10);
      result = ADCW;                       // read A/D result

      ADC2_voltage = (float)result*5./1023.;    // calculate ADC2 voltage
      TFT_xy(30,10);                       // display 5.0V voltage in X.XX
      TFT_unsigned_float(ADC2_voltage,1,2);

      ADCSRA = 0x84;                       // ADC enable, 1000kHz
      ADMUX = 0x43;                        // select ADC3 with AVCC **********
      Delay_us(150);
      ADCSRA = 0xD4;                       // start conversion and clear ADIF
      while((ADCSRA & 0x10) != 0x10);
      result = ADCW;                       // read A/D result

      ADC3_voltage = (float)result*5./1023.;    // calculate ADC3 voltage
      TFT_xy(30,13);                       // display VR1 voltage in X.XX
      TFT_unsigned_float(ADC3_voltage,1,2);

      TFT_xy(29,17);                       // display ADC3-ADC2 voltage in +/-X.XX
      TFT_signed_float(ADC3_voltage - ADC2_voltage,1,2);

      ADCSRA = 0x87;                       // ADC enable, 125kHz
      ADMUX = 0x7B;                        // select ADC3-ADC2 with AVCC **********
      Delay_us(150);
      ADCSRA = 0xD7;                       // start conversion and clear ADIF
      while((ADCSRA & 0x10) != 0x10);
      result = ADCW;                       // read A/D result
```

```
      result = result >> 6;

      TFT_xy(29,20);                               // display ADC3-ADC2 voltage in +/-X.XX
      TFT_signed_float((float)result*5./512.,1,2);

      Delay_ms(200);                               // delay 200 ms
    }
}
```

☞ 여기서 ADMUX 레지스터의 MUX4~0 비트를 11011로 설정하여 ADC3과 ADC2의 차동전압을 측정하고 있음에 주목하라. 이때 차동전압이 +값이라면 A/D 변환 결과가 0x0000~0x01FF(0~+511)로 표시되고, -값인 경우에는 0x03FF~0x0200(-1~-512)으로 표시된다. 이는 결국 0~±5V의 차동전압에 대응한다. 따라서, A/D 컨버터로 읽어들인 임의의 값 x가 얼마의 전압에 대응하는지를 계산하려면 비례식으로부터

$$512 : 5 = \pm x : \text{전압} \qquad \therefore \text{전압} = \pm\frac{5x}{512} \quad [\text{V}]$$

로 계산된다.

이 프로그램을 컴파일하여 다운로드하고 실행하라. 그리고, 작은 스크류 드라이버로 *OK-128TFT* 키트의 가변저항 VR1을 좌우로 돌리면서 ADC3 단자에 입력되는 전압을 가변시켜 차동전압이 + 또는 -가 되도록 해보라.

ADC3 단자에 입력되는 VR1의 전압이 ADC2 단자에 입력되는 전압(5V/3 = 1.67V)보다 높으면 TFT-LCD 모듈에 표시되는 전압값은 +값이 될 것이며, ADC3 단자에 입력되는 전압이 ADC2 단자에 입력되는 전압보다 낮으면 TFT-LCD 모듈에 표시되는 전압값은 -값으로 될 것이다.

실제로 TFT-LCD에 표시되는 ADC3-ADC2의 차동 전압 측정값을 보면 ADC3 단자와 ADC2 단자의 입력 전압을 각각 측정하고 이를 빼서 계산한 차동값보다 다소 크게 나타나는 것을 볼 수 있는데, 이는 차동 모드에서 기준전압은 2.0V~AVCC-0.5의 범위만을 사용하도록 되어 있으나 실제로는 AVCC를 지정하여 사용하고 있기 때문에 발생하는 오차로 추정된다.

5. A/D 변환 결과를 실시간 그래픽으로 표시하기

이번에는 아날로그 입력단자로 측정한 전압을 TFT-LCD에 실시간 그래픽으로 표시하는 프로그램을 작성하여 보기로 한다. 여기서는 ADC3 단자에 입력되는 가변저항 VR1의 전압을 측정하여 표시하는데, 이러한 프로그램은 간단한 디지털 오실로스코프처럼 사용할 수 있으며, 앞의 제4.7절에서도 공부한 적이 있다.

〈프로그램 Exp13_7.c〉 ADC3의 입력전압을 실시간 그래픽으로 표시하는 프로그램

```
/* ============================================================================ */
/*         Exp13_7.c : VR1 전압값을 실시간으로 A/D 변환하여 그래프로 그리기      */
/* ============================================================================ */
/*                        Designed and programmed by Duck-Yong Yoon in 2020.   */

#include <avr/io.h>
#include <avr/interrupt.h>
#include "OK-128TFT-V2.h"

void Draw_axis(void);                           /* draw x-axis and y-axis */

volatile unsigned char ADC_buffer[291], end_flag;
volatile unsigned int ADC_count;

/* ----- 인터럽트 처리 프로그램 ---------------------------------------------- */

ISR(TIMER1_COMPA_vect)                          /* OC1A interrupt function (20 ms) */
{
  unsigned int result;
  float voltage;

  ADCSRA = 0xD4;                                // start conversion and clear ADIF
  while((ADCSRA & 0x10) != 0x10);
  result = ADCW;                                // read A/D result

  voltage = (float)result*5./1023.;             // display voltage
  TFT_xy(22,0);
  TFT_color(Cyan,Blue);
  TFT_unsigned_float(voltage,1,2);

  ADC_buffer[ADC_count] = (float)result*200./1023.;
  if(ADC_count != 0)                            // draw graph
    Line(20+ADC_count-1,215-ADC_buffer[ADC_count-1],      20+ADC_count,215-ADC_buffer[ADC_count],
Magenta);

  if(ADC_count != 290)
    ADC_count++;
  else
    end_flag = 1;
}

/* ----- 메인 프로그램 -------------------------------------------------------- */

int main(void)
{
  unsigned int i;

  MCU_initialize();                             // initialize ATmega128A MCU
  Delay_ms(50);                                 // wait for system stabilization
  LCD_initialize();                             // initialize text LCD module
  TFT_initialize();                             // initialize TFT-LCD module
  Beep();

  LCD_string(0x80," OK-128TFT V2.0 ");          // display title
  LCD_string(0xC0,"   Exp13_7.c    ");

  ADCSRA = 0x84;                                // ADC enable, 1000kHz
  ADMUX = 0x43;                                 // select ADC3 with AVCC
  Delay_us(150);

  while(1)
    { end_flag = 0;
      ADC_count = 0;

      Draw_axis();                              // draw x-axis and y-axis

      TCCR1A = 0x00;                            // CTC mode(4), don't output OC1A
```

```
      TCCR1B = 0x0C;                            // 16MHz/256/(1+1249) = 50Hz
      TCCR1C = 0x00;
      OCR1A = 1249;
      TCNT1 = 0x0000;                           // clear Timer/Counter1

      TIFR = 0x10;                              // clear OC1A interrupt flag
      TIMSK = 0x10;                             // enable OC1A interrupt
      sei();                                    // global interrupt enable

      while(end_flag == 0);                     // wait screen graph end

      cli();                                    // global interrupt disable
      for(i = 1; i <= 290; i++)                 // clear old graph
        Line(20+i-1,215-ADC_buffer[i-1], 20+i,215-ADC_buffer[i], Black);
    }
}

/* ----- 사용자 정의 함수 ------------------------------------------------------- */

void Draw_axis(void)                            /* draw x-axis and y-axis */
{
  TFT_string(11,0, White,Blue, " VR1 전압 (0.00V) ");   // display title

  Line(15,215, 310,215, White);                 // draw x-axis
  Line(305,210, 310,215, White);
  Line(305,220, 310,215, White);
  Line(70,212, 70,218, White);                  // draw x-axis scale
  Line(120,212, 120,218, White);
  Line(170,212, 170,218, White);
  Line(220,212, 220,218, White);
  Line(270,212, 270,218, White);
  TFT_color(Cyan,Black);                        // write time scale
  TFT_English_pixel(16,222, '0');
  TFT_English_pixel(66,222, '1');
  TFT_English_pixel(116,222, '2');
  TFT_English_pixel(166,222, '3');
  TFT_English_pixel(216,222, '4');
  TFT_English_pixel(266,222, '5');
  TFT_color(Magenta,Black);
  TFT_English_pixel(288,222, 's');
  TFT_English_pixel(296,222, 'e');
  TFT_English_pixel(304,222, 'c');

  Line(20,220, 20,5, White);                    // draw y-axis
  Line(15,10, 20,5, White);
  Line(25,10, 20,5, White);
  Line(17,175, 23,175, White);                  // draw y-axis scale
  Line(17,135, 23,135, White);
  Line(17,95, 23,95, White);
  Line(17,55, 23,55, White);
  Line(17,15, 23,15, White);
  TFT_color(Cyan,Black);                        // write voltage scale
  TFT_English_pixel(5,208, '0');
  TFT_English_pixel(5,168, '1');
  TFT_English_pixel(5,128, '2');
  TFT_English_pixel(5,88, '3');
  TFT_English_pixel(5,48, '4');
  TFT_English_pixel(5,8, '5');
  TFT_color(Magenta,Black);
  TFT_English_pixel(28,8, '[');
  TFT_English_pixel(36,8, 'V');
  TFT_English_pixel(44,8, ']');
}
```

이 프로그램을 컴파일하여 다운로드하고 실행하라. 그리고, 작은 스크류 드라이버로 *OK-128TFT* 키트의 가변저항 VR1을 좌우로 돌리면서 TFT-LCD에 표시되는 그래픽 화면을 관찰하라.

6. 아날로그 비교기의 사용

이번에는 ADC3 단자에 입력되는 가변저항 VR1의 전압을 아날로그 비교기의 입력으로 사용하는 프로그램을 작성하여 보기로 한다.

아날로그 비교기에서는 각각의 아날로그 입력단자에 입력되는 신호의 크기는 알 수 없으며 두 입력 신호의 대소관계에만 관심을 가진다. *OK-128TFT* 키트에서는 아날로그 비교기의 입력 단자 AIN0, AIN1을 각각 병렬포트 출력 PE2/AIN0(-TEST)와 타이머의 비교 출력 PE3/AIN1(OC3A)로 사용하므로 이들 외부신호에 의한 아날로그 비교기는 사용할 수 없으나, A/D 컨버터의 입력 ADC0~ADC7은 아날로그 비교기의 입력으로 사용할 수 있다. 따라서, ADC3 단자에 입력되는 가변저항 VR1의 전압을 아날로그 비교기의 내부 전압 1.23V와 비교하여 어느 쪽이 큰가를 TFT-LCD에 가시적으로 표시하여 보기로 한다.

ADC3 단자의 아날로그 입력전압을 내부 밴드갭 전압 1.23V와 비교하여 대소관계를 TFT-LCD에 부등호로 표시하는 프로그램을 C언어로 작성하면 다음과 같다.

〈프로그램 Exp13_7.c〉 아날로그 비교기 응용 프로그램

```
/* ============================================================================ */
/*              Exp13_8.c : 아날로그 비교기 - VR1 vs 1.23V                        */
/* ============================================================================ */
/*                         Designed and programmed by Duck-Yong Yoon in 2020.   */

#include <avr/io.h>
#include "OK-128TFT-V2.h"

int main(void)
{
  MCU_initialize();                             // initialize ATmega128A MCU
  Delay_ms(50);                                 // wait for system stabilization
  LCD_initialize();                             // initialize text LCD module
  TFT_initialize();                             // initialize TFT-LCD module

  LCD_string(0x80," OK-128TFT V2.0 ");          // display title
  LCD_string(0xC0,"   Exp13_8.c    ");
  Beep();

  TFT_string(9,10,White,Magenta," 아날로그 비교기 결과 ");
  TFT_string(6,15,White,Black,"(+입력) VR1 < 1.23V (-입력)");

  ACSR = 0x43;                                  // +input = 1.23V
  SFIOR = 0x08;                                 // use ADC input pin
  ADCSRA - 0x00,                                // ADEN = 0
  ADMUX = 0x03;                                 // -input = ADC3

  while(1)
    { if((ACSR & 0x20) == 0x20)                 // if ACO=1, ADC3 < 1.23V
```

```
        { TFT_xy(18,15);                      // display "<"
          TFT_color(Cyan,Black);
          TFT_English('<');
        }
      else                                    // if ACO=0, ADC3 > 1.23V
        { TFT_xy(18,15);                      // display ">"
          TFT_color(Cyan,Black);
          TFT_English('>');
        }

      Delay_ms(100);                          // delay 100 ms
    }
}
```

☞ A/D 컨버터의 입력신호 ADC0~ADC7을 아날로그 비교기의 입력으로 사용하려면 ADCSRA 레지스터에서 ADEN=0으로 설정해야 한다. 아날로그 비교기의 비교 결과는 ACSR 레지스터의 ACO 비트로 표시된다. 아날로그 비교기의 양극성 입력 단자의 전압이 높을 때는 ACO=1이 되고, 음극성 입력 단자의 전압이 높을 때는 ACO=0으로 된다.

이 프로그램을 컴파일하여 다운로드하고 실행하라. 그리고, 작은 스크류 드라이버로 *OK-128TFT* 키트의 가변저항 VR1을 좌우로 돌리면서 TFT-LCD에 표시되는 부등호 > 또는 <를 관찰하라.

7. 실습 과제

(1) 예제 프로그램 Exp13_1.c에서 A/D 변환이 완료되었는지를 체크하는

```
while((ADCSRA & 0x10) != 0x10);
```

부분은

```
while(!(ADCSRA & (1 << ADIF)));
```

와 같이 수정해도 된다. 이것의 의미를 설명하라.

(2) A/D 변환을 수행할 때 변환 결과를 산술평균 처리하는 방식과 이동평균 처리하는 방식의 장단점을 요약하여 설명하라.

(3) 양의 정수 데이터와 2의 보수 데이터에 대하여 각각 논리적 시프트와 산술적 시프트 동작의 차이를 비교하여 설명하라.

4.14 D/A 컨버터 응용 프로그램

이 절에서는 *OK-128TFT* 키트에서 ATmega128A의 SPI 직렬통신 포트에 접속하여 사용하는 12비트 2채널 D/A 컨버터 MCP4922를 응용하는 프로그램 작성 기술을 공부한다.

관련 내용	(1) 제2.6절 SPI 직렬통신 포트 (2) 제3.1절 *OK-128TFT* 키트의 구조와 기능 (3) MCP4922의 데이터 시트(Microchip Technology사)

1. *OK-128TFT* 키트의 D/A 컨버터 회로

ATmega128A는 D/A 컨버터를 가지고 있지 않지만, 제3.1절에서 설명한 바와 같이 *OK-128TFT* 키트에는 SPI 직렬통신으로 연결하는 12비트 2채널 D/A 컨버터인 MCP4922를 장착하고 있다. 이와 관련된 회로를 <그림 4.14.1>에 보였다.

이 회로도에서는 MCP4922에 전원전압과 동일한 기준전압 +5V를 사용하였으므로 출력전압의 범위는 0~+5V가 된다. 아날로그 전원 및 기준전압 전원으로는 디지털 전원을 LC 필터로 안정화하여 사용하였다.

그러나, 우리는 종종 -5V~+5V 범위의 교류 정현파 또는 삼각파를 출력하고 싶은 경우가 있기 때문에 MCP4922의 출력단에 아날로그 회로를 추가하여 이를 가능하도록 하였다. 여기에 사용된 Op Amp는 +5V 전원과 -5V 전원을 모두 필요로 하므로 이를 위해서 LM2664를 사용하여 -5V 전원을 만들었으며, 이때의 Op Amp 회로가 0~+5V의 입력을 받아서 -5V~+5V 범위의 전압을 출력하려면 rail-to-rail input and output형의 Op Amp를 사용해야 한다. 여기서는 이러한 조건을 충족하는 Op Amp로서 TLV2372ID 모델을 선정하여 사용하였다.

마이크로컨트롤러가 MCP4922 D/A 컨버터를 액세스하기 위한 SPI 직렬통신의 동작 파형은 <그림 4.14.2>의 (a)에 보였다. SPI 통신의 최대 클록 주파수는 20MHz이며, 클록 신호는 CPOL=CPHA=0으로 설정하여 모드0으로 사용하는 것이 좋다. SPI 통신으로 D/A 데이터를 전송하고 나서 이를 D/A 컨버터의 아날로그 전압으로 출력하려면 $\overline{\text{LDAC}}$ 단자에 L펄스 신호를 입력해야 한다. 그러나, 이 $\overline{\text{LDAC}}$ 단자를 접지시켜 두면 SPI 통신이 끝나자마자 즉시 이에 해당하는 아날로그 전압이 D/A 컨버터에 출력되므로 *OK-128TFT* 키트에는 이와 같이 처리하였다.

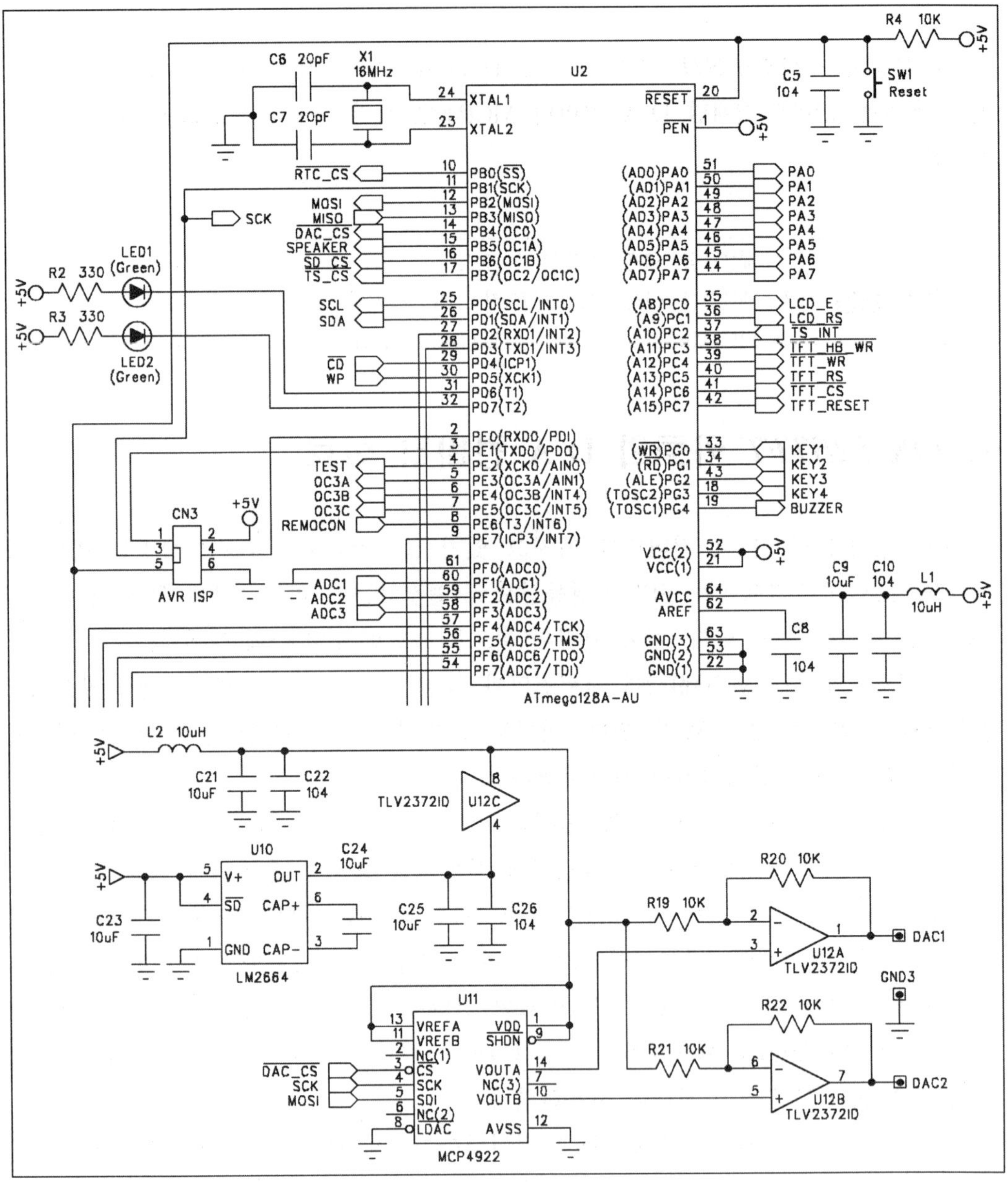

〈그림 4.14.1〉 *OK-128TFT* **키트에 내장된 D/A 컨버터 MCP4922와 관련된 회로**

MCP4922의 SPI 통신 포맷은 <그림 4.14.2>의 (b)에 보였다. 16비트의 데이터는

MSB부터 전송해야 하며, 상위 4비트는 제어 비트이고 하위 12비트는 D/A 컨버터로 출력할 데이터 비트이다. 최상위 비트의 b15는 채널 선택 비트로서 0이면 채널A로 데이터를 전송하고, 1이면 채널B로 데이터를 전송한다. b14는 기준전압 입력단자에 버퍼를 사용할지 여부를 지정하는데 보통 이를 0으로 하여 버퍼를 사용하지 않는다. b13은 출력전압 이득을 지정하는데 0이면 2배로 증폭하여 출력하고, 1이면 증폭하지 않는다. b12는 아날로그 출력 단자를 차단하는 제어 비트로서 0이면 아날로그 출력을 차단하여 내보내지 않으며, 1이면 정상적으로 출력한다.

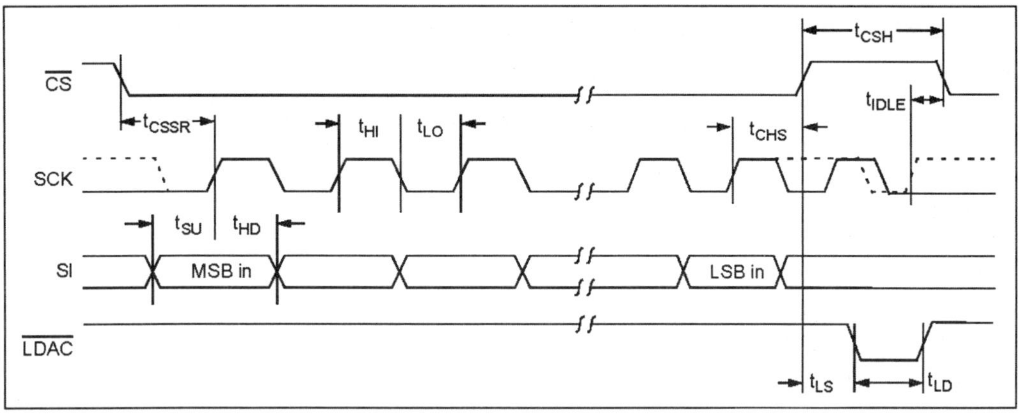

(a) SPI 통신 파형 및 타이밍

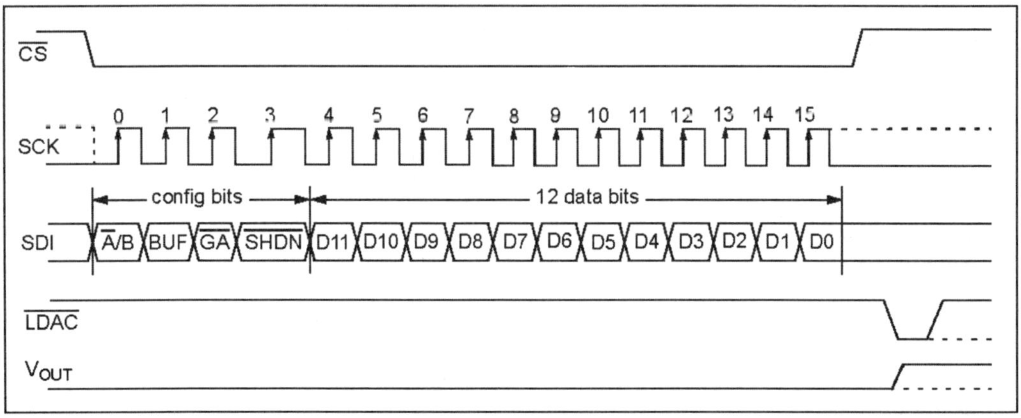

(b) SPI 통신의 데이터 전송 포맷

〈그림 4.14.2〉 마이크로컨트롤러와 MCP4922의 SPI 통신 포맷

2. 가변저항 입력으로 D/A 컨버터 출력 전압을 가변

먼저 가변저항 VR1을 사용한 아날로그 입력전압을 A/D 컨버터로 읽어서 이에 비례하는 전압을 D/A 컨버터로 출력하는 프로그램을 작성하여 보기로 한다. 가변저항 VR1에서 입력되는 전압은 0~+5V이며, D/A 컨버터로 출력하는 전압은 -5V~+5V이다. D/A 컨버터는 2개의 채널이 있으므로 DAC1에는 이와 같이 입력전압에 비례하는 출력전압을 내보내고, DAC2에는 DAC1을 반전시켜 내보내는 것으로 하겠다.

〈프로그램 Exp14_1.c〉 가변저항으로 D/A 컨버터의 출력 전압을 가변하는 프로그램

```
/* ========================================================================== */
/*              Exp14_1.c : VR1의 A/D 입력 데이터에 비례하는 D/A 출력          */
/* ========================================================================== */
/*                        Designed and programmed by Duck-Yong Yoon in 2020.   */

#include <avr/io.h>
#include "OK-128TFT-V2.h"

int main(void)
{
  unsigned char dummy;
  unsigned int result;
  unsigned int DAC1, DAC2;
  float VR1_voltage, DAC1_voltage, DAC2_voltage;

  MCU_initialize();                             // initialize ATmega128A MCU
  Delay_ms(50);                                 // wait for system stabilization
  LCD_initialize();                             // initialize text LCD module
  TFT_initialize();                             // initialize TFT-LCD module

  LCD_string(0x80," OK-128TFT V2.0 ");          // display title
  LCD_string(0xC0,"   Exp14_1.c    ");
  Beep();

  TFT_string(8, 7,White,Magenta," A/D 입력 --> D/A 출력 ");
  TFT_string(6,11,White,Black,"ADC3 입력 전압(VR1) = 0.00V");
  TFT_string(6,16,White,Black,"DAC1 출력 전압      = +0.00V");
  TFT_string(6,19,White,Black,"DAC2 출력 전압      = +0.00V");
  TFT_color(Cyan,Black);

  ADCSRA = 0x84;                                // ADC enable, 1000kHz
  ADMUX = 0x43;                                 // select ADC1 with AVCC
  Delay_ms(2);

  sbi(DDRB,4);                                  // -DAC_CS is output
  sbi(PORTB,4);                                 // -DAC_CS = 1

  SPCR = 0x50;                                  // CPOL = 0, CPHA = 0, 16MHz/2 = 8MHz
  SPSR = 0x01;                                  // SPI2X = 1

  while(1)
    { ADCSRA = 0xD4;                            // start conversion and clear ADIF
      while((ADCSRA & 0x10) != 0x10);
      result = ADCW;                            // read A/D result
      VR1_voltage = (float)result*5./1023.;
      TFT_xy(28,11);                            // display VR1 voltage in X.XX
      TFT_unsigned_float(VR1_voltage,1,2);

      DAC1 = 0x3000 + result*4;                 // calculate DAC1 and DAC1_voltage
```

```
        DAC1_voltage = (float)result*10./1023. - 5.;
        TFT_xy(27,16);                              // display DAC1 voltage in +/-X.XX
        TFT_signed_float(DAC1_voltage,1,2);

        cbi(PORTB,4);                               // -DAC_CS = 0
        SPDR = DAC1 >> 8;                           // output DAC1
        while((SPSR & 0x80) == 0x00);
        dummy = SPDR;
        SPDR = DAC1 & 0x00FF;
        while((SPSR & 0x80) == 0x00);
        dummy += SPDR;
        sbi(PORTB,4);                               // -DAC_CS = 1

        DAC2 = 0xB000 + 4095 - result*4;            // calculate DAC2 and DAC2_voltage
        DAC2_voltage = -DAC1_voltage;
        TFT_xy(27,19);                              // display DAC2 voltage in +/-X.XX
        TFT_signed_float(DAC2_voltage,1,2);

        cbi(PORTB,4);                               // -DAC_CS = 0
        SPDR = DAC2 >> 8;                           // output DAC2
        while((SPSR & 0x80) == 0x00);
        dummy = SPDR;
        SPDR = DAC2 & 0x00FF;
        while((SPSR & 0x80) == 0x00);
        dummy += SPDR;
        sbi(PORTB,4);                               // -DAC_CS = 1
      }
  }
```

☞ D/A 컨버터 MCP4922는 최고 20MHz의 속도로 SPI 통신이 가능하지만 ATmega128A는 최고 16MHz/2 = 8MHz까지 사용할 수 있다. 클록 신호는 CPOL=CPHA=0으로 설정한다.

MCP4922의 채널A에 데이터를 전송할 때는 상위 4비트를 0011로 설정해야 하므로 출력할 데이터에 0x3000을 더해주며, 채널B에 데이터를 전송할 때는 상위 4비트를 1011로 설정해야 하므로 출력할 데이터에 0xB000을 더해준다.

이 프로그램을 컴파일하고 다운로드하여 실행하고, 작은 스크류 드라이버로 가변저항 VR1을 돌려서 전압을 0~+5V 범위에서 가변하면서 DAC1 및 DAC2 단자에 출력되는 전압을 오실로스코프로 측정하여 보라.

3. 키입력으로 D/A 컨버터 출력 전압을 가변

이번에는 KEY1~KEY4와 KEY5의 키입력에 의하여 전압을 -5.00V~+5.00V의 범위에서 설정하고 이를 D/A 컨버터로 출력하는 프로그램을 작성하여 보기로 한다. 여기서 KEY1은 +/- 부호를 선택하고, KEY2는 정수 자리를 0~5의 범위에서 설정하며, KEY3은 소수점 아래 첫째 자리를 0~9의 범위에서 설정하고, KEY4는 소수점 아래 둘째 자리를 0~9의 범위에서 설정한다. DAC1과 DAC2의 채널은 KEY5로 설정한다.

〈프로그램 Exp14_2.c〉 키입력으로 D/A 컨버터의 출력 전압을 가변하는 프로그램

```
/* ============================================================================ */
/*              Exp14_2.c : 키 입력에 의한 D/A 컨버터 전압 출력                  */
/* ============================================================================ */
/*                      Designed and programmed by Duck-Yong Yoon in 2020.    */

#include <avr/io.h>
#include "OK-128TFT-V2.h"

unsigned char key5_flag = 0;

unsigned char Key5_input(void)                  /* input key KEY5 */
{
  unsigned char key;

  key = PINE & 0x80;                            // any key pressed ?
  if(key == 0x80)                               // if no key, check key off
    { if(key5_flag == 0)
        return key;
      else
        { Delay_ms(20);
          key5_flag = 0;
          return key;
        }
    }
  else                                          // if key input, check continuous key
    { if(key5_flag != 0)                        // if continuous key, treat as no key input
        return 0x80;
      else                                      // if new key, beep and delay for debounce
        { Beep();
          key5_flag = 1;
          return key;
        }
    }
}

int main(void)
{
  unsigned char channel = 1, key, dummy;
  unsigned char DAC1_sign = '+', DAC1_digit1 = '0', DAC1_digit2 = '0', DAC1_digit3 = '0';
  unsigned char DAC2_sign = '+', DAC2_digit1 = '0', DAC2_digit2 = '0', DAC2_digit3 = '0';
  unsigned int DAC1, DAC2;
  float DAC1_voltage, DAC2_voltage;

  MCU_initialize();                             // initialize ATmega128A MCU
  Delay_ms(50);                                 // wait for system stabilization
  LCD_initialize();                             // initialize text LCD module
  TFT_initialize();                             // initialize TFT-LCD module

  LCD_string(0x80," OK-128TFT V2.0 ");          // display title
  LCD_string(0xC0,"   Exp14_2.c    ");
  Beep();

  TFT_string(7, 7,White,Magenta," 키 입력에 의한 D/A 출력 ");
  TFT_string(6,12,White,Black,"DAC1 출력 전압 = +0.00V");
  TFT_string(6,15,White,Black,"DAC2 출력 전압 = +0.00V");

  TFT_string( 3,25,White,Blue,"부호");           // display key function
  TFT_string( 3,27,Cyan,Black,"+  -");
  TFT_string(13,25,White,Blue,"정수");
  TFT_string(13,27,Cyan,Black,"    ");
  TFT_string(23,25,White,Blue,"소수");
  TFT_string(23,27,Cyan,Black," 1  ");
  TFT_string(33,25,White,Blue,"소수");
  TFT_string(33,27,Cyan,Black," 2  ");
  TFT_string(35,12,White,Blue,"채널");
  TFT_string(35,14,Cyan,Black,"선택");
  Rectangle( 18,196,  61,234, Cyan);
```

```
Rectangle( 98,196, 141,234, Cyan);
Rectangle(178,196, 221,234, Cyan);
Rectangle(258,196, 301,234, Cyan);
Rectangle(274, 92, 317,130, Cyan);
TFT_color(Cyan,Black);

sbi(DDRB,4);                            // -DAC_CS is output
sbi(PORTB,4);                           // -DAC_CS = 1

SPCR = 0x50;                            // CPOL = 0, CPHA = 0, 16MHz/2 = 8MHz
SPSR = 0x01;                            // SPI2X = 1

while(1)
  { if(Key5_input() == 0x00)            // check KEY5 for channel select
      { if(channel == 1) channel = 2;
        else             channel = 1;
      }
    if(channel == 1)
      { TFT_xy(30,12); TFT_English(0x11);
        TFT_xy(30,15); TFT_English(' ');
      }
    else
      { TFT_xy(30,12); TFT_English(' ');
        TFT_xy(30,15); TFT_English(0x11);
      }

   key = Key_input();                   // key input
   switch(key)
     { case KEY1 : if(channel == 1)
                     { if(DAC1_sign == '+') DAC1_sign = '-';
                       else                 DAC1_sign = '+';
                     }
                   else if(channel == 2)
                     { if(DAC2_sign == '+') DAC2_sign = '-';
                       else                 DAC2_sign = '+';
                     }
                   break;
       case KEY2 : if(channel == 1)
                     { if(DAC1_digit1 < '5') DAC1_digit1++;
                       else                  DAC1_digit1 = '0';
                     }
                   else if(channel == 2)
                     { if(DAC2_digit1 < '5') DAC2_digit1++;
                       else                  DAC2_digit1 = '0';
                     }
                   break;
       case KEY3 : if(channel == 1)
                     { if(DAC1_digit2 < '9') DAC1_digit2++;
                       else                  DAC1_digit2 = '0';
                     }
                   else if(channel == 2)
                     { if(DAC2_digit2 < '9') DAC2_digit2++;
                       else                  DAC2_digit2 = '0';
                     }
                   break;
       case KEY4 : if(channel == 1)
                     { if(DAC1_digit3 < '9') DAC1_digit3++;
                       else                  DAC1_digit3 = '0';
                     }
                   else if(channel == 2)
                     { if(DAC2_digit3 < '9') DAC2_digit3++;
                       else                  DAC2_digit3 = '0';
                     }
                   break;
       default:    break;
     }

    TFT_xy(23,12); TFT_English(DAC1_sign);     // display DAC1 setting value
    TFT_English(DAC1_digit1); TFT_English('.'); TFT_English(DAC1_digit2); TFT_English(DAC1_digit3);
    TFT_xy(23,15); TFT_English(DAC2_sign);     // display DAC2 setting value
    TFT_English(DAC2_digit1); TFT_English('.'); TFT_English(DAC2_digit2); TFT_English(DAC2_digit3);
```

```
        DAC1_voltage = (float)(DAC1_digit1 - '0') + (float)(DAC1_digit2 - '0')*0.1 + (float)(DAC1_digit3 - '0')*0.01;
        if(DAC1_sign == '-') DAC1_voltage = -DAC1_voltage;
        if(DAC1_voltage > 5.)       DAC1_voltage = 5.;
        else if(DAC1_voltage < -5.) DAC1_voltage = -5.;
        DAC1 = 0x3000 + (DAC1_voltage + 5.)*4095./10. + 0.5; // calculate DAC1

        cbi(PORTB,4);                              // -DAC_CS = 0
        SPDR = DAC1 >> 8;                          // output DAC1
        while((SPSR & 0x80) == 0x00);
        dummy = SPDR;
        SPDR = DAC1 & 0x00FF;
        while((SPSR & 0x80) == 0x00);
        dummy += SPDR;
        sbi(PORTB,4);                              // -DAC_CS = 1

        DAC2_voltage = (float)(DAC2_digit1 - '0') + (float)(DAC2_digit2 - '0')*0.1 + (float)(DAC2_digit3 - '0')*0.01;
        if(DAC2_sign == '-') DAC2_voltage = -DAC2_voltage;
        if(DAC2_voltage > 5.)       DAC2_voltage = 5.;
        else if(DAC2_voltage < -5.) DAC2_voltage = -5.;
        DAC2 = 0xB000 + (DAC2_voltage + 5.)*4095./10. + 0.5; // calculate DAC2

        cbi(PORTB,4);                              // -DAC_CS = 0
        SPDR = DAC2 >> 8;                          // output DAC2
        while((SPSR & 0x80) == 0x00);
        dummy = SPDR;
        SPDR = DAC2 & 0x00FF;
        while((SPSR & 0x80) == 0x00);
        dummy += SPDR;
        sbi(PORTB,4);                              // -DAC_CS = 1
      }
}
```

☞ 기본 헤더파일 OK-128TFT-V2.h에서 제공하는 키입력 함수 Key_input()은 KEY1~KEY4를 읽어들이는 기능만 가지므로 이 프로그램에서는 KEY5를 읽어들이기 위하여 별도의 사용자 함수 Key5_input()을 만들어 사용하였다.

이 프로그램에서 키입력으로 설정할 수 있는 출력 전압값은 ±5.99V까지 가능하므로 이를 D/A 컨버터에 출력하기 전에 ±5.00V로 리미트(limit) 처리하였다.

이 프로그램을 실행하고 KEY1~KEY5를 사용하여 D/A 컨버터로 출력할 전압을 가변하면서 오실로스코프로 DAC1 및 DAC2 단자에 출력되는 전압을 측정하여 보라.

4. D/A 컨버터로 함수 파형을 출력하는 프로그램

이번에는 D/A 컨버터의 DAC1 및 DAC2 출력단자에 각각 삼각파와 정현파를 출력하는 프로그램을 작성하여 보기로 한다. 각 파형의 주파수는 250Hz로 하며, 진폭은 -5V~+5V이다.

이들 파형 1주기는 200개의 데이터로 처리하므로 250Hz의 파형을 출력하려면 매 20μs마다 1개씩 데이터를 출력해야 한다. 따라서, DSP나 ARM Cortex-M4/M7처럼 연산속도가 빠른 마이크로컨트롤러에서는 이 데이터를 20μs마다 실시간으로 계산하여 얻을 수 있고 이를 D/A 컨버터에 출력하여 파형을 발생할 수 있으나, ATmega128A에서는 이런 고속의 실수 연산이 불가능하므로 미리 오프라인(off-line)에서 200개의 데이터를 계산하여 메모리에 조견표(lookup table)로 저장하여 놓고 이를 20μs마다 실시간으로 읽어서 D/A 컨버터에 출력하는 방법을 사용한다. 이러한 함수 데이터는 용량이 크고 읽기 전용의 데이터이므로 소용량의 데이터 메모리인 SRAM에 저장하기 보다는 대용량의 프로그램 메모리인 플래시 메모리에 저장하는 것이 바람직하다.

▣ 시간지연 함수를 사용하여 D/A 컨버터에 출력하는 방법

조견표의 데이터를 읽어서 D/A 컨버터에 출력할 때마다 일정한 시간지연을 주는 방법으로 DAC1과 DAC2 단자에 주파수 250kHz, 진폭 -5V~+5V의 삼각파 및 정현파를 각각 출력하는 프로그램을 C언어로 작성하면 다음과 같다.

〈프로그램 Exp14_3.c〉 D/A 컨버터로 삼각파와 정현파를 발생하는 프로그램(1)

```
/* ============================================================================ */
/*      Exp14_3.c : D/A 컨버터로 삼각파와 정현파를 출력(시간지연 함수 사용)      */
/* ============================================================================ */
/*                         Designed and programmed by Duck-Yong Yoon in 2020.  */

#include <avr/io.h>
#include <avr/pgmspace.h>
#include "OK-128TFT-V2.h"

const unsigned int DAC_triangle_wave[200] PROGMEM =
{ 2047,2088,2129,2170,2211,2252,2293,2334,2375,2416,  2457,2497,2538,2579,2620,2661,2702,2743,2784,2825,
  2866,2907,2948,2989,3030,3071,3112,3153,3194,3235,  3276,3316,3357,3398,3439,3480,3521,3562,3603,3644,
  3685,3726,3767,3808,3849,3890,3931,3972,4013,4054,  4095,4054,4013,3972,3931,3890,3849,3808,3767,3726,
  3685,3644,3603,3562,3521,3480,3439,3398,3357,3316,  3276,3235,3194,3153,3112,3071,3030,2989,2948,2907,
  2866,2825,2784,2743,2702,2661,2620,2579,2538,2497,  2457,2416,2375,2334,2293,2252,2211,2170,2129,2088,
  2047,2006,1965,1924,1883,1842,1801,1760,1719,1678,  1638,1597,1556,1515,1474,1433,1392,1351,1310,1269,
  1228,1187,1146,1105,1064,1023, 982, 941, 900, 859,   819, 778, 737, 696, 655, 614, 573, 532, 491, 450,
   409, 368, 327, 286, 245, 204, 163, 122,  81,  40,     0,  41,  82, 123, 164, 205, 246, 287, 328, 369,
   410, 450, 491, 532, 573, 614, 655, 696, 737, 778,   819, 860, 901, 942, 983,1024,1065,1106,1147,1188,
  1229,1269,1310,1351,1392,1433,1474,1515,1556,1597,  1638,1679,1720,1761,1802,1843,1884,1925,1966,2007
};

const unsigned int DAC_sine_wave[200] PROGMEM =
{ 2047,2111,2176,2240,2304,2367,2431,2494,2556,2618,  2680,2740,2801,2860,2919,2976,3033,3089,3144,3198,
  3250,3302,3352,3401,3448,3494,3539,3582,3624,3664,  3703,3740,3775,3809,3841,3871,3899,3926,3950,3973,
  3994,4013,4030,4045,4058,4069,4078,4085,4090,4093,  4094,4093,4090,4085,4078,4069,4058,4045,4030,4013,
  3994,3973,3950,3926,3899,3871,3841,3809,3775,3740,  3703,3664,3624,3582,3539,3494,3448,3401,3352,3302,
  3250,3198,3144,3089,3033,2976,2919,2860,2801,2740,  2680,2618,2556,2494,2431,2367,2304,2240,2176,2111,
  2047,1983,1918,1854,1790,1727,1663,1600,1538,1476,  1414,1354,1293,1234,1175,1118,1061,1005, 950, 896,
   844, 792, 742, 693, 646, 600, 555, 512, 470, 430,   391, 354, 319, 285, 253, 223, 195, 168, 144, 121,
   100,  81,  64,  49,  36,  25,  16,   9,   4,   1,     0,   1,   4,   9,  16,  25,  36,  49,  64,  81,
   100, 121, 144, 168, 195, 223, 253, 285, 319, 354,   391, 430, 470, 512, 555, 600, 646, 693, 742, 792,
   844, 896, 950,1005,1061,1118,1175,1234,1293,1354,  1414,1476,1538,1600,1663,1727,1790,1854,1918,1983
};

int main(void)
{
  unsigned char table_index, dummy;
```

```
unsigned int value;

MCU_initialize();                              // initialize ATmega128A MCU
Delay_ms(50);                                  // wait for system stabilization
LCD_initialize();                              // initialize text LCD module
TFT_initialize();                              // initialize TFT-LCD module

LCD_string(0x80," OK-128TFT V2.0 ");           // display title
LCD_string(0xC0,"   Exp14_3.c    ");
Beep();

TFT_string( 1, 4,White,Magenta," 함수발생 프로그램(1) - 시간지연 사용 ");
TFT_string( 1,10,White,Black,"디지털 메모리 오실로스코프를 사용하여");
TFT_string( 7,13,White,Black,"DAC1과 DAC2를 측정하시오 !");
TFT_string( 2,20,White,Black,"DAC1 : ");
TFT_string( 9,20,Green,Black,"250Hz 삼각파 ");
TFT_string(22,20, Cyan,Black,"(-5.0V ~ +5.0V)");
TFT_string( 2,23,White,Black,"DAC2 : ");
TFT_string( 9,23,Green,Black,"250Hz 정현파 ");
TFT_string(22,23, Cyan,Black,"(-5.0V ~ +5.0V)");

table_index = 0;                               // initialize variable

sbi(DDRB,4);                                   // -DAC_CS is output
sbi(PORTB,4);                                  // -DAC_CS = 1

SPCR = 0x50;                                   // CPOL = 0, CPHA = 0, 16MHz/2 = 8MHz
SPSR = 0x01;                                   // SPI2X = 1

while(1)
  { value = 0x3000 + pgm_read_word(&DAC_triangle_wave[table_index]);
    cbi(PORTB,4);                              // -DAC_CS = 0
    SPDR = value >> 8;                         // output DAC1
    while((SPSR & 0x80) == 0x00);
    dummy = SPDR;
    SPDR = value & 0x00FF;
    while((SPSR & 0x80) == 0x00);
    dummy += SPDR;
    sbi(PORTB,4);                              // -DAC_CS = 1

    value = 0xB000 + pgm_read_word(&DAC_sine_wave[table_index]);
    cbi(PORTB,4);                              // -DAC_CS = 0
    SPDR = value >> 8;                         // output DAC2
    while((SPSR & 0x80) == 0x00);
    dummy = SPDR;
    SPDR = value & 0x00FF;
    while((SPSR & 0x80) == 0x00);
    dummy += SPDR;
    sbi(PORTB,4);                              // -DAC_CS = 1

    table_index++;                             // next data
    if(table_index == 200) table_index = 0;
    Delay_us(11);
  }
}
```

☞ 이 프로그램에서 DAC_triangle_wave[200] 및 DAC_sine_wave[200]은 각각 삼각파와 정현파 발생을 위한 조견표로서 처음에 한번 데이터를 정의하여 놓으면 그 다음부터는 이를 읽기만 할 수 있는 상수 데이터 테이블이다. 이런 플래시 메모리 저장용의 상수 배열을 정의할 때는 WinAVR의 헤더파일 pgmspace.h를 인클루드하고 const~PROGMEM 지시어를 사용하여 정의하며, 사용자가 이 배열에 저장되어 있는 상수를 읽을 때는 pgm_read_byte() 또는 pgm_read_word() 함수를 사용해야 한다.

이 프로그램에서는 200개의 데이터를 D/A 컨버터에 출력할 때마다 20μs가 아니라 11μs의 시간지연을 주었다. 소프트웨어가 데이터를 준비하는 시간과 SPI 직렬통신으로 D/A 컨버터에 데이터를 전송하는 시간도 고려해야 하기 때문이다. 그러나, 이렇게 하더라도 <그림 4.14.3>의 오실로스코프 측정 파형에서 보듯이 정확한 250Hz의 출력 파형을 얻지 못한다. 이 그림에서처럼 11μs의 시간지연을 주면 250Hz보다 약간 높은 주파수의 출력 파형이 만들어지며, 12μs의 시간지연을 주면 250Hz보다 상당히 낮은 주파수의 출력 파형이 만들어진다. 이와 같이 D/A 컨버터에 데이터를 출력할 때마다 시간지연을 주는 방법으로는 정확한 주파수의 함수 파형을 발생하기가 매우 어렵다. 이를 해결하려면 인터럽트 방식을 사용해야 한다.

이 프로그램을 컴파일하고 다운로드하여 실행하고, DAC1 및 DAC2 단자에 출력되는 파형을 오실로스코프로 측정하여 보라.

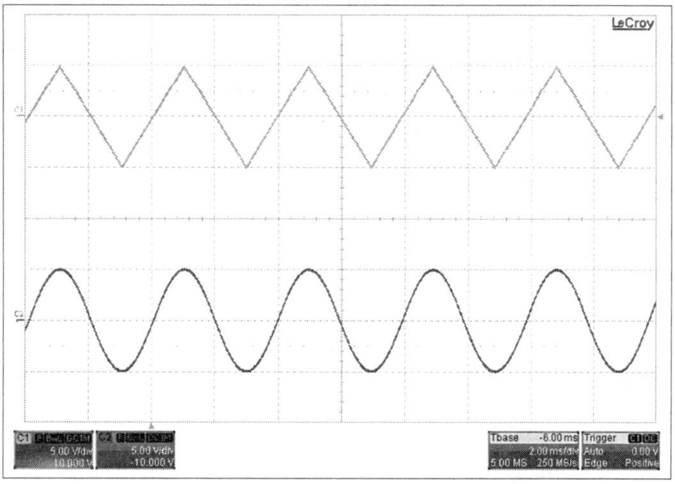

〈그림 4.14.3〉 프로그램 Exp14_3.c(시간지연 사용)에 의한 함수 출력 파형

▣ 인터럽트를 사용하여 D/A 컨버터에 출력하는 방법

이번에는 20μs의 주기로 타이머 인터럽트를 발생하고 그때마다 조견표의 데이터를 읽어서 D/A 컨버터에 출력하는 방법으로 DAC1과 DAC2 단자에 주파수 250kHz, 진폭 -5V～+5V의 삼각파 및 정현파를 각각 출력하는 프로그램을 C언어로 작성하면 다음과 같다.

〈프로그램 Exp14_4.c〉 D/A 컨버터로 삼각파와 정현파를 발생하는 프로그램(2)

```
/* ========================================================================== */
/*      Exp14_4.c : D/A 컨버터로 삼각파와 정현파를 출력(인터럽트 사용)          */
/* ========================================================================== */
/*                          Designed and programmed by Duck-Yong Yoon in 2020.  */

#include <avr/io.h>
#include <avr/pgmspace.h>
#include <avr/interrupt.h>
```

```
#include "OK-128TFT-V2.h"

const unsigned int DAC_triangle_wave[200] PROGMEM =
{ 2047,2088,2129,2170,2211,2252,2293,2334,2375,2416,  2457,2497,2538,2579,2620,2661,2702,2743,2784,2825,
  2866,2907,2948,2989,3030,3071,3112,3153,3194,3235,  3276,3316,3357,3398,3439,3480,3521,3562,3603,3644,
  3685,3726,3767,3808,3849,3890,3931,3972,4013,4054,  4095,4054,4013,3972,3931,3890,3849,3808,3767,3726,
  3685,3644,3603,3562,3521,3480,3439,3398,3357,3316,  3276,3235,3194,3153,3112,3071,3030,2989,2948,2907,
  2866,2825,2784,2743,2702,2661,2620,2579,2538,2497,  2457,2416,2375,2334,2293,2252,2211,2170,2129,2088,
  2047,2006,1965,1924,1883,1842,1801,1760,1719,1678,  1638,1597,1556,1515,1474,1433,1392,1351,1310,1269,
  1228,1187,1146,1105,1064,1023, 982, 941, 900, 859,   819, 778, 737, 696, 655, 614, 573, 532, 491, 450,
   409, 368, 327, 286, 245, 204, 163, 122,  81,  40,     0,  41,  82, 123, 164, 205, 246, 287, 328, 369,
   410, 450, 491, 532, 573, 614, 655, 696, 737, 778,   819, 860, 901, 942, 983,1024,1065,1106,1147,1188,
  1229,1269,1310,1351,1392,1433,1474,1515,1556,1597,  1638,1679,1720,1761,1802,1843,1884,1925,1966,2007
};

const unsigned int DAC_sine_wave[200] PROGMEM =
{ 2047,2111,2176,2240,2304,2367,2431,2494,2556,2618,  2680,2740,2801,2860,2919,2976,3033,3089,3144,3198,
  3250,3302,3352,3401,3448,3494,3539,3582,3624,3664,  3703,3740,3775,3809,3841,3871,3899,3926,3950,3973,
  3994,4013,4030,4045,4058,4069,4078,4085,4090,4093,  4094,4093,4090,4085,4078,4069,4058,4045,4030,4013,
  3994,3973,3950,3926,3899,3871,3841,3809,3775,3740,  3703,3664,3624,3582,3539,3494,3448,3401,3352,3302,
  3250,3198,3144,3089,3033,2976,2919,2860,2801,2740,  2680,2618,2556,2494,2431,2367,2304,2240,2176,2111,
  2047,1983,1918,1854,1790,1727,1663,1600,1538,1476,  1414,1354,1293,1234,1175,1118,1061,1005, 950, 896,
   844, 792, 742, 693, 646, 600, 555, 512, 470, 430,   391, 354, 319, 285, 253, 223, 195, 168, 144, 121,
   100,  81,  64,  49,  36,  25,  16,   9,   4,   1,     0,   1,   4,   9,  16,  25,  36,  49,  64,  81,
   100, 121, 144, 168, 195, 223, 253, 285, 319, 354,   391, 430, 470, 512, 555, 600, 646, 693, 742, 792,
   844, 896, 950,1005,1061,1118,1175,1234,1293,1354,  1414,1476,1538,1600,1663,1727,1790,1854,1918,1983
};

volatile unsigned char table_index;

ISR(TIMER1_COMPA_vect)                          /* OC1A interrupt function */
{
  unsigned char dummy;
  unsigned int value;

  value = 0x3000 + pgm_read_word(&DAC_triangle_wave[table_index]);
  cbi(PORTB,4);                                 // -DAC_CS = 0
  SPDR = value >> 8;                            // output DAC1
  while((SPSR & 0x80) == 0x00);
  dummy = SPDR;
  SPDR = value & 0x00FF;
  while((SPSR & 0x80) == 0x00);
  dummy += SPDR;
  sbi(PORTB,4);                                 // -DAC_CS = 1

  value = 0xB000 + pgm_read_word(&DAC_sine_wave[table_index]);
  cbi(PORTB,4);                                 // -DAC_CS = 0
  SPDR = value >> 8;                            // output DAC2
  while((SPSR & 0x80) == 0x00);
  dummy = SPDR;
  SPDR = value & 0x00FF;
  while((SPSR & 0x80) == 0x00);
  dummy += SPDR;
  sbi(PORTB,4);                                 // -DAC_CS = 1

  table_index++;                                // next data
  if(table_index == 200) table_index = 0;
}

int main(void)
{
  MCU_initialize();                             // initialize ATmega128A MCU
  Delay_ms(50);                                 // wait for system stabilization
  LCD_initialize();                             // initialize text LCD module
  TFT_initialize();                             // initialize TFT-LCD module

  LCD_string(0x80," OK-128TFT V2.0 ");          // display title
  LCD_string(0xC0,"   Exp14_4.c    ");
  Beep();

  TFT_string( 1, 4,White,Magenta," 함수발생 프로그램(2) - 인터럽트 사용 ");
```

```
  TFT_string( 1,10,White,Black,"디지털 메모리 오실로스코프를 사용하여");
  TFT_string( 7,13,White,Black,"DAC1과 DAC2를 측정하시오 !");
  TFT_string( 2,20,White,Black,"DAC1 : ");
  TFT_string( 9,20,Green,Black,"250Hz 삼각파 ");
  TFT_string(22,20, Cyan,Black,"(-5.0V ~ +5.0V)");
  TFT_string( 2,23,White,Black,"DAC2 : ");
  TFT_string( 9,23,Green,Black,"250Hz 정현파 ");
  TFT_string(22,23, Cyan,Black,"(-5.0V ~ +5.0V)");

  table_index = 0;                        // initialize variable

  sbi(DDRB,4);                            // -DAC_CS is output
  sbi(PORTB,4);                           // -DAC_CS = 1

  SPCR = 0x50;                            // CPOL = 0, CPHA = 0, 16MHz/2 = 8MHz
  SPSR = 0x01;                            // SPI2X = 1

  TCCR1A = 0x00;                          // CTC mode(4), don't output OC1A
  TCCR1B = 0x0A;                          // 16MHz/8/(1+39) = 50kHz
  TCCR1C = 0x00;
  OCR1A = 39;
  TCNT1 = 0x0000;

  TIMSK = 0x10;                           // enable OC1A interrupt
  ETIMSK = 0x00;
  TIFR = 0x3C;                            // clear all interrupt flags
  ETIFR = 0x01;
  sei();                                  // global interrupt enable

  while(1);
}
```

☞ 이 프로그램에서는 조견표에 저장되어 있는 200개의 데이터를 읽어서 D/A 컨버터에 출력할 때 정확하게 20μs의 주기(또는 50kHz의 주파수)로 발생하는 타이머1의 CTC 모드 인터럽트를 사용하므로 <그림 4.14.4>의 오실로스코프 측정 파형에서 보듯이 정확한 250Hz의 출력 파형을 얻게 된다. 메인 프로그램에서는 초기화가 끝나고 인터럽트에 의하여 파형이 출력되기 시작하면 특별히 할 일이 없으므로 while(1);문을 사용하여 무한루프로 처리한다.

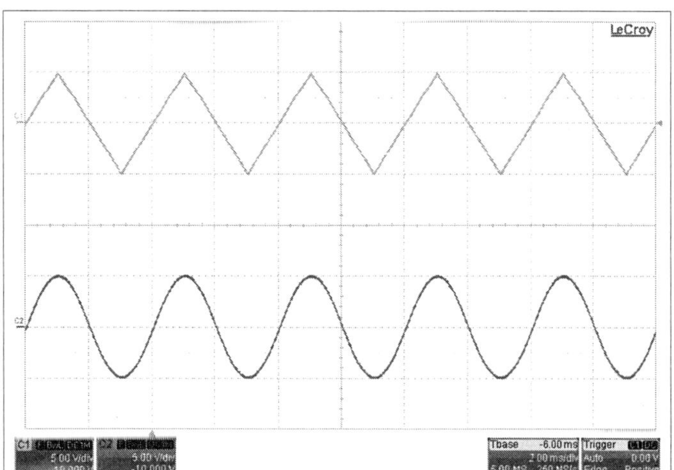

〈그림 4.14.4〉 프로그램 Exp14_4.c(인터럽트 사용)에 의한 함수 출력 파형

5. 실습 과제

(1) <그림 4.14.1>의 회로에서 MCP4922가 출력하는 0~+5V의 전압을 -5V~+5V의 범위로 변환하는 Op Amp 회로의 동작을 설명하라.

(2) <그림 4.14.1>의 회로에서 사용하는 Op Amp는 반드시 rail-to-rail input and output형이어야 하는 이유를 설명하라.

(3) 예제 프로그램 Exp14_4.c에서 데이터 테이블에 저장하는 1주기의 데이터는 200개로 하였는데, 만약 이를 100개로 줄이거나 360개로 늘린다면 각각 어떤 장단점이 있을지 설명하라.

(4) 예제 프로그램 Exp14_4.c에서 출력 파형의 주파수가 500kHz로 되도록 수정한 프로그램 Exp14_4R.c를 작성하라.

4.15 RS-232C 직렬통신 프로그램

이 절에서는 ATmega128A에 내장된 직렬통신 포트 USART1을 사용하여 비동기 RS-232C 통신을 수행하는 프로그램 작성 기술을 익힌다. 이 직렬통신 포트는 동기 및 비동기 통신을 모두 사용할 수 있으나 여기서는 비동기 통신만 사용한다.

퍼스널컴퓨터와 *OK-128TFT* 키트 사이에 비동기 직렬통신을 수행하려면 퍼스널컴퓨터에도 당연히 이에 대응되는 RS-232C 직렬통신 포트와 통신 프로그램을 갖추고 있어야 한다. 이러한 통신 프로그램으로는 인터넷에서 무료로 쉽게 구할 수 있는 Tera Term이나 ComPortMaster 등의 소프트웨어를 사용하면 된다. 그러나, 지금은 시대적으로 퍼스널 컴퓨터에서 RS-232C 직렬통신 포트를 거의 사용하지 않아서 점점 없어져가는 추세인데, 산업용 제품에서는 아직 RS-232C 직렬통신을 많이 사용하고 있으므로 여기서는 2개의 *OK-128TFT* 키트 사이에서 RS-232C로 직렬통신을 수행하는 예제 프로그램을 추가적으로 제공한다.

관련 내용	(1) 제2.5절 USART 직렬통신 포트 (2) 제3.1절 *OK-128TFT* 키트의 구조와 기능

1. USART1 통신포트의 루프백 테스트

모든 직렬통신은 최소한 2개 이상의 DTE 장비 사이에서 수행되는 것이므로 직렬통신을 테스트하려면 외부에 별도로 동일한 방식의 통신 장비를 가지고 있어야 한다. 그러나, 때로는 자신이 가지고 있는 장비 1개만을 가지고 직렬통신 동작이 정상적으로 수행되는지 확인하고 싶을 경우가 있다. 이런 경우에는 이 장비의 송신 신호선을 수신 신호선에 연결하여 자신이 송신한 데이터를 곧바로 수신하여 보는 방법을 사용할 수 있는데 이를 루프백 테스트(loopback test)라고 한다.

OK-128TFT 키트에서는 ATmega128A에 내장된 직렬통신 포트 USART1의 신호선 TXD1 및 RXD1이 MAX3232 소자(U7)를 거쳐서 RS-232C 통신 컨넥터 CN5에 연결되어 있다. 여기에 RS-232C 직렬통신 케이블을 연결하면 이것은 양쪽에 모두 암컷 컨넥터를 사용하므로 <그림 3.1.8>에서 보였듯이 통신선의 반대편 끝에서 쉽게 점퍼선

으로 TXD(3번)와 RXD(2번) 신호선을 연결하여 루프백 테스트가 가능하게 만들 수 있다.

여기서는 이처럼 *OK-128TFT* 키트의 USART1 포트를 루프백 테스트하는 프로그램을 작성하여 보기로 한다. USART1 포트의 전송 데이터 포맷은 19200 bps, 8비트 데이터, 1 스톱 비트로 하였으며, 패리티 비트는 사용하지 않는 것으로 설정하였다.

〈프로그램 Exp15_1.c〉 USART1 통신포트의 루프백 테스트 프로그램

```
/* ============================================================================ */
/*              Exp15_1.c : USART1(RS-232C) 직렬통신의 루프백 테스트            */
/* ============================================================================ */
/*                         Designed and programmed by Duck-Yong Yoon in 2020.  */

#include <avr/io.h>
#include "OK-128TFT-V2.h"

int main(void)
{
  unsigned char i, test_flag, RXD;
  unsigned char string[23] = { "OK-128TFT Loopback Test" };

  MCU_initialize();                           // initialize ATmega128A MCU
  Delay_ms(50);                               // wait for system stabilization
  LCD_initialize();                           // initialize text LCD module
  TFT_initialize();                           // initialize TFT-LCD module

  LCD_string(0x80," OK-128TFT V2.0 ");        // display title
  LCD_string(0xC0,"    Exp15_1.c    ");
  Beep();

  TFT_string(0,4,White,Magenta," USART1(RS-232C) 직렬통신 루프백 테스트 ");
  TFT_string(1, 9,White,Black,"CN5 컨넥터에 RS-232C 케이블을 접속하고");
  TFT_string(6,12,White,Black,"2번핀과 3번핀을 연결하시오 !");
  TFT_string(2,18,Cyan, Black,"송신 문자 : ");
  TFT_string(2,21,Cyan, Black,"수신 문자 : ");
  Delay_ms(1000);

  UBRR1H = 0;                                 // 19200 bps
  UBRR1L = 51;
  UCSR1A = 0x00;                              // asynchronous normal mode
  UCSR1B = 0x18;                              // Rx/Tx enable, 8 data
  UCSR1C = 0x06;                              // no parity, 1 stop, 8 data
  RXD = UDR1;                                 // dummy read

  while(1)
    { test_flag = 0;
      for(i = 0; i < 23; i++)
        { UDR1 = string[i];                   // transmit test data
          TFT_xy(14+i,18);                    // display transmitted test data
          TFT_color(Green,Black);
          TFT_English(string[i]);
          Delay_ms(5);
          RXD = UDR1;                         // receive test data
          TFT_xy(14+i,21);                    // display transmitted test data
          TFT_color(Magenta,Black);
          TFT_English(RXD);

          if(RXD == string[i]) test_flag++;   // data OK ?
          Tick();
          Delay_ms(300);
        }
```

```
        if(test_flag == 23)
          { TFT_string(12,25,  Green,Black,"통신 테스트 OK !");
            Beep();
          }
        else
          { TFT_string(11,25,Magenta,Black,"통신 테스트 에러 !");
            Beep_3times();
          }
        Delay_ms(3000);

        TFT_string(11,25,White,Black,"                    "); // clear message
        TFT_string(14,18,White,Black,"                      ");
        TFT_string(14,21,White,Black,"                      ");
      }
  }
```

☞ 이 예제 프로그램을 수행하면 23문자의 메시지 "OK-128TFT Loopback Test"를 1문자씩 차례로 송신하고 수신하여 USART1 포트에서 직렬통신이 정상적으로 수행되는지를 테스트한다. 모든 송수신 동작이 정상적으로 수행되었으면 "통신 테스트 OK !"라는 결과 메시지가 TFT-LCD에 출력되고, 송수신이 정상적으로 수행되지 않았으면 "통신 테스트 에러 !"라는 결과 메시지가 출력된다.

2. 폴링 방법에 의한 비동기 전송

다음에는 송신 및 수신 동작에서 상태 레지스터의 플랙 비트를 폴링하는 방법으로 통신을 수행하는 프로그램을 작성한다. 송신할 때는 UCSR1A 레지스터의 UDRE1 플랙 비트를 조사하여 현재 송신 버퍼가 비어있는지를 확인하고 송신할 데이터를 출력해야 하며, 수신할 때는 역시 상태 레지스터의 RXC1 플랙 비트를 조사하여 현재 버퍼에 수신되어 있는 데이터가 있는지를 확인하고 수신 문자를 읽어야 한다. 직렬통신 포트의 이러한 플랙 비트를 마이크로프로세서가 빈번하게 조사하여 상태를 확인하는 방식으로 송신 또는 수신 동작을 처리하는 것을 폴링(polling)이라고 한다.

OK-128TFT 키트에서 USART1 포트를 사용하여 폴링 방식으로 데이터를 전송하는 프로그램을 작성하면 다음과 같다. USART1 포트의 전송 데이터 포맷은 19200 bps, 8비트 데이터, 1 스톱 비트로 하였으며, 패리티 비트는 사용하지 않는다.

OK-128TFT 키트에서 이 프로그램을 실행하고 퍼스널컴퓨터에서 Tera Term이나 ComPortMaster와 같은 직렬통신 프로그램을 실행한 상태에서 키트의 KEY1~KEY4를 누르면 각각의 키 입력에 해당하는 메시지가 *OK-128TFT* 키트에서 USART1 포트를 통해 퍼스널컴퓨터로 전송되어 모니터 화면에 표시되며, 퍼스널컴퓨터의 키보드를 사용하여 임의의 문자를 입력하면 퍼스널컴퓨터는 직렬포트를 통하여 이를 전송하고 *OK-128TFT* 키트에서 수신된 문자는 TFT-LCD 모듈의 화면에 표시된다.

〈프로그램 Exp15_2.c〉 USART1 통신포트를 이용한 폴링 방식의 통신 프로그램

```
/* ============================================================================ */
/*          Exp15_2.c : USART1(RS-232C) 직렬통신 - 폴링 방식으로 수신             */
/* ============================================================================ */
/*                          Designed and programmed by Duck-Yong Yoon in 2020.  */

#include <avr/io.h>
#include "OK-128TFT-V2.h"

unsigned char RX1_char(void);                   /* receive a character by USART1 */
void TX1_char(U08 data);                        /* transmit a character by USART1 */
void TX1_string(char *string);                  /* transmit a string by USART1 */

/* ----- 메인 프로그램 -------------------------------------------------------- */

int main(void)
{
  unsigned char RXD, count;
  unsigned int color;

  MCU_initialize();                             // initialize ATmega128A MCU
  Delay_ms(50);                                 // wait for system stabilization
  LCD_initialize();                             // initialize text LCD module
  TFT_initialize();                             // initialize TFT-LCD module

  LCD_string(0x80," OK-128TFT V2.0 ");          // display title
  LCD_string(0xC0,"   Exp15_2.c    ");
  Beep();

  TFT_string( 1, 4,White,Magenta," USART1(RS-232C) 직렬통신 - 폴링 방식 ");
  TFT_string(17, 8,White,Blue," 송신 ");
  TFT_string( 9,11,White,Black,"KEY1~KEY4를 누르시오 !");
  TFT_string(17,16,White,Blue," 수신 ");
  Line(0,156,319,156,White);
  Line(0,212,319,212,White);

  UBRR1H = 0;                                   // 19200 bps
  UBRR1L = 51;
  UCSR1A = 0x00;                                // asynchronous normal mode
  UCSR1B = 0x18;                                // Rx/Tx enable, 8 data
  UCSR1C = 0x06;                                // no parity, 1 stop, 8 data
  RXD = UDR1;                                   // dummy read

  count = 0;                                    // initialize received data display
  color = Cyan;
  TFT_xy(0,20);
  TFT_color(color,Black);

  while(1)
    { switch(Key_input())                       // key input
        { case KEY1 : TX1_string("  KEY1 is OK !  ");
                      TX1_char(0x0D); TX1_char(0x0A);
                      break;
          case KEY2 : TX1_string("  KEY2 is OK !  ");
                      TX1_char(0x0D); TX1_char(0x0A);
                      break;
          case KEY3 : TX1_string("  KEY3 is OK !  ");
                      TX1_char(0x0D); TX1_char(0x0A);
                      break;
          case KEY4 : TX1_string("  KEY4 is OK !  ");
                      TX1_char(0x0D); TX1_char(0x0A);
                      break;
          default:    break;
        }

      RXD = RX1_char();                         // receive data if any
      if((RXD >= 0x20) && (RXD <= 0x7F))
        { TFT_English(RXD);                     // display a character
          count++;                              // 120 character OK ?
          if(count >= 120)                      // if yes, go home
```

```
            { count = 0;
              TFT_xy(0,20);
              color ^= 0xFFFF;
              TFT_color(color,Black);
            }
        }
    }
}

/* ----- 사용자 정의 함수 -------------------------------------------------- */

unsigned char RX1_char(void)                    /* receive a character by USART1 */
{
  if((UCSR1A & 0x80) == 0x80)                   // if data received, return with data
    return UDR1;
  else                                          // if data not received, return with 0x00
    return 0x00;
}

void TX1_char(U08 data)                         /* transmit a character by USART1 */
{
  while((UCSR1A & 0x20) != 0x20);               // data register empty ?
  UDR1 = data;                                  // yes, transmit a character
}

void TX1_string(char *string)                   /* transmit a string by USART1 */
{
  while(*string != '\0')
    { TX1_char(*string);
      string++;
    }
}
```

☞ 이 예제 프로그램의 문자 수신 함수 RX1_char()에서는 상태 레지스터의 RXC1 비트를 조사하여 현재까지 수신된 문자가 없으면 0x00값을 리턴하고, 수신된 문자가 있는 경우에는 그 문자를 읽어서 리턴한다. 그러나, 메인 루틴에서는 이 수신 문자중에서 ASCII 코드의 도형문자에 해당하는 문자(0x20~0x7F)만을 검색하여 TFT-LCD 화면에 표시한다. 이렇게 폴링 방식으로 수신 동작을 수행하는 프로그램에서는 특별한 경우가 아니라면 문자 수신 함수 RX1_char()에서 RXC1=1로 될 때까지 기다리며 폴링하는 방법을 사용하지 않도록 조심해야 한다. 그렇게 할 경우 만약 직렬통신 포트에서 문자가 수신되지 않으면 프로그램이 무한루프에 빠져서 묶여버리기 때문이다.

또한, 문자 송신 함수 TX1_char()에서는 상태 레지스터의 UDRE1 비트를 조사하여 송신버퍼가 비어있을 때만 송신할 문자를 라이트한다. 이처럼 특별한 경우가 아니라면 TXC1 플랙을 폴링하는 것보다는 UDRE1 플랙을 폴링하여 송신 동작을 수행하는 것이 바람직하다.

3. 인터럽트 방법에 의한 비동기 전송

이번에는 인터럽트를 사용하여 데이터를 수신하는 방법으로 직렬통신을 수행하는 프로그램을 작성한다. 그러나, 일반적으로 그렇듯이 여기서도 송신을 인터럽트로 수행할 필요성은 거의 없으므로 송신 동작은 앞에서와 같이 폴링 방법을 사용한다.

앞의 예제 프로그램 Exp15_2.c에서 데이터 수신을 인터럽트 방식으로 변경하고 데이터 송신은 그대로 폴링 방식을 사용하는 프로그램을 작성하면 다음과 같다.

〈프로그램 Exp15_3.c〉 USART1 통신포트를 이용한 인터럽트 방식의 통신 프로그램

```
/* ============================================================================ */
/*          Exp15_3.c : USART1(RS-232C) 직렬통신 - 인터럽트 방식으로 수신        */
/* ============================================================================ */
/*                         Designed and programmed by Duck-Yong Yoon in 2020.   */

#include <avr/io.h>
#include <avr/interrupt.h>
#include "OK-128TFT-V2.h"

void TX1_char(U08 data);                        /* transmit a character by USART1 */
void TX1_string(char *string);                  /* transmit a string by USART1 */

volatile unsigned char RXD, count;
volatile unsigned int color;

/* ----- 인터럽트 처리 프로그램 -------------------------------------------- */

ISR(USART1_RX_vect)                             /* UART1 interrupt function */
{
  if((UCSR1A & 0x80) == 0x80)                   // if RXC1 = 1, receive a character
  { RXD = UDR1;
    if((RXD >= 0x20) && (RXD <= 0x7F))
      { TFT_English(RXD);                       // display a character
        count++;                                // 120 character OK ?
        if(count >= 120)                        // if yes, go home
          { count = 0;
            TFT_xy(0,20);
            color ^= 0xFFFF;
            TFT_color(color,Black);
          }
      }
  }
}

/* ----- 메인 프로그램 ---------------------------------------------------- */

int main(void)
{
  MCU_initialize();                             // initialize ATmega128A MCU
  Delay_ms(50);                                 // wait for system stabilization
  LCD_initialize();                             // initialize text LCD module
  TFT_initialize();                             // initialize TFT-LCD module

  LCD_string(0x80," OK-128TFT V2.0 ");          // display title
  LCD_string(0xC0,"   Exp15_3.c    ");
  Beep();

  TFT_string( 1, 4,White,Magenta," USART1(RS-232C) 직렬통신 - 인터럽트 ");
  TFT_string(17, 8,White,Blue," 송신 ");
  TFT_string( 9,11,White,Black,"KEY1~KEY4를 누르시오 !");
  TFT_string(17,16,White,Blue," 수신 ");
  Line(0,156,319,156,White);
  Line(0,212,319,212,White);

  UBRR1H = 0;                                   // 19200 bps
  UBRR1L = 51;
  UCSR1A = 0x00;                                // asynchronous normal mode
  UCSR1B = 0x98;                                // interrupt enable, 8 data
  UCSR1C = 0x06;                                // no parity, 1 stop, 8 data
  RXD = UDR1;                                   // dummy read
  sei();                                        // global interrupt enable

  count = 0;                                    // initialize received data display
  color = Cyan;
  TFT_xy(0,20);
  TFT_color(color,Black);
```

```
  while(1)
    { switch(Key_input())                           // key input
        { case KEY1 : TX1_string("  KEY1 is OK !  ");
                      TX1_char(0x0D); TX1_char(0x0A);
                      break;
          case KEY2 : TX1_string("  KEY2 is OK !  ");
                      TX1_char(0x0D); TX1_char(0x0A);
                      break;
          case KEY3 : TX1_string("  KEY3 is OK !  ");
                      TX1_char(0x0D); TX1_char(0x0A);
                      break;
          case KEY4 : TX1_string("  KEY4 is OK !  ");
                      TX1_char(0x0D); TX1_char(0x0A);
                      break;
          default:    break;
        }
    }
}

/* ----- 사용자 정의 함수 ---------------------------------------------------- */

void TX1_char(U08 data)                         /* transmit a character by USART1 */
{
  while((UCSR1A & 0x20) != 0x20);               // data register empty ?
  UDR1 = data;                                  // yes, transmit a character
}

void TX1_string(char *string)                   /* transmit a string by USART1 */
{
  while(*string != '\0')
    { TX1_char(*string);
      string++;
    }
}
```

4. 2개의 *OK-128TFT* 키트 사이의 직렬 통신

이번에는 많은 산업용 제품에서 그렇게 하듯이 2개의 컨트롤러 사이에서 송신은 폴링 방식을 사용하고 수신은 인터럽트 방식을 사용하여 실시간으로 정해진 포맷의 데이터를 주고받는 프로그램을 작성하여 보기로 한다. 여기서 2개의 컨트롤러로는 당연히 *OK-128TFT* 키트를 사용한다. 따라서, 학교에서 이 키트로 실습하는 경우에는 옆 사람의 키트와 RS-232C 통신선으로 연결하여 공동으로 실습할 수 있으나, 개인 사용자는 자기의 키트 1개만 가지고 있을 것이므로 이 예제 프로그램을 수행시켜 보기는 어려울 것이다.

〈프로그램 Exp15_4.c〉 2개의 *OK-128TFT* 키트 사이의 직렬통신 프로그램

```
/* ============================================================================ */
/*      Exp15_4.c : 2개의 OK-128TFT 키트가 직렬통신으로 데이터를 주고 받기      */
/* ============================================================================ */
/*                         Designed and programmed by Duck-Yong Yoon in 2020.   */

#include <avr/io.h>
```

```
#include <avr/interrupt.h>
#include "OK-128TFT-V2.h"

void Read_ADC(void);                            /* read voltage and temperature by A/D */
void TX1_char(U08 data);                        /* transmit a character by USART1 */
void TX1_data(void);                            /* transmit voltage and temperature by USART1 */

#define STX             0x02                    // Start of Text
#define ETX             0x03                    // End of Text

volatile unsigned char TX_flag = 0;
float voltage1, temperature1;                   // value of my kit
unsigned char TXD_data[16];                     // TXD data(STX V=x.xx,T=x.xx checksum ETX)

volatile unsigned char RXD, RXD_status=0, RXD_index, RXD_OK = 0;
float voltage2, temperature2;                   // value of your kit
unsigned char RXD_buffer[16], RXD_data[16];     // RXD data(STX V=x.xx,T=x.xx checksum ETX)

/* ----- 인터럽트 처리 프로그램 ------------------------------------------------ */

ISR(TIMER1_COMPA_vect)                          /* OC1A interrupt function (2 Hz) */
{
  TX_flag = 1;
}

ISR(USART1_RX_vect)                             /* UART1 interrupt function */
{
  unsigned char i, checksum;

  RXD = UDR1;                                   // receive a character

  if((RXD_status == 1) && (RXD_index <= 15))    // receive data
  RXD_buffer[RXD_index++] = RXD;

  if(RXD == STX)                                // 전송 시작 표시 ?
    { RXD_status = 1;
      RXD_index = 0;
      RXD_buffer[RXD_index++] = STX;
    }
  else if((RXD_index == 16) && (RXD == ETX))    // 전송 종료 표시 ?
    { RXD_status = 0;
      RXD_index = 0;

      checksum = 0;                             // calculate checksum
      for(i = 0; i <= 13; i++)
        checksum += RXD_buffer[i];
      if((checksum == STX) || (checksum == ETX))
        checksum = ~checksum;

      if(checksum == RXD_buffer[14])
        { RXD_OK = 1;                           // if checksum is OK, store receive data
          for(i = 0; i <= 15; i++)
          RXD_data[i] = RXD_buffer[i];
          LED1_off();
          LED2_toggle();
        }
      else                                      // if checksum error, LED1 on
        { LED1_on();
          LED2_toggle();
        }
    }
}

/* ----- 메인 프로그램 ------------------------------------------------------- */

int main(void)
{
  MCU_initialize();                             // initialize ATmega128A MCU
  Delay_ms(50);                                 // wait for system stabilization
  LCD_initialize();                             // initialize text LCD module
  TFT_initialize();                             // initialize TFT-LCD module
```

```
  LCD_string(0x80," OK-128TFT V2.0 ");          // display title
  LCD_string(0xC0,"   Exp15_4.c    ");
  Beep();

  TFT_string(1, 1,White,Magenta," 2개의 OK-128TFT 사이에서 RS-232C 통신 ");
  TFT_string(3, 6,White,Blue," 나의 OK-128TFT 키트에서 측정한 값 ");
  TFT_string(8, 9,Cyan,Black,"(1) VR1 전압  = 0.00[V]");
  TFT_string(8,12,Cyan,Black,"(2) 현재 기온 = 00.0[ C]");
  TFT_string(3,17,White,Blue," 상대 OK-128TFT 키트에서 수신한 값");
  TFT_string(8,20,Cyan,Black,"(1) VR1 전압  = 0.00[V]");
  TFT_string(8,23,Cyan,Black,"(2) 현재 기온 = 00.0[ C]");
  TFT_xy(29,12); TFT_English(0x7F);
  TFT_xy(29,23); TFT_English(0x7F);
  TFT_string(1,27,White,Black,"(LED1 = 체크섬 에러, LED2 = 수신 동작)");

  TCCR1A = 0x00;                                // CTC mode(4), don't output OC1A
  TCCR1B = 0x0C;                                // 16MHz/256/(1+31249) = 2Hz
  TCCR1C = 0x00;
  OCR1A = 31249;
  TCNT1 = 0x0000;                               // clear Timer/Counter3
  TIFR = 0x10;                                  // clear OC1A interrupt flag
  TIMSK = 0x10;                                 // enable OC1A interrupt

  UBRR1H = 0;                                   // 19200 bps
  UBRR1L = 51;
  UCSR1A = 0x00;                                // asynchronous normal mode
  UCSR1B = 0x98;                                // interrupt enable, 8 data
  UCSR1C = 0x06;                                // no parity, 1 stop, 8 data
  RXD = UDR1;                                   // dummy read
  sei();                                        // global interrupt enable

  while(1)
    { if(RXD_OK == 1)                           // RXD data OK ?
        { RXD_OK = 0;
          voltage2 = (RXD_data[3]-'0') + (RXD_data[5]-'0')*0.1 + (RXD_data[5]-'0')*0.01;
          TFT_xy(24,20);
          TFT_unsigned_float(voltage2,1,2);
          temperature2 = (RXD_data[10]-'0')*10. + (RXD_data[11]-'0') + (RXD_data[13]-'0')*0.1;
          TFT_xy(24,23);
          TFT_unsigned_float(temperature2,2,1);
        }

      if(TX_flag == 1)                          // read data and transmit in 500ms interval
        { TX_flag = 0;
          Read_ADC();
          TX1_data();
        }
    }
}

/* ----- 사용자 정의 함수 ---------------------------------------------------- */

void Read_ADC(void)                             /* read voltage and temperature by A/D */
{
  ADCSRA = 0x84;                                // ADC enable, 1000kHz
  ADMUX = 0xC1;                                 // select ADC1 with 2.56V **********
  Delay_ms(2);
  ADCSRA = 0xD4;                                // start conversion and clear ADIF
  while((ADCSRA & 0x10) != 0x10);
  temperature1 = (float)ADCW*256./1023.;        // read A/D result and calculate temperature
  TFT_xy(24,12);                                // display LM35DZ temperature in XX.X
  TFT_unsigned_float(temperature1,2,1);

  ADMUX = 0x43;                                 // select ADC3 with AVCC **********
  Delay_us(150);
  ADCSRA = 0xD4;                                // start conversion and clear ADIF
  while((ADCSRA & 0x10) != 0x10);
  voltage1 = (float)ADCW*5./1023.;              // read A/D result and calculate voltage
  TFT_xy(24,9);                                 // display VR1 voltage in X.XX
  TFT_unsigned_float(voltage1,1,2);
```

```
}

void TX1_char(U08 data)                          /* transmit a character by USART1 */
{
  while((UCSR1A & 0x20) != 0x20);                // data register empty ?
  UDR1 = data;                                   // yes, transmit a character
}

void TX1_data(void)                              /* transmit voltage and temperature by USART1 */
{
  unsigned char i, checksum;
  unsigned int x;

  TXD_data[0] = STX;                             // STX
  TXD_data[1] = 'V';                             // string
  TXD_data[2] = '=';
  x = voltage1 * 100. + 0.5;
  TXD_data[3] = x / 100 + '0';
  TXD_data[4] = '.';
  TXD_data[5] = (x % 100) / 10 + '0';
  TXD_data[6] = ((x % 100) % 10) + '0';
  TXD_data[7] = ',';
  TXD_data[8] = 'T';
  TXD_data[9] = '=';
  x = temperature1 * 10. + 0.5;
  TXD_data[10] = x / 100 + '0';
  TXD_data[11] = (x % 100) / 10 + '0';
  TXD_data[12] = '.';
  TXD_data[13] = ((x % 100) % 10) + '0';
  checksum = 0;                                  // calculate checksum
  for(i = 0; i <= 13; i++)
    checksum += TXD_data[i];
  if((checksum == STX) || (checksum == ETX))
    checksum = ~checksum;
  TXD_data[14] = checksum;                       // checksum
  TXD_data[15] = ETX;                            // ETX

  for(i = 0; i <= 15; i++)                       // transmit string by USART1
    TX1_char(TXD_data[i]);
}
```

☞ 이 예제 프로그램을 실행하면 TFT-LCD 화면의 위쪽에는 0.5초 간격으로 내 키트에서 측정한 VR1 전압과 현재 기온을 표시하면서 상대 키트로 이 값을 송신하며, TFT-LCD 화면의 아래쪽에는 상대 키트로부터 수신한 VR1 전압과 현재 기온을 표시한다.

송신 및 수신 데이터 포맷은 STX V=x.xx,T=xx.x checksum ETX로서 총 16문자로 구성되며, 이 문자열이 1번 수신될 때마다 LED2를 토글하여 표시한다. 여기서 STX와 ETX는 각각 문자열의 시작과 끝을 표시하는 ASCII 문자이며, V는 키트에서 가변저항 VR1의 입력전압이고, T는 온도센서 LM35DZ에서 A/D 컨버터로 읽어들인 현재 기온이다. checksum은 그 앞의 14문자를 모두 더한 8비트 값으로서 RS-232C 전송 중에 에러 발생 여부를 체크하는데 사용한다. 만약 checksum 값이 우연히 STX 또는 ETX 값과 같아지면 이들 문자와 혼동될 수 있으므로 8비트의 checksum 값을 반전시켜 사용한다.

VR1 전압은 원래 실수지만 x.xx처럼 4자리의 ASCII 문자로 변환하여 전송하며, 온도 T도 원래는 실수지만 xx.x처럼 4자리의 ASCII 문자로 변환하여 전송한다. 이 2가지 값은 타이머1의 인터럽트를 받아서 0.5초의 시간 간격으로 A/D 변환하여 TFT-LCD에 표시하고 상대방 키트로 전송한다.

수신측에서는 USART1의 수신 인터럽트에 의하여 STX 문자부터 16문자의 수신버퍼 RXD_buffer[]에 차례로 저장되며, ETX까지 모두 수신되어 저장되었으면 checksum을 검사하고 에러가 없으면 RXD_buffer[]의 16문자를 RXD_data[]에 옮겨 저장하고 LED2를 토글한다. 그러나, checksum 에러가 있으면 RXD_buffer[]의 이 16문자는 무효이므로 RXD_data[]에 복사하지 않고 그냥 버리며 LED1을 점등하여 에러가 발생하였음을 표시한다. 이와 같이 16문자가 올바르게 수신되었을 경우 이를 즉시 RXD_data[] 배열에 옮겨 저장하는 것은 이후에 다음의 데이터를 RXD_buffer[]에 수신하면서 그 앞에서 수신하였던 수신 데이터 RXD_data[]를 여유 있게 분석하고 처리하기 위함이다.

5. printf() 함수를 사용하여 직렬포트로 출력하기

이번에는 WinAVR C컴파일러에서 제공하는 표준 printf() 함수를 사용하여 % 서식지정 방식으로 USART1 직렬통신 포트에 문자나 수치 데이터를 출력하는 프로그램을 작성한다. C컴파일러에서 제공하는 표준 printf() 함수를 사용하여 % 서식지정 방식으로 수치 데이터를 출력하는 방법에 대하여는 앞의 제4.3절에서 자세히 설명하였으니 참고하라.

〈프로그램 Exp15_5.c〉 printf() 함수로 USART1 직렬포트에 출력하는 프로그램

```
/* ========================================================================== */
/*        Exp15_5.c : USART1(RS-232C) 직렬통신으로 printf() 함수를 출력하기        */
/* ========================================================================== */
/*                        Designed and programmed by Duck-Yong Yoon in 2020.  */

#include <avr/io.h>
#include <stdio.h>
#include "OK-128TFT-V2.h"

static int USART1_putchar(char c, FILE *stream);
static FILE device = FDEV_SETUP_STREAM(USART1_putchar, NULL, _FDEV_SETUP_WRITE);

static int USART1_putchar(char c, FILE *stream) /* print a character to USART1 */
{
  if(c == '\n')                                 // process CR(carriage return)
    { while((UCSR1A & 0x20) != 0x20);           // data register empty ?
      UDR1 = 0x0D;
      while((UCSR1A & 0x20) != 0x20);           // data register empty ?
      UDR1 = 0x0A;
    }
  else
    { while((UCSR1A & 0x20) != 0x20);           // data register empty ?
      UDR1 = c;                                 // if yes, print
    }

  return 0;
}

int main(void)
{
  unsigned char i;
  float x;

  MCU_initialize();                             // initialize ATmega128A MCU
  Delay_ms(50);                                 // wait for system stabilization
  LCD_initialize();                             // initialize text LCD module
  TFT_initialize();                             // initialize TFT-LCD module

  LCD_string(0x80," OK-128TFT V2.0 ");          // display title
  LCD_string(0xC0,"   Exp15_5.c    ");
```

```
    TFT_string(1,5,White, Magenta," USART1(RS-232C)로 printf() 함수 출력 ");

    UBRR1H = 0;                                    // 19200 bps
    UBRR1L = 51;
    UCSR1A = 0x00;                                 // asynchronous normal mode
    UCSR1B = 0x18;                                 // Rx/Tx enable, 8 data
    UCSR1C = 0x06;                                 // no parity, 1 stop, 8 data
    x = UDR1;                                      // dummy read

    stdout = &device;                              // set USART1 to stdout

    while(1)
      { TFT_string(14,10,White,Blue," 정수 곱셈 ");// display title 1 on TFT-LCD
        TFT_string(13,13,Cyan,Black,"00 x 00 = 0000");
        TFT_string(14,18,White,Blue," 실수 곱셈 ");// display title 1 on TFT-LCD
        TFT_string(11,21,Cyan,Black,"0.0 x 0.0 = 00.00");

        for(i = 1; i <= 9; i++)
          { TFT_xy(13,13);                         // display on TFT-LCD
            TFT_unsigned_decimal(i*11,0,2);
            TFT_xy(18,13);
            TFT_unsigned_decimal(i*11,0,2);
            TFT_xy(23,13);
            TFT_unsigned_decimal((i*11)*(i*11),0,4);

            printf("%2d x %2d = %4d\n",i*11,i*11,(i*11)*(i*11));// printf()를 사용한 USART1 출력
            Beep();
            Delay_ms(2000);
          }
        printf("\n");

        for(i = 1, x = 1.1; i <= 9; i++, x += 1.1)
          { TFT_xy(11,21);                         // display on TFT-LCD
            TFT_unsigned_float(x,1,1);
            TFT_xy(17,21);
            TFT_unsigned_float(x,1,1);
            TFT_xy(23,21);
            TFT_unsigned_float(x*x,2,2);

            printf("%3.1f x %3.1f = %5.2f\n",x,x,x*x);// printf()를 사용한 USART1 출력
            Beep();
            Delay_ms(2000);
          }
        printf("\n");
      }
  }
```

☞ 표준 printf() 함수를 사용하려면 프로그램의 서두에서 헤더 파일 stdio.h를 인클루드해야 한다. 여기서는 표준 printf() 함수가 USART1 직렬통신 포트로 올바르게 문자를 출력할 수 있도록 USART1을 초기화하고 USART1_putchar() 함수를 만들며 이를 stdout으로 지정하는 것이 중요하다. 이처럼 정해진 C언어 규칙을 정확하게 따라야만 printf() 함수가 올바르게 동작한다.

6. 실습 과제

(1) 비동기식 직렬통신의 수신 동작에서 폴링을 사용하는 방법과 인터럽트를 사용하는 방법에는 어떤 장단점이 있는지 설명하라.

(2) ATmega128A에 내장된 USARTn 직렬통신 포트에서 폴링 방식으로 송신할 때 UDREn 플랙 비트를 체크하는 방법과 TXCn 플랙 비트를 체크하는 방법은 어떤 차이가 있는지 설명하라.

(3) 예제 프로그램 Exp15_2.c에서 현재 송신 버퍼가 비어있는지를 체크하는

```
while((UCSR1A & 0x20) != 0x20);
```

부분은

```
while(!(UCSR1A & (1 << UDRE1)));
```

와 같이 수정해도 된다. 이것의 의미를 설명하라.

(4) 예제 프로그램 Exp15_2.c를 전송속도 38400 bps로 동작하도록 수정한 프로그램 Exp15_2R.c를 작성하라. 이를 *OK-128TFT* 키트에서 실행하고 퍼스널컴퓨터와 통신하여 테스트해보라.

(5) 예제 프로그램 Exp15_3.c를 전송속도 115200 bps로 동작하도록 수정한 프로그램 Exp15_3R.c를 작성하라. 이를 *OK-128TFT* 키트에서 실행하고 퍼스널컴퓨터와 통신하여 테스트해보라.

(6) 예제 프로그램 Exp15_4.c에서 실수 데이터를 x.xx 또는 xx.x처럼 지정된 자리수의 ASCII 문자열로 변환하여 전송하는 이유는 무엇인가?

4.16 DS3234 RTC를 이용한 시계 프로그램

이 절에서는 배터리 백업형 시계용 IC인 DS3234 RTC 소자의 구조와 원리를 이해하고, 이를 응용한 디지털 시계 및 아날로그 시계 프로그램의 작성 기술을 익힌다.

관련 내용	(1) 제2.6절 SPI 직렬통신 포트 (2) 제3.1절 *OK-128TFT* 키트의 구조와 기능 (3) DS3234 RTC의 데이터 시트(Maxim사)

1. RTC의 원리 및 종류

실시간 시계(RTC ; Real Time Clock)는 우리가 일상 생활에서 사용하는 실제의 시간을 표시하는 소자이다. 오늘날 이것은 현재의 시간 정보가 필요한 범용 컴퓨터나 자동제어 기기에 널리 사용되고 있다.

RTC가 항상 실시간으로 현재의 시간을 표시하기 위해서는 최소한 ① 정확한 기준 주파수를 발생하는 수정발진자, ② 이 기준 주파수를 적절히 분주하여 초/분/시(오전, 오후 포함)/일(요일 포함)/월/년(윤년 환산기능 포함) 등의 정보로 변환하는 카운터 회로, 그리고 ③ 공급전원이 꺼지더라도 시계가 멈추지 않도록 항상 회로를 동작시켜 주는 배터리 백업 회로 등의 3가지가 필요하다.

이러한 구성을 기준으로 생각할 때 RTC 소자에는 다음과 같은 4가지의 형태가 있다. 첫째는 수정발진자와 배터리 백업 회로를 외부에 별도로 접속하게 되어 있어서 사실상 카운터 및 제어회로만을 가지고 있는 가장 초보적인 형태이다. 이러한 소자의 대표적인 모델로는 Ricoh사의 RP5C15, Motorola사의 MC146818A 등이 있다. 물론 이러한 기능을 수행하는 시계 회로는 카운터 전용의 소자나 논리소자들을 사용하여 사용자가 설계할 수도 있지만, 이렇게 하드웨어적으로만 구성할 경우에는 회로가 상당히 복잡하여 경제적으로나 보드를 차지하는 면적으로 볼 때 불리해진다.

초창기의 RTC는 대부분 이러한 형태였지만, 외부에 별도로 사용하는 32.768kHz 수정발진자의 정밀도나 안정도가 비교적 낮고, 또한 배터리 회로를 사용하는데 여러가지의 불편이 있어서 오늘날은 거의 사용되지 않고 있다. IBM PC AT 이상의 퍼스널컴퓨터에서 초창기에는 MC146818A 호환의 RTC 소자를 많이 사용하였다. 이들 소자에서는 경우에 따라 배터리 백업회로를 사용하지 않기도 하는데, 이러한 경우에는 컴퓨터의 전원을 켤 때마다 사용자가 올바른 시간값을 다시 설정해 주어야 하므로 상당히 불편하다.

둘째는 이 3가지의 구성 요소를 1개의 패키지에 모두 내장(encapsulated package)한 소자로서 이 구조는 <그림 4.16.1>과 같다. 이러한 소자로는 종래의 MC146818A와 핀배열이 동일하여 직접 대치가 가능한 Maxim사(원래는 Dallas사의 제품이나 현재는 Maxim사에 흡수 합병되었음)의 DS1287, DS12C887 등이 있다. 이것은 패키지에 내장된 수정 발진 회로의 정밀도나 안정도가 상당히 높고, 또한 배터리 회로를 내장하고 있어서 단일 소자로서 1개의 IC처럼 보드에 실장하기가 쉬우며, 외부 전원이 차단된 상태에서도 데이터의 보증시간이 약 10년 정도로서 매우 길기 때문에 오늘날 그 사용 빈도가 크게 증가하고 있다. 현재는 IBM PC 호환 퍼스널컴퓨터나 각종 제어계측 장비에서 이러한 모델들이 널리 사용되고 있다.

이 소자에는 수십 바이트 이상(DS1287은 50바이트, DS12C887은 113바이트)의 배터리 백업 SRAM을 내장하고 있어서 불휘발성 데이터를 저장하는 용도로 사용할 수 있다. 그러나, 대부분의 경우 어드레스 및 데이터 버스가 시분할 다중화되어 있어서 이와 동일한 버스 구조를 갖는 Intel사의 마이크로컨트롤러에 접속하는 경우에는 별 문제가 없으나 다른 CPU의 경우에는 하드웨어적인 인터페이스가 불편할 수도 있다.

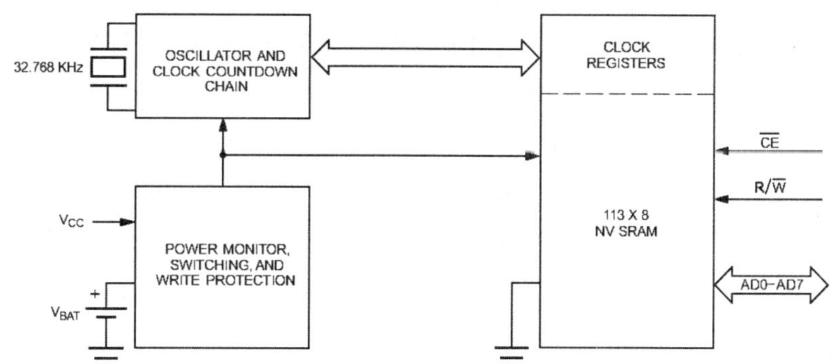

〈그림 4.16.1〉 수정발진자 및 배터리를 내장한 일체형 RTC 소자의 구조

셋째는 위의 일체형 RTC처럼 3가지의 구성 요소를 1패키지에 모두 내장하는 것은 물론이고, 여기에 대용량(수KB~수백KB)의 SRAM까지 포함하는 소자로서 그 구조는 <그림 4.16.2>와 같다. 이러한 소자로는 Maxim사의 DS1243Y/1244Y/1248Y/1251Y, DS1742/1743 등이 있다. 이것은 RTC 기능에 주기억장치로 사용할 수 있는 대용량의

SRAM을 포함하고 있기 때문에 RAM 전체를 배터리 백업해야 하는 제어계측 시스템의 경우에 유용하다.

이러한 소자들은 앞에서 설명한 일체형 RTC와 달리 어드레스 버스와 데이터 버스가 별도로 분리되어 있으며, 더구나 이것들이 기존의 일반 SRAM이나 EEPROM과 호환이 되는 핀 배열로 되어 있어서 인터페이스하기에 매우 편리하다. 그러나, 이러한 소자들의 가격이 상대적으로 비싼 편이며 액세스 시간이 비교적 느려서 널리 사용되지는 않고 있다.

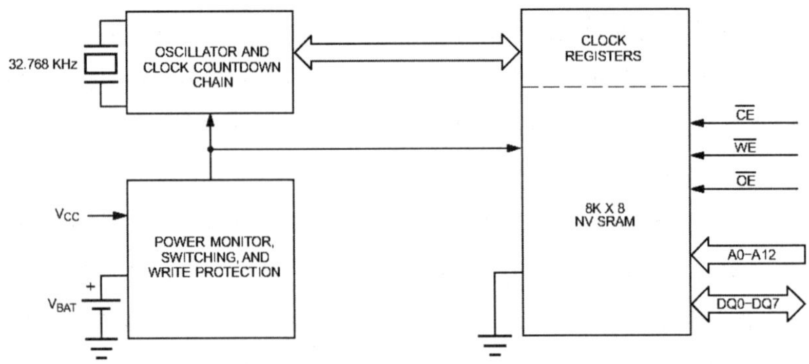

〈그림 4.16.2〉 대용량의 배터리 백업 SRAM을 내장하는 일체형 RTC 소자

넷째는 위의 첫번째 경우와 유사하지만 마이크로프로세서와의 인터페이스를 병렬이 아닌 SPI나 I^2C와 같은 동기식 직렬통신으로 구현할 수 있는 형태이다. 오늘날 대부분의 마이크로컨트롤러들은 SPI나 I^2C와 같은 동기식 직렬통신 포트를 내장하고 있으므로 이런 형태의 RTC 소자를 사용하면 아주 간단하게 인터페이스가 가능하여 최근에 점점 사용이 많아지는 추세에 있다. 외부에 32.768kHz의 크리스털과 배터리 백업회로를 사용해야 하는 불편은 있지만, 직렬통신을 사용하는 만큼 외부 핀 수가 적어져서 8핀짜리 패키지가 많다. 이런 형태의 RTC 소자도 역시 Maxim사의 제품에 많이 있으며, DS1302나 DS1307은 그 예이다.

이밖에도 RTC 소자에는 워치독 기능을 함께 가지거나 기타 여러 가지의 부수적인 기능을 갖는 다양한 모델들이 있다. 이 책의 *OK-128TFT* 키트에서는 SPI 직렬통신 인터페이스 방식의 DS3234 RTC 소자를 사용하는데, 이것은 위의 네 번째 부류와 유사하게 직렬통신으로 인터페이스하고 외부에 배터리를 부착해야 하지만 시계의 정확성을 높이기 위하여 정밀도가 높은 크리스털 발진회로를 소자에 내장하고 있다.

2. DS3234 RTC의 구조와 기능

DS3234는 외부에 배터리를 사용하는 SPI 직렬통신 인터페이스형의 RTC 소자로서 내부에 매우 정밀도가 높은 크리스털 발진회로를 내장하고 있어서 0~+40℃의 온도범위에서 ±2ppm, -40~+85℃의 온도범위에서 ±3.5ppm의 정밀도를 보장한다.

(1) 특징

① 외부에 배터리 백업 회로를 추가로 사용해야 하는 RTC이다.

② 최대 4MHz 속도의 SPI 직렬통신 방식으로 인터페이스한다.

③ 소자 내부에 32.768kHz의 수정발진 회로를 가지고 있어서 0~+40℃에서 ±2ppm, -40~+85℃에서 ±3.5ppm의 높은 정밀도를 보장한다.

④ 연, 월, 일, 요일, 시, 분, 초 데이터를 저장하고 있으며, 서기 2099년까지 윤년을 자동으로 환산하여 처리하는 기능을 가진다.

⑤ 12시제 및 24시제를 임의로 사용할 수 있으며, 12시제를 사용하는 경우에는 오전, 오후를 표시할 수 있다.

⑥ 모든 데이터는 BCD 형식으로 표시한다.

⑦ 2개의 알람(time-of-day alarm) 기능을 사용할 수 있다.

⑧ 내부에 ±3℃의 정밀도를 갖는 디지털 온도센서를 가지고 있다.

⑨ 32kHz 단자를 통하여 32.768kHz의 클록 신호를 출력할 수 있으며, SQW 단자를 통하여 32.768kHz를 분주한 4가지의 주파수를 선택하여 외부로 출력할 수 있다.

⑩ 이 소자를 사용하는 시간이 늘어남에 따라 경년(aging) 변화로 달라지는 발진주파수를 조정(trim)할 수 있는 레지스터를 가지고 있다.

⑪ 내부에 256바이트의 배터리 백업 SRAM을 가지고 있다.

⑫ +2.0~+5.5V의 전원으로 동작하고, V_{BAT} 단자에는 +2.0~+3.8V의 배터리를 연결해야 하며, 20핀 SO(Small Outline)형 패키지로 되어 있다.

⑬ 내부에 전압검출 회로를 가지고 있어서 전원 전압 V_{CC}가 V_{PF}=2.575V 보다 낮고 또한 V_{BAT}보다 낮으면 소자의 전원은 자동적으로 V_{CC}에서 V_{BAT}로 교체된다.

⑭ 배터리로 동작할 때는 소비전력이 극히 적어져서 전원 전류가 1.5μA 정도로 낮아진다.

(2) 외부 구조

DS3234의 외부 구조는 <그림 4.16.3>과 같이 20핀 SO형으로 되어 있으며, 각 핀의 기능을 요약하면 <표 4.16.1>과 같다.

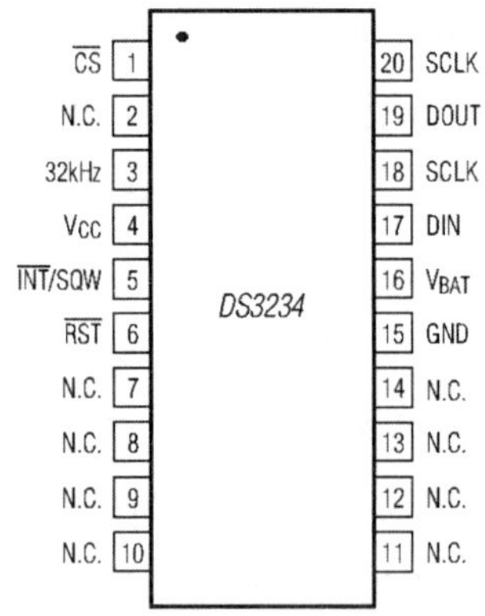

〈그림 4.16.3〉 DS3234의 외부 구조

〈표 4.16.1〉 DS3234 외부 핀의 기능

신호 이름	I/O	기 능
V_{CC}, GND	–	Primary Power Supply : +3.3V 또는 +5V 전원 및 접지 단자이다. 이 전원 전압이 V_{PF}=2.575V 보다 낮고 또한 V_{BAT}보다 낮으면 소자의 전원은 자동적으로 V_{CC}에서 V_{BAT}로 교체된다. 이 전원은 0.1μF～1.0μF의 커패시터를 사용하여 디커플링해야 한다.
V_{BAT}	–	Backup Power Supply : +2.0V～+3.8V의 배터리 전원을 연결하는 단자이다. V_{CC}로 입력되는 전원 전압이 이 전압보다 낮고 또한 V_{PF}=2.575V 보다도 낮으면 이 소자의 동작전원은 V_{CC}에서 V_{BAT}로 교체된다. 배터리 백업 전원을 사용하지 않으려면 이 단자를 접지시켜야 한다.
$\overline{RST}$	I/O	Reset : 이 단자는 오픈 드레인형의 입출력 단자로서 내부에서 50kΩ의 저항을 사용하여 V_{CC} 단자로 풀업되어 있다. 만약 V_{CC} 전압이 V_{PF} 전압 이하로 떨어지면 이 단자는 low로 출력되며, V_{CC} 전압이 t_{RST} = 250ms 이상동안 V_{PF} 전압 이상으로 유지되면 이 단자는 하이 임피던스 상태로 된다. 이 단자를 외부에서 강제로 low로 드라이브하면 이 소자는 리셋된다. 사용자가 추가적으로 외부에 풀업저항을 접속하지 말아야 하며, 만약 이 단자를 사용하지 않을 경우에는 오픈시켜 둔다.
$\overline{CS}$	I	Chip Select : 외부에서 SPI 직렬통신으로 이 소자를 액세스하기 위한 칩선택 신호이다.
SCLK	I	SPI Clock : SPI 직렬통신의 클록 신호이다. 2개의 SCLK 신호는 내부에서 서로 연결되어 있다.
DIN	I	SPI Data Input : SPI 직렬통신의 데이터 입력 신호이다. SPI 직렬통신의 MOSI에 해당한다.
DOUT	O	SPI Data Output : SPI 직렬통신의 데이터 출력 신호이다. SPI 직렬통신의 MISO에 해당한다.
32kHz	O	32kHz Push-Pull Output : 32.768kHz의 주파수 신호를 출력하는 단자이다. 만약 EN32kHz = 0이거나 BB32kHz = 0이면 클록 신호는 출력되지 않으며 이 단자가 low를 출력한다.
$\overline{INT}$/SQW	O	Interrupt or Square-Wave Output : 이 단자는 외부의 풀업저항을 필요로 하는 오픈드레인형 출력 단자이다. 만약 INTCN = 0으로 설정하면 이 단자는 SQW로 사용되어 RS2 및 RS1 비트로 지정한 클록 주파수를 출력한다. 그러나, INTCN = 1로 설정하면 이 단자는 $\overline{INT}$로 사용되어 알람 조건이 만족되었을 경우 인터럽트 신호를 출력한다. 이 단자를 사용하지 않을 경우에는 오픈시켜 두어야 한다.

(3) 내부 구조

DS3234의 내부 구조는 <그림 4.16.4>와 같고, 내부의 레지스터 및 SRAM 어드레스는 <표 4.16.2>와 같다.

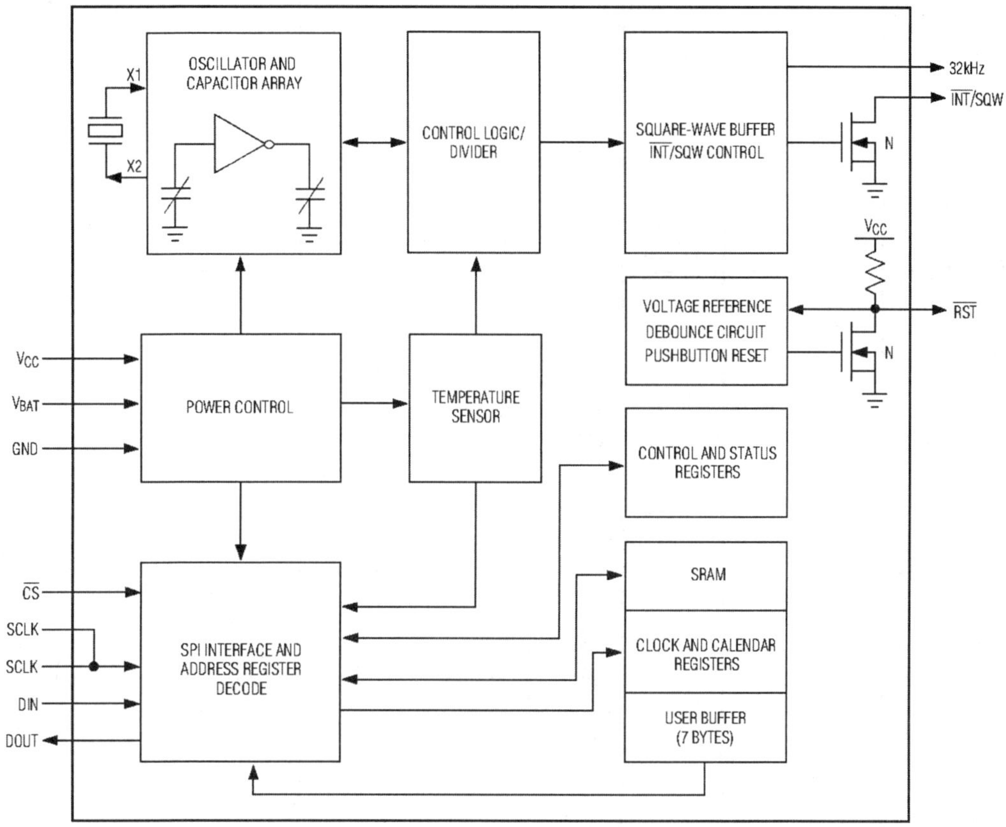

〈그림 4.16.4〉 DS3234의 내부 구조

각 번지의 시각, 요일, 날짜 등은 모두 8비트 BCD(Binary-Coded Decimal) 표현법으로 동작하는데 이를 요약하면 <표 4.16.2>와 같다.

시간(hour)을 설정하는 02H 번지에서 비트6을 1로 설정하면 12시제로 동작하고 0으로 설정하면 24시제로 동작한다. 12시제를 사용할 때는 비트5가 0이면 오전(AM)을 나타내고 1이면 오후(PM)를 나타낸다.

요일을 설정하는 03H 번지에서 1이면 일요일에서 시작하여, 차례로 2면 화요일이고, 마지막으로 7이면 토요일이다.

06H 번지의 연도는 마지막의 2자리 00~99만 저장되며 사용자가 앞에 20을 붙이면

된다. 그러나, 세기(century) 값이 자동으로 처리되도록 하려면 05H 번지의 세기 비트는 연도가 99에서 00으로 바뀔 때마다 토글되므로 이 비트를 응용하면 된다.

〈표 4.16.2〉 DS3234의 내부 레지스터 및 SRAM

번지 리드	번지 라이트	기능	설정 범위	비트7	비트6	비트5	비트4	비트3	비트2	비트1	비트0
00H	80H	초(second)	00~59	0	10초			1초			
01H	81H	분(minute)	00~59	0	10분			1분			
02H	82H	시(hour)	01~12	0	1(12시제)	$\overline{AM}$/PM	10시간	1시간			
			00~23		0(24시제)	10시간					
03H	83H	요일(day)	01~07	0	0	0	0	0	요일		
04H	84H	날짜(date)	01~31	0	0	10일		1일			
05H	85H	월(month)/ 세기(century)	01~12	세기	0	0	10월	1월			
06H	86H	연(year)	00~99	10년				1년			
07H	87H	알람1 초	00~59	A1M1	10초			1초			
08H	88H	알람1 분	00~59	A1M2	10분			1분			
09H	89H	알람1 시	01~12	A1M3	1(12시제)	$\overline{AM}$/PM	10시간	1시간			
			00~23		0(24시제)	10시간					
0AH	8AH	알람1 요일/날짜	01~07	A1M4	1(요일)	0	0	0	요일		
			01~31		0(날짜)	10일		1일			
0BH	8BH	알람2 분	00~59	A2M2	10분			1분			
0CH	8CH	알람2 시	01~12	A2M3	1(12시제)	$\overline{AM}$/PM	10시간	1시간			
			00~23		0(24시제)	10시간					
0DH	8DH	알람2 요일/날짜	01~07	A2M4	1(요일)	0	0	0	요일		
			01~31		0(날짜)	10일		1일			
0EH	8EH	제어	-	$\overline{EOSC}$	BBSQW	CONV	RS2	RS1	INTCN	A2IE	A1IE
0FH	8FH	제어/상태	-	OSF	BB32kHz	CRATE1	CRATE0	EN32kHz	BSY	A2F	A1F
10H	90H	발진 주파수 보정	-	SIGN	DATA	DATA	DATA	DATA	DATA	DATA	DATA
11H	-	온도 MSB	-	SIGN	DATA	DATA	DATA	DATA	DATA	DATA	DATA
12H	-	온도 LSB	-	DATA	DATA	0	0	0	0	0	0
13H	93H	온도변환 금지	-	0	0	0	0	0	0	0	BB_TD
14H~ 17H	94H~ 97H	(사용하지 않음)	-	-	-	-	-	-	-	-	-
18H	98H	SRAM 번지	-	A7	A6	A5	A4	A3	A2	A1	A0
19H	99H	SRAM 데이터	-	D7	D6	D5	D4	D3	D2	D1	D0

〈표 4.16.3〉 DS3234의 알람 마스크 비트 기능

	비트6	A1M4	A1M3	A1M2	A1M1	알람 기능
알람1	X	1	1	1	1	매초마다 알람 발생
	X	1	1	1	0	초가 일치할 때마다 알람 발생
	X	1	1	0	0	분, 초가 일치할 때마다 알람 발생
	X	1	0	0	0	시, 분, 초가 일치할 때마다 알람 발생
	0	0	0	0	0	날짜, 시, 분, 초가 일치할 때마다 알람 발생
	1	0	0	0	0	요일, 시, 분, 초가 일치할 때마다 알람 발생
	비트6	**A2M4**	**A2M3**	**A2M2**	**-**	**알람 기능**
알람2	X	1	1	1	-	매분의 00초마다 알람 발생
	X	1	1	0	-	분이 일치할 때마다 알람 발생
	X	1	0	0	-	시, 분이 일치할 때마다 알람 발생
	0	0	0	0	-	날짜, 시, 분이 일치할 때마다 알람 발생
	1	0	0	0	-	요일, 시, 분이 일치할 때마다 알람 발생

▣ 알람 기능

알람은 2가지를 사용할 수 있는데, 07H~0AH 번지에는 알람1로서 초, 분, 시, 요일/날짜를 설정하며, 0BH~0DH 번지에는 알람2로서 분, 시, 요일/날짜를 설정한다. 현재의 RTC 값이 알람 설정 조건과 일치하면 해당되는 알람의 플랙 비트 A1F, A2F가 1로 세트되며, 만약 이때 A1IE, A2IE 비트에 의하여 해당 인터럽트가 허용상태로 되고 INTCN = 1로 설정되어 있다면 $\overline{INT}$/SQW 단자로 인터럽트 신호가 출력된다.

모든 알람 설정 레지스터의 비트7은 마스크 비트(mask bit)로서 이를 0으로 설정해야만 알람의 동작이 유효하도록 인에이블된다. 따라서, 이 마스크 비트들을 잘 조합하면 <표 4.16.3>과 같이 일부 조건만을 사용하여 알람을 발생시킬 수 있다.

▣ 제어 레지스터

0EH 번지의 제어 레지스터(Control Register)는 DS3234의 여러가지 기능을 제어하는 용도로 사용하며, 리셋 후의 디폴트 값은 0x1C이다.

비트7의 $\overline{EOSC}$(Enable Oscillator)는 DS3234가 V_{BAT} 전원으로 동작하고 있을 때 0이면 오실레이터가 정상으로 작용하고, 1이면 오실레이터가 정지한다. 그러나, 이 소자가 V_{CC} 전원으로 동작하고 있을 때는 이 비트에 관계없이 오실레이터가 정상적으로 작용한다.

비트6의 BBSQW(Battery-Backed Square-Wave Enable)는 이 소자가 배터리 백업 전원으로 동작하고 있을 때 $\overline{INT}$/SQW 단자로 구형파를 출력하도록 지정한다. 즉, INTCN = 0이고 $V_{CC} < V_{PF}$인 조건에서 이 비트를 1로 설정하면 구형파를 출력하며, 이 비트를 0으로 하면 $\overline{INT}$/SQW 단자가 하이 임피던스 상태로 된다.

비트5의 CONV(Convert Temperature)를 1로 설정하면 이 소자 내부의 온도센서가 현재의 온도를 디지털값으로 변환하는 TXCO 알고리즘을 수행하도록 한다. 이 알고리즘이 실행되는 동안에는 제어 및 상태 레지스터에서 BSY = 1로 유지된다.

비트4~3의 RS2 및 RS1(Rate Select)은 $\overline{INT}$/SQW 단자로 출력되는 구형파 신호의 주파수를 지정한다. 즉, RS2:RS1 = 00, 01, 10, 11일 때 각각 출력 주파수는 1Hz, 1024Hz, 4096Hz, 8192Hz이다.

비트2의 INTCN(Interrupt Control)은 $\overline{INT}$/SQW 단자가 인터럽트 출력신호로 사용되도록 한다. 즉, 이 비트를 1로 설정하면 $\overline{INT}$/SQW 단자가 $\overline{INT}$로 사용되고, 이 비트를 0으로 설정하면 SQW로 사용된다.

비트1~0의 A2IE 및 A1IE(Alarm 2/1 Interrupt Enable)은 각각 알람2와 1의 인터럽트 발생을 허용하는 비트이다. 해당 비트를 1로 세트하고 INTCN = 1로 설정되어 있을 경우 알람이 발생하면 $\overline{INT}$/SQW 단자로 인터럽트 신호가 출력된다.

▣ 제어 및 상태 레지스터

0FH 번지의 제어 및 상태 레지스터(Control and Status Register)는 DS3234의 여러가지 기능을 제어하거나 상태를 표시하는 용도로 사용하며, 리셋 후의 디폴트 값은 0xC8이다.

비트7의 OSF(Oscillator Stop Flag)는 DS3234의 오실레이터가 동작하지 않고 정지해 있거나 정지했었음을 나타내는 플랙 비트이다. 이 비트는 한번 1로 세트되면 계속하여 이 값을 유지하기 때문에 사용자가 0으로 클리어시켜 주어야 한다.

비트6의 BB32kHz(Battery-Backed 32kHz Output)는 EN32kHz = 1로 설정된 상태에서 이 소자가 V_{BAT} 전원으로 동작하고 있을 때 32kHz 주파수 신호를 출력하도록 설정하는 비트이다. 이 비트를 0으로 설정하면 32kHz 단자는 0을 출력한다.

비트5~4의 CRATE1 및 CRATE0(Conversion Rate)은 온도센서가 온도를 디지털로 자동 변환하는 속도인 sample rate를 지정한다. 즉, CRATE1:CRATE0 = 00, 01, 10, 11일 때 각각 1초당 sample rate는 64, 128, 256, 512이다. 이 속도를 느리게 설정하면 소비전력을 절감할 수 있다.

비트3의 EN32kHz(Enable 32kHz Output)는 이 소자의 32kHz 단자에 32.768kHz 주파수 신호를 출력하도록 설정하는 비트이다. 이 비트를 0으로 설정하면 32kHz 단자는 0을 출력한다.

비트2의 BSY(Busy)는 이 소자가 TXCO 알고리즘을 수행하느라 busy 상태에 있음을 나타내는 상태 비트이다. 온도 센서의 데이터 변환이 완료되면 이 비트는 다시 0으로 클리어된다.

비트1~0의 A2F 및 A1F(Alarm 2/1 Flag)는 각각 알람2와 1에 설정된 알람 시각과 현재의 시각이 일치하여 알람 조건이 충족되었음을 나타내는 플랙 비트이다. 각각 A2IE나 A1IE 비트가 1로 설정되고 INTCN = 1로 설정되어 있을 경우 해당 알람이 발생하면 $\overline{INT}$/SQW 단자로 인터럽트 신호가 출력된다.

▣ 경년변화 오프셋 레지스터

10H 번지의 경년변화 오프셋 레지스터(Aging Offset Register)는 DS3234를 오래 사용하여 발진주파수가 부정확해졌을 경우 이를 보상하기 위한 8비트 2의 보수 값을 설정하는 레지스터이며, 리셋 후의 디폴트 값은 0x00이다.

이 값을 양수로 설정하면 오실레이터 커패시터 어레이의 정전용량을 증가시켜 발진 주파수를 느리게 하며, 이 값을 음수로 설정하면 오실레이터 커패시터 어레이의 정전용량을 감소시켜 발진 주파수를 빠르게 한다. 이때 주파수 변화량은 온도에 따라 달라지는데, 25℃에서 1비트의 값은 약 0.1ppm의 주파수 변화에 대응한다.

▣ 온도 레지스터

11H~12H 번지의 온도 레지스터(Temperature Register)는 DS3234 내부의 온도 센서를 사용하여 비트당 0.25℃ 분해능으로 온도값을 읽어들이는 레지스터이다. 온도값은 10비트 2의 보수로 표현되며, 16비트 레지스터에 좌측 정렬되어 저장된다.

▣ 온도 제어 레지스터

13H 번지의 온도 제어 레지스터(Temperature Control Register)는 1비트만 유효한데, 이 레지스터의 비트0 BB_TD(Battery-Backed Temperature Conversion Disable)는 이 소자가 V_{BAT} 전원으로 동작하고 있을 때 온도센서의 자동 데이터 변환을 금지시켜 소비전력을 절감할 수 있는 비트이다.

▣ SRAM 어드레스 레지스터

18H 번지의 SRAM 어드레스 레지스터는 256바이트 SRAM의 어드레스를 지정하는데 사용한다. 1번에 연속적으로 여러 번지를 액세스할 때는 이 번지값이 자동으로 1씩 증가하며, FFH 번지 이후에는 00H 번지로 된다.

▣ SRAM 데이터 레지스터

19H 번지의 SRAM 데이터 레지스터는 256바이트 SRAM을 액세스하는 데이터를 저장하는 레지스터이다. 리드 사이클에서는 SRAM 어드레스 레지스터로 지정한 번지의 SRAM 내용이 읽혀져서 이 레지스터에 저장되며, 라이트 사이클에서는 이 레지스터에 데이터를 미리 써두면 이것이 SRAM 어드레스 레지스터로 지정한 번지의 SRAM에 써진다.

(4) SPI 통신 포맷

DS3234를 외부에서 마이크로컨트롤러가 액세스할 때는 SPI 통신을 사용한다. 이 SPI 통신의 최고 속도는 4MHz까지이며, SCLK 신호는 <그림 4.16.5>에서 보는 것처럼 CPOL=0 및 CPHA=1인 모드1을 사용한다.

마이크로프로세서를 사용하여 DS3234를 액세스하는 방법은 <그림 4.16.5>와 같이 단일 바이트 액세스를 사용할 수도 있고, <그림 4.16.6>과 같이 멀티 바이트 액세스를 사용할 수도 있다.

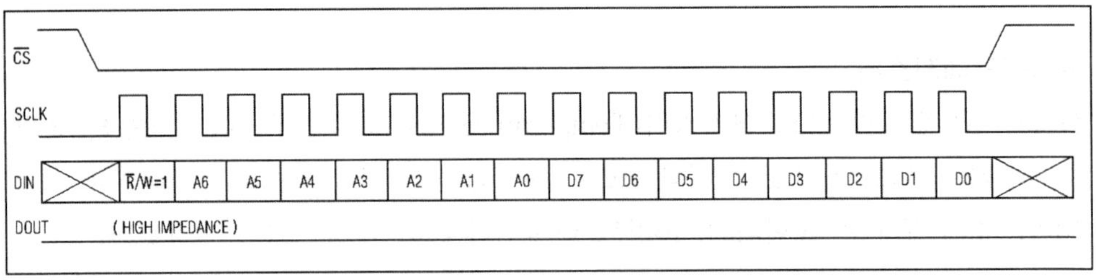

(a) 1바이트 데이터 라이트 동작

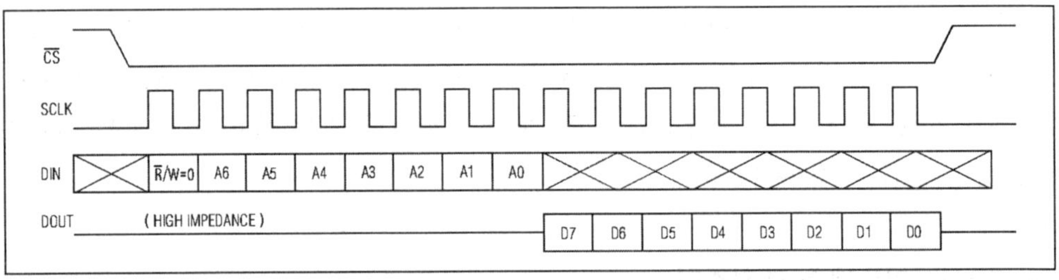

(b) 1바이트 데이터 리드 동작

<그림 4.16.5> DS3234의 SPI 직렬통신에 의한 단일 바이트 액세스

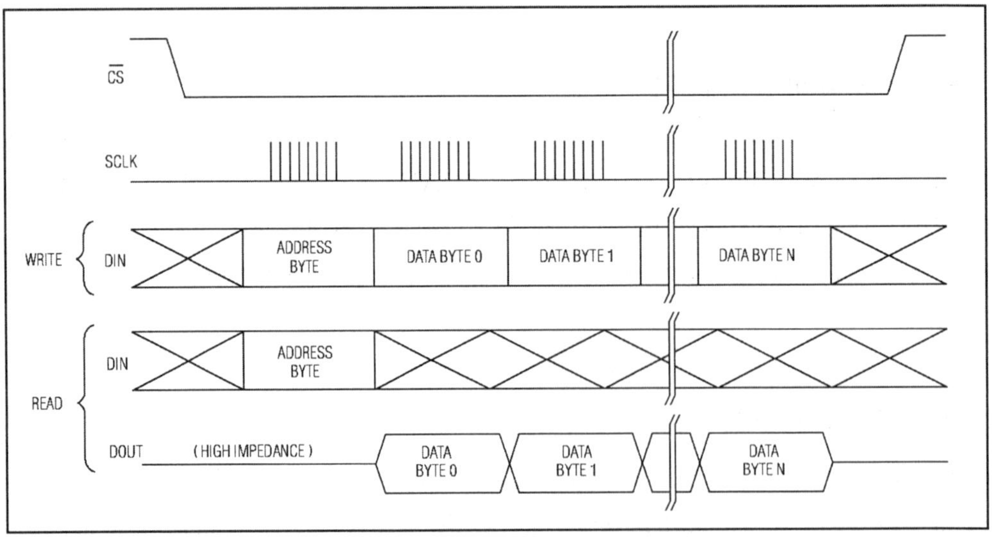

〈그림 4.16.6〉 DS3234의 SPI 직렬통신에 의한 멀티 바이트 액세스

(5) *OK-128TFT* 키트에서 DS3234와 관련된 회로

OK-128TFT 키트에서 DS3234 RTC와 관련된 회로를 발췌하여 보이면 <그림 4.16.7>과 같다. 배터리는 2.4V/70mAh의 니켈수소 전지(NiMH)를 사용하며, 이 키트를 장시간 사용하면서 충전하더라도 문제가 없도록 +5V 전원과 배터리 사이에 직렬로 1kΩ의 저항을 연결하였고, 전원을 껐을 때 이 저항을 통하여 배터리 전원이 방전되는 것을 방지하기 위하여 저항과 직렬로 1N4148 다이오드를 연결하였다. 전원이 꺼질 때 SPI 통신 신호의 불안정으로 DS3234의 내부 레지스터나 메모리 값이 랜덤하게 지워지는 것을 방지하기 위하여 $\overline{CS}$ 단자를 1kΩ의 저항으로 풀업하였다.

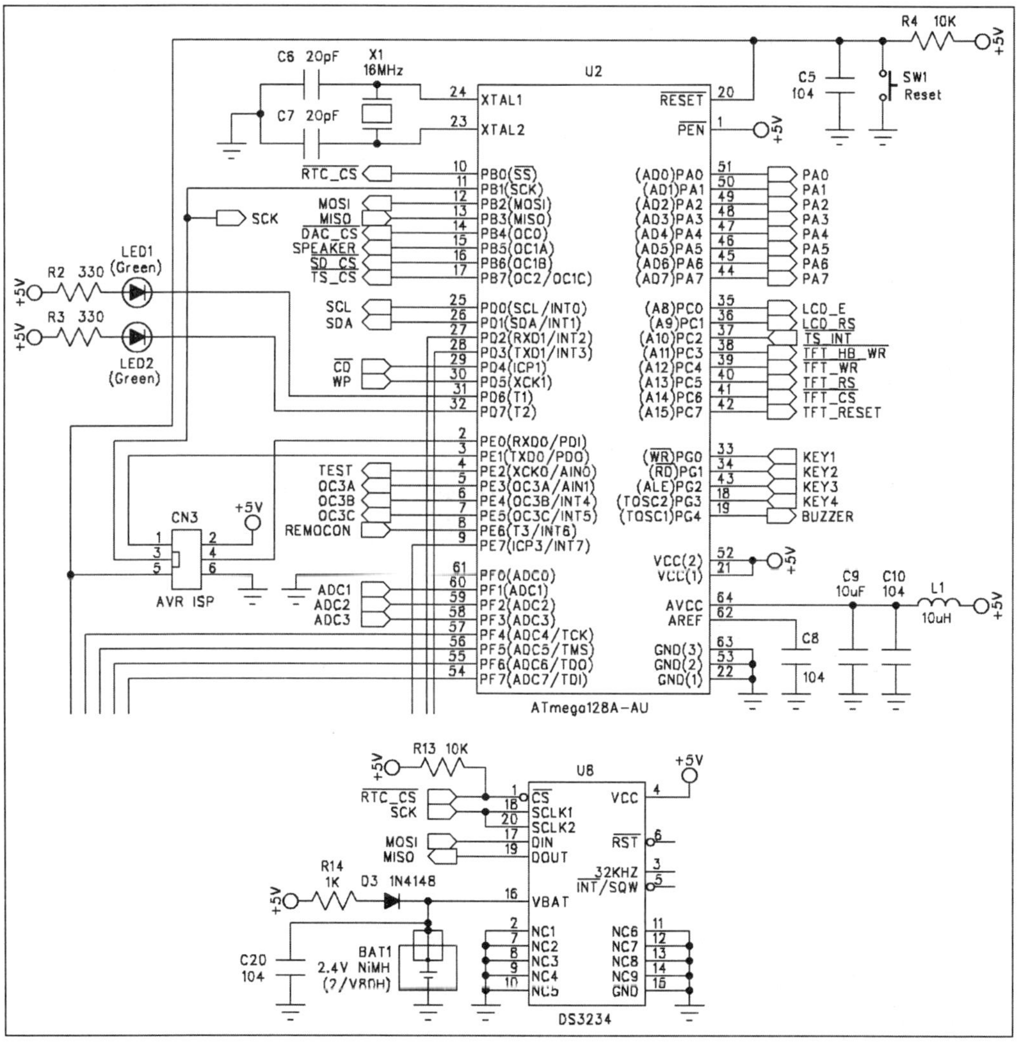

〈그림 4.16.7〉 *OK-128TFT* 키트에서 DS3234와 관련된 회로

3. 텍스트 LCD 모듈에 표시하는 디지털 시계

(1) 간단한 텍스트 LCD용 디지털 시계

앞의 제4.9절에서는 ATmega128A의 타이머/카운터를 이용하여 디지털 시계를 구현하였는데, 여기서는 DS3234를 이용하여 전원을 꺼놓았다가 다시 켜도 문제없이 동작하는 시계를 만들어 보기로 한다.

DS3234를 이용하여 텍스트 LCD 모듈에 캘린더 기능을 포함하는 디지털 시계 프로그램을 C언어로 작성하여 보면 다음과 같다.

〈프로그램 Exp16_1.c〉 텍스트 LCD 모듈에 구현한 디지털 시계 프로그램(1)

```
/* ============================================================================ */
/*              Exp16_1.c : 텍스트 LCD에 표시하는 디지털 시계 프로그그램(1)      */
/* ============================================================================ */
/*                          Designed and programmed by Duck-Yong Yoon in 2020.  */

#include <avr/io.h>
#include "OK-128TFT-V2.h"

void Display_time(void);                        /* display DS3234 time */

/* ----- 메인 프로그램 ---------------------------------------------------------- */

unsigned char year, month, date, weekday, hour, minute, second;
unsigned char beep_flag = 0;

int main(void)
{
  MCU_initialize();                             // initialize ATmega128A MCU
  Delay_ms(50);                                 // wait for system stabilization
  LCD_initialize();                             // initialize text LCD module
  TFT_initialize();                             // initialize TFT-LCD module
  DS3234_initialize();                          // initialize DS3234 RTC
  Beep();

  TFT_string(3,5,Cyan,Black,"텍스트 LCD에 표시하는 디지털 시계"); // display title

  LCD_string(0x80,"2020/01/15 (WED)");          // display initial screen
  LCD_string(0xC0,"  12:00:00  AM  ");

  while(1)
    { Display_time();                           // display time
      Delay_ms(50);
    }
}

/* ----- 사용자 정의 함수 ------------------------------------------------------- */

void Display_time(void)                         /* display DS3234 time */
{
  LCD_command(0x80);                            // display year
  LCD_hexadecimal(0x20,2);
  year = DS3234_read(0x06);
  LCD_hexadecimal(year,2);
  LCD_command(0x85);                            // display month
  month = DS3234_read(0x05);
  LCD_hexadecimal(month,2);
```

```
    LCD_command(0x88);                                  // display date
    date = DS3234_read(0x04);
    LCD_hexadecimal(date,2);
    weekday = DS3234_read(0x03);                        // display weekday
    if(weekday == 0x01)      LCD_string(0x8C,"SUN");
    else if(weekday == 0x02) LCD_string(0x8C,"MON");
    else if(weekday == 0x03) LCD_string(0x8C,"TUE");
    else if(weekday == 0x04) LCD_string(0x8C,"WED");
    else if(weekday == 0x05) LCD_string(0x8C,"THU");
    else if(weekday == 0x06) LCD_string(0x8C,"FRI");
    else if(weekday == 0x07) LCD_string(0x8C,"SAT");

    LCD_command(0xC2);                                  // display hour
    hour = DS3234_read(0x02);
    LCD_hexadecimal(hour & 0x1F,2);
    if((hour & 0x20) == 0x00) LCD_string(0xCC,"AM");
    else                      LCD_string(0xCC,"PM");
    LCD_command(0xC5);                                  // display minute
    minute = DS3234_read(0x01);
    LCD_hexadecimal(minute,2);
    LCD_command(0xC8);                                  // display second
    second = DS3234_read(0x00);
    LCD_hexadecimal(second & 0x7F,2);

    if((minute == 0x00) && (second == 0x00) && (beep_flag == 0))  // beep
      { beep_flag = 1;
        Beep();
      }
    else if(second == 0x01)
      beep_flag = 0;
}
```

☞ DS3234를 사용하여 시계를 구현할 때는 모든 시간 값이 이 소자에서 처리되므로 프로그램에서는 단지 이를 읽어서 텍스트 LCD 모듈에 표시하는 일과 현재 시각을 설정하기 위한 키 입력을 검출하는 일을 반복하면 되기 때문에 인터럽트를 사용할 필요가 없이 프로그램이 매우 단순해진다.

(2) 현재 시각을 수정할 수 있는 디지털 시계

앞의 예제 프로그램 Exp16_1.c에 키 KEY1~KEY4의 입력으로 현재 시각을 수정하는 기능을 추가한 텍스트 LCD용 디지털 시계 프로그램을 C언어로 작성하여 보면 다음과 같다.

〈프로그램 Exp16_2.c〉 텍스트 LCD 모듈에 구현한 디지털 시계 프로그램(2)

```
/* ========================================================================== */
/*             Exp16_2.c : 텍스트 LCD에 표시하는 디지털 시계 프로그그램(2)       */
/* ========================================================================== */
/*                         Designed and programmed by Duck-Yong Yoon in 2020.  */

#include <avr/io.h>
#include "OK-128TFT-V2.h"

void Display_time(void);                          /* display DS3234 time */
unsigned char BCD_increment(U08 number);          /* BCD increment */
unsigned char BCD_decrement(U08 number);          /* BCD decrement */
void Cursor_left(void);                           /* go cursor left */
void Cursor_right(void);                          /* go cursor right */
```

```
void Digital_increment(void);                       /* increment time */
void Digital_decrement(void);                       /* decrement time */

/* ----- 메인 프로그램 ------------------------------------------------------ */

unsigned char year, month, date, weekday, hour, minute, second;
unsigned char beep_flag = 0, cursor_position;

int main(void)
{
  unsigned char key;

  MCU_initialize();                                 // initialize ATmega128A MCU
  Delay_ms(50);                                     // wait for system stabilization
  LCD_initialize();                                 // initialize text LCD module
  TFT_initialize();                                 // initialize TFT-LCD module
  DS3234_initialize();                              // initialize DS3234 RTC
  Beep();

  TFT_string(3,5,Cyan,Black,"텍스트 LCD에 표시하는 디지털 시계"); // display title
  TFT_string(12,8,White,Black,"(시간 수정 기능)");

  TFT_string(13,14,White,Black,"KEY1 = 커서 좌"); // display key function
  TFT_string(13,16,White,Black,"KEY2 = 커서 우");
  TFT_string(13,19,White,Black,"KEY3 = 값 증가");
  TFT_string(13,21,White,Black,"KEY4 = 값 감소");

  cursor_position = 0xCF;                           // initial cursor position
  LCD_command(0x0F);                                // cursor ON

  LCD_string(0x80,"2020/01/15 (WED)");              // display initial screen
  LCD_string(0xC0,"  12:00:00  AM  ");

  while(1)
    { key = Key_input();                            // key input

      switch(key)
        { case KEY1 : Cursor_left();                // if KEY1, go cursor left
                      break;
          case KEY2 : Cursor_right();               // if KEY2, go cursor right
                      break;
          case KEY3 : Digital_increment();          // if KEY3, increment time
                      break;
          case KEY4 : Digital_decrement();          // if KEY4, decrement time
                      break;
          default   : Display_time();               // display time
                      break;
        }
      Delay_ms(50);
    }
}

/* ----- 사용자 정의 함수 --------------------------------------------------- */

void Display_time(void)                             /* display DS3234 time */
{
  LCD_command(0x0C);                                // cursor OFF

  LCD_command(0x80);                                // display year
  LCD_hexadecimal(0x20,2);
  year = DS3234_read(0x06);
  LCD_hexadecimal(year,2);
  LCD_command(0x85);                                // display month
  month = DS3234_read(0x05);
  LCD_hexadecimal(month,2);
  LCD_command(0x88);                                // display date
  date = DS3234_read(0x04);
  LCD_hexadecimal(date,2);
  weekday = DS3234_read(0x03);                      // display weekday
  if(weekday == 0x01)      LCD_string(0x8C,"SUN");
  else if(weekday == 0x02) LCD_string(0x8C,"MON");
```

```
  else if(weekday == 0x03) LCD_string(0x8C,"TUE");
  else if(weekday == 0x04) LCD_string(0x8C,"WED");
  else if(weekday == 0x05) LCD_string(0x8C,"THU");
  else if(weekday == 0x06) LCD_string(0x8C,"FRI");
  else if(weekday == 0x07) LCD_string(0x8C,"SAT");

  LCD_command(0xC2);                              // display hour
  hour = DS3234_read(0x02);
  LCD_hexadecimal(hour & 0x1F,2);
  if((hour & 0x20) == 0x00) LCD_string(0xCC,"AM");
  else                      LCD_string(0xCC,"PM");
  LCD_command(0xC5);                              // display minute
  minute = DS3234_read(0x01);
  LCD_hexadecimal(minute,2);
  LCD_command(0xC8);                              // display second
  second = DS3234_read(0x00);
  LCD_hexadecimal(second & 0x7F,2);

  LCD_command(cursor_position);                   // go cursor position
  LCD_command(0x0F);                              // cursor ON

  if((minute == 0x00) && (second == 0x00) && (beep_flag == 0))
    { beep_flag = 1;
      Beep();
    }
  else if(second == 0x01)
    beep_flag = 0;
}

unsigned char BCD_increment(U08 number)           /* BCD increment */
{
  unsigned char i;

  i = (number >> 4)*10 + (number & 0x0F);         // convert BCD to binary
  i++;                                            // increment
  i = ((i/10) << 4) + (i % 10);                   // convert binary to BCD
  return i;
}

unsigned char BCD_decrement(U08 number)           /* BCD decrement */
{
  unsigned char i;

  i = (number >> 4)*10 + (number & 0x0F);         // convert BCD to binary
  i--;                                            // decrement
  i = ((i/10) << 4) + (i % 10);                   // convert binary to BCD
  return i;
}

void Cursor_left(void)                            /* go cursor left */
{
  if     (cursor_position == 0xCF) cursor_position = 0xCD;
  else if(cursor_position == 0xCD) cursor_position = 0xC9;
  else if(cursor_position == 0xC9) cursor_position = 0xC6;
  else if(cursor_position == 0xC6) cursor_position = 0xC3;
  else if(cursor_position == 0xC3) cursor_position = 0x8E;
  else if(cursor_position == 0x8E) cursor_position = 0x89;
  else if(cursor_position == 0x89) cursor_position = 0x86;
  else if(cursor_position == 0x86) cursor_position = 0x83;
  else if(cursor_position == 0x83) cursor_position = 0xCF;
}

void Cursor_right(void)                           /* go cursor right */
{
  if     (cursor_position == 0xCF) cursor_position = 0x83;
  else if(cursor_position == 0x83) cursor_position = 0x86;
  else if(cursor_position == 0x86) cursor_position = 0x89;
  else if(cursor_position == 0x89) cursor_position = 0x8E;
  else if(cursor_position == 0x8E) cursor_position = 0xC3;
  else if(cursor_position == 0xC3) cursor_position = 0xC6;
  else if(cursor_position == 0xC6) cursor_position = 0xC9;
```

```
    else if(cursor_position == 0xC9) cursor_position = 0xCD;
    else if(cursor_position == 0xCD) cursor_position = 0xCF;
}

void Digital_increment(void)                      /* increment time */
{
  if(cursor_position == 0x83)                     // in case of year
    { year = DS3234_read(0x06);
      if(year == 0x99)        year = 0x00;
      else                    year = BCD_increment(year);
      DS3234_write(0x06,year);
    }
  else if(cursor_position == 0x86)                // in case of month
    { month = DS3234_read(0x05);
      if(month == 0x12)       month = 0x01;
      else                    month = BCD_increment(month);
      DS3234_write(0x05,month);
    }
  else if(cursor_position == 0x89)                // in case of date
    { date = DS3234_read(0x04);
      if(date == 0x31)        date = 0x01;
      else                    date = BCD_increment(date);
      DS3234_write(0x04,date);
    }
  else if(cursor_position == 0x8E)                // in case of weekday
    { weekday = DS3234_read(0x03);
      if(weekday == 0x07)     weekday = 0x01;
      else                    weekday++;
      DS3234_write(0x03,weekday);
    }
  else if(cursor_position == 0xC3)                // in case of hour
    { hour = DS3234_read(0x02);
      if((hour & 0x1F) == 0x12) hour = (hour & 0xE0) + 0x01;
      else                      hour = BCD_increment(hour);
      DS3234_write(0x02,hour);
    }
  else if(cursor_position == 0xC6)                // in case of minute
    { minute = DS3234_read(0x01);
      if(minute == 0x59)      minute = 0x00;
      else                    minute = BCD_increment(minute);
      DS3234_write(0x01,minute);
    }
  else if(cursor_position == 0xC9)                // in case of second
    { second = DS3234_read(0x00);
      if(second == 0x59)      second = 0x00;
      else                    second = BCD_increment(second);
      DS3234_write(0x00,second);
    }
  else if(cursor_position == 0xCD)                // in case of AM/PM
    { hour = DS3234_read(0x02);
      if((hour & 0x20) == 0x00) hour |= 0x20;
      else                      hour &= 0xDF;
      DS3234_write(0x02,hour);
    }
}

void Digital_decrement(void)                      /* decrement time */
{
  if(cursor_position == 0x83)                     // in case of year
    { year = DS3234_read(0x06);
      if(year == 0x00)        year = 0x99;
      else                    year = BCD_decrement(year);
      DS3234_write(0x06,year);
    }
  else if(cursor_position == 0x86)                // in case of month
    { month = DS3234_read(0x05);
      if(month == 0x01)       month = 0x12;
      else                    month = BCD_decrement(month);
      DS3234_write(0x05,month);
    }
  else if(cursor_position == 0x89)                // in case of date
```

```
      { date = DS3234_read(0x04);
        if(date == 0x01)        date = 0x31;
        else                    date = BCD_decrement(date);
        DS3234_write(0x04,date);
      }
    else if(cursor_position == 0x8E)              // in case of weekday
      { weekday = DS3234_read(0x03);
        if(weekday == 0x01)   weekday = 0x07;
        else                  weekday--;
        DS3234_write(0x03,weekday);
      }
    else if(cursor_position == 0xC3)              // in case of hour
      { hour = DS3234_read(0x02);
        if((hour & 0x1F) == 0x01) hour = (hour & 0xE0) + 0x12;
        else                      hour = BCD_decrement(hour);
        DS3234_write(0x02,hour);
      }
    else if(cursor_position == 0xC6)              // in case of minute
      { minute = DS3234_read(0x01);
        if(minute == 0x00)    minute = 0x59;
        else                  minute = BCD_decrement(minute);
        DS3234_write(0x01,minute);
      }
    else if(cursor_position == 0xC9)              // in case of second
      { second = DS3234_read(0x00);
        if(second == 0x00)    second = 0x59;
        else                  second = BCD_decrement(second);
        DS3234_write(0x00,second);
      }
    else if(cursor_position == 0xCD)              // in case of AM/PM
      { hour = DS3234_read(0x02);
        if((hour & 0x20) == 0x00) hour |= 0x20;
        else                      hour &= 0xDF;
        DS3234_write(0x02,hour);
      }
  }
```

☞ 현재 시각에서 연, 월, 일, 요일, 시, 분, 초, 오전/오후를 사용자가 눈으로 보면서 수정할 수 있으려면 텍스트 LCD 모듈에서 커서가 보이도록 설정해야 하며, 이 값을 수정하고 있는 동안에도 반복적으로 현재의 시간값을 텍스트 LCD 모듈을 표시하게 되므로 커서의 위치가 수시로 움직여서 달라지게 된다. 따라서, 항상 사용자가 화면에서 현재 수정중인 시간에 해당하는 커서의 위치를 내부적으로 기억하고 있다가(변수 cursor_position을 사용함) 시간값의 표시가 끝난 후에는 커서를 원래의 위치로 되돌려 놓아야 한다는 것이 매우 중요한 프로그래밍 기술의 포인트이다.

이 프로그램에서 키의 사용법은 TFT-LCD 화면에서 설명하는 것처럼 KEY1은 커서 좌측 이동, KEY2는 커서 우측 이동, KEY3은 시간값 증가, KEY4는 시간값 감소의 기능을 수행하는데 사용된다.

4. TFT-LCD에 표시하는 디지털 시계

이번에는 DS3234를 이용하여 현재 시각을 수정하는 기능을 포함하는 디지털 시계를 TFT-LCD 화면에 구현한다. 디지털 시계가 잘 보이도록 글씨 크기를 큰 글씨로 사용하는 경우와 가상 큰 글씨로 사용하는 경우의 2가지 예제 프로그램을 보인다.

(1) 큰 글씨체를 사용한 디지털 시계

DS3234를 이용하여 TFT-LCD 모듈에 12×24 픽셀의 숫자와 24×24 픽셀의 한글 큰 글씨체로 현재 시각을 표시하고, 키 입력으로 현재 시각을 수정할 수 있는 디지털 시계 프로그램을 C언어로 작성하여 보면 다음과 같다.

〈프로그램 Exp16_3.c〉 TFT-LCD에 큰 글씨로 구현한 디지털 시계 프로그램

```c
/* ========================================================================== */
/*          Exp16_3.c : TFT-LCD에 큰 글씨로 표시하는 디지털 시계 프로그그램     */
/* ========================================================================== */
/*                          Designed and programmed by Duck-Yong Yoon in 2020.  */

#include <avr/io.h>
#include "OK-128TFT-V2.h"

void Digital_display_time(void);                /* display DS3234 time */
unsigned char BCD_increment(U08 number);        /* BCD increment */
unsigned char BCD_decrement(U08 number);        /* BCD decrement */
void Digital_cursor_left(void);                 /* go cursor left */
void Digital_cursor_right(void);                /* go cursor right */
void Digital_increment(void);                   /* increment time */
void Digital_decrement(void);                   /* decrement time */

/* ----- 메인 프로그램 ---------------------------------------------------------- */

unsigned char year, month, date, weekday, hour, minute, second, second_old;
unsigned char beep_flag = 0;

int main(void)
{
  unsigned int key = no_key;

  MCU_initialize();                             // initialize ATmega128A MCU
  Delay_ms(50);                                 // wait for system stabilization
  LCD_initialize();                             // initialize text LCD module
  TFT_initialize();                             // initialize TFT-LCD module
  DS3234_initialize();                          // initialize DS3234 RTC

  LCD_string(0x80," OK-128TFT V2.0 ");          // display title
  LCD_string(0xC0,"   Exp16_3.c    ");
  Beep();

  Rectangle(0,0, 319,239, Green);               // display title
  Rectangle(1,1, 318,238, Green);

  TFT_string( 5, 4,White,Magenta," DS3234를 이용한  디지털 시계 ");
  TFT_string(10,12,White,  Black,"2020년 01월 15일 (수)");
  TFT_string_large(7,15,White,Black,"오전 12:00:00");

  TFT_string( 3,25,White,Blue,"KEY1");          // display key function
  TFT_string( 3,27,Cyan,Black,"좌측");
  TFT_string(13,25,White,Blue,"KEY2");
  TFT_string(13,27,Cyan,Black,"우측");
  TFT_string(23,25,White,Blue,"KEY3");
  TFT_string(23,27,Cyan,Black,"증가");
  TFT_string(33,25,White,Blue,"KEY4");
  TFT_string(33,27,Cyan,Black,"감소");
  Rectangle( 18,196,  61,234, Cyan);
  Rectangle( 98,196, 141,234, Cyan);
  Rectangle(178,196, 221,234, Cyan);
  Rectangle(258,196, 301,234, Cyan);

  TFT_cursor(Red);                              // display cursor
  Xcursor = 38;
```

```
  Ycursor = 16;

  while(1)
    { key = Key_input();                          // key input
      switch(key)
        { case KEY1 : Digital_cursor_left();      // if KEY1, go cursor left
                      break;
          case KEY2 : Digital_cursor_right();     // if KEY2, go cursor right
                      break;
          case KEY3 : Digital_increment();        // if KEY3, increment time
                      break;
          case KEY4 : Digital_decrement();        // if KEY4, decrement time
                      break;
          default   : Digital_display_time();     // display time
                      break;
        }
    }
}

/* ----- 사용자 정의 함수 ----------------------------------------------------- */

void Digital_display_time(void)                   /* display DS3234 time */
{
  TFT_xy(10,12); TFT_color(Cyan,Black);           // display year
  TFT_hexadecimal(0x20, 2);
  year = DS3234_read(0x06);
  TFT_hexadecimal(year,2);
  TFT_xy(17,12); TFT_color(Cyan,Black);           // display month
  month = DS3234_read(0x05);
  TFT_hexadecimal(month,2);
  TFT_xy(22,12); TFT_color(Cyan,Black);           // display date
  date = DS3234_read(0x04);
  TFT_hexadecimal(date,2);
  weekday = DS3234_read(0x03);                    // display weekday
  if(weekday == 0x01)       TFT_string(28,12,Cyan,Black,"일");
  else if(weekday == 0x02) TFT_string(28,12,Cyan,Black,"월");
  else if(weekday == 0x03) TFT_string(28,12,Cyan,Black,"화");
  else if(weekday == 0x04) TFT_string(28,12,Cyan,Black,"수");
  else if(weekday == 0x05) TFT_string(28,12,Cyan,Black,"목");
  else if(weekday == 0x06) TFT_string(28,12,Cyan,Black,"금");
  else if(weekday == 0x07) TFT_string(28,12,Cyan,Black,"토");
  TFT_xy(12,15); TFT_color(Green,Black);          // display hour
  hour = DS3234_read(0x02);
  TFT_hexadecimal_large(hour & 0x1F,2);
  if((hour & 0x20) == 0x00) TFT_string_large(7,15,White,Black,"오전");
  else                      TFT_string_large(7,15,White,Black,"오후");
  TFT_xy(15,15); TFT_color(Green,Black);          // display minute
  minute = DS3234_read(0x01);
  TFT_hexadecimal_large(minute,2);
  TFT_xy(18,15); TFT_color(Green,Black);          // display second
  second = DS3234_read(0x00);
  TFT_hexadecimal_large(second & 0x7F,2);
  TFT_xy(38,16); TFT_color(Green,Black);          // display home
  TFT_English(' ');

  if((minute == 0x00) && (second == 0x00) && (beep_flag == 0))
    { beep_flag = 1;
      Beep();
    }
  else if(second == 0x01)
    beep_flag = 0;
}

unsigned char BCD_increment(U08 number)           /* BCD increment */
{
  unsigned char i;

  i = (number >> 4)*10 + (number & 0x0F);         // convert BCD to binary
  i++;                                            // increment
  i = ((i/10) << 4) + (i % 10);                   // convert binary to BCD
  return i;
}
```

```
unsigned char BCD_decrement(U08 number)          /* BCD decrement */
{
  unsigned char i;

  i = (number >> 4)*10 + (number & 0x0F);        // convert BCD to binary
  i--;                                           // decrement
  i = ((i/10) << 4) + (i % 10);                  // convert binary to BCD
  return i;
}

void Digital_cursor_left(void)                   /* go cursor left */
{
  if     ((Xcursor == 38) && (Ycursor == 16)) { Xcursor = 19; Ycursor = 15; }
  else if((Xcursor == 19) && (Ycursor == 15)) { Xcursor = 16; Ycursor = 15; }
  else if((Xcursor == 16) && (Ycursor == 15)) { Xcursor = 13; Ycursor = 15; }
  else if((Xcursor == 13) && (Ycursor == 15)) { Xcursor =  9; Ycursor = 15; }
  else if((Xcursor ==  9) && (Ycursor == 15)) { Xcursor = 28; Ycursor = 12; }
  else if((Xcursor == 28) && (Ycursor == 12)) { Xcursor = 23; Ycursor = 12; }
  else if((Xcursor == 23) && (Ycursor == 12)) { Xcursor = 18; Ycursor = 12; }
  else if((Xcursor == 18) && (Ycursor == 12)) { Xcursor = 13; Ycursor = 12; }
  else if((Xcursor == 13) && (Ycursor == 12)) { Xcursor = 38; Ycursor = 16; }
}

void Digital_cursor_right(void)                  /* go cursor right */
{
  if     ((Xcursor == 38) && (Ycursor == 16)) { Xcursor = 13; Ycursor = 12; }
  else if((Xcursor == 13) && (Ycursor == 12)) { Xcursor = 18; Ycursor = 12; }
  else if((Xcursor == 18) && (Ycursor == 12)) { Xcursor = 23; Ycursor = 12; }
  else if((Xcursor == 23) && (Ycursor == 12)) { Xcursor = 28; Ycursor = 12; }
  else if((Xcursor == 28) && (Ycursor == 12)) { Xcursor =  9; Ycursor = 15; }
  else if((Xcursor ==  9) && (Ycursor == 15)) { Xcursor = 13; Ycursor = 15; }
  else if((Xcursor == 13) && (Ycursor == 15)) { Xcursor = 16; Ycursor = 15; }
  else if((Xcursor == 16) && (Ycursor == 15)) { Xcursor = 19; Ycursor = 15; }
  else if((Xcursor == 19) && (Ycursor == 15)) { Xcursor = 38; Ycursor = 16; }
}

void Digital_increment(void)                     /* increment time */
{
  if((Xcursor == 13) && (Ycursor == 12))         // in case of year
    { year = DS3234_read(0x06);
      if(year == 0x99)       year = 0x00;
      else                   year = BCD_increment(year);
      DS3234_write(0x06,year);
    }
  else if((Xcursor == 18) && (Ycursor == 12))    // in case of month
    { month = DS3234_read(0x05);
      if(month == 0x12)      month = 0x01;
      else                   month = BCD_increment(month);
      DS3234_write(0x05,month);
    }
  else if((Xcursor == 23) && (Ycursor == 12))    // in case of date
    { date = DS3234_read(0x04);
      if(date == 0x31)       date = 0x01;
      else                   date = BCD_increment(date);
      DS3234_write(0x04,date);
    }
  else if((Xcursor == 28) && (Ycursor == 12))    // in case of weekday
    { weekday = DS3234_read(0x03);
      if(weekday == 0x07)    weekday = 0x01;
      else                   weekday++;
      DS3234_write(0x03,weekday);
    }
  else if((Xcursor == 9) && (Ycursor == 15))     // in case of AM/PM
    { hour = DS3234_read(0x02);
      if((hour & 0x20) == 0x00) hour |= 0x20;
      else                      hour &= 0xDF;
      DS3234_write(0x02,hour);
    }
  else if((Xcursor == 13) && (Ycursor == 15))    // in case of hour
    { hour = DS3234_read(0x02);
      if((hour & 0x1F) == 0x12) hour = (hour & 0xE0) + 0x01;
      else                      hour = BCD_increment(hour);
      DS3234_write(0x02,hour);
```

```
    }
  else if((Xcursor == 16) && (Ycursor == 15))    // in case of minute
    { minute = DS3234_read(0x01);
      if(minute == 0x59)     minute = 0x00;
      else                   minute = BCD_increment(minute);
      DS3234_write(0x01,minute);
    }
  else if((Xcursor == 19) && (Ycursor == 15))    // in case of second
    { second = DS3234_read(0x00);
      if(second == 0x59)     second = 0x00;
      else                   second = BCD_increment(second);
      DS3234_write(0x00,second);
    }
}

void Digital_decrement(void)                     /* decrement time */
{
  if((Xcursor == 13) && (Ycursor == 12))         // in case of year
    { year = DS3234_read(0x06);
      if(year == 0x00)       year = 0x99;
      else                   year = BCD_decrement(year);
      DS3234_write(0x06,year);
    }
  else if((Xcursor == 18) && (Ycursor == 12))    // in case of month
    { month = DS3234_read(0x05);
      if(month == 0x01)      month = 0x12;
      else                   month = BCD_decrement(month);
      DS3234_write(0x05,month);
    }
  else if((Xcursor == 23) && (Ycursor == 12))    // in case of date
    { date = DS3234_read(0x04);
      if(date == 0x01)       date = 0x31;
      else                   date = BCD_decrement(date);
      DS3234_write(0x04,date);
    }
  else if((Xcursor == 28) && (Ycursor == 12))    // in case of weekday
    { weekday = DS3234_read(0x03);
      if(weekday == 0x01)    weekday = 0x07;
      else                   weekday--;
      DS3234_write(0x03,weekday);
    }
  else if((Xcursor == 9) && (Ycursor == 15))     // in case of AM/PM
    { hour = DS3234_read(0x02);
      if((hour & 0x20) == 0x00) hour |= 0x20;
      else                      hour &= 0xDF;
      DS3234_write(0x02,hour);
    }
  else if((Xcursor == 13) && (Ycursor == 15))    // in case of hour
    { hour = DS3234_read(0x02);
      if((hour & 0x1F) == 0x01) hour = (hour & 0xE0) + 0x12;
      else                      hour = BCD_decrement(hour);
      DS3234_write(0x02,hour);
    }
  else if((Xcursor == 16) && (Ycursor == 15))    // in case of minute
    { minute = DS3234_read(0x01);
      if(minute == 0x00)     minute = 0x59;
      else                   minute = BCD_decrement(minute);
      DS3234_write(0x01,minute);
    }
  else if((Xcursor == 19) && (Ycursor == 15))    // in case of second
    { second = DS3234_read(0x00);
      if(second == 0x00)     second = 0x59;
      else                   second = BCD_decrement(second);
      DS3234_write(0x00,second);
    }
}
```

☞ TFT-LCD에는 텍스트 LCD 모듈처럼 하드웨어적으로 커서를 디스플레이하는 기능을 가지고 있지

않으므로 사용자 프로그램에서 소프트웨어적으로 이를 처리하여 주어야 한다. 헤더 파일 OK-128TFT-V2.h 에서는 커서의 위치를 Xcursor 및 Ycursor 변수로 처리하므로 여기서도 이 변수를 사용하여 현재 수정 중인 항목의 위치에 커서를 표시한다.

TFT-LCD 화면에도 표시된 것처럼 여기서 KEY1은 커서 좌측 이동, KEY2는 커서 우측 이동, KEY3은 시간값 증가, KEY4는 시간값 감소의 기능을 수행한다. 시간값을 수정하려면 이처럼 키를 사용하거나 또는 터치 스크린으로 화면에 표시된 해당 아이콘을 눌러서 수정하는 것도 가능하기는 한데, ATmega128A에서는 SPI 직렬통신 포트가 1개밖에 없으므로 이 통신 포트가 DS1234와 터치 스크린을 교대로 액세스하려면 그때마다 SPI 통신 포트의 초기화를 바꾸어줘야 하는 번거로움이 있어서 이 프로그램에서는 키입력만 사용하는 것으로 하고 터치 스크린을 적용하지 않았다.

(2) 가장 큰 글씨체를 사용한 디지털 시계

DS3234를 이용하여 TFT-LCD 모듈에 40×56 픽셀의 가장 큰 글씨체로 현재 시각을 표시하고, 키 입력으로 현재 시각을 수정할 수 있는 디지털 시계 프로그램을 C언어로 작성하여 보면 다음과 같다.

〈프로그램 Exp16_4.c〉 TFT-LCD에 가장 큰 글씨로 구현한 디지털 시계 프로그램

```
/* ========================================================================== */
/*      Exp16_4.c : TFT-LCD에 가장 큰 글씨로 표시하는 디지털 시계 프로그그램      */
/* ========================================================================== */
/*                         Designed and programmed by Duck-Yong Yoon in 2020.  */

#include <avr/io.h>
#include "OK-128TFT-V2.h"
#include "OK-128TFT-xlarge.h"

void Screen1_initialize(void);                  /* initialize screen 1 */
void Display_time(void);                        /* display current time on screen 1 */
void Read_temperature(void);                    /* read temperature from LM35DZ */

void Screen2_initialize(void);                  /* initialize screen 2 */
void Display_screen2_time(void);                /* display current time on screen 2 */
void Screen2_cursor_right(void);                /* move cursor to right */
void Screen2_increment(void);                   /* increment value */
void Screen2_decrement(void);                   /* decrement value */

unsigned char screen_mode = 1;                  // screen mode 1~2
unsigned char blink_count = 0;                  // colon blink count
unsigned char year, month, date, weekday, hour, minute, second, second_old;

/* ----- 메인 프로그램 --------------------------------------------------------- */

int main(void)
{
  unsigned char key, date_flag = 0, hour_flag = 0;

  MCU_initialize();                             // initialize ATmega128A MCU
  Delay_ms(50);                                 // wait for system stabilization
  LCD_initialize();                             // initialize text LCD module
  TFT_initialize();                             // initialize TFT-LCD module
  DS3234_initialize();                          // initialize DS3234 RTC

  LCD_string(0x80," OK-128TFT V2.0 ");          // display title
  LCD_string(0xC0,"   Exp16_4.c    ");
```

```
Beep();                                          // beep

ADCSRA = 0x84;                                   // ADC enable, 1000kHz
ADMUX = 0xC1;                                    // select ADC1 with 2.56V
Delay_us(150);

Screen1_initialize();                            // initialize screen 1

while(1)
  { second = DS3234_read(0x00);                  // new second ?
    if(second != second_old)                     // if yes, read time
      { second_old = second;
        minute = DS3234_read(0x01);
        hour = DS3234_read(0x02) & 0x3F;
        weekday = DS3234_read(0x03);
        date = DS3234_read(0x04);
        month = DS3234_read(0x05);
        year = DS3234_read(0x06);

        blink_count = 0;                         // start colon blink count
        if(screen_mode == 1)
          Read_temperature();                    // read and display temperature
      }

    if((minute == 0x00) && (second == 0x00) && (hour_flag == 0)) // 매시 정각 경보
      { hour_flag = 1;
        Beep();
      }
    else if(second >= 0x01)
      hour_flag = 0;

    if((hour == 0x12) && (minute == 0x00) && (second == 0x00) && (date_flag == 0)) // 새로운 날짜의 시작
      { date_flag = 1;
        screen_mode = 1;
        TFT_initialize();
        Screen1_initialize();
      }
    else if(second == 0x01)
      date_flag = 0;

    key = Key_input();                           // key input
    if((key == KEY1) && (screen_mode == 1))      // ***** change screen_mode from 1 to 2
      { screen_mode = 2;
        Screen2_initialize();                    // initialize screen 2
        key = no_key;
      }
    else if((key == KEY1) && (screen_mode == 2)) // ***** change screen_mode from 2 to 1
      { screen_mode = 1;
        TFT_cursor(Transparent);
        Screen1_initialize();                    // initialize screen 1
        key = no_key;
      }

    if(screen_mode == 1)                         // ***** 화면1 : 시계
      { Display_time();                          // display current time
        if(blink_count < 8)                      // display colon for 0.5 sec
          { TFT_color(Cyan,Black);
            TFT_xy(13,14);
            TFT_English_xlarge(':');
            TFT_xy(26,14);
            TFT_English_xlarge(':');
          }
        else
          { TFT_color(Cyan,Black);
            TFT_xy(13,14);
            TFT_English_xlarge('/');
            TFT_xy(26,14);
            TFT_English_xlarge('/');
          }
      }
    else if(screen_mode == 2)                    // ***** 화면2 : 현재 날짜/시각 설정
```

```
        { if(key == KEY2)      Screen2_cursor_right();
          else if(key == KEY3) Screen2_increment();
          else if(key == KEY4) Screen2_decrement();
          else                 Display_screen2_time();
        }

      blink_count++;                          // increment count for blink time
    }
}

/* ----- 화면1 관련 함수 (기본 화면) ------------------------------------------ */

void Screen1_initialize(void)                 /* initialize screen 1 */
{
  TFT_clear_screen();                         // clear screen

  TFT_string(0,1,Green,  Black,"****************************************");
  TFT_string(0,3,Magenta,Black,"       OK-128TFT 키트 디지털 시계       ");
  TFT_string(0, 5,Green, Black,"****************************************");
  TFT_string(0,27,Green, Black,"****************************************");
  TFT_string(3,27,White, Black,"(설계/제작:윤덕용)");

  Rectangle(0,105, 319,171, Cyan);
  Rectangle(1,106, 318,170, Cyan);

  TFT_string_large(6,9,Cyan,Black,"2020/01/15 (수)");
  TFT_color(Cyan,Black);
  TFT_English_pixel_large(9,115,'A');
  TFT_English_pixel_large(9,139,'M');
  TFT_xy(3,14);
  TFT_color(White,Black);
  TFT_hexadecimal_xlarge(0,2);
  TFT_English_xlarge(':');
  TFT_hexadecimal_xlarge(0,2);
  TFT_English_xlarge(':');
  TFT_hexadecimal_xlarge(0,2);

  TFT_string_large(7,22,Yellow,Black,"온도 00.0  C");
  TFT_xy(17,22);
  TFT_English_large(0x7F);
}

void Display_time(void)                       /* display current time on screen 1 */
{
  TFT_color(Yellow,Black);                    // display color
  TFT_xy(6,9);                                // display year
  TFT_hexadecimal_large(0x20,2);
  TFT_hexadecimal_large(year,2);
  TFT_xy(11,9);                               // display month
  TFT_hexadecimal_large(month,2);
  TFT_xy(14,9);                               // display date
  TFT_hexadecimal_large(date,2);
  if(weekday == 0x01)      TFT_string_large(18,9, Yellow,Black, "일"); // display weekday
  else if(weekday == 0x02) TFT_string_large(18,9, Yellow,Black, "월");
  else if(weekday == 0x03) TFT_string_large(18,9, Yellow,Black, "화");
  else if(weekday == 0x04) TFT_string_large(18,9, Yellow,Black, "수");
  else if(weekday == 0x05) TFT_string_large(18,9, Yellow,Black, "목");
  else if(weekday == 0x06) TFT_string_large(18,9, Yellow,Black, "금");
  else if(weekday == 0x07) TFT_string_large(18,9, Yellow,Black, "토");

  TFT_color(Cyan,Black);                      // display color
  if((hour & 0x20) == 0x00) TFT_English_pixel_large(9,115,'A'); // display AM/PM
  else                      TFT_English_pixel_large(9,115,'P');

  TFT_color(White,Black);                     // display color
  TFT_xy(3,14);                               // display hour
  TFT_hexadecimal_xlarge(hour & 0x1F, 2);
  TFT_xy(16,14);                              // display minute
  TFT_hexadecimal_xlarge(minute, 2);
  TFT_xy(29,14);                              // display second
  TFT_hexadecimal_xlarge(second, 2);
```

```
}

unsigned char ADC_start_flag = 0, ADC_count = 0;
unsigned int result, ADC_buffer[32];

void Read_temperature(void)                    /* read temperature from LM35DZ */
{
  unsigned char i;

  ADCSRA = 0xD4;                               // start conversion and clear ADIF
  while((ADCSRA & 0x10) != 0x10);
  result = ADCW;                               // read A/D result

  if(ADC_start_flag == 1)                      // if not start new, store A/D result
    { ADC_buffer[ADC_count] = result;
      ADC_count++;
      ADC_count = ADC_count % 32;
    }
  else
    { for(i = 0; i < 32; i++)                  // if start new, initialize buffer
        ADC_buffer[i] = result;
      ADC_start_flag = 1;
    }

  result = 0;
  for(i = 0; i < 32; i++)                      // calculate moving average of buffer
    result += ADC_buffer[i];
  result >>= 5;

  TFT_xy(12,22);                               // display temperature
  TFT_color(Cyan,Black);
  TFT_unsigned_float_large((float)result*256./1023.,2,1);
}

/* ----- 화면2 관련 함수 (현재 날짜/시각 설정) ---------------------------------- */

void Screen2_initialize(void)                  /* initialize screen 2 */
{
  TFT_clear_screen();                          // clear screen

  TFT_string( 3,25,White, Blue,"화면");        // display key function
  TFT_string( 3,27,White, Blue,"변경");
  TFT_string(13,25,White,Black,"커서");
  TFT_string(13,27,White,Black,"이동");
  TFT_string(23,25,White,Magenta," 값 ");
  TFT_string(23,27,White,Magenta,"증가");
  TFT_string(33,25,White,Magenta," 값 ");
  TFT_string(33,27,White,Magenta,"감소");
  Rectangle( 18,194,  61,237, Cyan);
  Rectangle( 98,194, 141,237, Cyan);
  Rectangle(178,194, 221,237, Cyan);
  Rectangle(258,194, 301,237, Cyan);

  TFT_string(0,3,White,Blue,"          현재 날짜/시각 설정          ");

  TFT_string_large(6,10,Green,Black,"2020/01/15 (수)");
  TFT_string_large(6,15,Green,Black," 오전 12:00:00 ");

  TFT_cursor(Magenta);                         // display cursor
  Xcursor = 9;
  Ycursor = 15;
}

void Display_screen2_time(void)                /* display current time on screen 2 */
{
  TFT_color(White,Black);                      // display color
  TFT_xy(6,10);                                // display year
  TFT_hexadecimal_large(0x20,2);
  TFT_hexadecimal_large(year,2);
  TFT_xy(11,10);                               // display month
  TFT_hexadecimal_large(month,2);
```

```
  TFT_xy(14,10);                                      // display date
  TFT_hexadecimal_large(date,2);
  if(weekday == 0x01)       TFT_string_large(18,10, White,Black, "일"); // display weekday
  else if(weekday == 0x02) TFT_string_large(18,10, White,Black, "월");
  else if(weekday == 0x03) TFT_string_large(18,10, White,Black, "화");
  else if(weekday == 0x04) TFT_string_large(18,10, White,Black, "수");
  else if(weekday == 0x05) TFT_string_large(18,10, White,Black, "목");
  else if(weekday == 0x06) TFT_string_large(18,10, White,Black, "금");
  else if(weekday == 0x07) TFT_string_large(18,10, White,Black, "토");

  TFT_color(White,Black);                             // display color
  if((hour & 0x20) == 0x00) TFT_string_large(7,15,White,Black,"오전"); // display AM/PM
  else                      TFT_string_large(7,15,White,Black,"오후");
  TFT_xy(12,15);                                      // display hour
  TFT_hexadecimal_large(hour & 0x1F,2);
  TFT_xy(15,15);                                      // display minute
  TFT_hexadecimal_large(minute,2);
  TFT_xy(18,15);                                      // display second
  TFT_hexadecimal_large(second,2);
}

void Screen2_cursor_right(void)                       /* move cursor to right */
{
  if((Xcursor == 8) && (Ycursor == 10))        { Xcursor = 9;  Ycursor = 10; }
  else if((Xcursor == 9)  && (Ycursor == 10)) { Xcursor = 11; Ycursor = 10; }
  else if((Xcursor == 11) && (Ycursor == 10)) { Xcursor = 12; Ycursor = 10; }
  else if((Xcursor == 12) && (Ycursor == 10)) { Xcursor = 14; Ycursor = 10; }
  else if((Xcursor == 14) && (Ycursor == 10)) { Xcursor = 15; Ycursor = 10; }
  else if((Xcursor == 15) && (Ycursor == 10)) { Xcursor = 18; Ycursor = 10; }
  else if((Xcursor == 18) && (Ycursor == 10)) { Xcursor = 9;  Ycursor = 15; }
  else if((Xcursor == 9)  && (Ycursor == 15)) { Xcursor = 12; Ycursor = 15; }
  else if((Xcursor == 12) && (Ycursor == 15)) { Xcursor = 13; Ycursor = 15; }
  else if((Xcursor == 13) && (Ycursor == 15)) { Xcursor = 15; Ycursor = 15; }
  else if((Xcursor == 15) && (Ycursor == 15)) { Xcursor = 16; Ycursor = 15; }
  else if((Xcursor == 16) && (Ycursor == 15)) { Xcursor = 18; Ycursor = 15; }
  else if((Xcursor == 18) && (Ycursor == 15)) { Xcursor = 19; Ycursor = 15; }
  else if((Xcursor == 19) && (Ycursor == 15)) { Xcursor = 8;  Ycursor = 10; }
}

void Screen2_increment(void)                          /* increment value */
{
  if((Xcursor == 8) && (Ycursor == 10))               // in case of year
    { year = DS3234_read(0x06);
      if((year & 0xF0) < 0x90) year += 0x10;
      else                     year &= 0x0F;
      DS3234_write(0x06,year);
    }
  else if((Xcursor == 9) && (Ycursor == 10))          // in case of year
    { year = DS3234_read(0x06);
      if((year & 0x0F) < 0x09) year += 0x01;
      else                     year &= 0xF0;
      DS3234_write(0x06,year);
    }
  else if((Xcursor == 11) && (Ycursor == 10))         // in case of month
    { month = DS3234_read(0x05);
      month ^= 0x10;
      if(month == 0x00) month += 0x01;
      if(month > 0x12)  month = 0x12;
      DS3234_write(0x05,month);
    }
  else if((Xcursor == 12) && (Ycursor == 10))         // in case of month
    { month = DS3234_read(0x05);
      if((month & 0x0F) < 0x09)
        { month += 0x01;
          if(month > 0x12) month &= 0xF0;
        }
      else
        { month &= 0xF0;
          if(month == 0x00) month = 0x01;
        }
      DS3234_write(0x05,month);
```

```
  }
else if((Xcursor == 14) && (Ycursor == 10))    // in case of date
  { date = DS3234_read(0x04);
    if((date & 0xF0) < 0x30)
      { date += 0x10;
        if(date > 0x31) date = 0x31;
      }
    else
      { date &= 0x0F;
        if(date == 0x00) date = 0x01;
      }
    DS3234_write(0x04,date);
  }
else if((Xcursor == 15) && (Ycursor == 10))    // in case of date
  { date = DS3234_read(0x04);
    if((date & 0x0F) < 0x09)
      { date += 0x01;
        if(date > 0x31) date &= 0xF0;
      }
    else
      { date &= 0xF0;
        if(date == 0x00) date = 0x01;
      }
    DS3234_write(0x04,date);
  }
else if((Xcursor == 18) && (Ycursor == 10))    // in case of weekday
  { weekday = DS3234_read(0x03);
    if(weekday < 0x07) weekday += 0x01;
    else               weekday = 0x01;
    DS3234_write(0x03,weekday);
  }
else if((Xcursor == 9) && (Ycursor == 15))     // in case of AM/PM
  { hour = DS3234_read(0x02);
    hour ^= 0x20;
    DS3234_write(0x02,hour);
  }
else if((Xcursor == 12) && (Ycursor == 15))    // in case of hour
  { hour = DS3234_read(0x02);
    hour ^= 0x10;
    if((hour & 0x1F) == 0x00) hour += 0x01;
    if((hour & 0x1F) > 0x12)  hour = (hour & 0x60) + 0x12;
    DS3234_write(0x02,hour);
  }
else if((Xcursor == 13) && (Ycursor == 15))    // in case of hour
  { hour = DS3234_read(0x02);
    if((hour & 0x0F) < 0x09)
      { hour += 0x01;
        if((hour & 0x1F) > 0x12) hour &= 0xF0;
      }
    else
      { hour &= 0xF0;
        if((hour & 0x1F) == 0x00) hour += 0x01;
      }
    DS3234_write(0x02,hour);
  }
else if((Xcursor == 15) && (Ycursor == 15))    // in case of minute
  { minute = DS3234_read(0x01);
    if((minute & 0xF0) < 0x50) minute += 0x10;
    else                       minute &= 0x0F;
    DS3234_write(0x01,minute);
  }
else if((Xcursor == 16) && (Ycursor == 15))    // in case of minute
  { minute = DS3234_read(0x01);
    if((minute & 0x0F) < 0x09) minute += 0x01;
    else                       minute &= 0xF0;
    DS3234_write(0x01,minute);
  }
else if((Xcursor == 18) && (Ycursor == 15))    // in case of second
  { second = DS3234_read(0x00);
    if((second & 0xF0) < 0x50) second += 0x10;
    else                       second &= 0x0F;
```

```
        DS3234_write(0x00,second);
      }
    else if((Xcursor == 19) && (Ycursor == 15))    // in case of second
      { second = DS3234_read(0x00);
        if((second & 0x0F) < 0x09) second += 0x01;
        else                       second &= 0xF0;
        DS3234_write(0x00,second);
      }
}

void Screen2_decrement(void)                        /* decrement value */
{
  if((Xcursor == 8) && (Ycursor == 10))             // in case of year
    { year = DS3234_read(0x06);
      if((year & 0xF0) >= 0x10) year -= 0x10;
      else                      year += 0x90;
      DS3234_write(0x06,year);
    }
  else if((Xcursor == 9) && (Ycursor == 10))        // in case of year
    { year = DS3234_read(0x06);
      if((year & 0x0F) >= 0x01) year -= 0x01;
      else                      year += 0x09;
      DS3234_write(0x06,year);
    }
  else if((Xcursor == 11) && (Ycursor == 10))       // in case of month
    { month = DS3234_read(0x05);
      month ^= 0x10;
      if(month == 0x00) month += 0x01;
      if(month > 0x12)  month = 0x12;
      DS3234_write(0x05,month);
    }
  else if((Xcursor == 12) && (Ycursor == 10))       // in case of month
    { month = DS3234_read(0x05);
      if((month & 0x0F) >= 0x01)
        { month -= 0x01;
          if(month == 0x00) month = 0x09;
        }
      else
        { month += 0x09;
          if(month > 0x12) month = 0x12;
        }
      DS3234_write(0x05,month);
    }
  else if((Xcursor == 14) && (Ycursor == 10))       // in case of date
    { date = DS3234_read(0x04);
      if((date & 0xF0) >= 0x10)
        { date -= 0x10;
          if(date == 0x00) date = 0x01;
        }
      else
        { date += 0x30;
          if(date > 0x31) date = 0x31;
        }
      DS3234_write(0x04,date);
    }
  else if((Xcursor == 15) && (Ycursor == 10))       // in case of date
    { date = DS3234_read(0x04);
      if((date & 0x0F) >= 0x01)
        { date -= 0x01;
          if(date == 0x00) date = 0x09;
        }
      else
        { date += 0x09;
          if(date > 0x31) date = 0x31;
        }
      DS3234_write(0x04,date);
    }
  else if((Xcursor == 18) && (Ycursor == 10))       // in case of weekday
    { weekday = DS3234_read(0x03);
      if(weekday > 0x01) weekday -= 0x01;
      else               weekday = 0x07;
```

```
        DS3234_write(0x03,weekday);
      }
    else if((Xcursor == 9) && (Ycursor == 15))     // in case of AM/PM
      { hour = DS3234_read(0x02);
        hour ^= 0x20;
        DS3234_write(0x02,hour);
      }
    else if((Xcursor == 12) && (Ycursor == 15))    // in case of hour
      { hour = DS3234_read(0x02);
        hour ^= 0x10;
        if((hour & 0x1F) == 0x00) hour += 0x01;
        if((hour & 0x1F) > 0x12)  hour = (hour & 0x60) + 0x12;
        DS3234_write(0x02,hour);
      }
    else if((Xcursor == 13) && (Ycursor == 15))    // in case of hour
      { hour = DS3234_read(0x02);
        if((hour & 0x0F) >= 0x01)
          { hour -= 0x01;
            if((hour & 0x1F) == 0x00) hour = (hour & 0xE0) + 0x09;
          }
        else
          { hour += 0x09;
            if((hour & 0x1F) > 0x12) hour = (hour & 0xE0) + 0x12;
          }
        DS3234_write(0x02,hour);
      }
    else if((Xcursor == 15) && (Ycursor == 15))    // in case of minute
      { minute = DS3234_read(0x01);
        if((minute & 0xF0) >= 0x10) minute -= 0x10;
        else                        minute += 0x50;
        DS3234_write(0x01,minute);
      }
    else if((Xcursor == 16) && (Ycursor == 15))    // in case of minute
      { minute = DS3234_read(0x01);
        if((minute & 0x0F) >= 0x01) minute -= 0x01;
        else                        minute += 0x09;
        DS3234_write(0x01,minute);
      }
    else if((Xcursor == 18) && (Ycursor == 15))    // in case of second
      { second = DS3234_read(0x00);
        if((second & 0xF0) >= 0x10) second -= 0x10;
        else                        second += 0x50;
        DS3234_write(0x00,second);
      }
    else if((Xcursor == 19) && (Ycursor == 15))    // in case of second
      { second = DS3234_read(0x00);
        if((second & 0x0F) >= 0x01) second -= 0x01;
        else                        second += 0x09;
        DS3234_write(0x00,second);
      }
  }
```

☞ TFT-LCD에 가장 큰 글씨를 출력하려면 헤더파일 OK-128TFT-xlarge.h를 인클루드시켜 주어야 한다. 이 프로그램에서 TFT-LCD에는 2개의 다른 화면을 표시할 수 있는데 첫번째 화면은 정상적인 시계 화면이고, 두번째 화면은 현재 시각을 수정하는 화면이다.

현재의 화면을 변경하여 다른 화면으로 이동하려면 KEY1을 누르면 되고, KEY2는 커서의 우측 이동에 사용하며, KEY3과 KEY4는 각각 시간값의 증가 및 감소에 사용한다. 따라서, 커서를 좌측으로 이동하는 기능은 없으므로 좌측을 찾아가려면 계속 우측으로 이동하여 한바퀴를 돌아가는 방법을 사용해야 한다. 이는 다소 불편한 듯하지만 익숙해지면 전혀 문제가 없다.

5. TFT-LCD에 표시하는 아날로그 시계

이번에는 DS3234를 이용한 아날로그/디지털 시계를 TFT-LCD에 구현하여 보기로 한다. 아날로그 시계는 TFT-LCD의 화면에 실시간 그래픽으로 구현하며, 그 내부에 디지털 시계와 캘린더를 포함하고 있다. 이 시계는 당연히 현재 시각을 수정하는 기능을 갖도록 하였다.

〈프로그램 Exp16_5.c〉 TFT-LCD에 표시하는 아날로그/디지털 시계 프로그램

```
/* ========================================================================== */
/*              Exp16_5.c : DS3234를 이용한 아날로그 시계                      */
/* ========================================================================== */
/*                        Designed and programmed by Duck-Yong Yoon in 2020.  */

#include <avr/io.h>
#include "OK-128TFT-V2.h"

unsigned char BCD_increment(U08 number);        /* BCD increment */
unsigned char BCD_decrement(U08 number);        /* BCD decrement */
void Analog_cursor_left(void);                  /* go cursor left */
void Analog_cursor_right(void);                 /* go cursor right */
void Analog_increment(void);                    /* increment time */
void Analog_decrement(void);                    /* decrement time */
void Draw_analog_clock(void);                   /* draw analog clock */
void Analog_display_time(void);                 /* display analog and digital time */
void Draw_pin(void);                            /* draw hour, minute, second pin */

/* ----- 메인 프로그램 ------------------------------------------------------ */

unsigned char year, month, date, weekday, hour, minute, second, second_old;
unsigned char start_flag, tick_flag = 0;

int main(void)
{
  unsigned int key = no_key;

  MCU_initialize();                             // initialize ATmega128A MCU
  Delay_ms(50);                                 // wait for system stabilization
  LCD_initialize();                             // initialize text LCD module
  TFT_initialize();                             // initialize TFT-LCD module
  DS3234_initialize();                          // initialize DS3234 RTC

  LCD_string(0x80," OK-128TFT V2.0 ");          // display title
  LCD_string(0xC0,"   Exp16_5.c    ");
  Beep();

  TFT_cursor(Magenta);                          // display cursor by Magenta color
  Xcursor = 38;
  Ycursor = 27;
  start_flag = 0;

  Draw_analog_clock();                          // draw analog clock

  while(1)
    { key = Key_input();                        // key input
      switch(key)
        { case KEY1 : Analog_cursor_left();     // if KEY1, go cursor left
                      break;
          case KEY2 : Analog_cursor_right();    // if KEY2, go cursor right
                      break;
```

```
            case KEY3 : Analog_increment();      // if KEY3, increment time
                        break;
            case KEY4 : Analog_decrement();      // if KEY4, decrement time
                        break;
            default   : Analog_display_time();   // display time
                        break;
          }
      }
}

/* ----- 사용자 정의 함수 ---------------------------------------------------- */

unsigned char BCD_increment(U08 number)          /* BCD increment */
{
  unsigned char i;

  i = (number >> 4)*10 + (number & 0x0F);        // convert BCD to binary
  i++;                                           // increment
  i = ((i/10) << 4) + (i % 10);                  // convert binary to BCD
  return i;
}

unsigned char BCD_decrement(U08 number)          /* BCD decrement */
{
  unsigned char i;

  i = (number >> 4)*10 + (number & 0x0F);        // convert BCD to binary
  i--;                                           // decrement
  i = ((i/10) << 4) + (i % 10);                  // convert binary to BCD
  return i;
}

void Analog_cursor_left(void)                    /* go cursor left */
{
  if     ((Xcursor == 38) && (Ycursor == 27)) { Xcursor = 25; Ycursor = 19; }
  else if((Xcursor == 25) && (Ycursor == 19)) { Xcursor = 22; Ycursor = 19; }
  else if((Xcursor == 22) && (Ycursor == 19)) { Xcursor = 19; Ycursor = 19; }
  else if((Xcursor == 19) && (Ycursor == 19)) { Xcursor = 15; Ycursor = 19; }
  else if((Xcursor == 15) && (Ycursor == 19)) { Xcursor = 24; Ycursor = 9;  }

  else if((Xcursor == 24) && (Ycursor == 9)) { Xcursor = 22; Ycursor = 9;  }
  else if((Xcursor == 22) && (Ycursor == 9)) { Xcursor = 19; Ycursor = 9;  }
  else if((Xcursor == 19) && (Ycursor == 9)) { Xcursor = 16; Ycursor = 9;  }
  else if((Xcursor == 16) && (Ycursor == 9)) { Xcursor = 38; Ycursor = 27; }
}

void Analog_cursor_right(void)                   /* go cursor right */
{
  if     ((Xcursor == 38) && (Ycursor == 27)) { Xcursor = 16; Ycursor = 9; }
  else if((Xcursor == 16) && (Ycursor == 9))  { Xcursor = 19; Ycursor = 9; }
  else if((Xcursor == 19) && (Ycursor == 9))  { Xcursor = 22; Ycursor = 9; }
  else if((Xcursor == 22) && (Ycursor == 9))  { Xcursor = 24; Ycursor = 9; }
  else if((Xcursor == 24) && (Ycursor == 9))  { Xcursor = 15; Ycursor = 19; }

  else if((Xcursor == 15) && (Ycursor == 19)) { Xcursor = 19; Ycursor = 19; }
  else if((Xcursor == 19) && (Ycursor == 19)) { Xcursor = 22; Ycursor = 19; }
  else if((Xcursor == 22) && (Ycursor == 19)) { Xcursor = 25; Ycursor = 19; }
  else if((Xcursor == 25) && (Ycursor == 19)) { Xcursor = 38; Ycursor = 27; }
}

void Analog_increment(void)                      /* increment time */
{
  if((Xcursor == 15) && (Ycursor == 19))         // in case of AM/PM
    { hour = DS3234_read(0x02);
      if((hour & 0x20) == 0x00) hour |= 0x20;
      else                      hour &= 0xDF;
      DS3234_write(0x02,hour);
    }
  else if((Xcursor == 19) && (Ycursor == 19))    // in case of hour
    { hour = DS3234_read(0x02);
      if((hour & 0x1F) == 0x12) hour = (hour & 0xE0) + 0x01;
```

```
      else                      hour = BCD_increment(hour);
      DS3234_write(0x02,hour);
    }
  else if((Xcursor == 22) && (Ycursor == 19))    // in case of minute
    { minute = DS3234_read(0x01);
      if(minute == 0x59)    minute = 0x00;
      else                  minute = BCD_increment(minute);
      DS3234_write(0x01,minute);
    }
  else if((Xcursor == 25) && (Ycursor == 19))    // in case of second
    { second = DS3234_read(0x00);
      if(second == 0x59)    second = 0x00;
      else                  second = BCD_increment(second);
      DS3234_write(0x00,second);
    }
  else if((Xcursor == 16) && (Ycursor == 9))     // in case of year
    { year = DS3234_read(0x06);
      if(year == 0x99)      year = 0x00;
      else                  year = BCD_increment(year);
      DS3234_write(0x06,year);
    }
  else if((Xcursor == 19) && (Ycursor == 9))     // in case of month
    { month = DS3234_read(0x05);
      if(month == 0x12)     month = 0x01;
      else                  month = BCD_increment(month);
      DS3234_write(0x05,month);
    }
  else if((Xcursor == 22) && (Ycursor == 9))     // in case of date
    { date = DS3234_read(0x04);
      if(date == 0x31)      date = 0x01;
      else                  date = BCD_increment(date);
      DS3234_write(0x04,date);
    }
  else if((Xcursor == 24) && (Ycursor == 9))     // in case of weekday
    { weekday = DS3234_read(0x03);
      if(weekday == 0x07)   weekday = 0x01;
      else                  weekday++;
      DS3234_write(0x03,weekday);
    }
}

void Analog_decrement(void)                      /* decrement time */
{
  if ((Xcursor == 15) && (Ycursor == 19))        // in case of AM/PM
    { hour = DS3234_read(0x02);
      if((hour & 0x20) == 0x00) hour |= 0x20;
      else                      hour &= 0xDF;
      DS3234_write(0x02,hour);
    }
  else if((Xcursor == 19) && (Ycursor == 19))    // in case of hour
    { hour = DS3234_read(0x02);
      if((hour & 0x1F) == 0x01) hour = (hour & 0xE0) + 0x12;
      else                      hour = BCD_decrement(hour);
      DS3234_write(0x02,hour);
    }
  else if((Xcursor == 22) && (Ycursor == 19))    // in case of minute
    { minute = DS3234_read(0x01);
      if(minute == 0x00)    minute = 0x59;
      else                  minute = BCD_decrement(minute);
      DS3234_write(0x01,minute);
    }
  else if((Xcursor == 25) && (Ycursor == 19))    // in case of second
    { second = DS3234_read(0x00);
      if(second == 0x00)    second = 0x59;
      else                  second = BCD_decrement(second);
      DS3234_write(0x00,second);
    }
  else if((Xcursor == 16) && (Ycursor == 9))     // in case of year
    { year = DS3234_read(0x06);
      if(year == 0x00)      year = 0x99;
      else                  year = BCD_decrement(year);
```

```
      DS3234_write(0x06,year);
    }
  else if((Xcursor == 19) && (Ycursor == 9))     // in case of month
    { month = DS3234_read(0x05);
      if(month == 0x01)        month = 0x12;
      else                     month = BCD_decrement(month);
      DS3234_write(0x05,month);
    }
  else if((Xcursor == 22) && (Ycursor == 9))     // in case of date
    { date = DS3234_read(0x04);
      if(date == 0x01)         date = 0x31;
      else                     date = BCD_decrement(date);
      DS3234_write(0x04,date);
    }
  else if((Xcursor == 24) && (Ycursor == 9))     // in case of weekday
    { weekday = DS3234_read(0x03);
      if(weekday == 0x01)      weekday = 0x07;
      else                     weekday--;
      DS3234_write(0x03,weekday);
    }
}

unsigned int Xcenter = 160;                      // center x,y of analog clock
unsigned int Ycenter = 120;

void Draw_analog_clock(void)                     /* draw analog clock */
{
 unsigned int i;
 unsigned int scale_out = 118;
 unsigned int scale_in1 = 112;
 unsigned int scale_in2 = 106;
 signed int Xstart, Ystart, Xend, Yend;

 Rectangle(0,0,319,239,Brown);                   // draw outline

 for(i = 0; i < 60 ; i++)                        // draw clock scale
   if((i % 5) != 0)
     { Xstart = Xcenter + (signed int)(scale_in1*sin(3.141592/180*(i*6)));
       Ystart = Ycenter - (signed int)(scale_in1*cos(3.141592/180*(i*6)));
       Xend   = Xcenter + (signed int)(scale_out*sin(3.141592/180*(i*6)));
       Yend   = Ycenter - (signed int)(scale_out*cos(3.141592/180*(i*6)));

       Line(Xstart,Ystart, Xend,Yend, LightGrey);
     }
 for(i = 0; i < 12 ; i++)
   { Xstart = Xcenter + (signed int)(scale_in2*sin(3.141592/180*(i*30)));
     Ystart = Ycenter - (signed int)(scale_in2*cos(3.141592/180*(i*30)));
     Xend   = Xcenter + (signed int)(scale_out*sin(3.141592/180*(i*30)));
     Yend   = Ycenter - (signed int)(scale_out*cos(3.141592/180*(i*30)));

     Line(Xstart,Ystart, Xend,Yend, White);
   }

  Circle(Xcenter,Ycenter, 119, Cyan);            // draw outline
  Circle(Xcenter,Ycenter, 118, Cyan);

  for(i = 4; i > 0; i--)                         // draw center
    Circle(Xcenter,Ycenter, i, Yellow);
}

void Analog_display_time(void)                   /* display analog and digital time */
{
  second = DS3234_read(0x00);                    // new second ?
  if(second == second_old)
    return;
  else
    second_old = second;

  minute = DS3234_read(0x01);
  hour = DS3234_read(0x02);
  weekday = DS3234_read(0x03);
```

```
  date = DS3234_read(0x04);
  month = DS3234_read(0x05);
  year = DS3234_read(0x06);

  Draw_pin();                                   // draw hour, minute, second pin
  Circle(Xcenter,Ycenter, 5, Green);

  if((minute == 0x00) && (second == 0x00) && (tick_flag == 0))
    { tick_flag = 1;
      Beep();
    }
  else if((minute != 0x00) || (second != 0x00)) // tick sound
    { tick_flag = 0;
      Tick();                                   // tick for 100 us
    }
}

signed int Xstart1_hour_old, Ystart1_hour_old, Xstart2_hour_old, Ystart2_hour_old, Xend_hour_old, Yend_hour_old;
signed int Xstart1_minute_old, Ystart1_minute_old, Xstart2_minute_old, Ystart2_minute_old, Xend_minute_old, Yend_minute_old;

signed int Xstart_second_old, Ystart_second_old, Xend_second_old, Yend_second_old;
signed int Xcircle_second_old, Ycircle_second_old;

void Draw_pin(void)                             /* draw hour, minute, second pin */
{
  unsigned int i;
  unsigned int pin_hour, length_hour = 65;
  signed int Xstart1_hour, Ystart1_hour, Xstart2_hour, Ystart2_hour, Xend_hour, Yend_hour;

  unsigned int pin_minute, length_minute = 80;
  signed int Xstart1_minute, Ystart1_minute, Xstart2_minute, Ystart2_minute, Xend_minute, Yend_minute;

  unsigned int pin_second, length_second = 100, center_second = 80 ;
  signed int Xstart_second, Ystart_second, Xend_second, Yend_second;
  signed int Xcircle_second, Ycircle_second;

  pin_hour = ((hour & 0x10) >> 4)*10 + (hour & 0x0F);   // convert hour to binary
  pin_minute = (minute >> 4)*10 + (minute & 0x0F);      // convert minute to binary
  pin_second = (second >> 4)*10 + (second & 0x0F);      // convert second to binary

                                          // calculate hour variables
  Xstart1_hour = Xcenter + (signed int)(6*sin((pin_hour*30 + pin_minute/2. - 30)*3.141592/180.)+0.5);
  Ystart1_hour = Ycenter - (signed int)(6*cos((pin_hour*30 + pin_minute/2. - 30)*3.141592/180.)+0.5);

  Xstart2_hour = Xcenter + (signed int)(6*sin((pin_hour*30 + pin_minute/2. + 30)*3.141592/180.)+0.5);
  Ystart2_hour = Ycenter - (signed int)(6*cos((pin_hour*30 + pin_minute/2. + 30)*3.141592/180.)+0.5);

  Xend_hour = Xcenter + (signed int)(length_hour*sin((pin_hour*30 + pin_minute/2.)*3.141592/180.)+0.5);
  Yend_hour = Ycenter - (signed int)(length_hour*cos((pin_hour*30 + pin_minute/2.)*3.141592/180.)+0.5);

                                          // calculate minute variables
  Xstart1_minute = Xcenter + (signed int)(6*sin((pin_minute*6 + pin_second/10. - 15)*3.141592/180.)+0.5);
  Ystart1_minute = Ycenter - (signed int)(6*cos((pin_minute*6 + pin_second/10. - 15)*3.141592/180.)+0.5);

  Xstart2_minute = Xcenter + (signed int)(6*sin((pin_minute*6 + pin_second/10. + 15)*3.141592/180.)+0.5);
  Ystart2_minute = Ycenter - (signed int)(6*cos((pin_minute*6 + pin_second/10. + 15)*3.141592/180.)+0.5);

  Xend_minute = Xcenter + (signed int)(length_minute*sin((pin_minute*6 + pin_second/10.)*3.141592/180.)+0.5);
  Yend_minute = Ycenter - (signed int)(length_minute*cos((pin_minute*6 + pin_second/10.)*3.141592/180.)+0.5);

                                          // calculate second variables
  Xstart_second = Xcenter + (signed int)(6*sin(3.141592/180.*(pin_second*6))+0.5);
  Ystart_second = Ycenter - (signed int)(6*cos(3.141592/180.*(pin_second*6))+0.5);

  Xend_second = Xcenter + (signed int)(length_second*sin(3.141592/180.*(pin_second*6))+0.5);
  Yend_second = Ycenter - (signed int)(length_second*cos(3.141592/180.*(pin_second*6))+0.5);

  Xcircle_second = Xcenter + (signed int)(center_second*sin(3.141592/180.*(pin_second*6))+0.5);
  Ycircle_second = Ycenter - (signed int)(center_second*cos(3.141592/180.*(pin_second*6))+0.5);

  if(start_flag == 0)                           // initialize old value
```

```
  { start_flag = 1;

    Xstart1_hour_old = Xstart1_hour;
    Ystart1_hour_old = Ystart1_hour;
    Xstart2_hour_old = Xstart2_hour;
    Ystart2_hour_old = Ystart2_hour;
    Xend_hour_old = Xend_hour;
    Yend_hour_old = Yend_hour;

    Xstart1_minute_old = Xstart1_minute;
    Ystart1_minute_old = Ystart1_minute;
    Xstart2_minute_old = Xstart2_minute;
    Ystart2_minute_old = Ystart2_minute;
    Xend_minute_old = Xend_minute;
    Yend_minute_old = Yend_minute;

    Xstart_second_old = Xstart_second;
    Ystart_second_old = Ystart_second;
    Xend_second_old = Xend_second;
    Yend_second_old = Yend_second;
    Xcircle_second_old = Xcircle_second;
    Ycircle_second_old = Ycircle_second;
  }

                                                    // delete old hour and minute pin
if((Xend_hour != Xend_hour_old) || (Yend_hour != Yend_hour_old) || (Xend_minute != Xend_minute_old) || (Yend_minute != Yend_minute_old))
  { Line(Xstart1_hour_old, Ystart1_hour_old,  Xend_hour_old, Yend_hour_old,  Black);
    Line(Xstart2_hour_old, Ystart2_hour_old,  Xend_hour_old, Yend_hour_old,  Black);

    Line(Xstart1_hour_old+1, Ystart1_hour_old,  Xend_hour_old, Yend_hour_old,  Black);
    Line(Xstart1_hour_old-1, Ystart1_hour_old,  Xend_hour_old, Yend_hour_old,  Black);
    Line(Xstart2_hour_old+1, Ystart2_hour_old,  Xend_hour_old, Yend_hour_old,  Black);
    Line(Xstart2_hour_old-1, Ystart2_hour_old,  Xend_hour_old, Yend_hour_old,  Black);

    Line(Xstart1_hour_old, Ystart1_hour_old+1,  Xend_hour_old, Yend_hour_old,  Black);
    Line(Xstart1_hour_old, Ystart1_hour_old-1,  Xend_hour_old, Yend_hour_old,  Black);
    Line(Xstart2_hour_old, Ystart2_hour_old+1,  Xend_hour_old, Yend_hour_old,  Black);
    Line(Xstart2_hour_old, Ystart2_hour_old-1,  Xend_hour_old, Yend_hour_old,  Black);

    Line(Xstart1_minute_old, Ystart1_minute_old,  Xend_minute_old, Yend_minute_old,  Black);
    Line(Xstart2_minute_old, Ystart2_minute_old,  Xend_minute_old, Yend_minute_old,  Black);

    Line(Xstart1_minute_old+1, Ystart1_minute_old,  Xend_minute_old, Yend_minute_old,  Black);
    Line(Xstart1_minute_old-1, Ystart1_minute_old,  Xend_minute_old, Yend_minute_old,  Black);
    Line(Xstart2_minute_old+1, Ystart2_minute_old,  Xend_minute_old, Yend_minute_old,  Black);
    Line(Xstart2_minute_old-1, Ystart2_minute_old,  Xend_minute_old, Yend_minute_old,  Black);

    Line(Xstart1_minute_old, Ystart1_minute_old+1,  Xend_minute_old, Yend_minute_old,  Black);
    Line(Xstart1_minute_old, Ystart1_minute_old-1,  Xend_minute_old, Yend_minute_old,  Black);
    Line(Xstart2_minute_old, Ystart2_minute_old+1,  Xend_minute_old, Yend_minute_old,  Black);
    Line(Xstart2_minute_old, Ystart2_minute_old-1,  Xend_minute_old, Yend_minute_old,  Black);
  }

for(i = 3; i > 0; i--)                              // delete old second pin
  Circle(Xcircle_second_old, Ycircle_second_old, i, Black);
Line(Xstart_second_old, Ystart_second_old,  Xend_second_old, Yend_second_old,  Black);

TFT_color(Green, Black);                            // display hour number
TFT_English_pixel(152, 15,  '1'); TFT_English_pixel(160, 15,  '2');
TFT_English_pixel(102, 29,  '1'); TFT_English_pixel(110, 29,  '1');
TFT_English_pixel(204, 29,  '1');
TFT_English_pixel(68, 65,  '1'); TFT_English_pixel(76, 65,  '0');
TFT_English_pixel(242, 65,  '2');
TFT_English_pixel(58, 113,  '9');
TFT_English_pixel(256, 113,  '3');
TFT_English_pixel(72, 163,  '8');
TFT_English_pixel(242, 163,  '4');
TFT_English_pixel(108, 199,  '7');
TFT_English_pixel(204, 199,  '5');
TFT_English_pixel(157, 213,  '6');
```

```
TFT_color(Silver,Black);                      // *** display calendar
TFT_xy(17,9);                                 // display slash and ()
TFT_English('/');
TFT_xy(20,9);
TFT_English('/');
TFT_xy(23,9);
TFT_English('(');
TFT_xy(26,9);
TFT_English(')');
TFT_string(13,9, Green,Black, "20");          // display year
TFT_hexadecimal(year,2);
TFT_xy(18,9);                                 // display month
TFT_hexadecimal(month,2);
TFT_xy(21,9);                                 // display date
TFT_hexadecimal(date,2);
if(weekday == 0x01)      TFT_string(24,9, Red,Black, "일");   // display weekday
else if(weekday == 0x02) TFT_string(24,9, Red,Black, "월");
else if(weekday == 0x03) TFT_string(24,9, Red,Black, "화");
else if(weekday == 0x04) TFT_string(24,9, Red,Black, "수");
else if(weekday == 0x05) TFT_string(24,9, Red,Black, "목");
else if(weekday == 0x06) TFT_string(24,9, Red,Black, "금");
else if(weekday == 0x07) TFT_string(24,9, Red,Black, "토");

Rectangle(99,69, 219,89, DarkGrey);
Rectangle(100,70, 218,88, Red);

TFT_color(Silver,Black);                      // *** display digital clock
TFT_xy(20,19);                                // display colon
TFT_English(':');
TFT_xy(23,19);
TFT_English(':');
TFT_xy(18,19);                                // display hour
TFT_color(Green,Black);
TFT_hexadecimal(hour & 0x1F,2);
if((hour & 0x20) == 0x00) TFT_string(14,19, Red,Black, "AM");
else                      TFT_string(14,19, Red,Black, "PM");
TFT_xy(21,19);                                // display minute
TFT_color(Green,Black);
TFT_hexadecimal(minute,2);
TFT_xy(24,19);                                // display second
TFT_color(Green,Black);
TFT_hexadecimal(second,2);

Rectangle(107,149, 211,169, DarkGrey);
Rectangle(108,150, 210,168, Red);

TFT_xy(38,27); TFT_color(Green,Black);        // display home
TFT_English(' ');

Line(Xstart1_hour,Ystart1_hour, Xend_hour, Yend_hour, Magenta); // draw new hour pin
Line(Xstart2_hour,Ystart2_hour, Xend_hour, Yend_hour, Magenta);

Line(Xstart1_minute,Ystart1_minute, Xend_minute,Yend_minute, Cyan); // draw new minute pin
Line(Xstart2_minute,Ystart2_minute, Xend_minute,Yend_minute, Cyan);

for(i = 3; i > 0; i--)                        // draw new second pin
  Circle(Xcircle_second,Ycircle_second, i, Yellow);
Line (Xstart_second,Ystart_second, Xend_second,Yend_second, Yellow);

Xstart1_hour_old = Xstart1_hour;              // store old value
Ystart1_hour_old = Ystart1_hour;
Xstart2_hour_old = Xstart2_hour;
Ystart2_hour_old = Ystart2_hour;
Xend_hour_old = Xend_hour;
Yend_hour_old = Yend_hour;

Xstart1_minute_old = Xstart1_minute;
Ystart1_minute_old = Ystart1_minute;
Xstart2_minute_old = Xstart2_minute;
Ystart2_minute_old = Ystart2_minute;
Xend_minute_old = Xend_minute;
```

```
    Yend_minute_old = Yend_minute;

    Xstart_second_old = Xstart_second;
    Ystart_second_old = Ystart_second;
    Xend_second_old = Xend_second;
    Yend_second_old = Yend_second;
    Xcircle_second_old = Xcircle_second;
    Ycircle_second_old = Ycircle_second;
  }
```

☞ 아날로그 시계를 화면에 표시할 때는 움직이는 시계 바늘을 처리하는 것이 핵심이다. 바늘이 움직이려면 1초 간격으로 이전의 바늘을 지우고 새로운 바늘을 그려주어야 하며, 만약 이로 인하여 바탕의 이미지가 지워진다면 새로운 바늘을 그리기 전에 이를 다시 그려주어야 한다. 바늘을 지우고 다시 그릴 때 그 사이의 시간 간격이 크면 화면이 깜빡이는 것처럼 느껴지므로 화면의 깜빡임이 없도록 빠르게 처리하는 것이 중요하다.

디지털 시계 부분을 처리하는 프로그래밍 기술은 이미 앞의 Exp16_3.c 및 Exp16_4.c 예제 프로그램에서 공부하였으며, 아날로그 시계는 항상 내부의 DS3234를 이용하므로 디지털 시계에서 현재 시각을 수정하면 아날로그 시계도 자동적으로 이에 맞게 바뀌어 동작한다.

아날로그 시계에서 1시~12시의 숫자를 화면의 정확한 위치에 표시하려면 가로 및 세로 방향으로 8픽셀의 간격으로만 위치를 지정하여 영문 ASCII 문자를 표시할 수 있는 TFT_English() 함수는 부적합하며 문자의 위치를 1픽셀의 단위로 지정하여 출력할 수 있는 TFT_English_pixel() 함수를 사용해야 한다.

6. 실습 과제

(1) <그림 4.16.7>에 있는 DS3234 관련 회로에서 저항 R13(10kΩ) 및 R14(1kΩ), 다이오드 D3(1N4148), 커패시터 C20(0.1μF)은 각각 어떤 기능을 수행하기 위하여 사용되었는지 설명하라.

(2) 예제 프로그램 Exp16_2.c의 main() 함수에서 while()문 내부의 Delay_ms(50); 명령이 없으면 텍스트 LCD 화면의 시계 표시가 어떻게 달라지는 확인하라. 그리고, 왜 이런 현상이 나타나는지 설명하라.

(3) 예제 프로그램 Exp16_4.c에서 “화면 변경” 기능을 KEY1에서 KEY5로 바꾸고, 2번째 화면에서 KEY1은 “커서 좌측” 이동, KEY2는 “커서 우측” 이동의 기능을 갖도록 수정한 프로그램 Exp16_4R.c를 작성하라.

4.17 TWI 직렬통신 프로그램

이 절에서는 ATmega128A의 TWI 직렬통신 포트를 사용한 통신 프로그램 작성 기술을 익힌다. 그러나, 퍼스널 컴퓨터는 TWI 통신을 지원하지 않으므로 실험을 위한 통신의 상대방을 찾기가 어려우며, 따라서 *OK-128TFT* 키트에서는 TWI 통신방식으로 사용하는 2-wire serial EEPROM으로서 AT24C16을 접속하였다.

관련 내용	(1) 제2.5절 TWI 직렬통신 포트 (2) 제3.1절 *OK-128TFT* 키트의 구조와 기능 (3) AT24C16 EEPROM의 데이터 시트(Atmel사)

1. *OK-128TFT* 키트에서 AT24C16 관련 회로

OK-128TFT 키트에는 TWI 직렬통신 포트에 2선식 직렬 EEPROM 메모리 소자인 AT24C16(U9)을 접속하여 두었으므로 TWI 직렬통신으로 이를 리드(read) 또는 라이트(write)하는 액세스 동작을 직접 수행해 볼 수 있다. AT24C16은 I^2C(또는 TWI) 직렬통신 방식으로 액세스하는 2048×8비트 구조의 8핀짜리 소용량 EEPROM 메모리 소자이다. *OK-128TFT* 키트에서는 +5V 전원으로 동작할 수 있는 AT24C16 또는 AT24C16C 모델이 적합하다.

OK-128TFT 키트에서 AT24C16과 관련된 회로를 발췌하여 다시 그려보면 <그림 4.17.1>과 같은데, I^2C 통신의 데이터 신호 SDA와 클록 신호 SCL 단자는 각각 수kΩ 정도의 저항으로 풀업(pull-up)해 주어야 한다. 2선식 직렬 EEPROM 시리즈 모델인 AT24C16/32/64/128/512/1024에서 슬레이브 어드레스 입력 A2~A0는 원래 7비트의 슬레이브 어드레스 중에서 하위 4비트를 하드웨어적으로 지정하기 위한 신호인데 AT24C16에서는 이를 사용하지 않으므로 모두 접지시켰다. WP는 H 레벨이 입력될 때 라이트 동작을 금지하는 신호인데, 여기서는 이를 접지하여 항상 라이트 동작이 가능하도록 하였다.

마스터 소자인 ATmega128A가 슬레이브 소자인 AT24C16을 액세스할 때 사용하는 슬레이브 어드레스(slave address) 또는 디바이스 어드레스(device address) 형식은 <그림 4.17.2>와 같다. 원래 I^2C 통신에서 슬레이브 어드레스는 7비트로 지정하지만

이 소자에서는 상위 4비트 1010만 슬레이브 어드레스로 사용되고, 나머지 3비트는 메모리 어드레스의 상위 3비트인 A10~A8로 사용된다.

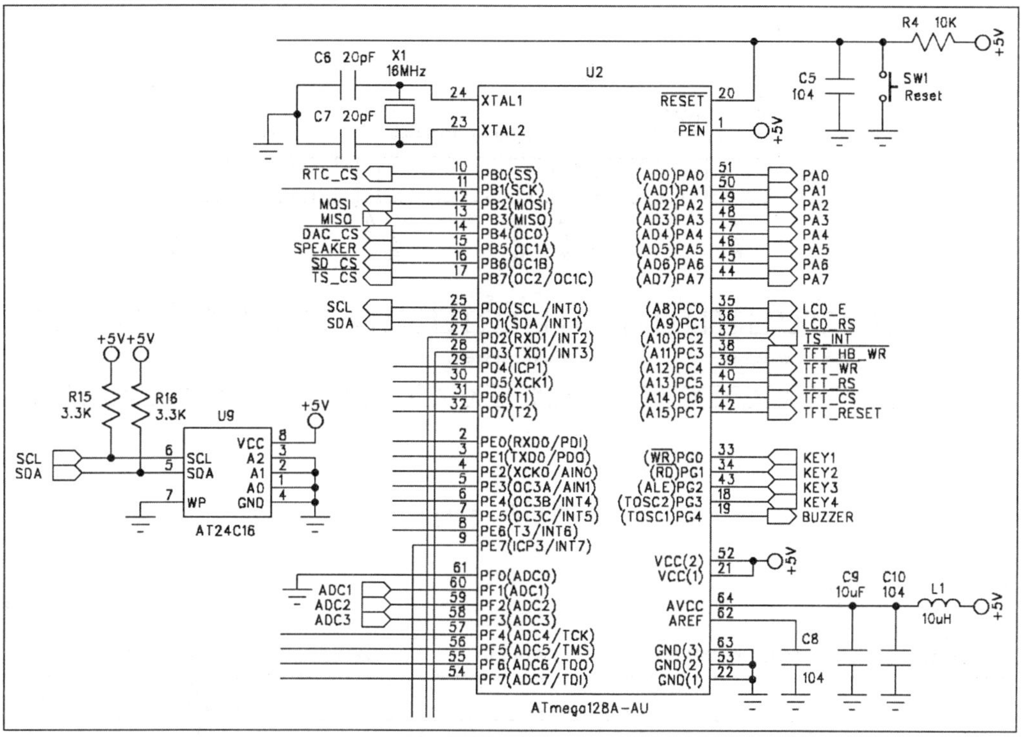

〈그림 4.17.1〉 *OK-128TFT* 키트에서 AT24C16 관련 회로

b7	b6	b5	b4	b3	b2	b1	b0
1	0	1	0	A10	A9	A8	$R/\overline{W}$

〈그림 4.17.2〉 AT24C16의 디바이스 어드레스 지정 형식

AT24C16의 라이트 동작은 <그림 4.17.3>과 같이 2가지가 있다. 첫째로, 바이트 라이트(byte write)는 임의 번지를 지정하여 1바이트의 데이터를 라이트하는 방식이다. 라이트를 수행할 메모리 어드레스는 디바이스 어드레스에 포함된 상위 3비트와 워드 어드레스의 8비트를 합하여 총 11비트로 구성된다. 둘째로, 페이지 라이트(page write)는 지정된 메모리 어드레스로부터 16바이트로 구성되는 1페이지를 연속으로 라이트하는 방식이다.

이러한 라이트 동작이 수행되고 나면 AT24C16은 곧바로 내부적인 라이트 사이클에 들어가며, 이것이 완료되는 최대시간 t_{WP} = 5ms 동안은 모든 입력 핀이 동작 금지 상태로 된다. AT24C16은 최대 400kbps까지 동작할 수 있으며, 이 소자에는 각 번지에 데이터를 1백만번까지 라이트할 수 있다.

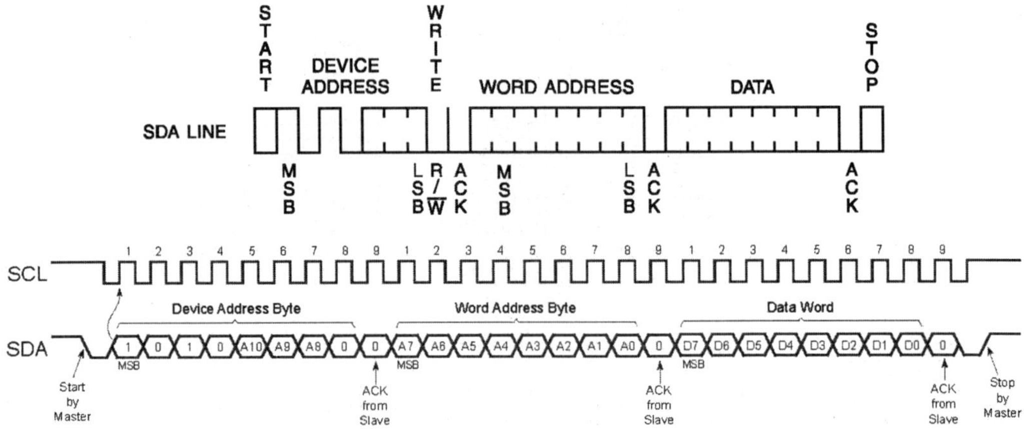

(a) 바이트 라이트

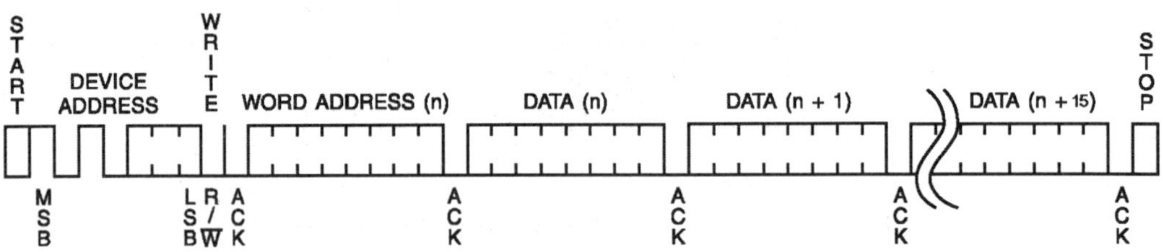

(b) 페이지 라이트

〈그림 4.17.3〉 AT24C16의 라이트 동작 파형

AT24C16의 리드 방법은 <그림 4.17.4>에 보인 바와 같이 3가지가 있다. 첫째로, 현재의 어드레스 리드(current address read)는 메모리 번지를 지정하지 않고 그냥 읽으면 가장 최근에 리드 또는 라이트하였던 메모리 소자 내부의 워드 어드레스 카운터 값이 가리키는 번지를 읽는 방식이다.

둘째로, 랜덤 리드(random read)는 읽고자 하는 메모리의 워드 어드레스를 지정하는 더미 라이트(dummy write) 동작을 먼저 수행한 후에 이 어드레스에서 리드 동작을 수행하는 방식이다. 이것은 임의의 번지를 라이트하는 바이트 라이트 동작처럼 임의의 번지를 읽는데 유용하다.

셋째로, 시퀀셜 리드(sequential read)는 현재의 어드레스 리드나 랜덤 리드 동작에 이어지는 연속 리드 방식이다. 즉, 현재의 어드레스 리드나 랜덤 리드 방식에서는 ATmega128A가 1바이트의 데이터를 수신하고 나서 확인(acknowledge) 신호를 출력하지 않고 STOP 모드로 들어가지만, 만약 ATmega128A가 수신 확인 신호를 출력한다면 AT24C16은 내부에서 워드 어드레스 카운터가 증가하며, 이후에 클록 신호가 계속 인가되면 그 다음의 데이터를 출력하게 된다. 이와 같이 ATmega128A가 수신 확인 신호를 출력하면서 16바이트까지 연속하여 읽어들일 수 있는데 이것이 시퀀셜 리드 동작이다.

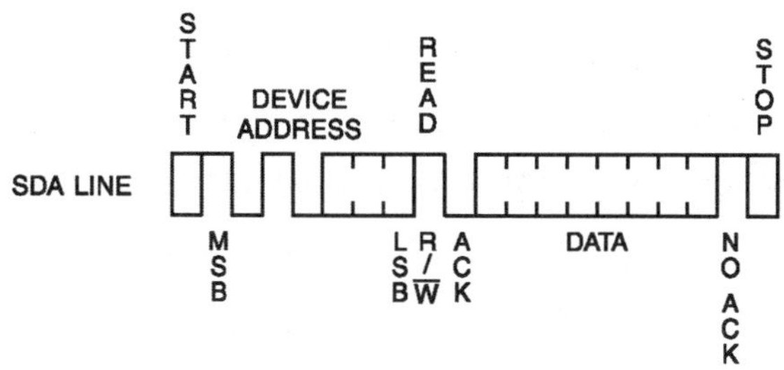

(a) 현재의 어드레스 리드

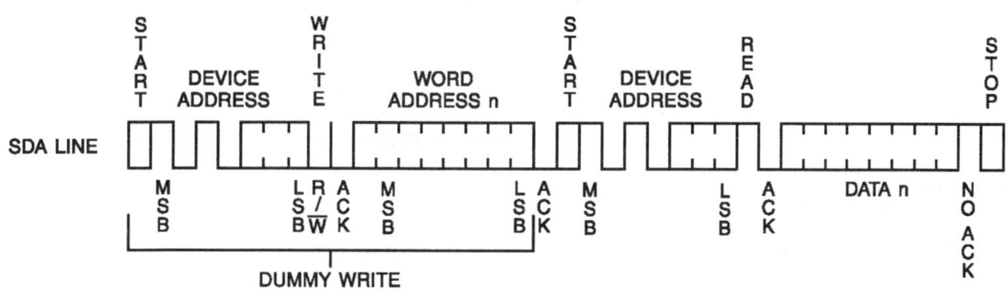

(b) 랜덤 리드

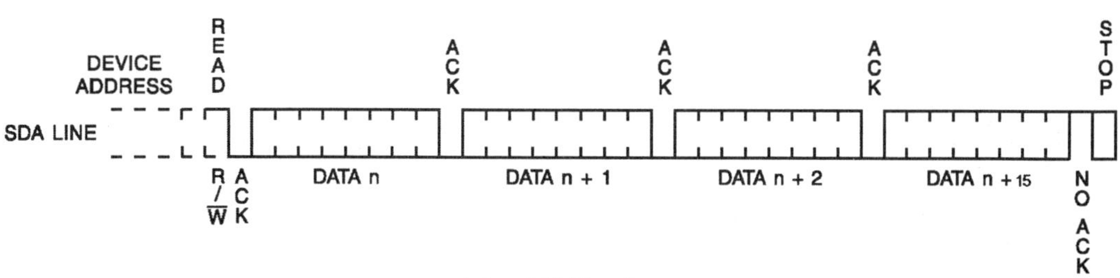

(c) 시퀀셜 리드

〈그림 4.17.4〉 AT24C16의 리드 동작 파형

2. AT24C16을 액세스하는 프로그램

OK-128TFT 키트에서 TWI 직렬통신을 통하여 AT24C16 EEPROM의 전체 번지 0x0000~0x07FF에 차례로 데이터 0x55와 0xAA를 라이트 및 리드하는 프로그램을 작성하여 보기로 한다.

▣ 통신 에러를 검사하지 않는 경우

다음은 TWI 직렬통신을 통하여 AT24C16 EEPROM의 0x0000~0x07FF 번지에 차례로 데이터 0x55와 0xAA를 라이트 및 리드하는 프로그램이다. 여기서는 TWI 통신을 수행할 때 통신 에러를 검사하지 않는다. 이렇게 하면 프로그램은 단순해지지만 AT24C16이 올바르게 접속되지 않았거나 또는 이 메모리 소자의 고장으로 응답이 없는 등의 하드웨어적인 에러가 발생한 경우에 프로그램이 슬레이브의 응답을 기다리며 계속 대기하므로 이 프로그램이 무한루프에 빠지는 문제가 있다.

〈프로그램 Exp17_1.c〉 AT24C16을 라이트 및 리드하는 프로그램(1)

```
/* ========================================================================== */
/*              Exp17_1.c : TWI 통신을 사용한 AT24C16의 액세스(1)              */
/* ========================================================================== */
/*                     Designed and programmed by Duck-Yong Yoon in 2020.     */

#include <avr/io.h>
#include "OK-128TFT-V2.h"

void AT24C16_write(U16 address,U08 byte);          /* write a byte */
unsigned char AT24C16_read(U16 address);           /* read a byte */

/* ----- 메인 프로그램 ------------------------------------------------------- */

int main(void)
{
  unsigned char byte;
  unsigned int address;

  MCU_initialize();                                 // initialize ATmega128A MCU
  Delay_ms(50);                                     // wait for system stabilization
  LCD_initialize();                                 // initialize text LCD module
  TFT_initialize();                                 // initialize TFT-LCD module

  LCD_string(0x80," OK-128TFT V2.0 ");              // display title
  LCD_string(0xC0,"   Exp17_1.c    ");
  Beep();

  TFT_string(2,8,White,Magenta," AT24C16 쓰고 읽기(통신 에러 검사X) ");
  TFT_string(5,12,Cyan,Black,"메모리 번지  = 0x0000 / 0x07FF");
  TFT_string(5,15,Cyan,Black,"Write 데이터 = 0x00");
  TFT_string(5,18,Cyan,Black,"Read 데이터  = 0x00");
  TFT_color(White,Black);

  TWBR = 12;                                        // 400kHz(TWBR=12, TWPS=0)
  TWSR = 0x00;
```

```
  for(address = 0x0000; address <= 0x07FF; address++)
    { TFT_xy(20,12);                            // display address
      TFT_0x_hexadecimal(address,4);

      TFT_xy(20,15);                            // display write data 0x55
      TFT_0x_hexadecimal(0x55,2);
      AT24C16_write(address,0x55);              // write 0x55
      byte = AT24C16_read(address);
      TFT_xy(20,18);                            // display read data
      TFT_0x_hexadecimal(byte,2);
      if(byte != 0x55)                          // if error, beep 3 times
        { Beep_3times();
          Delay_ms(2000);
        }
      else
        Delay_ms(500);

      TFT_xy(20,15);                            // display write data 0xAA
      TFT_0x_hexadecimal(0xAA,2);
      AT24C16_write(address,0xAA);              // write 0xAA
      byte = AT24C16_read(address);
      TFT_xy(20,18);                            // display read data
      TFT_0x_hexadecimal(byte,2);
      if(byte != 0xAA)                          // if error, beep 3 times
        { Beep_3times();
          Delay_ms(2000);
        }
      else
      Delay_ms(500);
    }

  Beep();
  while(1);
}

/* ----- 사용자 정의 함수 ---------------------------------------------------- */

void AT24C16_write(U16 address,U08 byte)        /* write a byte */
{
  TWCR = 0xA4;                                  // START condition
  while(((TWCR & 0x80) == 0x00) || ((TWSR & 0xF8) != 0x08)); // START complete ?

  TWDR = 0xA0 + ((address >> 7) & 0x000E);      // SLA+W
  TWCR = 0x84;
  while(((TWCR & 0x80) == 0x00) || ((TWSR & 0xF8) != 0x18)); // SLA+W complete ?

  TWDR = (address & 0x00FF);                    // word address
  TWCR = 0x84;
  while(((TWCR & 0x80) == 0x00) || ((TWSR & 0xF8) != 0x28)); // address complete ?

  TWDR = byte;                                  // write data
  TWCR = 0x84;
  while(((TWCR & 0x80) == 0x00) || ((TWSR & 0xF8) != 0x28)); // data complete ?

  TWCR = 0x94;                                  // STOP condition

  Delay_ms(5);                                  // delay 5 ms for twr time
}

unsigned char AT24C16_read(U16 address)         /* read a byte */
{
  unsigned char byte;

  TWCR = 0xA4;                                  // START condition
  while(((TWCR & 0x80) == 0x00) || ((TWSR & 0xF8) != 0x08)); // START complete ?

  TWDR = 0xA0 + ((address >> 7) & 0x000E);      // SLA+W
  TWCR = 0x84;
  while(((TWCR & 0x80) == 0x00) || ((TWSR & 0xF8) != 0x18)); // SLA+W complete ?

  TWDR = (address & 0x00FF);                    // word address
```

```
    TWCR = 0x84;
    while(((TWCR & 0x80) == 0x00) || ((TWSR & 0xF8) != 0x28)); // address complete ?

    TWCR = 0xA4;                              // REPEATED START condition
    while(((TWCR & 0x80) == 0x00) || ((TWSR & 0xF8) != 0x10)); // START complete ?

    TWDR = 0xA0 + ((address >> 7) & 0x000E) + 0x01; // SLA+R
    TWCR = 0x84;
    while(((TWCR & 0x80) == 0x00) || ((TWSR & 0xF8) != 0x40)); // SLA+R complete ?

    TWCR = 0x84;                              // read data with no acknowledge
    while(((TWCR & 0x80) == 0x00) || ((TWSR & 0xF8) != 0x58)); // data complete ?
    byte = TWDR;                              // read data

    TWCR = 0x94;                              // STOP condition
    Delay_us(10);

    return byte;                              // return data
  }
```

☞ 여기서 TWI 통신의 전송속도는 사양 범위인 400kHz로 설정하였으며, AT24C16의 내부에서 데이터를 라이트하는데 걸리는 시간 t_{WR}은 최대값인 5ms로 주었다.

이 프로그램에서는 사람이 눈으로 각 번지의 라이트 및 리드 동작 상황을 볼 수 있도록 0.5초 간격으로 천천히 동작 루프를 수행하였다. AT24C16에는 0x0000~0x07FF 번지가 있으므로 여기서는 이들 모든 번지에 0x55와 0xAA를 썼다가 다시 읽어서 정상 동작 여부를 테스트하였다. 각 번지를 쓰는 동작은 바이트 라이트 방식을 사용하였고, 각 번지를 읽는 동작은 랜덤 리드 방식을 사용하였다. 만약 메모리 소자의 문제로 썼다가 다시 읽은 데이터가 원래의 데이터와 다르다면 버저에서 에러음을 울려서 표시한다.

위의 AT24C16_write() 및 AT24C16_read() 함수에서 보듯이 TWI 통신을 수행할 때는 단계마다 슬레이브로부터 ACK 비트가 수신되는 것을 확인하며, 프로그램에서 이런 확인 동작은 while()문을 사용하여 제어 레지스터 및 상태 레지스터의 특정 비트를 체크하는 방법으로 수행한다. 따라서, 만약 슬레이브로부터 정상적으로 ACK가 수신되지 않으면 이 프로그램은 while()문에서 무한루프에 빠지게 되어 심각한 상황이 된다.

▣ 통신 에러를 검사하는 경우

다음은 TWI 직렬통신을 통하여 AT24C16 EEPROM의 0x0000~0x07FF 번지에 차례로 데이터 0x55와 0xAA를 라이트 및 리드하는 프로그램이다. 여기서는 TWI 통신을 수행할 때 통신 에러를 검사한다. 이렇게 하면 프로그램은 상당히 복잡해지지만 AT24C16이 올바르게 접속되지 않았거나 또는 이 메모리 소자의 고장으로 응답이 없는 등의 하드웨어적인 에러가 발생한 경우에 지정된 시간동안 슬레이브의 응답이 없으면 프로그램이 이에 대응하는 처리를 수행하므로 이 프로그램이 무한루프에 빠지지 않는다.

아래의 예제 프로그램을 보면 이러한 처리 방법을 구체적으로 이해할 수 있는데, 이를 통하여 우리는 I^2C 통신(또는 TWI 통신)이 SPI 통신에 비하여 소프트웨어적으로 사용하기에 얼마나 복잡하고 불편한 직렬통신 방식인지를 확인할 수 있다. 이 때문에 저자는 개인적으로 I^2C 통신보다는 SPI 통신을 선호하여 마이크로컨트롤러에 주변장치를 인터페이스하는 하드웨어를 설계할 때 가급적이면 I^2C 직렬통신보다는 SPI 직렬통신이 가능한 제품을 선정한다.

〈프로그램 Exp17_2.c〉 AT24C16을 라이트 및 리드하는 프로그램(2)

```
/* ============================================================================ */
/*              Exp17_2.c : TWI 통신을 사용한 AT24C16의 액세스(2)                  */
/* ============================================================================ */
/*                        Designed and programmed by Duck-Yong Yoon in 2020.   */

#include <avr/io.h>
#include "OK-128TFT-V2.h"

unsigned char AT24C16_write(U16 address,U08 byte); /* write a byte */
unsigned char AT24C16_read(U16 address);          /* read a byte */
void Display_error(U08 code);                     /* display error message */

unsigned int address;                             // AT24C16 address
unsigned char read_data;                          // read data from AT24C16

/* ----- 메인 프로그램 -------------------------------------------------------- */

int main(void)
{
  unsigned char error;

  MCU_initialize();                               // initialize ATmega128A MCU
  Delay_ms(50);                                   // wait for system stabilization
  LCD_initialize();                               // initialize text LCD module
  TFT_initialize();                               // initialize TFT-LCD module

  LCD_string(0x80," OK-128TFT V2.0 ");            // display title
  LCD_string(0xC0,"   Exp17_2.c    ");
  Beep();

  TFT_string(2,8,White,Magenta," AT24C16 쓰고 읽기(통신 에러 검사0) ");
  TFT_string(5,12,Cyan,Black,"메모리 번지  = 0x0000 / 0x07FF");
  TFT_string(5,15,Cyan,Black,"Write 데이터 = 0x00");
  TFT_string(5,18,Cyan,Black,"Read 데이터  = 0x00");
  TFT_color(White,Black);

  TWBR = 12;                                      // 400kHz(TWBR=12, TWPS=0)
  TWSR = 0x00;

  for(address = 0x0000; address <= 0x07FF; address++)
    { TFT_xy(20,12);                              // display address
      TFT_0x_hexadecimal(address,4);

      TFT_xy(20,15);                              // display write data 0x55
      TFT_0x_hexadecimal(0x55,2);
      error = AT24C16_write(address,0x55);        // write 0x55
      if(error != 0x00) Display_error(error);
      error = AT24C16_read(address);
      if(error != 0x00) Display_error(error);
      TFT_xy(20,18);                              // display read data
      TFT_0x_hexadecimal(read_data,2);
      if(read_data != 0x55)                       // if not equal, beep 3 times
        { Beep_3times();
          Delay_ms(2000);
        }
      else
        Delay_ms(500);
```

```
      TFT_xy(20,15);                              // display write data 0xAA
      TFT_0x_hexadecimal(0xAA,2);
      error = AT24C16_write(address,0xAA);        // write 0xAA
      if(error != 0x00) Display_error(error);
      error = AT24C16_read(address);
      if(error != 0x00) Display_error(error);
      TFT_xy(20,18);                              // display read data
      TFT_0x_hexadecimal(read_data,2);
      if(read_data != 0xAA)                       // if not equal, beep 3 times
        { Beep_3times();
          Delay_ms(2000);
        }
      else
      Delay_ms(500);
    }

  Beep();
  while(1);
}

/* ----- 사용자 정의 함수 ---------------------------------------------------- */

unsigned char AT24C16_write(U16 address,U08 byte) /* write a byte */
{
  unsigned char count;

  TWCR = 0xA4;                                    // START condition
  count = 0;
  while(((TWCR & 0x80) == 0x00) || ((TWSR & 0xF8) != 0x08)) // START complete ?
    { if(count >= 10) return 0x11;                // wait ACK with 100us time limit
      count++;
      Delay_us(10);
    }

  TWDR = 0xA0 + ((address >> 7) & 0x000E);        // SLA+W
  TWCR = 0x84;
  count = 0;
  while(((TWCR & 0x80) == 0x00) || ((TWSR & 0xF8) != 0x18)) // SLA+W complete ?
    { if(count >= 10) return 0x12;                // wait ACK with 100us time limit
      count++;
      Delay_us(10);
    }

  TWDR = (address & 0x00FF);                      // word address
  TWCR = 0x84;
  count = 0;
  while(((TWCR & 0x80) == 0x00) || ((TWSR & 0xF8) != 0x28)) // address complete ?
    { if(count >= 10) return 0x13;                // wait ACK with 100us time limit
      count++;
      Delay_us(10);
    }

  TWDR = byte;                                    // write data
  TWCR = 0x84;
  count = 0;
  while(((TWCR & 0x80) == 0x00) || ((TWSR & 0xF8) != 0x28)) // data complete ?
    { if(count >= 10) return 0x14;                // wait ACK with 100us time limit
      count++;
      Delay_us(10);
    }
  TWCR = 0x94;                                    // STOP condition

  Delay_ms(5);                                    // delay 5 ms for twr time
  return 0x00;                                    // no error
}

unsigned char AT24C16_read(U16 address)           /* read a byte */
{
  unsigned char count;

  TWCR = 0xA4;                                    // START condition
```

```
  count = 0;
  while(((TWCR & 0x80) == 0x00) || ((TWSR & 0xF8) != 0x08)) // START complete ?
    { if(count >= 10) return 0x21;              // wait ACK with 100us time limit
      count++;
      Delay_us(10);
    }

  TWDR = 0xA0 + ((address >> 7) & 0x000E);      // SLA+W
  TWCR = 0x84;
  count = 0;
  while(((TWCR & 0x80) == 0x00) || ((TWSR & 0xF8) != 0x18)) // SLA+W complete ?
    { if(count >= 10) return 0x22;              // wait ACK with 100us time limit
      count++;
      Delay_us(10);
    }

  TWDR = (address & 0x00FF);                    // word address
  TWCR = 0x84;
  count = 0;
  while(((TWCR & 0x80) == 0x00) || ((TWSR & 0xF8) != 0x28)) // address complete ?
    { if(count >= 10) return 0x23;              // wait ACK with 100us time limit
      count++;
      Delay_us(10);
    }

  TWCR = 0xA4;                                  // REPEATED START condition
  count = 0;
  while(((TWCR & 0x80) == 0x00) || ((TWSR & 0xF8) != 0x10)) // START complete ?
    { if(count >= 10) return 0x24;              // wait ACK with 100us time limit
      count++;
      Delay_us(10);
    }

  TWDR = 0xA0 + ((address >> 7) & 0x000E) + 0x01; // SLA+R
  TWCR = 0x84;
  count = 0;
  while(((TWCR & 0x80) == 0x00) || ((TWSR & 0xF8) != 0x40)) // SLA+R complete ?
    { if(count >= 10) return 0x25;              // wait ACK with 100us time limit
      count++;
      Delay_us(10);
    }

  TWCR = 0x84;                                  // read data with no acknowledge
  count = 0;
  while(((TWCR & 0x80) == 0x00) || ((TWSR & 0xF8) != 0x58)) // data complete ?
    { if(count >= 10) return 0x26;              // wait ACK with 100us time limit
      count++;
      Delay_us(10);
    }
  read_data = TWDR;                             // read data

  TWCR = 0x94;                                  // STOP condition
  Delay_us(10);

  return 0x00;                                  // no error
}

void Display_error(U08 code)                    /* display error message */
{
  unsigned char i;

  if(code == 0x11)      TFT_string(4,22,Magenta,Black,"Write error at START condition. ");
  else if(code == 0x12) TFT_string(4,22,Magenta,Black,"      Write error at SLA+W.      ");
  else if(code == 0x13) TFT_string(4,22,Magenta,Black,"  Write error at word address.  ");
  else if(code == 0x14) TFT_string(4,22,Magenta,Black,"   Write error at write data.   ");
  else if(code == 0x21) TFT_string(4,22,Magenta,Black," Read error at START condition. ");
  else if(code == 0x22) TFT_string(4,22,Magenta,Black,"      Read error at SLA+W.      ");
  else if(code == 0x23) TFT_string(4,22,Magenta,Black,"   Read error at word address.  ");
  else if(code == 0x24) TFT_string(4,22,Magenta,Black,"  Read error at REPEATED START. ");
  else if(code == 0x25) TFT_string(4,22,Magenta,Black,"      Read error at SLA+R.      ");
  else if(code == 0x26) TFT_string(4,22,Magenta,Black,"    Read error at read data.    ");
```

```
    TFT_string(12,24,White,Black,"Address = 0x");
    TFT_hexadecimal(address,4);

    Beep();                                    // beep and 3 sec time delay
    Delay_ms(3000);
    TFT_string(4,22,White,Black,"                          ");
    TFT_string(12,24,White,Black,"             ");

    TWCR = 0x80;                               // disable TWI port
    for(i = 0; i < 9; i++)                     // software reset of AT24C16 communication
      { cbi(PORTD,0);
        Delay_us(1);
        sbi(PORTD,0);
        Delay_us(1);
        if((PIND & 0x02) == 0x02) break;
      }
  }
```

☞ 여기서는 AT24C16_write() 및 AT24C16_read() 함수에서 TWI 통신을 수행하는 단계마다 슬레이브로부터 ACK 비트가 수신되는 것을 확인할 때 while()문에서 100μs의 시간 제한을 두어 이 시간동안 ACK 비트가 수신되지 않으면 에러로 처리하였다. 이러한 에러가 발생하면 그 위치에서 에러 메시지를 출력하고 시스템의 동작을 정지시키는 방법이 있고, 에러 메시지를 출력한 후에 다음 동작을 계속하는 방법도 있다.

그런데, 이 프로그램에서처럼 에러 메시지를 출력한 후에 다음 동작을 계속하려는 경우에는 주의가 필요하다. TWI 통신 동작 중에 에러가 발생하여 TWI 통신이 중단되었으므로 이후에 마이크로컨트롤러가 새로 통신을 시도하더라도 슬레이브 소자는 중단된 위치에서 내부적으로 계속 대기하는 상태에 있게 되므로 정상적인 통신이 수행되지 않기 때문이다. 이 때문에 TWI 통신의 에러가 발생한 경우에는 마이크로컨트롤러가 슬레이브를 리셋시키고 나서 통신 동작을 다시 시도해야 한다. AT24C16에는 이런 경우에 사용할 수 있도록 특별한 소프트웨어 리셋 시퀀스를 가지고 있으며, 이 프로그램에서는 TWI 직렬통신의 오류가 발생하였을 경우 이 방법으로 AT24C16을 리셋시키고 나서 다음 동작을 계속하도록 하였다.

3. 실습 과제

(1) AT24C16에서 페이지 라이트 방식이나 시퀀셜 리드 방식은 1바이트 단위로 쓰거나 읽는 방식에 비하여 어떤 장단점을 갖는지 설명하라.

(2) <그림 4.17.1>의 회로에서 3.3kΩ의 저항 R15와 R16은 어떤 기능을 위하여 사용되었는지 설명하라.

(3) AT24C16에서 소프트웨어 리셋을 수행하는 방법을 설명하라. 이를 위하여 이제까지 TWI 직렬통신을 수행하던 ATmega128A에서는 어떤 작업이 필요한가?

4.18 ATmega128A의 고급 응용 프로그램

여기서는 ATmega128A에서 내부 EEPROM 액세스, 워치독 타이머, 슬립 모드 및 printf() 함수를 사용한 %서식 지정 출력 등과 같이 그다지 자주 사용되지는 않지만 때로는 매우 중요한 ATmega128A의 기능을 응용하는 프로그램 작성 기술을 공부한다.

관련 내용	(1) 제1.3절 ATmega128A의 기본 구조와 기능 (2) 제1.4절 ATmega128A의 시스템 제어 기능 (3) 제3.3절 WinAVR C컴파일러의 기능 요약

1. ATmega128A의 EEPROM 액세스 프로그램

ATmega128A에는 4096바이트의 데이터 백업용 EEPROM이 내장되어 있는데, 이를 액세스하려면 어드레스 버스 및 데이터 버스를 사용하는 데이터 메모리 SRAM과는 달리 EEPROM 액세스 전용의 I/O 제어 레지스터를 사용해야 한다. WinAVR에서는 이를 위한 전용의 함수를 헤더파일로 제공하므로 이를 사용해도 된다.

▣ I/O 제어 레지스터를 사용하는 경우

ATmega128A에서 EEPROM을 위한 I/O 제어 레지스터를 사용하는 방식으로 4096바이트의 EEPROM을 라이트 및 리드하는 테스트 프로그램을 작성하면 다음과 같다.

〈프로그램 Exp18_1.c〉 ATmega128A의 EEPROM을 액세스하는 프로그램(1)

```
/* ======================================================================== */
/*              Exp18_1.c : ATmega128A EEPROM 액세스 프로그램(1)              */
/* ======================================================================== */
/*                    Designed and programmed by Duck-Yong Yoon in 2020.    */

#include <avr/io.h>
#include "OK-128TFT-V2.h"

void EEPROM_write(U16 address,U08 byte)          /* write to EEPROM */
{
  while((EECR & 0x02) == 0x02);                  // check if EEWE = 0
  EEAR = address;                                // if EEWE = 0, write
  EEDR = byte;
  EECR = 0x04;                                   // EEMWE = 1, EEWE = 0
  EECR = 0x06;                                   // EEMWE = 1, EEWE = 1
```

```
}

unsigned char EEPROM_read(U16 address)          /* read from EEPROM */
{
  while((EECR & 0x02) == 0x02);                 // check if EEWE = 0
  EEAR = address;                               // if EEWE = 0, read
  EECR = 0x01;                                  // EERE = 1
  return EEDR;                                  // return data
}

int main(void)
{
  unsigned char byte;
  unsigned int address;

  MCU_initialize();                             // initialize ATmega128A MCU
  Delay_ms(50);                                 // wait for system stabilization
  LCD_initialize();                             // initialize text LCD module
  TFT_initialize();                             // initialize TFT-LCD module

  LCD_string(0x80," OK-128TFT V2.0 ");          // display title
  LCD_string(0xC0,"   Exp18_1.c    ");
  Beep();

  TFT_string(4,8,White,Magenta," ATmega128A EEPROM 쓰고 읽기(1) ");
  TFT_string(5,12,Cyan,Black,"메모리 번지  = 0x0000 / 0x0FFF");
  TFT_string(5,15,Cyan,Black,"Write 데이터 = 0x00");
  TFT_string(5,18,Cyan,Black,"Read 데이터  = 0x00");
  TFT_color(White,Black);

  for(address = 0x0000; address <= 0x0FFF; address++)
    { TFT_xy(20,12);                            // display address
      TFT_0x_hexadecimal(address,4);

      TFT_xy(20,15);                            // display write data
      TFT_0x_hexadecimal(0x55,2);
      EEPROM_write(address,0x55);               // if EEPROM is ready, write 0x55
      byte = EEPROM_read(address);              // if EEPROM is ready, read
      TFT_xy(20,18);                            // display read data
      TFT_0x_hexadecimal(byte,2);
      if(byte != 0x55)                          // if error, beep 3 times
        { Beep_3times();
          Delay_ms(2000);
        }
      else
        Delay_ms(500);

      TFT_xy(20,15);                            // display write data
      TFT_0x_hexadecimal(0xAA,2);
      EEPROM_write(address,0xAA);               // if EEPROM is ready, write 0xAA
      byte = EEPROM_read(address);              // if EEPROM is ready, read
      TFT_xy(20,18);                            // display read data
      TFT_0x_hexadecimal(byte,2);
      if(byte != 0xAA)                          // if error, beep 3 times
        { Beep_3times();
          Delay_ms(2000);
        }
      else
        Delay_ms(500);
    }

  Beep();
  while(1);
}
```

☞ 여기서는 사람이 눈으로 각 메모리 번지에 데이터를 쓰고 읽는 동작 상황을 볼 수 있도록 일부러 0.5초 간격으로 천천히 동작 루프를 수행하였다. ATmega128A의 EEPROM 번지는 0x0000~0x0FFF이므로

여기서는 이들 모든 번지에 차례로 0x55와 0xAA를 썼다가 다시 읽어서 확인하는 방법으로 EEPROM 메모리를 액세스하는 동작의 예를 보였다. EEPROM에 데이터를 쓰거나 읽는 작업을 시작하려면 먼저 EECR 레지스터에서 EEWE=0 상태인지를 확인하여 현재 수행중인 EEPROM 액세스 동작이 없을 때만 작업을 시작해야 한다.

▣ C컴파일러가 제공하는 EEPROM 전용의 함수를 사용하는 경우

WinAVR에 포함된 헤더파일 eeprom.h에서 제공하는 EEPROM 액세스 전용의 함수를 사용하는 방식으로 앞의 예제 프로그램 Exp18_1.c를 다시 작성하면 다음과 같다.

〈프로그램 Exp18_2.c〉 ATmega128A의 EEPROM을 액세스하는 프로그램(2)

```
/* ============================================================================ */
/*              Exp18_2.c : ATmega128A EEPROM 액세스 프로그램(2)                 */
/* ============================================================================ */
/*                         Designed and programmed by Duck-Yong Yoon in 2020.   */

#include <avr/io.h>
#include <avr/eeprom.h>
#include "OK-128TFT-V2.h"

int main(void)
{
  unsigned char byte;
  unsigned int address;

  MCU_initialize();                             // initialize ATmega128A MCU
  Delay_ms(50);                                 // wait for system stabilization
  LCD_initialize();                             // initialize text LCD module
  TFT_initialize();                             // initialize TFT-LCD module

  LCD_string(0x80," OK-128TFT V2.0 ");          // display title
  LCD_string(0xC0,"    Exp18_2.c    ");
  Beep();

  TFT_string(4,8,White,Magenta," ATmega128A EEPROM 쓰고 읽기(2) ");
  TFT_string(5,12,Cyan,Black,"메모리 번지  = 0x0000 / 0x0FFF");
  TFT_string(5,15,Cyan,Black,"Write 데이터 = 0x00");
  TFT_string(5,18,Cyan,Black,"Read 데이터  = 0x00");
  TFT_color(White,Black);

  for(address = 0x0000; address <= 0x0FFF; address++)
    { TFT_xy(20,12);                            // display address
      TFT_0x_hexadecimal(address,4);

      TFT_xy(20,15);                            // display write data
      TFT_0x_hexadecimal(0x55,2);
      while(!eeprom_is_ready());                // if EEPROM is ready,
      eeprom_write_byte((U08 *)address,0x55);   // write 0x55
      while(!eeprom_is_ready());                // if EEPROM is ready,
      byte = eeprom_read_byte((U08 *)address);  // read
      TFT_xy(20,18);                            // display read data
      TFT_0x_hexadecimal(byte,2);
      if(byte != 0x55)                          // if error, beep 3 times
        { Beep_3times();
          Delay_ms(2000);
        }
      else
        Delay_ms(500);

      TFT_xy(20,15);                            // display write data
      TFT_0x_hexadecimal(0xAA,2);
```

```
      while(!eeprom_is_ready());                     // if EEPROM is ready,
      eeprom_write_byte((U08 *)address,0xAA);        // write 0xAA
      while(!eeprom_is_ready());                     // if EEPROM is ready,
      byte = eeprom_read_byte((U08 *)address);       // read
      TFT_xy(20,18);                                 // display read data
      TFT_0x_hexadecimal(byte,2);

      if(byte != 0xAA)                               // if error, beep 3 times
        { Beep_3times();
          Delay_ms(2000);
        }
      else
        Delay_ms(500);
    }

  Beep();
  while(1);
}
```

☞ WinAVR에서 제공하는 EEPROM 액세스 전용의 함수를 사용하려면 헤더파일 eeprom.h를 인클루드해 주어야 한다. 이 헤더파일에는 현재 EEPROM 액세스가 가능한지를 체크하는 함수 eeprom_is_ready()와 EEPROM을 액세스하는 함수 eeprom_read_byte(), eeprom_write_byte() 등이 정의되어 있다. 만약, 16비트 데이터를 읽고 쓰려면 함수 eeprom_read_word(), eeprom_write_word()를 사용하며, 32비트 데이터를 읽고 쓰려면 함수 eeprom_read_dword(), eeprom_write_dword()를 사용한다.

2. ATmega128A의 워치독 타이머 응용 프로그램

제1.4절의 "4. 워치독 타이머"에서 자세히 설명하였듯이 ATmega128A에는 워치독 타이머를 내장하고 있어서 약 14 ms에서 1.8 sec 정도까지의 8단계로 워치독 타임아웃 시간 주기를 설정할 수 있다. 여기서는 <표 1.4.18>에서 보듯이 사용자가 퓨즈 비트를 별도로 설정할 필요가 없이 워치독 타이머 제어 레지스터 WDTCR만을 초기화하면 되는 안전 레벨1에서 워치독 타이머를 사용하는 프로그램을 작성하고, <표 1.4.17>에서 보인 워치독 타임아웃 주기 이내에 워치독 타이머를 리셋시키지 못하여 워치독 타임아웃이 발생하는 예를 살펴보기로 한다. WinAVR에서는 이를 위한 전용의 함수를 헤더파일로 제공하므로 이를 사용해도 된다.

▣ I/O 제어 레지스터를 사용하는 경우

안전 레벨1을 사용하여 워치독 타임아웃을 0.22초로 설정하고, 이를 리셋시키는 시간주기를 이보다 작은 0.1초로 설정하여 정상 동작하는 경우와, 리셋 시간주기를 이보다 큰 0.5초로 설정하여 워치독 타임아웃이 발생하는 경우의 워치독 타이머 응용 프로그램을 작성하여 보면 다음과 같다.

〈프로그램 Exp18_3.c〉 워치독 타이머를 사용하는 프로그램(1)

```
/* ============================================================================ */
/*              Exp18_3.c : 워치독 타이머를 사용하는 프로그램(1)                  */
/* ============================================================================ */
/*                      Designed and programmed by Duck-Yong Yoon in 2020.      */

#include <avr/io.h>
#include "OK-128TFT-V2.h"

int main(void)
{
  unsigned char WDT_flag = 0;
  unsigned int time = 100;

  MCU_initialize();                             // initialize ATmega128A MCU
  Delay_ms(50);                                 // wait for system stabilization
  LCD_initialize();                             // initialize text LCD module
  TFT_initialize();                             // initialize TFT-LCD module

  LCD_string(0x80," OK-128TFT V2.0 ");          // display title
  LCD_string(0xC0,"   Exp18_3.c    ");

  TFT_string(5,8,White,Magenta," 워치독 타이머 동작 테스트(1) ");
  TFT_string(3,12,Cyan,Black,"워치독 타이머 사용 여부   = 금지");
  TFT_string(3,15,Cyan,Black,"워치독 타임아웃 설정 시간 = 220 ms");
  TFT_string(3,18,Cyan,Black,"반복 루프 1회 실행 시간   = 100 ms");
  TFT_string(5,25,White,Black,"OK-128TFT 키트가 다시 부팅함 !");
  Beep();                                       // beep
  LED1_on();                                    // LED1 = LED2 = on
  LED2_on();
  Delay_ms(1000);
  LED1_off();                                   // LED1 = LED2 = off
  LED2_off();
  Beep();                                       // beep
  TFT_string(5,25,White,Black,"                              ");

  while(1)
    { switch(Key_input())                       // key input
        { case KEY1 : TFT_string(31,12,White,Black,"사용"); // KEY1 = WDT 사용
                      WDT_flag = 1;
                      WDTCR = 0x18;
                      WDTCR = 0x1C;             // timeout = 0.22 sec
                      break;
          case KEY2 : TFT_string(31,12,Cyan,Black,"금지");  // KEY2 = WDT 금지
                      WDT_flag = 0;
                      WDTCR = 0x18;
                      WDTCR = 0x00;
                      break;
          case KEY3 : TFT_string(31,18,White,Black,"100"); // KEY3 = 100 ms 루프
                      time = 100;
                      break;
          case KEY4 : TFT_string(31,18,White,Black,"500"); // KEY4 = 500 ms 루프
                      time = 500;
                      break;
          default:    break;
        }

      LED_toggle();                             // LED1 and LED2 toggle
      Delay_ms(time);                           // delay time
      if(WDT_flag == 1) asm volatile(" WDR ");
    }
}
```

☞ 여기서 워치독 타임아웃 주기는 0.22초로 설정하였다. KEY1은 워치독 타이머의 동작을 사용하도록

설정하며, KEY2는 반대로 워치독 타이머의 동작을 금지하도록 설정한다. KEY3과 KEY4는 프로그램 루프를 1회 수행할 때마다 워치독 타이머를 리셋시켜 주는 주기를 각각 100ms와 500ms로 설정한다.

워치독 타임아웃이 발생하면 ATmega128A가 시스템 리셋되면서 새로 부팅하는 것을 확실히 알 수 있도록 하기 위하여 TFT-LCD에 부팅 메시지를 출력하고 비프음을 울리며 LED1과 LED2를 동시에 1초동안 점등하도록 하였다.

▣ C컴파일러가 제공하는 워치독 타이머 전용의 함수를 사용하는 경우

WinAVR에 포함된 헤더파일 wdt.h에서 제공하는 워치독 타이머 전용의 함수를 사용하는 방식으로 앞의 예제 프로그램 Exp18_3.c를 다시 작성하면 다음과 같다.

〈프로그램 Exp18_4.c〉 워치독 타이머를 사용하는 프로그램(2)

```
/* ========================================================================== */
/*              Exp18_4.c : 워치독 타이머를 사용하는 프로그램(2)                 */
/* ========================================================================== */
/*                     Designed and programmed by Duck-Yong Yoon in 2020.  */

#include <avr/io.h>
#include <avr/wdt.h>
#include "OK-128TFT-V2.h"

int main(void)
{
  unsigned char WDT_flag = 0;
  unsigned int time = 100;

  MCU_initialize();                          // initialize ATmega128A MCU
  Delay_ms(50);                              // wait for system stabilization
  LCD_initialize();                          // initialize text LCD module
  TFT_initialize();                          // initialize TFT-LCD module

  LCD_string(0x80," OK-128TFT V2.0 ");       // display title
  LCD_string(0xC0,"   Exp18_4.c    ");

  TFT_string(5,8,White,Magenta," 워치독 타이머 동작 테스트(2) ");
  TFT_string(3,12,Cyan,Black,"워치독 타이머 사용 여부   = 금지");
  TFT_string(3,15,Cyan,Black,"워치독 타임아웃 설정 시간 = 220 ms");
  TFT_string(3,18,Cyan,Black,"반복 루프 1회 실행 시간   = 100 ms");
  TFT_string(5,25,White,Black,"OK-128TFT 키트가 다시 부팅함 !");
  Beep();                                    // beep
  LED1_on();                                 // LED1 = LED2 = on
  LED2_on();
  Delay_ms(1000);
  LED1_off();                                // LED1 = LED2 = off
  LED2_off();
  Beep();                                    // beep
  TFT_string(5,25,White,Black,"                              ");

  while(1)
    { switch(Key_input())                    // key input
        { case KEY1 : TFT_string(31,12,White,Black,"사용"); // KEY1 = WDT 사용
                      WDT_flag = 1;
                      wdt_enable(WDTO_250MS);   // timeout = 0.22 sec
                      break;
          case KEY2 : TFT_string(31,12,Cyan,Black,"금지");  // KEY2 = WDT 금지
                      WDT_flag = 0;
                      wdt_disable();
                      break;
          case KEY3 : TFT_string(31,18,White,Black,"100"); // KEY3 = 100 ms 루프
                      time = 100;
```

```
                        break;
          case KEY4 :   TFT_string(31,18,White,Black,"500"); // KEY4 = 500 ms 루프
                        time = 500;
                        break;
          default:      break;
        }

      LED_toggle();                                  // LED1 and LED2 toggle
      Delay_ms(time);                                // delay time
      if(WDT_flag == 1) wdt_reset();
    }
}
```

☞ WinAVR에서 제공하는 워치독 타이머 전용의 함수를 사용하려면 헤더파일 wdt.h를 인클루드해 주어야 한다. 이 헤더파일에는 워치독 타이머를 리셋하는 함수 wdt_reset()과 워치독 타이머 기능을 설정하거나 또는 해제하는 함수 wdt_enable(), wdt_disable() 등이 정의되어 있다.

3. ATmega128A의 슬립 모드 응용 프로그램

제1.4절의 "5. 슬립 모드"에서 자세히 설명하였듯이 ATmega128A에는 소비전력의 절감을 위하여 6가지의 슬립 모드를 가지고 있다. 여기서는 대표적으로 2가지의 슬립 모드를 응용하는 프로그램을 소개한다.

▣ 외부 인터럽트로 슬립 모드를 깨우는 예제 프로그램

먼저, ATmega128A가 Power-down 슬립 모드로 들어가서 동작을 정지하고 있을 때 사용자가 외부 인터럽트 신호를 입력하여 이를 깨우는 프로그램을 작성한다. 여기서 외부 인터럽트로는 KEY5를 눌러서 INT7을 레벨 트리거로 사용한다.

〈프로그램 Exp18_5.c〉 슬립 모드를 사용하는 프로그램(1)

```
/* ========================================================================== */
/*              Exp18_5.c : 슬립 모드를 사용하는 프로그램(1)                  */
/* ========================================================================== */
/*                        Designed and programmed by Duck-Yong Yoon in 2020.  */

#include <avr/io.h>
#include <avr/interrupt.h>
#include "OK-128TFT-V2.h"

/* ----- 메인 프로그램 -------------------------------------------------------- */

int main(void)
{
  MCU_initialize();                              // initialize ATmega128A MCU
  Delay_ms(50);                                  // wait for system stabilization
  LCD_initialize();                              // initialize text LCD module
  TFT_initialize();                              // initialize TFT-LCD module

  LCD_string(0x80," OK-128TFT V2.0 ");           // display title
```

```
    LCD_string(0xC0,"    Exp18_5.c     ");
    Beep();

    TFT_string(1,8,White,Magenta," 슬립 모드(Power-down) 동작 테스트(1) ");
    TFT_string(7,12,Cyan,Black,"슬립 모드 동작 여부 = 해제");
    TFT_string(7,17,Cyan,Black,"KEY1 = 슬립 모드 동작 개시");
    TFT_string(7,20,Cyan,Black,"KEY5 = 슬립 모드 동작 해제");

    EICRB = 0x00;                           // INT7 = low level trigger
    EIMSK = 0x80;                           // enable INT7
    EIFR = 0xFF;                            // clear interrupt flag
    sei();                                  // global interrupt enable

    while(1)
      { if(Key_input() == KEY1)             // if KEY1, go sleep mode(Power-down)
          { TFT_string(29,12,White,Black,"사용");
            LED1_off();
            LED2_off();
            MCUCR = 0x28;                   // sleep mode = Power-down
            asm volatile(" SLEEP ");
          }

        LED_toggle();                       // LED1 and LED2 toggle
        Delay_ms(100);                      // delay 100 ms
      }
  }

  /* ----- 인터럽트 처리 프로그램 ---------------------------------------------- */

  ISR(INT7_vect)                            /* INT by level trigger */
  {
    Delay_ms(2);                            // debouncing of KEY5 on
    TFT_string(29,12,Cyan,Black,"해제");

    while((PINE & 0x80) == 0x00);           // wait for KEY5 off
    Delay_ms(20);                           // debouncing of KEY5 off
  }
```

☞ 여기서 KEY1은 ATmega128A가 슬립 모드로 들어가서 동작을 멈추도록 설정하며, 반대로 KEY5는 INT7을 발생하여 슬립 모드를 해제하고 깨어나도록 한다. 이를 위하여 슬립 모드로 들어가기 전에 미리 INT7을 레벨 트리거 인터럽트로 설정하고 허용 상태로 해두어야 한다.

슬립 모드를 사용하지 않고 ATmega128A가 정상적으로 동작할 때는 LED1과 LED2를 100ms의 시간 간격으로 토글하여 표시하고, 슬립 모드로 들어가면 이 2개의 LED가 모두 꺼지도록 하였다.

▣ 타이머0을 사용하여 주기적으로 슬립 모드를 깨우는 예제 프로그램

이번에는 ATmega128A가 ADC Noise Reduction 슬립 모드로 들어가서 동작을 정지하고 있을 때 타이머0 인터럽트가 슬립 모드를 깨우는 프로그램을 작성한다. 프로그램이 처리를 수행하고 나면 다시 슬립 모드에 들어가고 지정된 시간 후에 또 타이머0이 이를 깨운다. 이렇게 하면 ATmega128A가 기본적으로 슬립 모드에 머물러 있으면서 일정한 시간 간격으로 한번씩 깨어나서 작업을 수행하는 응용 분야에 적용할 수 있고, 이 방법을 사용하면 ATmega128A에서의 소비전력을 크게 절감할 수 있다.

〈프로그램 Exp18_6.c〉 슬립 모드를 사용하는 프로그램(2)

```
/* ============================================================================ */
/*              Exp18_6.c : 슬립 모드를 사용하는 프로그램(2)                        */
/* ============================================================================ */
/*                         Designed and programmed by Duck-Yong Yoon in 2020.   */

#include <avr/io.h>
#include <avr/interrupt.h>
#include "OK-128TFT-V2.h"

/* ----- 메인 프로그램 ------------------------------------------------------- */

int main(void)
{
  MCU_initialize();                         // initialize ATmega128A MCU
  Delay_ms(50);                             // wait for system stabilization
  LCD_initialize();                         // initialize text LCD module
  TFT_initialize();                         // initialize TFT-LCD module

  LCD_string(0x80," OK-128TFT V2.0 ");      // display title
  LCD_string(0xC0,"   Exp18_6.c    ");
  Beep();

  TFT_string(7,8,White,Magenta," 슬립 모드 동작 테스트(2) ");
  TFT_string(7,11,White,Black,"(ADC Noise Reduction mode)");
  TFT_string(7,16,Cyan,Black,"슬립 모드 동작 여부 = 해제");
  TFT_string(29,16,White,Black,"사용");

  TCCR0 = 0x0F;                             // Timer 0 CTC mode(2)
  OCR0 = 249;                               // 16MHz/1024/(1+249) = 62.5Hz
  TCNT0 = 0;

  TIMSK = 0x02;                             // enable OC0 interrupt
  TIFR = 0xFF;                              // clear interrupt flag
  sei();                                    // global interrupt enable

  MCUCR = 0x24;                             // sleep mode = ADC Noise Reduction
  asm volatile(" SLEEP ");

  while(1);
}

/* ----- 인터럽트 처리 프로그램 ---------------------------------------------- */

ISR(TIMER0_COMP_vect)                       /* INI by level trigger */
{
  unsigned char key;

  TFT_string(29,16,Cyan,Black,"해제");        // sleep mode = off
  LED2_on();

  key = PING & 0x0F;                        // key input
  if(key == KEY1)
    { TFT_string(3,25,White,Black,"KEY1");
      Delay_ms(50);
    }
  else if(key == KEY2)
    { TFT_string(13,25,White,Black,"KEY2");
      Delay_ms(50);
    }
  else if(key == KEY3)
    { TFT_string(23,25,White,Black,"KEY3");
      Delay_ms(50);
    }
  else if(key == KEY4)
    { TFT_string(33,25,White,Black,"KEY4");
      Delay_ms(50);
    }
```

```
    if(key != no_key)
      { while((PING & 0x0F) != 0x0F);               // wait for KEY off
        Delay_ms(20);                              // debouncing of KEY off
        TFT_string(3,25,White,Black,"                                  ");
        TCNT0 = 0;
      }

    LED2_off();
    TFT_string(29,16,White,Black,"사용");            // sleep mode = on
    MCUCR = 0x24;                                  // sleep mode = ADC Noise Reduction
    asm volatile(" SLEEP ");
  }
```

☞ 여기서 ATmega128A는 타이머0을 사용하여 62.5Hz 즉 16ms의 시간 주기로 CTC 모드의 출력비교 인터럽트를 발생하여 슬립 모드를 깨운다. 이 마이크로컨트롤러가 슬립 모드에서 깨어나면 타이머0의 출력비교 인터럽트 처리 함수에서 4개의 키 KEY1~KEY4의 입력을 검출하여 이들 입력 상태를 화면에 표시한다. 또한, 슬립 모드로 들어가면 LED2를 끄고 슬립 모드에서 깨어나면 LED2를 켜서 현재 ATmega128A의 상태를 사용자가 쉽게 알 수 있도록 하였다.

4. WinAVR에서 다출력 printf() 함수의 사용

C언어 표준의 printf() 함수를 사용하여 텍스트 LCD, TFT-LCD, USART1 직렬통신 포트로 문자 및 수치 데이터를 출력하는 프로그램 작성 기술을 각각 앞의 제4.3절, 제4.5절, 제4.15절에서 이미 공부한 바 있다. 이를 위해서는 내부적으로 1문자를 출력하는 저수준의 스트림 출력(low-level stream output) 함수 putchar()를 사용하여 해당하는 특정 장치로 %서식 지정 문자열을 출력하도록 해야 한다.

여기서는 하나의 예제 프로그램에서 printf() 함수를 사용하여 표준출력장치 stdout을 USART1, 텍스트 LCD 모듈, TFT-LCD 모듈 사이에서 수시로 변경하면서 이들 각 장치에 %서식 지정의 출력을 내보내는 프로그램을 작성하여 보기로 한다.

〈프로그램 Exp18_7.c〉 printf() 함수의 출력장치를 수시로 변경하는 프로그램

```
/* ============================================================================ */
/*    Exp18_7.c : 3개의 출력장치에서 1개를 선택하여 printf() 함수를 출력하기     */
/* ============================================================================ */
/*                      Designed and programmed by Duck-Yong Yoon in 2020.    */

#include <avr/io.h>
#include <stdio.h>
#include "OK-128TFT-V2.h"

void USART1_initialize(void);                      /* initialize USART1 */

static int USART1_putchar(char c, FILE *stream);
static FILE device1 = FDEV_SETUP_STREAM(USART1_putchar, NULL, _FDEV_SETUP_WRITE);
```

```
static int LCD_putchar(char c, FILE *stream);
static FILE device2 = FDEV_SETUP_STREAM(LCD_putchar, NULL, _FDEV_SETUP_WRITE);

static int TFT_putchar(char c, FILE *stream);
static FILE device3 = FDEV_SETUP_STREAM(TFT_putchar, NULL, _FDEV_SETUP_WRITE);

static int USART1_putchar(char c, FILE *stream) /* print a character to USART1 */
{
  if(c == '\n')                                 // process CR(carriage return)
    { while((UCSR1A & 0x20) != 0x20);           // data register empty ?
      UDR1 = 0x0D;
      while((UCSR1A & 0x20) != 0x20);           // data register empty ?
      UDR1 = 0x0A;
    }
  else
    { while((UCSR1A & 0x20) != 0x20);           // data register empty ?
      UDR1 = c;                                 // if yes, print
    }
  return 0;
}

static int LCD_putchar(char c, FILE *stream)    /* print a character to text LCD */
{
  if((c < 0x20) || (c > 0x7E))                  // check from 0x20 to 0x7E
    return 0;

  LCD_data(c);
  return 0;
}

static int TFT_putchar(char c, FILE *stream)    /* print a character to TFT-LCD */
{
  if((c < 0x20) || (c > 0x7E))                  // check from 0x20 to 0x7E
    return 0;

  TFT_English(c);
  return 0;
}

int main(void)
{
  unsigned char key = KEY4;
  unsigned char year, month, date, weekday, hour, minute, second, AMPM;

  MCU_initialize();                             // initialize ATmega128A MCU
  Delay_ms(50);                                 // wait for system stabilization
  LCD_initialize();                             // initialize text LCD module
  TFT_initialize();                             // initialize TFT-LCD module
  USART1_initialize();                          // initialize USART1
  DS3234_initialize();                          // initialize DS3234 RTC
  Beep();

  LCD_string(0x80,"0000/00/00(WED) ");
  LCD_string(0xC0,"   AM 00:00:00   ");

  TFT_string(1,5,White,Magenta," 표준 printf() 함수로 %서식 지정 출력 ");
  TFT_string(9, 9,Cyan,Black,"KEY1 : USART1 선택");
  TFT_string(9,11,Cyan,Black,"KEY2 : 텍스트 LCD 선택");
  TFT_string(9,13,Cyan,Black,"KEY3 : TFT-LCD 선택");
  TFT_string(9,15,Cyan,Black,"KEY4 : 출력 금지");
  TFT_string(9,15,Yellow,Black,"KEY4");

  TFT_string(12,20,White,Black,"0000/00/00(WED)");
  TFT_string(12,23,White,Black,"  AM 00:00:00  ");
  Rectangle(90,156,220,204,Green);

  while(1)
    { switch(Key_input())                       // key input
        { case KEY1 : stdout = &device1;        // set USART1 to stdout
                      key = KEY1;
```

```
                TFT_string(9, 9,Yellow,Black,"KEY1");
                TFT_string(9,11,Cyan,Black,"KEY2");
                TFT_string(9,13,Cyan,Black,"KEY3");
                TFT_string(9,15,Cyan,Black,"KEY4");
                break;
    case KEY2 : stdout = &device2;          // set text LCD to stdout
                key = KEY2;
                TFT_string(9, 9,Cyan,Black,"KEY1");
                TFT_string(9,11,Yellow,Black,"KEY2");
                TFT_string(9,13,Cyan,Black,"KEY3");
                TFT_string(9,15,Cyan,Black,"KEY4");
                break;
    case KEY3 : stdout = &device3;          // set TFT-LCD to stdout
                key = KEY3;
                TFT_string(9, 9,Cyan,Black,"KEY1");
                TFT_string(9,11,Cyan,Black,"KEY2");
                TFT_string(9,13,Yellow,Black,"KEY3");
                TFT_string(9,15,Cyan,Black,"KEY4");
                break;
    case KEY4 : key = KEY4;                 // don't use printf()
                TFT_string(9, 9,Cyan,Black,"KEY1");
                TFT_string(9,11,Cyan,Black,"KEY2");
                TFT_string(9,13,Cyan,Black,"KEY3");
                TFT_string(9,15,Yellow,Black,"KEY4");
                break;
    default:    break;
  }

year = DS3234_read(0x06);                   // read year
month = DS3234_read(0x05);                  // read month
date = DS3234_read(0x04);                   // read date
weekday = DS3234_read(0x03);                // read weekday
hour = DS3234_read(0x02);                   // read hour
if((hour & 0x20) == 0x00) AMPM = 'A';
else                      AMPM = 'P';
hour = hour & 0x1F;
minute = DS3234_read(0x01);                 // read minute
second = DS3234_read(0x00);                 // read second

if(key == KEY1)                             // printf() to USART1
  { printf("20%02X/%02X/%02X",year,month,date);
    if(weekday == 0x01)      printf(" (SUN) ");
    else if(weekday == 0x02) printf(" (MON) ");
    else if(weekday == 0x03) printf(" (TUE) ");
    else if(weekday == 0x04) printf(" (WED) ");
    else if(weekday == 0x05) printf(" (THU) ");
    else if(weekday == 0x06) printf(" (FRI) ");
    else if(weekday == 0x07) printf(" (SAT) ");
    printf("%1cM %02X:%02X:%02X\n",AMPM,hour,minute,second);
  }
else if(key == KEY2)                        // printf() to text LCD
  { LCD_command(0x80);
    printf("20%02X/%02X/%02X",year,month,date);
    if(weekday == 0x01)      printf(" (SUN)");
    else if(weekday == 0x02) printf(" (MON)");
    else if(weekday == 0x03) printf(" (TUE)");
    else if(weekday == 0x04) printf(" (WED)");
    else if(weekday == 0x05) printf(" (THU)");
    else if(weekday == 0x06) printf(" (FRI)");
    else if(weekday == 0x07) printf(" (SAT)");
    LCD_command(0xC2);
    printf("%1cM %02X:%02X:%02X",AMPM,hour,minute,second);
  }
else if(key == KEY3)                        // printf() to TFT-LCD
  { TFT_xy(12,20);
    TFT_color(White,Black);
    printf("20%02X/%02X/%02X",year,month,date);
    if(weekday == 0x01)      printf(" (SUN)");
    else if(weekday == 0x02) printf(" (MON)");
    else if(weekday == 0x03) printf(" (TUE)");
    else if(weekday == 0x04) printf(" (WED)");
```

```
            else if(weekday == 0x05) printf("(THU)");
            else if(weekday == 0x06) printf("(FRI)");
            else if(weekday == 0x07) printf("(SAT)");
            TFT_xy(14,23);
            TFT_color(White,Black);
            printf("%1cM %02X:%02X:%02X",AMPM,hour,minute,second);
          }

        LED_toggle();                           // toggle LED1 and LED2
        Delay_ms(100);
      }
}

void USART1_initialize(void)                    /* initialize USART1 */
{
  UBRR1H = 0;                                   // 19200 bps
  UBRR1L = 51;
  UCSR1A = 0x00;                                // asynchronous normal mode
  UCSR1B = 0x18;                                // Rx/Tx enable, 8 data
  UCSR1C = 0x06;                                // no parity, 1 stop, 8 data
}
```

☞ printf() 함수로 %서식 지정 출력을 수행하려면 먼저 FDEV_SETUP_STREAM() 매크로를 사용하여 원하는 출력장치로 1문자를 출력하는 함수를 임의의 이름 device를 갖는 장치로 지정하고, 나중에 이를 표준출력장치인 stdout으로 지정하는 문법 형식을 주의하여 익혀두기 바란다. 여기서 USART1은 장치 이름을 device1로 정의하고, 텍스트 LCD 모듈은 장치 이름을 device2로 정의하였으며, TFT-LCD는 장치 이름을 device3으로 정의하였음에 주의하라. 그러면 printf() 함수로 문자열을 출력할 해당 장치 이름을 표준출력장치인 stdout으로 할당해 주면 된다.

이 프로그램을 컴파일하여 *OK-128TFT* 키트에 다운로드하고 실행하라. 이 프로그램을 실행한 후에 *OK-128TFT* 키트에서 KEY1을 누르면 printf() 함수가 출력하는 내용이 USART1로 출력되고, KEY2를 누르면 printf() 함수가 출력하는 내용이 텍스트 LCD 모듈로 출력되며, KEY3을 누르면 printf() 함수가 출력하는 내용이 TFT-LCD로 출력된다.

5. 실습 과제

(1) 메모리 테스트 프로그램을 작성할 때는 왜 항상 테스트 데이터로서 0x55와 0xAA를 쓰고 읽는지 그 이유를 설명하라.

(2) 예제 프로그램 Exp18_7.c에서 KEY4를 누르면 텍스트 LCD 모듈과 TFT-LCD의 2곳에 모두 printf() 함수를 사용한 % 시식지정 문자열을 출력하는 기능을 추가한 프로그램 Exp18_7R.c을 작성하라.

4.19 TFT-LCD를 이용한 게임 프로그램

여기서는 MS-DOS 운영체제 시절부터 퍼스널컴퓨터에서 유명했던 푸시푸시 게임을 *OK-128TFT* 키트의 TFT-LCD 화면에 구현해 본다. 이러한 게임을 수행하려면 적절한 입력장치가 필요한데 여기서는 게임 입력장치로 TFT-LCD의 터치 스크린을 사용한다.

이 책에서는 TFT-LCD 모듈을 사용하여 게임을 구현하면서 ATmega128A 마이크로컨트롤러의 C언어 응용 프로그래밍 기술을 익히는 것이 목적이므로 게임의 알고리즘이나 난이도 등의 수준에는 그다지 중점을 두지 않는다. 만약 게임 알고리즘의 수준을 높이는 작업이 필요하다면 그것은 독자 여러분이 좀 더 공부하고 노력할 몫이다. 특히 졸업작품을 만들 목적으로 이 책의 예제 프로그램을 응용하려는 학생이라면 마땅히 이런 정도의 프로그램 소스는 자신의 힘으로 적극적으로 분석하여 자신의 작품에 발전적으로 응용할 수 있는 의지와 노력이 있어야 한다.

관련 내용	(1) 제3.1절 *OK-128TFT* 키트의 구조와 기능 (2) 제4.5절 TFT-LCD 모듈 영문 ASCII 출력 프로그램 (3) 제4.8절 TFT-LCD 모듈 터치 스크린 입력 프로그램

1. 푸시푸시 게임 프로그램

오늘날까지 푸시푸시(PushPush) 게임이라고 널리 알려져 있는 이것은 원래 소코반(Soko-Ban)이라는 게임 프로그램으로서 아주 단순하지만 시간이 많이 소요되면서 두뇌를 많이 활용해야 하는 좋은 게임 프로그램이다. 소코반은 1980년에 일본의 히로유키 이마바야시(Hiroyuki Imabayashi)라는 사람이 비디오 게임기용으로 개발한 게임이며, 나중에 IBM PC에서 MS-DOS용으로 변형되어 큰 인기를 끌었다. 이것은 그래픽 해상도가 낮은 화면에서도 쉽게 구현할 수 있고, 키나 터치 스크린 등 아무 입력장치를 사용하더라도 쉽게 게임을 수행할 수 있으며, 그다지 스피드를 요구하는 게임도 아니면서 지루하지 않게 게임에 빠져드는 재미가 있어서 모바일 제품의 취향에 잘 어울리기 때문에 최근에는 휴대전화에 적용되어 대단한 인기를 끌기도 하였다.

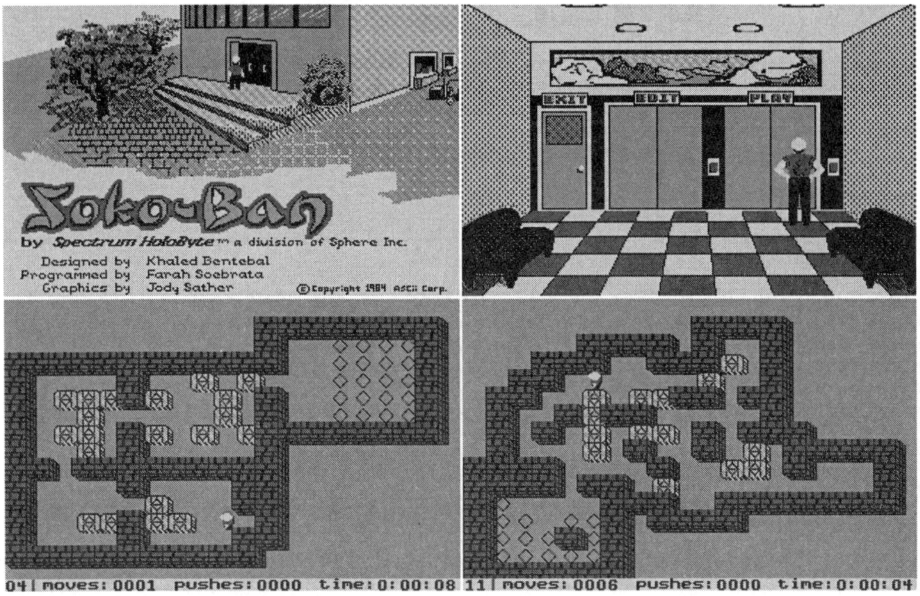

〈그림 4.19.1〉 MS-DOS에서 사용하던 오리지널 소코반 게임의 화면 캡쳐

이것은 다양한 미로 구조를 갖는 방의 안에서 사람이 박스를 1개씩 밀어서 지정된 위치로 모두 옮겨 놓으면 게임이 완료되고 새로운 스테이지(stage)로 넘어가는 게임이다. 박스는 한번에 1개씩만 밀 수 있으며, 항상 정면으로만 밀고 갈 수가 있다. 따라서, 박스를 정면으로 밀고 갈 수 없는 위치에 빠져들게 되면 그 스테이지는 더 진행할 수가 없으므로 게임 오버(game over)가 된다. 이렇게 되지 않으려면 각 박스를 어떤 방향에서 어떤 순서로 밀어서 옮겨야 하는지가 중요한 관건이다.

현재까지 이 게임은 수많은 아류(亞流) 제품이 쏟아져 나왔으며 공개된 게임 스테이지의 수도 엄청나게 많다. 따라서, 메모리 용량만 허용된다면 이 게임에서는 스테이지 수를 거의 무제한으로 늘려서 구현할 수 있다. 다음에 소개하는 프로그램은 푸시푸시 게임을 *OK-128TFT* 키트의 TFT-LCD에서 320×240 픽셀 해상도를 갖는 풍경화 모드에 맞도록 구현한 것으로 터치 스크린을 입력장치로 사용하여 게임을 수행할 수 있다.

이 게임은 현재까지 나와 있는 많은 종류의 소코반 또는 푸시푸시 게임을 참조로 하여 프로그래밍한 것이며, 여기에는 현재 35개의 스테이지가 포함되어 있다. 게임 내용과 알고리즘이 비교적 단순하므로 독자 여러분 스스로의 노력으로 충분히 프로그램의 흐름을 파악할 수 있을 것이다.

〈프로그램 Exp19_1.c〉 푸시푸시 게임 프로그램

```
/* ========================================================================== */
/*                          Exp19_1.c : 푸시푸시(PushPush) 게임                  */
/* ========================================================================== */
/*                    Designed and programmed by Duck-Yong Yoon in 2020.    */

#include <avr/io.h>
#include <avr/pgmspace.h>
#include <avr/interrupt.h>
#include "OK-128TFT-V2.h"

void Draw_symbol(U16 xPos,U16 yPos,U16 color,U08 code); // draw 16x16 symbol
void Draw_arrow(U16 xPos,U16 yPos,U16 color,U08 code);// draw arrow for touch screen
void Draw_board(void);                          // draw game board
void Draw_control(void);                        // draw game control
void Draw_previous(U16 color1, U16 color2);     // display previous stage for touch screen
void Draw_next(U16 color1, U16 color2);         // display previous stage for touch screen
void Draw_clear(U16 color1, U16 color2);        // display clear for touch screen
void Draw_left(U16 color1, U16 color2);         // display left arrow for touch screen
void Draw_right(U16 color1, U16 color2);        // display right arrow for touch screen
void Draw_up(U16 color1, U16 color2);           // display up arrow for touch screen
void Draw_down(U16 color1, U16 color2);         // display down arrow for touch screen
unsigned char Icon_input(void);                 // input touch screen icon
void PushPush(U16 direction);                   // push box by direction arrow
unsigned char Check_OK(void);                   // check game stage OK

/* -------------------------------------------------------------------------- */

#define Left            KEY1                    // direction by KEY1
#define Right           KEY2                    // direction by KEY2
#define Up              KEY3                    // direction by KEY3
#define Down            KEY4                    // direction by KEY4
#define KEY5            0x11                    // previous stage icon of touch screen
#define KEY6            0x12                    // next stage icon of touch screen
#define KEY7            0x13                    // clear icon of touch screen

#define Xbase            8                      // x base position of board
#define Ybase           31                      // y base position of board

#define stage_max       35                      // maximum stage number

unsigned char stage, beep_flag;                 // game stage and beep on/off flag
unsigned char buffer[12][14];                   // board buffer of a stage(x=12, y=12)
unsigned int xo, yo;                            // current x, y position

/* ----- 게임 스테이지 정의 ------------------------------------------------- */

const unsigned char board[stage_max][12][14] PROGMEM = { /* define board of each stage */
        { "            ",                       // stage 1
          "            ",
          "  XXXXXXXX  ",
          "  XX@ XXXX  ",
          "  XX *  XX  ",
          "  XXX X XX  ",
          "  XOX X  X  ",
          "  XO*  X X  ",
          "  XO   * X  ",
          "  XXXXXXXX  ",
          "            ",
          "            " },
        { "            ",                       // stage 2
          " XXXXXXXXXX ",
          " XX@  XXXXX ",
          " XX **XX  X ",
          " XX *     X ",
          " XXXXXX   X ",
          " XX   X XXX ",
          " XX XXX  XX ",
```

```
      "  XX XOOO XX  ",
      "  XXXXXXXXXX  ",
      "              ",
      "              "},
    { "              ",                    // stage 3
      "              ",
      "   XXXXXXXX   ",
      "   XXOO OXX   ",
      "   XXO* OXX   ",
      "   XX*   XX   ",
      "   X *  *@X   ",
      "   X XX*X X   ",
      "   X      X   ",
      "   XXXXXXXX   ",
      "              ",
      "              "},
    { "              ",                    // stage 4
      "              ",
      "   XXXXXXX    ",
      "   XXX  XX    ",
      "   X *   X    ",
      "   X X X X    ",
      "   X * X X    ",
      "   X *@**X    ",
      "   XOOOOOX    ",
      "   XXXXXXX    ",
      "              ",
      "              "},
    { "              ",                    // stage 5
      "              ",
      "              ",
      "  XXXXXXXXXX  ",
      "  X   XXXXXX  ",
      "  X * OO*  X  ",
      "  XX* OO**@X  ",
      "  XX  OO*  X  ",
      "  XXXXXXXXXX  ",
      "              ",
      "              ",
      "              "},
    { "              ",                    // stage 6
      "              ",
      "  XXXXXXXXXX  ",
      "  XX     XXX  ",
      "  XX*XXX   X  ",
      "  X @ *  * X  ",
      "  X OOX * XX  ",
      "  XXOOX   XX  ",
      "  XXXXXXXXXX  ",
      "              ",
      "              ",
      "              "},
    { "              ",                    // stage 7
      "              ",
      "  XXXXXXXXXX  ",
      "  XXXX  X @X  ",
      "  XXX   X  X  ",
      "  XXX* * * X  ",
      "  XXX *XX  X  ",
      "  XXX * X XX  ",
      "  XOOOOO  XX  ",
      "  XXXXXXXXXX  ",
      "              ",
      "              "},
    { "              ",                    // stage 8
      "  XXXXXXXXXX  ",
      "  XXX    XXX  ",
      "  XXX *    X  ",
      "  XXX * XX X  ",
      "  XOOO *   X  ",
      "  XOOO*X* XX  ",
```

```
   "  XXXX X * X  ",
   "  XXXX  @ X   ",
   "  XXXXXXXXXX  ",
   "              ",
   "              "},
 { "              ",                  // stage 9
   "  XXXXXXXXX   ",
   "  X       X   ",
   "  X X**  XX   ",
   "  X OOOX XX   ",
   "  XXOOO* XX   ",
   "  XX XX * X   ",
   "  XX*  *  X   ",
   "  XX  X  @X   ",
   "  XXXXXXXXX   ",
   "              ",
   "              "},
 { "              ",                  // stage 10
   "              ",
   "  XXXXXXXXX   ",
   "  XXXXO  @X   ",
   "  X  ***  X   ",
   "  XOXXOXXOX   ",
   "  X   *   X   ",
   "  X  *OX XX   ",
   "  XXXX   XX   ",
   "  XXXXXXXXX   ",
   "              ",
   "              "},
 { "              ",                  // stage 11
   " XXXXXXXXXXXXX ",
   " XXXX    XX  X ",
   " X@*  OO X  X ",
   " X    XOX XXXX ",
   " XX XO O     X ",
   " XX XX*XX*X X ",
   " XX * *     X ",
   " XXXX    X  XX ",
   " XXXXXXXXXXXXX ",
   "              ",
   "              "},
 { "              ",                  // stage 12
   " XXXXXXXXXXXXX ",
   " X    X    X  X ",
   " X         X  X ",
   " XX XXX XXXXX ",
   " XX    OOO    X ",
   " XX*XXX X X X ",
   " X    *@    * X ",
   " X    X   XXXXX ",
   " XXXXXXXXXXXXX ",
   "              ",
   "              "},
 { "              ",                  // stage 13
   "              ",
   "    XXXXXXXX    ",
   "    X XOOX X    ",
   "    XXX OXXX    ",
   "    X    *OXX    ",
   "    X   *  XX    ",
   "    X  X** X    ",
   "    X  @   X    ",
   "    XXXXXXXX    ",
   "              ",
   "              "},
 { "              ",                  // stage 14
   "              ",
   "    XXXXXXXX    ",
   "    XXO OOXX    ",
   "    XXO *OXX    ",
   "    XXX  *XX    ",
```

```
  "   X *  * X   ",
  "   X X*XX X   ",
  "   X   @  X   ",
  "   XXXXXXXX   ",
  "              ",
  "              "},
{ "              ",                 // stage 15
  "              ",
  "  XXXXXXXXXX  ",
  "  X  XXXXXXX  ",
  "  XXXX    XX  ",
  "  XX0 *XX XX  ",
  "  X00* * @ X  ",
  "  X00 * * XX  ",
  "  XXXXXX  XX  ",
  "  XXXXXXXXXX  ",
  "              ",
  "              "},
{ "              ",                 // stage 16
  "              ",
  "   XXXXXXXX   ",
  "   X0   0 X   ",
  "   X X X  X   ",
  "   X@*  *0X   ",
  "   XXXXX *X   ",
  "   X   X  X   ",
  "   XXXXXXXX   ",
  "              ",
  "              ",
  "              "},
{ "              ",                 // stage 17
  "              ",
  "  XXXXXXXXX   ",
  "  XX00*00XX   ",
  "  XX00X00XX   ",
  "  XX *** XX   ",
  "  XX  *  XX   ",
  "  XX *** XX   ",
  "  XX  X@ XX   ",
  "  XXXXXXXXX   ",
  "              ",
  "              "},
{ "              ",                 // stage 18
  "              ",
  "  XXXXXXXXX   ",
  "  X000000XX   ",
  "  X  * X XX   ",
  "  X * X * X   ",
  "  XX* * * X   ",
  "  XX  @   X   ",
  "  XXXXXXXXX   ",
  "              ",
  "              ",
  "              "},
{ "              ",                 // stage 19
  "              ",
  "   XXXXXXXX   ",
  "   XXX    X   ",
  "   XXX*** X   ",
  "   X@ *00 X   ",
  "   X *000XX   ",
  "   XXXX  XX   ",
  "   XXXXXXXX   ",
  "              ",
  "              ",
  "              "},
{ "              ",                 // stage 20
  "              ",
  "  XXXXXXXXXX  ",
  "  XXXXXXX  X  ",
  "  XX    X  X  ",
```

```
     "  XX ***XX X   ",
     "  XX  X00XXX   ",
     "  XXX  00* X   ",
     "  XXX @    X   ",
     "  XXXXXXXXXX   ",
     "               ",
     "               "},
   { "               ",                    // stage 21
     "               ",
     "  XXXXXXXXXX   ",
     "  XX0000 XXX   ",
     "  XXX000*XXX   ",
     "  X  *X* * X   ",
     "  X **  X* X   ",
     "  X    X   X   ",
     "  XXXX @ XXX   ",
     "  XXXXXXXXXX   ",
     "               ",
     "               "},
   { "               ",                    // stage 22
     "               ",
     " XXXXXXXXXXX   ",
     " X  X 000X X   ",
     " XXXX0000X X   ",
     " X  XXX* XXX   ",
     " X * *  ** X   ",
     " X@ * *    X   ",
     " X   XXX   X   ",
     " XXXXXXXXXXX   ",
     "               ",
     "               "},
   { "               ",                    // stage 23
     "               ",
     "  XXXXXXXXXX   ",
     "  XXX   XXXX   ",
     "  X    * * X   ",
     "  X *   * @X   ",
     "  XXX**XXXXX   ",
     "  X X  00X X   ",
     "  X X0000X X   ",
     "  XXXXXXXXXX   ",
     "               ",
     "               "},
   { "               ",                    // stage 24
     " XXXXXXXXXXX   ",
     " X       X X   ",
     " X  * * *X X   ",
     " XX X*XX X X   ",
     " XX 00 00XXX   ",
     " XXX00 00 XX   ",
     " X X XX*X XX   ",
     " X X* * *  X   ",
     " X X      @X   ",
     " XXXXXXXXXXX   ",
     "               "},
   { "               ",                    // stage 25
     "  XXXXXXXXXX   ",
     "  XX  XXXXXX   ",
     "  XX* XX  XX   ",
     "  X  *@*  XX   ",
     "  X   XX* XX   ",
     "  XXX0XX XXX   ",
     "  XX000* * X   ",
     "  XXX00    X   ",
     "  XXXXXXXXXX   ",
     "               ",
     "               "},
   { "               ",                    // stage 26
     " XXXXXXXXXXX   ",
     " X    X    X   ",
     " X *@***** X   ",
```

```
  " X         X  ",
  " XXXXX XXXXX  ",
  " X  XO  X  X  ",
  " X  XO  X  X  ",
  " X  XOOOX  X  ",
  " X  XO  X  X  ",
  " XXXXXXXXXXX  ",
  "              " },
{ "              ",                          // stage 27
  "              ",
  " XXXXXXXXXXX  ",
  " XXXX    O X  ",
  " X  * * *O X  ",
  " X  OXXXXOXX  ",
  " X *O* * @XX  ",
  " X  O  XXXXX  ",
  " XXXXXXXXXXX  ",
  "              ",
  "              ",
  "              " },
{ "              ",                          // stage 28
  " XXXXXXXXXXX  ",
  " XXX  @   XX  ",
  " X   * *  XX  ",
  " X  * * * XX  ",
  " XXXXX*XXXXX  ",
  " X  XX O OOX  ",
  " X  X  OX  X  ",
  " X  X O   OX  ",
  " X  XXXX  XX  ",
  " XXXXXXXXXXX  ",
  "              " },
{ "              ",                          // stage 29
  " XXXXXXXXXXX  ",
  " X @X  XXXXX  ",
  " X **  *   X  ",
  " X  XOXX*X X  ",
  " XX*XOOO   X  ",
  " XX OOOXX*XX  ",
  " X  XXOXX  X  ",
  " X  *  *   X  ",
  " X  X   X  X  ",
  " XXXXXXXXXXX  ",
  "              " },
{ "              ",                          // stage 30
  " XXXXXXXXXXXX ",
  " XXXXXXO   XX ",
  " XX  XOOXX XX ",
  " XX  *OO   XX ",
  " XX  X OX XXX ",
  " XXX XX*X  XX ",
  " X *    ** XX ",
  " X X*X  X  XX ",
  " X@  XXXXXXXX ",
  " XXXXXXXXXXXX ",
  "              " },
{ "XXXXXXXXXXXXXX",                          // stage 31
  "XOOOOOXXXX   X",
  "XOOOOO   XXXXX",
  "XOOO OX  X   X",
  "XXX XXX XX * X",
  "X **  *   *  X",
  "X   *   *X   X",
  "X *  *XX X * X",
  "X  XX *    XXX",
  "XX   *@* * X X",
  "XXXXX    XXX X",
  "XXXXXXXXXXXXXX" },
{ "XXXXXXXXXXXXXX",                          // stage 32
  "XX   XXX  X XX",
  "X  * X  *    X",
```

```
         "X *    X@ *   X",
         "X   XXXXXX XXX",
         "XXX*XX  XX XXX",
         "XX00 XXXX  * X",
         "XX000  * * * X",
         "XX000XXXX    X",
         "XX000X  X ** X",
         "XXXXXXXXXXX  X",
         "XXXXXXXXXXXXXX" },
       { "XXXXXXXXXXXXXX",                          // stage 33
         "X XXX    XXX X",
         "XXX   *X   X X",
         "X **    *   X X",
         "X    *X ** X X",
         "X *    *   XX X",
         "XXXXX*X XXXXXX",
         "X   X  *X @00X",
         "X   XX*  00X0X",
         "X     X X*0000X",
         "X    X   0000X",
         "XXXXXXXXXXXXXX" },
       { "XXXXXXXXXXXXXX",                          // stage 34
         "XX    XXX   XX",
         "XX*X *X * * XX",
         "XX *  *   *  X",
         "X0000  XX  X X",
         "X0XX0  * XX  X",
         "X0000    *   X",
         "X0000X*X **  X",
         "XX *X   X@   X",
         "XX     * XXXXXX",
         "XXX  XXXX    X",
         "XXXXXXXXXXXXXX" },
       { "XXXXXXXXXXXXXX",                          // stage 35
         "X XXX    XXX X",
         "X X   X*   XXX",
         "X X   *   ** X",
         "X X ** X*    X",
         "X XX   *   * X",
         "XXXXXX X*XXXXX",
         "X00@ X*  X   X",
         "X0X00  *XX   X",
         "X0000*X X    X",
         "X0000   X    X",
         "XXXXXXXXXXXXXX" }};

/* ----- 인터럽트 처리 프로그램 --------------------------------------------- */

volatile unsigned char second, minute;

ISR(TIMER1_COMPA_vect)                          /* OC1A interrupt function (1 Hz) */
{
  second++;                                     // increment second
  if(second == 60)                              // if second = 60, second = 0
    { second = 0;
      minute++;                                 // increment minute
      if(minute == 60)                          // if minute = 60, minute = 0
        minute = 0;
    }
}

/* ----- 메인 프로그램 ------------------------------------------------------ */

int main(void)                                  /* main routine of PushPush game */
{
  unsigned char x, y, key, direction = 0;

  MCU_initialize();                             // initialize ATmega128A MCU
  Delay_ms(50);                                 // wait for system stabilization
  LCD_initialize();                             // initialize text LCD module
  TFT_initialize();                             // initialize TFT-LCD module
```

```
Touch_screen_initialize();                      // initialize touch screen

LCD_string(0x80," OK-128TFT V2.0 ");            // display title
LCD_string(0xC0,"    Exp19_1.c    ");
Beep();

stage = 0;                                      // initial stage
beep_flag = 1;                                  // beep on
second = 0;                                     // initialize time
minute = 0;

TCCR1A = 0x00;                                  // CTC mode(4), don't output OC1A
TCCR1B = 0x0C;                                  // 16MHz/256/(1+62499) = 1Hz
TCCR1C = 0x00;
OCR1A = 62499;
TCNT1 = 0x0000;                                 // clear Timer/Counter1
TIFR = 0x10;                                    // clear OC1A interrupt flag
TIMSK = 0x10;                                   // enable OC1A interrupt
sei();                                          // global interrupt enable

while(1)
  { TFT_clear_screen();                         // clear screen for new stage

    for(y = 0; y < 12; y++)                     // get new board and initial @ position
      for(x = 0; x < 14; x++)
        { buffer[y][x] = pgm_read_byte(&board[stage][y][x]);
          if(buffer[y][x] == '@')
            { xo = x;
              yo = y;
              buffer[y][x] = ' ';
            }
        }

    second = 0;                                 // initialize time
    minute = 0;

    Draw_board();                               // draw new board
    Draw_control();                             // draw game control

    while(1)                                    // game of current stage
      { direction = 0;

        key = Icon_input();                     // read touch screen icon

        if(key == KEY1)      direction = Left;
        else if(key == KEY2) direction = Right;
        else if(key == KEY3) direction = Up;
        else if(key == KEY4) direction = Down;
        else if(key == KEY5)                    // go previous stage
          { if(stage != 0) stage--;
            else           stage = stage_max - 1;
            break;
          }
        else if(key == KEY6)                    // go next stage
          { if(stage != (stage_max-1)) stage++;
            else                       stage = 0;
            break;
          }
        else if(key == KEY7)                    // clear current stage
          break;

        PushPush(direction);                    // go to push

        TFT_color(White,Black);                 // display time
        TFT_xy(33,9); TFT_unsigned_decimal(minute,1,2);
        TFT_xy(36,9); TFT_unsigned_decimal(second,1,2);

        if(Check_OK())                          // check if stage is OK
          { TFT_string(8,28, Green,Black, " 축하합니다! ");
            Delay_ms(300);
            if(beep_flag == 1) Beep_3times();
```

```
              Delay_ms(2000);
              if(stage != (stage_max-1)) stage++;
              else                       stage = 0;
              break;
            }
        }
    }
}

/* ----- 사용자 정의 함수 ---------------------------------------------------- */

const unsigned int Symbol[6][16] PROGMEM = {                /* define board symbol */
  { 0x07E0,0x0FF0,0x3FFC,0x3FFC,0x7FFE,0xF3CF,0xF3CF,0xFFFF,     // (0) 사람
    0xFFFF,0xEFF7,0xE7E7,0x700E,0x3C3C,0x3FFC,0x0FF0,0x07E0 },
  { 0xFC7F,0xFEFF,0xFEFF,0xFEFF,0xFEFF,0xFEFF,0xFC7F,0x0000,     // (1) 벽
    0x7FFC,0xFFFE,0xFFFE,0xFFFE,0xFFFE,0xFFFE,0x7FFC,0x0000 },
  { 0x0000,0x7FFE,0x7FFE,0x781E,0x7C3E,0x6E76,0x67E6,0x63C6,     // (2) 박스
    0x63C6,0x67E6,0x6E76,0x7C3E,0x781E,0x7FFE,0x7FFE,0x0000 },
  { 0x0000,0x0000,0x0000,0x0000,0x0000,0x07E0,0x07E0,0x07E0,     // (3) 목표점
    0x07E0,0x07E0,0x07E0,0x0000,0x0000,0x0000,0x0000,0x0000 },
  { 0x0000,0x0100,0x0300,0x0700,0x0F00,0x1F00,0x3FFF,0x7FFF,     // (4) left arrow
    0xFFFF,0x7FFF,0x3FFF,0x1F00,0x0F00,0x0700,0x0300,0x0100 },
  { 0x0000,0x0080,0x00C0,0x00E0,0x00F0,0x00F8,0xFFFC,0xFFFE,     // (5) right arrow
    0xFFFF,0xFFFE,0xFFFC,0x00F8,0x00F0,0x00E0,0x00C0,0x0080 }};

void Draw_symbol(U16 xPos,U16 yPos, U16 color, U08 code)        /* draw 16x16 symbol */
{
  unsigned char x, y;
  unsigned int font;

  for(y = 0; y < 16; y++)
    { TFT_GRAM_address(xPos,yPos+y);
      font = pgm_read_word(&Symbol[code][y]);
      for(x = 0; x < 16; x++)
        { if((font << x) & 0x8000) TFT_data(color);
          else                     TFT_data(Black);
        }
    }
}

const unsigned int Arrow[4][16] PROGMEM = {                     /* 16x16 arrow */
  { 0x0000,0x0100,0x0300,0x0700,0x0F00,0x1F00,0x3FFF,0x7FFF,     // (0) left arrow
    0xFFFF,0x7FFF,0x3FFF,0x1F00,0x0F00,0x0700,0x0300,0x0100 },
  { 0x0000,0x0080,0x00C0,0x00E0,0x00F0,0x00F8,0xFFFC,0xFFFE,     // (1) right arrow
    0xFFFF,0xFFFE,0xFFFC,0x00F8,0x00F0,0x00E0,0x00C0,0x0080 },
  { 0x0100,0x0380,0x07C0,0x0FE0,0x1FF0,0x3FF8,0x7FFC,0xFFFE,     // (2) up arrow
    0x07C0,0x07C0,0x07C0,0x07C0,0x07C0,0x07C0,0x07C0,0x07C0 },
  { 0x07C0,0x07C0,0x07C0,0x07C0,0x07C0,0x07C0,0x07C0,0x07C0,     // (3) down arrow
    0xFFFE,0x7FFC,0x3FF8,0x1FF0,0x0FE0,0x07C0,0x0380,0x0100 }};

void Draw_arrow(U16 xPos,U16 yPos,U16 color,U08 code)   /* draw arrow for touch screen */
{
  unsigned char x, y;
  unsigned int font;

  for(y = 0; y < 16; y++)
    { TFT_GRAM_address(xPos,yPos+y);
      font = pgm_read_word(&Arrow[code][y]);
      for(x = 0; x < 16; x++)
        { if((font << x) & 0x8000) TFT_data(color);
          else                     TFT_data(Black);
        }
    }
}

void Draw_board(void)                               /* draw game board */
{
  unsigned int x, y;

  for(y = 0; y < 12; y++)
    { for(x = 0; x < 14; x++)
```

```
        { switch(buffer[y][x])
            { case 'X': Draw_symbol(x*16 + Xbase, y*16 + Ybase, Magenta, 1); // 벽
                        break;
              case '*': Draw_symbol(x*16 + Xbase, y*16 + Ybase, Yellow,  2); // 박스
                        break;
              case 'O': Draw_symbol(x*16 + Xbase, y*16 + Ybase, Green,   3); // 목표점
                        break;
              case '@': Draw_symbol(x*16 + Xbase, y*16 + Ybase, Cyan,    0); // 사람
                        break;
              default:  Draw_symbol(x*16 + Xbase, y*16 + Ybase, Black,   0); // 여백
                        break;
            }
        }
      Draw_symbol(xo*16 + Xbase, yo*16 + Ybase, Cyan, 0);
    }

  Draw_symbol(xo*16 + Xbase, yo*16 + Ybase, Cyan, 0);

  Rectangle(1,23, 238,231, White);              // draw outline
  Rectangle(2,24, 237,230, White);
}

void Draw_control(void)                         /* draw game control */
{
  TFT_string(1,0,White,Blue, "       PushPush 게임        "); // display title

  TFT_string(33,1,Magenta,Black, "STAGE");      // display stage
  TFT_string(33,3,Green,  Black, "00/00");
  TFT_color(Green,Black);
  TFT_xy(33,3); TFT_unsigned_decimal(stage + 1, 1, 2);
  TFT_xy(36,3); TFT_unsigned_decimal(stage_max, 1, 2);

  Draw_previous(Magenta, Green);                // display stage change
  Draw_next(Magenta, Green);

  TFT_string(32,9,White,  Black, "(00:00)");    // display time

  Draw_clear(Magenta, Green);                   // display clear of current stage

  TFT_string(31,16,Black,Cyan,"효과음");        // beep on/off
  if(beep_flag == 1)
    TFT_string(37,16,Red,Cyan," ON");
  else
    TFT_string(37,16,Red,Cyan,"OFF");

  Draw_left(White, Cyan);                       // draw left  (KEY1)
  Draw_right(White, Cyan);                      // draw right(KEY2)
  Draw_up(White, Cyan);                         // draw up    (KEY3)
  Draw_down(White, Cyan);                       // draw down  (KEY4)
}

void Draw_previous(U16 color1, U16 color2)      /* display previous stage for touch screen */
{
  Rectangle(247,44, 270,64, color1);
  Draw_arrow(251, 46, color2, 0);
}

void Draw_next(U16 color1, U16 color2)          /* display next stage for touch screen */
{
  Rectangle(296,44, 319,64, color1);
  Draw_arrow(300, 46, color2, 1);
}

void Draw_clear(U16 color1, U16 color2)         /* display clear for touch screen */
{
  Rectangle(260,92, 307,114, color1);
  TFT_string(33,12, color2,Black, "CLEAR");
}

void Draw_left(U16 color1, U16 color2)          /* display left arrow for touch screen */
{
```

```
  Rectangle(247,185, 270,205, color1);
  Draw_arrow(251, 187, color2, 0);
}

void Draw_right(U16 color1, U16 color2)          /* display right arrow for touch screen */
{
  Rectangle(296,185, 319,205, color1);
  Draw_arrow(300, 187, color2, 1);
}

void Draw_up(U16 color1, U16 color2)             /* display up arrow for touch screen */
{
  Rectangle(273,159, 293,182, color1);
  Draw_arrow(276, 163, color2, 2);
}

void Draw_down(U16 color1, U16 color2)           /* display down arrow for touch screen */
{
  Rectangle(273,208, 293,231, color1);
  Draw_arrow(276, 212, color2, 3);
}

unsigned char icon_flag = 0;

unsigned char Icon_input(void)                   /* input touch screen icon */
{
  unsigned char icon;

  Touch_screen_input();                          // input touch screen

  if((icon_flag == 0) && (x_touch >= 247) && (x_touch <= 270) && (y_touch >= 44) && (y_touch <= 64))
    { icon = KEY5;                               // previous stage
      icon_flag = 1;
      Draw_previous(White, White);
      if(beep_flag == 1) Beep();
    }
  else if((icon_flag == 0) && (x_touch >= 296) && (x_touch <= 319) && (y_touch >= 44) && (y_touch <= 64))
    { icon = KEY6;                               // next stage
      icon_flag = 1;
      Draw_next(White, White);
      if(beep_flag == 1) Beep();
    }
  else if((icon_flag == 0) && (x_touch >= 260) && (x_touch <= 307) && (y_touch >= 92) && (y_touch <= 114))
    { icon = KEY7;                               // clear
      icon_flag = 1;
      Draw_clear(White, White);
      if(beep_flag == 1) Beep();
    }
  else if((icon_flag == 0) && (x_touch >= 248) && (x_touch <= 319) && (y_touch >= 128) && (y_touch <= 143))
    { icon = no_key;                             // beep on/off
      icon_flag = 1;
      Beep();
      if(beep_flag == 0)
        { beep_flag = 1;
          TFT_string(37,16,Red, Cyan," ON");
        }
      else
        { beep_flag = 0;
          TFT_string(37,16,Red, Cyan,"OFF");
        }
    }
  else if((icon_flag == 0) && (x_touch >= 247) && (x_touch <= 270) && (y_touch >= 185) && (y_touch <= 205))
    { icon = KEY1;                               // left
      icon_flag = 1;
      Draw_left(Magenta, Magenta);
      if(beep_flag == 1) Beep();
    }
  else if((icon_flag == 0) && (x_touch >= 296) && (x_touch <= 319) && (y_touch >= 185) && (y_touch <= 205))
    { icon = KEY2;                               // right
      icon_flag = 1;
      Draw_right(Magenta, Magenta);
```

```
      if(beep_flag == 1) Beep();
    }
  else if((icon_flag == 0) && (x_touch >= 273) && (x_touch <= 293) && (y_touch >= 159) && (y_touch <= 182))
    { icon = KEY3;                                   // up
      icon_flag = 1;
      Draw_up(Magenta, Magenta);
      if(beep_flag == 1) Beep();
    }
  else if((icon_flag == 0) && (x_touch >= 273) && (x_touch <= 293) && (y_touch >= 208) && (y_touch <= 231))
    { icon = KEY4;                                   // down
      icon_flag = 1;
      Draw_down(Magenta, Magenta);
      if(beep_flag == 1) Beep();
    }
  else if((icon_flag == 1) && (x_touch == 0) && (y_touch == 0))
    { icon = no_key;
      icon_flag = 0;
      Draw_previous(Magenta, Green);
      Draw_next(Magenta, Green);
      Draw_clear(Magenta, Green);
      Draw_left(White, Cyan);
      Draw_right(White, Cyan);
      Draw_up(White, Cyan);
      Draw_down(White, Cyan);
      Delay_ms(50);
    }
  else
    icon = no_key;

  return icon;
}

/* ----- 게임 알고리즘 함수 ---------------------------------------------------- */

void PushPush(U16 direction)                         /* push box by direction arrow */
{
  signed char mx = 0, my = 0;

  if(direction == Left)        mx = -1;             // check direction
  else if(direction == Right) mx = +1;
  else if(direction == Up)     my = -1;
  else if(direction == Down)   my = +1;
  else return;

  if(buffer[yo+my][xo+mx] != 'X')                    // 이동할 곳이 벽이 아닌 경우에만
    { if(buffer[yo+my][xo+mx] == '*')                // 이동할 곳에 박스가 있는 경우에만
        { if((buffer[yo+my*2][xo+mx*2] == ' ') || (buffer[yo+my*2][xo+mx*2] == 'O')) // 박스가 갈 곳
            { if(board[stage][yo+my][xo+mx] == 'O')
                buffer[yo+my][xo+mx] = 'O';
              else
                buffer[yo+my][xo+mx] = ' ';
              buffer[yo+my*2][xo+mx*2] = '*';
            }
          else return;
        }

      if(buffer[yo][xo] == 'O')                      // 지나간 자리
        Draw_symbol(xo*16 + Xbase, yo*16 + Ybase, Green, 3);
      else if(buffer[yo][xo] == ' ')
        Draw_symbol(xo*16 + Xbase, yo*16 + Ybase, Black, 0);

      Draw_symbol((xo+mx)*16 + Xbase, (yo+my)*16 + Ybase, Cyan, 0); // 사람

      if(buffer[yo+my*2][xo+mx*2] == '*')            // 박스
        Draw_symbol((xo+mx*2)*16 + Xbase, (yo+my*2)*16 + Ybase, Yellow, 2);

      xo += mx;                                      // 사람이 이동한 새 위치
      yo += my;
    }
}
```

```
unsigned char Check_OK(void)                          /* check game stage OK */
{
  unsigned char x, y;

  for(y = 0; y < 12; y++)
    for(x = 0; x < 14; x++)
      if((pgm_read_byte(&board[stage][y][x]) == '0') && (buffer[y][x] != '*'))
        return 0;

  return 1;
}
```

☞ 이 프로그램에서는 총 35개의 스테이지(stage)를 제공하고 있으며, 사용자가 필요하면 얼마든지 추가할 수 있다. 사용자가 게임 스테이지를 추가하려면 위의 예제 프로그램에서 board[stage_max][12][14]에 자신이 디자인한 게임 스테이지를 배열로 추가하고, 이렇게 배열에 정의된 총 스테이지 수를 프로그램 서두에서 stage_max 값으로 지정하면 된다. 모든 스테이지에서 가로×세로 벽의 크기를 최대 14×12까지 설정할 수 있다. 게임 디자인의 배열에서 벽은 X로 표시하고, 박스는 *로 표시하며, 목표점은 0으로 표시하고, 사람이 처음에 출발하는 위치는 @로 표시한다.

게임은 TFT-LCD 화면의 아이콘을 터치 스크린으로 입력하는 방법으로 수행한다. 터치 스크린의 입력에는 제4.8절에서 공부한 것처럼 디바운싱 및 원터치 입력 기술을 적용하였다.

게임 중에 박스를 밀거나 스테이지를 이동하는 등의 이벤트가 발생할 때마다 기본적으로 비프음이 울리도록 되어 있는데, 만약 주위 환경이 정숙을 유지해야 하는 경우에는 이러한 게임 사운드가 문제가 될 수도 있으므로 비프음 ON/OFF 기능을 사용하여 언제든지 비프음을 금지시킬 수 있도록 하였다.

원래의 게임에서는 하나의 스테이지를 완료해야만 그 다음의 스테이지로 넘어갈 수 있는데, 이렇게 하면 게임의 신비감은 있지만 높은 스테이지의 게임을 수행할 때마다 쓸데없이 낮은 스테이지의 게임을 반드시 거쳐가야만 하기 때문에 상당히 불편하다. 따라서, 이 프로그램에서는 스테이지를 임의로 이동할 수 있는 기능을 추가하였다.

이 게임은 스피드 게임은 아니지만 얼마나 빨리 현재의 스테이지를 완료하고 다음 스테이지로 넘어가느냐가 중요하다. 따라서, 게임 중에 현재의 스테이지에서 게임 시간이 얼마나 경과하고 있는지를 항상 화면에 표시하여 주면 편리하므로 타이머1을 이용하여 이러한 시계 기능을 구현하였다.

2. 실습 과제

(1) 예제 프로그램 Exp19_1.c의 푸시푸시 게임에서 자신이 고안한 새로운 스테이지를 5개 이상 추가하여 수정한 프로그램 Exp19_2.c를 작성하라.

(2) 예제 프로그램 Exp19_1.c에서는 전원을 껐다가 다시 켜면 항상 스테이지 1에서 게임을 시작하는데, 이를 전원을 끌 당시의 스테이지를 기억했다가 다시 전원을 켰을 때 이 스테이지에서 게임을 시작하도록 수정한 프로그램 Exp19_3.c를 작성하라.

4.20 SD 카드에 파일을 저장하는 프로그램

이 절에서는 퍼스널컴퓨터와 모바일 기기에서 널리 사용되는 플래시 메모리 카드의 일종인 SD 카드의 구조와 기능을 공부하고 이를 활용하는 프로그래밍 기술을 익히기로 한다. 여기서 구체적으로 공부할 내용은 SD 카드에 FAT32 형식으로 파일을 저장하거나 저장된 파일을 읽어들이는 응용 프로그램인데, 이것은 학생보다는 현장에서 컨트롤러를 설계하는 업무를 수행하는 엔지니어들에게 도움을 주기 위한 것이다.

관련 내용	(1) 제2.6절 SPI 직렬통신 포트 (2) 제3.1절 *OK-128TFT* 키트의 구조와 기능

1. SD 카드의 구조와 특성

현재 스마트폰, 디지털 카메라, 태블릿 PC(Tablet Personal Computer) 등과 같은 휴대용 전자기기가 널리 사용됨에 따라 여기에 대용량의 데이터를 저장하기 위한 플래시 메모리(flash memory) 카드가 각광을 받고 있다. 이러한 플래시 메모리 카드에는 CF(Compact Flash) 카드, MMC(MultiMedia Card) 카드, SD(Secure Digital) 카드, 마이크로SD(micro SD) 카드 등 여러가지가 있다. 플래시 메모리 카드는 모두 1990년대 중반 이후에 개발된 최신의 제품들이며 여기에는 기본적으로 NAND형의 플래시 메모리가 사용되는데, 이는 우리나라의 삼성전자에서 세계 1위의 시장 점유율을 가지고 있는 반도체 소자이다.

(a) CF 카드

(b) SD 카드

(c) 마이크로SD 카드

〈그림 4.20.1〉 플래시 메모리 카드의 종류

플래시 메모리는 NOR형과 NAND형으로 구분되는데, NOR형은 외부 구조가 어드레스 버스, 데이터 버스, 제어 신호 및 전원 핀으로 구성되어 있어서 프로그램 저장용 주기억 장치의 불휘발성 메모리로 적합하며, CPU가 실시간으로 실행할 프로그램을 저장하는데 널리 사용된다. 이에 비하여 NAND형 플래시 메모리는 외부에 버스가 없고 보통 8비트의 입출력 데이터 신호와 제어 신호 및 전원 핀으로 구성되어 있어서 어드레스와 데이터를 모두 입출력 데이터 신호선으로 액세스해야 하는 불편은 있지만 메모리 용량이 증가하더라도 핀 구조가 동일하게 유지할 수 있다는 장점 때문에 하드웨어 호환성을 유지하기가 용이하다. 더구나 NAND형은 내부 메모리 셀의 구조가 대용량화, 고집적화, 저가격화에 유리한 특성을 가지고 있어서 대용량 데이터 저장용의 보조기억장치로 훨씬 유리하며, 따라서 플래시 메모리 카드에는 당연히 NAND형 플래시 메모리 소자가 사용되고 있고 전체 시장 규모도 NOR형에 비하여 NAND형이 압도적으로 크다.

또한, 최근에는 플래시 메모리를 사용한 SSD(Solid State Drive)가 여러가지 장점을 내세워 컴퓨터의 HDD(Hard Disk Drive) 시장을 주도하고 있다. 초기에는 플래시 메모리가 비싸서 가격면에서 HDD와 경쟁하기 어려웠지만, 현재는 가격 경쟁이 충분히 가능해지면서 액세스 속도가 빠르고 저소비전력이며, 소형경량이고 소음과 발열이 적으며 외부 충격에 강한 플래시 메모리의 여러가지 장점 때문에 이를 사용한 SSD가 기존의 HDD 시장을 거의 대체하여가고 있다.

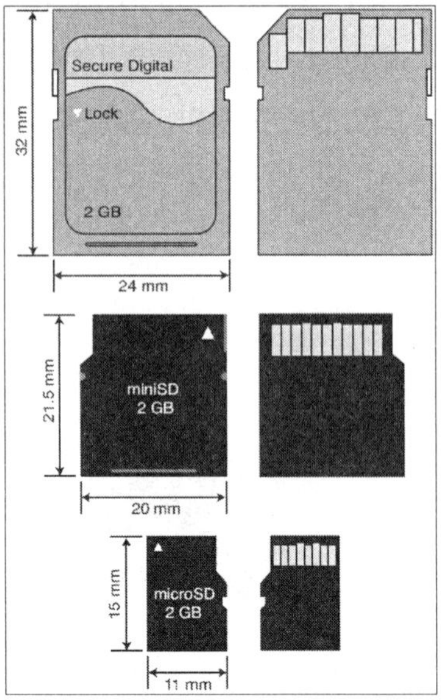

	표준 SD	미니SD	마이크로SD
핀 수	9	11	8
동작 전압	2.7~3.6V		
가로[mm]	24	20	11
세로[mm]	32	21.5	15
두께[mm]	2.1	1.4	1.0
무게	약 2g	약 1g	약 0.5g
쓰기 방지 탭	있음	없음	없음
발표	1999년	2003년	2005년
동작 모드	SD 모드(4비트 병렬 전송) SPI 모드(동기식 직렬 전송)		
클록 속도	디폴트 모드 : 0~25MHz 고속 모드 : 0~50MHz		
최대 용량	표준형 : 2GB 이하 SDHC형 : 4GB~32GB SDXC형 : 64GB~2TB		

〈그림 4.20.2〉 표준 SD 카드, 미니SD 카드, 마이크로SD 카드의 비교

(1) SD 카드의 구조

SD 카드는 1999년에 미국의 샌디스크(SanDisk), 일본의 마쓰시다(Matsushita), 도시바(Toshiba) 등 3개사가 합작하여 만든 플래시 메모리 카드로서, 초기에는 표준 SD 카드만 사용되었으나 더욱 소형화된 메모리 카드가 필요해짐에 따라 2003년에 미니 SD(mini SD) 카드가 추가되었고, 2005년에는 마이크로SD(micro SD) 카드도 추가되었다. <그림 4.20.2>에 표준 SD 카드, 미니SD 카드, 마이크로SD 카드의 외형을 비교하였다. 마이크로SD 카드의 외형은 표준 SD 카드에 비하여 거의 1/4의 크기이다.

SD 카드는 3.3V의 저전압 전원으로 동작하는 9핀짜리 소형 플래시 메모리 카드로서 이보다 먼저 나온 MMC 카드에 대하여 상향 호환성을 갖는다. 표준 포맷에서는 2GB 이하의 용량을 사용하지만, 최근의 고밀도 포맷인 SDHC(SD High Capacity)에서는 4GB~32GB의 용량을 사용할 수 있으며, 2009년에 발표된 SDXC(SD eXtended Capacity) 포맷에서는 64GB~2TB의 용량을 사용할 수 있도록 더욱 개선되었다.

SD 카드의 최고 데이터 액세스 속도는 CD-ROM에서처럼 150KB/s를 1배속으로 하여 6×, 40×, 133×, 200× 등으로 나타낸다. 그러나, 최근에는 데이터 전송속도를 클래스 2(2MB/s), 클래스 4(4MB/s), 클래스 6(6MB/s), 클래스 10(10MB/s) 등의 계열로 나타내기도 하며, SDXC 포맷에서는 전송속도가 100MB/s에 이른다. SD 카드에서는 기본적으로 SD 모드(SD Bus mode)에서 데이터를 전송하지만, 이를 SPI 모드로 설정하면 SPI 직렬통신으로 데이터를 전송할 수도 있다. *OK-128TFT* 키트에서는 마이크로 컨트롤러 ATmega128A가 SPI 통신을 지원하므로 SPI 모드를 사용한다.

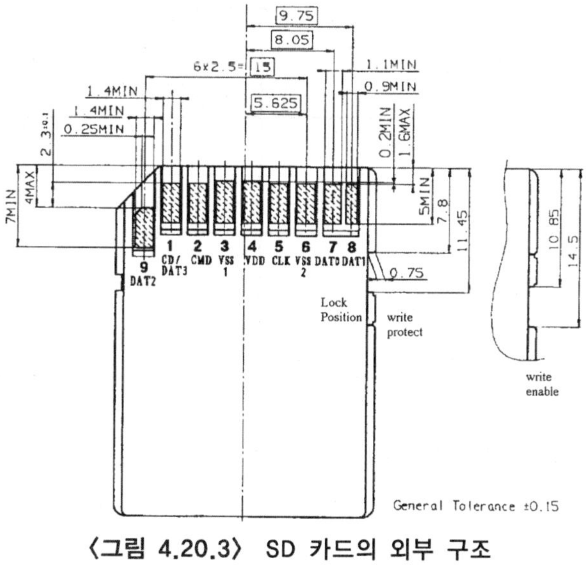

〈그림 4.20.3〉 SD 카드의 외부 구조

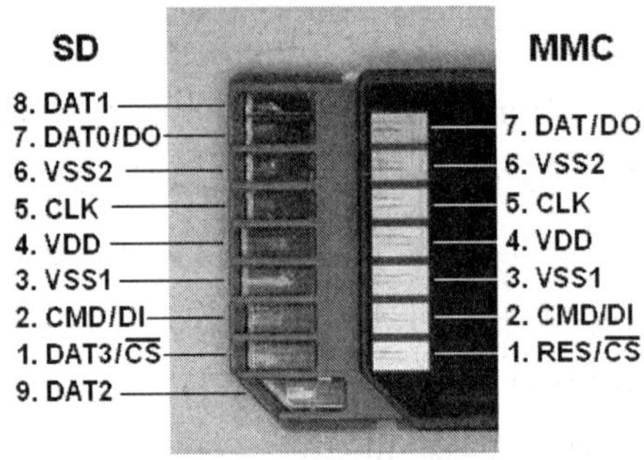

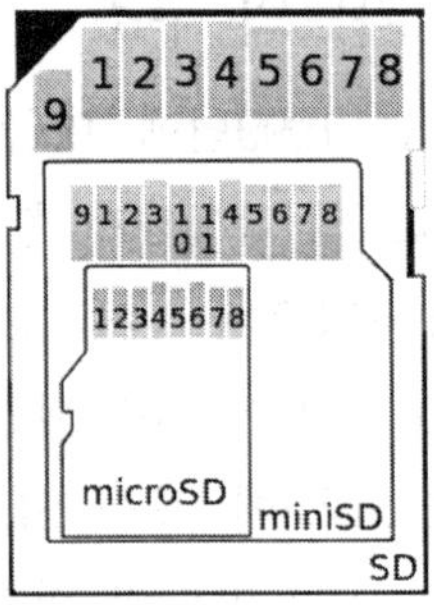

〈그림 4.20.4〉 MMC 카드와 SD 카드의 핀 호환성

SD 카드의 외부 핀 구조 및 핀의 물리적인 규격은 <그림 4.20.3>과 같다. SD 카드의 핀 구조는 그 이전에 나온 MMC 카드와 상향 호환성을 유지하도록 만들어져 있는데, <그림 4.20.4>에 보인 것처럼 SD 카드에는 8번과 9번 핀이 추가되었고, 전원 핀인 3번과 4번 핀이 약간 길게 만들어져 있어서 카드를 꽂을 때 전원이 시간적으로 먼저 카드에 인가되도록 되어 있다. 표준 SD 카드와 미니SD, 마이크로SD 카드의 핀 배열을 비교한 그림도 <그림 4.20.4>에 함께 보였다.

SD 카드의 9개 핀은 SD 모드와 SPI 모드에서 서로 이름 및 기능이 달라지는데, 이를 요약하면 <표 4.20.1>과 같다. 여기서 보듯이 SD 카드가 SD 모드에서는 4비트 병렬전송 방식으로 데이터를 전송하고, SPI 모드에서는 동기식 직렬전송 방식으로 동작한다.

〈표 4.20.1〉 SD 카드의 핀 이름 및 기능

핀 번호	SD 모드			SPI 모드		
	이름	I/O	기능	이름	I/O	기능
1	CD/DAT3	I/O	카드 검출/데이터 비트3	-CS	I	칩 선택 신호(active low)
2	CMD	I/O	명령 또는 응답	DI	I	데이터 입력 신호
3	VSS1	-	전원 접지	VSS1	-	전원 접지
4	VDD	-	+3.3V 전원	VDD	-	+3.3V 전원
5	CLK	I	클록	CLK	I	클록
6	VSS2	-	전원 접지	VSS2	-	전원 접지
7	DAT0	I/O	데이터 비트0	DO	O	데이터 출력 신호
8	DAT1	I/O	데이터 비트1	NC	-	(사용하지 않음)
9	DAT2	I/O	데이터 비트2	NC	-	(사용하지 않음)

SD 카드를 PCB에 장착하려면 SD 카드 전용의 소켓을 사용해야 한다. SD 카드 전용의 소켓 커넥터 제품들은 <그림 4.20.5>에 보였으며, 이것들은 전자부품 상가에서 쉽게 구입할 수 있다.

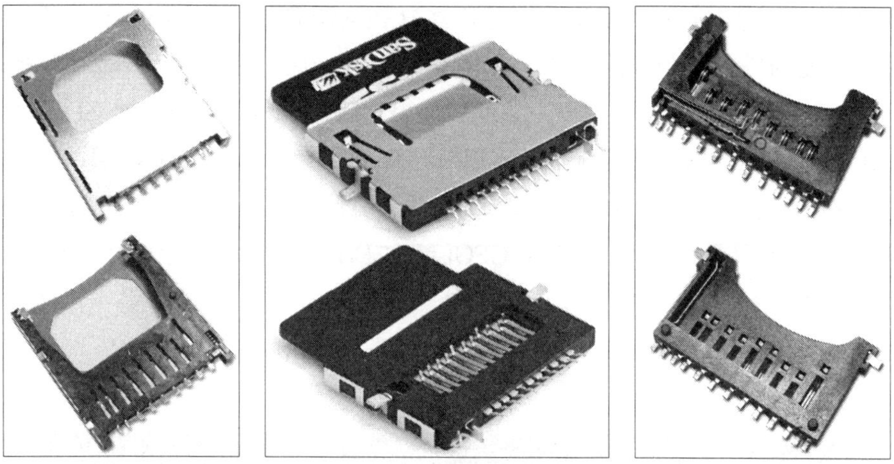

〈그림 4.20.5〉 SD 카드 전용의 소켓 커넥터

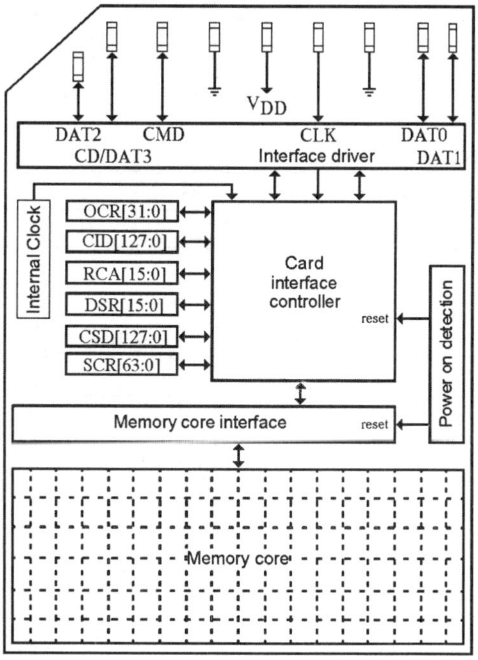

〈그림 4.20.6〉 SD 카드의 내부 구성 블록도

SD 카드의 내부 구조는 <그림 4.20.6>에 보인 것처럼 메모리 코어, 메모리 코어 인터페이스, 카드 인터페이스 컨트롤러 등으로 구성된다. 외부에서는 9핀의 단자와 내부의 카드 인터페이스 컨트롤러를 통하여 SD 카드를 액세스하게 된다. SD 카드의 내부에서 이러한 여러가지 기능을 제어하는데는 마이크로컨트롤러가 사용된다.

SD 카드의 외부 액세스 동작 타이밍은 <그림 4.20.7>에 보였듯이 SD 모드와 SPI 모드에서 동일하다. 여기서 SD 카드의 입장에서 Input은 외부 마이크로컨트롤러에서의 데이터 출력신호에 해당하고, Output은 마이크로컨트롤러가 입력할 SD 카드의 출력신호를 의미한다. 따라서, SD 카드에 데이터를 라이트하는 경우에는 클록 신호의 상승 에지에서 라이트 동작이 이루어지므로 이는 ATmega128A에 내장된 SPI 직렬통신 포트의 동작에서 클록 신호의 동작을 CPOL=0, CPHA=0으로 설정한 경우에 해당한다. SPI의 전송속도는 최대 25MHz까지 사용할 수 있으나, 처음에 카드를 인식하고 초기화하는 동작 모드에서는 400kHz 이하의 느린 속도로 사용해야 한다.

Parameter	Symbol	Min	Max	Unit
Clock frequency in data transfer mode	f_{PP}	0	25	MHz
Clock frequency in card id mode	f_{OD}	0	400	KHz
Clock low time	t_{WL}	10		ns
Clock high time	t_{WH}	10		ns
Clock rise time	t_{TLH}		10	ns
Clock fall time	t_{THL}		10	ns
CMD, DAT input setup time	t_{ISU}	5		ns
CMD, DAT input hold time	t_{IH}	5		ns
CMD, DAT output delay time	t_{ODLY}	0	14	ns

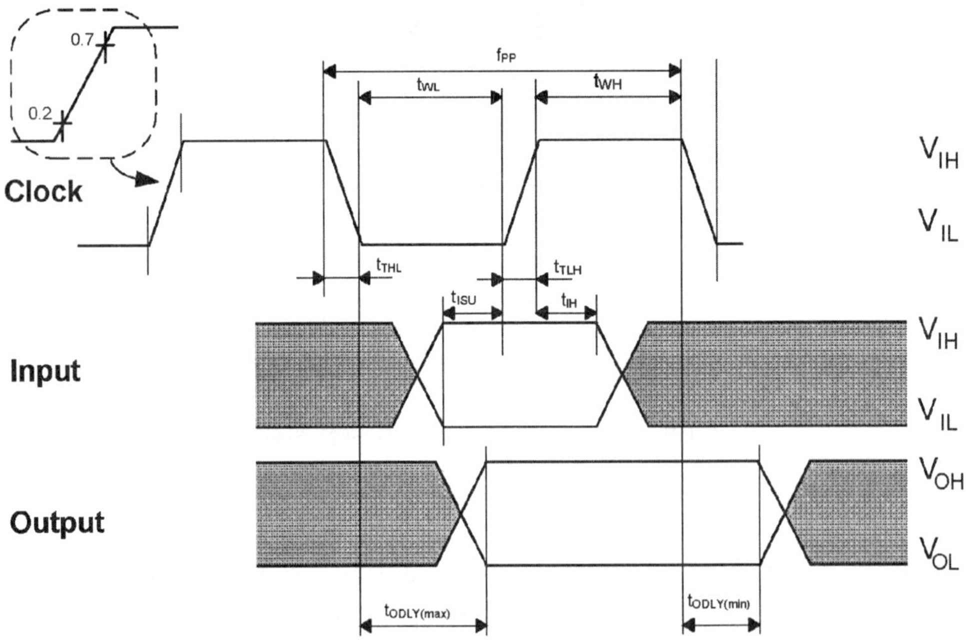

〈그림 4.20.7〉 SD 카드의 SD 모드 및 SPI 모드 동작 타이밍

(2) SD 카드를 SPI 모드로 초기화하는 과정

SD 카드를 액세스하는 방법에는 4비트 병렬 데이터 신호선을 사용하는 SD 모드와 동기식 직렬 데이터 통신을 사용하는 SPI 모드가 있다. SD 모드는 전송속도가 빠른 장점이 있고, SPI 모드는 이 통신을 지원하는 대부분의 마이크로컨트롤러에서 하드웨어적으로 좀 더 간단하게 인터페이스가 가능하다는 장점을 갖는다. *OK-128TFT* 키트에서는 SD 카드를 간편하게 SPI 모드로 인터페이스하여 사용하므로 여기서는 SD 모드는 대부분 생략하고 SPI 모드를 중심으로 SD 카드의 프로그래밍 방법에 대하여 설명하기로 한다.

SD 카드는 전원 투입 후에 디폴트로 SD 모드에서 동작하며, 이를 SPI 모드로 변경하고 카드를 인식하여 정상적인 액세스 동작이 가능한 상태로 만들려면 다음과 같은 절차로 수행해야 한다. SD 카드가 일단 이처럼 한번 SPI 모드로 변경된 후에는 다시 전원을 껐다 켜지 않으면 SD 모드로 되돌리지 못한다.

① 전원을 투입하여 250ms 이내에 최소의 전원전압 Vdd_min(= 2.0V)까지 전압이 상승하도록 한다.

② DI 단자(CMD 단자)와 $\overline{\text{CS}}$ 단자(CD/DAT3 단자)를 논리값 1(high)로 유지한 상태에서 CLK 단자에 400kHz 이하의 주파수로 74사이클 이상의 클록 신호를 보내어 SD 카드가 idle state에 들어가도록 한다.

③ $\overline{\text{CS}}$ 단자를 논리값 0(low)으로 하고 CMD0 명령을 보내어 SD 카드가 SPI 모드로 들어가도록 한다. 이 명령을 보낼 때 SD 카드는 아직 SD 모드에 있으므로 CRC 바이트 0x95를 전송해야 하며, 이 명령으로 SD 카드가 SPI 모드에 진입하였으면 R1 형식으로 응답한다.

④ 만약 SD 카드 V2.00 이상을 사용한다면 CMD8 명령을 보내어 SD 카드의 동작 조건을 체크한다. 이 명령에서도 CRC 데이터가 필요하므로 CRC 바이트로 0x87을 전송하며, SD 카드는 이 명령에 대하여 R7 형식으로 응답한다. 만약 CMD8 명령에 대하여 응답이 없으면 이는 SD 카드 V1.x 제품이라고 간주할 수 있다.

⑤ ACMD41 명령을 보내어 SD 카드를 초기화한다. 초기화가 완료되었으면 SD 카드는 R1 형식으로 응답하는데, 만약 응답이 busy 상태(in idle state 비트가 1)를 나타내면 아직 내부적으로 초기화 동작이 수행중인 것이므로 응답이 R1=0x00(in idle state 비트가 0)으로 되돌아올 때까지 반복하여 ACMD41 명령을 보낸다. 이 초기화 과정은 최대 1초 이내에 종료되어야 정상이다. 이 명령부터는 SD 카드가 완전하게 SPI 모드에서 동작하므로 더 이상 CRC를 체크하지 않으며, 따라서 CRC 바이트에는

더미(dummy) 값 1을 포함하여 0xFF를 보내면 된다.

⑥ CMD58 명령을 보내어 CCS(Card Capacity Status) 정보를 읽는다. 이 명령은 R3 형식으로 OCR 레지스터 값을 알려준다. 만약 CCS=1이면 SD 카드의 종류가 고밀도 용량(SDHC)이며, CCS=0이면 표준 용량이라는 것을 나타낸다.

⑦ 이상의 과정이 완료되었으면 이제 SD 카드가 SPI 모드로 초기화되었으므로 원하는 명령을 사용하여 SD 카드를 액세스하면 된다.

이상의 과정을 도시하면 <그림 4.20.8>과 같으며, 여기서 각 명령의 응답을 받는데는 다소의 시간이 필요하므로 명령 전송후 더미 데이터 0xFF를 1~9회 정도 반복하여 보내면서 SD 카드로부터 정상적인 응답이 수신되는지를 확인하는 것이 좋다.

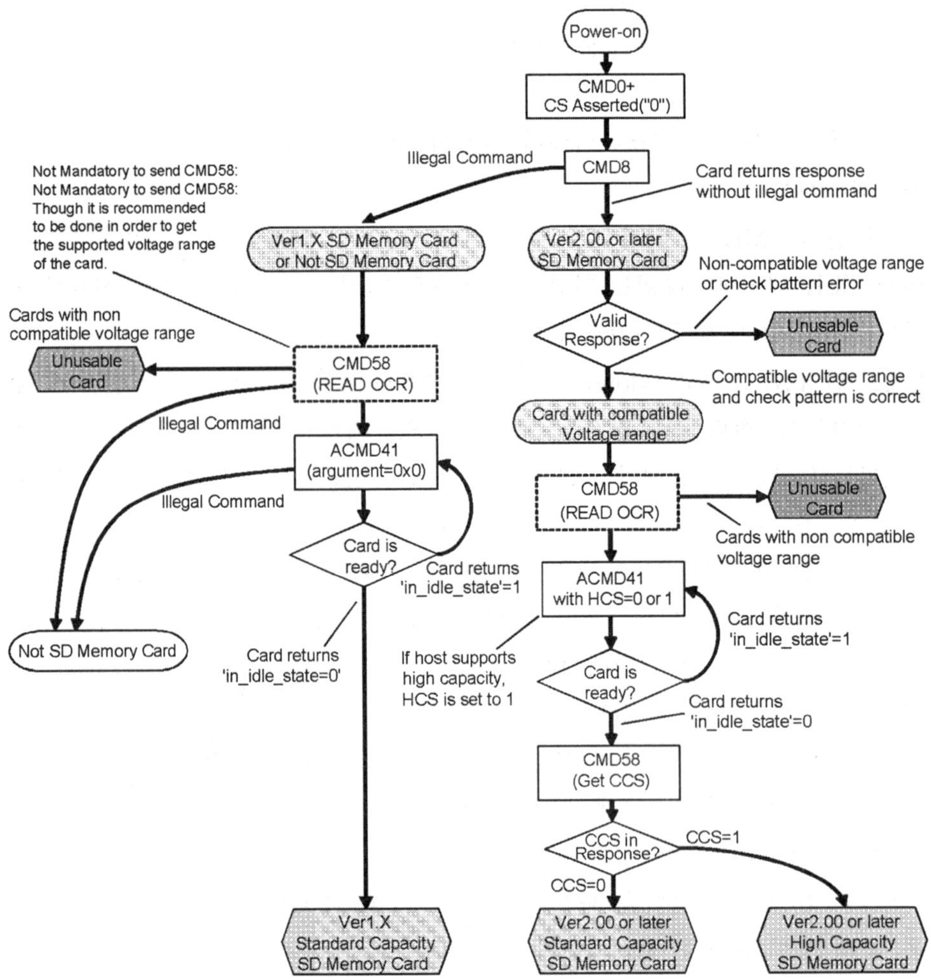

〈그림 4.20.8〉 SD 카드를 SPI 모드로 사용하기 위한 초기화 과정

SD 카드를 SPI 모드로 초기화하였으면 CMD17 명령을 사용하여 1개의 블록을 읽거나 CMD18 명령을 사용하여 여러 개의 블록을 읽을 수 있으며, CMD24 명령을 사용하여 1개의 블록을 쓰거나 CMD25 명령을 사용하여 여러 개의 블록을 쓸 수 있다. 1블록의 길이는 512바이트로 구성된다.

(3) SD 카드의 SPI 모드 명령

SD 카드를 SPI 모드로 사용할 때 모든 명령은 <표 4.20.2>에 보인 바와 같이 총 6바이트(48비트)로 구성된다. 첫번째 바이트는 최상위 비트에 start bit의 의미로 0을 앞세워 01xxxxxx의 형태로 표시되며 하위 6비트에 명령의 번호를 포함한다. 그 다음 4바이트는 이 명령에서 필요로 하는 인수(argument)를 전송하는데 인수를 사용하지 않는 명령에서는 인수 값을 모두 0으로 표시한다. 마지막 6번째 바이트에서는 상위 7비트가 CRC 값이고 최하위 비트는 end bit의 의미로 무조건 1이다. 이러한 7비트 형식의 CRC 값은 SD 카드가 SD 모드로 사용될 때만 체크하므로 SPI 모드를 사용하는 경우에는 초기화 과정에서 CMD0과 CMD8 명령에서만 필요하며, 나머지 다른 명령에서는 CRC 데이터로 더미값 1을 사용하여 6번째 바이트를 0xFF로 전송한다.

〈표 4.20.2〉 SD 카드의 SPI 모드 명령 형식

바이트	제1바이트			제2~5바이트	제6바이트	
비트 번호	47	46	45~40	39~8	7~1	0
길이(비트)	1	1	6	32	7	1
값	0	1	x	x	x	1
기능	start bit	transmission bit	command index	argument	CRC7	end bit

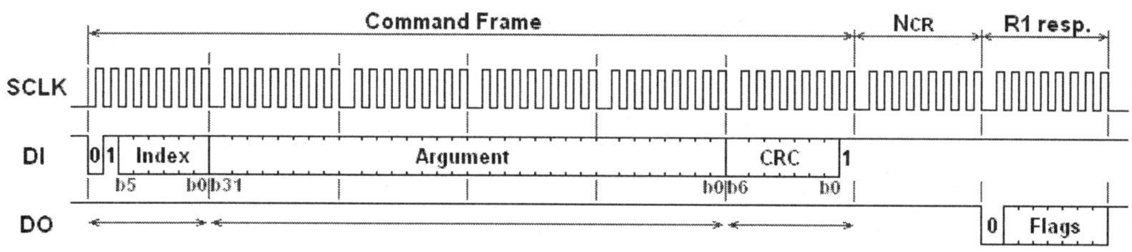

〈그림 4.20.9〉 SD 카드에 SPI 모드로 명령을 전송하는 형식

이처럼 SPI 모드에서 명령을 전송하는 형식을 도시하면 <그림 4.20.9>와 같다. 6바이트의 명령을 전송한 후에는 SPI 통신으로 더미 데이터 0xFF를 전송하면서 응답 데이터를 수신하는데 응답이 올바르게 수신되기 까지의 시간 공백 N_{CR}은 0~8 바이트

정도이다. 따라서, 각 명령 전송에서 응답 수신 동작은 1~9번 정도까지 반복하여 시도하는 것이 바람직하다.

SD 카드에서 사용하는 SPI 모드 명령(CMDn)을 요약하면 <표 4.20.3>과 같고, SPI 모드의 응용을 위해 추가된 명령(application specific command, ACMDn)을 요약하면 <표 4.20.4>와 같다. 이들 ACMD 명령들은 항상 CMD55 명령과 1조가 되어 CMD55 명령의 다음에 연속으로 전송되어야 한다. 만약 이들 명령에 대한 좀 더 자세한 정보가 필요하면 SD 카드의 사양서를 참조하기 바란다.

〈표 4.20.3〉 SD 카드의 SPI 모드 CMD 명령

명령	인수	응답	생략형	기 능
CMD0	-	R1	GO_IDLE_STATE	SD 카드를 리셋하고 SPI 모드로 변경한다.
CMD1	있음	R1	SEND_OP_COND	HCS 정보를 입력하고 초기화를 시작한다. (SD 카드 재초기화의 경우에만 사용)
CMD6	있음	R1	SWITCH_FUNC	SD 카드의 기능을 스위치한다.
CMD8	있음	R7	SEND_IF_COND	SD 카드의 동작전압을 설정하고 정상동작 여부를 확인한다. (인수는 b11~b8 = 0001로 표시하여 동작전압을 2.7~3.6V로 지정하고, b7~b0에는 check pattern을 10101010으로 준다.)
CMD9	-	R1	SEND_CSD	SD 카드의 CSD 레지스터를 읽는다.
CMD10	-	R1	SEND_CID	SD 카드의 CID 레지스터를 읽는다.
CMD12	-	R1b	STOP_TRANSMISSION	여러 블록의 데이터를 읽는 동작을 강제로 중단시킨다.
CMD13	-	R2	SEND_STATUS	SD 카드의 상태 레지스터를 읽는다.
CMD16	있음	R1	SET_BLOCKLEN	1블록의 크기를 바이트 수로 설정한다. SDHC 카드에서는 블록의 크기가 512바이트로 고정되어 있다.
CMD17	있음	R1	READ_SINGLE_BLOCK	SD 카드로부터 1블록의 데이터를 읽는다.(표준 SD 카드에서는 인수를 바이트 수로 지정하고, SDHC 카드에서는 블록 단위로 지정한다.)
CMD18	있음	R1	READ_MULTIPLE_BLOCK	SD 카드로부터 여러 블록 데이터를 읽는다.(표준 SD 카드에서는 인수를 바이트 수로 지정하고, SDHC 카드에서는 블록 단위로 지정한다.)
CMD24	있음	R1	WRITE_BLOCK	SD 카드에 1블록의 데이터를 쓴다.
CMD25	있음	R1	WRITE_MULTIPLE_BLOCK	SD 카드에 지정된 수의 블록 데이터를 쓴다.
CMD27	-	R1	PROGRAM_CSD	SD 카드의 CSD 레지스터에 정보를 쓴다.
CMD28	있음	R1b	SET_WRITE_PROT	SD 카드에 쓰기 금지 기능을 설정한다. SDHC 카드에서는 이 기능이 사용되지 않는다.
CMD29	있음	R1b	CLR_WRITE_PROT	SD 카드에 쓰기 금지 기능을 해제한다. SDHC 카드에서는 이 기능이 사용되지 않는다.
CMD30	있음	R1	SEND_WRITE_PROT	SD 카드에 쓰기 금지 기능의 설정 상태를 읽는다. SDHC 카드에서는 이 기능이 사용되지 않는다.
CMD32	있음	R1	ERASE_WR_BLK_START_ADDR	SD 카드에서 삭제할 블록의 첫번째 번지를 지정한다.
CMD33	있음	R1	ERASE_WR_BLK_END_ADDR	SD 카드에서 삭제할 블록의 마지막 번지를 지정한다.
CMD38	-	R1b	ERASE	앞에서 지정한 SD 카드의 블록 영역을 삭제한다.
CMD42	있음	R1	LOCK_UNLOCK	SD 카드에 암호(password)를 설정하거나 해제한다.
CMD55	-	R1	APP_CMD	다음에 오는 명령이 ACMD(application specific command)라는 것을 나타낸다.
CMD56	있음	R1	GEN_CMD	SD 카드에 1블록의 데이터를 쓰거나 읽는다.
CMD58	-	R3	READ_OCR	SD 카드의 OCR 레지스터를 읽는다.
CMD59	있음	R1	CRC_ON_OFF	SD 카드 전송 동작에서 CRC 체크 기능을 사용할 것인지 여부를 설정한다.

〈표 4.20.4〉 SD 카드의 SPI 모드 ACMD 명령

명령	인수	응답	생략형	기 능
ACMD13	–	R2	SD_STATUS	SD 카드의 상태 레지스터를 읽는다.
ACMD22	–	R1	SEND_NUM_WR_BLOCKS	SD 카드에 올바르게 써진 데이터의 블록 수를 읽는다.
ACMD23	있음	R1	SET_WR_BLK_ERASE_COUNT	SD 카드에 데이터를 쓰기 전에 지울 데이터의 블록 수를 지정한다.
ACMD41	있음	R1	SD_SEND_OP_COND	HCS 정보를 입력하고 초기화를 시작한다.(인수의 b30에는 HCS 정보를 표시하고 나머지 비트들은 모두 0이 된다.)
ACMD42	있음	R1	SET_CLR_CARD_DETECT	SD 카드의 -CS 단자에 50kΩ의 풀업 저항을 설정하거나 해제한다.
ACMD51	–	R1	SEND_SCR	SD 카드의 SCR 레지스터를 읽는다.

☞ SDHC 카드에서는 HCS(Host Capacity Support) 비트를 1로 지정한다.

SD 카드의 명령에 대한 응답은 R1~R7의 여러가지 형식이 있다. R1의 응답 형식은 <그림 4.20.10>처럼 1바이트로 구성되는데, 최상위 비트는 항상 0의 값을 가지며 나머지 비트들은 1의 값으로 에러를 표시한다. 여기서, 각 비트를 b7~b0으로 표시할 때 최하위의 b0(in idle state)은 SD 카드가 현재 아이들 상태에 있고 초기화가 진행되는 중이라는 것을 나타낸다. 또한, b2(illegal command)는 잘못된 명령이 수신되었음을 나타내며, b3(communication CRC error)은 CRC 체크 결과 에러가 발생하였음을 나타낸다. b5(address error)는 블록의 크기와 매치되지 않는 잘못된 어드레스가 사용되었음을 나타내며, b6(parameter error)은 명령의 파라미터가 잘못 지정되었음을 나타낸다. 그리고, b4(erase sequence error)는 삭제 명령의 순서가 잘못된 것을 나타내며, b1(erase reset)은 삭제 명령이 잘못되어 취소되었음을 나타낸다.

R1b 응답 형식은 busy 상태를 표시하는 기능이 포함되는 것 이외에는 R1 응답과 같다. 값이 0x00이면 SD 카드가 busy 상태에 있음을 나타내고 그 외의 값이면 다음 명령을 수신할 준비가 되어 있음을 나타낸다.

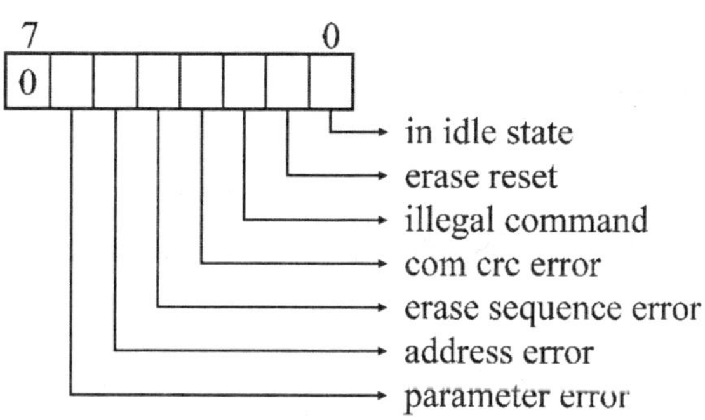

〈그림 4.20.10〉 SD 카드의 SPI 모드에서 R1 응답 형식

R2 응답 형식은 <그림 4.20.11>에 보였듯이 특별히 2바이트로 구성되며 CMD13의 SEND_STATUS 명령에서만 사용된다. 여기서, 첫번째 바이트는 R1 응답과 같고 나머지 비트들은 추가적인 에러를 나타낸다. 두번째 바이트의 b2(error)는 동작 중에 기타 원인으로 에러가 발생하였음을 나타낸다.

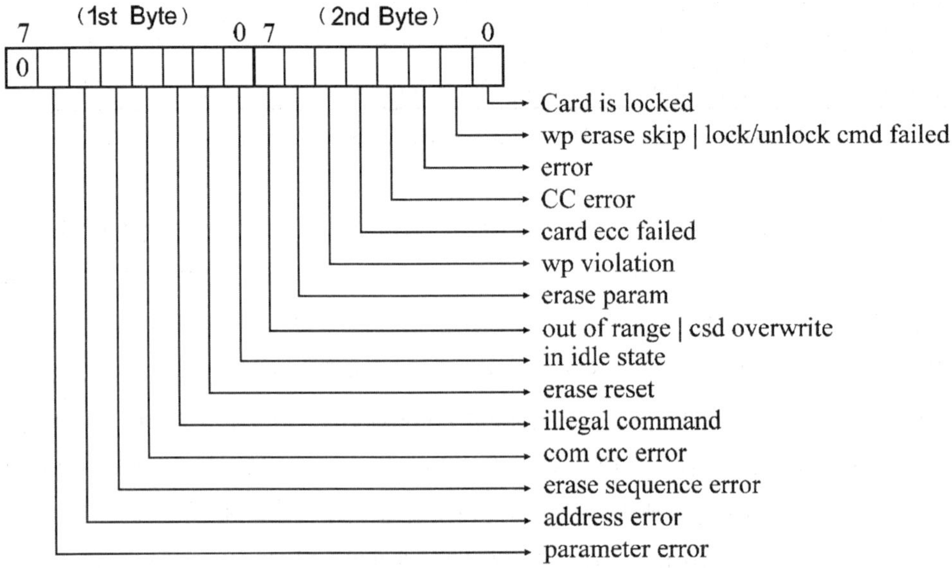

<그림 4.20.11> SD 카드의 SPI 모드에서 R2 응답 형식

R3 응답 형식은 <그림 4.20.12>에 보인 것처럼 총 5바이트로 구성되며 CMD58의 READ_OCR 명령에서만 사용된다. 여기서, 첫번째 바이트는 R1 응답과 같고, 나머지 4바이트(32비트)에는 OCR 레지스터 값을 포함한다.

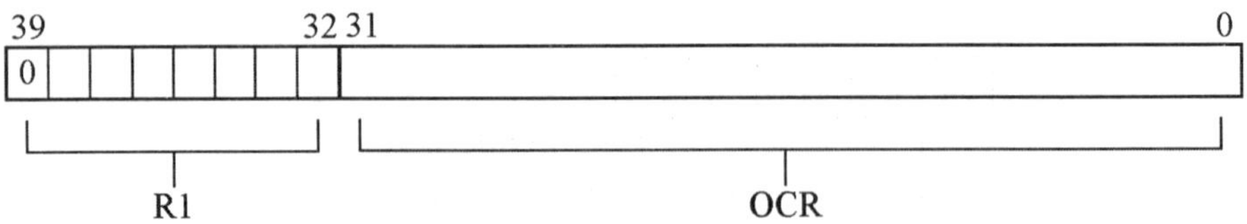

〈그림 4.20.12〉 SD 카드의 SPI 모드에서 R3 응답 형식

R7 응답 형식은 <그림 4.20.13>에 보인 것처럼 총 5바이트로 구성되며 CMD8의 SEND_IF_COND 명령에서만 사용된다. 여기서, 첫번째 바이트는 R1 응답과 같고, 나머지 4바이트(32비트)에는 SD 카드의 동작전압에 관한 정보나 인수의 check pattern을

되돌려 주는(echo back) 정보를 포함하고 있다. 만약 현재의 동작전압이 2.7~3.6V의 범위라면 동작전압을 나타내는 4비트는 0001로 표시된다.

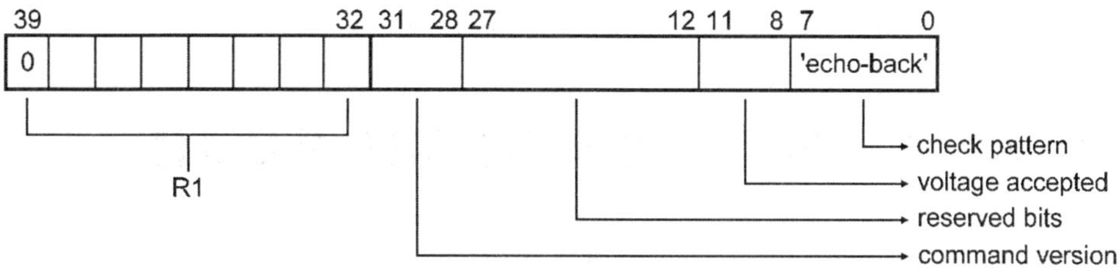

〈그림 4.20.13〉 SD 카드의 SPI 모드에서 R7 응답 형식

2. FAT32 형식의 파일 시스템

퍼스널컴퓨터의 FDD(Floppy Disk Drive)나 HDD(Hard Disk Drive) 또는 SD 카드와 같은 불휘발성의 대용량 저장장치에 데이터를 저장하거나 읽는 방법을 표준적으로 정해놓은 것을 파일 시스템(file system)이라고 한다. 이는 운영체제나 응용 프로그램에서 이들 저장장치를 액세스하는데 필요한 소프트웨어 개발시간과 비용을 줄이고 제품간의 소프트웨어적인 호환성을 높이기 위하여 반드시 필요하다.

퍼스널컴퓨터에서 MS-DOS 시절부터 현재의 윈도우즈 운영체제까지 널리 사용되어온 파일 시스템에는 FAT12(File Allocation Table), FAT16, FAT32, NTFS(New Technology File System) 등이 있다. FAT 뒤의 숫자는 각 파일에 대한 클러스터의 위치와 순서를 기록한 FAT 엔트리의 비트 수를 가리키므로 이 숫자가 크다면 보다 용량이 큰 저장장치를 사용할 수 있게 된다. FAT12는 1980년에 IBM PC가 등장했던 초창기부터 주로 플로피 디스크에 사용되었던 파일 시스템으로 최대 32MB까지의 용량을 지원하고, FAT16은 1984년에 IBM PC AT와 함께 사용된 HDD용의 파일 시스템으로 최대 2GB까지의 용량을 지원하며, FAT32는 1996년에 Windows 95 OSR2와 함께 사용되어 현재에 이르는 파일 시스템으로 이론적으로는 최대 4TB의 용량까지 처리가 가능하지만 실제 윈도우즈 운영체제에서는 32GB까지 사용하고 있다. NTFS는 1993년 Windows NT에서 사용하기 시작하여 Windows 2000, Windows XP 등을 거쳐서 현재에 이르는 파일 시스템으로 클러스터 사이즈를 4KB로 할 때 최대 4TB의 용량을 지원한다. 오늘날의 SD 카드에서는 이중에서 64MB~2GB 또는 4GB~32GB 용량의 FAT32 포맷을 일반적으로 가장 많이 사용한다. 따라서, *OK-128TFT* 키트의 예제 프로그램에서도 SD 카드를 액세스할 때 FAT32 포맷을 중심으로 사용한다.

SD 카드에 사용되는 파일 시스템은 근본적으로 HDD와 동일한 방식으로 윈도우즈 운영체제에서 처리하고 있으므로 SD 카드의 파일 시스템을 이해하려면 HDD의 파일 시스템을 익히면 된다. 이에 관한 기술적인 사항은 이 책의 범위를 넘으므로 만약 필요하다면 관련 분야의 자료나 문헌을 참고하기 바란다.

3. SD 카드에 파일을 저장하거나 읽는 프로그램

여기서는 *OK-128TFT* 키트에서 컨넥터 CN6에 4GB~32GB 용량의 FAT32로 포맷한 SD 카드를 꽂은 상태에서 여기에 ASCII 파일로 데이터를 저장하거나 이를 읽는 응용 프로그램을 작성하여 보기로 한다.(☞ 만약 SD-to-MicroSD 메모리 카드 변환 어댑터를 가지고 있다면 마이크로 SD 카드를 사용할 수도 있다.) 이러한 프로그램은 학생들에게는 별로 필요 없을지 모르지만, 산업체에서 대용량의 데이터 기억장치를 사용하는 컨트롤러를 개발하는 엔지니어들에게는 꼭 필요할 경우가 많다.

여기서 사용한 SD 카드 액세스용 헤더 파일과 FAT32 처리용 헤더 파일은 저자가 인터넷에서 구하여 일부 내용을 수정하고 정리한 것인데, 이처럼 누구라도 쉽게 구하여 사용하는 것은 가능하지만 이 내용을 이해하는 것은 상당히 높은 수준의 운영체제에 관한 지식과 C언어 프로그래밍 기술을 필요로 한다. 이를 이해하기 위하여 최대한 노력하되 만약 끝내 이해가 어렵다면 그냥 사용해도 된다.

(1) SD 카드 파일 액세스용 헤더 파일

이제 *OK-128TFT* 키트에서 SD 카드를 액세스하려면 2가지의 헤더 파일이 필요한데, 그중의 하나는 ATmega128A 마이크로컨트롤러가 SPI 직렬통신을 사용하여 SD 카드를 액세스하는 하드웨어 기능을 지원하는 함수들을 제공하는 헤더파일로서 여기에는 하드웨어 처리 기능이 많으므로 당연히 인터넷에서 구한 자료를 *OK-128TFT* 키트에 맞도록 수정하여 사용해야 한다. 이 책에서는 저자가 이와 같이 다듬고 수정한 헤더파일 OK-128TFT_xxxSDcard.h를 제공한다.

또 하나는 퍼스널컴퓨터에서처럼 SD 카드에서 FAT32 포맷의 파일을 액세스하기 위한 함수들을 지원하는 헤더 파일인데, 이 함수들은 하드웨어와는 별로 관계가 없는 내용이 대부분이다. 이 책에서는 저자가 인터넷에서 구하여 약간 다듬고 수정한 헤더 파일 OK-128TFT_xxxFAT32.h를 제공한다. 이 2가지의 파일에서 이름에 xxx를 넣은 것은 단지 이들 파일의 배열 순서가 기본 헤더파일보다 뒤에 놓이도록 하기 위함이다.

〈OK-128TFT_xxxSDcard.h〉 SD 카드를 액세스하기 위한 헤더 파일

```
/* ========================================================================== */
/*    OK-128TFT-xxxSDcard.h : SD 카드 액세스를 위한 하드웨어 처리용 헤더 파일   */
/*                       (하드웨어 의존적인 처리 부분이 많음)                  */
/* ========================================================================== */
//
// Copyright (c) 2006-2010 by Roland Riegel <feedback@roland-riegel.de>
//
// This file is free software; you can redistribute it and/or modify it under the terms of
// either the GNU General Public License version 2 or the GNU Lesser General Public License
// version 2.1, both as published by the Free Software Foundation.
//******************************************************************************

#include <stdint.h>
#include <string.h>

// ***** Controls MMC/SD write support.
// Set to 1 to enable MMC/SD write support, set to 0 to disable it.
#define SD_RAW_WRITE_SUPPORT 1

// ***** Controls MMC/SD write buffering.
// Set to 1 to buffer write accesses, set to 0 to disable it.
#define SD_RAW_WRITE_BUFFERING 0

// ***** Controls MMC/SD access buffering.
// Set to 1 to save static RAM, but be aware that you will lose performance.
// (Note) When SD_RAW_WRITE_SUPPORT is 1, SD_RAW_SAVE_RAM will be reset to 0.
#define SD_RAW_SAVE_RAM 0

#if SD_RAW_WRITE_SUPPORT
#undef SD_RAW_SAVE_RAM
#define SD_RAW_SAVE_RAM 0
#else
#undef SD_RAW_WRITE_BUFFERING
#define SD_RAW_WRITE_BUFFERING 0
#endif

// ***** Controls support for SDHC cards.
// Set to 1 to support SDHC memory cards with more than 2GB of memory.
#define SD_RAW_SDHC 1

#if SD_RAW_SDHC
typedef uint64_t offset_t;
#else
typedef uint32_t offset_t;
#endif

// ***** Controls allocation of memory.
// Set to 1 to use malloc()/free() for allocation of structure like file/directory handle,
// set to 0 to use pre-allocated fixed-size handle arrays.
#define USE_DYNAMIC_MEMORY 0

#define configure_pin_available() 0
#define configure_pin_locked() 1

#define get_pin_available() 0
#define get_pin_locked() 1

// The card's layout is harddisk-like, which means it contains a master boot record
// with a partition table.
#define SD_RAW_FORMAT_HARDDISK 0

// The card contains a single file system and no partition table.
#define SD_RAW_FORMAT_SUPERFLOPPY 1

// The card's layout follows the Universal File Format.
#define SD_RAW_FORMAT_UNIVERSAL 2
```

```
// The card's layout is unknown.
#define SD_RAW_FORMAT_UNKNOWN 3

//==========================================================================
// This struct is used by SD_read_information() to return status information of the card.
//==========================================================================

struct SD_information
{
    // A manufacturer code globally assigned by the SD card organization.
  uint8_t manufacturer;
    // A string describing the card's OEM, globally assigned by the SD card organization.
  uint8_t oem[3];
    // A product name.
  uint8_t product[6];
    // The card's revision, coded in packed BCD. For example, the value 0x32 means "3.2".
  uint8_t revision;
    // A serial number assigned by the manufacturer.
  uint32_t serial;
    // The year of manufacturing. A value of zero means year 2000.
  uint8_t manufacturing_year;
    // The month of manufacturing.
  uint8_t manufacturing_month;
    // The card's total capacity in bytes.
  offset_t capacity;
    // Defines whether the card's content is original or copied.
    // A value of 0 means original, 1 means copied.
  uint8_t flag_copy;
    // Defines whether the card's content is write-protected.
    // (Note) This is an internal flag and does not represent the state of
    // the card's mechanical write-protect switch.
  uint8_t flag_write_protect;
    // Defines whether the card's content is temporarily write-protected.
    // (Note) This is an internal flag and does not represent the state of
    // the card's mechanical write-protect switch.
  uint8_t flag_write_protect_temp;
    // The card's data layout. See the SD_RAW_FORMAT_* constants for details.
    // (Note) This value is not guaranteed to match reality.
  uint8_t format;
};

typedef uint8_t (*SD_read_interval_handler_t)(uint8_t* buffer, offset_t offset, void* p);
typedef uintptr_t (*SD_write_interval_handler_t)(uint8_t* buffer, offset_t offset, void* p);

uint8_t SD_initialize();
uint8_t SD_available();
uint8_t SD_locked();

uint8_t SD_read_data(offset_t offset, uint8_t* buffer, uintptr_t length);
uint8_t SD_read_interval(offset_t offset, uint8_t* buffer, uintptr_t interval, uintptr_t length,
                         SD_read_interval_handler_t callback, void* p);
uint8_t SD_write_data(offset_t offset, const uint8_t* buffer, uintptr_t length);
uint8_t SD_write_interval(offset_t offset, uint8_t* buffer, uintptr_t length,
                          SD_write_interval_handler_t callback, void* p);
uint8_t SD_write_buffer();

uint8_t SD_read_information(struct SD_information* info);

//==========================================================================
// ***** sd_raw MMC/SD/SDHC card raw access
// This module implements read and write access to MMC, SD and SDHC cards.
// It serves as a low-level driver for the higher level modules such as
// partition and file system access.
//==========================================================================

/* ***** commands available in SPI mode */
/* CMD0: response R1 */
#define CMD_GO_IDLE_STATE 0x00
/* CMD1: response R1 */
#define CMD_SEND_OP_COND 0x01
/* CMD8: response R7 */
```

```
#define CMD_SEND_IF_COND 0x08
/* CMD9: response R1 */
#define CMD_SEND_CSD 0x09
/* CMD10: response R1 */
#define CMD_SEND_CID 0x0a
/* CMD12: response R1 */
#define CMD_STOP_TRANSMISSION 0x0c
/* CMD13: response R2 */
#define CMD_SEND_STATUS 0x0d
/* CMD16: arg0[31:0]: block length, response R1 */
#define CMD_SET_BLOCKLEN 0x10
/* CMD17: arg0[31:0]: data address, response R1 */
#define CMD_READ_SINGLE_BLOCK 0x11
/* CMD18: arg0[31:0]: data address, response R1 */
#define CMD_READ_MULTIPLE_BLOCK 0x12
/* CMD24: arg0[31:0]: data address, response R1 */
#define CMD_WRITE_SINGLE_BLOCK 0x18
/* CMD25: arg0[31:0]: data address, response R1 */
#define CMD_WRITE_MULTIPLE_BLOCK 0x19
/* CMD27: response R1 */
#define CMD_PROGRAM_CSD 0x1b
/* CMD28: arg0[31:0]: data address, response R1b */
#define CMD_SET_WRITE_PROT 0x1c
/* CMD29: arg0[31:0]: data address, response R1b */
#define CMD_CLR_WRITE_PROT 0x1d
/* CMD30: arg0[31:0]: write protect data address, response R1 */
#define CMD_SEND_WRITE_PROT 0x1e
/* CMD32: arg0[31:0]: data address, response R1 */
#define CMD_TAG_SECTOR_START 0x20
/* CMD33: arg0[31:0]: data address, response R1 */
#define CMD_TAG_SECTOR_END 0x21
/* CMD34: arg0[31:0]: data address, response R1 */
#define CMD_UNTAG_SECTOR 0x22
/* CMD35: arg0[31:0]: data address, response R1 */
#define CMD_TAG_ERASE_GROUP_START 0x23
/* CMD36: arg0[31:0]: data address, response R1 */
#define CMD_TAG_ERASE_GROUP_END 0x24
/* CMD37: arg0[31:0]: data address, response R1 */
#define CMD_UNTAG_ERASE_GROUP 0x25
/* CMD38: arg0[31:0]: stuff bits, response R1b */
#define CMD_ERASE 0x26
/* ACMD41: arg0[31:0]: OCR contents, response R1 */
#define CMD_SD_SEND_OP_COND 0x29
/* CMD42: arg0[31:0]: stuff bits, response R1b */
#define CMD_LOCK_UNLOCK 0x2a
/* CMD55: arg0[31:0]: stuff bits, response R1 */
#define CMD_APP 0x37
/* CMD58: arg0[31:0]: stuff bits, response R3 */
#define CMD_READ_OCR 0x3a
/* CMD59: arg0[31:1]: stuff bits, arg0[0:0]: CRC option, response R1 */
#define CMD_CRC_ON_OFF 0x3b

/* ***** command responses */
/* R1: size 1 byte */
/* R1b: equals R1, additional busy bytes */
#define R1_IDLE_STATE 0
#define R1_ERASE_RESET 1
#define R1_ILL_COMMAND 2
#define R1_COM_CRC_ERR 3
#define R1_ERASE_SEQ_ERR 4
#define R1_ADDR_ERR 5
#define R1_PARAM_ERR 6
/* R2: size 2 bytes */
#define R2_CARD_LOCKED 0
#define R2_WP_ERASE_SKIP 1
#define R2_ERR 2
#define R2_CARD_ERR 3
#define R2_CARD_ECC_FAIL 4
#define R2_WP_VIOLATION 5
#define R2_INVAL_ERASE 6
#define R2_OUT_OF_RANGE 7
```

```
#define R2_CSD_OVERWRITE 7
#define R2_IDLE_STATE (R1_IDLE_STATE + 8)
#define R2_ERASE_RESET (R1_ERASE_RESET + 8)
#define R2_ILL_COMMAND (R1_ILL_COMMAND + 8)
#define R2_COM_CRC_ERR (R1_COM_CRC_ERR + 8)
#define R2_ERASE_SEQ_ERR (R1_ERASE_SEQ_ERR + 8)
#define R2_ADDR_ERR (R1_ADDR_ERR + 8)
#define R2_PARAM_ERR (R1_PARAM_ERR + 8)
/* R3: size 5 bytes */
#define R3_OCR_MASK (0xffffffffUL)
#define R3_IDLE_STATE (R1_IDLE_STATE + 32)
#define R3_ERASE_RESET (R1_ERASE_RESET + 32)
#define R3_ILL_COMMAND (R1_ILL_COMMAND + 32)
#define R3_COM_CRC_ERR (R1_COM_CRC_ERR + 32)
#define R3_ERASE_SEQ_ERR (R1_ERASE_SEQ_ERR + 32)
#define R3_ADDR_ERR (R1_ADDR_ERR + 32)
#define R3_PARAM_ERR (R1_PARAM_ERR + 32)
/* Data Response: size 1 byte */
#define DR_STATUS_MASK 0x0e
#define DR_STATUS_ACCEPTED 0x05
#define DR_STATUS_CRC_ERR 0x0a
#define DR_STATUS_WRITE_ERR 0x0c

/* status bits for card types */
#define SD_RAW_SPEC_1 0
#define SD_RAW_SPEC_2 1
#define SD_RAW_SPEC_SDHC 2

#if !SD_RAW_SAVE_RAM
static uint8_t raw_block[512];      /* static data buffer for acceleration */
static offset_t raw_block_address; /* offset where the data within raw_block lies on the card */
#if SD_RAW_WRITE_BUFFERING
static uint8_t raw_block_written;  /* flag to remember if raw_block was written to the card */
#endif
#endif

static uint8_t SD_card_type;                    /* card type state */

static void SD_write_byte(uint8_t b);           /* private helper functions */
static uint8_t SD_read_byte();
static uint8_t SD_send_command(uint8_t command, uint32_t arg);

/* defines for customization of SD/MMC port access */
#define SD_select()   cbi(PORTB,6);              // -SD_CS = 0
#define SD_unselect() sbi(PORTB,6);              // -SD_CS = 1

//============================================================================
// ***** Initializes memory card communication.
// returns 0 on failure, 1 on success.
//============================================================================
void SD_write_byte(uint8_t b)                   /* send a byte */
{
  uint8_t dummy_char = 0;

  SPDR = b;
  while((SPSR & 0x80) != 0x80);                 // wait for byte to be shifted out
  dummy_char += SPDR;
}

uint8_t SD_read_byte()                          /* receive a byte */
{
  SPDR = 0xFF;                                  // send dummy data for receiving
  while((SPSR & 0x80) != 0x80);

  return SPDR;
}

uint8_t SD_initialize()
{
  uint8_t response;
  uint16_t i;
```

```
  DDRB  = 0xF7;                                 // PORTB output(PB3 = input)
  PORTB = 0xD1;                                 // (-TS_CS = -SD_CS = -DAC_CS = -RTC_CS = 1)

  SD_unselect();                                /* -SD_CS = 1 */

  SPCR = 0x52;                                  /* CPOL = CPHA = 0, 16MHz/64 = 250kHz */
  SPSR = 0x00;                                  // SPI2X = 0

  SD_card_type = 0;                             /* initialization procedure */
  if(!SD_available())
    return 0;

  for(uint8_t i = 0; i < 10; ++i)               /* card needs 74 cycles minimum to start up */
    SD_read_byte();

  SD_select();                                  /* -SD_CS = 0 */

  for(i = 0; ; ++i)                             /* reset card */
    { response = SD_send_command(CMD_GO_IDLE_STATE, 0);
      if(response == (1 << R1_IDLE_STATE))
        break;

      if(i == 0x1ff)
        { SD_unselect();
          return 0;
        }
    }

#if SD_RAW_SDHC                                 /* check for version of SD card specification */
  response = SD_send_command(CMD_SEND_IF_COND, 0x100 /* 2.7V - 3.6V */ | 0xaa /* test pattern */);
  if((response & (1 << R1_ILL_COMMAND)) == 0)
    { SD_read_byte();
      SD_read_byte();
      if((SD_read_byte() & 0x01) == 0)
        return 0;                               /* card operation voltage range doesn't match */
      if(SD_read_byte() != 0xaa)
        return 0;                               /* wrong test pattern */

      SD_card_type |= (1 << SD_RAW_SPEC_2);     /* card conforms to SD 2 card specification */
    }
  else
#endif
    { SD_send_command(CMD_APP, 0);              /* determine SD/MMC card type */
      response = SD_send_command(CMD_SD_SEND_OP_COND, 0);
      if((response & (1 << R1_ILL_COMMAND)) == 0)
        SD_card_type |= (1 << SD_RAW_SPEC_1);   /* card conforms to SD 1 card specification */
      else
        {                                       /* MMC card */
        }
    }

  for(uint16_t i = 0; ; ++i)                    /* wait for card to get ready */
    { if(SD_card_type & ((1 << SD_RAW_SPEC_1) | (1 << SD_RAW_SPEC_2)))
        { uint32_t arg = 0;
#if SD_RAW_SDHC
          if(SD_card_type & (1 << SD_RAW_SPEC_2))
            arg = 0x40000000;
#endif
          SD_send_command(CMD_APP, 0);
          response = SD_send_command(CMD_SD_SEND_OP_COND, arg);
        }
      else
        { response = SD_send_command(CMD_SEND_OP_COND, 0);
        }

      if((response & (1 << R1_IDLE_STATE)) == 0)
        break;

      if(i == 0x7fff)
        { SD_unselect();
```

```
        return 0;
      }
    }

#if SD_RAW_SDHC
  if(SD_card_type & (1 << SD_RAW_SPEC_2))
    { if(SD_send_command(CMD_READ_OCR, 0))
        { SD_unselect();
          return 0;
        }

      if(SD_read_byte() & 0x40)
        SD_card_type |= (1 << SD_RAW_SPEC_SDHC);

      SD_read_byte();
      SD_read_byte();
      SD_read_byte();
    }
#endif

  if(SD_send_command(CMD_SET_BLOCKLEN, 512))     /* set block size to 512 bytes */
    { SD_unselect();
      return 0;
    }

  SD_unselect();                                 /* -SD_CS = 1 */

  SPCR = 0x50;                                   /* CPOL = CPHA = 0, 16MHz/2 = 8MHz */
  SPSR = 0x01;                                   // SPI2X = 1

#if !SD_RAW_SAVE_RAM
  raw_block_address = (offset_t) -1;     /* the first block is likely to be accessed first */
#if SD_RAW_WRITE_BUFFERING
  raw_block_written = 1;
#endif
  if(!SD_read_data(0, raw_block, sizeof(raw_block)))
    return 0;
#endif
  return 1;
}

//==============================================================================
// ***** Checks whether a memory card is located in the slot.
// returns 1 if the card is available, 0 if it is not.
//==============================================================================
uint8_t SD_available()
{
  return get_pin_available() == 0x00;
}

//==============================================================================
// ***** Checks whether the memory card is locked for write access.
// returns 1 if the card is locked, 0 if it is not.
//==============================================================================
uint8_t SD_locked()
{
  return get_pin_locked() == 0x00;
}

//==============================================================================
// ***** Send a command to the memory card which responses with a R1 response (and others).
// param[in] command The command to send.
// param[in] arg The argument for command.
// returns The command answer.
//==============================================================================
uint8_t SD_send_command(uint8_t command, uint32_t arg)
{
  uint8_t response;

  SD_read_byte();                                /* wait some clock cycles */
```

```
  SD_write_byte(0x40 | command);                /* send command via SPI */
  SD_write_byte((arg >> 24) & 0xff);
  SD_write_byte((arg >> 16) & 0xff);
  SD_write_byte((arg >> 8) & 0xff);
  SD_write_byte((arg >> 0) & 0xff);

  switch(command)
    { case CMD_GO_IDLE_STATE: SD_write_byte(0x95);
                              break;
      case CMD_SEND_IF_COND:  SD_write_byte(0x87);
                              break;
      default:                SD_write_byte(0xff);
                              break;
    }

  for(uint8_t i = 0; i < 10; ++i)               /* receive response */
    { response = SD_read_byte();
      if(response != 0xff)
        break;
    }

  return response;
}

//==============================================================================
// ***** Reads raw data from the card.
// param[in] offset The offset from which to read.
// param[out] buffer The buffer into which to write the data.
// param[in] length The number of bytes to read.
// returns 0 on failure, 1 on success.
// see SD_read_data_interval, SD_write_data, SD_write_interval
//==============================================================================
uint8_t SD_read_data(offset_t offset, uint8_t* buffer, uintptr_t length)
{
  offset_t block_address;
  uint16_t block_offset;
  uint16_t read_length;

  while(length > 0)
    { block_offset = offset & 0x01ff;           /* determine byte count to read at once */
      block_address = offset - block_offset;
      read_length = 512 - block_offset;         /* read up to block border */
      if(read_length > length)
        read_length = length;

#if !SD_RAW_SAVE_RAM
      if(block_address != raw_block_address)    /* check if the requested data is cached */
#endif
        {
#if SD_RAW_WRITE_BUFFERING
          if(!SD_write_buffer())
            return 0;
#endif
          SD_select();                          /* -SD_CS = 0 */

#if SD_RAW_SDHC                                 /* send single block request */
          if(SD_send_command(CMD_READ_SINGLE_BLOCK, (SD_card_type & (1 << SD_RAW_SPEC_SDHC) ?
                                     block_address / 512 : block_address)))
#else
          if(SD_send_command(CMD_READ_SINGLE_BLOCK, block_address))
#endif
            { SD_unselect();
              return 0;
            }

          while(SD_read_byte() != 0xfe);        /* wait for data block (start byte 0xfe) */

#if SD_RAW_SAVE_RAM
          uint16_t read_to = block_offset + read_length; /* read byte block */
          for(uint16_t i = 0; i < 512; ++i)
            { uint8_t b = SD_read_byte();
```

```
          if(i >= block_offset && i < read_to)
            *buffer++ = b;
        }
#else
        uint8_t* cache = raw_block;              /* read byte block */
        for(uint16_t i = 0; i < 512; ++i)
          *cache++ = SD_read_byte();
        raw_block_address = block_address;

        memcpy(buffer, raw_block + block_offset, read_length);
        buffer += read_length;
#endif
        SD_read_byte();                          /* read CRC16 */
        SD_read_byte();

        SD_unselect();                           /* -SD_CS = 1 */
        SD_read_byte();                          /* let card some time to finish */
      }
#if !SD_RAW_SAVE_RAM
      else
      { memcpy(buffer, raw_block + block_offset, read_length); /* use cached data */
        buffer += read_length;
      }
#endif
      length -= read_length;
      offset += read_length;
    }

  return 1;
}

//================================================================================
// ***** Continuously reads units of interval bytes and calls a callback function.
//
// This function starts reading at the specified offset. Every interval bytes,
// it calls the callback function with the associated data buffer.
// (note) This function only works if the following conditions are met:
//       - (offset - (offset % 512)) % interval == 0
//       - length % interval == 0
// param[in] offset Offset from which to start reading.
// param[in] buffer Pointer to a buffer which is at least interval bytes in size.
// param[in] interval Number of bytes to read before calling the callback function.
// param[in] length Number of bytes to read altogether.
// param[in] callback The function to call every interval bytes.
// param[in] p An opaque pointer directly passed to the callback function.
// returns 0 on failure, 1 on success
// see SD_write_interval, SD_read_data, SD_write_data
//================================================================================
uint8_t SD_read_interval(offset_t offset, uint8_t* buffer, uintptr_t interval, uintptr_t length,
                         SD_read_interval_handler_t callback, void* p)
{
  if(!buffer || interval == 0 || length < interval || !callback)
    return 0;

#if !SD_RAW_SAVE_RAM
  while(length >= interval)
    { if(!SD_read_data(offset, buffer, interval)) /* as reading is now buffered */
        return 0;
      if(!callback(buffer, offset, p))
        break;
      offset += interval;
      length -= interval;
    }

  return 1;
#else
  SD_select();                                   /* -SD_CS = 0 */

  uint16_t block_offset;
  uint16_t read_length;
  uint8_t* buffer_cur;
```

```
  uint8_t finished = 0;
  do{ block_offset = offset & 0x01ff;           /* determine byte count to read at once */
      read_length = 512 - block_offset;

#if SD_RAW_SDHC                                  /* send single block request */
      if(SD_send_command(CMD_READ_SINGLE_BLOCK, (SD_card_type & (1 << SD_RAW_SPEC_SDHC) ?
                                                 offset / 512 : offset - block_offset)))
#else
      if(SD_send_command(CMD_READ_SINGLE_BLOCK, offset - block_offset))
#endif
        { SD_unselect();
          return 0;
        }

      while(SD_read_byte() != 0xfe);            /* wait for data block (start byte 0xfe) */

      for(uint16_t i = 0; i < block_offset; ++i) /* read up to the data of interest */
        SD_read_byte();

      do{ if(read_length < interval || length < interval) /* read interval bytes of data */
            break;

          buffer_cur = buffer;
          for(uint16_t i = 0; i < interval; ++i)
            *buffer_cur++ = SD_read_byte();

          if(!callback(buffer, offset + (512 - read_length), p))
            { finished = 1;
              break;
            }

          read_length -= interval;
          length -= interval;

        } while(read_length > 0 && length > 0);

      while(read_length-- > 0)                  /* read rest of data block */
        SD_read_byte();

      SD_read_byte();                           /* read crc16 */
      SD_read_byte();

      if(length < interval)
        break;

      offset = offset - block_offset + 512;
    } while(!finished);

  SD_unselect();                                /* -SD_CS = 1 */
  SD_read_byte();                               /* let card some time to finish */

  return 1;
#endif
}

#if DOXYGEN || SD_RAW_WRITE_SUPPORT
//=============================================================================
// ***** Writes raw data to the card.
// param[in] offset The offset where to start writing.
// param[in] buffer The buffer containing the data to be written.
// param[in] length The number of bytes to write.
// returns 0 on failure, 1 on success.
// see SD_write_interval, SD_read_data, SD_read_interval
//=============================================================================
uint8_t SD_write_data(offset_t offset, const uint8_t* buffer, uintptr_t length)
{
  if(SD_locked())
    return 0;

  offset_t block_address;
  uint16_t block_offset;
```

```
  uint16_t write_length;
  while(length > 0)
    { block_offset = offset & 0x01ff;          /* determine byte count to write at once */
      block_address = offset - block_offset;
      write_length = 512 - block_offset;       /* write up to block border */
      if(write_length > length)
        write_length = length;

      if(block_address != raw_block_address)
        {
#if SD_RAW_WRITE_BUFFERING
          if(!SD_write_buffer())
            return 0;
#endif

          if(block_offset || write_length < 512)
            { if(!SD_read_data(block_address, raw_block, sizeof(raw_block)))
                return 0;
            }
          raw_block_address = block_address;
        }

      if(buffer != raw_block)
        { memcpy(raw_block + block_offset, buffer, write_length);

#if SD_RAW_WRITE_BUFFERING
          raw_block_written = 0;

          if(length == write_length)
            return 1;
#endif
        }

      SD_select();                             /* -SD_CS = 0 */

        /* send single block request */
#if SD_RAW_SDHC
      if(SD_send_command(CMD_WRITE_SINGLE_BLOCK, (SD_card_type & (1 << SD_RAW_SPEC_SDHC) ?
                                                  block_address / 512 : block_address)))
#else
      if(SD_send_command(CMD_WRITE_SINGLE_BLOCK, block_address))
#endif
        { SD_unselect();                       /* -SD_CS = 1 */
          return 0;
        }

      SD_write_byte(0xfe);                     /* send start byte */

      uint8_t* cache = raw_block;              /* write byte block */
      for(uint16_t i = 0; i < 512; ++i)
        SD_write_byte(*cache++);

      SD_write_byte(0xff);                     /* write dummy crc16 */
      SD_write_byte(0xff);

      while(SD_read_byte() != 0xff);           /* wait while card is busy */
      SD_read_byte();

      SD_unselect();                           /* -SD_CS = 1 */

      buffer += write_length;
      offset += write_length;
      length -= write_length;

#if SD_RAW_WRITE_BUFFERING
      raw_block_written = 1;
#endif
    }

  return 1;
}
```

```
#endif

#if DOXYGEN || SD_RAW_WRITE_SUPPORT
//==============================================================================
// ***** Writes a continuous data stream obtained from a callback function.
// This function starts writing at the specified offset. To obtain the next bytes to write,
// it calls the callback function. The callback fills the provided data buffer and
// returns the number of bytes it has put into the buffer.
// param[in] offset Offset where to start writing.
// param[in] buffer Pointer to a buffer which is used for the callback function.
// param[in] length Number of bytes to write in total. May be zero for endless writes.
// param[in] callback The function used to obtain the bytes to write.
// param[in] p An opaque pointer directly passed to the callback function.
// returns 0 on failure, 1 on success
// see SD_read_interval, SD_write_data, SD_read_data
//==============================================================================
uint8_t SD_write_interval(offset_t offset, uint8_t* buffer, uintptr_t length,
                          SD_write_interval_handler_t callback, void* p)
{
  if(!buffer || !callback)
    return 0;

  uint8_t endless = (length == 0);
  while(endless || length > 0)
    { uint16_t bytes_to_write = callback(buffer, offset, p);
      if(!bytes_to_write)
        break;
      if(!endless && bytes_to_write > length)
        return 0;

      if(!SD_write_data(offset, buffer, bytes_to_write))
        return 0;

      offset += bytes_to_write;
      length -= bytes_to_write;
    }

  return 1;
}
#endif

#if DOXYGEN || SD_RAW_WRITE_SUPPORT
//==============================================================================
// ***** Writes the write buffer's content to the card.
// returns 0 on failure, 1 on success.
// see SD_write_data
//==============================================================================
uint8_t SD_write_buffer()
{
#if SD_RAW_WRITE_BUFFERING
  if(raw_block_written)
    return 1;
  if(!SD_write_data(raw_block_address, raw_block, sizeof(raw_block)))
    return 0;
  raw_block_written = 1;
#endif
  return 1;
}
#endif

//==============================================================================
// ***** Reads informational data from the card.
// This function reads and returns the card's registers containing manufacturing and
// status information.
// param[in] info A pointer to the structure into which to save the information.
// returns 0 on failure, 1 on success.
//==============================================================================
uint8_t SD_read_information(struct SD_information* info)
{
  if(!info || !SD_available())
    return 0;
```

```
  memset(info, 0, sizeof(*info));

  SD_select();                                  /* -SD_CS = 0 */

  if(SD_send_command(CMD_SEND_CID, 0))          /* read CID register */
    { SD_unselect();
      return 0;
    }

  while(SD_read_byte() != 0xfe);
  for(uint8_t i = 0; i < 18; ++i)
    { uint8_t b = SD_read_byte();

      switch(i)
        { case 0: info->manufacturer = b;
                  break;
          case 1:
          case 2: info->oem[i - 1] = b;
                  break;
          case 3:
          case 4:
          case 5:
          case 6:
          case 7: info->product[i - 3] = b;
                  break;
          case 8: info->revision = b;
                  break;
          case 9:
          case 10:
          case 11:
          case 12: info->serial |= (uint32_t) b << ((12 - i) * 8);
                   break;
          case 13: info->manufacturing_year = b << 4;
                   break;
          case 14: info->manufacturing_year |= b >> 4;
                   info->manufacturing_month = b & 0x0f;
                   break;
        }
    }

  uint8_t csd_read_bl_len = 0;                  /* read CSD register */
  uint8_t csd_c_size_mult = 0;
#if SD_RAW_SDHC
  uint16_t csd_c_size = 0;
#else
  uint32_t csd_c_size = 0;
#endif
  if(SD_send_command(CMD_SEND_CSD, 0))
    { SD_unselect();                            /* -SD_CS = 1 */
      return 0;
    }
  while(SD_read_byte() != 0xfe);
  for(uint8_t i = 0; i < 18; ++i)
    { uint8_t b = SD_read_byte();

      if(i == 14)
        { if(b & 0x40)
            info->flag_copy = 1;
          if(b & 0x20)
            info->flag_write_protect = 1;
          if(b & 0x10)
            info->flag_write_protect_temp = 1;
          info->format = (b & 0x0c) >> 2;
        }
      else
        {
#if SD_RAW_SDHC
          if(SD_card_type & (1 << SD_RAW_SPEC_2))
            { switch(i)
                { case 7: b &= 0x3f;
```

```
                    case 8:
                    case 9: csd_c_size <<= 8;
                            csd_c_size |= b;
                            break;
                  }
                if(i == 9)
                  { ++csd_c_size;
                    info->capacity = (offset_t) csd_c_size * 512 * 1024;
                  }
              }
            else
#endif
              { switch(i)
                  { case 5: csd_read_bl_len = b & 0x0f;
                            break;
                    case 6: csd_c_size = b & 0x03;
                            csd_c_size <<= 8;
                            break;
                    case 7: csd_c_size |= b;
                            csd_c_size <<= 2;
                            break;
                    case 8: csd_c_size |= b >> 6;
                            ++csd_c_size;
                            break;
                    case 9: csd_c_size_mult = b & 0x03;
                            csd_c_size_mult <<= 1;
                            break;
                    case 10: csd_c_size_mult |= b >> 7;
                            info->capacity = (uint32_t) csd_c_size << (csd_c_size_mult + csd_read_bl_len + 2);
                            break;
                  }
              }
          }
      }

  SD_unselect();                                          /* -SD_CS = 1 */

  return 1;
}
```

☞ 이 헤더 파일에서는 64MB~2GB 용량의 표준형 SD 카드나 4GB~32GB 용량의 SDHC 카드를 사용하고, 이것들은 FAT32 형식으로 포맷하여 사용하는 것을 권장한다. SD 카드를 초기화할 때는 400kHz 이하로 사용해야 하므로 ATmega128A의 SPI 직렬통신 포트를 250kHz로 설정하여 사용하였으며, 그 이후에는 최대 25MHz까지 사용할 수 있으나 여기서는 8MHz의 전송속도를 사용하였다.

〈OK-128TFT_xxxFAT32.h〉 FAT32 포맷으로 파일을 액세스하기 위한 헤더 파일

```
/* ============================================================================ */
/*      OK-128TFT-xxxFAT32.h : SD 카드 액세스를 위한 FAT32용 헤더 파일          */
/*                             (하드웨어 의존적인 처리 부분이 거의 없음)        */
/* ============================================================================ */
//
// Copyright (c) 2006-2010 by Roland Riegel <feedback@roland-riegel.de>
//
// This file is free software; you can redistribute it and/or modify it under the terms of
// either the GNU General Public License version 2 or the GNU Lesser General Public License
// version 2.1, both as published by the Free Software Foundation.
//*********************************************************************************

#include <stdint.h>

// Maximum number of partition handles.
```

```
#define PARTITION_COUNT 1
// The partition table entry is not used.
#define PARTITION_TYPE_FREE 0x00
// The partition contains a FAT12 file system.
#define PARTITION_TYPE_FAT12 0x01
// The partition contains a FAT16 file system with 32MB maximum.
#define PARTITION_TYPE_FAT16_32MB 0x04
// The partition is an extended partition with its own partition table.
#define PARTITION_TYPE_EXTENDED 0x05
// The partition contains a FAT16 file system.
#define PARTITION_TYPE_FAT16 0x06
// The partition contains a FAT32 file system.
#define PARTITION_TYPE_FAT32 0x0b
// The partition contains a FAT32 file system with LBA.
#define PARTITION_TYPE_FAT32_LBA 0x0c
// The partition contains a FAT16 file system with LBA.
#define PARTITION_TYPE_FAT16_LBA 0x0e
// The partition is an extended partition with LBA.
#define PARTITION_TYPE_EXTENDED_LBA 0x0f
// The partition has an unknown type.
#define PARTITION_TYPE_UNKNOWN 0xff

// A function pointer used to read from the partition.
// param[in] offset The offset on the device where to start reading.
// param[out] buffer The buffer into which to place the data.
// param[in] length The count of bytes to read.
typedef uint8_t (*device_read_t)(offset_t offset, uint8_t* buffer, uintptr_t length);

// A function pointer passed to a \c device_read_interval_t.
// param[in] buffer The buffer which contains the data just read.
// param[in] offset The offset from which the data in \c buffer was read.
// param[in] p An opaque pointer.
// see device_read_interval_t
typedef uint8_t (*device_read_callback_t)(uint8_t* buffer, offset_t offset, void* p);

// A function pointer used to continuously read units of \c interval bytes.
// param[in] offset Offset from which to start reading.
// param[in] buffer Pointer to a buffer which is at least interval bytes in size.
// param[in] interval Number of bytes to read before calling the callback function.
// param[in] length Number of bytes to read altogether.
// param[in] callback The function to call every interval bytes.
// param[in] p An opaque pointer directly passed to the callback function.
// returns 0 on failure, 1 on success
// see device_read_t
typedef uint8_t (*device_read_interval_t)(offset_t offset, uint8_t* buffer, uintptr_t interval,
                uintptr_t length, device_read_callback_t callback, void* p);

// A function pointer used to write to the partition.
// param[in] offset The offset on the device where to start writing.
// param[in] buffer The buffer which to write.
// param[in] length The count of bytes to write.
typedef uint8_t (*device_write_t)(offset_t offset, const uint8_t* buffer, uintptr_t length);

// A function pointer passed to a \c device_write_interval_t.
// param[in] buffer The buffer which receives the data to write.
// param[in] offset The offset to which the data in \c buffer will be written.
// param[in] p An opaque pointer.
// returns The number of bytes put into \c buffer
// see device_write_interval_t
typedef uintptr_t (*device_write_callback_t)(uint8_t* buffer, offset_t offset, void* p);

// A function pointer used to continuously write a data stream obtained from a callback function.
// param[in] offset Offset where to start writing.
// param[in] buffer Pointer to a buffer which is used for the callback function.
// param[in] length Number of bytes to write in total. May be zero for endless writes.
// param[in] callback The function used to obtain the bytes to write.
// param[in] p An opaque pointer directly passed to the callback function.
// returns 0 on failure, 1 on success
// see device_write_t
typedef uint8_t (*device_write_interval_t)(offset_t offset, uint8_t* buffer, uintptr_t length,
                                device_write_callback_t callback, void* p);
```

```
// Describes a partition.
struct partition_struct
{
// The function which reads data from the partition.
// (note) The offset given to this function is relative to the whole disk,
//        not to the start of the partition.
  device_read_t device_read;
// The function which repeatedly reads a constant amount of data from the partition.
  device_read_interval_t device_read_interval;
// The function which writes data to the partition.
  device_write_t device_write;
// The function which repeatedly writes data to the partition.
  device_write_interval_t device_write_interval;
// The type of the partition.
// Compare this value to the PARTITION_TYPE_* constants.
  uint8_t type;
// The offset in blocks on the disk where this partition starts.
  uint32_t offset;
// The length in blocks of this partition.
  uint32_t length;
};

struct partition_struct* partition_open(device_read_t device_read,
                         device_read_interval_t device_read_interval,device_write_t device_write,
                         device_write_interval_t device_write_interval, int8_t index);
uint8_t partition_close(struct partition_struct* partition);

// Configuration of partition table support
// Preprocessor defines to configure the partition support.
#if !USE_DYNAMIC_MEMORY
static struct partition_struct partition_handles[PARTITION_COUNT];
#endif

//******************************************************************************
// ***** Opens a partition.
// Opens a partition by its index number and returns a partition handle.
// param[in] device_read A function pointer which is used to read from the disk.
// param[in] device_read_interval A function pointer which is used to read in constant intervals.
// param[in] device_write A function pointer which is used to write to the disk.
// param[in] device_write_interval A function pointer which is used to write a data stream to disk.
// param[in] index The index of the partition which should be opened, range 0 to 3.
// returns 0 on failure, a partition descriptor on success.
// see partition_close
//******************************************************************************
struct partition_struct* partition_open(device_read_t device_read,
                          device_read_interval_t device_read_interval,device_write_t device_write,
                          device_write_interval_t device_write_interval, int8_t index)
{
  partition_handles->type = 0;                // *** 재 초기화를 위해 멤버변수 초기화 추가

  struct partition_struct* new_partition = 0;
  uint8_t buffer[0x10];

  if(!device_read || !device_read_interval || index >= 4)
    return 0;

  if(index >= 0)
    { if(!device_read(0x01be + index * 0x10, buffer, sizeof(buffer)))
        return 0;

      if(buffer[4] == 0x00)
        return 0;
    }

#if USE_DYNAMIC_MEMORY
  new_partition = malloc(sizeof(*new_partition));
  if(!new_partition)
    return 0;
#else
  new_partition = partition_handles;
```

```
  uint8_t i;
  for(i = 0; i < PARTITION_COUNT; ++i)
    { if(new_partition->type == PARTITION_TYPE_FREE)
        break;

      ++new_partition;
    }

  if(i >= PARTITION_COUNT)
    return 0;
#endif

  memset(new_partition, 0, sizeof(*new_partition));

  new_partition->device_read = device_read;      /* fill partition descriptor */
  new_partition->device_read_interval = device_read_interval;
  new_partition->device_write = device_write;
  new_partition->device_write_interval = device_write_interval;

  if(index >= 0)
    { new_partition->type = buffer[4];
      new_partition->offset = ((uint32_t) buffer[8]) | ((uint32_t) buffer[9] << 8) |
                              ((uint32_t) buffer[10] << 16) | ((uint32_t) buffer[11] << 24);
      new_partition->length = ((uint32_t) buffer[12]) | ((uint32_t) buffer[13] << 8) |
                              ((uint32_t) buffer[14] << 16) | ((uint32_t) buffer[15] << 24);
    }
  else
    new_partition->type = 0xff;

  return new_partition;
}

//*******************************************************************************
// ***** Closes a partition.
// This function destroys a partition descriptor which was previously obtained from a call
// to partition_open(). When this function returns, the given descriptor will be invalid.
// param[in] partition The partition descriptor to destroy.
// returns 0 on failure, 1 on success.
// see partition_open
//*******************************************************************************
uint8_t partition_close(struct partition_struct* partition)
{
  if(!partition)
    return 0;

#if USE_DYNAMIC_MEMORY
  free(partition);
#else
  partition->type = PARTITION_TYPE_FREE;
#endif

  return 1;
}

                    (중간 생략)

#if DOXYGEN || (FAT_WRITE_SUPPORT && FAT_DATETIME_SUPPORT)
//*******************************************************************************
// Sets the modification time of a file.
// param[in] dir_entry The directory entry for which to set the modification time.
// param[in] hour The year the file was last modified.
// param[in] min The month the file was last modified.
// param[in] sec The day the file was last modified.
//*******************************************************************************
void fat_set_file_modification_time(struct fat_dir_entry_struct* dir_entry,
                                    uint8_t hour, uint8_t min, uint8_t sec)
{
  if(!dir_entry)
    return;

  dir_entry->modification_time = ((uint16_t) hour << 11) | ((uint16_t) min << 5) |
```

```
                                        ((uint16_t) sec >> 1) ;
}
#endif

//******************************************************************************
// Returns the amount of total storage capacity of the filesystem in bytes.
// param[in] fs The filesystem on which to operate.
// returns 0 on failure, the filesystem size in bytes otherwise.
//******************************************************************************
offset_t fat_get_fs_size(const struct fat_fs_struct* fs)
{
  if(!fs)
    return 0;

#if FAT_FAT32_SUPPORT
  if(fs->partition->type == PARTITION_TYPE_FAT32)
    return (offset_t) (fs->header.fat_size / 4 - 2) * fs->header.cluster_size;
  else
#endif
    return (offset_t) (fs->header.fat_size / 2 - 2) * fs->header.cluster_size;
}

//******************************************************************************
// Returns the amount of free storage capacity on the file system in bytes.
// (note) As the FAT file system is cluster based, this function does not return
//        continuous values but multiples of the cluster size.
// param[in] fs The file system on which to operate.
// returns 0 on failure, the free file system space in bytes otherwise.
//******************************************************************************
offset_t fat_get_fs_free(const struct fat_fs_struct* fs)
{
  if(!fs)
    return 0;

  uint8_t fat[32];
  struct fat_usage_count_callback_arg count_arg;
  count_arg.cluster_count = 0;
  count_arg.buffer_size = sizeof(fat);

  offset_t fat_offset = fs->header.fat_offset;
  uint32_t fat_size = fs->header.fat_size;
  while(fat_size > 0)
    { uintptr_t length = UINTPTR_MAX - 1;
      if(fat_size < length)
        length = fat_size;

      if(!fs->partition->device_read_interval(fat_offset,fat,sizeof(fat),length,
#if FAT_FAT32_SUPPORT
                                       (fs->partition->type == PARTITION_TYPE_FAT16) ?
                                        fat_get_fs_free_16_callback : fat_get_fs_free_32_callback,
#else
                                        fat_get_fs_free_16_callback,
#endif
                                        &count_arg))
        return 0;

      fat_offset += length;
      fat_size -= length;
    }

  return (offset_t) count_arg.cluster_count * fs->header.cluster_size;
}

//******************************************************************************
// Callback function used for counting free clusters in a FAT.
//******************************************************************************
uint8_t fat_get_fs_free_16_callback(uint8_t* buffer, offset_t offset, void* p)
{
  struct fat_usage_count_callback_arg* count_arg = (struct fat_usage_count_callback_arg*) p;
  uintptr_t buffer_size = count_arg->buffer_size;
```

```
    for(uintptr_t i = 0; i < buffer_size; i += 2, buffer += 2)
      { uint16_t cluster = *((uint16_t*) &buffer[0]);
        if(cluster == HTOL16(FAT16_CLUSTER_FREE))
          ++(count_arg->cluster_count);
      }

    return 1;
}

#if DOXYGEN || FAT_FAT32_SUPPORT
//*****************************************************************************
// Callback function used for counting free clusters in a FAT32.
//*****************************************************************************
uint8_t fat_get_fs_free_32_callback(uint8_t* buffer, offset_t offset, void* p)
{
    struct fat_usage_count_callback_arg* count_arg = (struct fat_usage_count_callback_arg*) p;
    uintptr_t buffer_size = count_arg->buffer_size;

    for(uintptr_t i = 0; i < buffer_size; i += 4, buffer += 4)
      { uint32_t cluster = *((uint32_t*) &buffer[0]);
        if(cluster == HTOL32(FAT32_CLUSTER_FREE))
          ++(count_arg->cluster_count);
      }

    return 1;
}
#endif
```

☞ 원래 이 헤더 파일의 FAT32에서는 경로명을 포함하는 파일명으로 255문자까지 사용할 수 있도록 되어 있었으나 여기서는 SRAM 메모리 절약을 위하여 실용적으로 문제가 없는 수준에서 20자까지만 사용하는 것으로 제한하였다. 파일명에는 한글을 지원하지 않으며 영문 ASCII 문자만 사용할 수 있다.

이 헤더 파일은 상당히 분량이 많으므로 여기서는 중간의 많은 부분을 생략하고 보이지 않았다. 따라서, 이 파일의 전체 내용을 보고자 하면 퍼스널컴퓨터에서 직접 이 헤더파일을 불러서 읽어보기 바란다. 이 헤더 파일 OK-128TFT_xxxFAT32.h는 상당히 난이도와 수준이 높은 프로그램이며 Windows 운영체제와도 밀접한 관련이 있으므로 사용자가 굳이 이 내용을 이해하려고 노력하지 말고 그냥 사용해도 무방하다.

그런데, 이들 SD 카드 관련 헤더 파일을 사용하면 C컴파일러가 몇 군데에서 데이터 처리 방식에 관한 경고 메시지를 발생하는데, 이것은 컴파일 결과에 영향을 주지는 않지만 매번 컴파일할 때마다 이것이 상태 표시창에 나타나므로 성가시고 보기에도 좋지 않다. 이제부터 이 경고 메시지가 나타나지 않도록 하려면 WinAVR C컴파일러의 환경 설정을 변경해야 한다.

이와 같은 환경설정을 변경하려면 화면에서 Project → ATmega128A Properties... → Toolchain → AVR/GNU C Compiler → Miscellaneous 메뉴를 선택하면 <그림 4.20.14>와 같은 화면이 나타나는데, 여기의 Other Flags: 항목에서 -std=gnu99의 뒤에 이어서 -fno-strict-aliasing이라고 입력하면 된다.

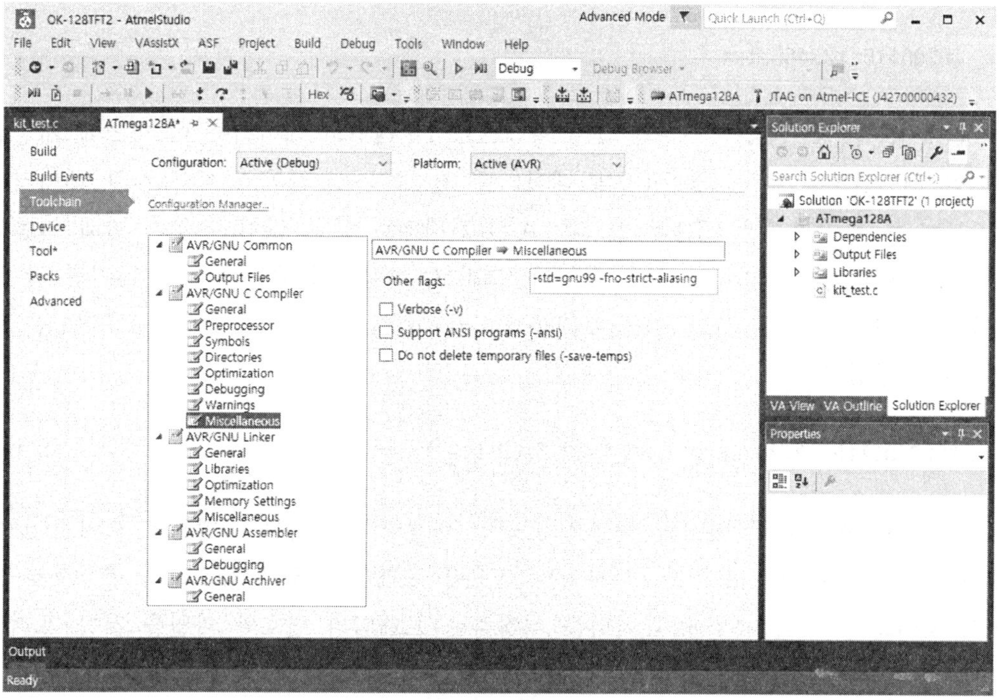

〈그림 4.20.14〉 SD 카드 관련 헤더파일을 사용할 때 경고 메시지가 나타나지 않게 하는 방법

(2) SD 카드에 파일을 생성하고 데이터를 쓰거나 읽는 프로그램

여기서는 *OK-128TFT* 키트에서 컨넥터 CN6의 SD 카드(SD-to-MicroSD 메모리 카드 변환 어댑터를 적용하면 마이크로 SD 카드도 사용 가능)에 파일을 생성하고 이 파일에 데이터를 저장하거나 읽는 예제 프로그램 2가지를 소개한다.

▣ 키를 누를 때마다 데이터를 1프레임씩 저장하거나 읽는 예제 프로그램

먼저 *OK-128TFT* 키트에서 키 입력으로 SD 카드에 파일을 생성하거나 키를 입력할 때마다 1프레임 단위로 이 파일에 데이터를 저장하거나 이 파일의 내용을 읽어보는 프로그램을 작성하여 보기로 한다.

이 프로그램은 기본적으로 DS3234 RTC를 사용한 시계를 바탕으로 사용하여 수행된다. KEY1을 누르면 SD 카드에 다음과 같이 총 19문자의 길이를 갖는 이름으로 파일을 생성한다. 여기서 파일명의 앞쪽 8글자는 차례로 DS3234에서 읽은 현재의 연, 월, 일이며, 뒤쪽의 6글자는 현재의 시간, 분, 초이다. 이 시간은 24시제로 표시한다. 이렇게 하면 SD 카드에 여러번 반복하여 파일을 생성하더라도 절대로 파일명이 중복되지 않으며, 나중에 파일을 정리할 때도 쉽게 구분하여 찾을 수 있다.

20200115_123456.txt

또한, KEY2를 누르면 다음과 같은 형식으로 1프레임의 데이터를 이 파일에 저장한다. 여기서 앞쪽의 숫자들은 파일에 데이터를 저장하는 순간의 날짜와 시간 데이터이며, V는 현재 가변저항 VR1의 전압을 A/D 컨버터로 읽은 값이고, T는 현재 기온을 LM35DZ에서 A/D 컨버터로 읽은 값이다. 그리고, 사람의 눈에는 보이지 않지만 각 프레임의 끝에는 ASCII 코드로 CR(=0x0D)과 LF(=0x0A) 문자가 추가되어 1프레임은 총 35문자로 구성된다.

2020/01/15 12:34:56 V=3.89 T=23.5 CR LF

KEY3을 누르면 이 파일의 내용을 프레임 번호가 증가하는 방향으로 읽어서 보여주며, 반대로 KEY4를 누르면 이 파일의 내용을 프레임 번호가 감소하는 방향으로 읽어서 보여준다. 이들 파일에 데이터를 저장하는 프레임의 번호와 파일을 읽는 프레임의 번호를 각각 파일명 옆의 ( )안에 표시하여 사용자가 알 수 있게 하였다.

〈프로그램 Exp20_1.c〉 키 입력으로 SD 카드에 1번씩 데이터를 쓰고 읽는 프로그램

```c
/* ========================================================================== */
/*    Exp20_1.c : SD 카드에 파일을 생성하거나 데이터를 1회 저장하는 프로그램    */
/* ========================================================================== */
/*                        Designed and programmed by Duck-Yong Yoon in 2020.  */

#include <avr/io.h>
#include "OK-128TFT-V2.h"
#include "OK-128TFT-xxxSDcard.h"
#include "OK-128TFT-xxxFAT32.h"

unsigned char SDcard_file_create(void);         /* create file in SD card */
unsigned char SDcard_data_write(void);          /* write data to SD card */
unsigned char SDcard_data_read(void);           /* read data from SD card */
void SDcard_error(U08 code);                    /* display SD card error message */

unsigned char RTC_read(U08 address);            /* read DS3234 RTC */
void RTC_write(U08 address, U08 value);         /* write DS3234 RTC */
void Display_time(void);                        /* display DS1307 time */
void Read_ADC(void);                            /* display voltage and temperature */

#define CR              0x0D                    // Carriage Return
#define LF              0x0A                    // Line Feed

char file_name[20];                             // SD card file name
unsigned char write_buffer[35];                 // SD card write buffer
unsigned char read_buffer[35];                  // SD card read buffer
unsigned int SD_write_count = 0, SD_read_count = 0;

unsigned char year, month, date, weekday, hour, minute, second, second_old, AMPM, hour24;
float voltage, temperature;

/* ----- 메인 프로그램 ------------------------------------------------------ */
```

```
int main(void)
{
  unsigned char i, key, file_flag = 0, error_code = 0;

  MCU_initialize();                          // initialize ATmega128A MCU
  Delay_ms(50);                              // wait for system stabilization
  LCD_initialize();                          // initialize text LCD module
  TFT_initialize();                          // initialize TFT-LCD module
  DS3234_initialize();                       // initialize DS3234 RTC

  LCD_string(0x80," OK-128TFT V2.0 ");       // display title
  LCD_string(0xC0,"   Exp20_1.c    ");
  Beep();

  TFT_string( 0,0, White, Magenta," SD 카드에 파일 생성 및 데이터 저장 (1) ");
  TFT_string(12,3, Cyan,  Black,  "2020/01/15 (수)");
  TFT_string(13,5, White, Black,  "오전 12:00:00");

  TFT_string( 1,3, White, Blue,   " 전압 ");
  TFT_string( 1,5, White, Black,  "0.00 V");

  TFT_string(33,3, White, Blue,   " 온도 ");
  TFT_string(33,5, White, Black,  "00.0 C");
  TFT_xy(37,5);
  TFT_English(0x7F);

  TFT_string(1,10, Magenta,Black, "파일명 ");
  TFT_string(1,13, Magenta,Black, "쓰기 ");
  TFT_string(1,16, Magenta,Black, "읽기 ");
  TFT_string(1,19, Magenta,Black, "상태 ");
  Rectangle(0,72, 319,175, White);

  TFT_string( 3,25,White,Magenta,"파일");                // display key function
  TFT_string( 3,27,White,Magenta,"생성");
  TFT_string(13,25,White,Blue," 값 ");
  TFT_string(13,27,White,Blue,"저장");
  TFT_string(23,25,White,Black," ++ ");
  TFT_string(23,27,White,Black,"읽기");
  TFT_string(33,25,White,Black," -- ");
  TFT_string(33,27,White,Black,"읽기");
  Rectangle( 18,194,  61,237, Cyan);
  Rectangle( 98,194, 141,237, Cyan);
  Rectangle(178,194, 221,237, Cyan);
  Rectangle(258,194, 301,237, Cyan);

  while(1)
    { second = RTC_read(0x00);                 // read time
      if(second != second_old)                 // if yes, read time
        { second_old = second;
          minute = RTC_read(0x01);
          hour = RTC_read(0x02);
          if((hour & 0x20) == 0x00) AMPM = 'A';
          else                      AMPM = 'P';
          hour &= 0x1F;
          weekday = RTC_read(0x03);
          date = RTC_read(0x04);
          month = RTC_read(0x05);
          year = RTC_read(0x06);

          i = (hour >> 4)*10 + (hour & 0x0F);
          if((AMPM == 'A') && (i == 12))      i = 0;
          else if((AMPM == 'P') && (i == 12)) i = 12;
          else if(AMPM == 'P')                i += 12;
          hour24 = ((i / 10) << 4) + (i % 10);

          Display_time();                      // display time
          Read_ADC();                          // display voltage and temperature
        }

      key = Key_input();                       // key input
```

```
if(key == KEY1)                            // ***** KEY1 = 파일 생성
  { error_code = SDcard_file_create();     // create file in SD card

    if(error_code == 0)
      { file_flag = 1;
        TFT_string(6,19, Green,Black, "SD 카드 파일 생성 OK !           ");
        TFT_string(8,10, White,Black, "                                ");
        TFT_color(Cyan,Black);             // display file name
        TFT_xy(8,10);
        for(i = 0; i <= 19; i++) TFT_English(file_name[i]);
        TFT_color(White,Black);
        SD_write_count = 0;                // clear SD_write_count and SD_read_count
        SD_read_count = 0;
        TFT_xy(28,10);
        TFT_English('(');
        TFT_unsigned_decimal(SD_write_count,1,4);
        TFT_English('/');
        TFT_unsigned_decimal(SD_read_count,1,4);
        TFT_English(')');
        TFT_string(6,13, White,Black, "                                 ");
        TFT_string(6,16, White,Black, "                                 ");
      }
    else                                   // if error, display error message
      SDcard_error(error_code);
  }
else if(key == KEY2)                       // ***** KEY2 = 파일에 1프레임의 데이터 저장
  { if(file_flag == 0)
      error_code = 10;
    else
      error_code = SDcard_data_write();    // write data to SD card

    if(error_code == 0)
      { TFT_string(6,19, Green,Black, "SD 카드 파일 쓰기 OK !           ");
        TFT_color(White,Black);            // display written data
        TFT_xy(6,13);
        for(i = 0; i <= 32; i++) TFT_English(write_buffer[i]);
        SD_write_count++;                  // increment SD_write_count
        TFT_color(White,Black);
        TFT_xy(29,10);
        TFT_unsigned_decimal(SD_write_count,1,4);
      }
    else                                   // if error, display error message
      SDcard_error(error_code);
  }
else if(key == KEY3)                       // ***** KEY3 = 파일에서 1프레임의 데이터 읽기(+)
  { if(file_flag == 0)
      error_code = 10;
    else if(SD_read_count >= SD_write_count)
      error_code = 14;
    else if((file_flag == 1) && (SD_read_count < SD_write_count))
      error_code = SDcard_data_read();     // read data from SD card

    if(error_code == 0)
      { TFT_string(6,19, Green,Black, "SD 카드 파일 읽기 OK !           ");
        TFT_color(Yellow,Black);           // display read data
        TFT_xy(6,16);
        for(i = 0; i <= 32; i++) TFT_English(read_buffer[i]);
        SD_read_count++;                   // increment SD_read_count
        TFT_color(Yellow,Black);
        TFT_xy(34,10);
        TFT_unsigned_decimal(SD_read_count,1,4);
      }
    else                                   // if error, display error message
      SDcard_error(error_code);
  }
else if(key == KEY4)                       // ***** KEY4 = 파일에서 1프레임의 데이터 읽기(-)
  { if(file_flag == 0)
      error_code = 10;
    else if(SD_read_count == 0)
      error_code = 12;
    else if((file_flag == 1) && (SD_read_count <= SD_write_count))
```

```
          { SD_read_count--;                    // decrement SD_read_count
            error_code = SDcard_data_read();    // read data from SD card
          }

        if(error_code == 0)
          { TFT_string(6,19, Green,Black, "SD 카드 파일 읽기 OK !          ");
            TFT_color(Yellow,Black);             // display read data
            TFT_xy(6,16);
            for(i = 0; i <= 32; i++) TFT_English(read_buffer[i]);
            TFT_color(Yellow,Black);
            TFT_xy(34,10);
            TFT_unsigned_decimal(SD_read_count + 1,1,4);
          }
        else                                     // if error, display error message
          SDcard_error(error_code);
      }
  }
}

/* ----- SD 카드 파일 저장 관련 함수 ------------------------------------------ */

unsigned char find_file_in_dir(struct fat_fs_struct* fs, struct fat_dir_struct* dd, char* name,
                               struct fat_dir_entry_struct* dir_entry)
{
  while(fat_read_dir(dd, dir_entry))
    { if(strcmp(dir_entry->long_name, name) == 0)
        { fat_reset_dir(dd);
          return 1;
        }
    }

  return 0;
}

struct fat_file_struct* open_file_in_dir(struct fat_fs_struct* fs, struct fat_dir_struct* dd, char* name)
{
  struct fat_dir_entry_struct file_entry;

  if(!find_file_in_dir(fs, dd, name, &file_entry))
    return 0;

  return fat_open_file(fs, &file_entry);
}

unsigned char SDcard_file_create(void)          /* create file in SD card */
{
  signed long offset;

  file_name[0]  = '2';                          // make file name (20YY/MM/DD_HHMMSS_txt)
  file_name[1]  = '0';
  file_name[2]  = (year >> 4) + '0';
  file_name[3]  = (year & 0x0F) + '0';
  file_name[4]  = (month >> 4) + '0';
  file_name[5]  = (month & 0x0F) + '0';
  file_name[6]  = (date >> 4) + '0';
  file_name[7]  = (date & 0x0F) + '0';
  file_name[8]  = '_';
  file_name[9]  = (hour24 >> 4) + '0';
  file_name[10] = (hour24 & 0x0F) + '0';
  file_name[11] = (minute >> 4) + '0';
  file_name[12] = (minute & 0x0F) + '0';
  file_name[13] = (second >> 4) + '0';
  file_name[14] = (second & 0x0F) + '0';
  file_name[15] = '.';
  file_name[16] = 't';
  file_name[17] = 'x';
  file_name[18] = 't';
  file_name[19] = 0x00;

  if(!SD_initialize())                          // initialize SD card
    return 1;
```

```
                                            // open first partition
  struct partition_struct* partition = partition_open(SD_read_data,  SD_read_interval,
                                                      SD_write_data, SD_write_interval, 0);

  if(!partition)                // if the partition did not open, the storage device has no MBR.
    { partition = partition_open(SD_read_data,  SD_read_interval,
                                 SD_write_data, SD_write_interval, -1);
      if(!partition)
        return 2;
    }

  struct fat_fs_struct* fs = fat_open(partition); // open file system
  if(!fs)
    return 3;

  struct fat_dir_entry_struct directory;        // open root directory
  fat_get_dir_entry_of_path(fs, "/", &directory);
  struct fat_dir_struct* dd = fat_open_dir(fs, &directory);
  if(!dd)
    return 4;

  struct fat_dir_entry_struct file_entry;       // file create
  if(!fat_create_file(dd, file_name, &file_entry))
    return 5;

  struct fat_file_struct* fd = open_file_in_dir(fs, dd, file_name); // file open
  if(!fd)
    return 6;

  offset = 0;                                   // seek file starting-point offset
  if(!fat_seek_file(fd, &offset, FAT_SEEK_SET))
    { fat_close_file(fd);
      return 7;
    }

  fat_close_file(fd);                           // file close
  return 0;
}

unsigned char SDcard_data_write(void)           /* write data to SD card */
{
  unsigned int value;
  signed long offset;
                                            // open first partition
  struct partition_struct* partition = partition_open(SD_read_data,  SD_read_interval,
                                                      SD_write_data, SD_write_interval, 0);

  if(!partition)                // if the partition did not open, the storage device has no MBR.
    { partition = partition_open(SD_read_data,  SD_read_interval,
                                 SD_write_data, SD_write_interval, -1);
      if(!partition)
        return 2;
    }

  struct fat_fs_struct* fs = fat_open(partition); // open file system
  if(!fs)
    return 3;

  struct fat_dir_entry_struct directory;        // open root directory
  fat_get_dir_entry_of_path(fs, "/", &directory);
  struct fat_dir_struct* dd = fat_open_dir(fs, &directory);
  if(!dd)
    return 4;

  struct fat_file_struct* fd = open_file_in_dir(fs, dd, file_name); // file open
  if(!fd)
    return 5;

  offset = 0;                                   // seek file ending-point offset
  if(!fat_seek_file(fd, &offset, FAT_SEEK_END))
    { fat_close_file(fd);
```

```
      return 7;
    }

  write_buffer[0] = '2';                         // year
  write_buffer[1] = '0';
  write_buffer[2] = (year >> 4) + '0';
  write_buffer[3] = (year & 0x0F) + '0';
  write_buffer[4] = '/';
  write_buffer[5] = (month >> 4) + '0';          // month
  write_buffer[6] = (month & 0x0F) + '0';
  write_buffer[7] = '/';
  write_buffer[8] = (date >> 4) + '0';           // date
  write_buffer[9] = (date & 0x0F) + '0';
  write_buffer[10] = ' ';
  write_buffer[11] = (hour24 >> 4) + '0';        // hour
  write_buffer[12] = (hour24 & 0x0f) + '0';
  write_buffer[13] = ':';
  write_buffer[14] = (minute >> 4) + '0';        // minute
  write_buffer[15] = (minute & 0x0F) + '0';
  write_buffer[16] = ':';
  write_buffer[17] = (second >> 4) + '0';        // second
  write_buffer[18] = (second & 0x0F) + '0';
  write_buffer[19] = ' ';
  write_buffer[20] = 'V';                        // VR1 voltage (V=0x.xx)
  write_buffer[21] = '=';
  value = voltage*100. + 0.5;
  write_buffer[22] = (value / 100) + '0';
  write_buffer[23] = '.';
  write_buffer[24] = (value % 100) / 10 + '0';
  write_buffer[25] = (value % 10) + '0';
  write_buffer[26] = ' ';
  write_buffer[27] = 'T';                        // temperature (T=xx.x)
  write_buffer[28] = '=';
  value = temperature*10. + 0.5;
  write_buffer[29] = (value / 100) + '0';
  write_buffer[30] = (value % 100) / 10 + '0';
  write_buffer[31] = '.';
  write_buffer[32] = (value % 10) + '0';
  write_buffer[33] = CR;                         // CR, LF
  write_buffer[34] = LF;

  if(fat_write_file(fd, write_buffer, 35) != 35) // write 35 data to file
    { fat_close_file(fd);
      return 8;
    }

  fat_close_file(fd);                            // file close
  return 0;
}

unsigned char SDcard_data_read(void)             /* read data from SD card */
{
  signed long offset;
                                                 // open first partition
  struct partition_struct* partition = partition_open(SD_read_data,  SD_read_interval,
                                                     SD_write_data, SD_write_interval, 0);

  if(!partition)                 // if the partition did not open, the storage device has no MBR.
    { partition = partition_open(SD_read_data,  SD_read_interval,
                                 SD_write_data, SD_write_interval, -1);
      if(!partition)
        return 2;
    }

  struct fat_fs_struct* fs = fat_open(partition); // open file system
  if(!fs)
    return 3;

  struct fat_dir_entry_struct directory;         // open root directory
  fat_get_dir_entry_of_path(fs, "/", &directory);
  struct fat_dir_struct* dd = fat_open_dir(fs, &directory);
```

```
  if(!dd)
    return 4;

  struct fat_file_struct* fd = open_file_in_dir(fs, dd, file_name); // file open
  if(!fd)
    return 6;

  offset = SD_read_count * 35;                    // seek file offset
  if(!fat_seek_file(fd, &offset, FAT_SEEK_SET))
    { fat_close_file(fd);
      return 7;
    }

  if(fat_read_file(fd, read_buffer, 35) != 35)  // read 35 data from file
    { fat_close_file(fd);
      return 9;
    }

  fat_close_file(fd);                           // file close
  return 0;
}

void SDcard_error(U08 code)                     /* display SD card error message */
{
  TFT_xy(6,19);                                 // display error code
  TFT_color(Green, Black);
  TFT_English('(');
  TFT_English(code + '0');
  TFT_English(')');
  TFT_English(' ');

  if(code == 1)       TFT_string(10,19, Green,Black, "SD 카드 초기화 안됨 에러 !  ");
  else if(code == 2)  TFT_string(10,19, Green,Black, "SD 카드의 MBR 없음 에러 !   ");
  else if(code == 3)  TFT_string(10,19, Green,Black, "SD 카드의 FAT 구조 에러 !   ");
  else if(code == 4)  TFT_string(10,19, Green,Black, "SD 카드의 루트 디렉토리 에러!");
  else if(code == 5)  TFT_string(10,19, Green,Black, "SD 카드의 파일 생성 에러 !  ");
  else if(code == 6)  TFT_string(10,19, Green,Black, "SD 카드의 파일 열기 에러 !  ");
  else if(code == 7)  TFT_string(10,19, Green,Black, "SD 카드의 파일 오프셋 에러 !");
  else if(code == 8)  TFT_string(10,19, Green,Black, "SD 카드의 파일 쓰기 에러 !  ");
  else if(code == 9)  TFT_string(10,19, Green,Black, "SD 카드의 파일 읽기 에러 !  ");
  else if(code == 10) TFT_string(10,19, Green,Black, "SD 카드에 해당 파일이 없음! ");
  else if(code == 12) TFT_string(10,19, Green,Black, "SD 카드 파일 데이터의 시작 !");
  else if(code == 14) TFT_string(10,19, Green,Black, "SD 카드 파일 데이터의 끝 !  ");
}

/* ----- DS3234 RTC 관련 함수 ------------------------------------------------- */

unsigned char RTC_read(U08 address)             /* read DS3234 RTC */
{
  unsigned char byte;

  SPCR = 0x54;                                  // CPOL = 0, CPHA = 1, 16MHz/4 = 4MHz
  SPSR = 0x00;                                  // SPI2X = 0

  cbi(PORTB,0);                                 // -RTC_CS = 0
  SPDR = address;                               // read + address
  while((SPSR & 0x80) == 0x00);
  SPDR = 0x00;                                  // dummy data
  while((SPSR & 0x80) == 0x00);
  byte = SPDR;                                  // read data
  sbi(PORTB,0);                                 // -RTC_CS = 1

  SPCR = 0x50;                                  // CPOL = CPHA = 0, 16MHz/2 = 8MHz
  SPSR = 0x01;                                  // SPI2X = 1

  return byte;
}

void RTC_write(U08 address, U08 value)          /* write DS3234 RTC */
{
  SPCR = 0x54;                                  // CPOL = 0, CPHA = 1, 16MHz/4 = 4MHz
```

```
  SPSR = 0x00;                                // SPI2X = 0

  cbi(PORTB,0);                               // -RTC_CS = 0
  SPDR = 0x80 + address;                      // write + address
  while((SPSR & 0x80) == 0x00);
  SPDR = value;                               // data
  while((SPSR & 0x80) == 0x00);
  sbi(PORTB,0);                               // -RTC_CS = 1

  SPCR = 0x50;                                // CPOL = CPHA = 0, 16MHz/2 = 8MHz
  SPSR = 0x01;                                // SPI2X = 1
}

void Display_time(void)                       /* display DS1307 time */
{
  TFT_xy(12,3); TFT_color(Cyan,Black);        // display year
  TFT_hexadecimal(0x20, 2);
  TFT_hexadecimal(year,2);
  TFT_xy(17,3); TFT_color(Cyan,Black);        // display month
  TFT_hexadecimal(month,2);
  TFT_xy(20,3); TFT_color(Cyan,Black);        // display date
  TFT_hexadecimal(date,2);
  if(weekday == 0x01)      TFT_string(24,3, Yellow,Black, "일");// display weekday
  else if(weekday == 0x02) TFT_string(24,3, Yellow,Black, "월");
  else if(weekday == 0x03) TFT_string(24,3, Yellow,Black, "화");
  else if(weekday == 0x04) TFT_string(24,3, Yellow,Black, "수");
  else if(weekday == 0x05) TFT_string(24,3, Yellow,Black, "목");
  else if(weekday == 0x06) TFT_string(24,3, Yellow,Black, "금");
  else if(weekday == 0x07) TFT_string(24,3, Yellow,Black, "토");
  TFT_xy(18,5); TFT_color(Green,Black);       // display hour
  TFT_hexadecimal(hour,2);
  if(AMPM == 'A') TFT_string(15,5, White,Black, "전");
  else            TFT_string(15,5, White,Black, "후");
  TFT_xy(21,5); TFT_color(Green,Black);       // display minute
  TFT_hexadecimal(minute,2);
  TFT_xy(24,5); TFT_color(Green,Black);       // display second
  TFT_hexadecimal(second & 0x7F,2);
}

/* ----- A/D 컨버터 관련 함수 ------------------------------------------------ */

void Read_ADC(void)                           /* display VR1 voltage and temperature */
{
  unsigned int result;

  ADCSRA = 0x84;                              // ADC enable, 1000kHz
  ADMUX = 0xC1;                               // select ADC1 with 2.56V **********
  Delay_ms(2);
  ADCSRA = 0xD4;                              // start conversion and clear ADIF
  while((ADCSRA & 0x10) != 0x10);
  result = ADCW;                              // read A/D result
  temperature = (float)result*256./1023.;
  TFT_xy(33,5);                               // display LM35DZ temperature in XX.X
  TFT_unsigned_float(temperature,2,1);

  ADMUX = 0x43;                               // select ADC3 with AVCC **********
  Delay_us(150);
  ADCSRA = 0xD4;                              // start conversion and clear ADIF
  while((ADCSRA & 0x10) != 0x10);
  result = ADCW;                              // read A/D result
  voltage = (float)result*5./1023.;
  TFT_xy(1,5);                                // display VR1 voltage in X.XX
  TFT_unsigned_float(voltage,1,2);
}
```

☞ 여기서는 파일을 생성(create)하는 방법, 이 파일을 오픈(open)하여 데이터를 저장(write)하고 다시 닫는(close) 방법, 이 파일을 오픈하여 원하는 위치의 데이터를 읽고(read) 다시 닫는 방법 등에 대하여 확

실한 이해가 필요하다. 기존의 파일에 새로 데이터를 저장할 때는 항상 파일의 마지막 부분에 추가되지만, 읽을 때는 파일의 어느 부분이라도 읽을 수 있다. 여기서는 KEY1~KEY4를 누를 때마다 1번씩 어떤 처리를 수행하는 방법으로 프로그램하였지만, 그 외의 어떤 방법으로라도 SD 카드 응용 프로그램을 작성할 수 있도록 실력을 갖추려면 헤더파일 OK-128TFT-xxxSDcard.h와 OK-128TFT-xxxFAT32.h의 내용은 모르더라도 위 예제 프로그램의 내용은 충분히 이해해야 한다.

▣ 일정한 시간 간격으로 연속하여 데이터를 저장하거나 읽는 예제 프로그램

이번에는 *OK-128TFT* 키트에서 키 입력으로 SD 카드에 파일을 생성하고 나면 연속하여 일정한 시간 간격으로 1프레임씩 이 파일에 데이터를 저장하거나 또는 이 파일의 내용을 연속하여 끝까지 읽어보는 프로그램을 작성하여 보기로 한다.

이 프로그램은 기본적으로 앞의 예제 프로그램 Exp20_1.c를 수정한 것인데, 먼저 KEY1을 누르면 앞 예제에서처럼 SD 카드에 총 19문자의 길이를 갖는 이름으로 파일을 생성한다. 또한, KEY2를 누르면 5초 간격으로 1프레임씩 연속하여 데이터를 이 파일에 저장하고, KEY3을 누르면 1초 간격으로 이 파일의 내용을 프레임 번호가 증가하는 방향으로 연속하여 읽어서 보여준다. 이러한 연속 쓰기와 연속 읽기 동작은 KEY4를 누르면 중지되며, 아무 때나 KEY2나 KEY3을 누르면 해당 동작이 다시 시작된다. 이러한 데이터 저장 프로그램은 실시간으로 데이터를 저장할 필요가 있는 산업용 컨트롤러에 적절하게 응용될 수 있다.

〈프로그램 Exp20_2.c〉 SD 카드에 데이터를 연속하여 쓰거나 읽는 프로그램

```
/* ======================================================================== */
/*    Exp20_2.c : SD 카드에 파일을 생성하거나 데이터를 계속 저장하는 프로그램   */
/* ======================================================================== */
/*                       Designed and programmed by Duck-Yong Yoon in 2020.  */

#include <avr/io.h>
#include "OK-128TFT-V2.h"
#include "OK-128TFT-xxxSDcard.h"
#include "OK-128TFT-xxxFAT32.h"

unsigned char SDcard_file_create(void);          /* create file in SD card */
unsigned char SDcard_data_write(void);           /* write data to SD card */
unsigned char SDcard_data_read(void);            /* read data from SD card */
void SDcard_error(U08 code);                     /* display SD card error message */

unsigned char RTC_read(U08 address);             /* read DS3234 RTC */
void RTC_write(U08 address, U08 value);          /* write DS3234 RTC */
void Display_time(void);                         /* display DS1307 time */
void Read_ADC(void);                             /* display voltage and temperature */

#define CR              0x0D                     // Carriage Return
#define LF              0x0A                     // Line Feed

char file_name[20];                              // SD card file name
unsigned char write_buffer[35];                  // SD card write buffer
unsigned char read_buffer[35];                   // SD card read buffer
unsigned int SD_write_count = 0, SD_read_count = 0;
```

```
unsigned char year, month, date, weekday, hour, minute, second, second_old, AMPM, hour24;
float voltage, temperature;

/* ----- 메인 프로그램 ------------------------------------------------------- */

int main(void)
{
  unsigned char i, key, file_flag = 0, error_code = 0;
  unsigned char mode = 0, write_flag = 0, read_flag = 0;

  MCU_initialize();                          // initialize ATmega128A MCU
  Delay_ms(50);                              // wait for system stabilization
  LCD_initialize();                          // initialize text LCD module
  TFT_initialize();                          // initialize TFT-LCD module
  DS3234_initialize();                       // initialize DS3234 RTC

  LCD_string(0x80," OK-128TFT V2.0 ");       // display title
  LCD_string(0xC0,"    Exp20_2.c    ");
  Beep();

  TFT_string( 0,0, White, Magenta," SD 카드에 파일 생성 및 데이터 저장 (2) ");
  TFT_string(12,3, Cyan,  Black,  "2020/01/15 (수)");
  TFT_string(13,5, White, Black,  "오전 12:00:00");

  TFT_string( 1,3, White, Blue,   " 전압 ");
  TFT_string( 1,5, White, Black,  "0.00 V");

  TFT_string(33,3, White, Blue,   " 온도 ");
  TFT_string(33,5, White, Black,  "00.0 C");
  TFT_xy(37,5);
  TFT_English(0x7F);

  TFT_string(1,10, Magenta,Black, "파일명 ");
  TFT_string(1,13, Magenta,Black, "쓰기 ");
  TFT_string(1,16, Magenta,Black, "읽기 ");
  TFT_string(1,19, Magenta,Black, "상태 ");
  Rectangle(0,72, 319,175, White);

  TFT_string( 3,25,White,Magenta,"파일");             // display key function
  TFT_string( 3,27,White,Magenta,"생성");
  TFT_string(13,25,White,Blue,"연속");
  TFT_string(13,27,White,Blue,"저장");
  TFT_string(23,25,White,Black,"연속");
  TFT_string(23,27,White,Black,"읽기");
  TFT_string(33,25,Magenta,Black,"동작");
  TFT_string(33,27,Magenta,Black,"중지");
  Rectangle( 18,194,  61,237, Cyan);
  Rectangle( 98,194, 141,237, Cyan);
  Rectangle(178,194, 221,237, Cyan);
  Rectangle(258,194, 301,237, Cyan);

  while(1)
    { second = RTC_read(0x00);               // read time
      if(second != second_old)               // if yes, read time
        { second_old = second;
          read_flag = 1;                     // 1초마다 연속 읽기
          if(((second & 0x0F) % 5) == 0) write_flag = 1; // 5초마다 연속 쓰기
          minute = RTC_read(0x01);
          hour = RTC_read(0x02);
          if((hour & 0x20) == 0x00) AMPM = 'A';
          else                      AMPM = 'P';
          hour &= 0x1F;
          weekday = RTC_read(0x03);
          date = RTC_read(0x04);
          month = RTC_read(0x05);
          year = RTC_read(0x06);

          i = (hour >> 4)*10 + (hour & 0x0F);
          if((AMPM == 'A') && (i == 12))      i = 0;
          else if((AMPM == 'P') && (i == 12)) i = 12;
```

```
    else if(AMPM == 'P')                    i += 12;
    hour24 = ((i / 10) << 4) + (i % 10);

    Display_time();                         // display time
    Read_ADC();                             // display voltage and temperature
  }

key = Key_input();                          // key input
if(key == KEY1)
  { error_code = SDcard_file_create();      // create file in SD card

    if(error_code == 0)
      { file_flag = 1;
        TFT_string(6,19, Green,Black, "SD 카드 파일 생성 OK !         ");
        TFT_string(8,10, White,Black, "                              ");
        TFT_color(Cyan,Black);              // display file name
        TFT_xy(8,10);
        for(i = 0; i <= 19; i++) TFT_English(file_name[i]);
        TFT_color(White,Black);
        SD_write_count = 0;                 // clear SD_write_count and SD_read_count
        SD_read_count = 0;
        TFT_xy(28,10);
        TFT_English('(');
        TFT_unsigned_decimal(SD_write_count,1,4);
        TFT_English('/');
        TFT_unsigned_decimal(SD_read_count,1,4);
        TFT_English(')');
        TFT_string(6,13, White,Black, "                               ");
        TFT_string(6,16, White,Black, "                               ");
      }
    else                                    // if error, display error message
      SDcard_error(error_code);
  }
else if(key == KEY2)                        // 연속 쓰기 모드로 설정함
  { if(file_flag == 0)
      SDcard_error(10);
    else if(mode == 0)
      { mode = 'W';
        write_flag = 0;
        TFT_string(1,13, Cyan,Black, "쓰기 ");
      }
  }
else if(key == KEY3)                        // 연속 읽기 모드로 설정함
  { if(file_flag == 0)
      SDcard_error(10);
    else if(mode == 0)
      { mode = 'R';
        read_flag = 0;
        TFT_string(1,16, Cyan,Black, "읽기 ");
      }
  }
else if(key == KEY4)                        // 연속 쓰기 또는 연속 읽기 동작을 중지함
  { mode = 0;
    TFT_string(1,13, Magenta,Black, "쓰기 ");
    TFT_string(1,16, Magenta,Black, "읽기 ");
  }

if(mode == 'W')                             // ***** 연속 쓰기 모드
  { if(SD_write_count >= 9999)
      { mode = 0;
        TFT_string(1,13, Magenta,Black, "쓰기 ");
        error_code = 14;
      }
    else if(write_flag == 1)
      { write_flag = 0;
        error_code = SDcard_data_write(); // write data to SD card
      }
    else
      error_code = 0xFF;

    if(error_code == 0)
```

```
            { TFT_string(6,19, Green,Black, "SD 카드 파일 쓰기 OK !           ");
              TFT_color(White,Black);           // display written data
              TFT_xy(6,13);
              for(i = 0; i <= 32; i++) TFT_English(write_buffer[i]);
              SD_write_count++;                 // increment SD_write_count
              TFT_color(White,Black);
              TFT_xy(29,10);
              TFT_unsigned_decimal(SD_write_count,1,4);
            }
          else                                  // if error, display error message
            SDcard_error(error_code);
        }
      else if(mode == 'R')                      // ***** 연속 읽기 모드
        { if(SD_read_count >= SD_write_count)
            { mode = 0;
              TFT_string(1,16, Magenta,Black, "읽기 ");
              error_code = 14;
            }
          else if(read_flag == 1)
            { read_flag = 0;
              error_code = SDcard_data_read();  // read data from SD card
            }
          else
            error_code = 0xFF;

          if(error_code == 0)
            { TFT_string(6,19, Green,Black, "SD 카드 파일 읽기 OK !           ");
              TFT_color(Yellow,Black);          // display read data
              TFT_xy(6,16);
              for(i = 0; i <= 32; i++) TFT_English(read_buffer[i]);
              SD_read_count++;                  // increment SD_read_count
              TFT_color(Yellow,Black);
              TFT_xy(34,10);
              TFT_unsigned_decimal(SD_read_count,1,4);
            }
          else                                  // if error, display error message
            SDcard_error(error_code);
        }
    }
}

/* ----- SD 카드 파일 저장 관련 함수 ------------------------------------------ */

unsigned char find_file_in_dir(struct fat_fs_struct* fs, struct fat_dir_struct* dd, char* name,
                               struct fat_dir_entry_struct* dir_entry)
{
  while(fat_read_dir(dd, dir_entry))
    { if(strcmp(dir_entry->long_name, name) == 0)
        { fat_reset_dir(dd);
          return 1;
        }
    }

  return 0;
}

struct fat_file_struct* open_file_in_dir(struct fat_fs_struct* fs, struct fat_dir_struct* dd, char* name)
{
  struct fat_dir_entry_struct file_entry;

  if(!find_file_in_dir(fs, dd, name, &file_entry))
    return 0;

  return fat_open_file(fs, &file_entry);
}

unsigned char SDcard_file_create(void)          /* create file in SD card */
{
  signed long offset;

  file_name[0]  = '2';                          // make file name (20YY/MM/DD_HHMMSS_txt)
```

```
  file_name[1]  = '0';
  file_name[2]  = (year >> 4) + '0';
  file_name[3]  = (year & 0x0F) + '0';
  file_name[4]  = (month >> 4) + '0';
  file_name[5]  = (month & 0x0F) + '0';
  file_name[6]  = (date >> 4) + '0';
  file_name[7]  = (date & 0x0F) + '0';
  file_name[8]  = '_';
  file_name[9]  = (hour24 >> 4) + '0';
  file_name[10] = (hour24 & 0x0F) + '0';
  file_name[11] = (minute >> 4) + '0';
  file_name[12] = (minute & 0x0F) + '0';
  file_name[13] = (second >> 4) + '0';
  file_name[14] = (second & 0x0F) + '0';
  file_name[15] = '.';
  file_name[16] = 't';
  file_name[17] = 'x';
  file_name[18] = 't';
  file_name[19] = 0x00;

  if(!SD_initialize())                          // initialize SD card
    return 1;
                                                // open first partition
  struct partition_struct* partition = partition_open(SD_read_data,  SD_read_interval,
                                                SD_write_data, SD_write_interval, 0);

  if(!partition)               // if the partition did not open, the storage device has no MBR.
    { partition = partition_open(SD_read_data,  SD_read_interval,
                                 SD_write_data, SD_write_interval, -1);
      if(!partition)
        return 2;
    }

  struct fat_fs_struct* fs = fat_open(partition); // open file system
  if(!fs)
    return 3;

  struct fat_dir_entry_struct directory;        // open root directory
  fat_get_dir_entry_of_path(fs, "/", &directory);
  struct fat_dir_struct* dd = fat_open_dir(fs, &directory);
  if(!dd)
    return 4;

  struct fat_dir_entry_struct file_entry;       // file create
  if(!fat_create_file(dd, file_name, &file_entry))
    return 5;

  struct fat_file_struct* fd = open_file_in_dir(fs, dd, file_name); // file open
  if(!fd)
    return 6;

  offset = 0;                                   // seek file starting-point offset
  if(!fat_seek_file(fd, &offset, FAT_SEEK_SET))
    { fat_close_file(fd);
      return 7;
    }

  fat_close_file(fd);                           // file close
  return 0;
}

unsigned char SDcard_data_write(void)           /* write data to SD card */
{
  unsigned int value;
  signed long offset;
                                                // open first partition
  struct partition_struct* partition = partition_open(SD_read_data,  SD_read_interval,
                                                SD_write_data, SD_write_interval, 0);

  if(!partition)               // if the partition did not open, the storage device has no MBR.
    { partition = partition_open(SD_read_data,  SD_read_interval,
```

```
                                      SD_write_data, SD_write_interval, -1);
      if(!partition)
        return 2;
    }

  struct fat_fs_struct* fs = fat_open(partition); // open file system
  if(!fs)
    return 3;

  struct fat_dir_entry_struct directory;        // open root directory
  fat_get_dir_entry_of_path(fs, "/", &directory);
  struct fat_dir_struct* dd = fat_open_dir(fs, &directory);
  if(!dd)
    return 4;

  struct fat_file_struct* fd = open_file_in_dir(fs, dd, file_name); // file open
  if(!fd)
    return 5;

  offset = 0;                                   // seek file ending-point offset
  if(!fat_seek_file(fd, &offset, FAT_SEEK_END))
    { fat_close_file(fd);
      return 7;
    }

  write_buffer[0] = '2';                        // year
  write_buffer[1] = '0';
  write_buffer[2] = (year >> 4) + '0';
  write_buffer[3] = (year & 0x0F) + '0';
  write_buffer[4] = '/';
  write_buffer[5] = (month >> 4) + '0';         // month
  write_buffer[6] = (month & 0x0F) + '0';
  write_buffer[7] = '/';
  write_buffer[8] = (date >> 4) + '0';          // date
  write_buffer[9] = (date & 0x0F) + '0';
  write_buffer[10] = ' ';
  write_buffer[11] = (hour24 >> 4) + '0';       // hour
  write_buffer[12] = (hour24 & 0x0f) + '0';
  write_buffer[13] = ':';
  write_buffer[14] = (minute >> 4) + '0';       // minute
  write_buffer[15] = (minute & 0x0F) + '0';
  write_buffer[16] = ':';
  write_buffer[17] = (second >> 4) + '0';       // second
  write_buffer[18] = (second & 0x0F) + '0';
  write_buffer[19] = ' ';
  write_buffer[20] = 'V';                       // VR1 voltage (V=0x.xx)
  write_buffer[21] = '-';
  value = voltage*100. + 0.5;
  write_buffer[22] = (value / 100) + '0';
  write_buffer[23] = '.';
  write_buffer[24] = (value % 100) / 10 + '0';
  write_buffer[25] = (value % 10) + '0';
  write_buffer[26] = ' ';
  write_buffer[27] = 'T';                       // temperature (T=xx.x)
  write_buffer[28] = '=';
  value = temperature*10. + 0.5;
  write_buffer[29] = (value / 100) + '0';
  write_buffer[30] = (value % 100) / 10 + '0';
  write_buffer[31] = '.';
  write_buffer[32] = (value % 10) + '0';
  write_buffer[33] = CR;                        // CR, LF
  write_buffer[34] = LF;

  if(fat_write_file(fd, write_buffer, 35) != 35) // write 35 data to file
    { fat_close_file(fd);
      return 8;
    }

  fat_close_file(fd);                           // file close
  return 0;
}
```

```
unsigned char SDcard_data_read(void)            /* read data from SD card */
{
  signed long offset;
                                                // open first partition
  struct partition_struct* partition = partition_open(SD_read_data,  SD_read_interval,
                                                   SD_write_data, SD_write_interval, 0);

  if(!partition)               // if the partition did not open, the storage device has no MBR.
    { partition = partition_open(SD_read_data,  SD_read_interval,
                                 SD_write_data, SD_write_interval, -1);
      if(!partition)
        return 2;
    }

  struct fat_fs_struct* fs = fat_open(partition); // open file system
  if(!fs)
    return 3;

  struct fat_dir_entry_struct directory;        // open root directory
  fat_get_dir_entry_of_path(fs, "/", &directory);
  struct fat_dir_struct* dd = fat_open_dir(fs, &directory);
  if(!dd)
    return 4;

  struct fat_file_struct* fd = open_file_in_dir(fs, dd, file_name); // file open
  if(!fd)
    return 6;

  offset = SD_read_count * 35;                  // seek file offset
  if(!fat_seek_file(fd, &offset, FAT_SEEK_SET))
    { fat_close_file(fd);
      return 7;
    }

  if(fat_read_file(fd, read_buffer, 35) != 35)  // read 35 data from file
    { fat_close_file(fd);
      return 9;
    }

  fat_close_file(fd);                           // file close
  return 0;
}

void SDcard_error(U08 code)                     /* display SD card error message */
{
  if(code == 0xFF) return;

  TFT_xy(6,19);                                 // display error code
  TFT_color(Green, Black);
  TFT_English('(');
  TFT_English(code + '0');
  TFT_English(')');
  TFT_English(' ');

  if(code == 1)       TFT_string(10,19, Green,Black, "SD 카드 초기화 안됨 에러 !  ");
  else if(code == 2)  TFT_string(10,19, Green,Black, "SD 카드의 MBR 없음 에러 !   ");
  else if(code == 3)  TFT_string(10,19, Green,Black, "SD 카드의 FAT 구조 에러 !   ");
  else if(code == 4)  TFT_string(10,19, Green,Black, "SD 카드의 루트 디렉토리 에러!");
  else if(code == 5)  TFT_string(10,19, Green,Black, "SD 카드의 파일 생성 에러 !  ");
  else if(code == 6)  TFT_string(10,19, Green,Black, "SD 카드의 파일 열기 에러 !  ");
  else if(code == 7)  TFT_string(10,19, Green,Black, "SD 카드의 파일 오프셋 에러 !");
  else if(code == 8)  TFT_string(10,19, Green,Black, "SD 카드의 파일 쓰기 에러 !  ");
  else if(code == 9)  TFT_string(10,19, Green,Black, "SD 카드의 파일 읽기 에러 !  ");
  else if(code == 10) TFT_string(10,19, Green,Black, "SD 카드에 해당 파일이 없음! ");
  else if(code == 12) TFT_string(10,19, Green,Black, "SD 카드 파일 데이터의 시작 !");
  else if(code == 14) TFT_string(10,19, Green,Black, "SD 카드 파일 데이터의 끝 !  ");
}

/* ----- DS3234 RTC 관련 함수 ------------------------------------------------ */
```

```
unsigned char RTC_read(U08 address)                /* read DS3234 RTC */
{
  unsigned char byte;

  SPCR = 0x54;                                     // CPOL = 0, CPHA = 1, 16MHz/4 = 4MHz
  SPSR = 0x00;                                     // SPI2X = 0

  cbi(PORTB,0);                                    // -RTC_CS = 0
  SPDR = address;                                  // read + address
  while((SPSR & 0x80) == 0x00);
  SPDR = 0x00;                                     // dummy data
  while((SPSR & 0x80) == 0x00);
  byte = SPDR;                                     // read data
  sbi(PORTB,0);                                    // -RTC_CS = 1

  SPCR = 0x50;                                     // CPOL = CPHA = 0, 16MHz/2 = 8MHz
  SPSR = 0x01;                                     // SPI2X = 1

  return byte;
}

void RTC_write(U08 address, U08 value)             /* write DS3234 RTC */
{
  SPCR = 0x54;                                     // CPOL = 0, CPHA = 1, 16MHz/4 = 4MHz
  SPSR = 0x00;                                     // SPI2X = 0

  cbi(PORTB,0);                                    // -RTC_CS = 0
  SPDR = 0x80 + address;                           // write + address
  while((SPSR & 0x80) == 0x00);
  SPDR = value;                                    // data
  while((SPSR & 0x80) == 0x00);
  sbi(PORTB,0);                                    // -RTC_CS = 1

  SPCR = 0x50;                                     // CPOL = CPHA = 0, 16MHz/2 = 8MHz
  SPSR = 0x01;                                     // SPI2X = 1
}

void Display_time(void)                            /* display DS1307 time */
{
  TFT_xy(12,3); TFT_color(Cyan,Black);             // display year
  TFT_hexadecimal(0x20, 2);
  TFT_hexadecimal(year,2);
  TFT_xy(17,3); TFT_color(Cyan,Black);             // display month
  TFT_hexadecimal(month,2);
  TFT_xy(20,3); TFT_color(Cyan,Black);             // display date
  TFT_hexadecimal(date,2);
  if(weekday == 0x01)      TFT_string(24,3, Yellow,Black, "일");// display weekday
  else if(weekday == 0x02) TFT_string(24,3, Yellow,Black, "월");
  else if(weekday == 0x03) TFT_string(24,3, Yellow,Black, "화");
  else if(weekday == 0x04) TFT_string(24,3, Yellow,Black, "수");
  else if(weekday == 0x05) TFT_string(24,3, Yellow,Black, "목");
  else if(weekday == 0x06) TFT_string(24,3, Yellow,Black, "금");
  else if(weekday == 0x07) TFT_string(24,3, Yellow,Black, "토");
  TFT_xy(18,5); TFT_color(Green,Black);            // display hour
  TFT_hexadecimal(hour,2);
  if(AMPM == 'A') TFT_string(15,5, White,Black, "전");
  else            TFT_string(15,5, White,Black, "후");
  TFT_xy(21,5); TFT_color(Green,Black);            // display minute
  TFT_hexadecimal(minute,2);
  TFT_xy(24,5); TFT_color(Green,Black);            // display second
  TFT_hexadecimal(second & 0x7F,2);
}

/* ----- A/D 컨버터 관련 함수 -------------------------------------------------- */

void Read_ADC(void)                                /* display VR1 voltage and temperature */
{
  unsigned int result;

  ADCSRA = 0x84;                                   // ADC enable, 1000kHz
  ADMUX = 0xC1;                                    // select ADC1 with 2.56V **********
```

```
  Delay_ms(2);
  ADCSRA = 0xD4;                              // start conversion and clear ADIF
  while((ADCSRA & 0x10) != 0x10);
  result = ADCW;                              // read A/D result
  temperature = (float)result*256./1023.;
  TFT_xy(33,5);                               // display LM35DZ temperature in XX.X
  TFT_unsigned_float(temperature,2,1);

  ADMUX = 0x43;                               // select ADC3 with AVCC **********
  Delay_us(150);
  ADCSRA = 0xD4;                              // start conversion and clear ADIF
  while((ADCSRA & 0x10) != 0x10);
  result = ADCW;                              // read A/D result
  voltage = (float)result*5./1023.;
  TFT_xy(1,5);                                // display VR1 voltage in X.XX
  TFT_unsigned_float(voltage,1,2);
}
```

☞ 여기서 파일에 연속하여 데이터를 쓰는 동작은 총 9999개의 프레임까지만 가능하도록 제한하였으며, 연속하여 파일을 읽는 동작도 파일의 마지막 부분에 도달하면 자동으로 종료된다. 그러나, 필요하다면 이 데이터 저장 프레임의 수 즉 파일의 크기는 FAT32에서 허용되는 파일의 최대 용량인 4GB 범위 이내에서 얼마든지 더 크게 늘릴 수 있다.

4. 실습 과제

(1) SD 카드를 SD 모드와 SPI 모드로 사용할 때 각각 어떤 장단점이 있는지 비교하여 설명하라.

(2) SD 카드의 V1.x와 V2.x에는 어떤 차이가 있는지 설명하라.

(3) 표준 SD 카드와 미니 SD 카드, 마이크로 SD 카드를 비교하여 설명하라.

(4) 헤더 파일 OK-128TFT-xxxSDcard.h에서 하드웨어에 따라 다르게 수정해야 하는 부분은 구체적으로 어디인지 설명하라.

(5) 예제 프로그램 Exp20_2.c에서 아래와 같이 1프레임의 데이터 포맷을 수정한 프로그램 Exp20_2R.c를 작성하라. 여기서 첫번째의 4자리 숫자는 데이터 프레임의 번호로서 차례로 1씩 증가해야 한다.

원래의 프레임(35자) `2020/01/15 12:34:56 V=3.89 T=23.5 CR LF`

수정한 프레임(29자) `0001 12:34:56 V=3.89 T=23.5 CR LF`

부록

ATmega128A의 데이터 시트

☞

ATmega128A의 데이터 시트는 수백 페이지에 이르는 방대한 분량이므로 여기에는 서두 부분에서 소자의 특징을 요약한 페이지와 끝 부분에서 전기적인 사양을 설명한 페이지를 발췌하여 싣는다. 나머지 부분들은 이 책에서 대부분 설명하고 있으니 거의 필요가 없지만, 이것의 전체를 보고자 하는 독자는 Microchip Technology사의 홈페이지에서 직접 데이터 시트를 다운받아 사용하기 바란다.

8-bit AVR Microcontroller

ATmega128A

DATASHEET COMPLETE

Introduction

The Atmel® ATmega128A is a low-power CMOS 8-bit microcontroller based on the AVR® enhanced RISC architecture. By executing powerful instructions in a single clock cycle, the ATmega128A achieves throughputs close to 1MIPS per MHz. This empowers system designer to optimize the device for power consumption versus processing speed.

Features

- High-performance, Low-power Atmel AVR 8-bit Microcontroller
- Advanced RISC Architecture
  - 133 Powerful Instructions - Most Single-clock Cycle Execution
  - 32 × 8 General Purpose Working Registers + Peripheral Control Registers
  - Fully Static Operation
  - Up to 16MIPS Throughput at 16MHz
  - On-chip 2-cycle Multiplier
- High Endurance Non-volatile Memory segments
  - 128Kbytes of In-System Self-programmable Flash program memory
  - 4Kbytes EEPROM
  - 4Kbytes Internal SRAM
  - Write/Erase cycles: 10,000 Flash/100,000 EEPROM
  - Data retention: 20 years at 85°C/100 years at 25°C[1]
  - Optional Boot Code Section with Independent Lock Bits
    - In-System Programming by On-chip Boot Program
    - True Read-While-Write Operation
  - Up to 64 Kbytes Optional External Memory Space
  - Programming Lock for Software Security
  - SPI Interface for In-System Programming
- JTAG (IEEE std. 1149.1 Compliant) Interface
  - Boundary-scan Capabilities According to the JTAG Standard
  - Extensive On-chip Debug Support

  - Programming of Flash, EEPROM, Fuses and Lock Bits through the JTAG Interface
- Atmel QTouch® library support
  - Capacitive touch buttons, sliders and wheels
  - Atmel QTouch and QMatrix acquisition
  - Up to 64 sense channels
- Peripheral Features
  - Two 8-bit Timer/Counters with Separate Prescalers and Compare Modes
  - Two Expanded 16-bit Timer/Counters with Separate Prescaler, Compare Mode and Capture Mode
  - Real Time Counter with Separate Oscillator
  - Two 8-bit PWM Channels
  - 6 PWM Channels with Programmable Resolution from 2 to 16 Bits
  - Output Compare Modulator
  - 8-channel, 10-bit ADC
    - 8 Single-ended Channels
    - 7 Differential Channels
    - 2 Differential Channels with Programmable Gain at 1x, 10x, or 200x
  - Byte-oriented Two-wire Serial Interface
  - Dual Programmable Serial USARTs
  - Master/Slave SPI Serial Interface
  - Programmable Watchdog Timer with On-chip Oscillator
  - On-chip Analog Comparator
- Special Microcontroller Features
  - Power-on Reset and Programmable Brown-out Detection
  - Internal Calibrated RC Oscillator
  - External and Internal Interrupt Sources
  - Six Sleep Modes: Idle, ADC Noise Reduction, Power-save, Power-down, Standby, and Extended Standby
  - Software Selectable Clock Frequency
  - ATmega103 Compatibility Mode Selected by a Fuse
  - Global Pull-up Disable
- I/O and Packages
  - 53 Programmable I/O Lines
  - 64-lead TQFP and 64-pad QFN/MLF
- Operating Voltages
  - 2.7 - 5.5V
- Speed Grades
  - 0 - 16MHz

2. Configuration Summary

Features	ATmega128A
Pin count	64
Flash (KB)	128
SRAM (KB)	4
EEPROM (KB)	4
External Memory (KB)	64
General Purpose I/O pins	53
SPI	1
TWI (I^2C)	1
USART	2
ADC	10-bit, up to 76.9ksps (15ksps at max resolution)
ADC channels	6 (8 in TQFP and QFN/MLF packages)
AC propagation delay	Typ 400ns
8-bit Timer/Counters	2
16-bit Timer/Counters	2
PWM channels	6
RC Oscillator	+/-3%
VREF Bandgap	
Operating voltage	2.7 - 5.5V
Max operating frequency	16MHz
Temperature range	-55°C to +125°C
JTAG	Yes

3. Ordering Information

Speed (MHz)	Power Supply	Ordering Code[2]	Package[1]	Operational Range
16	2.7 - 5.5V	ATmega128A-AU ATmega128A-AUR[3] ATmega128A-MU ATmega128A-MUR[3]	64A 64A 64M1 64M1	Industrial (-40°C to 85°C)

Note:

1. This device can also be supplied in wafer form. Please contact your local Atmel sales office for detailed ordering information and minimum quantities.
2. Pb-free packaging, complies to the European Directive for Restriction of Hazardous Substances (RoHS directive). Also Halide free and fully Green.
3. Tape and Reel

Package Type	
64A	64-lead, 14 × 14 × 1.0 mm, Thin Profile Plastic Quad Flat Package (TQFP)
64M1	64-pad, 9 × 9 × 1.0 mm, Quad Flat No-Lead/Micro Lead Frame Package (QFN/MLF)

6. Pin Configurations

Figure 6-1 Pinout ATmega128A

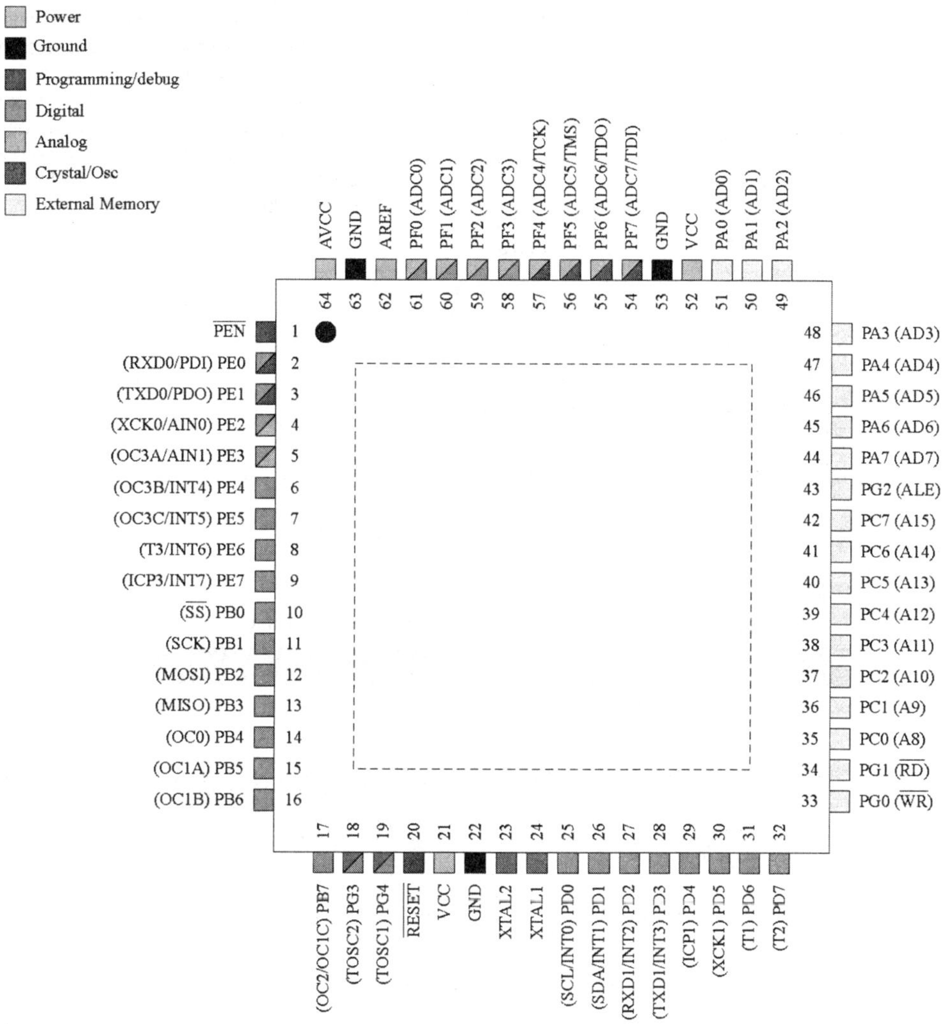

Note: The Pinout figure applies to both TQFP and MLF packages. The bottom pad under the QFN/MLF package should be soldered to ground.

6.1. Pin Descriptions

6.1.1. V_{CC}

Digital supply voltage.

32. Electrical Characteristics

Table 32-1 Absolute Maximum Ratings*

Operating Temperature	-55°C to +125°C	*NOTICE: Stresses beyond those listed under "Absolute Maximum Ratings" may cause permanent damage to the device. This is a stress rating only and functional operation of the device at these or other conditions beyond those indicated in the operational sections of this specification is not implied. Exposure to absolute maximum rating conditions for extended periods may affect device reliability.
Storage Temperature	-65°C to +150°C	
Voltage on any Pin except $\overline{RESET}$ with respect to Ground	-0.5V to V_{CC}+0.5V	
Voltage on $\overline{RESET}$ with respect to Ground	-0.5V to +13.0V	
Maximum Operating Voltage	6.0V	
DC Current per I/O Pin	40.0mA	
DC Current V_{CC} and GND Pins	200.0 - 400.0mA	

32.1. DC Characteristics

Table 32-2 T_A = -40°C to 85°C, V_{CC} = 2.7V to 5.5V (unless otherwise noted)

Symbol	Parameter	Condition	Min	Typ	Max	Units
V_{IL}	Input Low Voltage except XTAL1 and $\overline{RESET}$ pins	V_{CC} = 2.7 - 5.5V	-0.5		0.2 V_{CC}[1]	
V_{IH}	Input High Voltage except XTAL1 and $\overline{RESET}$ pins	V_{CC} = 2.7 - 5.5V	0.6 V_{CC}[2]		V_{CC} + 0.5	
V_{IL1}	Input Low Voltage XTAL1 pin	V_{CC} = 2.7 - 5.5V	-0.5		0.1 V_{CC}[1]	
V_{IH1}	Input High Voltage XTAL 1 pin	V_{CC} = 2.7 - 5.5V	0.7 V_{CC}[2]		V_{CC} + 0.5	
V_{IL2}	Input Low Voltage $\overline{RESET}$ pin	V_{CC} = 2.7 - 5.5V	-0.5		0.2 V_{CC}[1]	V
V_{IH2}	Input High Voltage $\overline{RESET}$ pin	V_{CC} = 2.7 - 5.5V	0.85 V_{CC}[2]		V_{CC} + 0.5	
V_{OL}	Output Low Voltage[3] (Ports A,B,C,D,E,F,G)	I_{OL} = 20mA, V_{CC} = 5V I_{OL} = 10mA, V_{CC} = 3V			0.9 0.6	
V_{OH}	Output High Voltage[4] (Ports A,B,C,D,E,F,G)	I_{OH} = -20mA, V_{CC} = 5V I_{OH} = -10mA, V_{CC} = 3V	4.2 2.2			

Symbol	Parameter	Condition	Min	Typ	Max	Units
I_{IL}	Input Leakage Current I/O Pin	V_{CC} = 5.5V, pin low (absolute value)			1.0	μA
I_{IH}	Input Leakage Current I/O Pin	V_{CC} = 5.5V, pin high (absolute value)			1.0	μA
R_{RST}	Reset Pull-up Resistor		30	60	85	kΩ
R_{PEN}	PEN Pull-up Resistor		30		60	kΩ
R_{PU}	I/O Pin Pull-up Resistor		20		50	kΩ
I_{CC}	Power Supply Current	Active 4MHz, V_{CC} = 3V		3	5.5	mA
		Active 8MHz, V_{CC} = 5V		9.8	19	mA
		Idle 4MHz, V_{CC} = 3V		1	2.5	mA
		Idle 8MHz, V_{CC} = 5V		3.5	11	mA
	Power-down mode(5)	WDT enabled, V_{CC} = 3V		<10	25	μA
		WDT disabled, V_{CC} = 3V		<1	10	μA
V_{ACIO}	Analog Comparator Input Offset Voltage	V_{CC} = 5V V_{in} = V_{CC}/2			40	mV
I_{ACLK}	Analog Comparator Input Leakage Current	V_{CC} = 5V V_{in} = V_{CC}/2	-50		50	nA
t_{ACPD}	Analog Comparator Propagation Delay	V_{CC} = 2.7V V_{CC} = 5.0V		750 500		ns

Note:

1. "Max" means the highest value where the pin is guaranteed to be read as low
2. "Min" means the lowest value where the pin is guaranteed to be read as high
3. Although each I/O port can sink more than the test conditions (20mA at V_{CC} = 5V, 10mA at V_{CC} = 3V) under steady state conditions (non-transient), the following must be observed:
   TQFP and QFN/MLF Package:
   1. The sum of all I_{OL}, for all ports, should not exceed 400mA.
   2. The sum of all I_{OL}, for ports A0 - A7, G2, C3 - C7 should not exceed 100mA.
   3. The sum of all I_{OL}, for ports C0 - C2, G0 - G1, D0 - D7, XTAL2 should not exceed 100mA.
   4. The sum of all I_{OL}, for ports B0 - B7, G3 - G4, E0 - E7 should not exceed 100mA.
   5. The sum of all I_{OL}, for ports F0 - F7, should not exceed 100mA.

   If I_{OL} exceeds the test condition, V_{OL} may exceed the related specification. Pins are not guaranteed to sink current greater than the listed test condition.
4. Although each I/O port can source more than the test conditions (20mA at Vcc = 5V, 10mA at Vcc = 3V) under steady state conditions (non-transient), the following must be observed:
   TQFP and QFN/MLF Package:
   1. The sum of all I_{OH}, for all ports, should not exceed 400mA.
   2. The sum of all I_{OH}, for ports A0 - A7, G2, C3 - C7 should not exceed 100mA.
   3. The sum of all I_{OH}, for ports C0 - C2, G0 - G1, D0 - D7, XTAL2 should not exceed 100mA.
   4. The sum of all I_{OH}, for ports B0 - B7, G3 - G4, E0 - E7 should not exceed 100mA.

5. The sum of all I_{OH}, for ports F0 - F7, should not exceed 100mA.

If I_{OH} exceeds the test condition, V_{OH} may exceed the related specification. Pins are not guaranteed to source current greater than the listed test condition.

32.2. Speed Grades

Figure 32-1 Maximum Frequency vs. Vcc

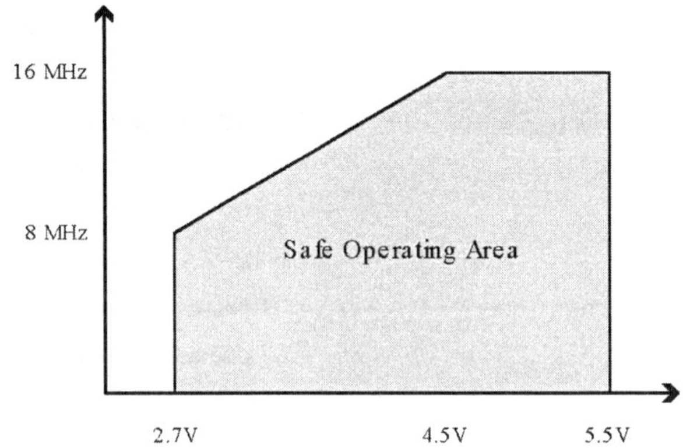

32.3. Clock Characteristics

32.3.1. External Clock Drive Waveforms

Figure 32-2 External Clock Drive Waveforms

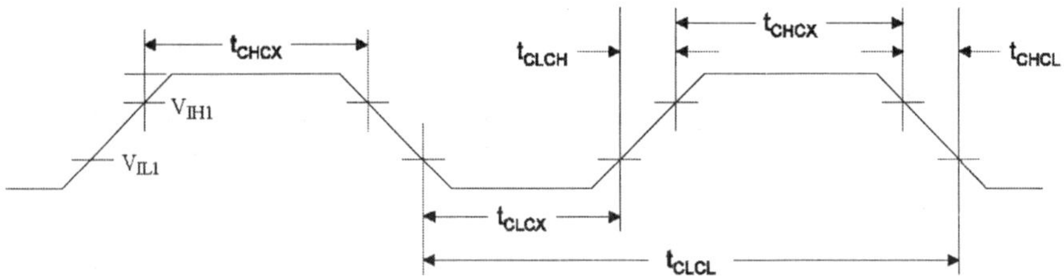

32.3.2. External Clock Drive

Table 32-3 External Clock Drive

Symbol	Parameter	V_{CC} = 2.7V to 5.5V		V_{CC} = 4.5V to 5.5V		Units
		Min	Max	Min	Max	
$1/t_{CLCL}$	Oscillator Frequency	0	8	0	16	MHz
t_{CLCL}	Clock Period	125		62.5		ns
t_{CHCX}	High Time	50		25		ns
t_{CLCX}	Low Time	50		25		ns

Symbol	Parameter	V_{CC} = 2.7V to 5.5V		V_{CC} = 4.5V to 5.5V		Units
		Min	Max	Min	Max	
t_{CLCH}	Rise Time		1.6		0.5	μs
t_{CHCL}	Fall Time		1.6		0.5	μs
Δt_{CLCL}	Change in period from one clock cycle to the next		2		2	%

Table 32-4 External RC Oscillator, Typical Frequencies

R [kΩ][1]	C [pF]	f[2]
33	22	650kHz
10	22	2.0MHz

Note:

1. R should be in the range 3kΩ - 100kΩ, and C should be at least 20pF. The C values given in the table includes pin capacitance. This will vary with package type.
2. The frequency will vary with package type and board layout.

32.4. System and Reset Characteristics

Table 32-5 Reset, Brown-out and Internal Voltage Reference Characteristics

Symbol	Parameter	Condition	Min	Typ	Max	Units
V_{POT}	Power-on Reset Threshold Voltage (rising)[1]			1.4	2.3	V
	Power-on Reset Threshold Voltage (falling)			1.3	2.3	V
V_{RST}	$\overline{\text{RESET}}$ Pin Threshold Voltage		0.2V_{CC}		0.85V_{CC}	V
t_{RST}	Pulse width on $\overline{\text{RESET}}$ Pin		1.5			μs
V_{BOT}	Brown-out Reset Threshold Voltage[2]	BODLEVEL = 0	3.7	4.0	4.5	V
		BODLEVEL = 1	2.4	2.7	2.9	V
t_{BOD}	Minimum low voltage period for Brown-out Detection	BODLEVEL = 0		2		μs
V_{HYST}	Brown-out Detector hysteresis			100		mV

Note:

1. The Power-on Reset will not work unless the supply voltage has been below V_{POT} (falling).
2. V_{BOT} may be below nominal minimum operating voltage for some devices. For devices where this is the case, the device is tested down to V_{CC} = V_{BOT} during the production test. This guarantees that a Brown-out Reset will occur before V_{CC} drops to a voltage where correct operation of the microcontroller is no longer guaranteed. The test is performed using BODLEVEL = 0 and BODLEVEL = 1.

32.7. SPI Timing Characteristics

Table 32-8 SPI Timing Parameters

	Description	Mode	Min	Typ	Max	
1	SCK period	Master		See Table 24-5 Relationship between SCK and Oscillator Frequency on page 244		
2	SCK high/low	Master		50% duty cycle		
3	Rise/Fall time	Master		3.6		
4	Setup	Master		10		
5	Hold	Master		10		
6	Out to SCK	Master		$0.5 \cdot t_{SCK}$		
7	SCK to out	Master		10		
8	SCK to out high	Master		10		
9	$\overline{SS}$ low to out	Slave		15		ns
10	SCK period	Slave	4 • tck			
11	SCK high/low[1]	Slave	2 • tck			
12	Rise/Fall time	Slave			1.6	
13	Setup	Slave	10			
14	Hold	Slave	10			
15	SCK to out	Slave		15		
16	SCK to $\overline{SS}$ high	Slave	20			
17	$\overline{SS}$ high to tri-state	Slave		10		
18	$\overline{SS}$ low to SCK	Salve	2 • tck			

Note:

1. In SPI Programming mode the minimum SCK high/low period is: - $2t_{CLCL}$ for f_{CK} < 12MHz
- $3t_{CLCL}$ for f_{CK} > 12MHz

Figure 32-7 SPI interface timing requirements (Master Mode)

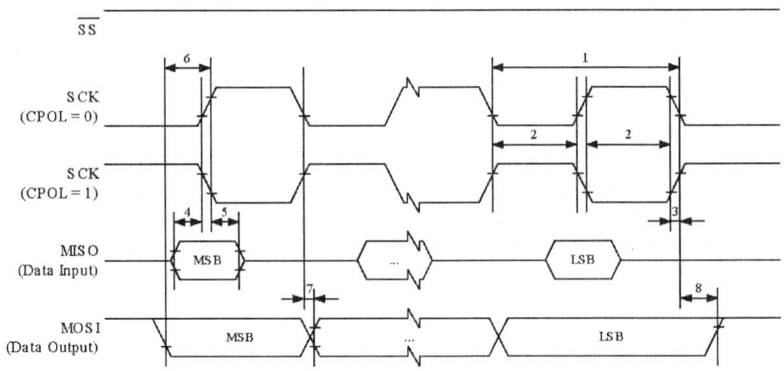

SPI interface timing requirements (Slave Mode)

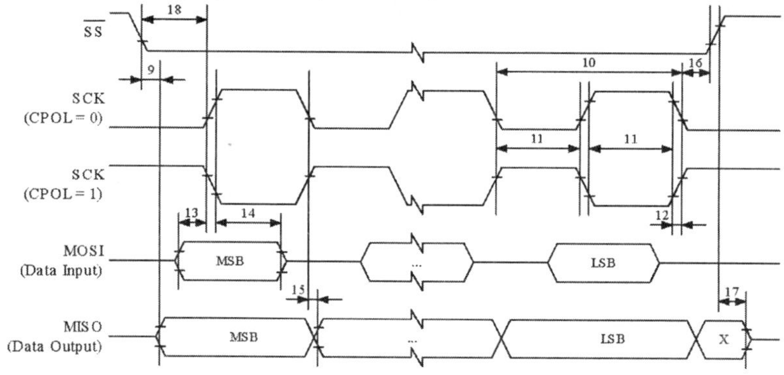

32.8. ADC Characteristics

Table 32-9 ADC Characteristics, Single Ended Channels

Symbol	Parameter	Condition	Min[1]	Typ[1]	Max[1]	Units
	Resolution	Single Ended Conversion			10	Bits
	Absolute accuracy (Including INL, DNL, Quantization Error, Gain, and Offset Error)	Single Ended Conversion V_{REF} = 4V, V_{CC} = 4V ADC clock = 200kHz		1.5		
		Single Ended Conversion V_{REF} = 4V, V_{CC} = 4V ADC clock = 1MHz		3.25		
		Single Ended Conversion V_{REF} = 4V, V_{CC} = 4V ADC clock = 200kHz Noise Reduction mode		1.5		LSB
		Single Ended Conversion V_{REF} = 4V, V_{CC} = 4V ADC clock = 1MHz Noise Reduction mode		3.75		LSB
	Integral Non-linearity (INL)	Single Ended Conversion V_{REF} = 4V, V_{CC} = 4V ADC clock = 200kHz		0.75		LSB
	Differential Non-linearity (DNL)	Single Ended Conversion V_{REF} = 4V, V_{CC} = 4V ADC clock = 200kHz		0.5		LSB
	Gain Error	Single Ended Conversion V_{REF} = 4V, V_{CC} = 4V ADC clock = 200kHz		1		LSB

Symbol	Parameter	Condition	Min[1]	Typ[1]	Max[1]	Units
	Offset Error	Single Ended Conversion V_{REF} = 4V, V_{CC} = 4V ADC clock = 200kHz		1		LSB
	Clock Frequency		50		1000	kHz
	Conversion Time	Free Running Conversion	13		260	µs
AV_{CC}	Analog Supply Voltage		V_{CC} - 0.3[2]		V_{CC} + 0.3[3]	V
V_{REF}	Reference Voltage		2.0		AV_{CC}	V
V_{IN}	Input voltage		GND		V_{REF}	V
	Input bandwidth				38.5	kHz
V_{INT}	Internal Voltage Reference		2.3	2.56	2.7	V
R_{REF}	Reference Input Resistance			32		kΩ
R_{AIN}	Analog Input Resistance		55	100		MΩ

Note:

1. Values are guidelines only.
2. Minimum for AV_{CC} is 2.7V.
3. Maximum for AV_{CC} is 5.5V.

Table 32-10 ADC Characteristics, Differential Channels

Symbol	Parameter	Condition	Min[1]	Typ[1]	Max[1]	Units
	Resolution	Gain = 1x			10	Bits
		Gain = 10x			10	Bits
		Gain = 200x			10	Bits
	Absolute accuracy	Gain = 1x V_{REF} = 4V, V_{CC} = 5V ADC clock = 50 - 200kHz		17		LSB
		Gain = 10xV_{REF} = 4V, V_{CC} = 5V ADC clock = 50 - 200kHz		17		LSB
		Gain = 200xV_{REF} = 4V, V_{CC} = 5V ADC clock = 50 - 200kHz		7		LSB

Symbol	Parameter	Condition	Min[1]	Typ[1]	Max[1]	Units
	Integral Non-linearity (INL) (Accuracy after Calibration for Offset and Gain Error)	Gain = 1x V_{REF} = 4V, V_{CC} = 5V ADC clock = 50 - 200kHz		1.5		LSB
		Gain = 10xV_{REF} = 4V, V_{CC} = 5V ADC clock = 50 - 200kHz		2		LSB
		Gain = 200xV_{REF} = 4V, V_{CC} = 5V ADC clock = 50 - 200kHz		5		LSB
	Gain Error	Gain = 1x		1.5		%
		Gain = 10x		1.5		%
		Gain = 200x		0.5		%
	Offset Error	Gain = 1x V_{REF} = 4V, V_{CC} = 5V ADC clock = 50 - 200kHz		2		LSB
		Gain = 10x V_{REF} = 4V, V_{CC} = 5V ADC clock = 50 - 200kHz		3		LSB
		Gain = 200x V_{REF} = 4V, V_{CC} = 5V ADC clock = 50 - 200kHz		4		LSB
	Clock Frequency		50		200	kHz
	Conversion Time		65		260	µs
AV_{CC}	Analog Supply Voltage		V_{CC} - 0.3[2]		V_{CC} + 0.3[3]	V
V_{REF}	Reference Voltage		2.0		AV_{CC} - 0.5	V
V_{IN}	Input voltage		GND		V_{CC}	V
V_{DIFF}	Input Differential Voltage		-V_{REF}/ Gain		V_{REF}/Gain	V
	ADC Conversion Output		-511		511	LSB
	Input Bandwidth			4		kHz
V_{INT}	Internal Voltage Reference		2.3	2.56	2.7	V
R_{REF}	Reference Input Resistance			32		kΩ
R_{AIN}	Analog Input Resistance		55	100		MΩ

Note:

1. Values are guidelines only.
2. Minimum for AV_{CC} is 2.7V.
3. Maximum for AV_{CC} is 5.5V.

참고 문헌

[1] ATmega128A 8-bit AVR Microcontroller Datasheet, Atmel, Sep. 2015.
[2] Atmel Studio 7 User Guide, Atmel, May 2018.
[3] Atmel-ICE Programmer and Debugger User Guide, Atmel, Oct. 2016.
[4] avr-libc User Manual 2.0.0, Free Software Foundation, Inc., Jun. 2019.

저자 소개

(1) 학력

1981. 2. 서울대학교 전기공학과 졸업
1983. 2. 서울대학교 대학원 전기공학과 졸업(공학석사)
1995. 2. 단국대학교 대학원 전기공학과 졸업(공학박사)

(2) 주요 경력

1982. 12.~1984. 5. 삼성전자(주) 종합연구소 근무
1984. 6. ~1985. 2. 한독(주) 컴퓨터기술연구소 근무
1985. 3. ~2006. 2. 국립 천안공업대학 전자계산기과/제어계측과 교수
2005. 3. ~현재 국립 공주대학교 공과대학 전기전자제어공학부 교수

(3) 저서

마이크로프로세서 응용실습 (1988, 자유아카데미)
16비트 마이크로프로세서 및 IBM PC 하드웨어 입문 (1991, 조원사)
마이크로프로세서 응용 -Z80 MASTER- (1998, Ohm사)
DSP 마스터 시리즈 ① - TMS320C31 마스터 (1998, Ohm사)
DSP 마스터 시리즈 ② - TMS320C32 마스터 (1999, Ohm사)
어셈블리와 C언어로 익히는 80C196KC 마스터(I) (2000, Ohm사)
어셈블리와 C언어로 익히는 80C196KC 마스터(II) (2000, Ohm사)
어셈블리와 C언어로 익히는 8051 마스터 (2001, Ohm사)
어셈블리와 C언어로 익히는 AT89S52 마스터 (2006, Ohm사)
프로세서 응용 시리즈 ① - LCD 모듈의 철저 활용 (2002, Ohm사)
프로세서 응용 시리즈 ② - LCD 모듈 활용 마스터 (2004, Ohm사)
프로세서 응용 시리즈 ③ - ATmega128을 활용한 졸업작품 만들기(I) (2005, Ohm사)
프로세서 응용 시리즈 ④ - 졸업작품 만들기(VII) TFT-LCD 모듈 활용 마스터 (2009, Ohm사)
AVR 마스터 시리즈 ① - AVR ATmega128 마스터 (2004, Ohm사)
AVR 마스터 시리즈 ② - AVR ATmega162 마스터 (2004, Ohm사)
AVR 마스터 시리즈 ③ - AVR ATmega8515 마스터 (2004, Ohm사)
고성능 AVR 정복 시리즈 ① - AVR ATmega128 정복 (2006, Ohm사)
고성능 AVR 정복 시리즈 ② - AVR ATmega1281/2561 정복 (2006, Ohm사)
고성능 AVR 정복 시리즈 ③ - AVR ATmega1280/2560 정복 (2006, Ohm사)
고성능 AVR 정복 시리즈 ④ - AVR ATxmega 패밀리 정복 (2010, Ohm사)
고성능 AVR 정복 시리즈 ⑤ - AVR ATmega128A 바이블 (2011, Ohm사)
고성능 AVR 정복 시리즈 ⑥ - AVR ATmega128A 바이블2 (2020, Ohm사)
ARM 시작하기 시리즈 ① - ARM7TDMI AT91SAM7S256으로 시작하기 (2007, Ohm사)
ARM 시작하기 시리즈 ② - ARM Cortex-M0 STM32F051 마스터 (2013, Ohm사)
실용 모터제어 시리즈 ① - 직류전동기 제어 기술 (2015, Ohm사)
실용 모터제어 시리즈 ② - BLDC 모터 제어 기술 (2015, Ohm사)
실용 모터제어 시리즈 ③ - 유도전동기 벡터제어 기술 (2019, Ohm사)
NXP사의 ARM Cortex-M0+ MKL25Z128VLK4 활용 (2016, Ohm사)
ARM Cortex-M 시리즈 ① - ARM Cortex-M0 STM32F091 정복 (2016, Ohm사)
ARM Cortex-M 시리즈 ② - ARM Cortex-M7 STM32F767 정복 (2017, Ohm사)
ARM Cortex-M 시리즈 ③ - ARM Cortex-M3 STM32F103 정복 (2018, Ohm사)

(4) 주 관심 분야

벡터제어 인버터를 이용한 유도전동기 및 동기전동기 서보제어 시스템 설계
마이크로프로세서를 이용한 자동화 시스템 및 제어계측 시스템 설계
기타 마이크로프로세서, 마이크로컨트롤러 및 DSP 응용 시스템 개발
마이크로프로세서와 마이크로컨트롤러의 기초 및 응용분야 교육

http://www.ohm.co.kr
E-mail : ohm@ohm.co.kr

소스는 홈페이지 자료실에 있습니다.

고성능 AVR 정복 시리즈 6

ATmega128A 바이블2 -OK-128 TFT 키트 V2.0-

초판인쇄 2020년 3월 5일
초판발행 2020년 3월 10일

저 자 윤 덕 용
발 행 인 곽 종 학
발 행 처 도서출판 Ohm사

주 소 140-150 서울 용산구 한강대로 306-5. 세기B/D
전 화 02-776-4868~9
팩 스 02-779-6757
등록번호 1975년 9월 12일 제3-3호

ISBN 978-89-7101-834-7 정가 45,000원